20 CENT. LA LIVRAISON

L'AFRIQUE FRANÇAISE

PAR P. CHRISTIAN

NOUVELLE ÉDITION ILLUSTRÉE

Par MM. E. Lamy, Isabey, Tony Johannot, H. Bellangé, Philippoteaux, H. Baron, K. Girardet, Morel Fatio, C. Nanteuil, etc.

DE MAGNIFIQUES VIGNETTES SUR ACIER ET DE TYPES POPULAIRES COLORIÉS.

Cette nouvelle Édition est augmentée de tous les Faits nouveaux jusqu'à ce jour (1853).

65 LIV^{ONS}

À

20 Centimes

LA LIVRAISON

EL-HADJI-AID-EL-KADER.

65 LIV^{ONS}

À

20 Centimes

LA LIVRAISON

SE VEND ICI

Nouvelle édition à 20 c. la livraison.

L'AFRIQUE FRANÇAISE
L'EMPIRE DE MAROC
ET LES DÉSERTS DE SAHARA

HISTOIRE NATIONALE DES CONQUÊTES,
VICTOIRES ET NOUVELLES DÉCOUVERTES DES FRANÇAIS, DEPUIS LA PRISE D'ALGER
JUSQU'A NOS JOURS,

PAR P. CHRISTIAN.

ÉDITION ILLUSTRÉE

Par MM. E. Lamy, Isabey, Tony Johannot, H. Bellangé, Philippoteaux, K. Girardet, H. Baron, Morel-Fatio, Célestin Nanteuil, Jules Noël, etc.

DE MAGNIFIQUES VIGNETTES SUR ACIER, D'UNE CARTE GÉNÉRALE DU MAROC
ET DE L'ALGÉRIE, DE TYPES POPULAIRES COLORIÉS,

Et de têtes de pages intercalées dans le texte gravées par les premiers artistes.

Un magnifique vol. gr. in-8° jésus d'environ 600 pages,

CONTENANT LA MATIÈRE DE QUATRE VOLUMES IN-8° ORDINAIRES.

Il n'est pas une famille qui ne s'intéresse à l'Afrique française : presque toutes ont payé l'impôt du sang et prodigué leurs fils pour concourir à la grande mission civilisatrice que nous poursuivons depuis plus de vingt ans. Toutes seront fières de lire, dans le travail que nous leur offrons aujourd'hui, les noms des braves qui sont tombés sous le drapeau ou qui ont mérité de nobles récompenses en illustrant nos combats. L'histoire élève à leur souvenir un monument national.

L'armée trouvera dans ce livre le tableau fidèle de son courage, de son dévouement, de ses glorieuses fatigues; les hommes sérieux y verront une œuvre de bonne foi; le peuple y reconnaîtra presque à chaque page des noms chers à sa mémoire.

L'auteur a joint à son œuvre un travail descriptif sur *l'empire du Maroc;* travail auquel les événements prêtent un puissant intérêt.

Cette nouvelle édition est augmentée de tous les événements nouveaux qui sont survenus en Afrique jusqu'à ce jour et terminée par LA LISTE, dressée sur les rapports officiels, DE TOUS LES NOMS cités à l'ordre de l'armée depuis 1830.

Conditions de la Souscription.

Cette nouvelle édition de L'AFRIQUE FRANÇAISE, L'EMPIRE DE MAROC ET LES DÉSERTS DE SAHARA, imprimée sur beau papier, est publiée en 65 livraisons à 20 centimes pour Paris, et 30 centimes par la poste.

Chaque livraison, enveloppée d'une jolie couverture, se compose d'une feuille (8 pages) et d'une gravure environ pour deux ou trois livraisons.

L'ouvrage complet formera un beau et fort volume grand in-8 jésus, de 500 pages, du prix de 13 fr. pour Paris et de 16 francs par la poste.

Il paraît une ou deux livraisons le jeudi de chaque semaine.

ON SOUSCRIT A PARIS

CHEZ A. BARBIER, ÉDITEUR, 50, RUE D'ENGHIEN,

Et chez tous les libraires et dépositaires de Paris et des départements.

EN VENTE CHEZ LE MÊME ÉDITEUR :

Histoire de l'Armée et de tous les Régiments, depuis les premiers temps de la monarchie jusqu'à nos jours, par A. Pascal, J. Ducamp, le colonel Brahaut et le capitaine Sicard.

Nouvelle édition considérablement augmentée et illustrée de gravures sur acier et d'une magnifique collection de types coloriés représentant tous les uniformes français, depuis les temps les plus reculés jusqu'à ce jour. 300 livraisons à 30 cent.

Histoire de la Terreur, par P. Christian. — Édition illustrée par Philippoteaux, E. Frest, Marc, A. Belin, L. de Ghouy, de magnifiques vignettes, portraits, et costumes du temps coloriés. Une ou plusieurs livraisons tous les jeudis.—Prix de chaque livraison, 30 cent.

Histoire de la Révolution de Février, depuis et y compris le siége de Rome, par J. Ducamp. Édition illustrée. — 42 livraisons à 30 cent. — Un beau volume grand in-8 jésus. . . . . 13 fr.

Fastes de l'Armée française. Description des principales batailles des Français, par une société d'écrivains militaires. — Édition illustrée de 36 magnifiques vignettes sur acier. — 36 livraisons in-folio grand-raisin, à 1 fr. la livraison.

Histoire de Louis-Napoléon Bonaparte, depuis sa naissance jusqu'à ce jour, par A. Barbier. 1 joli volume in-18 jésus, orné d'un portrait. . . . . . 1 fr. 50 c.

50 livraisons à 25 centimes.

L'AFRIQUE
FRANÇAISE

L'EMPIRE DU MAROC

ET

LES DÉSERTS DU SAHARA

HISTOIRE NATIONALE DES CONQUÊTES
VICTOIRES ET NOUVELLES DÉCOUVERTES DES FRANÇAIS DEPUIS LA PRISE D'ALGER
JUSQU'A NOS JOURS

PAR P. CHRISTIAN

ÉDITION ILLUSTRÉE

PAR MM. DECAMPS, EUG. LAMY, ISABEY, T. JOHANNOT, H. BELLANGÉ, PHELIPPOTEAUX, K. GIRARDET
H. BARON, MOREL-FATIO, C. NANTEUIL, JULES NOEL, &c.

DE MAGNIFIQUES VIGNETTES SUR ACIER
D'UNE CARTE GÉNÉRALE DU MOGHREB, DE TYPES POPULAIRES COLORIÉS,

ET DE

TÊTES DE PAGES INTERCALÉES DANS LE TEXTE
Gravées par les principaux Artistes.

UN MAGNIFIQUE VOLUME GRAND IN-8 JÉSUS D'ENVIRON 500 PAGES
et contenant la matière de quatre volumes in-octavo ordinaires.

PUBLIÉ PAR A. BARBIER, ÉDITEUR
13, RUE DE LA MICHODIÈRE.

PROSPECTUS – SPÉCIMEN.

Il n'est pas une famille qui ne s'intéresse à l'Afrique française : presque toutes ont payé l'impôt du sang et prodigué leurs fils pour concourir à la grande mission civilisatrice que nous poursuivons depuis quinze ans. Toutes seront fières de lire, dans le travail que nous leur offrons aujourd'hui, les noms des braves qui sont tombés sous le drapeau ou qui ont mérité de nobles récompenses en illustrant nos combats. L'histoire élève à leur souvenir un monument national.

L'auteur de ce livre a visité l'Algérie dans une position qui lui a permis de recueillir des renseignements précis sur l'état des choses, sur les mœurs des Arabes, et de juger la guerre africaine sur le champ de bataille. Il a rapporté d'un long séjour la conviction que notre conquête ouvre à la France une source inépuisable de vraie gloire et de prospérité. En publiant le fruit de ses études, il croit payer une dette à son pays et faire une œuvre utile pour tous.

Après avoir tracé le drame brillant de la prise d'Alger, M. P. CHRISTIAN nous fait connaître, par une description pittoresque et vivante, les riches contrées qui sont devenues notre immense héritage. Les traditions héroïques du passé, les révolutions marquées par les conquêtes romaines, vandales, byzantines, arabes et turques, dessinent les plans lointains de ce panorama de vingt siècles, dont la France domine l'étendue.

Puis, reprenant d'une main sûre la plume de l'historien militaire, l'auteur nous conduit, de victoire en victoire, à travers tous les épisodes de la guerre. Ses récits, toujours empreints de la couleur locale, sont d'une saisissante vérité; de graves réflexions philosophiques découlent de chaque fait nouveau. Patriote avant tout, il n'a voulu écrire ni un panégyrique, ni une satire; mais, guidé par un esprit d'honorable indépendance, dont tout le monde lui saura gré, il dit avec une égale franchise le bien qu'il a vu créer, comme les fautes qu'il déplore.

L'armée trouvera dans ce livre le tableau fidèle de son courage, de son dévouement, de ses glorieuses fatigues; les hommes sérieux y verront une œuvre de bonne foi; le peuple y reconnaîtra presque à chaque page des noms chers à sa mémoire.

On aimera surtout à suivre de la pensée, au milieu de cette croisade moderne, les jeunes princes élevés dans les colléges de la patrie avant de porter en Afrique l'épée que la France leur a confiée. La plaine de Maskara, les gorges de l'Atlas, l'assaut de Constantine, la prise de la Semala, Biskra et les monts Aurès, Tanger et Mogador, ont tour à tour signalé leur valeur, et les sites mélancoliques du Biban semblent garder le deuil du prince royal.

Douze villes arabes, aujourd'hui françaises, debout sur la grève algérienne comme les avant-postes d'une puissance nouvelle, se relient, par la vapeur, à Marseille et à Toulon, devenus le sommet d'un vaste triangle que traverse la marine du monde en saluant nos deux rivages. A l'intérieur, des cités antiques, des bourgades se relèvent ou se fondent dans les plaines et les vallées; un immense rideau de forêts attend nos industries; la science découvre chaque jour des richesses dont l'exploitation réclame des légions d'ouvriers, et notre commerce apprend, par les récents travaux de M. Daumas, un des colonels les plus distingués de l'armée, qu'il n'y a point au delà de l'Algérie un véritable désert, mais que des villes et des populations couvrent le Sahara, au seuil duquel s'arrêtaient nos géographes.

Un tel avenir promet une belle page aux annales d'un grand peuple. En reproduisant par l'histoire et l'art tant de nobles faits d'armes et d'heureuses découvertes, nous irons aussi, dans le palais du Maure et sous la tente du Bédouin, sonder les mystères de la vie arabe, si pleine de grandeur et de poésie; nous détruirons des préjugés qui retardent nos espérances. A côté d'études profondes, méditées dans le calme du cabinet, nous publions des scènes vigoureuses, écrites au reflet des bivouacs et dans la fumée de la poudre, puis des tableaux d'intérieur où se développent des caractères ignorés.

Nous avons prié l'auteur de joindre à son œuvre un travail descriptif sur *l'empire du Maroc*, et sur les découvertes poussées dans les *déserts du Sahara*. Notre édition, à laquelle les événements qui viennent de surgir prêtent un si puissant intérêt, contiendra en outre tous les faits qui surviendront dans le cours de la publication; elle sera donc la plus complète, et, nous osons l'espérer, la plus digne d'être favorablement accueillie.

L'ouvrage sera terminé par LA LISTE dressée, sur les rapports officiels, DE TOUS LES NOMS cités à l'ordre de l'armée depuis 1830 jusqu'à ce jour.

Des artistes d'élite concourront à l'illustration de cette œuvre nationale. Citer les noms de MM. DECAMPS, H. BELLANGÉ, PHELIPPOTEAUX, EUG. LAMY, T. JOHANNOT, H. BARON, ISABEY, K. GIRARDET, MOREL-FATIO, C. NANTEUIL, J. NOEL, c'est nous dispenser de tout éloge.

— Pour ne pas retarder la mise en vente, nous débutons, dans notre première livraison, par une gravure de M. K. Girardet (le Passage des Portes-de-Fer). Les livraisons suivantes contiendront: le Bombardement de Tanger, par M. Isabey; une magnifique vignette sur le glorieux désastre du lieutenant-colonel de Montagnac, par M. H. Bellangé; la Bataille d'Isly, par M. Eug. Lamy; les Grottes du Dahra, par M. T. Johannot, etc., etc. —

Conditions de la Souscription.

L'Afrique Française, imprimée sur papier et en caractères pareils à ce prospectus, sera publiée en 50 livraisons environ à 25 centimes pour Paris et 40 centimes par la poste.

Chaque livraison se composera d'une feuille (8 pages) et d'une gravure, environ par deux livraisons.

L'ouvrage complet formera un beau et fort volume grand in-8° jésus, de 500 pages du prix d'environ 12 fr. 50 cent. pour Paris, et 16 fr. par la poste.

Il paraîtra une ou deux livraisons tous les jeudis de chaque semaine.

ON SOUSCRIT A PARIS
CHEZ A. BARBIER, ÉDITEUR, 13, RUE DE LA MICHODIÈRE

Chez tous les libraires et dépositaires de Paris et des départements

ET POUR L'ÉTRANGER

CHEZ HECTOR BOSSANGE, 21, BIS, QUAI VOLTAIRE.

OUVRAGES TERMINÉS ET EN SOUSCRIPTION PAR LIVRAISON

CHEZ LE MÊME ÉDITEUR

LA NOUVELLE HÉLOISE DE J. J. ROUSSEAU
ÉDITION ILLUSTRÉE

Par MM. T. Johannot, H. Baron, E. Wattier, K. Girardet, E. Lepoitevin, Pauquet, &c.

2 beaux vol. grand in-8 jésus, 25 fr. — 98 livr. à 25 c.

LES CONFESSIONS DE J. J. ROUSSEAU
ILLUSTRÉES

Par MM. H. Baron, T. Johannot, K. Girardet, Eug. Laville, etc.

1 beau vol. grand in-8 jésus, 16 fr. — 64 livr. à 25 c.

LES CONTES DE BOCCACE
(LE DÉCAMÉRON)

TRADUCTION NOUVELLE PAR A. BARBIER

ÉDITION ILLUSTRÉE

PAR MM. TONY JOHANNOT, H. BARON, GRANDVILLE, CÉLESTIN NANTEUIL, EUG. LAVILLE, GEOFFROY, ETC.

1 splendide vol. 16 fr. — 64 livr. à 25 c.

SOUS PRESSE
ÉMILE DE J. J. ROUSSEAU

Édition illustrée. — 1 beau volume grand in-8.

Paris. — Typographie Lacrampe et Comp., 2, rue Damiette.

60 livraisons à 25 centimes.

L'AFRIQUE
FRANÇAISE
L'EMPIRE DE MAROC
ET
LES DÉSERTS DE SAHARA

HISTOIRE NATIONALE DES CONQUÊTES,
VICTOIRES ET NOUVELLES DÉCOUVERTES DES FRANÇAIS, DEPUIS LA PRISE D'ALGER
JUSQU'A NOS JOURS

PAR P. CHRISTIAN

ÉDITION ILLUSTRÉE

Par MM. Decamps, E. Lamy, Isabey, Tony Johannot, H. Bellangé, Philippoteaux, K. Girardet,
H. Baron, Morel-Fatio, Célestin Nanteuil, Jules Noël, etc.

DE MAGNIFIQUES VIGNETTES SUR ACIER
D'UNE CARTE GÉNÉRALE DU MOGHREB, DE TYPES POPULAIRES COLORIÉS

ET DE

TÊTES DE PAGES INTERCALÉES DANS LE TEXTE
GRAVÉES PAR LES PREMIERS ARTISTES

Cet ouvrage sera terminé par la liste dressée sur les rapports officiels de TOUS LES NOMS CITÉS à l'ordre
de l'armée depuis 1830 jusqu'à ce jour.

Un magnifique volume grand in-8 jésus d'environ 500 pages
CONTENANT LA MATIÈRE DE QUATRE VOLUMES IN-OCTAVO ORDINAIRES

PUBLIÉ PAR A. BARBIER, ÉDITEUR
13, RUE DE LA MICHODIÈRE.

PROSPECTUS SPÉCIMEN.

Il n'est pas une famille qui ne s'intéresse à l'Afrique française ; presque toutes ont payé l'impôt du sang et prodigué leurs fils pour concourir à la grande mission civilisatrice que nous poursuivons depuis quinze ans. Toutes seront fières de lire, dans le travail que nous leur offrons aujourd'hui, les noms des braves qui sont tombés sous le drapeau ou qui ont mérité de nobles récompenses en illustrant nos combats. L'histoire élève à leur souvenir un monument national.

L'auteur de ce livre a visité l'Algérie dans une position qui lui a permis de recueillir des renseignements précis sur l'état des choses, sur les mœurs des Arabes, et de juger la guerre africaine sur le champ de bataille. Il a rapporté d'un long séjour la conviction que notre conquête ouvre à la France une source inépuisable de vraie gloire et de prospérité. En publiant le fruit de ses études, il croit payer une dette à son pays et faire une œuvre utile pour tous.

Après avoir tracé le drame brillant de la prise d'Alger, M. P. Christian nous fait connaître, par une description pittoresque et vivante, les riches contrées qui sont devenues notre immense héritage. Les traditions héroïques du passé, les révolutions marquées par les conquêtes romaines, vandales, byzantines, arabes et turques, dessinent les plans lointains de ce panorama de vingt siècles, dont la France domine l'étendue.

Puis, reprenant d'une main sûre la plume de l'historien militaire, l'auteur nous conduit, de victoire en victoire, à travers tous les épisodes de la guerre. Ses récits, toujours empreints de la couleur locale, sont d'une saisissante vérité ; de graves réflexions philosophiques découlent de chaque fait nouveau. Patriote avant tout, il n'a voulu écrire ni un panégyrique, ni une satire ; mais, guidé par un esprit d'honorable indépendance, dont tout le monde lui saura gré, il dit avec une égale franchise le bien qu'il a vu créer, comme les fautes qu'il déplore.

L'armée trouvera dans ce livre le tableau fidèle de son courage, de son dévouement, de ses glorieuses fatigues; les hommes sérieux y verront une œuvre de bonne foi; le peuple y reconnaîtra presque à chaque page des noms chers à sa mémoire.

On aimera surtout à suivre de la pensée, au milieu de cette croisade moderne, les jeunes princes élevés dans les colléges de la patrie avant de porter en Afrique l'épée que la France leur a confiée. La plaine de Maskara, les gorges de l'Atlas, l'assaut de Constantine, la prise de la Semala, Biskra et les monts Aurès, Tanger et Mogador, ont tour à tour signalé leur valeur, et les sites mélancoliques du Biban semblent garder le deuil du prince royal.

Douze villes arabes, aujourd'hui françaises, debout sur la grève algérienne, comme les avant-postes d'une puissance nouvelle, se relient, par la vapeur, à Marseille et à Toulon, devenus le sommet d'un vaste triangle que traverse la marine du monde en saluant nos deux rivages. A l'intérieur, des cités antiques, des bourgades se relèvent ou se fondent dans les plaines et les vallées; un immense rideau de forêts attend nos industries; la science découvre chaque jour des richesses dont l'exploitation réclame des légions d'ouvriers, et notre commerce apprend, par les récents travaux de M. Daumas, un des colonels les plus distingués de l'armée, qu'il n'y a point au-delà de l'Algérie un véritable désert, mais que des villes et des populations couvrent le Sahara, au seuil duquel s'arrêtaient nos géographes.

Un tel avenir promet une belle page aux annales d'un grand peuple. En reproduisant par l'histoire et l'art tant de nobles faits d'armes et d'heureuses découvertes, nous irons aussi, dans le palais du Maure et sous la tente du Bédouin sonder les mystères de la vie arabe, si pleine de grandeur et de poésie; nous détruirons des préjugés qui retardent nos espérances. A côté d'études profondes, méditées dans le calme du cabinet, nous publions des scènes vigoureuses, écrites au reflet des bivouacs et dans la fumée de la poudre, puis des tableaux d'intérieur où se développent des caractères ignorés.

Nous avons prié l'auteur de joindre à son œuvre un travail descriptif sur *l'empire du Maroc* et sur les découvertes poussées dans les *déserts du Sahara*. Notre édition, à laquelle les événements qui viennent de surgir prêtent un si puissant intérêt, contiendra en outre tous les faits qui surviendront dans le cours de la publication; elle sera donc la plus complète, et, nous osons l'espérer, la plus digne d'être favorablement accueillie.

L'ouvrage sera terminé par LA LISTE dressée, sur les rapports officiels, DE TOUS LES NOMS cités à l'ordre de l'armée depuis 1830 jusqu'à ce jour.

Des artistes d'élite concourront à l'illustration de cette œuvre nationale. Citer les noms de MM. DECAMPS, H. BELLANGÉ, PHILIPPOTEAUX, EUG. LAMY, T. JOHANNOT, H. BARON, ISABEY, K. GIRARDET, MOREL-FATIO, C. NANTEUIL, J. NOEL, c'est nous dispenser de tout éloge.

— Pour ne pas retarder la mise en vente, nous débutons, dans notre première livraison, par une gravure de M. K. Girardet (le Passage des Portes-de-Fer). Les livraisons suivantes contiendront : le Bombardement de Tanger, par M. Isabey; une magnifique vignette sur le glorieux désastre du lieutenant-colonel de Montagnac, par M. Bellangé; la Bataille d'Isly, par M. Eug. Lamy; les Grottes du Dahra, par M. T. Johannot, etc., etc. —

CONDITIONS DE LA SOUSCRIPTION

L'Afrique Française, imprimée en caractères neufs, est publiée en 60 livraisons à 25 centimes pour Paris et 40 centimes par la poste.

Chaque livraison se compose d'une feuille (8 pages) et d'une gravure au moins pour deux livraisons.

L'ouvrage complet formera un beau et fort volume grand in-8° jésus, de 500 pages, du prix de 15 fr. pour Paris et 18 fr. par la poste.

Il paraît une ou deux livraisons le jeudi de chaque semaine.

ON SOUSCRIT A PARIS
CHEZ A. BARBIER, ÉDITEUR, 13, RUE DE LA MICHODIÈRE

Et chez tous les libraires et dépositaires de Paris et des départements.

OUVRAGES TERMINÉS
LA NOUVELLE HÉLOÏSE
DE J. J. ROUSSEAU

Édition illustrée par MM. T. Johannot, H. Baron, E. Wattier, K. Girardet, E. Lepoitevin, Pauquet, etc.

2 vol. grand in-8 jésus, 25 fr. — 98 livraisons à 25 c.

LES CONFESSIONS DE J. J. ROUSSEAU
ILLUSTRÉES

PAR MM. H. BARON, TONY JOHANNOT, KARL GIRARDET, EUG. LAVILLE, ETC.

1 vol. gr. in-8 jésus, 16 fr. — 64 livraisons à 25 c.

LES CONTES DE BOCCACE
(LE DÉCAMÉRON)

TRADUCTION NOUVELLE PAR A. BARBIER

ÉDITION ILLUSTRÉE

Par MM. Tony Johannot, H. Baron, Grandville, Célestin Nanteuil, Eug. Laville, Geoffroy, etc.

1 splendide vol. in-8. 16 fr. — 64 livraisons à 25 c.

SOUS PRESSE
HISTOIRE DE L'ARMÉE
ET DE TOUS LES RÉGIMENTS

VICTOIRES, CONQUÊTES, ORGANISATION ET STRATÉGIE DES ARMÉES FRANÇAISES
DEPUIS LES PREMIERS TEMPS DE LA MONARCHIE JUSQU'A NOS JOURS

PAR UNE SOCIÉTÉ D'ÉCRIVAINS MILITAIRES

Édition illustrée de gravures sur acier, de plans de bataille, de types coloriés représentant les différents costumes militaires, et de vignettes dans le texte par les principaux artistes.

Publiée en 120 livraisons environ, à 30 c. — Tous les types seront coloriés.

En préparation :
ÉMILE DE J. J. ROUSSEAU

Édition illustrée. — 1 beau vol. gr. in-8.

Paris. — Typ. Dondey-Dupré, rue Saint-Louis, 46, au Marais.

L'AFRIQUE FRANÇAISE.

Imp. de Pommeret et Moreau, quai des Augustins, 17.

L'AFRIQUE
FRANÇAISE
L'EMPIRE DE MAROC
ET
LES DÉSERTS DE SAHARA

CONQUÊTES,
VICTOIRES ET DÉCOUVERTES DES FRANÇAIS, DEPUIS LA PRISE D'ALGER
JUSQU'A NOS JOURS,

PAR P. CHRISTIAN

VIGNETTES

Par Philippoteaux, T. Johannot, E. Bellangé, Isabey, E. Lamy, K. Girardet,
Morel Fatio, C. Nanteuil, H. Baron, etc.

PARIS
A. BARBIER, ÉDITEUR, 50, RUE D'ENGHIEN.
1851

L'AFRIQUE FRANÇAISE.

Typographie Doudey-Dupré, rue Saint-Louis, 46, au Marais.

L'AFRIQUE
FRANÇAISE
L'EMPIRE DE MAROC

ET

LES DÉSERTS DE SAHARA

CONQUÊTES,
VICTOIRES ET DÉCOUVERTES DES FRANÇAIS, DEPUIS LA PRISE D'ALGER
JUSQU'A NOS JOURS,

PAR P. CHRISTIAN

VIGNETTES

Par Philippoteaux, T. Johannot, E. Bellangé, Isabey, E. Lamy, K. Girardet,
Morel Fatio, C. Nanteuil, H. Baron, etc.

PARIS

A. BARBIER, ÉDITEUR, 15, RUE DE LA MICHODIÈRE

1846

HISTOIRE DE QUINZE ANS.

> Nec capi poterant pernix genus et gnari locorum ;
> sed e\` d`imitatibus insontium expleta avaritia.
> TACITE, *Histor.*, lib. II.

Voyageur aux rives du Moghreb, j'ai voulu tout étudier, tout connaître, et j'ai pris ma part de quelques périls, sans prétendre aux vanités de la gloire.

Placé plus favorablement qu'un autre pour voir de près et pour observer avec fruit, mais absolument désintéressé dans la question, je n'écris ni un panégyrique ni une satire, et je puis rester impartial entre les ambitions qui voudraient faire de l'Afrique une arène éternelle.

Dégageant chaque fait de cette polémique irritante et trop souvent renouvelée dont s'arment les partis, et qui mène les esprits sérieux à de funestes découragements, je dirai, avec une égale franchise, le bien qu'on a tenté, comme les fautes qui peuvent se réparer.

A de brillants combats se mêlent, çà et là, des excès dont l'humanité doit gémir : je n'essayerai ni de les taire, ni de les pallier. Il faut un grand courage pour aborder de front l'histoire contemporaine; l'écrivain se trouve parfois dans l'alternative d'offenser l'orgueil d'autrui, ou de trahir la vérité. N'écoutant d'autre voix que celle de ma conscience, je m'efforcerai, avant tout, d'être juste; et j'aurais voulu éloigner de moi certains événements, afin d'en parler comme la postérité elle-même en parlera.

Fidèle au principe d'un sage historien, je m'occuperai peu des hommes et beaucoup des choses. Je n'ai de prévention ni pour ni contre; entre ces deux extrêmes est la raison. Des autorités irrécusables prêteront, à chaque pas, leur force à ma faiblesse, et si, malgré ma réserve, le poids du blâme surcharge la balance, qu'on ne s'en prenne pas à moi, mais bien aux faits.

J'ai rapporté d'un long séjour en Algérie la conviction que cette conquête ouvre à la France un avenir de vraie gloire et de prospérité; que son abandon serait une honte et un désastre. Mais, de l'aveu même de personnages éminents par leurs lumières et leurs fonctions, nous n'avons guère été, jusqu'ici, plus heureux dans nos rapports politiques avec les indigènes que dans nos velléités de colonisation. « Des systèmes, des administrations, des hommes divers ont été essayés, beaucoup trop, nul ne le nie; des années se sont écoulées; il n'y a eu ni unité dans la pensée, ni unité dans l'exécution[1]. »

Et cependant, tout se tient dans la question d'Afrique, et la moindre partie de la tâche, négligée ou mal comprise, rend tout le reste impossible. Malgré d'excellentes intentions auxquelles il faut rendre justice, nous avons agi, depuis quinze ans, presque au hasard, sans connaître suffisamment ce qu'il y avait à faire; parfois, et de loin en loin, avec une énergie apparente qui n'était que l'emportement de l'impuissance; la plupart du temps, avec un laisser aller tout passif; jamais avec une volonté suivie. Un jour, nous caressions les indigènes et leur accordions libéralement des faveurs qui leur étaient odieuses; le lendemain, le système de compression et d'isolement remplaçait celui de rapprochement et de fusion. Procédant tour à tour par le massacre et la corruption[2], notre politique, enfermée dans un cercle vicieux, ne pouvait inspirer aux Arabes que de la haine, lorsqu'elle voulait faire de la domination et de la rigueur, ou du mépris, lorsqu'elle était faible, haletante, indécise.

Ne perdons point de vue qu'une nation, quel que soit son degré de civilisation, n'abdique jamais sans regrets son indépendance. Quelque soin que l'on prenne de lui cacher le joug, elle ne courbe la tête que sous une nécessité fatale; et jusqu'au jour où, par l'effet du temps, elle s'assimile au peuple vainqueur, la résistance est dans sa pensée. Ce qu'elle semble accepter, elle ne le permet pas, elle le subit, mais avec d'autant moins de réactions que la loi qu'on lui impose ménagera davantage ses habitudes, ses idées, ses croyances, et la religion universelle du droit des gens.

Gardons-nous donc, je ne dis pas seulement pour l'honneur de la France, mais pour les intérêts du monde, gardons-nous d'imiter, en Algérie, la conduite

---

[1] *De l'établissement des Français dans la régence d'Alger*, par M. Genty de Bussy, conseiller d'État, intendant militaire, membre de la chambre des députés, tome 1er, préface, page 6.

[2] *Solution de la question de l'Algérie*, par le général Duvivier, p. 285. — *L'Algérie prise au sérieux*, par Leblanc de Prébois, capitaine au corps royal d'état-major, pages 60, 67, 65. — *De la régence d'Alger*, notes sur l'occupation, par le général Eugène Cavaignac, p. 207. — *L'Algérie en 1844*, par A. Desjobert, membre de la chambre des députés, p. 46, etc., etc.

des Espagnols au Mexique, des Anglais dans la Cafrerie et dans l'Inde ; et, par respect pour la mémoire que nous laisserons, ne souffrons pas qu'un autre Raynal puisse écrire sur nous cette flétrissure attachée aux successeurs d'Albuquerque : « La Providence a voulu qu'il y eût peu de Portugais, comme il y a peu de lions et de tigres, afin qu'ils ne détruisissent pas l'espèce humaine [1]. »

Un officier général distingué pense que l'antipathie des Arabes pour nous et notre religion durera des siècles [2]. Les faits historiques ne paraissent point d'accord avec cette opinion.

Les Arabes sont les descendants de toutes les familles qui voulurent se soustraire au joug des monarchies, à mesure que les diverses régions de l'Asie commencèrent à sortir du cycle patriarcal, pour entrer dans la période civilisée. Le luxe impérial de l'Assyrie et de la Perse, la puissance égyptienne, l'invasion d'Alexandre et les armes romaines ne purent, ni les séduire, ni les dominer ; et cependant, au troisième siècle de notre ère, leur haute intelligence avait fait de grands progrès dans les arts, dans les sciences exactes, la poésie et les lettres.

Lorsque Mohammed-ben-Abdallah parut au milieu d'eux, leur nationalité se fonda sans nuire à leur indépendance ; et nous trouvons dans le Coran un code complet de la plus saine morale, avec une législation civile et religieuse qui peut suffire aux besoins d'un peuple simple et libre. Mohammed, quoi qu'en aient dit des historiens ignorants ou prévenus, ne fut pas ambitieux du pouvoir temporel ; il n'agissait sur ses compatriotes que par la persuasion, par l'austérité de sa vie et l'exemple de ses vertus [3]. S'il eut recours aux armes, c'est que, persécuté, comme le sont tous les génies qui luttent pour le bien général contre les intérêts privés, il lui fallait abandonner son œuvre ou la sceller de son sang : on croit qu'il périt par le poison [4].

Après sa mort, l'ardeur du prosélytisme entraîna ses disciples sur les chemins de la conquête. Le tombeau de Médine semble s'illuminer d'un reflet du Calvaire ; le Christ et Mohammed se partagent le vieux monde.

Mais Abou-Bekr, le second chef de l'Islam et le plus intime confident de la pensée du prophète, disait à ses soldats, en prenant le glaive : « Allez, et sachez qu'en combattant pour la religion vous obéissez à Dieu. Ayez donc soin de faire ce qui est juste et équitable ; ceux qui se conduisent autrement ne prospéreront pas. Quand vous rencontrerez vos ennemis, comportez-vous en vaillants hom-

---

[1] *Histoire philosophique*, liv. 1, chap. 10.

[2] *L'Algérie; des moyens de conserver et d'utiliser cette conquête*, par M. le maréchal Bugeaud, p. 10.

[3] « Adressant à Dieu de fréquentes prières, il était très-sobre de discours futiles. Ses parents ou les étrangers, les puissants et les faibles, trouvaient en lui une justice égale. Il aimait les humbles, et ne méprisait pas le pauvre à cause de sa misère, comme il n'honorait pas le riche à cause de ses trésors. Abou-Horaïra nous a laissé la tradition suivante : le prophète, dit-il, sortit de ce monde sans s'être une seule fois rassasié de pain d'orge. Il vivait, avec sa famille, de dattes et d'eau. Il était parfois obligé, pour tromper sa faim, de se serrer avec sa ceinture une pierre sur le ventre. (Abou-el-Feddah, Vie de Mohammed, trad. de Noël Desvergers, p. 91.) »

[4] Le 8 juin de l'an 632 de l'ère chrétienne, à Médine, où, chaque année, une foule immense de pèlerins se rend de tous les points de l'Afrique et de l'Asie, pour visiter son tombeau.

Le plus savant éditeur et interprète du Coran, Maracci, qui en a donné la réfutation en même temps que la traduction, et dont, par conséquent, le témoignage ne peut être suspect, ne craint pas de dire que Mohammed a conservé tout ce qu'on trouve de plus plausible et du plus probable dans la religion chrétienne, avec tout ce qui nous paraît de plus conforme à la loi et à la lumière de la nature. (*Alcorani textus universus, arab. et latin, cum notis et refutatione*, Patavii, 1698, in-fol., p. 231.)

mes ; et si vous êtes victorieux, ne tuez point les petits enfants, ni les femmes, ni les vieillards ; ne détruisez point les palmiers ; ne brûlez point les blés ; ne coupez point les arbres, et n'égorgez point le bétail, à l'exception de ce que vous tuerez pour la nourriture des fidèles ; enfin, soyez exacts à tenir la parole donnée [1]. »

A ces mots, les Arabes se répandirent sur la terre. Leur domination s'étendit, comme un torrent, des plaines d'Asie aux grèves atlantiques, huit années leur suffirent pour occuper presque toute l'Espagne, et si une pareille rapidité leur fut permise, si leurs émirs purent pénétrer en France en laissant derrière eux un immense territoire, c'est qu'ils soumirent les peuples par la politique plutôt que par la guerre. Amenés par une invasion, ils adoucirent, par leur contact, la barbarie des races qu'ils étaient venus dompter ; rendus maîtres d'une terre heureuse, ils s'appliquèrent à l'enrichir de tout ce qui peut augmenter le bien-être humain. Des lois rigides, mais justes ; des arts utiles parce qu'ils créaient des jouissances ; l'agriculture encouragée et devenue le premier état qui anoblit l'homme, produisirent, avec l'aide du temps, une prospérité qui devait faire envie à plusieurs États chrétiens.

En s'entourant des pompes orientales, les Arabes contribuèrent à développer, dans l'Europe encore sauvage, les goûts de la vie confortable et les besoins du bonheur matériel que peut réaliser l'opulence. Les artistes chrétiens venaient apprendre des choses merveilleuses au sein des populations musulmanes ; les écoliers de tous pays accouraient en foule aux universités de Tolède, de Cordoue, de Séville et de Grenade, pour y puiser les trésors de science que renfermaient ces villes célèbres ; et les guerriers du Nord s'y formèrent, dans les premiers tournois, aux nobles vertus des temps chevaleresques [2]. Les princes mores qui ont laissé dans l'histoire un nom fameux, ceux qui étendirent ou stabilisèrent la puissance arabe, se signalent par leur humanité et leur justice, plus encore que par leur génie militaire. C'est le portrait qu'en font les auteurs arabes eux-mêmes, qui, sans doute, rapportent comme un éloge ce qu'ils avaient appris à juger comme une vertu [3].

Aussi ce ne fut point l'amour irrésistible de la liberté, mais le fanatisme religieux des Espagnols qui renversa ce bel empire à la fin du quinzième siècle. Ferdinand le Catholique, instrument de quelques moines, souilla ses victoires par de honteux sévices. Trompés par des capitulations déloyales, les Arabes

[1] Ce discours, conservé par Abou-Bekr, premier éditeur arabe du Coran, date du milieu du septième siècle, et ferait honneur au général moderne qui le prendrait pour modèle d'ordre du jour à son armée.
En 1844, on a vu avec peine un général français publier, au nom du peuple le plus civilisé de l'Europe, cette proclamation, adressée aux derniers descendants d'Abou-Bekr : « Je brûlerai vos villages et vos maisons, je couperai vos arbres fruitiers. » (*Moniteur algérien* du 14 avril.)
Quelques jours plus tard, il annonçait ainsi son triomphe : « Plus de cinquante beaux villages, bâtis en pierre et couverts en tuiles, ont été pillés et détruits. Nos soldats y ont fait un butin très-considérable. Nous ne pouvions songer, au milieu du combat, à couper les arbres. L'ouvrage d'ailleurs serait au-dessus de nos forces. Vingt mille hommes, armés de bonnes haches, ne couperaient pas en six mois les oliviers et les figuiers qui couvrent le beau panorama que nous avons sous nos pieds. (Rapport officiel au ministre de la guerre, du 17 mai.)

[2] *History an tales of Al-Hambra*, by Washington Irwing, trad. par P. Christian, p. 38.

[3] *Historia dos soberanos mahometanos das primeiras quatro dynastias, e de parte da quinta, que reinarão na Mauritania*, escripta em arabe por Abou-Mohammed-Assaleh, filho de Abd-el-Halim, natural de Granada, e traduzida por P. José de Santo Antonio Moura, Lisboa, 1828, in-4°. Abou-Mohammed écrivait au commencement du quatorzième siècle. C'est, dit le savant Jacques Graberg, le seul auteur vraiment classique, et qui mérite le titre d'historien des Mores.

virent bientôt leur foi proscrite, leurs enfants baptisés par violence, et le sanctuaire du foyer domestique indignement profané. Le costume d'Orient fut couvert d'avanies, le voile des femmes arraché comme un signe d'hérésie, et les malheureux vaincus cherchèrent un vain abri dans les montagnes. La chasse aux hommes s'organisa contre eux, pour alimenter l'orgie des bûchers, et les derniers fugitifs demandèrent à l'Afrique une retraite où l'horreur du nom chrétien s'est immortalisée [1].

Il appartient à la France de comprendre la grandeur, la sainteté de sa mission. Si nous ne nous proposions, en effet, que d'écraser la population arabe, l'entreprise ne serait qu'une criminelle folie, et l'intérêt, comme l'humanité, nous prescriraient d'y renoncer. Nous avons des vues plus généreuses ; mais, il faut bien le dire, le plus grand obstacle qui s'oppose encore à notre établissement civilisateur en Algérie, vient de l'insouciance générale, et du système de laisser faire dont les chambres se contentent.

Les événements qui vont passer sous nos yeux prouvent que nous avons prodigué contre les Arabes tous les moyens de destruction, avec des résultats qui font sentir l'urgence de s'arrêter dans cette voie ; et si, d'accord avec un de nos meilleurs généraux, nous condamnons l'immoralité de ce système, « que le blâme remonte à ceux qui en ont fait un pis aller nécessaire, ce n'est point par des apparitions périodiques au milieu des Arabes, qu'on peut espérer de les réduire. Ces épisodes de guerre ne sont bons, tout au plus, si rien ne leur succède, qu'à entretenir leur haine et à aiguiser leurs appétits belliqueux ; ce serait nous présenter à eux comme les plagiaires de leurs précédents maîtres, avec moins de résolution et de force. L'hostilité permanente est un acte d'un autre siècle ; et puisque nous avons rendu la guerre nécessaire, elle doit perdre, au moins, le caractère agressif qui l'éterniserait. En usant de nos armes, nous ne devons avoir pour but que de prévenir, par un déploiement de forces imposant, continu, cette guerre de détail qui ne produit que des massacres [2] et ne promet aux Arabes que des malheurs, au lieu d'être l'appui d'une politique pacifique et protectrice du travail [3]. »

D'où provint, en principe, cette faute capitale ? de ce que nous avons sans cesse confondu les Arabes avec ces pirates turcs dont nous étions venus punir l'agression.

On a généralement aussi accrédité deux erreurs, et cela dans des vues diffici-

---

[1] *Oranum virtuti Ximenii catholicum, seu de Africano bello*, Romæ, 1658, in-4°. — Alv. Gomez, *De rebus gestis Francisci Ximenii*. (Passim.)

[2] « Le système des razzias, qui a pris faveur, est, à mon avis, une chose ignoble et monstrueuse, plus propre à déshonorer l'armée qu'à la couvrir de gloire. Qu'on se représente une colonne, débouchant au point du jour sur une tribu, sans rencontrer la moindre résistance. Elle surprend, dans ses buissons, quelques centaines de femmes et de vieillards, d'enfants nus, la plupart à la mamelle. Elle les rassemble comme des troupeaux, non sans joncher le terrain des cadavres de ces malheureux, que nos soldats, abusés par la ressemblance des vêtements des deux sexes, se sont hâtés de tuer. On complétera ce tableau par l'effroyable cohue causée par des bœufs, des ânes, des moutons et des chèvres errant çà et là, en poussant d'affreux hurlements ; par l'aspect de nos spahis, de nos soldats assis, entourés des entrailles fumantes des bestiaux qu'ils ont égorgés. Tout cela se termine par la marche en retraite de notre colonne, traînant à sa suite de malheureuses femmes chargées de deux ou trois petits enfants, et d'autres enfants, marchant péniblement, en poussant des cris douloureux. » (*L'Algérie prise au sérieux*, par Leblanc de Prébois, capitaine au corps royal d'état major, p. 65.)

[3] *La Régence d'Alger*; notes sur l'occupation, par Eugène Cavaignac, p. 297.

les à expliquer, en accusant ces mêmes Arabes d'être fort en arrière de toute civilisation, et d'apporter, dans la guerre qu'ils soutiennent contre nous, une férocité instinctive que les hommes de bonne foi ne reconnaissent pas dans leurs mœurs. Il est aisé d'établir qu'ils sont, en fait, beaucoup plus intelligents et plus moraux que la masse de nos paysans de France. « Nous avons, par une foule de faits, la preuve que les indigènes en relations fréquentes avec nous apprécient bientôt des objets et des usages qui leur étaient inconnus. Remplis d'intelligence, aimant le luxe et l'éclat, ils n'ont pas perdu les goûts qui les distinguèrent autrefois ; ces goûts sommeillent, ils se réveilleront[1]. » — « Malgré la rapacité qu'on leur reproche, écrit M. le capitaine Pellissier, ancien directeur des affaires arabes, ils exercent gratuitement, et avec beaucoup de grandeur, les devoirs de l'hospitalité. Tout étranger qui se présente chez eux en ami est bien reçu, sans acception de race ni de religion. Plusieurs officiers ont éprouvé souvent les effets de cette hospitalité, qu'ils ont toujours trouvée empressée et affectueuse, soit lorsqu'ils ont paru chez les Arabes avec un caractère officiel et le souvenir de quelque service rendu, soit lorsqu'ils ont parcouru, comme simples voyageurs, des contrées éloignées, où ils étaient entièrement inconnus[2]. »

Il n'est donc pas exact de publier que l'antipathie des Arabes pour nous et notre religion doive durer plusieurs siècles[3]. L'histoire du passé, comme celle du présent, prouve le contraire, et la fusion des deux peuples n'est retardée que par notre impolitique. Nous lisons dans le passé que les émirs d'Espagne travaillaient à opérer ce rapprochement ; ils favorisaient l'alliance des musulmans avec des femmes chrétiennes, union que le faux orgueil des chroniqueurs espagnols a su présenter comme des actes de violence. Les enfants mâles étaient élevés dans la religion de Mohammed ; les filles suivaient celle de leur mère, et les émirs eux-mêmes cimentèrent, par de nombreux mariages, leurs traités avec des princes chrétiens. En 1699, un chérif du Maroc, Muley-Ismaël, faisait demander à Louis XIV la main de mademoiselle de Conti, promettant de respecter sa religion, et de faire bâtir pour elle une chapelle dans son palais[4].

De nos jours, le vénérable évêque d'Alger se félicite de l'accueil qu'il reçoit des Arabes[5], et d'humbles prêtres français sourient, pour toute réponse, quand

---

[1] *L'Algérie*, des moyens de conserver et d'utiliser cette conquête ; par M. le maréchal Bugeaud, p. 113.
[2] *Annales algériennes*, par E. Pellissier, capitaine au corps royal d'état-major, t. I, p. 300.
[3] *L'Algérie*, des moyens de conserver et d'utiliser cette conquête ; par M. le maréchal Bugeaud, p. 10.
[4] *Ambassade d'Abdallah-ben-Aïssa-Raïs, à la cour de France.* — *Manuscrits de Saint-Olon.* — *Rapports politiques de la France avec le Maroc*, par R. Thomassy, de l'école des Chartes.
[5] « Il m'a été donné, écrit M. l'évêque Dupuch, de prier aux bords du Rummel, et de présider une étrange assemblée de tous les principaux ministres de l'Islam, à Constantine. Nos signatures s'unirent, nos cachets se mêlèrent, et c'était une réunion dans un but religieux ! » (*Annales de la propag. de la foi*, ann. 1841, p. 355). — « A Blidah, aux portes de l'Atlas, dans le quartier général du vainqueur de Constantine, les soldats plantèrent, sur le minaret du prophète, une croix façonnée dans la ville des pirates algériens. Six Arabes la portaient ; et, bientôt après, allumaient les feux qui, durant la nuit, devaient éclairer les travailleurs. » (*Ibid.*) — « En ce moment même, et depuis quinze jours, j'ai un de mes prêtres au milieu des tribus les plus ennemies, vivant avec elles sous la tente, au camp même de l'émir Abd-el-Kader. » (*Ibid.* ann. 1842, p. 5.) — « Nous remontons à cheval, dit encore ailleurs le même prélat, et, durant vingt heures, à peine interrompues par quelques instants de sommeil sur le tapis d'une tente hospitalière, nous chevauchons à l'aventure, partout accueillis comme des amis, partout bénis comme des marabouts ! Combien de fois répétions-nous qu'en Europe on ne pourrait croire ce dont nous avions été témoins à cet égard ! » (*Ibid.* ann. 1841, p. 13.)

Certains hommes de guerre de l'Algérie accusent l'évêque d'être le plus maladroit et le plus dangereux

on les interroge sur le prétendu fanatisme de ce peuple, auquel nos préjugés imputent tant de fables[1].

« Au début de mon voyage, écrit M. l'abbé Suchet, quand nous étions plus rapprochés du théâtre de la guerre, nous rencontrions presque à chaque pas des tribus fugitives qu'Abd-el-Kader faisait émigrer avec leurs troupeaux et leurs bagages. Tous ces exilés, hommes, femmes, enfants même, me saluaient avec respect. Les plus curieux s'approchaient de moi et me demandaient dans quel but je me hasardais au milieu de leurs déserts ; et sur ma réponse que j'allais chercher nos prisonniers auprès d'Abd-el-Kader, ils me disaient : « Que Dieu t'accorde bon voyage et plein succès ! » Partout où je passais, j'étais, à mon double titre de Français et de prêtre, un objet de curiosité et de vénération. Ma soutane, ma ceinture et principalement le christ qui brillait sur ma poitrine, tout, jusqu'à ma tonsure et à la coupe de mes cheveux, fixait l'attention des Arabes. Les femmes me présentaient leurs petits enfants ; des infirmes s'étaient fait porter sur la route ; d'autres s'y étaient traînés eux-mêmes comme ils avaient pu ; tous me demandaient de les guérir. » Le courageux missionnaire raconte ensuite son entrevue avec Abd-el-Kader, qu'il parvint à rejoindre, après mille fatigues, entre Takdimt et Maskara ; la délivrance de cinquante-six prisonniers que l'émir lui rendit sans rançon, puis enfin son retour dans un de nos camps, auprès de Médéah. « J'attachai, poursuit-il, mon mouchoir blanc au bout d'un bâton, et je l'agitai en l'air, en courant de toutes mes forces du côté des Français. Ma longue barbe, mon visage brûlé par le soleil, ma soutane déchirée par les ronces, me donnaient un air étrange. Le général Baraguay d'Hilliers, à qui l'on m'avait signalé, s'avance avec son état-major ; j'étais pour tous un objet de surprise. Un prêtre au milieu de l'Atlas, sortant du camp ennemi, c'était pour eux un mystère. — Mais d'où venez-vous donc ? me dit le général. — De chez Abd-el-Kader. — Et tout seul ? — Tout seul, général. Il répéta encore avec stupeur ; — Tout seul !!! — Oui, seul avec mon interprète. L'étonnement des officiers était au comble ; les soldats, avides de m'entendre, formaient un cercle épais autour de nous [2]. »

Voilà ces sauvages indigènes dont quelques civilisés rêvent l'extermination.

Quant à leur cruauté, si vantée pour les besoins de l'épée, il est vrai de dire qu'à l'époque de nos premières guerres, ils ne faisaient presque jamais de prisonniers, et qu'à peu d'exceptions près, ils tuaient tous ceux qui tombaient entre leurs mains. Mais ces actes de barbarie, qui suivirent notre arrivée en Afrique, leur étaient commandés par les Turcs, leurs maîtres et souvent leurs bourreaux. Une fois que la lutte eut sanctionné par des représailles ces épisodes révoltants, elle se continua longtemps avec les mêmes excès de part et d'autre, et certes, nous sommes loin d'avoir offert aux Arabes des leçons d'humanité. Plusieurs faits, sans rappeler les grottes du Dahara, prouvent assez qu'une

---

des négociateurs. Mais les hommes de paix et de civilisation tiennent compte de chaque fait qui peut servir une cause d'intérêt national.

[1] « Je vois toujours, dit M. le maréchal Bugeaud, les Arabes ce qu'ils sont : peuple fier, fanatique, etc. » (*Lettre au ministre de la guerre*, 15 janvier 1844.)

[2] *Annales de la propagation de la foi*, ann. 1842, p. 81.)

troupe européenne obéit ponctuellement à des ordres inouïs, quand son chef en assume la responsabilité.

Dans ces cas heureusement rares les lois aveugles de la discipline absolvent le soldat. Mais pourquoi faut-il avouer que deux exemples d'anthropophagie ont été donnés dans le cours de nos guerres avec les Arabes ! « Et ce ne sont pas ces derniers qui s'en sont rendus coupables ; j'en ai acquis, dit un officier digne de foi, la déplorable conviction [1]. » Mais quelle raison politique pourra justifier un gouverneur d'avoir osé publier avec éloge, dans son journal officiel, que soixante-huit têtes avaient été rapportées au camp au bout de nos baïonnettes ! « C'est une très-belle affaire, ajoute-t-il, et qui ouvre très-bien la voie [2]. » Horrible encouragement décerné aux excès de l'avenir ! — Et qui donc encore se chargera d'expliquer pourquoi une autre tête fut, un jour, exposée à Bone, plantée, toute saignante, sur le drapeau français [3] ! ! ! Le capitaine qui permit cette souillure est devenu maréchal de camp [4] !

La presse a stigmatisé les cruautés du général Négrier pendant son commandement de Constantine, et les registres officiels du gouvernement de l'Algérie gardent le souvenir des exécutions clandestines auxquelles le bras de nos soldats fut employé plus d'une fois par le général Boyer, qui avait rapporté d'Espagne le surnom de Pierre le Cruel [5].

Enfin, pour que rien ne manquât sans doute aux motifs de désolation et de vengeance qui devaient nous aliéner les Arabes, on n'a pas même respecté la religion qui protége les morts. Un gouverneur a bâti six moulins à vent, près d'Alger, avec la pierre des tombeaux qu'il avait fait briser ; et des navires de guerre français ont versé sur le port de Marseille des charges d'ossements humains, déterrés pour servir à la fabrication du noir animal [6] !

Sans fouiller plus loin dans ces tristes archives, soyons donc bien persuadés que les crimes qu'entraîne la guerre ne sont étrangers à aucune race, et que, trop souvent, les peuples les plus civilisés vont plus loin que les plus sauvages. Quand les passions sont excitées par la crainte de la servitude, par les préjugés religieux ou les opinions politiques, le meurtre d'un ennemi sans défense devient un besoin et paraît un devoir, même aux hommes doux et modérés dans les temps ordinaires. Souvenons-nous qu'en France, de bons et paisibles laboureurs se faisaient gloire, en 1814 et 1815, de fusiller à l'affût des Prussiens et des Russes, et se croient encore des héros. Dans tous les pays où nous avons porté nos armes, pendant les périodes de la république et de l'empire, les assassinats commis sur nos soldats ont été bien plus nombreux qu'en Afrique, où ces

---

[1] *Annales algériennes*, par E. Pellissier, capitaine au corps royal d'état-major, t. 1, 2ᵉ partie, p. 305.
[2] *Moniteur algérien*, du 14 octobre 1836.
[3] *Alger sous la domination française*, par le baron Pichon, conseiller d'État, ex-intendant civil de l'Algérie, p. 442. — *Question d'Alger ; politique, colonisation, commerce*, par A. Desjobert, membre de la chambre des députés, p. 219.
[4] *Ordonnance royale* du 19 juillet 1845.
[5] *Annales algériennes*, t. I, p. 233. — *Ibid.*, t. II, p. 46. — *Ordre du jour du duc de Rovigo*, du 5 juin 1832. — *Moniteur algérien* du 22 juin 1832.
[6] *Question d'Alger en 1837*, par M. A. Desjobert, membre de la chambre des députés, p. 118. — A bord de la bombarde *la Bonne-Joséphine*, venant d'Alger, et chargée d'os, j'ai reconnu, dit le docteur Ségaud, des crânes humains, des cubitus et des fémurs de la classe adulte, récemment déterrés, et n'étant pas entièrement privés des parties charnues ! (*Lettre insérée dans le Sémaphore de Marseille*, le 2 mars 1833.)

événements sont très-rares. Les cruautés, les haines de races ne prouvent donc pas contre la moralité particulière d'une nation, puisque ce sont des taches communes à toute l'humanité.

Si, dès l'abord de notre conquête, mieux instruits de la vie des peuples auxquels nous prétendions infliger à main armée notre civilisation, nous avions eu quelque plan d'entreprise, un peu plus de sagesse eût épargné à la France bien du sang et des trésors perdus; aux Africains, bien des dévastations.

D'après une correspondance officielle, Ben-Zamoun, chef des Kebaïles du Djerjera, la race la plus indomptable de l'Algérie, écrivait en 1830, à M. de Bourmont, qu'en voyant avec quelle promptitude les Français s'étaient emparés d'Alger, lui et ses compatriotes avaient compris que Dieu nous destinait à régner à la place des Turcs, et que ce serait folie de vouloir s'opposer aux décrets de la Providence. En conséquence, il offrait d'user de son ascendant pour réunir les hommes influents de la province d'Alger, et leur proposer les bases d'un traité qui réglerait, à l'avantage de tous, la nature de nos rapports avec les Arabes, tant dans l'intérêt actuel que dans celui des races futures. Il priait le général en chef de considérer que, pour qu'un pareil traité fût solide, il ne devait pas être imposé par la force à la faiblesse, mais librement débattu et consenti, parce qu'alors tout le monde travaillerait de bonne foi à le maintenir.

Ces ouvertures pacifiques furent méprisées. La révolution de juillet arriva; le nouveau gouvernement, absorbé par les difficultés de la politique intérieure, n'eut pas le temps de surveiller tout ce qui se passait en Afrique, et nos généraux firent la guerre pour la guerre, avec des chances diverses, jusqu'à ce qu'enfin les sanglantes perfidies d'un ex-ministre de la police impériale provoquèrent, en 1832, la guerre sainte qui gronde encore.

La France, engagée dans une voie funeste, n'eut plus qu'à opposer de vaillants efforts à cette insurrection d'un peuple indigné. Des expéditions mémorables relevèrent l'honneur de nos armes, et cinq fils de roi s'y distinguèrent au premier rang. La plaine de Maskara, les gorges de l'Atlas, l'assaut de Constantine, la prise de la Semala, Biskra et les monts Aurès, Tanger et Mogador ont, tour à tour, signalé leur valeur; et les sites mélancoliques des Portes de Fer semblent garder le deuil de celui qui n'est plus.

La victoire, aujourd'hui, nous livre un vaste espace. Dans les intervalles de chaque combat, le soldat creuse des routes stratégiques, répare ou construit des forts, défriche l'emplacement de nombreux points d'occupation, et nous rendons hommage à l'activité déployée par quelques gouverneurs dans la sphère qui leur est propre.

Mais il faut bien reconnaître aussi que les Arabes se sont accoutumés à ne voir, dans ces derniers, que des chefs de troupe investis d'une autorité transitoire, et que rien ne leur annonce, dans ce système, une volonté de conquête sans esprit de retour. Chaque mutation de gouverneur leur semble un blâme officiel de ses opérations. Un seul a laissé récemment de vifs regrets dans la province de Constantine, où sa présence était bénie; et maintenant, chaque bruit qui vient de France émeut les Arabes; chaque nouveau ravage qui les décime parait vouer l'Algérie à la solitude, à l'abandon; et leur résistance puise dans notre apparente incertitude, comme dans nos fautes multipliées, un aliment perpétuel.

De plus, l'expérience a démontré que, le pays fût-il même entièrement subjugué, la dictature d'un soldat ne verrait jamais affluer en Algérie une population française considérable, véritablement intelligente, laborieuse, et décidée à risquer son capital, ses éléments de fortune, à la merci d'une législation exceptionnelle, sous l'autocratie d'un général en chef et de ses conseils de guerre. Grâce à ce régime dont l'arbitraire est la constante logique, l'Algérie n'est encore qu'une immense ville de garnison où tout ce qui n'est pas militaire est fonctionnaire public, brocanteur ou tavernier; et, malgré les pompeuses déclamations de quelques journaux, la prospérité de notre conquête n'existe encore que dans un avenir mieux étudié.

La fondation d'une colonie demande plus de sagesse que de dépenses; ce mot de Raynal nous offre une grande leçon. L'Afrique a des trésors qu'il faut savoir exploiter, et de fausses mesures, prolongées davantage, nous conduiraient fatalement à les perdre au profit d'une puissance rivale dont les yeux, sachons-le bien, sont ouverts sur nous. Tant que des intérêts de clocher prévaudront, dans les chambres, contre une œuvre qui devait illustrer notre époque, la France versera cent millions par an dans un gouffre, et l'opinion publique, trompée par des phrases menteuses, accusera sans cesse de mauvais vouloir un gouvernement qui ne peut rien fonder qu'avec le concours de toutes les volontés.

Les Anglais apprécient mieux que nous l'avenir de l'Algérie. « Il n'est pas donné à la prévision de l'homme, dit William Shaler, ancien consul général des États-Unis, de calculer les avantages immenses que retirerait le genre humain de l'établissement d'une colonie anglaise dans la Numidie, si cette colonie recevait les institutions de sa métropole, et une organisation qui lui laissât le privilège d'une certaine indépendance, sans autres obligations à remplir que celles qui résulteraient d'une affection naturelle, du souvenir d'anciens bienfaits et d'une communauté d'intérêts. Quand on emploie des moyens dignes de l'objet qu'on se propose, l'expérience a fait voir que les effets dépassent toutes les espérances. Si le surplus de la population de la Grande-Bretagne, qui est déjà pour elle un fardeau insupportable, y était transféré graduellement, en suivant un système régulier, enfin, si ses capitaux étaient employés au développement des ressources naturelles de ce pays, il est probable que, dans l'espace d'un siècle, ce nouvel empire pourrait devenir une seconde Angleterre[1]. »

Un autre publiciste de la même nation écrivait plus récemment : « Le seul concurrent réel que la Grande-Bretagne puisse avoir sur la Méditerranée, c'est la France. Elle a maintenant deux royaumes qui se font face, et qui sont à deux journées l'un de l'autre. La côte africaine se hérisse de forts. Que serait-ce, si un des fleurons de l'Orient allait compléter une couronne déjà si riche? La Méditerranée serait alors interdite au pavillon britannique, à moins qu'il ne se résignât à y paraître sous des conditions d'abaissement. Si Toulon menace notre supériorité maritime, Marseille ne compromet pas moins notre prépondérance commerciale. Qu'il survienne une guerre, et voyez où nous en sommes. L'amirauté envoie des forces imposantes dans la Méditerranée; elle fait de Malte le rendez-vous d'une flotte formidable. Admettons les chances les plus belles :

---

[1] *Sketches of Algiers, political, historical and civil*, by William Shaler, chap. VI, p. 205-211.

cette flotte maîtrise les escadres qui sortent de Toulon ; elle les réduit à la défensive.—Mais les paquebots, qui les arrêtera? La vapeur se rit de la voile ; elle est destinée à changer, sous peu d'années, tout le système naval. Que le gouvernement français embarque sur ses pyroscaphes dix mille hommes de bonnes troupes, et l'Égypte est à lui. Excitées par des communications plus fréquentes, les sympathies des Orientaux iront au-devant d'une nation préférée, et, pour ne pas tomber entre les mains de l'Angleterre, ces peuples se donneront spontanément à la France. La clef des Indes échorra à nos ennemis ; l'Orient, qui aurait pu être, si le calme eût prévalu, une succession longtemps vacante, décidera de lui-même au premier choc, et s'adjugera, pour ainsi dire. Qu'on juge alors du rôle qui resterait à l'Angleterre. Maîtresse de l'Égypte et de la régence d'Alger, la France reproduirait sur le littoral de l'Afrique les pompes de l'occupation romaine, et nous n'aurions gardé, nous autres Anglais, quelques stations militaires ou de méchants îlots sans territoire, que pour assister en victimes au spectacle de ce triomphe et aux gloires de cette double colonisation. C'est là pourtant qu'on nous mène. Nelson ! Nelson ! qu'en penses-tu? Les vaincus d'Aboukir et de Trafalgar prennent leur revanche [1]..... »

Ces inquiétudes, si nettement formulées, méritent assez l'attention de nos hommes d'État, car elles indiquent le but auquel devrait tendre une politique sensée, active et persévérante.

Mais grâce aux théories qui se combattent, aux essais qui avortent, aux intrigues de certaines vanités ou de quelque chose de pire, notre œuvre reste en friche comme si elle attendait les bras d'un prochain occupant. Les capitalistes sérieux qui font, en se promenant, le voyage d'Alger, reviennent au bout de peu de jours, et les spéculateurs seuls y restent. Cette défiance tient surtout à ce que le pouvoir y est assis sur des bases fictives, contraires à nos mœurs, à nos institutions, à nos besoins ; à ce que le choix des fonctionnaires n'est pas toujours irréprochable. On a déporté dans les emplois africains plus d'un agent dont on avait à se plaindre en France ; plus d'un solliciteur bien recommandé, et dont il fallait satisfaire les patrons aux dépens du budget. Ces malheureux choix ont paralysé l'essor de nos établissements et jeté la déconsidération sur une grande partie du personnel administratif ; ils ont fourni une déplorable pâture à tous les abus, et, par suite, à l'esprit de médisance ou de calomnie qui se dégage de toute société aventureuse.

C'est au cœur de cette plaie qu'il faut appliquer un remède actif ; car, suivant l'opinion d'un savant économiste, « avec le système de laisser faire ou de ne rien faire, adopté par le gouvernement, nous ne sommes pas en chemin d'implanter sur le sol de la conquête une population française ; et pourtant, jusqu'à ce qu'il y ait deux ou trois cent mille citoyens, notre domination n'y sera qu'éphémère, à la merci d'un vote inopiné des chambres, ou d'un caprice ministériel, ou d'un bruit de guerre ; et, qui pis est, dans ce siècle positif, Alger nous coûtera beaucoup sans nul retour [2]. »

En toute civilisation, l'homme, selon ses facultés, est machine ou puissance,

---

[1] *Twelve months in the Mediterranean.* Rev. Brit. IVᵉ sér. nº 37, Jan. 1839, p. 36-42.
[2] *Lettres sur l'Amérique du Nord*, par Michel Chevalier, conseiller d'État, t. II, p. 130.

La machine, c'est l'armée, combinaison obéissante, agent collectif voué au sacrifice en échange de la gloire. Mais la puissance, mais l'intelligence, c'est la société civile. Le rôle du soldat, immense par ses devoirs, est circonscrit par la raison politique; et après avoir traqué pendant quinze ans les Arabes, nous ne serons réellement maîtres du sol qu'en le possédant par le travail. Or, le travail civil ne fonctionne pas comme une corvée militaire; il a ses lois, ses conditions économiques; il lui faut les garanties de la liberté.

L'armée est encore tout, ou presque tout en Algérie. Nous admirons ses travaux, ses succès, son inaltérable courage; nous ne voulons pas qu'elle se retire ou s'affaiblisse, mais qu'elle prenne sa place régulière dans l'État. M. le maréchal Bugeaud avait compris cette vérité lorsqu'il publiait, en 1842, que le gouvernement du sabre n'est plus de notre époque [1]. Plus tard, il adressait au ministère ces lignes concluantes : « Il n'y a en Afrique qu'un seul intérêt, celui de l'établissement que nous fondons pour y développer la population, le commerce, l'agriculture. Ces intérêts-là sont essentiellement civils; la société tout entière se compose d'intérêts civils. L'armée n'est point une partie distincte de la nation; c'est la nation elle-même armée pour la défense et pour le maintien de l'ordre et des lois [2]. »

Si ces paroles pleines de sens ne sont pas actuellement vraies pour l'Algérie comme pour la France; si nos colons doivent encore vivre privés de nos institutions libérales et protectrices, les innombrables bulletins de la conquête ne seraient donc que les chapitres d'un roman? Nous avions pu concevoir de meilleures espérances en écoutant M. Bugeaud déclarer, en 1842, que son œuvre était achevée. « Certes, disait-il, la France avait immensément à faire chez elle avant de songer à conquérir l'Afrique; mais la question n'est plus là. L'Afrique est conquise, et il faut que la France, pour sa gloire et ses intérêts, sache tirer parti de sa conquête; cet événement est aujourd'hui *consommé* [3]. »

Il ne s'agissait donc plus alors que d'adopter une sage politique pour recueillir les fruits de nos victoires; il fallait montrer aux Arabes l'humanité, la justice et l'intelligence française à côté de la force. L'opinion générale cherche vainement en Algérie tous les résultats désirés.

Les bonnes intentions ne manquèrent jamais à M. le maréchal Bugeaud; mais il est plus facile aux hommes d'épée de savoir vaincre que gouverner. Capitaine infatigable et d'une brillante valeur, prodigue de sa personne, il a déployé toute sa capacité dans la guerre de coups de main dont l'Afrique est le théâtre. Si des souvenirs impopulaires ont assombri sa carrière, l'Histoire, toujours neutre au milieu du conflit des passions humaines, doit déplorer cette fatalité qui s'attache, comme la robe de Déjanire, à certaines existences. Du bien réel qu'il a su faire ou préparer, comme des imperfections et des fautes qu'il ne put éviter, ressort un grave enseignement pour notre conduite future. Les hommes passent avec leurs systèmes, mais les faits survivent; et les faits seuls nous préoccupent : leurs conséquences sont frappantes.

La retraite du gouverneur actuel nous ferait-elle entrer dans une voie pré-

---

[1] *L'Algérie; des moyens de conserver et d'utiliser cette conquête*, p. 13.
[2] *Lettre au ministre de la guerre*, du 25 janvier 1843.
[3] *L'Algérie, des moyens de conserver et d'utiliser cette conquête*, p. 101.

férable? Avons-nous, à l'heure qu'il est, des vues meilleures et des intruments prêts pour créer une œuvre sans défauts? Quoi qu'il en soit, et à quelques généraux qu'on remette aujourd'hui le pouvoir, si le gouvernement persévère dans ses incertitudes, l'Algérie pourra nous échapper tôt ou tard, comme nous avons perdu l'Égypte. Au premier coup de canon tiré en Europe, nous aurons une armée bloquée en tête par les flottes ennemies, prise en flanc par le Maroc et Tunis, décimée à l'arrière-garde par ces mêmes Arabes dont nos bulletins illusoires vantent la soumission, et qui ne se souviendront alors que du mal qu'ils ont reçu de nous.

Mais en admettant ce paradoxe que la guerre soit encore le premier besoin de la France au delà de la Méditerranée, n'y a-t-il pas au-dessus de lui l'intérêt de la colonisation agricole, sans laquelle nous ne posséderons jamais, dans l'intérieur du pays, que l'espace couvert par les pieds de nos soldats? Et, faire dépendre d'une seule direction spéciale, comme celle de la guerre, la solution d'une question d'économie publique aussi compliquée, et qui exige le concours de toutes les capacités de l'État, n'est-ce pas sacrifier indéfiniment le but au moyen? Ne nous étonnons plus si, malgré tant d'essais et de bonnes intentions, l'Afrique a tant de peine à devenir autre chose qu'un champ de bataille. En logique française et constitutionnelle, l'armée se bat, triomphe et ne gouverne pas.

M. Bugeaud nous traçait ainsi lui-même, en 1842, la véritable théorie de la conquête : « C'est le commerce qui soumettra les Arabes. La force peut les vaincre, il faudra longtemps qu'elle les domine ; — mais le commerce seul pourra nous attacher les populations. Chaque Arabe qui s'enrichira deviendra notre partisan ; c'est un ennemi de moins et un allié de plus. Le joug de la force, auquel ils se résignent si facilement, servira de prétexte à leur soumission ; l'intérêt en sera le véritable mobile. « A vous la mer, à moi la terre, » disait Abd-el-Kader. Depuis 1834, il a été fidèle à la politique dérivant du principe qu'il avait orgueilleusement posé ; ses efforts ont toujours tendu à nous séparer de la population arabe. Il voulait le commerce, mais il le voulait pour lui seul. D'une part, le monopole était un double moyen de s'enrichir ; de l'autre, il comprenait admirablement que les populations, en relations directes et libres avec nous, trouveraient dans ces échanges des avantages tels, que l'intérêt étoufferait bientôt les passions politiques et religieuses ; que les haines s'affaibliraient dans ces communications fréquentes, et qu'il y perdrait son influence et son pouvoir. — Ce système, si parfaitement accommodé aux mœurs du pays, nous indique celui que nous avons à suivre [1]. »

A-t-il été suivi ?

Bornons-nous à citer deux témoignages éminents, dont les dates varient, mais dont la conclusion sera la même.

« Depuis onze ans, publiait en 1841 M. le général Duvivier, on a renversé les constructions, incendié les récoltes, détruit les arbres, massacré les hommes, les femmes, les enfants, avec une furie toujours croissante. Les bulletins, les rapports officiels qui en ont tiré vanité existeront à tout jamais, comme pièces accusatrices [2]. »

[1] L'Algérie; des moyens de conserver et d'utiliser cette conquête, p. 109-111.
[2] Solution de la question de l'Algérie, p. 285.

Aujourd'hui, le tableau n'est guère moins lugubre. Écoutons M. le directeur général des affaires civiles en Algérie.

« Je laisse de côté les actes, dit M. Blondel, pour m'arrêter à des faits moraux et matériels en dehors de notre sphère d'action, et tels que, pour les nier, il faudrait nier la logique ou le cœur humain. Supposons qu'un peuple, sorti de je ne sais où, veuille nous apporter le meilleur des gouvernements, avec tous les perfectionnements sociaux, artistiques et industriels que l'homme pourra découvrir un jour, en un mot, une civilisation auprès de laquelle la nôtre serait une barbarie. Assurément, ce que nous pourrions faire de plus sage serait de l'accepter. Mais si l'on venait nous l'imposer à coups de canon; s'il fallait recevoir à la fois les lois, le drapeau et jusqu'au nom des réformateurs, assurément aussi nous n'en voudrions pas. A la seule idée de cette contrainte, le vieux sang de la France lui monterait au front; elle résisterait avec toute l'énergie qu'elle peut avoir. Vaincue au midi, elle se retirerait au nord; vaincue au nord, elle se réfugierait dans ses montagnes; elle ferait comme elle a fait déjà sous les Valois; comme a fait l'Espagne au temps des Maures, et de nos jours; comme ont fait la Grèce et la Pologne. Elle n'obéirait enfin que, lorsque garrottée et le genou du vainqueur sur la gorge, elle succomberait épuisée, mais non résignée, et sauf à se réveiller un jour. — Ce que ces réformateurs supposés seraient pour nous, nous l'avons été pour les Arabes; ce que nous ferions, pourquoi ne le feraient-ils pas ?

« Les Arabes ne nous désiraient pas, tant s'en faut ! Dès leur enfance, ils ont appris à maudire les chrétiens, à les haïr comme les ennemis de leur race et de leur religion. Cette civilisation que nous leur apportons à coups de canon, ils ne la comprennent pas, ils la redoutent. Et comment la comprendraient-ils ?

« Nous venons changer leur gouvernement et leurs habitudes ; nous prenons leurs terres ; nous prétendons hardiment qu'elles nous appartiennent, à nous étrangers, parce que leurs docteurs Bou-Malek et Bou-Haneifa ont écrit que la terre appartenait au souverain. Nous séquestrons le patrimoine de ceux qui ont assez de cœur pour nous faire la guerre; nous brûlons les villages ; nous enlevons les troupeaux ; nous renversons les villes ; malgré nos intentions presque toujours meilleures que nos actes, souvent même à notre insu, nous jetons le trouble dans les fortunes de ceux même qui nous servent !

« Eh ! sans doute je ne méconnais pas les nécessités presque fatales que nous ont imposées la guerre et la politique; je n'ignore pas que nous pouvons réparer ces maux, effacer pour l'avenir ces tristes conséquences du passé, et rendre aux générations futures plus de bien que nous n'avons fait de mal aux pères; — mais je dis qu'il faut beaucoup de temps, beaucoup de force pour faire accepter, à ce prix, la plus belle des civilisations ; beaucoup de prudence, de justice et de générosité pour réparer ces désastres et les faire oublier.

« Les Arabes n'étaient pas puissants par leurs armées; ils l'étaient par leur pauvreté, leur mobilité, leur organisation sociale, qui ne laisse pas prise sur eux à moins d'efforts incroyables ; ils l'étaient par la constitution topographique d'un pays très-montagneux et par leur bravoure personnelle. Ils ont résisté tant qu'ils ont pu défendre leurs familles et leurs troupeaux, seul intérêt vulnérable, et qu'il fallait saisir à la course. Ils ont combattu de retraite en retraite, de rochers en rochers; il a fallu les vaincre, pour ainsi dire, un à un. Certes, ils ne peuvent nous aimer actuellement; et si nous ne savons pas nous faire pardonner la victoire, et la rendre profitable à ceux qui en ont tant souffert, nous verrons renaître la guerre[1]. »

Cette page, datée d'Alger, le 6 avril 1844, et dont les prévisions sont trop justifiées, semble rappeler cette opinion émise à la tribune en 1838, que l'Afrique est un legs funeste fait par la restauration à la révolution de juillet[2].

En présence de ces tristes aveux, la volonté nationale doit se prononcer. Le passé n'est point irréparable, et les Anglais eux-mêmes, qui nous suivent d'un œil avide, pressentent, malgré eux, les destinées que Dieu nous garde. « Les Français, dit un savant voyageur, ont commis des fautes, et ils les reconnaissent avec regret; mais le temps leur apprendra un jour, comme aux Anglais dans l'Inde, que la politique la plus sûre est d'être justes et humains. Irai-je rappeler amèrement les cruautés reprochées aux conquérants d'Alger, moi Anglais, à qui on pourrait répondre que nous avons été, en mille circonstances, plus impitoyables? J'élude donc cette question délicate, bien convaincu, comme je le suis, que le caractère français est, après tout, une garantie de la civilisation future de l'Algérie[3]. »

Les esprits éclairés qui n'ont d'autre passion que l'honneur du pays, voudraient voir le régime civil appliqué à notre conquête; et M. Bugeaud l'y croyait admissible en 1842, sauf quelques restrictions. «Si vous trouvez, disait-il, parmi vos administrateurs de France, l'homme qui convient le mieux à la chose générale d'Afrique, et vous avez peut-être plus de chances de le rencontrer parmi vos milliers de lettrés, que dans le cadre restreint de l'état-major de l'armée, hâtez-vous de le prendre!!! mais qu'il ait au moins quelques-unes des qualités de Marius et de Sylla; car, je vous en préviens, si votre administrateur veut être quelque chose, il prendra un sabre et montera à cheval[4]. »

Quant à nous, humble philosophe qui étudions laborieusement le passé, dans le seul but d'entrevoir l'avenir de l'Algérie, nous croyons qu'il y a mieux à faire.

Quinze ans de vicissitudes nous ont trop démontré l'impuissance désastreuse de l'occupation purement militaire, et peut-être est-il permis de penser que sur un sol où nous avons semé tant de ferments de haine, un simple agent, tiré de l'ordre civil, substituerait trop souvent aux excès du sabre l'inexpérience, la faiblesse, ou l'essai de ruineuses théories.

C'est donc PLUS HAUT qu'il faut placer l'autorité souveraine.

Qu'un pouvoir appuyé sur les institutions de la patrie, et supérieur par le rang à toutes les ambitions qui s'agitent parmi nous, vienne enfin commander le respect aux vaincus en effaçant les maux du passé; faire naître autour de lui

---

[1] *Aperçu sur l'état actuel de l'Algérie; Lettres d'un voyageur à son frère*, p. 40. Alger, imprimerie du Gouvernement, 1844. — Cette brochure, tirée à un petit nombre d'exemplaires, et qui ne fut pas, je crois, mise en vente, parut sans nom d'auteur. Le *Courrier d'Afrique*, journal général de *l'Algérie*, a révélé le mystère de l'anonyme, dans son numéro du 17 mai 1845. Ce secret, qui n'en était pas un pour moi, pendant mon séjour en Afrique, appartient désormais à la publicité.

[2] Discours de M. Bugeaud à la chambre des députés (*Moniteur* du 9 juin 1838.) — *L'Algérie* en 1844, par A. Desjobert, député, p. 1.

[3] *Travel's in northern Africa, and Algier*, by Thomas Campbell. Rev. Brit. t. XVIII, p. 329-333).

[4] *L'Algérie; des moyens de conserver et d'utiliser cette conquête*, p. 39.

la confiance, les sympathies, le dévouement si nécessaire pour assurer l'œuvre immense d'une société nouvelle, et alors, cette parole royale qui proclamait, en 1842, l'Algérie terre pour toujours française, deviendra une vérité.

Je ne puis mieux clore cet aperçu que par un jugement sévère dont l'organe appartient au ministère de la guerre. « Le gouvernement, ainsi s'exprime M. Genty de Bussy[1], a contracté l'obligation de faire connaître toute sa pensée sur Alger ; s'il colonisera définitivement ; quand et comment il colonisera. — Que nous nous soyons élargis beaucoup trop tôt et trop vite, il n'y a plus à ressaisir le passé. Il faut aujourd'hui qu'une loi proclame la réunion de l'Algérie à la France, comme nous l'avons, le premier, demandé, comme tant d'autres l'ont demandé après nous. Il faut que le gouvernement fasse connaître que l'armée n'est que le moyen ; que l'établissement, la colonisation seuls sont le but ; qu'il subordonne le moyen au but. Il doit déclarer encore qu'on ne s'étendra que lentement, sans reculer jamais ; que l'encouragement le plus large, la protection la plus éclairée seront accordés à ceux qui iront fonder des établissements en Afrique. Si nous continuions à courir le pays sans savoir pourquoi, à préférer le mouvement au repos, les bulletins à de sages progrès, la vaine gloire à l'utilité, tout serait à chaque instant remis en question, et il n'y aurait pour nous ni assiette, ni sécurité ; ce serait déplorer la mobilité des Arabes, et n'en offrir nous-mêmes que de pâles copies ; car tel deviendrait notre rôle en Afrique, si nous n'y changions de conduite. N'y serions-nous pas, on le demande, autrement posés qu'aujourd'hui, si, au lieu de tenter de nous établir partout, pour être compromis partout, nous eussions commencé par nous établir avec solidité sur quelques points seulement ? — Si la France veut coloniser partout, elle ne colonisera nulle part. »

Vienne donc en Afrique le règne des lois, d'une force intelligente et de la justice pour tous, et les résultats prospères ne nous manqueront point, si nous ne manquons plus à nous-mêmes. Les principes du développement moral de notre belle conquête sont désormais hors de discussion ; ils sont gravés dans nos fautes comme dans nos succès.

Je place la vérité sous la sauvegarde de témoignages publics. J'aurais pu les prodiguer, mais ceux-ci me suffisent déjà pour éloigner de mes lecteurs la pensée que ce livre soit une œuvre de parti.

Une fois que c'est entre les idées, et non plus entre les personnes, que la lutte est engagée, il se fait autour de vous un grand calme, et les passions se taisent.

A la hauteur d'où l'histoire domine les hommes et les faits, à peine entendez-vous l'agitation des empires ; — à peine l'écho de la gloire individuelle arrive-t-il jusqu'à vous.

---

[1] *De l'établissement des Français dans la régence d'Alger*, par Genty de Bussy, conseiller d'État, intendant militaire, membre de la chambre des députés, t. I, p. 42.

L'AFRIQUE FRANÇAISE.

ALGER
Vue prise de la Mer

LIVRE PREMIER.

PRISE D'ALGER LA GUERRIÈRE.

> Tu céderas, ou tu tomberas sous ce vainqueur, Alger riche des dépouilles de la chrétienté. Tu disais en ton cœur avare : « Je tiens la mer sous mes lois, et les nations sont ma proie ! » La légèreté de tes vaisseaux te donnait de la confiance. Mais tu te verras attaquée dans tes murailles, comme un oiseau ravisseur qu'on irait chercher parmi les rochers et dans son nid.
>
> BOSSUET.

Nos premières relations de commerce avec le littoral algérien remontent vers le milieu du seizième siècle. Deux négociants de Marseille, Thomas Linche et Carlin Didier, avaient acheté, en 1561, de Hassan-Pacha, la faveur d'établir un comptoir à la Calle, pour la pêche du corail [1].

La régence d'Alger reconnaissait encore, à cette époque, la suzeraineté ottomane, créée par Kheïr-Eddin [2]; mais, après la bataille de Lépante [3], cette grande défaite dont Constantinople ne se releva jamais, l'autorité des sultans perdit son prestige et sa force; leur marine épuisée cessa de paraître dans les

---

[1] *Histoire de la Barbarie et de ses corsaires, Alger, Tunis, Salé, Tripoli, etc.*, par le P. Dan, supérieur de l'ordre de la Sainte-Trinité pour la rédemption des captifs, 1649, in-f°, p. 67.

[2] Manuscrit arabe du *Ghazaout*, trad. de Venture. — *Historia general de Argel, repartida in cinco tratados*, par Diégo de Haedo, 1612.

[3] 7 octobre 1571. — *Ubertus folieta, de sacro fœdere in Selimum*, p. 1063.

ports barbaresques ; l'empire de la Méditerranée leur échappait, tandis qu'Alger la Guerrière (El-Djezaïr-el-Ghazie), grandissant de jour en jour, entrait en révolte contre les gouverneurs qui lui venaient du Sérail. La milice turque, tourbe indisciplinée d'aventuriers levantins, dont les rangs s'ouvraient aux renégats de tous pays, s'empare de la réalité du pouvoir, et n'en laisse plus à ses chefs étrangers que les stériles honneurs. Les corsaires n'ont plus de loi que leur cupidité. En 1604, ils expulsent les Marseillais de la Calle, et dévastent leurs établissements qui s'étendaient déjà au cap Negro, au cap Rosa et au bastion de France [1].

Quatre ans après, Henri IV obtient de Mohammed III l'injonction, faite aux pachas d'Alger, d'avoir à respecter le pavillon français ; mais cette mesure fut repoussée par la milice, devenue toute-puissante. En 1626, la France met à profit des circonstances plus favorables ; Richelieu gouvernait sous le nom de Louis XIII ; Sanson Napollon est envoyé à Alger pour ouvrir des négociations directes avec les corsaires : après de grandes difficultés, un traité, signé le 19 septembre 1628, stipule la reddition mutuelle des esclaves, la sécurité de parcours pour nos navires, l'installation d'un consul français à Alger, le droit de rétablir le comptoir de la Calle et les échelles de Bone, et d'ajouter à la pêche du corail le commerce des cuirs, de la cire, de la laine et des chevaux, moyennant une redevance annuelle de 16,000 livres de notre monnaie [2].

Cette convention ayant été violée plus tard, en ce qui touchait la remise des captifs français, Louis XIII fit partir, au mois de novembre 1637, l'amiral de Manty, avec treize bâtiments de guerre ; mais une tempête dispersa cette escadre à sa sortie de Toulon, et le vaisseau amiral arriva seul en vue d'Alger. Ses menaces n'ayant produit aucun effet, et trop faible pour rien tenter, M. de Manty se retira, en arborant à sa poupe le pavillon de guerre, et, peu de temps après, un navire de sa flotte captura, près de la côte, deux felouques algériennes. A cette nouvelle, les corsaires arment cinq galères, vont piller le bastion de France, les comptoirs du cap Rosa et de la Calle, et ramènent à Alger plus de trois cents prisonniers, avec un immense butin.

L'année suivante, les Arabes du voisinage et les Kebaïles de la montagne, qui tiraient de grands bénéfices de leurs relations avec nous, refusèrent tout à coup de payer l'impôt, alléguant, pour prétexte, que la destruction des comptoirs français les avait ruinés. Un corps de janissaires, envoyé contre eux, fut taillé en pièces. Cette insurrection gagna de proche en proche, et devint si formidable, qu'Alger même était menacé, et n'obtint la paix qu'aux plus dures conditions. Les Kebaïles furent affranchis de l'impôt arriéré, et les Turcs prirent l'engagement de relever à leurs frais le bastion et les autres échelles, et d'y rappeler les commerçants français, qui en reprirent effectivement possession vers 1640 [3]. Aucun désastre ne les atteignit plus dans la suite, malgré les guerres continuelles que Louis XIV fit aux corsaires. L'intérêt des Arabes protégeait mieux nos marchands que le canon de nos flottes ; ces tribus, dont on exagère aujourd'hui l'état

---

[1] *Mémoire adressé au roi par Blaise Raymond de Mérigny*, 1674. Manuscrits de la bibliothèque Royale, vol. 778.

[2] Manuscrits de la bibliothèque Royale. *Traités du Turc avec les princes chrétiens.*

[3] *Histoire de la Barbarie et de ses corsaires*, par le P. Dan, p. 131.

sauvage, avaient fait de notre sécurité la condition rigoureuse du payement de leurs impôts, et les Turcs sentaient la nécessité de ménager le calme derrière eux, pour s'occuper des affaires extérieures.

A l'époque du bombardement de 1683, Duquesne, craignant pour nos nationaux, envoya quatre vaisseaux à la Calle pour les recueillir. La paix, rétablie par le traité du 24 septembre 1689, fut suivie de nouvelles négociations de la compagnie d'Afrique, qui obtint, en janvier 1694, la restitution de ses établissements, moyennant une redevance annuelle de 17,000 francs. Bone, la Calle, Stora et Kollo furent désignés comme points d'exploitation commerciale. Notre révolution de 1789 détruisit cette compagnie, dont les successeurs, grâce aux difficultés du temps, ne firent plus que des opérations peu importantes.

Je passe rapidement sur ces détails du passé, qui n'ont avec mon sujet qu'un rapport éloigné [1]. Touchons aux causes de la conquête; elles ont été diversement racontées; — je suivrai dans leur exposé le sens indiqué par les documents officiels.

La régence d'Alger avait expédié, de 1793 à 1798, des quantités de grains considérables pour approvisionner nos départements du Midi, et les expéditions d'Italie et d'Égypte. Le payement de ces fournitures, suspendu par l'épuisement du Trésor [2] et par la nécessité de constater des fraudes signalées [3], fut l'objet de vives réclamations de la part du dey Mustapha. La guerre était imminente; le gouvernement consulaire y obvia par le traité du 17 décembre 1801, qui lui rendit les priviléges commerciaux, en échange de l'obligation prise de liquider la dette de l'État. Plusieurs sommes furent soldées à titre d'à-compte; mais la régence, supportant avec peine cette justice lente et partielle, renouvela bientôt ses plaintes, et, passant des menaces aux effets, nous enleva, en 1807, nos concessions, les vendit aux Anglais, moyennant une rente annuelle de 200,000 francs, et, plus tard, expulsa le consul de France.

Le génie de Napoléon s'émut de ce conflit. Souvenons-nous qu'une haute pensée domina toute sa vie : l'abaissement de cette féodalité britannique, dont les chefs, au quinzième siècle, avaient porté la main sur la couronne de France. La conquête du littoral africain avait occupé un moment les rêves du grand siècle : Leibnitz l'avait fait entrevoir à Louis XIV, comme la clef de la domination que la France pourrait exercer un jour dans le Levant : mais le temps, plus que les instruments, manqua à Louis XIV, comme à Napoléon. Cependant des mémoires furent préparés, des reconnaissances exécutées; le ministère de la marine étudiait, en 1808, la question barbaresque [4], et si l'empereur avait possédé le

[1] Une des plus curieuses études de l'histoire moderne est celle de ces peuples du littoral africain, sur lequel la France est appelée à fonder une puissance pleine d'avenir. Le cadre des événements que j'ai entrepris de retracer ne me permettait pas d'y faire entrer le tableau des drames multipliés qui signalèrent l'existence de la piraterie barbaresque, depuis la fin du quinzième siècle jusqu'à nos jours; on le trouvera dans l'*Histoire des corsaires de l'Océan et de la Méditerranée*, qui suivra de près la publication du présent ouvrage.

[2] *Discours du ministre des affaires étrangères à la chambre des députés*, le 20 juin 1820.

[3] Plusieurs chargements de blé ayant été trouvés avariés, et d'autres fraudes reconnues, les demandes des fournisseurs furent contestées. Des hommes respectables, tels que MM. d'Aubernon et Daure, ordonnateurs généraux, ont conservé la mémoire de cette affaire et des considérations graves qui la firent suspendre. (Voyez le *Mémoire du roi et aux chambres sur les véritables causes de la rupture avec Alger*, par Alexandre Delaborde, député de la Seine, 1830, p. 8, et ses pièces justificatives, p. XXVI, n° 5.)

[4] « Méditez l'expédition d'Alger, tant sous le point de vue de mer que sous celui de terre. Un pied sur

secret de la vapeur, l'Algérie serait française depuis plus de trente ans ; malheureusement d'impérieuses circonstances le détournèrent de ce projet.

Des négociations s'entamèrent avec Mustapha ; plusieurs à-comptes nouveaux furent versés en 1809, et, comme la régence insistait toujours pour obtenir une liquidation totale de sa créance, des promesses formelles auraient sans doute reçu, en 1813, leur pleine exécution, si l'empire ne se fût trouvé à la veille de sa chute.

Louis XVIII, à son avénement, prit à cœur cette grave affaire qui intéressait si vivement le commerce de nos provinces méridionales ; et, comme la rupture de notre intelligence avec Alger n'avait d'autre motif que l'inexécution de cette clause du traité de 1801 [1], il prescrivit l'examen des créances. La bonne harmonie se rétablit aussitôt. Le bail des Anglais, finissant avec l'année 1816, la France fit valoir ses anciens droits ; mais la régence exigeait que le taux actuel des redevances fût maintenu. Comme ce qui importait avant tout, était de nous remettre en possession des échelles, une convention fut conclue d'abord en ce sens, au mois de mars 1817 ; et le 26 octobre suivant, un nouveau traité accepté par le dey Ali, prédécesseur de Hussein-Pacha, réduisit les redevances à 60,000 francs, chiffre stipulé en 1801 [2].

On s'occupait en même temps de liquider l'arriéré. A la suite d'un mûr examen, le gouvernement reconnut qu'il serait plus avantageux pour les intérêts du Trésor d'éteindre, par une transaction à forfait, toutes les réclamations, qui s'élevaient encore à quatorze millions ; et, par un arrangement spécial, signé le 28 octobre 1819, la somme à payer par la France fut fixée à sept millions en numéraire ; en stipulant toutefois, formellement, dans l'intérêt des sujets français, que le Trésor royal retiendrait le montant des oppositions qui lui auraient été signifiées légalement, à la charge des créanciers algériens, et que les contestations seraient vidées par nos tribunaux. Le dey adhéra complètement à ces offres dans les premiers jours d'avril 1820 [3].

Il faut observer que le monopole des grains, formant un des principaux revenus des souverains d'Alger, Hussein-Pacha se trouvait créancier des juifs Busnach et Bacri pour une somme de soixante-dix mille piastres, sur la valeur des fournitures exportées en France. Il serait difficile d'expliquer par quels ordres la commission de liquidation put admettre, comme oppositions privilégiées,

---

cette Afrique donnera à penser à l'Angleterre. » (Lettre de Napoléon à M. Decrès, ministre de la marine, le 18 avril 1808).

[1] « S. E. le dey s'engage à faire rembourser toutes les sommes qui pourraient être dues à des Français par ses sujets, comme le citoyen Dubois Thainville, commissaire général des relations commerciales de la république française, revêtu des pleins pouvoirs du premier consul, prend l'engagement, au nom de son gouvernement, de faire acquitter toutes celles qui seront légalement réclamées par des sujets algériens. » (Art. 13 du traité de paix avec Alger, du 17 décembre 1801.)

[2] *Discours du ministre des affaires étrangères à la chambre des députés*, le 10 juillet 1820.

[3] *Archives du ministère des affaires étrangères*. Transaction sur la réclamation des sieurs Bacri et Busnach, d'Alger, signée entre MM. Mounier, Hély d'Oissel, conseillers d'État, et Nicolas Pléville, fondé de pouvoirs des créanciers algériens. — *Bulletin des lois*, loi du 24 juillet 1820.

Il est pénible d'ajouter qu'à cette même date du 24 juillet 1820, le ministre français, à la suite de nouvelles exigences, consentit à porter à deux cent mille francs la somme des redevances de nos concessions d'Afrique. Ce ne fut, dit le ministre, qu'après un débat prolongé que la France se résigna à un sacrifice pécuniaire dont l'Angleterre lui avait donné l'exemple. Un gouvernement peut bien vendre aux étrangers les intérêts de son pays ; cela se voit tous les jours : mais la France ne se *résigne* jamais.

dans la transaction de 1819, toutes les créances qui se présentèrent, quoique le chef de la maison Bacri, seul propriétaire en nom, avec Busnach, de l'arriéré qu'on soldait, eût demandé, en 1817, qu'on payât le dey, sans tenir compte des dettes contractées par des membres de sa famille, dont il n'était pas tenu de se porter caution. Quoi qu'il en soit, Hussein-Pacha ne put apprendre, sans une extrême surprise, que les sept millions avaient reçu des destinations étrangères, à la faveur d'un imbroglio administratif, dont le secret fut bien gardé. Ce qui permettrait de penser qu'il y eut, en cette affaire, de coupables intrigues, c'est que le ministère crut alors nécessaire d'informer le dey que le retard, pendant près de quinze mois, de la conversion des rentes au Trésor, avait donné lieu à une indemnité en faveur de Bacri, et qu'on lui destinait le million qu'elle devait produire [1]. Une correspondance s'engagea sur ce sujet ; mais elle n'eut et ne pouvait avoir aucune suite, puisque les oppositions empêchaient le Trésor de se dessaisir. Singulière idée, après tout, que d'offrir au dey une prime d'adoucissement à des griefs légitimes !

Le souverain d'Alger écrivit alors au roi que M. Deval, notre consul, avait trompé sa bonne foi, et gagné une somme considérable dans l'infidèle gestion d'un intérêt sacré. Il demandait que cet agent fût rappelé, et qu'on lui envoyât à Alger ses deux sujets, qui, d'accord avec M. Deval, s'étaient partagé les sept millions. Mais on lui répondit que le consul avait agi dans les termes précis de la transaction de 1819, que Bacri s'était fait naturaliser Français, et que Busnach habitait Livourne. De nouvelles démarches, dont M. d'Attili, consul de Sardaigne, fut l'intermédiaire, n'eurent plus ni résultat ni réponse. Le dey cacha son ressentiment jusqu'au 30 avril 1827.

Chaque année, à cette époque, après les fêtes du Beïram, il est d'usage que les étrangers se rendent à la Kasbah, pour complimenter le chef de l'État ; ils prenaient rang, dans cette cérémonie, après le dernier des Turcs : mais l'agent français avait, depuis longtemps, su obtenir, pour l'honneur national, qu'il serait admis la veille en audience particulière. Dans cette dernière entrevue, M. Deval crut devoir débuter par prendre sous sa protection un navire romain qui venait d'arriver dans le port. — « Comment, s'écria Hussein avec impatience, viens-tu me fatiguer pour des objets qui ne regardent point la France, lorsque ton gouvernement ne daigne pas répondre aux lettres que je lui adresse pour ce qui me regarde ? » Soit ignorance de la valeur des termes de la langue turque, soit brutal oubli de toute dignité, M. Deval osa répondre au prince algérien, en plein divan : — « Mon maître ne descend pas jusqu'à répondre à un homme tel que toi ! » Les assistants murmurent ; le dey ne peut maîtriser sa colère, et frappe le consul d'un chasse-mouches en plumes de paon, qu'il tenait à la main.

M. Deval comprit trop tard la faute qu'il venait de commettre, et rechercha des accommodements que Hussein repoussa, en lui faisant intimer la défense de reparaître devant lui. Nous ajoutons à regret que cet agent diplomatique ne jouissait à Alger d'aucune considération [2] ; on l'accusait hautement de s'être fait

---

[1] *Mémoire au roi et aux chambres sur les véritables causes de la rupture avec Alger*, par Alexandre Delaborde, député de la Seine, p. 23. — *Correspondance de MM. Roy et de Villèle*, du ...... mai et du 4 septembre 1824.

[2] Les consuls étrangers m'ont assuré plusieurs fois, dit M. le baron Betthézène, ancien gouverneur de

payer chèrement ses services par Busnach et Bacri, et d'autres actions plus honteuses [1], et qui paraissent incroyables.

Au surplus, le rappel de M. Deval, si longtemps réclamé, et qu'auraient, sinon justifié, du moins rendu nécessaire les inculpations dont il fut l'objet, aurait sans doute amené des explications suffisantes pour l'honneur national; mais le ministère Villèle, dont toute la capacité résidait dans un système de corruption au dedans et d'abaissement à l'extérieur, crut saisir l'occasion de se populariser à bon marché. Il mit le port d'Alger en état de blocus; inutile mesure, dont l'unique résultat fut de coûter à la France sept millions par année [2]. Des vents de terre, qui, dans les parages d'Afrique, se lèvent à des heures régulières, emportant au large nos lourds vaisseaux de guerre, ouvraient un facile passage aux légères fustes algériennes, que d'autres vents ramenaient au port sans plus de dangers. Toute cette côte n'a pas de mouillage; les variations de température y sont perpétuelles; notre escadre était obligée de se maintenir constamment sous voiles; d'excessives et meurtrières fatigues accablaient nos braves marins; — dans la pratique de ses pénibles devoirs, chacun fit briller son courage, son habileté, sa patience; mais ces efforts ne démontraient que plus nettement l'impossibilité d'obtenir un dénoûment au moyen de nos forces navales.

Le ministère, poursuivi par l'opinion, rechercha bientôt la paix à tout prix, et descendit jusqu'à prier le dey de permettre qu'un de ses officiers se rencontrât, comme par hasard, sur la corvette anglaise *le Pilorus*, pour donner, du moins, un semblant de satisfaction. L'offre d'un brick armé en guerre achetait même cette honteuse concession [3]; mais Hussein-Pacha, fort de son droit, ne voulut rien entendre. La dernière tentative diplomatique, confiée à M. de la Bretonnière, commandant le blocus, se termina, le 2 août 1829, d'une manière fatale. Au moment où le vaisseau *la Provence* rangeait de près les forts de la Marine, pour sortir du port sous pavillon parlementaire, quelques coups de canon lui furent tirés. Le dey s'empressa de désavouer toute participation à cet acte qui blessait le droit des gens, et fit écrire par son drogman, Ben Zamoun, qu'il venait de destituer son ministre de la marine, et qu'il ne désirait rien tant qu'une paix honorable. Mais la Providence, qui se sert de tout pour arriver à ses fins,

---

l'Algérie, qu'ils ne l'auraient point vu s'il fût revenu à Alger avec l'armée française. (*Dix-huit mois à Alger, de 1830 à la fin de 1831*, p. 15.)

[1] Le 10 décembre 1817, dit M. A. Delaborde, une jeune personne, Rosa Posonbino, d'origine sarde, protégée de France, fut arrachée des bras de sa mère et livrée à la brutalité du dey qui régnait alors, ainsi qu'une jeune juive, Virginia Ben-Zamon, logée, dit-on, chez le consul de France. Le cri public accusa ce consul et son ami Jacob Bacri d'avoir coopéré à cet attentat, ce qu'il est impossible de croire. Mais enfin la plainte juridique des parents, et le rapport de la victime, lorsqu'elle recouvra la liberté, faits devant le consul de Sardaigne, le 30 mars 1818, et que je possède, articulent positivement ce fait; et dans cette opinion, fausse sans doute, les consuls portèrent leurs plaintes au gouvernement français et rompirent tout commerce avec M. Deval. Une enquête fut même entamée à Marseille par ordre du ministre de la marine; mais il faut croire qu'elle a été à l'avantage de M. Deval, puisqu'il reçut peu après la décoration de la Légion d'honneur. — Le dey actuel (Hussein-Pacha) le jour même de son élévation, le 28 février 1818, rendit ces deux victimes à leurs familles, et leur donna à chacune une indemnité de cinq mille piastres fortes. On conçoit que ce dey dut conserver des préventions contre le consul de France, et la nature de l'affront qu'il lui fit fut plutôt causée, comme il l'a sans cesse répété depuis, par l'animadversion qu'il avait pour sa personne que dans l'intention d'offenser la France. (*Mémoire au roi et aux chambres sur les véritables causes de la rupture avec Alger*, p. 37.)

[2] *Discours du ministre des affaires étrangères à la chambre des députés*, le 30 avril 1828.

[3] *Dix-huit mois à Alger*, par le lieutenant général Berthézène, p. 16 et 17.

permit alors que le ministère Polignac, le plus décrié de toute la restauration, nous préparât un immense avenir, en ne croyant servir qu'une pensée d'oppression.

« Il faut, disait sous le consulat un homme dont la carrière politique traversa bien des orages, il faut se préparer à fonder des colonies nouvelles. Notre situation intérieure rend un déplacement de population nécessaire. Ce n'est pas un exil qu'il s'agit d'infliger, mais un appât qu'il faut offrir. Combien de Français doivent naturellement adopter l'idée d'un établissement dans des contrées lointaines ! Combien en est-il pour qui un ciel nouveau est devenu un besoin ? — et ceux qui, restés seuls, ont vu moissonner par la mort tout ce qui embellissait pour eux la terre natale ; — et ceux pour qui elle est un monde ; — ceux qui n'y sèment que des regrets, et ceux qui n'y recueillent que des remords ; — et cette multitude de malades politiques, ces caractères inflexibles qu'aucun revers ne peut dompter ; — ces imaginations ardentes qu'aucun raisonnement n'assouplit ; — et ceux qui se trouvent toujours trop resserrés dans leur propre pays ; — et les spéculateurs aventureux, et les hommes qui brûlent d'attacher leur nom à des découvertes, à des fondations de villes, à des civilisations, pour qui la France constituée est trop calme ; — ceux enfin qui ne peuvent se faire à des égaux, ni à aucune dépendance ! »

Ces paroles de Talleyrand n'ont rien perdu de leur actualité. Dans les sociétés que nous appelons barbares, le trop plein des populations s'écoulait par des émigrations ; au sein des nations modernes, il fermente et fait éclore des troubles intérieurs. Le temps des croisades et des grandes conquêtes militaires est passé ; les besoins du travail, les intérêts industriels et les goûts raffinés du bien-être enlacent peu à peu tous les peuples dans un système de paix générale, dont la stabilité sera l'honneur de la diplomatie future. Mais les esprits les plus avancés reconnaissent qu'il existe encore, au fond des masses, une secrète souffrance que la misère égare trop souvent dans des voies dangereuses. L'extinction du paupérisme est toujours un problème digne des plus graves études, et que les efforts dévoués de plusieurs générations parviendront seuls à résoudre. En attendant cet âge d'or, l'Afrique semble ouverte à la France pour offrir une propriété à ces communistes inquiets, qui réclament des lois agraires ; pour donner une patrie à tant d'êtres déshérités par le hasard de la naissance ; pour ramener au calme des esprits égarés qui tenteraient de renouveler de tristes désastres. Un gouvernement sage et prudent peut trouver, dans l'emploi de cette riche possession, les garanties de sa puissance et de sa durée.

Tel ne fut pas, il est vrai, le mobile généreux qui fit agir la restauration. Il est même presque impossible de croire que la conquête d'Alger ait été inspirée par l'unique sentiment de l'honneur national ; les événements qui suivirent de si près ce grand résultat laissent trop penser que, dans les rêves de ceux qui l'obtinrent, il ne devait être qu'une diversion favorable aux succès d'un coup d'État. M. de Polignac, ignorant et vaniteux, eut un moment l'orgueil de copier Bonaparte, qui étouffait la liberté sous des lauriers. On sait quel fut le fruit de ses illusions.

L'expédition d'Alger fut résolue dans le conseil de Charles X, vers le mois de janvier 1830 ; la majorité du ministère combattit vivement ce projet qui ne semblait qu'un embarras de plus dans une situation déjà difficile, et qui allait aboutir à une impasse. M. de Polignac, qui avait des vues secrètes, et M. de Bourmont, ministre de la guerre, à qui souriait l'occasion d'effacer de fâcheux souvenirs, parvinrent, avec assez de peine, à décider le vieux roi. Des ordres furent aussitôt expédiés pour hâter les apprêts matériels de cette grande entreprise, et des négociations s'entamèrent avec l'empire de Maroc et la régence de Tunis pour s'assurer leur neutralité. L'Angleterre intervint avec inquiétude ; lord Stuart, son ambassadeur, essaya quelques phrases d'intimidation qui furent dédaigneusement accueillies ; mais tous les États riverains de la Méditerranée applaudissaient à l'initiative de la France, qui allait venger le commerce européen des ravages de la piraterie.

De son côté, le dey Hussein, instruit par nos journaux que recevaient les consuls étrangers, des immenses préparatifs qu'on organisait contre lui, avait réclamé le concours du Maroc, de Tunis et de Tripoli. Sa position était critique : Mustapha-Bou-Mezrag, bey de Tittery, et Achmet, bey de Constantine, ourdissaient depuis longtemps une conspiration contre son pouvoir ; les Arabes le haïssaient, à cause de ses cruautés et de ses déprédations, et la milice des janissaires, toujours disposée à la révolte, lui inspirait plus d'une crainte. Le chérif du Maroc et la régence de Tunis ne répondirent à son appel que par des vœux stériles. Le pacha de Tripoli lui écrivit que, trop faible pour lui envoyer une armée, il avait, du moins, consulté un saint marabout qui annonçait aux Français le renouvellement des désastres de Charles-Quint. Hussein, doué d'un caractère fortement trempé, se souciait peu des prédictions d'un marabout ; mais sa confiance reposait sur les déclamations de la presse contre l'expédition projetée. Les journaux de 1830, avec une mauvaise foi qui fait peu d'honneur aux publicistes de cette époque, exagéraient à l'envi les dangers de la guerre et en niaient la nécessité. Le parti qui se disait libéral ne recula pas devant l'idée d'en appeler aux intérêts de l'Europe ; on effraya les peuples sur les résultats de cette campagne, et on se félicita hautement d'avoir amené la diplomatie anglaise à intervenir dans la destination de notre conquête présumée. Mais la fortune de la France devait donner bientôt un éclatant démenti aux perfides menées de cette opposition antinationale.

La flotte, rassemblée dans les ports de Marseille et de Toulon, était prête à la fin d'avril ; elle comptait 77 vaisseaux de guerre à voiles ou à vapeur, et 347 navires de transport, sans y comprendre les bâtiments au nombre de 230, destinés au débarquement de l'artillerie, du matériel et des troupes.

L'infanterie formait trois divisions, et chaque division trois brigades [1].

1re DIVISION : MM. le baron Berthézène, lieutenant général, commandant ; de Brossard, colonel, chef d'état-major ; Reveux, chef de bataillon, sous-chef ; Sergent de Champigny, sous-intendant militaire.

1re *brigade* : M. Poret de Morvan, maréchal de camp.

1er bataillon du 2e léger
1er id. du 4e id. } M. de Frescheville, colonel.

---

[1] Les chiffres généraux de la composition de l'armée sont tirés des notes de M. le lieutenant général Berthézène.

3ᵉ régiment de ligne : M. Roussel, colonel.

2ᵉ *brigade* : M. Achard, maréchal de camp.
14ᵉ régiment de ligne : M. d'Armaillé, colonel.
37ᵉ   id.   M. de Feuchères, colonel.

3ᵉ *brigade* : M. Clouet, maréchal de camp.
20ᵉ régiment de ligne : M. Horric de la Motte, colonel.
28ᵉ   id.   M. Mounier, colonel.

Effectif de la 1ʳᵉ division : 10,284 hommes, et 85 chevaux.

2ᵉ DIVISION : MM. de Loverdo, lieutenant général, commandant ; Jacobi, colonel, chef d'état-major ; Aupick, chef de bataillon, sous-chef ; Béhaghel, sous-intendant militaire.

1ʳᵉ *brigade* : M. de Damrémont, maréchal de camp.
6ᵉ régiment de ligne : M. de Laville-Gilles, colonel.
49ᵉ   id.   M. Magnan, colonel,

2ᵉ *brigade* : M. Monck d'Uzer, maréchal de camp.
16ᵉ régiment de ligne : M. Mangin, colonel.
48ᵉ   id.   M. de Léridant, colonel.

3ᵉ *brigade* : M. Colomb d'Arcine, maréchal de camp.
21ᵉ régiment de ligne : M. de Gontefrey, colonel.
29ᵉ   id.   M. de Lachau, colonel.

Effectif de la 2ᵉ division : 10,284 hommes, et 84 chevaux.

3ᵉ DIVISION : MM. le duc d'Escars, lieutenant général, commandant ; Petiet, colonel, chef d'état-major ; Pretot, chef de bataillon, sous-chef ; d'Arnaud, sous-intendant militaire.

1ʳᵉ *brigade* : M. Berthier de Sauvigny, maréchal de camp.
1ᵉʳ bataillon du 9ᵉ léger } M. de Neuchèze, colonel.
1ᵉʳ   id.   du 1ᵉʳ id.
35ᵉ régiment de ligne : M. Rullières, colonel.

2ᵉ *brigade* : M. Hurel, maréchal de camp.
17ᵉ régiment de ligne : M. Duprat, colonel.
30ᵉ   id.   M. Ocher de Beaupré, colonel.

3ᵉ *brigade* : M. de Montlivault, maréchal de camp.
23ᵉ régiment de ligne : M. de Montboissier, colonel.
34ᵉ   id.   M. de Roucy, colonel.

Effectif de la 3ᵉ division : 10,284 hommes, et 85 chevaux.

La cavalerie n'était forte que de 500 chevaux des 13ᵉ et 17ᵉ chasseurs, sous les ordres du colonel Bontemps-Dubarry.

L'artillerie de siége et de campagne, commandée par le général de La Hitte, conduisait 112 bouches à feu, avec un matériel porté par 350 voitures. Son effectif était de 2,327 hommes, et 1,309 chevaux.

Deux compagnies de mineurs, six de sapeurs, et une demi-compagnie du train (1,310 hommes et 193 chevaux), formaient les troupes du génie, dirigées par le général Valazé.

L'administration comptait 1,724 hommes, et 1,385 chevaux ; la gendarmerie, 127 hommes, et 35 chevaux.

L'effectif général des combattants s'élevait, officiers compris, à 35,000 hommes.

L'infanterie était approvisionnée de 5 millions de cartouches; l'artillerie pouvait tirer 163,000 coups. — Des réserves considérables de poudres et d'armes complétaient ce matériel.

L'armée navale était ainsi composée :

VAISSEAUX : *La Provence*, portant pavillon amiral, et commandée par M. Villaret de Joyeuse; *le Trident*, commandé par M. Casy, capitaine de vaisseau, et monté par le contre-amiral Rosamel; *l'Algésiras*, comm. Ponée; *la Couronne*, comm. de Rossy; *le Duquesne*, comm. Basoche; *le Marengo*, comm. Duplessis-Parseau; *le Nestor*, comm. Latreyte; *le Scipion*, comm. Émeric; *le Superbe*, comm. Cuvillier; *la Ville de Marseille*, comm. Robert.

FRÉGATES : *L'Amphitrite*, comm. Le Serec; *l'Aréthuse*, comm. de Moges; *l'Artémise*, comm. Cosmao-Dumanoir; *la Belle Gabrielle*, comm. Laurens de Choisy; *la Bellone*, comm. Gallois; *la Cybèle*, comm. Robillard; *la Circé*, comm. Rigodit; *la Didon*, comm. de Villeneuve-Bargemont; *la Duchesse-de-Berry*, comm. de Kerdrain; *l'Herminie*, comm. Leblanc; *l'Iphigénie*, comm. Christy de la Pallière; *la Jeanne-d'Arc*, comm. Lettré; *la Magicienne*, comm. Bégué; *la Médée*, comm. de Plantys; *la Melpomène*, comm. Lamarche; *la Marie-Thérèse*, comm. Billard; *la Guerrière*, comm. Rabaudy; *la Pallas*, comm. de Forsanns; *la Proserpine*, comm. de Reverseaux; *la Surveillante*, comm. Trotel; *la Sirène*, comm. Massieu de Clerval; *la Thémis*, comm. Legoarant de Tromelin; *la Thétis*, comm. Lemoine; *la Vénus*, comm. Russel de Bedfort.

CORVETTES : *L'Adour*, comm. Lemaitre; *la Bayonnaise*, comm. Ferrin; *la Bonite*, comm. Parnajon; *la Cornélie*, comm. Savy de Montdiol; *la Caravane*, comm. Donys; *la Créole*, comm. de Péronne, et montée par M. Hugon, commandant supérieur de la flottille; *la Dordogne*, comm. Mathieu; *l'Écho*, comm. Groeb; *le Lybio*, comm. Coste; *l'Orythie*, comm. Luneau; *la Perle*, comm. Villeneau; *le Rhône*, comm. Febvrier-Despointes; *le Tarn*, comm. Fleurine de Lagarde; *la Victorieuse*, comm. Guérin des Essarts.

BRICKS : *L'Actéon*, comm. Hamelin; *l'Adonis*, comm. Huguet; *l'Alacrity*, comm. Lainé; *l'Alcibiade*, comm. Garnier; *l'Alsacienne*, comm. Hanet Cléry; *l'Aventure*, comm. d'Assigny; *l'Alerte*, comm. Andréa de Nerciat; *la Badine*, comm. Guindet; *la Cigogne*, comm. Barbier; *la Comète*, comm. Ricard; *le Cuirassier*, comm. de la Rouvraye; *la Capricieuse*, comm. Brindjone Tréglodé; *le Cygne*, comm. Rouger; *le Dragon*, comm. Leblanc; *le d'Assas*, comm. Pujol; *le Ducouëdic*, comm. Gay de Taradel; *l'Endymion*, comm. Nonay; *l'Euryale*, comm. Parseval; *le Faune*, comm. Couhitte; *le Griffon*, comme Dupetit-Thouars; *le Hussard*, comm. Thoulon; *le Lézard*, comm. Herpin de Frémont; *le Lynx*, comm. Armand; *le Rusé*, comm. Jouglas; *le Silène*, comm. Bruat; *le Voltigeur*, comm. Ropert; *le Zèbre*, comm. Le Férec.

GOELETTES : *La Daphné*, comm. Robert Dubreuil; *l'Iris*, comm. Guérin.

BOMBARDES : *L'Achéron*, comm. Lévêque; *le Cyclope*, comm. Texier; *la Dore*, comm. Long; *le Finistère*, comm. Rolland; *l'Hécla*, comm. Ollivier; *le Vésuve*, comm. Mallet; *le Volcan*, comm. Brait; *le Vulcain*, comm. Baudin.

GABARES : *L'Africaine*, comm. Lautier; *l'Astrolabe*, comm. Verninac de Saint-Maur; *le Bayonnais*, comm. Lefebvre d'Abancourt; *le Chameau*, comm. Coudein; *la Désirée*, comm. Daumac; *la Garonne*, comm. Aubry de la Noé; *la*

Lamproie, comm. Dussaut; *le Marsouin*, comm. de Forget; *le Robuste*, comm. Delassaux; *la Truite*, comm. Miégeville; *la Vigogne*, comm. de Sercey.

BATEAUX A VAPEUR : *Le Coureur*, comm. Lugeol; *le Nageur*, comm. Louvrier; *le Pélican*, comm. Janvier; *le Rapide*, comm. Gatier; *le Souffleur*, comm. Grandjean de Fouchy; *le Sphinx*, comm. Sarlat; *la Ville du Havre*, comm. Turiault.

Les choix des généraux commandant les troupes furent aussi bons que possible [1]. Si quelques-uns n'inspiraient pas d'abord une parfaite confiance, si certains noms se recommandaient plus par leur fortune de courtisan que par les services du passé, tous, par leur belle conduite, se montrèrent dignes de l'armée.

M. de Bourmont devait à la faveur du Dauphin le commandement en chef de l'expédition; et si des préventions regrettables existaient dans l'opinion publique contre cet officier général, il sut prendre une glorieuse revanche. Son état-major fut composé de MM. le lieutenant général Desprez, chef d'état major général; Tholozé, maréchal de camp, sous-chef; Denniée, intendant en chef; Firino, payeur général et commissaire des postes.

Le vice-amiral Duperré [2] fut placé à la tête de la flotte, partagée en trois escadres qui portaient les divisions et l'artillerie, et suivie d'un convoi en trois flottilles, chargé du matériel et des transports.

Un conseil d'amirauté avait été investi du soin d'examiner les plans d'opérations. Le gouvernement ne possédait, à cet égard, d'autres documents que les rapports du colonel du génie Boutin, qui avait fait autrefois, par ordre de l'empereur, une reconnaissance détaillée des côtes barbaresques. Un seul membre du conseil persista dans un avis contraire à l'expédition; ce fut M. Duperré, qui rappelait tristement les désastres de Charles-Quint et d'O'Reilly, commentait de toutes manières la fameuse phrase de Salluste : *Mare sævum, importuosum* [3], et concluait qu'aux difficultés de l'atterrage il faudrait joindre un temps énorme, quinze jours peut-être, pour débarquer les troupes, et un mois pour le matériel. Ce sentiment d'opposition refroidissait singulièrement l'enthousiasme du conseil; et la réputation de savoir et d'expérience consommés, dont s'illustrait le vice-amiral, allait prévaloir sur l'honneur du drapeau, lorsque M. de Bourmont ne put s'empêcher de dire, en présence du roi et de tous les ministres : « Il est bien fâcheux pour la dignité nationale de voir, en 1830, la marine française reculer devant une entreprise qui n'effraya point la marine espagnole en 1541. Comment se fait-il que Doria ait exécuté en quelques heures un débarquement pour lequel M. Duperré demande six semaines ? Je supplie Votre Majesté de faire donner l'ordre à son ambassadeur à Madrid de rechercher, dans

---

[1] Le général Berthézène, dont les états de service datent du siége de Toulon, avait conquis tous ses grades à la pointe de l'épée. M. de Loverdo, à qui nous devons d'excellentes études sur l'Afrique septentrionale, s'était distingué dans les guerres de la république et de l'empire. M. le duc d'Escars n'avait, dit-on, jamais fait la guerre; mais c'était un homme du plus honorable caractère, fort instruit, et dont la bravoure, la haute intelligence, autant que ses qualités personnelles, justifièrent ce que la naissance et la faveur avaient fait pour lui. Les généraux de La Hitte et Valazé, commandant l'artillerie et le génie, sont deux officiers du mérite le mieux éprouvé.

[2] M. Duperré jouissait d'une belle réputation parmi les marins. Il avait plus d'une fois combattu glorieusement les Anglais, sur nos côtes et dans les mers de l'Inde, et, en 1812, il avait déployé une remarquable habileté pour mettre l'Adriatique dans un état de défense imposant.

[3] Sallust. *Jugurtha*, cap. XVII.

les archives de l'Escurial, tous les renseignements qui pourront nous éclairer sur les moyens employés par Doria dans l'expédition de Charles-Quint, et sur ceux qu'employa Castéjon, dans celle d'O'Reilly en 1775; car il est bien prouvé que ces deux expéditions n'ont échoué que par le défaut de prudence, de conduite et d'habileté des généraux, et non par les obstacles et les dangers de la mer [1]. » Le conseil, rappelé à un examen plus attentif des difficultés présentées par M. Duperré, reconnut que la plupart n'étaient qu'idéales, et les autres fort exagérées. Mais on ne pouvait suspecter la bonne foi du vice-amiral, et le ministre de la guerre, assuré de sa prudence, insista pour qu'il fût chargé de conduire la flotte. Malheureusement, comme on le verra bientôt, M. Duperré sembla garder rancune à M. de Bourmont du petit échec qu'avait subi son amour-propre.

Le Dauphin, dans les premiers jours de mai, vint lui-même passer la revue de l'armée, et, après diverses manœuvres d'essai, faites en présence de ce prince, et dont l'intelligence attestait l'excellente instruction des troupes de toutes armes, l'expédition mit à la voile le 25, à deux heures après midi. Des milliers de curieux couvraient les collines qui bordent la rade de Toulon, et saluaient avec des cris de joie le départ majestueux de cette croisade moderne. A sept heures du soir, la flotte avait gagné la pleine mer et voguait sur trois lignes; le corps de bataille au centre, l'escadre de réserve à droite, et le convoi sur la gauche. Les bâtiments de transport ne devaient partir que deux jours plus tard, et le rendez-vous général était fixé au cap Caxines, à l'ouest d'Alger.

M. de Bourmont occupait une simple cabine à bord de *la Provence*, que montait le vice-amiral. Tous deux vivaient sur le pied d'une politesse froide et cérémonieuse, n'ayant de rapports que ceux du service, et de courtes promenades sur la dunette; la musique militaire épargnait, à table, les frais d'une conversation que rendait difficile la mésintelligence des chefs de l'expédition. « Les préoccupations de M. de Bourmont, dit un témoin oculaire, les habitudes brusques et impatientes de M. Duperré, le ton tranchant et sentencieux du général Desprez, chef d'état-major, l'incohérente loquacité de l'intendant Denniée, n'étaient pas faits pour répandre beaucoup de charme sur cette réunion. Si l'on ajoute à cela de petites rivalités de position, et la monotonie de la vie de bord, on ne sera pas surpris que chacun des convives désirât vivement être rendu à son indépendance relative. Quoique, parmi les officiers de *la Provence* et de l'état-major général, on trouvât bon nombre de gens d'esprit, l'étiquette de ce vaisseau était si vétilleuse, si tracassière, qu'on peut assurer, sans crainte d'être démenti par personne, que le séjour en était fort insipide, et qu'on payait par trop d'ennui l'honneur d'être placé sous le pavillon amiral [2]. »

[1] *Anecdotes politiques et militaires sur l'expédition d'Afrique en 1830*, par M. Morle, secrétaire particulier du général en chef, p. 12.

[2] Le spirituel historiographe qui accompagna M. de Bourmont écrivait, quelques mois plus tard, avec cette verve caustique que nous lui connaissons : « J'ai suivi l'armée, sans autre but que celui de voir; aucun calcul d'intérêt et d'ambition ne m'a fait entreprendre ce voyage, que je puis dire avoir fait en dupe; ne pouvant avoir part, ni aux honneurs de la victoire, ni aux bénéfices de la conquête; mais, comme Figaro, j'ai voulu au moins du plaisir où je ne trouvais pas de profit, et je me suis convaincu qu'il y avait plus de comédie dans une journée de quartier général, qu'il ne s'en fait en un an dans quatre théâtres royaux. »

Quelques années après, un autre écrivain, qui prenait les choses avec moins de philosophie, s'était chargé d'aller en Afrique préparer, dans l'intimité d'un célèbre guerrier, l'histoire de son gouvernement. Ce Quinte-

Le 26, de grand matin, on signala, au sud-est, une frégate turque, accompagnée de la frégate française *la Duchesse-de-Berry*; ce navire portait Tahir-Pacha, grand amiral de la Porte. Cet agent supérieur avait reçu mission de se rendre auprès du dey Hussein, pour l'amener, s'il se pouvait, à un arrangement pacifique; mais les règles du blocus ne lui ayant pas permis de pénétrer dans le port d'Alger, il se rendit à Toulon, après une entrevue de trois heures avec M. Duperré, à bord de *la Provence*.

Le 29, vers midi, on arrivait à la hauteur des Baléares, et le 30, à onze heures, les communications s'établissaient avec l'escadre de blocus, en vue des côtes d'Afrique. Les troupes de terre et de mer étaient animées du meilleur esprit. Malgré le défaut d'air et d'espace, malgré l'encombrement des navires, on comptait à peine quatre-vingts malades. Tout le monde rappelait à l'envi nos journées de gloire; les grands noms des Pyramides et d'Héliopolis étaient de magiques talismans qui faisaient vibrer toutes les imaginations. Jamais entreprise ne s'était annoncée sous de plus heureux présages. Nos jeunes soldats brûlaient de venger le malheur arrivé à deux bâtiments faisant partie de l'escadre de blocus. Dans la nuit du 14 au 15 mai, le brick *l'Aventure*, commandé par M. d'Assigny, qui courait en croisière sur les côtes pour surveiller les mouvements de l'ennemi, avait été jeté par la grosse mer sur les bas fonds du cap Bengut. Le brick *le Silène*, commandé par M. Bruat, et venant de Mahon avec des dépêches, subit le même sort dans la journée du 15. Les équipages de ces navires, faits prisonniers par les Kebaïles des environs de Dellys, avaient été pillés et en partie massacrés. On porta leurs têtes sanglantes à Alger; ceux qui survécurent furent traînés dans les bagnes du dey, d'où ils ne sortirent qu'à la prise de la ville. Leurs braves officiers, que les consuls d'Angleterre et de Sardaigne voulaient réclamer, refusèrent de séparer leur sort de celui des marins. La nouvelle de ces cruautés, apportée par la frégate française *la Duchesse-de-Berry*, exalta l'indignation de l'armée. Un seul homme, au milieu de cet élan patriotique, parodiait, par son attitude muette et sombre, les sinistres prédictions de Cassandre; mais ce n'était pas M. de Bourmont.

Tout à coup, commença une suite de manœuvres contradictoires, qui furent une énigme pour toute l'armée. L'amiral fit virer de bord, puis revenir, puis mettre en panne. Le 31, à trois heures du matin, la flotte se trouvait à cinq lieues du cap Caxines, et l'ordre fut donné de rebrousser chemin. Les marins interrogés s'efforçaient de justifier la conduite de leur chef, sans pouvoir se l'expliquer; on apprit plus tard que la marche du convoi avait été si mal réglée, qu'une partie s'était égarée en route, et que les bateaux de débarquement nous manquaient.

Le 1er juin, l'amiral retourna subitement du côté de Palma, tandis que les

---

Curce improvisé avait la manie dangereuse de discuter avec son Alexandre, qui n'épargnait pas aux hommes de la presse les épithètes les plus... désobligeantes. Un soir, au retour d'une expédition dans laquelle il avait eu l'honneur de prendre sa part de glorieux dangers, Quinte Curce pensa que le baptême de feu devait l'affranchir de ces boutades furieuses qui devenaient presque des personnalités, car elles éclataient sous les yeux des officiers supérieurs de l'armée. Il osa s'en plaindre respectueusement. « Monsieur, lui répondit Alexandre, je vous ferai comme une carotte de tabac, et je vous ferai porter au fort l'Empereur ! »

Les petites anecdotes ne sont pas de l'histoire, mais elles peuvent quelquefois servir de pièces justificatives. « Le style, disait M. de Buffon, c'est tout l'homme. »

bateaux-bœufs, qu'il croyait dispersés, se ralliaient déjà au rendez-vous général, dans les eaux de Sidi-Ferruch. Cette déplorable promenade dura onze jours, pendant lesquels le général en chef regrettait, avec amertume, la perte d'un temps précieux, et des indécisions qui pouvaient si gravement compromettre le succès de notre entreprise, en laissant à l'ennemi tout le loisir de compléter son système de défense. Les officiers de l'armée de terre s'égaraient en conjectures de toute sorte : — la rencontre de Tahir-Pacha, la mission de ce personnage, dont le secret avait peut-être été gardé par M. Duperré, devaient-elles suspendre nos opérations jusqu'à nouvel ordre du gouvernement? — l'Angleterre inquiète serait-elle intervenue dans nos débats? — Au lieu des pirates d'Alger, aurait-on bientôt une flotte britannique à combattre? — Ou peut-être, et c'était le pire, faudrait-il amener notre pavillon devant des intrigues de cabinet?

Enfin, le 9 juin, l'armée reprit sa marche; les généraux furent convoqués à un conseil de guerre sur la frégate *l'Aréthuse*, où s'était rendu M. de Bourmont. On y arrêta les mesures à prendre pour le débarquement. La journée du 12 fut entièrement passée à louvoyer sur les côtes ; mais le 13, à six heures du matin, l'escadre de bataille se forma sur une seule ligne, et *la Provence* mouilla, vers midi, devant Sidi-Ferruch, à deux cent cinquante toises de terre.

Le général en chef oublia dès lors les désagréments d'une traversée dont les lenteurs et les fautes semblaient accuser un mauvais vouloir inexplicable, mais dont le silence obstiné, ou les réponses évasives de l'amiral à toutes ses questions, augmentaient la probabilité ; car, depuis l'apparition de la flotte en vue des côtes d'Afrique, le vent avait été constamment bon [1]. Toutefois, M. de Bourmont avait su, par un admirable esprit de ménagement, conserver un calme stoïque, et prévenir les chances d'une funeste division entre la marine et l'armée de terre ; car une ordonnance royale l'autorisait à prendre le commandement supérieur de la flotte, si l'intérêt de l'État lui semblait l'exiger : il était porteur de cette ordonnance et d'une lettre du ministre de la marine, M. d'Haussez, qui devait, dans le cas prévu, mais dont M. Bourmont était seul juge, faire connaître à l'amiral les intentions du roi [2]. Le général en chef n'usa point de cette prérogative, qui ne fut révélée qu'après la révolution de juillet ; et, quelques jours plus tard, pour prix de sa noble conduite, en échange d'une victoire immortelle, l'amiral Duperré lui refusait un bâtiment pour gagner en proscrit la terre étrangère ; et certaines gens, pour faire lâchement leur cour au nouveau règne, lui contestaient à Paris le titre de Maréchal de France, acquis sur le champ de bataille teint du sang d'un de ses fils, et conféré par Charles X dans la plénitude de son pouvoir.

Dans la nuit du 13 au 14 juin, la mer était calme, le ciel pur, l'air embaumé des senteurs de la terre ; le débarquement s'effectua sans bruit, dans un ordre parfait. Cette opération, pour laquelle M. Duperré avait demandé quinze jours, ne coûta que quelques heures.

Le promontoire de Sidi-Ferruch est une langue de sable, hérissée d'épaisses

---

[1] *Dix-huit mois à Alger*, par le lieutenant général Berthézène, p. 57.

[2] Voyez les *Mémoires d'un officier d'état-major*, par Barchou de Penhoën, aide de camp du général Berthézène ; — *l'Algérie ancienne et moderne*, par Léon Galibert, p. 204 ; — *Journal de la campagne d'Afrique*, par le général Desprez, chef d'état-major général. Paris, 1831.

broussailles, qui s'avance à une demi-lieue dans la mer, où elle plonge tout à coup ses falaises escarpées. Cette pointe relevée est couronnée par un plateau qui porte un marabout, nommé Torre-Chica (la petite tour); le nom de Sidi-Ferruch lui vient du personnage vénéré dont les cendres reposent en cet endroit [1]. La mer creuse, de chaque côté, deux baies peu profondes, dont la plage unie offre un facile accès; l'armée prit terre par celle de l'ouest. A partir de ce point jusqu'à deux lieues, le sol n'est accidenté que par de faibles ondulations, couvertes de bruyères, mais qui forment trois plans. Le premier, jusqu'au plateau de Staouëli, sillonné par des ravins peu profonds, n'offre que de rares cultures, qui disparaissent bientôt; des filets d'eau l'arrosent à fleur de terre. Le second voit succéder aux broussailles épineuses un immense tapis de palmiers nains, d'où s'élancent çà et là des mûriers, des oliviers, des lentisques et quelques orangers. A une lieue plus loin, trois ou quatre chétives maisons prennent le nom de Sidi-Kalef; le terroir, bien arrosé, sert de pacage aux troupeaux des Arabes, et s'étend jusqu'aux collines de Bou-Zariah, en traversant les prairies d'El-Biar. Le Bou-Zariah, tranché par des vallées profondes, commence un massif de hauteurs boisées, auquel s'adosse Alger du côté de la mer, et qui, borné, à l'est et au nord, par la Méditerranée, à l'ouest par le lit du Mazafran, est séparé, au sud, de la grande plaine de Métidjah, par les pentes du Sahel [2].

On s'attendait à trouver sur la côte une énergique résistance; car la flotte avait défilé devant les batteries d'Alger, dont le silence faisait penser que toutes les forces ennemies nous disputeraient, pied à pied, le point de débarquement. Et cependant, la solitude régnait à Sidi-Ferruch; une batterie, construite en avant du marabout, se trouvait désarmée; une autre, placée un peu plus loin, mais masquée par des dunes, nous lança quelques bombes, et s'éteignit sous le feu du bateau à vapeur *le Nageur*.

A trois heures du matin, la première division, ralliée à l'ouest du tombeau de Sidi-Ferruch, se forma en colonnes serrées. La brigade Poret de Morvan, et la brigade Achard, marchèrent à l'ennemi, tandis que la brigade Clouët s'avançait pour les soutenir avec les canons déjà mis à terre. Les Turcs, au lieu de défendre les falaises de Sidi-Ferruch, où leur artillerie aurait pu nous arrêter longtemps, occupaient, en arrière de la presqu'île, une position couverte par trois batteries, et qu'il fallait aborder en traversant une plaine encombrée de buissons. Le feu s'engage, et les boulets pleuvent sur nos colonnes, où ils font de larges trouées : mais bientôt les deux premières brigades tournent la position, prennent les batteries à revers, les enlèvent avec vigueur, et s'y établissent. L'ennemi fit retraite en tiraillant jusqu'à la nuit, et recula sur le plateau de Staouëli. Nos pertes ne furent que de trente-quatre morts, et cent vingt-huit blessés.

---

[1] L'Afrique est couverte, comme tous les pays musulmans, de ces constructions pieuses qui tirent leur nom des saints de l'Islam et des *marabouts* ou religieux qui veillent sur leurs tombeaux. La petite mosquée où se trouve la sépulture de Sidi-Ferruch est entourée d'une cour sur laquelle s'ouvrent des cellules destinées aux pèlerins. A quelque distance, on trouve plusieurs citernes.

[2] Pour ne point ralentir la marche des faits historiques, nous avons cru devoir renvoyer au LIVRE DEUXIÈME de cet ouvrage tous les détails descriptifs qui concernent Alger, les autres villes du Moghreb, les mœurs des indigènes et l'aspect général du territoire conquis. L'expédition française abordant un sol inconnu, nous avons procédé comme elle; puis il nous a semblé nécessaire, pour éclairer les événements qui suivront la prise d'Alger, de tracer immédiatement après, à vol d'oiseau, la physionomie du pays tel qu'il est connu maintenant, en y joignant les découvertes que le savant colonel Daumas vient de pousser dans le Sahara.

Pendant que la division Berthézène obtenait ce succès, la seconde achevait son débarquement, et se portait en réserve derrière nos combattants. Le bivouac s'établit sur la presqu'île, où la troisième division reçut ordre de commencer les travaux d'un camp retranché, pour abriter le matériel et les ambulances de l'armée.

Un violent orage, qui éclata le 16, vers les neuf heures du matin, causa un grand désordre dans la flotte, et quelques petits bâtiments furent brisés sur les rochers. On se souvint, avec terreur, du désastre de Charles-Quint, et l'on put craindre que les Turcs ne profitassent de ce moment pour lancer leur cavalerie sur notre camp sans défense. Mais, vers le soir, une éclaircie ramena la confiance; un Arabe se présenta, pour la première fois, aux avant-postes de la 1re division; il venait s'informer des dispositions des Français à l'égard de sa nation. On l'accueillit avec une encourageante bienveillance, et il partit le lendemain pour porter à ses compatriotes des nouvelles pacifiques; — mais les Turcs l'arrêtèrent et le firent périr.

La journée du 17 se passa sans autres épisodes que quelques engagements de tirailleurs, et nous apercevions les travailleurs turcs occupés à construire des batteries sur le plateau de Staouëli. L'intention du général en chef était de ne se porter en avant qu'après avoir mis son camp retranché à l'abri de toute surprise. L'ennemi prit ces délais pour un signe de faiblesse, et, dans la soirée du 18, des transfuges arabes donnèrent avis au général Berthézène que toutes les forces musulmanes attaqueraient les Français le lendemain, au point du jour.

On avait profité de ces rapports fugitifs avec quelques indigènes pour répandre une masse de proclamations rédigées en France; ces bulletins annonçaient que l'expédition d'Afrique n'avait d'autre but que de venger l'outrage fait à notre pavillon.

L'un d'eux était conçu en ces termes:

« Nous Français, vos amis, partons pour Alger. Nous allons en chasser les Turcs, vos tyrans, qui vous persécutent, qui vous volent vos biens et les produits de vos terres, qui ne cessent de menacer vos vies. Nous ne conquérons pas la ville pour en demeurer maîtres. Soyez unis à nous, soyez dignes de notre protection, et vous régnerez, comme autrefois, dans votre pays, maîtres indépendants de votre sol. »

M. de Bourmont en adressa un autre aux habitants d'Alger :

« Quant à vous, leur disait-il, habitants des tribus et des villes, sachez que je ne viens pas pour troubler votre sol et pour vous faire la guerre. Notre présence sur votre territoire n'est pas pour faire la guerre *à vous*, mais seulement à la personne de votre pacha, qui, par ses procédés, est cause qu'il est persécuté; par ses actes, bientôt tous vos biens auraient été pillés, vos personnes exterminées et votre pays entièrement ruiné. Abandonnez votre pacha pour suivre nos sages conseils, qui ne tendent qu'à vous rendre heureux. »

Nous ne pouvons faire un crime aux Arabes de s'être unis à leurs coreligionnaires pour nous résister. L'insuccès ou la stérilité des anciennes expéditions espagnoles, danoises, anglaises et françaises leur permettait d'espérer que celle-ci ne prétendrait pas à l'occupation du pays. Aussi les auxiliaires de la milice turque ne furent-ils composés que des tribus les plus immédiatement placées sous le joug de la terreur et de la dépendance. Après la chute de leurs oppresseurs, ils firent les premières démarches pour une paix fondée sur les intérêts de l'avenir. S'ils avaient pu prévoir le mal que leur causeraient quinze ans de ravage effréné, au lieu de vingt mille adversaires, dont six à huit mille Turcs, nous eussions trouvé toute l'Algérie en armes sur ses grèves, et dans les luttes désespérées, Dieu seul est le juge du camp. Nous ne pouvons donc nous associer au système actuel de certains hommes qui, faisant gloire et métier de tuer, nous donneraient tort aujourd'hui ; dévoués à l'honneur de la France, nous ne le faisons pas consister en de farouches excès. L'heure vient, où le bras se lasse et faiblit ; quand le sabre tombe, la conscience se lève ; le sentiment national accuse de trop fatales erreurs, et l'histoire ne peut les absoudre.

La milice turque et les contingents arabes des provinces d'Alger et d'Oran, sous les ordres de Mustapha, bey de Titteri, se trouvaient rassemblés à Staouëli. Quatre à cinq cents cavaliers du bey de Constantine s'étaient portés sur la rive droite du Haratch, au sud-est d'Alger, pour y attendre les événements.

L'agha des janissaires, Ibrahim, gendre du dey, commandait en chef toutes les troupes de la régence ; c'était un homme d'un beau courage personnel, mais sans capacité militaire. Il avait pu apprendre, comme le dey, par les consuls étrangers, que les journaux de France tenaient au courant de tous les préparatifs, notre projet de débarquer à Sidi-Ferruch ; mais, craignant d'être abusé par une ruse de guerre, il avait établi d'abord son quartier-général à la Maison-Carrée, et pensé que la rade d'Alger serait notre point d'opération, comme elle avait été celui de Charles-Quint. Hussein-Pacha, loin de supposer qu'un débarquement fût dangereux pour lui, comptait nous écraser, en nous attirant dans les ravins du Sahel ; ces fausses mesures, cette imprévision, jointes à une ignorance absolue de la tactique européenne, ne diminuent en rien la gloire de nos jeunes soldats.

Dans les guerres continentales, deux armées sont en présence : le succès ou la défaite résulte d'un jeu de combinaisons savantes ; la bravoure individuelle y sert moins que l'habileté des manœuvres. En Afrique, suivant la pittoresque expression de M. Bugeaud, une armée est dans la situation d'un taureau assailli par une multitude de guêpes. Il n'y a pas de grandes batailles à livrer, mais des combats sans trêve, et des luttes corps à corps ; point de clef d'une contrée, point de ces positions qui commandent au loin le pays, militairement parlant. Les Turcs nous opposèrent une résistance compacte ; mais ils étaient en petit nombre, et vinrent expirer dans nos rangs. Quant aux Arabes, ils nous firent une guerre de partisans meurtrière, et nous dûmes reconnaître tout d'abord que l'art stratégique d'Europe est à peu près impuissant contre leur système d'attaques irrégulières, imprévues, incessantes. « On ne tourne pas les Arabes, tous les points de l'horizon leur sont indifférents ; on ne s'empare pas de leurs lignes de communications, tous les chemins leur sont bons ; on ne menace pas leurs dépôts, ni le siége de leur gouvernement ; le cœur de leur puissance est aussi mobile que leur camp. Les talents des plus grands généraux, concentrés en un seul, ne forceraient pas les Arabes à combattre quand ils n'en ont pas l'intention : rien ne les oblige à vous attendre [1]. »

[1] Lettre du général Bugeaud, insérée dans le *Courrier français* du 11 février 1838.

Le vigoureux engagement de Sidi-Ferruch et la retraite précipitée de l'ennemi avaient donné à l'armée une confiance de bon augure ; l'affaire générale de Staouëli devait la rendre invincible.

Pendant la nuit du 18 au 19 juin, les Arabes auxiliaires avaient profité des ténèbres pour s'approcher sans bruit, pas à pas, de broussaille en broussaille, jusqu'à portée de nos avant-postes. Au point du jour, un coup de canon, tiré du camp d'Ibrahim, donna le signal ; d'innombrables tirailleurs se levèrent, comme des fantômes, de tous les plis du sol, et firent une première décharge. Aussitôt, la milice turque descendit du plateau, et, se couvrant d'une ligne de feu, protégée, en outre, par un épais brouillard qui masquait son mouvement, se précipita avec furie vers la gauche de nos bivouacs, occupée par le 37ᵉ de ligne. La brigade Clouet fut aussi abordée avec vigueur ; le colonel Monnier, du 28ᵉ de ligne, blessé à la tête de son régiment, ne quitta point le champ de bataille ; la brigade d'Arcine appuya ses efforts, et toutes deux parvinrent à repousser les assaillants, que canonnaient à revers deux bricks embossés près du rivage. L'agha Ibrahim dirigeait en personne cette attaque, dont le succès, d'après ses plans, devait nous refouler vers la mer. Le premier choc fut mortel pour bien des braves ; mais nos troupes ne perdirent pas un pouce de terrain ; un nouveau combattant prenait la place de chaque homme tombé, et les janissaires surpris, mais non découragés, venaient expirer glorieusement sur nos baïonnettes. Après d'incroyables efforts, l'ennemi repoussé fit retraite, selon sa tactique, dans laquelle la fuite même est encore un combat ; mais M. de Bourmont, considérant que son matériel n'était pas entièrement débarqué, et que les chevaux du train lui manquaient encore, jugeait imprudent de prendre l'offensive avant d'être en mesure de ne plus reculer.

Cependant la vive fusillade de nos tirailleurs tenait les Turcs en respect, sans pouvoir, toutefois, empêcher le mal que nous faisait leur artillerie. Les généraux, voyant les soldats près de fléchir sous la fatale immobilité à laquelle on les condamnait, envoyèrent à Torre-Chica, prier le général en chef de venir étudier lui-même les difficultés de leur situation. M. de Bourmont, qui n'avait pas pensé que l'affaire pût devenir aussi sérieuse, accourut du quartier général au galop, et fit avancer l'armée, en manœuvrant par échelons d'un régiment en colonne serrée. L'énergie des Français décida aussitôt la victoire ; pendant que le général La Hitte détruisait le feu de la grande redoute des Turcs, la brigade Achard enleva cette position au pas de course, et, franchissant le camp d'Ibrahim, poursuivit les fuyards jusqu'à Sidi-Khalef, à plus d'une lieue. Trois mille Africains restèrent sur la place ; les munitions, l'artillerie, les bagages et le trésor de l'agha tombèrent en notre pouvoir, et nous ne perdîmes que six cents hommes, tant tués que blessés. L'armée triomphante occupa le plateau de Staouëli, et les débris des Turcs se réfugièrent sous les murs d'Alger.

Les résultats de cette brillante affaire jetèrent d'abord une profonde démoralisation parmi nos adversaires. Quelques jours s'écoulèrent sans qu'on les vît reparaître ; on apprit, par de nouveaux transfuges, qu'Ibrahim s'était caché dans une maison de campagne du Sahel, n'osant ni se montrer aux regards du dey, ni tenter une revanche avec des troupes découragées. Le général en chef mit à profit ces moments de trêve pour assurer ses derrières, en attendant que l'arri-

vée de tout son matériel lui permit d'attaquer à son tour. Pendant ces délais forcés, les travaux de Sidi-Ferruch, poussés avec vigueur, furent achevés le 24 juin ; ils se formaient d'une ligne bastionnée qui séparait le promontoire du continent ; et des redoutes, armées avec les pièces prises aux Turcs, couvrirent les communications entre la mer et Staouëli.

Le même jour, les Musulmans ralliés revinrent à la charge. La division Berthézène, la brigade Damrémont et nos escadrons de chasseurs les refoulèrent jusque sur les pentes du Bou-Zariah, à une lieue d'Alger. Ce combat reçut le nom de Sidi-Khalef ; un des fils du comte de Bourmont, lieutenant de grenadiers au 38ᵉ de ligne, y fut mortellement blessé. Le général en chef écrivit au président du Conseil : « La plupart des pères de ceux qui ont versé leur sang pour la patrie seront plus heureux que moi : le second de mes fils vient de succomber. L'armée perd un brave soldat ; je pleure un excellent fils ! »—L'histoire doit garder l'expression modeste et touchante d'une si grande douleur.

Jusqu'au 29 juin, l'armée n'eut à soutenir que des combats partiels et sans importance ; c'étaient des engagements de tirailleurs, qui commençaient avec le jour, et ne finissaient qu'au soleil couché. Les compagnies, chargées de faire le coup de feu, se relevaient de trois en trois heures. Les Arabes, sans cesse couverts par les accidents d'un terrain parfaitement connu, tentèrent quelques surprises qui nous coûtèrent des pertes assez considérables. Le 28, deux détachements du 35ᵉ de ligne, s'étant lancés à la poursuite de l'ennemi, revinrent fort maltraités ; et, le même jour, l'imprudence d'un chef de bataillon du 4ᵉ léger, qui avait permis à tout son monde de nettoyer les armes en même temps, nous fit sabrer cent cinquante hommes ; et sans le secours des troupes voisines, tout ce bataillon eût été détruit.

Après le mauvais succès du combat de Sidi-Khalef, le dey d'Alger avait retiré le commandement à son gendre Ibrahim, pour le confier à Mustapha-bou-Mezrag, bey de Titteri. Le muphty venait aussi de recevoir l'ordre de prêcher aux Arabes la guerre sainte ; mais ce général improvisé, fort embarrassé de son nouveau rôle, excita peu d'enthousiasme, et ne réunit guère de partisans. Les Arabes laissaient marcher les événements ; nos proclamations leur étaient connues ; vainqueurs, nous leur inspirions de la confiance ; vaincus, nous devions être pour eux une riche proie : la fatalité, qui est leur dogme absolu, devait bientôt décider la question.

Cependant, le 25, les derniers bâtiments du convoi arrivèrent à Sidi-Ferruch, et leur débarquement s'opéra sans retard. Le camp fut placé sous la garde du colonel Léridant, avec un bataillon du 48ᵉ, auquel l'amiral Duperré adjoignit quatorze cents marins. Toutes nos forces étaient donc disponibles pour l'investissement d'Alger, dont nos avant-postes n'étaient plus éloignés que de cinq quarts de lieue.

L'ennemi, réduit à l'extrémité, s'appuyait encore au mont Bou-Zariah, au sud-ouest d'Alger. Ce terrain, dont les pentes nord sont très-escarpées, est séparé de la ville par d'immenses ravins ; ces difficultés du sol sont augmentées par une multitude de haies, qui servent de limites et d'enceinte à des propriétés particulières. La défense en est redoutable ; et cependant, le 29, au point du jour, l'armée, après avoir franchi la vallée qui servait d'abri à la position des Turcs, escalada sans hésiter les hauteurs opposées, et fit une charge à la baïonnette, qui balaya toute résistance : les vaincus se retirèrent sous le canon de la place. Les trois divisions françaises n'eurent plus guère à lutter que contre les obstacles naturels du sol; le plateau de Bou-Zariah fut occupé; mais, dans la poursuite des fuyards, on eut à regretter des actes d'inutile cruauté : quelques habitants de la campagne, désarmés, furent égorgés dans leurs maisons; des femmes furent violées, puis massacrées. Funestes épisodes, communs à toutes les guerres, mais que nous avons, plus tard, trop malheureusement érigés en principe, dans certaines expéditions sans fruit, et qui n'honorent personne.

Lorsque l'armée fut parvenue sur la crête du Bou-Zariah, point d'où l'on aperçoit distinctement Alger, et le fort l'Empereur qu'il fallait enlever avant de pouvoir battre la ville, les ordres, mal donnés ou mal transmis, du chef d'état-major général, semèrent la confusion dans les mouvements des colonnes, et la journée se perdit en contre-marches aventureuses, dont un ennemi plus habile eût cruellement profité. Les soldats étaient accablés de fatigue; néanmoins, le général Valazé reconnut, dès le soir, les abords du fort l'Empereur; et comme les murailles, sans glacis, ni chemin couvert, s'offraient de toute part au feu de notre artillerie qui les dominait de tous côtés, on ouvrit la tranchée à 600 mètres.

Le fort l'Empereur, appelé par les Turcs Sultan-Kalassi, et par les Arabes Bordj-Muley-Hassan, forme un carré un peu allongé du sud au nord; ses murs étaient flanqués de saillies servant de bastions; la face, du côté sud, était armée d'une double enceinte en maçonnerie; une grosse tour s'élevait au centre et commandait ses approches.

Dix pièces de 24, partagées en deux batteries, furent destinées à ruiner la face sud-ouest; six pièces de 16 furent braquées, à gauche, contre la face nord-ouest; deux batteries d'obusiers et de mortiers devaient lancer des feux courbes sur l'intérieur du fort. Le 30 juin, le feu de la place et la lassitude des troupes ne permirent pas de donner une grande activité aux travaux de la tranchée. Le 1ᵉʳ juillet, les Turcs firent une sortie, et furent repoussés avec perte ; mais des nuées de tirailleurs arabes continuaient de harceler nos travailleurs.

Le 3, l'amiral Duperré se porta devant la ville avec une partie de la flotte, et canonna les forts, mais à une telle distance que les boulets ne produisirent aucun mal. L'état de la mer justifie peut-être cette prudence excessive ; mais un autre amiral, en 1845, redouta moins les parages, aussi dangereux et moins connus, de Tanger et de Mogador.

Cette vaine démonstration n'eut d'autre effet que de ranimer le courage des Turcs, et l'amiral eut la faiblesse de lui attribuer plus tard un peu trop d'importance [1]. Qu'on ne croie pas, au reste, qu'il entre dans notre pensée de déprécier

---

[1] L'état de la mer fut sans doute ce qui empêcha M. Duperré de raser de plus près les fortifications qu'il paraissait vouloir combattre, et le força de tenir notre brave marine si fort éloignée de la position qu'avait prise lord Exmouth, en 1816. Cette démonstration eut cependant pour résultat de partager un peu l'attention de l'ennemi, et d'encourager nos soldats, qui durent croire que ce grand bruit était suivi de quelque effet. On sait, aujourd'hui, que le dégât causé aux fortifications d'Alger par la marine a été évalué à sept francs cinquante centimes. Les prétentions de M. Duperré, qui croyait ou voulait faire croire qu'il avait puissamment coopéré à la reddition de la ville, n'étaient donc qu'une faiblesse affligeante dans un aussi éminent personnage. (*Annales algériennes*, par E. Pellissier, capitaine au corps royal d'état-major, ancien directeur des affaires arabes à Alger, p. 60 et 91.)

notre brave marine; nous déplorons seulement les entraves apportées, à cette époque, par une singulière politique, à l'action d'une flotte digne d'un autre Duquesne, et du jeune prince qui l'a, récemment, illustrée.

Enfin, le 4 juillet, à quatre heures du matin, tous nos préparatifs étant faits, les batteries commencèrent leur feu. Le général en chef s'était posté sur la terrasse du consulat d'Espagne, pour suivre l'attaque, juger et diriger ses résultats. Le dey d'Alger, avec tous ses ministres, était debout sur les créneaux de la Kasbah. Les Turcs, enfermés dans la ville, et les Arabes, disséminés dans la plaine, attendaient avec anxiété l'issue de ce duel qui devait décider de tout un avenir. L'armée française, impatiente de cueillir son plus beau laurier, couvrait les hauteurs qui regardent Alger. Une brume sombre pesait sur le fort l'Empereur, et les premières décharges déchiraient au hasard les plis de ce linceul; mais, à six heures, le jour éclaira le champ clos. Le tir de nos pièces fut rectifié, et de part et d'autre grondait un effroyable tonnerre. Les artilleurs turcs, soutenus par le canon de la Kasbah et des Tagarins, nous opposèrent une défense héroïque; mais bientôt une pluie de bombes, de boulets et d'obus s'abattit sur les remparts de Muley-Hassan; des murs entiers s'écroulaient, les affûts de l'ennemi volaient en éclats, et plus la ruine augmentait, plus notre feu gagnait d'intensité. Deux mille hommes périrent à leur poste, dans cette enceinte où chaque coup portait la mort; le désordre et la révolte se mirent parmi le reste des combattants, et les débris de cette brave garnison, réduits à l'impuissance, voulaient aller mourir sous les portes de la ville qu'ils ne pouvaient plus protéger : ils furent écrasés par l'artillerie de la Kasbah, que le dey fit braquer sur eux. Deux drapeaux rouges flottaient encore aux angles du fort l'Empereur; un nègre se montra deux fois sur les brèches, et les enleva l'un après l'autre. Il était dix heures. Un moment de silence solennel plana sur les ruines qui pantelaient de toutes parts; et nos généraux, indécis, se consultaient sur les moyens de pénétrer, sans exposer trop de monde, dans cette citadelle béante, dont les flancs pouvaient recéler des périls ignorés, quand une explosion foudroyante fit trembler le sol. Le château s'entr'ouvrit comme un volcan; une immense trombe de poudre et de fumée, mêlée de membres humains, de cendres, d'éclats de pierre et de bois, enveloppa l'atmosphère, qui resta longtemps obscurcie par des flocons de laine, provenant des ballots dont les Turcs avaient matelassé les brèches. Des canons de gros calibre furent lancés à d'énormes distances, et des lambeaux sanglants se retrouvèrent jusque sur les terrasses et dans les rues d'Alger. Lorsque cet affreux désastre cessa, le fort l'Empereur apparut comme un vaste tombeau, et les Algériens pressentirent que la fatalité se déclarait contre eux. Ils se souvinrent alors des vieilles prédictions de quelques marabouts, annonçant qu'Alger la Guerrière serait un jour la proie de soldats francs, vêtus de rouge : — l'oracle funeste allait s'accomplir.

Le général Hurel s'empara aussitôt de ces décombres fumants, et fit taire, avec quelques pièces, les canons inutiles du fort Bab-Azoun, qui défendait encore Alger vers le sud, au bord de la mer.

Cependant, le trouble régnait dans la ville, et les chefs de la milice, soulevés contre le dey, demandaient la paix à grands cris. Hussein, exalté par son malheur, voulait s'ensevelir sous les ruines de la Kasbah; deux fois il s'élança, le pistolet à la main, pour mettre le feu aux magasins de poudre que contenait cette citadelle ; et ses officiers eurent grand'peine à fléchir sa résolution désespérée. Accueillant alors la pensée qu'il pouvait encore sauver sa puissance au prix d'une humiliation passagère, il envoya son secrétaire Mustapha, proposer à M. de Bourmont des excuses pour le gouvernement français, et le payement des frais de la guerre. Le général en chef reçut le parlementaire sur les débris du fort l'Empereur, et répondit qu'il n'accepterait de capitulation qu'en occupant la ville. Il était onze heures du matin. Vers une heure, deux Maures influents, Ahmed-Bouderbah et Hassan-ben-Otman-Kodjia, qui parlaient tous deux français, vinrent essayer de nouvelles négociations. Mustapha les suivit de près, accompagné du consul d'Angleterre, qui offrait son entremise officieuse. M. de Bourmont, persistant à compléter sa victoire, dicta son ultimatum, qui fut porté au dey par l'interprète Braschéwitz, et une suspension d'armes fut accordée aux assiégés jusqu'au lendemain, à sept heures du matin.

En arrivant à la porte Neuve, qu'on n'ouvrit au parlementaire qu'après beaucoup de difficultés, Braschéwitz se trouva au milieu d'une troupe de janissaires en fureur ; ceux qui le précédaient avaient peine à faire écarter les Maures, les Arabes et les Juifs qui se pressaient en foule sur la rampe étroite qui mène à la Kasbah. Ce n'étaient, de tous côtés, que cris d'effroi, menaces, imprécations ; et ce ne fut pas sans peine que l'agent français put arriver aux remparts du palais. Sidi-Mustapha en fit ouvrir les portes, qui se refermèrent aussitôt sur la populace ameutée.

« La cour du Divan où je fus introduit, raconta lui-même Braschéwitz, était remplie de janissaires ; Hussein était assis à sa place accoutumée ; il avait, debout autour de lui, ses ministres et quelques consuls étrangers. L'irritation était violente ; Hussein me parut calme, mais triste ; il imposa silence de la main, et tout aussitôt me fit signe d'approcher, avec une expression très-prononcée d'anxiété et d'impatience. J'avais à la main les conditions du général en chef, qui avaient été copiées par l'intendant Denniée, sur la minute du général Desprez, écrite sous la dictée de M. de Bourmont. Après avoir salué le dey, et lui avoir adressé quelques mots respectueux sur la mission dont j'étais chargé, je lus en arabe les articles suivants, avec un ton de voix que je m'efforçai de rendre le plus rassuré possible :—« L'armée française prendra possession de la ville d'Alger, de la Kasbah et de tous les forts qui en dépendent, ainsi que de toutes les propriétés publiques, demain, 5 juillet 1830, à neuf heures du matin (heure française). »—Les premiers termes de cet article excitèrent une rumeur sourde, qui augmenta quand je prononçai les mots *neuf heures* du matin. Je continuai :—« La religion et les coutumes des Algériens seront respectées ; aucun militaire de l'armée ne pourra entrer dans les mosquées. »—Cet article excita une satisfaction générale ; le dey regarda toutes les personnes qui l'entouraient, comme pour jouir de leur approbation, et me fit signe de continuer : —« Le dey et les Turcs devront quitter Alger dans le plus bref délai. » — A ces mots, un cri de rage retentit de toute part ; le dey pâlit, se leva, et jeta autour de lui des regards inquiets. On n'entendait que des menaces de mort, proférées avec fureur par tous les janissaires. Je me retournai au bruit des yathagans et des poignards qu'on tirait des fourreaux, et je vis leurs lames briller au-dessus de ma tête. Je m'efforçai de conserver une contenance ferme, et je regardai fixement le dey. Il comprit l'expression de mon regard, et, prévoyant les malheurs qui allaient arriver, il descendit de son divan, s'avança d'un air furieux vers cette multitude effrénée, ordonna le silence d'une voix tonnante, et me fit signe de continuer. Ce ne fut pas sans peine que je fis entendre la suite de l'article, qui ramena un peu de calme : — « On leur garantit la conservation de leurs richesses personnelles ; ils seront libres de choisir le lieu de leur retraite. »

« Des groupes se formèrent à l'instant dans la cour du Divan ; des discussions ardentes avaient lieu entre les officiers turcs : les plus jeunes demandaient encore à défendre la ville. Ce ne fut pas sans difficulté que l'ordre fut rétabli, et que l'agha Ibrahim, les membres les plus influents du Divan, et le dey lui-même, leur persuadèrent que la défense était impossible, et qu'elle ne pourrait amener que la destruction totale d'Alger et le massacre de la population. Le dey donna l'ordre que les galeries de la Kasbah fussent évacuées, et je restai seul avec lui et ses ministres. Sidi-Mustapha lui montra alors la minute de la capitulation, que le général en chef nous avait remise, et dont presque tous les articles lui étaient personnels, et réglaient ses affaires particulières. Elle devait être échangée le lendemain matin avant dix heures. Cette convention fut longuement discutée par le dey et par ses ministres ; ils montrèrent dans la discussion des articles, et dans le choix des mots, toute la défiance et la finesse qui caractérisent les Turcs dans leurs transactions. On peut apercevoir, en la lisant, les précautions qu'ils prirent pour s'assurer toutes les garanties désirables ; les mots et les choses y sont répétés à dessein, et avec affectation ; et toutes ces répétitions, qui ne changent rien au sens, étaient demandées, exigées ou sollicitées avec les plus vives instances de la part des membres du Divan. Sidi-Mustapha copia en langue arabe cette convention, et la remit au dey, avec le double en français, que j'avais apporté. Comme je n'avais pas mission de traiter, mais de traduire et d'expliquer, je demandai à retourner vers le général en chef, pour lui rendre compte de l'adhésion du dey, et de la promesse que l'échange des ratifications serait fait le lendemain, de grand matin. Hussein me parut très-satisfait de la conclusion de cette affaire ; pendant que ses ministres s'entretenaient entre eux sur les moyens à prendre pour l'exécution de la capitulation, le dey se fit apporter par un esclave noir un grand bol en cristal, rempli de limonade à la glace. Après en avoir bu, il me le présenta, et j'en bus après lui. Je pris congé ; il m'adressa quelques paroles affectueuses, et me fit conduire jusqu'aux portes de la Kasbah par le bachi-chiaouch et par Sidi-Mustapha ; ce dernier m'accompagna, avec quelques janissaires, jusqu'en dehors de la porte Neuve, à peu de distance de nos avant-postes. Je revins au quartier général avec une fièvre nerveuse, suite des émotions violentes que j'avais éprouvées pendant plus de deux heures, et je ne pus être du nombre des personnes qui se rendirent le lendemain, vers sept heures du matin, à la Kasbah, pour prendre les derniers arrangements relatifs à la reddition des portes d'Alger, des forts et de la citadelle. Cette mission fut confiée à M. de Trélan, aide de camp du général en chef, à qui l'on adjoignit deux interprètes et M. le colonel Bartillat, commandant du quartier général [1]. »

[1] Merle, secrétaire particulier du général en chef, *Expédition d'Afrique*, p. 260. Braschewitz, après la

Le dey fit un dernier effort pour retarder d'un jour la chute de son règne; mais, intimidé par les menaces de M. de Bourmont, il se résigna, et le 5 juillet, à midi, la division Berthézène prit possession du fort des Anglais et de la porte Bab-el-Oued. La division Loverdo entra dans la Kasbah, et occupa les portes Neuve et Bab-Azoun; la division d'Escars occupa le port, et le fort Bab-Azoun; le général Tolozé fut nommé commandant de la place, et la cavalerie campa dans la plaine de Mustapha-Pacha, pour couvrir les routes de Constantine et de Blidah. Quelques jours après, cet ordre fut modifié; l'artillerie fut concentrée dans les forts et aux écuries du dey; le génie disséminé sur les points où devaient commencer ses travaux. La division Berthézène répartit ses brigades, l'une au nord de la ville, et sur le mont Bou-Zariah, occupant la pointe Pescade et les forts des Anglais, des Vingt-quatre-Heures, et Bab-el-Oued; une autre au camp de Staouéli, et la dernière sur le plateau d'El-Biar. La seconde division s'établit au fort l'Empereur, aux Tagarins et dans Alger; la troisième à Mustapha-Pacha, et sur les hauteurs de Kouba; le matériel de l'administration se réunit à l'est, et sous le consulat de Suède.

La capitulation définitive était rédigée en ces termes: « 1° Le fort de la Kasbah, tous les autres forts qui dépendent d'Alger, et les portes de la ville, seront remis aux troupes françaises, ce matin, à dix heures. 2° Le général de l'armée française s'engage, envers S. A. le dey d'Alger, à lui laisser la libre possession de toutes ses richesses personnelles. 3° Le dey sera libre de se retirer, avec sa famille et ses richesses, dans le lieu qu'il fixera; et tant qu'il restera à Alger, il sera, lui et toute sa famille, sous la protection du général en chef de l'armée française: une garde garantira la sûreté de sa personne et celle de sa famille. 4° Le général en chef assure à tous les membres de la milice les mêmes avantages et la même protection. 5° L'exercice de la religion mahométane restera libre; la liberté de toutes les classes d'habitants, leur religion, leurs propriétés, leur commerce et leur industrie ne recevront aucune atteinte; leurs femmes seront respectées; le général en chef en prend l'engagement sur l'honneur. 6° L'échange de cette convention sera fait avant dix heures du matin, et les troupes françaises entreront aussitôt après dans la Kasbah, et s'établiront dans les forts de la ville et de la marine. »

Ainsi finit, après vingt jours [1], une campagne qui ensevelit dans sa gloire le vieux drapeau de Henri IV. Si l'histoire accuse la Restauration, il est juste qu'Al-

---

prise d'Alger, ne fut point récompensé de sa périlleuse mission, et mourut quinze jours après, à l'hôpital, de chagrin et de misère.

[1] De graves critiques se sont élevées contre la conduite suivie par M. Duperré. « Toute l'armée, dit une personne attachée à l'état-major particulier du général en chef, était embarquée le 18 mai. Il est prouvé qu'avec le vent de N.-O., qui souffla pendant toute l'après-midi du 19, on aurait pu sortir de la rade. Le 20 au matin, l'escadre aurait été sous voiles en pleine mer. En supposant six jours pour arriver devant Torre-Chica, nous aurions pu débarquer le 26. Si tout notre matériel nous eût suivis en quatre jours au plus nous aurions été sous les remparts du fort l'Empereur. Le 1er juin, les travaux du siège auraient commencé, et en calculant d'après ce qui est arrivé, Alger aurait capitulé le 5 juin, c'est-à-dire un mois plus tôt, et l'armée aurait perdu quinze cents hommes de moins dans les affaires de tirailleurs. Quant aux conséquences politiques, elles sont peut-être incalculables! Les élections de 1830 auraient été faites sous l'influence de la conquête, M. de Bourmont eût été de retour à Paris dans les premiers jours de juillet, et, à coup sûr, les fatales ordonnances n'auraient point été rendues. — Grâce aux hésitations de M. Duperré, si par l'effet du hasard le temps nous eût fait arriver au mouillage le 15 juin au lieu du 13, le débarquement se serait trouvé en plein mouvement au moment de l'horrible tempête que nous essuyâmes dans la matinée

ger pèse dans la balance. Le gouvernement des Bourbons commit des fautes, mais il avait l'instinct des grandes choses. — Paix et respect aux tombes de l'exil !

En entrant dans la ville conquise, les Français n'y trouvèrent pas l'aspect d'une population désolée par les malheurs de la guerre. Tranquilles sur la foi d'une capitulation placée sous la sauvegarde de l'honneur, et résignés, du moins en apparence, à cette fatalité qui justifie, aux yeux des Musulmans, tous les événements de la vie, les habitants d'Alger nous reçurent dans leurs murailles sans appréhensions inquiètes, et même sans curiosité. On eût dit qu'ils étaient étrangers à notre prise de possession. Pendant les premiers jours, les clauses du traité furent respectées : la Kasbah fut seule livrée au pillage. Un mystérieux intérêt s'attachait, au moment de la conquête, à ce vieux palais d'un chef de pirates. « On y pénétrait par une porte lourde et massive, sous un porche obscur, et sans autre ornement qu'une fontaine de marbre, d'où s'échappait, dans une coupe gracieusement sculptée, une eau fraîche et limpide. Une ruelle étroite, flanquée par les écuries du dey, conduisait à la cour du Divan. Cette cour était vaste, pavée en marbre et entourée d'une galerie couverte, soutenue par des colonnades mauresques en marbre blanc. On y remarquait un magnifique citronnier, et une fontaine d'où s'élevait un mince jet d'eau. Sur un des côtés de la galerie, plus orné que les autres, resplendissaient des glaces de toutes les formes et de tous les pays ; une banquette régnait dans toute sa longueur, et, à l'une de ses extrémités, elle était recouverte d'un tapis de drap écarlate, bordé d'une frange de même couleur : c'est là que se plaçait le dey pour tenir son Divan, rendre la justice, ou donner audience aux consuls et aux marchands étrangers ; c'est là qu'eut lieu la scène du chasse-mouches. Cette galerie n'avait d'autres meubles que des tapis de Smyrne, une pendule gothique à garniture de Boule, enrichie de bronze doré, un petit meuble de laque, dans les tiroirs duquel se trouvait un Koran, un calendrier turc[1] et quelques boîtes de parfums. Il y avait aussi un baromètre anglais, monté sur une table d'acajou, et dont les légendes étaient gravées sur des plaques de platine. On trouvait plusieurs instruments du même genre, et de formes différentes, dans les appartements du dey, et un surtout très-riche de Dollon, cadeau du Prince Régent en 1819. Sous cette même galerie, à l'autre extrémité de la banquette, s'ouvrait la porte du trésor, armée d'énormes serrures et d'un fort guichet de fer ; elle donnait entrée à deux ou trois corridors, sur lesquels s'ouvraient des caveaux sans fenêtres, coupés dans leur longueur par une cloison : c'est là qu'étaient jetées, en tas, des monnaies d'or et d'argent de tout pays, depuis le boudjou d'Alger jusqu'à la quadruple du Mexique.

« Autour de la cour du Divan, qui en formait la pièce principale, des salles et des magasins, des écuries et de petits jardins, ou cours plantées d'arbres, et dans lesquelles se promenaient des autruches[2] ; un kiosque, une mosquée, une

---

du 16, peut-être la seconde division, surprise dans les chalands par les coups de vent et la mer furieuse qui en fut la suite, eût péri sans pouvoir aborder. Que seraient devenues alors la sagesse, le savoir et l'expérience de M. Duperré ! »

[1] Ce calendrier était une longue bande de parchemin, de quatre pieds de longueur, et de trois pouces et demi de largeur, sur laquelle on voyait tracés, en caractères arabes, les mois de l'hégire entourés de versets du Koran ; le tout orné d'arabesques d'or et de couleur, d'un fini précieux.

[2] La Kasbah renfermait un grand nombre d'autruches ; ces pauvres oiseaux furent inhumainement plumés

salle d'armes; une ménagerie renfermant quelques tigres et quelques lions; un vaste magasin à poudre, dont le dôme avait été mis à l'abri de la bombe par une double couverture de balles de laine; enfin, un parc à boulets, formaient les dépendances du palais, enclavé dans de hautes murailles de 40 pieds, terminées par une plate-forme à embrasures, sur laquelle étaient braqués près de 200 canons de tout calibre, soigneusement peints en vert et en rouge[1] à leur embouchure, et dont une moitié servait à défendre la ville du côté de la campagne, et l'autre moitié à la réduire en poudre en cas de révolte.

« Les appartements du dey et son harem étaient situés au second étage, dans le côté de l'est. La galerie qui y conduisait par un petit escalier en bois peint vert et rouge, comme toutes les boiseries de la Kasbah, servit de salle à manger au général en chef. Cet escalier menait à une autre galerie, fermée par des stores de toile de Perse, et par de larges fenêtres à la turque, donnant sur la cour du Divan. Trois grandes pièces, qui ne communiquaient pas entre elles, formaient le logement du dey. Au bout de cette galerie était un petit kiosque, entouré d'un divan rouge, dans lequel Hussein venait prendre le café et fumer sa pipe après les audiences publiques. Ce kiosque servit de salon aux aides de camp de l'état-major général. Au-dessous était une porte très-basse, servant d'entrée au harem, composé de deux cours, autour desquelles régnaient des chambres et des boudoirs, et toutes les dépendances nécessaires au service des femmes. Ces appartements n'avaient aucune fenêtre sur les parties publiques du palais; de petites croisées, garnies de barreaux serrés, ouvrant sur les jardins, donnaient de l'air et du jour, et des ouvertures, longues et étroites comme des meurtrières, laissaient seules apercevoir quelques échappées de mer et de campagne. Le mobilier du harem était plus somptueux qu'élégant; on n'y trouvait ni le goût français, ni la propreté anglaise; mais des tapis de grand prix, jetés à profusion sur le carreau, des étoffes d'or et d'argent, un luxe étonnant de coussins de toute grandeur et de toute forme, en drap et en velours, rehaussés de riches broderies arabes; des glaces et des cristaux sans nombre; des meubles d'acajou lourds, massifs et surchargés d'ornements de bronze doré; des lits entourés de moustiquaires en mousseline de l'Inde brochée à fleurs d'or; des divans partout, et tout cela dans une atmosphère de roses, de jasmin, de musc, de benjoin et d'aloès. On trouva dans le harem un grand nombre de tables de toilette, de coffres et de nécessaires en bois précieux de l'Asie, incrustés de nacre, d'ambre, d'ivoire et d'ébène; des porcelaines de la Chine et du Japon, du plus grand prix, et une multitude incroyable de petits meubles bizarres et inconnus en Europe, inventés pour satisfaire les caprices enfantés par l'ennui et le désœuvrement du harem, et par les habitudes fantasques et voluptueuses des femmes de l'Orient.

« Les appartements du dey étaient beaucoup plus simples, avec leurs murailles nues et blanchies à la chaux; des tapis et des divans formaient leur uni-

---

vivants. L'amateur le plus curieux de leurs dépouilles était le général ***, qui en fit une très-belle collection; il disait à ceux qui s'amusaient en le voyant écorcher ces malheureuses bêtes, qu'elles étaient à vendre le cœur : « Ceci fera plaisir à ma petite Anaïs. » Ce mot est resté proverbe à l'armée. A coup sûr, mademoiselle Anaïs a dû avoir de quoi fournir de marabouts toutes les dames de sa société.

[1] Le vert et le rouge étaient les couleurs du deylik d'Alger.

que mobilier; des pipes, des armes, des pendules anglaises, et quelques lunettes marines, furent tout ce qu'on y trouva; mais les armes étaient d'un prix inestimable. Quelques dignitaires de l'état-major général [1] se partagèrent les fusils garnis de perles et de corail, les sabres à fourreaux d'or ou d'argent. C'étaient les épaves de la victoire, et celui qui voudrait en condamner la répartition improvisée ne doit pas oublier que certains généraux de l'Empire savaient mieux exploiter les belles villas de la Lombardie et de la Toscane, les antiques cathédrales de Tolède, de Grenade, de Burgos et de Valence, les châteaux de la Souabe, de la Bavière, de la Saxe et de la Bohême [2]. »

De graves accusations s'élevèrent contre une prétendue dilapidation du trésor de la régence. Des officiers sans troupe, des administrateurs, des officiers de santé, des interprètes, des juifs, et cette foule d'hommes sans emploi et sans titre qui s'attachent à la suite des armées et y sont toujours des agents de désordre, se précipitèrent pêle-mêle dans le palais du dey, beaucoup par curiosité, quelques-uns, sans doute, dans l'espoir du butin.

Il est vrai que des portes furent enfoncées, des appartements envahis. La singularité des objets qui s'offraient partout aux regards excita certaines convoitises; des armes enrichies de pierres précieuses, des meubles, des vaisselles d'or et d'argent [3], des tapis orientaux, disparurent, dit-on, avant que l'ordre fût rétabli. Mais il serait odieux d'accuser trente-cinq mille hommes des fautes de quelques-uns.

Malheureusement, des noms appartenant à l'état-major furent compromis dans l'opinion publique. Le consul d'Angleterre avait dit à M. de Bourmont que la Kasbah renfermait au moins cent cinquante millions; on n'y trouva en réalité que 48,700,000 francs. Une commission d'enquête fut nommée, au mois de septembre suivant, par le général Clauzel; et sa déclaration, mêlée de réticences, justifia, en masse, l'armée victorieuse.

Toutefois, si l'armée resta pure de toute soustraction, un blâme sévère doit peser sur le service administratif. Bien des anecdotes ont circulé dans l'ombre, et j'en ai moi-même ouï raconter, en Algérie, de fort dangereuses pour l'honneur de gens qui les croient ignorées. Mais il répugne à la dignité de l'histoire d'instruire le procès des vivants, et nous nous bornerons à rappeler un témoignage respectable, et d'une grande modération.

« Le gouvernement turc, dit M. le général Berthezène, aimait à amonceler les approvisionnements de toute espèce; Alger regorgeait de riches magasins en sel, laines, toiles, plombs, cuivres, marbres et grains.

---

[1] Un d'eux, que toute l'armée connaît bien, se fit donner toutes les armes de l'agha, qui en possédait une riche collection. Un employé supérieur de l'administration trouva le moyen de faire sortir de la Kasbah, et transporter dans une maison particulière, deux fusils turcs du travail le plus admirable, dont la riche garniture de corail était sans prix; et une selle en velours rouge, sur laquelle il y avait, au moins, pour 3,000 francs d'or.

[2] Anecdotes pour servir à *l'Histoire de la conquête d'Alger*, en 1830, par J.-T. Merlo, secrétaire particulier du général en chef, p. 211-230.

[3] La plus belle et la plus riche pièce d'orfévrerie était une cafetière en or, destinée au Trésor. Elle fut volée d'une manière difficile à expliquer. Elle est à Paris entre les mains de M. B***, employé de l'armée. Il en fut de même des clefs en or de la ville. Maintenant il serait curieux de savoir entre les mains de qui se trouvent les montres et tabatières enrichies de diamants, et les pièces d'argenterie qui ont été transportées en France et remises au Trésor. (*Dix-huit mois à Alger*, par le général Berthezène, p. 106.)

« En prenant possession de cette partie de la fortune publique, l'administration avait le devoir rigoureux d'en constater les quantités et les qualités avec soin ; elle l'oublia, et cette négligence coupable favorisa plus tard des vols scandaleux au détriment du Trésor.

« Personne n'éprouvera de surprise quand je dirai qu'il serait difficile, et peut-être impossible, de constater légalement les dilapidations dont je vais parler ; c'est le contraire qui étonnerait, après les progrès qu'a faits, parmi nous, l'art de faire des affaires. D'ailleurs le temps a fait disparaître bien des indices éloquents.

« Néanmoins, comme j'en ai la certitude morale, et que ma conviction, à cet égard, est complète, je ne puis les passer sous silence. Si la publicité que je donne à ces abus pouvait en prévenir le retour, je serais trop dédommagé des haines que leur révélation va soulever contre moi, et que ma réserve n'apaisera pas.

« Une quantité énorme de laines, produit des contributions des quatre dernières années, était réunie dans divers locaux : on ne saurait l'estimer à moins de quinze mille quintaux métriques.

« D'abord, on eut la pensée de la vendre en entier à Alger ; mais ce mode, réprouvé par l'armée, et si contraire à l'intérêt de l'État, fut abandonné. Plus tard, on en forma sept mille balles, dont l'État a payé les frais d'emballage : quatre mille furent expédiées à Marseille, par les soins de M. l'intendant Rey. Que sont devenues les trois mille autres ? Je l'ignore. Il en était encore resté dans les magasins ; elle fut vendue à Alger par adjudication publique, au vil prix de trente-six francs le quintal. L'administration, avant de s'occuper de cette vente, n'aurait-elle pas dû profiter de cette ressource, pour fournir la troupe de matelas, et la soustraire à l'humidité du sol, si funeste à la santé des hommes ?

« Un magasin, plus riche encore que celui dont nous venons de parler, était celui des toiles.

« On a évalué à 25,000 le nombre de pièces de toile à voiles qu'il renfermait ; et pas une aune n'a été employée pour les vaisseaux de l'État, pas une aune n'est entrée dans les magasins de la marine. M. de C***, commandant de la marine, m'a dit que dix mille pièces de cette toile valaient un million. Il paraît qu'elle a été vendue en grande partie en Italie. Quelques acheteurs ont été connus, mais les vendeurs sont restés dans l'ombre, quoiqu'on en ait dit les noms à l'oreille.

« Quant aux toiles ordinaires, leur quantité devait être immense ; un administrateur disait, sans doute par hyperbole, qu'elles pouvaient suffire au chargement de *cinquante* bâtiments. Il est pourtant juste de reconnaître que tout n'a pas été dilapidé : six mille paires draps grossiers ont été réservées pour la troupe et les hôpitaux.

« Toute l'armée a vu une quarantaine de Biskris (portefaix du pays) occupés, pendant une longue série de jours, à descendre de la Kasbah des saumons en plomb, en étain, en cuivre ; ils ont été vendus, et six mille francs sont entrés au Trésor !

« La Djénina (ancien palais des deys) renfermait un magasin de grains considérable ; c'était une réserve destinée à pourvoir aux besoins des habitants, en cas de disette. On les estima à quatre mille cinq cents mesures, du poids de quatre-vingts livres chacune ; ils furent mis en vente, et l'administration s'aperçut bien vite combien cette évaluation était au-dessous de la vérité. Selon des calculs que la capacité des magasins paraît confirmer, elle aurait été d'à peu près quinze mille cinq cents mesures ; il semble qu'on n'a rendu compte que de sept mille huit cents. Partie de ces grains fut vendue à raison de deux francs soixante-dix-neuf centimes la mesure, et partie échangée contre du lard. Bientôt la situation du marché fit sentir la nécessité de les remplacer ; une maison de commerce fut chargée de ce soin. La même mesure, qui coûte à Alger, prix moyen, six francs cinquante centimes, fut payée au prix énorme de seize ou dix-sept francs. Soit mauvaise qualité, soit manque de soins, ces grains se détériorèrent promptement, et l'administration se vit forcée à les revendre, trois mois plus tard, à raison de cinq francs la mesure.

« Cette opération, si onéreuse au Trésor, avait été enveloppée d'une sorte de mystère qui donna lieu à beaucoup de suppositions, injustes peut-être, mais accueillies par la voix publique.

« Je termine cette nomenclature d'une partie des iniquités que j'ai vues, ou qui sont parvenues à ma connaissance, par la moindre de toutes ; je veux parler des marbres. La quantité en était considérable ; ils étaient taillés et prêts à être mis en œuvre : une partie fut vendue à un sou la livre. Des colonnes, des coupes à fontaines, des encadrements de fenêtres et des dalles de marbre blanc, sont venus, en France, embellir des châteaux. Voilà les détails qu'il m'est permis de donner sur ces matières si délicates ; ils suffisent pour faire apprécier les dommages immenses qu'a reçus l'État. Malgré la facilité de nos mœurs, le scandale a été grand, à Alger, parmi les hommes les moins sévères [1]. »

L'historien subit une tâche pénible en se voyant réduit à enregistrer de telles révélations. Le premier acte du général en chef avait été, cependant, de créer une commission de gouvernement [2], chargée de prendre toutes les mesures exigées par la situation des affaires ; mais ce fut par l'incurie de ces fonctionnaires improvisés, beaucoup plus que par suite de fausses mesures, que commença cette longue série de fautes dont le développement remplirait plus d'un livre, et qui rendent le tableau administratif de notre conquête si longtemps déplorable, que, pour nous servir de l'expression d'un homme qui a vu de près bien des choses, « si l'on voulait savoir ce qu'on aurait dû faire, il faudrait prendre presque toujours le contraire de ce qu'on a fait. »

La nouvelle de la conquête d'Alger fut accueillie en France avec enthousiasme. M. de Bourmont reçut le bâton de maréchal ; M. Duperré obtint la pairie.

L'armée fut oubliée [3].

---

[1] *Dix-huit mois à Alger*, chap. V, p. 126 à 131.

[2] Cette commission fut composée de M. Denniée, Intendant en chef, président ; du général Tholozé ; de MM. Firno, payeur général de l'armée, Duval, neveu de l'ancien consul de France, et d'Aubignose, ancien commissaire général de police à Hambourg. M. Edmond de Bussière remplissait les fonctions de secrétaire.

[3] Nous publierons, à la fin de cette histoire, la liste par ordre de dates, et d'après les rapports officiels, des noms des braves de toutes armes qui se sont signalés, depuis 1830, dans nos glorieux combats. — Cet ANNUAIRE D'HONNEUR est un souvenir déposé sur la tombe des morts, une justice rendue à ceux qui survivent, un hommage au drapeau que tous ont illustré.

Ce triste oubli nous rappelle une amère plaisanterie d'un député de la première session de 1830, qui ne prévoyait, dans l'affaire d'Alger, qu'une Iliade pour un ministre, et une croisade pour des traitants.

La première faute de l'administration française, en prenant possession d'Alger, fut de n'avoir pas su respecter l'organisation existante, au moins dans les premiers temps, et jusqu'à ce qu'il fût possible d'y introduire les modifications exigées par l'intérêt du vainqueur. En vertu d'une sage capitulation, tous les fonctionnaires devaient rester provisoirement à leur poste. L'expulsion des Turcs brisa le gouvernement indigène sans lui rien substituer : telle fut la source de tous les désordres; car la commission centrale nommée par M. de Bourmont n'avait aucune connaissance du pays, et ne put prendre aucune mesure efficace pour régler la nature de nos relations avec les services publics. C'est ainsi que presque tous les documents officiels qui pouvaient nous éclairer disparurent avec ceux qui les possédaient; et telle fut l'incroyable négligence apportée dans des devoirs si graves, que, dans la Kasbah même, et sous les yeux de l'intendant en chef, M. Denniée, les soldats allumaient leurs pipes avec les papiers du gouvernement turc [1]. C'est ainsi que nous sommes tombés dans un chaos d'incertitudes, dont le moindre résultat fut de donner aux Algériens une triste idée de nos lumières et de notre civilisation.

La commission centrale chercha des auxiliaires dans la création d'une espèce de conseil municipal, où furent admis sans examen les premiers indigènes qui se présentèrent. Un Maure intrigant et rusé, Ahmed-Bouderbah, ci-devant négociant à Marseille, d'où l'avait chassé une banqueroute frauduleuse, fut choisi pour présider ce conseil. On y admit des juifs, race méprisable et avilie, qui devint aussi notre instrument, et dut à l'influence du fameux Bacri une position d'indépendance qui exalta son orgueil, et souleva contre nous le mécontentement secret de tous les Musulmans.

Un service de police, placé sous les ordres de M. d'Aubignose, et composé de nombreux agents, ne put protéger les indigènes contre des vols multipliés ou des exactions criantes.

Quelques individus, qui avaient suivi l'armée, s'installèrent en douaniers, et perçurent à leur profit, pendant quinze jours, sans tarif et sans reddition de comptes, les droits d'octroi. Le conseil municipal, présidé par Bouderbah, se partagea le produit des impôts pendant plusieurs mois ; et ce ne fut que sous l'administration du général Clauzel qu'on ouvrit les yeux sur l'existence de ces faits. L'arsenal de la marine et le matériel du port restèrent à la merci de quiconque voulut y puiser. Les portes de l'hôtel des monnaies, auquel personne ne songea, se trouvèrent enfoncées, et les valeurs passèrent en des mains inconnues.

Au milieu de toutes ces dilapidations, l'excuse du général en chef et de son entourage repose sur l'incapacité ou les vices des interprètes attachés à l'armée. Ces personnages formaient une brigade assez singulière, et se partagent encore des assimilations ridicules aux grades de colonels, de chefs d'escadron, de capitaines et de lieutenants [2]. Leur utilité, dit le général Berthezène, fut très-contestable ;

---

[1] *Annales algériennes*, par E. Pellissier, capitaine au corps royal d'état-major, t. I, p. 79.

[2] Ils sont ainsi classés dans l'*Effectif de l'armée expéditionnaire*, publié par M. Léon Galibert, d'après les documents communiqués par le ministre de la guerre. (Voir l'*Algérie ancienne et moderne*, p. 267.)

ce n'est qu'imparfaitement, et avec beaucoup d'efforts, qu'ils parvenaient à entendre le langage turc ou arabe, et à remplir leurs fonctions auprès des autorités françaises. Les seuls qui nous aient servis utilement sont quelques hommes illettrés, nés en Orient, ou qui y avaient passé une partie de leur vie : mais presque tous ces individus sont très-vicieux et peu dignes de confiance ; ils justifient l'adage des Orientaux, « qu'un interprète est pire que la peste¹. » Aujourd'hui, les officiers de l'armée s'adonnent en grand nombre à l'étude de l'arabe ; les fonctionnaires civils doivent être encouragés au même travail, et la suppression des interprètes sera un jour une mesure de haute moralité, qui n'empêchera pas d'appliquer à d'autres services les quelques gens honnêtes de cette profession.

Reprenons le cours des événements. Le général en chef ignorait les intentions du gouvernement sur l'usage qu'on ferait d'Alger ; comptant peu sur l'occupation de sa conquête, il songea d'abord à démanteler les forts de la Marine et à combler le port ; puis, il fit procéder au désarmement des habitants.

Hussein-Pacha s'était retiré dans une maison qu'il possédait dans la ville basse. On lui fit entendre qu'une visite à M. de Bourmont serait le seul moyen d'obtenir des arrangements convenables pour son départ d'Afrique ; il s'y résigna. Le 7 juillet, il se rendit à la Kasbah ; son entrevue avec le général en chef fut calme et digne ; il donna des renseignements précieux sur les hommes qu'il avait gouvernés et sur les revenus de la régence. « Ahmed, bey de Constantine, mérite votre confiance, dit-il à M. de Bourmont ; s'il se soumet, il vous sera fidèle ; Mustapha, bey de Titteri, est un homme turbulent et peu sûr ; Hassan, bey d'Oran, est un vieillard sans influence. » Il discuta ensuite tranquillement les conditions de sa retraite, et choisit Naples. Toutes ses demandes et ses réclamations, relatives à sa fortune personnelle, furent loyalement accueillies. En sortant de son palais, qu'il ne devait plus revoir, Hussein, monté sur un cheval blanc, et précédé des aides de camp du général en chef, reçut des postes les honneurs dus à son rang. Arrêté un moment sur la place de la Kasbah, par la foule de curieux qui s'y pressaient, son attitude était stoïque ; il promenait des regards dédaigneux sur la populace indigène qui se disputait quelques débris arrachés du pillage ; mais il parut éprouver un sentiment pénible en voyant les Turcs apporter tristement, de tous côtés, leurs armes aux pieds des officiers d'artillerie, chargés de les recevoir. Il essuya une larme furtive, et poussa son cheval dans la rue de la Kasbah. Bientôt, renfermé dans sa maison, il ne voulut voir personne jusqu'au jour de son embarquement ; ce départ eut lieu le 10 juillet. Le même jour, deux mille Turcs furent renvoyés en Asie ; un grand nombre de ceux qui s'étaient mariés à Alger obtinrent la permission d'y rester.

Le 8, Mustapha, bey de Titteri, vint faire sa soumission ; le général en chef le confirma dans son pouvoir, et ce bey partit pour Médéah, promettant de fournir huit cents bœufs à l'armée ; mais on apprit bientôt qu'il appelait ses coreligionnaires à la guerre sainte, pour repousser notre invasion.

Peu de jours après la prise d'Alger, M. de Bourmont pensa qu'il convenait

1 *Dix-huit mois à Alger*, de juillet 1830 à décembre 1831, p. 136.

de gouverner les Arabes par des chefs choisis dans le pays, et nomma, pour agha, Hamdan-ben-Amin-el-Secca ; mais son choix fut malheureux : Hamdan était un Maure, de la classe des négociants ; l'Arabe, peuple aristocratique, obéit à la loi du plus fort, mais se révolte contre l'autorité d'un traitant. La fortune de Hamdan était le fruit de l'intrigue et de la duplicité ; sa bravoure était nulle, et son improbité flagrante ; — on accueillit le nouvel agha avec des murmures de mépris. C'est peu de jours après son installation que Ben-Zamoun, chef de la grande tribu de Flissa, des montagnes de Bougie, et l'homme le plus influent par sa noblesse, son courage et le respect qui l'entourait, écrivit à M. de Bourmont la lettre dont nous parlons au commencement de cet ouvrage. Lorsqu'il apprit, pour toute réponse, que les Français préparaient une expédition sur Blidah, il écrivit de nouveau, pour en dissuader le général en chef. Les tribus des montagnes s'inquiétaient de nos projets, et, malgré la stupeur produite par la défaite des Turcs, on se disposait à combattre pour l'indépendance du territoire.

Le maréchal, cédant peut-être à la curiosité de quelques généraux, partit d'Alger le 23 juillet, avec douze cents hommes d'infanterie, cent chevaux et deux pièces de campagne. Cette colonne fit halte au milieu de la plaine de Métidjah, au lieu nommé Bou-Farik, et arriva le soir devant Blidah. Cette petite ville est située à onze lieues d'Alger, au pied des montagnes, au milieu de jardins d'orangers ; détruite, en 1825, par un tremblement de terre, elle se relevait peu à peu, et n'avait pour défense que ses taillis, et une enceinte peu capable de résister à une attaque. Les notables vinrent protester de leur soumission, mais prévinrent que les tribus kebaïles de la montagne s'alarmaient de la présence des troupes, et formaient des rassemblements hostiles. En effet, dès le lendemain, une reconnaissance, envoyée sur la route de Médéah, fut assaillie à coups de fusil ; des partis nombreux s'étaient embusqués pendant la nuit dans les jardins et les massifs qui avoisinent la ville ; quelques cavaliers, s'étant écartés pour faire boire leurs chevaux, furent tués ; le chef d'escadron de Trélan, aide de camp du maréchal, reçut un coup mortel, tiré de derrière une haie. M. de Bourmont, ignorant à quelles forces il pouvait avoir affaire, ordonna la retraite vers une heure après midi. Au sortir de Blidah, jusqu'au défilé de Bou-Farik, la colonne fut harcelée par une nuée de tirailleurs qui nous fit perdre beaucoup de monde ; et, sans la présence d'esprit du général Hurel, commandant l'avant-garde, et qui changea la route difficile de la veille pour gagner la plaine, l'ennemi, couvert par les accidents du sol, nous aurait enveloppés ; mais en plaine, la cavalerie exécuta plusieurs charges brillantes, qui tinrent les Arabes en respect, et la colonne vint camper à Bir-Touta, où M. de Bourmont trouva l'ordonnance qui l'élevait à la dignité de maréchal de France.

En rentrant à Alger, il reçut une députation des Maures, qui, jaloux de la présence des Turcs, autorisés à vivre au milieu d'eux, les accusaient d'avoir, par leurs menées sourdes, excité contre nous les Arabes. On alla jusqu'à mettre sous ses yeux des lettres supposées qui prouvaient une conspiration contre les Français. M. de Bourmont, blessé dans son amour-propre par le résultat de sa course imprudente à Blidah, accueillit, sans examen, les insinuations des Maures. Dans un premier accès de dépit, il voulait frapper les Turcs d'une contribution de deux

L'ARABE DE LA PLAINE.

millions ; mais si son généreux caractère le fit renoncer à une mesure qui ne pouvait s'accomplir qu'à l'aide de cruautés odieuses, les Maures et les Juifs du conseil municipal s'entendirent parfaitement pour extorquer aux janissaires des sommes énormes, à titre de rançon, pour une existence qui n'était pas menacée. Un arrêté du maréchal ayant enfin décidé leur expulsion, en prescrivant de les dépouiller de l'argent et des bijoux qu'on saisirait sur eux au moment du départ, les sages remontrances du général Berthézène le ramenèrent encore à des pensées plus dignes de lui. Toutefois, on accorda aux proscrits si peu de temps pour mettre ordre à leurs intérêts, qu'ils furent obligés d'accepter, à tout prix, des lettres de change sur le Levant ou sur l'Italie, et plusieurs consuls étrangers flétrirent l'honneur de leur pays en prêtant leur nom à ces honteuses transactions.

La première communication faite à M. de Bourmont par le gouvernement français, après la prise d'Alger, semblait annoncer le projet de céder à la Porte la possession de la régence, en nous réservant seulement le littoral compris depuis Alger jusqu'aux frontières de Tunis. En conséquence, le maréchal avait décidé l'occupation de Bone ; cette mission fut confiée au général Damrémont, tandis que M. de Bourmont fils, capitaine d'état-major, se rendait à Oran pour recevoir la soumission du vieux bey Hassan.

L'expédition de Bone parut devant cette ville le 2 août, débarqua sans obstacle, et s'établit, sans coup férir, dans sa facile conquête. Le général voulut entamer aussitôt des négociations avec les tribus voisines, et ne put réussir ; bientôt même, des rassemblements considérables vinrent attaquer nos avant-postes. La nuit du 7 au 8 août fut témoin d'une lutte acharnée. Le 11, un assaut général menaçait la ville et la Kasbah, située à quatre cents mètres de l'enceinte, et gardée par un seul bataillon. A onze heures du matin, les Arabes se ruèrent avec un courage furieux sur nos ouvrages avancés, et plusieurs vinrent se faire tuer à la baïonnette dans les retranchements escaladés. De l'aveu des officiers présents à cette affaire, si les Arabes de la province de Bone s'étaient trouvés à Staouëli, notre victoire eût été chèrement achetée ; mais, découragés par leurs pertes et par l'admirable sang-froid de nos soldats, ils se dispersèrent peu à peu ; et le général Damrémont songeait à asseoir sa domination, lorsqu'une nouvelle imprévue le rappela subitement à Alger.

Les événements d'Oran n'étaient pas moins heureux. Trop faible avec ses Turcs pour tenir tête aux Arabes qui étaient venus le bloquer dès qu'ils avaient appris la chute de Hussein-Pacha, le bey Hassan demandait au capitaine de Bourmont une garnison française pour prendre possession de la ville et des forts, et formait le projet de quitter le pouvoir et d'aller finir ses jours en Asie. Le capitaine Leblanc, commandant le brick *le Dragon*, venait de s'emparer, avec cent marins, du port de Mers-el-Kébir, sans éprouver la moindre résistance. Le maréchal, instruit de l'état des choses, fit partir aussitôt le 21ᵉ de ligne, avec 50 sapeurs du génie et 2 obusiers de montagne ; mais cette troupe arrivait à peine en rade, qu'un contre-ordre lui parvint et la ramena, comme la brigade de Bone. Hassan, surpris de cette retraite, ne songea plus à quitter son beylik, et, tout en se déclarant l'ami de la France, annonça qu'il ne renonçait pas à l'espoir de contenir les Arabes, et de les amener à la paix.

7

Pendant ces allées et venues, on avait aussi tenté de faire reconnaître à Bougie l'autorité française. Un Maure de cette ville s'était présenté, le 3 août, à M. de Bourmont, se disant envoyé pour traiter de la soumission de ses compatriotes. Il demandait le titre de kaïd, et un bâtiment de guerre pour assurer son installation. Mais, à peine de retour, les Bougiotes lui coupèrent la tête pour prix de sa perfidie, et le brick sur lequel il était venu dut se retirer, après avoir échangé quelques coups de canon.

Les troupes de Bone et d'Oran partagèrent la surprise générale en apprenant le motif qui les avait fait rappeler. Le 10 août, un bâtiment de Marseille avait apporté les détails de la révolution de juillet. Une lettre du général Gérard confirmait la réalité de cet événement; le nouveau ministre de la guerre informait M. de Bourmont que le duc d'Orléans était lieutenant-général du royaume, et promettait au maréchal le maintien de sa position, s'il se ralliait à l'ordre de choses qui venait de surgir d'un combat de trois jours. Le lendemain, M. de Bourmont communiqua cette dépêche aux généraux : « Tous, dit M. Berthézène, se montrèrent unanimes pour la reconnaissance du gouvernement. Il y eut scission pour la reprise de la cocarde tricolore : c'était une inconséquence ; mais où n'en trouve-t-on pas ? » Le 13, une nouvelle convocation eut lieu ; les chefs de corps y furent appelés ; quelqu'un proposa de conduire l'armée en France ; le maréchal en prouva l'impossibilité. Cette assemblée fut agitée par des discussions ardentes ; les démissions commencèrent, et se multiplièrent le 17, lorsque les forts et la flotte se pavoisèrent du drapeau national, salué par toute l'artillerie. Le 18, M. Duperré remit au maréchal de nouvelles dépêches, qui proclamaient l'élection de Louis-Philippe Ier, roi des Français.

Le trouble semé dans l'armée par le contre-coup de ces graves changements politiques ne fut pas sans influence sur les dispositions des Arabes à notre égard ; le bey de Titteri, renseigné par ses affidés, crut pouvoir profiter des circonstances, et, ne doutant pas du rappel de nos troupes, fit circuler un manifeste qui appelait les tribus aux armes, et nous menaçait de paraître incessamment sous les murs d'Alger avec 200,000 hommes. La Métidjah se couvrait de tirailleurs ; l'armée, réduite à la défensive, construisait des blockhaus et des redoutes aux abords de la ville. Quelques officiers imprudents furent égorgés presque sous les remparts ; et le général en chef, atterré par l'inquiétude et le chagrin, attendait dans la Kasbah des ordres de France qui n'arrivaient point. Les démissionnaires de tout grade partaient de jour en jour, comme si des hommes de cœur pouvaient hésiter entre un roi et leur pays, et briser leur épée quand la France avait, plus que jamais, besoin de tous ses défenseurs.

Enfin, le 2 septembre, l'*Algésiras* parut à l'horizon. Ce vaisseau portait le général Clauzel, désigné pour remplacer M. de Bourmont. Le jour suivant, le vainqueur d'Alger, prévenu, par des lettres de sa famille, du danger qu'il courait s'il rentrait en France, résolut de se retirer à Mahon pour y attendre les événements. L'amiral lui refusa durement un navire de l'État, et il se vit réduit à errer sur le port, avec quelques personnes de sa suite, jusqu'à ce qu'il trouvât un brick autrichien pour l'emmener avec deux de ses fils. L'aîné était allé porter à Paris les drapeaux de l'ennemi ; le dernier avait péri sur le champ de bataille ; leur père quitta en fugitif les rivages témoins de son triomphe et de ses larmes.

LIVRE DEUXIÈME.

PANORAMA DE L'ALGÉRIE.
DESCRIPTION DU SOL. — ETHNOGRAPHIE DES RACES INDIGÈNES.
EXPLORATION DU DÉSERT DE SAHARA.

Avant d'ouvrir le dédale où se poursuivent quinze ans de vicissitudes tour à tour glorieuses et funestes, jetons un regard sur la partie des régions africaines que nos armes ont sondée. Ce tableau, précédant le récit des opérations militaires, en fera mieux saisir la marche, les résultats et l'avenir.

Les anciens connaissaient peu l'Afrique avant la conquête romaine, et ne nous ont laissé aucune histoire des peuples primitifs de ces contrées, que les fables du vieux monde remplissaient de mystères.

Hérodote[1] leur donne le nom de Lybie, et dresse un catalogue de 18 à 20 peuplades riveraines, sans éclairer davantage ce stérile document. — Scylax, qui reproduit à peu près son devancier, rapporte que les navigateurs mettaient 75 jours et un quart pour aller, par mer, des bouches du Nil aux colonnes d'Hercule; il ajoute que les Lybiens, habitants d'un pays excellent, possèdent d'immenses troupeaux qui font leur richesse[2]. — Hannon, général carthaginois,

---

[1] Herodot. Halicarnass. *Histor.* lib. IV, Lugd. Batav., 1715.
[2] Ἡ χώρα αὔτη ἀρίστη, καὶ παμφερωτάτη, καὶ βοσκήματα παρ' αὐταῖς ἐστὶ καὶ μέγιστα, καὶ πλεῖστα, καὶ αὐταὶ πλευσιώταται, Scylacis Caryandensis *Periplo,* Oxon., 1698.

chargé, au temps le plus florissant de cette république, de faire le tour de l'Afrique, écrivit, à son retour, des commentaires presque merveilleux, dans lesquels la plupart des auteurs grecs et latins ont puisé toutes leurs fables.

Strabon se montre plus sérieux et déjà mieux instruit. « L'Afrique, nous dit-il, a la figure d'une panthère ; ce territoire est couvert de lieux habités qu'environne un désert incalculable ; on y a rarement envoyé des armées, et le peu de voyageurs qui en viennent se plaisent à raconter des choses incroyables. Toute la partie située entre Carthage et les colonnes d'Hercule (depuis Tunis jusqu'à l'Océan) est d'une extrême fertilité. C'est là que vit un peuple riche, que les Grecs nommaient Maurusiens, que les Romains et les indigènes appellent Maures. Dans le cœur du pays on ne trouve que montagnes et déserts, entre lesquels s'étendent, par-ci, par-là, les terres possédées par les Gétules. On rencontre sur le littoral beaucoup de villes, de fleuves et de lacs ; mais les Maures, en général, préfèrent la vie errante. Ils ont de petits chevaux d'une vitesse extraordinaire, mais si doux, qu'il suffit d'une baguette pour les gouverner. Cette contrée, poursuit Strabon, a été gouvernée par plusieurs princes qui furent tantôt amis et tantôt ennemis des Romains ; d'où il est arrivé que ceux-ci donnaient souvent des terres aux uns, tandis qu'ils en enlevaient aux autres. Les régions les plus voisines de la Mauritanie était d'un meilleur revenu, et de plus de ressources ; mais celles qui confinaient au territoire de Carthage étaient plus florissantes et plus cultivées, quoiqu'elles eussent beaucoup souffert, d'abord par les guerres puniques, et ensuite par celles de Jugurtha. Cirta (Constantine), résidence de Massinissa et de ses successeurs, est située fort avant dans les terres ; c'est une ville qui a été bien fortifiée et abondamment pourvue de toutes choses, surtout par Micipsa, qui y fit venir une colonie de Grecs, et la rendit si puissante, qu'elle put mettre sur pied 10,000 chevaux et 20,000 fantassins. Outre Cirta, il y a dans le pays les deux Hippones, toutes deux villes royales. La Gétulie est séparée de la côte par de vastes plaines, de hautes montagnes, de grands lacs et des fleuves, dont quelques-uns se perdent dans les sables. Ses peuples mènent une vie frugale ; la polygamie est en vogue chez eux ; ils ont beaucoup d'enfants, et ressemblent assez, pour le reste, aux Arabes nomades. Leurs chefs s'appliquent surtout à créer de beaux haras, qui produisent, tous les ans, plus de cent mille poulains [1]. »

Polybe, ayant obtenu quelques vaisseaux de Scipion Émilien, gouverneur de l'Afrique, a fait de son voyage une relation que rien ne vérifie, et que Pline ne cite que pour mémoire.

Suetonius Paulinus, le premier Romain qui ait franchi l'Atlas, décrit les grandes forêts dont ses flancs sont couverts. « Les branches de ces arbres inconnus ressemblent, dit-il, aux cyprès, jettent une odeur forte, et sont chargées d'une espèce de coton fort tendre, dont on pourrait, avec un peu d'industrie, faire des étoffes semblables à celles de soie. Le sommet des montagnes est couvert de neige, même en été. J'ai pénétré au delà de cette chaîne jusqu'à un

---

(1) Πολυγόναικες δὲ καὶ πολύπαιδες, τἄλλα δὲ ἐμφερεῖς τοῖς Νομάσι, τῶν Ἀράβων... Ἱπποφορβία δ'ἐστὶν ἐσπουδασμένη, διαφερόντως τοῖς βασιλεῦσιν, ὥστε καὶ ἀριθμὸν ἐξετάζεσθαι πώλων κατ' ἔτος εἰς μυριάδας δέκα. Strabonis, Rerum geographic., lib. II et XVII, *passim*. Amstelod., 1707.

fleuve appelé Ger, en traversant des déserts brûlants. Tout le pays était rempli de roches abruptes, et parsemées d'une poussière noire qui les faisait paraître comme calcinées. Les habitants des forêts voisines, remplies d'éléphants, d'autres bêtes sauvages et de serpents monstrueux, se nomment Canariens, parce qu'ils mangent des chiens [1]. » — Juba, père de Ptolémée le géographe, et qui régna sur la Mauritanie, où il se rendit plus célèbre par son savoir que par sa politique, racontait les mêmes choses des régions de l'Atlas; Solin les a copiées [2].

La géographie de Ptolomée divise la Lybie, de l'ouest à l'est, en Mauritanie tingitane, Mauritanie césarienne, Numidie, Afrique, Cyrénaïque, Marmorique, Lybie proprement dite, et Égypte. La Mauritanie césarienne (partie de l'Algérie actuelle) s'y trouve bornée à l'O. par la tingitane (le Maroc) et le fleuve Maloua (Malouïa); elle a au N. la mer de Sardaigne (Méditerranée), le long de laquelle elle s'étend jusqu'au fleuve Ampsaga (Oued-el-Kébir, entre Djidjeli et Kollo). Ptolémée compte sur le littoral 25 villes, entre autres Portus magnus (Mers-el-Kébir), les colonies de Quiza (Oran) et d'Arsenaria (Arzew); Jol Kaisareia (Cherchell); Icosion (Alger); Igilgili (Djidjeli). — Au sud, la Mauritanie césarienne est limitée par la Lybie, auprès de la ligne qui joint, au-dessus de la Gétulie, les frontières méridionales. — La Numidie commence au fleuve Ampsaga, et finit sur les bords du Tusca (Oued-Zaine, rivière des chênes). Le même géographe dénombre 72 villes dans l'intérieur de la Mauritanie césarienne, et 29 en Numidie. — L'Afrique proprement dite forme, à partir du fleuve Tusca, la régence actuelle de Tunis, dont nous n'avons pas à nous préoccuper.

Pomponius Mela dit que la Mauritanie occidentale n'a presque rien de remarquable; qu'on n'y trouve que des bourgades, des rivières souvent desséchées; mais que le terroir vaut mieux que les gens qui l'occupent [3]. Selon ce géographe, la Numidie, beaucoup plus petite que la Mauritanie, est mieux cultivée et plus riche. Il prétend qu'à l'intérieur du pays s'étendent au loin des campagnes stériles, où l'on trouve, s'il est permis de le croire, des arêtes de poissons, des coquillages, des morceaux d'écailles d'huîtres, des cailloux polis, des ancres qui tiennent aux rochers, et autres marques et indices semblables, qui font connaître que la mer s'étendait autrefois jusque-là [4]. « Les habitants, ajoute-t-il, race très-misérable, sont d'une grossièreté repoussante; ils couchent et mangent à terre; leur vaisselle n'est que de bois ou d'écorces d'arbres. Les principaux d'entre eux s'habillent de sayes, et le commun peuple de peaux de moutons. Leur boisson ordinaire est du lait, ou le suc qu'ils expriment de certains fruits : tous vivent de chasse. A mesure qu'on avance dans le pays, les hommes, devenus plus sauvages, mènent une vie errante, passant avec leurs troupeaux d'un endroit à l'autre, et établissant leurs cabanes partout où croissent des fourrages. Lorsque

---

1 Ultra fluvium qui Ger vocaretur, per solitudines nigri pulveris, eminentibu s . erdum velut caustis caudibus, loca inhabitabilia fervore, quanquam hyberno tempore Plin. secund., *Hist. natural.*, lib. V, Parisiis, 1685.

2 J. Solini, *Polyhistor.*, cap. xxiv, Traj. ad Rhen., 1689.

3 Regio ignobilis, et vix quicquam illustre sortita, parvis oppidis habitatur, parva flumina emittit, solo quam viris melior (Cap. v.). — 4 Spinæ piscium, muricum ostreorumque fragmenta, saxa attrita, uti solent fluctibus, inixæ cautibus anchoræ, vestigia effusi olim usque ad hæc loca pelagi. (Cap. vi.) Pompon. Mela, *De Situ Orbis*, Iscæ Duminor. 1711.

la nuit les surprend, ils s'arrêtent où ils se trouvent. Parmi ces peuplades, qu'on dit habiter au delà du désert, sont les Atlantes, montagnards qui maudissent le soleil [1] chaque fois qu'il se lève ou qu'il se couche, parce que ses brûlants rayons les désolent aussi bien que leurs champs. Ceux-ci ne se distinguent pas entre eux par des noms individuels ; ils ne mangent point la chair des animaux et ne rêvent point comme les autres hommes. — Les Troglodytes, dénués de tout, ne s'expriment que par une sorte de sifflement [2] ; ils habitent des cavernes et se nourrissent de serpents. — Les Garamantes ont des troupeaux de gros bétail, mais ces bêtes sont obligées de paître en tournant la tête sur le côté, parce que leurs cornes, pointées en bas et fort longues, les empêchent de brouter. Toutes les femmes y sont en commun, et pour juger à quel père, parmi un si grand nombre, appartiennent les enfants qui naissent de cette promiscuité, on s'en rapporte à la ressemblance [3]. — Les Augiles ne reconnaissent d'autres divinités que les âmes des morts ; ils ne jurent que par elles, et les consultent comme des oracles. Après leur avoir exposé leurs vœux, ils se couchent sur quelque tombeau, et reçoivent la réponse en songe. C'est un usage reçu parmi eux, que les femmes, la nuit de leurs noces, se prostituent à tout venant, pourvu qu'il leur fasse un présent, et plus elles ont eu de galants cette nuit-là, plus elles sont honorées ; mais, au reste, elles sont fort sages et pudiques [4]. — Les Gamphasantes vont nus, et ne connaissent l'usage d'aucune arme [5] ; ne sachant ni lancer un javelot, ni en parer le coup, ils fuient tous ceux qu'ils rencontrent, et ne vivent ou ne s'entretiennent avec personne qui ne soit de leur nation. — Les Blémyens n'ont pas de tête ; leur visage est placé sur leur poitrine [6] ; — enfin, les Satyres n'ont de l'homme que la figure [7]. »

Suivant Pline le naturaliste, « l'Atlas élevait jusqu'au ciel ses crêtes escarpées ; sa longue chaîne s'étendait du désert jusqu'à l'Océan qui en a pris le nom. Couvert d'épaisses forêts et arrosé par mille sources, il produisait naturellement et sans culture une si grande abondance de toutes sortes de fruits, qu'on y trouvait en tout temps de quoi contenter son envie. Durant le jour, on n'y voyait paraître aucun habitant ; il y régnait un profond silence qui tenait de l'horreur, et l'âme se sentait saisie d'un respect religieux et d'une sainte frayeur quand le regard mesurait son élévation au-dessus des nues, et presque par delà l'orbite de la lune. On y voyait pendant la nuit beaucoup de feux : c'était le rendez-vous amoureux des Égypans et des Satyres, qui le faisaient retentir du bruit des flûtes et des tambours [8]. »

Le tableau tracé par Salluste, qui fut gouverneur de l'Afrique pendant la dictature de César, nous représente en peu de mots cette région comme un sol fertile, nourrissant des troupeaux nombreux, mais dénué d'arbres, à cause de la

---

[1] Solem execrantur, et dum oritur, et dum occidit. — [2] Strident magis quam loquuntur. — [3] Ex his qui, tam confuso parentum coïtu, passim incertique nascuntur, quos pro suis colant, formæ similitudine agnoscunt. — [4] Fœminis corum solemne est, nocte qua nubunt, omnium stupro patere, qui cum munere advenerint ; et tum, cum plurimis concubuisse, maximum decus ; in reliquum pudicitia insignis est. — [5] Armorum omnium ignari. — [6] Blemyis capita absunt : vultus in pectore est. — [7] Præter effigiem, nihil humani. (Pompon. Mela, *De Situ Orbis*, Iscæ Dumnor, 1711.)

[8] Incolarum neminem interdiu cerni ; silere omnia ; subire tacitam religionem animos propius accedentium, præterque horrorem elati super nubila, atque in viciniam lunaris circuli. Eumdem noctibus micare crebris ignibus, Ægypanum Satyrorumque lascivia impleri, tibiarum ac fistulæ cantu, tympanarumque et cymbalorum sonitu strepere. (Plin. secund., *Hist. natural.*, lib. v, Parisiis, 1685.)

rareté des pluies et des cours d'eau [1]. On a voulu, de nos jours, prendre à la lettre cette opinion du célèbre historien; mais il est permis de penser que Salluste n'appliquait son jugement qu'à la partie du pays qu'il avait eu occasion d'explorer. Il avait fixé son séjour à Stora, sur la côte oriental de l'Algérie actuelle. Apre à l'abus du gouvernement militaire dont il était investi, Salluste fut plus occupé du soin de pressurer, par mille exactions, les indigènes placés sous son autorité, que d'étudier les ressources du pays. N'oublions pas que sa carrière finit avec la vie de son protecteur, égorgé en plein sénat, au pied de la statue de Pompée; c'est alors qu'emportant dans sa retraite le chagrin d'une perte à laquelle il survécut peu d'années, l'ex-proconsul écrivit, sous les ombrages de son palais du Quirinal, le beau drame des guerres de Jugurtha. Malgré les richesses qu'il avait rapportées d'Afrique, les tristesses de l'isolement et les regrets cuisants de l'ambition déçue l'empêchèrent de dire toute la vérité sur un pays dont les souvenirs s'alliaient à sa disgrâce.

Nous trouvons enfin dans Isidore de Séville, qui compilait au moyen âge les écrivains grecs et romains, une explication singulière, mais plausible, du nom de Lybie, que les anciens donnaient assez généralement à la vieille Afrique. « Elle a été ainsi appelée, dit-il, du vent *Lybs* ou S.-E., qui en vient. D'autres ont cru qu'Épaphus, fils de Jupiter, fondateur de Memphis, en Égypte, eut de sa femme Cassiota une fille, nommée Lybia, qui régna ensuite en Afrique, et que c'est d'elle que ce pays a pris son nom. Quelques autres enfin prétendent que Lybie était le nom primitif, et qu'elle a reçu celui d'Afrique d'Afer, l'un des descendants d'Abraham par Cethura [2]. »

Tels sont les vagues renseignements que nous offre l'antiquité; mais les écrivains du moyen âge, tels qu'Abou-el-Feddah, Ebn-Haukal, Édrisi, Ebn-el-Din, Jean-Léon l'Africain, Marmol, et, dans des temps plus rapprochés de nous, les voyages de Shaw, de l'abbé Poiret, des savants Peyssonel et Desfontaines, ont éclairé d'une vive lumière la géographie du nord de l'Afrique.

DESCRIPTION DE L'ALGÉRIE MODERNE.

§ Ier. POPULATIONS INDIGÈNES.

Abou-el-Feddah donne le nom général de Moghreb (pays du couchant) à cette saillie que forment au N.-O. les contrées africaines, à partir du 33° degré de latitude. Il divise cet espace en trois régions : 1° le Moghreb-el-Aksa (extrême région de l'ouest), qui s'étend de la mer Atlantique, du couchant au levant, jusqu'à Tlemcen; 2° le Moghreb-el-Aousat (région intermédiaire de l'ouest), depuis Tlemcen, jusqu'à l'extrémité orientale de l'ancien royaume de Bougie; 3° l'Afrikea (en langue phénicienne *Fériké*, terre des épis), qui régnait depuis Bougie jusqu'au delà du territoire actuel de Tunis [3]. »

---

[1] Mare sævum, importuosum; ager frugum fertilis, bonus pecori, arbori infecundus; cœlo terraque, penuria aquarum. Crisp. Sallust, *Bellum Jugurthinum*, cap. XVII.

[2] Isidori, Hispal. *Originum*, lib. XIV, Basil. 1577.

[3] Abou-el-Feddah, *Africa*, arabi et latine, curante Johan. Eichhorn, Gottingue, 1791, in-8°.

La domination romaine avait été lente à se fonder ; sa durée fut pleine de troubles. Les Numides vaincus ne cessèrent point de protester contre le conquérant par des révoltes multipliées ; et cependant, malgré tant de difficultés, nous voyons le sol africain chargé d'un réseau de colonies, de villes tributaires, de forteresses et de communications stratégiques. Toutefois, cette grandeur n'était que fictive ; le pays était subjugué, mais non soumis ; les légions latines avaient sans cesse les armes à la main pour comprimer, sur tous les points, des insurrections toujours renaissantes. Au cinquième siècle de notre ère, l'empire romain touchait au dernier période de sa décadence. L'invasion des Vandales, après avoir pillé Rome pendant 14 jours, se rua sur la province africaine. Bélisaire le Byzantin vint écraser à leur tour ces farouches vainqueurs ; mais ce triomphe passager ne put imposer aux indigènes la soumission ni la paix, et, 200 ans plus tard, apparut l'immense émigration des Arabes d'Orient, qui balaya les vainqueurs et les vaincus.

L'an du Christ 640, l'Égypte était soumise par Amrou-ben-el-Aasi, qui jeta les fondements du Kaire, et prit la ville d'Alexandrie.

Sept ans après, un nouveau chef, Abdallah-ben-Saïd, s'avance jusqu'au pied de la vieille Numidie, disperse une armée de 120,000 Grecs commandés par le patrice Grégoire, et s'empare de Tripoli ; mais bientôt, épuisé par les fatigues et les maladies de ses troupes, il regagne l'Égypte, après 15 mois de campagne.

En 653, une seconde invasion, composée des plus braves guerriers d'Orient, est attirée par les indigènes africains eux-mêmes, lassés du joug des proconsuls de Byzance ; elle renverse tous les obstacles et parvient à Cyrène ; mais, au milieu de ses succès, une insurrection éclate en Égypte et en Syrie ; le khalife Moawiah rappelle ses soldats victorieux pour défendre son pouvoir.

En 655, Okbah-ben-Nafy relève l'étendard des conquêtes lointaines, et, suivi de 40,000 combattants, franchit les déserts de sables, les monts arides, les plaines ignorées, et, comme si Dieu même l'eût conduit par la main, ce génie du moyen âge arrive à Tanger (Tingis), aux bords de l'Atlantique : — « Allah ! s'écrie-t-il avec orgueil en poussant son cheval dans l'Océan, les flots m'arrêtent ; ouvre-les devant moi, et j'irai porter ton nom jusqu'aux royaumes inconnus du Couchant ! » Mais, quand il voulut revenir sur ses pas, les Mauritaniens indigènes, et les populations romaine et byzantine, que son audace avait frappées de stupeur, s'étaient refermés derrière lui : — l'armée arabe et son chef, cernés de toutes parts, furent anéantis.

Les Arabes d'Égypte, inquiets du sort de leurs frères, envoyèrent une autre armée pour partager leur prospérité, s'ils avaient trouvé des terres heureuses, ou pour venger leur défaite. Zobéir, brave comme Okbah, subit, comme lui, les désastres d'une invasion aventureuse, et périt avec ses compagnons.

Ces quatre expéditions apprirent aux Arabes qu'ils ne pouvaient s'implanter dans les contrées d'Occident qu'en fondant leur puissance sur des établissements successifs. Ils marchent cette fois avec précaution, occupent la terre, absorbent dans leurs masses les habitants qui se soumettent, refoulent les autres, ou les détruisent par la guerre. En 670, ils fondent Kheïr-Ouan (Kairouan), et leur domination s'y met à l'abri des révoltes. En 692, ils renversent Carthage ; les Grecs de Byzance abandonnent l'Afrique : le christianisme en est banni comme eux, et l'invasion musulmane emporte dans son cours irrésistible tout ce qui restait encore de la fortune de Rome. Les Arabes triomphent partout des insurrections mauritaniennes, et, devenus bientôt trop nombreux par les renforts continuels que l'Orient leur envoie, ils se jettent sur l'Espagne, en 710. Le rocher de Gibraltar (Djebel-el-Tarik) a gardé le nom du chef de ces belliqueux conquérants. La France elle-même est envahie ; Marseille, Avignon, Narbonne, Arles, Saint-Tropez, Fréjus, tombèrent en leur pouvoir : mais Charles-Martel les arrêta dans les plaines de Poitiers, en 732, les vainquit dans une bataille mémorable, et les rejeta derrière les Pyrénées.

Nous n'entrerons point dans le détail immense des événements qui se passèrent en Afrique depuis l'établissement des Arabes jusqu'à notre conquête. Douze siècles y embrassent l'histoire de la domination musulmane, et ce cycle d'existence inquiète ne compte que dynasties qui se dévorent, empires d'un jour qui chancellent et s'abîment au souffle des révolutions : le Moghreb est une arène sanglante, où la paix même est sous les armes.

Expulsés d'Espagne en 1491, après un règne de huit siècles, les Arabes redevinrent conquérants, et organisèrent des républiques de corsaires qui semèrent souvent le ravage chez les vainqueurs. L'Espagne, au seizième siècle, porta la guerre en Algérie ; le Portugal, sur les côtes occidentales du Maroc.—Deux aventuriers turcs, les fameux Barberousses, fondèrent, à la même époque, l'état d'Alger, que Kheïr-Eddin plaça sous la suzeraineté de la Porte-Ottomane, et qui devint bientôt redoutable à toutes les puissances chrétiennes. Nous verrons plus loin quelle était la constitution de ce pouvoir [1].

La plupart des écrivains qui se sont occupés de l'Algérie ont singulièrement exagéré le nombre de ses habitants. Cette question mérite aujourd'hui un examen plus attentif.

Il est très-difficile d'avoir une idée exacte de la population des états musulmans, parce que la religion de Mohammed interdit le recensement. Les voyageurs, les savants et les hommes parlementaires nous ont donné des chiffres dénués de toute preuve. Ainsi, en 1826, William Shaler, ancien consul général des États-Unis, évaluait la population à 800,000 habitants [2]. En 1830, le général Juchereau Saint-Denis maintenait le même chiffre [3]. A la fin de la même année, le *Journal des Sciences militaires* l'élevait à 1,900,000 âmes ; et, en 1837, un académicien, M. Dureau-Delamalle, en imaginait déjà *quatre millions* [4]. On ne pouvait s'arrêter en chemin si rapide ; aussi l'évêque d'Alger, dans un pieux désir de prosélytisme, entrevoyait-il, en 1842, 5 à 6,000,000 de futurs néophytes [5], et en 1844, à la tribune de la chambre des députés, le général Bellonet proclamait gravement l'existence de *sept millions* d'indigènes [6] !!!

Ces dernières erreurs sont déplorables de la part d'hommes sérieux. D'autres autorités vont nous ramener dans le vrai, et prouver que le petit nombre d'ha-

---

[1] Voir ci-après, § III, *Alger et le gouvernement turc.*
[2] *Sketches of Algier's, political, historical and civil.* Boston, 1826, in-8°.
[3] *Considérations statistiques, historiques et militaires sur la régence d'Alger*, 1830, p. 41 et 49.
[4] *Recueil de renseignements sur la province de Constantine*, p. 151.
[5] *Annales de la Propagation de la foi*, pour les années 1842 et 1844.
[6] Rapport [...] de la commission des crédits supplémentaires de l'Algérie, le 17 mai 1844.

bitants que l'Algérie renferme, eu égard à son étendue, en laisse les trois quarts sans culture [1]. « Très-certainement, dit M. Genty de Bussy, on s'est plu à exagérer la force des tribus de la régence, et elle est de beaucoup inférieure aux calculs des détracteurs de la colonisation. Le maréchal Clauzel évaluait le nombre des fusils éparpillés sur le territoire à 50,000. Si le recensement en était possible, il serait plutôt au-dessous qu'au-dessus [2]. » M. Blondel, directeur des affaires civiles en Algérie, reconnaît que ce pays est peu peuplé aujourd'hui, mais riche de son soleil et de la fertilité de ses terres [3]. Mais enfin, comme les calculs de cabinet peuvent n'être pas exempts d'erreur, nous allons reproduire l'étude grave publiée par un savant officier d'état-major, qui suivit, pendant plusieurs années, nos opérations militaires.

« Après dix années d'observations, nous dit-il, j'émets mon opinion sur le nombre des habitants de l'Algérie, par les raisonnements suivants. L'Algérie, depuis l'embouchure de la Tafna jusqu'à La Calle, offre une longueur de 250 lieues de 4,000 mètres ; sa largeur moyenne est de 40 lieues ; sa surface est donc de 10,000 lieues carrées. — Si 3,000,000 d'hommes occupaient ce territoire, chaque lieue carrée, l'une dans l'autre, aurait 300 habitants, et, dans quelque direction que l'on marchât, on devrait trouver moyennement, à chaque lieue de poste, un douar (village) de 60 tentes, renfermant chacune 5 individus.

« S'il y avait 1,500,000 habitants, les douars auraient 30 tentes au lieu de 60 ; mais il est à la connaissance de *toute l'armée* que l'on fait souvent 5, 6, et même jusqu'à 10 lieues, sans rencontrer un douar, mais seulement quelques pâtres isolés. Je crois exagérer en comptant 50 habitants par lieue carrée ; mais je m'en tiendrai à ce chiffre, qui certainement est plus près de la vérité que tous ceux émis jusqu'à présent, et qui donne une population totale de 500,000 âmes sur les 10,000 lieues carrées de la régence.

« Formons-nous maintenant, avec ce point de départ, une idée de la force militaire du pays. Les femmes composent les trois cinquièmes de la population. Il n'y a donc que 200,000 hommes, parmi lesquels on peut compter 80,000 vieillards, enfants ou invalides. Restent à peu près 120,000 hommes valides, dont la moitié à peine est armée d'une manière incomplète. Chacun sait que, dans toutes les circonstances, lorsque les Arabes vont faire quelque excursion guerrière, ils laissent au moins la moitié de leurs forces pour protéger leurs familles et leurs biens contre les razzias ou les attaques de leurs ennemis particuliers. La France n'a donc, dans toute l'Algérie, que 120,000 hommes valides en état de lui résister ; 60,000 d'entre eux à peine sont armés, les uns de fusils, les autres de yathagans et de couteaux, et, d'après ce que je viens de dire, 30,000 seulement sont disponibles. — Ces 30,000 combattants, qui forment la force arabe, sont disséminés sur une surface de 10,000 lieues carrées, et cette tourbe indisciplinée, sans organisation, sans artillerie et souvent sans munitions, est incapable, en supposant même qu'elle pût se réunir, d'aucun effort sérieux. — En 1830, époque où l'armée indigène, aidée de 6,000 Turcs, devait être la plus

---

[1] *Tableau du royaume d'Alger, de son commerce, de ses forces de terre et de mer*, par Renaudot, ancien officier de la garde du consul de France à Alger, 1830, p. 149.
[2] *De l'établissement des Français dans la régence d'Alger*, t. I, p. 143.
[3] *Aperçu sur l'état actuel de l'Algérie*, par Léon Blondel, 1844, p. 17.

MARCHAND MAURE,
À Alger.

nombreuse possible (soit parce que les Arabes étaient encore sous l'influence d'une certaine organisation, soit parce qu'ils étaient attirés par l'appât d'un butin qu'ils croyaient certain), sa force, aidée de tous les pillards tunisiens et marocains, voisins des frontières, ne présentait pas un effectif de 30,000 hommes. Ici les chiffres viendront encore à l'appui de mon assertion. L'expédition française comptait 35,000 hommes de toutes armes. Pendant les vingt jours de campagne qui précédèrent la prise d'Alger, une seule division fut engagée à la fois, c'est-à-dire que chacun de ses douze bataillons détachait une ou deux compagnies en tirailleurs, ce qui faisait au plus 2,400 hommes en présence de l'ennemi. Celui-ci ne s'est presque jamais montré en plus grand nombre ; mais admettons que la ligne de bataille ait été quatre fois plus forte, et qu'il n'ait déployé simultanément que la moitié de ses forces : d'après cette hypothèse exagérée, il n'aurait eu encore que 20,000 hommes. En 1830, les seuls combats sérieux que nous ayons livrés ont eu lieu contre les Turcs : les Arabes ne faisaient que tirailler dans le lointain [1]. »

Ce simple exposé donne un singulier démenti au système préconisé, en 1838, par un ministre de la guerre, qui put faire comprendre à la chambre des députés que le général français se voyait condamné en Algérie à user de moyens dont l'emploi, devenu de jour en jour plus rare, répugne justement à des peuples civilisés. On devait, disait-il, se résigner à refouler au loin, à *exterminer* peut-être les populations indigènes. Le ravage, l'incendie des moissons, la ruine de l'unique industrie du pays, l'agriculture, étaient, à ses yeux, le seul moyen d'établir notre domination [2] !

Au reste, dès 1836, M. le commandant Pellissier pouvait résumer toutes les misères des Arabes en ces mots : « Partout où nous nous établissons en Algérie, les hommes fuient et les arbres disparaissent. » Et l'année suivante, le général Bugeaud leur annonçait ses projets par cette proclamation : « La première campagne commencera quand vos moissons jauniront ; elle finira lorsqu'elles seront détruites, ainsi que vos arbres et *vos forêts*. La deuxième commencera après les pluies, et durera jusqu'à la fin de mars, afin que vous ne puissiez pas semer vos blés [3] ! » Mais n'anticipons pas sur les événements.

Cinq races existaient sur le sol algérien à l'époque de notre apparition :

1° Six mille Turcs, petit peuple dominateur, gouvernant avec le sabre des régions où, depuis quinze ans, notre pouvoir est encore contesté, malgré l'appareil imposant de 100,000 baïonnettes ; 2° les Maures, les Koulouglis et les Juifs, dans les villes ; 3° les Arabes, dans la plaine ; 4° les Kebaïles, sur toute la région montagneuse.

Nous avons expulsé les Turcs. — Les Maures des villes se livrent au commerce ; race abâtardie des fugitifs de Grenade, ils nous supportent sans réaction : leur nombre peut s'élever à 50,000 [4]. Plus riches que les habitants de la

---

1 *L'Algérie prise au sérieux*, par M. Leblanc de Prébois, capitaine au corps royal d'état-major, p. 43. Ce savant officier est l'auteur d'un travail fort remarquable, qui fait justice de bien des préjugés, et réduit beaucoup de fables à leur triste valeur. C'est une œuvre de la plus haute portée.
2 *Exposé des motifs du projet de loi du 24 février 1838*, par le général Bernard, ministre de la guerre.
3 Lettre au ministre de la guerre, du 15 mai 1837.
4 *L'Algérie ; des moyens de conserver et d'utiliser cette conquête*, par M. le maréchal Bugeaud, p. 59.

plaine, ils vivent des anciens produits de la piraterie, ignorent les arts, dédaignent l'agriculture, et ne rappellent en rien les célèbres conquérants de l'Espagne. De l'union des Mauresques avec les janissaires turcs proviennent les Koulouglis (*fils de soldats*), qui constituaient dans la régence d'Alger une classe à part, exclue des rangs de la milice invincible. Maures et Koulouglis, énervés par l'abus des plaisirs sensuels, ne comptent plus guère que pour mémoire dans l'histoire de notre conquête.

Les Juifs, race cosmopolite, qu'on retrouve partout vivace et avide, intrigante avec humilité, cachant sa vénale perfidie sous le masque de l'obséquiosité, les Juifs sont les trafiquants, les usuriers les plus actifs de l'Algérie. Ceux de la classe la plus infime exercent des métiers de toute sorte ; les capitalistes faisaient, sous le régime turc, le négoce des esclaves ; quelques-uns d'entre eux ont joué un rôle dans notre domination, comme on le verra bientôt. Méprisés des musulmans, ils sont devenus, par l'égalité que nous leur avons si imprudemment accordée, orgueilleux à l'excès, sans reconnaître par aucun service utile l'affranchissement qu'ils nous doivent. « En résumé, dit M. l'intendant Genty de Bussy, les Maures et les Juifs ne nous donnent que les villes de l'Algérie, et nous n'avons pas besoin d'eux pour nous y établir. Les Arabes nous livrent la plaine et avec elle le pays, et il faut à tout prix que nous y restions avec eux et par eux. Nous devons donc vivre à côté des Maures et au milieu des Arabes, mais bien nous dire que par les premiers nous n'obtiendrons rien des seconds. Indifférents pour les uns, uniquement préoccupés des autres, apportons-leur, au lieu de coups de fusil, la tranquillité ; au lieu de la discorde, l'union ; au lieu de la misère, le bien-être : ce sera leur donner à la fois le bonheur et la paix. Une fois sur le seuil de ce changement de situation, ils seront les premiers à pousser la porte pour y entrer tout à fait. Le plus difficile n'est pas de vaincre, mais de soumettre et gouverner [1]. »

Nous jugeons trop exclusivement les Arabes d'après quelques idées militaires. Trompé sans doute par des appréciations inexactes, ou entraîné par le besoin de justifier la guerre et les rubans de feu [2] qu'il promenait sur l'Algérie, un honorable maréchal croit pouvoir les accuser de fanatisme [3] de mauvaise foi [4] et d'un penchant au vol qu'ils ont, dit-il, « presque élevé à l'état de vertu ; si ce n'est pas le vol du bétail qui les conduit, c'est le vol amoureux ; cette passion leur fait faire des choses incroyables [5]. » — Il faudrait, ce nous semble, manquer de raisonnement pour condamner un peuple sur des exceptions ; les fanatiques, les gens de mauvaise foi, les pillards et les amoureux sont de tout pays, comme les erreurs. Mais, sans passer d'un extrême à l'autre, on aime à rencontrer l'expression d'un examen plus impartial dans les remarques faites par un officier fort instruit, qui a parcouru longtemps les tribus, soit comme chef

---

[1] *De l'établissement des Français dans la régence d'Alger*, t. 1er, p. 145.

[2] Nous allâmes jusque sur le Haut-Isser sans rien brûler ; personne n'étant venu au-devant de nous pour se soumettre, nous fîmes de là à Oran, en passant par le Sig, un ruban de feu d'environ deux lieues de largeur. Ainsi finit cette petite expédition. (*Lettre d'un lieutenant de l'armée d'Afrique à son oncle, vieux soldat de la Révolution et de l'Empire*, par M. Bugeaud. Paris, 1839, in-12.)

[3] Rapport au ministre de la guerre, 16 janvier 1844.

[4] *L'Algérie*, des moyens de conserver et d'utiliser cette conquête, p. 31. — [5] *Ibid.*, p. 9.

du bureau arabe, soit comme simple voyageur, ce qui est, à notre avis, le meilleur moyen d'étudier les hommes.

« Les préjugés religieux, dit M. Pellissier, sont moins enracinés chez les Arabes qu'on ne le croit généralement. Quoique attachés à leurs croyances, ils sont assez disposés à s'affranchir de certaines pratiques gênantes et sans but ; mais, dans ce qu'elle a d'essentiel, leur foi est vive et jeune encore. Doit-on leur en faire un reproche ? Non, sans doute ; car malheur au peuple qui ne croit à rien ! Chez eux, tout acte religieux a droit à leur respect, quel que soit le culte de celui qui s'y livre [1].

« Ils ont encore une qualité précieuse, et qu'il est d'autant plus juste de mettre en lumière, qu'on la leur refuse généralement : c'est de tenir à leur parole politique. De ce qu'après avoir été en état de paix, ou plutôt de non hostilité, avec quelques tribus dans certaines circonstances, on les a trouvés hostiles dans d'autres, on conclut trop légèrement qu'on ne peut compter sur rien avec eux. Mais quels sont les traités qu'ils ont violés ? J'avoue que je n'en connais aucun. Il est arrivé sans doute, plus d'une fois, que des tribus ne se sont pas crues liées par d'autres, et que même des promesses faites par des individus isolés d'une tribu n'ont pas été tenues par la majorité. Mais quoi d'étonnant dans un pays où nous avions laissé introduire une si complète anarchie que la puissance et la volonté publiques ne se trouvaient représentées par personne[2] ? Et cependant, malgré cette absence de garantie, de tous les Français qui ont confié leurs têtes aux Arabes, il n'en est pas un seul qui ait eu lieu de s'en repentir ; tandis que, sous l'administration du duc de Rovigo, deux parlementaires indigènes ont été décapités à Alger, malgré le sauf-conduit dont ils étaient porteurs.

« Les Arabes sont, en général, doux pour leurs femmes, tendres pour leurs

---

[1] L'évêque d'Alger, racontant son excursion pastorale de 1843, dit que, s'étant rendu à Constantine avec l'Arabe Hassounah, nouvellement converti, et dont il avait fait son interprète, cet indigène y reçut « l'accueil le plus inattendu, étant fêté de tous, même des chefs religieux. » Le gouverneur-général ayant bien voulu être parrain d'une cloche destinée à l'église de cette ville, M. Dupuch la baptisa « parmi des flots d'Arabes émerveillés. Le Cheikh El-Arab n'avait pas dédaigné, pour jouir de ce spectacle si nouveau pour lui, de monter sur les épaules d'un de ses spahis... Enfin plus de cinq cents enfants arabes furent baptisés *in extremis* par le prélat, sans opposition de la part des parents. » (*Annales de la Propagation de la Foi* pour 1844.)

« Les Arabes, dit M. Baude, ancien commissaire du roi en Algérie, nous repoussent moins comme chrétiens que comme incrédules. (*L'Algérie*, t. II, p. 364.)

Plusieurs familles notables de Constantine, renonçant aux principes consacrés par la loi musulmane, la pluralité des femmes et la faculté du divorce, ont demandé que le mariage de leurs enfants fût célébré suivant la loi française, déclarant en connaître toutes les conditions, et en accepter toutes les conséquences. (*Tableaux officiels des établissements français en Algérie*, publiés par le ministère de la guerre ; années 1843 et 1844.)

[2] On pourrait ajouter que le choix des chefs que nous avons imposés aux Arabes n'a que trop souvent porté sur des intrigants, et des hommes tarés, chargés du mépris de leurs compatriotes. Le peu de connaissance que nous avions des indigènes servait autrefois d'excuse à nos erreurs ; mais de funestes résultats, tant de fois multipliés, auraient dû nous éclairer. On sait qu'à la surface de chaque nation croupit une masse flottante d'individus sans patrie, vivant de ses trahisons, et faisant marché d'infamie. Cette lie sociale qui, de tout temps et partout, mercenaire du plus fort, s'offre à lui comme séide, existe en Algérie ; c'est elle qui, avide, obséquieuse, avilie, s'est empressée autour de nous, s'est faite notre auxiliaire soldée ; nous achetons ses honteux services, et c'est malheureusement sur cet échantillon flétri qu'on juge encore le peuple arabe.

Mais parmi tous les moyens de corruption que nous avons prodigués en Afrique, on n'eût pas dû compter la prostitution de la croix d'honneur sur la poitrine d'intrigants indigènes, tandis que tant de braves soldats, mutilés sous nos drapeaux, en sont encore privés, et le seront peut-être toujours.

enfants, bienveillants pour leurs serviteurs ; ils remplissent avec exactitude tous les devoirs de la vie sociale ; ceux que leur position met un peu au-dessus du commun sont remarquables par le choix et la délicatesse de leurs expressions dans leurs relations publiques ou privées. Ils ne manquent ni de délicatesse ni de décence dans leurs amours ; le cynisme, cet enfant grossier des peuples caducs, est mal reçu parmi eux ; ils rougissent souvent, comme de jeunes filles, à des conversations trop communes parmi nous, et dans lesquelles ils ne s'engagent jamais qu'avec répugnance. Cependant, malgré ce voile de pudeur et de chasteté, ils ne sont point complétement étrangers à de condamnables écarts ; mais les exemples en sont aussi rares que chez les autres peuples.

« L'existence des femmes est loin d'être aussi malheureuse chez les Arabes, et même chez les Maures, qu'on le croit en Europe. Les lois et les usages du pays leur accordent des droits qui les protègent contre les caprices de leurs époux, et dont elles usent largement. Aussitôt qu'une dispute conjugale prend un caractère un peu sérieux, la femme menace de l'intervention de la justice, qui est presque toujours pour elle ; aussi, en Barbarie comme en France, c'est le beau sexe qui tient ordinairement le sceptre du ménage ; et ce pouvoir est rarement partagé, car il n'y a que peu d'Arabes qui profitent du bénéfice de la polygamie. La plupart se contentent d'une seule femme, dont ils sont encore plus souvent les serviteurs soumis que les maîtres, tout comme dans nos contrées. Les lois rendent les liens du mariage assez faciles à rompre ; mais, comme nul ne peut renvoyer sa femme sans lui faire quelques avantages pécuniaires, les répudiations sont peu fréquentes. Les divorces par consentement mutuel le sont beaucoup plus ; il n'est pas rare de rencontrer des femmes qui ont passé dans les bras de deux ou trois maris encore existants. Elles peuvent aussi provoquer le divorce pour des faits qui nous paraîtraient fort extraordinaires [1]. Ce n'est guère que dans les villes que l'usage soumet les femmes à la gênante obligation de paraître voilées ; dans les campagnes, ce rigorisme n'existe que rarement, surtout à mesure qu'on s'éloigne de la capitale. Bien qu'il soit prescrit par le Koran, les Arabes d'Espagne s'en étaient affranchis, et l'on a vu, à Séville, des femmes professer en public les belles-lettres et les sciences. Cette tolérance a passé aux Arabes d'Afrique, qui, dans les campagnes, cachent peu leurs femmes, bien qu'ils s'en montrent très-jaloux. Les douars, ou villages, sont le théâtre d'intrigues amoureuses aussi fréquentes qu'en Europe, et dont les dénoûments, parfois tragiques, ressemblent aux drames qui se passent chez nous ; on peut en conclure que tous les hommes ont les mêmes passions, et recourent aux mêmes moyens pour les satisfaire [2]. »

Tandis que les Maures des villes thésaurisaient par le négoce et la piraterie, les Arabes du dehors conservaient, avec leurs mœurs primitives, la libre jouissance de l'espace. La bravoure indomptée des tribus n'est que l'instinct de la défense personnelle ; qu'elles ne craignent plus pour leur sûreté, et bientôt elles cesseront

---

[1] En 1834, le kadi d'Alger reçut une demande en séparation d'une femme qui se plaignait que l'organisation physique de son mari lui rendait trop douloureuse la soumission aux devoirs conjugaux. Ce magistrat, vérification faite des pièces du procès, et en considération de la faiblesse de la femme, qui n'avait que quatorze ans, prononça le divorce.

[2] *Annales algériennes*, par E. Pellissier, capitaine au corps royal d'état-major, t. Ier, 2e partie, chap. 3.

de se fatiguer du poids des armes. Beaucoup moins redoutables qu'on ne les a faites, elles deviendront nos alliées quand elles croiront pouvoir se fier à nous; quand la mitraille, l'incendie et les fascines ne seront plus nos moyens de communication. L'ennemi que nous avons à combattre en Afrique a pris trop souvent, sous les plumes d'état-major, des proportions gigantesques; et cependant, qu'est-ce, après tout, qu'un camp arabe? M. Bugeaud s'empressait, autrefois, de nous l'apprendre en ces termes : « Qu'est-ce qu'un camp arabe? Est-il retranché comme un camp d'Europe? occupe-t-il un point stratégique important à ôter à l'ennemi? y a-t-il de nombreuses provisions de guerre et de bouche, un grand matériel à saisir? est-ce quelque chose de difficile à évacuer et qu'il y ait probabilité de prendre? Non. C'est tout simplement une réunion de tentes mobiles, établies sur le bord d'un ruisseau ou d'une fontaine. Dix minutes suffisent pour tout charger sur des chameaux; le camp s'en va, et les cavaliers se présentent pour combattre s'ils se croient assez forts. Une fois pour toutes, qu'on le sache bien, les talents des plus grands généraux, concentrés en un seul, ne forceraient pas les Arabes à combattre quand ils n'en ont pas l'intention. Rien ne les oblige à vous attendre; ils n'ont rien à garder, rien à protéger, parce que, leur force consistant en cavalerie irrégulière, ils ne peuvent défendre un point fixe contre une armée régulière, dont la principale force se compose d'infanterie. La cavalerie régulière d'Europe ne pourrait pas, beaucoup plus que les Arabes, défendre une position, un camp retranché. Qu'on tâche donc de comprendre enfin que les combinaisons stratégiques d'Europe n'ont aucun sens en Afrique; les choses, les armées étant toutes différentes, la guerre doit différer également. Il n'y a pas de clef d'une contrée, il n'y a pas à prendre de ces positions qui commandent au loin le pays, militairement parlant. On ne tourne pas les Arabes, tous les points de l'horizon leur sont indifférents; on ne s'empare pas de leurs lignes de communication, tous les chemins leur sont bons; on ne menace pas leurs dépôts, ni le siége de leur gouvernement, ni le cœur de leur puissance : — leurs dépôts sont des silos invisibles, le cœur de leur puissance est aussi mobile que leur camp [1]. »

Il y a loin de cette simple description à l'emphase des bulletins qu'on nous prodigue depuis cinq ans; et cependant les Africains n'ont pas changé. Mais il fallait à l'ambition d'un pacha français les honneurs de l'apothéose; des armées musulmanes sortirent de ses rêves, et le même homme qui, en 1838, ne voyait dans les forces d'un camp arabe qu'une puérile apparence, se mit à expédier au ministère dépêches sur dépêches, pour obtenir de nouvelles troupes, toujours insuffisantes contre les géants créés par ses hallucinations. — « Abd-el-Kader, écrivait-il en 1843, dispute les restes de sa puissance avec autant d'énergie qu'en déploya Napoléon dans la campagne de France en 1814. Ce n'est pas chose facile que d'obtenir la soumission d'un peuple constitué comme sont les Arabes, ayant à sa tête un chef tel qu'Abd-el-Kader. Les Turcs n'ont pas rencontré un tel adversaire, et ils ont mis plus de 150 ans à s'établir dans le pays comme nous les y avons trouvés, c'est-à-dire avec une puissance assez mal organisée, et, sur bien des points, plutôt fictive que réelle. Et cepen-

---

[1] Lettre au *Courrier français*, insérée le 11 février 18..

dant ils avaient la même religion et les mêmes mœurs que les indigènes ; ils épousaient les femmes arabes, ce qui leur donnait des alliances dans le pays. Mais nous, nos seuls moyens de conquête et de domination sont dans notre force, dans notre activité, dans notre habileté militaire, et ce n'est qu'à la longue que nous pourrons créer des influences et des intérêts qui serviront notre politique. »

Certes, M. Bugeaud possède une incontestable bravoure ; mais cette qualité, si commune en France, n'était en Algérie qu'une nécessité de second ordre ; il fallait avant tout, de l'adresse, de l'esprit de suite et un plan d'action logiquement combiné. Or le maréchal, ne connaissant que la force, croyait triompher par la terreur ; il déploya, aussi loin que ses colonnes purent s'étendre, le système des *razzias*, qu'il traduisit en victoires, et nous fit bientôt plus d'ennemis qu'il n'en avait trouvé. Sa fortune militaire en profita merveilleusement ; mais si la France était assez riche pour payer ses bulletins, il est bien temps, aujourd'hui, qu'elle compte avec des intérêts plus sacrés.

Cet insatiable besoin de guerroyer, qui dénote une fausse intelligence des choses, et dont les résultats n'ont produit jusqu'ici que de stériles sacrifices, nous conduisait, en 1844, chez les Kebaïles des montagnes de Bougie, bien qu'il fût avéré, par M. Bugeaud lui-même [1], qu'un simple blocus de ces peuples pauvres, qui n'ont jamais subi aucune domination, mais qui commercent volontiers, fût le plus sage moyen de les rallier à nous, par l'appât des intérêts matériels.

Les montagnards de l'Algérie sont généralement désignés sous le nom de Kebaïles. Leur caractère sédentaire, leur attachement au sol et à la culture, leur aptitude à l'industrie et au commerce, tous les traits enfin de leur organisation sociale, appellent au plus haut degré notre attention. Ces hommes indomptés se rapprochent évidemment, plus que les Arabes, des nations d'Europe, telles qu'elles étaient il y a douze siècles, telles que plusieurs d'entre elles sont encore aujourd'hui.

Les nombreuses tribus qui habitent les environs de Bougie résisteront longtemps à notre envahissement ; leur territoire trace un quadilatère inégal, dont le sommet s'appuie vers le S.-S.-E., sur la chaîne neigeuse du Djerjera (*mont de Fer* des Romains) ; sa base s'élargit en contournant les plages qui serpentent du cap Bengut, près Dellys, jusqu'au pied du Gourayah, dont la crête domine Bougie.

Ces tribus kebaïles forment une confédération républicaine ; chacune se partage en *kharouba*, ou districts, qui se subdivisent en *dechra*, ou villages. Chaque district élit son cheikh, qui change tous les trois ou six mois, ou tous les ans, suivant les circonstances ; de telle sorte que chaque chef de famille puisse, à son tour, exercer le pouvoir. Le conseil des cheikhs décide la paix ou la guerre, à la suite des différends qui s'élèvent entre les tribus. La guerre consiste en incursions rapides sur le territoire ennemi ; quelquefois les marabouts interviennent, et l'influence dont jouissent partout ces personnages vénérés peut soulever ou faire taire les haines, et concilie tous les intérêts. Les cheikhs assemblés jugent les crimes et délits commis par des individus. Chaque dechra, ou village, possède aussi un taleb, homme instruit dans les coutumes du pays, et qui apprécie

---

[1] *L'Algérie*, des moyens de conserver et d'utiliser cette conquête, p. 11.

les contestations minimes; mais son arrêt n'est sans appel qu'autant que les parties l'acceptent. — Les marabouts habitent des *zaouïas* (chapelle, ermitage), et se chargent de l'instruction des jeunes gens parmi lesquels sont choisis les talebs. La zaouïa est un sanctuaire inviolable, et devient lieu d'asile pour les criminels qui peuvent s'y réfugier.

Au temps des Turcs, le bey de Constantine avait une autorité directe sur toute la province, excepté Bougie, où résidait un gouverneur turc particulier, qui portait le titre de kaïd. Il y avait, en outre, un kadi pour la justice civile, un agha pour commander la garnison, et un muphti, chef de la religion. Le kaïd avait droit de vie et de mort sur les habitants de Bougie, et sur les Kebaïles du dehors, quand il pouvait s'emparer d'eux. L'impôt était presque toujours refusé par les montagnards, qui, toutefois, ne s'inquiétaient guère de porter secours aux tribus des basses régions que venaient surprendre les janissaires. Il existait d'ailleurs une sorte d'accord tacite entre les Turcs et les Kebaïles des montagnes inabordables; les premiers faisaient tout ce qu'ils pouvaient pour empêcher la fabrication de la poudre et des armes dans l'intérieur; mais, le plus souvent, ils échouaient dans leurs expéditions contre les points bien connus où cette industrie les bravait; — faute de mieux, le gouvernement d'Alger en achetait les produits.

Les Kebaïles, tout en refusant de payer tribut aux races étrangères, se cotisent entre eux pour l'entretien des pauvres, des chapelles, et pour les besoins publics. Ces peuples ont adopté le costume et la religion des Arabes; ils sont de taille moyenne, mais plus vigoureux que les gens de la plaine. Les riches ont des cabanes bâties en pierres brutes, superposées et liées avec art; ces cabanes sont tantôt isolées, et, plus souvent, groupées en villages de forme généralement carrée, avec une place au milieu. Les pauvres vivent sous des huttes de roseaux, enduites de terre grasse, à laquelle ils mêlent un peu de paille. Les uns et les autres conservent dans des trous coniques, appelés *silos*, les grains, les légumes et les fruits. Les habitants des villages tiennent leurs provisions en réserve dans des jarres faites de terre glaise, séchée au soleil, et qui ont 5 ou 6 pieds de haut. Ces jarres sont rangées le long des murs, ou appuyées contre des poutres, et retenues par des cercles de fer. L'ameublement intérieur se compose de deux pierres pour écraser le grain, de quelques paniers, de pots de terre, de nattes de jonc et de peaux de mouton qui servent de tapis et de couvertures. Les lits sont des estrades de pierre, revêtues de plâtre; les murailles sont blanchies à la chaux. — Les villages kebaïles n'ont point de mosquées; mais, de distance en distance, on rencontre des tombeaux de marabouts que fréquentent de nombreux pèlerins. — La sobriété la plus rigoureuse préside aux repas des montagnards; le kouskoussou, pâte de riz ou de froment, rarement mêlé de viande, forme leur ordinaire. Les moins aisés se contentent de galette d'orge et de quelques fruits; tous boivent de l'eau, quoique le raisin ne soit point rare chez eux.

L'industrie du pays est très-active. Les Kebaïles travaillent le fer, fabriquent des fusils, des sabres, de la poudre et des balles pour la chasse ou la guerre, et quelques instruments aratoires; ils connaissent aussi une manière de tremper l'acier dont nous n'avons pas le secret. Les femmes aident leurs maris aux travaux des champs, et, dans leurs temps de loisirs, elles tissent des étoffes de laine. La principale culture est celle du figuier et de l'olivier; les Kébaïles font avec les villes, et surtout Alger, un commerce assez considérable d'huiles, de cire, de fruits secs et de savon noir; leur richesse consiste en bestiaux, mais ils n'ont point de chameaux, et fort peu de chevaux.

A l'époque de l'expédition de 1844, plus de 3,000 Kebaïles fréquentaient les marchés d'Alger, où venaient louer leurs bras comme domestiques ou journaliers, lorsque le maréchal Bugeaud se souvint que ces montagnards étaient venus au secours du dey, en 1830, sous la conduite du fameux Ben-Zamoun. Cet ennemi redouté n'existait plus, mais un lieutenant fugitif d'Abd-el-Kader avait trouvé asile dans les montagnes. Le maréchal voulut se le faire livrer; les Kebaïles, qui ne trahissent pas plus que les Arabes les droits de l'hospitalité, refusèrent d'abandonner le proscrit, et le silence répondit à ces menaces renouvelées de 1841 : « Malheur à vos champs, à vos habitations, à vos troupeaux, à vos arbres, qui ont été préservés depuis trois ans! Je ne veux pas encore vous révéler tous mes projets : l'avenir vous les fera connaître. » Et cet avenir fut une campagne de 20 jours, terminée par la destruction de 60 villages, le massacre de 1,500 paysans; et, à la suite de cette exécution, copiée des Vandales, le vainqueur écrivait au ministre de la guerre : « Cette contrée vaut assurément les frais de la conquête; la population y est plus serrée que partout ailleurs. Nous avons là de nombreux consommateurs de nos produits, et ils pourront les consommer; car ils ont à nous donner en échange une grande quantité d'huile et de fruits secs. Ils ont aussi du grain et des bestiaux; ils pourront, par la suite, produire autant de soie qu'ils le voudront. Ces consommateurs, personne ne viendra nous les disputer contre notre volonté. Nous cherchons partout des débouchés à notre commerce, et partout nous trouvons les autres peuples en concurrence. Ici, nous aurons à satisfaire seuls les besoins d'un peuple neuf, à qui notre contact donnera des goûts nouveaux[1]. »

Malgré ces phrases patriarcales, trop de fois démenties par des proclamations furibondes, notre contact n'a offert jusqu'ici aux Kebaïles, comme aux Arabes, que le ravage et la mort, accompagnés des plus affreux épisodes de guerre dont l'histoire ait gardé le souvenir; — et grâce à l'impéritie, aux violences, à l'aveuglement obstiné du gouvernement militaire, nous sommes parvenus à créer contre nous, en Algérie, un sentiment de nationalité plus fort qu'il n'existe partout ailleurs, et l'avenir de la civilisation a reculé d'un siècle, devant une déplorable politique.

Il s'est formé de nos jours, au sein de l'armée et de la société civile, une école qui proclame l'effusion du sang comme un bien, et qui, jugeant l'histoire comme on l'écrivait au moyen âge, n'y voit que des batailles. Un peu de philosophie lui apprendrait, cependant, les rapports qui existent entre les luttes physiques et les progrès de l'humanité, et elle s'effraierait elle-même d'avoir glorifié des fléaux; elle comprendrait aussi que les extravagantes cruautés commises dans le Dahara, au mois de juin 1845, ont achevé de détruire cette œuvre de Pénélope que la crédulité publique appelait si naïvement la

---

[1] Rapport officiel au ministre de la guerre, le 18 mai 1844.

pacification de l'Algérie. Dieu pèsera les cadavres qu'il nous faut encore amonceler pour étouffer les soulèvements nouveaux d'une race qui n'attend plus de nous que d'effroyables malheurs ! « Croit-on, disait naguère un officier général, vétéran de l'Algérie, croit-on que la postérité ne nous en demandera pas compte ? qu'elle ne nous flétrira pas encore plus qu'elle n'a flétri les compagnons de Cortès et de Pizarre ? Du moins ceux-ci ont eu, pour s'excuser, la faiblesse de leur nombre, leur fanatisme religieux, et surtout la *réussite*, qui efface tant de choses. Mais nous, qui ne sommes point abrités sous ces deux égides, si en outre nous ne réussissions pas ; si on pouvait nous accuser, à juste titre, d'avoir ainsi massacré, par pur passe-temps, sans avoir jamais su ce que nous voulions, un peuple défendant sa foi, sa liberté, son pays ! — à quelle exécration ne serions-nous pas voués ! Les Romains, massacrant les martyrs, virent bientôt la chute de Rome ; les Espagnols, massacrant les Mexicains, virent bientôt la chute de la monarchie de Charles-Quint ; ne faisons point, par le massacre des Africains, sonner l'heure de notre propre chute ! Ou retirons-nous *de suite*, ou établissons-nous *rationnellement*, avec persévérance, en répandant l'instruction chez les populations qu'il nous faut soumettre. Décidons-nous franchement et irrévocablement, au lieu de nous borner à détruire, *pour faire des récits de destruction*. Poussés envers les nègres, que nous ignorons en entier, par un zèle fervent de philanthropie, fils de l'habileté anglaise, nous voudrions ruiner nos concitoyens des Antilles ; puis, aux mêmes jours, nous exterminons, sans même avoir un but arrêté, tout un peuple que nous étions venus *officiellement* arracher au joug sanguinaire des Turcs. — Eh ! dit-on, nous marchons à la tête de la civilisation ! Mais, c'est qu'ici encore on fait abus de mots ; entre la civilisation exactement déterminée et ce que l'on appelle actuellement de ce nom, la distance est l'infini [1]. »

« Pour les Arabes, ajoute une grave autorité que nous avons déjà invoquée plus d'une fois, deux systèmes sont encore en présence : l'extermination et la civilisation. Les partisans du premier disent qu'il n'y a rien à obtenir de fanatiques indomptés et guerriers, et que le plus sûr est de s'en défaire. Mais, inadmissible dans l'état actuel de nos sociétés, repoussé par nos mœurs et contraire au droit des gens, l'adopter nous mettrait au ban de l'Europe, et soulèverait contre nous des flots d'indignation. Eh quoi ! nous ne serions venus que pour leur apporter cette *ultima ratio* des gens qui n'en ont point d'autre ; et c'est à la lueur de leurs foyers embrasés qu'ils apprendraient à nous connaître ! Les Français d'aujourd'hui descendraient du Nord, comme jadis les Huns et les Vandales, pour procéder au massacre de quelques milliers de familles ! Non ; il n'y aurait pas pour nous assez de malédiction, si nous persévérions dans cette conduite ; et si, sur

---

[1] *Solution de la question de l'Algérie*, par le général Duvivier, p. 286. — Les autorités que je cite à l'appui, souvent même à la place de mes propres jugements, et que je choisis surtout dans l'ordre militaire, prouvent assez que je n'ai pas la prétention d'avoir seul compris les affaires d'Afrique. Il y a, dans les hauts emplois de l'Algérie, des hommes qui voient aussi clairement la vérité, mais qui font ou qui ont fait tous leurs efforts pour maintenir ce pays à l'état d'exploitation, dans l'intérêt particulier de leur avancement et de leur fortune. Ont-ils reconnu qu'en marchant dans une voie plus droite, ils n'atteindraient pas les rangs suprêmes de la hiérarchie ! Ceci est triste à dire, et les pensées qui en naissent sont encore plus tristes. Je fais cette remarque avec un militaire d'un mérite supérieur ; et quelles que soient les haines, les calomnies auxquelles un historien s'expose, il ne doit pas moins dire la vérité tout entière.

cette terre d'Afrique, il n'y avait pas de place pour les indigènes et pour nous, il serait plus sage de la leur laisser tout entière; notre orgueil pourrait en souffrir, mais notre caractère en serait rehaussé; on nous saurait gré de nos efforts, et ni le meurtre ni le carnage n'auraient au moins souillé nos lauriers! Si encore, au delà des limites de l'ancienne régence, les partisans de l'extermination ne devaient plus retrouver d'Arabes, ils expliqueraient peut-être l'emploi de cet horrible moyen; mais quand nous sommes destinés à les avoir partout devant nous, quand de partout ils nous enceignent et nous pressent, il serait vraiment étrange que nous eussions la pensée d'aller, sur les corps sanglants de leurs frères, essayer d'entamer des relations de commerce avec eux¹! »

N'est-il pas temps de nous faire pardonner de tristes victoires, et de réparer les désastres qui ont servi de piédestal à des ambitions déplorables? Devenons justes et dignes, et les Arabes cesseront peu à peu de nous haïr. Jusqu'ici nous avons mis en contact avec eux une armée hostile qui, par les fautes de certains chefs, a cessé d'être une force respectée; nous avons mis en face de leur nature forte et vigoureuse tout ce que notre prétendue civilisation a de pourri, le fisc sans frein, l'agiotage, l'usure poussée à son dernier période, et une administration confiée à des hommes qui, pour la plupart, n'en ont compris que les abus. Mais souvenons-nous, enfin, que les nations nous regardent, et que Dieu nous attend au terme de notre œuvre : — les nations tiennent en suspens sur nos têtes l'admiration ou le mépris; Dieu, la récompense ou le châtiment!

Et qu'on ne se méprenne pas sur le sentiment qui nous inspire ces réflexions. En signalant le mal que nous avons aperçu, nous croyons à l'efficacité du remède; et nous le disons avec une haute indépendance, il n'existe pas dans une stérile mutation de gouverneur; on ne le trouvera que dans la vice-royauté dont serait investi un de ces jeunes princes qui ont si noblement soutenu en Afrique l'honneur du nom français.

§ II. ZONE LITTORALE

DEPUIS LES FRONTIÈRES DU MAROC JUSQU'A ALGER.

On est fixé sur l'étendue réelle de cette partie du Moghreb que nous nommons Algérie : elle occupe un parcours de 250 lieues de l'est à l'ouest, et de 30, 40 à 60, du nord au sud. Cette vaste conquête se partage en deux zones distinctes, l'une maritime, l'autre intérieure, toutes deux parallèles à la mer. Le mont Dyris, ou Atlas, les sépare dans toute leur longueur. Entre sa ligne de faîte et la Méditerranée, règnent plusieurs chaînes secondaires qui courent dans le même sens; leur hauteur diminue à mesure que l'on s'éloigne du centre du continent; elles forment alors des plateaux successifs qui s'abaissent, comme des gradins, les uns au-dessous des autres. La première série de ces montagnes intermédiaires, et la plus rapprochée du littoral, communément appelée Petit-Atlas, longe la Méditerranée et vient se terminer à l'ouest de Bone. Quoique différentes, ces

---

1 *De l'établissement des Français dans la régence d'Alger*, par M. Genty de Bussy, conseiller d'État, intendant militaire, t. I, p. 131.

montagnes secondaires ne sont pas indépendantes les unes des autres, mais elles se relient par plusieurs contre-forts qui, se détachant du Grand-Atlas, se dirigent vers le nord, traversent les chaînes parallèles, et vont finir à la côte qui, sur ces points, se dessine en falaises. Le Djerjera (*mons ferratus* des Romains) en est un exemple remarquable. Cette disposition de groupes montagneux divise l'Algérie en un grand nombre de bassins, sillonnés par des cours d'eau dont la pente et la direction varient à l'infini. Lorsque le versant est très-rapproché de la mer, les rivières sont torrentueuses, et leur lit reste souvent à sec; mais lorsqu'elles prennent naissance sur un des grands plateaux intérieurs, elles suivent d'abord le prolongement général de la chaîne atlantique, de l'est à l'ouest. Arrêtées par la barrière que leur oppose la chaîne inférieure, elles la minent peu à peu, et finissent par se frayer un passage; ainsi le Chéliff, la Chiffa et l'Oued-Rummel n'arrivent à la mer qu'après avoir brisé les digues du Petit-Atlas.

Considérée physiquement, la zone maritime de l'Algérie présente, surtout vers l'ouest, un système de configuration pareil au midi de l'Espagne. Les Romains désignaient souvent par le nom d'*Hispania transfretana* la Mauritanie tingitane, que les Arabes ont appelée, depuis, Moghreb-el-Aksa (l'extrême région du couchant). L'Andalousie, le pays de Grenade, les Algarves (El Garb, l'Occident dans la langue des Maures), offrent des analogies frappantes avec le sol barbaresque; les montagnes pelées n'y attirent plus les nuages et la pluie; les plaines et les vallées sont arides partout où la main de l'homme ne rencontre point des eaux fertilisantes; le désert se partage ces régions où l'œil se perd et la pensée s'attriste, au milieu de solitudes ardentes. Quand on s'élève au sommet de quelques-unes des Sierras, on n'aperçoit au loin, sous le ciel, que des plateaux incultes et des pentes nues, dont rien de vivant n'adoucit l'uniformité; seulement, au fond des vallées, serpente çà et là une rivière ou un ruisseau, traçant une lisière de verdure où reparaissent les moissons, les vergers, et les habitations d'un peuple indolent. Les cimes culminantes de l'Atlas correspondent parfaitement aux montagnes neigeuses de la Sierra-Nevada, situées vis-à-vis, dans l'Andalousie et l'ancien royaume de Grenade; — les deux systèmes ne diffèrent que dans leurs dépressions. Le plateau d'Espagne a sa principale pente dans les vastes plaines de l'ouest, tandis que sa dépression vers la Méditerranée est beaucoup moins prolongée et plus escarpée; en Barbarie, au contraire, les grandes plaines de la principale dépression se dirigent à l'est. Toutefois, le littoral algérien est parsemé de vallées d'une précieuse fécondité : les plaines de Métidjah, comme celles de Constantine, la Bou-Djima près de Bone, les terroirs du Chéliff, le bassin de l'Habra et d'autres espaces plus resserrés, aux environs de La Calle, de Philippeville, d'Oran, d'Arzew, de Mostaghanem, de Maskara, de Tlemcen, assuraient de riches produits aux Arabes, malgré l'imperfection de leurs cultures.

La zone intérieure, ou le Tell, comprend toutes les terres arables, depuis les approches de la côte jusqu'aux limites naturelles marquées au sud par le Grand-Atlas, et sur lesquelles s'échelonnent, de l'est à l'ouest, nos postes de Tebessa, Biskra, Msila, Bou-Saâda, Boghar, Teniet El Had, Tiaret, Takdimt, Frenda, Saïda et Sebdou. Sur plusieurs de ces points, on se croit arrivé au terme de la végétation et de la vie; les notions du moyen âge ne vont pas plus loin, et les voyageurs modernes n'hésitaient pas, jusqu'ici, à déclarer infranchissables ces espaces ignorés [1].

La chaîne boisée des monts Trara, qui trace, vers le nord, la frontière occidentale de l'Algérie sur la rive gauche de l'Oued-Tafna [2], se termine dans la Méditerranée par le cap Hone [3]. On double, en appuyant à l'est, le cap Noé, qui prend son nom des montagnes dont cette partie de la côte est bordée, et l'on arrive à l'embouchure de la Tafna, rivière célèbre par le traité de 1837, et sur la rive gauche de laquelle gisent les vestiges de l'ancienne Siga [4]. Vis-à-vis l'entrée de la Tafna s'élève l'île de Harchgoun, formant un port commode; — c'est l'Acra de Scylax. Les tribus qui habitent à l'est de la rivière tirent leur nom du Djebel-Hasa, montagne voisine des ruines de Hunaïn [5]. La Tafna [6] prend sa source au sud, dans les pays rocheux des Beni-Snous, et va droit à la mer sans changer de nom. Elle reçoit dans son cours le torrent de Sikkak, qui vient du nord de Tlemcen, et l'Isser, qui prend sa source au sud-est, non loin du désert [7].

En remontant la côte vers le nord, on rencontre l'Oued-el-Mailah [8] (*fleuve salé*), qui reçoit le Sinan dans la belle plaine de Zeïdour. Toute cette partie du littoral est montagneuse; après avoir doublé le cap Figalo, on trouve, non loin dans les terres, les restes de la ville d'Andalousia, bâtie, en 1610, par les Maures chassés d'Espagne. A peu de distance est l'île Habiba, masquant l'embouchure de l'Oued-el-Kesab (*rivière des joncs*), qui tombe dans une petite anse que limite, à l'est, le cap Falcon (Ras-el-Harchfa des Arabes). A l'orient de ce cap s'ouvre une baie à fond de sable, qui fut le point où les Espagnols débarquèrent en 1732, pour attaquer Oran. A deux lieues du cap Falcon, en appuyant au S.-E., est la rade de Mers-el-Kébir, qui sert de port à Oran, quoique cette ville en ait un plus petit sous ses murs (Mers-el-Seghaïr). Le Mers-el-Kebir est formé par une pointe de terre qui abrite les vaisseaux contre les vents du nord et du N.-E.

Bâti sur deux collines que sépare un ravin profond, et dans lequel coule un ruisseau qui fertilise de beaux jardins, Oran [9] présente un aspect plus européen qu'arabe. Ses deux quartiers supérieurs, divisés par le ravin, aboutissent à la plage, où se trouve un troisième quartier, appelé la Marine. Cette ville, que les

---

[1] Voir, pour l'intelligence de ces détails topographiques, la CARTE GÉNÉRALE DU MOGHREB, placée à la fin du volume, et à laquelle nous avons donné tous nos soins. Cette carte comprend l'*empire de Maroc*, l'*Algérie*, et la partie du *Sahara* qui nous est déjà connue.

[2] Il n'est pas inutile de traduire, pour le lecteur, certains termes arabes qui se reproduiront fréquemment. Ainsi le mot *Oued* signifie rivière; *Djebel*, montagne; *Ras*, tête, cap ou promontoire; *Bab*, porte; *Kesbah* et *Méchouar*, citadelle; *Sahel*, hauteur boisée.

[3] C'est le grand promontoire, μέγα ἀκρωτήριον, de Ptolomée, *Geog.*, lib. IV et VIII, Amstelod., 1619. — Suivant Léon l'Africain, c'est le Ras Hunaïn des Arabes, sur lequel s'élevait autrefois une petite ville.

[4] Strabon, lib. XVII. — Solin. *Polyhistor*, cap. 25. — Mariana, *Historia general de Espana*, lib. II, cap. 23. — Scylacis Cariand. *Periplo*.

[5] Djebel Hasa, mons altissimus, oppido Hunaïn vicinus est. Leon. Afric. *De tot Afr. descript*.

[6] Siga de Ptolomée, *Geog.*, lib. IV, cap. 2.

[7] C'est l'Assara de Ptolomée, lib. IV, cap. 2, et l'Isaris cité par le géographe anonyme de Ravenne.

[8] Flumen salsum. Itiner. Antonini. Ludg., Batav., 1705. J. de Mariana, *Historia general de Espana*, t. II, Madrid, 1635.

[9] *Ouaharan* des Arabes, de *ouahar*, endroit de difficile accès. Cette ville a été tour à tour nommée, par les historiens et les géographes, *Madaurum*, *Aeram*, *Auranum*, *Guharan*. (Gomeclus, *De rebus gestis francisci Ximenii*, lib. IV, Francofurti, 1603).

Espagnols avaient autrefois armée de savantes fortifications, a deux portes, qui s'ouvrent toutes deux du côté de la vallée. Ses abords sont dominés à l'ouest par le vieux fort Santa-Cruz ; à mi-côte de la hauteur est le fort Saint-Grégoire, et plus bas, près de la mer, le fort de la Mouna. Le ravin est couvert, sur sa droite, par les forts Saint-André et Saint-Philippe, la nouvelle Kasbah et la pointe de Sainte-Thérèse, qui commande la mer. La vieille Kasbah, presque entièrement détruite par le tremblement de terre de 1790, s'élevait au N.-O. Les rues d'Oran sont assez larges, mais irrégulières ; ses faubourgs, jadis considérables, ont été sacrifiés aux besoins de sa défense. Le port de Mers-el-Kebir, le seul qui puisse porter de gros navires, en est éloigné d'une lieue et demie.

En continuant de suivre le littoral, on arrive au port d'Arzew, plus grand que celui de Mers-el-Kebir ; les Arabes le nomment Beni-Zian, du nom d'une peuplade kebaïle des environs, qui fut, pendant 380 ans, maîtresse de ce pays[1]. Arzew rappelle l'ancienne Arsenaria[2], dont les ruines sont à quelque distance du port. La campagne qui s'étend derrière la ville offre une assez belle plaine, dans laquelle on trouve une immense saline. Élevée sur une montagne, des précipices profonds du côté de la mer lui servent de rempart naturel. L'eau potable y est légèrement salée, parce qu'on la puise au-dessous du niveau de la mer. A l'est d'Arzew, on trouve deux petits ports, séparés par un cap armé d'une batterie qui les défendait. — Plus loin est l'embouchure du Sig et de l'Habra[3], qui se réunissent avant de tomber dans la Méditerranée. Le Sig a sa source au S.-O. dans les montagnes des Beni-Ameur-Gharaba ; l'Habra porte le nom d'Oued-el-Hammam (*rivière des bains*), jusqu'à ce que, recevant le Sig dans la plaine d'Habra, il prend le nom des peuplades qui campent sur ses bords.

A peu de distance de la mer, en remontant vers le nord, on aperçoit Mazagran, sur la pente occidentale d'une montagne, à une lieue de Mostaghanem. Cette bourgade était autrefois entourée de belles maisons de campagne, aujourd'hui dévastées.

Mostaghanem, située à six lieues de la rive gauche du Chéliff, et à un quart de lieue de la mer, sur une colline assez élevée, occupe la rive gauche d'un ravin qui ressemble à celui d'Oran, et la sépare d'un de ses quartiers appelé Matamore, par lequel elle est dominée. Sa forme décrit un amphithéâtre ayant vue sur la mer. Entre cette ville et Mazagran s'étendaient beaucoup de jardins et de lieux cultivés, le long de la mer, et abrités au S.-S.-E. par une chaîne de hauteurs qui leur fournissaient des eaux douces. On voit dans l'intérieur de Mostaghanem un vieux château mauresque bâti, au douzième siècle, par Youssef-ben-Tascheﬁn. Les restes d'une autre citadelle qui s'élevait sur la montagne au N.-O., semblent d'origine romaine ; ce serait peut-être là l'emplacement de Cartenna[4].

En poursuivant la route vers le N.-E., on passe devant l'embouchure du Chéliff[5] ; c'est la rivière la plus considérable de l'Algérie. Sorti des confins du

---

[1] Fuit penès Beni-Zeinos illius (Telemsini scilicet) regni imperium, 380 ferè annos. J. Leon. *Africa*.
[2] Plinii Sec., *Afric. descrip.*, lib. v, cap. 2.
[3] Ces deux rivières formant le Cartennus de Ptolomée, lib. iv, cap. 2.
[4] Plinii Sec., lib. v, cap. 2. — Ptolom., lib iv, cap. 2. — Itiner. Antonini.
[5] Chinalaph de Ptolomée, lib. iv, cap. 2.

Sahara, au S.-E., son premier cours se dirige vers l'est ; parvenu aux environs de Médéah, il incline du N. au S.-O., puis, descendant vers le couchant, trace une vallée presque parallèle à la mer. Il reçoit à gauche l'Oued-Derder, l'Oued-Rouina, l'Oued-Feddah qui sort des montagnes de l'Ouarensenis, l'Oued-Isly, l'Oued-Tlelat, l'Oued-Djedioura, l'Oued-Mina, l'Oued-Rghir ; — à droite, l'Oued-Beid, l'Oued-Arat, l'Oued-Khamis, l'Oued-ben-Kalli, l'Oued-Ouaran et l'Oued-Ras. Le géographe Ebn-Saïd, que cite Abou-el-Feddah, attribuait au Chéliff la propriété du Nil, qui féconde ses rivages par des inondations régulières[1] ; ce phénomène n'a sans doute jamais existé que dans l'imagination de l'auteur arabe ; mais, s'il faut rarement prendre au pied de la lettre les traditions rapportées par les Orientaux, on peut du moins conclure de celle-ci qu'à l'époque où écrivait Ebn-Saïd, la vallée qu'arrose le Chéliff devait être d'une admirable fécondité.

Au N.-O. de l'embouchure de cette belle rivière, s'élève le cap Ivi (Djebel-Diss des Arabes, ou *montagne des roseaux ;* plus loin coule le ruisseau de Hagmis, dans une baie sur les bords de laquelle se tenait un marché de grains pour les marchands d'Europe.

Au-dessus du Hagmis est l'île Colomba (Zour-el-Hamam), petit îlot de rochers, couvert de pigeons sauvages. Plus haut se creusent deux baies (Kalla-Chimia et Mers-Agoleit) que sépare un promontoire. Les monts Miniss bordent la côte, et contiennent des bancs de sel cristallisé. De ce point on gagne Ténès, placé dans un fond marécageux[2]. C'était, avant la conquête de Barberousse, la capitale d'un petit État, et dont il n'est resté que cette misérable bourgade ; il s'en exportait beaucoup de grains ; mais la rade, peu sûre, est exposée aux vents de l'ouest et du nord. Une légende arabe raconte que les anciens habitants de Ténès étaient si habiles sorciers, que Pharaon, roi d'Égypte, les fit venir à sa cour pour contrefaire les miracles de Moïse. Le cap Ténès est une haute montagne que les marins maures appellent Nakos (*la cloche*), à cause d'une de ses cavernes qui a cette forme ; il se dessine de loin, aux regards des navigateurs qui viennent de l'ouest, comme une hure de sanglier. — Après avoir passé Ténès, on trouve des ruines au fond d'une baie, que les Maures nomment Dahmouse (*lieu obscur*), sans doute à cause des citernes qu'elles obstruent[3]. A quelque distance, d'autres débris marquent l'emplacement d'une station romaine[4]. Une langue de terre qui s'avance dans la mer à partir de ces ruines, forme le Ras-el-Terf, entre lequel et Cherchell s'ouvre une baie profonde.

Cherchell était réputée pour son acier et sa vaisselle de terre. Les maisons sont couvertes en tuiles. C'était autrefois une capitale importante ; ce qui en reste est situé au bas des ruines d'une grande ville presque aussi étendue que Carthage[5]. On y retrouve des colonnes, de grandes citernes et des pavés en mosaïque ; un magnifique aqueduc y conduisait les eaux de l'Oued-Hachem ;

---

[1] Selif celebris, ut fluvius magnus, qui increscit dum cæterii fluvi decrescunt, instar Nili Ægypti. — Abou-El-Feddah; *Africa, arabicè et latinè,* curante Johan. Eichhorn. Gottingue, 1791, in-8°.
[2] Ténès, Tnis ou Tennis, de *tin,* limon. C'était le Carcoino des anciens. Ptolom., *Geog.,* lib. iv, cap. 2.
[3] Castra Germanorum. Ptolom., *Geog., ibid.*
[4] Cannuis de Ptolom., *ibid.,* ou Gunugi de Pline, lib. v, cap. 2.
[5] Sersel, maximum atque amplissimum est oppidum, a Romanis ad mare Mediterraneum ædificatum; continet in circuitu milliaria plus minus octo. J. Leon, Afric. *de tot. Afr. descript.*

plusieurs de ses débris apparaissent encore dans les montagnes au sud. D'autres conduits bien conservés amènent l'eau du S.-S.-O. De fortes murailles la revêtent et la protègent du côté de la mer ; une partie de la ville est bâtie sur un terrain plat, l'autre s'élève en pente à une hauteur considérable. Une porte du côté des terres mène aux montagnes escarpées des Beni-Menasseur ; du côté de la mer, une porte à l'ouest va aux montagnes de Beni-Sifrah ; celle de l'est, aux monts de Chenouah. Il est plus que prouvé que cette ville est l'ancienne Jol ou Julia Cæsarea, par le récit de Procope, qui rapporte que les Romains ne pouvaient en approcher que par mer, l'accès du côté des terres étant rendu impraticable par les peuplades voisines, qui étaient maîtresses des passages [1]. Une vieille tradition rapporte que l'ancienne ville fut détruite par un tremblement de terre, et que son port, anciennement vaste et commode, fut réduit par des éboulements à son misérable état actuel. Quand la mer est calme et basse, on trouve encore, dans le fond, des colonnes et des morceaux de muraille qui justifient cette tradition.

Les environs de Cherchell sont arrosés et fertiles ; on franchit plusieurs ruisseaux avant d'arriver à l'Oued-Hachem, qui se jette dans la mer, à l'est de la ville. A l'E.-N.-E. s'élèvent les montagnes de Chenouah, qui courent deux lieues le long de la mer, couvertes de terres labourables, avec des haies d'arbres fruitiers. La pointe orientale de cette chaîne forme une baie appelée Mers-el-Amouche, où les vaisseaux sont à couvert des vents d'O. et de N.-O. A l'est de cette baie coule le Gur-Maat, composé de sources qui viennent de la montagne ; on trouve sur ses bords un réservoir carré, d'origine romaine.

Plus loin sont les ruines de Tefessad, l'ancienne Tipasa [2], qui s'étendent le long de la mer, avec des arches et des murs en briques. Toute la côte, depuis ce point jusqu'à Alger, est couverte de hauteurs boisées, qui abritent la plaine de Métidjah. Au S.-E. de Tefessad s'élève le Koubber-el-Roûmiah (*tombeau de la chrétienne*), haut de 20 pieds, sur une base du diamètre de 90. A cause de sa forme tronquée et de la tradition qui le disait élevé sur un trésor, les Turcs l'avaient nommé le *Trésor du pain de sucre*. Les marins l'aperçoivent de loin ; c'est probablement le monument que Pomponius Mela place entre Iol et Icosium, et qui servait de sépulture aux anciens rois de Numidie [3].

A quatre lieues du Koubber-el-Roûmiah, sur la même chaîne de montagnes, s'élève au N.-N.-E. la petite ville de Koléah [4], en face de la Métidjah. Elle est assez régulièrement percée. Le mur d'enceinte qui existait autrefois, et la plupart des maisons qui, comme à Blidah, sont construites en pisé, furent renversés par le tremblement de terre de 1825. Koléah est entourée de jardins où croissent presque tous les arbres à fruits de l'Europe et quelques orangers ; mais la campagne aux environs est mal cultivée ; plus loin, on ne trouve plus que des broussailles. — On ne pouvait se rendre d'Alger à Koléah qu'en passant par la Métidjah, quittant la route d'Oran à Bir-'Touta, et longeant le massif jus-

---

[1] Ἐς ὂν (Καισάρειαν) Ῥωμαῖοι ναυσὶ μὲν ἔπλει στέλλοντες. Πεζῇ δὲ ἰέναι ὡς διὰ Μαυρουσίων ἐν ταύτῃ ᾠκημένων τῇ χώρᾳ. Procopius, *De Bell. Vandal.*, lib. ii, cap. 20.
[2] Ptolom., *Géog. Nub.*, lib. iv, cap. 2.
[3] Pomp. Mela, *de Situ orbis*, cap. 6.
[4] C'est, probablement, le *Casae Calventi* de l'itinéraire d'Antonin.

qu'à l'embouchure du ruisseau de Bou-Farik dans le Mazafran, où le terrain est marécageux et entouré de fourrés épais. Depuis que la route d'Alger à Bou-Farik, passant par Douëira, a été continuée, on a tracé un embranchement qui conduit à Mahelma, d'où l'on gagne aisément Koléah.

L'embouchure de l'Oued-Mazafran (*rivière rousse*) est située au N.-N.-E. de Koléah. Sa première branche descend de Miliana, se joint à un autre affluent qui vient de Hammam-Merga, et prend le nom d'Oued-el-Hammam. On l'appelle plus haut Oued-Ger; elle serpente alors dans les vallées de l'Atlas, par replis tortueux. L'Oued-Chiffa et l'Oued-Ilek forment ses autres branches : la première prend sa source au N.-E. de Médéah ; la seconde vient de cette partie de l'Atlas qui avoisine Blidah ; ces rivières se perdent dans un lit commun, et gagnent la mer sous le nom de Mazafran.

A quelque distance au N.-N.-E. du Mazafran, on aperçoit une tour ronde, bâtie sur un cap hérissé de rochers, qui s'avance en une longue presqu'île : c'est la Torre-Chica (*petite tour*), nommée par les Arabes Sidi-Effroudj, dont nous avons fait par corruption Sidi-Ferruch. Ce cap, comme je l'ai dit ailleurs, forme deux baies, dont celle de l'ouest est la meilleure ; la flotte française y choisit, en 1830, son point de débarquement. On trouve sur la presqu'île quelques débris de murailles et de citernes ; une voie romaine se découvre encore entre Sidi-Ferruch, le Ras-Accounater et Alger ; et près du marabout de Sidi-Khalef, à moitié chemin de Sidi-Ferruch, à Alger, on rencontre plusieurs monuments en carré long, couverts de pierres plates, qui y purent être d'anciens tombeaux.

A l'est du Ras-Accounater, aujourd'hui cap Caxine, chargé de ruines d'aqueducs, s'enfonce le Mers-el-Dhaban (*port des mouches*), ou pointe Pescade ; et en tournant au S.-E., on entre dans la rade d'Alger.

§ III. Alger sous le gouvernement turc.

La capitale de la régence s'élève en amphithéâtre triangulaire, au pied et sur le versant d'une colline dont la hauteur atteint 130 mètres au-dessus du niveau de la mer. La base du triangle s'élargit sur les grèves de la rade ; le sommet, adossé à la colline, porte la Kasbah, qui servait à la fois de citadelle et de palais aux souverains turcs. Alger, vu de la mer, offrait, avant notre occupation, l'aspect d'une immense carrière de plâtre.

La ville basse, bâtie sur un sol plat, est aujourd'hui déblayée en grande partie des masures arabes qui l'encombraient. Les trois grandes artères qui la traversent, sous le nom de rue de la Marine, Bab-Azoun et Bab-el-Oued, sont presque entièrement reconstruites à l'européenne ; leur point de jonction forme une place magnifique, d'où la vue sur la Méditerranée rivalise avec celle du golfe de Naples. — La ville haute, malgré les ridicules constructions à quatre ou cinq étages que des Européens y ont intercalées, conserve encore en grande partie sa physionomie mauresque ; c'est un labyrinthe de rues tortueuses et de passages voûtés, à l'exception de la rue de la Kasbah, qui, du milieu de celle de Bab-el-Oued, monte à la citadelle.

Des terrasses de la Kasbah d'Alger, l'œil embrasse un splendide panorama. La ville descend, par étages, jusqu'à la Marine, et se termine au môle et aux batteries qui défendent les approches de la côte.

Presque toutes les maisons mauresques sont bâties d'une manière uniforme ; les plus confortables se composent au rez-de-chaussée d'un cloître carré, pavé en marbre, dans lequel on entre par un des angles. Sur chacune des quatre faces de cette cour, qui ont 12 ou 14 mètres de longueur, règnent des colonnes de marbre, soutenant la galerie du premier étage. Sous cette sorte de péristyle se trouve l'entrée de quatre salles longues, étroites, et qui n'ont vue que sur la cour ; elles servent ordinairement de cuisine, de cellier et autres communs. Au premier étage, les appartements sont disposés de la même manière ; on communique des uns aux autres par une galerie d'environ 2 mètres de largeur, et bordée d'une balustrade appuyée à des colonnes qui supportent une partie de la terrasse. Les appartements ne reçoivent de jour que par la porte d'entrée sur la galerie ; de chaque côté sont des fenêtres basses et carrées, garnies de treillages de fer ; ces salles ont 10 à 12 mètres de longueur sur 2 ou 3 de largeur, et sont très-fraîches malgré les chaleurs de l'été. Toutes les maisons d'Alger sont couvertes de terrasses qui, en raison de l'assiette de la ville, forment une espèce de cirque, d'où l'œil embrasse la pleine mer ; elles sont blanchies à la chaux plusieurs fois par an, et pour se préserver des ardeurs du soleil ou des pluies, on place une tente au-dessus de la cour.

Alger a cinq portes : Bab-el-Oued (*porte de la rivière*), Bab-Azoun[1], Bab-el-Djeddid (*porte neuve*), Bab-el-Bahr (*porte de la mer* ou *des pêcheurs*), et Bab-el-Zira (*porte du môle*). Son origine est contestée ; les savants modernes soutiennent que c'est l'ancien Icosium[2] ; Léon l'Africain l'appelle Mesganah[3] ; Marmol, Mosganah, du nom des Beni-Mosgane, qui l'auraient bâtie[4] ; les Turcs la nommaient El-Djezaïr, parce que le môle oriental du port était séparé du continent par un îlot.

L'organisation du gouvernement turc formait, à Alger, une république militaire d'environ six à huit mille hommes, dont le chef n'était qu'un soldat élu par ses pairs, ou conduit au pouvoir à la suite d'une révolution. Ce corps de troupes se recrutait, comme je l'ai dit, de tous les aventuriers, musulmans ou renégats, que lui envoyaient Constantinople, Smyrne et les autres pays levantins. Les Turcs se partageaient tous les emplois politiques, et traitaient les Arabes en sujets ou alliés, selon le plus ou moins d'action que les distances leur permettaient d'exercer sur le territoire. Ils avaient partagé l'Algérie en quatre divisions politiques. La province de Constantine, à l'est, et celle d'Oran, à l'ouest, étaient régies chacune par un *Bey*, espèce de gouverneur général, qui avait sous ses ordres les autres fonctionnaires. Le centre de la régence formait deux provinces :

---

[1] On dit qu'Alger fut assiégée au moyen âge par un chef maure nommé Azoun, et que la porte Bab-Azoun a gardé son nom. (D'Arvieux, *Mémoires*, t. V.)

[2] Icosium, ne quis imposito a se nomine privatim gloriaretur, de condentium numero urbi nomen datum. (J. Solin, *Polyhistor.*, cap. 25.)

[3] Gezeïr Afriḳ idem atque nobis insula sonat. Conditores habuit Afros qui ex familia Mesgano originem traxerant, quare et apud antiquos Mesganah fuit appellata. J. Léon Afric., *De tot. Afr. descript*.

[4] Les Maures nomment Alger Gezeïre des Beni-Mosgane ; elle a été bâtie par des Berbères de ce nom. Marmol Caravajal; *Descripeion general de Affrica*, lib. v, cap. 11. Granada, 1573, in-fo.

le beylik de Titeri et le territoire d'Alger soumis à l'autorité immédiate du *Dey*. Chaque province était subdivisée, pour l'administration et le gouvernement, en districts nommés *Outhans*, confiés à des chefs nommés *Kaïds* [1]. Les noms de ces districts sont, le plus souvent, des noms d'hommes qui, dans des temps reculés, ont joui d'une haute renommée ou d'une puissante influence, soit personnelle, soit de famille. Dans chaque outhan, ou district, les tribus qui le composaient avaient à leur tête des *Cheïkhs* commissionnés par le dey, sur la présentation faite au kaïd par les notables habitants, et soumise par le kaïd à la sanction du souverain de la régence. Les cheïkhs pouvaient être révoqués sur les plaintes qui arrivaient des tribus, comme l'étaient les kaïds et les beys eux-mêmes; mais les chefs supérieurs qui encouraient la disgrâce du dey étaient presque toujours étranglés; on craignait que, s'étant fait dans leur gouvernement des partisans et des créatures, ils n'y fomentassent des révoltes contre leur successeur.

Le beylik de Titeri avait environ quatorze kaïds; on en comptait neuf dans le cercle d'Alger, cinq dans les montagnes, quatre dans la plaine. La grande province de Constantine en avait de trente à quarante; celle d'Oran en proportion. Les kaïds habitaient communément dans la capitale, près du bey, dont ils formaient la cour et qu'ils assistaient de leurs avis; ils se rendaient, à des époques fixes, dans leurs outhans, pour y faire une tournée d'inspection et de surveillance.

Le petit nombre des villes qui existent dans la régence possédait une organisation plus complexe, à raison de la réunion des diverses classes d'habitants et des différentes professions, industrielles ou commerciales, qu'on y exerçait. L'administration en était réglée sur le modèle d'Alger.

Les affaires locales de cette capitale étaient confiées à des magistrats choisis parmi les Maures. Le premier de ces fonctionnaires avait le titre de *Cheïkh-el-beled* (chef du pays). Il percevait une contribution hebdomadaire sur les boutiques et les métiers, fournissait, par voie de réquisition, les mulets et chevaux de transport pour les sorties des troupes turques, et défrayait pendant leur séjour les envoyés du dehors. — Un autre fonctionnaire était le *Beit-el-mal*, administrateur des successions, assisté d'un conseil présidé par un *Uléma* (homme de loi), qui examinait les titres et statuait sur les partages. — Un troisième magistrat, *El Mohteb*, avait la police des marchés, à l'exception de celui des grains, que le dey faisait lui-même surveiller pour la perception des droits qu'il en retirait. Le même employé était chargé de l'entretien des rues. — Le *Mézouar* (fermier des filles de joie), levait un impôt considérable sur la prostitution. Ce magistrat présidait en outre à l'exécution des jugements criminels. — Un chef des fontaines, *Amin-el-Aïoun*, recevait les revenus appliqués à cette branche des travaux publics. — Les divers corps de métiers avaient aussi chacun leur *Amin*, soumis à la juridiction du *Cheïkh-el-beled*. — Deux employés supérieurs veillaient à la police générale : le premier, *Kaïa* (lieutenant), fonctionnait pendant le jour; le second, qui devait toujours être Turc, faisait les rondes de nuit; on

---

[1] Il y en avait deux par outhan. Le premier, choisi parmi les Turcs, réunissait les pouvoirs civil et militaire. Le second, nommé *Kaïd el Achour*, était le collecteur de l'impôt levé sur les récoltes. Il y avait aussi un kaïd pour les Arabes du Sahara, qui venaient, à certaines époques, séjourner en Algérie, et le *Kaïd el Gharb*, ou de l'Ouest, pour les Marocains qui se trouvaient dans le même cas.

JANISSAIRE.

le nommait *Agha-el-Koul*. Tous ces fonctionnaires obéissaient au *Kazenadji*, ministre de l'intérieur et des finances du dey.

Le gouvernement se concentrait dans un conseil suprême ou *Divan*, composé de soixante chefs des compagnies de la milice et des principaux dignitaires de l'État. Dans les temps ordinaires, ce conseil procédait à l'élection du dey, ou prononçait sa déchéance. Aux jours de révolte, le pouvoir était conquis par le plus brave; chaque mutation de souverain était annoncée au sultan de Constantinople, qui la sanctionnait par un décret d'investiture, avec le titre de *Pacha*, et l'envoi du kafetan d'honneur, accompagné de riches présents.

Le dey gouvernait despotiquement, et rendait la justice en matière criminelle. Ses ministres immédiats étaient le *Kazenadji*, chargé des affaires intérieures et du trésor; l'*Agha*, ministre de la guerre; le *Kodja-el-Kril*, chef du domaine de l'État; l'*Oukil-el-Hardji*, intendant de la marine et des relations extérieures; enfin le *Cheïkh-el-Islam*, ou *Muphti-el-Hanefi*, chef de la religion et de la justice. La législation en matière civile était appliquée, dans chaque province, par deux kadis, l'un dit *el-Hanefi* pour les Turcs, l'autre, *el-Maleki*, pour les Maures et Arabes[1].

C'est au moyen de ces simples rouages que le pouvoir turc s'est maintenu pendant trois siècles en Algérie. Son action militaire s'exerçait par la milice, ou *Odjak*. Cette petite armée, placée sous les ordres de l'agha[2], se divisait en compagnies; les grades appartenaient à l'ancienneté ou récompensaient les actions d'éclat. Chaque chef ou soldat recevait une ration de pain par jour, et une solde minime, dont le taux variait selon les années de service, sans dépasser toutefois 30 centimes par jour. Mais il était permis aux janissaires de se marier et d'exercer dans la ville une industrie quelconque, à la charge de prendre les armes dès qu'ils en recevaient l'ordre. Un grand nombre d'entre eux faisaient leur fortune, soit en exerçant des fonctions publiques, soit par leurs alliances avec de riches familles maures ou arabes. Les enfants issus de ces mariages pouvaient servir dans la milice, mais seulement avec des grades inférieurs, et la loi les excluait, comme les indigènes, de toute participation et de tout droit au pouvoir. A l'âge de cinquante ans cessait l'obligation de porter les armes. A cette force militaire se joignaient, comme auxiliaires, des cavaliers fournis par les tribus arabes qui vivaient autour d'Alger; et, sur plusieurs points des beyliks, se trouvaient cantonnés, dans des forts, de petites garnisons composées d'aventuriers, dont la régence tirait d'utiles services pour maintenir sa domination.

[1] Les *hanefis* et les *malekis* forment deux sectes musulmanes qui diffèrent sur quelques pratiques du culte et sur quelques interprétations de la jurisprudence tracée par le Koran. Du reste, elles vivent en bonne intelligence, et ne se disputent point le paradis, comme les catholiques et les protestants d'Europe. Les Turcs appartiennent à la première; tous les musulmans d'Afrique font partie de la seconde, dont le chef spirituel est le chérif de Maroc, comme le sultan de Constantinople est celui des musulmans orientaux.

Chaque *Outham*, ou district, avait son *Kadi* particulier, pour la justice civile. Les affaires criminelles étaient jugées par l'*Agha* ou par les *Kaïds* qu'il déléguait. L'agha seul pouvait infliger la peine de mort.

[2] Ce personnage, investi d'une autorité presque égale à celle du dey, exerçait sur les indigènes une sorte de juridiction prévôtale et terrible. Il avait formé, sous le nom de *Spahis*, un corps de cavalerie dans lequel tout Arabe possédant un cheval et un fusil pouvait être admis, en payant à l'agha un présent de 40 sultanis (200 francs). Cet enrôlement était fort recherché parce qu'il affranchissait de tout impôt; les spahis constituaient une sorte de milice héréditaire. Cinquante d'entre eux étaient casernés à Alger, et formaient la garde de l'agha. Les autres, attirés par l'appât du butin, ne manquaient jamais à l'appel quand il s'agissait d'aller en expédition. Au retour, ils rentraient chez eux jusqu'à nouvel ordre.

Comme toutes les politiques de ce monde, le gouvernement turc trouva sa ruine dans ses abus. La licence de la milice en altéra les formes. Du jour où elle put renverser avec impunité un pacha de la Porte et lui substituer un de ses membres, toutes les ambitions éclatèrent ; la perfidie ou la force ouverte détrônèrent tour à tour les souverains qu'elle se donna, et dont elle fit un hochet qu'une révolte ou un complot brisait. Les deys, sans cesse menacés, réduisirent peu à peu à l'emploi d'instruments les membres du conseil qui avaient jusque-là balancé son pouvoir ; le despotisme, arrivé à son faîte, croula dans l'anarchie, et la *Kasbah* d'Alger était depuis douze ans plutôt une prison qu'un palais, quand Hussein, son dernier habitant, fut affranchi de son règne périlleux par l'expédition française[1].

Le système de piraterie auquel nous avons mis fin offrait des chances de fortune aux indigènes de toutes les classes que leur exclusion de la milice turque empêchait d'arriver aux emplois politiques. Les corsaires, soumis à une surveillance légale, ne pouvaient capturer que les bâtiments des nations avec lesquelles la régence était en guerre. Toutefois, pour couvrir de fréquentes infractions faites au droit des gens, le pouvoir turc saisissait les moindres prétextes d'hostilité, et savait en créer au besoin. Les petits États d'Europe achetèrent longtemps, par des tributs annuels, la sécurité de leur marine marchande ; les grandes puissances, telles que l'Espagne, l'Angleterre et la France, firent, à différentes époques, des expéditions militaires qui n'obtinrent que des résultats passagers. Nous avons eu la gloire de détruire ce fléau : sachons y joindre celle de mieux comprendre les Arabes, et de relever à côté de nous, dans l'histoire, cette race illustrée par tant de souvenirs[2].

§ IV. Zone littorale,

depuis Alger jusqu'aux frontières de Tunis.

Si, des remparts du fort de l'Empereur, situé à un quart de lieue S.-O. d'Alger, le voyageur tourne ses regards du côté du midi, il aperçoit un groupe de collines, dont l'ensemble présente un terrain fort ondulé, et s'étend de l'E.-E.-N. à l'O.-O.-S. Au delà de ces collines règne la vaste plaine de Métidjah, qui se déroule, à perte de vue, vers l'orient et vers l'occident, et du côté sud va se terminer à une chaîne de montagnes très-élevées, le Petit Atlas, dont la direction est sensiblement parallèle à celle du groupe de collines. La crête du Petit

---

[1] Après l'explosion du fort de l'Empereur, les chefs des janissaires, réunis en conseil, avaient fait sortir d'Alger, à l'insu de Hussein Pacha, un parlementaire chargé d'offrir à M. de Bourmont la tête de ce dey, en échange de la promesse que les Français se retireraient, et que le gouvernement turc serait maintenu par un traité. Le général en chef repoussa avec indignation cette proposition de meurtre, et répondit qu'en prenant la ville, il ferait passer tous les Turcs au fil de l'épée, si Hussein avait à se plaindre de la moindre insulte. La retraite de notre armée seraient devenue, dans tous les cas, le signal de la mort du prince algérien, qui, depuis douze ans, était parvenu à contenir la milice sous un joug de fer et à déjouer ses complots. On sait qu'échappé, peu de temps après son élection, à une tentative d'assassinat, il avait quitté sa maison de ville pour s'enfermer dans la Kasbah, dont les canons étaient sans cesse braqués sur la rue que pouvaient suivre les révoltés.

[2] Voyez le tableau des révolutions barbaresques dans l'*Histoire des pirates et corsaires de l'Océan et de la Méditerranée*, que nous mettons sous presse.

Atlas offre beaucoup de découpures ; on y remarque plusieurs pics pointus : mais, en général, les sommets sont arrondis, et les montagnes ressemblent assez à la chaîne du Jura. Leurs flancs sont sillonnés par de nombreuses et profondes vallées, dont quelques-unes s'enfoncent très-avant dans l'intérieur de la chaîne.

Que le voyageur se dirige droit vers le sud, et qu'après avoir traversé la Métidjah, il gravisse le versant nord du Petit Atlas, à la crête de cette chaîne, il verra les pentes sud plus escarpées que celles du nord, et, au delà, une masse de collines qui vont se rattacher au Grand Atlas. En tournant les yeux vers l'est, il verra, à 25 ou 30 lieues, une grosse montagne, le Djerjera, présentant des arêtes vives et des cimes pointues ; sur ses flancs, la roche est à nu et paraît dépourvue de végétation. Au sud-ouest, on distingue plusieurs sommets fort élevés, dont le plus éloigné a la forme d'un pain de sucre : c'est vers ce point que convergent les deux chaînes de l'Atlas, dont il semble être le nœud [1].

Le massif sur le versant duquel est bâti Alger présente un système de collines très-régulier, sillonné par de nombreux ravins ; il porte à la Métidjah, du côté sud, ses eaux qui, vers le nord, tombent directement dans la Méditerranée ; son point culminant est le Bou-Zariah, élevé de 400 mètres au-dessus du niveau de la mer. Ce massif, parsemé, dans le voisinage de la ville, d'habitations agréables, où des sources abondantes entretiennent la fraîcheur et une végétation active, ne présente pas un aspect aussi riant sur les sommités. Le terrain y est sec, pierreux, couvert de broussailles peu élevées ; les ravins, au contraire, lorsqu'ils sont arrosés par quelques cours d'eau, sont boisés, et deviennent susceptibles d'une grande fertilité.

La Métidjah est une belle vallée de 16 à 18 lieues de long, sur une largeur moyenne de 6 à 7 lieues ; elle est peu ondulée, même au point de partage qui sépare le bassin de l'Haratch et du Hamis de celui du Mazafran. L'Atlas et le massif d'Alger qui limitent cette plaine s'élèvent subitement et presque perpendiculairement au-dessus d'elle, sans qu'aucun contrefort vienne adoucir et fondre cette jonction. La Métidjah est bornée à l'ouest par les collines du Sahel, peu élevées, que le Mazafran est obligé de rompre pour arriver à la mer ; et au nord-est par les dunes de sable que l'Haratch et le Hamis traversent à leur embouchure. Elle est bien cultivée dans la partie voisine des montagnes, et marécageuse dans les régions inférieures. Son aspect est généralement découvert ; on aperçoit pourtant, sur quelques points, et plus particulièrement dans la partie méridionale, des établissements agricoles, des villages, ou hameaux arabes, dont les abords sont garnis de haies impénétrables de figuiers de Barbarie, et entourés de plantations d'oliviers, de caroubiers, de jujubiers et de quelques ormes [2].

---

[1] *Voyage dans la régence d'Alger*; observations sur la géographie physique, la géologie, etc., par M. Rozet, ingénieur géographe, attaché à l'expédition de 1830, t. I, p. 3.

[2] Cette plaine paraît avoir été anciennement couverte par les eaux de la mer. La couche de sol végétal qu'on y trouve a plusieurs pieds d'épaisseur. Les terres, quoique couvertes sur plusieurs points de hautes bruyères, ne sont pas difficiles à travailler ; toutes les cultures de nos colonies doivent y réussir. Si l'on mettait à exécution le projet important qui consistait à lier le Haratch au Mazafran, par un canal destiné à recevoir les eaux qui ne seraient pas tombées directement dans ces deux rivières, la Métidjah pourrait, en peu de temps, être cultivée et habitée en toute sécurité.

Les principaux cours d'eau qui traversent le territoire d'Alger sont : l'Oued-Djer, la Chiffa, le Mazafran, l'Oued-Bou-Farik, l'Oued-el-Kerma, le Haratch, le Hamis et l'Oued-Kaddara.

Ces rivières, ou ruisseaux, prennent naissance dans les montagnes du Petit Atlas, à l'exception de l'Oued-el-Kerma, qui descend du massif d'Alger. Presque tous sont des torrents dans la saison des pluies, et n'offrent en été qu'un lit presque desséché ; quelques-uns, cependant, le Haratch et le Mazafran, ont une importance fort grande, en ce que, destinés à recevoir les eaux que les dessèchements de la plaine partageront entre ces deux rivières, leur cours supérieur peut, à l'aide du travail, fournir de puissants moyens d'irrigation aux cultivateurs de la Métidjah.

La Chiffa prend sa source dans le Petit Atlas, entre le mont Mouzaïa et le mont Dakla ; elle descend du sud au nord, en laissant à droite ces monts, habités par la tribu de Beni-Salah. En sortant de l'Atlas, elle reçoit l'Oued-el-Kébir, qui vient de la gorge de Blidah par un ravin large et profond, traverse la Métidjah, en décrivant de nombreuses sinuosités, et roulant avec une grande vitesse sur un fond de sable et de gravier ; arrivée au pied du Sahel, elle reçoit l'Oued-Djer, et prend le nom de Mazafran. Ce cours d'eau ne conserve plus alors sa direction primitive ; il coule au N.-E., et suit cette nouvelle route jusqu'à ce que, recevant l'Oued-Bou-Farik, son affluent de droite, il rencontre de front le massif d'Alger. Il dévie alors de sa route, tourne au N.-N.-O., perce les collines du Sahel par une gorge très-resserrée, et se jette dans la mer, à 8,000 mètres (deux lieues) de Sidi-Ferruch.

Le Haratch a sa source dans le Petit Atlas, sur le versant nord du Djebel-Ouzra. Sur sa rive droite, au pied des montagnes, règne un sol fertile et bien cultivé ; sa rive gauche est marécageuse et couverte de broussailles. La pente générale de la Métidjah étant du sud au nord, les eaux, descendant des montagnes, se portent dans cette direction et sont arrêtées par le massif d'Alger, dont elles sont obligées de suivre le pied ; l'inclinaison vers la mer étant très-faible, leur écoulement se fait avec lenteur, et forme des marais qui rendent le sol peu sûr dans sa partie septentrionale. Le Haratch, comme toutes les rivières de la plaine, n'est ni navigable, ni même flottable. On le traverse sur un seul pont de 40 mètres de long sur 4 de large, construit avec une grande solidité, à quelques centaines de mètres de l'embouchure de la rivière, près de la Maison-Carrée, sur la route qui, passant à la Rassauta, va aboutir au cap Matifoux.

A l'est du Haratch coule le Hamis [1], qui descend du pays des Beni-Djaad, franchit la Métidjah, et se perd dans la mer au S.-O. du cap Matifoux (Temendfous), où l'on trouve des vestiges qu'on croit appartenir à l'antique Rusguniæ [2]. Plus loin, la Reghaïa (Regia), dont le cours se verse à l'est du cap Matifoux, n'a d'eau qu'en hiver. — A une lieue E. de cette rivière, coule le Boudouaou, qui sort du Djebel-bou-Zegza, avec le nom d'Oued-Kaddara, tiré du pays qu'il arrose, traverse les montagnes de Hammal, et prend le nom de Boudouaou en arrivant à la mer.

---

[1] L'ancien Savus de Ptolomée, lib. IV, cap. 2.
[2] *Itiner.* Antonini. — Ptolom., lib. IV, cap. 2. — Pomp. Mela, cap. 6. — Plinii Sec., lib. V, cap. 2. — Martianus, *De Africa*. — Le géographe anonyme de Ravenne.

L'Oued-Corso vient après; — un peu plus loin, coule l'Oued-bou-Merdès, et à 4 lieues, vers l'est, l'Isser [1] qui jaillit des monts du S.-E., prend le nom d'Oued-Zeitoun (*rivière des Oliviers*) jusqu'au pays des Flissas, où il devient Isser, en séparant deux grandes peuplades, sur un territoire excellent.

Au-dessus de l'Isser est le Mers-el-Djenuad (*port des poules*), cité par Édrisi, qui le nomme Mersa-Aldagiag. — A trois lieues, à l'est, sort le Bouberak, non loin du cap Bengut et de Dellys; cette rivière prend sa source au S.-E., chez les Chaouïah; elle entre dans la vallée de Sebaou, où elle reçoit le Boudoura, qui descend du mont Djerjera, longe au nord les collines d'Abd-el-Ouaret, sous le nom d'Oued-Nessa, et gagne la mer sous celui de Bouberak.

A l'est de l'Oued-Bouberak, on double le cap Bengut, et l'on trouve la ville ou plutôt la bourgade de Dellys, groupe de cent dix maisons bâties en briques et couvertes en tuiles. D'anciennes ruines qui couvrent le sol et les hauteurs voisines prouvent l'antique importance de ce point, où les Romains avaient un grand poste militaire[2]. Une mauvaise chemise en pisé qui s'écroule en beaucoup d'endroits peut à peine la défendre contre les fréquentes agressions des Kebaïles. Elle s'étend du N. au S.-E. Ses maisons sont groupées par huit ou neuf; au milieu de la ville règne une petite place, en forme de trapèze, et ombragée de figuiers. En entrant du côté sud, on voit à droite la mosquée, assez vaste, composée de huit nefs dont les arceaux supportent une toiture de chaume revêtue en briques rouges; son minaret, construit avec des pierres taillées, provenant de débris romains et chargées d'inscriptions, menace ruine. En sortant de Dellys par le nord-ouest, on reconnaît les vestiges d'une porte antique, flanquée de tours dont les assises ont résisté au temps; à gauche, un sentier empierré gravit la pente d'un mamelon où s'élevait jadis une citadelle faisant face à la mer. Des restes de construction, d'aspect cyclopéen, marquent encore l'emplacement de fortifications imposantes. La ville a une petite rade abritée contre les vents d'ouest par le cap Bengut, qui s'avance au loin dans la mer, et brise de ses angles le courant du Bouberak; on dirait un lion couché, la tête au nord et les pieds dans les flots; sur sa croupe est assis un marabout, tout entouré de sépultures. A l'ouest de la ville, et sur les pentes du mamelon qui la domine, on compte plus de soixante fermes qui s'étendent à près d'une lieue sur la grève; de riches plantations de vignes, de caroubiers, de figuiers, font de ce rivage un délicieux jardin. De la crête du mamelon, l'œil découvre, par un temps clair, à l'ouest la pointe Pescade, et à l'est les pics sauvages du Gourayah, montagne de Bougie.

Au sud-est de Dellys, à peu de distance de la mer, apparaît un grand village kebaïle qui semble tracer l'emplacement de l'ancien Iomnium[3], comme Taksibt, un peu plus haut vers le nord, pourrait être Rusubeser[4].

A quatre lieues de Dellys est le petit port de Mers-el-Fahm (*port au charbon*), ainsi nommé à cause de la quantité de ce combustible que les Kebaïles y venaient

---

[1] Serbetis, Ptolom., *Geog. Nub.*, lib. IV, cap. 2.

[2] Rusucurrium, Plin. Sec., *Afr. descrip.*, lib. V, cap. 2. — Ptolom., *Geog. Nub.*, lib. IV, cap. 2. — Léon l'Africain cite Teddelès à peu près sur le même point; mais malgré le rapport des noms, on ne saurait accepter cette version, parce que Léon parle de rivières qui traversent la ville; or, Dellys est sans eau. Leon, Afric., *De tot. Afr. descrip.* Antwerp., 1556.

[3] Ptolom., *Geog. Nub.*, lib. IV, cap. 2. — [4] *Ibid.*

embarquer pour Alger. Quelques ruines romaines assez rapprochées peuvent indiquer Rusazus[1].

A trois lieues plus loin débouche l'Oued-Sidi-Ahmed-Ben-Youssef, et à la même distance ou double, à l'est, le Ras-oum-Monkar (cap Carbon).

Bougie (Bujiah, Bedjeiah, Bou-Jehia) est située au bord de la mer, sur les ruines de Saldae[2], et à peu près dans la même situation que Dellys. Une partie de l'ancien mur d'enceinte existe encore, et s'élève, comme à Dellys, jusqu'au sommet du mont Gourayah, sur les pentes duquel la ville se développe en amphithéâtre; elle est partagée en deux par un ravin qui se bifurque vers le haut de la ville. Trois forts la défendent : le premier, nommé Mouça, situé sur la rive droite du ravin, commande les alentours; le second, fort Abd-el-Kader, est construit à gauche du ravin, au bord de la mer; la Kasbah lui fait face sur la droite. Depuis l'occupation française, Bougie est armée de nouvelles défenses; les Kebaïles du Gourayah et des autres montagnes voisines la tiennent presque constamment bloquée; le commerce des habitants consiste en huiles, cires, socs de charrue, et autres ustensiles de fer dont la matière première abonde dans les montagnes.

Le golfe de Bougie règne entre les caps Carbon et Cavallo; son mouillage est vaste mais peu sûr. Une rivière assez forte (l'ancienne Nasava), qui se jette dans la mer un peu à l'est de la ville, se compose de plusieurs cours d'eau dont le principal, Oued-Faamah, formant sa branche occidentale, sort du Djebel-Dira, à l'O.-S.-O. de Bougie, prend le nom d'Oued-el-Addouz en traversant les plaines de Hamza, celui d'Oued-Zouah en suivant les contours du Djerjera, d'où elle reçoit le Ma-Berd (*courant froid*) et l'Oued-Mailah, rivière salée qui sort des Biban (Portes-de-Fer). La branche orientale, qui prend sa source au nord de Sétif, coule d'abord au sud-ouest sous les noms d'Oued-Bou-Sellam, puis d'Oued-Ajebbi, et se jette dans l'Oued-Addouz, qui prend alors le nom de Summam et coule au nord jusqu'à la mer, où elle se perd sous le nom d'Oued-Bou-Messaoud. A l'exception des plaines de Hamza et de Sétif, le territoire que parcourent ces rivières est fort accidenté, plein de rochers et de montagnes, où se creusent de nombreux torrents à la saison des pluies.

A l'est du golfe de Bougie se jette l'Oued-Mansouriah, sur lequel les Kebaïles embarquaient autrefois une grande partie des bois de charpente destinés à l'approvisionnement d'Alger.

Un peu au delà du cap Cavallo, qui forme la limite orientale du golfe de Bougie, s'élève Djidjeli[3]. Il ne reste, de cette ville très-ancienne, que de misérables masures arabes.

A sept lieues vers l'est se déverse l'Oued-el-Kébir, à moitié chemin de Djidjeli à Kollo. Cette rivière se compose de plusieurs affluents comme celle de Bougie; les principaux sont, à l'ouest, l'Oued-Dsahab (*rivière d'or*), le ruisseau de Djemilah, qui suit, comme le précédent, la ligne S.-O. au N.-E. A l'est, l'Oued-el-Hammam, qui prend sa source à l'ouest de Constantine, et le Sigan forment tous deux le Rummel (*rivière de sable*); celui-ci, grossi du Bou-Merzoug, laisse à

---

[1] Ptolom., *Geog. Nub.*, lib. IV, cap. 2. — [2] Plin. Sec., *Afr. descrip.*, lib. V, cap. 2.
[3] Igilgili de Ptoloméo, *Geog. Nub.*, lib. IV, cap 2. — Plin. Sec., lib. V, cap. 3. — J. Solin, *Polyhist.* cap. 26.

l'ouest la ville de Milah, et, joint aux eaux de l'Oued-el-Kébir, va tomber dans la mer. Ce grand cours, que les Arabes nomment rivière de Constantine, est vraisemblablement l'Ampsaga des anciens, qui passait sous les murs de Cirta (Constantine) et se versait à la mer, entre Igilgili et Kullu.

A l'est de l'Oued-el-Kébir est le Mers-el-Zeitoun (*port des oliviers*). Plus loin, on double le cap Boujarone (Sebba-Rouss, les Sept-Caps), qui s'étend jusqu'à Kollo; la rivière Zour, qui sort du Djebel-Ras, se jette entre ces caps. Les Kebaïles de ces montagnes habitent des cavernes, comme les anciens Troglodytes, et sont à la piste des navires que la tempête fait échouer sur leurs côtes.

Kollo (Collops magnus) ou Cullu[1] est situé sous le plus oriental des Sept-Caps; c'est un amas de masures, comme Djidjeli; son port, de même forme, quoique plus grand que celui de Dellys, reçoit l'Oued-Ziamah, petit ruisseau dont la source est peu avant dans les terres.

En appuyant au S.-E., on arrive à Stora[2] (l'ancienne Rusicada), plus grande que Koïlo, et qui possède des vestiges romains. L'Oued-Sefsaf, qui se jette à la mer sur ce point, est le Tapsas des anciens[3]. A l'extrémité de la vallée du Sefsaf, on a commencé, en 1839, les fondations de Philippeville, dont le développement rapide promet, dans un avenir peu éloigné, une situation de prospérité florissante.

En remontant vers le N.-E., on double le cap de Fer (Ras-el-Hadid), rocher escarpé et blanchâtre, qui forme l'extrémité orientale du golfe de Stora, en face des Sept-Caps.

Toute cette côte est hérissée de rochers et de promontoires jusqu'au Mers-el-Berber, aujourd'hui cap de Garde, où se trouvait le fort Génois, construit par les Maltais et d'autres Italiens, contre les attaques des corsaires d'Alger. C'est l'entrée de la rade de Bone.

Cette ville, appelée par les Arabes Beled-el-Aneb (*ville des Jujubiers*), à cause de la quantité de ces arbustes qui croît dans le voisinage[4], a été bâtie par eux avec les ruines de la vieille Hippone, sur le penchant S.-E. d'une colline. Devant la ville, s'ouvre à l'est un vaste mouillage bordé de hautes falaises. Le N.-O. est dominé par le mont Edough; et au sud s'ouvre une plaine fertile, richement arrosée. La citadelle est bâtie sur une éminence, dans la direction du N. au S., à 400 mètres de l'enceinte de la place. Le port n'est qu'un bas-fond sablé, défendu contre les vents du large par les pointes du Lion et de la Cigogne.

En côtoyant le littoral vers l'ouest, on passe devant l'embouchure de l'Oued-el-Erg, et l'on arrive à La Calle, ancien chef-lieu de la compagnie française d'Afrique. A cinq lieues vers le S.-E. sont les bouches de l'Oued-Mafrag (le Rupricatus[5] des anciens), que quatre lieues séparent du point où la Seybouse (ancienne Armua[6]) se jette dans la mer. Les vestiges d'Hippone, célèbre par le souvenir de saint Augustin, et dont il ne reste que quelques pans de murs, sont

---

[1] De *culla*, port, abri pour les vaisseaux; d'où les Italiens ont fait le mot *scala*, et les Français celui d'*échelles*.
[2] Ptolom., lib. IV, cap. 3. — Pom. Mela, cap. 7. — Plin. Sec., cap. 3.
[3] Viblus Sequester, de fluminibus : — « Tapsas, africæ fluvius, juxta Rusicadem. »
[4] Léon Afric., *De tot. Afr. descrip.* Antwerp., 1556.
[5] Ptolom., *Geog.*, lib. IV, cap. 3. Amstelod., 1619.
[6] Plin. Sec., lib. V, cap. 4. Parisiis, 1685.

répandus sur la langue de terre qui sépare ces deux rivières. Hippone portait autrefois le nom d'Hippo-Regius, parce qu'elle était la résidence favorite des rois numides[1]; elle était fortifiée et commandait un vaste territoire de plaines fertiles, coupé par des collines boisées, des rivières et des lacs poissonneux. La Seybouse, dont la source est à Temlouk, coule d'abord sous le nom d'Oued-el-Cherf, reçoit l'Aïn-el-Trab (*fontaine bourbeuse*), et courant au nord, sous le nom de Zenati, prend à sa gauche les eaux de l'Oued-Alligah, un peu à l'ouest des bains chauds d'Hammam-Meskoutin, puis à droite les eaux de Sebba-Aïoun (*les sept fontaines*), et commence, deux lieues plus loin, à se nommer Seybouse; dans ce dernier parcours, l'Aïn-Milfah (*source du drap*), le Hammam et l'Oued-Mailah lui fournissent leur tribut, et son lit grossi par ces affluents se déverse dans la Méditerranée avec la Bou-Djimah[2], après avoir arrosé la plaine de Bone.

Nous touchons à la limite orientale de l'ancienne régence d'Alger; cette limite, souvent contestée par les beys de Tunis, est tracée par l'Oued-Zaine (*rivière des chênes*), la Tusca des Romains, qui séparait la Numidie de la province d'Afrique proprement dite[3]. Cette rivière prend sa source dans les monts El-Arat, et baigne, sur sa rive gauche, près de son embouchure, les ruines de Thabraca[4], aujourd'hui Tabarca, dont les habitants exploitent la pêche du corail.

§ V. Zone intérieure de l'Algérie.

Le maréchal Bugeaud pensait sagement, en 1842, que nous devions avoir, en Algérie, deux lignes d'occupation, l'une sur la côte, l'autre dans l'intérieur, et parallèle à la mer. Nous venons de parcourir la première; les stations indiquées pour la seconde sont, de l'ouest à l'est, — Tlemcen et Maskara, dans la province d'Oran; — Miliana et Médéah, dans celle d'Alger; — Sétif, Constantine et Guelma[5], dans celle de Constantine.

Tlemcen faisait partie de l'ancienne Mauritanie Césarienne; les Romains, en s'y établissant, la nommèrent *Tremis* ou *Tremici Colonia*; on y retrouve encore quelques traces de leur séjour. Les Maures en firent plus tard la capitale du royaume de Tlemcen, qui, au commencement du seizième siècle, reconnut un moment la domination espagnole. Les Turcs s'en emparèrent plus tard, et le dey Hassan la détruisit en partie, en 1670; son enceinte se rétrécit, sa population diminua, et rien aujourd'hui ne rappelle son antique splendeur.

Tlemcen est abrité au sud par le Djebel-Tierné et le Haniff, élevés de plus de 600 mètres au-dessus du niveau de la mer, et d'où la vue s'étend jusqu'à Oran. A deux lieues dans la même direction, on gravit la grande chaîne de l'Atlas,

---

[1] Silius Italicus, lib. III, v. 259. — Hippone, bâtie par une colonie phénicienne, ne tire pas son nom des chevaux qu'on pouvait y élever, ainsi que l'ont prétendu plusieurs géographes, mais de sa situation encaissée; *Ubbo*, en syriaque, veut dire *fond*; on en a fait *hippo*. (Bochart, lib. I, cap. 24.)

[2] Ladogus ou Yadog, de la géographie de Lacroix, nom qui, par corruption, semble venir d'Edough, montagne où elle prend sa source.

[3] Plin. Sec., *Afr. descript.*, lib. v, cap. 4. Parisiis, 1685.

[4] Ce nom de Thabraca paraît signifier branchue. Θαβράκα, quasi frondosam dixeris, propter ambientes sylvas. (Bochart, lib. I, cap. 24.) — Quales umbriferos ubi pandit Thabraca saltus. (Juven., sat. 10.)

[5] *L'Algérie; des moyens de conserver et d'utiliser cette conquête*, p. 16.

d'où l'on découvre le désert, qui n'est qu'à deux journées de marche. Comme pour beaucoup de villes arabes, trois de ses côtés se terminaient à des ravins escarpés qui en rendaient l'accès difficile; on ne pouvait l'aborder que vers le sud-ouest, point où la plaine se rattache aux hauteurs voisines. — En partant de Biskerik, vieux fort en ruines, son enceinte longe le ravin très-encaissé d'El-Kalah, que l'on passe sur deux ponts de pierre, et descend jusqu'à un escarpement qui domine le plateau inférieur. C'est dans cette partie qu'est la porte de Daoudi, par laquelle on entre en venant d'Oran et de Maskarah; un minaret est debout tout auprès, au milieu de nombreuses ruines. Cette porte, de style mauresque, est construite, ainsi que la base du minaret, avec des pierres qui paraissent être les débris d'un monument romain. Immédiatement au dehors est le marabout très-vénéré de Daoudi, entouré de cimetières. — A partir de Daoudi, l'enceinte suit l'escarpement de l'est à l'ouest, jusqu'à la porte Sour-el-Hamman. Entre ces deux points, la vieille muraille, qui se confond un instant avec la nouvelle, est percée de quelques portes; la plus commode est celle de Bab-el-Kermadi; les autres sont d'un accès peu facile, à cause de la pente du terrain. De Sour-el-Hamman, le reste de l'enceinte, décrivant un arc de cercle, passe dans le vallon qui sépare Tlemcen des montagnes, et va rejoindre le ravin d'El-Kalah, à 300 mètres au-dessus de Biskerik. Le contour total a plus de 5,000 mètres de développement.

L'enceinte nouvelle est plus petite, et embrasse à peine le tiers de l'espace enfermé par l'ancienne. Elle s'est arrêtée, vers l'est, à un léger escarpement qui la protége; le sud-ouest en est toujours la partie la plus faible; elle est en pisé, flanquée de tours, souvent interrompue, sans fossés, et terrassée sur les faces est et ouest. La ville est mal percée; ses rues étroites sont rafraîchies par de nombreuses fontaines; les maisons n'ont qu'un étage et sont presque toutes couvertes en terrasses; quelques-unes, comme à Alger, communiquent par des voûtes jetées d'un côté de rue à l'autre. On bâtit en briques, en moellons, en pisé; quoique la chaux ne soit pas rare, on ne l'applique pas extérieurement, ce qui donne à la ville un aspect triste et sombre. La citadelle de Tlemcen, nommée Méchouar, est située au sud de la ville, qu'elle touche, mais sur laquelle elle ne peut avoir qu'une action imparfaite. A l'ouest, à une distance de 1,600 mètres, et à peu près au niveau du Méchouar, est une vaste enceinte carrée, nommée Mansourah, qui a la forme d'un rectangle de 900 mètres sur 700.

Les plaines en avant de Tlemcen sont fertiles, quoique découvertes; elles donnent d'abondantes récoltes de céréales. Les jardins produisent des figues, des jujubes, des raisins qu'on fait sécher; on y recueille aussi des pêches, des cerises, des amandes; les pommes se trouvent dans les montagnes de Trarah; les oranges sont rares et le jardinage peu varié. Le principal produit de l'agriculture est l'huile, fournie par les nombreuses plantations d'oliviers qui entourent la ville. Les montagnes sont boisées et l'on fabrique du charbon; les terres voisines de Tlemcen fournissent beaucoup de salpêtre, qu'on en extrait par le lessivage. La position de cette ville, qui lui a fait donner le nom de Bab-el-Gharb (*porte du couchant*), rend cette ville importante sous le rapport commercial. A peu de distance de l'empire de Maroc, dont la limite n'est qu'à douze heures de marche, voisine du désert, qui n'est guère plus éloigné, c'est un lieu obligé d'entrepôt pour les caravanes venant de Fez ; elles y apportent des cotons, des épices, des soieries, des babouches, des maroquins, quelques armes, surtout des sabres et des bois de fusil, ainsi que des draps ordinaires venant de Gibraltar ; le désert fournit des plumes d'autruche, des laines, de l'ivoire, et quelques autres objets. Le port de Harchgoun, distant aussi de douze lieues, ajoute aux avantages que Tlemcen présente pour le commerce intérieur ; il peut recevoir par là des marchandises d'Europe en échange des grains et des denrées du pays.

Quatre routes principales partent de Tlemcen : celles de Maskara et d'Oran, qui conduisent à Alger, traversent l'une et l'autre l'Oued-Sefsaf sur des ponts en maçonnerie ; celle de Harchgoun, qui se bifurque vers Nedroma, en passant la Tafna à gué, et celle de Fez, qui traverse aussi cette rivière. Plusieurs chemins mènent en outre, par les montagnes, dans le désert [1].

Nedroma, au N.-O. de Tlemcen, bâtie dans une plaine fertile, au pied des monts Trara (frontière du Maroc), et à 4 lieues au sud du cap Hone, n'est plus qu'une bourgade dont les habitants fabriquent des poteries. C'était, s'il faut en croire d'anciens historiens, une cité considérable et qui aurait été construite sur le modèle de Rome ; rien aujourd'hui ne semble justifier cette opinion [2], mais on pourrait supposer que ce fut l'Urbara de Ptolomée.

Maskara [3] (El-Maskar), située sur le versant sud des collines qui ferment au nord la plaine d'Eghrès, est bâtie sur deux mamelons, séparés par un ravin, où l'eau coule en tout temps. Ce ravin commence au nord par un vallon large au départ, mais se rétrécissant vers le bas ; un rocher, taillé à pic, forme alors un versant, où l'eau se précipite en cascade, et de ce point, en descendant vers la plaine, les bords sont flanqués de rochers escarpés, et le ravin se creuse à une grande profondeur ; les rochers disparaissent ensuite, et le ravin s'élargit de nouveau en approchant de la plaine : on le passe sur deux ponts, l'un au-dessus de la cascade, l'autre un peu au-dessous. — La ville se compose de 5 parties qui sont, 1° sur le mamelon, à l'est, Maskara ; le faubourg de Baba-Ali, au nord de la ville ; celui d'Aïn-Beïda, au sud ; et un autre plus petit à l'est. — 2° Sur le mamelon à l'ouest, le faubourg d'Arkoub-Ismaïl. — Maskara est assise sur la rive gauche du ravin, depuis la cascade jusqu'au point où finissent les rochers. Elle a deux portes : celle d'Oran, au N.-O. ; celle d'Alger, à l'est, et une poterne donnant, à l'ouest, sur le ravin. L'enceinte est en pisé, comme celle du faubourg d'Arkoub-Ismaïl, que ferment aussi deux portes, l'une au nord, l'autre au sud ; plus, deux poternes, donnant, à l'est, sur le ravin.

[1] Tlemcen se nomme en arabe Telem-san, *formé de sillons*. (Jacobi Golii, *Lexicon arabico-latinum*.) — Edrisi l'appelle Sachratain ; il est probable que le nom de Telem-san n'est pas plus ancien que les invasions arabes. — Gramaye rapporte qu'un rabbin, nommé Abraham, avait découvert dans les ruines d'une vieille mosquée plusieurs médailles avec l'inscription *Tremis col*, d'où les géographes modernes ont fait Tremcen. (*Africa illustr.*, cap. 25.) Telemsan componitur duabus urbibus muro distinctis ; habet, a meridie, montem qui vocatur Sachratain (id est duo saxa) ; atque in isto monte contra meridionalem urbis plagam porrecto, sunt vineæ, et ad ejus radius molendinæ secus ingentem rivum, qui vocatur Anasrani (id est christiani). (Edrisi, *Geog. Nubiensis*.) — Habet Telemsini territorium elegantissima sane rura, fontes limpidissimi, omnium fructuum affluentia oculos hinc in modum pascunt, ut, nunquam in vita, quicquam amœnius me vidisse meminerim. (J. Léon Afric., *De tot. Afr. descript.*)

[2] Scriptum reliquerunt illius temporis historiographi, ad unum eumdemque, quo Roma, ædificatam fuisse modum, unde et nomen. Nec enim, apud Arabes, idem prorsus atque similis nobis significat. (J. Léon Afric. *Ibid.*)

[3] Ancienne *Victoria* des Romains. (Sanson, *Index geograph*. Parisiis, 1683.)

La plaine d'Eghrès peut offrir un grand centre de colonisation; Maskara, brûlée en 1835 par le maréchal Clauzel, fut relevée par les Arabes, et devint pour nous un poste militaire important, lorsque le général Bugeaud la reprit en 1841.

Lorsque, venant d'Alger, on a franchi le Téniah ou col de Mouzaïa, on descend une pente d'environ 400 mètres, et l'on arrive à une langue de terre étroite qui sert de point de partage à l'Oued-Chiffa courant vers l'est, et à des affluents de l'Oued-Djer courant vers l'ouest, pour aller, chacun de leur côté, traverser les montagnes que l'on vient de gravir, et se rejoindre dans la Métidjah, sous le nom de Mazafran. A partir du bois des Oliviers, après avoir traversé, à son point de partage, cette espèce de vallée transversale à l'Atlas, on remonte, par une pente douce, un terrain étroit, faisant, pendant quelque temps, la contre-partie du bois des Oliviers, et continuant à séparer les affluents de la Chiffa de ceux de l'Oued-Djer. En continuant ainsi pendant cinq lieues, et dépassant Médéah, qui reste à droite, on arrive sur un vaste plateau qui mène, sans grands accidents de terrain, jusqu'au désert de Sahara. Là, on est parvenu à la séparation de toutes les eaux qui se versent dans la Chiffa, et de celles qui affluent dans le Chéliff. Au delà, on trouve, à l'est, la source des eaux qui coulent vers le Djerjera; en deçà, un peu avant d'arriver à Médéah, on a rencontré la crête des hauteurs qui, venant de Milianah et du mont Zakkar, séparaient les affluents de l'Oued-Djer des affluents de droite du Chéliff inférieur. Un mamelon escarpé sur les trois quarts de son pourtour, descendant en pente douce vers le sud, bordé par des affluents du Chéliff, se rencontre peu après la tête du bassin de l'Oued-Djer; c'est sur ce mamelon qu'est situé Médéah, à 1,100 mètres au-dessus du niveau de la mer.

Cette petite ville, autrefois forteresse romaine, et depuis habitée par les diverses races qui se succédèrent en Afrique, s'est accrue en gagnant vers le sud, jusqu'au pied même du mamelon qui la supporte; c'est ainsi qu'ont pris naissance la haute et basse ville, qui furent longtemps séparées l'une de l'autre par une coupure, tant en escarpement qu'en maçonnerie, et par une porte; ses maisons sont couvertes en tuiles comme dans le midi de la France. Les Romains avaient une route qui reliait Médéah et Milianah; une autre voie, partant de Médéah et se dirigeant d'abord au sud, fléchissait ensuite vers l'est, tournait le mont Djerjera, les Biban (Portes-de-Fer), et parvenait sans difficultés de terrain à Constantine (Cirta). C'était la route par laquelle les Romains, au temps de leur puissance, faisaient communiquer la Mauritanie Tingitane (Maroc) avec la province de Cirta et l'Afrique proprement dite (pays de Tunis).

Milianah[1] s'élève à 900 mètres au-dessus du niveau de la mer, dans l'Atlas, et à 5 milles de la plaine du Chéliff, qu'elle voit se développer sur une grande étendue. Suspendue, en quelque sorte, au flanc d'un rocher, dont elle borde les crêtes, elle est bornée, au nord, par le mont Zakkar, qui la couvre entièrement de ce côté; au sud, par une vallée fertile, que le Gontas sépare de la plaine; à l'est, par un ravin qu'elle domine à pic; à l'ouest, par un plateau arrosé d'eaux vives qui y favorisent la culture.

Le mont Zakkar (à 1,534 mètres au-dessus du niveau de la mer) se prolonge

---

[1] *Maniana* de Ptolom., *Geog.*, Liv. IV, cap. 2 — *Malliana* de l'itinéraire d'Antonin.

à l'est et à l'ouest, en se reliant à la grande chaîne de l'Atlas. Sans être entièrement dépourvu de terres végétales, il apparait plus aride, à mesure qu'on l'examine plus près de son sommet; mais, à mesure qu'il descend vers la ville, son versant méridional se couvre de verdure, d'arbres fruitiers et de jardins.

Les maisons arabes de Milianah, composées d'un rez-de-chaussée et d'un étage, sont construites en pisé blanchi à la chaux, renforcé par des portions en brique, et couvertes en tuiles. Presque toutes renferment des galeries intérieures et quadrilatérales, de forme irrégulière, soutenues assez souvent par des colonnades en pierre, à ogives surbaissées. Comme celles de toutes les villes arabes, ses rues sont étroites et tortueuses; mais des eaux abondantes, conduites par des tuyaux souterrains, alimentent les fontaines publiques et les maisons. L'occupation française a ouvert de grandes places et percé deux larges rues, dont la première aboutit à la porte du Zakkar, l'autre à celle du Chéliff. La ville est pourvue de fortifications extérieures qui en assurent la défense.

Le territoire de Milianah est d'une grande fertilité; les ravins qui le sillonnent, les pentes, les plateaux et la vallée, sont formés d'un sol excellent pour la culture des céréales, de la vigne, et de toutes sortes d'arbres à fruits. Le plomb et le fer y abondent; le mont Zakkar contient des gisements de marbre considérables et des mines de cuivre.

Sétif, l'ancienne Sitifis-Colonia, est située dans une plaine vaste et fertile, arrosée par l'Oued-bou-Sellam, qui coule à 2,500 mètres des ruines de cette ville. Au temps de la domination romaine, Sitifis était devenue, tant par son importance même que par sa position centrale, l'un des points les plus considérables de leurs possessions en Afrique; et, malgré les ravages qui suivirent les invasions successives des Vandales et des Arabes, il existe encore aujourd'hui d'imposants vestiges de ses édifices et de ses fortifications. Les historiens du moyen âge parlent aussi de la prospérité de Sétif, sinon comme capitale, du moins comme centre de population; le sol avait conservé sa réputation de fécondité, et ses plants de cotonniers sont cités avec éloge par les écrivains de cette époque. Sous le funeste régime établi par la domination turque, Sétif dut subir le mouvement de décadence et de dépérissement qui atteignit toutes les parties de la régence. Les guerres d'invasion avaient renversé ses murailles et ses monuments; le défaut de sécurité pour les habitants sédentaires de son territoire ruina son agriculture : mais, comme pour attester son ancienne splendeur, au milieu des débris qui encombraient son enceinte désertée, on continua à tenir un marché périodique, où les habitants de toutes les parties de la province de Constantine venaient échanger leurs denrées et se fournir des produits nécessaires à leur existence et à leurs industries. Le caractère pacifique des tribus environnantes, plus adonnées que partout ailleurs à la culture des terres, promet à une administration régulière une domination facile, avec une grande sécurité.

La vieille enceinte de Sétif, de forme rectangulaire, a 450 mètres de longueur sur 300 de largeur. Les grands côtés étaient flanqués par 10 tours, et les petits par 7; dans l'angle ouest s'élevait une citadelle de 150 mètres de long sur 120 de large. Les murs ont environ 3 mètres d'épaisseur; les décombres couvrent aujourd'hui une immense étendue de terrain. De tous les points que nous occupons en Afrique, il n'en est peut-être pas de plus salubre; l'établissement de

Sétif doit s'alimenter un jour par Bougie, comme Constantine s'approvisionne par Philippeville. La route qui conduit de Constantine à Alger, et que suivaient les caravanes arabes, passe par Sétif; elles mettaient 10 jours pour parcourir ce trajet; 3 pour aller de Constantine à Sétif, et 7 pour arriver à Alger, lorsque les Kebaïles des Bibans (Portes de Fer) leur laissaient le passage libre.

Nous donnerons plus loin (LIVRE III°), en racontant la première expédition de Constantine, la topographie de cette vieille cité, dont le siège, deux fois illustré par un de nos princes, fut si difficile, si glorieux, et dont la conquête ouvre un si riche avenir à une sage administration.

Guelma est au sud et à 2,000 mètres de la rive droite de la Seybouze supérieure, et à 2,500 mètres, au nord, du pic du mont Maouna. Une plaine peu accidentée descend, en glacis, depuis les dernières limites inférieures de cette montagne jusqu'à la rivière. La Seybouze, dans cette partie de la province de Constantine, court du N.-O. au S.-E.; sa gauche est bordée par les derniers mamelons du système rocheux des Djebel-Aouara et Djebel-Talaa; sa droite est formée par la vaste plaine de Guelma, que limite, au sud, une suite continue de montagnes; celles-ci, décrivant un arc, viennent se heurter contre les appendices du Djebel-Talaa, et ne laissent qu'une coupure étroite et profonde pour le passage de la rivière, dont le cours s'incline tout à coup à angle droit, et, courant du S. au N., se dirige directement sur Bone. La Seybouze, dans toute cette plaine, est fortement encaissée; son cours, même quand elle a très-peu d'eau, est rapide; les affluents qu'elle reçoit, par sa droite surtout, présentent des caractères semblables.

Cette ville, telle que les Français la trouvèrent à la fin de 1836, était construite avec les matériaux de l'ancienne Calama, nommée par saint Augustin et Paul Orose; mais l'emplacement qu'elle occupe n'était pas celui de l'ancienne cité romaine. Celle-ci était devenue la proie, soit des Maures révoltés, soit des Vandales; ses habitants, réduits à l'extrémité, profitèrent de quelque temps de répit pour bâtir une forteresse avec les débris de leur ville anéantie. En 1836, nous avons trouvé cette enceinte à peu près détruite; mais l'examen des ruines fait supposer, avec assez de probabilité, que cette dernière catastrophe eut pour cause un tremblement de terre. L'occupation de Guelma rendit de grands services lors de la seconde expédition de Constantine.

Les points que nous venons d'esquisser tracent une zône suffisante pour l'installation de 3,000,000 d'Européens. Nous ne répéterons point tout ce qu'ont dit les géographes et les naturalistes sur le climat, le sol et la végétation de l'Algérie; grâce à une température élevée pendant l'été, sans être brûlante, et douce en hiver comme notre printemps, la nouvelle colonie française est propre à recevoir tous les genres de cultures. Suppléant par ses propres forces aux soins de l'industrie humaine, la végétation étale autour des champs cultivés les splendides richesses de la nature sauvage; les plantes des tropiques et celles de l'Europe tempérée croissent au milieu des productions indigènes, déjà si nombreuses et si diversifiées; et, quoi qu'on en ait dit, la force étonnante des végétaux d'Afrique suppose assez que l'eau ne peut manquer à cette terre. L'humidité, sous toutes les formes, y tempère la chaleur du climat et celle du sol; sur la pente des montagnes, au fond des vallons creusés entre les collines, et à la surface des champs, ce sont des rivières, des sources d'eau vive, des ruisseaux, que la constitution physique du terrain tend à multiplier, à entretenir et à partager comme autant de canaux d'irrigation, puisque partout des courants circulent dans l'intérieur des terres, à quelques mètres du sol, et y répandent une fraîcheur cachée sous cette superficie aridifiée. Enfin, outre les grandes pluies qui tombent de novembre au mois de mai, l'air, pendant le jour, est souvent imprégné de vapeurs légères qui, à l'approche de la nuit, se résolvent en abondantes rosées.

Comme tous les peuples pasteurs, les Arabes ne cherchent que dans la végétation naturelle et spontanée les produits nécessaires à l'entretien de leurs troupeaux; lorsqu'ils ont mis à nu certains points, ils se portent sur d'autres. La culture artificielle, si répandue en Europe, est complétement ignorée chez eux; mais, ne le serait-elle pas, leur indolence s'opposerait à ce qu'ils en fissent usage. Cette indomptable volonté de jouir sans travail a été funeste pour les bois; les Arabes mettent, en automne, le feu aux broussailles qui couvrent d'immenses superficies dans le pays; ils font brouter l'herbe qui croît sur le sol après l'incendie, et, plus tard, les jeunes pousses. Les bois n'offrent à l'Arabe qui passe sa vie sous la tente, et dont la sobriété est réellement primitive, qu'un faible intérêt; aussi leur conservation le préoccupe-t-elle peu, et n'a-t-il jamais eu la pensée d'une exploitation régulière. Il prend là où il se trouve, sans s'inquiéter de l'avenir, le peu de bois qui lui est nécessaire pour cuire ses aliments. Cependant, quelques forêts rares, et séparées par de longues distances, ont échappé à ce système d'incendie; les agents du service forestier ont constaté l'existence d'environ 80,000 hectares de ces produits. Dans la province d'Alger, toute la partie comprise entre les montagnes de Chenouah, auprès de Cherchell et Coléah, est très-boisée. Au milieu des oliviers et des lentisques, on trouve, dans la montée du Téniah de Mouzaïa, des chênes de la plus belle venue. La portion du Sahel qui s'étend entre Coléah et Alger offre le bois du Mazafran, dont le développement est considérable, et qui se compose de lentisques, d'oliviers sauvages, de chênes, d'ormes et de frênes.

En général, dans la province d'Alger, et jusqu'aux abords mêmes de la ville, les coteaux sont plus ou moins couverts de broussailles. Les essences dominantes sont l'olivier sauvage, le lentisque et le chêne vert; on y rencontre aussi quelques pins d'une grande beauté; il est hors de doute que tous les arbres de France y réussiraient parfaitement. Quelques soins, l'obligation pour les exploitants de réserver un certain nombre de beaux sujets destinés à croître en futaie et à protéger les jeunes pousses, la prohibition de l'incendie, du pâturage désordonné, une surveillance active et une répression sévère, auront bientôt repeuplé cette terre, qui n'est pas, comme on l'a cru, condamnée par sa nature à ne point produire de bois.

La province d'Oran offre aussi de l'intérêt sous le rapport forestier. Dans le défilé qui va de la plaine de Tlélat jusqu'au Sig, à 10 lieues d'Oran, est la forêt de Muley-Ismaël, peuplée de lentisques et d'oliviers sauvages. Entre la plaine de Ceïrat et Mostaghanem, au lieu dit El-Maskra, il existe un beau bois de lentisques. Nous avons trouvé la vallée du Chéliff ornée de bois assez vigoureux, et en assez grande quantité pour prouver que le sol supporterait de belles forêts, si la nature était aidée, ou seulement n'était pas contrariée par l'homme.

Le peu de ressources qu'offraient les environs d'Oran ont été bientôt épuisées ; la forêt d'Emsilah, située à 4 lieues de cette ville, sur le versant méridional du Gamara, au dessus de Meserghin et de Bridia, pourra être exploitée, mais avec réserve, pour ne pas dépouiller les roches calcaires d'ombrages qui attirent l'humidité, et conservent ainsi des ruisseaux auxquels la plaine doit sa fertilité. Cette forêt peut avoir 3 à 4 lieues de superficie ; elle est séparée de la mer par une plaine d'une lieue environ, que bornent, au sud, des montagnes escarpées, sur le versant desquelles se trouvent les bois. D'étroits défilés sont les seuls communications avec la plaine des Beni-Ameur. Les essences qui dominent sont des ormes, des chênes de diverses espèces, des hêtres, des pins, dont quelques-uns ont atteint de fortes dimensions.

Le bois de la Macta, situé sur la côte, entre l'embouchure de l'Habra et Mazagran, ressemble à nos taillis de France après 20 ans ; son étendue est d'environ 2 lieues ; parmi les arbres qui s'y trouvent abonde le thuya.

La province de Constantine est mieux partagée que les deux autres. Entre l'Oued-el-Akral et l'Oued-Nougha, on remarque un bois de pins agrestes, entremêlés d'oliviers sauvages, de lentisques et de genêts épineux. Il existe, entre Bougie et le cap de Fer, sur les montagnes qui avoisinent le cap Boujaroné, des forêts de haute futaie d'une étendue considérable ; dans les premières années de notre occupation, Bone tirait de là ses aprovisionnements en bois de chauffage, et même de construction, par l'entremise des habitants de Kollo. De Bone à Guelma, on ne trouve que des broussailles ; on aperçoit cependant, de divers points de la route, des montagnes boisées à leur sommet : les renseignements recueillis s'accordent à les dire couvertes de pins. Le versant nord et les débouchés de la deuxième chaîne de l'Atlas, qui commence derrière Guelma, sont boisés partout de lentisques et d'oliviers sauvages ; mais, une fois arrivé à la crête de cette chaîne, le bois disparaît totalement jusqu'à Constantine.

Des reconnaissances poussées dans les directions de Stora et de Djidjeli, signalent, à l'extrémité des plaines et dans une zone de 8 à 10 lieues le long de la mer, l'existence de forêts immenses. Mais, de tous les points de cette province et de nos possessions dans l'est de la régence d'Alger, le mieux connu, celui qui, par les produits qu'il peut immédiatement fournir, par les garanties qu'il donne pour l'avenir, mérite le plus de fixer l'attention du gouvernement, c'est, sans contredit, le territoire de La Calle.

La Calle est environnée de forêts qui occupent une surface de terrain fort étendue ; celles qui sont les plus rapprochées de la ville sont un peu dévastées par le feu ; toutefois elles peuvent offrir encore de beaux produits ; le chêne-liége est l'essence dominante. A mesure que l'on s'enfonce dans l'intérieur, les traces de feu disparaissent, les bois se présentent plus serrés, plus élancés ; il en est qui paraissent n'avoir jamais vu la cognée, et sous lesquels il n'y a aucune végétation. Ces bois sont en général des futaies pleines ; on y retrouve l'orme, le frêne et l'aulne ; le chêne vert et surtout le chêne-liége y abondent.

Ces bois pourront alimenter notre consommation, soit pour le chauffage, soit pour les constructions ; et l'exploitation de l'écorce du liége, conduite selon les règles pratiquées dans les pays où cette culture est familière, sera encore une source de revenus importants.

La forêt la plus considérable par son étendue comme par sa beauté, est celle que l'on trouve sur la route de Bone, dans la partie qui avoisine le Monte-Rotondo; on y voit en grande quantité des ormes, des frênes, des aulnes et des chênes-rouvres; elle dépend du territoire de Djeb-Allah, que deux heures et demie de marche séparent de la grande plaine de la Mafrag qui conduit à Bone; on ne connaît personne qui l'ait traversée dans cette largeur; les Arabes prétendent qu'il faudrait deux journées de marche.

Ces indications rapides ne signalent qu'une infiniment petite partie du sol forestier de l'Algérie. Les côtes reconnues par nos navigateurs leur apparaissent presque toutes garnies de bois, à une distance plus ou moins grande du rivage. Le pays, chaque jour mieux connu ou plus profondément pénétré, se trouve autre qu'on ne l'avait d'abord dépeint. Il devient de plus en plus évident que les points occupés sur le littoral sont les moins fertiles et les plus dépouillés; après trois siècles de la domination turque, dans les villes où nous l'avions remplacée, il n'en pouvait être autrement. Des routes nouvelles, des communications plus faciles et plus promptes nous permettront bientôt d'apprécier de mieux en mieux les ressources forestières que peut offrir la terre d'Afrique, et de les utiliser quand elles seront mises à notre portée. Le dey tirait des bois de construction de Bougie, de Kollo, de Djidjeli et de La Calle; la régence, dont la population consommait, il est vrai, immensément moins que ne le ferait une population égale d'Européens, ne demandait pas de bois à l'étranger; et nous, jusqu'ici, nous n'avons presque rien tiré du pays même [1].

Il est malheureux d'avoir à reconnaître que les nécessités de la conquête ont beaucoup contribué à l'appauvrissement des bois dans la zone littorale. L'occupation purement militaire est destructive de sa nature; partout où nous avons concentré des troupes, l'état du pays a empiré, et nos soldats ont fait disparaître les éléments de production qui existaient avant eux. Sans parler de la coupe des arbres fruitiers, pratiquée par les ordres du maréchal Bugeaud, comme moyen de ruiner la résistance arabe, on avait de tout temps, avant ce système, gaspillé les ressources du sol. Lorsque Blidah n'était pas occupé par l'armée française, ses jardins et son territoire faisaient vivre une population nombreuse, et approvisionnaient la ville d'Alger de légumes et de fruits. Il a suffi de deux années d'occupation pour détruire les conduits d'eau, les jardins, saper les arbres, et remplacer l'abondance par une stérilité absolue. « A l'époque de mon passage à Blidah, au mois de mai 1841, disait un écrivain fort éclairé sur la question d'Afrique, ce délicieux paradis n'était plus qu'un lieu de désolation. Les jardins, n'étant plus arrosés ni cultivés, ne produisaient que des plantes sauvages; toutes les clôtures étaient renversées; les bois d'orangers et d'oliviers, encore debout, mais percés de larges trouées par la hache du génie militaire, étaient abandonnés au sabre des soldats maraudeurs, et même des corvées régulières qui faisaient leurs fagots avec des branches d'oranger; ils ne produisaient plus

---

[1] L'administration forestière se livre avec zèle aux investigations les plus précieuses. Les tableaux officiels dressés par ordre du ministre de la guerre contiennent une statistique des eaux et forêts, dont les détails minutieux dénotent une étude consciencieuse et déjà féconde en riches résultats.

rien, et dans cette localité qui fournissait auparavant les oranges à profusion, au prix de quinze à vingt sous la charge d'âne, j'ai vu vendre des oranges de Mahon à trois sous la pièce. J'ai trouvé Cherchell dans le même état de dévastation; les vignes admirables qui l'ombrageaient étaient coupées par le pied, et les jardins ravagés comme ceux de Blidah. La plaine qui s'étend entre Mostaghanem et Mazagran, toute couverte, avant l'occupation, de jardins bien arrosés, ne présentait plus, lorsque je l'ai traversée, qu'une surface nue, aride, sablonneuse. L'armée, dont la véritable destination est d'être l'instrument et l'auxiliaire de la colonisation, en devient ainsi le fléau ; les camps militaires tracent autour d'eux une large zone de dévastation, et malheur aux travailleurs agricoles qui sèment et plantent dans leur voisinage ; ils sont condamnés à partager la récolte avec les maraudeurs, et trop souvent à la leur abandonner tout entière ! A Bou-Farick, dans la plaine de Métidjah, il est arrivé plus d'une fois que les arbres plantés par les colons ont été coupés par les soldats, et, au passage d'un convoi, plus d'un habitant a vu les portes de sa maison enlevées pour faire cuire la soupe ou allumer le feu du bivouac. Que les garnisons sédentaires travaillent et produisent, et elles cesseront de dévaster, car alors elles ne souffriront plus autant de ce dénûment auquel la stérilité environnante les condamne, et qui les sollicite à tout détruire [1]. »

Les richesses minérales de l'Algérie doivent offrir aussi, dans un avenir peu éloigné, des découvertes précieuses ; les preuves de leur existence se montrent à nu sur les flancs ravinés des montagnes. Le grès, les marbres blancs, l'ardoise, les terres à briques, à poterie, se rencontrent dans le petit Atlas et le massif d'Alger; les marbres statuaires, l'ocre jaune, la terre de pipe, le blanc d'Espagne y abondent. L'exploitation du plâtre indigène est peut-être un des objets les plus importants pour la colonie, qui est obligée de tirer d'Europe une grande partie de celui qu'elle emploie; elle tournerait aussi au profit de l'agriculture, car on sait quelle force de végétation le plâtre donne aux prairies artificielles. — On a reconnu la trace de mines d'or à Frendah. — Les montagnes des environs de Bougie sont remplies de mines de fer. — A cinq ou six lieues de Maskara, il existe une mine de cuivre presque à fleur de terre ; la direction des filons est de l'est à l'ouest, et en plusieurs endroits si rapprochée de la surface du sol, qu'elle lui communique une teinte verdâtre. — Il y a, en outre, non loin de là, une mine de plomb aussi largement pourvue de métal ; de très-grosses chalcédoines disposées par lits étroits dans une terre pyriteuse, et un ravin où l'on aperçoit des monceaux de cristal de roche [2]. — Les montagnes dont l'extrême point se rattache au port de Kollo, recèlent également du cuivre et du cristal de roche ; mais nulle part on n'a trouvé le minerai de cuivre en aussi grande quantité que sur la route de Médéah, à une lieue au sud du Téniah ou col de Mouzaïa; le principal filon s'y développe sur une longueur de plus de 100 mètres. Les régions de l'Atlas renferment des mines inépuisables du plus beau sel [3]; la côte du territoire d'Alger est parsemée de fragments de sel blanc d'une excellente qualité, produit par l'évaporation de la mer. La même substance forme une

---

[1] *De la double conquête de l'Algérie par la guerre et la colonisation*, par Eugène Buret, p. 258.
[2] Desfontaines, *Nouvelles Annales des voyages*, t. XVI, p. 340-353.
[3] *Sketches of Algier's political, historical and civil*, by William Shaler, ch. I, p. 12.

couche si épaisse dans les lagunes d'Arzew, quand elles sont desséchées par l'active chaleur du soleil, qu'on extrait des rochers, à coups de pioche, un sel assez pur. Les districts maritimes renferment des *sebkas*, ou lacs salés ; les eaux d'un grand nombre de ruisseaux, de sources et de puits, dans la province d'Oran, sont plus ou moins imprégnées de particules salines. Enfin, les observations météorologiques ont constaté en Algérie que la vapeur d'eau répandue dans l'atmosphère tient constamment en dissolution une certaine quantité de sel marin ; c'est une des causes probables de l'excessive fécondité des régions situées entre la Méditerranée et les chaînes du grand Atlas[1].

EXPLORATION DU SAHARA.

Les colonnes françaises ont parcouru en tout sens le sol algérien ; et à défaut d'une conquête définitive et d'une domination paisible, nous avons du moins obtenu la connaissance presque complète du pays. Mais parvenus au seuil du Sahara, devions-nous trouver le vide? Et si des populations nouvelles nous apparaissaient, soit qu'elles fussent nomades ou sédentaires, quels étaient leur nombre, leur commerce, leur industrie? Qu'avions-nous à craindre, que pouvions-nous espérer de leur contact? Si elles étaient puissantes, ne pourrait-il pas en surgir un second Abd-el-Kader, plus redoutable que l'ennemi tant de fois vaincu et toujours insaisissable? Au cas où leur commerce serait de quelque importance, un grand intérêt d'avenir ne devait-il pas nous faire étudier les moyens d'en recueillir les bénéfices?

Cette question complexe a motivé des recherches actives ; le colonel Daumas s'y est consacré avec un zèle infatigable. Prenant pour nord la limite de notre conquête et les forts de séparation qui ferment le Tell et dominent le Sahara, ce savant officier s'est acheminé, de renseignements en renseignements, à travers l'espace. La position de directeur central des affaires arabes l'a singulièrement aidé dans ses patientes investigations ; ancien résident de France à Maskara, auprès d'Abd-el-Kader, huit années d'expéditions ou de séjour au milieu des indigènes lui ont acquis la connaissance familière de leurs mœurs, de leur langage aux dialectes si variés ; et la réputation de justice et de loyauté dont il jouit, au loin, parmi les tribus, n'a pas peu contribué à rendre son travail plus facile. Nous allons en donner une rapide analyse.

L'étymologie du mot *Sahara* vient de *sehuur*, terme par lequel les Arabes désignent le moment presque insaisissable qui précède le point du jour, et où commence rigoureusement le jeûne prescrit, à certaines époques, par la loi religieuse ; et comme cet instant est plus facilement appréciable pour les habitants de la plaine que pour ceux dont les montagnes rétrécissent l'horizon, le nom de *Sahara* (pays du *sehuur*) fut donné, disent les *tolbas* (lettrés) et les marabouts, à la région des plaines sans fin. Au surplus, le mot *Sahara*, que nous avons traduit vulgairement par celui de *désert*, n'entraîne pas, en Afrique, l'idée de dépopu-

---

[1] Desfontaines, *Nouvelles Annales des voyages*, t. XVII, p. 331. — *De la Colonisation dans le nord de l'Afrique*, par A. Guilbert, ch. XIX.

lation. Les Arabes, selon ses aspects, le partagent en trois régions. La première, qu'ils appellent *Fiafi*, contient les habitations groupées sur l'oasis, au bord des eaux, à l'ombre des palmiers. La seconde, *Kifar*, est la plaine qui produit, après les pluies d'hiver, l'herbe que vont paître les troupeaux des nomades. La dernière, *Falat*, est la mer de sable, tour à tour agitée ou immobile, par les temps d'orage ou de calme, et sur laquelle flottent les caravanes.

Étudié dans son ensemble, le Sahara paraît très-accidenté ; on y trouve, comme ailleurs, des montagnes, des ravins, des rivières, des villes, des bourgades, des hameaux, et des camps de peuplades errantes. Les montagnes, toujours parallèles à la Méditerranée, sont, au nord et à l'est, roides et crénelées ; puis, fuyant vers l'ouest, elles se fondent en dunes mouvantes, et viennent mourir au sud dans les sables. L'hiver, une infinité de torrents s'en échappent ; l'été, c'est un réseau d'anfractuosités où s'égarent quelques flaques saumâtres. La partie septentrionale du Sahara nourrit des centres de population considérables ; mais ces oasis sont souvent séparées par des espaces dont la traversée exige plusieurs jours de marche ; quelques puits en marquent l'itinéraire et les points de station. Sur chaque grande oasis, des *ksours* ou villages nombreux s'abritent dans le rayon d'une ville principale ; et au delà, campent sous la tente les tribus alliées qui vont, à la belle saison, échanger contre les grains du Tell les produits de l'industrie locale ou du commerce des caravanes. On s'étonnera, sans doute, de rencontrer au désert des populations sédentaires, agglomérées dans des centres, la plupart fortifiés, et menant une vie qui, pour être exceptionnelle, offre néanmoins des sujets aussi variés qu'intéressants d'études physiologiques et politiques. L'histoire des révolutions africaines donne le mot de cette énigme.

Deux races autochthones, bien distinctes, occupaient, aux temps les plus reculés, les zones du nord de l'Afrique. Les Nomades, peuple pasteur, parcouraient la région des grandes plaines ; une race d'agriculteurs couvrait les vallées ; le littoral attirait les colonies étrangères. A l'arrivée de ces nombreuses émigrations, les habitants primitifs refluèrent peu à peu dans les zones méridionales, jusqu'au désert. Les pasteurs, refoulés dans la mer de sable, conservèrent, par leur mobilité, la jouissance de l'espace ; l'état nomade les protégea mieux que n'eût fait la résistance. Ceux qui vivaient du labeur agricole, gagnèrent pied à pied les hauteurs ; étouffés dans la plaine envahie, ils se relevèrent sur l'Atlas. Les conquérants romains et vandales traitèrent de barbares ces fugitifs ; puis, quand, au septième siècle de notre ère, les Arabes, venus d'Orient, inondèrent les profondeurs du Moghreb, et dispersèrent aux vents du ciel les débris des puissances du passé ; quand leur innombrable cavalerie, succédant aux cavaliers numides, fut maîtresse du plat pays, les retraites de la montagne, où la défense était plus aisée, où la nature elle-même protégeait les vaincus, abritèrent, dans leurs forts de granit, ce qui restait des Vandales et des familles indigènes échappées au fléau de la guerre. Le flot arabe brisa sa fougue autour des mille crêtes de l'Atlas, et l'immense blocus des montagnards s'est immobilisé jusqu'à nos jours en Algérie, comme la haine qui se perpétuait entre la race conquérante et la race exilée.

Aux habitants réfugiés dans les fraîches oasis des régions méridionales se joignirent, plus tard, les Arabes eux-mêmes, attirés par leurs instincts vagabonds, qui devaient trouver à se satisfaire sur un sol aussi bizarrement tourmenté. Il fallait à leurs mœurs indépendantes et sauvages une liberté sans bornes ; ils trouvèrent dans le Sahara une patrie nouvelle, et, riches de leurs troupeaux voyageurs, ils affectèrent bientôt de mépriser les hommes occupés de jardinage ou de grande culture. Forcés, toutefois, de se mettre en contact par des besoins ou des inimitiés, l'intérêt commun les réunit en petits États, dont les centres s'armèrent de remparts, pour tenir à l'abri de toute attaque les provisions des familles et les réserves publiques. Une double solidarité cimenta ces confédérations. Les dattes, produit spécial du sol saharien, ne suffisant pas aux conditions hygiéniques de l'alimentation humaine, il fallut recourir aux grains du Tell, et les caravanes s'organisèrent. Les gens des villes en font partie, comme ceux de la plaine ; les premiers exportent les objets manufacturés, tels que bernous, haïks, gandouras, pelleteries, parfums, armes et ustensiles, plumes d'autruche, etc. Les seconds échangent leurs bestiaux contre des céréales ; puis, tous reprennent la route du désert. Les blés sont déposés dans des silos ou dans les magasins des bourgades, et les articles provenant d'Europe se débitent sur toute la surface du Sahara, jusqu'aux archipels inconnus du Soudàn.

Un fait qu'il importe de constater, en vue des intérêts de notre établissement dans la zone intérieure de l'Algérie, c'est que nous tenons les Sahariens par la famine ; ils sont eux-mêmes si convaincus de la nécessité de commercer avec nous pour se munir de grains, qu'ils expriment cette dépendance par une phrase devenue proverbiale : « Nous ne pouvons être, disent-ils, ni musulmans, ni juifs, ni chrétiens ; nous sommes forcément les amis de notre ventre. »

Nos armées ont déjà paru sur la lisière du Sahara ; et si nos postes ne dépassent point Boghar, au sud d'Alger, et Biskra, au sud de Constantine, la renommée de la conquête française a pénétré au cœur du désert ; ses populations ne nous menacent point, et, par une attitude énergique, en gardant avec soin les défilés montagneux du Tell, nous pourrons avec le temps ménager nos relations avec les tribus qui vont passer sous nos yeux. Les unes, à l'est, paraissent plus particulièrement agricoles ; celles de l'ouest sont guerrières avant tout.

Une grande ligne qui, partant d'Alger, coupe nos possessions et le désert en deux portions à peu près égales, se termine, au sud, à Ouargla, après un parcours de 199 lieues, ou 24 journées de marche. C'est le premier itinéraire tracé par M. Daumas. Au mois de mai 1844, une colonne française s'avança sur cette route jusqu'à la ville d'El-Arouat, éloignée de 107 lieues. Ahmed-ben-Salem, souverain de ce pays depuis 1828, en avait été chassé par Abd-el-Kader, en 1838, à l'époque du siége d'Aïn-Madhi ; mais il avait conservé, dans El-Arouat, des amis puissants qui lui rendirent le pouvoir. Abd-el-Kader, irrité de la défaite de ses troupes, jura de faire crever les yeux, à coups d'éperon, à tous les gens d'El-Arouat qui tomberaient entre ses mains, de les faire écorcher, et de faire de leur peau des tambours. Ses luttes contre nous ne lui en laissèrent pas le temps, et, en 1844, Ahmed-ben-Salem, pour se mettre à l'abri de révolutions nouvelles, envoya, de son propre mouvement, demander au maréchal Bugeaud l'investiture et la confirmation de son titre de khalifah, sous l'autorité protectrice de la France. Cette expédition, qui s'accomplit sans tirer un coup de fusil, nous ouvrit les avenues du désert, où l'influence d'Abd-el-Kader est tombée en profonde déchéance.

El-Arouat, capitale de 8 villes, et suzeraine de 3 grandes tribus, les Arbâ les Ouled-Sidi-Atallah, et les Arazlïa, s'élève sur les pentes nord et sud d'une petite montagne que baigne, à l'est, l'Oued-Mzi. Son enceinte rectangulaire, crénelée et défendue par deux tours sur les points culminants, abrite 7 à 800 familles qui peuvent armer un nombre égal de fantassins. Les jardins qui l'entourent, arrosés par l'Oued-Lekhïer, forment, au nord et au sud des mamelons sur lesquels elle est bâtie, deux forêts de 3,000 mètres de longueur. Toutes les espèces d'arbres fruitiers s'y mêlent confusément, et la vigne enroule à leurs troncs des lianes prodigieuses; mais ses plantations de dattiers sont moins florissantes. Les eaux de l'Oued-Lekhïer s'y déversent par de petites écluses, et chaque propriétaire a droit, chaque jour, à une, deux ou plusieurs heures d'irrigation, qui se mesurent au moyen d'un sablier. Les maisons de la ville sont terrassées en mauvaise maçonnerie et blanchies à la chaux. Tour à tour tributaire des Chériffs de Maroc et de la domination turque, El-Arouat payait, avant 1830, au dey d'Alger, un impôt annuel de 7 nègres, pour avoir le droit d'acheter ses blés dans le Tell. Ses marchés sont fréquentés par les Béni-Mzab, les Arazlïa, les Chamba, les gens de Bou-Saâda; on y échange les céréales, les armes, les pierres à feu, la poudre, les esclaves, l'huile, les dattes et les bestiaux, contre des bernous, des haïks, de la coutellerie, des instruments de culture, des essences, des épices, le sucre, le café, et d'autres denrées variées. Ces exportations, qui venaient autrefois de Tougourt et de la régence de Tunis, descendent aujourd'hui d'Alger. Les habitants d'El-Arouat ont des mœurs douces et hospitalières; ils nourrissent les pauvres à frais communs, leur loi prescrivant à chaque famille d'apporter tous les ans, à la mosquée, la récolte d'un dattier pour subvenir aux nécessiteux. A diverses époques, de petites bandes s'acheminent vers le Tell, pour acheter ou échanger les céréales dont la population a besoin.

Dans la plaine, à 10 lieues N.-O. d'El-Arouat, s'étend le *ksar*, ou village de Tadjemout, dont les 100 maisons, protégées par une enceinte, garnie de petits forts, sont entourées de fertiles jardins; les Ouled-Salah, fraction de la tribu des Arbâ, et les Sidi-Atallah, y mettent leurs provisions de blé et d'orge. L'industrie de Tadjemout se borne à la fabrication des vêtements de laine. Son chef peut mettre 120 hommes aux ordres de notre khalifah d'Al-Arouat.

On aperçoit, à 5 lieues S.-E. d'Aïn-Madhi, et 12 lieues O. d'El-Arouat, le hameau d'El-Haouïta, situé au-dessus d'un ravin où coule l'Oued-Dakhela, parmi quelques vergers.

A 3 lieues E. d'El-Arouat, un groupe de 30 maisons, bâties en plaine, sans mur d'enceinte, forme le ksar d'El-Assafia. C'était autrefois une ville assez considérable et souvent en hostilité contre sa suzeraine; mais, dans les dernières guerres, le khalifah d'Abd-el-Kader l'a presque entièrement détruite.

Ksir-el-Hairan, à 6 lieues S.-E. d'El-Arouat, contient à peu près 120 maisons; ses habitants, mal fortifiés, sont pauvres; mais les terres d'alentour, traversées par l'Oued-Mzi, sillonnée de rigoles et de puits, dont on élève l'eau dans des bassins, fournissent des récoltes de céréales assez abondantes. Les hommes labourent, les femmes tissent la laine. Ce village est un poste avancé dans l'est, d'où le khalifah d'El-Araouat peut surveiller, en cas d'insurrection, les tribus voisines, qui, en temps de paix, y font leurs magasins.

A 15 lieues O. d'El-Arouat, et à 6 lieues de Tadjemout, dans la même direction, s'élève la ville d'Aïn-Madhi, fameuse par le siège de 8 mois qu'elle a soutenu, en 1838, contre toutes les forces d'Abd-el-Kader. Sa forme dessine une ellipse, fermée par une muraille de 2 mètres d'épaisseur et de 8 de hauteur, dont les créneaux, garnis de chapiteaux en pyramide, présentent un coup d'œil pittoresque. Les deux portes sont à l'E. et au N.-O. ; celle de l'est, Bab-el-Kébir, flanquée de deux tours en saillie, s'ouvre sur une petite place d'armes que sépare de la ville une seconde porte, percée à côté de la ligne de feu qui battrait la première. Les jardins d'Aïn-Madhi, clôturés par une mauvaise chemise en pisé, servent à la ville de double enceinte; les environs sont tristes et dévastés depuis la guerre. La ville est plus remarquable par sa force que par son étendue ; ses 200 maisons n'ont, pour la plupart, qu'un rez-de-chaussée et une terrasse ; celle du marabout Tedjini se distingue seule par sa blancheur et son élégance. La mosquée n'a point de minaret.

Tedjini, souverain d'Aïn-Madhi, est d'origine marocaine et descend des chériffs. Son caractère, alliance bizarre de mysticisme et d'instincts belliqueux, n'admet ni égaux, ni dépendance ; marabout, il commande la vénération par son âge, sa piété et l'illustration de ses ancêtres ; chef politique, il ne se mêle jamais aux révolutions du pays, et gouverne sa ville avec un despotisme qui n'excite ni plaintes, ni soulèvements. Sa courageuse résistance contre Abd-el-Kader, qui ne fut vaincue que par la trahison, l'a haut placé dans l'estime des Arabes. L'émir, lassé d'un siège inutile, eut recours à l'adresse. Une députation, conduite par son beau-frère, Sid-el-Hadj-Moustapha-ben-Tami, khalifah de Maskara, fut envoyée à Tedjini : — Abd-el-Kader, le défenseur de la foi des croyants, ne voulait que faire sa prière dans la mosquée d'Aïn-Madhi ; ce vœu si saint pouvait-il trouver obstacle à son accomplissement auprès d'un marabout de la race des chériffs ? — Tedjini, cédant à ces hypocrites démonstrations, consentit à recevoir Abd-el-Kader pendant 5 jours, et se retira dans El-Arouat pour y passer ce délai ; mais à peine l'émir eut-il franchi les portes d'Aïn-Madhi, qu'il en fit abattre les murs et ruiner les maisons. Les tribus du désert, indignées de ce parjure, pillèrent ses convois, mirent en pièces ses soldats, et lui laissèrent à peine le temps de faire une prompte retraite. Tedjini vint alors relever les remparts de sa ville, et rentra dans une paix qui ne fut pas troublée depuis. Il a juré de ne plus voir la face d'aucun sultan, et ne se montre à personne ; il répondit au maréchal Bugeaud qui, dernièrement, recherchait son alliance : « Je suis chériff et je suis marabout ; je ne veux que faire le bien : je ne suis pas de ce monde. »

Aux environs d'El-Arouat campe la grande tribu des Arbâ, dont les fractions obéissent à des cheïkhs nommés par notre khalifah Ben-Salem. Leur vie est celle de tous les hommes du désert : ils passent l'automne sous la tente ; l'hiver venu, ils fréquentent les marchés de Temacin, d'Ouargla, de Tougourt ; au printemps, ils mènent leurs troupeaux dans les pacages du Kifar, et pendant l'été ils viennent acheter les grains du Tell. Leur existence aventureuse les met souvent aux prises avec leurs voisins ; ils sont braves, bien armés, toujours prêts à combattre pour la possession d'une source, d'un puits, ou d'un pâturage.

À côté d'eux, les Arazlïa sont plutôt commerçants que guerriers ; leur richesse consiste en chameaux et moutons : les chefs seuls ont quelques chevaux.

Autour de Tadjemout vivent les Sidi-Atallah, qui occupent une centaine de tentes. Comme les Arazlïa et les Arbâ, ils louent leurs chameaux aux marchands voyageurs de la contrée.

En quittant le territoire d'El-Arouat, on parcourt 40 lieues, tantôt sur des mamelons, tantôt parmi les sables, pour arriver à Gardaïa, où commence la confédération des Beni-Mzab. C'est une ville presque aussi grande qu'Alger, flanquée d'une enceinte garnie de 9 tours crénelées, et percée de 10 portes ; ses maisons sont bien bâties, et elle possède 6 mosquées, dont l'une est immense. Des vergers plantureux, arrosés par des puits, lui fournissent de belles récoltes ; mais la rareté des pluies rend difficile la culture des céréales. Son territoire est entouré de pics arides ; une chaîne de rochers, nommés Djebel-Mazedj, qui lui fait face à 12 lieues au nord, court vers l'ouest en s'affaiblissant, et meurt dans les sables, à 8 journées de marche. Le gouvernement de Gardaïa, sorte de théocratie, se compose d'une assemblée de notables qui ne peut rien décider sans l'avis du chef de la religion (cheïkh-baba), dont la volonté a force de loi. Le commerce se borne à la poudre, et aux étoffes de laine que fabriquent les femmes.

On retrouve aux environs, sur une montagne, des ruines antiques, nommées Baba-Sad ; ce sont peut-être les vestiges d'une fondation romaine. Six bourgades, plus ou moins considérables, s'échelonnent à quelques journées de Gardaïa ; généralement situées dans le voisinage des rivières, entourées de jardins et assez solidement fortifiées par des murs et des tours, elles se gouvernent, comme leur chef-lieu, par des chefs particuliers, avec le concours des notables, dont le conseil se nomme *Djema*.

Les Beni-Mzab sont blancs ; ils ont les yeux bleus et les cheveux blonds ou roux. Leur langue semble être un dialecte du berbère ; les chefs et les riches savent néanmoins l'arabe, qui est seul usité dans les prières. Les mœurs de ce peuple sont chastes et austères : un fils ne peut voir que sa mère, un frère ne paraît point devant sa belle-sœur ; toutes les femmes se voilent entièrement, contre l'usage ordinaire des tribus sahariennes. L'adultère est lapidée ; son complice paie une forte amende, reçoit 500 coups de bâton, et on l'exile pour toujours. Mais, dès qu'ils sortent de leur pays, les Beni-Mzab perdent leurs mœurs très-facilement, et alors leurs compatriotes les désavouent ; ils sont oubliés comme des morts ; leurs femmes peuvent se remarier, et s'ils reviennent au pays natal, on les soumet à une expiation religieuse. Les Juifs ont trouvé dans cette tribu une tolérance qui ne s'étend point aux Arabes. En 1844, les chefs de Gardaïa ont expulsé 40 familles arabes, en leur signifiant qu'elles eussent à se retirer ou à embrasser la foi des Beni-Mzab, qui forment une secte schismatique de l'islamisme, connue sous le nom de *kouaredj* (gens en dehors du *medheb al sennâ*, de la voie des préceptes du prophète). Dans le Sahara, comme dans les villes du littoral algérien, une antipathie traditionnelle existe entre les Arabes et les Beni-Mzab ; ceux-ci, disent les contes populaires, n'auront qu'un cinquième dans les joies du paradis, où d'ailleurs ils entreront « avec des oreilles d'âne. »

Abd-el-Kader, au temps de sa puissance, et pendant le siège d'Aïn-Madhi, n'a pu obtenir leur soumission : — « Nous ne sortirons pas, lui écrivirent-ils, du chemin qu'ont suivi nos pères ; nos voyageurs, nos commerçants te payeront, dans les pays qu'ils traverseront, les droits ou tributs qu'ils payaient aux Turcs. Mais nous ne te livrerons jamais nos villes ; et le jour où tu viendras avec ton armée et tes canons, nous jurons d'abattre nos remparts, afin que rien ne sépare la poitrine de nos jeunes gens de celle de tes soldats. Tu nous menaces de nous priver des grains du Tell ; mais sache que nous sommes munis, pour 20 ans, de poudre et de dattes, et que nous récoltons à peu près ce qu'il nous faut de blé pour vivre. Tu nous menaces de faire mettre à mort tous les Beni-Mzab qui habitent tes villes : — tue-les, si tu veux ; que nous importe ? Ceux qui ont quitté notre pays ne sont plus de nous ! Fais plus : écorche-les, et si tu manques de sel pour conserver leurs peaux, nous t'en enverrons en quantité. » L'émir algérien, irrité de cette fière attitude, n'exécuta point ses cruels projets. Après sa retraite d'Aïn-Madhi et son retour à Takdimt, il s'empara de tous les Beni-Mzab établis à Médéah, Miliana, Taza, Boghar et Maskara ; mais l'opinion publique soulevée l'arrêta devant des excès dangereux pour son autorité vacillante ; il se contenta de dépouiller ses prisonniers et de les bannir.

Ne quittons pas le pays des Beni-Mzab sans signaler l'existence des mines de cuivre et d'or que recèlent les montagnes rocheuses qui tracent au nord sa limite.

Parvenu sur les crêtes nues du Chabet-el-Mehal, à 199 lieues au sud d'Alger, et à 52 du pays des Beni-Mzab, le voyageur voit, à ses pieds, une forêt de dattiers, au centre de laquelle se cache Ouargla. Cette ville occupe un vaste périmètre, cerclé par une muraille armée de 40 forts : 5 à 600 maisons et 6 mosquées s'abritent, comme des nids, sous les ombrages de magnifiques jardins, que domine une kasbah, ou citadelle. Un fossé, parallèle à l'enceinte percée de 6 portes, peut s'inonder à volonté. L'Oued-el-Mia, qui reçoit près de 100 affluents, vient se perdre dans les plantations extérieures ; cette rivière est à sec pendant l'été ; mais en creusant son lit à peu de profondeur, on en fait jaillir des eaux salubres.

Ouargla se prétend la plus ancienne ville du désert. Son gouvernement est confié à un sultan élu par la Djema ; ce contrepoids de l'autorité suprême se retrouve dans presque toutes les villes sahariennes, mais plus ou moins soumis à un chef absolu et même héréditaire. Le sultan d'Ouargla n'a point de domaine particulier ; chaque quartier de la ville défraie à son tour sa maison ; au moment de la récolte des dattes, on prélève en sa faveur une charge de chameau sur le produit de 100 dattiers ; cet impôt lui crée une richesse considérable, car le territoire d'Ouargla compte plus de 60,000 dattiers, soigneusement recensés. Il perçoit aussi le produit des amendes ; mais la valeur de l'*Achour* (dîme) ne lui appartient pas : c'est le revenu des pauvres et des pèlerins. Il arrive souvent, et c'est le cas actuel, que les notables de la Djema se dispensent d'élire un chef, et gouvernent par eux-mêmes. Au reste, quand le sultan qui règne s'est fait haïr, ou ne convient plus, sa déchéance a lieu sans secousse et sans révolte, et s'exécute par une sorte d'accord tacite que l'usage a sanctionné. A l'heure de la prière publique, quand sa musique joue, un membre de la Djema fait signe aux musiciens de se taire : sans autre formalité, le sultan n'est plus qu'un simple particulier, et rentre de lui-même dans la vie commune.

Les mœurs de la population d'Ouargla passent pour très-dissolues ; à certaines époques de l'année, elle a des saturnales : on habille les jeunes gens en costumes européens des deux sexes ; on figure des lions en fureur ; des enfants enfarinés sont déguisés en chats ; on affuble d'oripeaux un individu qui représente le diable, et cette mascarade, escortée d'une multitude hissée sur des chameaux, court pendant sept nuits les rues et les marchés.

La langue du pays tient du *Mzabïa*, dialecte berbère ; les chefs seuls et les tolbas, ou lettrés, parlent l'arabe.

Dans un diamètre de quelques lieues, autour de la ville, s'élèvent plusieurs villages soumis à sa juridiction : ce sont, entre autres, El-Rouïssat, bâti dans une forêt de palmiers ; El-Hedjaja et Aïn-Amer, parmi d'admirables jardins ; Sidi-Khaled, au milieu des sables. Le territoire est, en outre, habité par trois tribus nombreuses et guerrières, qui parfois déclarent la guerre aux gens des villes ; ceux-ci, à l'abri derrière leurs murailles, sont réduits à payer un impôt dès qu'ils voient l'ennemi couper les arbres fruitiers et ruiner les conduits d'eau. Mais la paix est ordinairement maintenue par des présents ou des espérances qui sèment la division parmi les assaillants ; le système de la politique musulmane, en Turquie comme en Asie, en Égypte comme à Tripoli, à Tunis comme au Maroc, chez les tribus algériennes comme au désert, s'appuie sur ce principe uniforme : *Divide et impera*. — Ouargla est d'ailleurs un des grands entrepôts du désert : les armes, les épices, les parfums, les draps, les vêtements de laine, la quincaillerie, les bijoux de femmes, les mulets et les ânes, la poudre à feu, arrivaient sur ses marchés de Tunis, de Tougourt et du pays des Beni-Mzab ; mais nous pourrons hériter de ces rapports commerciaux que nous saurons agrandir. Un des membres de la Djema, Cheïkh-el-Hadj-el-Maïza, s'est rendu dernièrement à Alger : « Mes compatriotes, disait-il au colonel Daumas, m'ont envoyé pour étudier votre pays, car on vante beaucoup, au désert, votre puissance, votre justice et vos richesses. Voici deux ans que nous n'avons été à Tunis, vexés que nous sommes sur toute la route par une infinité de petits cheïkhs qui nous imposent des tributs sur leur territoire. La route, d'ailleurs, n'est pas sûre. Chez vous, au contraire, on voyage avec sécurité et sans rien payer : nous y viendrons faire nos achats. »

Cette première série des recherches de M. Daumas inspire un vif intérêt. Nous y trouvons déjà l'assurance de transactions pacifiques avec de grandes peuplades qu'un régime de bienveillance et d'équité doit peu à peu nous rallier, si elles peuvent se reposer sur notre protection ; car, malheureusement, il faut bien le reconnaître, on s'est beaucoup plus occupé, jusqu'ici, de vaincre par les armes que de concilier les besoins réciproques. Le temps est venu d'y songer.

A 6 lieues d'Ouargla, parmi les sables, existe la petite cité guerrière de Ngouça, qui n'a que 150 maisons, soutenues par une enceinte que bordent 30 fortins crénelés. La plupart de ses habitants sont de race noire, mais libre ; indépendants d'Ouargla, ils paient un tribut à Tougourt pour fréquenter ses marchés.

En partant d'Alger, et se dirigeant au S. E., on arrive en 8 jours de marche (62 lieues) à Bou-Saâda, située entre Biskra et El-Arouat, dans une plaine sèche et pierreuse ; mais l'emplacement de cette ville est d'une fertilité remarquable.

Un mamelon nu la domine à l'ouest; sur tous les autres points, de riants jardins lui font une verte ceinture. Ses 5 à 600 maisons, divisées en 8 quartiers, offrent l'aspect d'autant de villages reliés par des plantations. Son industrie considérable occupe 40 fabriques de savon et un grand nombre de forgerons, d'armuriers et de potiers. Les tribus du désert s'y rendent avec leurs denrées qui peuvent, de là, prendre les routes de Constantine et d'Alger. Les gens du Tell y vendent des céréales, des draps, des étoffes, des batteries de fusil, des chevaux, des bœufs, des moutons, beaucoup de chameaux, des mulets et des ânes. Les nomades y apportent des laines brutes, de l'huile, des plumes d'autruche, des dattes, des tentes en poil et du sel. Les échanges se font contre des essences, des épices, des outils de jardinage, de la soie, des cotonnades, du corail, des ouvrages de serrurerie, de la vaisselle de cuivre, du sucre, du café, des bougies de cire jaune, de l'alun, des ornements d'or et d'argent. Les marchands de Bou-Saâda, qui ramènent ces objets d'Alger ou de Constantine, y vont négocier les produits du désert. Placée sur la limite du Tell et du Sahara, cette ville, par ses rapports habituels avec Médéah, Biskra, Tougourt, El-Arouat, verra croître l'intérêt de sa situation, qui en fait le centre d'un vaste rayonnement, à l'est du désert.

De Bou-Saâda, deux routes mènent à Biskra, capitale du pays des Zibân. La première, celle de l'est, traverse Msila, bourgade de 200 maisons, arrosée par la rivière du même nom, et qui possède, à une lieue de distance, un marais salant, large de 4 lieues sur 12 de longueur. Ses marchés, trop près de Bou-Saâda, n'ont pas d'importance. Vingt-quatre lieues plus loin, on arrive à Moukdal, village pauvre qui s'approvisionne à Biskra. La seconde voie, un peu plus courte, franchit plusieurs rivières, des chaînons rocheux, et finit à Biskra, sans rencontrer d'autres points habités que le hameau de Foukhala.

Biskra, située à 124 lieues d'Alger par la route de l'est, et 99 par celle du sud-est, semble moins une ville qu'une agglomération de 7 villages, parmi des dattiers qui s'étendent sur un espace de 20,000 hectares. Au centre, s'élève une kasbah, et le minaret de sa principale mosquée domine les plus hauts palmiers. Comme dans tout le Sahara, ses maisons sont bâties en pisé et couvertes de terrasses; on évalue sa population à 4,000 âmes. Le pays des Zibân, dont elle est le centre politique, est fermé au nord par des montagnes, où vivent des tribus indépendantes; deux défilés de cette chaîne ouvrent seuls l'accès du Tell algérien. Cette région faisait partie de l'ancienne Mauritanie sitifienne; on y trouve encore beaucoup de vestiges d'établissements romains, notamment sur les points appelés Tolga, Lichana, Felaouch, vers le nord, et au sud, dans le bassin de l'Oued-Djedi. Quoique le sol des Zibân soit labourable, les récoltes de blé et d'orge ne suffisent pas à la consommation des habitants, qui vont acheter les grains du Tell; mais les palmiers y croissent sur une immense étendue. Les diverses branches de commerce que nous avons déjà énumérées s'exploitent dans le Zibân, où prospèrent 38 bourgades, sans compter les tribus campées sous la tente, et qui sillonnent leur territoire dans tous les sens. Les deux principales sont les Hal-ben-Ali et les Cherfa, qui possèdent presque tous les palmiers. La première voit émigrer une foule de ces hardis aventuriers qui font la chasse aux caravanes; leurs espions, à l'affût dans toutes les oasis, guettent la proie, suivent sa direction, s'informent de sa richesse, et donnent le signal de l'attaque. Toutes les ruses de la guerre sont mises en jeu pour ces expéditions : la défiance est égale entre les deux ennemis, et quand le combat devient inévitable, c'est une boucherie qui ne cesse que par la destruction du plus faible. — La tribu de Cherfa, originaire de Fez, et celle de Gramera, dont la souche, comme celle des Dréides, se perd dans la nuit des traditions fabuleuses, sont, par leur nombre, plus calmes, plus sédentaires et moins redoutées.

L'occupation de Biskra, par S. A. R. Mgr le duc d'Aumale, nous a ouvert le chemin de Tougourt. D'une ville à l'autre, la distance est de 76 lieues ; la première moitié s'avance en plein désert ; la seconde, moins pénible, n'est pas dénuée d'eau.

L'oasis de Tougourt offre une suite de 35 villages sous une double haie de palmiers ; richement arrosée et peuplée, c'est un des plus admirables sites du Sahara. Elle ne possède pourtant ni rivières ni ruisseaux ; mais, suivant la pittoresque expression des indigènes, il semblerait qu'une mer souterraine règne sous le sol, à une profondeur de 50 à 100 mètres. Les puits de chaque village ont quelquefois, disent-ils, 100 hauteurs d'homme. Un seul ouvrier creuse un trou carré ; à mesure que le forage y pénètre, il soutient l'excavation avec des poutres de palmier ; quand la terre devient noirâtre et humide, signe infaillible du voisinage des eaux, il se bouche les oreilles et les narines avec de la cire, pour éviter l'asphyxie, et donne le dernier coup de pic : l'eau jaillit si violemment, qu'on retire presque toujours le travailleur à demi suffoqué. Des conduits en troncs de palmiers aménagent cette source inépuisable et la distribuent de tous côtés.

Tougourt a 600 maisons, et semble construite avec des débris romains. Ses habitants sont de sang mêlé ; là, comme dans tous les pays musulmans, le fils d'une esclave, de quelque couleur que soit sa mère, possède tous les droits, même d'héritage, dont jouissent ses frères légitimes ; et du jour où l'esclave a donné un enfant à son maître, elle fait partie de la famille. Ce fait, du mélange constant de la race blanche et de la race nègre sur la lisière du Sahara, est, depuis longtemps, acquis à la science ; cependant, la tradition locale dit que les familles primitives du Tougourt étaient noires : d'où l'on serait peut-être autorisé à conclure que jadis les peuplades nègres de l'intérieur s'avançaient jusqu'à cette ville, et que les hommes blancs du littoral méditerranéen, refoulés par les invasions romaines, vandales, et même arabes, seraient venus s'y confondre. Tougourt ne peut guère armer qu'un millier de fantassins ; mais les bourgades de l'oasis lui prêtent leurs auxiliaires. Son enceinte, assez mal bâtie, est baignée par un large fossé que remplissent les fontaines de la ville, au moyen de rigoles pratiquées dans les murailles ; ses deux portes, bardées de fer et garnies de ponts-levis, rappellent les fortifications du moyen âge. Les habitants sont plutôt jardiniers qu'agriculteurs. Ils obéissent à un chef qui prend le nom de cheïkh, et que les Arabes appellent sultan ; son pouvoir est héréditaire, mais équilibré par un conseil de notables. Celui qui règne maintenant est un enfant de 13 ans, Abd-el-Rahman-bou-Lifa. Par une anomalie singulière dans les mœurs musulmanes, sa mère, Lella-Aïchouch, a la haute main dans les affaires politiques, autant par l'influence de sa beauté, célèbre dans tout le désert, que par l'énergie et les ressources de son intelligence; mais les Arabes l'accusent, en secret, de mœurs trop faciles, et d'un certain penchant à s'enivrer en fumant du hachich.

On croirait voir revivre, à Tougourt, les pompes fantastiques des *Mille et une nuits*, en écoutant les récits des voyageurs indigènes sur la puissance et le luxe de son sultan. « Il demeure, dit M. Daumas, dans une espèce de château fort, attenant aux murailles de la ville. Pour arriver jusqu'à la cour intérieure de ce palais, il faut franchir 7 portes, à chacune desquelles veillent jour et nuit 2 esclaves nègres; c'est là que sont renfermées ses richesses, fort exagérées sans doute, ses 4 femmes légitimes, et ses 100 concubines. Un magzen de 50 cavaliers noirs, qu'il tient à sa solde, lui forme une garde d'honneur quand il sort, et, au besoin, une petite armée suffisante pour réprimer une émeute, prélever les contributions, et assurer la marche du gouvernement. Il a sous la main 6 tribus, dont les douars, campés tout près de la ville, peuvent lui fournir immédiatement 7 à 800 chevaux; ces tribus s'éloignent au printemps pour reprendre la vie nomade et faire paître leur bétail dans le désert. Le sultan ne se montre en public que le vendredi, jour de repos fixé par le Koran, et s'il sort quelquefois pour aller se promener dans les jardins, il est accompagné de sa garde qui marche le fusil chargé, et précédé de sa musique, hautbois et tambours; deux esclaves tiennent ses étriers; un porteur de parasol le garantit des ardeurs du ciel. Le jour anniversaire de la fête du Prophète, quand il va faire sa visite au tombeau du saint marabout Sidi-Abd-es-Selam, des cavaliers ouvrent son cortége, des fantassins le suivent, des esclaves écartent la foule, et d'autres conduisent devant lui deux coursiers magnifiquement caparaçonnés, couverts de selles brodées d'or, avec des glands et des anneaux de même métal aux oreilles et aux pieds. Ce qui paraîtra peut-être plus incroyable, c'est que ce petit souverain aurait, comme nos seigneurs de l'époque féodale, un droit fort en opposition avec la loi religieuse et les mœurs musulmanes, un véritable *droit du seigneur*, qui lui serait, au reste, exclusivement réservé. Il semblerait même l'exercer sur toutes les femmes de ses sujets; mais il n'en use que quand elles sont jolies, ajoutait naïvement l'Arabe qui nous donnait ces détails. Si le mari murmure, il est pendu ou crucifié. »

Le gouvernement de Tougourt est rarement en guerre avec ses voisins, d'abord parce qu'il peut réunir 3 ou 4,000 hommes, force relative imposante; et ensuite, parce que son peuple d'artisans et de jardiniers n'a ni haines, ni besoins, ni intérêts ambitieux.

Quarante tribus se donnent rendez-vous à Tougourt de tous les points du Sahara. Tunis en a fait aussi un de ses grands marchés. Sa principale richesse est le commerce des dattes, que les Arabes nomment *le pain du désert*.

Nous recueillons, dans les notes de M. Daumas, quelques renseignements précis sur la culture de ce fruit.

« Les palmiers-dattiers, venus de semis, sont généralement inféconds et d'une crue beaucoup moins belle que ceux venus de bouture : c'est donc ce dernier mode de reproduction qui est adopté. Quand un palmier atteint la hauteur de 7 ou 8 pieds, il jette des scions que l'on détache et que l'on pique dans une terre préparée; on les arrose constamment, et à grandes eaux, au moyen de rigoles. A 6 ou 7 ans, l'arbre s'élève à une hauteur de 8 ou 10 pieds, et commence à donner des fruits. Les dattiers femelles, les seuls qui produisent, sont en bien plus grand nombre que les mâles. Dans le Sahara, comme en Nubie, les indigènes favorisent l'union des sexes de la manière suivante : à l'époque de la floraison du mâle, qui devance d'une quinzaine de jours celle de la femelle, on détache de cet arbre une grappe de fleurs, un des régimes qui couronnent sa tête, et qu'on lie sur celle du dattier femelle : la nature fait le reste. Les fruits se cueillent vers le mois de novembre. Des magasins destinés à les recevoir sont ménagés dans chaque maison, et sillonnés de petits canaux qui laissent écouler le miel de la datte, à mesure qu'elle se dessèche. Après cette opération, les fruits peuvent se conserver 10 ou 12 ans. Les Arabes semblent les préférer aux dattes fraîches, dont l'usage est malsain. Celles qui nous arrivent en Europe, et même à Alger, sont d'une qualité tellement inférieure, que, dans le pays, on les donne en nourriture aux chameaux, aux mulets et aux chevaux, en ayant soin de les mélanger, soit avec de l'orge, soit avec une herbe fourragère, nommée sefsa. Quand un palmier est reconnu stérile, les indigènes en tirent parti, en lui faisant, au-dessous de la tête, une ou plusieurs incisions, à la base desquelles ils appliquent un vase qui se remplit bientôt d'une liqueur acidulée que la fermentation rend enivrante : c'est le vin de palmier. L'arbre ainsi préparé en donne pendant plusieurs mois. On bande alors ses blessures, après les avoir fermées avec du sable ; et, disent les Arabes, cette opération le rend souvent fertile. »

Nous avons tout lieu d'espérer que le grand commerce, dont le courant s'écoule de Tougourt à Tunis, se ramifiera un jour vers Constantine par Biskra, et vers Alger par Bou-Saâda. Si le fanatisme religieux, et, plus encore, l'habitude, nous opposent des obstacles, le premier s'affaiblira dès que nous serons plus connus, mieux jugés ; l'autre ne résistera pas à quelques sacrifices administratifs, dont nous pourrions retirer d'utiles compensations.

Le colonel Daumas a dirigé d'autres recherches sur les différentes lignes de parcours qui vont de Biskra à El-Arouat, de Bou-Saâda à Demed, Sidi-Khaled et Charef. Il signale, dans le bassin de l'Oued-Djedi, au pied des versants sud du Djebel-Amour, 14 groupes de ruines romaines, et 30 affluents à la grande rivière qui arrose, de l'ouest à l'est, un territoire long de 120 lieues sur une largeur moyenne de 18 à 20. Ouled-Djellad, Sidi-Khaled et Demed sont des bourgades fortifiées, dont les habitants fabriquent d'excellentes poudres à feu.

Le même travail topographique explore ensuite le Djebel-Sahri, pâté montagneux qui sépare le Tell du Sahara, s'étend sur une longueur variable de 10 à 11 lieues, en changeant de nom à chaque pas, et sur chaque versant, depuis Biskra, à l'est, jusqu'au Djebel-Amour, dans l'ouest. C'est le pays des Ouled-Naïl, qui vivent dans des gourbis ou chaumières, et sous la tente. Cette tribu forme deux grandes fractions qui se subdivisent en 26 peuplades, dont chacune a son gouvernement indépendant, sous un cheïkh soumis à l'élection. Ce territoire, boisé sur les sommets et les pentes, est coupé de profondes hachures arrosées par des sources qui, l'hiver, deviennent des torrents. Les Ouled-Naïl, qui peuvent lever une puissante cavalerie, sont néanmoins plus commerçants que guerriers ; leur richesse, qui consiste en troupeaux de bœufs, moutons, chameaux et ânes, tenta souvent les Turcs, et le bey de Constantine leur imposait autrefois de lourds tributs : ils ont aujourd'hui fait alliance avec nous.

Deux routes conduisent de Biskra à Tebessa, visitée par une expédition française en 1842. La première, par la plaine, compte 80 lieues (10 jours de marche) ; la seconde, côtoyant les montagnes, n'en parcourt que 62 en 8 jours. Cette ville (la Thevesta des Romains), au S.-E. de la province de Constantine, a une population de 12,000 âmes. Ses murailles, hautes de 5 à 10 mètres sur 2 d'épaisseur, sont en pierre de taille ; son assiette est rectangulaire, et 14 tours en saillie défendent ses approches. Elle a 2 portes, dont l'une est ouverte dans un arc de triomphe, d'ordre corinthien, qui rappelle les plus beaux ouvrages romains. Dans l'intérieur de la ville existe un édifice de la même antiquité, fort bien conservé, et assez semblable à la *Maison carrée* de Nîmes. Vers le sud-est, on retrouve un grand cirque, de forme elliptique, qui pouvait contenir 6,000 spectateurs. A 1,200 mètres, au nord, gisent également des ruines considérables. Les courses des Arabes pillards, campés dans les campagnes voisines, entravent le commerce de Tebessa, dont les habitants sont misérables : leur prospérité renaîtrait sous l'occupation française.

Le colonel Daumas, reprenant la direction de Tougourt à Ouargla, signale Bou-Djenan, bourgade de 80 maisons, entourées de jardins, à une lieue S. de Tougourt ; la ville de Temacin, de 500 maisons, avec enceinte crénelée, à 8 lieues S.-O. ; le ksar fortifié de Blidet-Amer ; puis, franchissant, de l'ouest à l'est, 22 lieues, marquées de 7 puits ou stations, il pénètre dans un district appelé Souf, formé par 7 villages, dont 4 relèvent de Tougourt, et les 3 autres de Temacin. Leurs habitants cultivent le tabac, principal objet de commerce, dont ils fournissent une grande partie de l'Algérie et du beylik de Tunis. Ces indigènes, qui passent pour être doués d'un merveilleux développement des sens de l'ouïe, de l'odorat et de la vue, se proclament aussi, avec une comique assurance, les plus intrépides piétons du Sahara, et capables de faire, sans fatigue, 30 lieues par jour. « De Tougourt à Sif-Soultan, disait l'un d'eux à M. Daumas, il y a loin *comme de mon nez à mon oreille* (et pourtant la distance est de 10 lieues). Je passe, ajoutait-il, pour n'avoir pas une très-bonne vue, mais je distingue une chèvre d'un mouton *à un jour de marche*. J'en connais, disait-il encore, qui, à 30 lieues dans le désert, éventent la fumée d'une pipe ou de la viande grillée. Nous nous reconnaissons tous à la trace de nos pieds sur le sable ; et quand un étranger traverse notre pays, nous le suivons à la piste, car *pas une tribu ne marche comme une autre ;* une femme ne laisse pas la même empreinte qu'une vierge. Quand un lièvre part, nous savons, à son pas, si c'est un mâle ou une femelle, et, dans ce dernier cas, *si elle est pleine ou non ;* en voyant un noyau de datte, nous reconnaissons *le dattier qui l'a produit.* » De tels hâbleurs ne surpassent-ils point les romanesques Mohicans des prairies américaines ?

De Souf, on se rend à Nefta par deux chemins également fréquentés, l'un de 40, l'autre de 36 lieues de parcours dans les sables. Nefta se compose de 8 villages dépendant de Tunis, et prend son nom de la rivière qui l'arrose. C'est l'entrepôt intermédiaire des marchandises que sa métropole exporte dans le Sahara aux époques du printemps et de l'été ; mais comme leur transit est soumis à des droits exorbitants sur la route, il est probable que nous arriverons peu à peu, en leur offrant une protection gratuite, à détourner leur cours vers Constantine et le littoral algérien.

De Nefta à Touzer, on voyage dans une fraîche oasis qui s'étend à 8 lieues ; cette avant-dernière ville du Sahara oriental, grande comme Alger, avec une muraille crénelée, de 12 à 15 pieds d'élévation, est située dans une plaine que domine, au N.-O., un mamelon, d'où jaillit l'Oued-Mechra, source abondante qui va fertiliser les plantations de 7 villages voisins. — Enfin, à 20 lieues de distance, Kefsa ferme la porte du désert ; ses 800 maisons, resserrées entre deux montagnes nues, sans enceinte fortifiée, sont protégées par une kasbah armée de quelques canons. C'est la limite du Beled-el-Djerid (pays des dattes). Les sables commencent à faire place aux terres cultivables ; l'olivier reparaît, et les huiles qu'on y fabrique s'écoulent dans les profondeurs les plus lointaines du Sahara.

Ici s'arrête la première partie des études de M. Daumas. La région orientale est explorée. Il nous reste à parcourir les contrées de l'ouest, depuis le Djebel-Amour, frontières du Tell.

Cette chaîne s'étend, par une succession de pics et de vallées, sur un espace de 15 lieues en longueur et de 8 à 10 en largeur. Des rivières, ou sources nombreuses, en rendent la végétation si active, les arbres et les broussailles y sont si pressés, que la marche semble d'abord impraticable à travers ces forêts vierges ; puis on arrive à d'immenses éclaircies, où campent les tribus. Les habitants du Djebel-Amour sont nomades ou sédentaires ; mais les uns et les autres obéissent à un cheikh, nommé Djelloul-ben-Yahia, dont la famille est, de temps immémorial, en possession du pouvoir. C'est un homme de 40 ans, brave et fort, froid et sérieux ; son autorité s'exerce d'une manière absolue : devant lui chaque tête se courbe ou tombe. En cas de guerre, le Djebel-Amour offrirait à ses défenseurs de véritables Thermopyles ; ses pics sont réputés inaccessibles ; le tigre, la panthère, la hyène y cachent leurs sauvages repaires ; un gibier varié peuple ses vallées. On pourrait s'étonner de ne point voir le lion parmi les hôtes de ses forêts : cette absence ne s'explique pas, et voici la singulière réponse que font les Arabes : — « Autrefois les lions pullulaient dans le Djebel-Amour ; un saint marabout, nommé Sidi-Aïca, fut prié d'en purger la contrée, que désolaient leurs ravages ; la chose était difficile, mais Dieu est grand ! Le saint se mit en prière à travers la montagne, en ordonnant aux lions d'aller chercher un gîte ailleurs : on n'en a pas vu depuis. »

En quittant le Djebel-Amour, on trouve le village de Bou-Alam, arrosé par des sources. De là, on arrive à Stiten, en laissant à l'O. le hameau de Mecheria ; 9 lieues plus loin, s'élève El-Kaçoul, bourgade ceinte d'un mur de deux hauteurs d'homme ; puis, on longe les dunes de sable qui finissent à la vallée de l'Oued-Brizina, dont le village crénelé n'a d'autre ressource que la fabrication d'une poudre médiocre : les montagnes voisines contiennent de riches carrières de plâtre. La tribu qui occupe ce territoire (El-Arouat-Ksal[1]) possède des troupeaux considérables et peut armer 400 cavaliers ; elle se divise en plusieurs fractions, dont chacune a son chef, mais qui dépendent toutes de la grande tribu des Ouled-Sidi-Cheikh, race de marabouts, dont l'influence religieuse est sacrée sur un immense rayonnement.

Cinq lieues séparent Brizina de Sid-el-Hadj-ed-Din, hameau vénéré par une koubba, ou chapelle de saint, qui attire de fort loin les voyageurs et les pèlerins ; ses environs sont fertilisés par des puits nombreux. Au sortir de ce ksar, on se dirige de l'E. à l'O., pour arriver à El-Biod-Mta-Sidi-Cheïkh, réunion de plusieurs villages, dont l'industrie se borne à la culture de la garance et à la fabrication du goudron qui sert à enduire les chameaux pour les préserver des gerçures que produit la chaleur. Les montagnes d'alentour sont couvertes d'arbres résineux. Au centre du village s'élève le dôme blanc d'un marabout, où reposent les ancêtres des Ouled-Sidi-Cheïkh. De semblables édifices funèbres se rencontrent à peu de distance : la piété naïve des Arabes les enrichit d'offrandes et d'*ex voto*. Cette puissante tribu, qui se divise en fractions de l'est et de l'ouest, habite sous des tentes qui ont la forme d'un vaisseau renversé, et panaché de bouquets de plumes d'autruche, plus ou moins gros, selon le rang et les richesses de chaque famille. Trafiquants par instinct, les Ouled-Sidi-Cheïkh fréquentent les marchés lointains des Beni-Mzab, de Metlili, de Figuig et de Timimoun. Leurs deux chefs suprêmes se prétendent issus en ligne droite du premier khalifah du prophète, Sidi-bou-Beker-Seddik, pour qui Mahomet aurait fait ce vœu : — Dieu fasse que ta famille monte toujours à cheval [1] ; que ton genou soit toujours baisé ; que ta postérité mange, quand la mienne aura faim. » La réputation de sainteté dont jouissent les Sidi-Cheïkh leur a attaché, de temps immémorial, un grand nombre de tribus qui s'intitulent avec orgueil *leurs serviteurs*, et dont le dévouement fidèle accroît leur puissance. Aussi, sont-ils souvent invoqués comme juges conciliateurs des querelles qui s'allument de peuplade à peuplade. Ils mènent au désert une vie splendide, aiment les vêtements chargés d'or, les armes brillantes et les équipages de chasse ; ils courent la gazelle et l'autruche avec des meutes de lévriers qu'ils font voyager à dos de chameau. Les montagnes de leur territoire sont peuplées de beaux villages qui, petits ou grands, se ressemblent par leur situation, tantôt dans une gorge, ou sur un mamelon, et la plupart sans autre défense que leur assiette naturelle.

Les versants nord de ces montagnes et les rives sud des deux grands lacs, ou Schott, qui leur sont parallèles, encaissent une plaine de 15 à 20 lieues, où campent les Hamian. Ces indigènes consacrent l'été à des courses nomades avec leurs troupeaux, et reviennent passer l'hiver sur leur territoire. Essentiellement voyageurs et marchands, ils pénètrent dans le Tell, jusqu'aux environs de Tlemcen, et louent leurs bêtes de somme aux gens des caravanes. Il n'est pas rare de trouver parmi eux des propriétaires de 8 à 10,000 moutons et de 12 à 1,500 chameaux. Abd-el-Kader avait compris la nécessité de dominer par l'impôt les tribus sahariennes du sud de Tlemcen ; cette exigence détourna d'abord les Hamian des chemins du Tell, et ils allèrent acheter leurs blés dans le Maroc. Mais ce voyage demandait 20 jours, tandis que celui des montagnes de

---

[1] Dans les coutumes musulmanes, le cheval est la monture des hommes libres, interdite aux esclaves et aux juifs. Les chrétiens eux-mêmes ont eu beaucoup de peine à s'affranchir de cette loi qu'on voulait leur faire subir. En 1767, M. de Chénier, notre consul général au Maroc, entrant à Saffi, fut obligé de forcer le passage l'épée à la main, déclarant que personne n'arrêterait le représentant de la France. Le consul anglais Jackson, qui rapporte ce fait dans ses Mémoires, le cite comme le premier exemple de fermeté qui ait rivé une servitude qui ravalait les chrétiens au niveau des juifs, dont la condition est, comme on le sait, exposée à tant d'avanies dans tous les pays mahométans.

Beni-Amer était plus court de deux tiers. L'intérêt matériel soumit leur fierté ; leur indépendance plia sous le besoin, et ils sont revenus sur les marchés de Tlemcen, que nous leur ouvrons aujourd'hui.

Le district de Figuig succède, vers l'ouest, au pays des Hamian, et dépend des chériffs du Maroc. On y rencontre 12 villes, toutes fortifiées et flanquées de tourelles, dont les plus étendues contiennent : Maïz, 800 maisons ; El-Oudarir, 500, et Zenaga, 1,200. Les autres sont plutôt des bourgades de 2 à 300 feux, situées à un quart de lieue de distance réciproque, et se reliant par des jardins qu'arrosent des rivières, venues des montagnes qui tracent le bassin du Figuig. La garance et le tabac sont leurs denrées de commerce. On y cultive l'orge ; le blé vient du Tell. L'Oued-Halouf, principale rivière du pays, n'a d'eau courante qu'en hiver ; mais les habitants ont pris soin de creuser dans son lit, de distance en distance, des puits intarissables, dont le produit est amené dans les réservoirs communs de chaque ville ou bourgade. Le moul-el-ma (maître des eaux) préside à la distribution. Chaque propriétaire ayant droit, selon l'impôt qu'il paye, à certaines heures d'irrigation, l'officier public ouvre ou ferme les écluses sur des canaux qui suivent la direction de tous les jardins : le temps se mesure au moyen d'une clepsydre. Cette sage police des eaux prévient toute contestation d'individu à individu ; mais quand il s'agit de se partager l'usage des puits de l'Oued-Halouf, les villages ne sont pas aussi bien d'accord, et il en résulte des luttes sanglantes. C'est par des mines qu'ils se font la guerre ; ils pratiquent des boyaux souterrains de 3 ou 400 pas, chargent de poudre un caisson de maçonnerie, et si les assiégés n'ont pas su opposer la contre-mine à ces travaux, le village menacé est presque entièrement détruit.

Le commerce du Figuig échange les vêtements de laine, les broderies de soie, bernous, draps, mousselines, parfums, ustensiles de cuivre, bestiaux, savons, thé, sucre et café, hachich, mercure, antimoine, coutellerie, sels, poudre à feu, plomb de guerre, salpêtre, cuirs tannés, poignards, fusils, pistolets, sellerie, esclaves noirs, ivoire, poudre d'or et tabac. Ces denrées viennent de Fez, de Tafilalet et du pays des Touat.

Entre le Figuig et Tafilalet, s'étend l'immense région des Zegdou, qui prend aussi le nom de Beled-El-Moukhala (pays du fusil). La tribu qui l'occupe secoue perpétuellement le joug marocain, fait une guerre acharnée aux Berbères des montagnes de l'ouest, et livre au pillage, de temps à autre, les bourgs du Figuig. Au sortir de ses plaines sablonneuses, on entre dans le Touat, divisé en 5 circonscriptions qui règnent, du nord au sud, sur une longueur de 60 à 80 lieues ; 360 villages y sont disséminés, généralement bâtis en pâte de terre cuite au soleil, parmi des jardins et des forêts de dattiers. La première circonscription, qui porte le nom de Maharza, est une plage de sable, coupée de quelques mamelons arides. Celle de Gourara, au sud, a pour chef-lieu Timimoun, ville de 5 à 600 maisons, groupées autour d'un rocher que domine la kasbah, et flanquées d'une muraille et d'un fossé. La circonscription d'Aouguerout vient ensuite ; puis celle de Touat, à l'est de la précédente, et enfin celle de Tikidelt, plus grande à elle seule que les 4 autres. Sa capitale est Insalah, ville de 600 maisons, non fortifiée. Les Arabes donnent pour raison de cette anomalie dans les coutumes sahariennes, qu'Insalah, par ses relations constantes avec les Touareg, la plus redoutable des tribus du désert, se juge à l'abri de toute agression, et méprise ses ennemis. Timimoun et Insalah sont les entrepôts du commerce occidental, dont les produits, apportés, d'un côté, par les caravanes de Tunis, de l'autre, par celles du Maroc, s'écoulent jusqu'à Timbektou et dans le fond du Soudàn. Alger fournissait autrefois les marchés de Touat. Depuis nos guerres avec Abd-el-Kader, les Anglais ont accaparé le commerce, qu'ils tenaient déjà par Mogador, Rabat, Tétouan et Tanger. A mesure que l'Algérie se pacifiera, notre politique et nos intérêts doivent tendre à le ressaisir.

Par la route capricieuse que nous venons de suivre, on compte d'Alger à Insalah 48 jours de marche, ou 368 lieues. La voie des caravanes n'en parcourt que 274 en 34 journées, à travers des tribus, des villes et villages qui offrent les mœurs et les aspects déjà signalés.

Parvenus aux limites du Touat, nous trouvons les Touareg. « Il est difficile, dit M. Daumas, de circonscrire exactement leur pays. La vie exceptionnelle que mènent ces pillards nomades échappe à toute appréciation géographique un peu certaine. Nous les apercevons partout dans cet immense périmètre cerclé par une ligne qui, partant d'Insalah, descend à Timbektou, longe le Niger de l'O. à l'E., et remonte par le Fezzân jusqu'à Rdamès, le point extrême de la régence de Tripoli. C'est là le véritable désert l'océan de sables, dont les Touareg se sont faits les pirates. Un grand archipel montagneux, égaré dans le centre, à peu près, de cette immensité, et qu'on appelle Djebel-Hoggar, est le repaire de ces hommes de proie, qui prétendent tirer leur origine des Turcs, et affectent de traiter les Arabes en peuple vaincu. Quelques fractions des Touareg campent vers le nord du Sahara, et commercent avec Insalah ; les autres jalonnent le centre ; les derniers, postés au sud, en avant de Timbektou, tiennent cette ville dans un état de blocus perpétuel, et gardent à la fois les portes occidentales du désert et celles du Soudàn, prélevant sur les caravanes un droit de sortie, un tribut de passage, et pillant à l'improviste celles qui pensaient se soustraire à leur surveillance. Ces peuplades, même celles qui avoisinent Timbektou, sont de race blanche ; mais, autour des autres villes du Soudàn, leur sang est mêlé par l'alliance avec les négresses. Race vigoureuse, d'une énergie et d'une sobriété à toute épreuve, les Touareg vivent de dattes et de lait de chamelle ; ils passeraient deux ou trois jours sans nourriture, plutôt que de manquer l'occasion d'une razzia. Leur costume consiste en une robe très-ample, faite de bandes réunies de cette étoffe noire et étroite appelée saïe, et qui vient du Soudàn. Sous ce vêtement, ils portent un pantalon à l'européenne, que soutient sur les hanches une ceinture de laine. Leur tête est rasée, à l'exception d'une touffe de cheveux qu'ils ne coupent jamais, et qui devient parfois si longue, qu'ils sont obligés de la tresser. Les femmes sont très-blanches, et vont la figure découverte. Quoique musulmans, les Touareg prient fort peu, ne jeûnent point et se dispensent des ablutions. Les caravanes, qui se mettent en route au printemps, cherchent à garantir leur sécurité en achetant, à prix d'or, la protection des chefs les plus voisins de ces bandits. Celles qui, fortes de leur nombre, veulent forcer le passage, tombent, tôt ou tard, dans des embuscades de 12 à 1,500 hommes, qui, montés sur des chameaux de la race la plus agile, appelée *mahari*, sillonnent les plaines et les dunes de sable avec une rare adresse à dérober leurs mou-

LE TOUAREG.

vements derrière les moindres plis de terrain. Dès que l'occasion d'attaquer leur semble favorable, les Touareg, armés de lances, de sabres à deux tranchants et d'un bouclier de peau d'éléphant, poussent un cri de guerre effroyable, et fondent avec une audace irrésistible sur les voyageurs surpris. Le pillage succède au meurtre, et les vaincus, morts ou criblés de blessures, sont abandonnés au milieu des solitudes. Quand le temps des caravanes est passé, les Touareg viennent effrontément vendre leur butin sur les marchés du nord. Il n'y a, au reste, qu'une voix sur leur compte : — « Quels sont leurs ennemis? demandait M. Daumas à un Arabe. » — Ils n'ont point d'amis, fut sa réponse. Je n'ai vu de bon chez eux que leurs tentes et leurs chameaux. Braves, rusés, patients comme tous les animaux de proie, ne vous fiez jamais à eux, ils sont de mauvaise parole. Si vous recevez l'hospitalité chez l'un d'eux, vous n'avez rien à craindre de lui sous sa tente, ni quand vous serez parti ; mais il préviendra ses amis, qui vous tueront, et ils se partageront vos dépouilles. »

Telles sont les données principales que vient de recueillir M. le colonel Daumas sur des régions que la science n'avait pas encore sondées[1]. En vérifiant son travail à l'aide de l'itinéraire d'Ebn-el-Din, qui marque avec soin les stations, jour par jour, des routes du Sahara, on y reconnaît une concordance qui permet d'ajouter foi aux nouveaux renseignements de toute nature que la direction des affaires arabes s'est procurés. Si le vaste ensemble de l'œuvre que nous venons d'effleurer laisse peut-être à regretter quelques légères erreurs de topographie, l'avenir les fera disparaître. Constatons aujourd'hui un fait d'une haute portée : le commerce intérieur de l'Afrique est reconnu sur une grande échelle ; tâchons de l'attirer au milieu de nos établissements ; car, derrière ces relations futures, la civilisation pourra se glisser à son tour, et ce ne serait pas le moins beau côté de notre gloire que de la faire marcher de front avec l'intérêt.

Carthage, fondée par une troupe d'émigrés, commença sa fortune par la richesse agricole, qui lui permit d'étendre un jour son commerce au delà des mers. La France, avec ses grandes ressources, resterait-elle au-dessous de Carthage ? Qui pourrait le penser?

Mais si la terre d'Afrique reste encore longtemps rebelle et stérile, si de coupables erreurs y laissent persévérer un système de destruction des hommes et des choses, ce sera comme si nous déclarions au monde que désormais la France n'est plus capable d'efforts continus d'intelligence et de force, et que son gouvernement, toujours en échec, vivant au jour le jour, n'a plus ni temps ni soins à dépenser pour la grandeur et la gloire du pays.

L'Algérie se souvient des fils de France ; elle entrevoit, sur les marches du trône, l'homme de l'avenir ; mais ce n'est point à nous qu'il est permis de le nommer.

---

[1] Voir, pour de plus amples détails, les *Études géographiques, historiques et statistiques sur le Sahara algérien*, publiées par le colonel Daumas, avec l'autorisation du ministre de la guerre; Paris, 1845.

Tous les hommes éclairés, que préoccupe la prospérité future de notre belle colonie, expriment le vœu de voir un ouvrage d'une si haute importance et si bien fait prendre place dans le recueil des travaux de la COMMISSION SCIENTIFIQUE D'ALGÉRIE, dont le gouvernement français a ordonné la publication officielle.

LIVRE TROISIÈME.

LA GUERRE SAINTE,

DEPUIS LA PRISE D'ALGER JUSQU'AU TRAITÉ DE LA TAFNA.

> Opus adgredior opimum casibus, atrox præliis, ipsâ etiam pace sævum. Non tamen adeo virtutum sterile sæculum, ut non et bona exempla prodiderit.
>
> TACIT. *Histor.* lib. 1, cap. 2.

L'histoire est un tribunal devant lequel tout le monde comparaît, mais qui doit une égale justice à tout le monde ; qui n'éprouve ni affection ni haine; qui ne connaît ni amis ni ennemis, et que la vérité seule émeut. Reprenant, à son point de départ, la série des faits accomplis, nous marcherons avec la même indépendance, laissant aux événements leur éloquence plus forte que de stériles discussions, et consultant sans cesse, avant d'émettre une pensée sur les hommes ou les choses, les pièces justificatives qui sont entre nos mains.

L'expédition de 1830 n'ouvrait à la France qu'une seule ville. Au delà de l'espace occupé par nos troupes autour d'Alger, entre les collines du Bou-Zariah et celles de Mustapha-Pacha, grondaient des masses de populations inquiètes. La vieille haine des musulmans contre le nom chrétien réunissait, dans une commune alliance, de nombreuses tribus guerrières, la plupart hostiles les unes aux autres, mais que la foi religieuse appelait à repousser une invasion.

Nous avons cité les bulletins pacifiques adressés par M. de Bourmont aux habitants d'Alger, et répandus parmi les Arabes de la régence[1]. Sur la foi de ces promesses, Ben-Zamoun, après la chute du gouvernement turc, offrait au général en chef sa puissante intervention[2] pour concilier, par un traité solide, nos intérêts présents et futurs avec ceux des indigènes de la province d'Alger. Quelles que pussent être les vues de la Restauration sur l'avenir de sa conquête, l'impolitique promenade de M. de Bourmont à Blidah n'eut d'autres résultats que de causer à l'armée des pertes inutiles, et d'apprendre aux Arabes qu'ils avaient tout à craindre d'un vainqueur oublieux de ses proclamations.

Les hostilités commencèrent.

COMMANDEMENT DU GÉNÉRAL CLAUZEL.

A l'arrivée du général Clauzel, les tribus algériennes se trouvaient partagées en trois factions prêtes à agir par des voies opposées. Tandis que la province d'Alger ne semblait pas éloignée d'accepter, non la domination, mais l'alliance des Français, la province d'Oran réclamait l'appui de l'empereur de Maroc ; celle de Constantine, comptant sur ses propres forces, organisait sa résistance.

Les principaux chefs que nous avions en présence étaient : dans l'est, sur les territoires d'Alger et de Titteri, le marabout Ali-Ben-Aïssa[3], Ben-Zamoun, chef des Kebaïles de Flissa[4], et les chefs des Koulouglis de l'Oued-Zeitoun ; — à l'ouest, la famille de M'Barek qui tenait Koléah[5] ; — le marabout El Barkani[6], dans Cherchel ; — à Médéah, le bey de Titteri, Mustapha-Bou-Mezrag[7], et Ibrahim,[8] ancien bey de Constantine.

---

[1] Voyez le LIVRE PREMIER, p. 32.

[2] V., plus haut, *Histoire de quinze ans*, p. 9. — Ce fait officiel est attesté par M. le capitaine d'état-major Pellissier. (*Annales algériennes*, tome I, p. 100 et 310. — *Ibid.*, tome II, p. 393.)

[3] Très-vénéré chez tous les Kebaïles, Ben-Aïssa vivait dans les vallées du mont Djerjera, où il mourut, pendant l'été de 1835, dans un âge avancé.

[4] Mohammed-Ben-Zamoun commandait le contingent de sa belliqueuse tribu à la bataille de Staouëli. Ce chef, d'une brillante valeur, était, sous les Turcs, un des meilleurs officiers de l'agha des janissaires, qui lui confiait les missions les plus difficiles. On le vit à la tête des insurrections de 1831 et 1832 ; mais bientôt, découragé par la conduite molle des Arabes, il se retira dans sa tribu, et ne prit plus aucune part à la guerre sainte.

[5] Sidi-Mohammed-Mahiddin-Ben-M'Barek était un marabout de Koléah, fort considéré, homme pieux, sans fanatisme, et qui donna bientôt la preuve d'un esprit conciliateur. Cruellement persécuté par le duc de Rovigo, il fut mieux apprécié par le général Voirol, et le maréchal d'Erlon en faisait grand cas. Mais les tracasseries de quelques commandants subalternes lui ayant donné lieu de craindre de nouveau pour sa sûreté, il quitta Koléah pour se réfugier dans une ferme éloignée, et mourut en route, à 70 ans, de fatigue et de chagrin. « Ceux qui ont hâté la mort de cet homme de bien, dit M. le capitaine Pellissier, peuvent se vanter d'avoir rendu à la colonie un des plus mauvais services qu'on pouvait lui rendre. »

[6] Sa famille était une des plus anciennes et des plus puissantes de la tribu des Beni-Menasseur ; après la prise d'Alger, la ville de Cherchell lui conféra la dignité de kaïd, ou gouverneur.

[7] C'était un Turc de l'Asie-Mineure, investi du beylik par le dey Hussein. Envoyé en France comme prisonnier de guerre après la prise de Médéah, en 1830, il obtint plus tard la permission de se retirer à Smyrne.

[8] Révoqué en 1822 par Hussein-Pacha, il s'était retiré à Médéah jusqu'en 1830. Lancé de nouveau sur la scène politique, il mena une vie aventureuse dont nous aurons occasion de parler bientôt, et finit par disparaître, assassiné dans sa maison de Médéah, en 1833.

A Constantine, El Hadji-Ahmed[1], affranchi du pouvoir turc par notre victoire, se retranchait dans son indépendance, et le vieux Hassan, bey d'Oran, voyait le pouvoir près d'échapper à ses mains débiles, pour tomber aux mains d'un cheïk arabe.

Dans les environs d'Alger, quelques milices, régulières ou auxiliaires, que le gouvernement turc employait à la levée de l'impôt ou au massacre des douars qui voulaient résister à ses exactions, s'étaient mises à faire la guerre aux Arabes pour leur propre compte ; et les campagnes voisines de la ville conquise, livrées par ces maraudeurs au pillage, à l'incendie, à tous les excès d'un désordre effréné, n'offraient aucune sécurité hors de la portée de fusil de nos avant-postes.

L'abandon de Bone et du port de Mers-el-Kébir, déterminé par la nouvelle de la révolution de juillet, nous réduisait à la possession d'Alger, où la population européenne, attirée par la conquête, s'augmentait chaque jour et devenait un embarras, grâce à l'incapacité de la commission de gouvernement créée par M. de Bourmont, qui n'avait su ni organiser les services publics, ni prévenir un chaos dans lequel s'abritèrent tant de méfaits.

Le général Clauzel était resté, depuis quinze ans, étranger au maniement des affaires militaires ; mais une réputation brillante et méritée le précédait en Afrique, et l'armée devait se ranger avec confiance sous les ordres de son nouveau chef.

Malheureusement ses débuts ne furent pas heureux. Son premier ordre du jour annonçait aux troupes le changement de règne, mais sans qu'aucune phrase leur témoignât que la France était fière du triomphe de ses enfants. Le lendemain, un second ordre du jour signalait l'entrée en séance de la commission d'enquête chargée d'instruire le procès de notre brave armée, au sujet des dilapidations commises après la prise d'Alger. Certes il y eut des coupables ; mais l'équité réclamait qu'on ne mît pas en prévention nos régiments pour les fautes de quelques individus.

Cette commission, composée de MM. Delort, Fougeroux, Cadet de Vaux, Pilaud de Bit et Flandin, ne négligea sans doute aucun moyen pour découvrir la vérité ; mais, soit que ses recherches n'eussent amené aucun résultat, soit qu'elle ait reculé devant la nécessité de frapper trop haut, elle rendit, le 22 octobre, par l'organe du général Delort, un verdict d'acquittement pour l'honneur de l'armée[2]. « Personne, écrit M. le général Berthezène, ne redoutait cette

[1] Fils d'un Turc, ancien bey de Constantine, qui périt étranglé, El-Hadji-Ahmed était Koulougli, c'est-à-dire né d'une femme arabe. Après la mort de son père, sa mère, fille d'un cheïkh de la tribu des Ben-Ciana, s'enfuit dans le Sahara, où Ahmed fut élevé. Revenu plus tard à Constantine, à l'âge de vingt ans, et nommé en 1818 khalifa (*lieutenant*) du bey Hassan, il lui succéda, en 1827, par la faveur de Hussein-Pacha. C'est de lui que le dey disait, en 1830, à M. de Bourmont : « Si Ahmed se soumet à la France, comptez sur sa foi, il n'y a jamais manqué. »

[2] ORDRE DU JOUR. La déclaration expresse de la Commission est que rien n'a été détourné du trésor de la Kasbah, et qu'il a tourné au contraire, tout entier, au profit de la France. — La Commission a reconnu qu'on avait pris, à la Kasbah, quelques effets et quelques bijoux abandonnés par le dey et par des officiers de sa maison, et dont une partie avait déjà été prise par des Maures et des Juifs ; c'est nilligeant, sans doute, mais il est consolant pour le général en chef d'avoir acquis la certitude que des soldats, des sous-officiers, des officiers de troupe et d'état-major ont remis au payeur des bijoux trouvés au milieu des hardes et des meubles en désordre. — Il a été commis aussi des désordres, dans quelques maisons particulières, par des hommes déshonorés, comme il s'en glisse toujours quelques-uns dans les armées. — En masse, l'armée

épreuve, mais tous en étaient blessés, humiliés ; mais tous l'auraient voulue solennelle et légale. Pourquoi, se disait-on, cette enquête, si elle est nécessaire, n'est-elle pas faite par des magistrats ? Pourquoi des inconnus, des hommes sans titre, sans qualité, sans mission, sans droit, peuvent-ils nous faire comparaître devant eux, nous interroger, recevoir des témoignages pour ou contre nous, prononcer sur notre sort et décider de notre réputation, même sans nous entendre ? N'est-ce pas le renversement de tous les principes et la violation de tous les droits ? — A ces réflexions il s'en mêlait de plus vives, de plus amères et de plus personnelles; car tout le monde se connaît dans une armée, et c'est un bonheur [1]. » Qu'il nous soit permis d'ajouter à ces paroles de l'honorable général que, si le jury d'enquête avait fait son devoir avec une véritable intelligence, on connaîtrait en France, depuis longtemps, les auteurs des scandaleux pillages qu'il a lui-même dénoncés dans un écrit trop tardif [2].

Le comte Clauzel avait amené avec lui un assez bon nombre de protégés civils et militaires; les premiers accaparèrent les emplois, les seconds se firent presque tous remarquer par ces prétentions hautaines qui ne s'allient guère qu'à des capacités très-médiocres. La révolution de juillet venait d'élever sur le pavois une foule d'intrigants de tout genre, et l'armée d'Afrique ne fut pas exempte de leur contact.

Après la revue du 5 septembre, qui servit à l'inauguration du drapeau tricolore distribué aux régiments, le général en chef s'occupa de remplir les places laissées vacantes par les démissions ; — cette mesure utile, et pour laquelle il avait reçu plein pouvoir, fut gâtée par trop de choix concédés à l'obsession, en dépit des lois en vigueur. Il avait remis à l'état-major sa signature lithographiée : on en abusa ; mais les nominations les plus hasardées furent néanmoins sanctionnées par le pouvoir souverain, qui croyait dangereux de créer des mécontents autour de son berceau.

Pressé de pourvoir aux nécessités administratives, M. Clauzel institua, le 16 septembre, sous la présidence du baron Volland, qui avait remplacé l'intendant en chef Denniée, un comité de gouvernement composé de MM. Deval, consul de France et président de la cour de justice ; Cadet de Vaux, directeur de l'intérieur, et Fougeroux, directeur des finances. M. Roland de Bussy remplaça M. d'Aubignose dans ses fonctions de chef de la police, et deux autres employés, MM. de Calonne et Girardin, se trouvaient, depuis le 8 septembre, chargés du service des douanes et des domaines.

L'organisation des tribunaux, qui eut lieu par arrêté du 22, rendit les musulmans à leur juge naturel, le kadi maure, assisté des muphtis : sa compétence fut étendue au criminel comme au civil, et ses arrêts furent sans appel et en

---

n'a aucun reproche à se faire; c'est une assurance que le général en chef aime à lui donner, qu'il aime aussi à donner à la France. Les hommes qui ont pu s'avilir par des désordres particuliers, on les livre aux remords qui les poursuivent et les poursuivront sans cesse, et à la crainte, non moins poignante, d'être, comme ils le seront successivement, reconnus un peu plus tôt, un peu plus tard, pour les auteurs d'actions coupables, qui avaient donné lieu de supposer que le trésor public avait été pillé par l'armée. — Par ordre du général en chef, le lieutenant-général chef de l'état-major général, M. J.-R. Delort.

[1] *Dix-huit mois à Alger*, du 14 juin 1830 à la fin de 1831, p. 140. Dans le même écrit (p. 171), M. Berthezène, revenant sur le même sujet, dit que, « désespérés de ne point trouver de coupables, quelques-uns des membres de cette commission proposèrent de soumettre les accusés à la TORTURE. »

[2] *Ibid.*, chap. V, p. 126 à 131. (Passages cités dans le *livre premier* de cet ouvrage, p. 43 à 45.)

dernier ressort. L'exercice de l'autorité judiciaire fut interdit au kadi turc, car la condition actuelle des Turcs, dont la présence n'était que tolérée, les excluait du droit de rendre la justice. Les Juifs furent renvoyés par-devant leurs rabbins, jugeant sans appel, au criminel comme au civil. Les causes entre musulmans et juifs furent portées en première instance par-devant le kadi maure, et cependant, pour ne pas les laisser à la merci de leur ancien maître, la faculté de l'appel leur fut ouverte, et ces appels portés devant la cour de justice, composée de Français. Cette cour devait connaître en outre de tous les différends qui pouvaient s'élever entre Français, mais avec faculté d'appel en France ; entre les naturels du pays et les étrangers de toute nation qui ne seraient pas sous la juridiction de leur consul. Enfin l'instruction fut orale, les parties appelées à se défendre elles-mêmes, et, en cas d'absence, par un fondé de pouvoir ; mais le ministère des avoués et des avocats fut interdit. Quant aux délits de simple police et à ceux de police correctionnelle, le commissaire général en fut rendu juge, savoir : des premiers, comme le sont en France les maires et les juges de paix ; et des seconds, comme le sont nos tribunaux de première instance ; et, dans ce cas, le commissaire général devait être assisté de deux juges. Tous ces juges furent nommés par le général en chef, auquel on référait des jugements portant peine de mort, et qui en autorisait l'exécution. Une juridiction exceptionnelle fut, en outre, établie pour les cas où il serait attenté par les indigènes aux personnes ou aux propriétés des Français ; la connaissance de ces crimes ou délits appartint aux conseils de guerre [1].

L'administration des finances préoccupa aussi sérieusement l'attention du général Clauzel. On se formerait une idée fort inexacte des charges supportées par les Arabes sous le régime turc, si on prenait seulement pour base d'évaluation les revenus entrant dans le trésor du dey : il faut y joindre les présents que les beys et les chefs de tribu étaient obligés de faire, dans certaines circonstances et à des époques déterminées, tant au dey qu'à ses principaux ministres et officiers, et même à des employés subalternes. Il résulte de documents authentiques que la valeur de ces présents s'élevait chaque année, pour le beylik d'Oran, à environ 500,000 francs ; pour celui de Constantine, à 400,562 francs ; le bey de Titteri donnait, au même titre, un peu plus de 150,000 francs ; enfin les chefs des tribus de la dépendance d'Alger payaient environ 100,000 francs de tributs ordinaires, sans compter le prix de leur nomination. Il y avait en outre, dans la même province, sept kaïds ou percepteurs d'impôts, qui, achetant leur emploi fort cher, trouvaient une compensation dans les avanies et les exactions qui leur étaient permises.

Ces usages furent abolis par le général en chef. Il fut défendu à tous les fonctionnaires et employés, civils ou militaires, Français ou Maures, de recevoir à l'avenir aucune gratification à raison de leurs fonctions [2]. La valeur des présents ordinaires, auxquels les habitants de la régence étaient assujettis, fut ré-

---

[1] Voir les *Observations* du général Clauzel, sur quelques actes de son commandement à Alger, p. 101.

[2] Toutefois, en Algérie comme ailleurs, les meilleurs règlements n'ont souvent de valeur que sur le papier. On pourrait citer, sous le commandement du général Voirol, un personnage qui ne craignait pas d'abuser de son influence pour extorquer aux Maures d'Alger plusieurs sommes considérables, à titre d'à-compte sur le prix de services qu'il ne leur rendit jamais. Certaines fortunes ne font tache que sur la conscience, et par le temps où nous vivons, il n'est peut-être pas utile de tout dire.

duite aux redevances annuelles payées par les beys et les chefs de tribu, de manière que la totalité des impôts levés entrât dans la caisse du payeur général de l'armée [1]. Les rétributions arbitraires et illégales, prélevées par les agents du gouvernement, furent remplacées par des traitements fixes qui ne laissaient aucun prétexte aux exactions.

Cette machine gouvernementale mit ses rouages en mouvement sous l'impulsion du général en chef. Peu de jours suffirent au comte Clauzel pour apprécier l'importance des établissements que nous pouvions fonder sur le sol conquis; après avoir donné ses soins aux affaires de l'intérieur, il s'occupa du projet de rendre à la France une partie de l'armée.

La formation d'un corps de naturels du pays et celle d'une garde urbaine, lui parurent d'une utilité incontestable, et devaient, à son avis, produire peu à peu une espèce de fusion entre les indigènes et les Européens ; conduire les premiers à une appréciation de nos mœurs, dont ils ne tarderaient pas à reconnaître la supériorité ; et enfin, comme conséquence toute simple, malgré la différence de religion, rendre les rapports plus faciles, et créer entre les races des éléments de sympathie. Un arrêté prescrivit l'organisation de deux bataillons d'infanterie et de deux escadrons de cavalerie. Mais, au lieu de traiter avec les tribus arabes voisines, le général fit recruter, sur le pavé d'Alger [2], des vagabonds et des maraudeurs, dont le nombre dépassa bientôt les besoins de l'effectif. Ces deux bataillons furent confiés, l'un à M. Maumet, capitaine d'état major, l'autre à M. Duvivier, capitaine du génie, officiers d'une capacité remarquable, mais dont tous les efforts et toute l'activité ne purent empêcher, dès les premiers mois, des désertions considérables avec armes et bagages [3].

Le commandant d'artillerie Marey fut chargé d'organiser le corps de cavalerie indigène. « Afin d'agir utilement et de prendre des mesures appropriées aux temps et aux lieux, cet officier s'adressa, pour obtenir des renseignements convenables, à un certain Youssef, mameluk, alors détenu en prison, et qui depuis, a joué une espèce de rôle. L'histoire de cet homme, du moins telle qu'il la raconte, tient beaucoup du roman. Élevé dans le sérail, et destiné aux plaisirs du souverain de Tunis, il eut le bonheur de plaire à la fille de son maître. Un esclave l'ayant surpris dans un rendez-vous amoureux, Youssef le fit venir dans son appartement, et, pour acheter son silence, lui jeta une poignée d'or. Pendant que l'esclave se baissait pour ramasser les quadruples éparses sur le tapis, Youssef le tua d'un coup de poignard, et après l'avoir coupé en morceaux et salé, il offrit à sa belle maîtresse une main, un œil et la langue de ce témoin dangereux. Ce présent allégorique fut très-agréable à la princesse, et redoubla

---

[1] Il résulte des états dressés à cette époque, par M. l'intendant en chef Volland, que la totalité du tribut d'Oran, perçu par le dey d'Alger, en argent ou en nature, avant la conquête, montait à 302,182 fr. L'ancien tribut de Constantine ne s'élevait qu'à 264,150 fr. — Un état qui a été trouvé, après la prise de Médéah, dans les papiers du bey de Titteri, élève les contributions de cette province à 85,357 fr. Ce bey vendait en outre aux tribus du Sahara, moyennant une redevance de 100,000 fr., le droit de commercer avec Médéah.

[2] *Dix-huit mois à Alger*, par le général Berthezène, deuxième partie, ch. 1, p. 144.

[3] *Ibid.*, p. 145. — Les Zouaves, et plutôt les *Zouaouas*, sont des Kabaïles indépendants, de la province de Constantine, qui louaient leurs services aux puissances barbaresques, comme le font les Suisses en Europe. (*Annales algériennes*, par E. Pellissier, capitaine d'état-major, t. II, p. 118.) Le maréchal de Bourmont avait conçu l'idée de mettre cette troupe auxiliaire à la solde de la France. M. Clauzel se trompa, en faisant enrôler un ramassis d'indigènes étrangers les uns aux autres, et qui furent loin, d'abord, de nous être utiles.

son amour pour un homme qui savait si bien la mettre à l'abri de toute indiscrétion. — Une autre fois, un mameluk, camarade de Youssef, l'offensa. Celui-ci dut dissimuler pour assurer sa vengeance; mais bientôt l'occasion se présenta, et dans une partie de chasse, il sut se défaire assez habilement de son ennemi pour n'être pas soupçonné de meurtre. Cependant la fortune se lassa de lui être favorable; accusé d'avoir volé des diamants pour une somme de quarante mille francs, il fut forcé de chercher son salut dans la fuite; il y réussit, et passa à Alger, où il fut employé à la police. — Soit qu'il voulût rentrer en grâce, soit que l'intrigue fût un besoin pour lui, on assure qu'il rendait des comptes au bey de Tunis. Le général en chef en fut instruit, le fit arrêter, mettre aux fers à bord d'un vaisseau, et ensuite en prison à Alger. C'est pendant sa captivité que le commandant Marcy le consulta sur l'organisation du corps d'Arabes à cheval. Ce fut un trait de lumière pour Youssef, et l'espérance pénétra au fond de son cachot. Il conçut le projet de créer une compagnie de mameluks, dont il serait le capitaine, uniquement consacrée à la garde du général en chef, et qui en porterait le nom. Ses fers furent brisés; mais la compagnie, complète au bout de peu de jours, parut une création intempestive; les hommes qui la composaient passèrent, avec Youssef, aux *chasseurs algériens*, où ce dernier conserva le grade de capitaine [1]. » Nous verrons plus tard la singulière fortune et les excès, plus d'une fois scandaleux, de cet aventurier.

Après avoir pourvu, autant qu'il était en son pouvoir, à tous les besoins administratifs de la conquête, le général Clauzel ne se dissimulait pas que l'état

[1] A ces documents fournis par M. le général Berthezène (ouvrage cité, p. 145-117), notre impartialité nous engage à joindre ceux qu'imagine M. l'intendant Genty de Bussy sur le même personnage : « Youssouf, c'est ainsi qu'il le nomme (d'autres écrivent Yusuf), est né à l'île d'Elbe, où bien jeune encore, il se rappelle, en 1814, avoir vu Napoléon; mais il n'a conservé aucun souvenir de sa famille, et toutes les recherches à cet égard ont été vaines. A peu près vers cette époque (il pouvait avoir sept ans), les personnes qui prenaient soin de lui le firent embarquer pour Florence, où elles avaient le dessein de le faire entrer au collège; mais le navire qui le portait tomba au pouvoir d'un corsaire, et conduit à Tunis, Youssouf échut au bey. Placé dans le sérail, et improvisé musulman, il noua bientôt une intrigue avec l'une des filles du bey, et celle-ci devint enceinte. Suivant une version datée de Tunis, surpris dans un de ses rendez-vous par un des eunuques du bey, Youssouf prit sur-le-champ l'audacieux parti de le suivre dans les jardins, de l'attirer en embuscade, et de le massacrer. Son corps jeté dans une piscine profonde, il n'en conserve que la tête, et le lendemain, pendant que sa maîtresse l'entretenait des vives terreurs auxquelles elle était en proie, pour toute réponse, il la conduit dans la chambre voisine, et, dans une des armoires, lui montre la tête de l'esclave dont il avait arraché la langue. Mais le secret n'étant point encore suffisant, il prépara son évasion. C'était en 1830; le brick français l'*Adonis* se trouvait en rade; un canot devait l'y conduire; mais cinq chaouchs étaient apostés là pour s'opposer à son embarquement. Des sentiers détournés qu'il a pris, Youssouf les a vus; il a remarqué qu'ils ont laissé leurs fusils en faisceau sur une roche; il s'élance de ce côté; jeter les armes à la mer, se débarrasser de deux de ces hommes, mettre les autres en fuite, gagner le canot, tout cela fut l'affaire d'un moment. L'*Adonis* avait l'ordre de rallier la flotte qui devait s'emparer d'Alger. Peu de jours après, Youssouf débarqua à Sidi-Ferruch avec l'armée. Pendant la campagne, il resta attaché au général en chef et fut placé près du commissaire général de police. A peine étions-nous arrivés, que dénoncé comme coupable d'entretenir une correspondance avec les ennemis de la France, il se vit arrêter, mais son innocence ne tarda pas à être reconnue. » (*De l'établissement des Français dans la régence d'Alger*, t. II, p. 273-275.)

Le prince de Puckler-Muskau, grand admirateur de Youssef, donne le nom de *Kaddoura* à la fille du bey de Tunis, et raconte sur les aventures de son séducteur des détails tellement incroyables (bien qu'il affirme les tenir de la bouche même de Youssef) que nous croyons devoir renvoyer le lecteur aux impressions de voyage du noble touriste. *Chroniques de voyages*. — Afrique, t. I, *passim*.)

Quant à nous, historien sérieux, dont la tâche se borne à produire les faits tels que les présente chaque autorité qui nous sert de guide, nous avons admis, sans la discuter, la version de M. le baron Berthezène, troisième général en chef de l'armée d'Afrique, et qui dut à cette haute position beaucoup de renseignements qui prennent, sous sa plume, un caractère presque officiel.

incertain, pour ne pas dire menaçant, de nos relations extérieures, lui imposait le devoir de tenir à la disposition de la France la plus grande partie de ses troupes. Il écrivit en ce sens au maréchal Gérard, ministre de la guerre, pour lui annoncer que sur les dix-huit régiments de l'expédition, douze pourraient, au premier appel, retourner à Toulon, sans que cette diminution des deux tiers de ses forces pût compromettre l'avenir des affaires d'Afrique. Le ministère s'empressa d'accueillir les espérances que donnait le général Clauzel, et lui annonça, le 30 octobre, que « le gouvernement, déjà déterminé à conserver la possession d'Alger, voyait avec satisfaction la possibilité d'occuper cette ville et les principaux points du littoral de la régence avec un corps de 10,000 hommes, et des dépenses peu considérables. Ces considérations l'avaient confirmé dans l'*intention* de fonder, sur le territoire d'Alger, une importante colonie. On pourrait, en concédant de proche en proche les terres qui l'environnent, imposer aux colons la condition de participer aux travaux de fortifications nécessaires pour repousser les incursions des peuplades voisines, et de faire partie d'une milice locale, chargée de concourir aux mesures défensives. Nul doute que de semblables combinaisons, auxquelles on aurait soin d'associer l'intérêt des indigènes, pourraient, avec le temps, transformer en une vaste colonie la plaine de Métidjah, en refoulant vers le Petit Atlas les tribus insoumises. La France trouverait là, peut-être, la plupart des produits qu'elle tire maintenant de l'Amérique et de l'Inde; elle y trouverait encore un précieux débouché pour ses manufactures. La colonisation du territoire d'Alger, sous un régime libéral, serait une noble et vaste entreprise, dont le succès reposait principalement sur les lumières et le patriotisme du général en chef [1]. »

Dans ces vues, dont le pouvoir sanctionnait l'utilité, M. Clauzel pensa un moment à établir par nos armes, dans les provinces de l'est et de l'ouest, des gouverneurs choisis par le bey de Tunis, notre allié, lesquels reconnaîtraient notre souveraineté sur la régence, et, par leur identité de mœurs et de culte avec le peuple qu'ils viendraient régir, nous épargneraient les frais d'une conquête onéreuse et les difficultés plus grandes de l'occupation.

Mais, tandis que des négociations s'ouvraient avec le bey de Tunis, Mustapha-bou-Mezrag, bey de Titteri, nous bravait derrière ses montagnes, en prêchant la guerre sainte et la délivrance d'Alger. Il avait sous ses ordres 24 *outhans*, ou districts populeux, et pouvait mettre sur pied des forces considérables. L'insurrection, fomentée par ses émissaires, avait gagné les tribus de la Métidjah; leur attitude hostile nécessitait un acte de vigueur : le général en chef résolut de prendre Médéah. Un arrêté du 15 novembre prononça la déchéance de Mustapha-bou-Mezrag, qui fut remplacé, sur la proposition du conseil municipal indigène, par Mustapha-ben-el-Hadji-Omar, parent de notre agha Hamdan, et, comme lui, Maure et négociant. Le 17 novembre, une colonne d'infanterie, divisée en trois brigades, commandées par les maréchaux de camp Achard, Monk d'Uzer et Hurel, sous les ordres du lieutenant général Boyer, qui avait succédé au duc d'Escars, se mit en route pour franchir l'Atlas. On joignit à ces

---

[1] Dépêche du maréchal Gérard, ministre de la guerre, au général Clauzel, commandant en chef l'armée d'Afrique. (30 octobre 1830.)

forces quatre cents chevaux, huit pièces d'artillerie de campagne et une batterie de montagne.

Le 18, cette division, forte de 7,000 combattants, parvenue à une demi-lieue de Blidah, rencontra un parti d'Arabes armés, dont le chef demanda que les Français n'entrassent pas dans cette ville. Sur le refus du général Clauzel, les Arabes se replièrent, en dirigeant sur nous un feu de tirailleurs qui causa peu de mal. La brigade Achard les tint à distance, et quelques obus les mirent en fuite; nous n'eûmes à regretter dans cette affaire d'avant-garde qu'une quinzaine de morts et le double en blessés [1]. La brigade Monk d'Uzer balaya la plaine et envoya quelques compagnies occuper les hauteurs voisines de la ville où les Kebaïles semblaient nous attendre; ils ne firent aucune résistance. Les portes étaient fermées, quelques voltigeurs escaladèrent l'enceinte que personne ne défendait, et trouvèrent Blidah presque déserte; à notre approche, les habitants riches s'étaient retirés dans les montagnes. L'armée campa hors des murs. Le général en chef avait l'intention de laisser dans la ville une petite garnison et d'employer la journée du 19 aux travaux nécessaires à son établissement; mais les Arabes, ayant reparu dans la plaine, vinrent attaquer de front la brigade Achard, tandis que les Kebaïles, répandus sur les mamelons du Petit Atlas, dont le pied touche Blidah, l'inquiétaient sur son flanc gauche par une fusillade assez vive. La cavalerie dispersa les premiers, pendant que les 20° et 37° de ligne refoulaient les montagnards. L'ordre fut ensuite donné d'incendier les magnifiques jardins qui environnent la ville, en même temps que le grand prévôt de l'armée faisait égorger dans les rues tous les habitants pris les armes à la main [2]. Toutefois, il est juste d'ajouter que le général en chef, informé qu'une partie de ces pauvres gens s'étaient réfugiés avec leurs femmes et leurs enfants dans des cavernes de la montagne voisine, leur envoya un parlementaire pour leur dire de regagner leurs demeures. La plupart se rendirent, pour leur malheur, à cette invitation : c'était rentrer dans un tombeau.

Le 20, l'armée se remit en marche, laissant à Blidah deux bataillons, l'un du 34°, l'autre du 35°, avec deux pièces de canon, sous les ordres du colonel Rulhières. Après avoir franchi l'Oued-el-Kébir, à son point de jonction avec la Chiffa, elle vint camper à l'Haouch, ou ferme de Mouzaïa, à l'entrée d'une gorge où la route de Médéah coupe le Petit Atlas. La brigade Achard établit son bivouac à trois quarts de lieue en avant.

On reçut au camp de Mouzaïa la visite d'un marabout, accompagné de cinq cheïkhs du pays, qui, protestant de leurs dispositions inoffensives, venaient demander qu'on épargnât les biens et les personnes des habitants. Ce marabout, nommé Sidi-Mohammed-ben-Fékir, donna des renseignements sur la route de Médéah. On avait deux chemins à choisir; le plus court et le plus direct, suivant le flanc des montagnes, aboutissait à un col, nommé le Téniah de Mou-

---

[1] Relation du chef d'état-major de la première brigade. (*Dix-huit mois à Alger*, par le général Berthezène, p. 140.)

[2] Cette boucherie dura si longtemps, qu'à la fin les soldats ne s'y prêtaient plus qu'avec une répugnance visible. Le général Clauzel crut, sans doute, intimider les Arabes par ces actes de rigueur, qui n'étaient cependant pas dans ses habitudes; mais il se préparait de sanglantes représailles. (*Annales algériennes*, par E. Pellissier, capitaine d'état-major; t. I, p. 112.)

zaïa. Ce sentier, d'un périlleux accès, entrecoupé de ravins, donnait à peine passage à deux hommes de front. Malgré ces difficultés, le général Clauzel n'hésita point à s'y engager; il pensait que plus les obstacles à franchir étaient redoutables et plus il obtiendrait d'ascendant sur l'esprit des Arabes par un succès que la vigueur de nos troupes rendait certain. L'artillerie de campagne et les fourgons furent laissés à la ferme, sous la garde d'un bataillon du 21ᵉ de ligne.

Le 21, au point du jour, l'armée commença son mouvement d'ascension. Les premiers sommets de cette partie de l'Atlas se terminent par un large plateau, d'où le regard, plongeant sur la Métidjah, s'étend jusqu'à l'horizon de la mer. On fit halte, et l'artillerie de montagne salua de vingt-cinq coups de canon la première apparition du drapeau français sur ces crêtes inconnues. Peu de temps après, l'avant-garde rencontra un pont fraîchement brisé, sûr indice du voisinage de l'ennemi qui se montra bientôt, posté sur les hauteurs, et couvrant avec deux mauvais canons le passage du Téniah. Une vive fusillade accueillit la colonne; il fallut prendre rapidement des mesures énergiques. Le défilé courait en zig zag sur une pente roide et glissante, flanquée de mamelons coniques, dominant les deux côtés, et d'un profond ravin sur la droite. Les 14ᵉ, 20ᵉ et 28ᵉ de ligne attaquèrent la gauche de cette position, et chassèrent devant eux les Arabes, en suivant les crêtes, pour prendre à revers les rassemblements qui défendaient le col, tandis que le 37ᵉ et deux compagnies du 14ᵉ continuaient à marcher sur la route. Les difficultés du terrain se multipliaient; le jour baissait et nos troupes souffraient du feu de l'artillerie et de la fusillade; le capitaine Lafare eut ordre de franchir avec une compagnie du 37ᵉ le ravin de droite, et de s'emparer d'un mamelon en même temps que la tête de colonne aborderait le col au pas de charge. Le général Achard et le commandant Ducros du 37ᵉ de ligne firent l'attaque de front avec une grande vigueur, et malgré des pertes considérables, le col fut enlevé; mais l'ennemi, grâce aux accidents du terrain, put sauver ses canons. Dans cette affaire, plusieurs officiers d'état-major s'étaient jetés en avant pour indiquer la route, et l'aide de camp du général Achard, M. de Mac-Mahon, eut l'honneur d'arriver le premier au col. L'intrépide capitaine Lafare fut tué au moment même où il s'emparait de la hauteur, et sa compagnie eût peut-être été détruite, si la colonne victorieuse n'était venue la dégager. Nos pertes s'élevèrent à 30 morts et 72 blessés [1]. L'armée campa sur le col [2]; mais la brigade Achard et la cavalerie se portèrent en avant; la brigade Hurel et les bagages arrivèrent tard à la position, après avoir soutenu plusieurs combats de tirailleurs.

Dans l'enthousiasme produit par ce beau fait d'armes, le général en chef rédigea une proclamation, dont le style nébuleux fit rire beaucoup de monde; en voulant imiter Napoléon, M. Clauzel, sans s'en douter, copiait une page d'Ossian; mais on peut pardonner quelques phrases à un homme qui n'avait pas de préten-

---

[1] Chiffre donné par le général Berthézène. — Suivant le capitaine d'état-major Pellissier, cette journée nous coûta 220 hommes mis hors de combat.

[2] Le Téniah de Mouzaïa s'élève à 964 m. 70 cent. au-dessus du niveau de la mer. Il est dominé, à l'est, par un mamelon dont la hauteur est de 1182 m. 32 cent.; et à l'ouest, par un autre de 1051 m. 74 cent. au-dessus du même niveau. La distance qui sépare ces deux points est de 900 mètres. (*Rapports* de M. Filhon, chef du service topographique.)

tions littéraires et qui couvrait de gloire nos jeunes bataillons. — « Soldats, leur dit-il, les feux de vos bivouacs, qui, des cimes de l'Atlas, semblent se confondre dans ce moment avec les lumières des étoiles, annoncent à l'Afrique la victoire que nous achevons de remporter sur ses fanatiques défenseurs, et le sort qui les attend. — Vous avez combattu comme des géants, et la victoire vous est restée. — Vous êtes, soldats, de la race des braves, et les véritables émules des hommes de la révolution et de l'empire. Recevez ce témoignage de la satisfaction, de l'estime et de l'affection de votre général en chef [1]. »

Le 22, l'armée continua sa marche après avoir incendié les villages voisins; la brigade Monk d'Uzer fut chargée de garder la position du Téniah. Le revers méridional de l'Atlas offrait d'abord un chemin large, mais encombré de grosses pierres, puis un sentier qui ne donnait passage qu'à un homme de front, jusqu'à un grand bois d'oliviers; tout ce pays est très-boisé. Parvenu au pied des montagnes, la brigade Achard eut à refouler une troupe d'Arabes, et combattit sans cesse en avançant. Le 20° de ligne s'étant porté sur la gauche pour éloigner des masses qui menaçaient notre flanc, perdit cinq hommes dont l'ennemi coupa les têtes. Au delà des oliviers, le terrain s'élargit; le général en chef lança la cavalerie, qui fut arrêtée court par un ravin, mais les Arabes se replièrent en désordre du côté de Médéah; à une lieue plus loin, un indigène, très-mal vêtu, sortit des broussailles et vint au-devant de nous, en élevant au-dessus de sa tête une lettre adressée au général en chef; c'était la soumission de la ville, décidée par les habitants notables, aussitôt qu'ils avaient appris la défaite des troupes de Bou-Mezrag. Le même jour, ce bey fugitif, ayant vu les gens de Médéah tirer sur ses soldats, et craignant la vengeance de ses compatriotes irrités par les malheurs de la guerre, vint lui-même se réfugier au camp français. Le général Clauzel lui reprocha sa trahison, mais ne le traita pas avec dureté. Ben-Omar [2], qui avait suivi la colonne, fut installé à sa place, et le colonel Marion, du 20° de ligne, prit le commandement de la ville avec une garnison de trois bataillons composés des 20° et 28° de ligne et des zouaves.

L'occupation de Médéah semblait mettre fin aux hostilités. Le général en

[1] Cette proclamation est tirée textuellement de l'ouvrage de M. Berthézène. (*Dix-huit mois à Alger*, p. 163.) — Le général Clauzel avait ouvert la campagne de Médéah par une autre proclamation terminée par ces paroles : « Soldats, j'emprunte ici la pensée et les expressions d'un grand homme, et je vous dirai aussi que quarante siècles vous contemplent ! » « Quelques plaisants, raconte fort spirituellement le capitaine d'état-major Pellissier, prétendirent que *les siècles qui nous contemplaient* n'étaient autres que certains généraux que nous avait envoyés la jeune France de juillet, et qui, arrivés au terme d'une carrière fort honorable sans doute, semblaient se survivre à eux-mêmes. Tout cela, ajoute-t-il, est peu important ; cette plaisanterie fait penser que l'armée commençait à connaître et à juger les hommes de l'empire, quoiqu'à cette époque ils fussent encore entourés d'un certain prestige, que beaucoup d'entre eux ont eu le malheur de faire disparaître, chaque fois qu'ils se sont mis en évidence. » (*Annales algériennes*, t. I, p. 145.) Le brave général Clauzel avouait ses emprunts d'éloquence, et nous sommes loin de les lui reprocher, car les plagiats du style impérial sont aujourd'hui plus aventureux. Toute la presse de France s'est égayée de la parodie des adieux de Fontainebleau, inventée par M. le maréchal Bugeaud, le 4 septembre 1845 : « Messieurs, s'écria-t-il avec effusion, en quittant le rivage d'Alger pour venir en congé, je voudrais pouvoir vous embrasser tous ; je vous embrasse dans la personne du général en chef ! » (*Courrier d'Afrique* du 6 septembre.) — L'illustre guerrier qui veut copier Napoléon oublie malheureusement que le général Bonaparte vainquit les Arabes d'Égypte avec 80,000 soldats ; c'est par leurs actes qu'il faut rappeler les grands hommes.

[2] Notre agha Hamdan, parent de ce Ben-Omar, avait accompagné l'expédition jusqu'à la ferme de Mouzaïa, et se vantait de nous éclairer sur les dispositions des tribus de la plaine ; mais comme ce Maure était aussi lâche que méprisé des Arabes, il se tint, pendant toute la campagne, prudemment à l'abri sous la protection de nos retranchements.

chef reprit, le 26, la route d'Alger, emmenant avec lui Bou-Mezrag, et les brigades Achard et Hurel. Il repassa le Téniah sans nouvelle agression, et vint camper à Mouzaïa, recevant partout des témoignages de l'attitude pacifique des Arabes et des Kebaïles. Mais pendant qu'il triomphait sur les crêtes et au delà de l'Atlas, Blidah était le théâtre de tristes événements.

Avant de quitter, le 21, la ferme de Mouzaïa, craignant de manquer de munitions, il avait fait partir pour Alger un convoi de cent chevaux, conduit par deux officiers et cinquante artilleurs. Ce faible détachement fut assailli dans la plaine près de Bou-Farik, par des masses de Kebaïles et d'Arabes sous les ordres de Ben-Zamoun. La résistance était impossible; les 52 Français furent massacrés, et l'armée, à son retour de Médéah, trouva leurs cadavres sur la route. Mais ce coup de main avait été le sujet de terribles représailles. Ben-Zamoun avait attaqué, le 26, le colonel Rulhière dans Blidah; des Kebaïles étaient déjà maîtres des rues, et la garnison française, acculée sous les voûtes de la porte d'Alger, se voyait décimer par des forces supérieures, lorsque le colonel parvint à faire sortir le chef de bataillon Coquebert avec deux compagnies de grenadiers du 34e, qui tournèrent la ville et rentrèrent par la porte de Médéah. Les Kebaïles, surpris par cette manœuvre, se crurent assaillis par l'armée qui revenait de l'Atlas; l'épouvante se mit parmi eux, et ils prirent la fuite en franchissant de tous côtés le mur d'enceinte. Cette vigoureuse défense ne nous coûta que 25 morts et 43 blessés; mais il est à regretter qu'après ce fait d'armes la garnison ait peut-être abusé de la victoire, pour venger ses pertes par des actes que désavouent les lois de la guerre; la responsabilité de cette faute remonte au chef qui s'en rendit coupable [1].

Le général Clauzel rentra dans Blidah le 27, et, renonçant au projet d'occuper cette ville qui offrait un mauvais poste militaire, il en partit, le 28, avec toutes les troupes; les débris de la population se traînèrent à la suite de la colonne pour échapper aux Kebaïles; cette longue caravane de vieillards, de femmes et de petits enfants offrait aux regards un spectacle désolant. L'armée de l'Atlas prodigua des soins touchants à ces malheureux; beaucoup d'officiers les firent monter sur leurs chevaux, et le soir, au bivouac de Sidi-Haïd, les soldats se privèrent d'eau pour ces orphelins qu'avait faits la garnison de Blidah.

Le premier soin du général en chef, à son retour à Alger, le 29 novembre, fut de procéder au ravitaillement de Médéah. Cette position était difficile à maintenir; la sécurité des troupes y dépendait de la loyauté des habitants. Le 20e de ligne occupait la ville; le 28e et les zouaves campaient aux environs pour ob-

[1] « Voilà l'ensemble de la chose; mais les détails sont encore couverts d'un nuage obscur et sanglant. Blidah, lorsque le général Clauzel la traversa, le 27 novembre, était encombrée de cadavres de vieillards, de femmes, d'enfants et de Juifs, gens tout à fait inoffensifs. Très-peu paraissaient avoir appartenu à des gens qui eussent eu la volonté ou le pouvoir de se défendre. Après un si grand carnage, on ne trouva point, ou presque point d'armes sur les vaincus. Cette dernière circonstance fit naître d'étranges soupçons dans l'âme du général Clauzel, qui, dans son indignation, flétrit le chef de la garnison d'une épithète fâcheuse. L'horreur qu'il éprouva, à la vue des traces sanglantes du sac et du massacre de cette ville, fut partagée par toute la partie de l'armée qui n'avait pas pris part à ce déplorable événement. » (*Annales algériennes*, par le capitaine d'état-major Pellissier, t. I, p. 152.) — Ajoutons, une fois pour toutes, qu'il ne saurait entrer dans notre pensée de rendre nos braves régiments responsables des hideux excès que nous serons forcé d'accuser. De telles fautes ne compromettent que certains chefs capables de les ordonner; et le gouvernement français, qui les déplore, n'a pu toujours les prévenir.

server la campagne. Dès le lendemain de la retraite de l'armée, trois mille Arabes étaient venus attaquer la ferme du bey, où commandait le chef de bataillon Delaunay, du 28°. Cette agression, repoussée d'une manière brillante, se renouvela les deux jours suivants; nos soldats avaient profité de la nuit pour créneler les murs de la ferme et la fortifier par quelques terrassements. Le 29, ils furent assaillis par des masses nombreuses qui interceptaient les communications avec Médéah; les habitants de la ville entrèrent en pourparler avec l'ennemi, et leur jonction nous exposait à un désastre, si une pluie battante et prolongée n'eût mis fin à cette lutte inégale. Toutefois, dans ces divers assauts, l'ennemi laissa plus de 400 cadavres sur le terrain; nous comptâmes, de notre côté, 36 morts et 154 blessés. Si les Arabes avaient connu l'art de la guerre, il leur eût suffi de détourner les eaux de l'aqueduc qui alimente Médéah, et de prendre, dès le premier jour, position entre la ferme et la ville. Nos soldats, sans vivres et presque sans munitions, n'auraient pu que mourir au poste de l'honneur [1]. Le général en chef s'empressa de leur expédier 14,000 cartouches enfermées dans des ballots et confiées à des Arabes de la tribu saharienne des Beni-Mzab; ces messagers ignoraient ce qu'ils portaient, et n'eurent heureusement pas l'envie de visiter leurs charges. Les habitudes commerçantes des Beni-Mzab n'inspiraient aucune défiance, et leur voyage s'accomplit sans encombre; mais il s'en fallait de bien peu que des munitions ainsi exposées ne tombassent au pouvoir de l'ennemi; elles arrivèrent à Médéah le 4 décembre. Le 10, parut en vue de cette ville une petite colonne amenant des vivres; le lieutenant général Boyer, qui la conduisait, y laissa le général Danlion avec deux bataillons de renfort, et reprit la route d'Alger sans coup férir.

La garnison de Médéah eut à lutter de nouveau contre les incursions des tribus voisines. Le général Danlion obtint d'abord quelques succès; mais ses vivres s'épuisèrent, et il devenait impossible de se maintenir. Le bey créé par nous, Ben-Omar, n'avait ni capacité ni courage; le commandant français, homme d'énergie, manquait d'intelligence politique et d'habileté militaire; il ne sut prendre aucune mesure pour nourrir ses soldats sur un sol parfaitement approvisionné de céréales, et dans une ville dont les habitants s'étaient déclarés pour notre domination; et l'on peut ajouter qu'il compromit nos intérêts par une expédition improvisée avec aussi peu de bon sens que de justice [2]. Le général en chef se vit forcé d'ordonner l'évacuation de Médéah; et comme la garnison,

[1] Le 27 novembre, le colonel Marion avait écrit au général Clauzel : « Envoyez-moi des cartouches ; je crains d'être au dépourvu, si jamais l'ennemi renouvelait son attaque. » — Le 28, il s'exprimait ainsi : « Ma position est très-critique par le peu de munitions que m'a laissé cette journée. Si l'ennemi revient de bonne heure, à midi, je serai réduit à me défendre à la baïonnette. J'ai besoin de deux pièces de montagne et d'un bataillon pour réparer mes pertes, qui depuis deux jours me mettent hors des rangs 300 hommes. » — Le 29, il ajoutait : « Je manque de munitions, il est bien temps que vous veuilliez m'en envoyer. Nous sommes décidés à nous battre à l'arme blanche, dans les rues mêmes de la place. » L'intrépide colonel n'avait plus que trois cartouches par homme.

[2] « Le fait suivant donnera une idée assez exacte du général Danlion. Une tribu arabe ayant reçu un cheikh de la main de Ben-Omar, le chassa ignominieusement, et se mit en état de rébellion contre le bey. Le général Danlion partit de Médéah, le 22 décembre, avec une partie de son monde, pour aller châtier cette tribu ; mais s'étant aperçu qu'elle demeurait un peu loin, et qu'il serait fatigant d'aller jusqu'à elle, il se mit à brûler les cabanes et à enlever les troupeaux d'une tribu voisine, pensant que l'effet serait le même. » *Annales algériennes*, t. I, p. 105.) — Au surplus, cet officier général n'est pas le seul auquel on pourrait adresser le même reproche.

épuisée par les fatigues, était menacée de ne pas franchir l'Atlas sans dangers, la brigade Achard vint au-devant d'elle jusqu'au pied des montagnes, et la ramena dans Alger le 4 janvier 1831. Ben-Omar, fort inquiet de sa situation, avait voulu renoncer à son beylik ; mais les habitants de Médéah le retinrent parmi eux, à force de protestations et de promesses.

L'abandon de ce point réduisait nos possessions à l'état où le général Clauzel les avait trouvées à son débarquement. Les fugitifs de Blidah étaient rentrés peu à peu dans leurs foyers. L'aga Hamdan fut destitué dans les premiers jours de janvier, à cause de sa nullité, et envoyé en France, de peur que sa disgrâce ne lui fît des partisans qui nous susciteraient de nouveaux embarras. On le remplaça par le grand prévôt de l'armée, M. Mendiri, chef d'escadron de gendarmerie, qui ne pouvait rendre et ne rendit aucun service.

A son retour de l'expédition de l'Atlas, le général en chef avait repris son projet de concentrer notre occupation dans Alger et sur le beylik de Titteri, et de donner sous notre suzeraineté, à des chefs tunisiens, le gouvernement des provinces d'Oran et de Constantine. La première était trop faible pour lutter contre les divisions intestines qui la déchiraient ; la seconde prenait les armes pour nous repousser. L'empereur du Maroc, Abd-el-Rhaman, profitant des circonstances, avait fait une tentative pour prendre Tlemcen ; on lui opposa une colonne sous les ordres du général Damrémont, qui partit d'Alger le 11 décembre, arriva, le 13, sur la rade d'Oran, et s'empara, le 14, des forts de Mers-el-Kébir et Saint-Grégoire ; mais il n'avait pas d'instructions pour occuper Oran avant qu'on ne lui notifiât l'issue des négociations entamées avec la régence de Tunis. Muley-Ali, neveu de l'empereur du Maroc, publiait, par ses émissaires, qu'il agissait au nom et par ordre de son souverain, qui, lui-même, était d'accord avec le roi des Français ; et qu'il avait été convenu entre la France et le Maroc que nos troupes n'occuperaient que le littoral, et que l'intérieur de la régence devait être abandonné à l'empereur. A ces nouvelles, Muley-Ali ajoutait les menaces et les promesses. Le caractère du bey d'Oran, fort avancé en âge, ne lui permettait de prendre aucune mesure de vigueur ; abandonné de la plupart des tribus à cause des vexations qu'il leur avait fait éprouver, il ne lui restait que les habitants de la ville, et quelques Turcs sur la fidélité desquels il n'osait même plus compter. Ces circonstances, jointes à l'ascendant que devait exercer sur les esprits l'apparition d'un jeune prince musulman, qui s'annonçait comme venant protéger les Arabes contre les chrétiens, et qui reprochait hautement au bey d'avoir trahi son maître et sa religion, ne pouvaient manquer de favoriser les projets de Muley-Ali. Aussi l'invasion faisait chaque jour des progrès alarmants. Quelques émissaires marocains pénétrèrent jusqu'à Milianah, et l'un d'eux parvint même à s'introduire dans Alger, où on l'arrêta ; mais le général Clauzel lui rendit la liberté [1]. Toutefois, il fallait se hâter de couper le mal dans sa racine ; le général en chef envoya le colonel Auvray à Tanger, pour représenter au gouvernement marocain que son agression blessait le droit des gens, lui en demander réparation, et lui signifier que, dans le cas où il la refuserait, nos troupes allaient agir, refouler sur leur territoire les gens de Maroc, et exercer sur le pays de terribles représailles.

[1] *Observations* du général Clauzel sur quelques actes de son commandement à Alger, p. 49 et suivantes.

Quoique Muley-Ali tînt la campagne et serrât de près la ville de Tlemcen, le général Damrémont avait ordre de ne répondre à aucune hostilité avant le retour du colonel Auvray. Cet officier supérieur ne put franchir Tanger pour se rendre à Fez, auprès de l'empereur, et il dut se retirer sans avoir rempli sa mission. Le mauvais temps, le manque de moyens de transport, et, plus que tout, l'ordre formel venu de Paris de renvoyer en France la majeure partie des troupes, ne permirent pas au général en chef d'exécuter ses menaces. Le ministre de la guerre annonçait d'ailleurs que les difficultés survenues avec le Maroc devaient être levées par voie diplomatique. Il fallut renoncer à l'honneur de venger, en cette occasion, l'insulte faite à la France [1].

Cependant, les négociations avec Tunis marchaient rapidement. Des communications faites par M. de Lesseps, notre consul général, informèrent M. Clauzel des bonnes dispositions de cette régence. Le 15 décembre, un arrêté prononça la déchéance d'El-Hadji-Ahmed, bey de Constantine, et, le 16, un autre arrêté proclama son remplacement par Sidi-Mustapha, frère du bey de Tunis. Le nouveau dignitaire s'engageait par convention écrite, sous la garantie de son frère, à payer à la France, à titre de contribution pour la province de Constantine, la somme de 800,000 francs pour l'année 1831. Ce tribut, divisé par quarts, devait être d'un million pour chacune des années suivantes, sauf les arrangements qui pourraient être pris postérieurement, après que la province serait pacifiée. Le général en chef se réservait le droit de mettre garnison à Bone, à Stora et à Bougie. Le bey promettait sa protection à tous les Français et autres Européens qui viendraient s'établir, comme négociants ou agriculteurs, sur le territoire soumis à son autorité. Dans le cas prévu où le souverain de Tunis rappellerait son frère auprès de lui, il nommerait un autre gouverneur sous l'approbation préalable du général français. Cette convention, signée le 18 décembre, fut suivie, le 6 février 1831, d'un traité spécial pour la nomination d'Ahmed-Bey, autre prince tunisien, au commandement de la province d'Oran, à charge par lui de payer à la France un tribut égal à celui du beylik de Constantine, et de remplir les autres conditions stipulées dans l'acte du 18 décembre.

Par suite de ces arrangements, le général Damrémont, qui avait pris possession d'Oran le 4 janvier, quitta cette ville dans les premiers jours du mois suivant, après y avoir installé le khalifa (*lieutenant*) du bey Ahmed. Le vieux bey Hassan, lassé de son pouvoir usé, s'était retiré à Alger, d'où il partit bientôt, avec le général Clauzel, pour se rendre à Alexandrie, puis à la Mecque, où il mourut.

Le ministère désavoua les actes diplomatiques du général en chef, comme entraînant une aliénation trop complète des droits de la France sur l'occupation de l'Algérie, et comme n'assurant pas au Trésor un revenu proportionné avec les ressources présentes et à venir des territoires concédés à la régence de Tunis. L'ancien bey de Constantine profita de ces difficultés pour accroître ses

---

[1] Le ministère des affaires étrangères n'eut point, en cette occasion, la gloire d'avoir éloigné, par sa diplomatie, l'invasion marocaine. Cette retraite n'est due qu'à des circonstances fortuites ; et notre politique de temporisation n'eût de longtemps obtenu un tel résultat, si des mouvements sérieux de révolte qui avaient éclaté dans le Maroc, n'eussent obligé Abd-el-Rahman à rappeler ses troupes, dont les exactions commençaient déjà à irriter tellement les habitants, qu'avant peu elles eussent été toutes exterminées.

moyens de défense, et, bravant l'impuissant arrêté du 15 décembre, il recruta des troupes d'élite, doubla leur solde, et diminua les impôts pour reconquérir une popularité qui s'appuyait d'ailleurs sur des intérêts généraux de religion et d'indépendance.

C'est ainsi que, subissant avec une faiblesse déplorable les influences bureaucratiques de son ministère, M. Horace Sébastiani sacrifia les vues sages du général Clauzel à de mesquines susceptibilités privées. Le véritable motif de l'opposition de ce ministre des affaires étrangères venait de ce que le traité avec Tunis ne lui avait pas été soumis avant d'être conclu. Le comte Clauzel lui répondit, avec un extrême bon sens, qu'il ne s'était agi que de la nomination de deux beys, fonctionnant sous l'autorité de la France, et dont le concours, garanti par le gouvernement tunisien, devait, en diminuant nos frais de conquête, assurer le développement normal des premiers essais de colonisation. « Prétendre, ajoutait-il, coloniser *à la fois* toute la régence d'Alger, est une entreprise au-dessus des forces du plus puissant État de l'Europe ; tandis qu'en opérant progressivement, mais avec persévérance, c'est-à-dire en commençant par le centre de la régence, le succès en serait facile, peu dispendieux et infaillible [1]. » Les événements ont vérifié cette espèce de prédiction.

Abreuvé de dégoûts qui portaient atteinte à l'exercice de son autorité, le général en chef demanda son rappel, et partit d'Alger, le 21 février, laissant de vifs regrets parmi la population européenne, déjà nombreuse, dont il comprenait les besoins, et même au sein de l'armée, dont il s'était rallié les sympathies par sa valeur militaire, son dévouement à son bien-être et sa justice [2].

COMMANDEMENT DU GÉNÉRAL BERTHÉZÈNE.

Après l'expédition de Médéah, les régiments de l'armée d'Afrique avaient successivement quitté ce pays, à l'exception des 15e, 20e, 21e, 28e et 30e de ligne, des zouaves, des chasseurs algériens, de deux escadrons du 15e chasseurs, et de quelques troupes d'artillerie et du génie. Le sort avait désigné les numéros partants, et la force actuelle du corps expéditionnaire se trouvait réduite, par les pertes de la guerre et les maladies, à un effectif de 9,300 hommes [3].

---

[1] *Observations* du général Clauzel sur les actes de son commandement à Alger, p. 80.

[2] Les indigènes seuls furent plus mal traités qu'ils ne l'étaient sous le régime turc. « Depuis la prise d'Alger, la population musulmane qui habitait la ville était dans un état de souffrance difficile à décrire. D'un côté, ses ressources avaient diminué ; de l'autre, le prix des denrées avait augmenté d'une manière effrayante. Beaucoup d'immeubles furent occupés militairement et quantité de maisons démolies, pour l'élargissement des rues et la construction des places. Cette fureur de démolition commença sous M. de Bourmont ; sous M. Clauzel, un arrêté du 26 octobre 1830 promit des indemnités aux propriétaires ainsi dépossédés, et y affecta les immeubles du domaine. Cette mesure juste et humaine ne fut pas mise à exécution ; un odieux esprit de fiscalité prévalut sur les règles de la justice et de l'honneur. La capitulation fut ainsi foulée aux pieds. » *Annales algériennes*, t. I, p. 129.)

[3] On peut ajouter à cet effectif un ramassis de soi-disant *volontaires parisiens* qu'un aventurier, sans mission avouée, s'était chargé d'enrôler après la révolution de juillet, en prenant pour lui-même le titre de lieutenant-général, et distribuant des grades d'officier à tout venant. Destinés d'abord pour l'Espagne, ces hommes furent dirigés plus tard sur Alger. C'était la réunion de toutes les infirmités morales et physiques. Sur environ 4500 qui débarquèrent en Afrique, près du tiers fut impropre à tout service et à tout travail. Le

Le général Berthézène trouva les Maures d'Alger dans le découragement et la misère. Dans la ville, beaucoup de maisons et de boutiques, unique ressource des classes ouvrière et moyenne, avaient été abattues pour cause d'utilité publique, ou sous prétexte d'embellissements projetés. Hors de la ville, les maisons de campagne étaient occupées ou ruinées par les soldats; les jardins restaient incultes, et la plus grande partie des arbres fruitiers avaient été abattus et brûlés. Enfin, des Français peu dignes de ce nom, abusant de leur position, exerçaient des violences matérielles ou morales, et, ce qui est plus vil encore, usaient de fraude pour dépouiller quelques riches habitants et s'emparer de leurs belles propriétés. A ces causes d'un juste mécontentement se joignaient la haine du joug étranger et l'antipathie pour nos mœurs, qu'augmentaient encore nos airs méprisants, nos dédains et nos vexations de tous les instants. A beaucoup d'égards, les Maures étaient plus malheureux que sous le régime turc, et devaient le regretter.

Les Arabes et les Kebaïles redevenaient menaçants; les tribus voisines de Médéah, méprisant l'autorité nominale de Ben-Omar, notre créature, pillaient à qui mieux mieux le territoire de Titteri, et formaient le projet d'attaquer les Français, s'ils sortaient d'Alger. Blidah venait de chasser honteusement le gouverneur arabe que lui avait donné le général Clauzel. Tous ces faits, sans être d'une extrême gravité, réclamaient de notre part une attitude énergique.

Le baron Berthézène s'arma tout d'abord d'une sévérité draconienne. A la fin du mois de mars, un Maure frappa un soldat, et fut pendu. Quelques jours plus tard, un autre indigène fut trouvé nanti de quelques balles, et fusillé sans pitié. Des Turcs dont on se défiait furent déportés, et des Arabes accusés de divers délits périrent sous le bâton. Ces mesures d'intimidation, que le général en chef eut le bon esprit de ne pas prodiguer, avaient rétabli une certaine sécurité aux environs d'Alger, et quelques tribus furent ainsi amenées à faire elles-mêmes, dans notre intérêt commun, la police de la partie de la plaine qui s'étend du Haratch au Hamis. Cependant, la conduite redevenue modérée du général en chef souleva tout à coup contre lui les critiques de beaucoup d'hommes cupides, ceux dont la maxime est : *Malheur aux vaincus*, ceux pour qui la foi jurée n'est qu'un leurre, et ces essaims nombreux d'aventuriers qui, alléchés par l'espoir d'une fortune rapide et facile, accouraient de tous les points de l'Europe au pillage de notre conquête. Étrange contradiction de l'esprit humain! Nous parlions *humanité*, et tous nos actes étaient empreints de violence, d'iniquité, de fraude et de cruauté. Nous voulions nous établir d'une manière ferme et stable, cultiver les fruits de la paix, et nous nous abandonnions aux passions qui nous ont fait perdre nos possessions d'Asie, Madagascar et Saint-Domingue! Les meurtres atroces, les malheurs effroyables, les terribles représailles, qui ont suivi partout l'avidité des spéculateurs, n'ont pu nous instruire, tant l'attrait du lucre peut obscurcir la raison! Jugeant tout avec nos préjugés, nous crûmes, en prenant possession d'Alger, que, sous le despotisme des Turcs, le droit de

---

général Clauzel les avait répartis, en subsistance, dans les cadres des bataillons de zouaves; ceux de leurs officiers qui n'avaient point de titre légal furent indistinctement admis à l'emploi de sous-lieutenant; et nonobstant leurs réclamations turbulentes, une rigoureuse discipline les contint dans le devoir; et après les épurations convenables, on utilisa ces éléments pour former le 67e de ligne. (Voir *Dix-huit mois à Alger*, par le général Berthézène, p. 184.)

propriété était inconnu, et que, par suite, tous les biens appartenaient à l'État. On fut bien surpris d'apprendre que, parmi ces Arabes que nous flétrissons du nom de barbares, la confiscation des biens n'est pas la conséquence nécessaire d'une condamnation politique, et que là, pas plus que chez nous, la violence ne fait pas le droit [1].

Et néanmoins, dans l'origine de notre conquête, il se fit une multitude de transactions « que l'on peut hardiment qualifier de vols. Les propriétés des Turcs en furent d'abord l'objet. Quelques intrigants maures et chrétiens parvinrent à extorquer à M. de Bourmont l'ordre d'expulsion de cette milice, sous le prétexte qu'elle conspirait ; comme si les débris de 6,000 hommes, décimés par la guerre, désarmés, et dont nous occupions les forts avec 37,000 soldats, pouvaient être dangereux. Ceci avait lieu précisément au moment où cette milice avait manifesté la volonté de se mettre sincèrement à notre solde et de continuer la domination pour notre compte. Les biens de ces malheureux furent, pour ainsi dire, arrachés ; le séquestre les frappa, et ceux qui avaient été oubliés, poussés par la force armée sur les navires qui devaient les conduire dans l'exil, se virent contraints d'accepter les conditions que leur faisaient des misérables, tenant un contrat à signer d'une main et quelques écus de l'autre. Ce mode d'achat trouva bientôt des imitateurs. D'autres intrigants, en répandant de faux bruits parmi la population indigène, en déterminèrent une partie à émigrer, en vendant à vil prix des immeubles d'une assez grande valeur. Un obstacle s'opposait à ces ventes : la plupart de ces immeubles étaient substitués à la Mecque ou aux corporations ; mais l'esprit inventif des acheteurs trouva un moyen terme, qui fut d'acheter à rente perpétuelle. Les Maures ne crurent que louer ; mais ils vendirent en réalité, puisque, par l'astuce des contrats, ils ne pouvaient plus rentrer en possession de leurs biens. Depuis, le domaine, qui s'adjugea l'administration des biens des corporations, de la Mecque et des mosquées, en même temps qu'il prit possession des biens du beylik (l'État), a adopté ce mode de vente en rentes ; seulement il y a introduit l'enchère. Au premier abord, ces rentes paraissaient rationnelles et justes ; mais il n'est pas difficile d'expliquer comment ce mode, habilement exploité, a placé l'administration en tête des agioteurs et des accapareurs.

« Dans un pays dénué de tout ce qui est de première nécessité pour la vie européenne, et où, tout à coup, débarqua une armée nombreuse, traînant à sa

---

[1] Il en existe une preuve frappante. — Dans le cours de son règne de douze ans, la politique de Hussein-Pacha ne lui fit commettre qu'un meurtre, dont la victime fut Yahïa, agha des janissaires. Ce ministre avait des sentiments élevés et méditait une réforme dans l'état social de la régence. Il crut que le principal moyen d'y parvenir sans secousses était d'encourager l'agriculture. Dans ce dessein, il bâtit à ses frais, sur la rive droite du Haratch et près de son embouchure, cette belle ferme dont nous avons fait une espèce de fort, sous le nom de *Maison-Carrée*. Yahïa pensait que cet établissement, destiné à l'éducation des bestiaux, servirait à fixer au sol les tribus nomades de la Métidjah. Hussein prit ombrage de ses projets, et l'exila à Blidah ; peu de mois après, il lui supposa des rapports criminels avec les Arabes et résolut de s'en défaire. Il chargea quelques-uns de ses amis de lui porter le fatal cordon ; en le recevant, Yahïa se plaignit de l'injustice et de l'ingratitude de son maître, et prédit sa chute prochaine ; puis il passa le cordon autour du son cou, se coucha par terre, et pria ses amis de ne pas le faire souffrir. — Cette exécution nous révolte et nous crions à la barbarie. Cependant elle est moins dégradante pour l'espèce humaine que ces machinations sourdes et ces pièges tendus à la bonne foi qui, dans les pays *civilisés*, sont trop souvent la base et le grand ressort de la politique. La veuve et les enfants de Yahïa ne furent pas dépossédés par Hussein. Notre occupation les réduisit plus tard à la misère. (Voyez *Dix-huit mois à Alger*, par le général Berthezène, p. 12.)

suite une population civile, il était hors de doute qu'un grand mouvement commercial allait naître ; c'est ce qu'avait prévu la direction des finances. Pour la première fois, peut-être, on vit le fisc, sous toutes ses formes, précéder, pour ainsi dire, une armée agissante. Avant que le gouvernement sût si Alger ne serait pas un lieu de passage pour nos troupes, la douane vint grever les objets de première nécessité que quelques spéculateurs aventureux apportèrent à nos soldats. Cette activité fiscale fut si grande que, lors de la prise de Bougie, le général Trézel dit, fort plaisamment, qu'il faillit être arrêté court dans ses opérations par les douaniers, installés à l'avance dans la ville, comme par enchantement.

« Les démolitions considérables qu'on fit dans la partie basse d'Alger, pour créer avec le port et l'extérieur des communications carrossables, rendirent les emplacements à bâtir rares et précieux ; au lieu de faire des concessions, le domaine les vendit à rentes annuelles et à l'enchère. Dès lors l'agiotage des terrains commença ; les colons, leurrés par la facilité de ne débourser aucun capital, et comptant sur les bénéfices certains que la consommation forcée devait leur donner, s'arrachèrent avec frénésie ces lambeaux de terrains ; les rentes qu'ils consentirent à payer pour les obtenir furent énormes et les rendirent aussi chers que ceux des quartiers les plus courus de Paris. La vente à rente et à l'enchère devint le genre de bulletin exploité par l'administration avec autant d'impudeur qu'en apportèrent certains chefs d'armée dans l'exploitation des razzias et des escarmouches. Les expropriations couronnèrent l'œuvre ; car souvent les minimes indemnités promises par les agents du fisc ne furent point payées, et les propriétaires se virent réduits à la mendicité, comme si la prospérité de l'État et les intérêts du Trésor devaient être basés sur des revenus en quelque sorte extorqués au détriment des citoyens attirés sur la terre d'Afrique. Nos habiles financiers pensèrent sans doute qu'une colonie, ou un établissement dans un pays nouveau, est une ferme dont l'État doit retirer le tant pour cent. Mais ils commirent une erreur ; une colonie est un débouché pour le trop plein de la population ; c'est un moyen de procurer du bien-être aux hommes que la misère pousse trop souvent dans les complots. L'Algérie promet, dans l'avenir, des huiles, des soies, des laines que l'étranger nous fournit à grands frais, et peut-être des richesses minérales incalculables. Elle promet une bonne solution au problème de la loi sur les céréales ; mais il faut la laisser grandir sans l'épuiser ; quand elle sera riche, quand elle vivra de sa propre vie, alors il sera temps que le fisc vienne s'y asseoir [1]. »

Ce déplorable état de choses, dont tous les germes n'avaient pu éclore sous l'autorité vigoureuse du comte Clauzel, se développa rapidement autour de son successeur. Le général Berthézène, bien que revêtu des mêmes pouvoirs, n'avait point cette main de fer nécessaire à la répression des abus ; c'était un homme de la plus haute probité, jointe à des vues éclairées qui tendaient à l'adoption d'un système pacifique, le seul qui dût assurer la sécurité publique et la prospérité de notre établissement, en faisant cesser les plaintes des indigènes et en établissant avec les tribus extérieures des relations plus durables que celles

---

[1] *L'Algérie prise au sérieux*, par Leblanc de Prébois, capitaine au corps royal d'état-major. (P. 125 et suiv.)

qui avaient existé jusqu'alors. Le nouveau général pensa qu'une conduite régie par la justice la plus rigoureuse était le moyen le plus efficace pour parvenir à ce but; qu'avec des peuples de mœurs, d'opinions, de préjugés et de religion si différents des nôtres, nous ne pouvions avoir d'abord qu'une seule idée commune, celle de l'équité; que les Maures, par leurs relations habituelles, étaient le lien et l'intermédiaire nécessaire des rapports qu'il devenait urgent de créer; enfin, portant ses regards dans l'avenir, il lui sembla que la conservation d'Alger dépendait de ces rapports, et qu'eux seuls pouvaient la préserver du sort qu'avaient éprouvé Malte et les îles Ioniennes. Mais les hommes qui remplissaient les emplois civils n'avaient, avec la nouvelle autorité, rien de commun dans les vues ni dans les principes. Loin de là, ils voyaient avec regret et chagrin leurs projets menacés, et leurs espérances s'évanouir; et dès lors, au lieu de pouvoir ou de vouloir lui offrir un concours utile, ils s'attachèrent à en décrier sourdement les actes, et à en paralyser l'action par une inertie ou des luttes calculées. Les agents des finances, correspondant directement avec leur ministère, se coalisèrent pour agir en dehors du pouvoir du général en chef. De cette prétention naquirent des conflits qui allèrent fort loin [1]. L'administration supérieure fut battue en brèche par quelques ambitieux qui voulaient exploiter le pays sans contrôle, tandis que tous les actes de M. Berthézène, inspirés par cette sincérité, cette droiture, qui ont leur source dans l'amour de la justice et dans un rare désintéressement [2], devenait le point de mire de critiques envieuses, passionnées, aveugles, qui devaient bientôt nous conduire aux plus funestes résultats.

On doit à ce général plusieurs travaux utiles pour la réparation du port d'Alger; le déblaiement et l'assainissement de la ville; la création d'abattoirs, de moulins, de casernes, d'un lazaret et du camp baraqué de Mustapha-Pacha. Plusieurs routes furent projetées et tracées; les hôpitaux s'agrandirent; la Kasbah et les forts voisins de la place purent recevoir des garnisons plus nombreuses et mieux installées. Tout cela fut l'œuvre de quelques mois, et justice ne put être refusée à l'auteur de ces améliorations que par les spéculateurs auxquels il dédaigna de servir de compère [3].

L'armée d'Afrique se trouvait alors composée de trois brigades, sous les ordres des généraux Buchet, Feuchères et Brossard. Le général Danlion commandait la place d'Alger. M. Berthézène avait pour chef d'état-major le colonel Duverger. M. Boudurand remplaçait le baron Volland dans les fonctions d'in-

---

[1] « On m'a assuré qu'un agent supérieur de l'administration avait déclaré qu'il ferait fermer ses bureaux au général en chef s'il s'y présentait. » (*Alger sous la domination française*, par le baron Pichon, conseiller d'État, intendant civil de l'Algérie, p. 11.)

[2] Donnons une seule preuve entre toutes de la haute dignité que M. Berthézène apporta dans l'exercice de son pouvoir. Il refusa de donner à son beau-frère un emploi lucratif occupé par un homme contre lequel s'élevaient beaucoup de plaintes, mais qui ne lui parurent pas suffisamment prouvées.

[3] Il fut activement secondé par M. l'intendant en chef Boudurand, déjà connu par la sagesse avec laquelle il administra la province d'Aragon sous le maréchal Suchet. On doit aussi à M. Boudurand la création d'un hôpital d'instruction à Alger. Cet établissement, d'une haute importance, a pour professeurs les officiers de santé de l'armée, parmi lesquels il faut citer le docteur Baudens, qui s'est acquis une réputation européenne. MM. les lieutenants-colonels Lemercier et Admirault, du génie et de l'artillerie, dont le zèle pour le bien public égale la capacité, et un ingénieur de la marine, M. Noël, dirigèrent les travaux avec autant de savoir que de rapidité.

tendant en chef; mais ce fonctionnaire avait, dans une partie de son emploi, plus de bon vouloir que de capacité, et l'administration militaire, placée sous sa surveillance, en profita largement pour s'enrichir au détriment des soldats [1].

Dans les premiers jours de mars, le général en chef fit une excursion dans la Métidjah, visita Blidah, Koléah, et reconnut partout une parfaite sécurité. Les habitants nous offraient des vivres en protestant de leur bonne intelligence, et le chef du service topographique obtint même, à Koléah, de passer plusieurs heures sur le minaret de la mosquée, pour rectifier quelques opérations géodésiques.

Mais, au mois d'avril, quelques hostilités inquiétèrent les tribus qui commerçaient avec nous. Les Beni-Msrah, qui habitaient les hauteurs de la rive gauche du Haratch; les Beni-Salah, des montagnes au nord de Blidah, et les Beni-Messaoud, qui occupent le revers méridional des mêmes montagnes, coupèrent nos communications avec cette ville. D'autres tribus vinrent attaquer le marché des Beni-Moussa, sur la rive droite du Haratch, et celui de Bou-Farik, au milieu de la plaine. Ces insurgés défendaient avec menaces à leurs compatriotes de nous apporter des vivres. Enfin, le kaïd des Krachenas, Mohammed-ben-el-Amri, nommé par nous, étant venu à Alger offrir quelques présents à notre prétendu agha, M. Mendiri, fut assassiné à son retour, comme traître à son pays.

Le général en chef comprit la nécessité de réprimer ces troubles; il partit d'Alger le 7 mai, avec 4,000 hommes, et se porta dans l'est vers l'embouchure du Hamis, dans le dessein de remonter cette rivière jusqu'à sa sortie des montagnes, et de côtoyer ensuite le pied de l'Atlas jusqu'au territoire des Beni-Msrah et des Beni-Salah, où fermentait la révolte; mais l'intempérie de la saison ne lui permit pas de suivre entièrement ce plan. A l'approche de l'armée, la tribu d'El-Ouffia [2], accusée du meurtre du kaïd, prit la fuite. Le général autorisa la

---

[1] « La correspondance de l'état-major constate qu'à diverses époques, surtout à celles du renouvellement des généraux, des reproches très-graves furent adressés à l'intendance. Depuis longtemps, ce sont les comptables eux-mêmes qui fournissent les viandes, moyennant un abonnement dont les clauses sont toutes à leur avantage. Chaque comptable a auprès de lui quelques bêtes étiques qu'il ne nourrit pas, et qu'il fait abattre quelques heures avant le moment où elles devraient mourir d'inanition. L'œil est attristé à la vue de ces squelettes ambulants qui se traînent autour des demeures de nos comptables, et que l'on destine à la nourriture de nos soldats. Un général a avoué en les voyant que l'existence de ces ombres de troupeaux administratifs suffirait, en bonne règle, pour motiver la destitution d'un intendant. Mais ce n'est encore rien; nos boucheries militaires sont si mal approvisionnées, même de mauvaise viande, par les moyens employés par l'administration, qu'à la moindre baisse dans les arrivages des Arabes, on est obligé de diminuer la ration, et que même, plusieurs fois, la viande a complètement manqué. Les comptables, qui ont un intérêt personnel à acheter bon marché, ne se pourvoient que de mauvaises bêtes, quelquefois malades, ou de bêtes volées, qu'ils ont, par cela même, à bon compte; de sorte que notre administration militaire donne des primes d'encouragement pour le vol aux Arabes eux-mêmes. Un chef de bureau arabe, pour avoir soutenu avec chaleur les droits de propriétaires indigènes et européens, qui avaient reconnu du bétail à eux appartenant dans le troupeau d'un comptable, s'est vu accuser par l'administration de nuire à l'approvisionnement de l'armée, parce qu'il voulait que le bétail volé fût rendu. Voilà donc une administration qui avoue que le recel est mis par elle au nombre des moyens employés pour nourrir l'armée dans un pays où nous prétendons introduire la *civilisation* et faire cesser le brigandage! » (*Annales algériennes*, par E. Pellissier, capitaine au corps royal d'état-major, t. I, p. 172.) — Je ne saurais affirmer que cet état de choses ait beaucoup changé; car, pendant mon séjour en Afrique (1843 et 1844), j'ai entendu bon nombre d'officiers former les mêmes plaintes, et j'ai vu plus d'un comptable afficher un luxe et des dépenses auxquels son traitement ne devait pas suffire.

[2] Cette tribu inoffensive, et qui ne nous fut jamais hostile, ne s'occupait que de l'éducation des bestiaux; elle fournissait Alger de beurre et de lait, et les profits qu'elle retirait de son commerce avec nous excitèrent souvent la cupidité de ses voisins. Plusieurs fois elle fut obligée de chercher protection sous nos postes. Elle a été exterminée, en 1832, sous des prétextes qui me paraissent vains. (*Dix-huit mois à Alger*, par le général Berthézène, p. 211.)

famille d'El-Amri à garder les troupeaux des émigrants jusqu'à ce que le coupable fût livré ; ce qui eut lieu quelques jours après, mais quand il fallut prouver le meurtre, on ne trouva pas de témoins.

Le soir de cette première marche, un orage effroyable, et qui dura sept heures avec une violence telle que des chevaux d'artillerie en furent entraînés, rendit le parcours de la plaine impossible. L'armée, forcée de rétrograder à travers un lac de boue, gagna la tribu des Beni-Salah, qui avait massacré un cavalier de notre agha. Ceux-ci demandèrent un jour pour livrer le meurtrier, et profitèrent de ce délai pour se jeter de l'autre côté des montagnes. Le général en chef, voyant qu'ils s'étaient joués de lui, fit saccager leurs plantations, et continua sa route jusqu'à Thiza, l'un des sommets les plus élevés du Petit Atlas. Parvenu sur ce point sans rencontrer de résistance, il se vit arrêter par un brouillard si épais, qu'il fallut se décider à la retraite. Il descendit auprès de Blidah, dont les habitants lui envoyèrent des provisions, et rentra dans Alger le 13 mai. Cette course, qui n'eut pas de résultats éclatants, nous procura du moins la connaissance des richesses agricoles de la plaine. Sans contester l'utilité et quelquefois la nécessité de ces expéditions, il est permis de penser, avec le général Berthézène, qu'elles doivent être peu fréquentes ; car, outre l'inconvénient de fatiguer les troupes et d'augmenter considérablement le nombre des malades, elles inquiètent les Arabes et les tiennent dans un état continuel d'agitation et de méfiance [1].

On s'était flatté que la légère punition infligée aux Beni-Salah servirait d'avertissement aux tribus de Titteri, dont cette tribu est voisine ; cette illusion ne tarda guère à se dissiper. Le fils du bey déchu avait obtenu, au commencement de février, la permission de retourner à Médéah. Le caractère de ce jeune homme, l'influence que lui donnaient sa fortune, ses alliances et le souvenir de la puissance de son père, en firent naturellement un chef de parti, dans un pays où l'on comptait beaucoup de Turcs et de Koulouglis. Il intrigua d'abord sourdement contre le bey Omar, et prit bientôt une attitude hostile si menaçante, que notre allié fut réduit à s'enfermer chez lui sous la garde de quelques habitants, et à réclamer la présence de nos troupes. Le général en chef, bien convaincu que toute expédition sur un point éloigné est au moins inutile, quand on n'a pas les moyens de s'y établir fortement, trouvait un autre inconvénient dans cette expédition faite au mois de juin, et qui n'offrait d'autres résultats

---

[1] Ces réflexions n'ont rien perdu de leur actualité. « Le général Bugeaud a tenu la campagne avec une activité inconnue jusqu'à lui ; ses qualités nous ont amenés à faire une triste, mais utile expérience : c'est que cette activité à la guerre, qui partout ailleurs est une grande chance de succès, devient au contraire, en Afrique, une cause de ruine et de mortalité. Les hôpitaux d'Afrique offrent un aspect désolant ; presque pas de blessés, mais partout des fiévreux et des dyssentériques. Les figures inanimées des malades portent l'empreinte du désespoir et de l'épuisement. Ce ne sont pas seulement les soldats qui succombent, ce sont même les personnes qui sont dans les meilleures conditions de fortune pour se procurer tout ce qui peut contribuer à la guérison. Cette effrayante mortalité produit des effets tristes à révéler : le dégoût s'empare des officiers, le suicide gagne l'armée, nos bataillons sont réduits de moitié ; bien peu de militaires conservent cet enthousiasme qu'on remarquait au commencement de la conquête. La mort par le feu de l'ennemi est devenue extrêmement rare ; c'est donc sur des monceaux de cadavres exténués de misères que se base l'avancement des hommes qui exploitent l'armée, et c'est cependant sur cet horrible piédestal qu'ils comptent continuer à s'élever. Le gouvernement, en favorisant cette soif égoïste d'un avancement assez *médiocrement* gagné, continuera-t-il à se rendre complice des malheurs qui accablent l'armée d'Afrique ! L'avenir nous l'apprendra. » (*L'Algérie prise au sérieux*, par Leblanc de Prébois, capitaine au corps royal d'état-major, ch. III, p. 57.)

que celui d'encombrer de malades les hôpitaux ; et cependant le désir (qu'il regardait comme un devoir) de porter secours à un homme qui tenait son pouvoir de la France fit cesser ses hésitations. Il partit d'Alger, le 25, avec 4,500 hommes, commandés par les généraux Feuchères et Buchet, avec huit jours de vivres et une réserve de 70,000 cartouches. Le trajet s'accomplit sans obstacles. Les Turcs et les Koulouglis avaient abandonné Médéah ; trois cents cavaliers arabes, qui semblaient nous attendre sous les murs, furent chargés et dispersés par deux escadrons de nos chasseurs. L'armée campa au nord de la ville, où l'on ne fit entrer qu'un bataillon.

L'éloignement des tribus laissant juger au général en chef que sa retraite ramènerait les hostilités autour de Médéah, il envoya, le 1er juillet, 6 bataillons dans les montagnes d'Ouhara. Cette expédition, conduite par l'agha Mendiri, fournit à cet officier de gendarmerie l'occasion de faire main-basse sur des arbres et des champs de blé qu'il ravagea tout un jour. Cette stupide dévastation n'était point propre à calmer les Arabes, et, lorsque la colonne reprit la route de Médéah, dix tribus la poursuivirent chaudement et rendirent notre démonstration inutile. L'effroi régnait dans la ville, les vivres et les munitions de l'armée touchaient à leur fin ; et, le 2 juillet, le général en chef dut ordonner le départ des troupes. Le bey Omar et ceux des habitants qui s'étaient dévoués à son infortune déclarèrent qu'ils ne pouvaient rester seuls, et l'on fut obligé de les emmener.

A cinq heures du soir, heure choisie pour rendre plus court un combat inutile, l'armée se mit en marche, harcelée à l'arrière-garde par les rassemblements arabes qui nous avaient ramenés du plateau d'Ouhara. Parvenue, à huit heures, au bois des Oliviers, elle en repartit à onze. Divers avis informaient le général en chef que les Turcs et diverses tribus, réunis aux Mouzaïas et aux Soumatas, devaient, pendant la nuit, occuper le long défilé qui mène au Téniah, et nous livrer, à l'abri des arbres, des ravins et des rochers, un combat meurtrier, sans danger pour eux. La célérité de notre retraite pouvait seule prévenir ou faire avorter ce dessein.

A notre approche du défilé, quelques coups de fusil nous tuèrent trois hommes ; en même temps, des cris répétés sur toutes les montagnes indiquaient notre mouvement. L'ordre, bien suivi, de ne pas riposter, rendit presque sans effet la fusillade de l'ennemi. La colonne, arrivée au col avec cinq ou six blessés, fit halte jusqu'au point du jour, et commença à descendre le versant nord de l'Atlas, sans avoir plus de 1,500 ennemis à tenir en respect. Mais, comme on n'avait pas pris la précaution d'occuper suffisamment les hauteurs pour protéger ce mouvement, les Kebaïles, embusqués sur les crêtes, suivirent le flanc droit de la colone, en dirigeant sur elle un feu vertical et bien nourri. Le bataillon du 20e de ligne, qui formait l'arrière-garde, se trouvant trop dispersé en tirailleurs, et manquant de direction par la faute de son chef, qui, légèrement blessé, négligea, en se retirant, de remettre son commandement à un autre officier, fut saisi tout à coup d'une panique, et se replia en désordre sur le gros de la colonne déjà entamée par les Kebaïles. Cette secousse démoralisa les soldats; les régiments, les compagnies se confondirent, et ce pêle-mêle de fuyards courut en désordre jusqu'à la ferme de Mouzaïa. Dans ce moment critique, le chef de bataillon Duvivier sauva l'armée, en se jetant, avec les zouaves et les volontaires parisiens, en dehors du flanc droit de la colonne, et soutint, avec cette faible troupe, les efforts des Kebaïles ; combattant pied à pied avec une valeur héroïque, il dégagea une pièce d'artillerie renversée qui n'avait plus pour défenseur que le brave commandant Camin.

L'ennemi s'arrêta au pied des montagnes ; mais, en débouchant dans la plaine pour réparer son désordre, l'armée française la trouva couverte de cavaliers. Le jeune officier qui vint en prévenir le général en chef lui dit avec émotion : « Ils sont des myriades ! » Toutefois, les soldats, honteux de leur panique, voulaient reprendre une glorieuse offensive. Arrivés à neuf heures sur la lisière de la plaine, ils se reposèrent jusqu'à six heures du soir, et se remirent en marche, formés en colonne double, et traversèrent dans cet ordre, sans être inquiétés sur leur front ni sur leurs flancs, la vaste étendue qui conduit au gué de la Chiffa, sur la route d'Oran ; mais, selon leur coutume, les Arabes chargèrent plusieurs fois l'arrière-garde. Le colonel du génie Lemercier et le capitaine Saint-Hippolyte, aide-de-camp du général en chef, eurent leurs chevaux blessés. Le général Feuchères repoussa les assaillants et les tint à distance.

Le lendemain, quelques tirailleurs se montrèrent aux environs du ruisseau de Bou-Farik, mais hors de la portée du canon. La division rentra à Alger le 5 juillet, sans autre perte que 55 morts et 196 blessés. Cette expédition donna lieu à des critiques outrées. La vérité est que des fautes furent commises, et que les Arabes purent dès lors se persuader que nous n'étions pas invincibles ; mais il nous semble au moins étrange que des militaires se soient rangés, en cette occasion, parmi les détracteurs du général en chef. On exagéra même les pertes de l'armée avec une telle perfidie, qu'il fallut menacer, par un ordre du jour, de traduire devant un conseil de guerre les auteurs de ces calomnies, qui ne tendaient à rien moins que détruire la discipline et la confiance des troupes [1].

Sans nous associer aucunement à des insinuations que repousse le noble caractère du général Berthézène, nous croyons que le malheureux incident de la retraite de Médéah put encourager les tentatives menaçantes que les Arabes renouvelèrent bientôt. Vers le 10 juillet, le fils de l'ex-bey Bou-Mezrag vint camper à Bou-Farik, tandis que Ben-Zamoun, avec les Kebaïles de l'est, prenait position sur la rive droite du Haratch. De nombreux maraudeurs parcouraient le Fahs (banlieue d'Alger), et la terreur, grossissant, comme toujours, le véritable danger, ramenait les colons dans la ville. Le petit-fils d'un marabout vénéré, Sidi-Saadi, arrivait, disait-on, de Livourne, où le dey Hussein s'était retiré, et prêchait l'insurrection. Ce fanatique racontait que le Prophète lui avait apparu pour prédire la ruine des Français ; *cent* houris étaient promises à chaque guerrier qui succomberait dans la lutte, et *mille* à tout fidèle croyant qui tuerait un chrétien.

---

[1] Cet ordre du jour redoubla l'activité de la malveillance, et lui prêta les honorables apparences de la franchise persécutée. Un simple sous-lieutenant, mandé chez le général Berthézène pour des propos d'une singulière inconvenance, soutint ce qu'il avait avancé, et mit le général au défi de le traduire devant un conseil de guerre. (Voir les *Annales algériennes*, t. 1er, p. 217.) Cet officier appartenait, sans doute, à ces *volontaires parisiens* qui ne se formèrent qu'avec le temps au respect de la discipline.

Le général en chef essaya de combattre le fanatisme avec ses propres armes. Le titre d'agha des Arabes, que M. Mendiri était si peu propre à faire respecter, fut donné à un marabout de Koléah, jouissant d'une haute réputation de sainteté, et non moins recommandable par ses alliances. L'élection d'El-Hadji-Mahidin-ben-M'Barek, proposée par les Maures d'Alger, fut assez heureuse pour attiédir les dispositions belliqueuses de plusieurs tribus : c'était, au reste, un homme honnête, et qui, moyennant 70,000 francs de traitement, consentit à nous garantir la possession de quelques lieues carrées. Nous n'en eussions pas été réduits là, si le gouvernement avait su ce qu'il voulait faire de sa conquête.

Cependant l'ennemi ne se retirait pas. Le 17, Ben-Zamoun lança trois mille hommes contre la ferme-modèle,[1] que défendait le 30ᵉ de ligne. La brigade Feuchères marcha au secours de ce poste, et, à son approche, les Kebaïles se retirèrent. Le 18, au point du jour, le général en chef marcha lui-même vers le Hamma; Ben-Zamoun, menacé sur son front et sa droite par les 6 bataillons venus d'Alger, et sur sa gauche par la garnison de la ferme, qui fit une sortie sous les ordres du colonel d'Arlanges, ne put tenir longtemps contre une attaque vigoureuse, et perdit plus de 400 hommes : nous n'eûmes que 8 morts et 30 blessés. Pendant qu'on le poursuivait, l'avant-garde des bandes de Titteri, conduite par le fils de Bou-Mezrag, se portait en embuscade sur la route de la ferme à Alger. L'artillerie, à son retour, fut attaquée près de Birkadem, vers dix heures du soir; mais le sang-froid du colonel Admirault, qui eut un cheval blessé sous lui, prévint tout désordre et rendit ce coup de main inutile. Le 19, la ferme fut attaquée de nouveau; le 20, un convoi, escorté par un demi-bataillon du 67ᵉ de ligne, fut mis en déroute et ne dut son salut qu'à un détachement du 30ᵉ qui accourut le dégager; le 21, le général Feuchères eut à soutenir un rude combat sur les bords de l'Oued-el-Kerma, et l'arrivée du général en chef avec 4 bataillons décida la défaite de l'ennemi, qui s'enfuit dans toutes les directions. L'infanterie campa près de Bir-Touta (*le puits des mûriers*), et la cavalerie se porta jusqu'à Sidi-Haïd, près de Bou-Farik. Pendant ces luttes partielles, les Arabes perdirent 6 à 800 hommes; nous comptâmes 28 morts et 124 blessés. Mais un ennemi bien plus dangereux et plus difficile à vaincre étaient les maladies nombreuses qui décimaient l'armée. Deux mosquées, la caserne Bab-el-Oued et les agrandissements de l'hôpital de la Salpêtrière, ne suffirent pas pour recevoir tous ceux qui en étaient atteints; ce fléau ne diminua qu'au mois d'octobre.

Depuis la fin de juillet 1831 jusqu'à la fin de décembre, les hostilités cessèrent entièrement[2]. Les Arabes reprirent le chemin de nos marchés avec une af-

---

[1] Le général Clauzel avait autorisé la création d'une ferme expérimentale, pour servir de régulateur à tous les établissements agricoles qui viendraient se former en Afrique. Il choisit pour cet objet le *Haouch-Hassan-Pacha*, qui fut loué aux spéculateurs sous le nom de *ferme modèle*. Bâtie au pied et sur le revers méridional des hauteurs de Kouba, cette ferme n'offrait point les variétés de site nécessaires au but qu'on se proposait; mais, en revanche, elle jouissait d'une réputation d'insalubrité bien connue des Arabes. Comme poste militaire, elle ne valait pas mieux; car elle ne commande aucune des routes qui débouchent dans la Métidjah; on ne peut l'utiliser que comme magasins de vivres pour les expéditions qui opéreraient dans la plaine. Le choix de cette localité eut encore le grave inconvénient de fausser les idées des premiers colons, en les dirigeant vers la Métidjah, lorsque tout leur faisait un devoir de cultiver les environs d'Alger, et d'aller progressivement du centre à la circonférence.

[2] Notre nouvel agha Mahiddin sut maintenir la paix, par l'intégrité de son administration, et le respect que, de temps immémorial, les Arabes portaient à la famille des M'Barek de Koléah, dont il était le chef

fluence extraordinaire. Les Maures, émigrés au commencement de la conquête, rentraient dans leurs foyers; les tribus de Staouëli revenaient y dresser leurs tentes; les routes étaient sûres; les indigènes eux-mêmes ramenaient nos soldats égarés, et les Européens pouvaient vaquer aux travaux agricoles avec une entière confiance. Un accord tacite semblait régner entre les Français et les Arabes, et nul doute que cet état de choses ne fût devenu prospère, si des intrigues ministérielles n'avaient sacrifié le général Berthézène à un nouveau système administratif, dont le chef débuta par les actes les plus funestes à notre gloire. Mais, avant d'examiner cette nouvelle période de la conquête, il faut reporter nos regards sur la situation des villes de Bone et d'Oran.

Tandis que les nécessités de la politique et de la guerre retenaient à Alger le général en chef, les communications avec la province d'Oran devenant de jour en jour plus difficiles, le gouvernement divisa le commandement de l'armée, et le général Boyer fut mis à la tête de la colonne qui se maintenait à Oran avec les faibles ressources de 1,300 hommes. L'insurrection des tribus de cette province se composait de forces nombreuses, mais désorganisées. Parmi tant de chefs armés, pas un n'avait assez de génie ou de puissance pour imposer aux autres son autorité; ils se faisaient incessamment une petite guerre de voisinage.

Ainsi, les Maures ou *Hadars* étaient maîtres de Tlemcen; mais les Koulouglis tenaient la citadelle (*Méchouar*), et les hostilités se perpétuaient avec des chances diverses. Sur d'autres points les Hadars et les Koulouglis se partageaient le pouvoir; et parmi les tribus qui entourent Maskara, l'ascendant religieux du marabout Mahi-Eddin préparait déjà cette ligue arabe dont son fils Abd-el-Kader est devenu le représentant. Les débris des vieilles milices turques s'étaient concentrés dans les trois villes de Mostaghanem, Maskara et Tlemcen, pour résister aux Arabes de la plaine. Maskara, bloquée par la famine, leur ouvrit ses portes sur la foi de perfides promesses, vit égorger ses défenseurs, et devint, entre les mains des Arabes, un centre d'action contre nous. Mostaghanem et Tlemcen étaient menacées du même sort; le général Boyer prêta un secours d'argent aux milices turques pour encourager leur défense. Sous la protection d'un bâtiment de guerre en station dans le port d'Arzew, les garnisons d'Oran et de Mers-el-Kébir purent s'y procurer des vivres et des fourrages. Aux portes d'Oran, les Gharabas, aidés des Douairs et des Semélas, ne cessaient d'inquiéter nos troupes; le général Boyer ne dut s'occuper que de réparer les moyens de défense dont la ville était armée. Mais, opposé en tout au système loyal et conciliateur que suivait à Alger le général Berthezène, M. Boyer favorisa de tout son pouvoir celui de la terreur et des exactions les plus criantes. Peu s'en fallut même que ce général, par une conduite qui paraît sans excuse, ne nous attirât une guerre avec le Maroc.

Voici le fait. Un négociant marocain, Mohammed-Valenciano, se trouvait établi à Oran, où il jouissait d'une grande fortune. « Des lettres, qui lui étaient adressées par des Arabes, et qui le compromettaient, furent interceptées. On lui coupa la tête, au mois de septembre 1831, *sans jugement*, ainsi qu'à son es-

nctuel. Quant au fils de Mustapha Bou Mezrag, il s'était retiré à Médéah, où bientôt ses excès scandaleux le firent tomber dans un tel discrédit, que les habitants le chassèrent, et qu'il ne lui resta d'autre ressource que de chercher un asile auprès d'Hadji Ahmed, bey de Constantine.

clave; on chassa de chez lui sa femme malade, et on confisqua son argent et ses marchandises [1]. Cette exécution produisit, dans les états de Maroc, une exaspération qui y mit un moment la vie des Français en danger. Le gouvernement parvint à la calmer; mais, en même temps qu'il faisait respecter chez lui le droit des gens, il demandait à la France compte de ce qu'il appelait la violation des traités, et réclamait une réparation convenable. Un envoyé, chargé de présents, partit de France, dans les premiers jours de janvier 1832, pour se rendre à la cour de Maroc [2]. » Cette satisfaction parut suffisante, et le coupable auteur du meurtre de Valenciano put donner libre carrière à de nouveaux abus de pouvoir sur lesquels nous reviendrons bientôt.

Tandis que la province d'Oran, si fatalement soustraite à l'influence du général en chef, devenait ainsi le théâtre de honteux excès, celle de Bone, évacuée au mois d'août 1830, par le général Damrémont, par ordre de M. de Bourmont, s'était gouvernée seule depuis cette époque. Les tribus voisines, irritées de sa soumission passagère, l'avaient plus d'une fois attaquée; une centaine de Turcs s'étaient retranchés dans la kasbah, sous les ordres d'un Koulougli, nommé Ahmed, et réclamèrent, au mois de juillet 1831, le secours de M. de Berthézène. Le bey de Constantine tenait la ville si étroitement bloquée, que les habitants étaient réduits à se nourrir d'écorces d'arbre. Le général en chef leur envoya le chef de bataillon Houder [3], avec 125 zouaves, tous musulmans, excepté quelques officiers et sous-officiers. Cette petite expédition, partie d'Alger le 7 septembre, arriva devant Bone le 13, sur la corvette *la Créole*. Les habitants l'accueillirent avec joie; mais le chef des Turcs laissa percer un vif mécontentement du désir qu'annonçaient les Français d'occuper la ville. L'armée du bey de Constantine, jugeant que les zouaves n'étaient que l'avant-garde d'une division, se retira à plusieurs journées de marche. Le commandant français sentait le besoin d'être en possession de la kasbah; il y parvint, après quelques négociations, et se crut assuré des plus heureux résultats. Mais il y avait à Bone un certain Ibrahim, ancien bey de Constantine, où il avait gardé de nombreux partisans. Cet homme captait notre bienveillance, à l'aide de laquelle il espérait ressaisir le pouvoir. M. Houder n'hésita point à se fier à lui; cette imprudence le perdit. Le 26 septembre, Ibrahim se présente à la kasbah, distribue de l'argent aux zouaves et aux Turcs, fait fermer les

---

[1] Rien ne justifiait des mesures aussi acerbes. La population d'Oran n'était pas assez considérable ni assez hostile pour qu'il fût nécessaire de la maintenir par de semblables moyens. Malheureusement la cruauté était systématique chez le général Boyer, qui s'était acquis en Espagne le surnom de *Cruel*, dont il était le seul à s'honorer. (*Annales algériennes*, t. Ier, p. 233.)

[2] (*Dix-huit mois à Alger*, par le général Berthezène, p. 276.) La fortune de ce malheureux, confisquée au profit de la caisse militaire, ne fut restituée par ordre du gouvernement, à ses héritiers, qu'en 1831. Ne nous étonnons plus si les Marocains ont cherché tant de fois, depuis, à nous susciter des embarras. Quand le droit des gens est violé, quand les auteurs de ce crime n'en portent pas la peine, on se met au-dessous des peuples qu'on appelle barbares. Au surplus, M. Boyer ne fut pas coupable d'un seul meurtre, et le duc de Rovigo se vit réduit à protester par un ordre du jour contre plusieurs exécutions clandestines qui déshonoraient le drapeau français.

[3] Le commandant Houder, officier d'ordonnance du général Guilleminot, alors ambassadeur à Constantinople, était venu en Afrique avec le général Clauzel, pensant que les connaissances qu'il croyait avoir des Maures de l'Orient pourraient y être utilisées. C'était un homme très actif et zélé, mais d'un jugement peu sûr. Chargé de cette petite expédition, il reçut du général en chef le titre assez singulier de consul de France à Bone. (*Annales algériennes*, t. Ier, p. 227.)

portes et arborer le pavillon musulman qu'il assure de trois coups de canon. Le commandant Houder et le capitaine Bigot accourent pour protester contre cette trahison; mais, accueillis à coups de fusil, ils sont forcés de se retirer. Leur devoir eût été de s'enfermer dans la caserne du port, et d'attendre, avec les soldats qui leur restaient, l'arrivée des renforts que M. Houder avait demandés, le 21 septembre, au général en chef, et qui ne pouvaient tarder d'arriver. Cette mesure fut négligée. Le 29, les Kebaïles se présentèrent sous les murs de la ville, attaquèrent les portes; le capitaine Bigot fut tué de deux coups de pistolet; la kasbah et la ville firent feu sur *la Créole* et *l'Adonis*; on se battait sur le port et dans les rues. Le petit nombre des zouaves restés fidèles gagna les embarcations de *la Créole*, et, dans le désordre inévitable de cette retraite précipitée, le malheureux Houder, déjà blessé deux fois, reçut une balle mortelle en mettant le pied dans un canot. Le lendemain, les briks *le Cygne* et *le Voltigeur*, montés par le 2ᵉ bataillon de zouaves, arrivèrent sur rade; le brave commandant Duvivier voulait enlever la kasbah, mais il ne put obtenir le concours de la marine qui jugeait cette entreprise impraticable. Le même jour, les habitants de Bone, effrayés de l'apparition des renforts, et des suites que pourraient avoir pour eux les événements, rendirent 32 zouaves et 1 officier qu'on avait faits prisonniers, et envoyèrent, pour se justifier, une députation de trois notables qui entrèrent à Alger avec la nouvelle de notre désastre.

Le général Berthézène n'avait pas assez de troupes pour venger cet échec par une occupation sérieuse. La critique s'en empara, comme elle avait exploité la retraite de Médéah; et, faute de savoir juger de loin les exigences matérielles d'une conquête pour laquelle on n'avait, en France, ni plan d'exécution, ni volonté décisive, on fut entraîné sur une voie d'essais sans cesse renouvelés, qui, ne pouvant offrir à l'opinion publique que des satisfactions illusoires, devaient nous plonger dans un chaos de vicissitudes et d'erreurs dont la responsabilité ne pèse pas uniquement sur les généraux mis en scène. Avec des moyens plus puissants que ceux dont il disposa, M. Berthézène, qui avait glorieusement participé au succès de 1830, était fort capable de soutenir l'honneur de nos armes. Sa haute probité et la modération de son caractère lui valurent des détracteurs; il se retira devant l'injustice. Mais les errements de son successeur ne devaient pas tarder à le faire regretter.

COMMANDEMENT DU DUC DE ROVIGO.

M. Casimir Périer, président du conseil, avait conçu l'idée de gouverner lui-même les affaires d'Alger, en séparant les pouvoirs civil et militaire. Une ordonnance, du 1ᵉʳ décembre 1831, constitua un conseil administratif, formé du général en chef, président, d'un intendant civil, du chef de la station navale, de l'intendant militaire et des directeurs du domaine et des finances. Une ordonnance complémentaire, du 5 décembre, ajouta aux fonctions du général en chef des attributions de *haute police*. Le choix du cabinet ne pouvait dès lors mieux tomber que sur M. de Rovigo [1].

[1] Né à Sédan en 1771, entré au service en 1783, officier au régiment de *Royal-Normandie* à l'époque de

L'armée fut renouvelée en grande partie, et se trouva composée des 4e et 67e de ligne, du 10e léger, d'une légion étrangère, des zouaves et des chasseurs d'Afrique, dont le 1er régiment s'organisa à Alger et le 2e à Oran. Dans le cours de 1832, une ordonnance du roi créa deux bataillons d'infanterie légère d'Afrique, où furent versés les soldats qui n'avaient subi que des condamnations disciplinaires.

Le premier acte du nouveau général, arrivé à Alger le 25 décembre, fut d'établir des camps sur les points principaux du Fahs et du Sahel; il choisit Kouba, Tixeraïn, Birkadem et Delhy-Ibrahim. Ces camps furent unis entre eux par une route de ceinture. Une route plus large, celle d'Alger à Delhy-Ibrahim, fut poussée depuis le fort Bab-Azoun jusqu'au fort l'Empereur; ses travaux exigèrent la coupure de deux cimetières musulmans, et c'est alors que fut donné le triste scandale d'un peuple civilisé violant la religion des tombeaux. « Au lieu de procéder avec ordre et décence, et de transporter les ossements dans un lieu convenable, ces débris furent dispersés au hasard, et l'on vit des hommes grossiers jouer ignoblement avec des têtes humaines. Dans les travaux de déblai, lorsque la ligne, tracée impassiblement par l'ingénieur, traversait une tombe, la pioche coupait en deux la tombe et le squelette; la partie qui tombait allait servir de remblai à quelque autre point de la route, et celle qui restait demeurait exposée à tous les regards sur le revers du chemin. Ces sépulcres béants étaient comme autant de bouches accusatrices, d'où les plaintes des morts semblaient sortir pour venir se joindre à celles des vivants, dont nous démolissions en même temps les demeures [1]. » Ce début n'était point fait pour nous attirer l'estime et la confiance des indigènes; mais M. de Rovigo n'était pas homme à en rester là.

Ce général en chef, en arrivant à Alger, avait convoqué la municipalité, renforcée de quelques Maures notables. Il leur avait annoncé, comme une preuve de la sollicitude du gouvernement, la création de l'intendance civile qui avait pour mission de protéger les droits de tous; il avait manifesté les intentions les plus prononcées de modération et de justice. Tout d'un coup, on lui suggéra

---

la révolution, Savary s'était distingué à l'armée du Rhin, sous les ordres de Moreau. Devenu lieutenant-colonel, il fit, comme aide de camp du général Desaix, la campagne d'Égypte, et se trouva plus tard à Marengo. Le premier consul l'attacha à son état-major et le nomma bientôt général de brigade. Appelé en 1805 au commandement d'une division, il prit part aux guerres de Prusse, de Pologne, d'Espagne, d'Autriche, etc. Créé duc de Rovigo, il accepta en 1810 le poste de ministre de la police, peu fait pour un soldat, et qu'il conserva néanmoins jusqu'à la chute de l'empire. Proscrit par la Restauration, le duc de Rovigo s'empressa d'offrir ses services à la révolution de 1830; mais ses habitudes d'arbitraire, son inclination malheureuse à substituer son caprice dictatorial aux volontés de la loi, et surtout son dernier antécédent politique, n'étaient point de nature à lui concilier l'estime et la confiance de l'armée. Le gouvernement du Roi ne pouvait l'employer en France, et lui accorda en Algérie les moyens de refaire sa réputation. Nous verrons bientôt combien ces bonnes dispositions et ces espérances furent trompées.

« Quoi qu'il en soit, dit M. le capitaine Pellissier, pour rendre justice au général Savary, et hommage à la vérité, nous dirons qu'ayant parfaitement compris qu'il n'y avait de position possible pour lui qu'en Afrique, il y arriva avec le désir de s'associer franchement au pays, et de travailler avec zèle à sa prospérité. Si les excès de ce zèle n'ont pas toujours été heureux, si même ils ont été quelquefois funestes, c'est qu'il est des qualités qu'on ne peut se donner, et des habitudes qu'à l'âge où était parvenu le duc de Rovigo, on ne peut plus perdre. »

[1] *Procès-verbaux* de la commission d'enquête nommée par le Roi, le 7 juillet 1833, p. 333. — *Alger sous la domination française*, par le baron Pichon, conseiller d'État, intendant civil, p. 281. — *Annales algériennes*, t. IIe, liv. IX, p. 7.

l'idée de pourvoir au couchage de la troupe, en demandant aux habitants d'Alger de la laine, dont *on disait* qu'ils avaient abondance chez eux. Cette proposition vint des agents de l'administration des finances; elle avait déjà été faite à M. le général Berthézène, qui l'avait repoussée, résolu d'attendre l'effet des dispositions que le ministre de la guerre annonçait avoir prises pour pourvoir à ce service. On devait voir, au premier abord, que frapper une contribution extraordinaire sur une ville misérable, à qui l'on n'en avait, en arrivant, demandé aucune, qui était dépeuplée des deux tiers de ses habitants, et des plus riches, que notre présence avait éloignés, c'était déclarer une urgence qui accusait le ministère de la guerre. L'idée fut néanmoins accueillie, et la mesure arrêtée par M. de Rovigo. Cependant, on attendit l'arrivée de l'intendant civil, M. le baron Pichon, pour procéder à son exécution.

L'apparition de ce nouveau fonctionnaire dans le conseil d'administration fut saluée par la lecture d'un arrêté d'imposition de 4,500 quintaux de laine, qu'on lui proposa de signer. L'intendant répondit que, l'arrêté ayant été délibéré et pris avant son arrivée, il ne pouvait le signer sans connaissance de cause; qu'il ignorait les besoins réels de l'armée et les forces contributives de la ville. Cet arrêté parlait d'une répartition d'après des rôles dressés par la municipalité et autorisés par l'intendant; mais ces rôles se bornaient à l'énumération des patentes, et il n'y en avait que pour 15,000 francs. Quelle mesure allait-on décréter en face de l'insuffisance des documents? M. Pichon, ne voulant pas faire acte de mauvais vouloir, promit que, malgré son refus de signature, il coopérerait à l'exécution de l'arrêté, persuadé qu'elle n'aurait lieu que conformément aux formes légales. Il réunit la municipalité indigène le 4 février, et lui fit espérer que la contribution ne serait qu'une avance remboursable par l'entrepreneur de la literie militaire, avec lequel on savait que le ministère de la guerre avait traité (mais, à la vérité, pour ne livrer ses fournitures qu'au mois d'octobre suivant), et il demanda qu'on lui proposât un mode de répartition équitable dont il rendrait les rôles exécutoires.

Mais cette conduite prudente était déjà devenue inutile, car, le même jour, M. de Rovigo avait changé d'avis. Il ne s'agissait plus d'une contribution en nature; on s'était aperçu que la laine n'était point aussi abondante qu'on l'avait cru; on l'avait convertie en une contribution facultative en argent, de 360,000 francs, à raison de 80 francs le quintal. Quoi qu'il en fût, l'intendant déclara qu'en bonne justice la municipalité indigène devait elle-même faire l'emploi des deniers, et qu'il faudrait mettre à sa disposition un bâtiment pour aller acheter des laines à Tunis. Mais il apprit bientôt qu'un singulier marché venait d'être passé par M. de Rovigo avec le négociant Lacrouts (je dis *singulier*, parce que de semblables actes ne devaient émaner que du ministère de la guerre). Toutefois, l'intendant civil pressa la confection des rôles de répartition; mais le général en chef ne l'entendait pas ainsi; la manière de procéder de M. Pichon gâtait, disait-il, *sa mesure; il fallait le laisser faire.* Il voulait frapper la contribution sur une cinquantaine de noms dont il avait la liste. Son arrêté portait bien que les Européens contribueraient par une cotisation volontaire; mais cet article a été presque aussitôt oublié que publié. L'intendant civil ne pouvait se prêter à une assiette d'impôt qui ressemblait à une avanie; il se hâta de déclarer au général qu'il lui laissait volontiers *le mérite* du succès par une voie que l'honneur lui interdisait de suivre. Ce furent alors, de la part de M. de Rovigo, des explosions de colère qui furent du plus sinistre augure. « Quand j'entendis parler, dit M. Pichon, de *faire couper des têtes*, de *faire des saignées*, et de les *faire bonnes*, toutes choses bien regrettables quand il s'agit de lever une contribution dans un pays que l'on qualifiait de colonie, je dus, de prime abord, me demander où nous mènerait une pareille manière d'administrer un pays auquel nous avions annoncé la fin du régime oppresseur des Turcs, comme une ère de sécurité et de bonheur [1] ! »

Après une entrevue infructueuse entre l'intendant civil et le général en chef, celui-ci, qui avait pris son parti d'avance, convoqua chez lui, en présence de l'intendant militaire seulement, le kadi et la municipalité indigène, et là il leur signifia sa liste de contribuables, avec les menaces les plus énergiques, qui glacèrent de frayeur tous les assistants. Cette séance finit par l'arrestation du Maure Bouderbah qui avait eu le tort de n'être pas exact à l'appel. Quelques jours après, Alger était dans une éploration universelle qui dura tout février et la moitié de mars.

Le 14 mars, arrive un ordre du ministre de la guerre, en date de février, qui blâme la contribution et ordonne de la restituer ; ce ministre, qui fit preuve d'une haute équité, ménageait extrêmement M. de Rovigo, en se bornant à déclarer sa mesure *inutile*. Une nouvelle dépêche, du 5 mars, renouvelle formellement la même injonction. Que fait le général en chef? Après quatre jours d'hésitation, il s'appuie d'une délibération de son conseil, portant que le retrait de la mesure semblerait un acte de *faiblesse* et produirait *un mauvais effet*. Il désobéit nettement aux ordres du ministre, et passe outre avec une nouvelle énergie. Après avoir emprisonné et menacé de toutes les violences possibles, on avait réussi à recevoir 196,000 francs à la mi-mars, et 36 quintaux de laine ! On prit les bijoux des femmes ; on enleva la caisse des curatelles, contenant les deniers de la veuve et de l'orphelin ; on fit signer à des hommes, présumés riches, des engagements personnels, remboursables, disait-on, par de nouvelles et futures répartitions ; et tout cela pour arriver à la fourniture de 2,500 lits vers la mi-juin ! « Si je publiais, dit M. le baron Pichon, le mémoire qui me fut remis; à la fin de mars, par les kadis et les muphtis, et par plusieurs membres de la municipalité, sur ce qui se passa dans le courant de ce mois, pendant que tout Alger était en suspens pour savoir qui prévaudrait, de l'autorité du gouvernement ordonnant un bienfait, ou de celle du général en chef qui le refusait, on verrait d'étranges choses. On avait ordonné au kadi de dresser de nouvelles listes, *malgré l'ordre de restitution;* on voulut le contraindre à remettre au général en chef une lettre contredisant tout ce qu'on avait répandu de la douleur des habitants indigènes et de l'oppression qui avait pesé sur eux. »

Le dernier ordre du ministre de la guerre laissait au duc de Rovigo toute latitude pour opérer le remboursement. Le général se hâta d'en profiter pour le *subordonner* à des mesures de nettoiement et de salubrité qu'il prescrivait aux habitants, comme préservatif du choléra qu'on croyait dès lors voir arriver de

---

[1] *Alger sous la domination française*, p. 85.

Paris. Cette manière d'exécuter le remboursement offrait une nouvelle pâture à l'agiotage. Il fallait arriver à la caisse avec un certificat du commissaire de police. Les agioteurs européens ont trafiqué effrontément sur l'achat des récépissés de la contribution; en abusant les indigènes sur la valeur de leurs droits et en exploitant les craintes de ces malheureux, ils achetèrent leurs titres à quarante pour cent de perte. — Qui donc, après de tels actes, oserait essayer l'apologie de ce gouvernement militaire¹?

La conduite de M. de Rovigo envers les Arabes ne fut pas dirigée par une meilleure politique. Il commença par traiter avec une brutalité sans raison notre agha Mahiddin, qui nous rendait de si utiles services; et bientôt une occasion s'offrit à lui de déployer tout ce dont il était capable. Un cheik, des confins du Sahara (et ennemi personnel du bey Hadji-Ahmed, dont il convoitait le pouvoir), lui envoya, dans le courant de mars, une députation, pour l'engager à faire une expédition contre Constantine, et lui promettre le concours des *nombreuses* tribus rangées sous son autorité. Ces ambassadeurs² n'obtinrent du duc de Rovigo qu'une réponse évasive, mais ils partirent comblés de présents. A quelques lieues d'Alger, des maraudeurs les dépouillèrent sur le territoire de la petite tribu d'El-Ouffla, qui campait près de la Maison-Carrée, sous notre protection.

Le général en chef, informé de cet accident, ne prit point la peine d'en rechercher les circonstances; mais, se livrant, au contraire, à une précipitation de jugement qu'aucune véritable nécessité ne justifiait, il ne craignit pas de souiller son pouvoir par une inqualifiable détermination. En vertu de ses instructions, un corps de troupe du 1er chasseurs d'Afrique et du 3e bataillon de la légion étrangère, commandé par le général Faudoas, ayant sous ses ordres le colonel Schauenbourg, les chefs d'escadron Marey et Gudrat, et le chef de bataillon Salomon de Musis, sortit d'Alger pendant la nuit du 6 avril 1832, surprit, au point du jour, la tribu endormie sous ses tentes, et égorgea tous les malheureux El-Oufflas, sans qu'un seul cherchât même à se défendre. Tout ce qui vivait fut voué à la mort; on ne fit aucune distinction d'âge ni de sexe. Au retour de cette honteuse expédition, nos cavaliers portaient des têtes au bout de leurs lances, et l'une d'elles servit, dit-on, à un horrible festin³. Tout le bétail enlevé sur ce champ de désolation fut vendu au consul de Danemark; le reste du butin, sanglantes dépouilles d'un effroyable carnage, fut exposé au marché de la porte Bab-Azoun; on y voyait avec horreur des bracelets de femme encore attachés à des poignets coupés, et des boucles d'oreilles pendant à des lambeaux

---

1 « La courte administration de M. Pichon à Alger doit donner à tout homme impartial une idée favorable de ce fonctionnaire. Il s'y est montré homme de bien et ennemi déclaré de l'injustice. Il a eu à lutter contre un système qu'un cœur bien placé ne pouvait combattre de sang-froid; c'était celui de l'abus de la force, pris pour base gouvernementale, et soutenu avec autant de déraison que d'entêtement par des hommes qui auraient été même incapables de l'appliquer. » (*Annales algériennes*, par le capitaine d'état-major E. Pellissier, t. II, p. 10.)

2 C'étaient, au dire de plusieurs Maures dignes de foi, des aventuriers et des imposteurs. L'agha qui les avait reçus à Koléah sur leur passage les avait signalés comme tels, et M. de Rovigo ne put être leur dupe qu'avec un extrême bon vouloir. Cette intrigue, mystérieuse en tout point, a été montée, j'ai de fortes raisons pour le croire, par une coterie de chrétiens et de juifs d'Alger. (*Alger sous la domination française*, p. 132.)

3 *Annales algériennes*, par E. Pellissier, capitaine au corps royal d'état-major, t. II, 1re partie, liv. X, p. 27.

de chair [1]. Le produit de cette vente fut partagé entre les égorgeurs, et un ordre du jour du 8 avril, consacrant une telle infamie, proclama la haute satisfaction du général pour l'*ardeur* et l'*intelligence* que les troupes avaient montrées [2]. Le soir, sa police ordonna aux Maures d'Alger d'illuminer leurs boutiques et de les tenir ouvertes plus tard que de coutume ; et à la même heure, par les mêmes ordres et par les soins de la même police, l'honorable baron Pichon, conseiller d'État et intendant civil, qui avait le tort de déplorer l'outrage fait au drapeau de la France, fut contraint de subir, dans la cour de sa maison, une sérénade mauresque en réjouissance de cet affreux événement [3]. De telles atrocités passeraient pour fabuleuses, si leurs preuves n'étaient établies par des témoignages irrécusables ; et, pour combler la mesure de ces excès, le cheïkh des El-Ouffias n'échappa aux fureurs de l'extermination que pour apporter sa tête à Alger. Malgré les généreux efforts de M. Pichon, il fut traduit devant un conseil de guerre, jugé et exécuté, bien qu'on eût déjà acquis la certitude que ce n'étaient pas les El-Ouffias qui avaient dévalisé les prétendus ambassadeurs du désert. Mais acquitter le chef, c'était déclarer la peuplade *innocente*, et condamner moralement ceux qui en avaient ordonné le massacre. La tête du cheïkh, Rabbia-ben-Sidi-Grahnem, roulant, le 19 avril 1832, devant la porte Bab-Azoun, fut donc un cadeau offert aux convenances personnelles du duc de Rovigo : l'aveu en a été fait par l'un des juges, en présence du capitaine d'état-major Pellissier et d'une foule d'officiers qui en furent indignés [4].

La conduite de M. de Rovigo ne peut être palliée. « On était à peu près sûr, dit M. l'intendant Pichon, que les députés du désert seraient arrêtés dans la plaine à leur retour. Le duc m'en avait parlé dans ce sens, le 5 avril, jour du départ ; il m'avait encore entretenu d'avance des mesures qu'il prendrait, si cela arrivait ; elles étaient *bien différentes* de celles qui ont été prises ; il ne s'agissait que de faire arrêter tous les Arabes qu'on trouverait au marché, jusqu'à restitution. J'allais sortir de bon matin, le 6, lorsque le capitaine Leblanc, attaché à l'état-major, arrivant fort inquiet, vint me dire : — « Ce que le général avait prévu est arrivé ! » Avec cette prévision, n'aurait-on pas pu faire escorter les députés par les cavaliers de notre agha ? Les voleurs, on l'a su avant l'exé-

---

[1] *La Question d'Alger*, politique, colonisation, commerce; par A. Desjobert, député de la Seine-Inférieure. Chap. IX, p. 219. (Paris, 1837.) — *Aperçu historique sur Alger*, par Sidi-Hamdan, p. 42.

[2] *Ordre du jour* du duc de Rovigo, du 8 avril 1832.

[3] *Alger sous la domination française*, par le baron Pichon, conseiller d'État, intendant civil. Liv. 1er, chap. 7, p. 108.

[4] *Annales algériennes*, t. II, 1re partie, liv. x. p. 28.

« Je savais, par le général lui-même, que les voleurs étaient d'une tribu voisine, dont le chef lui avait tout renvoyé. » (*Lettre* de M. l'intendant Pichon au président du conseil des ministres, le 22 avril 1832.)

« Le cheïkh Kabbia fut assisté, au procès de révision, par un défenseur tellement déconsidéré, que le procureur du roi m'a dit qu'il était exclu de postuler. Il ignorait d'ailleurs la langue arabe, et toute la procédure se fit en français. Ne pouvait-on, du moins, procéder contre cet infortuné avec l'apparence des formes légales, observées chez nous envers le plus vil criminel ! » (*Alger sous la domination française*, p. 332.)

« J'ai vu avec peine nos journaux français, dès le mois d'avril 1831, employés par les correspondants d'Alger à préparer l'opinion publique aux têtes rapportées *à l'arçon de la selle* par nos cavaliers, et *roulant*, plusieurs jours, *dans les cours de nos casernes*. Je m'arrête sur cette passion pour les *têtes coupées* qui s'est emparée de nous ; je me tais sur les harangues que ce goût subit a inspirées, et sur des saillies dans le goût de 93, qui ont été faites et écrites sur de notables décapitations ; — « Apportez des têtes, des têtes ! bouchez les conduits d'eau crevés avec la tête du premier Bédouin que vous rencontrerez ! Nous battons monnaie et du bon coin... Que ne pouvons-nous trancher dans le vif ! » etc., etc. (*Même ouvrage*, p. 108 et 109.)

cution du cheïkh des El-Oufflas, appartenaient à la tribu des Krachenas, voisine du Petit Atlas ; le cheïkh de cette tribu avait renvoyé tous les effets, avec une lettre qui demandait au duc de Rovigo la libération du malheureux Rabbia : — « Vous avez massacré des innocents, lui écrivait-il, des gens qui vivaient *sous votre protection*; c'est tout ce que nous pouvons désirer ; *cela apprendra* à ne pas aller s'y mettre. Mais si vous continuez, vous n'aurez aucun approvisionnement de l'intérieur du pays. Nous savons que vous pouvez en recevoir de France, cela vous est égal ; nous plaignons seulement nos compatriotes qui sont avec vous ! » — Le bétail, vendu *à l'amiable* [1] à M. Carstenstein, agent consulaire du Danemark, comptait 2,000 moutons qui furent payés 5 francs par tête, 700 bœufs à 20 francs, et 30 chameaux à 100 francs. Une grande partie de ce butin appartenait à des tiers. Quelques jours après la vente, des Arabes vinrent chez moi, réclamer pour eux et pour plusieurs de leurs cohabitants, des têtes de gros et de menu bétail qu'ils avaient confiées aux El-Oufflas, qui n'en étaient que les gardiens : « Nous ne sommes, me disaient-ils, ni des voleurs, ni des conspirateurs contre le roi de France ; pourquoi nous prendrait-il nos biens ? » Je ne sais ce qu'aurait à répondre à cette doléance la logique du sabre. Je dus me borner à dire que c'était *une affaire militaire* qui regardait le général. Ils s'étaient déjà vainement adressés à lui [2]. »

Les crimes politiques attirent des représailles. Au mois de mai suivant, une reconnaissance de 30 hommes de la légion étrangère fut taillée en pièces à une lieue de la Maison-Carrée. Notre agha Mahiddin, que n'avaient pu détacher de nous les insultes du général en chef, fit cause commune avec les Arabes indignés. Une expédition de 1,500 hommes, montée sur une frégate, un brick et un bateau à vapeur, et dirigée vers l'embouchure de l'Isser, n'osa débarquer comme si nous n'avions su que tuer des hommes endormis, des femmes et des enfants : le duc de Rovigo ne savait que nous faire haïr et mépriser.

Un soulèvement général se préparait : il éclata vers la fin de septembre. Le marabout Sidi-Saadi, que nous avons vu figurer dans l'insurrection de 1831, prêchait partout la guerre sainte. La Métidjah était couverte d'ennemis. Le 28 septembre, M. de Rovigo se décida à combattre ; il établit son quartier général à Birkadem, et de là fit partir de nuit, le 2 octobre, deux colonnes, l'une conduite par le général Faudoas dans la direction de Souk-Ali, à l'est de Bou-Farik, et l'autre, sous les ordres du général Brossard, dans celle de Koléah. Les Arabes étaient sur leurs gardes ; la colonne Faudoas tomba au milieu d'eux et fut mise en déroute. Le brave commandant Duvivier, avec les zouaves, rétablit le combat ; les officiers de cavalerie chargèrent avec résolution, et les chasseurs d'Afrique, malgré leur désordre, reprirent l'offensive. Au point du jour, l'avantage nous resta, et, après avoir refoulé les Arabes, le général reprit la route d'Alger. Quant au général Brossard, il avait gagné Koléah sans coup férir ; sa mission était de s'emparer de l'agha ; ne le trouvant pas, il enleva deux marabouts de sa famille, qui furent enterrés dans les cachots d'Alger jusqu'au commandement du général Voirol.

---

1 L'ordre du jour du 8 avril avait prescrit que la vente se ferait à l'enchère. M. de Rovigo eut, sans doute, d'excellentes raisons pour agir autrement.

2 *Alger sous la domination française*, par le baron Pichon, 1re partie, p. 135.

La défaite des Arabes à Bou-Farik les avait découragés. Ben-Zamoun, le chef le plus belliqueux de la montagne, gourmanda inutilement leur faiblesse, et se retira dans ses possessions chez les Flissas, décidé à ne plus prendre aucune part à la guerre.

Le duc de Rovigo, satisfait de sa facile victoire, poursuivait alors son système d'exactions, en frappant d'une contribution de 1,100,000 francs les villes de Blidah et de Koléah, pour la part qu'elles *avaient pu prendre* à la révolte ; mais il ne rentra de cet impôt ridicule que 10,000 francs payés par la famille M'Barek de Koléah, et 1,400 francs, remis plus tard au général Voirol par le hakem (*gouverneur*) de Blidah. Peu de temps après, un des intrigants indigènes qui exploitaient la crédulité du général en chef, vint le trouver à Alger, et se plaignit des dangers qu'il avait courus à Blidah, dont il avait cherché à se faire nommer hakem. M. de Rovigo, qui ne cherchait que des prétextes *pour faire des saignées*, s'empressa d'envoyer le général Faudoas contre cette petite ville, qui fut saccagée le 21 novembre. Les habitants avaient heureusement pris la fuite la veille de notre arrivée, et, le surlendemain, les troupes revinrent à Alger plus chargées de butin que de gloire [1].

Enfin, pour couronner ces funestes violences, le général en chef commit encore un de ces actes qui n'ont d'exemple que chez les bandits du moyen âge. Deux kaïds de la plaine lui avaient été signalés par sa *haute police*, comme ennemis secrets des Français. Il voulut les faire venir à Alger, et, par une lettre du 6 octobre, il enjoignait aux gens de Blidah de les adjoindre à une députation qui devait lui être envoyée. Ces deux Arabes, tourmentés d'un sinistre pressentiment, ne se déterminèrent à venir que sur la foi d'un sauf-conduit qui leur fut adressé. A leur arrivée à Alger, ils furent saisis par des gendarmes, mis en prison, jugés et décapités au mois de février 1833 [2]. Cet assassinat juridique de deux chefs, qu'un *sauf-conduit*, respecté chez tous les peuples, couvrait du caractère sacré de parlementaires, met le sceau à l'administration de M. de Rovigo.

Habitué, comme toutes les natures cruelles, à se laisser dominer par les plus grossières intrigues, ce général accueillit l'idée que les Maures d'Alger répandaient parmi les Arabes l'espoir que la France allait abandonner sa conquête, en substituant au régime turc un gouvernement choisi parmi les indigènes. Sans approfondir les rapports de sa police, il exila en France plusieurs notables qui ne se doutaient guère des imputations dont on les chargeait [3]. Mais parmi eux se

---

1 Le général Trézel, chef d'état-major de l'armée, s'était porté, le 22 novembre, sur Sidi-el-Kébir, beau village situé dans une gorge de l'Atlas, à une demi-lieue derrière Blidah ; il fit piller tous les biens que les habitants éplorés d'une ville inoffensive y avaient transportés ; les femmes, les vieillards, les enfants, réfugiés dans le sanctuaire d'un marabout, furent passés au fil de l'épée !

2 L'existence de ce sauf-conduit a été contestée. Mais M. Zakkar, aujourd'hui interprète principal de l'armée, qui l'écrivit, sait bien à quoi s'en tenir à cet égard. Il proteste qu'il fut conçu dans les termes *les plus explicites*, et de manière à ne laisser aucune excuse à la mauvaise foi. (Voir les *Annales algériennes*, t. II, p. 59.) Ces deux kaïds se nommaient El-Arbi-ben-Mouça et Messaoud-ben-Abd-el-Oued. Le kaïd des Krachenas, leur ami et notre allié, les conduisit lui-même à Alger, répondant en quelque sorte de leur tête sur la sienne. Le duc de Rovigo fit fabriquer des charges contre eux par un interprète complaisant.

3 Quelques Algériens non déportés par le duc, mais craignant d'éprouver plus tard quelques vexations, se rendirent à Paris avec les expulsés. On y vit à la fois Ben-Omar, notre bey fugitif de Médéah, Ben-Mustapha-Pacha, l'ancien agha Hamdan, Ahmed Bouderbah, l'ex-banqueroutier de Marseille, et quelques autres. Tous ces gens-là furent très-bien accueillis par les ministres d'un gouvernement dont le représentant le

trouva un certain Hamdan-Ben-Kodjia, qui déjoua la haute police, et parvint à se faire envoyer, dans le mois d'août 1832, auprès du bey de Constantine, sous le prétexte de traiter avec lui, mais dans le but véritable d'aller, sous notre protection, régler quelques affaires privées dans cette province. En même temps, le Tunisien Youssef, dont j'ai déjà parlé, et qui était alors, à Bone, chef d'escadron au 3º régiment de chasseurs d'Afrique, caressait le projet de se faire nommer un jour bey de Constantine. La possibilité d'un traité avec Hadji-Ahmed devant ruiner ses espérances, il entretenait avec un notable de Constantine, nommé Sidi-Yakoub, une correspondance secrète : — « J'ai reçu votre lettre, lui écrivit-il, par laquelle vous m'informez du retour d'El-Hadji-Ahmed, bey de Constantine, à son quartier général, ainsi que de l'arrivée de Sidi-Hamdan-ben-Kodjia à Constantine, pour traiter de la paix entre les Français et ce bey. *Ne croyez rien de cela*, ni de tout ce que pourra vous dire le bey ; mais apprenez de moi *la vérité :* coûte que coûte, les Français iront à Constantine et prendront la ville. » Le duc de Rovigo, à qui cette lettre fut livrée plus tard, écrivit, le 5 décembre, au général commandant à Bone : « . . . . . Je joins ici la copie d'une lettre de Youssef, dont je garde l'original. Il paraît qu'elle n'a été communiquée à Ahmed qu'après que Hamdan eut quitté Constantine pour se rendre à Bone, où Ahmed-Bey la lui a envoyée, comme témoignage des motifs de son changement de dispositions. Cette lettre de Youssef, qui serait criminelle s'il y avait intention, je veux bien ne la considérer que comme l'œuvre d'un brouillon ambitieux qui veut, à tout prix, forcer l'expédition de Constantine, *pour avoir sa part du pillage.* Si cet homme n'est pas un sot, ce que je crois, c'est l'homme *le plus dangereux* que nous puissions avoir parmi nous. Je place sa conduite *sous votre responsabilité,* et dussiez-vous le faire *fusiller* à la première faute, *je vous approuverais.* Vous voyez qu'il y a là-dessous une intrigue dégoûtante, et que cette intrigue a fait manquer les opérations commencées ; je ne reviens pas de l'audace de ce mameluck qui se place entre nos ennemis et moi [1]. »

Le général en chef s'était trompé sur la valeur des négociations proposées par son envoyé, et sur les prétendues dispositions du bey de Constantine ; mais la conduite de Youssef, qui avait reçu sous nos drapeaux une trop brillante hospitalité, était justiciable d'un conseil de guerre, et M. de Rovigo se relâcha singulièrement, en cette circonstance, de ses rigueurs habituelles.

Ce fait nous amène à parler de la troisième occupation de Bone. Après la mort du commandant Houder, Ibrahim avait accablé les habitants d'exactions de toute espèce. De son côté, le bey de Constantine avait envoyé contre eux un de ses lieutenants, Ben-Aïssa, qui les tint bloqués étroitement pendant six mois. Réduits à l'extrémité, ils oublièrent leurs griefs pour réclamer, de concert avec Ibrahim, le secours de la France contre l'ennemi commun. En attendant la saison

---

persécutait à Alger. On crut voir dans ces natures dégradées, qui n'ont rien de commun avec les Arabes, des échantillons de ces vigoureuses individualités africaines dont on ne se fait nulle idée à Paris. Ils devinrent objet de mode. Les deux premiers reçurent la croix de la Légion d'honneur ; on appelait Ben-Omar, M. le bey, et Hamdan, M. l'agha ; on les invitait dans le grand monde, et l'on croyait posséder, dans la personne de ces deux pacifiques marchands de poivre, les plus grands des fils d'Ismaël. Ce fut une mystification véritable. (*Annales algériennes*, par E. Pellissier, capitaine au corps royal d'état-major, t. II, p. 40.)

[1] *L'Algérie en 1838*, par A. Desjobert, député de la Seine-Inférieure, chap. 2, p. 25.

favorable pour une expédition, M. de Rovigo chargea le capitaine d'artillerie d'Armandy et Youssef, alors capitaine aux chasseurs algériens, d'aller encourager de leur présence les assiégés. Mais les exhortations du brave d'Armandy, qui s'était exposé à toutes les chances de subir le sort de Houder, ne purent relever le moral des gens de Bone. Les portes furent ouvertes, dans la nuit du 5 au 6 mars 1832, aux troupes de Constantine, qui pillèrent la ville. M. d'Armandy eut le temps de se réfugier sur la felouque *la Fortune*. Ibrahim, retranché dans la kasbah, se défendit jusqu'au 26. Le même jour arriva de Tunis la goëlette *la Béarnaise*, commandée par l'intrépide capitaine Fréart, qui avait porté Youssef à Tunis pour y acheter des chevaux de remonte. M. d'Armandy se rendit à bord de la goëlette, et demanda à M. Fréart 30 marins, se faisant fort de gagner avec eux la citadelle, et de s'y maintenir jusqu'à l'arrivée des troupes d'Alger. Mais, comme le coup de main ne pouvait s'effectuer qu'avec le consentement d'Ibrahim, M. d'Armandy et Youssef se rendirent auprès de lui dans la nuit; mal accueillis par ce chef, qui craignait, en se livrant à la discrétion de la France, qu'on ne fît plus tard une enquête sur la mort du commandant Houder, ils furent obligés de se retirer. Après leur départ, les Turcs se divisèrent; la majorité réclamait notre secours. Ibrahim et ses partisans, réduits à la fuite pour n'être point victimes de la révolte, se réfugièrent à Bizerte, et un émissaire sortit de la kasbah pour en porter l'avis à bord de *la Béarnaise*. Nos marins accoururent aussitôt, et, comme la porte était gardée à vue par les soldats de Ben-Aïssa, ils s'introduisirent par derrière le rempart, au moyen d'une corde qu'on leur jeta. Le drapeau français fut immédiatement arboré, et les Constantinois ayant voulu tenter un assaut, quelques coups de canon suffirent pour les éloigner. Ben-Aïssa se vengea sur la ville, dont il emmena les habitants, et à peine eut-il disparu qu'une nuée de Kebaïles vint y mettre le feu. Pendant ces événements, le capitaine d'Armandy, averti par un Turc que quelques zouaves musulmans conspiraient en faveur d'Ibrahim, et tramaient une révolte, en fit tuer trois pour l'exemple, et Youssef voulut faire lui-même l'office de bourreau. Le lendemain, les Turcs sortirent de la kasbah pour chasser les maraudeurs qui achevaient de piller les ruines de Bone, et s'y établirent. Un bataillon du 4ᵉ de ligne, quelques canonniers et sapeurs du génie, arrivèrent bientôt d'Alger, sous les ordres du commandant Davois, qui donna un rare exemple d'abnégation de toute susceptibilité hiérarchique. Le général en chef lui avait fait connaître son désir de laisser à M. d'Armandy le commandement supérieur de Bone, ajoutant que si cette disposition le contrariait, il était libre de rester à Alger. M. Davois, plein d'estime pour le capitaine d'Armandy, ne fit aucune objection, et ces deux officiers, dans une position toute exceptionnelle, s'entendirent pour la défense de Bone, avec une générosité de procédés qui les honore également.

Youssef ne mérite pas les mêmes éloges. « Quelques traînards, abandonnés sur la route par l'armée de Ben-Aïssa, s'avisèrent de revenir à Bone demander un asile. Le premier qui se présenta fut un nommé Ben-Karouf, avec sa famille; l'accueil qu'il obtint fut d'être décapité par ordre de Youssef. Le 7 mai, des Arabes, d'une tribu inconnue, vinrent, sous les murs de la ville, s'emparer de quelques bœufs. Le capitaine Youssef *décida* que les maraudeurs appartenaient à la tribu des Kharézas; le même soir, il partit avec les Turcs, fut s'embusquer de nuit dans les environs de cette tribu, et, lorsque le jour commençait à paraître, il massacra femmes, enfants et vieillards. Une réflexion bien triste suivit *cette victoire*, lorsqu'on apprit que cette même tribu était la seule qui, depuis notre occupation de Bone, approvisionnait notre marché, et qui, la veille, jouissait encore de la confiance de Youssef lui-même. Le retour des Turcs fit une funeste impression sur les habitants de la ville, lorsqu'on aperçut une tête d'Arabe sur LE DRAPEAU FRANÇAIS [1] ! »

Aussitôt que la nouvelle de la prise de Bone parvint en France, 3,000 hommes partirent de Toulon, sous les ordres du général Monk d'Uzer, et vinrent assurer, dans les premiers jours de mai, la possession de cette conquête. Ce général adopta, dès le principe, un système pacifique, sans toutefois se montrer faible quand les circonstances exigeaient quelque répression. Sa domination ne fut troublée que le 28 septembre, par Ibrahim, qui parut devant la place avec 1,500 hommes. Youssef se conduisit bravement dans une sortie qui mit en déroute cette petite armée; il reçut, peu de temps après, le grade de chef d'escadron au 3ᵉ chasseurs d'Afrique, dont une ordonnance avait créé l'organisation à Bone quelques mois auparavant. Ibrahim, après sa défaite, se retira à Médéah, où le bey de Constantine le fit assassiner en 1833 [2].

Les événements d'Oran étaient toujours à la merci du général Boyer; la France s'occupait néanmoins de négociations avec l'empereur de Maroc; ces démarches, confiées à M. de Mornai, gendre du maréchal Soult, eurent pour résultat l'abandon de Tlemcen, de Médéah et de Miliana par les agents marocains qui avaient tenté d'y faire reconnaître la souveraineté du chériff Abd-el-Rhaman [3]; mais une puissance redoutable, que nos fautes devaient plus tard sanctionner, allait éclore.

Il existait aux environs de Maskara, dans la grande tribu des Hachems, un édifice religieux, appelé *la Guetna*, appartenant à une antique famille de marabouts qui faisait remonter son origine jusqu'aux khalifes Fatimites, proches descendants du Prophète. Mahi-Eddin, chef actuel de cette famille, était vénéré comme un saint, et consacrait son influence à calmer les dissensions intestines des Arabes, pour les armer contre nous dans la guerre sainte de l'indépen-

---

1 *Notes prises à Bone* pendant un séjour, à partir du 17 avril au 26 mai 1832, par le baron Pichon, conseiller d'État, intendant civil de l'Algérie. — Sous le commandement du général Clauzel, ce même Youssef, dont certaines gens ont fait un héros de roman, aspirait au titre de bey de Titeri, à la place de Ben-Omar. Il aimait à parler de la forme de son futur gouvernement. « En prenant possession du beylik, disait-il, je couperai la tête des dix habitants les plus riches de Médéah, et confisquerai leurs biens; ensuite, pour entretenir le pays dans une crainte salutaire, j'en abattrai une toutes les semaines. » N'ayant pu obtenir le poste qu'il ambitionnait, ce pillard se rabattit sur les tribus de la Métidjah, où ses excès effrénés compromirent souvent sa vie, malgré les titres qu'il prenait de *grand écuyer* ou de *lieutenant de l'agha*. (Voir *Dix-huit mois à Alger*, par le lieutenant-général Berthézène, p. 147; et *l'Algérie en 1838*, par A. Desjobert, député de la Seine-Inférieure, p. 24.)

2 Ahmed-Bey ne cessa point de troubler la province. Son agha s'avança au mois de novembre jusqu'à Talaha, à sept lieues de Bone, et exerça contre les Arabes des cruautés inouïes. Un grand nombre d'hommes furent égorgés; des femmes et des jeunes filles furent mutilées de la manière la plus cruelle; on leur brûla les mamelles et les genoux. C'était une honte de ne pas sévir à outrance contre le bey de Constantine. La garnison de Bone était, à cette époque, décimée par les maladies; mais n'avions-nous pas de forces en France! et fallait-il tolérer de telles horreurs commises dans un pays où nous avions la prétention de régner! (Voir les *Annales algériennes*, t. II, p. 59.)

3 *Convention* signée à Méquinez, le 4 avril 1832, et notifiée à Alger le 22 du même mois.

dance. Les tribus voisines de Maskara lui offrirent, en 1832, le commandement suprême ; mais, dédaignant pour lui-même l'honneur de marcher à leur tête, Mahi-Eddin signala à leur confiance son plus jeune fils, Abd-el-Kader [1]. Un autre marabout, étant venu révéler dans Maskara que l'ange Gabriel lui avait apparu, et l'envoyait annoncer que, par la volonté de Dieu, Abd-el-Kader devait régner sur les Arabes, ce jeune chef fut proclamé *émir* par les habitants, qui, depuis l'expulsion des Turcs, se gouvernaient en république.

Le 3 mai 1832, plusieurs milliers d'Arabes inaugurèrent cette élection par une expédition sur Oran. L'artillerie du Château-Neuf les ayant repoussés, ils quittèrent ce point d'attaque pour s'attacher au fort Saint-Philippe, et ne firent retraite que le soir. Le 4, 300 cavaliers se montrèrent en éclaireurs dans les directions d'Arzew, Maskara et Tlemcen, et au delà des lacs on voyait se mouvoir de grandes masses. A deux heures, ces masses se ruèrent sur le fort Saint-Philippe par les hauteurs du village de Ras-el-Aïn ; et 1,500 Arabes se jetèrent dans les fossés pour tenter l'escalade. Nos soldats répondirent par une vive fusillade à une grêle de pierres lancées contre eux par d'habiles frondeurs. La lutte dura jusqu'à la nuit ; nous ne perdîmes que 3 morts et 11 blessés. Le 5 mai, les Français allèrent brûler Ras-el-Aïn qui protégeait les embuscades de l'ennemi ; à deux heures, comme la veille, des cavaliers vinrent nous inquiéter. Le 6, 32 tribus, formant à peu près 12,000 hommes, avaient établi leurs tentes en face des remparts d'Oran ; mais tout se bornait à des escarmouches se dirigeant contre le fort Saint-Philippe, que son mauvais état rendait plus attaquable. Le 8, les Arabes profitèrent d'un brouillard très-épais pour tenter l'assaut ; le feu dura jusqu'au soir sans résultat, puis, découragés par leur insuccès et le manque de vivres, ces contingents reprirent, le 9, au lever du soleil, le chemin de leurs montagnes. Mahi-Eddin et Abd-el-Kader assistaient à ces petits combats, et plus d'une fois, le jeune émir, pour encourager les Arabes qu'effrayait notre artillerie, lança son cheval contre les obus et les boulets qu'il voyait ricocher, et il saluait de ses plaisanteries ceux qui sifflaient à ses oreilles.

Les hostilités ne se renouvelèrent que le 23 octobre ; dans une petite affaire sous les murs de la place, le 2ᵉ chasseurs, commandé par le colonel de l'Étang, chargea l'ennemi avec une brillante ardeur ; le général de Trobriant se battait au premier rang comme un soldat. Le 10, Abd-el-Kader reparut, et après une lutte acharnée qui nous coûta quelques pertes, il abandonna le champ de bataille au général Boyer qui sortait de ses remparts pour la première fois. Peu de temps après, ce général fut rappelé, à la suite des mésintelligences qui régnaient

---

[1] Abd-el-Kader naquit vers 1806 ; élevé dans les pratiques religieuses et les exercices militaires, il donnait de bonne heure de riches espérances. A l'âge de huit ans, il fit, avec son père, un premier voyage à la Mecque ; au retour, Mahi-Eddin, qui rêvait déjà pour lui l'honneur d'affranchir les Arabes du joug des Turcs, répandit imprudemment le récit de prétendues révélations sur la gloire future de cet enfant. Le bey d'Oran les fit arrêter, et ils n'échappèrent à la mort que par l'intervention d'amis puissants qui achetèrent à prix d'or leur liberté, sous la condition d'un exil immédiat. Les deux proscrits retournèrent à la Mecque, et ne revinrent d'Orient qu'en 1828. Vivant dans la retraite avec une grande austérité, Abd-el-Kader partagea bientôt la vénération que les tribus témoignaient à son père. Lorsque le moment fut arrivé de le mettre en évidence, Mahi-Eddin raconta aux Arabes que pendant son dernier pèlerinage, il avait visité, à Bagda t, un vieux fakir qui lui donna trois pommes en lui disant : La première est pour toi, la seconde est pour ton fils aîné que voilà ; la troisième est pour le sultan. — Quel est ce sultan ? demanda Mahi-Eddin. — C'est l'enfant que tu as laissé dans ta maison, reprit le fakir. Cet enfant était Abd-el-Kader, fils cadet du marabout. Les Arabes, amis du merveilleux, ont accepté cette tradition comme article de foi.

depuis longtemps entre lui et M. de Rovigo. M. Boyer se dispensait volontiers de toute subordination, en se fondant sur son privilége de correspondre directement avec le ministre de la guerre ; quelle que puisse être son excuse à cet égard, nous devons signaler l'ordre du jour dans lequel furent signalées les exécutions clandestines qu'il se permettait à Oran [1]. Le général Desmichels lui succéda au mois d'avril 1833.

COMMANDEMENT DU GÉNÉRAL VOIROL.

Le duc de Rovigo quitta l'Afrique le 3 mars 1833, et vint mourir en France des suites d'une cruelle maladie que les Arabes regardèrent comme la justice de Dieu. Le commandement par intérim échut au général Avizard ; son pouvoir, qui ne dura que peu de jours, fut marqué par la création d'un *Bureau arabe* [2], qui eut pour chef M. de la Moricière, capitaine aux zouaves. Cet officier, que sa bravoure et ses brillantes capacités devaient porter rapidement aux plus hauts grades, s'était appliqué à l'étude de la langue arabe, et fut le premier qui prouva

[1] Voyez les *Annales algériennes*, t. 1er, p. 233, *Ibid.*, t. II, p. 48. — *Dix-huit mois à Alger*, par le lieutenant-général Berthézène, p. 276. — *Alger sous la domination française*, par le baron Pichon, intendant civil, p. 159 et 470. « Le général en chef informe les officiers de tout grade de l'armée qu'il a appris, par des rapports dignes de foi, que des hommes avaient disparu dans les prisons et avaient été mis à mort *sans jugement*. Les troupes doivent refuser leur ministère à toute exécution qui ne serait pas précédée de la lecture de la sentence faite, en leur présence, au condamné, car ce ne serait plus qu'un *assassinat* dont elles se rendraient complices, etc. » (*Ordre du jour* du duc de Rovigo du 5 juin 1832. — *Moniteur algérien* du 22 juin 1832.)

Les meurtres reprochés à M. le général Boyer nous étonnent d'autant plus, que c'était, du reste, dit M. le capitaine d'état-major Pellissier, « un homme d'esprit et de capacité, instruit et ami des arts, doux et affable dans son intérieur, et pourvu enfin d'une foule de qualités estimables, qui contrastaient singulièrement avec sa terrible réputation justifiée par ses actes. » Cet officier-général avait appris, en Égypte, à combattre les Arabes, mais non à les gouverner ; et dans toutes les guerres auxquelles il prit une part active, et quelquefois glorieuse, nous ne le voyons jamais préposé à l'administration des pays conquis. Aide de camp de Kellermann en 1795, il fit, l'année d'après, la campagne d'Italie comme adjudant-général, puis il assista aux expéditions du Nil et de Syrie. En 1802, il est envoyé à Saint-Domingue ; au retour, il se trouve avec distinction aux batailles d'Iéna, de Pultusk, de Friedland et de Wagram. En 1810, il commanda en Espagne une division de dragons, à la tête desquels il acquit le surnom de *Cruel*. Il trouva l'occasion de se distinguer de nouveau pendant la campagne de 1814 et les Cent-Jours.

Il est regrettable que M. Boyer ait été abandonné, en Afrique, à l'empire de fâcheux préjugés, et que le ministre de la guerre n'ait pas ouvert les yeux sur cette phrase d'un de ses rapports, qu'il fallait « civiliser les Arabes par des moyens en dehors de la civilisation. » (Voir l'*Algérie ancienne et moderne*, par Léon Galibert, p. 405.)

[2] M. le général Duvivier écrivit, en 1841, que rien n'a été plus funeste au bien de nos relations avec les populations indigènes, que cette institution, sous quelque nom qu'on l'ait désignée, soit *Bureaux arabes*, soit *Direction* des affaires arabes, soit *Service de l'agha*. « La cause principale de ce mal, dit l'honorable général, fut que, par un désir trop hâté et mal examiné de bien faire, on s'occupa trop des affaires intérieures de ces populations ; et que, par suite, on fut trop en prise aux menées habiles des intrigants, ce qui conduisit à s'immiscer encore plus dans les affaires intérieures. Or, le besoin le plus grand de ces populations est qu'on les laisse en paix chez elles, suivant leurs usages et leurs règles particulières. Il faut tendre seulement à la protection, à l'ordre entre les grandes tribus ; mais, entraînés par de prétendues plaintes suscitées par des intrigants, on a souvent changé les chefs principaux. On crut faire ainsi de la *popularité* avec les indigènes et se les attacher. Il n'en a rien été ; on a même poussé à activer le résultat contraire en élevant au commandement des gens de rien, des anciens domestiques, et cela chez une des nations les plus aristocratiques du monde. » (*Solution de la question de l'Algérie*, p. 137.)

L'autorité de M. Duvivier, en cette matière, est d'un grand poids. Les bureaux arabes furent supprimés, comme on le verra plus tard, puis reconstitués. Deux officiers, MM. de la Moricière et E. Pellissier, se sont distingués, dans la première organisation, par une conduite sage et éclairée ; et depuis plusieurs années, M. le colonel Daumas ne cesse de rendre les plus éminents services, comme *Directeur des affaires arabes*.

la possibilité de se faire comprendre des indigènes autrement qu'à coups de fusil. Intermédiaire loyal, éclairé, et plein de zèle pour l'avenir de notre conquête, il ne craignit point d'aller seul au milieu des tribus, leur porter des paroles de paix, et les encourager à revenir sur nos marchés.

Le lieutenant-général Voirol[1] vint, à la fin d'avril, prendre le commandement des troupes. Il s'occupa tout d'abord des travaux de route, préparés par les intendants civils Pichon et Genty de Bussy[2]. Des desséchements considérables furent commencés dans la Métidjah et la plaine de Bone. Quelques symptômes d'insurrection furent étouffés avec vigueur, mais sans aucun de ces épisodes révoltants que nous avons déjà signalés. Un camp fut établi sur les bords du Hamis, pour protéger la récolte des foins dans les riches prairies qu'il arrose ; et grâce aux soins actifs de M. de la Moricière, toujours prêt à se porter sur tous les points pour prévenir des troubles ou faire quelque bien, les Arabes reprirent confiance et revinrent à nous. Le général en chef créa, au mois de juin, un petit corps de cavaliers destinés à protéger les cultures du Fahs d'Alger contre les maraudeurs. Après avoir assuré la sécurité de ce voisinage, il chargea le chef du bureau arabe de négocier quelques rapports d'alliance avec les Hadjoutes de la plaine, et, sur leur demande, il consentit à délivrer un des cousins de l'agha Mahiddin, enlevés de Koléah par M. de Brossard, le 28 septembre 1832, et qui, depuis cette époque, avaient gémi dans les prisons d'Alger ; la liberté du second devait bientôt récompenser leur soumission. Vers la même époque, un camp fut installé à Douera, pour surveiller à la fois Blidah et Koléah ; le défilé périlleux de Bou-Farik reçut aussi de nombreux travailleurs qui en éclaircirent les abords ; puis le général en chef s'occupa d'un plan d'occupation de Bougie.

Sous le commandement du duc de Rovigo, un navire anglais avait été insulté dans la rade de cette ville. Le cabinet britannique s'en plaignit, et ajouta que si la France ne savait pas faire respecter le pavillon de ses alliés sur les côtes algériennes, l'Angleterre aviserait au moyen d'obtenir elle-même la satisfaction convenable. Le ministère se hâta d'en informer le général Voirol, et M. de la Moricière fut chargé de reconnaître la place. Le chef de bataillon Duvivier, officier du plus haut mérite, était désigné à l'avance par le ministre de la guerre pour remplir, dans cette conquête future, les fonctions de commandant supérieur, et le maréchal de camp Trézel dirigea l'expédition. Une escadre, composée

---

[1] Cet officier-général était précédé, en Afrique, par une brillante réputation. Colonel en 1815, il soutint, pendant trois jours, cette belle défense de Nogent-sur-Marne qui mérita qu'un historien militaire, le général Boutourlin, aide-de-camp de l'empereur Alexandre, en ait écrit « qu'il suffisait de trois journées de la vie du général Voirol pour illustrer toute une carrière. »

[2] 1o Route d'*Alger* à *Blidah*, par *Dely-Ibrahim* et *Douera* ; 2o même route par *Bir-Kadem* et l'*Oued-el-Kerma* ; 3o route des *Tagarins*, qui conduit de la porte *Bab-el-Oued* à celle de la *Kasbah*, non loin de laquelle elle se relie à celle du *fort l'Empereur* ; 4o route de *Kouba*, par la petite plaine de *Mustapha-Pacha* ; 5o route de la *Maison Carrée*, qui se sépare de la précédente au-dessous de *Kouba* ; 6o route en avant de la *Maison Carrée*, dans la *Métidjah* ; 7o route de la *Maison Carrée* au *fort de l'Eau*.

M. Genty de Bussy, dont nous ignorons les services, devait son rapide avancement au patronage d'un homme puissant. M. Pichon, son prédécesseur, s'était retiré devant l'impossibilité d'administrer légalement, avec un personnage tel que le duc de Rovigo. Pour mettre fin à de nouveaux conflits, une ordonnance du 12 mai 1832, avait replacé l'intendant civil sous l'autorité du général en chef. M. Genty de Bussy fut nommé à ces fonctions ; c'est un homme d'esprit et de savoir-faire qui sut, par d'habiles concessions, capter la faveur de M. de Rovigo, et se rendre indépendant de fait, en ne paraissant agir que sous l'impulsion de son chef. Nous voudrions pouvoir dire qu'il n'employa son influence que dans l'intérêt général.

de la frégate *la Victoire*, des corvettes *la Circé*, *l'Ariane* et *l'Oise*, des gabares *la Durance* et *la Caravane*, et du brick *le Cygne*, partit de Toulon le 22 septembre, portant 2 bataillons du 59º de ligne, sous les ordres du colonel Petit d'Hauterive, 2 batteries d'artillerie, une compagnie du génie, une demi-section du train des équipages, et une section d'ouvriers d'administration. Ce petit corps d'armée parut devant Bougie le 29. L'artillerie de l'escadre fit taire en peu de temps les forts de la ville, le débarquement s'opéra entre la kasbah et le fort Abd-el-Kader, et, malgré une assez vive résistance, une partie des troupes enleva la place en quelques heures. Dans la nuit, les Kebaïles, qui occupaient les hauteurs, descendirent par le ravin de Sidi-Touati, qui partage en deux Bougie, et vinrent attaquer la porte de la Marine. Le 30, au point du jour, ils cernaient les rues et tiraillaient de tous côtés. Le 1ᵉʳ octobre, les soldats, fatigués de se voir ainsi harcelés, s'en vengèrent sur les habitants, dont ils firent une horrible boucherie; 14 femmes ou enfants furent égorgés dans la seule maison du kadi Bou-Cetta, qui cependant était d'intelligence avec nous, et qu'on n'épargna pas plus que les autres. Dans la nuit du 2 au 3, les hauteurs voisines furent balayées avec vigueur par 4 compagnies que le brave La Moricière y lança; le 3, le général Trézel fit essayer sans succès l'escalade du mont Gourayah; le 4, survint d'Alger un renfort du 4ᵉ de ligne, avec deux compagnies du 2ᵉ bataillon d'Afrique. Après des combats partiels, qui durèrent jusqu'au 12, le Gourayah, qui servait de retraite à des masses de Kebaïles, fut abordé avant le jour par trois colonnes; celles de droite et du centre atteignirent les crêtes sans éprouver de sérieuses difficultés; la colonne de gauche, conduite par le chef de bataillon Gentil, du 4ᵉ de ligne, trouva plus de résistance; mais un détachement de marins, que le commandant Parseval-Deschênes fit débarquer au fond de la rade, appuya son mouvement, et, après avoir refoulé l'ennemi sur tous les points, on établit au moulin de Demous un poste suffisant, qui s'entoura de retranchements habilement tracés par le colonel du génie Lemercier. Les Kebaïles renouvelèrent, jusque dans les premiers jours de novembre, des hostilités sans résultats. Nos blockhaus se multipliaient, et bientôt les assaillants n'osèrent plus se montrer à la portée de nos canons. M. Duvivier prit, le 7 novembre, le commandement de la place, et le général Trézel, qui avait été grièvement blessé dans une escarmouche, retourna à Alger, laissant à Bougie un bataillon du 59º, un du 4ᵉ et le 2º bataillon d'infanterie légère d'Afrique; cette petite garnison fut renforcée plus tard d'un escadron du 3ᵉ chasseurs, envoyé de Bone.

Le général Monk d'Uzer, qui commandait dans cette dernière ville, continuait à recueillir les fruits de sa politique modérée; la tribu des Merdès, des bords de la Mafrag, ayant pillé quelques Arabes qui nous apportaient des vivres, il marcha contre elle. Après un léger combat, les Merdès demandèrent merci, et l'honorable général, satisfait d'avoir montré sa force, eut la générosité de ne leur imposer que la restitution de ce qu'ils avaient enlevé. Cette sage conduite nous assura la fidélité de cette grande tribu.

Peu de jours avant l'expédition de Bougie, quelques ferments de révolte s'étaient développés dans la Métidjah : un de nos alliés, Bou-Zéid-ben-Chaoula, kaïd des Beni-Khalil, périt assassiné au marché de Bou-Farik, le 9 septembre [1].

[1] Le général Voirol demanda au gouvernement une pension pour la veuve de ce kaïd qui nous était dé-

Les Hadjoutes furent accusés de ce meurtre; le général de Trobriand sortit d'Alger avec une colonne, passa le Mazafran à Mocta-Kéra, et mit le feu à leurs villages. Le fils de Bou-Zeïd fut nommé kaïd à la place de son père, et nous servit avec le même dévouement.

Toute la province d'Alger fut paisible dans l'hiver de 1833 à 1834, à l'exception de quelques incursions des Hadjoutes dans la Métidjah. Au mois de janvier, le général en chef reçut une députation du prince de Tugurth; l'envoyé de cette ville du Sahara [1] se rendit à Alger par Tunis; il venait offrir le concours de son maître, dans le cas où les Français marcheraient sur Constantine. Le général Voirol l'accueillit avec bienveillance, et le renvoya comblé de présents, sans toutefois engager sa responsabilité dans les éventualités de l'avenir. D'autres ennemis personnels d'Ahmed-Bey, tels que Farhat-Ben-Saïd, l'un des puissants cheïkhs du Sahara; El-Hadji-Abd-el-Salem, cheïkh de Merdjianah, qui par sa position était maître du fameux défilé des Portes-de-Fer; Haznaoui, cheïkh des Hanenchas, grande tribu limitrophe de la régence de Tunis; Ab-el-Diaf-Ben-Ahmed, cheïkh de la plaine de Hamza au pied du Djerjera, et enfin Ben-Hassem, cheïkh de Stora sur la côte, adressèrent au général en chef les mêmes propositions [2]. Ces ouvertures prouvaient qu'avec un système de protection éclairée, ferme et persévérante, il eût été facile d'assurer notre domination sur une portion considérable de l'Algérie. Les Arabes offraient des otages, des vivres et même de l'argent; paralysé par l'impuissance à laquelle le gouvernement le condamnait, M. Voirol ne put répondre aux bonnes dispositions des indigènes en notre faveur; ceux-ci ne tardèrent pas à douter de notre puissance, et les fautes de plusieurs chefs militaires achevèrent plus tard d'effacer le prestige dont notre nom s'entourait encore.

Au mois de mai 1834, les incorrigibles Hadjoutes ayant recommencé leurs déprédations, le général Bro fut envoyé contre eux avec 2,000 hommes, auxquels se joignirent les Beni-Khalil et les Beni-Moussas; cette colonne les atteignit, le 18, dans le bois de Koraza, entre l'Oued-Jer et le Bouroumi. Un parlementaire se présenta pour traiter de la paix et demander un kaïd nommé par nous; mais le général Bro voulait des otages, on ne put s'entendre, et les hostilités commencèrent. Nos auxiliaires firent dans ce combat un butin qui les dédommagea de leurs pertes. Le lendemain, un autre député vint apporter la soumission des Hadjoutes, et l'expédition reprit le chemin d'Alger, après leur avoir laissé pour kaïd Kouïder-Ben-Rebeha. Quelques jours après, nos nouveaux alliés célébrèrent par une grande fête, à Blidah, leur réconciliation avec les Beni-Khalil, et le général en chef, pour sceller ce bon accord, délivra Sidi-Mohammed, le second cousin de Mahiddin, et le plus célèbre des marabouts de Koléah. L'ex-bey

---

voué; elle fut refusée; et cependant Ben-Omar, ce bey timide qui n'avait pas su se maintenir à Médéah, en touchait une de 6,000 francs; et un réfugié obscur de Constantine, nommé Ben-Zéery, qui gardait le fort de l'Eau avec quelques cavaliers, nous coûtait 18,000 francs pour des services fort contestables, et percevait aussi un traitement personnel de 6,000 francs!

[1] (Voyez sur Tugurth le LIVRE DEUXIÈME, *Exploration du désert de Sahara*, p. 91.) Le sultan de ce pays était ennemi du bey de Constantine; vaincu en 1833, dans une guerre contre Hadji-Ahmed qui lui opposa de l'artillerie, et irrité de sa défaite, il avait conçu le projet de se réunir à nous contre ce bey, et se flattait de l'espoir d'obtenir le gouvernement de Constantine sous notre suzeraineté, et en payant à la France un tribut annuel.

[2] Voir les *Annales algériennes*, t. II, liv. XII, p. 118.

de Titteri, Ben-Omar, fut en même temps installé près de Douera, avec une mission de surveillance sur l'Outhan des Beni-Khalil. La confiance était rétablie de part et d'autre; et bientôt les Aribs, peuplade du Sahara, d'où la guerre l'avait chassée, et qui s'était réfugiée dans la plaine de Hamza, puis dans la Métidjah, se réunit sous notre protection, dans les belles prairies de Ras-Southa et autour de la Maison-Carrée. Ce fut un des beaux résultats de la belle conduite du général Voirol, qui ne négligeait aucun moyen de faire aimer et respecter en même temps notre autorité.

A Oran, le général Desmichels avait succédé à M. Boyer, le 23 avril 1833. Il suivit le système d'indépendance adopté par son prédécesseur. Homme d'action plutôt que de conseil, il débuta par une razzia sur les Gharabas, au S.-O. d'Oran. Abd-el-Kader, informé de cette agression, vint camper à trois lieues de la ville; plusieurs sorties vigoureuses le décidèrent à se retirer. Encouragé par ce succès, M. Desmichels résolut d'occuper Arzew et Mostaghanem.

Sur le premier de ces points, Abd-el-Kader le prévint en forçant la population à émigrer. Le général s'empara des murailles vides, et se retira le 13 juillet, en y laissant 300 hommes. Quelques-uns des fugitifs vinrent s'établir à Oran, le plus grand nombre alla se mêler aux Arabes de la plaine de Cefrat. L'émir, dont le pouvoir ne s'étendait encore qu'à quinze lieues autour de Maskara, se porta vers Tlemcen qui lui ouvrit ses portes; mais il échoua devant la citadelle que défendaient les Turcs et les Koulouglis, et, manquant d'artillerie, il reprit le chemin de Maskara, où il apprit la mort de son père.

Le 27 juillet, le général Desmichels débarquait au port des Poules, à l'embouchure de l'Habra, avec 1,400 hommes; il marcha rapidement sur la bourgade de Mazagran, où les soldats ne trouvèrent qu'une vieille femme aveugle, qu'ils jetèrent dans un puits, et entra dans Mostaghanem sans coup férir. Les habitants, prévenus qu'ils étaient libres d'y rester sous notre autorité ou de quitter leurs foyers en emportant leurs richesses, adoptèrent ce dernier parti. Le 29 et le 30, les Arabes vinrent attaquer nos avant-postes, et, le 31, nous perdîmes une cinquantaine d'hommes. Le 2 août, Abd-el-Kader arriva en personne avec des forces considérables. M. Desmichels crut alors prudent d'enfermer les troupes dans les forts et de retourner à Oran, pour tenter une expédition dans l'intérieur de la province pendant l'absence de l'émir. Le 5, il envoya le colonel de l'Étang, du 2ᵉ chasseurs d'Afrique, attaquer avec 1,300 hommes la tribu des Smélas. Toutes les horreurs des razzias furent déployées dans cette affaire; nos chasseurs revenaient poussant devant leurs chevaux femmes, enfants, chèvres et moutons, lorsque les Arabes se rallièrent et vinrent les charger. L'infanterie, sans vivres, était accablée de fatigue et de soif, et l'ennemi, mettant le feu aux broussailles, traça autour d'elle un cercle ardent. On vit alors des hommes désespérés jeter leurs fusils et refuser de marcher; ceux à qui le courage restait n'avaient plus de force pour combattre. La cavalerie, abandonnant son butin, fut obligée de soutenir seule les efforts des assaillants, et sans le dévouement de M. Desforges, officier d'ordonnance du colonel de l'Étang, qui se dévoua au salut commun pour aller à Oran chercher des renforts, à travers mille dangers, la colonne eût été exterminée.

Pendant ces événements, Abd-el-Kader pressait le siège de Mostaghanem; du

3 au 9 août, la faible garnison française eut à lutter contre des efforts inouïs; mais les Arabes, ayant épuisé leurs provisions, se dispersèrent peu à peu, selon leur habitude, et l'émir dut regagner Maskara, en attendant une autre occasion de réparaître. Ses émissaires parcoururent les tribus pour leur interdire, sous les plus rigoureuses menaces, toute communication avec nous. Sur ces entrefaites, un cheïkh des Bordjias, que l'instinct du lucre avait attiré sur le marché de Mostaghanem, craignant que cette désobéissance n'attirât sur lui le courroux de l'émir, résolut de le détourner en lui offrant quelques têtes de chrétiens. Il se présenta à Arzew avec des vivres, et, après son trafic, feignant de craindre les cavaliers d'Abd-el-Kader qui, disait-il, surveillaient les environs, il demanda une escorte pour retourner dans son douar. Le commandant d'Arzew lui donna cinq chasseurs d'Afrique; mais, à un quart de lieue des avant-postes, ces malheureux tombèrent dans une embuscade; un d'eux périt, et les autres furent emmenés à Maskara. Le général Desmichels écrivit à l'émir pour les réclamer; celui-ci répondit qu'il n'était pas responsable des intrigues d'un misérable dont le commandant d'Arzew avait été dupe, et qu'il désavouait; qu'au surplus, il rendrait les prisonniers pour mille fusils par tête. Il reprochait en outre, au général, de ne faire que des actes de pillage, et le défiait d'accepter en plaine un plus noble combat. M. Desmichels ayant appris, au reçu de cette lettre, qu'Abd-el-Kader était campé sur le territoire des Semélas, sortit d'Oran le 2 décembre, à six heures du soir, avec toutes ses troupes, et marcha toute la nuit; mais au point du jour, au lieu d'attaquer le camp arabe, il dévasta des douars inoffensifs, et, après une effroyable boucherie, il se préparait à faire retraite, lorsqu'une nuée de cavaliers vint tout à coup l'envelopper. Dans le premier moment de sa stupéfaction, il s'empressa de relâcher quelques femmes et quelques enfants que nos soldats traînaient avec eux; mais cette triste concession n'était point de nature à apaiser la fureur de l'ennemi, et, sans le secours de notre artillerie, nous eussions payé cher les exploits de cette matinée.

Le 6 janvier 1834, l'incapacité du même général nous valut encore un échec. Éclairé un peu tard par les leçons de l'expérience, M. Desmichels changea de système et rêva la paix. Par l'intermédiaire de quelques juifs, il sollicita une entrevue que l'émir lui refusa, en envoyant toutefois à Oran Miloud-Ben-Harach, son secrétaire, pour écouter les conditions auxquelles un traité serait possible. Le général Voirol ne fut instruit de ces négociations que par des officiers d'Abd-el-Kader qui vinrent lui apporter les dépêches de M. Desmichels. Par un incroyable oubli de son devoir comme des plus simples convenances, le commandant supérieur d'Oran n'était parvenu qu'à humilier les intérêts de la France devant ceux d'un chef arabe, dont il sanctionnait les prétentions et la souveraineté par la convention signée le 26 février [1]. Le monopole du commerce d'Arzew livré

---

1 L'auteur d'un ouvrage intitulé l'*Algérie ancienne et moderne*, avance, on ne saurait dire sur quelles preuves, que les contractants du traité de 1834 signèrent des *articles secrets*, non avoués par le général Desmichels, et *ignorés même du gouvernement français* (p. 428). En voici le texte véritable et complet, traduit sur *l'original arabe*, tel qu'il existe entre les mains d'Abd-el-Kader.

1. *Conditions des Arabes pour la paix.* 1º Les Arabes auront la liberté de vendre et acheter de la poudre, des armes, du soufre, enfin tout ce qui concerne la guerre. 2º Le commerce de la Mersa (Arzew) sera sous le gouvernement du Prince des Croyants, comme par le passé, et pour toutes les affaires. Les cargaisons ne se feront pas autre part que dans le port. Quant à Mostaghanem et Oran, ils ne recevront que les marchandises nécessaires aux besoins de leurs habitants, et personne ne pourra s'y opposer. Ceux qui désirent changer

aux agents d'Abd-el-Kader ; Alger ouvert aux espions de l'émir, que le général en chef ne pourrait arrêter qu'en fournissant un prétexte de rupture ; le droit concédé aux Arabes de venir acheter chez nous des armes et des munitions qui, tôt ou tard, seraient employées contre nous ; l'interdiction aux Européens de voyager dans l'intérieur des terres sans un permis du chef arabe, tandis que les musulmans pénétreraient chez nous sans obstacle et sans contrôle ; et au-dessus de tout cela, la reconnaissance officielle d'Abd-el-Kader comme *Prince des Croyants*, c'est-à-dire comme souverain que la France devrait désormais traiter d'égal à égal : tels furent les fruits de la diplomatie dont se glorifia tristement un général brouillon qui n'avait pas même su faire respecter nos armes [1].

Devenu maître de toute la partie de la province d'Oran, qui des frontières du Maroc s'étend jusqu'au Chéliff, le jeune émir, dont l'ambition grandissait avec le succès, rencontra parmi les tribus quelques ennemis. Un cheïkh des Douairs, Mustapha-ben-Ismaël, qui avait exercé sous les Turcs les fonctions d'agha, lui refusa le titre de sultan, marcha contre lui, battit ses troupes le 12 avril, et offrit à M. Desmichels de traiter avec la France. Ce général, qui tenait à avoir créé un prince des croyants, repoussa ces ouvertures, et écrivit à Abd-el-Kader pour l'assurer de son concours ; cette lettre accompagnait un convoi de poudre et de 400 fusils. Cependant, l'heureux coup de main exécuté par Mustapha avait rallié autour de ce chef révolté quelques partisans prêts à suivre sa fortune ; le kaïd de Tlemcen se proposait de lui livrer cette ville, et plusieurs chefs de tribu du désert d'Angad étaient en pleine insurrection. M. Desmichels se concerta aussitôt avec Abd-el-Kader, et porta son camp à Miserghin pour surveiller les mouvements de Mustapha, tandis que l'émir se portait avec toutes les tribus fidèles au bord du Sig. Après avoir détruit le village d'El-Bordj, Abd-el-Kader atteignit Mustapha le 12 juillet, et du premier choc dispersa les rebelles ; leur chef, blessé grièvement, implora le pardon du vainqueur, qui ne souilla sa cause par aucun acte de vengeance. Profitant rapidement de ses avantages, il rentra dans Tlemcen, dont il chassa le kaïd ; mais les Turcs du Méchouar lui opposèrent, cette fois encore, une résistance qu'il ne put briser, faute d'artillerie [2]. Mustapha-ben-

---

des marchandises devront se rendre à la Mersa. 3° Le général nous rendra tous les déserteurs et les fera enchaîner. Il ne recevra pas non plus les criminels. Le général commandant à Alger n'aura pas de pouvoir sur les musulmans qui viendront auprès de lui avec le consentement de leurs chefs. 4° On ne pourra empêcher un musulman de retourner chez lui quand il le voudra. Ce sont là nos conditions, qui sont revêtues du cachet du général commandant à Oran.

II. *Conditions des Français*. 1° A compter d'aujourd'hui, les hostilités cesseront entre les Français et les Arabes. 2° La religion et les usages des musulmans seront respectés. 3° Les prisonniers français seront rendus. 4° Les marchés seront libres. 5° Tout déserteur français sera rendu par les Arabes. 6° Tout chrétien qui voudra voyager par terre devra être muni d'une permission, revêtue du cachet du consul d'Abd-el-Kader et de celui du général). — Sur ces conditions se trouve le cachet du Prince des Croyants.

1 Quelque temps après, M. Desmichels, se croyant l'auteur d'un chef-d'œuvre, écrivit à Abd-el-Kader une lettre pleine d'adulation pour solliciter une entrevue qui lui avait été déjà refusée. Soit que l'émir eût gardé peu de considération pour le général qui venait de signaler une si triste incapacité, soit que des raisons politiques l'engageassent à éluder une visite dans laquelle il se sentait disposé à formuler des exigences peut-être prématurées, soit enfin que le jeune *Prince des Croyants*, du haut de son pavois, regardât l'agent français comme une espèce de subalterne, il persista dans son refus, malgré les instances réitérées de M. Desmichels, qui ne voulait sans doute pas rentrer en France sans avoir vu de ses yeux le souverain de son invention. Il était difficile d'abdiquer plus entièrement la dignité du commandement.

2 Il fit demander deux obusiers au général Desmichels, qui dut en référer au gouvernement. Le ministre de la guerre consentit aux désirs d'Abd-el-Kader ; mais quand cette autorisation parvint à Oran, l'émir avait quitté Tlemcen.

Ismaël, trahissant ses serments, vint se liguer avec les Turcs. L'émir, au lieu de punir les Douairs de cette défection de leur chef, poussa la générosité jusqu'à donner à El-Mezary, neveu de Mustapha, le titre d'agha de la province.

Son génie, occupé d'un vaste projet, rêvait la souveraineté de toute la zone intérieure de l'Algérie, de l'ouest à l'est, en nous abandonnant le littoral. Instruit par ses émissaires que les villes de Milianah et de Médéah n'étaient pas éloignées de se déclarer en sa faveur, il écrivit au général Voirol pour sonder ses dispositions, en lui annonçant son projet de venir lui-même châtier les brigandages des Hadjoutes. Le général en chef, trop habile pour ne point pénétrer les vues secrètes de l'émir, et trop sage pour élargir la plaie faite à nos intérêts par le malheureux traité du 26 février, répondit avec fermeté que si Abd-el-Kader franchissait le Chéliff, ce mouvement serait regardé comme une rupture; que, du reste, l'armée française avait réprimé les Hadjoutes, et suffisait pour maintenir au besoin la province de Titteri.

Prenant alors des voies plus détournées, Abd-el-Kader profita des faiblesses de M. Desmichels pour s'en faire, à son insu, un chaud partisan. Le kaïd de Milianah, Sidi-Ali-el-Kalati, se rendit à Maskara, sut capter par son esprit les officiers de la légation française, et leur persuader que le général Voirol, jaloux du traité signé sans sa participation, cherchait tous les moyens d'annuler l'œuvre *diplomatique* de M. Desmichels. Ce commandant supérieur donna tête baissée dans le piège, et fit déclarer à Abd-el-Kader « qu'il le rendrait plus grand qu'il n'aurait osé même le désirer, et qu'*il fallait qu'il régnât partout, depuis Maroc jusqu'à Tunis* [1]. » Il était impossible de pousser plus loin l'aveuglement ou la folie. Abd-el-Kader parut lui-même surpris du langage de l'officier français qui lui rapporta de si singulières assurances. Tout conspirait en faveur de ses prétentions, et, profitant sans perdre un moment de ces circonstances inespérées, il donna tous ses soins à l'organisation politique de ses sujets. Son désir de connaître nos usages, notre législation et notre système militaire, lui faisait adresser chaque jour de nouvelles questions aux officiers de la légation de Maskara; et tous ces renseignements, qui lui furent donnés par écrit, servirent puissamment ses desseins. Il forma bientôt de toutes ses tribus cinq grandes divisions qui furent placées chacune sous les ordres d'un agha; et pour soustraire les Arabes à la nécessité de corrompre par des présents les kaïds et les kadis, il assigna à

---

[1] *Annales algériennes* par E. Pellissier, capitaine au corps royal d'état-major, chef du bureau arabe en 1833 et 1834. (T. II, liv. xiii, p. 177.)
Cette intrigue fut conduite de telle sorte, que la vanité seule de M. Desmichels en pouvait être la dupe. Sidi-el-Kalati écrivit à *sa grandeur* le général commandant les troupes françaises à Oran : « Nous avons vu *votre sagesse* et *votre prudence*; vous êtes un homme de bon conseil, et vous avez de *saines* et *grandes idées*; votre conduite nous l'a *prouvé*. » (A la suite de ces compliments était transcrite la réponse faite par le général Voirol aux prétentions d'Abd-el-Kader sur la province de Titteri ; mais El-Kalati s'était avisé d'y ajouter cette phrase : « Le gouvernement de l'Afrique ne regarde que moi, le général Desmichels n'est rien et n'est pas écouté du grand roi qui est à Paris. » L'habile émissaire de l'émir donnait ensuite copie d'une autre lettre que M. Voirol lui avait personnellement adressée, et dans laquelle beaucoup de phrases désobligeantes pour M. Desmichels se trouvaient intercalées.) Il terminait son épître par de nouvelles flatteries, dont la crédulité du commandant d'Oran fut émerveillée. Au lieu d'éclaircir les faits, M. Desmichels se permit une faute grave, en jouant au dictateur dans le cercle de sa petite autorité. Voilà un des effets de ce régime militaire dont M. Bugeaud proclame les lumières : « Nous n'avons pas, dit-il, la prétention d'avoir plus de bon sens que les hommes de l'ordre civil, mais on admettra, je pense, que nous pouvons en avoir autant. » (*L'Algérie, des moyens de conserver et d'utiliser cette conquête*, p. 42.)

ces fonctionnaires des traitements fixes, avec défense rigoureuse d'accepter aucune gratification. Économe dans sa vie privée, il entoura sa dignité d'un appareil extérieur imposant, créa des fabriques d'armes, une monnaie à son coin, et devint rapidement, sous nos yeux, le représentant d'une idée morale et civilisatrice, tandis que, par nos actes, nous ne mettions en face de lui qu'une idée brutale, une idée de destruction.

Pendant que la paix régnait en apparence dans la province d'Oran, le chef de bataillon Duvivier luttait, à Bougie, contre les agressions fréquentes des Kébaïles. Ce brillant officier, qui avait une parfaite intelligence de la guerre d'Afrique, soutint, depuis le 5 janvier jusqu'au 23 juillet 1834, des combats partiels dont le succès prouva ses capacités militaires autant que la valeur de nos troupes.

Le général en chef s'occupait à Alger des soins de l'administration. L'intendant civil, M. Genty de Bussy, créa plusieurs établissements agricoles, et entre autres une pépinière d'essai qui a prospéré de plus en plus ; malheureusement il se laissa trop souvent entraîner à la manie de faire des arrêtés qui dépouillaient les indigènes au profit des spéculateurs venus d'Europe [1]. Lorsque M. Voirol voulut résister à des mesures qui compromettaient gravement les relations d'équité dont la politique, autant que le droit des gens, nous faisaient un devoir, l'intendant civil afficha des prétentions d'indépendance qui firent éclore de fâcheux démêlés entre les deux pouvoirs [2].

---

[1] Dans le courant de 1834, M. Genty de Bussy, voulant agrandir le jardin de naturalisation, expropria un pauvre Maure, et le lendemain ce malheureux fut chassé du petit jardin qui le faisait vivre, lui et sa famille. Il vint, tout en larmes, se jeter avec ses enfants aux pieds du général en chef, qui le renvoya à l'intendant civil. Celui-ci répondit que les règles de la comptabilité ne permettaient pas de payer sur-le-champ à cet homme l'indemnité qui lui était due, mais qu'on s'en occupait. Le misérable exproprié, qui était sans pain, ne vécut longtemps que des bienfaits du général Voirol, désespéré d'avoir signé *de confiance* un arrêté qui avait de pareilles suites. Était-il si nécessaire d'agrandir la pépinière d'essai, aux dépens d'une famille qu'on réduisait à mourir de faim!

« Je pourrais citer *une foule* de traits semblables. Je me bornerai au suivant, qui a, peut-être, plus de gravité que le premier. L'administration s'empara, en 1834, d'une carrière dont une partie était dans un jardin, *sans que l'expropriation fût prononcée*, et sans que le propriétaire ait pu, je ne dis pas obtenir, mais *faire régler la moindre indemnité!* Toutes ces avanies retombent sur les indigènes, et pour défendre leurs droits si indignement méconnus, je me suis fait plus d'un ennemi, lorsque j'étais à la tête du bureau arabe. » (*Annales algériennes*, par le capitaine d'état-major Pellissier, t. II, liv. XIV, p. 193.)

[2] Nous ne voulons pas faire ici le procès de tous les actes administratifs de M. Genty de Bussy. La besogne serait longue, et nous nous réservons de publier plus tard une *Histoire administrative de l'Algérie*. Mais voici, en attendant, deux nouvelles preuves du savoir-faire de cet intendant.

L'article 7 de l'arrêté du général en chef comte Clauzel, en date du 22 octobre 1830, notifiait que les affaires criminelles entre Français seraient instruites devant la cour de justice d'Alger, mais que les prévenus seraient renvoyés en France, avec les pièces de l'information, pour y être jugés. Jusqu'à l'époque du 16 août 1832, aucune loi, aucune ordonnance royale n'avait changé cet état de choses, lorsque M. l'intendant signa un arrêté qui livrait les Français à la cour criminelle, et à la discrétion de M. de Rovigo ; et certes nous avons vu que ce général n'admettait guère, en fait de justice, que ses accès de cruauté ou ses convenances personnelles. On s'explique difficilement qu'un *intendant civil* ait ainsi donné son concours à un proconsul militaire.

Voici quelque chose de plus monstrueux. Par arrêté du 21 septembre 1832, M. Genty prescrivait à tous les propriétaires indigènes des environs de Kouba et de Deli-Ibrahim de présenter leurs titres de propriété le 21 septembre, à 7 heures et demie du matin ; et, faute par eux de comparaître en temps et lieu, il leur appliquait l'article 713 du Code civil, ainsi conçu : — « Les biens qui n'ont pas de maître appartiennent à l'État. » Sous le régime de barbarie que M. de Rovigo faisait subir aux indigènes, n'était-ce pas une amère dérision que de se servir d'un article isolé de nos lois, sans tenir compte de ceux qui protègent le droit des absents ; et de faire dépendre le droit de propriété d'une présentation de titres à heure fixe, imposée à de malheureux fugitifs, pour mettre l'État en possession, sans jugement, par un simple caprice administratif! (Voir les *Annales algériennes*, t. II, 1re partie, liv. IX, p. 20. — *Ibid.*, liv. XIV, p. 193 et 194.)

M. Pichon était rentré en France pour ne pas être davantage le témoin des méfaits de M. de Rovigo. Le ministère, peu soucieux d'intervenir dans leurs conflits, quelque légitimes que fussent d'ailleurs les griefs de M. Pichon, s'était borné à remplacer ce dernier par M. Genty de Bussy, qu'une ordonnance du 12 mai 1832 plaçait sous l'autorité du général en chef. L'unique protection que pouvaient espérer les intérêts civils des Français et des indigènes se trouva donc sacrifiée d'un trait de plume ; mais le cabinet de Paris secouait ainsi toute espèce de travail, et le système de laisser faire semblait toujours le meilleur à l'égard d'une conquête sur laquelle, malgré tant de sacrifices et d'illusions parlementaires, nos vues d'avenir sont encore aujourd'hui une véritable énigme. Le nouveau fonctionnaire n'était alors qu'un simple sous-intendant militaire de 3ᵉ classe, que ses protections, à défaut de services, avaient fait maître des requêtes; mais c'était un homme d'esprit et fort capable de saisir le bon côté d'une position si difficile à maintenir.

M. Genty de Bussy profita des leçons que lui laissait son prédécesseur, et, connaissant les manies impériales du duc de Rovigo, il sut, de prime abord, gagner sa confiance par tous les dehors d'une parfaite soumission. Il n'en fallait pas davantage pour conquérir un ascendant complet sur ce général en chef, trop peu versé dans l'art des paperasses pour ne pas se laisser dominer promptement par un secrétaire qui se bornerait, en apparence, à lui épargner la fatigue de rédiger des arrêtés. Peu à peu M. Genty parvint à marcher sur une voie d'égalité auprès de M. de Rovigo, qui toléra, sans les voir, ses nombreuses usurpations. On emplirait un gros volume avec l'indigeste compilation de jurisprudence administrative à laquelle il soumit tout ce qui pouvait donner pâture au fisc. Les vices de l'armée y gagnèrent surtout large carrière ; car les débitants de liquides frelatés se multiplièrent à foison, et l'on vit bientôt tomber en oubli l'arrêté du 10 mars 1832, qui leur défendait de vendre à boire aux sous-officiers et soldats. « Si cette prohibition avait été exactement observée, dit M. le commandant Pellissier, et il ne tenait qu'à l'autorité qu'elle le fût, le vice honteux de l'ivrognerie n'aurait pas fait tant de progrès dans l'armée d'Afrique, où il est poussé à un degré révoltant. Les routes sont journellement jonchées de soldats ivres-morts, que les indigènes regardent avec dégoût et pitié, et qui ne se relèvent, le plus souvent, que pour aller peupler les hôpitaux [1]. »

Lorsque M. de Rovigo quitta l'Afrique, le général Voirol, homme de probité et de conscience, mais frappé d'une sorte d'impuissance par le sentiment continuel de sa position intérimaire, n'eut pas l'heureuse pensée d'opposer une forte autorité à l'envahissement des abus. M. Genty de Bussy, déchargé du fardeau d'un chef impérieux qu'il fallait sans cesse dompter par tous les artifices d'une politique minutieuse, prit ses coudées franches à l'arrivée du nouveau général,

---

[1] Aujourd'hui même, les villes de l'Algérie sont encombrées de tabagies et de mauvais lieux. Dans quelques cafés qui tiennent pourtant à Alger le premier rang, officiers, sous-officiers, soldats, marins et gens de toutes les classes civiles se trouvent confondus, et il résulte parfois, de cette promiscuité, des scènes fâcheuses pour la dignité du commandement. Des femmes de mauvaise vie y viennent sur des tréteaux, exciter la lubricité par des chansons d'un cynisme révoltant. L'administration n'y prend pas garde ; ces gens-là paient un droit, et la plus honteuse tolérance s'abrite ainsi sous la protection du fisc, pour insulter à la morale publique. Un gouvernement civil fermerait ces lupanars ; le gouvernement militaire ignore ou permet tout.

MAURESQUE, COSTUME DE VILLE.

et, faisant servir à son ambitieuse rivalité la phraséologie des bureaux, qu'il possède si bien, et une facilité d'élocution qui ressemblait à du savoir, il s'empara du conseil d'administration, conduisit les discussions et les entraîna sous le poids d'une omnipotence que personne n'eut l'énergie de contester. Si M. Genty n'avait usé des conquêtes de sa faconde que pour en appliquer le pouvoir aux intérêts dont le développement lui était confié, le général Voirol aurait peut-être toléré jusqu'au bout les prétentions de son subalterne; « mais, dit un officier supérieur que j'ai déjà cité, lorsqu'il vit que l'intendant civil ne travaillait que dans l'intérêt de son amour-propre, sans ménager le moins du monde celui de son supérieur, sa susceptibilité d'homme et de chef se révolta, et il en résulta, de la part du général, une réaction dont les effets furent peu agréables pour M. de Bussy. »

Dans les premiers jours de septembre 1834 un événement assez important par lui-même vint porter le comble à leur mésintelligence. « Une Mauresque divorcée se présenta au général Voirol, et lui déclara que son intention était d'embrasser la religion chrétienne. Le général en chef, après s'être assuré que cette femme n'était pas en puissance de mari, l'envoya au commissaire du roi près de la municipalité, en lui prescrivant de veiller à ce qu'elle ne fût point maltraitée par les musulmans, qui pourraient voir sa conversion de mauvais œil. La néophyte, assurée de la protection de l'autorité, se mit alors à s'instruire des premiers principes de notre religion, en attendant son baptême. Le kadi d'Alger, Sidi-Abd-el-Aziz, homme instruit, mais fanatique, ayant appris ce qui se passait, courut se plaindre au général en chef, prétendant que la Mauresque n'avait pas le droit de changer de religion, et qu'elle méritait même d'être punie pour en avoir formé le projet. M. Voirol l'écouta avec beaucoup de patience, et lui répondit qu'il lui était personnellement fort indifférent que cette femme fût chrétienne ou musulmane; mais qu'il ne souffrirait pas qu'il lui fût fait la moindre violence sous prétexte de religion; que chacun était libre de suivre le culte qui lui convient; que ce principe avait été respecté par l'autorité française, qui ne s'était opposée en rien à la conversion de plusieurs chrétiens à la religion musulmane, et que, par analogie, il ne pouvait empêcher une conversion à la religion chrétienne. Le kadi, n'ayant rien de raisonnable à opposer à cela, pria alors le général de lui permettre, au moins, de voir la Mauresque, afin de tâcher de la ramener, par ses conseils, au culte de ses pères. M. Voirol répliqua qu'il en était parfaitement libre, et le kadi parut satisfait de cette assurance. Mais, ayant échoué dans ses tentatives, ce magistrat s'avisa de faire enlever la Mauresque par ses chaouchs. Le général, instruit de cet acte de violence, envoya un de ses aides-de-camp auprès d'Abd-el-Aziz, pour lui rappeler ce dont ils étaient convenus. La Mauresque, à qui l'on s'apprêtait à infliger la bastonnade, se trouva délivrée fort à propos, et se réfugia dans une église, où elle fut immédiatement baptisée, sans que les indigènes cherchassent à s'y opposer. Mais le kadi s'étant rendu chez le muphti des Arabes, Sidi-Mustapha-ben-el-Kebabty, tous deux convinrent de fermer leurs tribunaux, pour exciter un soulèvement dans la population. Le général en chef eut bientôt brisé cette résistance factieuse; car, après avoir fait sommer les deux magistrats de reprendre leurs fonctions, sur leur refus, il les destitua [1].

[1] Le kadi fut remplacé par Sidi-Ahmed-ben-Djadoun, kadi du Beït-el-Mal, qui fut installé par les soins du

« Voici maintenant le rôle que M. Genty de Bussy voulut jouer dans cette affaire. Le jour de la fermeture des tribunaux musulmans, le général en chef le fit appeler et lui dit : — « Je vous ai mandé, monsieur l'intendant civil, pour vous entretenir de l'événement du jour. » — « Quel événement, mon général? » demanda M. de Bussy. — « Mais, monsieur, reprit le général, vous devez bien le savoir ; il s'agit de la conversion de la Mauresque réfugiée près de l'autorité civile, et des suites de cet incident. » — « Comment, mon général, il y a une Mauresque qui a embrassé le christianisme? Je vous assure que je n'en savais rien. » Le général Voirol, indigné de cette affectation ironique d'ignorer une chose que tout Alger savait, le pria froidement de se retirer, en ajoutant que, puisqu'il en était ainsi, il lui ferait plus tard connaître ses ordres. Le lendemain, de très-bonne heure, après avoir reçu la veille l'arrêté qui destituait les magistrats indigènes, M. de Bussy se rendit chez le général pour lui faire des observations sur cette mesure. Au bout de peu de minutes, la conversation prit une direction telle, que M. Voirol, abandonnant sa position de chef, se mit à l'égard de M. de Bussy dans celle d'un homme jaloux sur le point d'honneur, et qui se sent outrager par quelqu'un qui n'a pas sur ces sortes d'affaires les mêmes idées que lui. Cette scène pénible clôtura, d'une manière fâcheuse pour M. de Bussy, l'administration de ce fonctionnaire [1]. » Les Maures, mécontents de la fermeté déployée en cette occasion par le général Voirol, se mirent à pétitionner contre lui ; mais, comme il avait su se faire aimer de la majorité des indigènes, il y eut des contre-pétitions, et le terrain manqua aux perturbateurs. Le ministère, qui élaborait, depuis le mois de juillet, un nouveau système de gouvernement colonial, au lieu de faire un acte de justice envers le digne général en chef, le comprit avec l'intendant civil dans la même suppression.

M. Genty de Bussy laissa peu de regrets en Afrique. De retour en France, il écrivit et dédia au maréchal duc de Dalmatie un livre à travers lequel on trouve d'excellentes idées qui, si elles lui appartiennent, font d'autant plus regretter sa triste administration [2].

Le général Voirol, ayant dignement refusé une position secondaire qu'on lui offrait auprès de son successeur, remit le commandement au général Rapatel; et vécut à Alger, comme un simple particulier, jusqu'au mois de décembre. Quand son départ fut connu, tous les kaïds des tribus soumises vinrent spontanément lui faire leurs adieux et lui offrir des armes du pays. La population européenne l'accompagna jusqu'au port et le pria d'accepter une médaille d'or,

commissaire du roi. Le muphti Mustapha-ben-el-Kebabti vint offrir ses excuses au général en chef, et fut autorisé à reprendre son emploi. Quelques indigènes qui avaient insulté le nouveau kadi furent arrêtés, et cet exemple suffit pour rétablir la plus entière tranquillité.

[1] *Annales algériennes*, t. II, 1re partie, liv. XIV, p. 201.

[2] On doit toutefois à cet intendant la création des premières écoles primaires en Algérie, et celle des deux premiers villages français de Kouba et Delhy-Ibrahim. Dans l'ouvrage qu'il a publié et que nous avons déjà cité plus d'une fois, nous aimons encore à signaler cette pensée: « Avec un gouverneur venu de l'ordre civil, et, nous ne le dissimulons pas, *tel est notre vœu formel*, s'en va le danger de voir substituer le moyen au but. Il y aura chez lui plus d'habitude de manier les hommes, plus d'inclination pour la douceur et la persuasion que pour la sévérité et la force. Concentrée sur une seule pensée, sa gloire sera la paix; son ambition, la prospérité progressive du pays. Inaccessible aux séductions des combats, devant lui l'esprit militaire effacera ses excès, et la colonisation reprendra la seule place qu'elle puisse occuper, la première. (*De l'établissement des Français dans la régence d'Alger*, t. II, p. 271.) M. de Bussy est dans le vrai ; malheureusement, cette exquise intelligence des choses lui est venue trop tard.

comme gage de la reconnaissance d'une colonie où son nom n'éveille que des souvenirs vénérés.

GOUVERNEMENT DU GÉNÉRAL DROUET D'ERLON.

Le 7 juillet 1833, M. le maréchal Soult, ministre de la guerre, avait fait approuver au Roi, sur la demande des chambres, l'envoi en Afrique d'une commission d'enquête, chargée d'apprécier l'état de l'occupation sous le double rapport militaire et colonial, et de constater, d'une manière irrécusable, les faits qui se rattachaient à l'administration de notre colonie naissante. Le gouvernement confia cette mission délicate à des hommes qu'entourait la considération publique, et dont les aptitudes spéciales devaient concourir à éclairer puissamment tous les objets d'études qui allaient leur être soumis. Le choix du ministère se fixa sur MM. le général Bonnet; d'Haubersaert, pair de France; de la Pinsonnière, Laurence, Piscatory et Reynard, députés; Monfort, maréchal de camp, inspecteur du génie, et Duval d'Ailly, capitaine de vaisseau.

Cette commission débarqua le 2 septembre, visita toutes les villes occupées par nos troupes, prit les plus minutieuses informations auprès des autorités civiles et militaires, de la chambre de commerce d'Alger et de la commission de colonisation; elle écouta les délégués de la société des colons, les négociants européens, et admit les Maures et les Juifs à lui soumettre leurs griefs. Le 23 octobre, elle revint à Alger avec de nombreux documents. L'ensemble de son rapport, présenté aux chambres au mois de juin 1834 (mais que M. Piscatory [1], son secrétaire, déclarait n'avoir pas été destiné à la publicité), confirma l'existence du mal dont je n'ai retracé qu'une partie. Voici la sévère appréciation qui en ressort :

« Si l'on s'arrête un instant à la manière dont l'occupation a traité les indigènes, on voit que sa marche a été en contradiction non-seulement avec la justice, mais avec la raison. C'est au mépris d'une capitulation solennelle, au mépris des droits les plus simples et les plus naturels des peuples, que nous avons méconnu tous les intérêts, froissé les mœurs et les existences; et nous avons ensuite demandé une soumission franche et entière à des populations qui ne se sont jamais bien complétement soumises à personne!

« Nous avons réuni au domaine les biens des fondations pieuses; nous avons séquestré ceux d'une classe d'habitants que nous avions promis de respecter; nous avons commencé l'exercice de notre puissance par une exaction; nous nous sommes emparés des propriétés privées sans indemnité aucune; et, de plus, nous avons été jusqu'à contraindre des propriétaires, expropriés de cette

---

[1] La chambre, disait en 1834 M. Piscatory, avait témoigné le désir de recevoir tous les documents nécessaires à l'examen de la question d'Alger, soulevée par la discussion du budget de la guerre. — Le gouvernement a cru devoir déposer sur le bureau le procès-verbal de la Commission qui avait accepté d'aller en Afrique. Quoique ce procès-verbal eût été rédigé *uniquement* pour mettre de l'ordre dans son travail, et pour témoigner de la marche qu'elle avait suivie, la Commission n'a pas cru devoir s'opposer à cette communication; mais il est utile que la chambre sache que ce procès-verbal *n'était pas destiné à l'impression*, et que cependant la Commission a pensé ne devoir apporter aucun changement à sa rédaction. (*Procès-verbaux et rapports*, p. 38.)

manière, à payer les frais de démolition de leurs maisons et même d'une mosquée. Nous avons loué des bâtiments du domaine à des tiers ; nous avons reçu d'avance le prix du loyer, et, le lendemain, nous avons fait démolir ces bâtiments, sans restitutions ni dédommagements.

« Nous avons profané les temples, les tombeaux, l'intérieur des maisons, asile sacré chez les musulmans. On sait que les nécessités de la guerre sont parfois irrésistibles, mais on devait trouver dans l'application de mesures extrêmes des formes de justice pour masquer tout ce qu'elles ont d'odieux. Jamais les peuples de l'antiquité, depuis les plus éclairés jusqu'aux plus barbares, n'avaient pensé que la violation des mœurs et des lois des nations vaincues pût les leur attacher. Les Romains, loin de suivre une telle marche, prenaient toujours une partie des coutumes des peuples qu'ils avaient soumis ; les hordes barbares du nord firent de même. Il est vrai que, plus tard, l'Europe substitua ses mœurs et ses croyances à l'Amérique, mais elle fut obligée de détruire les populations, et l'on ne pense pas que tel soit le résultat à rechercher aujourd'hui en Afrique.

« Il y eut confusion dans l'organisation de la justice, confusion dans les juridictions, confusion dans l'administration, confusion partout ; et certainement les indigènes, quand même ils auraient été pleins de bonne volonté, n'auraient pu se reconnaître dans ce chaos où nous ne nous retrouvions plus nous-mêmes. Les interprètes, ignorants ou infidèles, vinrent encore ajouter aux difficultés de nos transactions avec les Arabes.

« Nous avons envoyé au supplice, sur un simple soupçon, et sans procès, des gens dont la culpabilité est toujours restée plus que douteuse depuis ; leurs héritiers ont été dépouillés. Le gouvernement a fait restituer la fortune, il est vrai, mais il n'a pu rendre la vie à un père assassiné.

« Nous avons massacré des gens porteurs de sauf-conduits ; égorgé, sur un soupçon, des populations entières, qui se sont ensuite trouvées innocentes ; nous avons mis en jugement des hommes réputés *saints* dans le pays, des hommes vénérés, parce qu'ils avaient assez de courage pour venir s'exposer à nos fureurs, afin d'intercéder en faveur de leurs malheureux compatriotes ; il s'est trouvé des juges pour les condamner, et des hommes *civilisés* pour les faire exécuter.

« Nous avons plongé dans les cachots des chefs de tribus, parce que ces tribus avaient donné asile à nos déserteurs ; nous avons décoré la trahison du nom de *négociation*, qualifié d'*actes diplomatiques* de honteux guet-apens ; en un mot, nous avons débordé en barbarie les *barbares* que nous venions *civiliser*, et nous nous plaignons de n'avoir pas réussi auprès d'eux !!! Mais nous avons été nos plus cruels ennemis en Afrique, et, après tous ces égarements de la violence, nous avons changé tout à coup de système pour nous lancer dans l'excès contraire ; nous avons tremblé devant un acte de rigueur mérité, et nous avons voulu ramener à nous, à force de condescendance, des gens qui n'ont alors cessé de nous craindre que pour nous mépriser.

« On ne peut attacher le blâme à tel administrateur plutôt qu'à tel autre ; les modifications survenues successivement dans le personnel, l'absence de système déterminé, l'incertitude de l'occupation, ont jeté la langueur partout. Les faux errements des uns, inaperçus par leurs successeurs, n'ont pas été rectifiés ; des mesures favorables à telle branche d'administration ont été légèrement adoptées, sans qu'on ait remarqué qu'elles étaient nuisibles à d'autres. Enfin, le sol a manqué sous les pas de presque tous, parce que presque tous, en présence de difficultés extrêmes, ont été inférieurs à leur position [1]. »

La commission résumait ainsi son jugement : « Il n'y a personne qui n'ait été frappé de l'incapacité, de la faiblesse et de l'ignorance de certains fonctionnaires. Il en est résulté que l'autorité a donné un spectacle honteux pour la France; qu'elle a été pour les Français vexatoire et tracassière, et que, loin de rien encourager, elle a éloigné les progrès, découragé les efforts, et que tous les bons résultats ont été, sinon rendus impossibles, au moins ajournés pour longtemps. De là naît, pour nous, la déconsidération vis-à-vis des Européens, une impuissance complète sur l'esprit des Arabes, et l'idée donnée aux étrangers que la France ne veut pas conserver un pays qu'elle gouverne si mal.

« L'attitude de l'autorité militaire, jugée dans son ensemble, est la faiblesse et l'hésitation, la perte de son influence sur les nationaux, et défaut de puissance morale sur les indigènes. L'autorité supérieure a une large part dans ce blâme.

« L'autorité civile est placée dans une mauvaise position : absence de haute direction, défaut d'intelligence de sa mission, activité peu féconde en résultats utiles, souvent imprudente et dommageable [2]. La commission ne méconnaît pas que les circonstances ont été souvent difficiles ; l'autorité supérieure a fait tout ce qui devait les aggraver.

« L'autorité judiciaire manque de considération et d'indépendance ; elle a été mal composée dans son personnel ; la confiance s'est retirée d'elle, et l'opinion publique réclame sa prompte réorganisation [3]. »

Puis, appréciant « les graves inconvénients attachés à l'action prédominante du pouvoir militaire, inévitablement empreinte de cette marche brusque, *violente*, et plus préoccupée des droits de la conquête que des principes de modération et de justice qui doivent régler l'administration d'un pays qu'on veut conserver », la commission pensait que « l'institution d'un gouverneur *supérieur* au commandant en chef de l'armée, et qui, par conséquent, dominerait tout à

---

[1] *Procès-verbaux et rapports* de la commission nommée par le Roi, le 7 juillet 1833, pour aller recueillir, en Afrique, tous les faits propres à éclairer le gouvernement sur l'état du pays, et les mesures que réclame son avenir. (P. 333. Paris, Imprimerie royale, juin 1834.)

[2] Ceci justifie l'opinion que nous avons portée sur l'administration de M. Genty de Bussy, que la Commission n'a pas cru devoir excepter ; et ce fonctionnaire s'est empressé de reconnaître l'équité de ces conclusions, car voici l'hommage qu'il leur a lui-même rendu : « Prise dans les deux premiers corps de l'État, une commission est venue, en 1833, étudier l'Afrique sur les lieux. Guidée, avant tout, par le besoin de saisir la *vérité*, elle a voulu voir et toucher par elle-même les éléments livrés à son examen. Pleine de circonspection et de prudence toutefois, elle a pensé que les conséquences des faits qu'elle avait mission de recueillir ne devaient pas être prématurément tirées, et qu'elle n'avait pas d'avis à laisser transpirer sur les lieux. Loin donc de se presser d'écrire lorsque ses impressions étaient encore trop vives, elle a parfaitement senti qu'à Alger elle devait se borner à tout voir, et que c'était à Paris seulement qu'elle était appelée à dire comment elle avait vu. Inaccessible à toute autre considération qu'à celle de bien faire, elle s'est mise à la tâche avec ce patriotisme qui distingue aujourd'hui les hommes sincèrement attachés à leur pays. Grâces lui en soient rendues ! La France lui a déjà tenu compte de ses travaux et de son dévouement à la chose publique. » (*De l'établissement des Français dans la régence d'Alger*, 2e édition, t. I, p. 5.)

[3] *Procès-verbaux et rapport de la commission*, p. 117.

la fois le pouvoir militaire et le pouvoir civil, *sans appartenir plus spécialement à l'un qu'à l'autre*, pourrait concilier avec sagesse et ensemble tous les besoins du pays [1]. » Elle terminait ses travaux en déclarant son unanimité d'opinions sur ce point que, sans déclaration officielle de la réunion de l'Algérie à la France, il n'y avait pas de colonisation possible [2]. Toutefois, à côté du triste tableau qu'elle venait de tracer, elle avait su placer des espérances pour l'avenir : « Tout nous paraît, disait-elle, devoir encourager nos efforts en Afrique; la fertilité du sol est grande, la perspective commerciale se présente aussi sous les couleurs les plus favorables, et, quelques difficultés que l'on éprouve à naturaliser la civilisation sur cette terre, et, par suite, l'usage des produits de notre industrie, la voie qu'une colonisation purement européenne ouvrirait serait déjà bien assez large pour justifier toutes les espérances. La position militaire est merveilleuse sous le rapport politique, en ce qu'elle commande une des mers les plus riches d'avenir, et qu'elle présente à l'ennemi extérieur d'immenses difficultés d'attaque. »

Quant à la colonisation, quel était son état? M. l'intendant Genty de Bussy va nous répondre : « Trompés, dit-il, par le charlatanisme de quelques journaux, des gens sans aveu, sans industrie, sans argent, ramassés dans tous les coins de l'Europe, vinrent, en 1831, fondre sur Alger, et ne tardèrent pas à faire connaître qu'ils n'avaient fait que changer de misère, avec l'éloignement de plus. Tels ont été nos premiers colons, dont la moitié mourut, pendant que l'autre vivait d'aumônes et devenait une charge publique. Plusieurs expéditions de colons se répétèrent dans le cours de 1832, et, du Havre, il fallut les renvoyer à Marseille, pour n'avoir pas à gémir du spectacle de tribulations nouvelles. Ainsi, quand la politique des puissances réunit ses efforts contre l'odieuse industrie de la traite des hommes, d'avides spéculateurs l'importent en Europe, et, dans la vue d'augmenter la valeur des terres qu'ils ont acquises à bas prix, ne craignent pas de compromettre la vie de quelques milliers d'individus! Voilà ce que nous avons vu, ce que nous n'avons pas oublié [3]. »

Un écrivain militaire juge autrement ces infortunés : « Des vagabonds de tout pays, s'écrie-t-il, des misérables sans énergie, traînant après eux une foule d'enfants et de vieillards, vinrent, disait-on, pour cultiver les terrains ; ils n'en firent rien. Vauriens, mendiants et paresseux, comme ils l'avaient été toute leur vie, ils ne perdirent rien de leurs habitudes, et ce qu'on aurait pu prévoir arriva. Au lieu d'être utiles en la moindre des choses, ils ne furent qu'une charge et qu'un embarras de plus dans le pays. On leur montra quelques champs à défricher ; un peu plus tard, on leur construisit deux villages, et ce ne fut point assez : il aurait fallu, pour ainsi dire, leur préparer des aliments. En un mot, c'était de la *canaille*, qui devait disparaître comme elle avait vécu, dans la mollesse et la misère. La fièvre en décima les trois quarts, et le reste se traîna dans Alger, au milieu de toutes sortes de métiers. En 1832, et les années suivantes,

---

[1] *Procès-verbaux et rapport de commission*, séance du 4 novembre 1833, p. 123.
[2] *Ibidem.* Rapport du 12 janvier 1834, p. 473.
[3] *De l'établissement des Français dans la province d'Alger*, t. I, p. 414. Ce fut pour sauver les débris de la première émigration que M. Genty de Bussy créa les villages de Kouba et de Dolhy-Ibrahim ; et pendant qu'on bâtissait leurs toits, les fièvres avaient encore diminué de moitié le nombre de ces malheureux.

si quelques Européens reparurent, qu'on veuille bien ne pas se les figurer excessivement préférables [1]. » Mais, au lieu de dépenser son éloquence à tracer un tableau si affligeant, et dans lequel apparaît une certaine exagération, ce publiciste clairvoyant n'eût-il pas mieux fait de chercher la source du mal? car ce ne sont pas les mendiants venus d'Europe qui ont compromis, à l'époque dont nous parlons, l'avenir de la colonie ; et voici la vérité tout entière, proclamée par un document officiel :

« Un des événements les plus graves qui aient pu frapper le berceau de l'Algérie fut l'arrivée subite, au milieu de quelques gens honorables, de spéculateurs aventureux et sans ressources réelles, qui, se jetant sur notre conquête comme sur une proie facile à exploiter, ont envahi toutes les sources de richesses, neutralisé tous les efforts honnêtes, exigé de lois naissantes, et souvent à créer, un appui honteux pour de honteuses transactions. Ce fut alors que commencèrent ces spéculations dont quelques-unes ne peuvent être trop flétries ; ce fut alors que, sans moyen d'acquérir, on voulut devenir propriétaire. Tout parut convenable pour atteindre ce but : on voulut posséder, on posséda. La maladie gagna *toutes les classes*, et l'on doit déplorer qu'elle soit parvenue jusqu'à *celle* qui s'est toujours fait remarquer par son désintéressement et ses généreux sacrifices. Les consciences pures se laissèrent égarer ; on crut être utile à la colonie en augmentant le nombre des colons, en devenant aussi propriétaire, et quelquefois à des conditions si peu onéreuses, que la délicatesse publique s'en effaroucha. Ceux-là furent au moins coupables de donner un fâcheux exemple, dont on a largement profité depuis pour couvrir de honteuses spoliations. Alger devint le théâtre de manœuvres frauduleuses de tout genre, qui achevèrent de déconsidérer le caractère français aux yeux des naturels. Nous apportions à ces peuples *barbares* les bienfaits de la *civilisation*, et de nos mains s'échappaient toutes les turpitudes d'un ordre social usé.

« Ces colons, inutiles pour la colonisation, puisqu'ils ne devaient jamais ni semer, ni planter, ni exercer d'industrie ; ces colons, qui accaparaient les terres quelque part que ce fût, sans les voir, sans les connaître ; portant d'avance leur envahissement sur les points *présumés* de l'occupation militaire ; s'exposant à l'improbité des Maures, en achetant à Blidah, par exemple, des maisons renversées depuis six ans par un tremblement de terre, — dans la Métidjah, dix fois plus d'étendue qu'elle n'en a, et jusqu'à 36,000 arpents à la fois d'un seul propriétaire ; ces colons qui voulaient, à tout prix, compléter leurs spéculations en revendant *avec bénéfice* des propriétés vraies ou supposées, exigèrent à grands cris de la France qu'elle versât pour eux son sang, qu'elle fît, en Afrique et dans leur intérêt, ces grands travaux qu'elle ne peut faire chez elle-même, et qu'en tout cas elle n'entreprend qu'avec les deniers de ses contribuables. Il fallait que la France prodiguât ses soldats et ses trésors pour assurer une immense fortune à des gens qui ne lui promettaient même pas, en échange, le léger dédommagement de la reconnaissance ; dont quelques-uns avaient fui le contact mérité des lois pénales, et qui cependant regardaient les efforts de leur patrie comme une dette envers eux. Tout fut paralysé dans la colonie ;

[1] *Considérations politiques sur la colonie d'Alger*, par le capitaine Peyronny, p. 138.

l'intrigue s'empara de toutes les avenues; l'administration chancela sous un poids énorme; elle succomba presque, et ne se releva qu'à peine. L'armée eut à se défendre aussi de cette puissance qui osa, dès le premier jour, lui contester le droit de camper sur le champ de bataille qu'elle avait conquis. Les passions politiques se firent jour aussi, et servirent merveilleusement le désordre [1]. » — « La rage de la spéculation, » disait à la tribune, le 29 avril 1834, M. Dupin, président de la chambre des députés, « la rage de la spéculation a été poussée jusqu'au scandale. Il y a telle maison qui est louée à l'État douze fois la valeur que le capital entier a coûté ; *un administrateur a fait cette spéculation*, et voudrait faire tomber à la charge du gouvernement le soin d'assurer ce bénéfice. On a vendu des terres à Alger, comme des quantités algébriques, comme à la Bourse de Paris on trafique sur le sucre, le café et les eaux-de-vie. Le territoire d'Alger appartient aujourd'hui à de gros capitalistes qui ont des numéros de loterie, qui cherchent à les placer, et qui voudraient qu'une déclaration du gouvernement vînt dire qu'ils ont vendu sous sa garantie, afin de faire hausser le prix de leur marchandise, et ensuite de s'en départir. »

Voilà la vérité, et, à l'heure où nous écrivons cette page, les choses n'ont guère changé. Nous aurons plus tard l'occasion de le prouver.

Les tristes révélations de la commission d'enquête avaient fait pressentir qu'un homme de la plus haute capacité allait porter aux affaires d'Afrique une admirable impulsion ; mais, à la surprise générale, le choix du ministère tomba sur le général Drouet d'Erlon [2], vieillard de 70 ans, fort étonné lui-même de ce véritable accident.

Une ordonnance, du 22 juillet 1834, qualifia du titre de *possessions françaises dans le nord de l'Afrique* les points de la régence d'Alger qui nous étaient soumis. Le titre de *gouverneur général* fut substitué à celui de commandant en chef du corps d'occupation. Ce n'était qu'un changement de mots; le système ne devait point varier, et les accusations portées par la commission d'Afrique restèrent comme non avenues. Le pouvoir se trouva concentré dans les mains du gouverneur militaire, assisté d'un conseil fictif, composé du procureur général, chef de la justice, de l'intendant militaire et d'un directeur des finances; l'intendance civile allait être bientôt supprimée; l'action de la justice civile fut enfermée dans le cercle étroit qu'il plairait au gouverneur de lui assigner, et le règne des conseils de guerre commença [3].

Le gouverneur général, arrivé à Alger le 26 septembre, parut d'abord sentir la nécessité de substituer, autant que possible, la politique des négociations à

[1] *Procès-verbaux et rapports* de la commission d'enquête nommée par le Roi le 7 juillet 1833. (Rapport sur la colonisation ; *État moral de la colonie*, p. 336.)

[2] Soldat en 1787 au régiment de Beaujolais, M. Drouet avait fait les guerres de la république et de l'empire. Général depuis 1799, nommé comte et grand officier de la Légion d'honneur par Napoléon, il se compromit, en 1815, avec Lefèvre-Desnouettes, et fut exilé après les Cent jours. Rappelé par Charles X en 1825, il vécut dans l'obscurité jusqu'à la révolution de juillet. Créé pair en 1831, et l'année suivante investi du commandement de la 12e division militaire, il concourut, après la trahison de l'infâme Deutz, à l'arrestation de la duchesse de Berry.

[3] L'intendant militaire Bondurand conserva ses fonctions jusqu'à sa mort, en 1835, et fut remplacé par M. Melcion d'Arc; — M. Léon Blondel fut nommé directeur des finances; M. le contre-amiral de la Bretonnière eut le commandement des forces navales; M. Lepasquier, préfet du Finistère, l'emploi d'intendant civil, et M. Laurence, député, qui avait fait partie de la commission d'Afrique, dut s'occuper de l'organisation des services judiciaires.

l'emploi de la force; mais c'était un homme usé, que sa faiblesse et son ignorance parfaite des devoirs de sa position livraient à la merci de tous les brouillons. Les chambres, effrayées des sacrifices que l'Algérie avait déjà coûtés sans rien produire, avaient exprimé le vœu de voir réduire les dépenses du budget d'occupation. M. d'Erlon créa, sous le nom de spahis, un corps auxiliaire d'indigènes, dont M. Marey, qui venait d'être nommé lieutenant-colonel, reçut le commandement, avec le titre d'agha des Arabes. Cette création heureuse fut placée à côté d'une faute ; on supprima le bureau arabe, à la tête duquel M. le capitaine Pellissier avait rendu les services les plus éminents, et déployé les brillantes capacités qui le distinguent.

Un camp français venait d'être installé à Bou-Farik pour surveiller le marché, et nos rapports avec les Arabes se seraient maintenus sans hostilités, si M. l'agha Marey n'avait cru de sa dignité de venger à coups de fusil quelques plaisanteries que les Hadjoutes avaient risquées sur sa nomination. Le 5 janvier 1835, 4 bataillons d'infanterie, les zouaves, les chasseurs d'Afrique, les spahis, 4 obusiers et 2 pièces de campagne, furent amenés en avant de Douéra. Le même jour, M. l'agha se rendit au marché de Bou-Farik et fit arrêter deux Hadjoutes, dont l'un, qui devait un bienfait au général Voirol, n'avait cessé de nous être fidèle. Cet acte peu loyal, cette surprise en pleine paix, souleva tous les esprits. Les Hadjoutes renoncèrent à notre *alliance* et se retirèrent en lieu de sûreté. Le général Rapatel se mit à battre le pays, brûla un village des Mouzaïas qui ne nous donnaient aucun sujet de plainte, et eut à soutenir dans les gorges du Petit Atlas un engagement très-chaud ; M. Marey fut blessé; la colonne rentra, le 9, à Bou-Farik, poursuivie par les Hadjoutes et les Mouzaïas réunis. Depuis cette époque, les Hadjoutes furent en guerre perpétuelle avec nous, et nous firent essuyer des pertes considérables. Un mois après l'échauffourée du général Rapatel, cent cinquante de leurs cavaliers vinrent balayer la route de Dely-Ibrahim, tuèrent des voyageurs et des soldats isolés, et se retirèrent chargés de butin. Les colons, frappés de terreur par cet événement, et plus encore par les ordres du jour du gouverneur qui exagérait le mal, abandonnèrent les cultures du Sahel.

L'expédition du 5 janvier avait trop prouvé aux Arabes que le digne général Voirol n'était plus au pouvoir. Les chefs de la plaine se détachèrent de nous successivement pour faire cause commune avec nos ennemis. Bientôt la faiblesse du gouverneur acheva de déconsidérer notre attitude. Un navire sarde avait échoué près du cap Bengut ; l'équipage parvint à gagner la terre, mais fut retenu prisonnier par la tribu des Issers, qui demanda leur rançon. Au lieu de protéger les Européens par une éclatante démonstration, M. d'Erlon souffrit que ces malheureux fussent délivrés à prix d'or, et envoya même un officier d'état-major porter aux Issers la somme réclamée par eux, et dont le consul de Sardaigne fournit les fonds.

Vers la fin de mars, les Hadjoutes attaquèrent le camp de Bou-Farik, répondirent à nos canons à coups de fusil, et pillèrent les bestiaux épars dans la plaine. Le général Rapatel les poursuivit inutilement.

Pendant que nos armes n'étaient plus respectées dans la province d'Alger, d'autres événements se passaient ailleurs. Le 9 octobre, le poste du mont Gourayah, au-dessus de Bougie, fut attaqué par les Kebaïles, et vivement défendu. Le 5 décembre suivant, l'ennemi reparut, avec des forces nombreuses, dans la plaine et sur les hauteurs du moulin de Demous. Le brave colonel Duvivier lui fit éprouver de grandes pertes, et, trois jours après, dirigea une reconnaissance dans la vallée de l'Oued-Bou-Messaoud ; assailli par une fusillade énergique, il parvint néanmoins à faire reculer les Kebaïles, et opéra sa retraite dans un ordre admirable, après leur avoir prouvé qu'il savait user de la force sans la flétrir par de tristes dévastations. Sa belle conduite fut comprise. Oulid-Ourebah, cheïkh des Ouled-Abd-el-Djebar qui habitent cette vallée, parut disposé à négocier la paix ; mais son orgueil l'empêchant de s'adresser au colonel Duvivier qui l'avait vaincu, il se mit en relations secrètes avec M. Lowasy, commissaire du roi près de la municipalité imaginaire de Bougie.

M. Lowasy, fier de devenir un personnage, écrivit à M. Lepasquier, intendant civil d'Alger, pour lui annoncer qu'il tenait entre ses mains la *pacification* du territoire de Bougie, et que, si ce résultat n'était pas obtenu, il ne faudrait s'en prendre qu'à la haine inspirée aux Kebaïles par M. Duvivier. Le gouverneur général, informé de cette confidence, transmit à M. Lowasy l'autorisation de traiter avec Oulid-Ourebah. On ne s'explique pas la conduite du général d'Erlon, confiant à un homme sans caractère officiel une mission dont le commandant supérieur de Bougie ne fut pas même informé. Le 27 mars, d'un point élevé d'où il examinait la plaine, M. Duvivier vit un bateau portant pavillon français, aborder au loin la côte ennemie, et entrer en communication avec des Kebaïles armés et nombreux ; c'était M. Lowasy qui se rendait auprès du cheïkh Ourebah. Leur conférence avait à peine duré quelques instants, que plusieurs coups de fusil furent tirés par les montagnards ; M. Lowasy perdit la tête, regagna son canot et fit force de rames vers Bougie, malgré les cris d'Oulid-Ourebah qui le rappelait. Mais le colonel Duvivier n'était pas homme à le laisser débarquer incognito ; une chaloupe de la marine s'empara du canot et déposa M. Lowasy à bord du stationnaire. Les lois punissent de mort quiconque, dans une place bloquée, franchit les avant-postes, ou entretient des correspondances avec l'ennemi, sans la permission du commandant supérieur ; elles assimilent ce fait à la trahison. M. Duvivier pouvait livrer M. Lowasy à un conseil de guerre, le faire juger et fusiller sans désemparer ; mais l'infortuné parlementaire se hâta d'exhiber les instructions de M. d'Erlon ; il fut relâché et immédiatement embarqué pour Alger, avec un rapport du commandant qui déclarait que s'il n'obtenait pas du gouverneur général une réparation convenable, il ne resterait pas un jour de plus à Bougie. Mais à Alger, ces plaintes ne furent pas même examinées, et notre singulier gouverneur général ne prêta l'oreille qu'aux déclamations violentes de M. Lowasy ; l'intendant civil, qui dominait M. d'Erlon, fit donner tort au colonel Duvivier, que le colonel du génie Lemercier vint aussitôt remplacer [1]. Les négociations furent reprises avec Oulid-Ourebah ; on

---

[1] Au départ du colonel Duvivier, la garnison se porta tout entière sur son passage pour lui faire ses adieux, et lui témoigner combien tous les cœurs étaient froissés. Les officiers vinrent à bord lui offrir une épée d'honneur pour laquelle ils se cotisaient ; il la refusa. Le colonel Lemercier se joignit à eux pour qu'il acceptât ce gage d'estime. Le gouverneur, instruit de ces faits, défendit toute souscription ; mais ce témoignage public n'a pas moins protesté contre l'injustice subie par M. Duvivier.

se rendit en bateau, sans troupes, sur le rivage ennemi, au milieu des Kebaïles sous les armes; on déposa aux pieds du cheikh des cadeaux et de l'argent; sur son premier mot, qu'il ne traiterait pas tant que l'ancien commandant de Bougie ne serait pas *renvoyé*, on lui répondit que c'était déjà chose faite; enfin, sur ce petit coin d'une plage inhospitalière, on couvrit de fange l'honneur national; et pour prix de tant de honte, on obtint un chiffon de papier par lequel Oulid-Ourebah octroyait aux Français la permission de rester dans Bougie, sur laquelle ce chef de montagnards n'avait jamais eu aucune autorité.

Peu de jours après, les Mzaïa vinrent nous attaquer. Le colonel Lemercier sortit contre eux dans la plaine : « Notre ami Oulid-Ourebah, disait-il à ses soldats, va venir leur couper la retraite. » Plusieurs heures se passèrent, et l'on vit arriver des Kebaïles à pied et à cheval; c'était en effet Oulid-Ourebah qui s'avançait, mais pour tirer sur nous. Il fallut battre en retraite, et de nouvelles sommes d'argent payèrent les explications que ce cheïkh voulut bien donner; quand il n'eut plus l'espoir de rien obtenir, il déclara qu'il s'était moqué de nous [1].

A la même époque, le gouverneur général avait remplacé à Oran le général Desmichels, dont le traité nous était si funeste, par le général Trézel, chef de l'état-major [2]. Notre attitude devenait embarrassante. Incapable de prendre une résolution, et de soutenir par la force les menaces que le général Voirol avait faites à l'émir, pour l'empêcher de passer le Chéliff et de se jeter sur la province de Titteri, M. d'Erlon, subjugué par les intrigues du juif Durand, s'avisa d'envoyer à Abd-el-Kader un officier avec des présents et la promesse de plusieurs milliers de poudre. Les Hadjoutes escortèrent notre ambassadeur, qui fut témoin de l'influence toujours croissante de l'émir. Ses relations diplomatiques avec nous prenaient de jour en jour un caractère d'orgueil fort alarmant; mais le gouverneur, loin de tenir compte des observations pressantes du général Trézel, qui jugeait nettement l'état des choses, fut sur le point de livrer à notre prochain ennemi plusieurs pièces d'artillerie qu'il sollicitait, sous le prétexte de faire le siège du Méchouar (citadelle de Tlemcen).

Cependant, sur le bruit répandu qu'Abd-el-Kader était entré à Milianah, où il avait nommé pour kaïd El-Hadji-Mahiddin (l'ex-agha du général Berthézène), M. Trézel avait profité d'un voyage du gouverneur à Oran, pour lui représenter l'utilité d'attacher à notre cause les Douairs et les Semelas. M. d'Erlon refusa de sanctionner ce projet, dont l'exécution serait, disait-il, une rupture des traités. L'émir, averti par ses émissaires, envoya aussitôt à ces tribus l'ordre de s'éloigner d'Oran, et chargea l'agha El-Mezary d'employer la force pour les y

---

[1] Un bon ouvrage, *Vingt-six mois de séjour à Bougie*, par le lieutenant-colonel d'artillerie Lapène, a jeté un grand jour sur toutes ces choses; seulement, il n'a pu donner certains détails qui étaient inconnus forcément à cet officier supérieur. — M. le colonel Lemercier voyant que la position de Bougie ne pouvait s'améliorer, demanda à reprendre son service à Alger. Le lieutenant-colonel Girod, aide de camp de M. d'Erlon, lui succéda, et se borna prudemment à défendre ses lignes contre les agressions impuissantes des Kebaïles.

[2] M. Desmichels, que tourmentait la manie des négociations maladroites et de jouer un rôle dans les rapports de la France avec Abd-el-Kader, n'avait soumis au gouvernement que la seconde partie du traité du 26 février. Celle qui avantageait l'émir, en lui concédant le monopole du commerce, était restée dans l'ombre. M. d'Erlon ayant voulu s'opposer à ce qu'il appelait d'intolérables prétentions, Abd-el-Kader lui donna, par l'intermédiaire du juif Durand, des explications péremptoires sur l'existence de son droit. Ne pouvant interpréter d'une manière favorable à M. Desmichels l'ignorance où on l'avait laissé d'une partie du traité, le gouverneur général demanda sur-le-champ au ministre le rappel de ce commandant supérieur.

contraindre. Les Douairs et les Semelas demandèrent du secours au général Trézel, qui vint camper, le 14 juin, à Meserghin pour les protéger. Quelques dissidents s'étant rangés sous l'autorité d'El-Mezary, les autres se portèrent en masse à la position du Figuier, à 2 lieues au sud d'Oran. Le général Trézel leur fit signer un traité de soumission à la France, et prévint, par deux lettres, le gouverneur de la mesure qu'il avait cru devoir prendre sur lui, et Abd-el-Kader de sa résolution de commencer les hostilités si les Douairs et les Semelas étaient inquiétés. L'émir répondit que, sa religion ne lui permettant pas de laisser des musulmans, ses sujets, sous l'autorité des infidèles, il les poursuivrait à outrance jusque dans les murs d'Oran s'ils y trouvaient un asile ; il demandait en même temps que les agents consulaires d'Oran et de Maskara fussent réciproquement retirés.

La guerre était déclarée. Le général Trézel fit aussitôt élever un camp retranché sur le ruisseau de Tlélat, à cinq lieues d'Oran, tandis qu'Abd-el-Kader donnait rendez-vous à tous ses guerriers au bords du Sig. Le 22, un convoi qui se rendait d'Oran à Tlélat fut enlevé ; le 25, 200 cavaliers sabrèrent nos fourrageurs ; le 26, M. Trézel, n'ayant plus que quatre jours de vivres, marcha à l'ennemi avec 2,500 hommes de la légion étrangère, du 2e chasseurs, du 66e, et du 1er bataillon d'infanterie légère d'Afrique, six pièces d'artillerie et un convoi de 20 voitures.

A 7 heures du matin, cette colonne s'engagea dans la forêt de Muley-Ismaël, sur un sol entrecoupé de ravins. A 8 heures, l'avant-garde rencontra les Arabes, fut chargée et se replia avec des pertes nombreuses ; le colonel Oudinot tomba percé de balles ; la cavalerie tourna bride, et le désordre gagna la légion étrangère. Le convoi allait tomber au pouvoir des assaillants, lorsque le général lança contre eux une compagnie du bataillon d'Afrique qui rétablit le combat ; les troupes reprirent l'offensive avec vigueur et parvinrent à refouler les Arabes ; mais nous avions perdu 52 hommes, et il fallut sacrifier une partie des tentes et des approvisionnements, pour mettre 180 blessés sur les voitures.

L'armée fit halte, à midi, dans la plaine du Sig. Mais là, des désordres funestes eurent lieu ; des soldats enfoncèrent les tonneaux des cantiniers, un grand nombre s'enivrèrent, et l'on dut les entasser sur les fourgons, pêle-mêle avec les blessés. La colonne, parvenue le soir sur les bords du Sig, se forma en carré ; le camp de l'émir était à deux lieues du nôtre ; c'est là qu'eut lieu, à la nuit, l'échange des agents consulaires d'Oran et de Maskara. Celui d'Abd-el-Kader fut chargé pour son maître d'une lettre qui lui signifiait d'abdiquer ses prétentions sur les Douairs, les Semélas, les Gharabas, les Koulouglis de Tlemcen, et de renoncer à ses projets d'invasion sur la rive droite du Chéliff. La réponse de l'émir fut négative.

Le général Trézel, affaibli par ses pertes et redoutant le manque de vivres, passa le Sig le 28 au point du jour, et commença sa retraite sur Arzew. Le bataillon d'Afrique marchait en avant-garde ; le convoi, flanqué par la légion étrangère et la cavalerie, suivait sur trois files ; le 66e et deux escadrons formaient l'arrière-garde. Abd-el-Kader, voyant la colonne s'ébranler dans la plaine de Ceïrat, fondit sur elle avec dix mille cavaliers et l'enveloppa ; le choc fut bien soutenu, et, malgré une fusillade continuelle, nos troupes ne purent être entamées jusqu'à midi. Malheureusement, le général, craignant de trouver pour ses voitures des difficultés de terrain trop nombreuses sur la route directe d'Arzew, s'était décidé, contre l'avis des guides, à tourner les collines des Hamian, et à déboucher sur le golfe par la gorge de l'Habra, au point où cette rivière, sortant des marais, prend le nom de Macta. Mais Abd-el-Kader, s'apercevant de son dessein, envoya un gros de cavaliers avec des fantassins en croupe pour occuper ce défilé. A peine la colonne y fut-elle engagée, ayant à sa gauche les hauteurs et les marais à sa droite, que les Arabes descendirent des hauteurs, fondirent sur le convoi, dont les voitures ne pouvaient marcher qu'une à une, et coupèrent l'arrière-garde. Celle-ci se jeta sur la droite pour regagner la tête de colonne ; une vigoureuse charge de cavalerie dégagea un moment le convoi en refoulant les Arabes sur les pentes des collines de gauche ; mais bientôt les voitures, cherchant à éviter le feu roulant qui partait de cette gauche, s'embourbèrent dans les marais, et y furent assaillies par une masse de cavalerie arabe. Les conducteurs du convoi coupèrent lâchement les traits et s'enfuirent avec les chevaux, laissant nos blessés au pouvoir de l'ennemi[1]. Les seuls équipages de l'artillerie, qui avaient suivi courageusement la route, furent sauvés de ce désastre. Tous les corps étaient confondus, la terreur était au comble. « Heureusement que les Arabes, occupés à piller les voitures et à égorger les blessés, ralentirent leur attaque. Cela donna à quelques fuyards le temps de se rallier sur un mamelon, où l'on conduisit une pièce d'artillerie qui se mit à tirer à mitraille sur les Arabes. Les hommes qui se réunirent sur ce point se formèrent en carré, et dirigèrent également sur l'ennemi un feu irrégulier, mais bien nourri, en chantant *la Marseillaise*, qui dans leur bouche ressemblait plutôt à un chant de mort qu'à un chant de triomphe. La masse des soldats, entièrement démoralisée, et ce qui restait de voitures s'entassèrent en arrière du mamelon, dans un fond qui paraissait être sans issue ; car en cet endroit, la route d'Arzew, à peine tracée, tourne brusquement vers l'ouest. Plusieurs voyant la Macta à leur droite, et au delà quelque chose qui ressemblait à un chemin, se précipitèrent dans la rivière et se noyèrent. D'autres, et même quelques chefs, criaient qu'il fallait gagner Mostaghanem. La voix du général en chef se perd dans le bruit ; il y a absence de commandement ; et ce n'est qu'au bout de trois quarts d'heure que cette masse informe, après s'être longtemps agitée sur elle-même, trouve enfin la route d'Arzew. Mais les soldats restés sur le mamelon n'entendent, ou plutôt n'écoutent pas les ordres qu'on leur donne, et ne comprennent point qu'ils doivent suivre la retraite. Ils font entendre des paroles décousues et bizarres, qui prouvent que la force qui les fait encore combattre est moins du courage qu'une exaltation fébrile. L'un fait ses adieux au soleil qui éclaire de ses rayons cette scène de désordre et de carnage ; l'autre embrasse son camarade. Enfin, les compagnies du 66e, encore plus compactes que le reste, finissent par se mettre en mouvement ; mais les autres les suivent avec tant de précipitation, que la pièce de canon est un instant abandonnée. Elle fut dégagée cependant, et les hommes qui étaient restés si longtemps sur le mamelon se réunirent à ceux qui étaient déjà

---

[1] Une seule voiture, chargée de vingt blessés, fut sauvée par l'énergie du maréchal-des-logis Fournié, qui, le pistolet à la main, força les conducteurs à faire leur devoir et à serrer sur la colonne.

sur la route d'Arzew; mais alors le corps d'armée ne présenta plus qu'une masse confuse de fuyards. L'arrière-garde n'était composée que d'une cinquantaine de soldats de toutes les armes qui, sans ordre, et presque sans chefs, se mirent à tirailler bravement, et d'un peloton de chasseurs commandé par le capitaine Bernard. Quelques pièces d'artillerie, dirigées par le capitaine Allaud et le lieutenant Pastoret, soutenaient ces tirailleurs en faisant feu par-dessus leurs têtes; mais leur nombre ayant été bientôt réduit à vingt, les Arabes allaient entamer une seconde fois la masse des fuyards, lorsque le capitaine Bernard les chargea avec tant de bravoure et de bonheur, qu'il les força de lâcher leur proie; M. Maussion, chef d'escadron d'état-major et aide-de-camp du général Trézel, eut trois chevaux tués sous lui. Mais dès ce moment la retraite se fit avec plus de facilité; bientôt on parvint sur le rivage de la mer, et la vue d'Arzew releva un peu le moral du soldat. Les Arabes, fatigués d'un long combat et surchargés de butin, ralentirent successivement leurs attaques, qui cessèrent tout à fait à 6 heures du soir ; à 8 heures le corps d'armée arriva à Arzew, après 16 heures de marche et quatorze heures de combat [1]. »

Pendant que nous subissions ce terrible échec, qui nous coûta 352 morts, 380 blessés, 17 prisonniers et la perte de presque tout notre matériel, le chef de bataillon de la Moricière arrivait à Oran avec le juif Durand. M. d'Erlon, informé des projets du général Trézel, envoyait étudier la situation des affaires et semblait toujours disposé à suivre la voie des négociations. M. de la Moricière fit relâche à Arzew, où il apprit notre désastre. Sans perdre un moment, il se rend à Oran, réunit 300 cavaliers des Douairs et Semelas, et revient par terre avec ce renfort, protéger le retour de la cavalerie. L'artillerie et l'infanterie furent transportées par mer à Oran.

Le général Trézel, qui s'était montré plein de courage et de résolution, ne voulut détourner sur personne la responsabilité de son malheur [2]. L'armée respecta sa noble conduite; mais M. d'Erlon, qui eût peut-être profité d'un succès, se hâta de désavouer son lieutenant, et, ne lui laissant point l'honneur, dont il était si digne, d'en prendre une belle revanche, il lui ôta son commandement pour le donner au général d'Arlanges. Il voulait renouer, à quelque prix que ce fût, des relations pacifiques avec Abd-el-Kader; l'opposition du conseil administratif d'Alger et du général Rapatel parvinrent difficilement à l'en détourner [3]. A la même époque, et sans nul souci des affaires d'Afrique, le ministère

---

[1] *Annales algériennes*, par le capitaine Pellissier, t. II, p. 272.

[2] Avant que la rupture avec Abd-el-Kader fût connue à Alger, dit M. le capitaine Pellissier, un bâtiment, chargé de poudre et de fusils destinés à l'émir, était parti de cette place pour aller porter cette cargaison à l'embouchure de la Tafna. Ainsi nous fournissions nous-mêmes des armes à notre ennemi. Mais le général Trézel avait fait saisir ce bâtiment par le stationnaire de Mers-el-Kébir, et arrêté ce monstrueux commerce. Le gouverneur d'Alger fit nier, par son journal officiel, l'envoi de ces armes et de cette poudre; mais le fait est prouvé autant qu'un fait peut l'être ; il est même *de notoriété publique*. Ce fut le capitaine Bolle, commandant *le Loiret*, qui saisit le bâtiment en question. Tout Oran le sait et l'a vu. Du reste, les preuves écrites et *officielles* existent.

[3] Le traité du général Desmichels n'ayant pas été désavoué par le gouvernement français, il fallait, ce nous semble, en respecter les clauses jusqu'à ce que le ministère, ou du moins le gouverneur général, décidassent le contraire. M. Trézel, brave militaire, mais politique imprudent, sortit des limites tracées par sa position subalterne, en cherchant à soustraire les Douairs et les Semélas à l'obéissance de l'émir, et en profitant officiellement de leur révolte. Abd-el-Kader attribuait plus de valeur aux conventions signées par un de nos généraux; car voici ce qu'il écrivait, le 3 juillet, au comte d'Erlon, après notre désastre de la Macta :

français cédait à l'Espagne notre légion étrangère, composée de cinq mille hommes, et qui se trouvait en majeure partie dans la province d'Oran.

Autour d'Alger, nos intérêts n'étaient guère en meilleure situation. Le gouverneur avait imaginé de placer à Blidah Ben-Omar, l'ex-bey de Titeri, dont on ne savait que faire. L'agha Marey se chargea de l'y conduire avec une forte colonne; mais cette ville lui ferma ses portes, et les circonstances ne permettant pas d'avoir recours à la force, M. Marey revint à Alger [1].

Poursuivi par d'amères critiques, le ministère se décida enfin à retirer le général d'Erlon, qui fut nommé plus tard maréchal de France en dédommagement de son rappel. Ce triste gouverneur, dont le grand âge excusait les fautes, abandonna sans regrets une position pour laquelle il était si peu fait. Toutes les espérances se tournèrent vers le maréchal Clauzel [2], qui ne manquait pas alors de popularité, et dont l'énergie était connue.

GOUVERNEMENT DU MARÉCHAL CLAUZEL.

En arrivant à son poste, le 10 août 1835, le gouverneur se vit en face de nombreux embarras. L'influence française était presque détruite. Quinze mois d'une paix équivoque avec l'émir avaient séparé de nous les tribus du centre, et le désastre de la Macta prouvait aux Arabes que nous pouvions être vaincus, peut-être chassés. Abd-el-Kader triomphant régnait depuis Médéah jusqu'à

— « Je croyais pouvoir compter sur la parole et l'alliance ; mais votre serviteur Trézel, gouverneur à Oran, a agi contrairement et dépassé les limites ; et moi je n'y ai pas fait attention, parce que j'étais dans l'attente de votre réponse. Son premier camp était à Meserghin, pour protéger les Douairs et les Semelas, mes sujets révoltés ; et moi je n'ai pas fait cas de cela, *à cause de vous*. Après, il s'est avancé au Figuier, et ensuite au Tlélat, où il a commencé à commettre des dégâts dans les récoltes de mes fidèles sujets, les Gharabas ; et quand il a eu mangé leurs récoltes, je me suis mis en marche avec mes troupes et les cavaliers qui sont sous ma dépendance. Nous avons campé sur le ruisseau du Sig, pour *attendre de vos nouvelles*. Aussitôt qu'il a appris notre arrivée sur le Sig, il s'est mis en route dans l'intention de nous faire du mal ; et lorsque nous sûmes qu'il venait sur notre camp, nous nous sommes portés à sa rencontre pour lui faire la guerre, *et alors est arrivé ce que vous avez appris*. Vous n'ignorez pas la fidélité de ma parole ; je ne fais aucun pas pour troubler la paix. Informez-vous de ce qui s'est passé, vous trouverez que je ne dis que la vérité. » (Ce document est publié par M. A. Desjobert, dans la brochure qui a pour titre : *Question d'Alger, politique, colonisation, commerce*, p. 320.) « Je ne sache personne, ajoute ce député, qui puisse s'honorer d'une lettre empreinte d'autant de loyauté et de modération. » Il n'est donc pas permis d'attribuer à Abd-el-Kader la rupture du traité Desmichels. Ce traité froissait notre amour-propre plus encore que nos intérêts ; mais il fallait alors en refuser hautement la ratification.

[1] Un simple fait peut caractériser le ridicule aveuglement de M. d'Erlon, qui ne savait rien voir par ses yeux. Au moment même où Ben-Omar était repoussé de Blidah, ce gouverneur écrivait à Paris que ce chef indigène y avait été *parfaitement reçu*, et qu'avant peu Médéah se rangerait sous votre obéissance.

[2] Bertrand Clauzel, né à Mirepoix en 1772, volontaire en 1791, avait gagné ses premiers grades de 1792 à 1795, à l'armée des Pyrénées-Orientales. De 1796 à 1799, il se distingue au delà des Alpes à Mondovi, à Arcole, à Rivoli, à Neumark, à Lodi, et devient général de brigade. De 1810 à 1804, il prend part à l'expédition de Saint-Domingue, et s'élève au commandement d'une division. De 1805 à 1809, on le voit aux armées de Prusse, de Pologne, d'Allemagne et d'Autriche ; de 1810 à 1812, il passe en Espagne, et remplace le maréchal Marmont blessé à Salamanque. De 1812 à 1815, il combat en Russie, en Saxe et en France. Après les cent jours, il fut proscrit par la Restauration ; rentré dans ses foyers en 1827, il fut nommé député. Le gouvernement de juillet, appréciant ses glorieux services, lui avait donné le commandement en chef de l'armée d'Afrique ; la belle campagne de l'Atlas lui valut le titre de maréchal de France.

Cet officier-général fut malheureux à la fin de sa carrière, et mourut dans un triste oubli. Fidèle à l'esprit d'impartialité qui est notre seul guide, nous exposerons les faits, toujours appuyés de pièces justificatives. L'histoire parle et les peuples jugent.

Tlemcen; Blidah, si rapprochée de nous, recevait de lui un hakem, et Koléah n'était contenue que par les camps de Douéra et de Mahelma. La Métidjah était parcourue en tous sens par de sauvages cavaliers altérés de sang et de pillage, et les colons fugitifs du Sahel n'osaient plus se montrer au delà de nos lignes. Dans le beylik de Titeri, les partisans d'Hadji-Ahmed et les Koulouglis, attachés à notre cause, cédaient graduellement aux intrigues de l'émir, qui tenait toutes ses forces concentrées dans l'ouest, prêt à les lancer, comme l'éclair, partout où leur présence pourrait jeter un désastre.

Le maréchal avait emporté la promesse de renforts considérables; mais l'apparition du choléra, qui passa de France en Algérie, où il fit d'affreux ravages, suspendit l'envoi des troupes, et força de retarder les opérations militaires. M. Clauzel crut pouvoir utiliser ces retards en nommant Ben-Omar, par un arrêté du 9 septembre, bey de Milianah et de Cherchell. Le 15 du même mois, il créa bey de Titeri Mohammed-ben-Hussein, ancien janissaire échappé aux proscriptions de 1830, et le général Rapatel partit au commencement d'octobre pour aller l'installer à Médéah. Mais, à peine arrivé au pied de l'Atlas, à la ferme de Mouzaïa, ce général trouva les tribus en armes et disposées à lui refuser passage. Les chefs de corps, consultés sur ce qu'il y avait à faire, donnèrent le conseil de la retraite. La colonne rentra le 5 à Alger, après avoir essuyé quelques attaques à l'arrière-garde, dans l'une desquelles M. Bro, sous-lieutenant au 1er chasseurs d'Afrique, blessé grièvement, ne dut son salut qu'au dévouement de M. de la Moricière et des capitaines Grand et Bonorand.

M. Marey, agha des Arabes, fut laissé à Bou-Farik avec mission de faire des *razzias*, espèce de boucherie copiée des mœurs turques, et dont nos généraux, dans ces derniers temps surtout, ont singulièrement abusé, pour couvrir par des bulletins l'absence de combats plus glorieux et surtout plus utiles. Cet officier supérieur livra plusieurs fermes au pillage, et captura beaucoup de femmes et d'enfants.

Mohammed-ben-Hussein, contrarié de n'être qu'un bey fictif, voulut se rendre à Médéah avec quelques cavaliers, et franchit l'Atlas pendant la nuit; mais, au premier coup de feu, son escorte l'abandonna, et il eut grand'peine à se réfugier chez son beau-père, qui le fit cacher dans un silo, pour le soustraire aux recherches de ses ennemis.

Ben-Omar, conduit à Cherchell sur un bateau à vapeur par M. de Rancé, aide-de-camp du maréchal, ne voulait pas débarquer, et criait qu'on voulait le faire massacrer. Quelques habitants de la ville, qu'on eut beaucoup de peine à attirer à bord, déclarèrent, en effet, que tel était le sort qui pouvait l'attendre. M. de Rancé le ramena à Alger, où il continua de toucher paisiblement les 6,000 francs de pension que lui conservait la singulière munificence du gouvernement français.

Le maréchal, que les quolibets de l'armée au sujet de ces petits incidents commençaient à fatiguer, sortit d'Alger, le 17 octobre, avec 5,000 hommes, annonçant le projet de marcher sur Milianah, et passa quatre jours en escarmouches dans la plaine, brûlant les habitations et les meules de foin des Hadjoutes, qui s'étaient dispersés après une faible résistance. Le 21, il visita Blidah, revint coucher à Bou-Farik, et rentra le lendemain à Alger, où le bruit s'était répandu que les Hadjoutes avaient été exterminés. Les colons et l'intendant civil se portèrent à sa rencontre pour le féliciter; il ne se trouva personne qui osât dire la vérité, et, le soir, une illumination générale célébra notre prétendue victoire. Malheureusement M. Clauzel éprouva bientôt une légère mortification en apprenant, que la veille même du jour où il avait respiré les fumées d'une ovation, ces mêmes Hadjoutes s'étaient permis de venir brûler, près du pont d'Oued-el-Kerma, la ferme de Baba-Ali, dont il était propriétaire!

L'arrivée des renforts venant de France décida l'expédition de Maskara. A la nouvelle des préparatifs qu'on activait, Abd-el-Kader fit courir dans la province d'Oran le bruit que la France allait être engagée dans une guerre continentale; cette fausse alarme causa la défection de plusieurs de nos tribus alliées. Dès le mois de septembre, l'émir, comptant peu sur la position de Maskara, envoya sa famille et ses richesses du côté du désert. Cependant les alliés qui nous restaient se voyaient forcés de reculer jusqu'à la ligne de nos avant-postes. La garnison du méchouar de Tlemcen, commandée par Mustapha-ben-Ismaël, ennemi personnel d'Abd-el-Kader, était réduite aux abois.

A la fin d'octobre, le maréchal Clauzel ordonna l'occupation de l'île de Harchgoun, située à la hauteur de Tlemcen sur la Tafna, et d'où l'on pouvait espérer de faire passer des secours aux assiégés; cette position favorisait aussi la surveillance du littoral; mais les Arabes, comme s'ils eussent deviné notre projet, se portèrent sur la côte, en face de l'île.

Le 21 novembre, le maréchal débarqua à Oran, accompagné de S. A. R. Mgr le duc d'Orléans, qui avait désiré faire la campagne. Le corps expéditionnaire, fort de 11,000 hommes, fut divisé en quatre brigades, commandées par les généraux Oudinot, Perrégaux, d'Arlanges et le colonel Combes. La réserve était sous les ordres du lieutenant-colonel de Beaufort, du 47e de ligne [1]. Le 26, le quartier général s'établit au camp du Figuier; le 27, le général Oudinot se porta sur le ruisseau du Tlélat, avec sa brigade, la 4e, et le bataillon d'Afrique de la 3e; le 29, toute l'armée, réunie sur ce point, se dirigea vers le Sig, marchant en carré, l'artillerie, les bagages, le convoi et la réserve au centre. Elle traversa la forêt de Muley-Ismaël sans combattre, et arriva le soir au bord du Sig, à une lieue au-dessous du point où la route de Maskara coupe cette rivière. Le camp s'établit sur la rive gauche; un bataillon et les Arabes auxiliaires passèrent sur la droite. Le maréchal, instruit des difficultés de terrain qu'il aurait à surmonter, fit commencer, le 30, un camp retranché pour y laisser les voitures et l'artillerie de campagne, sous la garde de 1,000 hommes, pris dans les différents corps de l'armée. Abd-el-Kader, qui nous observait, placé à une lieue et demie au-dessus de notre position, envoya un de ses officiers, chargé de la mission assez délicate d'amener le maréchal à faire lui-même des ouvertures pacifiques. Le parlementaire fut bien accueilli, mais renvoyé sans réponse.

[1] *1re brigade*: Les Douairs et les Semélas, le 2e chasseurs d'Afrique, les zouaves, le 2e léger, deux compagnies de sapeurs et mineurs, deux obusiers de montagne. — *2e brigade*: trois compagnies d'élite tirées des 10e léger, 13e et 63e de ligne, le 17e léger, deux obusiers. — *3e brigade*: Le 1er bataillon d'infanterie légère d'Afrique, le 11e de ligne, deux obusiers. — *4e brigade*: Le 47e de ligne, deux obusiers. — *Réserve*: un bataillon du 66e, une compagnie de sapeurs, quatre obusiers, une batterie de campagne.

Le général Desmichels avait été renvoyé en Afrique pour prendre part à l'expédition de Maskara, mais le maréchal le laissa à Alger.

Le 1er décembre, le maréchal poussa une reconnaissance du côté des Arabes, accompagné de sa cavalerie, des zouaves et des compagnies d'élite. A son approche, l'ennemi plia ses tentes, et gagna les montagnes en perdant beaucoup de monde sous le feu de nos obusiers ; mais bientôt, après s'être rallié, il nous chargea à son tour, quoique assez faiblement. Le but du maréchal étant rempli, la colonne rentra au camp, harcelée par une nuée de tirailleurs que nos obus éloignèrent avec peine.

Le 3, au matin, l'armée évacua le camp du Sig, et se dirigea tout entière vers l'Habra. L'arrière-garde, occupée à relever les ponts après le passage, eut à soutenir un engagement très-vif, et ne put rejoindre qu'assez tard. Les Arabes suivaient le flanc des montagnes sur une ligne parallèle à la nôtre ; le maréchal, formant alors ses trois brigades en échelons, fit changer de direction à droite et aborder les hauteurs au pas de course, tandis que la 4e brigade continuait sa route. Après avoir refoulé l'ennemi, le maréchal reprit sa direction primitive ; forcé de renoncer aux attaques de flanc, Abd-el-Kader se porta rapidement sur une ligne perpendiculaire à notre marche, dans un lieu resserré où il restait maître de sa retraite. Arrivées à quatre marabouts, situés en avant de cette ligne, nos troupes furent assaillies par la fusillade de l'infanterie arabe ; nos auxiliaires hésitaient, mais les 2e et 3e brigades forcèrent le passage, malgré le feu tonnant des canons de l'émir, qui se trouvaient assez bien servis. Le général Oudinot fut blessé ; le colonel Menne, du 2e léger, prit alors le commandement de la 1re brigade, et l'ennemi culbuté s'enfonça dans les montagnes, à l'exception de quelques tirailleurs et cavaliers qui continuaient à nous harceler. L'armée alla camper sur les rives de l'Habra. Dans la nuit, des feux nombreux, allumés sur les collines, marquaient la présence des Arabes.

Dans les différents combats de cette journée, S. A. R. monseigneur le duc d'Orléans trouva plus d'une fois l'occasion de déployer cette brillante intrépidité qui était une des moindres vertus de ce jeune prince, objet de tant de regrets. Le matin, après le passage du Sig, on l'avait vu s'élancer, à la tête de nos bataillons, au milieu du feu meurtrier qui partait des bois de l'Habra ; légèrement blessé dans cette lutte corps à corps, il ne quitta pas un instant le poste du danger. Quand le maréchal fit attaquer les montagnes par son infanterie, l'artillerie, habilement dirigée par le prince, contribua surtout à refouler la cavalerie arabe dont les masses inondaient la vallée, et lui fit éprouver des pertes considérables. Plus tard, à la hauteur des quatre marabouts de Sidi-Embarek, un profond ravin coupait le passage de la colonne française, et sur sa crête opposée toute l'infanterie d'Ab-el-Kader faisait pleuvoir une grêle de balles. Ce fut encore l'épée du Prince Royal qui ouvrit à nos braves soldats le chemin de la victoire. Donnant lui-même l'exemple d'une héroïque audace, il jette en tirailleurs dans le bois un détachement du 17e léger, et, suivi de deux compagnies du bataillon d'Afrique, il franchit le ravin, fait aborder l'ennemi à la baïonnette, et reste maître de la position après un combat acharné sur un terrain jonché de cadavres. L'admirable modestie du prince, après le succès, égalait sa bouillante énergie dans l'action.

Le 4, au matin, la rivière fut franchie et l'arrière-garde fut inquiétée comme la veille ; l'ennemi nous suivait de loin par derrière et sur notre flanc droit :

le feu de nos obusiers le tenait à distance. Après avoir marché quelque temps à l'est, le maréchal tourna brusquement à droite, et donnant au général Marbot, de la suite du prince, le commandement de la 1re brigade, lui confia le soin d'occuper les crêtes à droite de la route, pendant que la 2e brigade s'emparerait de celles de gauche. Les deux dernières brigades et le convoi s'arrêtèrent dans la plaine. Les Arabes, nous voyant maîtres du passage, se débandèrent successivement ; un grand nombre regagnèrent leurs tribus ; Abd-el-Kader disparut avec les autres du côté de Maskara, qu'il espérait encore défendre.

Le 5, au point du jour, après avoir bivouaqué au cœur des montagnes, l'armée continua son mouvement sans rencontrer d'autres ennemis que des partis peu nombreux ; mais les difficultés du terrain se multipliaient à chaque pas et retardaient sa marche, malgré l'activité merveilleuse des travaux du génie, dirigés par le colonel Lemercier. Cependant le maréchal, ne voulant pas laisser à l'émir le temps de réunir des troupes nombreuses autour de Maskara, prit les devants, le 6, avec les deux premières brigades, laissant au général d'Arlanges le commandement des deux autres et du convoi. Parvenu sur le plateau d'Aïn-Kebira, qui s'étend, de l'est à l'ouest, jusqu'à Maskara, il trouva un cheikh du village d'El-Bordj, qui le supplia d'épargner sa tribu inoffensive. M. Clauzel proposa à ce cheikh et aux Arabes qui l'accompagnaient une somme de trente mille francs pour la tête d'Ab-el-Kader : un profond silence accueillit ses offres. Un peu plus loin, les soldats arrêtèrent un Juif qui déclara que l'émir avait fait évacuer la ville. M. Clauzel, laissant aussitôt derrière lui ses brigades, courut au galop avec son escorte jusqu'à Maskara, grave imprudence qui pouvait exposer le chef de l'armée et le Prince Royal à être enlevés dans ce trajet, si les paroles du Juif avaient caché une trahison. Les brigades n'arrivèrent en ville qu'à la nuit close, deux heures après l'état-major du quartier général.

Au lieu de profiter de sa conquête et de l'effet moral qu'elle pouvait nous assurer parmi les tribus voisines, le maréchal ordonna, dès le 8, l'évacuation et la retraite. Le lendemain, l'armée, ne voulant pas être venue si loin sans y laisser un souvenir, mit le feu à la ville, où la négligence de l'état-major abandonna cent cinquante mille cartouches, et reprit le chemin d'Oran en poussant devant elle quelques centaines de Juifs qui n'avaient pas émigré, et que ce barbare incendie réduisait à la misère. Cette retraite s'accomplit au milieu d'épais brouillards et d'une pluie continuelle. On vit dans cet affreux moment des êtres humains, des femmes, des enfants exténués « si profondément ensevelis dans des lacs de boue, qu'il était impossible de reconnaître, autrement que par le mouvement de la vase où ils s'agitaient, la place où ils venaient de tomber. Il faut renoncer à peindre cette scène de désolation ; mais on pourra en concevoir toute l'étendue, en sachant que, dans une armée où se trouvaient nombre d'hommes que trente ans de service et plus avaient bien familiarisés avec les misères humaines, il ne s'en trouva pas un qui ne convînt qu'il n'avait jamais rien vu de semblable [1]. » Une nuée d'Arabes suivaient les derrières de l'armée, et, comme des corbeaux dévorants, se jetaient sur les malheureux qui ne pouvaient plus résister à la faim, à la soif, aux privations de tous genres. L'expédition rentra,

[1] *Relation de l'expédition de Maskara*, par M. Berbrugger, secrétaire particulier du maréchal Clauzel, p. 35.

le 12, à Mostaghanem, où S. A. R. Mgr le duc d'Orléans, accablé des fatigues de ces derniers bivouacs, et menacé d'une fièvre chaude, s'embarqua le 18, suivi des vœux de toute l'armée que sa présence encourageait, et dont il devait bientôt revenir partager les dangers.

Pendant la campagne de Maskara, le colonel Marey avait soutenu contre les Hadjoutes plusieurs combats dans lesquels le capitaine de Signy, du 1er chasseurs, et M. Vergé, lieutenant de spahis, déployèrent surtout une brillante valeur. Le 31 décembre, le général Desmichels, envoyé contre les insurgés avec une nombreuse cavalerie et une colonne d'infanterie, obtint aussi quelques succès, après lesquels il s'égara dans les broussailles autour de Bou-Farik, et laissa reprendre aux Arabes la moitié des troupeaux qu'il leur avait enlevés. Cette petite guerre de coups de main ne servit qu'à montrer que nous agissions sans but, sans volonté suivie et sans véritable esprit de domination.

La prise de Maskara portait un coup funeste à la politique d'Ab-el-Kader [1]; elle détacha de sa cause un personnage notable, El-Mezary, qui avait été son agha. Cet indigène, neveu de Mustapha-ben-Ismaël, accepta un emploi de khalifa (lieutenant) de notre bey de Mostaghanem; le maréchal Clauzel y ajouta le titre d'agha de la plaine d'Oran. Nos alliés revinrent à nous. Cependant, l'émir n'était pas découragé; quinze jours après, il reparut devant Tlemcen pour combattre les Arabes du désert d'Angad, qui voulaient délivrer les Koulouglis bloqués dans le Méchouar.

M. Clauzel partit d'Oran le 8 janvier 1836, avec trois brigades formant 7,000 hommes [2], et commandées par les généraux Perrégaux, d'Arlanges, et le colonel Vilmorin du 11e de ligne. Il arriva, le 13, dans la belle plaine de Tlemcen; Abd-el-Kader se retira sans échanger un coup de fusil, et le maréchal, accueilli avec joie par les Koulouglis, eut un long entretien avec Mustapha-ben-Ismaël, qui entra dès lors à notre service [3]. Le 15, les deux premières brigades, auxquelles se joignirent les cavaliers d'El-Mezary, khalifa de Mostaghanem, et les Turcs et Koulouglis de Mustapha, se lancèrent à la poursuite de l'émir, taillèrent en pièces son infanterie, et rentrèrent, le 17, avec 2,000 prisonniers, presque tous femmes et enfants.

Ben-Nouna, ancien kaïd de Tlemcen, s'était retiré chez les Kebaïles des montagnes des Beni-Smiel, sur la rive gauche de la Tafna. Le gouverneur général, pour lui couper le retour, et afin d'assurer les communications de Tlemcen avec

---

[1] Toutefois, on peut ajouter que cette destruction fut une faute. Dans un pays où le manque de villes est le principal obstacle à la civilisation, où un village est un commencement de progrès, on incendie la seule ville qui existe, la *ville sainte !* Dans un pays que l'on voudrait faire passer de l'état nomade à l'état sédentaire, où le premier progrès à faire est la construction d'habitations fixes, on brûle l'une des rares habitations qui existent, et l'on rejette ses habitants sous la tente !

[2] 1re *brigade* : Le 2e chasseurs d'Afrique, les zouaves, deux compagnies de sapeurs, un bataillon d'élite formé de 4 compagnies du 2e léger, le 17e léger, les Douaïrs et les Semélas auxiliaires, deux obusiers de montagne. — 2e *brigade* : Le 1er bataillon d'infanterie légère d'Afrique, le 66e de ligne, deux obusiers. — 3e *brigade* : Le 11e de ligne, deux obusiers.

[3] Ce chef était de race turque, et, bien que déjà fort âgé, conserva jusqu'à sa mort toute l'énergie d'une âme belliqueuse. — 775 Turcs ou Koulouglis furent délivrés du Méchouar de Tlemcen. Sur ce nombre, 343 n'étaient pas armés ; c'est donc avec 432 combattants que cette vaillante garnison résista, *pendant cinq ans*, aux efforts des Arabes. Ce fait nous donne la mesure des immenses résultats que nous pourrions obtenir en Afrique avec une armée de 100,000 soldats, telle qu'elle est aujourd'hui, si l'ambition de quelques chefs militaires ne se faisait un jeu déplorable d'éterniser la guerre par des *razzias* sans gloire, qui nous ont voués à la haine des Arabes, sans faire avancer d'un pas les résultats de la conquête.

la mer, se porta au confluent de l'Isser et de la Tafna, pour y établir une position militaire. Il rencontra en route de nouveaux ennemis, les Hachems et les Beni-Amers, joints aux Kebaïles et à des aventuriers marocains qui avaient passé la frontière. Après deux combats heureux, l'armée revint à Tlemcen; le maréchal Clauzel donna le titre de bey à Mustapha-ben-Mekallek, avec un bataillon sous les ordres d'un capitaine du génie, M. Cavaignac, qui est devenu plus tard, par ses services, un officier-général plein d'avenir.

Nous sommes malheureusement amenés à reproduire ici le souvenir d'une triste affaire, dans laquelle le nom de M. Clauzel fut compromis d'une manière fâcheuse.

Ce maréchal, admirant la fertilité du territoire de Tlemcen, s'imagina peut-être que les habitants regorgeaient d'or, et les frappa d'une contribution de guerre, destinée au payement des frais de l'expédition, à l'entretien du bataillon chargé de la garde du Méchouar, et à une gratification pour son corps d'armée. L'effet de cette mesure portait principalement sur ces mêmes Koulouglis qui avaient épuisé leurs ressources pendant un blocus de cinq ans, et qui venaient de se déclarer nos alliés. C'était un étrange système que de traiter en vaincus, en gens corvéables à merci, une population qui, d'elle-même, s'était donnée à nous, dont la fidélité enlevait à nos ennemis une place importante, et privait Abd-el-Kader d'un point de ravitaillement par lequel il pouvait avec toute facilité correspondre avec le Maroc, pour en tirer des armes, des munitions, des subsides. Opprimer les Koulouglis de Tlemcen, c'était les faire repentir de leur conduite à notre égard, c'était autant que possible les détacher de notre cause, et les pousser à se jeter dans les bras de l'émir, à devenir ses auxiliaires. Nous n'avions, à cette époque, aucun moyen d'occuper Tlemcen avec des forces suffisantes; tout faisait donc un devoir à une politique juste et raisonnable de ne point nous aliéner par une exaction des secours que nous ne pouvions remplacer. Le maréchal Clauzel ne crut pas devoir s'arrêter à ces réflexions, et, le 6 février, une assemblée générale des principaux habitants de Tlemcen fut convoquée, sous la présidence du colonel du génie Lemercier. Voici le compte rendu par cet officier supérieur des résultats de cette séance.

« Les notables Koulouglis et Maures de Tlemcen ayant été réunis par ordre de M. le maréchal Clauzel, pour se prononcer sur leurs moyens de défense, à l'époque où l'armée française viendrait à se retirer, je reçus l'ordre de me rendre au conseil et d'assister à ses délibérations. A mon arrivée, Mustapha-ben-Mekallek, bey de Tlemcen, et Mezary, khalifa de Mostaghanem, m'annoncèrent au nom du conseil que, comptant sur le bataillon que le maréchal leur avait promis, Koulouglis et Maures venaient de se jurer, sur le Koran qui était sous mes yeux, une union éternelle; que désormais il n'y aurait plus de distinction entre eux; qu'ils se regardaient comme frères, et combattraient ensemble jusqu'à la mort, pour empêcher que leur ville ne tombât au pouvoir des ennemis de la France.

« Je leur ai répondu que le maréchal apprendrait avec joie la réconciliation des habitants d'une même ville, dont les intérêts étaient inséparables; que le gouvernement français n'abandonnerait jamais des alliés fidèles comme les Koulouglis, et comme leur brave chef Mustapha-ben-Ismaël, qui avait fait preuve, tout récemment encore, d'un courage et d'un dévouement admirés de l'armée entière; qu'en conséquence, ils pouvaient compter sur la protection de la France et sur le bataillon qui leur avait été promis. J'engageai les Maures à prendre pour exemple les Koulouglis, les Semélas et les Douairs, qui venaient de contribuer si puissamment à nos succès, et de mériter, à la première occasion, la confiance que nous avions en eux. Ils répondirent en renouvelant leurs serments, et en protestant de leur dévouement.

« Ne pouvant plus douter de leurs intentions, je voulus connaître leur opinion sur leurs propres forces, et je leur demandai si, avec le bataillon qu'on allait leur laisser, ils se proposaient de défendre toute la ville, ou de n'en occuper qu'une partie seulement. Leur réponse a été celle de gens de cœur : ils m'ont assuré qu'ils défendraient tout ; qu'ils seraient assez forts pour cela avec des Français. J'ai beaucoup applaudi à cet acte de courage, et pour suppléer au nombre dans une aussi grande ville qui n'a encore recouvré qu'une faible partie de ses habitants, je me suis engagé à relever les portions de muraille les plus délabrées de l'enceinte.

« La seule inquiétude que le conseil m'ait manifestée, c'est de ne pouvoir entretenir toujours le bataillon qu'on mettait à leur charge, parce qu'ils craignaient d'être bloqués longtemps et de ne pouvoir vendre leurs denrées. Mais les habitants donnaient au maréchal l'assurance de partager en frères leurs ressources avec les Français, et de ne rien acheter au marché qu'après qu'ils se seraient approvisionnés. — Je ne pouvais répondre à ce sujet d'une manière positive, parce que mes instructions n'étaient pas assez étendues. Je me suis borné à dire au conseil qu'il faudrait probablement consulter le gouvernement français, mais que notre grande nation était *trop généreuse* pour tenir à l'entretien d'un bataillon, quand il s'agissait d'assurer la tranquillité d'une des plus belles provinces de ses possessions en Afrique ; que j'avais la presque certitude *qu'elle n'exigerait rien* de ses fidèles Koulouglis de Tlemcen, sitôt que M. le maréchal aurait fait connaître leur *position malheureuse*, depuis six ans que les habitants les tenaient bloqués dans le Méchouar.

« Je les ai tous engagés à faire connaître dans le pays leur réconciliation franche avec les Maures, et à employer toute leur influence sur les tribus pour accélérer l'établissement d'une communication prompte avec le littoral, c'est-à-dire avec l'île de Harschgoum, qui n'est qu'à deux journées de marche ; que, s'ils réussissaient dans cette négociation déjà entamée, leur fortune serait assurée à cause du débouché qu'auraient leurs grains et leurs grandes récoltes d'huile; que d'ailleurs *le maréchal était prêt à se montrer reconnaissant* de ce qu'ils feraient dans cette circonstance, de manière à ne leur plus rien laisser à désirer.

« Le conseil, satisfait de l'avenir qui lui était offert, et des intentions *bienveillantes* du maréchal, n'a plus demandé que le respect de la religion musulmane et des mœurs du pays. — J'ai répondu que ce qu'il demandait était conforme aux ordres les plus sévères du gouvernement français, qui nous faisait un devoir impérieux de respecter la religion et les mœurs des mahométans, comme ce que nous avons nous-mêmes de plus sacré.

« Tels ont été les divers sujets traités dans la séance du conseil des Koulouglis et des Maures de Tlemcen. Le dévouement qu'ils ont montré, les craintes qu'ils ont émises, les vœux qu'ils ont manifestés, méritent d'être pris en grande considération. Depuis que nous avons vu les Koulouglis sur le champ de bataille, personne ne peut douter de leur sincérité, et on n'aura point à regretter le bien qui leur sera fait [1]. »

Beaucoup plus préoccupé de son idée fixe que des obligations qu'imposait à un chef français une si honorable conduite, et d'ailleurs aveuglé par les indignes suggestions d'un Juif nommé Lassery, qui vivait dans son intimité, le maréchal Clauzel démentit bientôt par ses actes les protestations de générosité que le colonel Lemercier avait portées de sa part à nos alliés. Il formula nettement ses exigences, et, fort de l'appui de ses baïonnettes, il décréta sa contribution, dont le chiffre, énorme d'abord, ne fut enfin réduit qu'à cent cinquante mille francs.

Ce sévice répandit la consternation dans la ville, et Mustapha-ben-Ismaël lui écrivit en ces termes, au nom des malheureux qu'on s'apprêtait à dépouiller : « Voilà six ans que nous sommes en guerre contre les Arabes, en ville et au dehors ; Dieu ne nous avait pas éclairés sur la conduite que nous devions tenir, jusqu'au jour où il nous a inspirés de nous réfugier sous les drapeaux de la France. Vous êtes venu, avec votre armée victorieuse, attaquer et repousser nos ennemis et nos oppresseurs. Vous nous demandez aujourd'hui le remboursement des dépenses qu'a faites cette armée depuis son arrivée de France. Cette demande est hors de proportion avec nos ressources ; il est même au-dessus de notre pouvoir de payer une partie de ces dépenses. En conséquence, *nous implorons votre compassion*, votre sensibilité, et vos bons sentiments pour nous qui sommes vos enfants, et ne pouvons supporter cette charge ; car il n'y a parmi nous ni riches, ni hommes faisant le commerce, mais bien des hommes faibles et pauvres. Nous reconnaissons tous le service que vous nous avez rendu, et nous prions Dieu qu'il vous en récompense. Pour nous, nous vous donnerons tout ce dont nous pourrons disposer, c'est-à-dire les maisons que nous habitons en ville, nos maisons de campagne et autres immeubles que nous possédons ; mais nous vous prions de nous accorder un délai, car nous sommes vos sujets et vos enfants ; vous êtes notre sultan, et nous n'avons que Dieu et vous pour soutiens. Nous sommes sous vos ordres, et disposés à vous servir comme soldats partout où vous voudrez [2]. »

Si le maréchal Clauzel n'avait écouté en cette circonstance que la voix de la justice et le sentiment de l'honneur personnel, il n'eût pas fait un pas de plus dans une voie où la dignité du caractère français ne pouvait s'engager. Mais toujours dominé par les conseils du Juif Lassery, son commensal et son affidé, il s'obstinait à voir les choses sous un aspect fantastique. « Je ne sache aucun pays, disait-il, où, lorsqu'on demande de l'argent à ses habitants, il ne s'élève pas aussitôt des doléances sur leur pauvreté. En France même, on a été obligé d'armer la loi fiscale de moyens coërcitifs qui vont jusqu'à dépouiller le contribuable de sa propriété ; et c'est parce qu'on a l'expérience que ces moyens seront implacablement employés, que la perception de l'impôt est parvenue à être si régulière. Mais, qu'on demandât *extraordinairement*, si cela était possible, une

---

[1] *Rapport* du colonel commandant le génie, Lemercier, président du conseil des Koulouglis et Maures, tenu à Tlemcen le 6 février 1836.
[2] *Explications* du maréchal Clauzel, p. 63.

misérable somme de 10,000 francs à une ville de troisième ordre, par exemple, et immédiatement il surgirait de terre des milliers de réclamations, pour attester la pauvreté des habitants de cette ville. Je savais qu'il en serait ainsi à Tlemcen; mais Tlemcen est une ville considérable et aisée; là se trouvaient des hommes riches d'une fortune qui ne leur appartenait pas; c'étaient ceux qui, lors de la prise d'Alger, s'étaient enfuis en emportant une valeur, dérobée au trésor du dey, de près de 300,000 sequins d'or, environ trois millions de francs [1]. En Afrique, Juifs, Maures, Koulouglis ou Arabes ne considèrent comme fortune que l'or et les bijoux qu'ils possèdent et qu'ils peuvent facilement soustraire à leurs ennemis, dans cette fluctuation de combats, de revers et de victoires, qui les met si souvent à la merci les uns des autres. Cette réserve restait toujours soigneusement cachée, et le premier cri d'un habitant de l'Afrique est de dire qu'il est misérable, parce qu'il est accoutumé aux exactions de tout genre [2]. »

Pour en finir d'un coup avec ce qu'il appelait « les phrases de sensiblerie, » mais redoutant toutefois le spectacle d'une population éplorée, M. Clauzel chargea le Juif Lassery (« son intermédiaire avec les indigènes, l'interprète de ses dispositions et l'agent qui les mettait à exécution ») de procéder par toutes les voies possibles, conjointement avec le nouveau kaïd Mustapha-ben-Mekallek et le chef d'escadron Youssef, au recouvrement des cent cinquante mille francs qu'il lui fallait.

Ces trois personnages, armés de pleins pouvoirs, firent aussitôt emprisonner les plus notables Koulouglis et même les Juifs, et, voyant que les cachots ne suffisaient pas, ils eurent recours à la torture. Chaque habitant était traîné aux pieds des collecteurs et roué de coups jusqu'à ce qu'il eût fourni sa part. Ces malheureux offrirent alors les bijoux de leurs femmes, qui furent acceptés; mais Lassery prit soin d'estimer tous ces objets fort au-dessous de leur valeur. Tout cela se fit au nom de la France, en face d'une armée honteuse et indignée [3]. Une

---

[1] M. Clauzel, qui avait remplacé M. de Bourmont en 1830, savait mieux que personne l'impossibilité où l'on s'était trouvé de constater l'état réel du trésor du dey et des revenus de la régence d'Alger. Nous avons vu *livre 1er*, p. 13 et 16) que tous les écrits officiels qui pouvaient nous éclairer avaient disparu par une coupable négligence qu'on ne s'explique point, et que, dans la cour de la Kasbah, sous les yeux de l'intendant en chef de l'armée, nos soldats allumaient leurs pipes avec les papiers du gouvernement turc. Par quels moyens M. Clauzel a-t-il donc pu savoir que trois millions de francs avaient été dérobés au trésor de Hussein-Pacha, et portés à Tlemcen? Le rapport de la commission d'enquête, instituée par lui au mois de septembre 1830, n'en dit pas un mot. Cette allégation, produite sans preuves en 1836, justifie mal M. Clauzel, car elle ne pouvait sans doute provenir que des insinuations du Juif Lassery, qui ne cherchait qu'une occasion de pillage, et qui sut réussir au delà de ses espérances.

[2] *Explications* du maréchal Clauzel, p. 66.

Ces raisons pourraient être plausibles, s'il était croyable qu'après six ans de guerre et de blocus, et l'émigration de la presque totalité des Arabes de Tlemcen, ces prétendues richesses n'eussent pas été considérablement réduites par les nécessités de la vie et les frais de la défense; mais, quoi qu'il en soit, les mesures employées pour faire suer de l'or à de malheureux appellent hautement le blâme de l'histoire; tous les hommes jaloux de l'honneur français en ont vainement attendu la juste punition; la postérité s'en chargera, car le jour de la vérité se lève tôt ou tard sur toute chose.

[3] *Annales algériennes*, t. III, 1re partie, liv. XVIII, p. 62.

Voici en quels termes les habitants de Tlemcen rendent compte de cette exécution, dans une plainte qu'ils adressèrent au gouvernement français : — « En un clin d'œil, nous avons été dépouillés de nos biens, de nos bijoux et de nos vêtements... On nous mit en prison avec nos femmes et nos enfants, dont il s'en trouvait qui n'avaient pas encore six mois... Nous sommes sûrs que le spectacle de nos misères vous arracherait des armes, car nous n'avons plus que l'*apparence* d'hommes... Le commandant Youssef, le Juif Lassery et Mustapha-ben-Mekallek étaient les agents dans cette affaire. » (*Question d'Alger*, par A. Desjobert, député de la Seine-Inférieure, p. 107.)

JUIVE MARIÉE.

somme de 94,000 francs fut ainsi obtenue; sur ce chiffre, 35,200 francs seulement furent versés à la caisse du payeur, dont 29,200 servirent à la solde des troupes, et 6,000 à l'entretien provisoire du bataillon de garnison. Ce fut la seule partie de la contribution dont l'emploi ait été constaté légalement par l'administration pendant le séjour du maréchal Clauzel à Tlemcen. On ne sait pas au juste ce que les honnêtes collecteurs prélevèrent pour leurs droits de recette; mais Lassery revint à Alger avec un riche butin, et se crut obligé de déclarer à la douane une valeur de 110,000 francs en lingots et bijoux, apparemment pour constater qu'il n'en rapportait pas davantage. Quant aux bijoux perçus, ils ont eu, à Alger, les honneurs d'une exposition publique, et ont fait l'admiration de plusieurs villes de la Méditerranée; les habitants de ces ports durent croire que la piraterie était rétablie dans la régence. Ce qu'il y a de plus curieux dans cette affaire, c'est que la petite portion qui avait essayé d'entrer au Trésor fut rendue aux contribuables; c'est, du moins, ce que nous apprend le *Moniteur algérien* du 30 septembre 1836. Mais les habitants de Tlemcen sont à portée aujourd'hui d'apprécier la régularité de certaines comptabilités, en comparant ce qu'on leur a pris et ce qu'on leur a rendu [1].

Après cet acte d'oppression, dont il ne parvint jamais à se justifier pleinement, le maréchal Clauzel rentra, le 12 février, à Oran, et, pour atténuer l'effet produit par ses sévices, il publia un ordre du jour emphatique pour annoncer qu'Abd-el-Kader fugitif ne cherchait plus qu'un asile dans les déserts brûlants du Sahara, et que *la guerre était finie*; mais, en réalité, la destruction de Maskara et la prise de Tlemcen ne pouvaient offrir que des résultats incomplets tant que l'émir serait debout. L'Arabe ayant partout une existence aussi belliqueuse que nomade, Abd-el-Kader, malgré ses défaites, retrouvait partout des soldats; les masses que nous avions dispersées se reformaient plus loin : nos ennemis semblaient sortir de terre. L'organisation du pays fait de la guerre, en Afrique, une guerre d'exception, qui doit mettre en garde également contre l'exagération des difficultés et des résultats. Il fallait, sinon augmenter, du moins conserver des forces imposantes; mais les crédits étaient limités, et l'armée fut réduite, au moment où son action devenait le plus nécessaire.

[1] « L'administration, dit M. le capitaine d'état-major Pellissier, n'eut aucune connaissance officielle de ce qu'avait produit la contribution en sus des 35,200 francs versés dans la caisse du payeur. L'annonce de l'abandon de la contribution, lorsqu'on vit que les coups de bâton ne feraient pas éclore 150,000 francs, dut lui faire penser, comme à tout le monde, que les diverses valeurs avaient été laissées au bey nommé par M. Clauzel; mais on apprit bientôt que ces *valeurs suivaient le maréchal* à Oran, et qu'elles étaient transportées *dans un fourgon du quartier-général*. Plus tard, on sut que Lassery, qui d'Oran se rendit à Alger, avait déclaré à la douane pour 110,000 fr. de valeurs or et argent; qu'une vente de bijoux avait été effectuée chez MM. Baccuet et Belard, négociants à Alger, et que Lassery avait transporté d'autres bijoux à Tunis. De là, certains bruits dont il est facile de concevoir que M. le maréchal ait été vivement blessé. Il résulte des explications que ces bruits l'ont mis dans la nécessité de donner, que les valeurs en bijoux et autres objets d'orfèvrerie emportés de Tlemcen par Lassery devaient être réalisées en numéraire par celui-ci, et renvoyées sous cette forme au bey, jusqu'à concurrence des sommes portées en recette au rôle de la contribution que ces valeurs représentaient, ou plutôt dont elles étaient le gage. Ce fut *pour la sûreté de ce gage* que M. le maréchal le fit déposer *dans un de ses fourgons*. La disposition à croire au mal est déplorable sans doute; mais M. Clauzel lui-même y a-t-il toujours été étranger? Ensuite, dans l'affaire de Tlemcen, n'était-il pas naturel que les violences commises en soulevant les consciences aient rendu les esprits plus soupçonneux? » (*Annales algériennes*, t. III, p. 65.) — *L'Algérie en 1837*, par M. Desjobert, député, p. 259.

Nous croyons à la pureté des intentions de M. Clauzel. Une seule chose nous surprend : c'est l'*intimité* d'un maréchal de France avec un juif algérien. Le comte d'Erlon, son prédécesseur, promenait le juif Durand dans sa voiture; mais était-ce un exemple à suivre !

Les autres points de l'Algérie étaient loin d'être pacifiés. Le contrecoup de la Macta avait excité les populations de l'est; Milianah, Cherchell, Médéah relevaient d'Abd-el-Kader; les Hadjoutes, brigands de la plaine, faisaient une guerre de pillage à tous les partis. C'est ainsi qu'Ali-M'Barek, lieutenant de l'émir à Milianah, fut attaqué et pillé par les Soumatas; et quand il voulut se réfugier à Médéah, les habitants ne consentirent à le recevoir que sans escorte, tant se multipliaient le vague et la confusion des pouvoirs sur cette terre morcelée par tant de rivaux. Les Arabes comprenaient que nos armes pouvaient percer jusqu'au cœur du pays; mais il aurait fallu joindre les faits aux croyances, et ne pas laisser à chaque pas notre œuvre incomplète.

Le maréchal Clauzel était retourné à Alger vers la fin de février. Le calme paraissait renaître sur les bords du Mazafran; les Koulouglis de l'Oued-Zeitoun, qui formaient, sous la régence turque, une colonie militaire chargée d'assurer l'ordre à l'est de la plaine, nous demandèrent un chef. Les Beni-Misrah se courbaient devant nous; les cheïkhs des sept tribus de la montagne de Beni-Moussa sollicitaient l'investiture française; enfin, des essais de culture européenne se hasardèrent dans la Métidjah, et des fermes furent créées en dehors de nos postes avancés.

A Bougie, l'occupation était restreinte par la configuration du sol et les habitudes guerrières des Kebaïles. On se demande encore si les causes qui avaient motivé l'occupation de cette petite ville du littoral étaient de nature à la faire maintenir, et si l'on n'arriverait pas, dans tous les cas, aux mêmes résultats par l'adoption d'un système différent et moins dispendieux.

Le 29 mars 1836, un corps d'armée de 6,000 hommes se réunit à Bou-Farik pour aller soutenir, à Médéah, notre bey Mohammed-ben-Hussein contre l'influence d'Ali-M'Barek, créature de l'émir. Ce dernier marcha sur Médéah, suivi des montagnards de Soumata, des Mouzaïa, des Beni-Salah, et, après trois jours de combats, Mohammed, trahi par les Maures, tombait au pouvoir de nos ennemis. Cependant, cet accident ne causa pas de préjudice réel à notre position. Les tribus hésitaient, et, fatiguées d'une guerre sans terme, attendaient que la destinée se prononçât. Les Issers luttaient dans l'est contre les Ameraouas qui voulaient les entraîner dans les rangs d'Abd-el-Kader; un camp formé sur la Chiffa tenait les Hadjoutes en respect.

Dans la province d'Oran, le maréchal Clauzel avait chargé le général Perrégaux de surveiller, avec une colonne mobile, la vallée de Chéliff. Les Douairs et les Semélas, attaqués par les Gharabas, s'étaient retranchés sous le canon d'Oran. Le général Perrégaux tomba sur l'ennemi avec 5,000 hommes, et, après lui avoir fait subir une razzia désastreuse, il se porta sur l'Habra et la vallée du Chéliff, en recueillant des soumissions arrachées à la terreur. Mais le rappel d'une partie du corps expéditionnaire d'Oran ne permit pas de pousser ces avantages. Les proclamations romanesques du maréchal, sur la prétendue fin de la guerre, avaient fait croire au ministère que l'état du pays permettait de rentrer dans les limites du budget, en réduisant l'effectif de l'armée. Le lieutenant-colonel Delarue apporta de Paris des ordres précis touchant cette réduction, dont M. Clauzel eût dû connaître mieux que personne l'impossibilité. Un nouvel échec en donna bientôt la triste preuve.

Le gouverneur avait prescrit la formation d'un camp sur la Tafna, pour mettre la garnison de Tlemcen en facile communication avec la mer. Le général d'Arlanges s'y rendit avec 3,000 hommes le 15 avril, et, malgré des engagements successifs, il poursuivait activement les travaux, lorsqu'il fut averti qu'un corps de 7,000 Arabes venait l'attaquer. Un combat fut livré, le 25, à deux lieues du camp. Après une lutte acharnée, dans laquelle le général fut blessé, nos troupes se retirèrent, avec des peines inouïes, dans leurs retranchements, laissant 300 hommes sur le champ de bataille. Notre camp de la Tafna, étroitement bloqué, allait devenir un tombeau ; des renforts immédiats furent demandés à la France ; trois nouveaux régiments, le 23e le 24e et le 62e de ligne, furent embarqués sur-le-champ et transportés à la Tafna, où ils arrivèrent le 6 juin, avec le maréchal de camp Bugeaud. Le général de l'Étang remplaça M. d'Arlanges à Oran.

La situation critique de nos troupes avait ranimé l'audace des Arabes, et le bey Ibrahim, notre allié, campé près de Mazagran avec des forces minimes, fut contraint de se replier sur Mostaghanem.

Ce concours de circonstances fâcheuses réclamait impérieusement un retour offensif, pour dégager notre supériorité compromise. Le général Bugeaud n'apportait pas en Afrique une réputation militaire bien connue ; le gouvernement de juillet l'avait replacé comme colonel après quinze ans d'obscurité, et son grade de maréchal de camp, qui datait de 1831, ne l'avait encore mis en relief que par la mission de Blaye, et, plus tard, dans les émeutes de Paris. Mais c'était un homme audacieux, résolu, et que plusieurs années de service dans l'armée d'Aragon, de 1809 à 1814, avaient dressé à la petite guerre de partisans qui se fait en Algérie [1]. Fort indécis d'abord sur le plan d'opérations qu'il devait suivre dans un pays dont la connaissance lui manquait, il résolut enfin de se porter à Oran, pour marcher de là sur Tlemcen. Sorti du camp de la Tafna le 12 juin, vers minuit, à la tête de 6,000 hommes, il eut, au point du jour, un premier engagement avec trois ou quatre cents cavaliers d'Abd-el-Kader, qui vinrent attaquer ses bagages et y causèrent un désordre promptement réparé. Une seconde affaire l'attendait, dans la même matinée, au passage d'un ruisseau ; l'armée avançait sur trois colonnes, et ses tirailleurs tinrent l'ennemi à distance. Une masse de cavaliers s'étant jetée sur son flanc droit, le général les fit charger brusquement et les vit bientôt hors de portée. Ses troupes, composées d'hommes venant de France, ne campèrent que très-tard, après dix-huit heures d'une marche forcée. Les trois journées suivantes se passèrent sans combats, et, le 16, on arrivait à Oran. Le 19, M. Bugeaud prit la route de Tlemcen, qu'il atteignit le 24, sans obstacles sérieux. L'armée s'établit devant cette ville, dont la petite garnison n'avait pas souffert ; le brave capitaine Cavaignac, qui la commandait, soutenait admirablement le moral de ses soldats. Dans la soirée du 26, le général retourna au camp de la Tafna, en explorant le pays avec

---

[1] Le 28 juin 1815, lorsque les alliés avaient déjà occupé Paris, le 14e de ligne, commandé par le colonel Bugeaud, luttait encore au pied des Alpes pour la défense du territoire envahi. Ce régiment arrêta seul une division de 8,000 Autrichiens soutenue par 6 pièces de canon, qui pénétrait par la Savoie dans la vallée de Graisivaudan. Après sept heures de lutte, l'ennemi perdit dans cette affaire 2,000 morts et 400 prisonniers. Il est à regretter que M. Bugeaud, devenu gouverneur de l'Algérie, ait plus tard exagéré l'importance de plus d'un fait qui ne vaut pas celui que nous venons de citer.

soin ; arrivé le 29, à neuf heures du matin, il fit préparer sans retard un fort convoi destiné au ravitaillement de Tlemcen, et, après cinq jours de repos, il reprit la campagne. Mais, cette fois, Abd-el-Kader épiait de plus près ses mouvements.

Le corps expéditionnaire venait de quitter, le 6 juillet, son second bivouac, et descendait, par trois colonnes, dans la vallée de l'Oued-Sefsaf. Des feux allumés, pendant la nuit précédente, sur toutes les hauteurs, avaient signalé le voisinage d'ennemis nombreux ; on devait penser que l'émir, fatigué de son rôle d'observateur, se préparait à tenter un coup de main : cette prévision fut justifiée. L'arrière-garde française fut chargée, au point du jour, par la cavalerie arabe, embusquée au tournant d'une gorge. Nos auxiliaires, commandés par Mustapha-ben-Ismaël, soutinrent ce choc avec résolution, tandis que l'armée, franchissant la vallée, se déployait sur les plateaux de la rive gauche. Bientôt l'infanterie ennemie, conduite par Abd-el-Kader lui-même, se présenta sur la ligne de direction que suivaient nos colonnes. Cette fausse manœuvre livra au général Bugeaud une facile victoire, car la double agression des Arabes sur notre front et nos derrières coupait leur ligne de bataille. Par un mouvement rapide, le 62ᵉ de ligne et un bataillon léger d'Afrique se portèrent à l'arrière-garde pour la soutenir, tandis que le reste du corps d'armée accueillait les masses confuses d'Abd-el-Kader avec une telle vigueur, que les fuyards, poussés par notre cavalerie dans une espèce d'entonnoir formé par le cours de l'Isser, perdirent plus de 200 morts et 130 prisonniers. Notre arrière-garde n'obtenait pas un moindre succès, et l'artillerie acheva la déroute des vaincus. Ce succès, décidé en quelques heures par les dispositions énergiques du général Bugeaud, lui mérita la confiance des troupes [1]. Le lendemain, Tlemcen fut ravitaillé.

La défaite d'Abd-el-Kader eut un grand retentissement parmi les tribus ; leur fidélité s'ébranla sur plusieurs points, et si M. Bugeaud, profitant de sa victoire, avait pris quelque souci de rattacher à notre cause les populations voisines de Tlemcen, ces négociations, appuyées par une force imposante, ne seraient pas restées stériles ; mais, soit qu'il ne voulût pas, à cette époque, outrepasser la mission militaire qui lui était confiée, soit que son antipathie pour la conquête d'Afrique ne lui permît point encore d'entrevoir le rôle qu'il était destiné à jouer sur ce théâtre, il revint à Oran sans rencontrer de nouveaux ennemis, et, pour occuper ses soldats, il causa tout le mal possible au pays, dévastant sur sa route et brûlant les moissons. Après ce triste et puéril ravage, qu'il appelait faire des *rubans de feu*, il s'embarqua, le 30 juillet, pour Alger, d'où il repassa en France, et fut nommé lieutenant général.

L'émir s'était retiré du côté de Maskara pour y réparer ses pertes. Doué d'un courage à toute épreuve, il ne se laissait point abattre par la mauvaise fortune, et le Maroc lui fit passer des secours d'argent pour fabriquer de la poudre, des armes et des vêtements ; mais la présence d'un grand nombre de Marocains sous ses drapeaux avait été l'objet de nouvelles et vives représentations au chériff Abd-el-Rahman, qui s'empressa de désavouer, près du gouvernement français, toute participation de sa part à cet acte d'hostilité. Des défenses ex-

---

[1] Ce combat reçut, dans les bulletins, le nom de *Sikkak*, que prend l'Oued-Sefsaf au-dessus de sa réunion avec les eaux de l'Isser.

presses furent aussitôt publiées, en son nom, parmi ceux de ses sujets qui avoisinent la province d'Oran, et l'on put espérer momentanément qu'Ab-el-Kader, privé de cette ressource, serait de longtemps hors d'état de nous inquiéter.

Pendant que nous réparions l'échec de la Tafna, M. Salomon de Musis, chef du 3e bataillon d'infanterie légère et commandant supérieur de Bougie, avait à repousser les attaques incessantes des Kebaïles ; le 4 août, il eut l'imprudence d'accueillir des offres de traité sans prendre des précautions suffisantes, et, s'étant rendu avec quelques officiers au lieu proposé par le frère d'Oulid-Ourebah, il périt victime d'une trahison [1]. M. Lapène, chef d'escadron d'artillerie, qui le remplaça provisoirement, sut maintenir notre inutile position jusqu'à l'arrivée du lieutenant-colonel d'état-major Chambourlon.

Au commencement de 1836, notre domination semblait assise autour de Bone. On surveillait les projets d'Ahmed ; la côte était gardée avec soin pour prohiber tout débarquement d'armes et de munitions étrangères, et le général Monk d'Uzer profitait de la haine que des cruautés inouïes allumaient contre le bey de Constantine, pour attirer à nous les opprimés par l'espoir d'un appui, et nous préparer, dans un prochain avenir, le chemin de cette riche province, dont on disait merveille. Prévoyant la nécessité prochaine de cette conquête, dont il voulait s'assurer la gloire, le maréchal, pendant son séjour à Tlemcen, et à l'époque de la contribution dont nous avons parlé, avait donné d'avance le titre de bey au chef d'escadron Youssef. Les antécédents de cet aventurier n'étaient pourtant guère de nature à justifier cette faveur. Le ministère ne la sanctionna qu'avec peine, et encore écrivait-il à M. Clauzel en ces termes : « Malgré les plaintes graves que les excès commis à Tlemcen ont soulevées, le gouvernement consentira à laisser Youssef investi du titre de bey qui lui a été conféré par vous ; mais un officier général, *capable de lui imposer* et de le diriger, sera placé dans la province [2]. » Les faits vont établir la justesse de ces appréhensions.

---

[1] On a vu précédemment la bizarre équipée diplomatique du commissaire Lowasy auprès d'Oulid-Ourebah. Ce cheikh étant mort, son frère lui avait succédé. Sur ces entrefaites, le fils d'Oulid-Ourebah, jeune homme de seize ans, s'étant avisé de conduire quelques bœufs au marché de Bougie, les Kebaïles soupçonnèrent son oncle d'entretenir des intelligences secrètes avec les Français. Le cheikh ne trouva d'autre moyen de se disculper aux yeux de ses compatriotes, que de faire tomber le commandant de Bougie dans un piège odieux. Il écrivit à M. de Musis, et, sous le prétexte de négocier, l'attira, le 4 août 1836, à quelque distance en avant du camp retranché inférieur. Par une imprudence trop cruellement payée, cet officier descendit au lieu de l'entrevue, accompagné de son interprète, de M. le sous-intendant militaire Fournier, du kaïd de Bougie et de la compagnie franche du 2e bataillon léger d'Afrique ; le capitaine Blangini laissa même cette faible escorte un peu en arrière. L'entrevue commença par des civilités réciproques, et traînait en longueur sans que le rusé Kebaïle parût arriver au fait. Pendant ce temps, les cavaliers du cheikh s'approchèrent à la faveur des accidents du terrain et sans être aperçus. Tout à coup, une décharge presque à bout portant foudroya M. de Musis et son interprète ; le kaïd de Bougie fut grièvement blessé ; l'intendant militaire eut son cheval tué, et courait risque de la vie si M. Blangini, sauvé miraculeusement de ce désastre, et la compagnie franche accourue au bruit des armes à feu, n'avaient chargé rapidement les meurtriers, qui prirent la fuite sans combattre. La garnison de Bougie n'était pas assez forte pour venger cet acte de perfidie par une expédition contre ces montagnards. Toutefois, la responsabilité d'une si atroce violation du droit des gens doit peser tout entière sur le cheikh. Les gens des tribus d'alentour en furent consternés, et n'osaient plus nous apporter de vivres.

[2] Lettre du ministre de la guerre au maréchal Clauzel, le 15 août 1836. — En présence de tant d'épisodes regrettables qui assombrissent la physionomie des guerres d'Afrique, il est difficile à l'écrivain d'être vrai sans paraître sévère. Notre impartialité n'admet aucun fait sans fonder son jugement sur de graves autorités. L'inflexible logique de l'histoire ne peut transiger avec les fautes ; elle les signale, afin que le remède en soit cherché, et que l'avenir profite du passé. Nous avons déjà, plus d'une fois, rendu justice au bien, et tenu compte même des intentions ; nous aurons sans cesse à porter de nombreux témoignages en faveur des

Le général Monk d'Uzer avait des ennemis à Bone parmi les colons qui lui reprochaient sa politique bienveillante à l'égard des Arabes; on l'accusa d'avoir trafiqué sur les propriétés, et nonobstant une enquête, qui prouva la fausseté de ces allégations, M. Clauzel, sur qui planaient des soupçons du même genre, demanda et obtint la révocation de ce général. On peut supposer que Youssef, qui avait un système particulier à exercer sur les indigènes, ne resta pas étranger aux malveillantes insinuations dont M. Monk d'Uzer fut la victime. Quoi qu'il en soit, après la retraite de cet honorable officier général, l'ex-employé de la police d'Alger fit à Bone une entrée triomphale au bruit de l'artillerie. Mais rien n'était réglé sur les pouvoirs, les attributions, les ressources de ce bey; on le jetait au milieu des Arabes avec des pouvoirs indéfinis et illimités, lui donnant, pour budget et pour liste civile, sa position à exploiter comme il l'entendrait. Pour s'installer avec honneur dans son gouvernement, il lui fallait un banquier, et son choix tomba naturellement sur le Juif Lassery, son collègue de Tlemcen et l'ami intime de son protecteur. Il emprunta à ce Juif une somme de 20,000 francs qui devait être, aux termes du contrat, remboursée en têtes de bétail. Pour acquitter sa dette, il demande des troupes au colonel Corréard du 3ᵉ chasseurs, qui, n'ayant pas d'autres instructions que celle de ne pas entraver les actes de Youssef, lui refuse son concours, promettant toutefois d'envoyer un détachement sur la route qu'il suivra, pour le protéger en cas d'échec. Youssef, autorisé par le maréchal à former un corps de 1,000 Turcs, Maures ou Koulouglis, fait enlever violemment dans les cafés, les boutiques et les maisons particulières, tout individu en état de porter les armes. La population indigène, effrayée de ces sévices révoltants, réclame auprès de l'autorité française; M. Disant, sous-intendant civil de Bone, s'oppose courageusement à la brutalité du nouveau bey, et fait mettre en liberté les malheureux dont il s'était emparé. Youssef est réduit à 300 aventuriers, qu'il joint aux escadrons de spahis réguliers dont il est le commandant. Sa première expédition se dirige contre les Radjètes, nos alliés, qu'il surprend, et auxquels il enlève près de 2,000 bœufs et 1,200 moutons. Ce bétail, compté à vil prix à Lassery, fut, par ce dernier, vendu au quadruple à l'administration française. Une difficulté s'éleva sur la suite du marché, et le tribunal de Bone fut épouvanté d'une cause où l'on produisit des billets constatant ces hideux traités [1].

Plusieurs expéditions semblables assaillirent d'autres tribus. Les razzias faites par Youssef produisirent, à son bénéfice, des sommes considérables; la plus grande partie des bestiaux était exportée à Tunis, ou vendue directement aux Maltais. Le colonel Duverger, qui avait succédé au général d'Uzer, craignant peut-être de déplaire au maréchal, n'osa prendre sur lui de réprimer les scandaleuses dilapidations de Youssef; mais M. Melcion d'Arc, intendant en chef, les dénonça vivement au ministère, et un arrêté du 20 juillet interdit, dans l'intérêt des approvisionnements de l'armée, toute exportation de bétail dans l'est de la régence. Puisque

---

hommes qui ont noblement mérité la reconnaissance publique; mais chaque fois aussi qu'un méfait, qu'un sévice ou un oubli du devoir frapperont nos regards, et que la preuve sera dans nos mains, nous obéirons avec tristesse, mais rigoureusement, aux exigences de la vérité.

[1] *Alger en 1838*, par A. Desjobert, député, chap. 2, p. 20. — *Annales algériennes*, t. III, 1ʳᵉ partie, liv. XIX, p. 94. — *L'Algérie*, par M. le baron Baude, conseiller d'État, ex-commissaire du roi en Afrique, t. I, p. 284.

le gouvernement croyait devoir protester contre ces vols par un acte officiel, il eût été plus moral d'en flétrir l'auteur; mais cette sévérité aurait frappé plus haut : le bey futur de Constantine avait entre les mains des lettres du maréchal Clauzel, qui lui donnaient carte blanche et approuvaient toute sa conduite [1] !

Les résultats ne se firent pas attendre. Les Arabes s'éloignèrent de nous en disant : « Puisque le bey des Français nous traite encore plus durement qu'Ahmed, mieux vaut retourner à celui-ci. » Par sa conduite effrénée, Youssef détruisit tout le bien qu'avait produit l'honnête administration du général Monk d'Uzer.

Ne voulant pas toutefois encourir le reproche de partialité dans le jugement sévère que nous venons de porter sur les actes de ce personnage, il nous a semblé nécessaire de rechercher aussi les témoignages qui pouvaient lui être favorables. Voici l'appréciation que fait de Youssef M. le conseiller d'État Genty de Bussy : — « L'histoire, dit-il, offre peu d'exemples d'un semblable héroïsme. On retrouve Youssef partout où la France eut besoin de réclamer la double assistance de son bras et de ses conseils. Au commencement de 1837, il fit un voyage à Paris, et il y passa près d'une année. L'éclat que son nom avait déjà jeté en France; les combats auxquels il avait pris part en Afrique; le nouveau drapeau sous lequel il venait de s'illustrer en si peu de temps; cette étrangeté mêlée de gloire qui, chez un peuple blasé, semble avoir seule le privilége de ranimer la curiosité, avaient déjà fixé les regards sur lui. L'élégance de ses manières et de sa tournure, la grâce qui lui était particulière, la richesse de son costume, et, ce qui est bien mieux encore, une âme élevée, une grande solidité dans ses affections, un dévouement sans bornes pour ceux dont il avait reçu les bienfaits, tout contribua à augmenter un succès que compléta bientôt le tour original de son esprit.

« De rares qualités distinguent Youssef; nous n'en citerons qu'un exemple : Un homme, qu'il avait connu à Alger, et que nous ne voulons point nommer, était à Paris, sans emploi et sans fortune. Une longue maladie venait d'ajouter encore à la gravité de sa situation. Youssef l'apprend, vole chez lui, attend qu'il soit seul, et le force d'accepter la totalité du traitement qu'il venait de toucher. Youssef n'avait alors pour toute ressource que la demi-solde du grade de chef d'escadron. Il n'hésita pas cependant; il secourut le malheur la veille, sans

[1] Il les a montrées à M. Loyson, avocat général au tribunal supérieur. (*Annales algériennes*, t. III, p. 102.) — Il paraît, au surplus, que le meurtre ne coûtait pas plus à Youssef que les exactions. Un ancien kadi de Bone, nommé Khalil, s'était réfugié à Tunis en 1832; il entretenait de là une correspondance avec Ahmed-bey. L'autorité française le réclama. Mais comme il n'avait jamais reconnu notre domination, et qu'il avait été saisi sur un terrain neutre, on ne pouvait le faire juger. Il fut renvoyé d'Alger à Bone, et placé sous la surveillance et, par conséquent, la protection du commandant français. Youssef en fit son secrétaire. Quelque temps après, Khalil, témoin de ses odieux excès, blâma ses actes et lui devint suspect. Une nuit, après avoir passé la soirée à jouer aux échecs avec le bey, au camp de Dréan, il fut enlevé de sa tente, et décapité, sans que l'officier supérieur qui commandait le camp fût instruit de cette exécution. Youssef prétendit que Khalil avait voulu l'empoisonner, et ne put fournir aucune preuve à l'appui de cette accusation; mais l'impunité lui était assurée. Seulement, l'autorité civile arracha de ses mains un Maure et un Juif qu'il s'était avisé de faire arrêter comme complices de Khalil, et dont il aurait sans doute obtenu par la torture tous les aveux à sa convenance. Ce fait, rapporté par le capitaine d'état-major Pellissier, ne donna lieu à aucune répression juridique.

(Voir aussi *l'Algérie*, par le baron Baude, conseiller d'État, ex-commissaire du roi en Afrique; t. I, p. 151.)

s'inquiéter pour lui du lendemain. Combien peu de Français, en pareil cas, eussent montré la même générosité qu'un Arabe ! Comment cette bonne action est-elle arrivée jusqu'à nous? Nous garderons là-dessus le silence, et nous nous contenterons de dire que ce n'est pas de Youssef que nous la tenons.

« Les causeries orientales de Youssef sur les Arabes, sur leur sauvagerie, leur intrépidité, leur insouciance de la vie, sont empreintes de ce charme qui s'attache à tout ce qui vient d'un pays inconnu ; sa phrase est vive, abondante et imagée. Dans la paix comme dans les combats, il conserve les habitudes d'un guerrier, et des exercices violents peuvent seuls compenser pour lui le temps du repos. Il avait donné à Bone quelques jours d'hospitalité à Horace Vernet; elle lui fut, à Paris, largement rendue ; pendant son séjour dans cette ville, la famille du grand artiste devint la sienne, et il fut pour elle un enfant de plus. Rarement la noblesse de cœur est séparée de l'éminence du talent, et, toute sa vie, Horace Vernet a réuni les deux.

« Les débats de la tribune après la retraite de Constantine, le rappel du maréchal Clauzel, qui en fut la suite, le titre de bey de cette province prématurément donné à Youssef, avaient rendu sa position délicate, et l'avaient contraint à expliquer sa conduite. Il le fit avec dignité, avec calme, et sans tenir compte des préventions de certains hommes. Fort des brillants services qui plaidaient pour lui, il obtint, après quelques mois d'attente, la récompense qu'il avait si bien méritée, et retourna lieutenant-colonel à Alger. Tel est cet homme déjà célèbre dans la régence, qui ne dit, qui ne fait rien comme un autre ; brave parmi les braves, enthousiaste, fidèle, téméraire, audacieux surtout, avec quelque chose de ce grandiose de l'Orient, qui ne voit souvent entre une chaumière et un trône que la longueur d'une épée ; véritable Gengis-Khan au petit pied.

« On a conféré à Youssef un grade dans l'armée ; à mon avis, c'est une faute : lui appliquer les dispositions de notre loi d'avancement, c'était l'étendre sur le lit de Procuste, lui mettre des lisières que sa nature ne comporte pas ; c'était l'étouffer sous un habit étranger : il fallait lui laisser le sien. Qu'en est-il arrivé? officier pour nous, il a continué d'être bey pour les indigènes, qui lui rendent des honneurs inconnus, qui lui baisent les mains ; c'est que, malgré nous et malgré nos formes, il est resté *lui*, et c'était là le seul rôle qui nous l'eût donné tout entier. Le gouvernement d'une province, le maintien de sa pacification, voilà la mission que, sous l'autorité de la France, j'aurais offerte en perspective à Youssef, et que je n'eusse pas hésité à lui confier quand l'opportunité en serait venue. Je l'aurais placé à Constantine ou à Bougie comme bey, et grandi par la dénomination, si je n'avais pu assez tôt le grandir par le grade. En un mot, j'aurais voulu qu'exception pour tout le monde, il n'eût été objet d'envie pour personne [1]. »

[1] Nous sommes heureux de reproduire ce beau trait ; mais de pareils exemples sont plus fréquents chez nous que ne paraît le croire M. Genty de Bussy. Ce conseiller d'État commet ici deux erreurs : la première, qui ne devrait pas se trouver sous une plume française, accuse bien à tort ses compatriotes de manquer d'une noblesse de cœur qui est la plus belle vertu de notre nation. L'homme, quel qu'il soit, qui oserait soutenir un tel jugement, s'exposerait à se voir surpris en flagrant délit d'ingratitude par un biographe bien renseigné. La seconde erreur est l'excuse de M. Genty de Bussy, en prouvant qu'il pense ou qu'il écrit parfois avec une singulière légèreté. Cet honorable publiciste qualifie d'*Arabe* l'ex-mameluck Youssef, et cependant, dans le même chapitre, six pages plus haut, il affirme qu'Youssef est né à l'île d'Elbe !

[2] L'amour de la phrase entraîne ici M. Genty de Bussy. Nous avons déjà cité trop de faits, et il nous en

Pour compléter ce panégyrique, M. Genty de Bussy « ne peut résister au désir de faire connaître à ses lecteurs une lettre de M. le duc de Mortemart à Youssef, et qui honore également l'un et l'autre. » Voici cette lettre[1], écrite à Paris, le 1er mars 1838 : — « Mon cher colonel, après dix mois de séjour en France, et de sacrifices, vous devez vous trouver à court d'argent. Si cela est, souffrez que je vous prie d'accepter mille écus. Sur le vu de cette lettre, vous les toucherez soit à Alger, soit à Paris, chez mon banquier, M. Erard. Adieu, mon cher colonel; que le même Dieu nous protége tous les deux! »

Après ce document, M. de Bussy ne voit plus rien à ajouter à la gloire de son Gengis-Khan, et passe à d'autres exercices littéraires. Quant à nous, nous avons dit les choses, telles que nous les savions, telles que nous les trouvions établies. Livrant les faits officiels comme les apothéoses romanesques au jugement de nos lecteurs, nous compterons tout à l'heure les nouveaux services de l'homme « *qu'on retrouve partout où la France a besoin de réclamer l'assistance de son bras et de ses conseils.* »

Le maréchal Clauzel s'était rendu en France le 14 avril 1836, pour soutenir, par ordre du ministère, les intérêts de la colonie, dont l'abandon ou la conservation pouvaient dépendre d'un vote des chambres, fatiguées de tant de vicissitudes et de sacrifices. M. Clauzel, qui caressait dans sa pensée les glorieux résultats d'une expédition sur Constantine, sut merveilleusement exploiter les instincts belliqueux de M. Thiers. Ce ministre demanda un plan qui fut tracé par le chef d'escadron de Rancé, aide de camp du maréchal, et promit de l'appuyer chaudement au sein du conseil. M. Clauzel était de retour à Alger, le 28 août; le 8 septembre, M. de Rancé lui apporta la nouvelle de la chute prochaine du ministère dont M. Thiers faisait partie[2]. Le nouveau cabinet, se montrant peu favorable aux projets du maréchal, celui-ci craignit son rappel, et dépêcha M. de Rancé à Paris, avec mission de demander les moyens d'exécuter son plan, et d'offrir sa démission en cas de refus. Pour toute réponse, le général Damrémont fut invité à se rendre en Afrique pour prendre le commandement des mains de M. Clauzel, si le maréchal persistait dans ses projets de retraite. A l'arrivée de son successeur conditionnel, le gouverneur d'Alger s'empressa de

reste encore trop à signaler, pour qu'il soit nécessaire de discuter le côté faible d'une appréciation qui semble crouler sur elle-même. Il est à regretter qu'en France, la religion du public et du gouvernement ait été trop souvent éclairée bien tardivement. Si l'état des choses s'était toujours montré sans voiles, si des intérêts privés n'avaient point faussé, dans des vues coupables, les simples notions de la vérité, nos affaires seraient plus avancées en Algérie, et le ministère se verrait affranchi de bien des critiques qu'il n'a pas toujours méritées, car il ne peut, la plupart du temps, juger ce qui se passe en Afrique que sur des bulletins exagérés ou sur des rapports peu fidèles.

[1] *De l'établissement des Français dans la régence d'Alger, et des moyens d'en assurer la prospérité.* (2e n°. *Appendice*, p. 273 à 283.) — Nous serions curieux d'apprendre à quelle source l'auteur a puisé ce mandat à vue de M. le duc de Mortemart. Nous comprenons difficilement ce que le cadeau d'un grand seigneur peut ajouter de lustre aux rares qualités que M. de Bussy prête à son héros.

[2] Le 30 août 1836, le maréchal Maison, prêt à quitter le ministère, informa l'intendant militaire et le gouverneur général, que les dispositions ordonnées étaient, dans leur ensemble, conformes aux entretiens, aux communications verbales avec plusieurs des ministres du roi; mais qu'elles n'avaient été l'objet d'aucune délibération du conseil; que c'était au nouveau cabinet à refuser ou à accorder cette sanction, et que, jusque-là, il importait de ne rien engager, de ne rien compromettre, et de se renfermer dans les limites de l'occupation actuelle, dans celles de l'effectif disponible, et des crédits législatifs, ou du moins des dépenses prescrites et approuvées. Le ministre déclarait décliner, de la manière la plus positive, la responsabilité des actes qui s'écarteraient de ces limites. (*Rapport de la commission du budget à la Chambre des députés*, en 1837.)

déclarer qu'il n'avait pas donné de démission officielle, et que, puisqu'on lui refusait des troupes, il s'en passerait. Quelques jours après, il voulut envoyer M. Damrémont à Oran; mais cet officier général ne crut pas devoir accepter un emploi subalterne, et revint en France après un court séjour, pendant lequel il ne prit aucune part aux affaires.

Le maréchal hâta ses préparatifs pour répondre aux inquiétudes du ministère par un succès dont il se croyait assuré; mais l'expédition n'était encore qu'autorisée par une dépêche du 27 septembre, qui en laissait à M. Clauzel toute la responsabilité [1]. Elle fut enfin sanctionnée, le 22 octobre, par une lettre du général Bernard, ministre de la guerre, ainsi conçue : « Je vous ai fait connaître, par ma dépêche télégraphique d'hier, que j'ai appris avec satisfaction que vous entrepreniez l'expédition de Constantine, et que vous n'étiez pas inquiet des résultats. Je vous ai annoncé, en même temps, que S. A. R. monseigneur le duc de Nemours est confié à vos soins, que le prince arrivera à Toulon le 25, et qu'il s'embarquera immédiatement pour être transporté à Bone. Je confirme cet avis, et je me hâte de vous dire que j'ai éprouvé une vive satisfaction de la nouvelle marque de confiance que vous donne le roi. L'intention de S. M. est que M. le duc de Nemours assiste à l'expédition de Constantine, comme le Prince Royal a assisté à celle de Maskara. L'armée sous vos ordres verra dans sa présence un témoignage patent de la sollicitude du roi pour le corps d'occupation d'Afrique. C'est, en outre, une preuve de l'intérêt que prend S. M. au succès de l'expédition de Constantine. »

Le général Trézel avait remplacé à Bone le colonel Duverger, pour organiser le point de départ de l'armée. Youssef, qui s'était flatté d'exercer sur les tribus une haute influence, reçut alors un cruel démenti; les défections étaient générales; ce bey *in partibus* avait promis de fournir 1,500 bêtes de somme pour porter le matériel; mais, au dernier moment il put à peine en offrir 400, et quand il fallut les présenter, on n'en trouva que 125. Il s'était fait fort d'appeler de Tunis 2,000 Turcs auxiliaires; sa haute influence n'en réunit que 40; la mystification se glissa jusque dans les cartons ministériels : 10,000 Arabes devaient marcher avec nous; le crédit qu'on ouvrit pour leur solde fut à peine entamé; et cependant, M. Clauzel prenait tellement au sérieux les forfanteries du chef d'escadron Youssef, qu'il se proposait de le laisser à Constantine avec un bataillon français, 1,000 Turcs et quatre escadrons de spahis. Le ministère, par une dépêche du 30 octobre, allouait, en outre, à ce bey, un subside de 50,000 francs.

L'armée expéditionnaire se réunit à Bone le 8 novembre. Son effectif était de 7,000 hommes, répartis en 5 brigades, commandées par le général de Rigny, les colonels Corbin, Levesque, Petit d'Hauterive et Héquet. Les 2e, 3e et 5e brigades furent placées sous les ordres du général Trézel. L'artillerie comptait quatorze pièces approvisionnées à 1,400 coups; l'armée emportait pour quinze jours de vivres, dont moitié à peu près dans le havresac [2].

[1] « Le gouvernement du roi aurait désiré qu'il n'eût pas encore été question de l'expédition de Constantine. C'est parce que cette expédition a été annoncée, *et par ce seul motif*, que le gouvernement l'autorise... Il doit être bien entendu qu'elle doit se faire avec les moyens (*personnel* et *matériel*) qui sont actuellement à votre disposition. » (*Dépêche du ministre de la guerre*, du 27 septembre 1836.)
[2] 1re brigade : les spahis réguliers et auxiliaires; le bataillon d'infanterie de Youssef, avec quatre obusiers

S. A. R. monseigneur le duc de Nemours, arrivé de France le 29 octobre, MM. de Mortemart et de Caraman, ainsi que M. Baude, membre de la chambre des députés et commissaire du roi en Afrique, suivaient le quartier général. C'était la seconde fois qu'un de nos princes venait s'associer, en Afrique, aux travaux de la conquête; une héroïque émulation brillait entre ces rejetons d'une royale famille; les premiers exemples donnés par le duc d'Orléans méritaient bien de faire éclore une si noble rivalité de courage et de dévouement au drapeau de la patrie. Mais quelque chose de plus touchant doit fixer les regards de l'histoire : ce sont les inquiétudes secrètes, et les larmes de cette mère auguste et si cruellement éprouvée, qui payait, elle aussi, l'impôt du sang que doivent toutes les mères, et qui, confiant à Dieu ses craintes avec ses espérances, attirait sur ses enfants la protection du ciel par les prières de tant d'infortunes soulagées qui font partout bénir son nom vénéré.

Le maréchal Clauzel, avant de se mettre en marche, avait fait répandre parmi les tribus une proclamation, datée du 4 novembre, et adressée aux habitants de Constantine : « L'armée française sous mes ordres, leur disait-il, respectera votre religion, vos personnes et vos propriétés. Il ne vous sera rien demandé, rien imposé! Le soldat sera logé dans des maisons séparées des vôtres, et le plus grand ordre régnera dans Constantine si notre entrée se fait sans résistance et pacifiquement de votre part[1]. »

Des renseignements très-exacts avaient été recueillis sur la route que l'armée devait suivre; on savait que nos troupes ne trouveraient d'autres vivres que ceux qu'elles porteraient, et, pour mener à bien l'expédition, il fallait pouvoir compter sur une saison favorable, et réunir des moyens de transport suffisants ; or, d'une part, dit M. Baude, nous n'avions que du tiers au quart des équipages indispensables, en supposant que le temps fût constamment beau; et, de l'autre, l'époque des grandes pluies était arrivée. Malgré les inquiétudes légitimes que faisaient naître ces obstacles, officiers et soldats se montraient pleins de confiance et d'ardeur; le mouvement commença sans que personne s'avisât d'exprimer une arrière-pensée; les Français ne calculent jamais les prévisions sinistres, et cette généreuse audace, qui ne mesure ni difficultés, ni périls, avait trop souvent produit des résultats inespérés pour qu'on crût devoir, en cette circonstance, laisser percer la moindre hésitation.

Le 8 novembre, la 1re brigade, moins le 3e chasseurs, mais renforcée du 17e léger, partit de Bone en avant-garde, et s'arrêta le surlendemain à Guelma, pour attendre le corps d'armée. Le général de Rigny, qui la commandait, se fortifia dans une enceinte de ruines romaines qui couvrent ce point. Les tribus voisines ne montraient pas de dispositions hostiles; elles convinrent même de fournir des bêtes de somme pour les transports; mais, le moment venu, soit mauvaise volonté secrète, soit impuissance, elles ne réalisèrent point cette pro-

---

de montagne; le 3e chasseurs d'Afrique; le 1er bataillon d'infanterie légère, et la compagnie franche du 2e; deux compagnies de sapeurs du génie; deux pièces de campagne. 2e brigade : le 17e léger; un bataillon du 2e léger ; deux pièces de montagnes. 3e brigade : le 62e de ligne, deux pièces de montagnes. 4e brigade : le 59e de ligne; deux pièces de montagnes. 5e brigade : le 63e de ligne; deux pièces de campagne.— La 1re brigade formait l'avant-garde; la 4e marchait en réserve. L'artillerie et le génie étaient sous les ordres des colonels Tournemine et Lemercier; l'intendant Melcion d'Arc dirigeait les services administratifs.

[1] *Moniteur Algérien* du 23 novembre 1836.

messo. Le 9, le général Trézel vint s'établir au camp de Dréan avec le 62ᵉ de ligne. — Le 10, le bataillon du 2ᵉ léger l'y rejoignit avec l'artillerie et une partie du convoi. — Les journées du 11 et du 12 furent troublées par des orages continuels qui suspendirent le mouvement commencé, et le bey Youssef perdit plus de deux cents indigènes qui désertèrent.

Le 13, le corps d'armée s'ébranla; mais l'affreux état des chemins contraignit l'artillerie de laisser en arrière ses équipages de pont, qui restèrent au camp de Guelma; le train, le convoi et l'arrière-garde ne purent dépasser Dréan. Le maréchal vint camper, le soir, sur la rive droite du ruisseau de Bou-Enfra. Vers huit heures, la pluie tombait par torrents, et dura sans interruption jusque dans la matinée du 14. Ce jour-là, l'avant-garde perdit plusieurs chevaux au passage du Bou-Enfra; l'infanterie ne put le franchir que dans l'après-midi, avec de l'eau jusqu'à la ceinture; l'artillerie ne parvint qu'avec des peines infinies au haut de la rampe rapide par laquelle on monte à l'ancien Ascurus, et le maréchal s'arrêta au bord du ruisseau de Nechmeya, à deux lieues et demie de son dernier bivouac. « Le convoi et l'arrière-garde, dit M. Baude, dont nous suivons la relation, n'eurent pas, de leur côté, moins à souffrir; des malades désespérés cherchaient un asile dans le camp désert. Après deux heures d'efforts, on arracha les prolonges du génie des boues argileuses de Dréan, et elles avancèrent de trois ou quatre cents pas; il fallut se décider, dans l'impossibilité où l'on était de faire autrement, à jeter une partie des fourrages et les échelles fabriquées pour l'escalade de Constantine. L'arrière-garde atteignit avec difficulté, et de nuit, le bivouac quitté vers midi par le maréchal. Le lendemain, le temps était rassuré; le maréchal et l'arrière-garde partirent de leurs positions respectives et arrivèrent à la Seybouze, l'un à midi et demi, l'autre le soir. Pour franchir, au col de Mouelfa, la crête du rameau de l'Atlas, qui encadre au nord la vallée de la Seybouze, on fut contraint d'atteler jusqu'à vingt chevaux aux pièces de campagne. Enfin, vers cinq heures et demie, le corps expéditionnaire, qui, depuis le 8, était échelonné sur la route, se trouva réuni sur les rives de la Seybouze, à quinze lieues de son point de départ[1]. Pendant cette nuit, 80 mulets, avec leurs conducteurs arabes, s'échappèrent du parc de l'artillerie; l'effectif de nos

---

[1] Du camp de Dréan au ruisseau de Bou-Enfra, le pays est très-accidenté; des montagnes garnies d'arbustes, isolées de la chaîne de l'Atlas, et dont on ne saurait donner une idée exacte qu'en les comparant à des tronçons de pics volcaniques, s'élèvent, comme des îles, au milieu de la plaine. Sur une partie du trajet, le sol est maigre et léger; il redevient excellent à l'approche du Bou-Enfra. Après ce ruisseau, on entre, pour n'en plus sortir, jusqu'au delà de Constantine, dans un terrain calcaire; on a, devant soi, le rameau de l'Atlas qui encadre, du côté nord, la vallée de la Seybouze; une colline droite s'en détache perpendiculairement, et s'avance comme un éperon dans la plaine. Le chemin commence par en suivre l'arête, et passe auprès des ruines d'*Ascurus*, où vint échouer le fils de Pompée, lorsque, par les conseils de Caton, il essaya de soulever la Mauritanie contre César. L'on croise ou l'on côtoie, de distance en distance, des tronçons de l'antique voie d'Hippone à Cirta. Au-dessus du Bou-Enfra, le terrain est boisé et traversé par plusieurs ruisseaux limpides. Du col, on descend, le long d'une jolie vallée, aux eaux thermales d'Hamman Berda, qui sont, probablement, l'*Aquæ Tibilitanæ* de l'itinéraire d'Antonin. Elles s'écoulent dans un bassin en pierres de taille, et sont abondantes, claires, insipides, inodores; leur température est celle des bains ordinaires, c'est-à-dire 25 à 30°. Le site est agréable, le sol fertile, la vigueur des lauriers roses annonce que les ruisseaux, dont leurs festons de feuillages et de fleurs dessinent le cours, sont rarement à sec. L'établissement romain devait être considérable, mais il n'en reste que les fondations. La vallée d'Hamman Berda débouche dans celle de la Seybouze, vis-à-vis Guelma; la rivière a, dans ce lieu, environ 60 mètres de largeur, et son cours est fort rapide; sa rive gauche est couverte de marécages. (*L'Algérie*, par le baron Baude, conseiller d'État, ex-commissaire du roi en Afrique; t. 1ᵉʳ p. 296.)

bêtes de somme se trouva ainsi réduit à 232. 150 malades étaient déjà restés au camp de Guelma sous une garde suffisante, et l'ordre fut transmis à Bone d'y envoyer le 3º bataillon du 62º de ligne. — L'armée se remit en marche le 16, à dix heures du matin ; et, remontant la vallée de la Seybouze, la première brigade par la rive droite, les autres par la rive gauche, arrivèrent à deux heures dans le vallon de Mjez-Amar, au pied du Ras-el-Akba. La Seybouze reçoit à ce point l'Oued-Cherf, et remonte vers le nord pour tourner le Ras-el-Akba par la coupure profonde à l'entrée de laquelle sont les thermes fameux d'Hamman-Meskoutin ; la petite plaine dans laquelle elle débouche est élevée de 20 à 30 mètres au-dessus de son lit ; les berges sont rocheuses et presque verticales. La cavalerie et l'infanterie turque furent envoyées sur la rive droite de la Seybouze, et le génie travailla toute la nuit à ouvrir, pour l'artillerie, des rampes qui ne devinrent praticables que le lendemain, à huit heures du matin. — Le 17, eut lieu le passage de la Seybouze, de 7 à 11 heures, et le 59º de ligne eut ordre d'attendre, sur la rive gauche, le convoi qui n'arriva qu'à deux heures. On commença à gravir le Ras-el-Akba ; mais à une forte lieue du point de départ, on reconnut l'impossibilité de faire franchir le col aux canons et aux voitures, sans ouvrir un chemin ; pour donner aux sapeurs le temps de faire ce travail, l'armée campa au-dessous des ruines d'Announa ; l'avant-garde seule alla bivouaquer sur le revers occidental de la montagne. Le maréchal poussa une reconnaissance vers le col, et y trouva les fossés d'un camp, occupé l'année précédente par Ahmed Bey, et où gisaient des squelettes de chevaux, tués, dit-on, par une grêle extraordinaire.

« Le Ras-el-Akba, dont la hauteur est si effrayante dans les récits des Arabes, peut se comparer à la montagne de Tararo ; mais les formes en sont plus âpres, et le col est dominé des deux côtés par des roches élevées. L'âme est pénétrée d'un profond sentiment de tristesse à l'aspect du pays où l'on va s'enfoncer ; l'œil découvre, à perte de vue, des montagnes mamelonnées par masses gigantesques, entre lesquelles on ne distingue, de loin, aucun point de direction ; tout cela est nu, dépouillé, et dans cet immense horizon, on cherche en vain un arbre, une broussaille. Les ruines d'Announa rampent à mi-hauteur du Ras-el-Akba, sur une terrasse naturelle, bordée de précipices, dominée par des pics verticaux, et abordable d'un seul côté. Cette singulière ville, dont le nom antique est ignoré, semble n'avoir été bâtie en dehors de toute communication que pour faire jouir ses habitants d'une délicieuse vue sur la vallée de la Seybouze. Elle était construite en pierres de taille ; un arc de triomphe, simple et de bon goût, est encore entier ; vis-à-vis est une façade qu'une inscription tronquée, gravée à l'extérieur, et une croix, font reconnaître pour celle d'un temple païen converti en église ; plusieurs arcades d'un bel aqueduc sont aussi debout. Le sol est jonché de débris entre lesquels se distinguent ceux d'un vaste édifice dont le plan est encore dessiné par les soubassements de ses colonnes. On croirait la ville renversée depuis peu par un tremblement de terre, plutôt que détruite par l'action du temps. Au nord, et au-dessous des murailles, règne une zône de tombeaux couverts de simples pierres avec des épitaphes effacées. — Pendant qu'on examinait curieusement ces ruines, quelques Arabes en haillons se présentèrent au bivouac de Youssef, qui leur distribua des bernous avec la triste préoccupation d'un homme qui voit son beylik s'évanouir à mesure qu'on avance vers Constantine. Les Arabes, en effet, n'apportaient point de vivres, comme ils eussent fait pour Ahmed; on n'en trouvait même point à acheter, et les spahis, qui ne recevaient pas, comme nos soldats, des distributions régulières, commençaient à souffrir de la faim.

« Le 18, la route est terminée par le génie, aidé d'un bataillon du 63º, et l'armée se remet en mouvement. Les brigades, ne marchant pas ensemble, font, au delà du col, beaucoup de chemin inutile dans des directions différentes. Le maréchal finit par les rallier, et à la tombée de la nuit, toutes les troupes bivouaquèrent dans un bas-fond, à une lieue du Ras-el-Akba; l'artillerie et les équipages, qui, malgré leurs efforts, ne parvinrent à dépasser le col que d'un millier de mètres, restèrent seuls sur la hauteur. Dans cette journée et la précédente, on ne trouva qu'un peu de paille hachée à donner aux chevaux; la nuit était froide, quoique sans pluie, et le soldat put réunir à grand'peine quelques herbes sèches. — Le 19, après avoir franchi, en marchant à l'ouest, deux contreforts du Ras-el-Akba, on se retrouva vers dix heures du matin, au bord de la Seybouze, non loin du marabout de Sidi-Tamtam; on était donc revenu, sauf la différence due à la pente de la rivière, au niveau de Mjez-Amar[1]. La Seybouze s'appelle ici l'Oued-Zenati, du nom de la tribu dont elle traverse le territoire; il n'y coule qu'un filet d'eau. Le convoi, qui s'était égaré, ayant rejoint à Sidi-Tamtam, les troupes réunies continuèrent à remonter la rive gauche de l'Oued-Zenati. Des groupes d'Arabes observaient leur marche[2], et nous virent camper sur les bords de la rivière. Toute la nuit l'armée fut battue par une bise aiguë; la pluie, tamisée par la toile, inondait l'intérieur des tentes, et heureux le soldat qui put trouver, pour s'étendre, une roche où l'eau coulait sans former de mare ! — Le lendemain, l'armée marcha de huit heures à cinq, par un vent glacial, avec des intermittences de pluie. En quittant le bassin de la Seybouze, elle entra sur un plateau bien cultivé, où se pressaient des douars qui ne s'enfuirent pas à notre approche; ces Arabes étaient les fermiers des terres du Beylik[3]. On tourna bientôt, vers le sud, un groupe de montagnes décharnées, pour descendre par la vallée de l'Oued-Berda dans celle du Bou-

---

[1] Le Ras-el-Akba forme une espèce de promontoire que double la Seybouze; la distance de Mjez-Amar à Sidi-Tamtam est de 22 kilom. par la montagne, et de 30 par les bords de la rivière. Une route excellente fût-elle pratiquée sur la direction la plus courte, il y aurait économie de temps et surtout de force à préférer la plus longue. Mais, en suivant les gorges d'Hamman-Meskoutin, on rencontre à 20 kilom. de Mjez-Amar, la vallée de l'Alliga qui se dirige sur Constantine, et où se retrouvent les traces de la voie romaine de *Sicca Veneris* (Keff) à *Cirta*. Par cette voie on n'est plus qu'à 46 kilom. de Constantine, tandis qu'en continuant à remonter la vallée de la Seybouze, pour descendre celle du Bou-Merzoug, on fait un circuit de 74 kilom. La ligne qui côtoie l'Alliga est de 7 lieues plus courte que l'autre. On ne gravit le Ras-el-Akba que pour éviter les attaques auxquelles on serait exposé dans les défilés profonds de la Seybouze; mais la pacification complète du pays ferait disparaître un jour ce motif de préférence, et par conséquent, abandonner, à partir de Mjez-Amar, la direction que nous avons prise pour nous rendre à Constantine.

[2] Quelques tirailleurs vinrent harceler notre arrière-garde. Le capitaine d'état-major Leblanc de Prébois, chargé du service topographique de l'expédition, fut vivement attaqué, perdit ses chevaux, et ne dut la vie qu'à l'admirable sang-froid qui s'allie dans cet officier à une brillante valeur. (*Annales algériennes*; t. III, p. 154.)

[3] Personne ne se présenta pour marcher sous les drapeaux d'Youssef, qui les promenait en vain de la tête à la queue de la colonne, au son d'une sauvage musique. Les cheikhs, les cavaliers qu'il avait annoncés avec emphase, et sur lesquels on avait compté avec crédulité, ne se présentèrent point, ou se présentèrent en ennemis. (*Ibid.* t. III, p. 153.)

Merzoug qui se jette dans le Rummel, au-dessus de Constantine. A l'approche d'un défilé court, mais étroit, les Arabes firent mine de vouloir le défendre; mais quelques obus les éloignèrent aussitôt. Enfin l'armée parvint sur le plateau glaiseux de Soumah; le soleil se montre et fait briller, à trois lieues N.-N.-O., un groupe de maisons blanches; c'est le haut quartier de Constantine, à demi masqué par le plateau de Mansourah, et les soldats le saluent de leurs acclamations. L'armée, sauf le convoi, qui ne put rejoindre qu'au milieu de la nuit, se groupa autour d'un monument romain qui consiste en un dé élevé sur une base cylindrique, et surmonté de quatre pilastres rompus, entre lesquels devait être une statue; il était au centre d'une rotonde à colonnes dont les débris jonchaient le sol à l'entour. — A six heures et demie du soir commença une pluie battante, entremêlée de neige, qui dura toute la nuit. Depuis trois jours nos soldats n'avaient pas un brin de bois, et le plateau maudit n'offrait pas un abri, pas une herbe pour faire du feu. Épuisés de lassitude, les soldats se couchèrent dans la boue glacée, où huit hommes périrent de froid. Des malades nombreux encombraient déjà les ambulances; les chevaux affamés mouraient de fatigue et d'inanition, et plusieurs personnes, qui étaient revenues de Moskou par un froid de vingt degrés, tempéré, il est vrai, par des feux de sapin, prétendirent n'avoir jamais autant souffert qu'à cet horrible bivouac.

« Le 21, transi, presque sans nourriture, parce qu'il mange pour se désennuyer et alléger son fardeau, le soldat, fouetté depuis quatorze heures par une pluie de neige, se remet en route à travers une affreuse tourmente; mais le jour et le mouvement semblent, après cette nuit d'angoisses, un adoucissement; chacun se croit soulagé, pour avoir changé de souffrances. On atteint péniblement les bords du Bou-Merzoug; ce torrent, gonflé par les pluies, roule ses vagues furieuses sur des rochers aigus; une douzaine de cavaliers qui l'affrontent sont renversés avec leurs chevaux, et, par une espèce de miracle, les chevaux seuls sont noyés. On trouve enfin un gué : les sapeurs du génie passent un long cordage d'une rive à l'autre; ils forment sur chaque bord, en se serrant les uns contre les autres, des poteaux vivants autour desquels s'enroulent les extrémités de cette espèce de traille, et quand la résistance paraît assurée, les

plein des souvenirs de la campagne de Russie, ajoute cet officier supérieur, je n'hésite pas à déclarer que les souffrances que viennent d'endurer nos soldats ont été plus cruelles encore que celles de leurs devanciers. Sans sommeil, sans feu, sans vivres, constamment mouillés à fond, et les pieds toujours dans la boue, avec l'obligation de rester à la même place pendant plusieurs heures, pour attendre le départ des dernières voitures, les maux les plus affreux n'ont pas tardé à fondre sur ces malheureux. Le plus grand nombre a été atteint de tremblements et de fièvre; la mort survenait bientôt; enfin, pendant ces 50 fatales heures, j'ai perdu 1 officier, 10 sous-officiers et 116 soldats. Pendant que le régiment était en proie à ces calamités, il fut constamment harcelé par un ennemi nombreux, qui, malgré la faiblesse de nos hommes, fut toujours repoussé.» Au travers de ces mornes horreurs, et prenant leur part de toutes les souffrances, l'artillerie et le génie conservèrent une contenance admirable, et arrivèrent le lendemain devant Constantine [1].

Cette ville est placée en amphithéâtre s'élevant, vers le nord-ouest, dans une presqu'île de roches, contournée par l'Oued-Rummel, et dominée par la montagne d'El-Mansourah, dont elle est séparée par une grande coupure, où coulent les eaux du Rummel (*rivière de sable*), qui, au-dessus de la ville, reçoit l'Oued-bou-Merzoug dans un lieu appelé El-Kouar (*les arceaux*). Ce ruisseau vient de l'est, et aboutit à la rive droite du Rummel.

La montagne d'El-Mansourah s'étend dans la direction du S.-E. au N.-O.; elle est dépouillée d'arbres, mais le sol en est cultivable; vis-à-vis de Constantine, son plateau porte deux mamelons; celui de l'est domine la ville, à grande portée de canon; il est couronné par deux marabouts en maçonnerie, nommés Sidi-Mabroug. L'autre mamelon, au N.-E., porte le nom des tombeaux de Sidi-Mecid; de ces appendices très-accidentés on peut battre la ville.

Au S.-O. de Constantine, à environ 1,500 mètres du faubourg, sont les hauteurs de Koudiat-Aty, sur lesquelles gisent des tombeaux, et qui dominent les approches de la ville. Constantine, entourée de jardins et de cultures, offre un site pittoresque. Au sud et à l'ouest, la vue s'étend très-loin; au delà des plaines apparaissent des montagnes boisées. Au N.-E., l'horizon, peu étendu, est borné par la hauteur d'El-Mansourah.

La place a la forme d'un ovale allongé dans la partie tournée vers le sud-est. Sur cet espace, long de cinq ou six cents mètres, il y a trois portes; celle de l'ouest se trouve à l'angle saillant, sur le point le plus élevé du contrefort, là où les rochers cessent d'être continus et de former une enceinte naturelle; on nomme cette porte Bab-el-Djédid; le chemin d'Alger y aboutit. Celle du centre s'appelle Bab-el-Oued, ou de la Rachbah; elle conduit vers le sud, et peut faire gagner, par un embranchement, le chemin d'Alger, dit du Gharb. La troisième porte, nommée El-Djabia, communique avec la rivière du Rummel; elle est dominée par la porte et le rempart Bab-el-Oued. Ces trois portes sont réunies par une muraille antique, haute de 30 pieds, souvent sans fossé. On remarque en avant, sur le contrefort qui se lie au Koudiat-Aty, une espèce de faubourg

---

[1] L'*Algérie*: relation de la première expédition de Constantine, par le baron Baude, ex-commissaire du roi en Afrique; t. 1ᵉʳ, chap. 9.

peu étendu, terminé par quelques fondouks et les écuries du bey ; de ce côté gisent aussi beaucoup de ruines romaines.

En face du mont Mansourah s'ouvre une quatrième porte, dite d'El-Kantara, ou du pont. Le pont, d'où elle tire son nom, est de construction antique, large et fort élevé ; il a trois étages d'arches, il traverse la rivière et unit les deux côtés de cette grande coupure qui sépare la ville de la montagne. A côté de ce pont, le long des murs de la place, règne une mauvaise rampe qui conduit au fond du ravin, véritable précipice où les eaux du Rummel coulent quelques instants sous terre, et reparaissent à découvert un peu plus loin.

Entre la porte d'El-Kantara et celle de Bal-el-Djedid, vers l'angle élevé que forment les murailles, se trouve la Kasbah, édifice antique qui sert de caserne, et couronne les rochers à pic qui entourent presque toute la ville ; les escarpements de ce côté ont plus de 100 mètres de hauteur ; ils diminuent graduellement et finissent par disparaître vers la porte El-Djedid.

Les maisons de Constantine s'adossent en partie contre l'enceinte ; les rues sont étroites et tortueuses comme dans le Haut-Alger. De la porte d'El-Kantara on parvient à la Kasbah en tournant à droite et montant assez rapidement, par quelques zig-zags, jusqu'à la rue El-Mar, qui, par un coude à gauche, gagne la hauteur de la citadelle. La maison du bey occupe le centre de la ville.

Le Rummel, qui fournit ses eaux à Constantine, est agréable en toute saison ; son lit, peu profond, n'atteint que quatre pieds par les plus fortes pluies. En amont de la ville, les plaines cultivées sont sur la rive gauche, la droite est bordée par El-Mansourah. A la porte d'El-Djabiah, une cascade se précipite dans le ravin, large de 90 mètres et profond de 50, qui contourne la ville depuis cette porte jusqu'à celle d'El-Kantara [1].

Le maréchal Clauzel s'était porté fort avant, avec son état-major, sur le plateau de Mansourah, en face de la ville ; surpris de n'avoir pas trouvé sur sa route une résistance sérieuse, il se berçait encore de la pensée que la campagne était finie, et que, selon les belles promesses de Youssef, une députation des habitants allait apporter à ses pieds les clefs de Constantine. Il en était si convaincu, qu'avant son départ de Bone il avait fait lithographier un ordre du jour commençant ainsi : « *Aujourd'hui*, le corps expéditionnaire entrera dans Constantine, qui a été le but de ses opérations. » Mais, comme il cherchait des yeux les plénipotentiaires chargés de la capitulation, le feu subit d'une batterie fit entendre un écho de guerre qui le rappela au sentiment de sa véritable situation. Les portes de la ville restaient fermées, et quand la tête de nos colonnes se montra près des marabouts de Sidi-Mabroug, un drapeau rouge fut hissé sur la Kasbah ; une clameur d'hommes et de femmes s'éleva de la ville et annonça que ses habitants étaient préparés à soutenir le siège. Une forte garnison de Turcs, de Koulouglis et de Kebaïles, commandée par Ben-Aïssa, lieutenant d'Ahmed-Bey, gardait les remparts ; et les cavaliers des tribus voisines, sous les ordres du bey en personne, tenaient la campagne.

Constantine n'est abordable que par le Koudiat-Aty ou la porte d'El-Kantara,

---

[1] M. le capitaine d'état-major Saint-Hippolyte, officier d'un rare mérite, avait préparé pour l'expédition de Constantine une collection de précieux renseignements topographiques et historiques, dont M. le maréchal Clauzel fait l'éloge dans ses *Explications*, p. 41.

dont le pont franchit l'abîme du Rummel. Mais le véritable point d'attaque se trouvait au sud-est, par le plateau de Koudiat-Aty, qui conduit de plein pied au bas du mur d'enceinte. Il n'y avait pas de temps à perdre ; des montagnes couvertes de neiges nous entouraient de toute part ; l'argile détrempée était l'unique lit offert à l'armée ; seulement, comme le plateau de Mansourah est formé de couches alternées de roche et de marne, la dégradation des couches molles avait fait saillir en corniches les plus dures, et les soldats malades pouvaient se blottir, comme des Troglodytes, sous ces abris, dont tous ne devaient pas sortir vivants.

Une impérieuse nécessité faisait au maréchal un devoir de pousser rapidement ses opérations. Les redoutables effets de la saison, l'insuffisance et la mauvaise organisation de ses moyens de transport, qui ne se composaient, disait-il, que du matériel usé de l'ancienne expédition de Morée ; plus que tout cela, la perte d'une partie de ses vivres, enterrés dans un lac de boue, et les maladies qui commençaient à affaiblir sa petite armée, pouvaient faire présager un immense désastre, si le but de l'expédition était manqué. Le soulèvement de toutes les tribus de la province nous menaçait après un échec ; et comment opérer une retraite entre deux ennemis également acharnés, les hommes et le climat ! Il est donc permis de s'étonner que M. Clauzel n'ait pas sur-le-champ dirigé tous ses efforts sur le Koudiat-Aty. L'ignorance des lieux ne pouvait, de son aveu même, excuser une pareille faute : « Ce n'était pas, a-t-il dit plus tard, Constantine seulement que je connaissais ; je connaissais encore ses portes, son pont, ses rues, ses places publiques, ses mosquées, ses palais ; je savais *par où* et *comment* il fallait l'attaquer ; je savais par où elle était forte et par où elle était faible ; je savais qu'il y avait une partie de son enceinte qui n'était défendue que par une chemise ou muraille qui ne pouvait résister à quelques coups de canon[1]. » Comment toute cette science, toutes ces prévisions se trouvèrent-elles en défaut quand il fallut agir ?

La brigade de Rigny reçut l'ordre de s'emparer du Koudiat-Aty : — le général détacha en tirailleurs, pour aborder le plateau supérieur, la 8ᵉ compagnie du 1ᵉʳ bataillon léger d'Afrique (lieutenant Bidon), successivement appuyée par la 7ᵉ (capitaine Vielle) et la 1ʳᵉ (lieutenant Soutoul). L'ennemi sorti de Constantine fut vivement repoussé dès le premier choc ; mais, voyant à combien peu de monde il avait affaire, il reprit l'offensive ; la compagnie Bidon, serrée de près, dut reculer en se défendant ; mais bientôt l'arrivée de la brigade fit disparaître les assaillants, qui rentrèrent pêle-mêle dans leurs murs. Si le général de Rigny avait abordé la hauteur avec résolution et avec toutes ses forces, au lieu d'envoyer des tirailleurs peu utiles, il est probable que nos soldats seraient entrés dans la ville avec les fuyards.

Il est permis de penser que M. de Rigny s'était borné à suivre ses instructions. Mais il y a, en guerre, des circonstances où un général doit savoir prendre sur lui quelques décisions vigoureuses. Un officier supérieur d'une haute intelli-

---

[1] *Explications* du maréchal Clauzel, p. 42. — Dans le même écrit, cet officier général accuse de *sottise* et de *niaiserie* les hommes qui, après son désastre, lui proposèrent, *comme une découverte admirable*, des plans qu'il connaissait, dit-il, *mieux qu'eux et avant eux*, et qui écrivirent *de grandes pages sur l'ineptie d'un général qui n'avait pas la prévoyance d'un sous-lieutenant*. — Mais ces hommes n'avaient qu'un mot à lui répondre : — « Puisque vous le saviez, pourquoi ne l'avez-vous pas fait ? »

gence, qui se trouvait près de lui, le colonel Duvivier, lui offrit plusieurs conseils excellents, dont l'heureuse exécution pouvait amener des résultats positifs; il ne jugea point à propos de les utiliser; et cependant le temps marchait avec une funeste rapidité; chaque instant perdu se colorait d'un sinistre augure, et l'ennemi, fortifié par nos hésitations plus que par ses remparts, croyait déjà nous creuser un tombeau.

Le 22 novembre, le maréchal fit canonner la porte d'El-Kantara, espérant faire une brèche qui permettrait de tenter un coup de main la nuit suivante. A minuit, le colonel du génie Lemercier devait monter à l'assaut avec les compagnies d'élite des 59e et 63e de ligne; il envoya le capitaine Hackett examiner l'état des lieux avec quelques hommes choisis. Ces braves accompliront leur périlleuse mission sous une vive fusillade : la porte était brisée, mais derrière il en existait une seconde.

Le lendemain, un corps nombreux de cavalerie du bey se présenta en arrière de la hauteur de Koudiat-Aty. M. de Rigny lui opposa les chasseurs d'Afrique, les 17e et 2e légers, et deux pièces de montagnes; après une lutte assez courte, l'ennemi se retira. Des rassemblements arabes qui venaient attaquer la position d'El-Mansourah furent contenus par le 59e de ligne.

A la nuit, le général Trézel porta les troupes du génie à la tête du pont; on devait faire sauter la première porte, et monter à l'assaut pendant qu'on enfoncerait la seconde. Mais les assiégés veillaient; des décharges redoublées foudroyaient les assaillants; un clair de lune brillant éclaira tout à coup cette scène; la mitraille pleuvait sur le pont encombré de soldats, et le brave général Trézel tombe au milieu des blessés; les officiers n'eurent plus qu'à se dévouer pour sauver ces héroïques débris et les ramener sur le plateau.

Vers 11 heures du soir, le maréchal n'avait pas encore perdu l'espoir d'enlever la place de vive force, par le côté plus accessible de Koudiat-Aty; c'était sa dernière chance, car les vivres s'épuisaient comme les munitions. Il envoya au colonel Duvivier l'ordre d'attaquer, avec le bataillon d'Afrique, la porte Bab-el-Oued, qui fait face au Koudiat-Aty. On mit à sa disposition le capitaine Grand avec 13 hommes du génie portant des pioches, des haches et un sac de 50 livres de poudre; on y adjoignit deux obusiers de montagnes, commandés par le lieutenant Bertrand. A minuit la colonne se mit en marche, en tournant par la gauche du Koudiat-Aty; mais l'ennemi s'en aperçut bientôt, et commença à tirer. Le colonel Duvivier s'arrêta dans un fond, très-près de la place, et à l'abri de son feu; puis il fit avancer son monde, en longeant à droite et à gauche les masures du faubourg. Parvenue à trente pas de la porte, l'artillerie s'arrêta et tira deux coups; ce fut le signal d'une effroyable mitraille qui jaillit des remparts et détruisit beaucoup de monde. Le colonel Duvivier redoublant d'énergie pour soutenir le moral des soldats, s'élança vers la porte pour la faire sauter avec les haches et le sac de poudre; mais pendant dix minutes personne ne répondit à son appel; le faubourg se couvrait de morts et de blessés, les haches et la poudre ne se trouvaient pas au milieu de la confusion de cette scène de carnage. Le capitaine Grand et le commandant Richepanse, fils du général républicain de ce nom, tombèrent percés de coups mortels. Le colonel se vit forcé de battre en retraite, sauvant du moins glorieusement son artillerie et 79 blessés. On ne peut s'expliquer pourquoi le général de Rigny n'eut pas la pensée d'appuyer l'attaque de la porte, en dirigeant sur les remparts le feu de ses canons. Cette diversion, prescrite par les plus simples notions de l'art de la guerre, aurait assuré le succès du brave Duvivier, ou du moins, grâce à cette tactique, nous eussions perdu moins de soldats.

Le soleil était déjà levé, le 24 novembre, et l'on enlevait encore des blessés de l'ambulance, lorsqu'un officier, envoyé par le commandant Changarnier, du 2⁰ léger, à M. Duvivier, lui demanda pourquoi il différait tant à partir, et lui apprit que *depuis bien longtemps* le 17⁰ léger, la cavalerie et le général de Rigny s'en étaient allés. M. Duvivier sentit de suite combien sa position devenait périlleuse; il allait avoir derrière lui toutes les troupes sortant de Constantine; il apercevait déjà, devant lui, une très-nombreuse cavalerie dans l'angle du Rummel et du Bou-Merzoug; il fallait passer à gué ces deux cours d'eau, dans des terrains d'une extrême difficulté. Sans perdre un moment, il fit charger sept ou huit blessés qui restaient encore, et avec son bataillon qui n'avait pas dormi de la nuit et qui se trouvait affaibli, tant par ses pertes récentes que par le grand nombre d'hommes qu'il avait fournis pour le service des blessés, il se mit en marche, suivi par la section d'artillerie de montagnes, qui devenait une responsabilité de plus. Heureusement, le mouvement s'exécuta sans circonstances défavorables; on passa le Rummel à un gué au-dessus du confluent. Le 2⁰ léger servit d'arrière-garde, et la petite colonne atteignit sans perte considérable les marabouts de Sidi-Mabroug, près desquels se ralliait toute l'armée. Il n'était peut-être donné qu'à de pareils hommes de ne pas montrer la moindre hésitation, la moindre crainte, lorsqu'à leurs fatigues et à leurs pertes se joignait l'idée fatale qu'ils avaient été abandonnés par toutes les autres troupes de leur brigade [1].

L'insuccès de ces deux attaques terminait la campagne. L'artillerie n'avait plus que trente livres de poudre; les soldats tombaient d'inanition; la retraite devenait une nécessité, et le maréchal, après avoir si tristement subi les résultats de sa fatale crédulité et de son imprévoyance, allait offrir le bel exemple d'un chef plein de dévouement et de présence d'esprit, car il ne s'agissait de rien moins que de sauver l'armée par une retraite admirable.

Le 24, dès cinq heures du matin, les troupes avaient été rappelées de Koudiat-Aty. Tout le matériel qu'on ne pouvait emporter sans ralentir la marche, tentes, effets, bagages, sont détruits; la moitié du régiment de chasseurs est mise à pied; les blessés et les malades sont chargés sur les voitures, les che-

---

[1] *Extrait du rapport* du colonel Duvivier, fait à Bone, le 2 décembre 1836. — La conduite de M. de Rigny semble extraordinaire. Le colonel (aujourd'hui général) Duvivier déclare positivement dans son rapport, qu'il *ignorait entièrement cette retraite*. Il est vrai que le maréchal Clauzel avait envoyé au général de Rigny l'ordre d'évacuer le Koudiat-Aty, et de revenir sur le plateau de Mansourah. Mais il est vrai aussi que ce chef de brigade s'empressa de partir avec sa cavalerie, laissant derrière lui le 17⁰ léger, un bataillon d'Afrique et un du 2⁰ léger, opérer leur retraite sous le feu de l'ennemi. Sans le brave commandant Changarnier, qui revint sur ses pas, sans l'énergie du colonel Duvivier, nos blessés et nos traînards seraient devenus la proie des Arabes, et les héroïques débris de l'attaque nocturne auraient été écrasés. — « Je n'ai pas oublié de dire au colonel Foi comment le général de Rigny m'abandonna, moi et mes blessés, sur le plateau de Koudiat-Aty, me laissant aux prises avec la garnison de Constantine qui me suivait avec acharnement, et à toute la cavalerie du bey Ahmed, qui venait pour me couper le chemin au passage de la rivière. » (*Lettre du même officier supérieur au maréchal Clauzel*, écrite de Guelma, le 27 janvier 1837.)

vaux et les bêtes de somme qu'on a rendu disponibles. A huit heures, le signal du départ est donné; les spahis éclairent la marche, le 17ᵉ léger les suit, et le convoi, flanqué par le 59ᵉ et le 62ᵉ, reprend en ordre le chemin du retour. Le colonel Duvivier couvrait, avec une troupe de braves, la crête du ravin de Mansourah, et protégeait la retraite avec cette rare intelligence de la guerre dont il a donné tant de preuves en Afrique. L'armée était déjà en mouvement, lorsque la queue de la brigade de Rigny arriva sur le plateau de Mansourah. Le maréchal avait prescrit de faire marcher à l'arrière-garde les 59ᵉ et 63ᵉ de ligne; malheureusement, la plus grande confusion régna un instant. Des nuées d'Arabes sortis de la ville fondirent sur les derrières et sur les flancs des troupes; d'innombrables cavaliers d'Ahmed accouraient de tous côtés, en poussant des cris affreux. Quelques caissons d'artillerie, deux obusiers de Youssef, et des prolonges chargées de blessés furent abandonnés. Plusieurs autres blessés et malades se trouvèrent aussi oubliés dans les cavernes où leurs camarades les avaient déposés. Le sang-froid d'un admirable officier, qui resta tout à coup à former, avec une poignée de braves, l'extrême arrière-garde, prévint alors de plus grands malheurs; c'était le commandant Changarnier, du 2ᵉ léger, dont la conduite rappelle les plus beaux faits des temps antiques; avec son bataillon, réduit à 300 hommes, qu'il forma en carré, il soutint la retraite : «Allons, mes amis, leur dit-il, voyons ces gens-là en face; ils sont six mille et vous êtes trois cents : la partie est égale ! » Et cette phalange héroïque, digne d'un tel chef, fait un feu de deux rangs à portée de pistolet; l'ennemi recule foudroyé, et se disperse en tirailleurs.

La retraite, cependant, ressemblait à un convoi lugubre; les soldats, sans vivres et presque sans munitions, se traînaient par des chemins effondrés; à chaque instant des hommes tombaient de fatigue ou d'inanition, se couvraient la tête, et attendaient le yathagan qui devait finir leurs misères. — Le 25, les Arabes revinrent à la charge. L'armée dut marcher en carré, lentement, et en combattant toujours. Ahmed-Bey fit jouer ce jour-là contre nous les deux pièces qu'il nous avait enlevées la veille. Le mauvais état des chemins augmentait la tristesse générale; vers quatre heures après midi le feu cessa. Le maréchal s'était porté à la tête de la colonne, pour étudier l'emplacement de son bivouac, lorsque l'inquiétude mal fondée de M. de Rigny faillit jeter le désordre dans l'armée. Ce général, qui commandait l'arrière-garde, voyant passer sur ses flancs quelques Arabes qui se rendaient à leurs bivouacs, crut qu'il allait être attaqué dans cette position défavorable[1]. Aux signes, malheureusement peu équivoques, d'une faiblesse coupable, se joignirent, de sa part, des expressions imprudentes et de nature à démoraliser l'armée. Le maréchal se crut obligé de sévir contre cette faute publique, et rédigea, le soir même, un ordre du jour qui signalait la conduite de M. de Rigny, et lui retirait son commandement; mais se laissant fléchir par les excuses et les supplications de cet officier général, il consentit à lui laisser le temps de réparer un moment d'oubli; et ce ne fut que contraint par de nouvelles marques d'insubordination qu'il publia, le 29 novembre, un autre ordre du jour dont la rigueur était néanmoins tempérée

---

[1] *Annales algériennes*, par le capitaine d'état-major Pellissier; t. III, p. 164.

par une extrême indulgence, car M. de Rigny ne s'y trouvait pas officiellement désigné.

Le 26, la marche fut ralentie pour atténuer les souffrances des malades; les Arabes nous suivirent hors de portée, et se dispersèrent dans les montagnes, quand l'armée, vers quatre heures, atteignit le marabout de Sidi-Tamtam. « Le lendemain, de grand matin, dit M. Baude, témoin oculaire, les troupes franchirent la plaine et gagnèrent la montagne; elles eurent alors le spectacle qu'avaient donné, 1881 ans auparavant, à l'armée de César, les trente cavaliers gaulois qui, dans sa retraite sur Ruspina, refoulèrent sous les murs d'Adrumète deux mille Maures qui la poursuivaient[1]. Nous étions sur un coteau, comme sur les gradins d'un cirque; le 3e chasseurs restait seul dans la plaine, en bataille, perpendiculairement à la rivière, et séparé des Arabes d'Ahmed par le bivouac que nous quittions. Tout à coup un cri sauvage se fait entendre, et les Arabes se ruent, comme des bandes de chakals affamés, sur le camp abandonné. On a vu se précipiter éperdus des moutons surpris par leur chiens sur un pâturage défendu; ainsi fuient et tourbillonnent, aux rires des spectateurs, les Arabes chargés par l'escadron du capitaine Morris; ce fut pour les soldats la petite pièce de la tragédie dans laquelle ils venaient d'être acteurs. L'épuisement des chevaux ne permit aux chasseurs de sabrer que des traînards, et ils revinrent au pas rejoindre le régiment. — Le gros de l'armée, l'artillerie et les équipages reprennent alors, pour monter au Ras-el-Akba, le chemin par lequel ils en sont descendus; le 2e léger et plusieurs compagnies de voltigeurs couronnent sur notre droite les hauteurs au delà desquelles se montrent les Arabes, et, vers deux heures nous sommes réunis au sommet de la montagne. Là s'arrêtent les poursuites de l'ennemi; mais au col, une troupe de Kebaïles tente de nous arrêter; ceux qui sont en face de nous tiennent ferme; une douzaine d'entre eux, et non pas 400, comme l'a dit le bulletin, tombent sous les coups de nos Turcs et de nos spahis; quelques tirailleurs, jetés sur les flancs, dégagent bientôt le passage; mais les derniers coups de fusil tuent sous lui le cheval de M. Napoléon Bertrand. »

Le 28, l'armée passa la Seybouze, et vint bivouaquer, sans nouveau combat, devant Guelma, où le maréchal laissa une partie de ses malades sur des bottes de paille étendues par terre, à l'abri de quelques branchages. Le jour suivant, les troupes reprirent le chemin de Bone par Hamman-Berda, et rentrèrent dans leurs quartiers le 1er décembre. Elles avaient, comme on le voit, cruellement souffert, et cependant cette campagne désastreuse ne nous coûta, d'après les états officiels soumis par les différents corps le 4 décembre, que 11 officiers et 443 soldats; les blessés étaient au nombre de 304, dont 16 officiers; mais ce chiffre s'éleva en peu de temps à 2,000, par suite des malades qui moururent dans les hôpitaux de Bone et d'Alger, ou dans les mouvements d'évacuation.

Cette retraite, accomplie avec tant d'ordre au milieu de tant de périls et d'obstacles, fait honneur à l'énergie et aux talents militaires du maréchal Clauzel, et laisse regretter qu'il n'ait pas avoué les véritables causes de son revers avec cette noble franchise qui relève si haut le courage malheureux. Il est

---

[1] Accidit, res incredibilis, ut equites minus xxx Galli, maurorum equitum duo millia loco pellerent, urgerentque in oppidum. (Cæsaris Comment. *De bello Afric.*, cap. 6.)

surtout pénible de penser qu'il put en faire peser un moment la responsabilité partielle sur le 62e de ligne, qu'il accusa d'avoir pillé les vivres dont la conservation aurait permis de continuer les travaux du siége [1]. « Les soldats, dit à ce sujet M. Baude, n'ont point pillé de vivres, par la raison qu'il n'y en avait plus ; le général en chef était le seul dans l'armée qui parût l'ignorer, et il y avait au moins quelque exagération à qualifier ainsi le défoncement, par des hommes affamés, de quelques barriques d'eau-de-vie enterrées dans les boues, et que le génie avait déclaré ne pouvoir enlever. Comment, d'ailleurs, si les résultats d'une expédition et le sort même d'un corps de 7,000 hommes avaient été compromis par un acte de pillage, comment le chef de ce corps ne livrait-il pas sur-le-champ à un conseil de guerre les auteurs de ce crime ? » A la lecture des rapports du maréchal, les officiers du 62e adressèrent au ministère une protestation énergique; d'après la demande du colonel, une commission d'enquête fut nommée; mais le résultat de ses investigations n'était pas encore connu, lorsque le maréchal quitta son gouvernement. Assailli de tous côtés, en France, par les récriminations de la presse, M. Clauzel demanda au ministre de la guerre que ce document fût imprimé dans le *Moniteur*; mais il n'obtint qu'un refus [2]. Il semble néanmoins que, dans l'intérêt de la vérité et de l'histoire, le ministre eût dû publier le verdict, quel qu'il fût, de la commission d'enquête : les coupables, s'il en existait quelques-uns, seraient restés flétris, ou la calomnie aurait été démasquée. Au surplus, voici, sur ce fait, le témoignage du capitaine d'état-major Pellissier : « Le 21 novembre, l'armée était arrivée devant Constantine ; elle s'établit sur le plateau de Mansourah. Le convoi, escorté par le 62e de ligne, ne put arriver à la position ; il fut forcé de s'arrêter à une lieue en deçà, dans un site tellement horrible et fangeux, que les soldats l'ont appelé *le camp de la boue*. Le lendemain, 22, on fit de vains efforts pour retirer le convoi du bourbier dans lequel il était plongé. On ne parvint qu'à échelonner les voitures, et à en rendre, par conséquent, la garde plus difficile. Les Arabes commençaient à tirailler, et *le convoi fut enfin définitivement abandonné*, c'est-à-dire les voitures de l'administration ; car les mulets étaient arrivés à Mansourah. Les soldats, avant d'aban-

---

[1] « Le 21 novembre, le seul parti était de se retirer, puisque nous n'avions rien pour vivre. Sur nos subsistances, prises pour quinze jours, la moitié, enterrée dans les boues de Mansourah, venait d'être abandonnée et pillée par les soldats chargés de les défendre. » (*Dépêche télégraphique* du maréchal Clauzel. *Moniteur* du 15 décembre 1836.)

..... « On apprit qu'une partie du 62e, qui accompagnait les prolonges, avait pillé les vivres, défoncé les tonneaux de vin et d'eau-de-vie, et venait ainsi de nous priver d'une partie de nos ressources. » (*Rapport* du maréchal ; *Moniteur* du 16 décembre.)

..... « Honneur soit rendu au courage, à la constance, à la fermeté dont les troupes ont fait preuve. Ces paroles ne s'adressent point à ceux qui, après avoir pillé et abandonné le convoi de vivres, ont mis le corps expéditionnaire dans l'impossibilité d'atteindre le but qu'il se proposait. » (*Ordre du jour* du maréchal Clauzel, du 4 décembre.)

[2] « M. le maréchal, lui écrivit le général Bernard, le 17 mars 1837, j'ai l'honneur de vous prévenir, en réponse à la lettre que vous m'avez fait celui de m'adresser le 11 mars courant, que la mission de la commission d'enquête nommée par votre ordre pour rechercher les causes de l'abandon du convoi de vivres près Constantine, étant une affaire toute d'administration intérieure, j'ai décidé, après un mûr examen, que le rapport de cette commission ne pouvait être rendu public, ainsi que vous le désirez. Vous apprécierez, comme moi, je n'en doute pas, la réserve que je dois m'imposer dans une matière qui intéresse à un si haut point le régime intérieur de l'armée. »

« Qu'on juge maintenant, dit le maréchal Clauzel, dans ses *Explications*, entre ceux qui demandent la vérité et ceux qui ne veulent pas la dire. D'un autre côté, je renvoie ceux qui savent lire à la protestation elle-même : — *on a pillé, mais peu pillé*, — singulière défense ! » (p. 51.)

donner les voitures, les pillèrent. Grand nombre d'entre eux, déjà soumis aux angoisses de la faim, se gorgèrent d'eau-de-vie. Cette boisson, perfide sur des estomacs vides, les plongea dans une ivresse telle, que ne pouvant plus opposer la moindre résistance aux Arabes, ils tombèrent sous les coups du yatagan; leurs têtes, portées à Constantine, redoublèrent le courage des habitants. Les voitures du génie et une partie de celles de l'artillerie n'arrivèrent qu'à minuit à Mansourah[1]. »

Nul n'aurait, toutefois, le triste courage d'accuser de malheureux soldats, livrés à tant de souffrances pendant cette campagne désastreuse. Mais un exemple de faiblesse plus coupable fut donné dans la retraite, et nous avons dû signaler son auteur, le général vicomte de Rigny. Sa haute position militaire prête un caractère bien plus grave à une faute commise en un pareil moment, alors que le dévouement et l'abnégation de chaque chef étaient presque devenus la condition du salut de l'armée. De retour à Bone, le 1er décembre, cet officier général eut la fâcheuse pensée d'écrire au gouvernement pour se faire l'accusateur du maréchal Clauzel, qu'il taxa en outre d'injustice et de calomnie à son égard[2]. Le 17 décembre, une dépêche ministérielle réclama un rapport circonstancié sur les détails de cette affaire[3]; il n'était plus, dès lors, possible au gouverneur général de reculer devant la publicité d'une conduite qu'il aurait voulu généreusement oublier; et sa réponse au ministre de la guerre exposa les faits en ces termes :

» Nous avions quitté, l'avant-veille, les hauteurs de Constantine; et pendant toute la journée notre arrière-garde avait tiraillé avec l'ennemi; notre marche avait encore été retardée par le mauvais état des chemins; aussi étions-nous encore à quelque distance du bivouac que j'avais choisi (au marabout de Sidi-Tamtam, sur l'Oued-Zenati) lorsque le jour commençait à tomber. L'ennemi avait presque entièrement disparu depuis près de deux heures; j'étais à quelques centaines de toises de la tête de la colonne, afin de voir par moi-même l'emplacement le plus convenable pour faire camper l'armée. J'ordonnais quelques dispositions, lorsque je vis accourir vers moi M. Napoléon Bertrand, un de mes officiers d'ordonnance, que j'avais envoyé porter un ordre au général de Rigny. Il avait rencontré cet officier général seul, au galop, et loin de sa brigade, puisqu'il était à la hauteur de l'ambulance. Interrompant vivement M. Bertrand qui

---

[1] *Annales algériennes*; t. III, 1re partie, liv. xx, p. 150.

[2] « Monsieur le ministre, j'ai l'honneur de vous adresser une copie de l'ordre du jour de M. le maréchal Clauzel au retour de l'expédition de Constantine. La phrase qui signale *la faiblesse d'un seul* s'adresse à moi. Je repousse cette imputation, et je la déclare calomnieuse. Ce n'est pas tout. M. le maréchal m'a traité avec plus d'injustice encore, dans un autre ordre du jour, qu'il n'a retiré qu'après en avoir lui-même donné lecture à tous les chefs de corps de l'armée. Après cette communication, l'ordre du jour n'appartient plus à M. le maréchal, et je supplie Votre Excellence d'ordonner qu'il soit représenté. On fait mettre en jugement un officier général, qui n'a le droit de le déshonorer. Je vous demande, avec les plus vives instances, que toute ma conduite, pendant l'expédition de Constantine, soit déférée à un conseil d'enquête; Votre Excellence ne me refusera pas cette grâce. Je me considère comme incapable de servir le roi, jusqu'au moment où il sera reconnu si c'est aux fautes de l'officier général qui a constamment commandé l'avant-garde en marchant contre Constantine, et devant cette place, et l'arrière-garde au retour, que sont dus les résultats désastreux de l'expédition. » A Bone, le 1er décembre 1836. — *Signé* le maréchal de camp, vicomte de Rigny.

[3] « Monsieur le maréchal, je vous transmets copie de la lettre que m'a adressée M. le maréchal de camp vicomte de Rigny, et de l'ordre du jour qui y était joint. Cette lettre révélant des faits graves, qui compromettent l'honneur de cet officier général et la dignité du grade dont il est revêtu, je vous prie de m'adresser, dans le plus bref délai, un rapport circonstancié sur cette affaire, et de m'informer des mesures que vous avez dû prendre dans cette conjoncture. » — *Signé* le pair de France, ministre de la guerre, Bernard.

allait lui communiquer mes ordres, il lui dit, d'une voix émue : « Monsieur, commencez par écouter les miens ; mon arrière-garde est complétement *enfoncée*, on vient d'y couper *deux cents têtes*; il y a, sur mon flanc droit, une colonne d'Arabes *excessivement forte*, qui marche en bon ordre, n'attendant que le moment favorable pour nous couper (j'entends même la musique du bey) ! Le maréchal se conduit avec *honte et déshonneur*; il se f.... de son arrière-garde pourvu qu'il puisse sauver son avant-garde ; il ne nous reste qu'un parti à prendre : c'est *d'abandonner notre matériel* et de nous retirer comme nous pourrons ; ma cavalerie est en désordre complet, je ne puis la rejoindre. »

« Telles sont, Monsieur le ministre, les paroles de M. le général de Rigny ; je viens de les écrire *textuellement*, sous la dictée de M. Bertrand ; et j'ai cru que, dans des circonstances aussi graves, je ne devais me permettre des altérations d'aucun genre. Quelque étonné que je dusse être de cette étrange communication, Monseigneur le duc de Nemours et moi tournâmes bride, suivis de tout l'état-major ; je fis immédiatement arrêter la tête de la colonne, et pris quelques dispositions militaires.

« Peu de moments après nous fûmes joints par M. le général de Rigny, qui me répéta une partie des paroles que je viens de porter à votre connaissance ; il ajouta seulement qu'Ahmed seul *savait faire la guerre*. Ces paroles étaient proférées, à haute voix, devant des hommes en majeure partie malades ou blessés ; une terreur panique pouvait en être la conséquence, et cependant tous restèrent à leur poste ; ils se portèrent en silence et avec calme sur tous les points que j'indiquais. Aussi n'ai-je eu à signaler que la faiblesse d'un seul.

« Je continuai à marcher sur l'arrière-garde. Tous les corps s'avançaient successivement, *dans un ordre parfait*; j'atteignis enfin la cavalerie ; *toujours le même ordre*, et dans la campagne *pas un coup de fusil* ne se faisait entendre. Les régiments qui, à leur grand étonnement, avaient pris position, par mon ordre, pour combattre les ennemis dont on avait annoncé *la présence*, et qu'ils avaient depuis longtemps cessé d'apercevoir, se remirent en route, et il était nuit lorsque nous atteignîmes notre bivouac.

« Le lendemain, M. de Rigny continua à tenir des discours qui pouvaient agir d'une manière fâcheuse sur le moral de nos soldats. Des fonctionnaires d'un rang élevé dans l'armée, des officiers supérieurs crurent devoir m'en exprimer leur indignation ; je dus me résoudre à agir avec sévérité. Je donnai l'ordre aux chefs de corps et au général de Rigny de se rendre à huit heures dans ma tente ; les premiers seulement se présentèrent. Après leur avoir demandé si, la veille, ils avaient aperçu du désordre dans la colonne, et avoir reçu leur réponse négative, je leur donnai connaissance de l'ordre du jour que le général de Rigny demande que l'on vous représente [1].

---

[1] « Soldats, je vous félicite avec plaisir et empressement du courage, de la patience et de la résignation que vous avez montrés, dans ces derniers jours, à supporter tous les périls et les souffrances les plus cruelles de la guerre. Je vous félicite surtout d'avoir méprisé les insinuations perfides, les conseils coupables d'un chef peu propre à vous commander, puisqu'il ne sait pas souffrir comme vous, comme nous. Autrefois, soldats, un peuple glorieux faisait la guerre dans la province de Constantine, et pendant ses chances diverses, un chef subalterne chercha à soulever l'armée contre son général. Qu'arriva-t-il, soldats ? Elle passa sous les Fourches-Caudines, elle fut déshonorée ! C'est ce que l'on nous préparait hier pour demain ! Moi, soldats, je vous promets de vous retirer avec gloire de tous les dangers, de toutes les positions diffi-

« Vers neuf heures, arriva M. le général de Rigny ; je lui dis d'aller prendre connaissance de l'ordre qui était porté chez le chef d'état-major; après, il rentra dans ma tente. Il m'est pénible d'être obligé d'entrer dans les détails de la scène qui eut lieu pendant près d'une demi-heure, et à la suite de laquelle je promis que l'ordre du jour ne paraîtrait pas le lendemain. Dans cette circonstance, je puis, je le sais, être taxé de faiblesse; mais qui n'aurait éprouvé, comme moi, une vive et profonde émotion, en entendant un officier général dire avec l'accent du désespoir : — « Mais, Monsieur le maréchal, vous voulez donc déshonorer un père de famille ? Faites-moi fusiller plutôt; il ne faut que quatre balles pour cela ! Mais donnez-moi du temps ; je me jette à vos genoux, que cet ordre du jour ne paraisse pas ! »

« Je lui promis que cet ordre ne paraîtrait pas le lendemain, car je croyais l'avoir compris et je voulais lui donner *du temps*..... Cependant, le lendemain, nos escadrons eurent une brillante affaire, et quelques officiers de chasseurs seulement trouvèrent l'occasion d'y déployer leur courage. — J'avais ordonné au colonel d'état-major Duverger de prendre le commandement de l'arrière-garde ; et, toujours sous l'impression de la scène de la veille, je consentis à annuler cette disposition, réclamée cependant par l'armée entière. J'eus tort; car, plus tard, M. le général de Rigny, loin de me tenir compte de ce que j'avais fait pour lui, pour son oncle, pour la mémoire de son frère le ministre, je dois le dire, continua à tenir des propos capables de démoraliser une armée chez laquelle on aurait trouvé moins de courage et de résignation.

« Mon ordre du 29 parut[1], mais il n'était que l'expression bien affaiblie de ma pensée, et j'aurais été plus juste et plus vrai en maintenant cette phrase : « Je vous félicite d'avoir méprisé les insinuations perfides, les conseils coupables d'un chef peu propre à vous commander, puisqu'il ne sait pas souffrir comme vous, comme nous. » — Il n'est jamais entré dans mes intentions de rendre M. le général de Rigny responsable des malheurs, des pertes cruelles que la rigueur de la saison a fait éprouver à l'armée pendant notre marche toute pacifique sur Constantine, même pendant le siège, et les deux premiers jours de notre retour à Bone. Je n'ai aucune plainte à élever contre la conduite de cet officier général, et il doit même lui revenir une part des éloges que j'ai donnés aux troupes qu'il avait alors sous ses ordres, car elles étaient supposées agir par

---

elles qui pourraient se présenter. En attendant, je remets ce chef au ministre de la guerre, et je vous en donne un autre, expérimenté, et tout à fait digne de vous commander. — Soldats, souvenez-vous que vous avez la gloire du nom de votre pays, votre belle réputation et un fils de France à défendre ! — Il m'est bien pénible, je suis profondément affligé d'être obligé de sévir ainsi, mais un devoir impérieux me le prescrit rigoureusement. — Le présent ordre sera lu demain, avant le départ, à la tête de toutes les compagnies. » (*Au bivouac de Sidi Tamtam*, sur l'Oued-Zenati.)

[1] « Soldats, c'est avec une émotion profonde et une vive satisfaction, que le maréchal gouverneur général félicite les braves troupes sous ses ordres, du courage et de la résignation qu'elles ont montrés dans leur mouvement sur Constantine, en supportant avec une admirable constance les souffrances les plus cruelles de la guerre. Honneur soit rendu à leur caractère ! *Un seul a montré de la faiblesse*; mais on a eu le bon esprit de faire justice de propos imprudents ou coupables, qui n'auraient jamais dû sortir de sa bouche. — Soldats, dans quelque position que nous nous trouvions ensemble, je vous en sortirai avec honneur ; recevez-en l'assurance de votre général en chef. Souvenez-vous toujours que vous avez la gloire de votre pays, votre belle réputation, et un fils de France à défendre. Cette noble tâche a été dignement remplie; votre conduite, pendant cette mémorable campagne, vous assure la reconnaissance de la France, la satisfaction du roi et l'admiration du monde entier. » (*Au camp de la Seybouze*, le 20 novembre 1836.)

son impulsion ; mais depuis le jour que j'ai signalé, M. le général de Rigny paraît avoir été sous le poids d'une influence funeste que je ne dois pas qualifier.

» Tels sont les faits, Monsieur le ministre, que j'avais à vous faire connaître ; ils ne seront malheureusement pas les seuls qui seront connus du *conseil d'enquête*, si vous l'ordonnez, et ils ne suffisent que trop pour motiver mes ordres du jour. J'étais bien loin de vouloir traiter cet officier général avec injustice ; car, en allant, je lui avais confié le commandement de l'avant-garde, et, en revenant, celui de l'arrière-garde ; mais je me suis vu dans l'impossibilité de paraître ignorer une conduite qui n'a été que trop publique, et qui d'ailleurs pouvait avoir des effets fâcheux pour l'armée qui m'était confiée. Les paroles que je vous ai citées ont été entendues de la majeure partie de mon état-major, et d'*une personne* dont les hautes convenances m'empêcheraient de réclamer le témoignage. J'ai cru devoir m'abstenir de toute récrimination sur ce qui m'est personnel, car il est des attaques qui ne blessent pas [1]. »

En vertu de ce rapport, le général Bernard, ministre de la guerre, annonça, par sa dépêche du 17 janvier 1837, qu'aux termes de l'article 11 de la loi du 4 fructidor an V, M. de Rigny serait traduit devant un des conseils de guerre permanents de la 8ᵉ division militaire. Cet officier général fut absous.

Les plus âpres récriminations accueillirent à Paris l'insuccès du maréchal Clauzel ; on l'accusait d'avoir perdu la moitié de son armée ; d'avoir fait atteler à sa voiture les mules enlevées aux prolonges des blessés, et d'y être monté pour fuir.

Le témoignage de toute l'armée protège aujourd'hui sa mémoire contre ces odieuses calomnies. Mais il ne s'est guère trouvé qu'un seul homme, ce fut le brave et savant général Pelet, qui osât s'exprimer ainsi hautement sur le compte du maréchal : « Comme art militaire, il était plus difficile de ramener l'armée de Constantine que de prendre Constantine ; et, quant à moi, à part les résultats, j'aimerais mieux avoir fait cette retraite que d'avoir emporté la ville. » M. Clauzel, instruit par les journaux et par des avis officieux de toutes les imputations qui s'amoncelaient contre lui, se rendit en France avec l'espoir de conjurer l'orage ; mais ses services étaient oubliés, ses ennemis prévalurent, et son épée fut brisée.

On a fait, à cette époque, bien des réflexions sur les causes probables du désastre de Constantine. La plus apparente vient du mauvais choix de la saison. La seconde tient à l'imprévoyance de l'administration, qui ne sut pas réunir en temps utile, et par des mesures efficaces, tous les moyens de transport nécessaires. Le ministère de la guerre avait fait concentrer à Bone l'approvisionne-

---

[1] *Gouvernement général des possessions françaises dans le nord de l'Afrique.* Rapport de M. le maréchal Clauzel sur M. de Rigny, Alger, 2 janvier 1837. — Les principaux témoins indiqués par le maréchal dans l'affaire de M. de Rigny furent MM. le lieutenant général *Colbert* et le colonel *Boyer*, aides de camp de Mgr. le duc de Nemours ; *Baude*, membre de la Chambre des députés ; le lieutenant colonel *de Chabannes*, officier d'ordonnance du prince ; *de Mac-Mahon*, capitaine d'état-major ; *Meleion-d'Arc*, intendant militaire ; le colonel *Duvergor*, chef de l'état major général ; *de Tourneoine*, colonel d'artillerie ; *Duvivier*, lieutenant colonel, commandant supérieur du camp de Guelma ; *Changarnier*, chef de bataillon au 2ᵉ léger ; *de Thorigny*, chef d'escadron au 3ᵉ chasseurs d'Afrique ; *Napoléon Bertrand*, lieutenant au 2ᵉ chasseurs ; *de Drée*, capitaine au 1ᵉʳ idem ; *de Molière*, capitaine de zouaves ; *Reubell*, capitaine au 1ᵉʳ chasseurs, officier d'ordonnance du maréchal gouverneur général ; le chef d'escadron *de Rancé*, son aide de camp ; le docteur *Baudens* ; le capitaine d'état-major *Saint-Hippolyte*, etc., etc. (Extrait de la lettre du maréchal Clauzel au ministre de la guerre, du 28 janvier 1837.)

ment pendant six semaines d'un corps de dix mille hommes; ainsi les vivres ne devaient pas manquer. Le maréchal écrivait au ministre, le 11 septembre, que le bey Youssef avait procuré tous les mulets demandés pour l'expédition; son tort fut de compter trop aveuglément sur des assurances que rien ne justifiait, et qui entraînèrent de funestes retards jusqu'au moment des grandes pluies. Et cependant il est permis de croire que, malgré tant de chances contraires, le succès le plus complet eût couronné rapidement nos opérations, si le maréchal, au lieu d'entreprendre une double attaque, avait porté la majeure partie de ses forces sur le plateau de Koudiat-Aty, qu'il avait lui-même reconnu comme le point le plus faible. Mais il est vrai de dire que si, après l'événement, les intelligences ordinaires peuvent apprécier les causes réelles d'un revers ou d'une victoire, les plus hautes ne sont pas toujours au niveau des difficultés présentes.

Lorsqu'il vit le pouvoir tomber de ses mains, et les accusations se multiplier autour de son désastre, le maréchal Clauzel prit la plume et jeta à ses adversaires un de ces manifestes énergiques, dont tous les coups devenaient à leur tour des accusations. — « Si ce n'est pas pour moi, s'écriait-il, une chose inaccoutumée que la lutte sur les champs de bataille, je suis mal habitué aux combats de la presse. Qu'on me pardonne donc si je n'exprime pas toujours ma pensée avec la convenance d'un écrivain expérimenté. Vieux soldat qu'on force de prendre la plume pour défendre son épée, si je parais inhabile à manier cette arme nouvelle, qu'on se souvienne que c'est avec du fer que j'ai écrit mon nom sur les marbres de l'Arc de Triomphe, et que mon épée protège ma plume.

« J'ai cru longtemps qu'on désirait garder Alger, ou plutôt la régence d'Alger; tant de raisons imposantes me semblaient militer en faveur de cette conservation, que je ne pouvais admettre l'idée qu'il y eût un homme en France qui pensât sérieusement à l'abandonner. Quand l'Angleterre recherche tous les points de la Méditerranée où elle peut s'établir, avec tant de persévérance que, si un rocher s'élève à fleur d'eau, elle court y planter son drapeau; — quand la Russie se ménage si soigneusement le passage des Dardanelles, pour faire de la mer Noire un bassin d'où elle puisse un jour lancer ses flottes contre nous; — quand le commerce maritime, poussé depuis le quinzième siècle vers les Amériques, semble se retourner vers l'ancien monde, redevenu presque nouveau par l'abandon où il a été laissé; — quand la Turquie oublie jusqu'à sa religion pour se constituer comme puissance européenne; — quand l'Égypte, cette terre féconde, appelle de tout son pouvoir les arts et les sciences pour prendre rang de nation; — quand tous les intérêts politiques et commerciaux tendent à se concentrer autour de cette mer qui lie tant de peuples entre eux; — quand l'Angleterre et la Russie occupent les deux portes de cette Méditerranée, où nul ne devrait pouvoir entrer sans notre permission : je supposais, je croyais qu'une grande pensée de prévoyance avait fait entreprendre la conquête d'Alger.

« Posséder, en face du littoral européen, un littoral africain non moins étendu; être postés sur les deux flancs de cette mer, de manière à la contenir dans notre obéissance; pouvoir protéger notre commerce du nord et du midi de cette vaste route où voyagent tant de richesses; avoir, en cas de guerre, des ports et des arsenaux qui se regardent et se secourent; être les maîtres de porter le combat à droite ou à gauche; avoir, en cas de revers, des asiles devant et derrière; c'était une position qui me semblait si belle, si forte, si supérieure, que prévoir qu'on voudrait l'abandonner m'eût semblé une injure au bon sens le plus grossier.

« Quand nous nous emparâmes d'Alger, les Arabes nous virent avec déplaisir, parce que nous étions chrétiens; mais, habitués à une obéissance absolue aux hommes et aux événements, ils répétèrent ce mot qui, pour eux, est la raison de tout ce qui arrive : « Dieu le veut ! » et ils se résignèrent à notre domination, comme ils s'étaient résignés autrefois à celle des Turcs. Certes, nous avions moins à faire que ceux-ci pour la maintenir, puisque nous rencontrions une population désunie, prête à se donner à qui voudrait la gouverner, accoutumée à être traitée en esclave. En même temps, le renom militaire de la nation française, les récits merveilleux du règne de Napoléon, notre victoire si rapide, avaient frappé les imaginations, et nous avaient entourés d'un prestige qui rendait l'obéissance encore plus facile. A ce moment, on pouvait faire, *en quelques mois et sans opposition*, ce qui maintenant ne s'obtiendra plus qu'à force de combats et de dépenses. Ce n'était point Alger qu'il fallait conquérir, mais la puissance des Turcs qu'il fallait remplacer par la nôtre. Les Arabes s'y attendaient; ils ne s'imaginaient pas qu'un peuple qui se disait intelligent et fort serait embarrassé d'une terre qui avait obéi à huit mille janissaires. Ils s'attendaient à voir se développer un système large et rapide d'occupation, qui s'emparât de tous les points de la régence, y établît l'autorité française, et prît sous son abri les tribus toutes prêtes à se soumettre. Malheureusement, il n'en fut pas ainsi : les hésitations du pouvoir, l'inaction de l'armée, l'instabilité des choses et des hommes chargés de les diriger, donnèrent lieu de supposer que la France ne voulait pas fonder un établissement durable sur la côte d'Afrique. Dès que les Arabes doutèrent de la volonté du vainqueur, ils doutèrent de la *volonté de Dieu;* du moment que nous ne fûmes plus des maîtres civilisateurs, mais redoutés, on nous regarda comme des ennemis presque déconsidérés; du moment qu'on n'était pas sûr que nous resterions, il devenait urgent de nous chasser. Voilà quelle fut la marche de l'esprit public. En même temps, des espérances qui non-seulement ne se seraient pas produites, mais qui même n'auraient pas osé naître si nous avions su montrer une autre attitude, se dressèrent tout autour de nous; des intrigues, qui fussent restées dans l'ombre et dans l'impuissance, éclatèrent de toute part.

« Il fallait, pour garder la régence d'Alger, un système simple et fort; il fallait se porter résolument en avant, à droite, à gauche, avec des troupes suffisantes; posséder des centres principaux d'action; entre ces points principaux des points intermédiaires pour les relier les uns aux autres; il fallait couvrir la régence d'un réseau de garnisons et de camps qui ne permissent pas aux populations de se rassembler tumultueusement, qui ne laissassent pas un champ ouvert à tous ceux qui voudraient y venir semer la révolte; il fallait maintenir le pays complètement. Et qu'on ne pense pas que, pour arriver à ce but, on eût besoin d'efforts prodigieux, de dépenses énormes et constantes; il suffisait de deux campagnes entreprises avec les forces nécessaires, poursuivies avec la volonté de faire sincèrement ce qu'on dit toujours vouloir faire, et ce qu'on ne fait jamais; et la colonie, maîtrisée, soumise et tranquille, se serait gardée avec le même nombre d'hommes qui aujourd'hui ne peuvent empêcher quelques maraudeurs de venir assassiner jusqu'aux portes de nos villes.

« Dès les premiers moments de notre occupation d'Alger, la conduite et les actes de l'administration dénotèrent cette fatuité, cette légèreté, ce mépris des hommes sans examen, sans appréciation du passé, sans projets arrêtés pour l'avenir, qui blessent les mœurs, les intérêts d'une nation; qui, dès que se présentent les plus légers obstacles, la moindre résistance, amènent les revers, la discorde, le découragement, et par un juste retour, le mépris de ceux envers lesquels on a agi avec si peu de ménagements, avec tant d'impudence et d'imprudence tout à la fois. Nous entassons trente mille hommes dans un espace qui peut à peine les contenir; au lieu de camps et de positions militaires, nous encombrons des hôpitaux; si nous prenons les armes, c'est pour aller faire une pointe, sans motifs plausibles, sans but réel, sans résultat ni probable ni possible; nous apprenons aux Arabes à nous combattre et à nous vaincre. Ceux qui se sont compromis avec nous et pour nous sont attaqués, dépouillés, massacrés par les autres; l'anarchie s'établit dans toutes les provinces; nous ne donnons pas un gouvernement à ceux qui demandent à être gouvernés; nous ne punissons pas efficacement ceux qui nous menacent et nous insultent. Avant qu'un bon gouverneur ait eu le temps de comprendre la tâche qui lui est imposée, nous le remplaçons par un autre; il n'est pas un Arabe qui ne voie que notre gouvernement ne sait pas ce qu'il veut, et que, par conséquent, ceux qu'il envoie en Afrique le savent encore moins. Nous sommes déconsidérés, et dès lors il s'opère dans les esprits, chez les Arabes, une grande révolution.

« Un simple chef de tribu, estimé, respecté parmi les siens, habile, entreprenant, s'appuyant sur le parti maure, qui peut l'aider puissamment, parce que ce parti est riche, intrigant, et qu'il vit au milieu de nous, conçoit de brillantes espérances, entreprend le grand œuvre de la régénération de son pays, et bientôt, ralliant ou soumettant les tribus les plus puissantes et les plus belliqueuses, il étend sa domination sur toute la régence, et nous place, nous, acculés, entassés, étroitement emprisonnés sur quelques points du rivage, en présence d'une nationalité arabe qu'il faut désormais étouffer, ou devant laquelle il faudra reculer honteusement.

« Pour le nouvel Émir, le moment de lever le masque est arrivé. Il se proclame, en Afrique, le roi de la terre, et, nous accordant la souveraineté du littoral, il ne daigne toutefois conserver encore pour nous cette condescendance qu'à des conditions humiliantes, intolérables. Le brave général Trézel veut châtier son insolence; trop confiant, il court à sa rencontre, il est battu; nous subissons l'échec de la Macta. C'est alors qu'Abd-el-Kader devient véritablement tout-puissant. Il commande partout, et si tout le monde ne prend pas les armes pour lui, personne du moins n'ose l'attaquer. Comme il est fort et victorieux, il trouve des alliés. L'empereur de Maroc lui envoie des armes et des soldats; la Turquie, sans doute, l'encourage secrètement, et bientôt elle va chercher à mettre à profit les obstacles sérieux qu'il vient d'élever sur nos pas déjà si incertains. Le parti maure lève la tête, il répand l'or partout; il a des émissaires connus, avoués, salariés à Paris, et il trouve des Français pour prendre parti contre nos armes, notre gloire, notre avenir. Tandis que toutes les circonstances se réunissent ainsi contre nous en Afrique, par une de ces fatalités qui font parfois s'endormir comme malgré soi celui qui devrait agir, le gouvernement, qui d'abord s'est ému, qui d'abord a proclamé bien haut que l'échec de la Macta serait promptement vengé; le gouvernement, sans doute préoccupé par d'autres intérêts, semble oublier qu'il se trouve sur les côtes algériennes une armée française vaincue, humiliée, bloquée étroitement, qui ne peut plus s'approvisionner que par la mer, et qui subit une semblable honte de la part d'une population brave, il est vrai, mais inhabile à la guerre, privée des ressources et des moyens formidables qui nous sont familiers, à nous grande nation, naguère encore l'effroi du monde entier.

— « Vous le voyez, s'écrie Abd-el-Kader dans ses proclamations, je suis plus puissant et plus fort que le roi des Français ! Il lui faut des mois entiers pour rassembler des soldats en assez grand nombre pour essayer de venger leurs frères que nous avons vaincus, tandis qu'en un instant vingt ou trente mille guerriers se lèvent à ma voix ! » Heureusement, comme pour démentir d'une manière plus éclatante ces fatales paroles, c'est l'héritier du trône qui vient en personne ramener la victoire sous nos drapeaux. Que voulait le gouvernement ? Évidemment détruire la puissance d'Abd-el-Kader, qui nous tenait bloqués dans Oran, qui prétendait déjà exercer son autorité souveraine de l'autre côté du Chéliff, et jusqu'aux portes mêmes d'Alger, car il était venu établir des chefs à Blidah et à Koléah.

« La citadelle de Tlemcen se trouvait occupée par les Turcs et les Koulouglis, nos alliés, qui la défendaient en désespérés contre l'Émir. La possession de cette place était une nécessité aussi impérieuse que la prise de Constantine. Car, sans faire de stratégie, tout homme qui sait la guerre, tout homme qui sait comment on peut occuper militairement un pays travaillé par l'insurrection, tout homme qui a jeté les yeux sur la carte d'Afrique me comprendra : Tlemcen est la porte par laquelle le Maroc nous enverra tous les ambitieux qui voudront troubler notre domination; Constantine est celle par où passeront toutes les tentatives de Tunis suscitées par nos rivaux. Si nous n'occupons pas ces deux Gibraltar de la régence d'Alger, jamais nous n'en serons les maîtres. Il faut à l'Afrique française Tlemcen et Constantine, comme il fallait au royaume de France Calais et Bordeaux ; tant que les Anglais ont occupé ces deux villes, ç'a été sur notre terre une guerre d'extermination. Et cependant, alors comme aujourd'hui, il y avait des amis de la paix, qui trouvaient que les Anglais étaient *fort bien* à Calais et à Bordeaux, et que vouloir les en chasser était une prétention folle, malintentionnée et pernicieuse au pays. La race des peureux est éternelle.

« La délivrance des Turcs et des Koulouglis de Tlemcen était urgente, car le gouvernement, après leur avoir promis du secours depuis plusieurs mois, ne pouvait les laisser égorger jusqu'au dernier. Leur péril était affreux; tous autres se seraient rendus : ils mangeaient leurs sandales, mais ils nous attendaient ! Tout cela est si vrai, qu'une fois les troupes rassemblées à Oran, et lorsque S. A. R. Monseigneur le duc d'Orléans s'y trouvait avec moi, on se demanda si l'on commencerait la campagne par la prise de Maskara, ou si l'on ne devait pas plutôt se rendre d'abord à Tlemcen. Au retour de Maskara, Abd-el-Kader n'était pas anéanti ; quelques jours après, il courait vers l'ouest, soulevait le pays, et se réunissait à son kaïd Ben-Nouna, qui tenait Tlemcen assiégé ; il s'emparait de cette ville et réparait ainsi la perte de Maskara. On va donc à Tlemcen ; la citadelle est occupée par nos troupes, la ville par les Koulouglis, et le but proposé par le gouvernement est alors atteint. Abd-el-Kader n'a plus le prestige de la victoire ; Maskara ne lui présente plus un refuge qu'il est obligé d'aller chercher sous la tente; encore quelques efforts et sa dernière influence est entièrement détruite. Mais le ministère me reproche tout à coup d'avoir laissé garnison à Tlemcen, et rappelle sur le champ les troupes en France ; il semble ainsi ne rien négliger pour perdre le fruit de cette campagne et pour laisser à Abd-el-Kader le temps et les moyens de réparer ses revers, et de rallier de nouveau les Arabes, en leur faisant comprendre que le gouvernement renonce à tout projet de domination, et regrette jusqu'à ses succès. Pendant qu'on me désavouait à Paris, voici cependant ce qu'on m'écrivait à Alger : — « J'ai vu, par votre dépêche télégraphique du 18 décembre, que vous vous disposiez à faire l'expédition de Tlemcen. Si la saison ne contrarie pas vos projets, le moment d'abattre complétement Abd-el-Kader semble en effet devoir être celui où vous venez de détruire son pouvoir à Maskara. J'attends avec impatience vos premières dépêches, pour savoir le résultat de vos opérations [1]. »

« Après l'expédition de Tlemcen venait celle de Constantine : quand on ne veut pas que les voleurs entrent dans une maison, on commence par en fermer les portes; les plus grands principes de guerre se réduisent souvent à des applications aussi simples et aussi vulgaires que celle-là. Je m'étais entendu à Paris avec M. Thiers : « Non-seulement, me dit-il, nous vous donnerons en hommes et en matériel tout ce qui vous manque, mais si, lorsque vous serez à l'œuvre, dix mille soldats vous étaient nécessaires pour triompher plus rapidement et plus

---

[1] *Ministère de la guerre.* Direction du personnel et des opérations militaires. *Lettre du maréchal Maison*, du 5 janvier 1836. — Cette lettre prescrit en même temps la rentrée des 13°, 59° et 66° régiments de ligne, et du 10° léger.

Des instructions très-positives avaient été adressées le même jour, au maréchal Clauzel, pour l'engager à pousser la guerre le plus vigoureusement possible. Les voici : « J'ai reçu la dépêche télégraphique dans laquelle vous m'annoncez qu'El Mezary, premier agha d'Abd-el-Kader, s'est rendu près de vous. J'ai répondu, le 4 du courant, par la même voie, que je pensais que vous ne voulez négocier avec Abd-el-Kader que comme avec *un sujet;* que le traité qui a été conclu par le général Desmichels se trouve aboli ; que *l'intérêt de la France s'oppose à ce que ce traité soit renouvelé.* Qu'Abd-el-Kader se soumette, qu'il reconnaisse *sans condition* l'autorité du roi dans la personne du gouverneur général, et nous le laisserons en repos. *Je vous confirme cette dépêche.* Il ne vous aura pas échappé, monsieur le maréchal, que le traité du 26 février 1834, s'il a pacifié la province d'Oran, avait donné à l'émir un pouvoir qui tendait sans cesse à s'accroître, et qui devenait nuisible à nos intérêts politiques. Il faut donc anéantir jusqu'aux traces de ce traité; *car un nouvel arrangement qui en reproduirait quelque partie ferait de nouveau d'Abd-el-Kader une puissance.* Il n'aurait rien perdu à nous faire la guerre. *Vous reconnaîtrez sans doute,* M. le maréchal, *qu'il vaut mieux continuer les hostilités* que de replacer ce chef arabe dans une position d'indépendance, par un acte revêtu de la sanction de l'autorité française. Qu'Abd-el-Kader soit indépendant *de fait,* nous pourrons le tolérer, si nous le jugeons convenable ; *mais nous ne pourrons souffrir qu'il parvienne à se replacer dans une position semblable à celle qu'il s'était faite par le traité du 26 février* 1834. Il n'y a donc qu'une chose à faire de sa part ; c'est qu'il se soumette, comme *sujet,* au roi des Français ; alors on le laissera tranquille, et on le traitera avec bienveillance comme les autres chefs indigènes qui ont fait leur soumission, et vivent en rapports de bonne amitié avec nous. Je me persuade que si El Mezary vous a fait des propositions au nom d'Abd-el-Kader, vous n'aurez consenti à entrer en négociations avec lui que sous la condition expresse que j'ai posée dans ma dépêche télégraphique du 4 de ce mois, dont je vous ai rappelé le contenu au commencement de cette lettre. » (*Lettre du maréchal Maison*, ministre de la guerre, au gouverneur général, comte Clauzel.)

complétement, demandez-les, et nous vous les enverrons. » Après de telles paroles, je ne doutai plus de la conquête de Constantine; mais c'était bien peu de chose à côté de celle qui me restait à faire! Celle-ci devait avoir lieu dans les bureaux de la Guerre, et Dieu sait si jamais les Arabes ont si bien défendu leur pays que certains Français le font pour eux! Cependant, d'après les promesses positives du président du conseil, je ne trouvai pas alors, au ministère de la guerre, toute la résistance que j'ai rencontrée depuis. Je posai en principe que je demandais 30,000 hommes d'effectif réel, c'est-à-dire valides, non employés aux services administratifs, 30,000 combattants; plus 5,000 hommes de troupes régulières indigènes, et 4,000 irréguliers, soldés seulement pendant l'expédition. Le ministre me promit tout d'abord les troupes que je demandais; je passai à la discussion des autres questions. De la part d'un homme de guerre aussi distingué que M. le maréchal Maison, elles ne pouvaient rencontrer aucune difficulté. Il fut convenu que tous les préparatifs et tous les envois de matériel seraient terminés le 15 septembre, et les ordres furent donnés, séance tenante, à M. le directeur général du personnel. J'écrivis, en conséquence, à M. le général Rapatel, pour faire organiser à Alger les troupes indigènes, et recueillir les perceptions de toute sorte nécessaires à mon entreprise. Quelques jours après, je partis moi-même, pressé par le ministre, et comptant sur la bonne foi des assurances que j'emportais.

« A peine avais-je quitté Paris, que commença la crise ministérielle qui amena au pouvoir le cabinet du 6 septembre; en même temps commencèrent les hésitations, les dénégations, les contre-ordres qui ont été les véritables obstacles au succès de la campagne. Du moment que le ministère du 22 février prévoit sa chute, il déclare ne pouvoir plus engager sa responsabilité vis-à-vis des chambres pour une expédition qui peut dépasser les crédits votés par elles; il s'arrête, et donne aussitôt l'ordre de suspendre l'envoi des troupes. Plus de trois semaines s'écoulent dans cet état d'incertitude; le bey Ahmed, qui, s'il nous avait vus agir vigoureusement, serait venu peut-être négocier sa soumission, se réveille et s'arme. Tandis que nous perdons du temps, il le met à profit, marche sur Bone, vient attaquer le camp de Dréan, châtie les tribus qui s'étaient compromises pour nous, leur apprend qu'il n'y a aucun fonds à faire sur nos promesses, nous déconsidère dans un pays où l'action de combattre suit immédiatement la menace qu'on en fait, et nous perdons à la fois notre position militaire et notre position morale. En Afrique, vis-à-vis de la plupart des indigènes, un bon capitaine ne combat pas seulement avec les armes : il combat en leur persuadant qu'il soutient une juste cause; qu'il est représentant de la volonté d'un grand état; que ce qu'il veut, son gouvernement et sa nation le veulent. Alors, ce n'est plus, pour ces Arabes intelligents et bien informés, la lutte de quelques bataillons contre toute une population ; c'est la lutte de la grande nation française contre les Arabes, et alors les Arabes se soumettent, même avant d'avoir été attaqués; alors on fait un refuge, un secours, une alliance de ce qui, grâce à une coupable hésitation, devient bientôt de la défiance, du mépris, de l'hostilité.

« Pressé par le temps, par les circonstances, je commençai à comprendre que je ne pouvais plus m'attendre qu'à une faible partie des ressources qui m'avaient été si formellement annoncées ; j'expédiai à Paris M. de Rancé, mon aide de camp. Après de nombreuses entrevues, tout ce qui m'avait été promis me fut positivement refusé ; et comme M. de Rancé avait laissé entrevoir que je pouvais donner ma démission si l'on renonçait à l'expédition de Constantine, le conseil des ministres envoya M. le général Damrémont à Alger, avec les pouvoirs nécessaires pour recevoir cette démission et me remplacer dans le gouvernement de la colonie. M. de Rancé reçut l'ordre de partir avec lui, et voici les paroles qu'il me rapporta de la part de M. le ministre de la guerre : — « Dites bien à M. le maréchal que je suis persuadé que tout le ministère est entièrement convaincu que l'expédition *peut se faire* avec les moyens que le gouverneur général tient aujourd'hui à sa disposition. Dites-lui que nous regardons comme utile, comme *nécessaire*, que cette expédition ait lieu. Dites-lui bien enfin que, *comme ministre de la guerre, je le presse vivement de la faire*, et que, comme général Bernard, qui ai toujours été et serai toujours sincèrement attaché au maréchal Clauzel, je désire vivement qu'il la fasse. » Ces paroles me furent textuellement rapportées, et malgré l'habileté avec laquelle, dans les dépêches officielles, on me laissait le juge de l'opportunité ou de l'inopportunité de l'expédition, je crus à la sincérité du vœu exprimé par M. le général Bernard. Je ne voulus pas laisser faire à un autre cette expédition que je croyais devoir m'appartenir par cela même qu'on la rendait plus dangereuse. D'ailleurs, confiant dans les précédentes dépêches du ministère, qui me disaient qu'il ne mettait aucun obstacle à la campagne, j'avais annoncé que les Arabes allaient être punis de leur insubordination ; j'avais noué des relations qui pouvaient compromettre un grand nombre d'indigènes si je ne donnais pas de suite à mes projets ; il m'était impossible de reculer sans compromettre aussi la dignité de la France aux yeux de l'Afrique et du monde entier. Mais avant de partir, j'écrivis au ministre de la guerre pour lui bien expliquer ma position ; je rappelais dans cette lettre toutes les paroles données, tous les secours promis verbalement, toutes les choses faites de bonne foi. Le 3 novembre, il me fut répondu par une lettre où étaient rappelés et extraits avec soin tous les mots écrits et perdus dans de nombreuses dépêches, et qui semblaient prouver qu'à aucun moment, et en aucune manière, le gouvernement n'avait précisément ordonné l'expédition de Constantine. Cette lettre est une des campagnes les plus habiles exécutées dans le ministère de la guerre[1]. J'avoue que j'y fus battu, car je n'avais pour moi que ma conscience et le témoignage d'une vérité qui n'avait pas été mise sur le

---

[1] « Vous dites, monsieur le maréchal, que les ordres que vous avez reçus pendant que M. de Rancé se rendait à Paris, la certitude que vous aviez de recevoir des renforts, et enfin la nécessité de vous mettre promptement en mesure pour l'expédition ordonnée, vous ont déterminé à prendre sur-le-champ des dispositions que vous combiniez d'ailleurs avec la prochaine arrivée des troupes sur lesquelles vous comptiez.

« Dans ma dépêche du 27 septembre, je vous dis que le gouvernement du roi aurait désiré qu'il n'eût pas encore été question de l'expédition de Constantine, et que c'est parce que cette expédition a été *annoncée*, et par ce seul motif, que le gouvernement de S. M. *l'autorise* ; mais qu'il ne l'autorise que comme une opération *nécessitée par événement* ; et qu'il doit être bien entendu qu'elle doit se faire avec les moyens (*personnel et matériel*) qui sont actuellement à votre disposition. Il l'a d'autant moins *prescrite*, que vous aurez vu dans la lettre que j'ai écrite au général Damrémont, le 6 octobre, et qu'il a eu ordre de vous communiquer, qu'il y a *doute*, de la part du gouvernement du roi, que vous fassiez l'expédition. Il n'en aurait pas été parlé d'une manière dubitative si elle vous avait été ordonnée ; et d'ailleurs, je vous ai dit formellement, dans ma lettre du 18 octobre dernier, que, comme vous n'êtes qu'*autorisé* à faire l'expédition, vous pouvez vous dispenser de la faire ; qu'*il dépend de vous seul* de prendre à cet égard une détermination, selon

papier, tandis que le ministère avait pour lui de petits bouts de phrases fort bien arrangés, très-perfidement glissés dans les dépêches, et dont, je l'avoue, je n'avais pas d'abord compris suffisamment la portée. Et puis, s'il faut tout dire, je sais depuis longtemps l'influence secrète et fatale qu'une bureaucratie jalouse exerce dans le ministère de la rue Saint-Dominique ; et quand on me rappelait, dans cette singulière dépêche du 3 novembre, une lettre signée du ministre de la guerre, où on prétendait que le gouvernement du roi « aurait désiré qu'il n'eût pas été encore question de l'expédition de Constantine, » j'avais à choisir entre les expressions de cette lettre et les paroles que M. de Rancé m'apportait *au nom de ce même ministre ;* paroles sorties de sa bouche, paroles prononcées dans l'effusion du cœur, et en dehors de toutes ces petites combinaisons par lesquelles on préparait une retraite habile à la responsabilité ministérielle.

« Je choisis donc. Je pris la parole d'un homme d'honneur, apportée par un homme d'honneur, et je ne doutai pas que le ministère ne désirât l'expédition projetée, surtout quand l'arrivée d'un fils de France sembla m'apporter, de son côté, une nouvelle attestation de la volonté du ministère. Je crus à tout cela, et voilà la véritable faute que j'ai commise vis-à-vis de moi-même, celle qui a été la première cause des autres accusations de tout genre dont on m'a poursuivi ; car la faute n'a pas été de faire l'expédition de Constantine, elle a été de ne pas savoir que, pour servir la France, il fallait avoir un contrat en règle passé par devant ministres. La faute a été de ne pas préférer ma position personnelle à la dignité de la France. Je ne crois pas avoir manqué à mes devoirs de général. La guerre est un jeu qu'il faut rendre aussi sûr que possible ; mais ce n'est pas un jeu devant lequel un capitaine doit reculer parce qu'il a une chance contre lui : cette chance, je l'ai rencontrée.

« Agent du gouvernement, ai-je trouvé dans le pouvoir cet appui qu'il prête à tous les employés qui sont sous ses ordres ? Le dernier de ceux-ci lui tient à cœur ; mais moi, maréchal de France, j'ai été désavoué par lui. Je faisais ce qui me paraissait juste et convenable pour le maintien de notre puissance en Afrique, pour la conservation de la colonie. Mon tour est venu de dire ma pen-

_{que vous trouverez les moyens à votre disposition suffisants ou insuffisants. Il est donc bien évident que le gouvernement n'a pas ordonné l'expédition de Constantine.}

_{« Vous dites, monsieur le maréchal, que cette expédition est devenue une nécessité commandée par les circonstances, quelles que soient d'ailleurs les difficultés et les conséquences qu'elle puisse présenter, et vous ajoutez que ces difficultés et ces conséquences m'ont été déduites dans la note que votre aide de camp m'a remise d'après votre ordre. Mais ici encore vous raisonnez dans l'hypothèse où l'expédition de Constantine *a été ordonnée ;* vous ajoutez même qu'on est beaucoup trop avancé pour pouvoir reculer, et que vous devez à la confiance dont le roi vous honore, et au pays, de faire, contre votre opinion même, ce que le gouvernement juge utile et convenable de faire.}

_{« En ce qui concerne les entreprises d'Ahmed-Bey, je vois dans le rapport du général Rapatel, du 14 octobre dernier, que les Arabes ont été battus dans la dernière rencontre qui a eu lieu en avant du camp de Dréan, et qu'on en tire avec raison la conséquence que *vos opérations,* si vous faites l'expédition, *seront couronnées d'un plein succès.*}

_{« Le gouvernement du roi vous a fait connaître bien franchement ses intentions, et n'a pas entendu vous placer dans une position critique. Il vous a laissé juge de la question. Il vous appartient de la décider *selon que vous le croirez le plus conforme aux intérêts de la France,* ainsi qu'à l'honneur de nos armes. » (Ministère de la guerre. Direction générale du personnel et des opérations militaires. *Lettre du général Bernard* au comte Clauzel, le 3 novembre 1836.)}

_{Cette lettre est fort adroite, et montre les dispositions du cabinet du 6 septembre à recueillir les fruits du succès, et à s'abriter, en cas de revers, derrière un désaveu. — Les insinuations privées du général Bernard, mises en regard de ses écrits officiels, ressemblent à une perfidie dont le secret nous échappe.}

sée. Oui, je vous accuse de ne pas vouloir garder Alger; et jusqu'à ce que vous soyez venu le jurer de manière à ce que personne n'en puisse douter, même les puissances étrangères, je dirai que vous travaillez secrètement à cet abandon. C'est une volonté secrète, mais tellement engagée, que vous faites tout pour y arriver. J'avais encore mon épée, on me l'a ôtée, autant qu'on pouvait me l'ôter; on a laissé une carrière de victoires trébucher sur un revers, sans vouloir lui laisser prendre un dernier laurier; on a pensé sans doute que j'étais assez tombé pour m'empêcher de me relever. Non, non, je me relève, moi. Je me relève pour rentrer, la tête haute, dans mes foyers; et sur le seuil de cette maison paternelle où je retourne, je poserai, entre moi et la calomnie, ma vieille épée de combat. Regardez-la bien; elle n'a ni or ni diamants à sa monture; elle n'a que du sang sur sa lame : c'est le sang des ennemis de la France. »

Le maréchal Clauzel ajoutait à ce manifeste un grand nombre de récriminations acerbes contre ceux qui avaient frappé de blâme son administration. Il se plaignait du ministre de la guerre, qui n'avait point publié son rapport sur les actions d'éclat signalées par l'expédition de Constantine, et qui n'avait accordé qu'une partie des avancements demandés en faveur des officiers, sous le prétexte que, cette campagne devant être refaite avec les mêmes troupes, le gouvernement croyait devoir ajourner jusque-là les récompenses à distribuer. « On m'a reproché, disait-il encore, la confiance apparente que je montrais à mes soldats ! Sans doute je n'ai pas fait comme certains hommes qui suivaient mon armée; je n'ai pas, quand les dangers croissaient autour de moi, je n'ai pas dit qu'il n'y avait point de salut possible ! J'ai montré de la confiance, parce que j'ai voulu l'inspirer; j'ai laissé voir de l'insouciance, pour ne pas laisser gagner l'armée par le souci de son danger; le rôle de trembleur et d'alarmiste ne m'appartenait pas. Du reste, dans cette triste expédition de Constantine, il a été assez habilement joué par un homme qui s'est fait assez mon ennemi pour qu'il n'y eût plus rien à faire après lui. Que ceux qui étaient près de moi, et qui trouvaient que la gaieté de mes paroles était une injure pour les frayeurs qu'ils éprouvaient, que ceux-là ne m'aient pas défendu quand on m'a attaqué à ce sujet, je le conçois, et je leur pardonne ! mais lorsqu'un journal a osé écrire que j'avais fait atteler à ma voiture les mules enlevées aux prolonges des blessés; quand le même journal a ajouté que j'étais monté dans cette voiture pour abandonner mon armée, que pas un de ceux qui étaient dans cette voiture, et qui se trouvaient à Paris, ne se soit écrié sur-le-champ : — « Ceci est un mensonge ! c'est moi qui étais dans cette voiture, où le maréchal Clauzel n'a pas mis le pied ! » et qu'on m'ait réduit enfin à venir dire moi-même que durant cette retraite je n'étais pas descendu de cheval un moment, c'est odieux, c'est triste, c'est méprisable, et j'en ai rougi pour eux encore plus que pour moi ! Si ce fait avait besoin d'un témoignage dans lequel mes ennemis doivent avoir grande confiance, j'attesterais celui de M. Baude, qui était, lui, dans cette voiture; et sans doute il répondrait selon la vérité, si toutefois il a gardé la mémoire de ce qu'il a vu ou de ce qu'il a cru voir durant l'expédition de Constantine. D'ailleurs, quand il me disait, sous l'influence du danger : « Dieu est miséricordieux, Il nous sauvera ! » il m'a donné de sa dévotion une idée qui me fait supposer que la charité n'en est pas exclue, et que ce n'est pas l'oubli des services qu'il a reçus qu'il pratique chrétiennement. Je n'ai pas ordonné d'abandonner les blessés, pas plus que je n'ai ordonné d'abandonner le matériel de mon armée, malgré les conseils empressés de M. Baude. J'ai maintenu la retraite jour par jour, pas à pas, sans accélérer un moment notre marche, au lieu de m'échapper durant la nuit, comme M. Baude m'en suppliait. Qu'il dise donc tout ce qu'il sait, tout ce qu'il a pu apprendre sous ma tente où je l'ai reçu, à ma table où je l'ai nourri, dans ma voiture où il s'est tenu[1]. »

Les justifications de M. Clauzel, au sujet de la contribution de Tlemcen, sont d'une faiblesse affligeante. Les autres actes de son administration se mêlent aux vicissitudes ordinaires que subissaient nos projets de colonie depuis le commencement de la conquête. L'arrivée de ce gouverneur général avait paru du plus heureux augure; l'opinion publique lui était favorable; la population française tendit à s'accroître un moment, et quelques capitaux survenus à sa suite permettaient aux établissements civils une espèce de développement dont les chances ne tardèrent pas à s'éteindre sous des difficultés imprévues, et en face d'une impulsion qui manqua d'unité et de persévérance[2].

Le maréchal avait pensé qu'il suffisait d'appeler des hommes en grand nombre sur la terre d'Afrique, et que les moyens de les utiliser se présenteraient d'eux-mêmes. Il se mit à correspondre avec la plupart des comités agricoles de France et d'Allemagne. Sa réputation d'expérience et l'autorité de son nom influencèrent beaucoup de gens incapables de juger de loin les obstacles qui les attendaient. Ils furent promptement et cruellement désabusés. Les concessionnaires de gros lots de terrain ne furent guère plus heureux. Dès le commencement de son

[1] *Explications* du maréchal Clauzel sur l'affaire de Constantine, p. 45, 49 et 53. — M. Baude, envoyé en Afrique au mois d'août 1836, avec le titre de commissaire du roi, pour diriger l'enquête prescrite par le gouvernement sur les faits relatifs à la contribution de Tlemcen, nous semble avoir rempli avec prudence cette mission délicate. Il avait, dit-il lui-même, reçu l'ordre de suivre l'expédition de Constantine; il a publié à son retour un recueil d'études sur l'Algérie, dans lequel il se montre souvent observateur profond et éclairé. Sa relation de la retraite de Constantine est aussi exacte que les circonstances lui permettaient de la faire. Le maréchal Clauzel l'accuse de timidité; ce reproche ne nous semble pas mérité par un homme dont la guerre n'avait sans doute jamais été le métier. D'ailleurs, la semaine qui avait précédé le départ pour Constantine, M. Baude avait ressenti plusieurs accès de cette cruelle fièvre des marais dont il est si difficile de se préserver à Bone; ils redoublèrent pendant l'expédition; au retour, le mal prit le dessus. Le baron de la Susse, commandant *le Montebello*, alors mouillé sous le fort Génois, le vit en cet état, et le ramena à Alger. Il est vrai de dire que, dans son écrit, M. Baude s'est exprimé d'une manière tranchante sur les causes qui lui paraissaient motiver le désastre de Constantine. Il semble en faire peser tout le poids sur le gouvernement général. Nous croyons qu'une parfaite équité pourrait en attribuer une bonne part à la conduite du ministre, qui ne devait *autoriser* l'expédition qu'après une exacte appréciation des forces qu'elle exigeait et des difficultés matérielles qui pouvaient en compromettre le résultat. L'envoi officiel en Afrique de S. A. R. Mgr. le duc de Nemours devait équivaloir, aux yeux du maréchal, à un ordre formel de se mettre en marche. S'il entreprit la campagne avec plus de courage que de prévoyance, M. Clauzel ne nous paraît accessible qu'à un seul reproche que nous avons déjà formulé : celui de n'avoir pas jugé suffisamment le côté faible de la ville ennemie, pour diriger contre ce point la majeure partie de ses efforts.

[2] Tant que la paix ne sera point rendue à l'Algérie par une décision formelle du gouvernement sur l'usage qu'il veut faire de sa conquête; tant qu'une administration légale n'y sera pas constituée, les capitaux s'en tiendront prudemment éloignés. Le commerce de l'argent s'y fait avec un cynisme incroyable. Une ordonnance royale du 7 décembre 1835 a établi que, dans les possessions françaises, l'intérêt légal, à défaut de conventions particulières, serait fixé à dix pour cent, en matière civile et commerciale; mais les conventions particulières devaient faire loi entre les parties. Ainsi en même temps que le prêt à usure tendait à s'effacer, il trouvait un vaste refuge dans la tolérance accordée aux usuriers. Il y a, en 1846, à Alger, des hommes qui vivent ouvertement de ce métier, qui ne rougissent pas d'offrir quelques écus à soixante-cinq pour cent d'intérêt, et qui trouvent des clients! Que ceux qui en douteraient se promènent, le soir, dans la galerie Duchassaing, ils pourront signer leur contrat sur les tables du café de la Bourse.

administration, M. Clauzel avait paru disposé à frapper d'un impôt considérable les terres non cultivées par les propriétaires européens; mais il s'en tint au simple projet, car cette mesure l'eût atteint comme beaucoup d'autres. Aussi les spéculateurs, voyant arriver des convois d'émigrants, prétendirent les faire travailler à un prix tellement insuffisant, qu'un grand nombre de ces malheureux périrent de misère; les autres se retirèrent désespérés[1].

Un réfugié polonais, le prince Théophile de Mir-Mirski, avait obtenu du ministère de la guerre, par arrêté du 29 juillet 1835, un lot de trois mille hectares dans la plaine de Métidjah. Ce domaine dont le haouch (*ferme*) de Ras-Southa formait le centre, embrassait Haouch-Mered, Haouch-Meridjah, Haouch-el-Bey-el-Cherk et Haouch-ben-Zerga. Il avait été concédé par le général Voirol à la tribu des Aribs, sous la sanction du gouvernement, et avec exemption d'impôts pendant trois ans. Sous l'administration de M. d'Erlon, les Aribs furent dépouillés sans aucun sujet de plainte, et les bureaux de la guerre, au mépris des arrêtés précédents, donnèrent au prince de Mir cette belle propriété, franche de tout impôt pendant dix ans, à charge par le concessionnaire de payer à l'État, passé ce terme, une rente annuelle de cinquante centimes par hectare. Rien ne nous explique l'utilité de cet acte d'injustice commis envers des indigènes paisibles, et qui devaient se croire sous la protection du gouvernement français, et dûment pourvus du sol qui leur avait été donné. Le prince de Mir eut plus de prévision que le ministère; et son premier soin fut de conserver sur son terrain tous ceux des Aribs qui voulurent y rester, en les établissant comme colons partiaires pour un cinquième des produits. Les bâtiments de Ras-Southa, choisis pour centre administratif, furent restaurés avec soin, et le prince de Mir les fit surmonter d'une croix que les Arabes respectèrent. On vit alors cette création européenne donner un démenti vivant aux assertions de tous ceux qui, depuis quinze ans, proclament le fanatisme des Arabes et le système d'extermination. On vit les cultivateurs européens vivre en parfaite intelligence avec les musulmans, les enfants des deux races partager les mêmes jeux, les femmes se visiter, les hommes vivre en frères. Malheureusement le prince de Mir, imbu des idées féodales de son pays, semblait vouloir s'entourer d'une espèce de principauté, et régner sur de nombreux vassaux; il épuisa ses ressources pour augmenter la population de son domaine, et fut obligé de s'adresser à des capitalistes. L'éta-

---

[1] « La spéculation sans frein et sans terme sur la propriété que ne cultivent pas les détenteurs actuels, dans l'attente d'un bénéfice à la revente, et que les véritables cultivateurs ne peuvent obtenir qu'à des conditions qui les découragent, est une cause de dommage à laquelle on espère prochainement trouver un remède. » (*Tableau de la situation des établissements français en Algérie*, présenté aux Chambres par le ministre de la guerre, en 1833, p. 282.) Il appartenait au gouvernement seul de faire cesser par un acte officiel cet accaparement si contraire aux intérêts généraux et particuliers des véritables colons. Il eût été facile de créer sur le territoire soumis de grands établissements agricoles conçus dans un but national, c'est-à-dire encouragés et directement protégés par l'État, à l'aide d'un système dirigé par des vues de justice et d'avenir. L'administration s'est bornée à laisser la terre d'Alger dévorer les cadavres de milliers d'indigents qu'elle y a exportés comme un engrais. De tant de familles qui s'expatrient chaque année sans ressources, les unes demandent comme une grâce qu'on les rejette sur le sol français; d'autres s'efforcent de lutter contre la misère en exerçant quelques trafics sans valeur; les pères meurent à la peine; les fils deviennent vagabonds, les filles prostituées. Si l'on publiait la statistique de ce martyrologe, on en verrait sortir une sévère leçon pour tant d'incurie ou de mauvais vouloir. Ce n'est point toutefois au ministère que nous adressons ce dernier reproche, mais à la prétendue administration civile de l'Algérie, dont les fonctionnaires, à peu d'exceptions près, n'ont pas l'intelligence de leur mission, et ne sont que les commis du régime militaire.

blissement de Ras-Southa fut mis en actions. Les actionnaires voulurent s'associer à la direction des affaires ; le caractère du prince polonais ne pouvait supporter ni contrôle ni entraves; après un an de luttes, il succomba; mais le souvenir de cet essai prouva du moins hautement que la fusion des Arabes avec les Européens était loin d'être une chimère, et qu'avec des lumières, de la persévérance et une invariable équité, un gouvernement civil obtiendrait promptement des résultats bien opposés aux désastres exploités par quelques ambitieux de l'ordre militaire.

De nouvelles tentatives agricoles furent entreprises à l'Haouch-Reghaya par un colon français, M. Mercier. Un autre Européen, M. Montagne, s'établit dans l'Outhan de Beni-Mouça; M. de Tonnac dans celui des Krachenas, au pied des montagnes. Les deux premiers n'obtinrent pas de succès, malgré leur activité et leur bon vouloir; mais M. de Tonnac, qui parlait la langue arabe, se mit à vivre seul au milieu des indigènes, dans une parfaite sécurité.

Beaucoup de concessionnaires n'ayant pas les moyens de remplir les obligations imposées, se désistèrent ou furent évincés par la direction du domaine, qui porta au reste la manie des concessions jusqu'à l'abus le plus ridicule; ainsi, pour n'en donner qu'un curieux exemple, elle donnait, le 13 mai 1835, à M. Locré, sur le sol de Douéra trois cents hectares de terre domaniale, *au cas qu'il en existât sur ce point*; M. Locré n'en a pas trouvé un mètre carré.

Le maréchal Clauzel prit, le 22 mars 1836, un arrêté qui appelait au service de la garde nationale tous les Européens âgés de 20 à 50 ans. Le 28, il institua une espèce de petit ministre de la police pour toute la régence, sous le titre de commissaire général. Cette création, désapprouvée par le gouvernement, ne vécut que quelques mois.

Au mois d'avril, l'intendant civil, M. Lepasquier, ex-préfet du Finistère, qui s'accordait peu avec M. Clauzel, rentra en France et fut remplacé provisoirement par M. Vallet de Chevigny.

Le 28 octobre, un nouvel arrêté, modifié le 1er décembre, constitua la garde nationale sur des bases définitives, et lui donna le nom de *Milice africaine*, qu'elle a conservé. Elle se composa de tous les Européens de 18 à 60 ans, domiciliés à Alger. Le gouvernement se réservait la faculté d'y adjoindre des compagnies d'indigènes. Tous les emplois d'officiers étaient à sa nomination. Un code sévère fut appliqué aux devoirs de cette milice; les moindres peines pouvaient aller de dix à vingt jours de prison. De nos jours encore, ce régime est d'une extrême sévérité; la milice, rangée sous l'autorité des officiers de place, est soumise à tous les caprices et quelquefois même à la brutalité de ces messieurs. Les grades sont distribués sans distinction à des individus de tout pays; grave inconvenance qui blesse les Français; car le peuple dominateur qui paye de son sang et de ses sueurs les frais de la conquête, ne devrait pas être commandé militairement par des parasites étrangers dont la moralité échappe à toute investigation. Tous les habitants des villes algériennes doivent concourir à la défense de leur établissement; mais l'honneur de ce service ne peut appartenir qu'à nos nationaux, qui devraient choisir leurs chefs [1].

---

[1] Cet amalgame de gens de toute nation dans l'état-major des milices africaines a plus d'une fois entraîné des conséquences déplorables. Pendant mon séjour en Algérie, un honorable négociant français, établi à

M. Bresson remplaça M. Lepasquier dans les fonctions d'intendant civil. Cet administrateur se montra digne du poste qui lui était confié. Son premier soin fut d'étudier à fond l'état des choses, et d'éclairer le gouvernement sur la plaie que les accapareurs causaient aux véritables intérêts de la colonie. Sous son intelligente direction, les travaux publics parvinrent à un notable accroissement; des chemins vicinaux furent ouverts aux environs d'Alger; les constructions particulières, soumises à une surveillance constante, activèrent le développement des trois grandes rues Bab-Azoun, Bab-el-Oued et de la Marine, qui de la place Royale conduisent aux portes principales de la ville. M. Poirel, chef du service des ponts-et-chaussées, assura par des travaux admirables la sécurité du port, et s'occupa du prolongement du môle, œuvre grandiose dont la belle exécution doit illustrer le nom de ce savant ingénieur. Les aqueducs et les fontaines furent en partie restaurés, et des essais de desséchement commencèrent dans la plaine, autour de Bou-Farik.

Malheureusement, à côté de ces utiles occupations, le maréchal Clauzel s'avisa de supprimer l'hôpital d'instruction d'Alger, où nos jeunes officiers de santé pouvaient faire, sous les auspices d'excellents professeurs, des études fort importantes sur une foule de maladies peu connues en Europe [1]. Cette suppression dénote encore le peu d'intérêt qui s'attachait au progrès de la colonisation; le charlatanisme de l'administration algérienne n'a presque jamais placé une bonne intention qu'entre deux fautes consommées.

Constantine, eut avec un négociant italien des contestations d'intérêt, dont le caractère flétrissait la probité de cet étranger. Peu de temps après, un emploi de capitaine vint à vaquer dans la compagnie de milice dont tous deux faisaient partie : l'Italien fut nommé. Le Français, indigné de se voir sous les ordres d'un homme taré, adressa sur-le-champ à l'autorité militaire une protestation signée par plusieurs de ses compatriotes, pour exposer les antécédents de cet individu, et solliciter sa révocation comme indigne de se parer des épaulettes françaises. Le commandant supérieur de Constantine accueillit cette plainte comme un acte d'*insubordination*, et fit intimer au négociant français l'ordre de quitter Constantine dans le délai de quarante-huit heures. Ce malheureux, dont cette inique mesure devait rendre la ruine inévitable, implora vainement un répit suffisant pour mettre ordre à ses affaires. A l'expiration du délai fixé, les gendarmes vinrent s'emparer de lui, et le conduisirent à Bone comme un malfaiteur. Voilà un exemple de la protection que les intérêts et l'honneur des citoyens français peuvent espérer en Algérie, tant que le despotisme du sabre y tiendra lieu de loi.

1 « Sous le point de vue politique, dit M. Pellissier, cette institution n'était pas moins utile. On sait que les Arabes ont foi dans la médecine, qui, de toutes les sciences, est celle à laquelle il serait le plus facile de les déterminer. Ainsi, loin de détruire l'hôpital d'instruction, on aurait dû en faire un établissement du genre de l'école de médecine d'Abou-Zabel, fondée par notre compatriote le docteur Clot-Bey, en Égypte, où elle est un si puissant levier de civilisation. Sous le comte d'Erlon, un hôpital pour les Arabes, dirigé par le docteur Pouzin, avait été établi par souscription à Bou-Farik. Cet établissement, ne recevant que de faibles secours, a été presque abandonné. »

Il eût été digne du gouvernement français de créer, dans chaque ville soumise à sa domination, un hospice pour les indigènes. Chaque malade qui en serait sorti guéri nous aurait attiré plus de partisans dans les tribus que nos guerres inutiles n'ont écrasé d'ennemis. Quand on voudra étudier de bonne foi la question d'Afrique, on s'étonnera de voir apparaître une foule de vérités aussi simples.

LIVRE QUATRIÈME.

TRAITÉ DE TAFNA. — PRISE DE CONSTANTINE.

Le traité de la Tafna n'est pas avantageux ; — il n'est
pas honorable ; — il n'était pas nécessaire [1].
Le général Damrémont.

GOUVERNEMENT DU GÉNÉRAL DAMRÉMONT.

L'administration précédente avait plus d'une fois paru manquer de moralité et de cette haute justice qui devrait accompagner partout les actes de la France. Nos bulletins de cette époque sont remplis d'ignobles détails à propos de têtes coupées et *payées*, à peu près comme chez nous on paye une tête de loup. Ainsi, pour n'en citer que deux exemples pris au hasard, un ordre du jour du 14 août 1835 porte que 13 *têtes d'ennemis* et 350 bêtes à cornes sont restées *entre les mains* de nos soldats. Nous lisons dans le *Moniteur algérien* du 14 octobre 1836 (article Bone), que 20 têtes ont été envoyées au camp, et 68 rapportées au bout

---

[1] *Observations* sur la convention conclue le 30 mai, entre le général Bugeaud et Abd-el-Kader, adressées, le 15 juin 1837, au président du conseil et au ministre de la guerre, par le comte de Damrémont, gouverneur général de l'Algérie.

des baïonnettes : « *C'est une très-belle affaire* et qui ouvre très-bien la voie, » ajoute l'organe officiel du gouvernement d'Alger ; et comme si ce trophée de têtes n'était pas suffisant, l'assassinat le complète : sur 10 prisonniers, 9, *après le combat fini*, ont eu la tête tranchée, à quelques pas du drapeau tricolore, dans le camp d'un officier français [1]. La bastonnade employée à Tlemcen pour extorquer de l'or, l'incendie déployé à Maskara, les décapitations, le pillage des bestiaux, érigés partout en système, toute cette vie de carnage et de désordre ne pouvaient que laisser des traces funestes dans l'esprit de nos soldats. Quels seront, un jour, leurs souvenirs au milieu de leurs familles ? Quels enseignements rapporteront-ils à la veillée ? Oui, sans doute, il serait puéril de vouloir l'ordre dans la guerre ; mais toutes les guerres n'ont pas ce caractère de sauvage extermination que nous lui donnons en Afrique. Il est triste de le dire, mais à l'heure même où nous écrivons, après quinze ans de sacrifices en tout genre, les possessions françaises en Algérie ne sont encore, en réalité, que celles d'un petit nombre de monopoleurs qui ont acheté fictivement, ou à vil prix, des terres qu'ils espèrent revendre bien plus cher, lorsqu'elles auront été engraissées par le sang de nos soldats. A chaque soldat qui tombe, un spéculateur se lève et dit : Mon bien vaut plus !

Le général Damrémont, nommé le 12 février 1837, vint prendre, le 3 avril, possession de son gouvernement. La guerre semblait un moment suspendue, mais l'émir n'était pas vaincu dans l'ouest ; Tlemcen était de nouveau séparée de nous par ses troupes, et le général Bugeaud fut encore expédié de France à Oran, avec une espèce de mission secrète et une autorité assez vaguement définie, mais qui, par le fait, devait le rendre indépendant du gouverneur général. Il débuta par une proclamation sur l'effet de laquelle il comptait beaucoup : l'incendie des forêts [2] en était le moindre épisode. Mais à peine avait-il annoncé ces vastes projets qui semblaient menacer nos ennemis d'une défaite foudroyante, que, changeant tout à coup de système, il se mit en rapport avec le Juif Durand, l'intermédiaire d'Abd-el-Kader. Ce marchand, d'un caractère peu honorable, et qui n'avait d'autre but que d'exploiter à son profit la lenteur des négociations, capta aisément la crédulité de M. Bugeaud, et lui démontra que, si les résultats de ses démarches se faisaient attendre, il fallait en chercher la cause dans les contre-négociations tentées par le gouverneur. Le fait est que l'émir avait pris subitement le parti de s'adresser à M. Damrémont, et lui écrivit en termes adroits, mais dont l'ensemble équivalait à une demande de paix. Ce général dut répondre sur le même ton, et se montrer disposé à accueillir des ouvertures plus complètes ; il en prévint le ministre de la guerre, et lui proposa des bases de traité qui limiteraient Abd-el-Kader au Chéliff. Grande fut la colère de M. Bugeaud en apprenant cette nouvelle. Son imagination naturellement fougueuse accusa, sans plus d'examen, le gouverneur général d'avoir fait auprès de l'émir des tentatives de nature à nuire aux négo-

---

[1] Discours de M. Baude à la Chambre des députés. (*Moniteur universel* du 9 juin 1837.)

[2] « La première campagne commencera quand vos moissons jauniront ; elle finira lorsqu'elles seront détruites, ainsi que vos arbres et vos forêts, etc., etc. » (*Lettre au ministre de la guerre*, 15 mai 1837.) — N'est-il point bizarre de voir un général, distingué par ses connaissances agricoles, déclarer ainsi la guerre à toute la végétation d'un pays que la France veut coloniser ?

ciations qu'il avait lui-même entamées[1] ; il prétendit en outre avoir *seul* le droit de traiter. Et cependant une lettre du ministre de la guerre, adressée le 26 avril 1837 à M. Damrémont, contenait ce passage fort clair : « Je rappelle au général Bugeaud que, dans le cours de ses négociations, *il ne doit rien faire sans vous avertir, ni rien conclure sans votre attache.* De votre côté, vous aurez soin de ne rien arrêter définitivement sans l'approbation du gouvernement du roi, et de m'adresser, à cet effet, toutes les propositions qui vous seraient faites. » En vertu de cette dépêche officielle, M. Bugeaud devait soumettre ses intentions et ses actes au gouverneur général ; et cependant il prétendait avoir reçu des instructions contraires, car, le 25 mai, il écrivait à M. Damrémont : « Nulle part il n'y est dit que vous devez sanctionner la paix que je ferai, et que, selon l'expression de votre lettre du 14 mai, je ne dois que préparer le traité. Si le gouvernement vous dit autrement, si vous avez des pouvoirs qu'on m'a tenus cachés, les quiproquo, les inconvénients qui sont survenus, ne sont ni de votre faute ni de la mienne. Ils sont du fait du gouvernement, qui n'a pas établi d'une manière nette et bien tranchée la séparation des pouvoirs..... Que la faute soit rejetée sur ceux à qui elle appartient. »

Mais tandis que M. Bugeaud, trop malheureusement inspiré par un esprit de mesquine rivalité, perdait un temps précieux à contester l'autorité supérieure du gouverneur général, sans toutefois produire en faveur de ses prétentions un titre officiel qui les autorisât, Abd-el-Kader mettait à profit ces regrettables dissidences, dont ses émissaires secrets lui rendaient, jour par jour, un compte exact. Informé par le juif Durand du désir de paix à tout prix qui dominait, pour le moment, le caractère versatile du général Bugeaud, et craignant de voir les dispositions énergiques du gouverneur prévaloir sur les intrigues ministérielles, il s'était hâté de montrer partout sa présence pour ranimer le moral des tribus hésitantes, pour recueillir les impôts nécessaires à l'accomplissement de ses vues prochaines, et surtout pour fomenter parmi les populations de la vallée du Chéliff un soulèvement qui ne permît pas aux deux généraux français d'opérer contre lui la jonction de leurs troupes. Tout le mois d'avril s'écoula dans ces démarches importantes. Le premier résultat qu'il obtint fut la soumission de Cherchell, qui reçut un kaïd de ses mains. Les Béni-Menassers qui habitent les montagnes voisines de cette ville, ne voulurent prendre parti ni pour ni contre nous, et refusèrent de payer à l'émir le tribut qu'il exigeait. Pressé par les circonstances, Abd-el-Kader n'insista point, redescendit vers Milianah, où il passa peu de jours, et annonça son retour à Maskara. Mais, parvenu sur les bords de l'Oued-el-Feddah, il fit une brusque contre-marche, se jeta dans Médéah, le 22 avril, arrêta une centaine de Koulouglis dont la présence lui causait de l'ombrage, et les envoya prisonniers à Milianah. Après ce coup de vigueur, auquel

---

[1] Le juif Durand, dit M. le commandant Pellissier, voyant qu'il fallait en finir, sous peine de perdre toute son importance, trouva un moyen qui lui parut excellent : dissimulant à l'émir les facilités que lui offraient les dispositions pacifiques du gouvernement, il ne craignit pas de lui demander une somme considérable pour corrompre, disait-il, les généraux français. Il ne serait pas impossible que l'émir eût trouvé cette diplomatie trop chère, et que cette considération ait été au nombre des causes qui le déterminèrent à s'adresser au général Damrémont. Pendant que Durand demandait de l'argent à Abd-el-Kader, il en demandait aussi au général Bugeaud, pour corrompre, disait-il encore, les conseillers de l'émir. Voilà, je crois, l'origine de ces cadeaux de *chancellerie* dont il a été parlé dans le procès du général Brossard.

personne n'osa résister, il envoya le marabout Sidi-Saadi, que nous avons déjà vu figurer, prêcher la guerre sainte chez les tribus de l'est de la province d'Alger.

Le prestige dont s'entoure, depuis 1832, le nom d'Abd-el-Kader, lui fait trouver partout des hommages et des secours publics ou secrets en faveur de sa cause, devenue une cause nationale. Dès que sa présence à Médéah fut connue, presque toutes les tribus lui envoyèrent des députations mystérieuses; la ville de Blidah se déclara ouvertement pour lui, et les douars campés sous le canon de Bou-Farik, menacés de l'incursion des Hadjoutes, contre lesquels nous n'avions jamais su les protéger, expédièrent des présents au bey de Milianah pour acheter leur sécurité. Ainsi l'insurrection gagnait de proche en proche; le libérateur de l'Islam n'avait qu'un signal à donner pour mettre en feu toute la Métidjah, et venir planter ses drapeaux devant les remparts d'Alger.

Le gouverneur général comprit la gravité de cette situation, et, pour contenir les Arabes par l'effet moral d'un acte d'autorité, il se porta le 28 avril devant Blidah. Une colonne aux ordres du général Bro marcha vers la droite pour tenir en respect les montagnes des Béni-Salah; une autre, conduite par le général Négrier, fit par la gauche une manœuvre semblable; la troisième, ayant à sa tête M. de Damrémont en personne, se dirigeait par la plaine. Dès le matin, nos troupes avaient couronné les hauteurs et paralysé la résistance des montagnards. Le gouverneur étudia l'assiette de la ville; son projet était d'en assurer l'occupation par un camp placé sur l'Oued-el-Kébir, au point où un barrage soulevait les eaux de cette rivière pour alimenter Blidah. Mais les divers chefs de service lui déclarèrent qu'ils n'avaient pas les moyens de faire construire avec la rapidité nécessaire les travaux qui pourraient nous assurer la possession de ce barrage, situé dans une petite gorge qui le met en quelque sorte à la discrétion des montagnards. D'ailleurs, il eût fallu détruire la zone entière de vergers, d'orangers, de citronniers, de figuiers et de toutes sortes d'arbres à fruits qui entouraient Blidah du côté de la plaine. Le général recula devant cet acte de vandalisme, et, songeant à mettre en œuvre des moyens d'action moins contraires à une conquête civilisatrice, il ramena ses troupes à Bou-Farik, et borna sa petite expédition à l'établissement de quelques blokhaus.

Pendant cette tournée, Abd-el-Kader surveillait de Médéah les dispositions du général Bugeaud. Rassuré sur les événements de l'est par la retraite de M. de Damrémont, il reprit le chemin de la province d'Oran, et laissa dans celle de Titteri son frère El-Hadji-Mustapha, avec le titre de khalifa, et la mission de nous susciter tous les embarras possibles, sans risquer toutefois des hostilités trop manifestes. Cette ligne de conduite fut habilement suivie par Mustapha.

Le 9 mai, un fort parti de cavalerie, composé des Ameraouas et des Issers, vint surprendre la ferme de Reghaya, et sema l'effroi dans la plaine. Le gouverneur général fit sur-le-champ partir une colonne sous les ordres du colonel Schauenbourg, du 1er chasseurs d'Afrique. Un brillant fait d'armes était réservé à cet officier supérieur, sur qui pesait malheureusement en partie le cruel souvenir du massacre des El-Oufflas.

A peu de distance à l'est du méridien de la Reghaya, court du nord au sud une chaîne de petites montagnes qui bornent, dans cette direction, la plaine de

Métidjah, et la séparent du bassin des Issers. Ces montagnes, assez abruptes, ne présentent que deux passages : l'un est un défilé étroit entre la mer et des rochers escarpés ; on le connaît dans le pays sous la dénomination significative de Cherob-ou-Eurob (*bois et fuis!*). Ce nom lui vient d'une fontaine située dans ce lieu sauvage, où le voyageur a sans cesse à craindre la rencontre des brigands et des bêtes féroces, et où, par conséquent, il est dangereux de s'arrêter. Le second passage, qui s'ouvre à trois lieues plus haut, est un col très-prolongé, mais qui du reste ne présente pas de bien grandes difficultés de terrain. Le pays où se trouvent ces deux passages est habité, du nord au sud, par les Djebils, les Bou-Khranfar et les Beni-Aïcha. Ces montagnards n'avaient pris aucune part directe à l'attaque de la Reghaya, mais ils avaient livré passage à l'ennemi.

L'approche des Français leur causa de vives inquiétudes, et ils n'hésitèrent pas à déclarer au colonel Schauenbourg les auteurs de l'agression qu'il venait réprimer. On apprit par eux, en même temps, qu'au delà de leurs montagnes se formaient des rassemblements hostiles. Muni des instructions du gouverneur, qui, pour appuyer l'expédition, venait de faire partir d'Alger, par mer, le général Perrégaux avec mille hommes et une demi-section d'obusiers, pour aller débarquer sur les côtes des Issers, le colonel Schauenbourg n'hésita pas à franchir le col des Beni-Aïcha, sans calculer le nombre des adversaires qu'il aurait à repousser. Dans la nuit du 17 au 18 mai, il quitta son bivouac de la rive gauche de l'Oued-Boudouaou, avec deux bataillons du 2e léger, un du 48e, 200 chasseurs d'Afrique ou spahis, et malgré une pluie battante qui avait rendu les chemins presque impraticables, il arriva au col vers huit heures du matin. Cette position, faiblement défendue par une centaine de montagnards, ne put résister à une vigoureuse attaque de front. Le col franchi, la tête de colonne fit halte pour rallier les traînards ; mais la vallée des Issers était couverte d'une nuée d'Arabes et de Kebaïles, conduits par Ben-Zamoun, qui voulait nous disputer l'abord du territoire. Cependant cette multitude se dispersa, presque sans combattre, devant l'ordre et la décision qu'annonçaient les mouvements de la colonne française. Deux compagnies du 2e léger, qui balayaient les mamelons de droite, eurent seules un engagement assez sérieux et perdirent un officier.

Le colonel Schauenbourg prit sans hésitation la ligne qui conduisait vers l'embouchure de l'Isser, pour opérer sa jonction avec les manœuvres du général Perrégaux. Les douars effarés pliaient leurs tentes et fuyaient en désordre avec leurs troupeaux, et le soir la troupe française atteignit le rivage de la mer sans avoir été inquiétée dans sa marche. Mais un violent orage, survenu au moment où le général Perrégaux devait quitter la rade d'Alger, avait contrarié son départ, et le gouverneur avait donné contre-ordre. Ce fâcheux incident nous préparait une lutte extrêmement acharnée ; le colonel Schauenbourg se montra plein de cœur et de sang-froid, et les braves soldats qu'il commandait furent dignes de lui.

Le 19, dès l'aurore, n'ayant plus de vivres que pour un jour, car on avait compté sur des provisions venues par mer, il commença son mouvement de retraite pour regagner les bords du Boudouaou par le passage du Cherob-ou-Eurob, qui lui traçait la ligne la plus courte. Ce moment fut celui d'une attaque générale. Les Arabes et les Kebaïles, qui comptaient nous acculer à la mer, fondirent avec des cris effroyables sur le flanc gauche et la queue de la colonne. Il fallut reprendre le terrain pied à pied et combattre de mamelon en mamelon contre des forces qui semblaient se multiplier. La bonne contenance de nos troupes fut à la hauteur du danger, et elles atteignirent sans pertes bien considérables le passage du Cherob, où, par bonheur, l'ennemi n'était pas en mesure de nous opposer des obstacles sérieux. Après cinq heures de combat, la colonne arriva sur le Boudouaou, exténuée de lassitude et de faim, mais agréablement surprise de la présence d'un convoi de vivres et de munitions que venait de lui amener le lieutenant-colonel Bourlon, du 63e de ligne.

Le gouverneur, instruit de cette affaire, résolut d'établir un camp sur la position du Boudouaou; mais comme la province d'Oran lui semblait devoir être le théâtre d'une lutte prochaine contre l'émir, et comme il n'entrait point dans sa pensée de donner aux Arabes un funeste aveu de notre faiblesse, en couvrant de son autorité les négociations intempestives de M. Bugeaud, il fit successivement revenir sous sa main les colonels Shauenbourg et Bourlon, avec la majeure partie des troupes réunies au Boudouaou, et confia la défense de ce poste au commandant de La Torré, du 2e léger, qui ne dut conserver que 900 fantassins, 45 cavaliers et 2 pièces de montagne.

Cet officier supérieur dut s'occuper immédiatement des travaux d'un camp retranché; mais le 25 mai au matin, sa petite garnison fut assaillie par plus de 5,000 cavaliers qui parurent sur la rive droite. M. de La Torré fit aussitôt disposer en carré son matériel et ses bagages; deux compagnies eurent ordre d'occuper le village de Boudouaou, à gauche du camp, et le peloton de cavalerie prit position sur la droite, derrière une ligne de tirailleurs qui liaient entre eux les points de la défense.

L'ennemi passa la rivière et s'établit parmi des ruines en avant du village, pendant qu'un fort détachement se déployait de manière à couper aux Français la route d'Alger; mais cette manœuvre fut brisée par une charge à fond, exécutée avec une brillante ardeur par notre poignée de cavaliers. L'avantage était déjà décidé en notre faveur, lorsqu'une sonnerie mal comprise faillit tout compromettre. Les deux compagnies embusquées dans le village, ayant cru entendre le signal de la retraite, évacuèrent aussitôt cette position, qui tomba dès lors au pouvoir de l'ennemi. Deux autres compagnies placées sur la droite du camp, trompées par ce faux mouvement, s'étaient également repliées. Les Arabes nous cernaient; les officiers voyant le péril se jetèrent en avant et crièrent : A la baïonnette! Nos soldats répondirent à ce noble élan, et marchèrent à l'ennemi sous un feu roulant qui ne put les arrêter; on se joignit corps à corps; ce fut une lutte meurtrière de part et d'autre; mais la victoire devait rester à la tactique et à la discipline; le village fut repris, les autres positions furent enlevées rapidement, et nos obusiers débusquèrent les fuyards qui voulaient se rallier parmi les ruines. Enfin l'arrivée d'une compagnie du 48e, envoyée de la Reghaya au bruit du combat, fit croire à l'ennemi que ce faible renfort était l'avant-garde d'une colonne, et il se retira, mais en bon ordre, en enlevant ses blessés, et en tiraillant toujours jusqu'à ce qu'il fût hors de portée.

Cette belle défense, dont le succès honore le chef de bataillon de La Torré, fit sentir la nécessité d'une démonstration décisive. Le gouverneur général expédia sur-le-champ deux colonnes pour prendre une offensive éclatante. La première, commandée par M. de Schauenbourg, se porta vers le défilé de Cherob-ou-Eurob. La seconde, dirigée par le général Perrégaux, franchit le col des Beni-Aïcha. Ces deux troupes, combinant leurs opérations, dispersèrent de nombreux rassemblements, et jetèrent parmi eux une telle épouvante, que, le 28 mai, les marabouts des Issers vinrent au camp du général, à Haouch-Nakrel, au bord de la mer, et implorèrent sa pitié, en offrant toutes sortes de satisfactions. Le corps expéditionnaire rentra dans ses cantonnements, et une députation des tribus de l'est se rendit à Alger, pour porter au gouverneur la soumission des insurgés. L'influence de notre succès s'était fait sentir jusqu'à la petite ville de Dellys, à l'est du cap Bengut, qui nous livra pour otages son hakem, son kadi, et plusieurs de ses notables. Ainsi, par les mesures fermes et prudentes de M. de Damrémont, le foyer de la guerre s'éteignit dans l'est de la province d'Alger. Les Hadjoutes tenaient encore la plaine, et tentaient de fréquentes razzias sur les douars abrités dans le rayon de nos postes. Le gouverneur général leur opposa sur toutes les directions d'excellents officiers ; le chef d'escadron d'état-major Maumet, son aide de camp, fut chargé de couvrir le Sahel et d'observer la vallée du Mazafran. Le général Négrier, campé à Bou-Farik, d'où il ne pouvait prendre une utile offensive, fut bientôt rejoint par M. de Damrémont lui-même, qui préparait une expédition sur Médéah ou le Chéliff, selon les nouvelles que lui ferait parvenir M. Bugeaud, dont il espérait encore le concours actif, bien loin de prévoir l'issue des forfanteries belliqueuses de ce commandant supérieur. Mais au moment où il allait se mettre en marche, quelques cavaliers du khalifa de Milianah lui apportèrent des dépêches de M. Bugeaud, et la copie d'un traité de paix signé avec Abd-el-Kader, le 30 mai, sur la Tafna. Désolé de voir l'honneur français compromis par les intrigues secrètes ou l'incapacité vaniteuse d'un négociateur à tout prix, M. de Damrémont rentra dans Alger, pour attendre que le ministère se prononçât sur un acte dont la conclusion prématurée engageait tout notre avenir, en détruisant tous les fruits du passé.

Nous avons signalé le conflit d'autorités qui s'était élevé entre le gouverneur général et M. Bugeaud. L'indépendance que ce dernier s'attribuait semblait aussi contraire à la discipline qu'à l'unité si nécessaire au bien de nos opérations. Nous avons dû signaler les accusations, d'une haute inconvenance et d'une inqualifiable brutalité, dont M. Bugeaud s'efforça de flétrir le caractère de M. de Damrémont. Le gouverneur général opposa une modération pleine de dignité aux aveugles déclamations d'une rivalité qui, ne s'appuyant que sur une mission mystérieuse, devait mériter une répression sévère de la part du pouvoir officiel constitué en Algérie. Malheureusement cet admirable esprit de tolérance et de conciliation ne nous conduisit qu'au déplorable résultat que nous allons décrire [1].

[1] Une correspondance violente s'engagea entre MM. Damrémont et Bugeaud. Ce dernier la termina par la lettre que voici : — « Général, je vous dois une réparation, je vais vous la faire avec franchise. Abd-el-Kader assure que vous ne lui avez jamais fait de propositions de paix. J'ai donc été trompé par Durand, qui jouait un double jeu, pour obtenir des concessions des deux parties contractantes, en mendiant à l'une et à l'autre. Il travaillait surtout à sa fortune : c'est un homme sordide. Je ne l'ai pas employé dans ces dernières négociations : j'ai traité directement. Recevez mes excuses, général ; effacez de votre esprit les impressions qu'ont dû y laisser mes reproches mal fondés. » (Au camp de la Tafna, le 29 mai 1837.)

Pendant que M. de Damrémont s'occupait des affaires de l'est, une dépêche ministérielle du 16 mai avait abandonné au bon plaisir de M. Bugeaud la solution des événements par un traité ou par une victoire; et celui-ci, tout glorieux de son omnipotence passagère, se hâta de jouer, à la tête d'une brillante division française, en face d'une poignée de cavaliers arabes sans organisation, le plus triste rôle dont l'histoire puisse garder le souvenir; d'un trait de plume il allait faire d'un petit chef de tribu un haut et puissant souverain, dont nos drapeaux seraient réduits à saluer le bernous.

Les négociations s'étaient engagées, de la part de M. Bugeaud, avec une activité fébrile; les propositions de paix furent d'abord établies sur une ligne conforme aux instructions du ministère; mais bientôt des hésitations se manifestèrent dans l'attitude d'Abd-el-Kader. Le 14 mai, les pourparlers étaient rompus; l'émir ne voulait laisser à la France que le Sahel d'Alger, et dans la province d'Oran le petit pays situé entre Bridja et la Macta. Le général Bugeaud se mit en route, le 15 mai, avec 9,000 hommes[1], pour aller ravitailler Tlemcen, faire évacuer le camp de la Tafna et revenir opérer sur le Chéliff. Il entra le 20 à Tlemcen, et retourna, le 23, sur la Tafna.

Le juif Durand, qui continuait son rôle de négociateur, vint alors le prévenir qu'Abd-el-Kader consentait à traiter avec lui pour la province d'Oran, mais que, pour celle de Titteri, son intention était de s'adresser directement au gouverneur d'Alger. Pressé d'en finir, le général expédia le 24, au camp de l'émir, un indigène nommé Sidi-Hamadi-Ben-Sekkal, qui rapporta le lendemain des propositions plus agréables à M. Bugeaud. Abd-el-Kader consentait à traiter avec lui seul, pourvu que la province de Titteri fût abandonnée. Cette exigence inquiéta un moment la responsabilité de notre général, car le gouvernement lui proscrivait de limiter Abd-el-Kader sur la rive gauche du Chéliff; il eut même la pensée de consulter M. Damrémont, et lui écrivit que s'il ne croyait pas devoir approuver cette condition du traité, les hostilités commenceraient. Mais, renonçant presque aussitôt à toute communication avec le gouverneur général, il prit sur lui de passer outre, et envoya le jour même son projet de traité en France par un bateau à vapeur.

Un nouvel incident parut encore renouveler les embarras. Le projet de traité contenait la stipulation d'un tribut annuel payable par l'émir; mais Ben-Sekkal revint déclarer qu'Abd-el-Kader repoussait cette clause. M. Bugeaud consentit à sa suppression comme il avait abandonné la province de Titteri, et le traité fut échangé le 30 mai [2].

1 Cette colonne formait trois brigades, commandées par les généraux Leydet et Rulhières et le colonel Combes. — 1re *brigade*: le 1er de ligne; le 3e bataillon léger d'Afrique. — 2e *brigade*: les 23e et 24e de ligne. — 3e *brigade*: les 47e et 62e de ligne. — La cavalerie se composait du 2e chasseurs d'Afrique; des spahis réguliers; des Douers et Smelas, auxiliaires. L'artillerie avait 12 pièces de montagne; le convoi comptait 550 mulets et 800 chameaux, fournis par les Arabes auxiliaires.

2 Entre *le lieutenant général Bugeaud*, commandant les troupes françaises à Oran, et *l'émir El-Hadji-Abd-el-Kader-Ould-Mahiddin*, a été convenu le traité suivant:

1° L'émir reconnaît la souveraineté de la France en Afrique.

2° La France se réserve, dans la province d'Oran, — Mostaghanem, Mazagran et leurs territoires; Oran, plus un territoire limité à l'E. par la rivière de la Macta et le marais d'où elle sort; au S. par une ligne partant du marais ci-dessus mentionné, passant par le bord sud du lac Sebka, et se prolongeant jusqu'à l'Oued-Malah (Rio-Salado), dans la direction de Sidi-Saïd, et de cette rivière jusqu'à la mer, de manière à ce que tout le terrain compris dans ce périmètre soit territoire français. — Dans la province d'Alger, Alger,

Cette convention, presque humiliante pour nos armes, souleva l'opinion publique et les chambres ; le ministère, effrayé de cette manifestation, protesta le 15 juin, par l'organe du comte Molé, président du conseil, que le traité de la Tafna ne serait point ratifié sans modifications importantes ; et cependant, le même jour, un officier supérieur partait de Paris pour porter au général Bugeaud l'approbation complète du gouvernement ; et une dépêche télégraphique, rédigée en termes qui ne laissaient aucun doute, annonçait à M. Damrémont cette mesure impolitique [1] !

Ainsi toute convenance avait été méconnue, tout intérêt trahi, tout devoir foulé aux pieds ; pour arriver au terme de son œuvre, dont les conséquences naturelles équivalaient à l'abandon de l'Algérie, M. Bugeaud s'était soumis sans réserve et sans contestation à toutes les exigences de l'émir ; il avait, de son autorité privée, réduit à néant les ordres du Pouvoir, secoué tout contrôle, et rédigé même les termes de son traité avec une telle précipitation et si peu de soin, que ces expressions, traduites au hasard en arabe, devaient donner lieu

le Sahel, la plaine de Métidjah, bornée à l'E. jusqu'à l'Oued-Kaddara et au delà ; au S., par la première crête de la première chaîne du petit Atlas jusqu'à la Chiffa, en y comprenant Blidah et son territoire ; à l'O. par la Chiffa, jusqu'au coude du Mazafran, et de là, par une ligne droite, jusqu'à la mer, renfermant Koléah et son territoire ; de manière à ce que tout le terrain compris dans ce périmètre soit territoire français.

3° L'émir administrera la province d'Oran, celle de Tittori, et la partie de celle d'Alger qui n'est pas comprise, à l'O., dans la limite indiquée par l'article 2. Il ne pourra pénétrer dans aucune autre partie de la régence.

4° L'émir n'aura aucune autorité sur les musulmans qui voudront habiter sur le territoire réservé à la France ; mais ceux-ci resteront libres d'aller vivre sur le territoire dont l'émir a l'administration ; comme les habitants du territoire de l'émir pourront s'établir sur le territoire français.

5° Les Arabes vivant sur le territoire français exerceront librement leur religion. Ils pourront y bâtir des mosquées, et suivre en tout point leur discipline religieuse, sous l'autorité de leurs chefs spirituels.

6° L'émir donnera à l'armée française 30,000 *fanégues* d'Oran de froment ; 30,000 *fanégues* d'Oran d'orge, et 5,000 bœufs. La livraison de ces denrées se fera à Oran, par tiers. La première aura lieu du 1er au 15 septembre 1837, et les deux autres de deux mois en deux mois.

7° L'émir achètera en France la poudre, le soufre et les armes dont il aura besoin.

8° Les Kouloughis qui voudront rester à Tlemcen ou ailleurs, y posséderont librement leurs propriétés, et y seront traités comme les Hadars (*citadins*). Ceux qui voudront se retirer sur le territoire français, pourront vendre ou affermer librement leurs propriétés.

9° La France cède à l'émir : Harchgouno, Tlemcen, le Méchouar et les canons qui étaient anciennement dans cette citadelle. L'émir s'oblige à faire transporter à Oran tous les effets, ainsi que les munitions de guerre et de bouche de la garnison de Tlemcen.

10° Le commerce sera libre entre les Arabes et les Français, qui pourront s'établir réciproquement sur l'un ou l'autre territoire.

11° Les Français seront respectés chez les Arabes, comme les Arabes chez les Français. Les fermes et les propriétés que les Français auront acquises ou acquerront sur le territoire arabe leur seront garanties. Ils en jouiront librement, et l'émir s'oblige à rembourser les dommages que les Arabes leur feraient éprouver.

12° Les criminels des deux territoires seront réciproquement rendus.

13° L'émir s'engage à ne concéder aucun point du littoral à une puissance quelconque sans l'autorisation de la France.

14° Le commerce de la régence ne pourra se faire que dans les ports occupés par la France.

15° La France pourra entretenir des agents auprès de l'émir, et dans les villes soumises à son administration, pour servir d'intermédiaire près de lui aux sujets français, pour les contestations commerciales et autres qu'ils pourraient avoir avec les Arabes. L'émir jouira de la même faculté dans les villes et ports français.

[1] *Dépêche télégraphique* de Paris, du 15 juin 1837, à cinq heures et demie du soir. — Le ministre de la guerre à M. le général de Damrémont, gouverneur général : « Le roi a approuvé aujourd'hui le traité conclu par le général Bugeaud avec Abd-el-Kader. Le lieutenant-colonel Delarue part aujourd'hui pour porter cette approbation au général Bugeaud, à Oran ; il se rendra ensuite à Alger. Je vous enverrai copie de ce traité par le courrier. » (*Pour copie*, signé Ch. Lemaistre.)

bientôt à de nouvelles contestations au profit d'Abd-el-Kader. Était-ce donc là que devait aboutir cette volonté du gouvernement français, formulée si peu de temps auparavant en ces termes si clairs : « Le traité conclu par le général Desmichels se trouve aboli, et *l'intérêt de la France s'oppose à ce que ce traité soit renouvelé*. Un nouvel arrangement qui en reproduirait quelque partie ferait de nouveau d'Abd-el-Kader une puissance. *Il n'aurait rien perdu à nous faire la guerre; et nous ne pouvons souffrir* qu'il parvienne à se replacer dans une position semblable à celle qu'il s'était faite par le traité du 26 février 1834. » Se charge maintenant qui voudra d'expliquer les singulières allures de notre politique, et de nous révéler les engagements occultes qui pouvaient exister entre un général qui sacrifie la gloire et les intérêts de son pays et les agents d'un pouvoir dont les ordres apparents ont été transgressés, et qui ne trouve cependant ni blâme ni désaveu pour une conduite flétrie par l'opinion publique!

Nous avions commis une première faute par l'adoption du traité Desmichels, qui avait élevé Abd-el-Kader, de simple marabout, au rang d'émir; aujourd'hui le traité de la Tafna en faisait l'égal de la France. Coreligionnaire des tribus répandues autour de nous, Abd-el-Kader exerçait sur elles un pouvoir *de fait* que nous subissions sans le reconnaître; mais nous avons ajouté *le droit* au fait, on ne le niera pas davantage, et c'est par là surtout que notre conduite paraît blâmable. Alger conquis, notre position exigeait qu'on ne tolérât aucun rival auprès de nous. La supériorité devait exister d'un côté, l'infériorité de l'autre; dans cette situation, l'inimitié partielle, les exactions, l'inquiétude eussent incessamment traversé notre occupation; nous devions nous y attendre; mais ces obstacles, le temps et les bons traitements, l'intérêt ou nos armes en eussent peu à peu triomphé. Au lieu de cela, nous avons démoli la puissance turque et bâti la puissance arabe : nous n'avons fait que changer d'ennemi[1].

La conduite de M. Bugeaud n'a trouvé qu'un apologiste, dont les raisonnements, comme conseiller d'État, paraissent bien faibles dans cette circonstance. « Après la victoire de la Sikkak, dit M. Genty de Bussy, Abd-el-Kader, vaincu, mais non soumis, avait cherché une retraite à Maskara; mais cette retraite n'était en réalité qu'une trêve, et il ne voulait par là que se donner le temps de réparer ses pertes, pour nous attaquer de nouveau. L'occasion ne se fit pas attendre. Nos affaires avaient pris une physionomie plus sombre; d'une part, le retentissement de l'échec de Constantine, et l'affaiblissement momentané du pouvoir qui en avait été la suite; de l'autre, la présence d'Abd-el-Kader dans la province de Titteri, à Médéah, et les efforts qu'il y avait faits pour soulever les populations contre nous, l'appui enfin que lui prêtait son voisin l'empereur de

---

[1] « M. le général Bugeaud, dit le commandant Pellissier dans ses *Annales*, s'est repenti plus d'une fois d'avoir signé ce traité. Il suffit de le lire, et de connaître tant soit peu les affaires d'Afrique, pour être convaincu que, si c'était là tout ce que le gouvernement voulait faire, il était fort inutile de mettre à grands frais une division en campagne, et de détourner M. Bugeaud de ses occupations législatives et agricoles; car il n'est pas permis de douter que, sans sortir d'Oran, et sans tant d'apparat, le général Brossard n'eût pu en faire autant. » (T. III, p. 227.)

« Abd-el-Kader, écrivait en 1819 M. le capitaine d'état-major Leblanc de Prébois, est un *croquemitaine* qu'exploitent coupablement *les héros de l'Afrique*, et qu'ils sont parvenus à faire considérer, en France, comme l'ennemi qui nous arrête en Algérie; et c'est sans examen sérieux et raisonné de la question que les chambres prodiguent l'argent et les hommes, tandis qu'elles discutent avec lésinerie les sommes faibles qui leur sont demandées pour les grands travaux de colonisation. » (*L'Algérie prise au sérieux*, p. 81.)

Maroc, tout avait concouru à accroître sa puissance et son hostilité. Le général Bugeaud avait laissé la France fatiguée de tant d'agitations et de courses stériles, peu disposée dès lors à continuer un système aussi onéreux pour le budget que funeste pour une armée qu'il tendait à diminuer tous les jours. Dans cette disposition d'esprit, il était sensible qu'elle acceptait à l'avance tout ce qui pourrait avoir pour but de ramener le calme. Enfin ce n'était point la première fois que nous consentions à traiter avec les Arabes [1]. »

Mais l'opinion publique a répondu qu'une honte ne rachète jamais un revers ; — que le seul moyen de relever les esprits découragés était de frapper un grand coup ; — que M. Bugeaud, avec neuf mille hommes et un peu de bon vouloir, pouvait attirer Abd-el-Kader et détruire ses masses confuses, comme il avait su le faire à la Sikkak ; — et que, si les véritables intérêts de la France devaient rendre alors un traité profitable, ce traité, soumis aux chambres avant d'être ratifié, eût dû placer Abd-el-Kader sous notre autorité, sous notre surveillance ; — il eût détruit le vain prestige dont M. Bugeaud s'est efforcé de l'entourer depuis lors dans ses bulletins, dans ses écrits, dans ses discours : « Je me rends garant de l'émir, disait ce général ; je prouve la foi que j'ai dans sa parole, par la grande responsabilité que j'assume sur ma tête [2]. » Mais où donc avait-il appris à connaître l'émir ? A quel prix lui a-t-il cédé un si vaste territoire, tout arrosé du sang de nos soldats ?

En recevant des mains de son envoyé le double du traité, revêtu du cachet de l'émir, M. Bugeaud sentit le besoin de voir au moins une fois, de près, ce souverain né de ses œuvres, dont il se rendait garant, *sur sa tête!* Il lui fit demander une entrevue pour le lendemain, à trois lieues du camp français, et à six ou sept de celui des Arabes. Abd-el-Kader y consentit [3].

Le général se rendit, le 1er juin, avec six bataillons, son artillerie et sa cavalerie, au lieu fixé pour le rendez-vous ; mais, à son grand désappointement, il n'y trouva point l'émir. Le jeune chef musulman, qui venait de nous vaincre sur le papier, n'avait garde, en effet, de compromettre sa nouvelle position par des avances inutiles. Toutes les concessions qui lui avaient été si libéralement faites l'autorisaient bien à prendre une attitude de supériorité ; et comptant dès lors tous les avantages placés de son côté, il n'avait fait que rapprocher son bivouac, pour se laisser rejoindre par le diplomate français, dont la visite, selon les mœurs arabes, allait paraître un hommage officiel rendu au caractère de souveraineté que le traité lui reconnaissait. M. Bugeaud, trop préoccupé sans doute des ovations que le titre de *pacificateur* lui faisait rêver dans l'avenir, excusait de son mieux les retards d'Abd-el-Kader ; l'émir n'avait-il pas sept lieues à faire ? et n'était-ce pas une énorme distance à franchir pour un corps de cavalerie ? Cependant vers deux heures après midi l'émir n'avait pas donné signe de vie, et les soldats commençaient à soupçonner une mystification, lors-

---

[1] *De l'Établissement des Français dans la régence d'Alger*, t. Ier, p. 64.
[2] *Lettre à M. le comte Molé*, président du conseil des ministres, écrite du camp de la Tafna, le 29 mai 1837.
[3] M. Bugeaud laissa rédiger sur cette aventure une scène de roman que publièrent plusieurs journaux de l'époque. Il était loin de prévoir l'accueil que l'opinion publique allait faire au traité de la Tafna ; et son orgueil ne lui permit pas de remarquer qu'Abd-el-Kader l'avait reçu en vassal plutôt qu'en plénipotentiaire. Mais l'honneur de toucher la main d'un *souverain*, qu'il devait plus tard comparer à NAPOLÉON, pouvait bien en ce moment faire capituler quelques susceptibilités.

que arrivèrent enfin quelques Arabes qui apportaient les uns des paroles dilatoires, et les autres des espèces d'excuses : — l'émir avait été malade ; il n'avait pu quitter son camp qu'un peu tard ; peut-être demanderait-il que l'entrevue fût ajournée. D'autres Arabes vinrent successivement annoncer que l'émir n'était plus loin ; puis il était tout près, mais arrêté ; enfin un dernier porteur de paroles engagea le général à *s'avancer un peu*, disant qu'il ne pouvait tarder à rencontrer Abd-el-Kader.

Le sentiment exquis des convenances nationales prescrivait peut-être à M. Bugeaud de se retirer devant le peu d'égards et de considération que semblait affecter l'émir. En effet, vis-à-vis d'un personnage revêtu, à ses yeux, d'une plus haute importance, et qui aurait conservé le droit de se faire respecter, le chef arabe se serait conduit avec plus de convenance ; il aurait détaché un de ses lieutenants pour justifier ses délais, son état de maladie ou tout autre motif. Il n'en fit rien, et M. Bugeaud ne parut point comprendre le ridicule de sa position ; la curiosité l'emporta.

Il était tard. Plus fatigué qu'ému par huit heures d'attente vaine, ce général arrêta ses troupes et se porta en avant, suivi de son état-major. Après avoir cheminé pendant une heure parmi les détours inconnus d'une gorge étroite, entrecoupée de collines, et où l'on ne voyait pas très-loin devant soi, il arriva, vers six heures du soir, en face de la troupe arabe qui se massait, au fond d'une vallée, sur des mamelons épars. A ce moment, un chef de tribu vint l'avertir qu'Abd-el-Kader se trouvait à peu de distance, sur un coteau qu'il lui montra du doigt. Il fallut marcher encore pendant près d'un quart d'heure ; on fit bonne contenance, et l'on aperçut enfin l'escorte de l'émir qui s'avançait, au pas, du côté des officiers français. M. Bugeaud, en se risquant ainsi, avait fait preuve de courage personnel ; mais si ces mêmes Arabes, dont il a trouvé tant de mal à dire depuis qu'il s'est voué à leur extermination, n'avaient pas été un peuple honnête, religieux, et fidèle observateur du droit des gens, le plénipotentiaire de la Tafna pouvait se trouver enveloppé avec son état-major, et réduit à labourer les terres de l'émir en attendant sa rançon. Mais Abd-el-Kader, en fin politique, tenait plus à un hommage qu'à un esclave ; un général français venait de se rendre, sans armée, sans appareil, au milieu de son camp ! Que pouvait-il désirer de plus après un traité qui lui avait tant donné ?

L'aspect de l'escorte arabe offrait une des scènes les plus dramatiques que l'on puisse imaginer ; on pouvait y compter deux cents chefs, d'un physique remarquable que relevait encore la majesté de leurs costumes. Ils étaient tous montés sur des chevaux magnifiques, qu'ils faisaient piaffer avec une extrême élégance. L'émir les devançait de quelques pas, sur un coursier noir qu'il maniait supérieurement ; plusieurs Arabes tenaient les étriers et les pans de son bernous. Le général Bugeaud lance son cheval au galop, arrive auprès de l'émir et lui tend la main. Abd-el-Kader met pied à terre et s'assied sans engager son visiteur à l'imiter. Celui-ci prend place à ses côtés ; une longue conversation s'engage.

— Sais-tu, s'écria M. Bugeaud, qu'il y a peu de généraux qui eussent osé faire le traité que j'ai conclu avec toi ? *Je n'ai pas craint de t'agrandir et d'ajouter à ta puissance*, parce que *je suis assuré* que tu ne feras usage de la grande

EL-HADJI-ABD-EL-KADER.

existence que nous te donnons que pour améliorer le sort de la nation arabe, et la maintenir en paix et en bonne intelligence avec la France.

— Je te remercie de tes bons sentiments pour moi, répondit Abd-el-Kader; si Dieu le veut, je ferai le bonheur des Arabes; et si jamais la paix est rompue, ce ne sera pas de ma faute.

— Sur ce point, je me suis porté ta caution auprès du roi des Français. As-tu ordonné de rétablir les relations commerciales avec Alger et autour de nos villes?

— Non; je le ferai dès que tu m'auras rendu Tlemcen.

— Tu sais bien, reprit le général, que je ne puis te le rendre que quand le traité aura été approuvé par mon roi.

— Tu n'as donc pas le pouvoir de traiter?

— Si, mais il faut que mon traité soit ratifié : c'est nécessaire pour sa garantie; car, s'il était fait par moi tout seul, un autre général qui me remplacerait pourrait le défaire.

— Si tu ne me rends pas Tlemcen, comme tu le promets dans le traité, je ne vois pas la nécessité de faire la paix ; ce ne sera qu'une trêve.

— Cela est vrai; mais c'est toi qui gagnes à cette trêve; car, pendant le temps qu'elle durera, je ne détruirai pas tes moissons.

— Tu peux le faire : cela nous est égal; et à présent que nous avons fait la paix, je te donnerai, *par écrit*, l'autorisation de brûler tout ce que tu pourras; tu ne peux en ravager qu'une bien faible partie, et les Arabes ne manquent pas de grain.

— Je crois, reprit M. Bugeaud, que tous ne pensent pas comme toi; et quelques-uns m'ont remercié d'avoir ménagé les campagnes.

Abd-el-Kader sourit d'un air dédaigneux, et demanda ensuite combien il fallait de temps pour avoir l'approbation du roi des Français. Sur l'observation qu'elle ne pouvait arriver avant trois semaines, l'émir fit un geste d'impatience:

— Eh bien, en ce cas, reprit-il, nous ne rétablirons les relations commerciales qu'après que la paix sera définitive.

Le général, un peu embarrassé de la tournure que prenait l'entretien, jugea prudent de ne pas insister; un mot de plus pouvait replonger son œuvre dans le néant; et M. Bugeaud, cédant aux difficultés de la situation qu'il avait lui-même cherchée, se crut encore un grand politique. Pressé de terminer une entrevue pendant laquelle l'émir lui avait constamment témoigné peu de sympathie, il se leva pour prendre congé. « Abd-el-Kader restait assis, dit-il plus tard à la chambre des députés; je crus voir dans cet acte un certain air de supériorité; alors je lui fis dire par mon interprète : — Quand un général français se lève devant toi, tu dois te lever aussi. Et pendant que mon interprète lui traduisait ces paroles, avant même qu'il eût fini de les traduire, je pris la main d'Abd-el-Kader, et je le soulevai : il n'est pas très-lourd [1]. » Nous ne contestons pas cette anec-

---

[1] Biographie anonyme publiée à Limoges, en 1845, avec la devise du maréchal Bugeaud : *Ense et aratro*. — « Plus que personne (dit le biographe), et sans crainte d'être contredit, le maréchal Bugeaud peut répéter avec la Tour d'Auvergne, le premier grenadier de France : J'appartiens à la patrie; soldat, je lui ai voué mon bras; citoyen, je fais respecter ses lois. »

Plus loin, il ajoute (p. 40) en parlant du traité de la Tafna : — « Les amis du maréchal lui ont entendu dire souvent que le traité n'était pas avantageux; mais, comme il n'était pas alors partisan de l'occupation

dote qui fit sourire la chambre ; nous ajouterons seulement que cette main que M. Bugeaud tint un moment dans la sienne est jolie, mais petite et faible, et qu'Abd-el-Kader est lui-même d'une stature frêle et délicate [1].

Quand cette triste comédie fut achevée, les deux interlocuteurs s'éloignèrent après s'être salués froidement. L'émir s'élança sur son cheval, au milieu des acclamations de son escorte, que répétèrent tous les Arabes qui, des versants des collines, avaient assisté à cette scène. Des témoins oculaires ont évalué à près de dix mille chevaux l'armée d'Abd-el-Kader, massée en grande profondeur sur une ligne de plus d'une demi-lieue. Au moment où finit l'entrevue, éclata un long et violent coup de tonnerre, dont les échos multipliés ajoutèrent à tout ce que cette scène avait d'imposant. Le cortège arabe frémit, des cris d'admiration se firent entendre pendant que M. Bugeaud rejoignait ses troupes, en continuant à s'entretenir d'Abd-el-Kader et du beau spectacle auquel on avait assisté.

Lorsque les Arabes font la paix sur un pied d'égalité, ils la sanctionnent par des salves générales de coups de fusil ; ce genre d'honneur que se rendent chez eux les guerriers n'avait point signalé la visite du chef français. Cet oubli volontaire prouve assez que l'émir jugeait le traité comme un aveu de notre faiblesse, et qu'il croyait accorder la paix plutôt que la recevoir. Si M. Bugeaud, avant son malheureux essai diplomatique, avait recueilli quelques renseignements sur les mœurs musulmanes, il se serait convaincu que sa démarche isolée lui prêtait, aux yeux des Arabes, l'attitude d'un vaincu, et ce n'était pas celle que devait accepter son courage. Les officiers de la colonne qu'il avait laissée si longtemps à plus d'une lieue en arrière, fort inquiets de ce qui pouvait lui être arrivé, songeaient à marcher à son secours, lorsqu'ils le virent reparaître. On lui représenta le péril auquel il venait de s'exposer ; sa conduite, en effet, semblait celle d'un intrépide partisan plutôt que d'un général d'armée : — « Mes-

---

de l'Algérie, il pensa que ce traité donnerait à la France le temps de réfléchir. On se rappelle, du reste, combien le représentant de la France, dans l'entrevue qu'il eut avec Abd-el-Kader, se montra jaloux de la dignité du pays. »

[1] Abd-el-Kader est âgé aujourd'hui d'environ trente-neuf ans. « Sa taille est médiocre, dit M. le commandant Pellissier ; il a peu d'embonpoint ; sa physionomie, douce, spirituelle et distinguée, ressemble assez au portrait qu'on nous a donné traditionnellement de Jésus-Christ ; ses yeux sont fort beaux ; sa barbe est rare et noire ; ses mains sont jolies et il en a un soin particulier ; il porte sa tête un peu penchée vers l'épaule gauche ; ses manières sont affectueuses et pleines de politesse et de dignité ; il se livre rarement à la colère, et reste toujours maître de lui ; sa conversation est animée et quelquefois brillante ; toute sa personne séduit ; il est difficile de le voir sans l'aimer. — Il n'a qu'une femme, qu'il aime tendrement. Sa famille se compose d'une fille, et d'un fils qui lui est né peu de jours avant l'entrée des Français à Maskara. Toujours vêtu très-simplement, son costume est celui d'un pur Arabe, sans aucune espèce d'ornement ; il n'emploie quelque luxe que pour ses armes et ses chevaux. Il vivait dans cette ville, sans gardes, et comme un particulier. Il est honnête homme ; rien n'est plus éloigné de son caractère que la cruauté ; il gouverne les Arabes avec justice et douceur, et donne, par là, un démenti formel et permanent à ceux qui soutiennent avec tant d'emportement qu'on ne peut les gouverner *que par la terreur* ; il s'est toujours montré, lorsqu'il l'a pu, clément et généreux envers ses ennemis. Voilà un caractère que nous ne croyons pas flatté, et qui sera reconnu par tous ceux qui ont vu de près l'original. Avec plus d'habileté et de convenance dans ses relations avec lui, la France aurait pu le mettre dans sa dépendance, et alors on tirer d'immenses services. Maintenant il s'est élevé trop haut pour que nous songions à autre chose qu'à le renverser complètement. » (*Annales algériennes*, t. II, p. 358.)

Un officier de marine, M. Defrance, prisonnier d'Abd-el-Kader depuis le 12 août 1836, et rendu au général Rapatel au mois de mai 1837, a écrit la relation de sa captivité. Il fait, à quelques mots près, le même portrait de l'émir, et se loue des adoucissements qu'il en obtenait à sa triste position. (*Cinq mois de captivité chez les Arabes*, 2 vol. in-8° ; Paris, 1837.)

sieurs, dit-il, cette multitude d'Arabes ne fait rien à l'affaire; il n'y a là que des individualités, et pas de force d'ensemble. J'aurais bien vite eu raison de ces dix mille cavaliers avec mes dix bataillons et mon artillerie ! » M. Bugeaud a laissé imprimer ces paroles; si elles expriment sa conviction, pourquoi fit-il si bon marché des intérêts de la France?

Il suffit, en effet, de jeter un coup d'œil sur la carte de l'Algérie pour apprécier combien peu nos intérêts avaient été ménagés; resserrés autour d'Oran et d'Alger, nous voyions Ahmed-Bey et Abd-el-Kader devenir les véritables maîtres du sol où nous avions déjà enseveli, en sept ans, trois fois autant de Français que le gouvernement turc entretenait de soldats. L'expédition de 1830, telle que la restauration l'avait conçue et exécutée, avait eu un résultat remarquable..... sous le rapport financier; c'est la seule guerre peut-être qui n'ait rien coûté au vainqueur; nous étions alors véritablement conquérants. Mais peu à peu nos faiblesses ont porté leurs fruits, et le traité de la Tafna, révélant à Abd-el-Kader tout ce qu'il pouvait espérer, nous a conduits, de conséquence en conséquence, à dépenser aujourd'hui cent millions par an. C'est nous qui sommes conquis: l'Afrique s'est emparée de la France, en lui jetant des bulletins fantastiques pour le plus pur de son or.

Les esprits qu'indigna cette mesure désastreuse se souvinrent alors des antipathies que le général Bugeaud éprouvait pour la colonie, et qu'il avait plus d'une fois hautement proclamées à la tribune. On disait, de tous côtés, qu'il n'avait montré envers l'émir tant de condescendance que pour mieux anéantir notre domination. Quoi qu'il en soit, il crut devoir expliquer sa conduite et justifier, auprès du ministre, la liberté qu'il s'était donnée de traiter à sa guise.

« J'ai toujours pensé, écrivait-il la veille même du traité, que dans les grandes circonstances un général ou un homme d'État doit savoir prendre sur lui une grande responsabilité, quand il a la conviction qu'il sert bien son pays. Ce principe, gravé depuis longtemps dans mon esprit, je viens d'en faire l'application. J'ai cru qu'il était de mon devoir, comme bon Français, comme sujet fidèle et dévoué du roi, de traiter avec Abd-el-Kader, bien que les délimitations du territoire soient différentes de celles qui m'ont été indiquées par le ministre de la guerre. Je me suis dit que le ministre et ses bureaux ne pouvaient juger les nuances de la question comme moi, qui suis sur les lieux. J'ai, d'ailleurs, reconnu que l'on était encore dominé, à Paris, par des idées qui pouvaient être justes il y a un an ou dix-huit mois, mais qui ne sont plus, aujourd'hui, en rapport avec les circonstances. J'ai fait connaître, par ma dépêche du 27 (qui a passé par l'Espagne), le peu d'importance que j'attachais à ne donner à Abd-el-Kader que telle ou telle portion du territoire; que même je trouvais des avantages à lui céder plus, parce qu'il nous offrait plus de garanties de sécurité et plus d'avantages commerciaux que des beys sans influence que l'on voudrait établir entre l'émir et nous..... Je réponds que la connaissance que j'ai acquise du caractère religieux et sincère de l'émir, comme de sa puissance sur les Arabes, me donne la conviction profonde que toutes les conditions seront parfaitement exécutées. Je me rends garant de l'émir, et je prouve la foi que j'ai dans sa parole, par la grande responsabilité que j'assume sur ma tête.....

« Je l'avouerai cependant, une seule pensée m'a fait hésiter : Il faut, me suis-je dit, trois semaines ou un mois avant que ce traité puisse être autorisé par le gouvernement. Cet espace de temps est le plus propre à la guerre contre les Arabes; ce sera une campagne à moitié manquée; que pensera-t-on de moi comme militaire? Voici comment j'ai vaincu ces scrupules : J'ai d'abord envisagé tout ce qu'il y aurait de barbare, de déchirant, à incendier les moissons d'un peuple qui ne demande pas mieux que de traiter, et avec qui j'ai traité; et puis, j'ai considéré que la campagne serait encore très-profitable en juillet, qui sera, cette année, la véritable époque des moissons du froment; et que si la campagne commence plus tard, elle se prolongera aussi plus longtemps. Si le traité, mal exécuté, ne remplit pas nos espérances, ne pourrons-nous pas faire, l'année prochaine, ce que nous voulions faire cette année? Les Arabes le redouteront, car ils avaient parfaitement compris toute la puissance dévastatrice d'une colonne comme la mienne. Ils disaient hautement qu'ils savaient bien qu'ils ne pourraient pas m'empêcher de brûler leurs moissons, mais qu'ils fuiraient vers le désert, où ils avaient des provisions en réserve, et qu'ils reviendraient quand la lassitude nous forcerait à rentrer dans nos places.

« On me dira peut-être : Comment, avec de tels avantages, n'avez-vous pas pu limiter Abd-el-Kader dans la province d'Oran? J'ai fait tout ce qu'il était humainement possible de faire pour atteindre ce but; et j'aurais obtenu d'Abd-el-Kader livré à lui-même quelques concessions; mais les autres chefs et les marabouts se sont écriés plusieurs fois qu'ils aimeraient mieux mourir que de céder davantage. Il a fallu disputer longtemps pour obtenir l'article 4, qui établit que les musulmans qui vivront sur notre territoire ne seront pas soumis à la domination de l'émir. Il n'a pas pas fallu moins de débats pour obtenir la concession de quelques portions de territoire appartenant à des tribus dévouées qui, les premières, ont élevé Abd-el-Kader sur le pavois. Enfin il n'est presque pas un article qui n'ait été vivement disputé..... J'ai la ferme persuasion qu'il était impossible d'obtenir davantage avant d'avoir fait une longue guerre semée de succès.....

« Tout sanctionne mon traité, excepté ce seul passage des instructions du ministre de la guerre : — « Vous devez insister d'une manière absolue, comme vous m'en annoncez vous-même l'intention, pour réserver autour d'Oran la zône que vous avez indiquée, et pour renfermer Abd-el-Kader dans la province d'Oran. Dans celle-ci même vous devez exiger pour limite, si ce n'est le Feddah, au moins le Chéliff, et n'abandonner à Abd-el-Kader ni Milianah ni Cherchell. Les trois points essentiels dont vous ne devez pas vous départir, c'est la souveraineté de la France, la limitation d'Abd-el-Kader dans la province d'Oran, bornée au moins par le Chéliff, c'est-à-dire en laissant en dehors Cherchell et Milianah, et la réserve de la zône que vous avez indiquée depuis l'Habra jusqu'au Rio-Salado. »

« Ce qui a dû m'enhardir à passer outre ces prescriptions, c'est que l'idée première de cette délimitation paraît avoir été prise dans ma correspondance avec le ministre; ce sont donc, en quelque sorte, des idées que je modifie moi-même[1]. »

---

[1] *Lettre du général Bugeaud à M. le comte Molé, président du conseil des ministres, écrite au camp de la Tafna, le 29 mai 1837.*

Lorsque le gouverneur général, qu'on avait laissé dans une complète ignorance de ces faits, reçut par les émissaires d'Abd-el-Kader une copie du traité, il adressa au ministre de la Guerre et au président du Conseil les observations suivantes, où se révèlent à la fois une sérieuse connaissance des choses et le sentiment le plus élevé de l'honneur national :

« Une convention a été conclue, le 30 mai, entre M. le général Bugeaud et l'émir Abd-el-Kader. Cette convention semble inexplicable; elle soulève mille objections; on se demande comment il était possible de prévoir un dénoûment pareil, aux projets annoncés, aux efforts faits par le gouvernement pour réduire l'émir. On recherche les causes qui ont amené un résultat aussi imprévu, aussi fâcheux, et les conséquences qui s'ensuivront pour la puissance et la durée de notre établissement dans le nord de l'Afrique ! — Cette convention rend l'émir souverain de fait de toute l'ancienne régence d'Alger, moins la province de Constantine et l'espace étroit qu'il lui a plu de nous laisser sur le littoral autour d'Alger. Elle le rend souverain indépendant, puisqu'il est affranchi de tout tribut, que les criminels des deux territoires sont rendus réciproquement, que les droits relatifs à la monnaie ne sont pas réservés, et qu'il entretiendra des agents diplomatiques chez nous, comme nous en aurons chez lui.

« Et c'est lorsqu'on a réuni à Oran quinze mille hommes de bonnes troupes, bien commandées, abondamment pourvues de toutes choses; lorsque des dépenses considérables ont été faites, lorsqu'une guerre terrible a été annoncée avec éclat, que, sans sortir l'épée du fourreau, au moment où tout était prêt pour que la campagne s'ouvrît avec vigueur, à Oran comme à Alger; c'est alors, dis-je, que tout à coup on apprend la conclusion d'un traité plus favorable à l'émir que s'il avait remporté les plus brillants avantages, que si nos armées avaient essuyé les plus honteux revers ! Que pouvait-il exiger, que pouvait-on lui accorder de plus après une défaite totale ? Il y a peu de jours, on voulait le forcer, le réduire à la paix, c'est-à-dire, je pense, lui en dicter les conditions; et tout à coup, sans qu'aucune circonstance apparente ait changé notre situation ou la sienne, on lui accorde plus qu'il n'avait jamais songé à demander; plus, assurément, que les adversaires les plus ardents de notre établissement en Afrique n'ont jamais osé l'espérer ! On souscrit un traité peu honorable pour la France; on abandonne sans pitié des alliés qui se sont compromis pour nous, et qui le payeront de leur tête; on nous met, en quelque sorte, à la discrétion de notre ennemi. Il y a peu de jours que l'on donnait pour instructions de ne permettre, sous aucun prétexte, à Abd-el-Kader de sortir de la province d'Oran; on parlait même de le limiter à l'Oued-Feddah; on insistait, avec raison, sur l'importance de conserver Médéah et Miliana, pour y placer des beys indépendants, et éviter la réunion de toute la puissance arabe dans les mains d'un seul homme; et voilà que d'un seul trait de plume on cède à cet homme la province de Titteri, Cherchell, une partie de la Métidjah, et tout le territoire de la province d'Alger qui se trouve hors des limites qu'il nous a fixées, et sur lequel il n'avait encore ni autorité ni prétentions ! Ainsi, tous nos préparatifs, toutes nos dépenses, toutes nos menaces n'ont abouti qu'à un résultat pire que celui qu'on aurait obtenu si, sans déplacer un soldat et sans dépenser un écu, on avait négocié depuis Paris, par l'intermédiaire du plus humble de nos agents diplomatiques!

« Les résultats de la guerre n'étaient pas douteux. Abd-el-Kader n'aurait pas accepté le combat; s'il l'acceptait, il aurait été battu partout; son infanterie aurait été détruite, sa cavalerie dispersée; lui-même rejeté dans le désert. Nos troupes auraient semé l'épouvante, agi puissamment sur l'imagination des Arabes, fait comprendre à tous qu'ils doivent opter entre la paix avec la France ou l'abandon d'un pays que nous pouvons ravager chaque année, même avec de petites colonnes. Il fallait essayer du moins; tout était prêt, les dépenses consommées, l'armée pleine de confiance et d'ardeur; que risquait-on? Quelque opiniâtre et orgueilleux que l'on suppose Abd-el-Kader, il est impossible que ses défaites ne l'eussent pas rendu plus traitable, et que, dans son conseil, des voix ne se fussent pas élevées pour proclamer que nos succès étaient l'œuvre de Dieu, et pour prêcher la soumission. Et lors même qu'on eût été décidé à lui donner tout le pays que lui laisse cette convention, il eût été d'une meilleure politique de le faire après qu'il aurait éprouvé la force de nos armes.

« Enfin quelle nécessité de traiter, si on voulait le faire de cette manière? Nous avions assez de forces, même en rentrant dans les limites du budget ordinaire de l'Afrique, pour nous établir solidement dans la Métidjah et autour d'Oran. Qui nous empêchait de le faire? d'annoncer que, pour le moment, nous nous renfermions dans ces limites, que nous voulions vivre en paix avec les Arabes, et que désormais nos armées ne seraient employées qu'à protéger, en dedans de ces limites, nos colons et nos alliés, et à repousser toutes les agressions? Ce système, poursuivi avec persévérance, avec modération, avec énergie, devait réussir en fort peu de temps. Les Arabes en auraient promptement compris les avantages; ils savent bien qu'il leur est impossible de nous résister, encore plus de nous faire évacuer le pays; ils auraient peu à peu repris leurs habitudes de commerce, et la paix se serait établie d'elle-même. Abd-el-Kader aurait peut-être grandi malgré nous; mais du moins la question restait entière, intacte; nous n'étions pas liés; nous conservions la faculté de profiter de toutes les circonstances favorables, et surtout notre honneur n'éprouvait aucune atteinte; nous n'étions pas humiliés, rabaissés aux yeux des Arabes!

« En France, on a les idées les plus fausses sur Abd-el-Kader; on s'exagère sa puissance, ses ressources; on le croit un grand prince, on le met presque sur la ligne du pacha de l'Egypte. On perd de vue qu'il y a quatre ans, cet homme n'était rien; que la position qu'il a acquise, ce sont nos fautes qui la lui ont faite; que l'influence dont il jouit, *c'est nous qui l'avons créée.* On oublie combien il a été rabaissé l'année dernière; on ne tient aucun compte des haines et des rivalités qu'il a soulevées, de ses spoliations, de la lassitude des Arabes, du besoin qu'ils ont de commercer avec nous, de la misère, du découragement auquel ils sont livrés. Enfin, et ceci est le pire de tout, on ne prend aucun soin des populations éloignées qui, après avoir réclamé notre protection, ont résisté à l'ennemi commun, se sont refusées à lui rendre hommage, l'ont attaqué, battu, et ont fait souvent une diversion utile à notre cause. Que deviendront-elles? Que deviendront surtout leurs chefs, aujourd'hui qu'ils ont amassé sur eux la haine et la vengeance de l'émir? Ce traité ne stipule rien en leur faveur; maudissant notre alliance, ils achèteront leur soumission aux conditions les plus dures, ils la cimenteront du sang des principaux d'entre eux. S'ils réussissent à émigrer, et qu'ils viennent nous demander un asile, que sera-t-il permis de leur répondre?

« Enfin, voyons l'avenir que nous prépare le traité. J'admets qu'on ait l'intention de le maintenir, et qu'il dure plusieurs années; car, si on n'avait traité que pour obtenir une trêve de quelques mois, j'avoue que je comprendrais encore moins ce système, puisque jamais nous ne serons placés dans des conditions meilleures pour la guerre que nous ne sommes aujourd'hui; mais si nous supposons que la paix durera, par exemple, trois ans (et cette supposition n'est pas invraisemblable, puisqu'il est dans l'intérêt d'Abd-el-Kader de prolonger un état de choses aussi avantageux pour lui), nous le verrons mettre habilement le temps à profit, pour étendre sa domination sur les Arabes, pour devenir leur chef spirituel, lorsque nous le déclarons déjà leur maître temporel ; pour former un seul et grand état, compacte et bien discipliné; pour se créer un trésor par des impôts qu'on n'osera pas refuser, et plus encore par le commerce qui, malgré la prétendue liberté de l'article 10, ne se fera qu'avec sa permission et à son profit ; surtout enfin pour améliorer et augmenter ses moyens de défense et d'agression contre nous. Trop prévoyant pour ne pas se préparer à une nouvelle lutte désormais inévitable, trop éclairé pour ne pas reconnaître la supériorité de notre organisation militaire, mais trop sage pour l'imiter servilement, il s'appropriera celles de nos inventions dont il pourra faire usage ; et quand le moment de recommencer la guerre sera venu, nous retrouverons les Arabes plus nombreux, mieux armés, plus instruits, plus confiants. Leurs moyens de résistance se seront puissamment accrus, et nos chances de succès auront diminué dans une égale proportion. — J'ai dit qu'Abd-el-Kader deviendrait le chef spirituel des Arabes ; pour y parvenir, sa conduite est aussi adroite que la nôtre a été inhabile. La prière se faisait, dans la régence, comme elle se fait encore dans tout l'Orient, au nom du sultan de Constantinople. L'émir a obtenu que le nom du sultan serait remplacé par celui de l'empereur de Maroc, dont il se dit le lieutenant. Laissons-le faire, et bientôt la prière se fera en son nom. Si un jour il tient cette arme puissante à la main, il sera maître de soulever les populations à son gré, et de les déchaîner contre nous, par le double motif de la religion et de la haine de l'étranger.

« Si j'arrive maintenant à l'examen des articles du traité, je trouve d'abord que la reconnaissance de la souveraineté de la France n'est qu'un vain mot, puisqu'il n'est point expliqué en quoi consistera cette souveraineté vis-à-vis d'Abd-el-Kader; au contraire, partout il est traité comme un égal. Il ne paye point de tribut ; il aura le droit de rendre la justice en son nom, de battre monnaie; car apparemment, si on eût voulu l'en empêcher, on aurait pris le soin de le dire. Abd-el-Kader n'est pas homme à en négliger la remarque. Qu'est-ce donc que cette souveraineté qui, en traitant avec lui, le rend maître de tout le pays, moins deux petits coins que la France se réserve? Il est vrai que l'émir s'engage à ne commercer que dans les ports occupés par nous, et à ne concéder aucun point du littoral à une autre puissance, sans l'autorisation de la France; mais l'obligation où l'on s'est cru d'introduire cette dernière réserve n'est-elle pas la meilleure preuve du pouvoir *indépendant* d'Abd-el-Kader? Et, quant à l'autre, elle est un peu illusoire, car ce qu'il ne fera pas à Dellys ou à Cherchell, il le fera dans le premier petit port du Maroc, avec lequel, sans doute, on ne prétend pas entraver son commerce.

« Si j'examine la délimitation qui résulte de l'art. 2, je vois que, dans la province d'Oran, Mostaghanem et Mazagran resteront séparés d'Oran et d'Arzew, c'est-à-dire qu'ils seront en *état constant de blocus*. Puisqu'on gardait ces deux villes, il était naturel de les lier à la zône que nous conservons. Pour cet effet, au lieu de se borner à la Macta, il fallait garder les montagnes au delà de cette rivière, qui s'étendent le long de la mer, et leurs versants dans la plaine, et ne s'arrêter qu'à l'embouchure de Chéliff. Cette extension valait mieux que le Rio-Salado et ses environs.

« Dans la province d'Alger, la délimitation est plus défectueuse encore. Qu'est-ce qu'une limite comme la Chiffa, qui, les trois quarts de l'année, n'a pas deux pieds d'eau, qu'on peut franchir partout, et dont la rive opposée est habitée par la population la plus turbulente de la régence? Pourquoi ne pas garder au moins toute la plaine de Métidjah? pourquoi en abandonner une des parties les plus riches, sans *avantage* et sans *nécessité*? Certes, une telle prétention était bien modeste, et jamais, à ma connaissance, la possession de cette plaine n'avait été mise en doute. En l'occupant tout entière, depuis Chénouah, qui domine Cherchell, jusqu'aux crêtes des montagnes qui la bornent au sud, nous étions maîtres des routes de Médéah et de Milianah, et du col de Mouzaïa, de ce passage si difficile, qui est la clef de la Métidjah d'un côté et de Médéah de l'autre.

« L'article 9 cède à l'émir la position de Harchgoune. Cette position avait eu pour but d'empêcher les Arabes de recevoir, à la Tafna, des armes et des munitions. L'établissement que nous y avions formé répondait à son objet. Pourquoi l'abandonner, et quel intérêt Abd-el-Kader a-t-il à cette évacuation? De deux choses l'une : ou il veut observer le traité de bonne foi, et alors il doit, aux termes de l'article 14, renoncer à faire le commerce de la Tafna, ou il se promet de violer cet article, et dans ce cas la possession de Harchgoune nous est nécessaire pour en assurer l'observation.

« L'article 15 et dernier est encore une reconnaissance de la souveraineté indépendante d'Abd-el-Kader; car il place ses agents sur le même pied que les nôtres. Leur titre n'est pas déterminé, rien ne stipule qu'ils devront reconnaître la souveraineté de la France, et se considérer comme les envoyés d'un pouvoir établi par elle, et dans sa dépendance.

« Enfin, quelle est la garantie de ce traité? Quel gage Abd-el-Kader donne-t-il à la France de son désir d'en observer les conditions, de sa sincérité, de sa bonne foi? Aucun ; le général Bugeaud le dit lui-même. L'exécution du traité ne repose que sur le caractère religieux et moral de l'émir. C'est la première fois, sans doute, qu'une pareille garantie a fait partie d'une convention diplomatique! Mais alors, comment serons-nous à l'abri d'une rupture imprévue, d'une insurrection subite et générale, qui ruinerait nos colons, et coûterait la vie à un grand nombre d'entre eux?

« Je me résume. Le traité n'est pas AVANTAGEUX, car *il rend l'émir plus puissant qu'une victoire éclatante n'aurait pu le faire*, et nous place dans une position précaire, sans garantie, resserrés dans de mauvaises limites. Il n'est pas HONORABLE, car *notre droit de souveraineté ne repose sur rien*, et nous abandonnous nos alliés; il n'était pas nécessaire, car il ne dépendait que de nous de nous établir solidement dans la Métidjah et autour d'Oran, et de nous y rendre inattaquables, en réservant l'avenir [1]. »

Nous n'ajouterons pas un mot à ce document officiel, d'une si incontestable valeur, et que les phrases de M. Bugeaud n'ont pu réfuter.

L'œuvre était consommée. Le 12 juillet 1837, un bataillon du 47e, qui avait relevé le commandant Cavaignac, évacua Tlemcen; la division Bugeaud était rentrée, dès le 9, à Oran. Peu de jours après, le gouverneur général reçut, à Alger, une lettre d'Abd-el-Kader ainsi conçue : « Louanges à Dieu seul. — L'émir des croyants, Sidi-el-Hadji-Abd-el-Kader au très-illustre gouverneur Damrémont, chef des troupes françaises à Alger. — Que le salut et la bénédiction de Dieu, ainsi que sa miséricorde, soient sur celui qui suit la voie de la justice. — Tu ne dois pas ignorer la paix que nous avons faite avec le général Bugeaud. Nous aurions désiré que la paix se fît par ton entremise, parce que tu es un homme sage, doux et accoutumé à ce qui se pratique dans le conseil des rois. Mais le général d'Oran nous ayant écrit qu'il avait *la signature du Roi* pour traiter, ainsi que cela a eu lieu, vu aussi sa proximité, nous avons passé avec lui un acte authentique à ce sujet, comme la nouvelle t'en est parvenue en son entier. Je suis donc maintenant avec toi sur la foi et le traité passé entre nous et la nation française. Calme-toi donc de ton côté; compte que tout tournera à bien et selon tes désirs. Tu n'éprouveras aucun mal de ce que pourront faire les Arabes des contrées placées sous mon autorité, du côté de Bou-Farik, de la Métidjah et des environs. — Dans peu, s'il plaît à Dieu, je me porterai de ton côté; je ferai cesser le désordre; je tirerai au clair toutes les affaires, tant avec toi qu'avec d'autres, pour qu'il ne reste plus rien qui ne soit en harmonie avec la raison. — Si tu as besoin de quelque chose qui soit en notre pouvoir, nous te satisferons, et nous ne resterons pas en arrière. Il doit en être de même de toi à nous. Ainsi, que tes lettres nous arrivent, demandant tout ce que tu veux, comme cela a été, comme cela sera toujours *entre des princes amis*. Moi aussi je t'écrirai pour tout ce qui concerne les affaires de ce monde. (— Écrit le soir du 1er jour du mois de Rabi-el-Tani, de l'an de l'Hégire 1253, par ordre de notre seigneur l'Émir des Croyants, celui qui rend la religion victorieuse. Que Dieu le protége, et que la délivrance arrive par lui!) »

Pendant que ces choses se passaient, le colonel Duvivier, que le maréchal Clauzel avait laissé à Guelma depuis la retraite de Constantine, parvenait avec des forces très-minimes à exercer sur les tribus voisines un ascendant moral que sa protection active rendait chaque jour plus assuré; supérieur aux difficultés de sa position, il savait tenir en respect les partis lancés par le bey Ahmed, et remporta sur eux des avantages signalés, prouvant tout ce que peuvent le courage et l'habileté d'un chef français contre des ennemis plus nombreux, mais qui n'avaient à lui opposer que la violence du premier choc[2]. Le gouver-

---

[1] *Observations* sur la convention conclue, le 30 mai, entre le général Bugeaud et Abd-el-Kader, adressées, le 15 juin 1837, à M. le président du Conseil et au ministre de la Guerre par le lieutenant général comte de Damrémont, gouverneur général des possessions françaises dans le nord de l'Afrique.

[2] Depuis que M. Duvivier a publié ses excellentes études sur la question d'Afrique, les détracteurs ne lui ont pas manqué dans certains états-majors de l'Algérie. Mais pour tout le monde est venu le jour des rétributions historiques, et je m'empresse de citer un fait curieux qui démontre assez clairement tous les ser-

nement, éclairé sur la valeur d'Youssef, supprima, au mois de mai, son titre de bey futur de Constantine, et le capitaine de Mirbeck avait pris le commandement des spahis de Bone, où le général Damrémont se rendit le 23 juillet.

Des instructions précises étaient tracées à ce gouverneur ; le ministère, tourné vers un système d'occupation restreinte dont le traité de la Tafna outrepassait les vues, ne semblait pas se soucier de renverser la puissance d'Hadji-Ahmed, dont il croyait pouvoir faire un rival capable de détourner de nous l'attention d'Abd-el-Kader. Cette pensée ne manquait pas d'une certaine sagesse, dans la position d'impuissance que nous venions de nous créer vis-à-vis de l'émir ; mais il fallait tenter des négociations avec le bey de Constantine. M. Damrémont ordonna au capitaine Foltz, un de ses aides de camp, de se rendre à Tunis, pour entamer de là, par des voies indirectes et habiles, cette affaire délicate. Mais, sur ces entrefaites, le juif Busnach (nous avions le malheur incessant d'écouter cette classe d'indigènes) vint annoncer au gouverneur qu'Hadji-Ahmed le proposait pour négociateur entre lui et la France. M. Damrémont le chargea donc de porter à Constantine les bases d'un traité par lequel une grande partie du territoire passerait sous notre autorité, et le bey reconnaîtrait notre suzeraineté par le payement d'un tribut annuel. M. Foltz revint très-promptement de Tunis, avec un autre juif investi auprès de lui de la même mission que Busnach remplissait auprès du gouverneur. M. Damrémont donna pleine carrière aux pourparlers, sans négliger de se tenir prêt, à tout événement, pour faire succéder des hostilités rapides à la rupture possible des négociations. L'incertitude se prolongea jusqu'à la fin du mois d'août ; Ahmed-Bey espérait d'un côté que la Turquie lui fournirait des secours, et, de l'autre, encouragé par les avantages que recueillait Abd-el-Kader du traité de la Tafna, et ne pouvant se résoudre à accepter des conditions moins brillantes, il rompit brusquement tous rapports diplomatiques.

Une dépêche du 3 septembre, expédiée de Paris par le président du Conseil, se terminait ainsi : — « Jusqu'au dernier moment, la paix plutôt que la guerre ; mais la paix aux conditions fixées, sans y rien ajouter, ou la prise de Constantine à tout prix. » Dès que l'issue des négociations parvint à Paris, l'expédition fut décidée, et le Prince Royal en sollicita vivement le commandement ; mais des considérations de famille privèrent sa belle et trop courte existence de cette page de gloire, et le ministère décida que le gouverneur général marcherait à la tête de

---

vices que nous pourrions attendre de M. Duvivier si cet officier général était appelé à commander une province de notre conquête. Nous avons dit qu'au retour de l'expédition de Constantine, le maréchal Clauzel avait cru devoir ordonner l'occupation permanente de Guelma. Cette mission confiée au brave Duvivier était pleine de difficultés ; car la force de ce poste établi parmi des ruines ne pouvait être un obstacle sérieux aux incursions d'Ahmed-Bey du côté de Bone, qu'à la condition de maintenir notre influence sur les tribus voisines jusqu'au Ras-el-Akba. Le caractère de M. Duvivier sut inspirer aux Arabes une telle confiance, que les envois d'argent de Bone au camp de Guelma ayant plusieurs fois éprouvé des retards, ils firent à crédit les fournitures de vivres nécessaires à la garnison, et acceptèrent du colonel des billets à terme qui circulèrent dans les tribus comme monnaie courante. Ce fait prouve les heureux résultats qu'un système pacifique, appuyé d'une force suffisante, obtiendrait parmi ces indigènes qu'il serait si utile d'étudier à fond, avant de les juger sur les déclamations passionnées de l'ignorance ou de la mauvaise foi. Le gouvernement militaire a presque toujours manqué de lumières ; et à partir de la prise de Constantine, qui devait exercer sur toute l'Algérie un ascendant moral si puissant, nous verrons bientôt par quelle série de fautes et d'inconséquences la logique du sabre a stérilisé l'avenir de la colonisation.

l'armée, dont S. A. R. Mgr le duc de Nemours partagerait les nobles dangers, avec le titre de chef d'une brigade.

A l'arrivée du prince en Afrique, on discuta, dans un conseil tenu chez lui, l'opportunité de renvoyer l'expédition au printemps suivant ; le 12ᵉ de ligne, qui venait de débarquer, apportait le choléra, et l'on craignait d'ajouter ce fléau à toutes les chances de la saison qui avaient été si funestes, en 1836, au maréchal Clauzel. Mais pendant les 21, 22 et 23 septembre, le général Rulhières avait été assailli, au camp de Mjez-Ammar, par sept ou huit mille cavaliers que conduisait le bey Ahmed en personne ; il avait repoussé l'ennemi avec succès, et le lieutenant-colonel de la Moricière s'était distingué par les belles qualités militaires qui l'ont conduit aux premiers grades de l'armée. Cette victoire n'était point toutefois un gage de sécurité pour l'hiver ; et le général Damrémont, comptant sur l'énergie des troupes et sur l'heureux augure qui s'attachait au retour d'un jeune prince français, donna l'ordre de terminer les préparatifs, pour se mettre en marche au 1ᵉʳ octobre. Le corps expéditionnaire fut divisé en quatre brigades, sous les ordres de Monseigneur le duc de Nemours, des généraux Trézel et Rulhières, et du colonel Combes [1]. Le matériel de siége se composait de 17 pièces de différents calibres, approvisionnées de 200 coups par pièce ; de 50 fusils de remparts, de 200 fusées à la Congrève, et d'une réserve de deux milliers de poudre. Cette artillerie, munie de 126 voitures, était sous les ordres du général Valée, qui avait pour commandant en second le général Caraman. L'infanterie emportait 500,000 cartouches ; dix compagnies du génie et les équipages de pont marchaient avec les généraux Rohault de Fleury et Lamy. L'administration militaire, dirigée par l'intendant d'Arnaud, conduisait un convoi de 97 voitures escortées par cinq compagnies du train, et portant pour 18 jours de vivres ; un troupeau nombreux suivait pour les distributions de viande.

Les deux premières brigades et le quartier général partirent du camp de Mjez-Ammar, où l'armée s'était réunie, et vinrent bivouaquer, la première au sommet du Ras-el-Akba, et la deuxième à la hauteur d'Anouna, avec le matériel de siége. Cette première journée fut pluvieuse, et les voitures n'avancèrent qu'avec difficulté. Le 2, le temps parut se remettre, et la division passa la nuit à Sidi-Tamtam, remplacée au Ras-el-Akba par les troisième et quatrième brigades qui gardaient le convoi. Cet ordre de marche fut observé jusqu'à Constantine. Les Arabes, à l'approche de nos colonnes, se retiraient après avoir incendié les meules de paille éparses dans les champs.

On arriva, le 5 à midi, sur les hauteurs de Sommah, après avoir écarté quelques tirailleurs ennemis ; la vue du camp d'Ahmed et de Constantine excitèrent les acclamations de l'armée, impatiente de venger l'échec de l'année précédente. Mais dans la nuit le temps changea ; le 6, vers trois heures du matin,

[1] 1ʳᵉ *brigade* : 2 bataillons du 17ᵉ léger ; 1 bataillon du 2ᵉ ; le 3ᵉ régiment de chasseurs d'Afrique ; 1 bataillon de zouaves ; 2 escadrons de spahis ; 2 pièces de campagne et 2 obusiers de montagne. — 2ᵉ *brigade* : le 23ᵉ de ligne ; 1 bataillon du 11ᵉ ; 1 bataillon turc auxiliaire ; un bataillon de spahis irréguliers ; 1 bataillon de tirailleurs d'Afrique ; 2 pièces de campagne et 2 obusiers. — 3ᵉ *brigade* : le 3ᵉ bataillon léger d'Afrique ; 1 bataillon de la légion étrangère ; 2 escadrons du 1ᵉʳ chasseurs ; 2 escadrons de spahis réguliers ; 4 pièces de montagne. — 4ᵉ *brigade* : le 47ᵉ de ligne ; 1 bataillon du 26ᵉ ; 2 pièces de campagne et 2 obusiers.

une forte pluie commença, et le général en chef dut se hâter de porter les troupes sur le plateau de Mansourah, où les deux premières brigades campèrent à neuf heures. Comme l'année précédente, d'immenses drapeaux rouges flottaient sur les mosquées et la Kasbah; les terrasses des maisons étaient chargées de femmes qui mêlaient des clameurs aiguës aux voix sonores et graves des défenseurs postés sur les remparts et sur la crête du ravin qui sépare la ville du Mansourah. Elle apparaissait plus menaçante que jamais, la forte cité qui avait compté nos morts dans ses champs et suspendu leurs têtes aux créneaux du palais de son bey! Le jeune et brillant duc de Nemours, qui devait bientôt donner le signal de l'assaut, frémit d'un saint orgueil en songeant que les yeux de l'Europe étaient fixés sur lui, et que l'histoire allait, dès sa seconde campagne, graver son nom sur les drapeaux de la patrie. On le vit parcourir avec le sang-froid d'un vieux guerrier, près du brave général Damrémont, le front de la place, hérissé de canons, dont les boulets venaient ricocher à leurs pieds.

L'armée se déploya sur le plateau; le 2ᵉ léger et les zouaves refoulèrent 400 hommes qui, sortant de la ville par la porte d'El-Kantara, s'étaient jetés dans le ravin pour inquiéter nos mouvements. Ben-Aïssa, lieutenant du bey, commandait la garnison, tandis qu'Ahmed tenait la plaine avec ses cavaliers.

Les généraux Valée et Fleury décidèrent après un rapide examen, confirmé par les rapports de la campagne de 1836, que le plateau de Koudiat-Aty, qui n'est séparé de la ville que par le mur d'enceinte, était le véritable point d'attaque; la batterie de brèche y fut placée. Trois autres batteries établies sur le Mansourah devaient battre de front et à revers celles de Constantine. Les deux dernières brigades laissèrent le convoi près des marabouts de Sidi-Mabroug, en arrière de la première division, et se portèrent sur le Koudiat-Aty. La cavalerie d'Ahmed était postée à peu de distance de leur passage, sur l'espèce de promontoire qui sépare le Rummel et le Bou-Merzoug. Le général Rulhières gagna le Koudiat-Aty avec la 3ᵉ brigade, sans recevoir un seul coup de fusil; et le général Fleury fit aussitôt travailler à la construction d'une ligne de retranchements en pierres sèches; mais, pendant ce mouvement, l'artillerie de Constantine avait ouvert le feu, et nous eûmes à regretter la perte du capitaine Rabin, aide de camp de M. Fleury, tué au passage du Rummel. Le temps, qui s'était éclairci dans la matinée, se couvrit, à deux heures, de sombres nuages; une pluie froide tomba jusqu'au soir, et les travaux de la tranchée, placés sous la direction du capitaine de Salles, ne purent commencer qu'assez tard.

Le général Valée fit placer la première batterie sur la gauche, et un peu au-dessous du plateau de Mansourah; elle devait battre le corps de place à 300 mètres; la seconde et la troisième, établies sur la crête, furent terminées les premières; on leur donna les noms de batteries *du Roi*, *d'Orléans* et *Mortier*. Le duc de Nemours, qui venait d'être nommé commandant des troupes du siége, visita les travaux le 7, au point du jour. Quelques heures après, deux sorties furent exécutées avec une grande vigueur par la garnison de Constantine; l'une, qui déboucha par la porte d'El-Kantara, fut repoussée par les zouaves et le 2ᵉ léger; l'autre, franchissant la porte qui s'ouvre devant Koudiat-Aty, recula devant la légion étrangère, le 3ᵉ bataillon d'Afrique et le 26ᵉ de ligne, dont une compagnie fut un moment compromise. La cavalerie arabe n'était pas restée inactive; mais, contenue par la fermeté du 47ᵉ de ligne, elle fut dispersée par les charges à fond des chasseurs d'Afrique; ces escarmouches prouvèrent aux défenseurs de Constantine que la fortune avait changé.

Le 8, après une nuit pénible que nos soldats, fatigués et presque sans abri, passèrent dans la boue, les pièces que l'on conduisait à la batterie *du Roi*, sur une pente défoncée, furent entraînées dans le ravin; il fallut se hâter d'établir sur la pointe méridionale du plateau une batterie provisoire, armée de 3 canons de 24 et de 2 obusiers, pendant qu'une corvée d'artillerie relevait les pièces versées. Cette batterie reçut le nom de *Damrémont*. Un épais brouillard, qui dura tout le jour, ne permit pas de commencer le feu. La nuit suivante fut affreuse, et les troupes, découragées par les souffrances de leur position, attendaient avec une cruelle impatience les effets du bombardement.

Cette opération décisive eut lieu le 9. A sept heures du matin, des cris de joie saluèrent la première décharge de toutes nos pièces; un tonnerre épouvantable roulait d'échos en échos, et la ville s'enveloppa d'un linceul de fumée, que déchiraient, à chaque instant, de rouges éclairs. Les zouaves, troupe excellente, et si bien commandée par M. de la Moricière, avaient dégagé du ravin de Mansourah les canons culbutés par les éboulements du sol; la batterie *du Roi*, rapidement armée, tirait comme les autres, et deux obusiers conduits au Koudiat-Aty par le commandant d'Armandy, battaient en brèche ce côté de l'enceinte. Malheureusement le feu de Mansourah ne produisait pas tous les résultats espérés; les abords de la place avaient souffert; l'artillerie de la Kasbah et des remparts ne grondait plus que de loin en loin; mais nos obus et nos fusées à la Congrève n'allumaient aucun incendie; Constantine offrait une résistance inerte, plus formidable qu'un combat soutenu. Le général en chef comprit alors que les batteries de Mansourah épuiseraient en pure perte nos munitions, dont il était temps d'être avare, et porta tous les moyens d'attaque sur le plateau de Koudiat-Aty. Dans la nuit du 9 au 10, le colonel Tournemine reçut l'ordre d'y amener 4 pièces des batteries *d'Orléans* et *Damrémont*, avec leur approvisionnement. Ce brave officier remplit sa mission à travers des terrains presque impraticables; la pluie tombait à flots, le sol devenait une grève mouvante, et il fallut atteler à chaque canon jusqu'à 40 chevaux pour les tirer successivement de ces difficultés.

Le 10, un pont de chevalets fut construit sur le Rummel, pour remplacer de simples passerelles que la crue des eaux avait emportées; la nuit suivante, on fit arriver de Mansourah le reste des pièces qui garnissaient les batteries *d'Orléans*, *Damrémont* et *Mortier*; celle dite *du Roi*, resta seule en permanence pour couvrir le pont d'El-Kantara. Quatre batteries nouvelles furent organisées au Koudiat-Aty; elles étaient commandées par les capitaines Cafford, Lecourtois, Coteau et le lieutenant Beaumont. Le 11, au point du jour, un beau soleil favorisait l'activité de nos derniers travaux. Des partis considérables sortirent successivement de la ville et s'éparpillèrent en tirailleurs dans tous les plis de terrain. M. Damrémont, qui les observait de Mansourah, pensa que les Constantinois se préparaient à une attaque générale, et envoya pour les balayer quelques compagnies de la légion étrangère, qui furent accueillies de pied ferme et par un feu si meurtrier, qu'elles eurent un moment d'hésitation; mais le gouverneur général, S. A. R. Mgr le duc de Nemours et les officiers de l'état-major arrivèrent au galop, et, ramenant au combat, par leur exemple, cette petite troupe indécise, mirent l'ennemi en pleine déroute sur tous les points. On employa les instants précieux qui suivirent cet avantage à établir, à 120 mètres de la place, une nouvelle batterie de brèche qui devait se relier à la ligne d'arrière, éloignée de 400 mètres, par une place d'armes retranchée où se réuniraient les troupes désignées pour l'assaut; cette fortification, favorisée par les plis naturels du sol, fut terminée dans la matinée du 11, sous la protection du 47° de ligne.

A 9 heures du matin, le gouverneur général et S. A. R. Mgr le duc de Nemours se rendirent à la batterie de brèche, et le feu commença de batterie en batterie; les artilleurs arabes furent bientôt détruits, mais le mur d'enceinte, formé de blocs énormes, n'était pas même ébranlé, lorsque enfin, à deux heures et demie, un obusier de la batterie Lecourtois, pointé par le commandant Maléchard, détermina le premier éboulement. Ce succès réveilla l'enthousiasme de l'armée; Constantine n'était plus invincible! Le général en chef profita de la soirée pour faire amener de nouvelles pièces à la batterie de brèche.

Le 11, les Arabes tentèrent une sortie par la porte d'El-Kantara, et furent écrasés par la batterie *du Roi* et l'infanterie du général Trézel. La nuit suivante, vers deux heures, les assiégés dirigèrent du côté de la batterie de brèche une fusillade qui ralentit les travaux sans les faire abandonner; mais, réduits à la mousqueterie, nos braves adversaires annonçaient qu'il faudrait encore payer chèrement leur défaite.

Le 12, les troupes électrisées demandaient à grands cris l'assaut; cependant, peu désireux des sanglants lauriers qu'on ramasse dans le pillage et le massacre d'une cité, le brave Damrémont voulut tenter les voies d'une capitulation qui ne rendrait pas sa gloire moins éclatante. Il choisit pour parlementaire un soldat turc, et le chargea d'une proclamation en langue arabe, adressée aux habitants. Introduit dans la place au moyen de cordes que les assiégés lui tendirent par-dessus les remparts, notre envoyé revint, le 13 au matin, avec une réponse verbale : « Les défenseurs de Constantine avaient encore du blé et de la poudre; ils en offraient aux Français, qui n'entreraient dans la ville que sur le cadavre du dernier Arabe. » — « Ce sont des gens de cœur! s'écria le général en chef; Eh bien, il ne nous reste plus qu'à les vaincre! » Cette nouvelle fut bientôt répandue parmi les soldats, et M. Damrémont, salué par leurs acclamations, ne songea plus qu'à contenir dans les bornes de l'honneur les résultats d'un assaut dont le succès n'était pas douteux. Avant de prendre ses dernières dispositions, il voulut étudier de plus près l'état de la brèche, et se porta en avant des batteries avec S. A. R. Mgr le duc de Nemours et son état-major. Parvenu sur un point découvert, il mit pied à terre et fit quelques pas en avant; le général Rulhières lui représenta vivement le péril auquel il s'exposait : — « C'est égal, » dit tranquillement M. Damrémont. Ce fut son dernier mot : un éclair brilla sur les remparts, et le dernier boulet parti de Constantine foudroya cette noble existence! Il tomba sans pousser un cri; le général Perrégaux s'élançait pour le relever : une balle le blessa mortellement au visage; et de ces deux hommes, qu'une étroite amitié unissait l'un à l'autre, le second, son chef d'état-major, lui porta là-haut, quelques jours plus tard, les regrets de la France et les consolations du triomphe [1].

Sans la présence du prince, la porte du gouverneur général eût peut-être été le signal d'une perturbation de tous les esprits. L'armée inquiète tournait ses regards vers lui; mais, par un sentiment d'admirable modestie, S. A. R. Mgr le duc de Nemours s'empressa de signaler M. le général Valée comme le plus ancien de grade, et lui déféra le commandement.

Les restes du brave Damrémont, couverts d'un manteau, sont transportés avec respect derrière nos lignes; on laisse auprès une garde d'honneur, et le nouveau général en chef ordonne le feu pour le venger. Dès les premières salves, nos boulets emportent des sacs de laine, et font voler en éclats des affûts et des bâts, que les habitants avaient amoncelés pendant la nuit précédente sur les déchirements de la brèche. Vers le soir, une large trouée pantelait à nos regards, et l'assaut fut résolu pour le lendemain. Trois colonnes d'attaque furent organisées sur-le-champ. La première, commandée par l'intrépide la Moricière, comptait 300 zouaves, deux compagnies d'élite du 2ᵉ léger, et 40 sapeurs du génie. La seconde réunissait sous les ordres du colonel Combes 300 hommes du 47ᵉ de ligne, 100 du 3ᵉ bataillon léger d'Afrique, 100 de la légion étrangère, 80 sapeurs du génie et la compagnie franche du 2ᵉ bataillon d'Afrique. La dernière colonne, formée de deux bataillons composés de détachements choisis dans les quatre brigades, devait marcher avec le colonel Corbin. En attendant le signal de l'assaut, vers trois heures et demie du matin, les capitaines Garderens, des zouaves, et Boutault, du génie, furent chargés d'aller reconnaître la brèche. Ces deux officiers remplirent avec dévouement cette dangereuse mission, et revinrent annoncer que le passage était libre.

Cette dernière nuit s'écoula dans un silence solennel, interrompu seulement de temps à autre par quelques coups de canon tirés des batteries, à intervalles inégaux, pour empêcher les assiégés de travailler à la réparation du rempart. L'armée, après tant de fatigues, était décidée à emporter la ville ou à s'ensevelir sous ses ruines. Le prince, commandant en chef les troupes de siège, avait veillé à tous les préparatifs avec la haute intelligence qui le distingue; sa présence ajoutait à l'enthousiasme des soldats, et la confiance régnait partout: c'était le gage d'un glorieux succès.

Bien des récits ont été faits sur la prise de Constantine; dans l'intérêt de l'histoire, nous allons reproduire le plus dramatique et le plus exact, tracé par M. le capitaine d'état-major de La Tour-du-Pin.

[1] Né à Chaumont en 1783, élève de l'école militaire de Fontainebleau en 1803, Denis de Damrémont entra comme sous-lieutenant au 12ᵉ chasseurs à cheval, en 1804. Colonel en 1813, il servit la Restauration après la chute de l'Empire, commanda la légion de la Côte-d'Or, et fut nommé maréchal de camps en 1821. Il fit, en 1823, la campagne d'Espagne, et celle d'Alger en 1830. Promu, le 10 décembre de la même année, au grade de lieutenant général, il fut appelé au commandement de la 8ᵉ division militaire à Marseille. Homme instruit, éclairé, bienveillant, il comprenait les véritables intérêts de la France en Afrique; et après avoir vengé l'échec de Constantine, il comptait s'adonner à un système de pacification et d'équitables rapports avec les indigènes, qui devait porter d'heureux fruits. Sa perte fut cruellement sentie, car elle brisait bien des espérances. Un deuil public honora ses restes glorieux, qui furent transportés à Paris, et déposés dans les caveaux des Invalides.

Le général Perrégaux, ramené à Bone, et embarqué pour la France, mourut pendant la traversée, et fut enseveli en Sardaigne.

sur la toiture d'une maison dont nous occupions le pied, il dispose au-dessus des combats de terre ferme comme une couche supérieure de combats aériens. Le capitaine Sanzai, arrivant pour remplacer le colonel dans cette organisation, reçoit une balle mortelle. Après avoir sondé plusieurs couloirs qui paraissent des amorces de rues, mais qui n'aboutissent point, on finit par en rencontrer un qui, s'élargissant au bout de quelques pas, présente des caractères d'importance et de destination ultérieure. Des deux côtés sont pratiqués de ces enfoncements carrés qui, dans les villes d'Afrique et d'Orient, servent de boutiques; la plupart sont à moitié fermés par des planches et des espèces de volets. On pénètre dans ce passage, et à peine quelques soldats y sont-ils engagés, qu'une double décharge, partant de ces niches de droite et de gauche, avertit qu'elles servent de lieux d'embuscade à l'ennemi. Mais celui-ci, qui avait cru arrêter par sa fusillade la marche des assaillants, les voyant arriver droit sur lui la baïonnette en avant, et n'ayant plus d'autre défense que son yathagan, se précipite hors de ces trous sans issue, qui, au lieu d'être des abris pour lui, devenaient des piéges. Plusieurs de ces fuyards sont tués; d'autres échappent et disparaissent comme s'ils eussent pu s'enfoncer en terre ou percer les murs. On avance, et après avoir fait quelques pas, on se trouve en face d'une porte; une arche de maçonnerie traversait la ruelle, et de solides battants en bois ferré en fermaient le passage. Rien n'avait fait soupçonner l'existence de cet obstacle, dont on s'explique difficilement le but; il paraît qu'une ligne continue de maisons, régnant le long et en dedans de la muraille, était considérée comme une seconde enceinte qui, par cette porte, se mettait en rapport avec le rempart ou s'en isolait. En frappant à coups de hache et de crosse de fusil les battants, on reconnaît qu'ils ne sont pas fixés par des fermetures permanentes, et que, maintenus seulement par des étais mobiles, ils étaient destinés à donner facilement passage aux défenseurs, soit pour la retraite, soit pour un mouvement offensif. Cependant, comme on craint l'impuissance des moyens qu'on a d'abord employés pour forcer ce passage, on fait approcher des sacs de poudre, dont plusieurs soldats du génie avaient été chargés pour de semblables circonstances; mais avant d'être forcé de recourir à cette ressource extrême, on parvient à entr'ouvrir un des battants. Les Arabes, réunis à flots pressés dans la rue, en arrière de la porte, guettaient ce moment et tenaient leurs armes prêtes; dès qu'ils voient jour à tirer, ils font une décharge générale, et font pleuvoir les balles dans notre colonne. Le capitaine du génie Leblanc a la cuisse fracassée d'un coup de feu qui fut mortel, et plusieurs sont atteints. Alors le capitaine Desmoyen, des zouaves, se précipite sur le battant pour le refermer, et pendant qu'il fait effort sur cette masse, il est frappé dans la gorge d'une balle qui le jette blessé mortellement, mais respirant encore, sous le coup d'autres périls plus terribles, au milieu desquels il succomba bientôt.

« A quelques pas en arrière de cette scène, s'en passait une autre, marquée d'un caractère plus lugubre. Un petit bâtiment en saillie, dont le pied avait été miné par les boulets, ressortait un étroit passage tout engorgé d'une foule de soldats. Soit par l'effet de l'ébranlement qu'occasionnaient les mouvements tumultueux et irréguliers de la troupe, soit par suite d'une machination de l'ennemi et d'une pression qu'il aurait volontairement exercée par derrière, sur ce pan de maçonnerie, toute une face du mur ruiné s'écroula. Cette calamité frappa surtout les troupes du 2ᵉ léger; plusieurs hommes furent blessés ou entièrement ensevelis. Le chef de bataillon Sérigny, pris sous les décombres jusqu'à la poitrine, vécut encore quelques instants dans une agonie désespérée, implorant à cris étouffés des secours qu'on n'eut pas le temps de lui donner, s'épuisant douloureusement en efforts impuissants pour remuer la masse sous laquelle il périssait, et sentant tout ce qui restait d'entier dans son corps se briser peu à peu.

« A peine cet accident venait-il de s'accomplir, qu'un autre encore plus terrible éclata. Le feu des tirailleurs placés sur les toits, et peut-être la crainte d'une attaque à l'arme blanche, avaient dissipé la multitude d'ennemis ramassés d'abord dans la rue, en arrière de la porte. On put bientôt songer à dépasser cet obstacle et à s'avancer dans la direction centrale ; et déjà, pour éclairer et assurer les voies, le colonel de la Morcière venait de lancer en avant un peloton du 2ᵉ bataillon d'Afrique. Tout à coup ceux qui étaient sur le théâtre de ces événements sentent comme tout leur être s'écrouler. Ils sont étreints et frappés si rudement dans tous leurs sens à la fois, qu'ils n'ont pas conscience de ce qu'ils éprouvent; la vie, un instant, est comme anéantie en eux. Quand ils ressaisissent quelque connaissance, il leur semble qu'ils enfoncent dans un abîme; la nuit s'est faite autour d'eux, l'air leur manque, leurs membres ne sont pas libres, et quelque chose d'épais, de solide et de brûlant les enveloppe et les serre. Beaucoup ne sortent de ce premier étourdissement qu'avec des douleurs aiguës; le feu dévore leurs chairs; le feu, attaché à leurs habits, les suit et les ronge; s'ils veulent faire un effort avec leurs mains, ils trouvent leurs mains brûlées; si, reconnaissant que le jour renait autour d'eux, ils cherchent à distinguer où ils sont et ce qui les environne, ils s'aperçoivent que leurs yeux ne voient plus ou ne voient qu'à travers un nuage. Plusieurs ne font que passer des angoisses de la première secousse à celles de l'agonie. Quelques-uns, dépouillés de leurs vêtements, dépouillés presque entièrement de leur peau, sont pareils à des écorchés; d'autres sont dans le délire; tous s'agitent au hasard et avec des clameurs inarticulées. Cependant, les premiers mots qui se font entendre distinctement sont ceux : « En avant ! à la baïonnette ! » prononcés d'abord par les plus valides, répétés ensuite, comme d'instinct, par ceux même qui n'en comprennent plus le sens. Une explosion venait d'avoir lieu. Le premier et principal centre de cette explosion paraît avoir été auprès de la porte; mais, à en juger par l'étendue du terrain bouleversé et par le nombre d'accidents semblables qui se reproduisirent autour de différents points assez distants les uns des autres, on peut croire qu'il s'alluma dans une succession rapide de plusieurs foyers. Probablement les assiégés avaient, auprès du lieu où se trouvait la tête de notre colonne, un magasin à poudre, auquel le feu prit par hasard, plutôt qu'en exécution d'un dessein de l'ennemi. Lorsque l'air fut en conflagration, les sacs à poudre que portaient sur leur dos plusieurs soldats du génie, durent s'enflammer et multiplier les explosions. Les cartouchières des soldats devinrent aussi, sur une foule de points, des centres ignés dont les irradiations, se croisant et se heurtant dans tous les sens, remplirent de feu et de scènes horribles tout ce grand cercle de calamités. Sous tant de chocs, sous l'action de tant de forces divergentes, le sol avait été remué et s'était creusé; la terre en avait été arrachée et s'était élevée en tourbillons dans l'air; des pans de murs s'étaient renversés; l'atmosphère s'était comme solidifiée; on ne respirait que du sable et une poussière de débris; le feu semblait pénétrer par la bouche, par les narines, par les yeux, par tous les pores. Il y eut quelques moments de confusion; on ne savait où était le péril; en voulant le fuir, ceux qui étaient hors de sa sphère d'action venaient s'y jeter, et d'autres qui auraient pu y échapper s'en laissaient atteindre, croyant que tout le terrain était miné, que toute muraille allait s'abîmer sur eux, et que se mouvoir c'était se jeter au devant de la mort. Les assiégés, qu'on venait d'écarter des lieux les plus voisins du cratère de cette éruption, eurent moins à en souffrir, et profitant du trouble dans lequel les assaillants étaient restés sous le coup de cette catastrophe, ils revinrent dans la rue qu'ils avaient naguère abandonnée, lâchèrent plusieurs bordées de tromblons et d'autres armes à feu sur les groupes à demi brûlés et à demi terrassés par l'explosion, qui étaient entassés autour de la porte; et, après avoir ainsi achevé de briser ce qui était encore assez entier, assez consistant pour se défendre, ils s'approchèrent et hachèrent à coups de yataghan tout ce qui respirait encore, et jusqu'aux cadavres.

« Cependant, une fois le premier instant d'étonnement passé, et dès que le voile épais de fumée et de poussière qui dérobait le jour se fut un peu abaissé, ceux qui étaient en état de se soutenir et de se servir de leurs armes, quoique bien peu d'entre eux fussent intacts, se portèrent d'eux-mêmes aux postes qu'il était le plus important d'occuper. La seconde colonne d'assaut fut envoyée pour appuyer la première, dès que celle-ci, s'étant creusé un sillon dans la ville, se fut écoulée, laissant la brèche libre et dégagée. Le colonel Combes arrivait avec les compagnies du 47° et de la légion étrangère, presque au moment où ce sinistre venait d'avoir lieu; il prit le commandement que le colonel de la Moricière, horriblement brûlé et privé de la vue dans l'explosion [1], avait, depuis quelques instants, cessé d'exercer; et après avoir reconnu l'état des choses et disposé une partie de ses hommes de manière à assurer la conservation de ce qui était acquis, il songea à agrandir le rayon d'occupation. Les ennemis, revenus de leur premier élan d'audace, à mesure que nous avions secoué la poussière des décombres, s'étaient retirés un peu en arrière, mais sans sortir de la rue par laquelle nous voulions nous ouvrir un passage. Ils étaient embusqués presque en face de la porte, derrière un amas de débris et de cadavres qui formaient une espèce de barricade; de là ils faisaient un feu meurtrier, et il devenait nécessaire de les expulser au plus tôt de cette position par un coup de vigueur. Le colonel Combes ordonne à une compagnie de son régiment d'enlever cette barrière, en promettant la croix au premier qui la franchira. La compagnie se pré-

---

[1] Par un bonheur inespéré, cet officier d'un si haut mérite fut guéri de ses cruelles blessures. Depuis que ses glorieux faits d'armes l'ont élevé au grade de lieutenant général, il a prouvé plus d'une fois que le commandement de l'armée d'Afrique ne pourrait être confié à un homme plus éclairé, plus brave et plus ami de nos institutions. Si, comme le réclament les intérêts de notre conquête, une vice-royauté venait enfin donner à nos établissements d'Algérie des gages de puissance, de paix et de sécurité, nous croyons que la dignité de maréchal de France serait, pour M. de la Moricière, une juste rémunération des services qu'il ne cesse de rendre, et que le prince choisi pour gouverner l'Afrique ne pourrait donner sa confiance à un lieutenant plus capable et plus dévoué.

cipite contre le retranchement, et déjà le lieutenant s'élançait par-dessus, lorsqu'il tombe sous une décharge générale des ennemis. Cependant cet officier n'était pas atteint; ayant trébuché contre un obstacle, il avait plongé au-dessous de la direction des balles, et ceux qui étaient un peu en arrière essuyèrent le feu; le capitaine fut frappé mortellement, et plusieurs soldats furent tués ou blessés. Ce fut à peu près en ce moment que le colonel Combes, qui veillait sur l'opération, fut atteint, coup sur coup, de deux balles, dont l'une avait frappé en plein dans la poitrine. Après s'être assuré de la réussite complète du mouvement qu'il avait ordonné, il se retira lentement du champ de bataille, et seul, calme et froid, il regagna la batterie de brèche, rendit compte au général en chef de la situation des affaires dans la ville, et ajouta quelques simples paroles indiquant qu'il se sentait blessé à mort. A le voir si ferme dans sa démarche, si naturel dans son attitude et ses paroles, on n'aurait jamais supposé que ce fût là un homme quittant un lieu de carnage pour aller mourir. Il y avait dans cette scène quelque chose de la gravité, de la fierté sereine, de la beauté austère des trépas antiques, moins la solennité théâtrale [1].

« A mesure que, de la batterie de brèche, on observait que la colonne des troupes déjà entrées dans la ville diminuait de longueur et disparaissait des lieux qui étaient en vue, on envoyait des troupes nouvelles, par fractions peu considérables, afin qu'elles pussent remplir les vides qui se formaient, et fournir aux exigences successives de la position, mais sans gêner les mouvements ni encombrer le théâtre de l'action. La troisième colonne, sous les ordres du colonel Corbin, était déjà tout entière dans la place, et cependant le cercle des opérations n'avait encore acquis qu'une extension médiocre. La disparition des deux chefs, les colonels de la Moricière et Combes, qui, les premiers, avaient conduit le mouvement, avait laissé le commandement flottant et incertain. Les soldats, ne voyant aucun but qui leur fût désigné, aucune direction qui leur fût positivement indiquée, toujours audacieux à travers le péril, mais irrésolus sur la manière de l'attaquer et de le faire reculer, s'exposaient beaucoup et avançaient peu, et perdaient du temps à se faire tuer. A gauche de la rue dont on faisait la grande ligne d'attaque, débouchait une rue transversale par laquelle arrivait, sur le flanc gauche des assaillants, un feu terrible. On s'opiniâtra longtemps à opposer sur ce point les coups de fusil aux coups de fusil; mais, dans cette lutte, on ne pouvait parvenir à prendre le dessus sur un ennemi qui ne tirait qu'abrité par les murs des maisons ou par des saillies de bâtiments. Cependant la position sur laquelle il paraissait posé si solidement était minée sourdement, et allait manquer sous lui. Une compagnie de zouaves, appuyée de sapeurs du génie, avait abandonné la guerre des rues, qui est périlleuse et infructueuse pour l'assaillant, et avait commencé à faire la guerre de maisons, où les avantages sont à peu près égaux pour les deux partis. Une autre compagnie du même corps, se jetant absolument à gauche tout en débouchant

---

[1] « Il eut encore la force de s'assurer du succès, et celle de venir en rendre compte à Mgr le duc de Nemours, commandant des troupes du siège. Il le fit avec un calme parfait, et termina par ces mots : « Ceux qui ne sont pas blessés mortellement jouiront de ce beau succès. » Ce fut seulement alors qu'on s'aperçut qu'une balle lui avait traversé la poitrine; le surlendemain il n'était plus. Ceux qui ont vu Combes dans ce moment suprême ne parlent encore qu'avec un douloureux et religieux enthousiasme de son stoïque trépas. » (*Annales algériennes*, par E. Pellissier, capitaine au corps royal d'État-major, t. III, p. 265.)

de la brèche, avait poussé une attaque entièrement symétrique à celle qui avait été, dès le commencement, dirigée contre les batteries de la droite. Elle avait aussi trouvé des canonniers turcs, qui s'étaient défendus jusqu'à la mort, dans une batterie casematée. De là elle avait cheminé lentement, péniblement, et souvent comme à l'aveugle, par des ruelles, des cours de maisons, des communications secrètes; fréquemment le fil de la direction se perdait, et pour le retrouver il fallait percer les murs et briser des portes à coups de hache et de crosse de fusil, conquérir le passage sur des obstacles de nature inerte. Mais une fois que l'on eut effrayé la défense de ce côté en lui faisant si chèrement expier ses efforts à la batterie, elle ne se montra plus, sur cette route, que timide et incertaine, soit que les ennemis craignissent, en s'attardant sur la circonférence, de se trouver serrés entre les différentes lignes de Français qui se ramifiaient dans la ville, — soit que les plus résolus et les plus vaillants s'étant concentrés vers le cœur, il ne fût plus resté aux extrémités que les parties de la population les moins chaleureuses, les moins vives et les moins consistantes.

« En s'avançant ainsi sans trop s'écarter du rempart, les zouaves gagnaient, sans la connaissance des lieux et sous la seule influence de leur heureuse inspiration, la rue qui conduit à la Kasbah, une des grandes voies de communication de la ville, celle qui passe par tous les points culminants de la position, la vraie route stratégique au travers de ce pays ennemi. S'il leur avait été donné quelques instants de plus, avant que les habitants cessassent les hostilités, ils allaient prendre à revers les assiégés dans tous les postes où ceux-ci tenaient tête à notre attaque centrale, et, les menaçant de leur couper la retraite, ils jetaient parmi eux l'épouvante, et leur ôtaient toute force pour résister plus longtemps.

« Enfin, une troisième compagnie de zouaves, prenant une direction intermédiaire entre le rempart et la rue centrale, pénétrait de maison en maison et contribuait à éteindre ou à éloigner le feu de l'ennemi sur la gauche de la grande attaque. Elle arriva ainsi à un vaste magasin à grains, où elle rencontra une résistance assez vive. L'opiniâtreté avec laquelle ce bâtiment était défendu fit supposer qu'il y avait près de là quelque centre d'action. En effet, après être entré de vive force dans ce poste, en passant sur le corps de plusieurs Turcs et Kobaïles qui se firent tuer, on parvint, par des passages intérieurs et des escaliers de communication, à la porte d'une maison d'où s'échappait un bruit de voix et de pas annonçant qu'elle était fortement occupée; et une saisissante odeur de parfums indiquait que c'était là, sans doute, l'habitation d'un personnage opulent et distingué. On ouvrit la porte, et avant qu'on eût eu le temps de reconnaître que toutes les galeries de l'étage supérieur étaient garnies de canons de fusil braqués sur l'entrée, il se fit une grande décharge de toutes ces armes. Le capitaine de la compagnie était en tête de la colonne, entre un sous-officier et un soldat; ceux-ci furent, l'un tué et l'autre blessé, le capitaine seul ne fut pas atteint. Il referma la porte et la fit percer de trous, dont on se servit comme de créneaux pour tirer sur les défenseurs de la cour intérieure. Lorsqu'on remarqua que leurs rangs étaient éclaircis, et leur résolution ébranlée par les balles, on fit irruption dans la maison. La plupart des ennemis s'échappaient; quelques-uns seulement se battirent jusqu'au dernier moment, et périrent les armes à la main. Ceux-ci paraissaient être des serviteurs de la maison, et ils étaient chargés d'or, qu'ils venaient de puiser, sans doute, au trésor du propriétaire. Une femme même, une négresse dévouée à ses maîtres, gisait parmi les cadavres, tuée d'un coup de feu, et encore armée d'un yathagan et d'un pistolet. On trouva dans un coin des appartements un petit coffre plein d'or, que probablement on venait de tirer de sa cachette, et qu'on se disposait à emporter sous bonne escorte, lorsqu'on avait été surpris par l'attaque. Cette habitation était celle de Ben-Aïssa, le lieutenant du bey Ahmed. Lorsque les vainqueurs l'eurent fouillée et reconnue, ils s'aperçurent qu'elle longeait, par une de ses faces, une rue pleine de combattants indigènes. C'était cette rue même d'où partait le feu si bien nourri qui, arrivant sur la grande ligne d'opération, y arrêtait la colonne des assaillants. Comme le foyer de cette fusillade était en arrière de la maison dont les zouaves venaient de s'emparer, ceux-ci pratiquèrent une ouverture dans le mur de l'étage supérieur du côté de la rue, et jetant par là les meubles, les coussins, les tapis, les cadavres qui se trouvaient dans les appartements, ils formèrent par cet amoncellement, entre les tirailleurs ennemis et la tête de notre colonne principale, une espèce de barrière par laquelle fut intercepté ce feu si incommode. Notre mouvement central put donc reprendre son cours. Comme à peu de distance au delà du point où le temps d'arrêt avait été marqué se trouvait une intersection de plusieurs rues divergentes, il allait devenir possible de faire rayonner plus librement nos forces dans différentes directions, de manière à couper et recouper les lignes de l'ennemi, et d'étendre et de nouer le réseau d'opérations sous lequel la défense tout entière devait être serrée et étouffée. Ce fut sans doute l'imminence de ce résultat qui amena bientôt les habitants à cesser les hostilités.

« Cependant, le général en chef, voulant donner à l'attaque plus d'unité, ordonna au général Rulhières d'aller prendre le commandement des troupes qui se trouvaient dans la place. Lorsque ce général fut entré dans la ville, il reconnut que la distance à laquelle les ennemis s'étaient maintenus était encore d'un rayon bien court, puisque leurs balles arrivaient à quelques pas de l'endroit où l'explosion avait eu lieu. Après s'être assuré que l'on pouvait déjà décrire un grand circuit par la droite, mais que ce moyen de tourner l'ennemi serait lent et peu efficace, parce que toute cette partie de la ville avait été presque abandonnée par les habitants armés, il se porta en avant pour dépasser la première rue de gauche, dont le feu avait jusque-là marqué la limite du mouvement central. Son intention était de se rabattre ensuite vers la gauche, pour gagner la zone la plus élevée de la ville, et prendre ainsi les défenseurs dans un demi-cercle d'attaque; mais il n'eut pas le temps d'exécuter son projet. Il arrivait à la hauteur des tirailleurs les plus avancés, lorsqu'il vit venir vers lui un Mauro ayant à la main une feuille de papier écrite : c'était un homme que députait le pouvoir municipal de la ville, pour demander que l'on arrêtât les hostilités. Le général fit cesser le feu, et conduire l'envoyé au général en chef. Celui-ci, après avoir pris connaissance de la lettre par laquelle les grands de la cité, rejetant la responsabilité de la défense sur les Kebaïles et les étrangers soldés, suppliaient que l'on acceptât leur soumission, donna une réponse favorable, et fit prévenir le général Rulhières de prendre possession de la ville. Ce général se dirigea aussitôt vers la Kasbah, afin d'occuper ce poste important s'il était libre, ou de s'en emparer par la force, si quelques Turcs ou Kebaïles de la garnison avaient songé à s'y renfermer et à s'y défendre comme dans une citadelle, malgré la reddition des habitants. En entrant dans cette enceinte, on la crut d'abord déserte, mais en avançant au travers des constructions dont elle était encombrée, vers le bord des précipices qui l'entourent du côté extérieur, on aperçut les derniers défenseurs, ceux qui ne voulaient point accepter le bénéfice de l'aveu de leur défaite, s'enfonçant dans les ravins à pic, la seule voie qui s'ouvrît désormais à leur retraite. Quelques-uns, avant de disparaître dans ces profondeurs, se retournaient encore pour décharger leurs fusils sur les premiers Français qui se montraient à portée. — Quand on fut tout à fait au-dessus de ces abîmes, en y plongeant le regard on découvrit un affreux spectacle. Un talus extrêmement rapide retombe du terre-plein de la Kasbah sur une muraille de rochers verticaux, dont la base pose sur un massif de pierres aiguës et tranchantes. Au pied de cette muraille, sur ce sol de granit, gisaient brisés et sanglants, des corps d'hommes, de femmes et d'enfants. Ils étaient entassés les uns sur les autres, et à leurs teintes sombres et livides, à la manière dont ils étaient jetés par masses flasques et informes, on pouvait les prendre d'abord pour des amas de haillons. Mais quelques mouvements qui trahissaient encore la vie vinrent bientôt révéler l'horrible vérité. On finit par distinguer des bras, des jambes qui s'agitaient, et des agonisants qui frémissaient dans leurs dernières convulsions. Des cordes rompues, attachées aux pitons supérieurs des rochers, où on les voyait encore pendantes, expliquèrent cette effrayante énigme : réveillée de la sécurité dans laquelle elle avait dormi jusqu'au dernier moment pour tomber dans les angoisses de l'épouvante, la population s'était précipitée vers les parties de la ville qui étaient à l'abri de nos coups, afin de s'y frayer un chemin vers la campagne. Ces malheureux, dans leur vertige, n'avaient pas compté sur un ennemi plus cruel et plus inexorable que ne pouvaient l'être les Français vainqueurs : sur la fatalité de ces lieux infranchissables. Quelques sentiers, tracés par les chèvres et par les pâtres kebaïles, existent bien dans différentes directions ; mais la foule s'était lancée au hasard à travers ces pentes, sur lesquelles on ne peut plus s'arrêter : les premiers flots arrivant au bord de la cataracte, poussés par ceux qui suivaient, et ne pouvant les faire refluer ni les contenir, roulèrent dans l'abîme, et il se forma une effrayante cascade humaine. Quand la presse eut été diminuée par la mort, ceux des fuyards qui avaient échappé à ce premier danger crurent trouver un moyen de continuer leur route périlleuse en se laissant glisser le long de cordes fixées aux rochers ; mais, soit inhabileté ou précipitation à exécuter cette manœuvre, soit que les cordes se rompissent, les mêmes résultats se reproduisirent par d'autres causes, et il y eut encore une longue série de chutes mortelles.

«Après avoir mis un poste à la Kasbah, le général Rulhières se rendit chez le cheïkh de la ville, afin de s'assurer du concours des principaux habitants pour le maintien de l'ordre, et de se faire indiquer les grands établissements publics et les magasins appartenant à l'État. Il parcourut ensuite les rues, rassemblant en troupes les soldats qui commençaient à se répandre sans ordre de tous côtés, et posant des corps de garde à tous les points importants. On était maître de

Constantine, et deux ou trois heures après le moment auquel la soumission avait été faite, le général en chef et S. A. R. Mgr le duc de Nemours entrèrent dans la ville et allèrent occuper le palais du bey Ahmed. — Ce fut un étrange et hideux spectacle que celui de la brèche pour ceux qui, arrivant du dehors, tombaient sans préparation devant ce tableau. C'était comme une scène d'enfer, avec des traits tellement saisissants, que, sous cette impression, l'esprit, dans son ébranlement, se persuadait quelquefois qu'il créait lorsqu'il ne faisait qu'apercevoir ; car il y a des horreurs si en dehors de toutes les données de l'expérience, qu'il est plus facile de les regarder comme des monstruosités enfantées par l'imagination que comme des objets offerts par la réalité. A mesure que, montant par la brèche, on approchait du sommet, il semblait qu'une atmosphère chaude, épaisse, plombée, s'abaissait peu à peu et remplissait entièrement l'espace. Arrivé sur le rempart, on ne respirait plus l'air des vivants ; c'était une vapeur suffocante, pareille à celle qui s'échapperait de tombeaux ouverts, comme une poussière d'ossements brûlés. En avançant encore, on apercevait des têtes et des bras sortant de dessous un monceau de terre et de décombres, là où quelques-uns avaient péri sous les ruines d'une maison écroulée ; plus loin, on trouvait un chaos de corps entassés les uns sur les autres, brûlés, noircis, mutilés, d'Arabes et de Français, de morts et d'agonisants. Il y avait des blessés qui étaient encore engagés sous des cadavres, ou à demi enfoncés dans les excavations que l'explosion avait ouvertes sous leurs pas. On en voyait dont la couleur naturelle avait entièrement disparu sous la teinte que leur avaient imprimée le feu et la poudre ; d'autres, que leurs vêtements entièrement consumés avaient laissés à nu. De plusieurs il ne restait que quelque chose qui n'a pas de nom, un je ne sais quoi noir, affaissé, racorni, presque réduit en charbon, avec une surface en lambeaux, et à laquelle le sang arrivait par tous les pores, mais sans pouvoir couler ; et de ces petites masses informes sortaient des cris, des gémissements, des sons lamentables, des souffles qui glaçaient d'effroi. Ce que les oreilles entendaient, ce que les yeux voyaient, ce que les narines respiraient, ne peut se rendre dans aucun langage.

« Pendant que l'assaut se livrait, et même avant qu'il commençât, et dès les premières clartés du matin, un mouvement extraordinaire d'émigration s'était manifesté autour de la place. De Koudiat-Aty on voyait la foule inonder les talus suspendus entre la ville et les précipices, et bouillonner dans cet espace, soumise à des flux et reflux qu'occasionnaient sans doute les difficultés et les désastres de la fuite. Le rebord de la profonde vallée du Rummel dérobait la scène qui se passait au-dessous de la crête des rochers verticaux ; on perdait de vue le cours des fluctuations de toute cette multitude, mais on le retrouvait plus loin, lorsqu'il sortait du ravin pour se ramifier en mille directions, le long des pentes que couronnait le camp d'Ahmed-Bey. C'est vers ce centre que convergeaient toutes les longues files d'hommes armés et désarmés, de vieillards, de femmes et d'enfants, et tous les groupes qui, entre les principales lignes de communications, fourmillaient à travers champs. Deux pièces de montagnes, amenées sur la lisière supérieure du front de Koudiat-Aty, lancèrent des obus au milieu de cette nappe mouvante de têtes et de bernous, qui recouvrait les abords de la ville les plus rapprochés de notre position. Les frémissements qui suivaient la chute de chaque projectile indiquaient quels cruels effets ils avaient produits ; mais à mesure que les progrès de l'assaut se développaient, les coups de nos pièces se ralentirent, comme si, le succès une fois assuré, on eût craint d'écraser un ennemi vaincu [1].

« Dès qu'on eut reconnu les principaux édifices de Constantine, on en choisit un pour y établir l'ambulance ; aussitôt après la cessation des hostilités, les blessés avaient été ramassés partout où ils étaient tombés, arrachés de dessous les morts et les décombres, et déposés à une porte de la ville. Dès que leur nouvel asile fut déblayé et garni de matelas que les habitations voisines fournissaient en abondance, ils y furent transportés. En même temps on avait placé des postes dans tous les magasins de l'État, de peur que le gaspillage et le désordre ne s'attachassent, comme un ver rongeur, à ces dépôts dont dépendaient, sous beaucoup de rapports, les déterminations à prendre sur le sort de notre conquête. Une partie des troupes fut introduite dans la ville, tandis que le reste continua à occuper les anciennes positions. Les soldats logés dans l'intérieur et ceux du dehors, lorsqu'ils pénétraient, par les faux-fuyants et les sentiers escarpés, dans la Capoue qui leur était interdite, parcouraient avec une étonnante verve d'activité toutes les habitations restées ouvertes, et dont la plupart étaient abandonnées, enlevant les couvertures, les tapis, les matelas et les objets d'habillement qui leur tombaient sous la main. Beaucoup d'officiers déployèrent à cette occasion un grand luxe de sainte indignation et d'austère stoïcisme, gourmandant, avec un emportement plus fondé en motifs généraux qu'en raisons actuelles, de pauvres soldats qui, après de rudes privations, voyaient à leur portée des éléments de bien-être et croyaient pouvoir en profiter. Ceux-ci, en effet, se croyaient absolument dans leur droit lorsqu'ils travaillaient à se pourvoir, contre les intempéries de la saison et les incommodités du bivouac, aux dépens du luxe d'un ennemi qui était tombé d'épuisement plutôt qu'il ne s'était rendu pour éviter aux deux partis les calamités extrêmes, et qui n'avait tendu le rameau de paix à ses adversaires que tout baigné de leur sang. Dès le matin du troisième jour de l'occupation, l'ordre était rétabli. Les soldats casernés dans les rues qui avaient été régulièrement assignées aux divers corps s'occupaient à nettoyer leurs armes et leurs vêtements, comme dans les cours des quartiers d'Europe. La population, d'abord fort appauvrie en nombre par la fuite des cinq à six mille individus que la crainte de nos armes avait successivement détachés de son sein, se reformait déjà, et s'arrondissait par les rentrées quotidiennes de nombreuses familles. On voyait les habitants, dans certaines rues qui leur avaient été plus particulièrement abandonnées, dès le soir même de notre rentrée, s'asseoir devant leurs portes avec un calme parfait, et former devant leurs maisons de petits cercles où, accroupis les uns à côté des

---

[1] On ne peut se défendre d'un sentiment pénible en lisant ce dernier épisode de la relation écrite par M. de La Tour-du-Pin. Le sang de nos soldats qui tombaient glorieusement dans les rues de Constantine devait-il être vengé par des coups de mitraille sur une multitude de *vieillards*, de *femmes* et d'*enfants* qui fuyaient les désastres d'un assaut ? L'officier qui put ordonner cet acte d'inutile cruauté oserait-il aujourd'hui l'avouer publiquement ? L'honneur français désavoue les meurtres commis hors du théâtre de la résistance ; mais l'inhumanité d'un individu ne saurait ternir l'admirable conduite de nos braves ; l'assaut de Constantine restera dans l'histoire à côté des plus héroïques faits d'armes, et jamais ville prise ne fut, peut-être, après la victoire, plus généreusement épargnée.

autres, ils causaient avec une grave insouciance, comme si aucun événement extraordinaire ne s'était accompli dans la journée, et qu'ils eussent à se raconter seulement des histoires du temps passé ou des pays lointains, et non des faits encore chauds, dans lesquels ils avaient été acteurs, et dont ils étaient victimes. »

Les instructions adressées le 21 septembre au gouverneur général lui recommandaient de respecter et de maintenir l'administration qu'il trouverait établie dans la nouvelle conquête. M. Valée s'y conforma rigoureusement. Il donna le titre de kaïd à Sidi-Hamouda, fils du Cheïkh-el-Beled[1]; c'était un jeune homme d'une famille ancienne et si vénérée parmi les Arabes, qu'Ahmed-Bey n'avait jamais osé faire peser sur lui son cruel despotisme. Un conseil, composé de fonctionnaires français et de notables indigènes, fut adjoint au kaïd pour protéger tous les intérêts; les vaincus furent traités avec douceur; et le général en chef se borna à exiger d'eux le paiement des fournitures et denrées nécessaires à l'armée. Tous les documents administratifs qui pouvaient nous éclairer sur la situation et les ressources de la ville et du pays furent préservés de tout désastre, et il ne se commit aucun des désordres qui avaient signalé la prise d'Alger. Plusieurs tribus vinrent bientôt nous offrir leur soumission, et annoncèrent que le bey Ahmed, abandonné de la plupart des siens, parcourait en fugitif les vallées des monts Aurès.

Quelques jours après notre installation, on vit arriver à Constantine le 12e de ligne, qui avait été retenu à Bone par les symptômes du choléra, dont plusieurs soldats de ce régiment, nouvellement arrivé de France, avaient paru atteints. Le prince de Joinville, monté sur l'*Hercule*, étant arrivé à Bone le 4 octobre, n'avait pu résister au noble désir de venir partager les dangers du duc de Nemours; le 12e de ligne l'avait suivi avec enthousiasme; mais ces braves arrivèrent trop tard. L'entrevue des deux frères fut touchante; deux fils de France s'embrassèrent sous le drapeau de la patrie, et l'armée, témoin de leur jeune courage, salua de ses acclamations les présages de gloire nouvelle que ces deux noms devaient réaliser dans l'avenir.

Le 20 octobre, le général en chef fit partir les dépouilles mortelles du comte de Damrémont et l'artillerie de siége, sous la garde de 1,500 hommes; ce convoi fit la route en sept jours et sans combats. Le 26, le général Trézel se mit en marche avec une seconde colonne escortant les malades et les blessés; et le 29, le général en chef, inquiété par les ravages du choléra, auquel beaucoup de soldats et le général de Caraman venaient de succomber, se hâta de ramener à Bone le reste de l'armée, laissant à Constantine une garnison de 2,500 hommes, suffisante pour les premiers besoins, et qui fut élevée ensuite au chiffre de cinq mille.

Ainsi finit la campagne de 1837[2]. Le dernier pouvoir de l'ancienne régence venait de tomber; la prise de Constantine assurait à notre domination un riche

---

[1] Le khalifa Ben-Aïssa, lieutenant d'Ahmed, était parvenu à s'échapper pendant l'assaut. Plusieurs autres officiers de marque avaient péri, ou succombèrent plus tard des suites de leurs blessures.
[2] Voir, pour *les noms cités à l'ordre de l'armée*, la liste générale placée à la fin de cette histoire. Pour ne pas entraver la marche des faits, et pour faciliter les recherches, nous avons cru devoir les réunir en forme d'ANNUAIRE, et par dates de combats.

développement. Assise sur un plateau élevé, à peu de distance de la mer; entretenant de faciles rapports avec les confins du désert; débouchant par de belles vallées dans les plaines situées à l'est des Biban (Portes de Fer), cette ville devait opérer une notable influence sur la prompte pacification du pays.

Mais, tandis que nos armes obtenaient dans l'est un immortel triomphe, la désastreuse convention du général Bugeaud annulait dans l'Ouest tous les sacrifices d'hommes et d'argent que la France avait prodigués, depuis sept ans, sur la terre d'Afrique. Tant de fautes accumulées par une politique de faiblesse et d'hésitation permanentes, tant d'erreurs qui ressemblaient à du mauvais vouloir plutôt qu'à de l'impuissance, se trouvaient couronnées par l'inexplicable abandon du sol dont la conquête nous avait coûté si cher. Nos drapeaux victorieux passaient sous les fourches caudines, et nous ne gagnions une ville que pour devoir aux convenances de M. Bugeaud la perte de toute l'ancienne régence, moins la province de Constantine, et l'espace étroit qu'il lui avait plu de nous laisser sur le littoral autour d'Alger.

On a vu, dans le livre IIIe, qu'au début des premières opérations militaires qui suivirent notre conquête d'Alger, les tribus de la province d'Oran, limitrophe des états de Maroc, réclamèrent l'appui du chef de cette puissance. Profitant des difficultés qu'éprouvait le vieux bey Hassan à se maintenir, avec une faible garnison turque, au milieu des Arabes que notre victoire et nos proclamations appelaient à l'indépendance, le chériff Abd-el-Rahman avait tenté, au mois de novembre 1830, de s'emparer de Tlemcen [1]; son neveu Muley-Ali, répandant partout l'or et les émissaires, s'était créé rapidement des intelligences jusqu'à Milianah, et même dans Alger. — On a vu l'infructueuse mission du colonel Auvray à Tanger compliquer nos embarras devant ces projets d'invasion qui n'avortèrent que par un événement fortuit, une révolte intérieure dont la répression nécessita le rappel des troupes marocaines déjà rassemblées sur la frontière de l'Algérie. — A la fin de l'année suivante, le meurtre d'un riche négociant de Maroc, décapité à Oran, sans jugement, par ordre du général Boyer,

---

[1] Tlemcen formait encore, en 1517, un petit état indépendant, dont le chef, Muley-Abou-Hamoud-Ben-Abdallah, parvenu au pouvoir par une perfidie, s'était allié aux Espagnols pour soutenir son usurpation. Deux notables de Tlemcen, Muley-Youssef et Sidi-Bou-Yahia, se rendirent secrètement à Ténès, dont Haroudj-Barberousse venait de s'emparer avec un millier de Turcs, et sollicitèrent le secours de ce pirate déjà fameux. Haroudj saisit avec empressement cette occasion d'étendre ses conquêtes dans l'intérieur du Moghreb; il marcha sur Tlemcen, qui lui ouvrit ses portes sans résistance, s'y établit en maître et y fit régner la terreur. Les Espagnols marchèrent contre lui, le surprirent et s'emparèrent de Tlemcen. Haroudj, forcé de fuir, mais chaudement poursuivi, fut atteint à trente lieues de là, sur le territoire du Maroc, et périt dans un combat désespéré. Muley-Abou-Hamoud, rétabli dans Tlemcen, convint de payer aux Espagnols un tribut annuel de 12,000 ducats d'or. Sous les règnes suivants de nouvelles dissensions éclatèrent; les Espagnols versèrent beaucoup de sang pour défendre leurs droits sur Tlemcen; en 1550, le chériff de Fez s'en empara, et Abd-el-Kader, son lieutenant, marchait déjà sur Mostaghanem avec 10,000 hommes, annonçant même ses projets de conquérir Alger, lorsque les Turcs se portèrent au-devant de lui avec une telle rapidité et des forces si imposantes, qu'Abd-el-Kader ne songea plus qu'à faire une prompte retraite avec un butin considérable. Attaqué au passage d'une rivière, il périt dans un sanglant combat. Sa tête, enfermée dans une cage de fer, fut portée en triomphe à Alger, et suspendue sous la voûte de la porte Bab-Azoun. Le Turc Saffa fut laissé à Tlemcen par Hassan-Pacha, avec 1,500 janissaires et 10 pièces de canon. A partir de cette époque, Tlemcen devint un beylik de la régence d'Alger. Après l'expulsion des Turcs par la conquête française, le chériff marocain crut avoir d'anciens droits à faire valoir sur la possession de Tlemcen; mais, trop faible pour les appuyer par les armes, il s'en désista lui-même, en 1832, à la suite de négociations diplomatiques. (Voyez, pour les détails de cette partie des révolutions barbaresques, mon *Histoire des Pirates et Corsaires de l'Océan et de la Méditerranée*, t. Ier.)

compromet la vie des Français établis dans les villes du chériff, et nous réduit à envoyer une ambassade chargée de présents pour acheter la sûreté de nos nationaux, et pour éviter une déclaration de guerre dont le motif nous eût déconsidérés. — On a vu enfin l'habile diplomatie de M. de Mornay, gendre du maréchal Soult, obtenir, le 4 avril 1832, la signature d'une convention qui retirait l'influence marocaine des villes de Tlemcen, de Médéah et de Milianah [1].

Mais, forcée de renoncer à des prétentions directes sur la régence d'Alger, la politique d'Abd-el-Rahman prit alors des voies contre lesquelles notre inexpérience des choses, notre ignorance presque complète des mœurs et des relations musulmanes ne pouvaient s'armer d'aucune prévision. L'apparition d'Abd-el-Kader n'est pas un fait isolé pour les esprits observateurs qui ont étudié de près la question arabe. Pour apprécier avec justesse ce remarquable incident de l'histoire africaine, il faut bien comprendre l'action du ressort religieux dans les contrées soumises à la domination de l'Islam.

La loi musulmane, considérée soit comme loi civile, soit comme loi religieuse, repose sur deux bases : le texte du Koran, appelé *El-Scherah* (la loi), qui répond à la loi mosaïque, et la *Sonna*, ou loi traditionnelle, qui répond au *Mishna* des Hébreux. *Sonna*, au milieu d'une foule d'autres sens, signifie *coutume*, *règle*, *institut*; c'est comme une sorte de supplément du Koran, composé de tous les préceptes recueillis par tradition de la bouche même du Prophète, et qu'il a négligé d'écrire. Ce n'est que sous le khalifat d'Ali qu'ils ont été rassemblés en corps de doctrine, et une foule de commentaires ont été ensuite publiés sur ce commentaire même. Les Sonnites, ou traditionnistes orthodoxes, se divisent en quatre sectes : celles d'Haneefah, Malek, Shafeï et Hannbal, quatre docteurs qui sont, en quelque sorte, les quatre colonnes de la foi, les quatre Pères de l'Église musulmane. Haneefah, le plus illustre, était né à Corfou, dans l'an 80 de l'hégire. De tous les commentateurs du Koran, c'est celui qui a fait la part la plus large à la raison humaine et à l'équité naturelle, et qui s'est le moins soumis à l'empire de la tradition. Les dernières années de sa vie se passèrent dans une prison, à Bagdad, où il aima mieux mourir que de céder aux instances du khalife El-Mansour, qui voulait le forcer à accepter les difficiles fonctions de khadi. D'innombrables disciples ont suivi les traces de ces quatre docteurs, et entassé sur leurs travaux une masse énorme de commentaires, de plus en plus divergents à mesure qu'ils s'éloignent de la source où les maîtres ont puisé. La doctrine d'Haneefah, née dans l'Irak, règne aujourd'hui dans la Turquie, la Tartarie et l'Hindoustan; c'est la plus répandue des quatre. Celle de Malek, qui florissait à Médine, a dominé surtout dans l'Espagne musulmane, et règne encore dans tout le Moghreb. A l'inverse de celle d'Haneefah, elle écrase la raison de l'homme sous l'autorité de la tradition. La doctrine de Shafeï, surnommé *le Soleil du monde*, né en Syrie et mort en Égypte (an de l'hégire 204), est maintenant répandue dans l'Arabie et dans l'Égypte, mais a cessé de l'être dans la Perse. Enfin, celle d'Hannbal, le rival d'abord, puis le disciple et l'ami de Shafeï, est confinée dans quelques recoins obscurs de l'Arabie. Hannbal mourut à Bagdad, l'an de l'hégire 241; neuf cent mille personnes suivirent

---

[1] Voyez pour ces faits divers, le LIVRE III°, p. 113, 125, 137 et 140.

son convoi, et vingt mille infidèles, le jour même de sa mort, embrassèrent la foi du Prophète. Et cependant, sous le joug de cette loi absolue, qui n'admet que l'obéissance, mais jamais le doute ni l'examen, l'indépendance de la pensée humaine a su encore se faire jour, et les hérésies n'ont pas manqué, même sous l'empire du Koran. Nous ne parlerons pas en détail des hérétiques musulmans, beaucoup plus nombreux que les orthodoxes ou Sonnites. Mentionnons seulement, pour mémoire, les noms des quatre grandes hérésies qui se sont séparées de la souche de l'Islam : 1° les Motazalites, qui nient l'éternité des attributs de Dieu, la prédestination, l'éternité des peines et celles du Koran ; 2° les Sifati, défenseurs opiniâtres des attributs de Dieu ; 3° les Khoréjites, ou *rebelles*, qui se séparèrent d'Ali, et firent périr sous le poignard le gendre du Prophète, et 4° les Schyites, partisans fanatiques d'Ali, qu'ils révèrent au moins à l'égal du Prophète. Ce dernier schisme, qui rejette obstinément l'autorité de la Sonna, règne surtout en Perse ; de là, la haine réciproque des Persans et des Turcs, ou des Schyites et des Sonnites, qui tous deux ont beaucoup moins de répulsion pour un infidèle que pour un musulman de la secte opposée. Chacune de ces quatre sectes se subdivise en une foule de rameaux, plus éloignés encore de la souche mère dont ils se sont séparés.

Mais il fallait un guide au milieu de ce chaos de jurisprudence et de traditions contradictoires, qui laissent le champ trop large à l'interprétation du juge. La brièveté du texte sacré n'avait fait que multiplier les longs travaux des commentateurs. Parmi tous les livres qui ont été composés dans ce but, un des plus réguliers et des plus complets est, sans contredit, *l'Hedaya* (mot à mot *le guide*), composé par le cheïkh Bou-Khan-Eddin-Ali, célèbre légiste, né dans l'Inde vers le douzième siècle. C'est une sorte de *Digeste* de la loi musulmane, où l'on a essayé de ranger, dans un ordre assez peu méthodique, les confuses prescriptions législatives du Koran, en joignant au texte sacré les commentaires les plus approuvés. L'auteur incline en général vers la doctrine d'Haneefah, que son livre résume ; aussi l'Hedaya a-t-il surtout autorité dans l'Inde, où le gouvernement anglais l'a fait traduire pour l'usage de ses sujets musulmans [1].

D'après ce que nous venons de dire, la doctrine d'Haneefah régnant aujourd'hui dans la Turquie, et celle de Malek dans tout le Moghreb africain, le sultan de Constantinople et le chériff du Maroc sont, en Orient et en Occident, les deux chefs en qui se résument les pouvoirs spirituel et temporel ; l'unité de l'empire musulman s'est brisée par ce fait que les sujets de l'un regardent comme schismatiques les sujets de l'autre ; mais la plénitude du pouvoir réside également dans la personne du sultan comme dans celle du chériff. L'Islam étant l'entière soumission de l'âme et du corps à la volonté de Dieu, il résulte aussi de ce

---

[1] Voyez *l'Histoire d'Espagne*, par Rosseeuw Saint-Hilaire, t. III, liv. 7, chap. 1er. — *Histoire du mahométisme*, par Mills, chap. 2. — *Tableau de l'empire ottoman*, par Mouradjéa d'Ohsson.

« La doctrine de Haneefah, dit M. Rosseeuw, est la seule qui soit connue en Europe, par le précieux commentaire qu'en a fait l'Hedaya, et par le savant ouvrage de Mouradjéa d'Ohsson, emprunté presque tout entier à la *Moulteka-el-Ebhour* (le confluent des mœurs), résumé de la doctrine d'Haneefah, qui sert encore de code à l'empire turc. »

Quant à la doctrine de Malek, qui dominait dans l'Espagne arabe, et règne encore en Barbarie, elle mériterait d'être traduite par quelqu'un de nos orientalistes, pour nos possessions d'Algérie, où elle est toujours en vigueur. Elle ne diffère, au reste, de celle d'Haneefah que sur certains détails, et est d'accord sur toutes les généralités.

dogme fataliste que tout usurpateur succède aux droits du souverain quand la volonté de Dieu, c'est-à-dire *le succès*, a légitimé son usurpation. Le *fait*, dans ce cas, est synonyme de *droit*, et le peuple passe bientôt avec la Providence dans le camp de l'usurpateur heureux : « La légitimité, disent les docteurs arabes, s'acquiert par le triomphe des armes et par l'exercice de l'autorité souveraine. » Ce principe donne la clef de toutes les révolutions qui ont traversé l'existence des dynasties musulmanes; le droit d'aînesse n'y confère point de droit à la couronne; il ne fournit que des prétextes aux rebelles qui le font valoir les armes à la main. Le trône, du reste, au milieu des longues dissensions qui viennent déchirer l'empire, n'est jamais divisé, et l'Europe chrétienne, affaiblie ou morcelée par tant de partages insensés, pourrait prendre, sur ce point, des leçons de l'empire arabe. Un dogme religieux et politique, fondé sur l'unité, n'admet point de partage ; « le fourreau du Prophète, comme le disait Mohammed lui-même, ne contiendrait pas plus deux sabres que son empire deux rois ! »

En laissant les musulmans d'Afrique soumis à la domination turque, le chériff marocain avait cédé à la fatalité de la conquête. Quand cette domination fut renversée par nous, il eut un moment la pensée d'exercer ses anciens droits sur l'Algérie ; mais entouré de populations qui, sans contester sa suprématie spirituelle, s'affranchissaient aisément de son autorité temporelle qui ne règne qu'à quelques lieues de sa capitale, il n'eut ou ne se sentit point la force de tenter contre notre invasion une résistance persévérante. Frappé de terreur par nos rapides victoires et par la chute de cette redoutable puissance dont Alger était la tête depuis trois siècles, il craignit d'attirer nos armes au cœur de ses propres états, et borna ses démarches à sonder les dispositions des Arabes voisins de sa frontière. Privé d'une armée régulière, il ne put faire appuyer son neveu Muley-Ali que par des contingents indisciplinés, dont les désordres et les pillages firent germer l'insurrection partout sur leur passage, et nécessitèrent leur prompt licenciement. Cet accident rendit plus faciles les négociations de M. de Mornay, et détermina la convention signée à Méquinez en avril 1832. Dans cette circonstance, Abd-el-Rahman cédait encore à la fatalité, mais sans abdiquer ses droits, et en se réservant tacitement de susciter à notre établissement tous les obstacles dont il pourrait se servir sans une violation flagrante des traités.

La famille d'Abd-el-Kader jouissait, de temps immémorial, d'une haute vénération parmi les Arabes. Une jeunesse aventureuse, et plusieurs voyages en Orient et au tombeau du Prophète, reflétaient sur le front du jeune fils de Mahiddin une auréole de célébrité; les légendes des marabouts le présentaient comme l'instrument prédestiné à la restauration de l'indépendance musulmane. Sa noblesse, qui s'enorgueillissait de remonter au Prophète, formait aussi une sorte de lien de parenté entre Abd-el-Kader et Abd-el-Rahman [1]. Le chériff crut

---

[1] Muley-Abd-el-Rahman-ben-Muley-Ischem est réputé descendre au 36ᵉ degré, en ligne directe et masculine, d'Ali, gendre du prophète Mohammed.
El-Hadji-Abd-el-Kader-Ould-Mahiddin, émir des Arabes algériens, est de la race des Hachems, qui se prétend issue de la famille du même nom, à laquelle appartenait Abdallah, père du Prophète.
Ces alliances si rapprochées, et qu'aucun musulman ne conteste, expliquent le secret appui que le chériff de Maroc accorde, depuis 1832, à Abd-el-Kader, et la profonde vénération qui entoure le jeune émir. Quel

trouver dans l'enfant de la tribu des Hachems l'agent le plus propre à seconder secrètement ses desseins. Il se mit en communications intimes avec Abd-el-Kader, qui accepta ce patronage, sauf à l'employer plus tard pour agrandir ses destinées. A peine entré contre nous en état d'hostilité, le futur émir ne tarda pas à reconnaître que la province d'Oran, où son nom était déjà célèbre, était celle qui lui offrait le plus de chances pour y fonder la puissance du seul maître dont il voulait relever. Garder son alliance mystérieuse aussi longtemps qu'elle pourrait lui être utile, la secouer dès que le succès lui permettrait de se passer d'appui, et jouer un jour envers le chériff le rôle de Mehemet-Ali vis-à-vis du sultan Mahmoud, tel fut le plan d'Abd-el-Kader ; et il faut bien reconnaître que nos fautes ne l'ont pas moins servi que son génie. Le traité du général Desmichels, en 1834, en fit un petit souverain ; et le traité de la Tafna, dont nous avons raconté la triste histoire, complétant cette œuvre impolitique, éleva notre adversaire au rang d'égal de la France.

Le résultat immédiat des négociations du général Bugeaud fut de resserrer étroitement l'alliance du chériff avec l'émir algérien. L'abandon de Tlemcen livrait à Abd-el-Kader la clef de ses rapports futurs avec les populations musulmanes de l'ouest ; et dès ce moment, l'histoire de nos guerres d'Afrique va se compliquer de nouvelles difficultés et d'embarras sans cesse renaissants, qui n'aboutiront, le 18 novembre 1845, qu'à un traité sans valeur, et dans lequel la dignité de la France ne sera pas plus ménagée que ses intérêts matériels.

Comme les événements ultérieurs de la conquête vont, dès à présent, se mêler à la politique anglo-marocaine, nous allons étudier les divers aspects de ce nouveau théâtre, devenu le foyer d'une sourde fermentation dont il n'est pas encore permis d'entrevoir les derniers résultats.

qu'il en soit de cette généalogie que l'on ne peut pas plus contester que prouver, notre infatigable adversaire se montre, par son génie, à la hauteur de la position que lui ont créée nos fautes. Nous verrons bientôt avec quelle adresse et quelle persévérance il n'a cessé de les mettre à profit.

LIVRE CINQUIÈME.

TABLEAU DE L'EMPIRE DE MAROC.

§ Ier. PARCOURS DES RÉGIONS INTÉRIEURES.

Le Moghreb-el-Aksa (*occidens extremus*, extrême région de l'Ouest [1]), que nous nommons vulgairement Empire de Maroc, se compose d'une réunion de provinces montagneuses, sur lesquelles l'autorité du chérif ne règne que nominalement au delà d'une petite distance de sa capitale. Cette contrée occupe un territoire de deux cent vingt lieues en longueur sur cent cinquante de largeur; elle a cent lieues de côtes sur la Méditerranée, et deux cents sur l'Océan. Sa population, dont le chiffre exact nous échappe [2], est répandue dans une dizaine de villes et une multitude de villages ou de *douars*. Au nord, sa limite est tracée par la Méditerranée et le détroit de Gibraltar; — au sud, par le désert de Sahara; — à l'est, par les monts Trara, qui la séparent de l'Algérie, et par le Beled-el-Djérid; — à l'ouest, par l'Océan Atlantique. A l'est, au nord et au sud règnent les chaînes de l'Atlas, dont les rameaux innombrables prennent les noms des sauvages tribus qui les habitent.

---

[1] Voyez le LIVRE DEUXIÈME, p. 55 et 69. — Abou-el-Feddah, *Africa*, *arabicè et latinè*, curante Joh. Eichhorn. (Gottingæ, 1791.)

[2] Graberg de Hemsoë, dans son *Specchio di Marocco*, l'évaluait, en 1833, à 8,500,000 habitants; dans ce chiffre il comprend 3,750,000 Kebaïles ou Schellouys.
Un autre voyageur, M. Rey, la fixait, en 1810, à 8,000,000. L'impossibilité de dénombrer les montagnards doit faire paraître ce chiffre exagéré. En adoptant une moyenne de 5,000,000, on est probablement encore bien au-dessus de la vérité.

L'aspect général du Moghreb-el-Aksa est analogue, sous les rapports physique et agricole, à celui de l'Algérie. Son climat, semblable à celui de l'Espagne méridionale, est tempéré, à l'est, par le voisinage des hautes montagnes dont les cours d'eaux fécondent ses plaines et ses vallées ; au nord et à l'ouest, par deux mers dont les brises régulières adoucissent les chaleurs de l'été. La terre peut fournir trois récoltes dans l'an. Le blé, malgré sa culture imparfaite, y rend souvent soixante pour un. Les fruits à écorce y viennent en plein champ : tous les arbres de l'Europe y atteignent des proportions admirables. La canne à sucre, que nous n'avons pas encore réussi à implanter en Algérie, se cultive avec succès dans les régions méridionales ; les chênes à glands doux, les liéges, les cyprès, les gommiers, les lentisques, les cèdres, les arbousiers, forment sur les montagnes des forêts prodigieuses ; le mûrier, le citronnier, l'oranger, l'acacia, le dattier, l'olivier, l'amandier, le grenadier, le micocoulier, le thuya couvrent les vallées ; l'orge, le froment, le maïs, l'avoine qui n'existe pas en Algérie, le millet, les fèves se disputent la plaine ; le tabac, le coton, la vigne prospèrent dans toute son étendue. D'autres denrées d'exportation y abondent, telles que les cires, l'huile d'olive et le sel. Tant de richesses, dépréciées par une longue barbarie, méritent bien qu'un grand peuple fasse quelques efforts pour les rendre à la circulation en échange de ses produits. Les Maures ne cultivant leurs terres qu'en raison de leurs besoins les plus rigoureux, les deux tiers au moins du Maroc sont en friche. Le palmier nain y pullule comme en Algérie. Ce dénûment matériel est le fruit du despotisme qui avilit ces contrées dégénérées. Chez une nation où l'homme n'a point de propriété, puisque le sultan est maître de tout, où l'homme n'a pas la liberté de disposer du fruit de son travail, où enfin il ne peut en jouir ni s'en glorifier aux yeux de ses compatriotes de peur d'éveiller la cupidité de ses maîtres, il est facile de trouver la cause de son inertie, de son abrutissement et de sa misère. L'arbitraire du régime politique dépasse, au Maroc, l'absolutisme du vieux pouvoir ottoman. Le sultan de Constantinople est limité dans ses caprices par son divan, par le corps des ulémahs, organes de la religion et de la jurisprudence ; le chériff marocain n'a de loi que sa convenance et de mobile que son avarice. Sous un pareil joug, le sujet qui ne compte pour rien aime à être ignoré ; il se cache avec soin de la présence du maître. Les agents du pouvoir ne sont pas moins asservis que le peuple ; chargés de recueillir les tributs, sous leur responsabilité, et souvent même au prix de révoltants sévices, ils pillent le double des sommes que réclame le despote, pour défrayer leur emploi qu'aucun traitement public ne rémunère, parce que le trésor est *la chose* du souverain. Grâce à ce système qui tue toute vie morale chez près de cinq millions d'individus, la prospérité physique du Maroc n'a fait qu'aller en décroissant. Une épouvantable famine s'y déclara en 1779 ; les récoltes, ravagées par des nuées de sauterelles venues du sud, manquèrent de toute part ; et les malheureux habitants, vivant au jour le jour, sans greniers publics, sans épargnes, se trouvèrent aux abois. Les bestiaux, pour lesquels ils n'ont point d'approvisionnements, mouraient de faim dans les plaines aridifiées. L'année suivante fut encore plus désastreuse ; les gens des villes et des campagnes périssaient par milliers. « J'ai vu, écrivait à cette époque notre consul général, une foule d'infortunés, sur les chemins, dans

FEMME DE MAROC

les rues, expirant d'inanition, et qu'on mettait en travers sur des ânes pour les aller enterrer ; j'ai vu des pères vendant leurs enfants pour un setier de blé ; un mari, d'accord avec sa femme, ne pouvant plus la nourrir, alla la marier dans une autre province, comme si c'était sa sœur, et vint la réclamer ensuite, lorsqu'il se fut créé de nouvelles ressources. J'ai vu des femmes et des enfants courir après des chameaux, chercher dans leurs excréments quelques grains d'orge qui ne fussent point digérés, et se les disputer avec avidité. On ne sait à quelles extrémités le mal se serait étendu, si l'Espagne et le Portugal n'avaient permis l'exportation de l'huile, du beurre, des fruits secs, et des blés du nord, qui abondaient à Cadix et à Lisbonne. Ce blé, souvent avarié, monta, sur les marchés de Salé, à cent vingt livres la mesure qui équivaut au setier de France ; la mauvaise huile et le beurre rance valaient cent quatre-vingts livres le quintal ; les pois, les fèves, les lentilles, qui abondent ordinairement dans les contrées marocaines, étaient devenus des denrées de luxe dont on comptait les grains ; on en donnait douze ou quinze pour la valeur d'un denier. Dans l'état de calamité où se trouvait l'empire, on ne pouvait voir qu'avec étonnement et une sorte de respect la résignation de ces peuples malheureux. Ils supportaient le fléau sans se plaindre, parce que, selon leur foi, rien n'arrive en ce monde que par la volonté du Tout-Puissant[1]. » Les Européens feraient une révolution si quelque fatalité élevait subitement à douze sous la livre de pain, comme cela s'est vu au Maroc en 1780.

Ces misères peuvent se renouveler à la suite de la décadence qui opprime tout le Moghreb. Eh bien, en face de ces cruelles prévisions, n'appartiendra-t-il pas quelque jour à la France de prendre une généreuse initiative dans les intérêts, qui s'allieraient si bien, de sa puissance extérieure et de la régénération d'une contrée dont l'histoire ancienne proclame l'immense richesse ? Quelles que soient les réflexions que soulève actuellement l'examen de cette question, on peut prédire, avec certitude, que la conquête du Maroc sera, tôt ou tard, le corollaire obligé de notre occupation de l'Algérie. Il reste à voir si dans nos intérêts politiques bien entendus, mieux vaut y subir le voisinage de l'Angleterre que d'y planter notre drapeau.

En pénétrant par terre dans le Maroc, le premier point qu'on rencontre est Ouchdah, bicoque de quinze cents âmes, au sud-ouest de Tlemcen, et sur la lisière du désert d'Angad. Ses maisons de pisé sont basses, étroites, mal bâties. Nous y trouvâmes, en 1844, environ deux cents familles originaires de Tlemcen, qu'Abd-el-Kader, au temps de sa puissance, avait forcées à émigrer. Ces familles, auxquelles se mêlaient quelques juifs, vivaient de jardinage. Ouchdah est au centre de magnifiques vergers. Au delà, de tous côtés, c'est le désert, et plus loin, l'Atlas, dont la chaîne, venant d'Algérie, traverse le Maroc, dans la direction du N.-E. au S.-O., grandit et s'élève à mesure qu'elle se déploie au centre, et va s'abîmer dans l'Atlantique en bornant le pays de Sous, qu'elle sépare du Beled-el-Nun et du Sahara.

Après avoir quitté Ouchdah et franchi les premières ramifications du petit Atlas, on arrive à Dou-Boudou, ville murée, sur une hauteur qu'entourent de

---

[1] *Recherches historiques sur les Maures*, par M. de Chénier, consul général au Maroc, t. III. Paris, 1780.

fertiles vallons; puis, au sud des montagnes du Riff et à l'est du royaume de Fez, on rencontre Taza, petite ville qui commande l'âpre pays de Schau.

D'Ouchdah à Fez on compte soixante quinze lieues, et les difficultés de la route sont telles, qu'il faudrait seize à vingt jours de marche pour y conduire une armée, en supposant qu'elle pût traverser, sans coup férir, les montagnes de l'Atlas et l'immense désert de Schau, dans lequel on ne trouve pas un puits ou un cours d'eau toutes les dix lieues.

Le royaume de Fez est borné au nord par les montagnes du Riff, à l'est et au sud par l'Atlas et les sables de Schau, au sud-ouest par le pays de Temsenah, et, en remontant vers le nord, par les régions des Beni-Hassen et du Gharb. La situation de Fez est pittoresque, au fond d'un bassin qu'entourent des coteaux cultivés avec soin. L'Oued-Sebou, qui se jette dans l'Océan au-dessous d'El-Mamorah, arrose la vallée de Fez de l'ouest au sud-est. En descendant des hauteurs vers le fond du bassin, la route serpente à travers des jardins magnifiques, rangés en amphithéâtres aux abords de la ville. Celle-ci se divise en deux parties : le vieux Fez, bâti sur le terrain plat, et le nouveau Fez, créé au treizième siècle par Yakoub-el-Mansour, sur une hauteur qui domine l'ancienne ville. Une forte enceinte et deux citadelles, l'une à l'est, l'autre à l'ouest, protégent la capitale du Chériff. Le bas Fez est traversé par l'Oued-Ras-Alemah, qui conflue avec l'Oued-Sebou. Cette petite rivière, qui, malgré les saisons, garde toujours le même niveau, mouille les remparts du nouveau Fez, et fait tourner, par l'inclinaison de sa pente, une grande roue qui porte ses eaux dans la ville haute. Cette mécanique fort simple est garnie d'ailerons que le courant met en jeu; elle a, de distance en distance, des vides qui puisent l'eau et la versent dans un conduit placé à fleur de sommet des murailles.

L'origine de Fez date de la fin du huitième siècle; au douzième, elle était à l'apogée de sa splendeur. La conquête d'une partie de l'Espagne par Yakoub-el-Mansour lui ôta pour un temps son orgueil de capitale; mais l'expulsion des Maures lui ramena ses habitants avec les débris de la grande civilisation grenadine. Ses maisons sont bâties en briques, blanchies à la chaux, comme toutes les villes arabes, avec des terrasses qui font saillie et rendent les rues si étroites, que le jour y pénètre à peine. Les boutiques n'y sont, comme dans le vieil Alger, que des échoppes obscures, où le marchand s'entasse avec ses paquets, et fume gravement tout le jour, en attendant la pratique. On n'y trouve plus aucun vestige de ces palais merveilleux dont parlent si complaisamment Léon l'Africain et Marmol [1], son fidèle copiste. Des sept cents mosquées dont parlent ces historiens, il ne reste que deux cents zaouia ou chapelles fort mesquines, et la mosquée d'El-Karoubi, surmontée d'un minaret de soixante-quinze pieds d'élévation. L'Anglais Jackson attribue à cette ville une population de 380,000 habitants : il n'exagère que 350,000.

Fez est réputée, dans tout l'Islamisme, comme la seconde *ville sainte* après la Mecque. Son fondateur Edris, que les Maures prétendent issu en ligne directe de Mohammed, après s'être caché à Médine en fuyant les proscriptions du khalife

---

[1] Marmol-Caravajal (Luis del), *Descripcion general de Africa*. (Granada, 1573, in-fol.) — Leonis Africani *de totius Africæ descriptione libri novem*, latine versi per Joh. Florianum. (Antwerpiæ, 1556.)

Abdallah, ne se crut en sûreté qu'aux extrémités du Moghreb. Sa sépulture est vénérée dans la mosquée d'El-Karoubi, dont l'accès est interdit aux chrétiens. Au quatrième siècle de l'hégire, les musulmans du Couchant se rendaient à Fez avec la dévotion que mettaient jadis les chrétiens à visiter les saints lieux de Jérusalem.— C'était aussi le séjour où la science des peuples arabes a conservé longtemps un de ses derniers asiles. Fez possédait encore, vers le milieu du seizième siècle, des écoles nombreuses qui gardaient les traditions des colléges de Tolède, de Cordoue, de Séville et de Grenade; « l'encre du docteur vaut le sang du martyr, dit un proverbe populaire des Arabes; le monde est soutenu par quatre colonnes : la *science* du savant, la *justice* des grands, la *prière* des bons et la *valeur* des braves[1]. »

Avant l'apparition de Mohammed, les Arabes, échappant à la fois, dans leur vie errante, à la civilisation et à la conquête, avaient conservé les vices comme les vertus grossières des peuples enfants. Leur ignorance était profonde; l'écriture même leur était étrangère, mais le surnom de *Peuple du Livre*, donné par eux aux chrétiens et aux juifs, atteste leur respect pour un art qu'ils admiraient sans l'envier. Le sabéisme était leur culte avant l'islamisme, et la base de toute religion, l'unité de Dieu leur était inconnue. Mohammed, en leur enseignant cette unité, leur fit donc faire un pas immense; mais le Koran était loin, toutefois, de contenir en lui le germe de ce vaste développement de l'intelligence qu'on vit bientôt éclore à l'ombre du khalifat. L'âge d'or des lettres et des sciences arabes ne s'annonce donc à Bagdad que sous le règne du khalife El-Mansour, vers 755. Tandis que l'empereur grec Léon l'Isaurien brûlait les livres et les auteurs[2], El-Mansour se montra l'assidu protecteur de la science au berceau. La théologie, la jurisprudence, l'astronomie et la poésie furent encouragées et cultivées par lui, et Georges Baktishua, médecin chrétien de l'Inde, traduisait par son ordre les ouvrages médicaux grecs, syriaques et persans[3]. Le petit-fils d'El-Mansour, le fameux Haroun-el-Raschid, surpassa encore son aïeul dans la protection éclairée qu'il assurait aux lettres; il ne voyageait jamais, dit El-Macin, sans un cortége d'une centaine de savants qui l'accompagnaient même à la guerre. C'est à lui qu'on doit ce touchant usage des Arabes, qui veut qu'une école gratuite s'élève toujours à côté d'une mosquée. Aussi l'instruction se répandit-elle du haut de son trône dans toutes les classes de la société. Malgré ses préventions religieuses contre les chrétiens, Haroun finit par confier à Ibn-Meshua, profondément versé dans la littérature grecque, le soin de diriger les écoles de son empire. Il appela également auprès de lui un moine nestorien de Nisabour, dans le Khorassan, pays qui semble être le siége d'une culture intellectuelle fort ancienne.

Les moines nestoriens exercèrent une grande influence sur les origines de la civilisation arabe. Dès les premiers siècles de l'ère chrétienne, nous voyons ces pieux lettrés, pacifiques précurseurs de Mohammed, pénétrer dans la Perse, dans

---

[1] Rodrigo de Castro, *Bibl. Espan.*, t. I, Prolegom., p. 3, Texte, p. 11. — Middeldorf, *de Instit. litter. Hisp.* Goetting., 1810, in-4°.

[2] Eos demum dimisit Leo in aedes illas regias, multamque materiam aridam, circum eos collocatam, noctu incendi jussit, atque ita aedes cum libris, et doctos illos ac venerabiles viros combussit. (Zonarae *annales*, Paris, 1686, t. XI, p. 104.)

[3] Brucker, *Hist. philosoph.*, p. 21. — El-Macin, t. II, chap. 3. — Abou-el-Faradj, *Dynast.* 9 (*passim*).

l'Inde et jusqu'au fond de la Chine, propageant la foi à l'aide de la science, tandis qu'à l'autre extrémité de notre hémisphère, le moine Nicolas traduisait pour les Arabes Andalous les œuvres de Dioscoride. — Les juifs d'Orient, alors célèbres par leur savoir, peuvent aussi revendiquer, même avant les chrétiens, l'honneur d'avoir initié les Arabes aux sciences profanes de l'antiquité. La médecine était surtout cultivée par les Hébreux, qui l'enseignèrent aux Arabes, et ceux-ci la perfectionnèrent encore, avec cette sagacité pénétrante et cette patiente observation qui les caractérise. Mais, avec le déclin de la civilisation musulmane, des pratiques superstitieuses remplacèrent peu à peu l'étude et l'observation, et ce qui était une science devint une jonglerie grossière.

L'éclat du règne de Haroun-el-Raschid fut encore surpassé par celui d'El-Mamoun, son fils, de 813 à 833. A Bagdad, comme plus tard à Cordoue, les premières dignités de l'État furent l'apanage exclusif du mérite et de la science. Des familles entières, les femmes comprises, se vouèrent au métier de traduire les œuvres étrangères, quoique, par un étrange caprice, les originaux, une fois traduits, fussent brûlés par ordre d'El-Mamoun, qui, vainqueur des Grecs, exigeait d'eux des manuscrits pour tribut[1]. Mais, à côté de cette espèce de folie, le même khalife faisait élever à grands frais 6,000 écoliers dans un seul collège de Bagdad. Passés, presque sans transition, de la barbarie à la civilisation la plus raffinée, les Arabes se ruèrent vers l'étude avec la même ardeur que vers la conquête; arrivés trop tard pour créer, ils prirent les sciences toutes faites aux mains des peuples qu'ils avaient vaincus, et imitèrent ce qu'ils ne pouvaient plus inventer. De là cette rapide croissance et ce déclin non moins rapide de leur civilisation, éclose à la hâte, sans culture préalable, et trop vite développée pour ne pas se faner bientôt. Toutes leurs connaissances sont des emprunts : l'alchimie, cultivée par eux avec tant de crédulité et d'amour, leur vient de l'Égypte; la géométrie et l'astronomie des Grecs, leurs premiers maîtres; la philosophie et l'histoire naturelle d'Aristote, qui régna sur eux comme sur le moyen âge européen; la médecine des Hébreux, et l'algèbre de l'Inde; la boussole[2], imparfaite il est vrai, des Chinois, qui la possédaient dès le premier siècle de l'ère chrétienne; enfin le papier de l'Asie[3], et la poudre à canon des Mongols[4]. Avides de toute espèce de connaissances, les Arabes, à défaut d'invention, semblent avoir été doués de la faculté de s'approprier, pour les perfec-

---

[1] Honaïm, savant chrétien, traduisait, par ordre de ce khalife, les œuvres d'Euclide, Ptolémée, Aristote, Hippocrate et Galien; aussi l'avait-on surnommé l'*Interprète*; El-Mansour lui payait ses traductions au poids de l'or. Elles sont en général peu fidèles; l'ordre de l'original y est souvent interverti. (*Epist. Renaudott ad Dacerium Fabricium; Biblioth. græca*; t. I, p. 801.)

[2] La boussole, sous le nom de *calamita*, était connue et employée par les républiques commerçantes de l'Italie, dès la fin du XIIe siècle. Alors l'aiguille aimantée n'était pas suspendue, mais flottait attachée à un morceau de paille. (*Hist. des sciences mathématiques en Italie*, par Libri, t. II, p. 63.) Mais longtemps avant les chrétiens, les Arabes se servaient de la boussole pour se guider dans la navigation, ou dans leurs courses à travers le désert. (Leonic. Chalcondyl. *De rebus turcicis*.)

[3] Dès l'an 30 de l'hégire musulmane, le papier, connu de temps immémorial par les Chinois qui le fabriquaient avec de la soie, était répandu dans toute l'Asie. En l'an 88, on établit à la Mecque une fabrique de papier de coton. Les Arabes en portèrent l'usage en Espagne. (Andrès, *Origine e progressi d'ogni letteratura*; p. 198 à 222.)

[4] L'historien El-Macin rapporte qu'au siège de la Mecque, en l'an de J.-C. 690, Hadji-Haging se servit d'une sorte de mortier. — Pierre, évêque de Léon, qui écrivait au XIe siècle, parle de vaisseaux du prince de Tunis qui portaient des bombardes.

tionner, les découvertes des autres peuples, et d'en faire, en les propageant dans leur vaste empire, le patrimoine du genre humain. La seule chose qui leur appartienne en propre dans toute cette culture de seconde main, c'est leur littérature, produit indigène de leur sol et de leur génie, et qui est à eux par ses qualités et surtout par ses défauts. Mais le grand et réel service qu'ils ont rendu au monde, ce n'est pas d'avoir créé les sciences, c'est de ne pas les avoir laissé périr.

Leurs principaux historiens sont : 1° Teman-ben-Amri, mort en 896, qui a écrit les annales des émirs d'Espagne; 2° Mesaudi, qui, vers le milieu du dixième siècle, a raconté, dans son livre intitulé *les Prés d'or*, les guerres d'Abd-el-Rahman III contre les chrétiens ; 3° Abou-Abdallah-ben-Abou-Nasr-el-Homaïdi, auteur d'une courte chronique sur la conquête de la Péninsule et sur le règne des Ommyades; 4° Ben-el-Abar-el-Kodaï, de Valence, qui a traité le même sujet; 5° Ahmed-el-Razi, qui vivait vers le quatrième siècle de l'hégire, auteur d'une histoire fort étendue de l'Espagne et des vies de ses hommes illustres ; 6° Abou-Merouan, plus connu sous le nom d'Ebn-Hayan, mort en 1088, qui a écrit les annales de l'Espagne en dix volumes, et un autre ouvrage historique en soixante; 7° Aboul-Hassem-Khalaf-ben-Paskual, de Cordoue, mort en 1197, qui a raconté le démembrement du khalifat; 8° Abd-el-Halim, de Grenade, écrivain du quatorzième siècle, historien des empires de Fez, des El-Moravides et des El-Mohades; 9° Ebn-Khaldoun, de Tunis, du même siècle ; et enfin, 10° pour les derniers temps de la domination arabe, Lizan-Eddin-Assalemauni, secrétaire des princes de Grenade, qui a raconté leurs règnes sous le titre bizarre de *Pleine Lune*; 11° Abdallah-Ali-ben-Houzeïl, de Grenade, a écrit sur l'histoire et l'art militaires; 12° Ahmed-el-Mokhri, de Tlemcen, a composé, le dernier, vers le dix-septième siècle, une compilation abrégée des travaux de tous ses devanciers.

Les continuels voyages des savants arabes, à travers l'immense étendue des pays soumis à la loi de l'Islam, ont produit d'excellents travaux de géographie et de statistique. La plupart des traités que nous possédons encore ont été composés par ordre des khalifes de Bagdad et de Cordoue. Aben-Isa-el-Gazani a laissé une description scientifique de l'Égypte. Au douzième siècle, le chérif Edris, qui fit pour Roger II, roi de Sicile, le fameux globe céleste en argent, dont le moyen âge a tant parlé, a compris dans sa volumineuse géographie, dont nous ne possédons qu'un fragment, une description détaillée de l'Espagne[1]. Dès les premiers temps de la conquête, l'émir El-Samah avait dressé lui-même

---

[1] Édris ou Édrisi, plus connu sous le nom de *Geographus nubiensis*, était originaire de Couta, sur la côte nord du Maroc actuel. La partie de ses œuvres qui concerne l'Afrique a été traduite par M. Jaubert.
Les autres publications historiques et géographiques relatives au Maroc ou à l'Afrique en général, et qui sont dues à des auteurs arabes, sont les suivantes : — *Histoire des Berbères*, par Abd-el-Rahman, trad. de l'arabe en anglais, par Samuel Leo. (Londres,...., in-4°.) — *Abou-el-Feddah Africa*, arabice et latine, curanto Johan. Elchhorn. (Gotting. 1791, in-8°.) — *Geschichte der Mauritanischen Kœnige*, aus dem arabischen Aboul-Hassan-Ali-Ben-Abdallah uebersezt, von Franz von Dombay. (Agram, 1794, in-8°.) — *Reiserute von Fez nach Tafilet*; aus dem arabischen Ahmed Ebn-Hassan uebersezt, von Paulus. (Lipsic, 1792, in-8°.) — *Voyage en Afrique au* xiv* *siècle*, par Ebn-Battuta, de Tanger ; trad. en anglais par Samuel Leo. (Londres, 1829, in-4°.) — *The oriental geography*, an Arabian traveller, by Ebn-Haukal, translated by W. Ouseley. (London, 1800, in-4°.) — *Itinéraire de l'Afrique septentrionale*, par El-Hadji-Ebn-el-Din, de El-Agouath; trad. sur le texte arabe par D'Avezac. (Paris, 1836, in-8°.) — *Leonis Africani de totius Africœ descriptione libri novem*; latine versi per Joh. Florianum. (Antwerpiœ, 1556, in-12.)

une statistique de la Péninsule soumise, destinée au khalife Omar, avec le tableau des impôts qu'elle devait acquitter.

Quant à la philosophie, les doctrines d'Aristote furent la base des études arabes. Averroès de Cordoue lui seul a fait plus de vingt volumes de commentaires sur les écrits de ce grec illustre; mais l'orthodoxie musulmane se souleva bientôt contre des travaux dont les conséquences, en propageant l'esprit de libre discussion, menaçaient d'étendre son audace jusqu'au livre sacré du Prophète. Toutefois cette étude abstraite trouva des adeptes distingués, parmi lesquels on doit citer Ebn-Sina (Avicenne), mort en 1037, philosophe et médecin de renom; — El-Farabi, mort en 950, qui connaissait, dit-on, soixante-dix idiomes, et qui a laissé sur toutes les sciences de son époque une vaste encyclopédie; — El-Gazali, mort en 1343, qui a appliqué la philosophie à la théologie; — Ebn-Toufaïl, le premier auteur de cette fiction, si souvent répétée depuis, de l'enfant jeté dans une île déserte, et à qui la nature révèle, par degrés, tout un système de métaphysique; — enfin, au début du onzième siècle, El-Khindi, le plus grand philosophe, médecin et astrologue de cette brillante époque, et qui n'a pas laissé moins de deux cents ouvrages[1].

Mais la science eût été stérile aux yeux des Arabes, si elle n'eût armé d'un pouvoir surnaturel celui qui creusait ses mystères. De là vint l'alchimie; et si l'art de transformer en or tous les métaux, si l'invention de la *liqueur d'immortalité* ne couronnèrent point leurs patients efforts, il faut reconnaître néanmoins qu'ils étendirent fort loin le domaine de la chimie. El-Gaber, de Séville, qui a donné son nom à l'algèbre, inventée dans l'Inde longtemps avant lui, a écrit plusieurs traités sur l'*alchimie* et la *chimie*, qu'il confond souvent l'une avec l'autre; Ebn-Meshua et El-Razi partagent avec ce savant l'honneur d'avoir transmis et développé des connaissances dont la source remonte aux anciens Grecs et aux Indiens. — Les autres branches de l'histoire naturelle doivent encore aux Arabes un souvenir reconnaissant; Ebn-Kadi-Schiaba et Abou-Othman ont écrit l'histoire des animaux; Abd-el-Kihan-el-Bionni traita celle du règne minéral; Ebn-el-Beythar, de Malaga, mort en 1248, explora toutes les parties du monde connues des musulmans, depuis les bords du Gange jusqu'aux rives de l'Atlantique, et recueillit d'immenses trésors d'observations.

Mais l'art dans lequel excellèrent surtout les Arabes fut la médecine. La fameuse école de Salerne comptait des musulmans parmi les professeurs les plus renommés. On trouve, dans les écrits d'El-Zaharavi, chirurgien éminent, mort en l'an 500 de l'hégire, le détail de plusieurs instruments déjà perfectionnés, et l'application du *moxa* contre la goutte; on admire même la hardiesse de certaines opérations de cet art encore dans l'enfance[2]. La pharmacie ne restait pas en arrière; le savant Aben-Zoar, de Séville, a donné son nom au

---

[1] Voyez, pour la vie et les ouvrages de tous ces savants arabes, l'*Histoire critique de la philosophie*, de Brücker, t. III.

[2] Il faut cependant remarquer que la majorité des musulmans est imbue de préjugés presque invincibles contre la dissection des corps humains. L'âme, suivant les doctrines du Koran, ne se sépare point du corps au moment de la mort; elle passe successivement d'un membre à un autre, jusqu'à ce qu'elle se concentre dans la poitrine, où elle séjourne pendant un long espace de temps. Les anges, en passant en revue les morts, ne pourraient faire cet examen sur des cadavres mutilés; de là ce préjugé superstitieux qui disparaîtra, tôt ou tard, devant les lumières d'une nouvelle civilisation.

bézoar; la première *pharmacopée* qui ait été publiée est due aux Arabes, à la fin du neuvième siècle, et beaucoup de noms pharmaceutiques dont on use aujourd'hui sont tirés de leur langue.

C'est du même peuple que nous vient la substitution des chiffres simples de notre arithmétique au système compliqué des Romains. Thebith-ben-Korah et Mohammed-ben-Mouça poussèrent les mathématiques jusqu'à la solution des équations du second degré; et l'on conserve dans l'université de Leyde un traité manuscrit, de Ben-Omar, sur les *équations cubiques*. Thebith avait traduit les œuvres d'Archimède, et les *sections coniques* d'Apollonius, dont une partie a été restituée par lui. Toutes les œuvres des géomètres grecs passèrent également dans la langue arabe, et l'aptitude de ces peuples pour ce genre d'études explique leurs talents incontestables en architecture et en mécanique.

Le khalife El-Mamoun donna l'impulsion aux recherches astronomiques. Sous son règne, dit Abou-el-Feddah, la circonférence de la terre fut fixée à 9,000 lieues (chiffres correspondant à nos lieues de France). Bien que la découverte du système solaire ne dût appartenir qu'à des siècles postérieurs, les mouvements des astres, le disque du soleil et les éclipses furent étudiés avec soin, et la science moderne a profité de ces travaux du passé. La fameuse tour *Giralda*, de Séville, fut élevée en 1196 par El-Geber, et c'est peut-être le plus ancien, et à coup sûr, le plus bel observatoire du monde.

Les écoles publiques, placées à côté des mosquées, n'enseignaient d'abord que la grammaire et le Koran. Mais, plus tard, de vastes collèges s'ouvrirent pour toutes les sciences. On y subissait des examens, comme dans nos universités modernes; ces séances étaient des jours solennels, et grâce à l'esprit de tolérance de ces grandes époques du moyen âge, on vit même des juifs figurer au sein du corps enseignant.

Tel est le vaste édifice scientifique que la religion musulmane avait bâti, après deux siècles d'existence conquérante. A l'impulsion brutale du glaive avait succédé un élan non moins fécond vers les conquêtes de l'esprit. Le Kaire, Kairouan et Fez le disputaient à l'Orient et à l'Espagne mauresque par le nombre et la splendeur de leurs établissements. Le nord de l'Afrique, sorte d'appendice où Rome avait porté la civilisation après la conquête, renaissait à une vie nouvelle, et oubliait sous des maîtres plus lettrés, les ravages des Vandales, et ceux des grossiers disciples de Mohammed. Mais l'invasion chrétienne, en rejetant hors de l'Espagne les débris de l'émirat de Grenade, brisa la chaîne de cette civilisation bornée par les obstacles que lui opposait l'aridité du Koran, et l'Islamisme, arraché par une secousse violente du sol où il avait fleuri, retourna languir et s'étioler dans le désert africain. Fez ouvrit un asile passager aux derniers lettrés de l'Andalousie, puis il ne resta de cette grande tradition que des souvenirs errants parmi des ruines [1].

---

[1] Nous n'avons qu'effleuré le riche tableau des splendeurs arabes ; il faudrait y joindre l'histoire de leur poésie, de leur littérature fantastique, dont quelques chefs-d'œuvre font encore nos délices. Il faudrait raconter leurs chroniques, l'élégance de leur vie passée, et le charme ineffable qui revêt leurs monuments. Un écrivain de nos jours, M. Rosseeuw Saint-Hilaire, auteur d'une *Histoire d'Espagne*, aussi précieuse que brillante, a versé des trésors de lumière sur les détails si peu connus de cette grande scène du moyen âge. Les tomes II, III et IV de son ouvrage se recommandent par leur puissant intérêt à toutes les intelligences qui ne placent point la gloire de notre pays dans l'extermination d'une race à qui nous n'avons encore expliqué qu'à coups de mitraille les bienfaits et la supériorité de notre civilisation.

« Quand une époque est finie, écrivait quelque part Armand Carrel, le moule est brisé, et il suffit à la Providence qu'il ne se puisse refaire; mais des débris restés à terre, il en est parfois de beaux à contempler. » Ainsi l'histoire des Arabes est à faire tout entière, et jamais étude ne fut plus nécessaire que celle du peuple dont Dieu nous offre la grandeur à reconstruire à côté de la nôtre. Ses huit siècles de domination sur l'Espagne en sont une page magnifique. On sait que le génie arabe et la pensée chrétienne s'y sont livrés de rudes assauts, et que des fortunes singulières ont tour à tour marqué ces luttes de deux puissances dont l'histoire admire autant les défaites que les triomphes. Les Maures d'Espagne ont tracé parmi les peuples une existence à part; malgré l'étendue de leur domination et le nombre de siècles qu'elle a vécu, nul ne saurait qualifier, d'un terme exact, leur origine politique. L'invasion arabe poussa sa conquête sur le midi de l'Europe, du promontoire de Gibraltar jusqu'aux Pyrénées, avec une rapidité égale à celle qui soumettait, sur d'autres plages, la Syrie à l'Égypte. Sans la défaite de ces farouches envahisseurs dans les plaines de Tours, la France et puis l'Europe auraient succombé aussi vite que l'empire d'Orient, et peut-être que Londres et Paris seraient encore, à l'heure qu'il est, des cités musulmanes. Refoulées derrière les Pyrénées, ces grandes multitudes renoncèrent aux mœurs de la conquête, pour fonder en Espagne un état pacifique. Et ce n'est donc point par un vain orgueil que les Arabes d'Espagne ont chargé d'inscriptions à leur gloire les monuments de leur pays d'adoption. La mosquée de Cordoue, l'Alcazar de Séville, l'Alhambra de Grenade et les restes du Djinaralif portent les témoignages de toutes les magnificences de cette époque oubliée. Le règne des Maures n'a pas duré moins longtemps en Espagne que l'occupation de l'Angleterre par les Normands. Les enfants de Mouça et de Tharik ne devaient pas plus s'attendre au désastre qui les expulsa de leur conquête, que les races de Rollon et de Guillaume ne s'imaginent, de nos jours, qu'on pourrait les déposséder du sol qu'elles ont gardé. Et pourtant, malgré toute cette splendeur, l'empire des Maures d'Espagne n'était qu'un vaste monument élevé sur le sable, et dont les destinées ne parviendraient jamais à un état fixe. La religion et les mœurs de ce peuple opposaient un obstacle invincible à sa fusion avec les royaumes voisins; son pouvoir, privé d'alliances, vécut toujours en hostilité ou sur la défensive; son existence tout entière ne fut qu'une lutte perpétuelle, où la terre devait rester avec la dernière victoire au premier occupant. L'Espagne mauresque formait en Europe l'avant-garde de l'Islamisme; l'éclatante valeur des hommes d'Orient fit des prodiges dans cent batailles; mais après une longue étreinte, le colosse de fer des peuples du Nord brisa leur cimeterre sous sa lourde armure. Que sont devenus maintenant les Maures d'Espagne? — Vainement cherche-t-on sur la côte africaine quelques vestiges indistincts de ce beau type effacé; les hordes dégénérées de Tripoli, de Tunis, de l'Algérie et du Maroc sont indignes de porter un nom consacré par huit siècles de gloire. Le Maroc, malgré le titre d'*empire* qu'on lui laisse par habitude, n'est plus qu'un vaste amalgame de peuplades sans nationalité. Le Fez des anciens jours ne vit que de souvenirs; c'est une ville de trafiquants et d'industrie barbare, dont la valeur est tombée avec les produits de la piraterie.

Trente heures de marche séparent Fez du rivage atlantique. On s'y rend par

Méquinez et Salé. Méquinez est à une distance de neuf lieues, que les mules du pays parcourent en six heures. Le chériff en préfère le séjour à celui de Fez. Cette ville touche aux limites du pays des Beni-Hassen; elle est située dans une grande plaine, à vingt lieues de la mer, et à quatre-vingts de Maroc vers le sud. Muley-Ismaël l'a fait agrandir et fortifier; mais ses défenses, qui n'ont guère que deux mètres de haut, ne sont en réalité que des retranchements d'infanterie. A son extrémité sud-est s'élève le palais impérial, El-Kassar, dont une partie est restée en ruines depuis le tremblement de terre qui renversa Lisbonne en 1775, et dont les secousses furent ressenties violemment au delà du détroit. Les Pères Jean de la Faye, Denis Mackar, Augustin d'Arsisas et Henri Le Roy, de l'Ordre de la Trinité, qui se rendirent au Maroc, dans les années 1723, 1724 et 1725, auprès de Muley-Ismaël, pour traiter du rachat des captifs chrétiens, nous ont laissé une description curieuse du palais d'El-Kassaf. Son circuit est d'une demi-lieue sans y comprendre les jardins. Il se compose de plusieurs séries de *méchouars*, ou corps de logis séparés qui semblent former une petite ville dont les rues sont tirées au cordeau. Chaque méchouar a la figure d'un cloître. Le plus grand, où logent les femmes du chériff, ressemble à la Place Royale de Paris, à l'exception qu'il n'est point carré. Les grands côtés sont soutenus par vingt-cinq colonnes de marbre blanc, les petits côtés en ont huit. A chaque coin de ce carré long s'élève une fontaine de marbre, en forme de coquille, et près de chaque fontaine s'ouvre une salle de bains. Les galeries sont dallées en marbre de plusieurs couleurs. Au milieu du préau formé par elles jaillit une gerbe d'eau d'un bassin taillé en étoile. Entre chaque colonne des galeries, une porte en chêne bruni, artistement sculptée, donne accès dans les chambres des favorites impériales. Les quatre femmes légitimes du chériff occupent chacune un corps de logis plus petit, mais construit sur le même modèle, et attenant aux appartements du souverain. Ceux-ci ne se composent que de deux salles. La première, où il couche, mesure soixante pas en carré; le sol est en mosaïque recouverte de riches tapis. Les lambris sont ornés de groupes d'armures de toute sorte; le lit impérial est de fer doré, chargé de plusieurs matelas revêtus de soie rouge, avec un dais de même étoffe à crépines d'or. La seconde pièce est pavée de marbre blanc; au milieu chauffe sans cesse un fourneau pour entretenir à toute heure à une égale température le bain, que fournit un aqueduc dont l'eau coule sans cesse dans une grande chaudière qui la reverse, par un conduit, dans la cuve impériale, qu'une soupape de dégagement maintient au même niveau. L'El-Kassar est servi par trois cents eunuques noirs, chargés de la garde des femmes, dont les religieux auxquels j'emprunte ces détails, n'évaluent pas le nombre à moins de trois mille. Lorsqu'elles ont un enfant, la loi leur permet de le garder jusqu'à dix ans; passé cet âge, on le leur retire. Chaque alcaïde ou gouverneur de ville, en venant payer au chériff l'impôt levé sur sa province, ne manque jamais d'apporter des présents considérables pour chaque femme légitime. Les simples favorites, dont le rang diffère peu de l'état d'esclaves, ne reçoivent du prince que la nourriture et le vêtement [1].

[1] *Relation du voyage à Maroc*, des Pères de l'ordre de la Sainte-Trinité pour la rédemption des captifs, en 1724 et 1725.

On passe du pays de Fez à celui de Maroc en traversant les montagnes de Chaouïa, peuplées de tribus qui ne vivent que de pillage. On laisse à gauche le Djebel-Tedla, et à droite le pays de Temsena, limitrophe de l'Océan. Les habitants du Haut-Atlas, près de Fez et de Maroc, portent le nom de Berbères; le plus petit nombre d'entre eux reconnaît la suprématie du Maroc; le chériff, pour les tenir en bride, force leurs chefs à vivre en otages à sa cour; ces Berbères font le principal commerce des marchés de Maroc. Les tribus des Aït-Amoure et des Zemoure-Schellouqhs, qui habitent les montagnes voisines de Fez, reproduisent l'ancien type romain; elles s'occupent d'agriculture, élèvent de nombreux troupeaux et ont beaucoup d'abeilles. Du mois de novembre au mois de février, ces indigènes habitent les sommités de l'Atlas, et passent avec leurs troupeaux la mauvaise saison dans des cavernes et des solitudes affreuses, plutôt que de descendre dans les vallées, où ils perdraient leur indépendance. Les agriculteurs s'appellent Kebaïles (de *kebyla*, tribu) ou Djebaly, c'est-à-dire montagnards (de *djebel*, montagne). Ces Kebaïles forment une grande partie des armées marocaines; très-pauvres dans leur pays, ils volent et pillent où ils peuvent, et regagnent les rochers avec leur butin, comme des oiseaux de proie. Les plus redoutés sont les Aït-Amoure, au nord-est de Fez. Les Zemoure-Schellouqhs cultivent les plaines entre Fez et Méquinez; ils sont de belle stature, et leur physionomie a les traits européens. Non loin de leurs habitations, sont situées, au pied de l'Atlas, les ruines d'El-Kassar-Pharaouan (*château de Pharaon*), qui ont suivi en grande partie à bâtir les villes de Méquinez et de Tafilet. Les restes de ces ruines, dans lesquelles on trouve beaucoup d'antiquités, rappellent le style égyptien. — Les Kebaïles de la région des neiges habitent, depuis le mois de novembre jusqu'à celui de février, les grottes des montagnes; on les voit se livrer des combats acharnés, de tribu à tribu, de village à village, et même de maison contre maison; les vengeances héréditaires s'y perpétuent jusqu'à l'extinction des familles. A l'époque du recouvrement des impôts, ils entrent aussi en lutte ouverte avec les troupes régulières du chériff, et souvent la victoire leur reste avec l'impunité.

Maroc est situé à vingt heures de marche de la mer, à l'E.-S.-E. du port de Saffi, dans une plaine formée à l'est par le grand Atlas, qui atteint près de cette ville sa plus haute élévation [1]. Au pied de pics neigeux qui n'ont pas moins de 10,800 pieds au-dessus du niveau de la mer, s'étendent de frais et tièdes vallons, de vastes cultures en plein rapport, entrecoupées de vergers où croissent des arbres à fruits de toute espèce, au-dessus desquels des bosquets de

---

[1] Le haut Atlas (*Djebel-Dyris* ou *Daran*) sépare la terrasse littorale de l'empire du Maroc des provinces méridionales et occidentales de Sous, Tarodan et de Sugulmezah; formant une série de plusieurs chaînes parallèles, elles s'étendent depuis le petit Atlas (*El-Riff*) dans la direction du S.-O., et ces montagnes se dégradent, entre le fleuve Djaha et le cap Ger, dans le désert de Sahara. Près de Maroc, les chaînes tournent brusquement à l'E., et forment à une demi-journée de cette ville, huit cônes supérieurs, dont les cimes, couvertes de neige toute l'année, se réunissent en une série de sommités qui longent Maroc, à l'E., à une distance de 80 milles anglais. De Mogador, ville située sur la côte de l'Océan, à 140 milles anglais, on aperçoit encore leurs pics neigeux, quand le ciel est serein. L'existence des neiges éternelles suppose, au 31° de latitude nord, une élévation de 10,800 pieds au-dessus du niveau de la mer; cependant la neige n'envahit nulle part de vastes espaces; elle ne couvre que quelques sommets qui surgissent du milieu de ces hauteurs. Les glaciers sont, d'ailleurs, inconnus dans cette région. (*Ansichten der Natur*, von Al. de Humboldt, t. I", p. 111 (1808). — *Account of Marocco*, by Jakson, p. 10. — *Nachrichten von Marocco und Fez*, von Hoost, p. 79. (Copenhague, 1781, in-4°.)

palmiers balancent leurs verts panaches. Maroc, appelé par les Arabes *Marakesch*, est armé de trois enceintes construites en béton, et flanquées de tours énormes, réparées en 1792 par Muley-Yézid. La plaine qui l'entoure était fécondée par plus de cinq mille cours d'eau qui descendaient des gorges de l'Atlas; mais les révolutions qui ont précédé et déchiré le règne de Muley-Ismaël ont fait détruire la majeure partie des riches propriétés de ce territoire. Fondé par Abou-Taschefin, en 1052, pris d'assaut et rasé, en 1148, par le premier chériff de la dynastie des El-Mohadi, Abd-el-Moumin, qui fit réduire en poussière et passer au crible une partie de ses murailles; rebâti par ce même conquérant; assiégé et pris, en 1647, par les montagnards de l'Atlas; gouverné par un Juif, favori du chef kebaïle Krom-el-Hadji, jusqu'en 1667; reconquis par le chériff Muley-Archid; livré, en 1672, au pouvoir de Muley-Achmet, neveu et compétiteur de Muley-Ismaël; rattaché, l'année suivante, à l'unité de l'empire, Maroc dut, un siècle après, en 1773, au chériff Sidi-Mohammed un vaste agrandissement et l'exécution d'un magnifique palais, élevé hors de l'enceinte, et en face de l'Atlas, par des architectes européens. Situé au milieu de vastes jardins parsemés de kiosques carrés que surmontent des pyramides sculptées à jour, ce palais a 1,371 mètres de long sur une largeur de 548; il est fait de pierres de taille revêtues de marbre, et couvert en tuiles chinoises.

Entre la ville et le palais s'étend un faubourg muré, d'environ deux milles de tour, que les habitants nomment El-Millah. C'est le quartier des juifs, population de parias au milieu des Arabes qui leur font subir toutes sortes d'avanies, et les détestent encore plus que les chrétiens.

Maroc est aujourd'hui dépeuplé. Ses maisons, basses, humides et mal édifiées, forment en quelques endroits des cloaques impraticables. La peste l'a si cruellement ravagé dans les années 1678 et 1752, qu'on y compterait difficilement aujourd'hui 30,000 âmes, triste débris du million d'habitants que les chroniqueurs arabes lui attribuaient au douzième siècle. Il lui reste peu de monuments de sa splendeur usée par tant de révolutions. Les mosquées d'El-Muozzin, de Sidi-Bel-Abbess et d'El-Koutoubiah rappellent cependant les gloires de Grenade. Sidi-Bel-Abbess possède un hospice pour les pauvres, les malades et les vieillards; des fondations pieuses et quelques aumônes assurent son entretien. Le sanctuaire de cette mosquée est un lieu d'asile inviolable pour les criminels et les proscrits. — El-Koutoubiah repose sur des murs d'un mètre d'épaisseur; ses nefs sont divisées par des colonnes de marbre d'un travail exquis. De son minaret, élevé de 200 mètres, l'œil découvre à vingt lieues le cap Cantin. Une autre tour de cette mosquée est surmontée de trois boules d'or, à la conservation desquelles les Maures prétendent que leur empire est attaché.

A une lieue au nord de Maroc, coule l'Oued-Tensif, qui sort de l'Atlas et se perd dans l'Atlantique près de Saffi. La route le franchit sur un vieux pont de briques, construit à la fin du seizième siècle par les prisonniers faits à la bataille d'El-Kassar, où périt Dom Sébastien de Portugal.

A peu de distance au sud de Maroc, sur le versant occidental du grand Atlas, on rencontre la ville d'Achmet, qui fut le premier séjour des sultans de Maroc, celle d'Amin-Ey, et plusieurs villages misérables où se réfugient les juifs quand ils ne peuvent plus supporter les mauvais traitements auxquels ils sont en butte de la part des Maures. Les environs sont fertiles, mais souvent ravagés par la descente des Kabaïles de l'Atlas.

Par la possession de Maroc et de Fez, qu'ils habitent tour à tour, selon les circonstances politiques, les chériffs maintiennent assez bien leur autorité, du sud au nord, sur les villes principales; mais les innombrables populations de toute la chaîne de l'Atlas n'en restent pas moins pour eux un éternel sujet d'inquiétudes et de guerres partielles qui rendent leur pouvoir très-précaire. — Les montagnards du sud de Maroc s'appellent généralement Schellouhs ou Schellouqhs; ils vivent à peu près de la même manière que les Kabaïles; seulement, leurs habitations sont plus fortifiées et presque toutes entourées de forêts. Ils sont robustes, passent pour excellents chasseurs et vivent en troglodytes sur les plus hautes crêtes de l'Atlas. Leur nourriture fort simple se compose de miel et d'orge qu'ils apprêtent de différentes manières; ils ne mangent presque jamais de viande. Leur langage diffère de celui des Berbères ou Kabaïles; Léon l'Africain l'appelle *Amarig*, Jakson *Amazirk*, et Marsden *Amazigh*.

La dernière place un peu importante du Maroc se trouve à l'extrémité sud. C'est Tarodan, dans une plaine superbe, mais inculte, sur les confins du pays de Souz; c'était au moyen âge la capitale d'un petit royaume; les chériffs en donnent aujourd'hui le gouvernement aux princes de leur famille qui n'ont pas la perspective de monter sur le trône.

Si, partant de Tarodan, on franchit l'Atlas, on descend par les pentes orientales dans le pays de Tafilet, vaste contrée dont les horizons lointains fuient vers le Sahara [1]. Plusieurs grands fleuves l'arrosent du nord au sud. Ce sont, en remontant de l'ouest à l'est, l'Oued-Seqorah, l'Oued-Mouzounah et l'Oued-Cedrat qui se réunissent en un seul lit pour devenir le Dahara. Plus loin, l'Oued-Terkela qui baigne la ville de Tafilet, l'Oued-Togdah; puis l'Oued-Ziz qui traverse Sugulmezah (le ***Sigillum-Messæ***, de Léon l'Africain), et enfin l'Oued-Ger. Ces fleuves perdent leurs eaux dans des lacs ou *Schotts*, parmi les sables du désert. Les dattes sont le principal produit de ce territoire, qui confine, à l'est, au Beled-el-Djérid. Tafilet est, pour le Maroc, le premier point d'arrivage des caravanes qui viennent de Timbektou, du Soudân et des terres centrales de l'Afrique [2].

[1] Un des phénomènes les plus remarquables que nous offre le Haut-Atlas, c'est son peu d'étendue en largeur. Vue de profil, cette chaîne apparaissait, aux anciens navigateurs des côtes, comme une colonne aérienne isolée, supportant la voûte du ciel (κίονα τοῦ οὐρανοῦ). Aucun voyageur, pas même les caravanes les plus lentes, ne mettent plus de trois jours pour se rendre des plaines du N.-O. aux plaines du S.-E. Leo, qui franchit le Haut Atlas à cheval, par le défilé qui mène du pays de Hea à Souz, mit trois jours pour aller de Tefetna, village situé sur le versant septentrional, à Messa, sur le versant sud.

Le défilé (*Biban*) conduisant par-dessus le Haut-Atlas, par la route de Maroc à la ville de Tarodan, nous est représenté partout comme très-pénible, et cependant il n'est pas à comparer aux passages alpins de l'Europe. Lemprière le passa au mois de novembre; il partit du pied de la montagne à six heures du matin, monta pendant trois heures et un quart, par des chemins étroits, escarpés et pierreux; et à deux heures après midi, il commençait déjà à redescendre; le lendemain soir, il avait franchi toute la chaîne du Haut-Atlas. (*A Tour from Gibraltar to Marocco*, 2ᵉ édit.; p. 174. London, 1793, in-8°.) Ce défilé s'élève presque perpendiculairement du côté nord; au sud, il se dégrade en énormes rochers de marbre, et en plusieurs endroits il est si étroit, qu'un cheval n'y passe qu'à grand'peine, et que le cavalier est toujours obligé de mettre pied à terre. Toute la partie de l'Atlas qui sépare les plaines de Maroc de celles du S.-E. est hérissée de semblables rochers et de précipices infranchissables, et c'est là un des principaux caractères du plateau des Berbères.

[2] Ce Soudân, vers lequel se dirige continuellement l'attention de tous les indigènes du Moghreb, est en

En traversant le Haut-Atlas, pour aller de Tafilet à Maroc, on parcourt, pendant les cinq premières journées, de vastes plaines dénuées de végétation, et où il ne pleut jamais. De là on passe, après trois jours de marche, un défilé conduisant par-dessus les ruines de Pharoah, et de là à Fez; de semblables défilés conduisent aussi de Sugulmezah au même point. Les hordes qui les habitent sont toutes enrichies par les impôts qu'elles extorquent des caravanes du Soudân, forcées de franchir ces *Portes de Fer*, pour se rendre dans la région littorale. Le principal de ces défilés, long de quatorze à quinze lieues, très-étroit et facile à défendre, est situé près de Sugulmezah, sur la route de Fez. Son entrée se trouve sur les rives de l'Oued-Zis; elle est armée de trois forts, celui de Tamaracost sur la rivière, celui de Gastir au pied de la plaine, et celui de Zehbel sur la hauteur. Nous connaissons encore le défilé d'Agmet, que traversent annuellement, au mois d'octobre, les hordes nomades, lorsqu'elles se rendent, avec leurs chameaux chargés de dattes, aux marchés de Maroc. Plusieurs autres servent enfin de passage aux caravanes qui se dirigent au nord jusqu'au Petit-Atlas et au cap Blanc.

Le pays de Souz (*Souzah*) s'étend au sud du Maroc et au nord du Sahara, depuis Aghadir, qui est sa capitale, sur les bords de l'Océan, jusqu'à Tarodan. Quoique touchant au désert, cette province est d'une admirable fertilité, riche en céréales et en arbres fruitiers de toute espèce; on y rencontre à chaque pas de petites villes, des bourgs et des châteaux fortifiés, ayant chacun son gouvernement patriarcal. Les habitants, d'une taille élancée, sont d'anciens Arabes, dont les mœurs indiquent qu'ils furent autrefois les voisins de la Judée; ils sont braves, laborieux, zélés sectateurs de l'Islam et fiers de leur indépendance. L'aisance règne généralement parmi eux, et leurs nombreux troupeaux rappellent le temps des anciens patriarches [1].

Il nous reste à étudier les régions littorales des États de Maroc, de l'est à l'ouest sur la Méditerranée, et du nord au sud sur l'océan Atlantique.

§ II. ZONE LITTORALE DU MOGHREB-EL-AKSA, SUR LA MÉDITERRANÉE.

La côte la plus septentrionale et qui confine à l'Algérie commence sur la rive droite de l'Oued-Mouilah. C'est le désert de Garet, borné au nord par la Méditerranée, à l'ouest par le pays d'El-Rif, et au sud par les contre-forts de l'Atlas.

Afrique ce qu'est l'Orient en Asie; seulement ici, conformément à la nature uniforme du continent, le centre du commerce coïncide d'une manière remarquable avec le centre géographique de cette partie du monde. Le Soudân est situé à l'endroit même où se touchent les basses terres et le plateau de Barbarie; on vient enlever l'or étincelant à ses entrailles, ses noirs enfants à son sein; et le génie du gain retourne précipitamment aux côtes, chargé d'or et de malédictions; puis il confie sa proie aux vents et à l'océan de la vie commerciale.

Un fait qu'il importe de constater ici, c'est qu'il est constant qu'on peut faire, par terre, le voyage de la Guinée jusqu'à la ville de Maroc, en ne s'écartant point du bord de la mer. « On a vu venir, en 1781, deux Français à Maroc, qui étaient partis du Sénégal. On apprit par eux la prise que les Anglais avaient faite de plusieurs forts bâtis sur la rivière de ce nom. Il est probable que ces téméraires voyageurs eussent été massacrés en chemin, si, dans quelques endroits dangereux à passer, ils n'avaient pas été protégés par des peuplades douces et hospitalières. » (*A tour from Gibraltar to Tangier, Sallee, Mogodore, Santa-Cruz, Tarudans and thence, over mount Atlas, to Morocco*, etc. By W. Lempriere. (London, 1793, p. 290.)

[1] Voy. J. Riley, Loss of the brigg *Commerce*, etc. (London, 1817, in-4°.) P. 428-501.—Jackson's *Account of Marocco*, p. 147.

On y trouve Mélilla, ville maritime dont quelques géographes attribuent la fondation à une colonie carthaginoise. Elle fut occupée par les Goths, qui en furent chassés par l'invasion des Arabes; les Espagnols s'en emparèrent au quinzième siècle et l'ont gardée.

Du désert de Garet on entre dans le Riff, sol montagneux et aride, plage inhospitalière dont les habitants vivent de guerre et de butin. La côte porte encore deux présides espagnols, El-Buzémah, et le *pegnon* ou château de Veez, bâti sur un rocher d'où les Marocains protégeaient autrefois le départ et le retour de leurs bateaux-pirates.

Tétuan, sur les bords de l'Oued-Bou-Sega, sépare la côte de Riff du pays de Harb. Cette ville, aux constructions misérables, comme toutes celles du littoral africain, est habitée par des Maures et des juifs commerçants; de riches cultures l'environnent; plusieurs consuls européens y résidèrent jusqu'en 1770. Elle fournit des vivres à Gibraltar, quand les vents d'ouest ne permettent pas aux navires anglais d'aller jusqu'à Tanger.

Au-dessus de Tétuan, et en face de Gibraltar, s'élève Couta, la seconde clef du détroit du côté de la Méditerranée. Ceuta, ville très-forte, mais qui n'a de port que pour les petits navires, paraît être, comme Mélilla, d'origine carthaginoise. Les Romains en firent une colonie qui devint, plus tard, la métropole des possessions que les Goths avaient acquises dans l'*Hispania transfretana*, et enfin la proie des Arabes. Au commencement du quinzième siècle, les Portugais, ayant formé le projet de dominer tout le commerce méditerranéen, attaquèrent simultanément Gibraltar et Couta. Une tempête les chassa de la côte d'Espagne; mais presque tous les ports occidentaux du Moghreb tombèrent successivement en leur pouvoir; Ceuta, El-Kassar-Seghaïr, Tanger, Ar-Zillah, Azamor, Mazagan, Saffi, Mogador et Sainte-Croix furent occupés. En s'emparant ainsi du littoral marocain, le Portugal fermait à cet empire toute communication avec l'Europe, et en accaparait tout le commerce. Les sultans de Fez et de Maroc se disputèrent sa protection dans leurs guerres intérieures; mais l'orgueil d'intervenir dans les débats de ces fiers despotes détruisit, en 1578, la prospérité des Portugais. Muley-Mohammed, sultan de Fez, détrôné par un de ses oncles, étant venu à Lisbonne implorer des secours, Dom Sébastien le ramena en Afrique avec une armée; mais il fut défait et tué dans la plaine d'El-Kassar. La conquête du Portugal par Philippe II acheva la ruine de son commerce au profit de la Hollande et des Anglais. Enfin, lors de la révolution qui rétablit la maison de Bragance, Couta resta aux Espagnols. Les conquêtes de Muley-Ismaël, au dix-septième siècle, échouèrent contre cette forteresse, qui fatigua les Maures par vingt-six ans de résistance.

En appuyant vers l'ouest, on trouve El-Kassar-Seghaïr, bourgade ruinée, qui fut, au douzième siècle, un lieu de plaisance du chériff Yakoub-el-Mansour. De là on arrive à Tanger, dans une baie ouverte, à l'entrée de l'Océan. Sa position sur le point le plus serré du détroit en faisait un des plus redoutables abris des corsaires marocains, qui de là surprenaient au passage les petits navires venant des deux mers. Mais, depuis 1817, Tanger n'est plus qu'un port insignifiant; les débris du môle et des remparts que les Anglais firent sauter avant de l'abandonner, en 1684, ont engravé sa rade, où les gros vaisseaux ne peuvent jeter l'ancre avec sûreté que vers la pointe de l'est. L'importance de Tanger est toute dans l'avenir; sa position peut remplacer Ceuta dans les projets de l'Angleterre. Au fond de sa baie, du côté de l'est, débouche une petite rivière où les corsaires faisaient hiverner leurs felouques; mais sa passe est ensablée et nécessiterait de grands travaux de déblaiement.

On met, au plus, quatre heures pour aller de la côte espagnole à Tanger, ou d'Europe en Afrique; et cependant la différence entre les habitants de ces deux points si rapprochés est telle, qu'on ne la trouverait pas plus frappante entre des individus pris au centre des deux parties du monde. A l'est, en passant de l'Arabie, par la Syrie, à la Turquie, à la Hongrie, à l'Allemagne, etc., on remarque une transition graduée d'un peuple à l'autre; mais ici les deux extrêmes de la civilisation se touchent, et, après quelques heures, on semble avoir franchi un espace de plusieurs milliers d'années. Les savants géologues supposent avec assez de raison que, par suite d'un cataclysme dont l'époque est perdue, les masses granitiques de l'Atlas, qui s'affaissent au nord dans l'Océan, ont creusé le détroit de Gibraltar; et en effet, comblez ce détroit, et l'aspect physique de l'Espagne méridionale vous offrira l'avant-scène de l'Afrique; supposez le canal desséché, et vous verrez que le système de l'Atlas se rattache naturellement à l'Europe par toute sa structure [1].

A l'ouest de Tanger, les côtes du Maroc redescendent au sud, dans l'Océan. On double le cap Spartel pour venir mouiller à Ar-Zillah. Cette petite place, bâtie à l'issue d'une rivière, possédée par les Portugais, et abandonnée par eux à la fin du seizième siècle, n'a plus ni commerce ni relations. On n'y trouve qu'une misérable population de Maures et de Juifs.

En louvoyant vers le sud, on rencontre, à douze lieues d'Ar-Zillah, le port et la ville d'El-Araïch, sur l'Oued-Lukos. Sa rivière est navigable; ses environs, couverts de magnifiques jardins, lui ont valu son nom (*cité fleurie*); la fable antique aurait pu y placer le jardin des Hespérides. El-Araïch avait été fortifié, en 1594, par Muley-Nacer, qui, soutenu par le roi Philippe II, était

---

[1] Voyez le LIVRE DEUXIÈME, *Zône littorale de l'Algérie*, § II, p. 62. — Rennel, *Observ. in append.*, p. 89. — Jackson's *Account of Marocco*, p. 130. — J. Riley, *Narrative*, p. 509. — *Voyages* d'Ali-Bey-el-Abbassi, en *Afrique et en Asie*, de 1803 à 1807, t. I, p. 3.

A l'extrémité septentrionale de l'Afrique, sur la côte de la Barbarie, l'antiquité avait indiqué, dans les deux *colonnes d'Hercule*, le passage de la Libye à l'Hespérie. Après les invasions des Goths et des Vandales, les Arabes reconnurent la conformité de la nature de la Libye avec l'Europe, et ils entreprirent de réunir à leur empire la belle péninsule espagnole. Mais les peuples, par leurs luttes et leurs guerres, mirent la discorde, du moins pendant certaines périodes, dans ce que la nature avait uni; les traditions et les idées de ces peuples tendraient toujours à faire disparaître cette discorde, parce que le lien commun, formé par la nature, semblait les appeler trop fortement à l'union. Quand la haine divisait les peuples, les noms d'*Algarve* dans l'Hespérie et *El-Garb* dans le Moghreb attestaient encore l'alliance formée par la nature. Du temps d'Édrisi, c'était une tradition répandue chez les Arabes, qu'Hercule, autrefois fatigué de l'antique haine qui existait entre les Africains et les Andaloux, alors que la mer ne séparait pas encore les peuples, unit la Méditerranée à l'Océan par le détroit, éleva des deux côtés d'immenses murailles de rochers, et sépara ainsi les peuples rivaux. La même fable a cours encore aujourd'hui parmi le peuple arabe; et l'on dit que *Traf-el-Garb*, le fameux Trafalgar, est ainsi appelé parce qu'il n'est qu'une partie d'*El-Garb*. De même *Djebel-Tarif*, c'est-à-dire Gibraltar, est ainsi appelé parce qu'il est une montagne de cette *partie* (Traf ou Tarif), ou un fragment de l'Afrique (selon d'autres *Djebel-el-Tarik*, rocher du Tarik, *du passage*). Ainsi s'unissent les anciennes et les nouvelles traditions des peuples; ainsi les tendances étymologiques récentes s'accordent avec la science qui cherche à prouver, par exemple, que la barbarie n'appartient pas au caractère africain, mais à celui de l'Europe, ou plutôt qu'elle forme un type unique et propre avec celui des côtes de la Méditerranée.

venu d'Espagne pour détrôner Muley-Achmet, vainqueur de Dom Sébastien. Muley-Nacer fut mis en déroute à sa première bataille, et renonça à ses projets. En 1610, Muley-Zidan, héritier du trône de Fez, eut pour compétiteur son frère aîné, Muley-Cheïkh. Celui-ci acheta par la cession d'El-Araïch, qu'il tenait en son pouvoir, la protection de Philippe III, qui ne fit rien pour lui, mais garda sa ville. Muley-Ismaël reprit cette place à l'Espagne en 1689. Elle est armée d'un fort et de batteries à fleur d'eau, qui peuvent opposer une vigoureuse résistance à une attaque navale. Sous le règne de Sidi-Mohammed, elle était l'entrepôt de quelque commerce qui fut supprimé par ce prince en 1780. La passe de l'Oued-Lukos est profonde ; on y pourrait faire hiverner de gros bâtiments ; mais le pays déboisé ne fournirait pas de matériaux pour élever des chantiers, et d'ailleurs le sol, presque partout de sable mouvant, est peu propre à recevoir des constructions durables.

A trois lieues à l'est d'El-Araïch, sur l'Oued-Lukos, est bâtie la ville d'El-Kassar-Kébir (le grand palais). Sa fondation est due à Yakoub-el-Mansour. Elle est située dans un vallon d'une merveilleuse fertilité ; mais presque tous les hivers les inondations de l'Oued-Lukos dévastent ses alentours, et submergent le rez-de-chaussée de ses maisons.

Depuis El-Araïch jusqu'à El-Mamorah, sur une longueur de vingt lieues, le territoire du pays de Harb est coupé par de vastes forêts, des marais et des vallées plantureuses peuplées de villages et de douars. Dans la dernière, on côtoie, en approchant d'El-Mamorah, des lacs d'eau douce qui ont jusqu'à huit lieues de long, et qui sont tous couverts de canards sauvages et de sarcelles. On y pêche une quantité d'anguilles considérable ; les pêcheurs maures se servent de batelets faits de roseaux et de joncs tressés, dans lesquels un seul homme peut se placer, avec une perche pour le gouverner, et un dard au bout d'une corde pour happer le poisson. Des marabouts, parmi lesquels celui de Sidi-Edris jouit d'une lointaine vénération, parsèment la campagne, au milieu de nombreuses fermes ou *haouchs*, dont les propriétaires se livrent à de grandes cultures. A l'extrémité sud de la vallée, on passe l'Oued-Sebaou, qui vient de Fez, et qui, réuni aux eaux de l'Oued-Beth, tombe dans la mer, au nord d'El-Mamorah.

Cette ancienne forteresse, commencée par les Portugais en 1515, détruite par les Maures, puis relevée et finie, en 1604, par les Espagnols, auxquels Muley-Ismaël l'enleva en 1681, s'élève à deux milles de l'Oued-Sebaou, qui sépare le Garb du pays des Beni-Hassen. L'embouchure de la rivière est obstruée par des dunes de sable. El-Mamorah sert maintenant d'asile à une cinquantaine de pauvres familles de pêcheurs.

De ce point jusqu'à Salé, la distance est de cinq lieues. Cette ville fameuse dans les annales de la piraterie, avait autrefois un port considérable, à l'embouchure de l'Oued-Bou-Rhegreb, qui se grossit des eaux de l'Oued-Guerouaou. Mais depuis l'extinction de la marine marocaine, ce port s'est ensablé comme les autres, et des navires de 200 tonneaux n'y pourraient plus entrer qu'en se déchargeant de tout leur lest. Salé fut pris, en 1261, par Alphonse X, roi de Castille, et retomba presque aussitôt au pouvoir des chérifs de Fez. On y voit encore des remparts étendus, garnis de batteries de gros calibre qui commandent la rade ; une redoute couvre aussi l'entrée de la rivière. Au nord et à peu de distance de la ville, gisent les ruines d'une autre ville, que Muley-Ismaël avait fait bâtir pour y loger les familles de sa garde noire. — L'importance maritime de Salé a diminué progressivement depuis 1766, lorsque Sidi-Mohammed concentra dans Mogador les relations du commerce étranger.

Au sud de l'Oued-Bou-Rhegreb, on voit de Salé la ville de Rabat. Toutes deux associées par les mêmes intérêts, formèrent, pendant des siècles, une espèce de régence indépendante qui devint, au dix-septième siècle, feudataire de Muley-Ismaël. Ce chériff en tirait dix pour cent du produit de chaque prise, et sur cent esclaves en prélevait dix. Les galiotes de Salé et Rabat croisaient dans le détroit. J'ai lu dans les manuscrits arabes que la plupart d'entre elles étaient dépourvues d'artillerie ; on les chargeait fortement de galets de rivière, et au moyen de frondes, dont les corsaires se servaient fort habilement, ils faisaient pleuvoir sur les bateaux marchands une si grande quantité de pierres, que les équipages, bouleversés, n'osaient tenir tête à l'abordage qui décidait de leur prise. Dans le courant du dix-huitième siècle le pouvoir était disputé par deux rivaux, Muley-Mustady et Muley-Abdallah. Vaincu dans une rencontre auprès d'El-Kassar-Kébir, Muley-Mustady, fugitif, chercha un asile à Salé, qui lui ouvrit ses portes et embrassa son parti. Rabat ayant refusé de suivre cet exemple, la guerre civile éclata entre les deux villes ; Muley-Mustady en fit le siége pendant quatorze mois ; mais enfin, lassé d'une lutte inutile, il renonça à ses vues ambitieuses, et laissant Muley-Abdallah paisible possesseur du trône, il finit ses jours dans la retraite, à Ar-Zillah, occupé de quelques affaires de négoce, comme un simple particulier. En 1755, Sidi-Mohammed, jaloux de la prospérité de Rabat et Salé, vint les assiéger avec vigueur. Le même gouverneur de Salé qui avait accueilli Mustady, vint faire hommage de sa soumission le 26 août, aux pieds du chériff, qui le reçut avec les marques de la plus vive satisfaction, et quelques jours après, sur un frivole motif, le fit lapider en sa présence, en lui disant qu'il n'y avait rien de bon à attendre d'un homme assez lâche pour vendre ses concitoyens. — Rabat se défendit longtemps et ne capitula qu'à la dernière extrémité. Mais Sidi-Mohammed usa cruellement des droits du vainqueur : trois riches négociants, dont deux français et un anglais, n'obtinrent leur liberté qu'en sacrifiant chacun 10,000 piastres fortes, qui furent payées en *effets*, appréciés si bas, que cette rançon s'éleva, par le fait, à plus du double de la somme stipulée. Un couvent de franciscains espagnols qui n'avait rien à donner pour se racheter, fut tout entier réduit en esclavage. Un négociant anglais, convaincu d'avoir vendu de la poudre à Mustady, dans sa lutte contre Muley-Abdallah, père de Sidi-Mohammed, fut l'objet de tant d'avanies de la part des Maures, qu'il se pendit de désespoir.

Rabat, avant sa réunion à l'empire, compta dans son sein, à divers intervalles, un assez grand nombre d'établissements européens ; ce fut aussi le séjour de plusieurs consuls ; mais les difficultés qui entravent la navigation sur l'Oued-Bou-Rhegreb ont toujours empêché son commerce de s'étendre vers l'intérieur. Ce serait cependant aujourd'hui, par sa situation au centre du littoral atlantique et ses rapports directs avec Fez, un des points qu'il importerait le plus de développer, dans l'intérêt européen. — Yakoub-el-Mansour, dont les conquêtes embrassèrent, au douzième siècle, une partie de l'Espagne, avait fait construire à l'embouchure de la rivière, du côté de Rabat, un château fort, avec des magasins casematés. Sidi-Mohammed le démantela. On voit encore sur un mamelon, au sud des ruines du château, un fortin carré, bâti par Muley-Archid au dix-septième siècle, et qui communiquait avec le château du nord par un mur servant de chemin couvert et qui n'existe plus. Yakoub-el-Mansour, qui voulait faire de Rabat sa capitale africaine, l'avait entourée de l'enceinte actuelle, flanquée de tours carrées qui s'échelonnent sur deux milles de diamètre ; ce fut l'ouvrage d'esclaves espagnols. Cette immense clôture enfermait la ville avec de vastes jardins et une mosquée supportée par trois cents colonnes de marbre, qui n'a été détruite qu'on 1773. Du côté opposé et faisant face à l'ouest, s'élève une tour carrée, en pierres de taille, qui n'a pas moins de deux cents pieds d'élévation, et qu'on nomme tour de Hassan. On y remarque la même forme, les mêmes proportions et les mêmes ornements qu'à la fameuse *Giralda* de Séville. De cette tour on découvre au loin ce qui se passe sur l'Océan.

La rade de Salé n'est guère sûre que depuis le mois d'avril jusqu'à la fin de septembre ; quand les vents tournent au sud-sud-est, elle n'est plus tenable. Le meilleur mouillage est au sud de la rivière, du côté de Rabat, et de façon que les navires soient embossés entre la tour de la mosquée du château et celle de Hassan, en gardant celle-ci au nord.

A l'orient de Rabat on trouve les vestiges d'une bourgade appelée Schella, que les musulmans regardent comme un lieu saint, à cause de plusieurs tombeaux de marabouts qu'on y vient visiter de très-loin.

Au sortir de Rabat on entre dans le pays de Temsena. A huit lieues environ, vers le sud, s'élève au bord de la mer une forteresse appelée Mansouriah, bâtie par Yakoub-el-Mansour, pour protéger les voyageurs contre les bédouins de la plaine.

Plus bas s'ouvre une mauvaise crique, sur les bords de laquelle Sidi-Mohammed fit commencer une ville, en 1773. Les Maures ayant découvert aux environs de ce point un grand nombre de ces puits coniques, appelés *silos* en Algérie, *matâmours* dans le Maroc, ordonna que tous ceux qui voudraient prendre part à l'extraction du blé contenu dans ces puits, seraient tenus de construire une maison dans le voisinage. Les Maures élevèrent de mauvaises baraques en pisé, et les abandonnèrent quand tout le blé fut mangé.

A quatre lieues plus loin rampent d'autres ruines, celles de Dar-Beïda, ancien poste portugais, à l'entrée d'une belle plaine richement cultivée.

En quittant Dar-Beïda, la côte avance dans la mer vers le sud-ouest. A quinze lieues commence le pays de Dou-Kallah, à l'entrée duquel on trouve Azamore, sur l'Oued-Omarbaïm (vulgairement Morbeya) ; cette petite ville, située à quelque distance de la côte, sur une rivière peu navigable, appartint aux Portugais en 1513, et fut abandonnée par eux à la fin du seizième siècle.

A quatre lieues plus au sud, s'élève Mazagan, bâti par les Portugais en 1506, sous le nom de Castillo-Réal. Près de ses murs, du côté nord, les très-petits navires peuvent s'abriter ; mais les bâtiments de fort tonnage sont forcés de mouiller à deux lieues de la côte. Mazagan, tombé au pouvoir des Maures en 1769, est à peine habité ; ses maisons, mal construites, tombent en ruines. Il y existe encore une citerne casematée, soutenue par vingt-quatre colonnes torses, et dans laquelle on descend par des escaliers de marbre. — Lorsque cette ville appartenait aux chrétiens, les Maures qui ne pouvaient accomplir le pèlerinage de la Mecque, croyaient suppléer à cette dévotion en venant de loin tirer des coups de fusil sur Mazagan. Un de ces fanatiques, ayant été coupé en deux par un boulet parti des remparts, ses compagnons l'ensevelirent comme un saint et emportèrent le boulet; mais ils eurent soin à l'avenir de faire la *fantaziah* hors de portée de l'artillerie.

A douze lieues au sud on rencontre Valédia, dans une plaine pierreuse, à quelque distance du rivage, bordé de hautes falaises habitées de nos jours par une peuplade féroce, toujours à l'affût des naufrages, pour en piller les débris. L'eau manque presque partout dans le pays de Dou-Kallah.

Après avoir doublé le cap Cantin, on arrive à Saffi, dans le pays d'Abdah; c'est la seule ville de ce petit territoire. Bâtie par les Portugais en 1508, elle fut abandonnée par eux en 1641. Les Français y avaient créé plusieurs établissements pour le commerce des laines, de la cire, de la gomme et des cuirs. Sidi-Mohammed, du vivant de son père, en fut longtemps gouverneur. Cette ville a une bonne rade; mais Mogador lui a enlevé tout son commerce. Ses environs sont tristes et déserts; la terre, privée d'eau, ne produit que des broussailles chétives. Un grand nombre de marabouts, situés à ses portes, lui avaient conféré le privilége des villes saintes. Les juifs n'y pouvaient entrer que pieds nus, et l'on ne souffrait pas que les chrétiens y entrassent à cheval. M. Chénier, notre consul, fut le premier qui brisa cette honteuse exigence. En entrant à Saffi, après le traité de 1767, il força le passage l'épée à la main, déclarant que personne n'arrêterait le représentant du roi de France. Le vice-consul Jakson, qui rapporte ce fait, le cite comme le premier exemple de fermeté qui ait affranchi les chrétiens d'une servitude qui les ravalait au niveau des juifs[1].

L'Oued-Tensif sépare au sud le pays d'Abdah de celui de Hea. Il baigne à son embouchure, du côté nord, les ruines d'une petite ville que les Maures appelaient Souheïrah, et d'où les exhalaisons marécageuses et les inondations de la rivière ont dû les chasser. Sur la rive sud, que l'on atteint par un gué facile, s'élève une construction carrée et fortifiée, qui date du règne de Muley-Ismaël. Les environs sont incultes.

De l'Oued-Tensif à Mogador on compte environ dix-huit lieues de côte. Des vallées, tantôt pierreuses et tantôt cultivées, varient l'aspect du sol. J'ai déjà dit ailleurs qu'en 1760 Sidi-Mohammed fonda cette cité pour placer le centre du commerce maritime à cinquante lieues de Maroc et à portée de sa surveillance. Cette ville, que les Arabes du désert nomment Souheïrah, et les Maures Mogador ou plutôt Mogodour, du nom d'un saint personnage dont le tombeau révéré existe encore à peu de distance au sud des remparts, n'était autrefois qu'un mauvais fort bâti par les Portugais pour relier les communications de leurs conquêtes maritimes sur la côte ouest du Maroc. Sidi-Mohammed en fit une ville assez agréable, malgré sa position sur une presqu'île très-basse, battue de tous côtés par les vagues et au milieu d'une mer de sables mouvants. Ce petit Sahara l'entoure jusqu'à deux lieues de distance; au delà, vers le sud-est, sont des

---

[1] « Adding that no one should stop the representative of the king of France. » (*An account of Marocco*, by Jakson; 2ᵉ édit., p. 478.)

campagnes fertiles et des montagnes boisées. La population de Mogador était de 12,000 âmes avant sa destruction par notre escadre; on ne comptait sur ce chiffre qu'une quinzaine d'Européens. C'était le port le plus actif du Maroc; sa douane seule produisait au chériff un million par an, tandis que Saffi n'en rapporte que 50 à 60,000, et tandis que Rabat et Salé, qui viennent après Mogador pour l'importance commerciale, et qui ont à elles deux 50,000 habitants, ne fournissent qu'un revenu annuel de 380 à 400,000 francs. L'île seule s'appelle Mogador; la ville a plus communément le nom de Souheïrah. Le port est formé par un îlot, situé au sud-ouest du débarcadère. Les navires de commerce mouillent sur la côte orientale de l'îlot, et c'est par le moyen de canots qu'ils communiquent du port à la ville; l'îlot a un quart de lieue de long et six cents mètres de largeur; il était armé de quatre batteries maçonnées. La plus forte partie des défenses de la ville battait le port et le mouillage à quinze cents mètres. Mogador n'avait pas encore essuyé une attaque par mer; mais les peuplades voisines et les montagnards de l'Atlas l'avaient deux fois assiégé. Nous l'avons renversé; mais son commerce peut remonter sans inconvénient à Saffi ou à El-Araïch.

Le port de Sainte-Croix est le dernier du Maroc, en descendant tout à fait au sud, jusqu'à la distance de trente-cinq lieues de Mogador. Sainte-Croix, que les Arabes nomment Aghadir, capitale du pays de Souz, fut d'abord une citadelle bâtie par don Manuel de Portugal, et conquise par les Maures en 1536. Ses remparts ont été détruits en 1773, par Sidi-Mohammed, qui craignait de la voir tomber aux mains des Espagnols, tandis qu'en 1774 il irait faire le siège de Melillah.

L'oued-Souz et un désert de sables séparent ce territoire du Beled-el-Nun, vaste contrée qui n'a, jusqu'au cap Bojador, sur une longueur de soixante lieues, ni ports ni mouillages, et que bordent, à l'ouest, des plages arides, dont les abords sont des récifs à fleur d'eau, détachés de l'archipel des Canaries. Malheur aux navires qui viennent échouer dans ces parages; le trépas dans les flots serait préférable au sort qui attend les naufragés : devenus la proie de sauvages qui ont à peine des traits humains, ils sont entraînés dans des solitudes ignorées, et troqués avec les caravanes du désert contre des bestiaux ou du blé. Quelques matelots d'un navire nantais qui se brisa sur cette côte à la fin de 1775, ne parvinrent à s'échapper qu'après deux ans de souffrances inouïes.

Le désert de Sahara confine immédiatement à l'océan Atlantique; sa côte, depuis le 32° jusqu'au 20° latitude nord (elle commence déjà près de Mogador), par conséquent sur une étendue de cent cinquante milles géographiques au moins, n'est qu'une bordure aride, couverte d'immenses dunes, d'un sable mouvant que les vents chassent de l'intérieur du continent, sous les formes les plus variées, vers la mer, et qui remplissent également l'Océan et l'atmosphère de particules siliceuses[1]. Le fond de la mer n'offre qu'un banc de sable qui se prolonge au loin dans l'Océan. Les Arabes vont jusqu'à une demi-lieue dans la mer à la recherche des cargaisons naufragées, sans que l'eau leur dépasse les genoux. Cet immense banc s'étend le long de la côte, sur une largeur d'une à deux lieues et presque au niveau de la mer, depuis l'Oued-Nun (le fleuve côtier du cap Nun)

---

[1] Jakson's Account of Marocco, p. 16, 19, etc.

jusqu'au cap Bojador. C'est encore ici, sur cette côte brûlante et inhospitalière[1], que le courant circulaire de l'océan Atlantique et la violence des vagues causent annuellement la perte d'une quantité de navires. L'atmosphère, remplie d'atomes de sable qui s'étendent au loin sur les flots, comme une brume blanche, cache aux marins l'approche du danger qui les menace, et les entraîne ainsi trop souvent à leur ruine.

Le cap Blanc n'est pas un promontoire élevé, mais au contraire une saillie plane qui s'avance dans la mer. Dépourvu de verdure, d'arbres et d'autres marques de terre, il est difficile à reconnaître, mais n'en est pas moins pour cela un des points les plus importants de la côte. Au sud et au nord de ce cap, le désert a accumulé les bancs de sable[2]. L'un de ces bancs, entre autres, s'étend en demi-cercle depuis le cap Blanc jusqu'au cap Mirik, au sud, et ne permet que deux passages peu profonds pour entrer dans le golfe d'Arghin, également parsemé de bancs et d'îlots de sable, et sillonné sur ses côtes par de vastes et arides dunes de grèves mouvantes. La côte se prolonge ainsi le long de l'embouchure du Sénégal et de tout le pays plane qui l'entoure jusqu'au cap Vert[3].

Le caractère essentiel de ces déserts présente des surfaces absolument horizontales avec des élévations et des abaissements relatifs peu considérables ; de là vient qu'on n'y rencontre nulle part des amas d'eau atmosphérique, ni cette variété importante de montagnes et de vallées. L'uniformité de leur substance est également remarquable. Ce sont généralement des masses de cailloux ou des couches de sel étendues sur la surface ; là où elles manquent, on ne trouve ni sol décomposé, ni humus, mais seulement des rochers nus, pour la plupart de calcaire, souvent analogue à celui de nos monts Jura [4]. Ces rochers sont recouverts de galets et de sable mouvant que le vent emporte comme un fin brouillard à travers les airs [5]. La surface n'est, par conséquent, nulle part cohérente ; à peine y voit-on quelques traces de l'état d'agrégation, première condition de toute vie organique. Le sable du désert libyque se compose de grains de quartz transparents, d'un tiers de ligne de diamètre, terme moyen, et sans mélange d'aucune autre substance ; sa surface est généralement modelée sur sa base comme une couche de neige. Mais chaque éminence, quelque insignifiante qu'elle soit, un buisson d'épine, un écueil, ou même une carcasse de chameau, donne naissance à des collines de sable que le vent accumule avec une rapidité extraordinaire. Les vents du nord et du nord-ouest prédominant

---

[1] J. Riley, *Loss of the American brig Commerce, wrecked on the western coast of Africa*. (Lond., 1811, in-4°, p. 17.) — A. Scott, *Account of the captivity among the Wandering Arabs of the Great African desert*. (In Edimb. Phil. Journal; 1821, n° VII, p. 38.)

[2] Th. Astley, *New general collection*. (Lond., 1745, in-4°, t. II, p. 4.) — Durand, *Voyage au Sénégal*, t. II, p. 70.

[3] On a comparé l'étendue du Sahara à la moitié de l'Europe, ou, ce qui est encore mieux, au double de la mer Méditerranée. On évalue l'aire du désert à 72,000 milles carrés géographiques (200,000 lieues carrées), y compris les oasis, et à 50,000 milles carrés géographiques, sans les oasis ; sa longueur est, dit-on, de 450, et sa largeur de 300,000 milles géographiques. Mais ces données ne peuvent être que très-approximatives, à cause de la nature même de l'espace en question. Toutes les fois qu'il s'agit de la vie intérieure et active de la nature, ces indications, comme toutes les données arithmétiques en général, sont en grande partie aussi stériles que le désert lui-même ; elles ne jettent aucun jour sur les contrées qu'on étudie, et sont encore moins capables de nous en donner une image fidèle et vivante.

[4] Alexander von Humboldt, *Ansichten der Natur*, t. I, p. 50.

[5] Jackson's *Account of Marocco*, p. 270. — Mungo-Park's *Travels*, p. 191.

dans le désert libyque, où ils soufflent pendant neuf mois, il en résulte que les collines de sable s'avancent, chaque année, de dix à douze pieds, comme on a pu le calculer d'après la disparition des sources et des puits. Le vent n'enlève toutefois que les sables très-fins; les cailloux et les galets restent à découvert. Le désert errant doit par conséquent couvrir de ses sables tous les espaces qu'il conquiert, tandis que la véritable patrie du sable mouvant se change en un champ de graviers, de cailloux et de galets [1].

Du caractère essentiel et de la nature du désert dépendent tous les autres phénomènes que l'on rencontre sur sa surface; elle est plus perfide que l'Océan lui-même [2], et l'homme n'échappe pas plus à ses mouvements qu'il n'échappe aux tremblements de terre qui bouleversent la surface du sol qu'il habite. Les Ammoniens avaient conservé sur le désastre de l'armée de Cambyse une effroyable tradition publiée par Hérodote; les savants Poncet, Bruce, Mungo-Park mentionnent tous ces terribles tourbillons de sable qui se placent comme des colonnes menaçantes à côté des voyageurs; les chroniques arabes sont pleines de récits sur la disparition des sources, phénomène si funeste pour tous les pèlerins. Léon l'Africain a recueilli une quantité de documents, jusqu'alors inconnus, sur les caravanes mortes de soif; et l'Anglais Jakson a confirmé la vérité de ces faits par la relation du sinistre qui eut lieu, en 1805, pendant son séjour sur la frontière du désert. Toute une caravane, composée de deux mille personnes et de dix-huit cents chameaux, périt également sur la route de Tafilet à Timbektou, parce qu'une oasis, qui jusque-là avait été une station indispensable, avait tout à coup perdu son eau.

Mais ce ne sont pas là tous les dangers du désert; des privations d'une autre nature y attendent encore le voyageur. L'ardeur dévorante du vent fait éventer les meilleures outres, et même les dessèche entièrement; le riche alors s'estime heureux lorsque pour une somme de dix à cinq cents dollars, il peut acheter une gorgée d'eau. Les chameaux tombent aussi souvent de soif et de fatigue; dans les voyages de long cours, leurs carcasses blanchies et les os d'une quantité d'autres bêtes de somme, jonchant les routes des caravanes, sont autant de témoignages des périls du désert. L'aspect de ces débris fit entrevoir à Poncet, Léon l'Africain, Bruce, Hornemann, Lyon et autres explorateurs qui parcoururent soit le nord, l'est ou le sud de la mer de sable, toute l'immensité du danger qu'ils avaient couru en franchissant les limites de ces affreuses solitudes [3].

Les oiseaux qui ne s'avancent que jusqu'à une certaine distance des endroits habités, et qui, par cela même, apparaissent aux musulmans comme des messagers du Prophète envoyés pour les consoler et relever leur courage abattu, les oiseaux sont souvent jetés, par les tourbillons de sable, dans les espaces de cette mer aride, où l'on rencontre leurs débris sur la plage sablonneuse. Le petit nombre d'endroits arrosés du désert sont habités par des éléphants et des sangliers, et sur ses bords errent des bêtes féroces, des lions et des panthères [4].

---

[1] Costaz, *Sur les sables du désert*, t. II, p. 264.
[2] Auster arenas quasi maria agens siccis fluctibus. (Pompon. Mela, lib. I, cap. 6.)
[3] Leo Afric.; p. 50. — Poncet, *Lettres édif.* V, p. 9. — Bruce, *Travels*, p. 282 et suiv. — Hornemann, *Voyages*, édit. Langlès, p. 81. — Mungo-Park's *Travels*, p. 157.
[4] Marmol Caravajal (Luis del). *Descripcion general de Africa*. (Granada, 1573, in-fol., t. Iᵉʳ, p. 81.) —

Les autruches farouches et les antilopes aux pieds légers peuvent seules vivre dans l'intérieur du désert, où elles n'entendent plus que le sifflement des vents et, de temps à autre, le pas cadencé des caravanes, car la végétation même a presque entièrement disparu. Seulement quelques plantes isolées semblent avoir été organisées par la nature pour résister aux vents ardents qui, d'ordinaire, brûlent tout sur leur passage, et dont le souffle renverse l'homme avec son compagnon de souffrance, le chameau. Plusieurs espèces de chardon dont les feuilles conservent dans leurs angles le peu d'humidité qu'elles peuvent aspirer, le buisson de manne appelé *El-Goul*, une espèce de **thymian** odoriférant, le *She* des Arabes croissant sur un sol détaché, et quelques **mimoses gommifères**, voilà les végétaux les plus répandus et souvent, pendant plusieurs mois, la seule nourriture des chameaux et des ânes. Dans plusieurs régions privées d'eau, il croît cependant, par ci par là, quelques buissons rabougris qui servent de guides naturels aux caravanes, et dont les feuilles sans suc ne sauraient rafraîchir la langue brûlante des bêtes de somme; çà et là on voit poindre aussi, dans les endroits abrités, des acacias épineux qui produisent de la gomme. Mais outre ces faibles produits de la nature, on n'aperçoit de tous côtés que le ciel et les sables; les points pourvus de quelque végétation apparaissent aux Arabes comme des îles, qu'ils appellent *Djezaïr* ou *Djezira* lorsqu'elles portent des bouquets de dattiers.

Il paraît certain cependant que, comme sur tous les autres points de la terre, la végétation finirait aussi par couvrir le désert africain, si le sol ne se déplaçait d'année en année, et même de jour en jour. Mais tout ensemencement est enlevé avec le sable; et partout où se montrent quelques misérables buissons, il se forme presque aussitôt un monticule de sable. Si parfois, par un heureux hasard, la végétation a commencé à prendre racine en un endroit quelconque, ce n'est que pour un temps très-court, car elle ne saurait résister au mouvement périodique et général des sables, à l'époque des tempêtes équinoxiales.

L'homme seul est parvenu à se rendre le désert presque hospitalier; et il est évident que l'océan de sable sépare moins le Soudân des pays de l'Afrique septentrionale que ceux-ci ne sont séparés de l'Europe par la Méditerranée. L'homme a su tirer partie du sable lui-même; dès qu'un vent frais commence à souffler, l'habitant du Fezzan se couche dans cette masse continuellement échauffée par le soleil, et y trouve un abri. Entame-t-il une conversation avec ceux qui l'entourent, il commence par égaliser l'espace qui est devant lui, afin qu'à chaque phrase il puisse appuyer son opinion par des figures qu'il dessine. S'il conclut un marché, il fait aussitôt ses calculs sur le sable. Les musulmans sont forcés, dans ces régions, d'accorder au sable la même vertu efficace que l'islamisme prête à l'eau, et ils s'en servent pour toutes leurs ablutions religieuses. Mais, ce qui est surtout digne d'attention, c'est l'avantage que l'homme tire du chameau, cet animal dont le sabot, l'estomac et la denture correspondent si bien au sol du Sahara, et qu'il a su arracher à l'état de nature pour en

---

Lucas, *Proceedings*, t. 1er p. 121. — J. Riley, *Account of Sahara in Loss of the americ. brig.*, etc. chap. XXVI. — Capt. Lyon's, *Narrat.*, p. 244.

faire le compagnon de ses travaux. Le chameau est le navire du désert, et, sans lui, l'océan de sable serait infranchissable. La seule et principale tâche du voyageur consiste dans la connaissance des saisons, des ports, et dans l'art de se diriger sur toutes les routes possibles. De là vient que les guides sont appelés dans ces contrées les *savants*, les *sages*, *Hybir* et *Chabir* (du mot arabe *chabar* qui veut dire *savoir*) [1]. Comme il n'y a là ni forêts, ni fleuves, ni montagnes, ni sentiers, mais seulement des montagnes errantes, les Hybirs se dirigent d'après le vol des oiseaux, des corbeaux et des vautours qui se rencontrent près des lieux habités, et là où les caravanes ont laissé des cadavres ; ou bien ils suivent, comme des lamaneurs, la direction des vents dominants. Comme ils voyagent plus souvent la nuit que le jour, ils ont aussi quelque science des étoiles et de leurs constellations ; ils connaissent, par exemple, l'étoile polaire, et s'en servent pour se diriger ; mais là se bornent, à ce qu'il paraît, toutes leurs notions, du moins pour ce qui regarde les guides de la caravane de Timbektou et du Dar-Four. Ils ne connaissent pas non plus la boussole, bien que certains historiens arabes nous assurent qu'ils se servent du *Kibla-Name* dans leurs courses à travers le désert [2].

De même que, sur les glaciers du nord, les guides des Alpes, pour ne pas s'égarer dans les labyrinthes et les précipices, amoncellent des tas de pierres, de même aussi les Hybirs réunissent toujours quatre à cinq blocs de pierre qui leur servent de jalons pour s'en retourner. Là où les pierres manquent, ils sont obligés de tracer leur direction d'après telle ou telle saillie de rocher ; mais cette manière n'est pas très-sûre, attendu que souvent les rochers sont recouverts par les sables. Nous voyons ainsi que partout les plus grands obstacles s'opposent à tout ce qui tend à devenir stable dans cette mer de sable. Browne, dans son voyage au Dar-Four, observa plusieurs fois que les plus habiles des guides, qui avaient déjà fait douze fois la même route, ne pouvaient se retrouver dans ces plaines sans fin, et étaient obligés d'expédier des éclaireurs pour s'orienter. Il n'est donc pas étonnant que les guides soient les *sages* du peuple, dans un pays où tout est errant, la nature aussi bien que l'homme et les peuples, les dynasties et les religions.

Après avoir franchi la zône des déserts, on trouve, à l'extrémité méridionale du Beled-el-Nun, des régions cultivées dont les habitants échangent la gomme et la cire contre les toiles d'Europe. Liés par des relations suivies avec nos comptoirs du Sénégal, ils servent aux Marocains d'intermédiaires pour l'achat des esclaves noirs de Nigritie.

Tous ces détails, que nous avons dû abréger le plus possible, suffisent pour faire envisager dans son ensemble le terrain sur lequel les intérêts de notre politique d'outre-mer nous entraîneront tôt ou tard. Il nous reste à parcourir les vicissitudes de nos relations avec les contrées marocaines ; ce tableau nous offrira des données précises sur sa situation actuelle, et des renseignements par induction sur la conduite que les éventualités futures pourront nous dicter.

---

[1] Bruce, *Travels*, t. VI, p. 412. — Tychsen, *Anmerk. zur deutschen Ausg.*, th. V, p. 359.
[2] Seetzen, *Monatl. correspondenz.* — Voyage de Sidi-Hamet, dans J. Riley, *Loss of the Americ. brig.* etc., p. 310. — *Descripcion general de Espanna de Xerif Aledris*, por D. J. Conde. (Madrid, 1799, p. 200.)

§ III. COUP D'OEIL HISTORIQUE ET DIPLOMATIQUE SUR LES RAPPORTS DES CHÉRIFS DE MAROC AVEC LES PUISSANCES EUROPÉENNES, ET EN PARTICULIER AVEC L'ANGLETERRE ET LA FRANCE.

Le premier chrétien qui osa tenter, en 1402, une descente sur ces plages inconnues, fut un marin normand, Jehan de Béthencourt. Ce capitaine aventureux devançait ainsi, de près d'un siècle, les grandes explorations de Vasco de Gama et de Christophe Colomb. Avec une poignée de compagnons enthousiastes, il avait imaginé d'imiter les croisades, en portant la foi catholique et la civilisation de l'Europe aux îles Canaries. Son expédition donna à la France le droit de priorité dans les découvertes qui furent poussées sur l'Atlantique. Il parcourut les côtes marocaines, entre le cap Cantin et le cap Blanc, pénétra dans les terres vers le cap Bojador, lutta plusieurs fois contre les peuplades qui voulaient lui fermer le passage, et revint dans sa petite colonie avec un butin considérable et des prisonniers qu'il espérait convertir [1]. Mais la France, préoccupée d'autres intérêts, ne se soucia ni des rapports qui s'étaient fondés entre les Canaries et le Maroc, ni de la conquête chevaleresque de Béthencourt, qui revint mourir, obscur et oublié, dans son manoir de Normandie, après avoir cédé le fruit de ses travaux à la couronne de Castille, pour punir l'indifférence de son pays.

Ce n'est que deux cents ans plus tard, sous le règne de Henri IV, qu'on ressaisit le fil de nos relations fugitives. Un Rouennais, Pierre Treillant, a laissé une lettre adressée, le 11 janvier 1597, au connétable de Montmorency [2], et dans laquelle se trouve racontée au long la fameuse bataille, gagnée auprès de Fez, le 12 mai 1596, par Muley-Cheïkh, contre un prétendant, du nom de Muley-Nacer, dont le père avait perdu la vie, avec Dom Sébastien de Portugal, dans les plaines d'El-Kassar. A l'époque d'où prend date le document que nous venons de citer, plusieurs marchands français avaient aussi pénétré dans les extrêmes régions du Moghreb, et nous avions, à Maroc, un consul nommé Castellane.

En 1617, un homonyme marseillais de M. Castellano vient s'installer à Fez, avec de fausses lettres de Louis XIII et du duc de Guise, s'attire la confiance du prince régnant, Muley-Zidan, en abuse, et disparaît avec un dépôt précieux. Ce chérif indigné enveloppe dans sa vengeance tous les Français qui vivent dans ses états, et les réduit en esclavage. Il fallut, pour réparer cette disgrâce,

[1] Jehan de Béthencourt et Gadifer de la Sale s'emparèrent de trois îles de l'archipel canarien, habitées par des peuplades idolâtres, et y fondèrent des fiefs qui rappelaient ceux de la Sicile et de la Calabre au XIe siècle; véritables colonies chrétiennes où les vainqueurs convertirent les vaincus, et consommèrent leur alliance avec eux en s'unissant par mariage aux familles indigènes. (*Des relations politiques et commerciales de la France avec le Maroc*, par R. Thomassy, p. 10.) Ces îles, ajoute ce savant écrivain, avaient été, bien antérieurement à Béthencourt, connues et explorées par des navigateurs génois et catalans; mais aucun d'eux n'en avait pris possession. (Voir, au sujet de ces derniers navigateurs, le précieux *Atlas catalan* de 1375, publié par MM. Tastu et Buchon, Paris, 1839.)

[2] Ce Pierre Treillant avait été officier de la maison du chérif Muley-Ahmed-el-Mansour, et il occupait encore cette position, lorsque Muley-Cheïkh, fils de ce prince, remporta la victoire qui lui assura l'empire de Maroc. Sa relation témoigne de l'intérêt que le connétable de Montmorency apportait aux rapports de la France avec cette partie de l'Afrique septentrionale. On en retrouve l'original tout entier à la fin du manuscrit n° 9092 de la bibliothèque Royale de Paris.

que le sultan de Constantinople intervînt, comme chef spirituel de l'Islam et suzerain religieux du royaume de Fez.

Tel fut le premier démêlé que nous eûmes avec le Maroc. La source en est regrettable, malgré la prompte satisfaction qui fut donnée à Muley-Zidan par le châtiment du coupable.

Douze ans après, le ministre fameux à qui la France doit sa première victoire navale sur les Anglais, devant la Rochelle, et cette haute pensée du règne de Louis XIII qui nous ouvrit le Canada[1], Richelieu, voulant justifier son titre de surintendant général de la marine royale, s'occupait d'étendre notre commerce dans la Méditerranée par des traités avec la Porte et les États Barbaresques. En 1629, une escadre, aux ordres de Razilly, paraît devant Salé[2], république d'écumeurs de mer qui n'obéissaient ni au chériff de Fez ni à celui de Maroc, et faisaient de la piraterie pour leur propre compte. Les assiégés, serrés de fort près, parlementent; mais avant la conclusion d'un accommodement, la mauvaise saison force l'escadre française à rentrer dans nos ports.

Le 20 juin de l'année suivante, une nouvelle expédition, conduite par ce même Razilly, part de Saint-Martin de Rhé, rencontre plusieurs corsaires de Salé, les coule, et revient bloquer la ville mauresque. Un traité conclu le 12 août termina utilement cette entreprise, par l'installation d'un consul de France à Salé, et par la délivrance, à un prix fort modique, des esclaves de notre nation.

Profitant avec rapidité de ce premier succès, le commandant Razilly fit annoncer au chériff de Maroc, Muley-abd-el-Malek, sa marche immédiate sur le port de Saffi, au sud du cap Cantin, pour demander la mise en liberté des esclaves chrétiens retenus dans ses provinces. Ce chériff, qui s'intitulait avec orgueil khalifa du Prophète et empereur d'Afrique, s'exécuta courtoisement. Le mauvais temps avait, comme en 1629, réduit nos vaisseaux à se retirer; mais quelques jours après leur départ, les esclaves furent amenés à Saffi, avec une lettre de Muley-abd-el-Malek à Louis XIII[3], dont les termes expriment les meilleures dispositions.

En 1666, les Anglais, qui occupaient Tanger depuis cinq ans, tiraient de cette possession une influence maritime dont les progrès inquiétaient la politique de Louis XIV. Leurs alliances, habilement ménagées, avaient pénétré jusqu'à Fez.

---

[1] *Ordonnance* de Louis XIII, du mois de mai 1628, pour reprendre la colonisation française au Canada, et en convertir les indigènes au catholicisme.

[2] Voyez les *Voyages d'Afrique faits par le commandement du roi, et dédiés au duc de Richelieu*, par Jean Armand, dit Mustapha, Turc de nation. Paris, 1631. Cet auteur, dit M. Thomassy, avait été converti au christianisme par le cardinal lui-même, dont il avait reçu le prénom d'Armand, comme autrefois le Maure Léon l'Africain avait reçu le sien du pape Léon X : curieuse similitude que cette conversion, qui nous montre d'ailleurs comment la politique de Richelieu, non contente d'embrasser toute l'Europe, se dirigeait encore vers l'Afrique et l'Orient. Le narrateur des expéditions de Razilly nous apprend le prix que le grand ministre attachait alors à la prépondérance maritime de la France, en louant son protecteur « de ne s'être pas contenté d'avoir une fois emprisonné la mer pour la conquête d'une ville rebelle, mais d'en ouvrir aussi les ports et les golfes, afin qu'il n'y eût aucun lieu où la réputation des Français ne fût publiée. »

[3] On trouve le texte de cette lettre dans la *Chrestomathie arabe* de M. Silvestre de Sacy, t. III, p. 275. Il faut rétablir dans l'adresse le nom de Louis XIII au lieu de celui de Louis XIV qui y figure par une erreur typographique. La gracieuseté des termes de cette missive est presque sans exemple dans l'histoire de nos relations politiques avec les princes musulmans ; on ne saurait dire, en la lisant, s'il faut plutôt l'attribuer au caractère personnel du chériff Abd-el-Malek qu'à la crainte que pouvait lui inspirer l'imminence d'une nouvelle expédition.

MARABOUS.

Un négociant de Marseille, Roland Fréjus, reçut alors du roi la mission d'aller fonder à Fez une vaste agence commerciale. Le chériff Muley-Arschid accueillit avec faveur l'envoyé de Louis XIV. C'était un prince ambitieux, qui ne voulait rien moins qu'enchaîner sous son joug tout le Moghreb. Il acheta au commerce français une grande quantité de munitions de guerre. La fortune qui protégeait ses armes en faisait aux yeux de Louis XIV un allié de quelque importance; les Anglais ne virent pas sans dépit cette bonne intelligence; mais leurs intrigues ne parvinrent pas à l'affaiblir [1].

Le gouvernement de Cromwell avait dès longtemps compris les avantages éminents que pouvait assurer la position de Tanger. Charles II, en adroit politique, l'avait détachée de la couronne de Portugal par son mariage avec l'infante Catherine. Il balançait, par cette acquisition, la puissance commerciale des Hollandais dans la Méditerranée; mais lorsque Fez ouvrit ses portes à Muley-Arschid, lorsque ce conquérant, qu'aucun obstacle n'arrêtait, porta ses armes jusqu'au détroit, les Anglais se virent enfermés dans Tanger. En 1675, ils envoyèrent à son successeur, Muley-Ismaël, un ambassadeur avec de riches présents pour demander la paix. Au moment de la conclure, un marabout couvert de haillons, et qui jouissait dans le pays d'une haute réputation de sainteté, s'approcha du chériff, et lui dit que la nuit dernière le Prophète lui était apparu, et lui avait ordonné d'annoncer que Muley-Ismaël triompherait de tous ses ennemis, à la condition de ne faire aucun traité avec les Anglais. Le chériff, affectant un profond respect pour ce saint marabout, baisa sa tête sale, et répondit à l'ambassadeur qu'il ne pouvait traiter de la paix, de peur d'encourir la disgrâce de Mahomet [2]. L'envoyé britannique se retira fort désappointé, et Muley-Ismaël garda ses présents.

En 1678, malgré la peste qui s'introduisit dans le Maroc par les communications d'Alger et de Tétuan, et qui y causa d'affreux ravages, surtout dans la partie du nord, les alcaïdes des environs de Tanger attaquèrent plusieurs fois cette place. Amar-Hadou, alcaïde d'El-Kassar, s'empara au mois de mars de deux petits forts avancés, tua une trentaine d'hommes et emmena les autres en esclavage.

L'année suivante, sur le faux bruit que Louis XIV allait envoyer une flotte nombreuse pour établir une citadelle à El-Kassar-Seghaïr, près de Tanger, deux armées sortirent de Fez et de Méquinez pour investir de nouveau les possessions anglaises. Amar-Hadou tenta un coup de main sur Tanger, mais il perdit quatre mille hommes et fut repoussé. Il revint à la charge en 1680, coupa les communications du fort Charles avec la ville, réduisit la garnison par la famine, et la mit en pièces dans une sortie. Les Anglais songèrent alors à munir Tanger de nouvelles fortifications [3]; mais le parlement refusa de voter les sommes nécessaires à cet immense travail.

---

[1] *Relation du Voyage* fait, en 1666, aux royaumes de Maroc et de Fez, pour l'établissement du commerce avec la France, par Roland Fréjus. Paris, 1682.

[2] *Recherches historiques sur les Maures*, par M. de Chénier, consul général de France au Maroc, t. III. Paris, 1787.

[3] A cette époque parut à Londres sous le titre de *A discourse touching Tanger*, un excellent mémoire publié par le duc d'York, depuis Jacques II, sur les moyens de s'assurer la possession d'un point qui intéressait au plus haut degré la prépondérance maritime de l'Angleterre. Mais les finances se trouvaient épuisées, et Tanger retomba au pouvoir des Maures.

L'abandon de Tanger fut alors décidé. Le Portugal offrit, dans l'intérêt général de la chrétienté, de reprendre cette position qui pouvait tenir en échec les audacieuses déprédations des corsaires barbaresques ; mais l'égoïsme d'Albion ne pouvait consentir à remettre en d'autres mains ce qu'elle se voyait incapable de garder ; le port de Tanger fut ruiné, ses remparts tombèrent sous le canon britannique, et en 1684, les Maures se rétablirent dans la ville démantelée, et fêtèrent comme une victoire l'acte de faiblesse d'un grand peuple qui ne devait réparer cette faute qu'en 1704, par l'occupation de Gibraltar [1].

Muley-Ismaël, fidèle au caractère musulman, éternel ennemi du nom chrétien, acheva son règne en guerroyant contre les établissements espagnols d'El-Mamorah et d'El-Araïch ; mais ses efforts échouèrent contre Ceuta, après vingt-six ans de siége, qui lui avaient coûté plus de cent mille hommes. La France, en bonne politique, s'était contentée de traités favorables à son commerce ; cette sage conduite augmentait son influence de toute la haine qui poursuivait les nations ses rivales sur la côte du Moghreb. Dès 1682, Muley-Ismaël avait recherché lui-même l'amitié de Louis XIV ; ses députés étaient venus admirer les splendeurs de Versailles ; un excellent traité avait été le fruit du noble et imposant accueil dont ils s'étaient vus l'objet. Les pirates de Salé se trouvaient tenus en échec, et si quelques rares infractions à la foi jurée éclataient de temps à autre, elles étaient l'objet immédiat de négociations diplomatiques, pendant lesquelles l'ensemble de nos affaires commerciales jouissait d'une protection non interrompue.

Les intrigues étrangères s'efforçaient vainement de profiter des guerres de Louis XIV pour troubler nos relations avec l'Afrique. En 1696, Muley-Ismaël, excité contre nous par les agents secrets du prince d'Orange, se brouille avec notre consul à Salé, et s'emporte jusqu'à des menaces de mort ; mais la paix de Riswick survient et relève notre influence. Le chériff, étonné de la fortune de Louis le Grand, propose lui-même les bases d'une alliance sans réserves, et à partir de 1699, la puissance du Moghreb semble chercher l'éclat de la couronne de France.

Le capitaine général de la marine de Muley-Ismaël, Ben-Aïssa-Raïs s'embarqua sur une frégate de l'escadre de Château-Renaud qui croisait devant Salé, et fut amené au port de Brest, au mois de décembre 1698. Louis XIV y envoya des commissaires, et les négociations commencèrent sur les articles du traité de 1682 ; mais comme l'ambassadeur marocain ne voulait rien conclure qu'avec le roi de France en personne, le gouvernement le fit venir à Paris, où rien ne fut négligé pour lui donner la plus haute idée de notre puissance.

Partout sur son passage, les troupes lui fournissaient un cortége d'honneur, et le 16 février 1699, il fut admis en audience royale dans le palais de Versailles, en présence de toute la cour. Louis XIV ne répondit aux offres de traité du chériff marocain qu'en renvoyant cet examen à ses commissaires ; mais il mit tous ses soins à captiver par les séductions de son accueil l'amiral maure, dont le caractère aussi bien que l'attitude pleine de dignité frappaient de surprise tous ceux qui l'approchaient, et tenaient à distance l'indiscrétion des courtisans [2].

---

[1] *Historia de Tangere*, por don Fernando de Menazes, p. 281. (Lisbon, 1732.)

[2] « Par une singulière circonstance, dit M. Thomassy, il se rencontra que l'ancien bienfaiteur de Ben-

Cependant au milieu des magnificences de Versailles et de Paris, la négociation n'avançait qu'à pas lents; les commissaires de Louis XIV se montraient

Aïssa, Jacques II était alors sous la protection du roi de France. Ce simple rapprochement dut faire une révolution dans l'âme généreuse de l'ambassadeur marocain. Celui-ci alla plusieurs fois visiter le monarque déchu, qui, au temps de sa prospérité, après l'avoir fait prisonnier de guerre, lui avait rendu la liberté sans rançon; et il lui renouvelait l'expression de son éternelle reconnaissance, l'assurant qu'il se glorifierait toujours de s'avouer son esclave affranchi, plus que de tous les honneurs qui pourraient lui arriver. La sincérité du dévouement de Ben-Aïssa ne pouvait être égalée que par la simplicité de son âme. Lorsqu'il vit l'infortuné Jacques II pour la dernière fois, il se jeta à ses pieds en le priant d'accepter un présent, et versa un torrent de larmes, qui en fit couler à toute la royale famille des Stuarts. Bizarre et touchant caprice de la fortune, qui allait ainsi chercher dans la Mauritanie l'hommage des sentiments les plus nobles et les plus désintéressés que pût alors recevoir un prince malheureux!

« Sous le rapport religieux, le caractère de Ben-Aïssa ne mérite pas moins d'être connu; il montra toujours la plus austère piété, et déjà, bien que le Rhamadan fût passé, il avait prolongé son jeûne de deux mois par dévotion, lorsque, étant tombé malade, il poussa l'observation de sa loi jusqu'à l'héroïsme. Refusant de prendre certains remèdes qu'on lui disait être nécessaires à sa guérison, il annonça que, si sa maladie augmentait, il voulait qu'on le couchât sur la terre, afin d'y être plus proche de la poussière en laquelle il devait être converti. — Voici un autre trait caractéristique de sa croyance. Pendant son voyage de Brest à Paris, comme il traversait la plaine de Saint-Martin-le-Beau, en allant à Amboise, on lui dit que les Sarrazins y avaient été défaits par Charles Martel; aussitôt il se mit en prière, et il fit recueillir plusieurs poignées de cette terre, qu'il croyait sanctifiée par les martyrs de l'Islam.

« Ben-Aïssa était d'une grande et forte stature, et son esprit n'était pas moins élevé que son cœur. Il connaissait les langues anglaise et espagnole, et il était le personnage du Maroc le plus au courant des affaires de la chrétienté. — Un jour, il fit demander à Louis XIV, comme une grâce particulière, qu'il pût baiser et mettre sur sa tête une lettre que les Maures prétendent avoir été écrite par le prophète Mohammed à l'empereur Héraclius, des mains duquel elle a passé aux rois de France, qui l'ont toujours conservée avec grand soin, et qui, selon les Maures, est la cause de toutes les prospérités de la monarchie française. Louis XIV lui répondit franchement qu'il n'en avait jamais ouï parler, mais qu'il consentait volontiers à la lui montrer, si on la trouvait dans sa bibliothèque. Les recherches qu'on y fit, en cette occasion, rappelèrent seulement qu'on possédait les lettres du sultan Solyman à François 1er.

« Durant son séjour en France, Ben-Aïssa montra, dans l'observation de toutes choses, autant d'esprit que de bon sens; et ses reparties firent fortune dans le *Mercure galant* de 1699. Ainsi, lorsqu'on lui demanda pourquoi, dans son pays, les hommes épousaient plusieurs femmes : — C'est, répondit-il, afin de trouver réunies en plusieurs les qualités que chaque Française possède à elle seule. — Comme on le menait à Saint-Cloud, on lui raconta, en passant sur le pont, l'histoire de l'architecte. On sait que celui-ci, n'en pouvant achever la construction, promit au diable, qui lui apparut et s'engagea à l'achever pour lui, la première chose qui passerait dessus, et pour s'acquitter de sa parole, y fit passer un chat que le diable prit à son grand désespoir, faute de mieux. Sur quoi Ben-Aïssa s'écria : Comment peut-on espérer de gagner quelque chose avec les Français, et de vaincre des gens qui savent vaincre le diable? — Le château de Saint-Cloud appartenait alors au duc d'Orléans, et plut singulièrement à Ben-Aïssa, qui avait déjà été comblé des bontés de ce prince; en comparant cette demeure à Versailles : — J'aime autant, dit-il, ce qui me fait plaisir que ce qui m'étonne. — En parlant des eaux de Versailles, il avait déjà dit que la parole et les expressions lui manquaient; et à l'aspect d'un des plus hauts jets d'eau : — Il suit la renommée de son maître, et voudrait aller jusqu'aux cieux!

« Saint-Olon lui fit visiter les monuments les plus curieux de Paris et des environs. Saint-Denis, ses tombeaux, son trésor, et surtout son vitrage gothique, le frappèrent d'étonnement; le prieur de l'abbaye lui fit les honneurs de l'église, en venant le recevoir avec plusieurs de ses religieux et faisant jouer les orgues lorsqu'il se retira. Ben-Aïssa remarqua également *Notre-Dame* avec ses tours, et surtout la chasuble qu'on lui dit avoir été portée par saint Denis, il y avait quinze cents ans, et qu'il regardait à ce titre comme le palladium de la France; — les *Invalides*, dont il se fit donner le plan; — l'*Observatoire*, où il fut extrêmement surpris des effets du miroir ardent, et demanda à Cassini une lettre pour les astronomes de Fez et de Maroc. Mais l'Opéra et les courses de chevaux étaient ce qui lui plaisait le plus. Au milieu de toutes ces distractions, on ne négligeait rien pour lui suggérer des idées utiles pour la France; c'est ainsi qu'on lui montra la manufacture de glaces du faubourg Saint-Antoine, où il admira autant la perfection du travail que la quantité des ouvriers, alors au nombre de huit cents. Il vit à cette occasion plusieurs fois le sieur Jourdan, secrétaire du roi, à qui Louis XIV avait donné la conduite de cette manufacture, et Ben-Aïssa s'occupa avec lui du projet d'établir le commerce des glaces à Maroc. On s'appliqua également à lui montrer les ressources personnelles de la royauté; un jour, entre autres, parcourant le garde-meuble du roi, qui était au Vieux Louvre, il s'écria en jetant les yeux sur la Seine : — Quand ces eaux seraient de l'encre, elles ne suffiraient pas à décrire les merveilles que je vois chaque jour! — Quant à son appréciation générale de la France, il l'exprima un jour en revenant de Saint-Germain, après sa dernière visite à

exigeants, et le diplomate africain restait sur la réserve. Il fallut se séparer sans avoir rien terminé.

De retour à Maroc, Ben-Aïssa fut chargé par Muley-Ismaël de renouer l'affaire par une demande sur le succès de laquelle il comptait beaucoup, celle de la main de la princesse de Conti, fille naturelle de Louis XIV et de madame de la Vallière. Cette demande était formulée en termes pressants, « au nom du chériff descendant du Prophète, par Abdallah-Ben-Aïssa-Raïs, serviteur et ministre de la royauté des Hachémites, et capitaine de la mer. » On lit dans le *Mercure galant* d'avril 1699, qu'au sortir d'un bal de la cour où il avait admiré la jeune princesse, Ben-Aïssa, ravi de sa beauté, n'avait pu s'empêcher de dire à M. de Saint-Olon, notre ambassadeur au Maroc, qu'il avait vu en France trois choses qui n'avaient rien d'égal : le Roi, l'Opéra, et mademoiselle de Conti. — « J'ai fait à mon maître, écrivait-il officiellement au ministre Pontchartrain, le portrait de cette princesse, de son bel esprit, de son air royal, et de sa parfaite intelligence aux exercices du bal et des instruments de musique, que nous vîmes une nuit au Palais-Royal, chez le prince son oncle, Monsieur, où M. de Saint-Olon me mena. J'ai parlé des grandes honnêtetés que j'ai reçues de ce prince, et des manières civiles et charmantes qu'ils observaient les uns envers les autres en notre présence. Nous avons fait l'éloge de tout cela, et une description au roi notre maître; tellement que cela lui est demeuré gravé dans l'esprit, et qu'il y pense avec soin et inquiétude. Sur quoi il m'a dit : Il faut que tu écrives au visir Pontchartrain, ton ami, afin qu'il demande pour moi en mariage, au roi son maître, cette princesse, sa fille, sœur du dauphin, à part sa mère qui n'a point d'époux à présent. Notre chériff la prendra pour femme, selon la loi d'Allah et de son prophète Mohammed, assurant qu'elle restera dans sa religion, intention et manière de vivre ordinaire. Elle trouvera en son palais tout ce qui pourra lui faire plaisir, selon Dieu et justice. »

Muley-Ismaël écrivait en même temps à Louis XIV, mais sans parler de la demande faite par son ministre. Sa lettre donnait au roi de France les qualifications les plus affectueuses : « Comme la paix que je désire, ajoutait-il, sera plus avantageuse et plus utile pour votre royaume et pour vos sujets qu'elle ne peut jamais l'être pour nous, par rapport au commerce considérable que les négociants français font dans nos états, c'est à vous à donner de justes bornes à vos prétentions, et à proposer des conditions raisonnables qui puissent établir une paix stable entre nous [1]. »

L'orgueil de Louis XIV se révolta de ce que ses courtisans appelaient l'ou-

---

Jacques II. Le coup d'œil magnifique qu'on a des hauteurs de l'aqueduc de Marly lui donna lieu de se récrier sur la multitude des villes, bourgs, villages et bâtiments, qu'il avait vus dans le royaume : — La France dit-il, n'est qu'une ville, mais si remplie de peuple, qu'elle suffirait à remplacer le reste du monde, si le reste du monde se désemplissait.

« Ben-Aïssa ne se montra pas moins touché des attentions délicates dont l'avait entouré madame de Saint-Olon durant son séjour à Paris. Il lui écrivit de Brest, en l'appelant sa *bien-aimée* et la regardant comme sa sœur. Jamais chevalier du moyen âge ne fit preuve d'une galanterie plus noble et plus pure ; et il faut dire aussi que cette dame en était parfaitement digne, par la manière dont elle avait rempli les instructions de Louis XIV, en entourant l'ambassadeur marocain des plus douces influences de notre civilisation. » (*Des relations politiques et commerciales de la France avec le Maroc*, p. 65 à 71.)

[1] Voir, pour tous les détails de cette curieuse négociation, le *Journal* manuscrit de Pidou de Saint-Olon, ambassadeur de France à Maroc, t. III.

truculance d'un petit despote barbaresque. Les beaux esprits de la cour s'en donnèrent à cœur joie ; les madrigaux et les épigrammes affublèrent de rubans roses le lion amoureux, et les hommes d'état ne réussirent pas à faire comprendre à Louis XIV de quelle importance un pareil mariage pouvait, malgré son apparente étrangeté, rehausser à l'extérieur les relations de la France. Le roi dédaigna de répondre sur ce sujet à Muley-Ismaël, et le traité fut ajourné. Ce fut une faute immense.

Et cependant, au dix-septième siècle, la France avait déjà pour un million cinq cent mille francs de capital engagé dans ses relations d'affaires avec le Maroc. Elle y débitait ses propres denrées, dit Saint-Olon, elle y faisait valoir ses manufactures ; ses marchands n'y versaient point d'argent, et par le moyen des échanges, ils en retiraient toujours des marchandises de plus de valeur que celles qu'ils y avaient portées. Les draps de Languedoc, les étoffes de Nîmes, de Montpellier, les soieries de Lyon, et les denrées du Levant y trouvaient un vaste écoulement ; les toiles de Rouen et de Saint-Malo s'y vendaient chaque année pour plus de deux cent mille livres ; on en tirait abondamment la cire, les cuirs, la laine, les plumes d'autruche, du cuivre et des dattes. Les juifs et les chrétiens s'y partageaient largement tous les bénéfices du trafic. Salé et Tétuan étaient des ports faciles, et des centres d'exportation en continuelle activité. Les caravanes de l'intérieur affluaient à Sainte-Croix et à Saffi. La ville de Fez était l'entrepôt du commerce de toute la Barbarie. L'Espagne portait au Maroc la cochenille et le vermillon, l'Angleterre ses draps, la Hollande ses toiles, ses épices, des armes et de la poudre ; l'Italie fournissait l'alun, le soufre et les poteries de Venise ; le Levant y importait ses cotons, du vif-argent et de l'opium [1].

D'autres causes que le refus de la main de mademoiselle de Conti ne tardèrent pas à compromettre nos affaires avec le Maroc. La possession de Ceuta, que Muley-Ismaël voulait reprendre aux Espagnols, nos alliés, devint un motif d'hostilité. D'un autre côté, l'influence anglaise travaillait à se rétablir par les intrigues d'une renégate devenue la favorite du chérif ; et en outre, un protestant français du Languedoc, nommé Pillet, réfugié après la révocation de l'édit de Nantes auprès du prince d'Orange, qu'il servit dans les guerres d'Irlande, s'étant fait plus tard commerçant à Fez où il avait embrassé l'islamisme, occupait la dignité de gouverneur de Salé, et se dévouait par vengeance à nos éternels ennemis.

Il aurait fallu combattre ces circonstances fâcheuses par la présence d'escadres permanentes sur les côtes du Maroc ; mais toute notre activité portée dans les guerres continentales avait affaibli notre marine. Les Anglais, qui avaient surpris Gibraltar, et qui le gardaient au nom de l'archiduc d'Autriche, mais avec la pensée de ne jamais s'en dessaisir, se consolaient de l'évacuation de Tanger, et accaparaient pied à pied l'influence maritime que nous laissions échapper.

Toutefois, notre commerce devait encore un certain calme au besoin que le Maroc avait de nos produits. Nous n'avions guère d'autres intérêts à suivre que le rachat des esclaves ; mais après la bataille de Malaga, qui livra Gibraltar aux

---

[1] *Relation de l'empire de Maroc*, situation du pays, de ses mœurs, coutumes, gouvernement, religion et politique ; par Pidou de Saint-Olon, ambassadeur de France. (Paris, 1695.)

Anglais, on vit la politique de Muley-Ismaël changer envers la France. Le chériff traita avec ses nouveaux voisins à des conditions d'une surprenante faveur, et tourna contre nous la hauteur de ses exigences.

L'ordre religieux de la Merci fit deux pèlerinages au Maroc, en 1708 et 1712, pour travailler au rachat des esclaves. Muley-Ismaël montra une avarice presque intraitable. Cependant il ne voyait pas sans inquiétude l'alliance qui régnait entre la France et la Porte Ottomane. Craignait-il pour son indépendance que pourraient menacer ces deux puissances unies? Rival dans l'ordre spirituel du sultan de Constantinople, prétendant que les chériffs du Maroc étaient les seuls conservateurs orthodoxes de la loi du Prophète et ses lieutenants immédiats, voulait-il à tout prix enchaîner la France, par des services, à ses intérêts de suprématie politique et religieuse? Quoi qu'il en fût, on le vit de nouveau écrire à Louis XIV, au mois de juin 1709 : « Il nous importe, lui disait-il, et pour plusieurs motifs, de savoir avec certitude de quelle manière vous vous conservez en paix et en amitié avec la Maison Ottomane. Voyant que sa longue et constante opposition à la Maison d'Autriche a discontinué dans le temps présent *pour des raisons particulières* (*et qu'elle s'est ainsi rattachée à vos ennemis*); voyant encore qu'au milieu de tant de guerres dans lesquelles vous êtes engagé, vous conservez toujours avec ladite Maison une bonne paix et amitié, nous vous écrivons pour vous informer que si dans la conjoncture présente vous nous envoyez votre ambassadeur, vous trouverez *également* avec nous toute la satisfaction possible, autant qu'il nous sera permis de vous la donner. Si vous avez besoin d'un secours de troupes pour vous défendre contre la Maison d'Autriche, je vous l'enverrai tant en cavalerie qu'en infanterie, parce que nous considérons que vous êtes meilleur voisin que les Autrichiens [1]. »

La hauteur de Louis XIV ne fut pas moins blessée de ces offres qu'elle ne l'avait été du caprice matrimonial de Muley-Ismaël; mais les revers de 1709, et, l'année suivante, la défaite de Malplaquet, lui firent comprendre trop tard tout le parti qu'il eût pu tirer depuis longtemps de l'alliance marocaine. Ses forces étaient usées; les jours de la mauvaise fortune avaient accablé sa vieillesse.

Après Louis XIV, la faiblesse du duc d'Orléans sacrifia, en 1718, notre consulat de Salé, et l'Angleterre, confirmée par le traité d'Utrecht dans la possession de Gibraltar, et pouvant ainsi couper en deux nos flottes, supplanta bientôt notre commerce avec les côtes barbaresques.

« La position de Gibraltar, dit un savant publiciste, conquise sur le sol ennemi de l'Espagne, et en même temps occupée par une nation commerçante qu'elle rendait voisine des ports marocains, avait été doublement agréable à Muley-Ismaël, et surtout aux alcaïdes de Tanger et de Tétuan. Ceux-ci, en effet, trouvaient dans Gibraltar un débouché pour leur commerce et une source de richesses pour leurs douanes. Ils se hâtèrent donc de s'allier aux Anglais, et les favorisèrent de tout leur pouvoir à la cour de Méquinez. Mais c'est surtout après la mort de Muley-Ismaël, en 1727, que cette possession devint avantageuse pour nos rivaux. Les discordes civiles qui éclatèrent alors dans le Maroc leur ouvri-

---

[1] *Relation du voyage* des religieux de la Merci dans le Maroc, en 1704, 1708 et 1712. (Paris, 1724.)

rent l'accès de ce pays. Egalement recherchés par les partis qui se faisaient la guerre, ils surent mettre toutes les circonstances à profit, par les services qu'ils rendirent à propos aux uns et aux autres sans partialité. Tant que dura la guerre avec l'Espagne, qui les tenait assiégés par terre, ils surent aussi tirer du voisinage des villes africaines les fascines et les gabions dont ils avaient besoin pour leur défense, les brosses pour nettoyer les vaisseaux, et tous les ustensiles nécessaires qu'ils auraient été obligés de faire venir à grands frais d'Oran, d'Alger ou de Portugal. L'entretien de la flotte et de la garnison exigeait donc qu'on maintînt la meilleure intelligence avec Tanger et Tétuan, seules places d'ailleurs d'où les hôpitaux anglais tiraient la subsistance des malades qui, sans ce secours, auraient péri de faim et de misère. C'est ainsi que l'alliance avec les côtes du Maroc devint bientôt indispensable pour alimenter Gibraltar. D'un autre côté, la présence constante des flottes d'Angleterre sur ces parages donna aux Maures la plus haute idée de la nation anglaise. Ces peuples n'étaient pas accoutumés à voir de grands vaisseaux comme ceux qui allaient de temps en temps jeter l'ancre dans la baie de Tanger; ils comparaient ces *palais flottants* à ceux qu'avait fait construire Muley-Ismaël, et bien des curieux arrivaient de Méquinez pour voir ce qui en était. Les Maures s'habituèrent ainsi à négocier avec les Anglais de Gibraltar, et le profit qu'ils y trouvèrent leur fit multiplier ces relations. Ils avaient d'ailleurs besoin de l'Angleterre, qui en échange des approvisionnements en vivres qu'elle recevait d'eux, leur fournissait les munitions de guerre, la poudre, les boulets et les bombes dont ils se servaient les uns contre les autres ou contre leurs ennemis communs. Or, comme les alcaïdes de Tétuan et de Tanger qui obtenaient ces munitions, étaient les plus influents de l'empire, l'intérêt qu'ils retiraient de ces relations leur fit nécessairement favoriser les Anglais. Le même motif contribua à les rendre très-mécontents de la paix qui, bientôt après, fut faite entre l'Angleterre et l'Espagne, car ils craignaient que ce dernier pays ne contribuât aussi à l'approvisionnement de Gibraltar et ne troublât le commerce qu'ils y faisaient. Aussi, par une convention signée le 14 janvier 1728, le gouvernement marocain s'empressa-t-il de déclarer que « les Anglais ont la permission d'acheter au prix courant, dans tous les ports de la domination du chériff de Fez et de Maroc, toutes provisions, de quelque espèce qu'elles puissent être, pour les flottes de **S. M. Britannique** et la ville de Gibraltar, avec pleine liberté de les embarquer sans payer les droits de douanes, ainsi qu'on les avait exigés dernièrement [1]. »

On aura une idée de l'importance acquise par le commerce anglais, depuis son alliance confirmée par le traité de 1732, en lisant dans les rapports de notre consul à Cadix, qu'il arrivait, bon an mal an, dans le port de Salé, plus de cent navires britanniques chargés de marchandises; et pendant les guerres civiles qui suivirent la mort de Muley-Ismaël, la moyenne de ces transports était encore de quarante à cinquante, pendant qu'à peine avions-nous quatre à cinq tartanes de Marseille qui n'abordaient à Salé qu'en tremblant [2].

[1] *Des relations politiques et commerciales de la France avec le Maroc*, par R. Thomassy, p. 108. — Voyez aussi l'*Histoire des révolutions du Maroc* en 1727 et 1728, par le capitaine Braithwaite, historiographe de l'ambassade anglaise de 1727, p. 312. (Amsterdam, 1731.)
[2] *Correspondance des affaires étrangères*, manuscrit intitulé *Maroc*; documents relatifs aux affaires politiques et commerciales, de 1575 à 1733.

En 1732, cependant, un armateur marseillais, Joseph Nadal, adressa un mémoire à Louis XV sur les moyens de réprimer les nouvelles attaques dont notre marine marchande était redevenue l'objet de la part des corsaires marocains. Ce brave citoyen, à qui l'on daigna objecter que les Marocains étaient *trop méprisables* pour qu'on dût prendre le souci de leur opposer un armement des vaisseaux du roi, répondit qu'il ne demandait que la permission d'armer lui-même trois bâtiments en course. On fit la sourde oreille aux plaintes du pauvre armateur; la politique, exclusivement continentale, avait trop à faire pour se mettre en émoi devant ce qu'elle appelait des accidents d'un ordre secondaire; et toutes les récriminations du commerce n'aboutirent, en 1737, qu'à un traité pour le rachat général des esclaves.

Les abus viennent en foule à la suite des faiblesses et de l'insouciance. Les ports marocains devinrent le refuge des banqueroutiers et des spéculations les plus infâmes. « Les Français qui sont à Salé et à Saffi, dit un mémoire inédit de 1755, ne sont connus que par leur mauvaise foi. Ils y étaient venus pour se soustraire à la rigueur des lois, et n'ayant pas la confiance de ceux qui commercent en Barbarie, ils ne sont plus occupés qu'à traverser les facteurs plus intelligents et d'une probité reconnue qu'on y envoie. Ils vivent ainsi des droits qu'ils exigent de ceux qui vont trafiquer dans leurs ports, et qu'ils obligent de s'adresser à eux; et, comme ils sont en possession de la place, on est nécessairement réduit à leur confier le soin des marchandises invendues, ou des sommes à recouvrer, que les capitaines sont obligés de laisser en partant; de sorte que ce seul inconvénient fait réduire l'importation de nos marchandises dans le Maroc à la plus petite quantité possible, et aux articles les moins considérables. De là aussi l'interruption, cause principale de ruine pour les affaires qui ne vivent que par la continuité. Or, on ne pourra placer dans les ports de cette côte des régisseurs tels qu'il les faut, que quand ils seront protégés par un consul qui fera en même temps observer les règlements qu'on jugera à propos d'établir. Il devrait être convenu que le prince de Maroc obligerait tous les Français qui sont établis sur la côte, et qui n'y sont point agréés ni approuvés par notre Cour, de s'embarquer pour l'Europe; qu'il accorderait main-forte à nos consuls, pour faire sortir nos compatriotes qui s'écarteraient de leurs devoirs, et les renvoyer en France, où ils recevraient la punition de leurs fautes [1]. »

Tout le commerce d'importation dans le Maroc était donc monopolisé par la Hollande, l'Italie et le Danemark, sous la protection de l'Angleterre, qui se faisait les parts du lion.

Cependant le souvenir des bons rapports que Muley-Ismaël avait si longtemps entretenus avec la France ne s'était pas évanoui. Après le règne tourmenté de Muley-Abdallah, son second fils Sidi-Mohammed, irrité contre les Anglais qui avaient soutenu les provinces maritimes dans leurs révoltes contre l'autorité de son père, équipa tous ses corsaires, et fit courir sus aux navires de commerce

---

[1] *Des relations politiques de la France avec le Maroc*, par R. Thomassy, p. 121. — Six autres mémoires, également inédits, signalent le triste état de notre situation commerciale à cette époque, dont Marseille avait surtout à souffrir. Tous ces avis, qui émanaient de commerçants pleins de patriotisme, mériteraient encore aujourd'hui un sérieux examen; car, aujourd'hui plus que jamais, les traditions du commerce maritime, si longtemps affaiblies et dédaignées par une fausse politique, ont besoin d'être presque entièrement régénérées.

anglais. Mais tel est dans le Maroc le peu d'autorité réelle que les chériffs exercent au delà de leur capitale, que les corsaires eux-mêmes, trouvant plus de profit avec moins de peine dans des relations amicales avec l'Angleterre, le forcèrent en quelque sorte de conclure un nouveau traité de paix. Aussitôt que cette négociation fut réglée, les Anglais envoyèrent un consul à Saffi, dont le port acquérait chaque jour une plus notable importance. La France continua de ne prendre part au commerce du Maroc que par une sorte de honteuse tolérance, et en achetant de seconde main.

Mais les dernières années du dix-huitième siècle devaient nous relever de tant de chutes. Le ministère du duc de Choiseul rendit à la France quelque dignité au dehors, et conquit la Corse. La navigation se releva ; les savants obtinrent de nouvelles découvertes ; l'astronomie perfectionnée rendit l'essor à notre marine. En 1766, on prit en considération nos intérêts de commerce extérieur si longtemps sacrifiés, et le bailli de Suffren, qui plus tard rendit de si nobles services, demandait une mission pour aller étudier le Maroc, au point de vue des besoins de notre politique.

Sidi-Mohammed, après avoir rétabli par les armes l'unité de l'empire de Muley-Ismaël, nous avait lui-même fait offrir de traiter avec nous sur les bases de notre alliance avec la Porte Ottomane. Mais son envoyé, qui était un commerçant français, trafiquant sous pavillon anglais, servit si bien ses patrons, que les négociations furent traînées en longueur pendant deux années. En 1764, un autre Français, nommé Salva, entreprit à Maroc de renouer les pourparlers. Au mois de juin, le ministre Choiseul, croyant mener l'affaire plus vite par un coup de vigueur, envoya tout à coup une flottille qui bombarda El-Araïch pendant trois jours. Dix-huit chaloupes armées en brûlots se détachèrent de nos vaisseaux pour aller audacieusement, jusque dans le port, incendier trois corsaires. Mais cette témérité nous coûta cher. Le reflux ayant mis tout à coup nos chaloupes à sec, 450 Français soutinrent contre 1,200 Maures une lutte furieuse, et périrent tous, à l'exception d'une quarantaine de blessés, que les vainqueurs firent esclaves.

Ce revers était fatal ; car au moment où tout accommodement devenait si difficile, Venise, république marchande, achetait à prix d'or une alliance qui devait singulièrement affamer l'avarice de Sidi-Mohammed ; l'Angleterre et le Danemarck unissaient leurs menées pour nous rendre tout accord impossible.

L'année suivante, les esprits s'étaient calmés. Le gouvernement français tenta de nouveau la voie des négociations. Elles roulèrent sur le traité que Louis XIV avait conclu avec Muley-Ismaël, et qui n'avait dû son défaut de confirmation qu'au refus de la main de mademoiselle de Conti. Sidi-Mohammed ne paraissait pas éloigné de le ratifier, mais l'intrigue étrangère était encore contre nous. L'Angleterre venait de lui offrir, en pur don, des munitions de guerre et des marchandises de luxe pour une somme d'au moins 40,000 livres. Le chériff voulait donc stipuler un article pour un présent d'armes et de poudre. La France, plus généreuse que sa rivale, refusa de livrer des fournitures qui seraient employées contre les chrétiens. Et cependant il y avait des présents à faire, des pots-de-vin à solder aux ministres. Pour dissimuler autant que possible la honte de ces odieuses concessions, on fit consentir le chériff à tout comprendre dans la somme générale qui serait fixée pour le rachat des captifs. La somme fut énorme; mais le dévouement religieux vint au secours de l'État. Il y avait 223 esclaves à rédimer; le chériff exigeait 700 piastres fortes par tête; l'ordre des Pères de la Merci en fournit 70,000.

Pour paralyser encore l'effet des intrigues britanniques, il fallut consentir à rendre plusieurs Maures par tête de Français dans l'échange des prisonniers faits à El-Araïch. Enfin, au mois de mars 1767, le comte de Breugnon fut envoyé à Maroc avec le titre d'ambassadeur extraordinaire pour signer le traité et en recevoir l'accomplissement. Il vint débarquer, le 5 mai, à Saffi [1]. Deux mille livres de poudre furent brûlées dans une brillante *fantaziah* pour lui faire honneur: jamais ambassade chrétienne n'avait reçu, dans tout le Moghreb, un pareil accueil. Sur toute la route de Saffi à Maroc, il fut traité avec la plus grande cérémonie. Son entrevue avec Sidi-Mohammed eut lieu le 19 mai; elle fut digne de la part du diplomate français, et presque affectueuse de la part du chériff. Le 27, les esclaves français, détenus à Salé et à El-Araïch, furent mis en liberté, et, le 28, les deux puissances signèrent le traité.

Ce traité est important à connaître, parce que ses conventions étaient exécutoires, entre la France et le Maroc, jusqu'à l'époque des hostilités, qui éclatèrent dans le courant de mai 1844. Le voici textuellement:

ART. 1er. Le présent traité a pour base et fondement celui qui fut fait et conclu entre le très-haut et très-puissant empereur Sidi-Ismaël (que Dieu ait béni), et Louis XIV, empereur de France, de glorieuse mémoire.

ART. 2. Les sujets respectifs des deux empires pourront voyager, trafiquer et naviguer en toute assurance et partout où bon leur semblera, par terre et par mer, dans la domination des deux empires, sous quelque prétexte que ce soit.

ART. 3. Quand les armements de l'empereur de Maroc rencontreront en mer des navires marchands portant pavillon de l'empereur de France et ayant passe-port de l'amiral, dans la forme transcrite au bas du présent traité, ils ne pourront les arrêter ni les visiter, ni prétendre absolument autre chose que de présenter les passe-ports; et, ayant besoin l'un de l'autre, ils se rendront réciproquement de bons offices. Et quand les vaisseaux de l'empereur de France rencontreront ceux de l'empereur de Maroc, ils useront de même, et ils n'exigeront autre chose que le certificat du consul français établi dans les états dudit empereur, dans la forme transcrite au bas du présent traité. — Il ne sera exigé aucun passe-port des vaisseaux de guerre français grands ou petits, attendu qu'ils ne sont pas en usage d'en porter, et il sera pris des mesures, dans l'espace de six mois, pour donner aux petits bâtiments qui sont au service du roi des signes de reconnaissance, dont il sera remis copie par le consul aux corsaires de l'empereur de Maroc. Il a été convenu, de plus, que l'on se conformera à ce qui se pratique avec les corsaires de la régence d'Alger, à l'égard de la chaloupe que les gens de mer sont en usage d'envoyer pour se reconnaître.

ART. 4. Si les vaisseaux de l'empereur de Maroc entrent dans quelque port de la domination de l'empereur de France, ou si, respectivement, les vaisseaux français entrent dans quelques uns des ports de l'empereur de Maroc, ils ne seront empêchés, ni les uns ni les autres, de prendre à leur bord toutes les provisions de bouche dont ils peuvent avoir besoin; et il en sera de même pour tous les agrès et autres choses néces-

[1] Des fortifications peu importantes défendent Saffi du côté de la mer. L'artillerie qu'on voit sur cette partie des murs ne consiste qu'en quelques canons de différents calibres. Les brisants qui occupent tout le rivage aux environs de Saffi le rendent presque inabordable à nos chaloupes et canots; mais les Maures ont, pour passer sur ces bancs, des pirogues à fond plat et très-élevées aux deux extrémités. Ils affrontent avec ces pirogues les plus grosses lames, qui élèvent quelquefois ces petits bâtiments à dix ou douze pieds de haut, et où ils retombent avec une rapidité effrayante pour ceux qui ne connaissent pas cette façon de naviguer. Ces pirogues, quoique à fond plat, ne peuvent pas toujours remonter assez haut sur le rivage, pour qu'on puisse sauter à terre à pied sec, ce qui arriva le jour que l'ambassadeur de France descendit à Saffi. La mer était grosse, des juifs commandés pour le transporter à terre avec sa suite accoururent en foule et abordèrent les pirogues. Aussitôt que M. de Breugnon eut grimpé sur les épaules d'un des trois juifs qui lui étaient destinés, tandis que les deux autres lui serraient la botte pour le soutenir, les officiers de sa suite enfourchèrent chacun leur porteur. Plus de quatre-vingts personnes allant à terre, ainsi montées, formaient le spectacle le plus singulier. (*Relation inédite de l'ambassade de 1767*, à la suite du *Journal manuscrit* de Saint-Olon.)

salres à l'avitaillement de leurs vaisseaux, en les payant au prix courant, sans autre prétention. Ils recevront d'ailleurs tous les bons traitements qu'exigent l'amitié et la bonne correspondance.

Art. 5. Les deux nations respectives pourront librement entrer et sortir, à leur gré et en tout temps, des ports de la domination des deux empires, et y trafiquer avec toute assurance; et si, par hasard, il arrivait que leurs marchands ne vendissent qu'une partie de leurs marchandises, et qu'ils voulussent emporter le restant, ils ne seront soumis à aucun droit pour la sortie des effets invendus. Les marchands français pourront vendre et acheter, dans toute l'étendue de l'empire de Maroc, comme ceux des autres nations, sans payer aucun droit de plus; et si jamais il arrivait que l'empereur de Maroc vint à favoriser quelques autres nations sur les droits d'entrée et de sortie, dès lors les Français jouiront du même privilége.

Art. 6. Si la paix qui est entre l'empereur de France et les régences d'Alger, Tunis, Tripoli et autres, venait à se rompre, et qu'il arrivât qu'un navire français poursuivi par son ennemi vint se réfugier dans les ports de l'empereur de Maroc, les gouverneurs desdits ports sont tenus de le garantir et de faire éloigner l'ennemi, même en lui tirant des coups de canon, ou bien de le retenir dans le port un temps suffisant pour que le vaisseau poursuivi puisse lui-même s'éloigner, ainsi que cela est généralement usité; de plus, les vaisseaux de l'empereur de Maroc ne pourront croiser sur les côtes de France qu'à trente milles loin des côtes.

Art. 7. Si un bâtiment ennemi de la France venait à entrer dans quelque port de la domination de l'empereur de Maroc, et qu'il se trouve des prisonniers français qui soient mis à terre, ils seront dès l'instant libres et ôtés du pouvoir de l'ennemi. Il en sera usé de même si quelque vaisseau ennemi de l'empereur de Maroc entre dans quelque port de France, et qu'il mette à terre des sujets dudit empereur. Si les ennemis de la France, quels qu'ils soient, entrent avec des prises françaises dans les ports de l'empereur de Maroc, ou qu'alternativement les ennemis de l'empereur de Maroc entrent avec des prises dans quelques ports de France, les uns et les autres ne pourront vendre ces prises dans les deux empires; et les passagers, fussent-ils même ennemis, qui se trouveront réciproquement embarqués sous les pavillons des deux empires, seront de part et d'autre respectés; et l'on ne pourra, sous aucun prétexte, toucher à leurs personnes et à leurs biens; et si, par hasard, il se trouvait des Français *passagers* sur des prises faites par des vaisseaux de l'empereur de Maroc, ces Français, eux et leurs biens, seront aussitôt mis en liberté; et il en sera de même des sujets de l'empereur de Maroc, quand ils se trouveront passagers sur des vaisseaux pris par les Français; mais si les uns et les autres étaient *matelots*, ils ne jouiront plus de ce même privilége.

Art. 8. Les vaisseaux marchands français ne seront pas contraints de charger dans leur bord, contre leur gré, ce qu'ils ne voudront pas, ni d'entreprendre aucun voyage forcément et contre leur volonté.

Art. 9. En cas de rupture entre l'empereur de France et les régences d'Alger, Tunis et Tripoli, l'empereur de Maroc ne donnera aucune aide ni assistance auxdites régences, en aucune façon, et il ne permettra à aucun de ses sujets de sortir, ni d'armer sous aucun pavillon desdites régences, pour courir sur les Français; et si quelqu'un desdits sujets venait à y manquer, l'empereur le châtiera, et répondra du dommage causé par son sujet. L'empereur de France, de son côté, en usera de même avec les ennemis de l'empereur de Maroc; il ne les aidera ni ne permettra à aucun de ses sujets de les aider.

Art. 10. Les Français ne seront tenus ni obligés de fournir aucune munition de guerre, poudre, canons ou autres choses généralement quelconques, servant à l'usage de la guerre.

Art. 11. L'empereur de France peut établir dans l'empire de Maroc la quantité de consuls qu'il voudra, pour y représenter sa personne dans les ports dudit empire, y assister les négociants, les capitaines et les matelots, en tout ce dont ils pourront avoir besoin, entendre leurs différends et décider des cas qui pourront survenir entre eux, sans qu'aucun gouverneur des places où ils se trouveront puisse les en empêcher. Lesdits consuls pourront avoir leurs églises dans leurs maisons pour y faire l'office divin; et si quelqu'un des autres nations chrétiennes voulait y assister, on ne pourra y mettre obstacle ni empêchement; et il en sera usé de même à l'égard des sujets de l'empereur de Maroc quand ils seront en France; ils pourront librement se faire une mosquée dans leurs maisons. Ceux qui seront au service des consuls, secrétaires, interprètes et courtiers ou autres, tant au service des consuls que des marchands, ne seront point empêchés dans leurs fonctions, et ceux du pays seront libres de toute imposition et charge personnelle. Il ne sera perçu aucun droit sur les provisions que les consuls achèteront pour leur propre usage, et ils ne payeront aucun droit sur les provisions et autres effets à leur usage qu'ils recevront d'Europe, de quelque espèce qu'ils soient; de plus, les consuls français auront le pas et préséance sur les consuls des autres nations; et leur maison sera respectée, et personne n'y exercera aucune voie de fait contre un autre.

Art. 12. S'il arrive un différend entre un Maure et un Français, l'empereur en décidera, ou bien celui qui représente sa personne dans la ville où l'accident sera arrivé; sans que le khadi ou le juge ordinaire puisse en prendre connaissance; et il en sera usé de même en France, s'il arrive un différend entre un Français et un Maure.

Art. 13. Si un Français frappe un Maure, il ne sera jugé qu'en la présence du consul, qui défendra sa cause, et elle sera décidée avec justice et impartialité; et au cas que le Français vint à s'échapper, le consul n'en sera pas responsable; et si par contre un Maure frappe un Français, il sera châtié suivant la justice et l'exigence du cas [1].

---

[1] Cet article du traité de 1767 nous rappelle une curieuse anecdote qui peut donner une haute idée du caractère arabe, étudié dans sa pureté native. Au commencement du mois de mars 1820, M. Sourdeau, notre consul général, se promenait sur

Art. 14. Si un Français doit à un sujet de l'empereur de Maroc, le consul ne sera responsable du payement que dans le cas où il aurait donné son cautionnement par écrit ; alors il sera contraint de payer ; et par la même raison, quand un Maure devra à un Français, celui-ci ne pourra attaquer un autre Maure, à moins qu'il ne soit caution du débiteur [1].

Si un Français venait à mourir dans quelque place de l'empereur de Maroc, ses biens et ses effets seront à la disposition du consul, qui pourra y faire mettre le scellé, faire l'inventaire, et procéder enfin à son gré, sans que la justice du pays ni le gouvernement puissent y mettre le moindre obstacle.

Art. 15. Si les mauvais temps ou la poursuite d'un ennemi forçaient un vaisseau français à échouer sur les côtes de l'empereur de Maroc, tous les habitants des côtes où le cas peut arriver seront tenus de donner assistance pour remettre ledit navire en mer, si cela est possible ; et si cela ne se peut, ils aideront à retirer les marchandises et effets du chargement, dont le consul le plus voisin du lieu (ou son procureur) disposera suivant leur usage, et l'on ne pourra exiger que le salaire des journaliers qui auront travaillé au sauvetage ; de plus, il ne sera perçu aucun droit de douane ou autre sur les marchandises qui auront été déposées à terre, excepté celles que l'on aura vendues.

Art. 16. Les vaisseaux de guerre français entrant dans les ports et rades de l'empereur de Maroc, y seront reçus et salués avec les honneurs dus à leur pavillon, vu la paix qui règne entre les deux empires ; et il ne sera perçu aucun droit sur les provisions et autres choses que les commandants et officiers pourront acheter pour leur usage ou pour le service du vaisseau ; et il en sera usé de même envers les vaisseaux de l'empereur de Maroc, quand ils seront dans les ports de France.

Art. 17. A l'arrivée d'un vaisseau de l'empereur de France en quelque port ou rade de l'empire de Maroc, le consul du lieu en avisera le gouverneur de la place, pour prendre les précautions et garder les esclaves, pour qu'ils ne s'évadent pas dans ledit vaisseau ; et au cas que quelque esclave vînt à y prendre asile, il ne pourra être fait aucune recherche, à cause de l'immunité et des égards dus au pavillon ; de plus, le consul ni personne autre ne pourra être recherché à cet effet ; et il en sera usé de même dans les ports de France, si quelque esclave venait à s'échapper et à passer dans quelque vaisseau de guerre de l'empereur de Maroc.

Art. 18. Tous les articles qui pourraient avoir été omis seront entendus et expliqués de la manière la

---

le port de Tanger, lorsqu'il fut frappé par un Santon (fou) musulman. M. Sourdeau s'empressa d'exiger une éclatante réparation de cette offense. Le chérif Muley-Sollman lui écrivit, au préalable, une lettre qu'on croirait empruntée aux pages les plus vénérables des Pères de l'Église chrétienne. Voici ce curieux document :

« Au nom du Dieu clément et miséricordieux.

« Il n'y a de puissance et de force qu'avec le Dieu Très-Grand et Très-Haut. Amen.

« Au consul de la nation française, Sourdeau. Salut à quiconque marche dans le droit chemin ! Comme tu es notre hôte, placé sous notre protection, et consul d'une grande nation dans notre pays, nous ne pouvons que te souhaiter la plus haute considération et le plus sublime honneur. C'est pourquoi tu comprendras combien nous a paru intolérable ce qui t'est arrivé, quand même la faute en eût été au plus cher de nos fils et amis. Et, bien que l'on ne puisse s'opposer aux décrets de la Providence, nous ne pouvons tolérer que semblable chose se fasse, même au plus vil des hommes ou bien aux bêtes. Aussi ne laisserons-nous pas certainement de t'accorder justice, s'il plaît à Dieu.

« Cependant, vous autres *chrétiens*, vous avez le cœur plein de pitié et êtes patients dans les injures, *d'après l'exemple de votre Prophète* (que Dieu l'ait dans sa gloire), Jésus, Fils de Marie ; lequel, dans le livre qu'il vous apporta au nom de Dieu, vous recommande, lorsque quelqu'un vous a frappé sur une joue, de lui présenter encore l'autre ; et lui-même (qu'il soit toujours béni de Dieu) ne se défendait pas lorsque les Juifs vinrent pour le tuer ; — c'est pourquoi Dieu le retira auprès de lui.

« Dans notre livre il est dit aussi, par la bouche de notre Prophète, qu'il ne se trouvera aucun peuple plus rapproché par la charité des vrais croyants que ceux qui disent : *Nous sommes chrétiens !* Ce qui est très-vrai, puisque parmi eux il y a des prêtres et des hommes saints qui, certainement, ne sont point orgueilleux. Notre Prophète nous dit encore qu'on n'imputera point à faute les actions de trois sortes de personnes, savoir : de *l'insensé*, jusqu'à ce qu'il ait recouvré son bon sens ; du *petit enfant* et de *l'homme qui dort*.

« Or, l'homme qui t'a offensé est insensé et n'a pas son jugement ; cependant, nous avons ordonné qu'il te fût rendu justice de son outrage. Si pourtant tu lui pardonnes, *tu feras l'œuvre d'un homme magnanime*, et tu en seras récompensé par le très-miséricordieux. Mais si tu veux absolument qu'il te soit fait justice dans ce monde, cela dépendra de toi ; attendu que, dans mon empire, personne ne doit craindre ni injustice ni voie de fait, avec l'aide de Dieu. »

M. Sourdeau eut le bon esprit de se rendre à de si sages remontrances. Le châtiment d'un malheureux aliéné n'eût jeté aucun éclat sur la politique française ; et l'on veut bien remarquer ici, dans l'antiquité, les êtres frappés de démence étaient placés sous la protection des dieux, et que chez les musulmans cette tradition charitable est entourée du respect le plus profond, on comprendra les graves dangers qu'une conduite différente eût pu soulever contre nos nationaux, dans un pays où les prescriptions du Koran exercent un tel empire, qu'il serait moins imprudent d'y offenser le plus haut dignitaire que le dernier des individus placés sous la tutelle religieuse.

[1] Cette clause était fort importante ; voici un fait qui en fournit la preuve. — En 1718, le protestant français Pillet, agent secret des intrigues de l'Angleterre, étant marchand à Salé, avant de se faire renégat, avait emprunté du vice-roi de Fez, fils de Muley-Ismaël, une forte somme d'argent qu'il ne put ou ne voulut pas rendre à l'époque fixée. Comme il était Français, tous ses nationaux furent déclarés solidaires de sa dette ; et pour se rembourser, le vice-roi de Fez fit vendre leurs biens. Le gouvernement français se contenta de rappeler M. de la Madelaine, notre consul à Salé. Ce fait n'empêcha point le renégat Pillet de devenir plus tard gouverneur de Salé. Privé de cette position après la mort de Muley-Ismaël, il dut sa réintégration à l'argent des Anglais, pour qui rien ne coûte quand leurs intérêts sont en jeu, et ils avaient en Pillet un entremetteur dévoué.

plus favorable pour le bien et l'avantage réciproque des sujets des deux empires, et pour le maintien et la conservation de la paix et de la meilleure intelligence.

Art. 19. S'il venait à arriver quelque contravention aux articles et conditions sous lesquels la paix a été faite, cela ne causera aucune altération à ladite paix; mais le cas sera mûrement examiné, et la justice sera faite de part et d'autre. Les sujets des deux empires qui n'y auront aucune part n'en seront point inquiétés, et il ne sera fait aucun acte d'hostilité que dans le cas d'un déni formel de justice.

Art. 20. Si le présent traité de paix venait à être rompu, tous les Français qui se trouveront dans l'étendue de l'empire de Maroc auront la permission de se retirer dans leur pays, avec leurs biens et leurs familles, et ils auront pour cela le temps et terme de six mois [1].

Ce traité relevait notre attitude et humiliait l'Angleterre, jalouse de ce qui pouvait, à l'extérieur, étendre ou maintenir les intérêts de notre commerce. Le comte de Breugnon retourna en France le 18 juin 1767, laissant à Maroc M. de Chénier, qui venait de recevoir le titre de consul général à Salé, et se montra protecteur actif et éclairé de nos rapports politiques et de nos industries. L'Espagne, notre alliée fidèle à cette époque, profita avec nous des bénéfices de ce traité, dont l'exacte observance amena, sous le règne suivant, des résultats encore plus précieux.

Louis XVI, à son avénement, écrivit à Sidi-Mohammed pour renouveler les gages de la bonne intelligence qui existait entre les deux nations. Il y a, dans leur correspondance de cette époque, un fait remarquable. Le chériff, qui prend dans sa réponse le titre de *très-grand empereur*, ne donne à Louis XVI que celui de *chef* de la nation française, qui est aujourd'hui *à la tête du gouvernement*. Pour obtenir le titre d'*empereur* ou de *sultan* de France, il fallut entrer dans de nouvelles négociations. M. de Sartines en fut chargé; on convint des titres précis dont se qualifieraient les deux monarques dans leurs relations à venir; mais probablement par suite de la susceptibilité religieuse qui influe sur la conduite des princes musulmans vis-à-vis des *infidèles chrétiens*, cette convention ne fut point ratifiée par le chériff. Dans ses lettres suivantes, il ne s'adresse pas directement à Louis XVI, mais à *la Cour* de France. Du reste, à part ce détail d'étiquette, les articles du traité de 1767 furent loyalement observés.

En 1777, la générosité naturelle et l'esprit de charité religieuse qui animaient Sidi-Mohammed le conduisirent à abolir, d'accord tacite avec Louis XVI, l'esclavage entre chrétiens et musulmans [2]. Ce remarquable progrès de civili-

---

[1] Ce traité se trouve au complet dans la *Chrestomathie arabe* de M. de Sacy, 2ᵉ édit., t. III, et dans l'excellent ouvrage déjà cité de M. R. Thomassy. Nous laissons à la sagacité du lecteur le soin d'établir un curieux rapprochement entre cet acte diplomatique conclu au XVIIIᵉ siècle, malgré les intrigues de l'Angleterre, et celui que nous relaterons plus tard, sous la date du 18 mars 1845, et qui fut l'œuvre d'un ministère dominé par l'influence britannique, et auquel les glorieuses victoires du prince de Joinville ne purent faire succéder une politique d'abaissement national, honteuse pour notre passé et déplorable pour l'avenir.

[2] Dans les premiers jours de novembre 1777, l'alcayde Sidi-Tahor-Fenisch était venu à Paris, en ambassade, pour traiter avec Louis XVI l'importante question de la suppression de l'esclavage. Il offrait d'arrêter, de la part du chériff, que tout esclave chrétien détenu dans les états de Maroc serait racheté par la mise en liberté d'un musulman, tête pour tête; et que dans le cas où il ne se trouverait point de musulmans captifs en France, on donnerait 100 piastres pour la rançon de chaque chrétien, et réciproquement. « On ne fera à cet égard, ajoutait le chériff, aucune distinction entre le riche et le pauvre, l'homme robuste et celui qui sera infirme; la rançon sera la même pour tous. Aucun captif ne demeurera une année entière, soit dans les terres des musulmans, soit dans celles des chrétiens. Quant aux septuagénaires et aux femmes, ils ne pourront être considérés comme captifs. Toutes les fois que quelques vieillards de cet âge, ou quelques femmes se trouveront sur les vaisseaux des musulmans ou des chrétiens, on les remettra sur-le-champ en liberté sans rançon. C'est là, à ce que nous croyons, un sage accommodement, utile aux deux parties. Si la chose est acceptée sur ce pied, envoyez-nous un écrit de votre part, portant l'engagement de vous y con-

sation s'accomplit en fait, s'il ne fut jamais l'objet d'une convention que la généralité des musulmans aurait repoussée. Sidi-Mohammed était un prince éclairé, pieux de cœur, et favorable à toute pensée de progrès. Il rechercha, surtout vers la fin de sa vie, tous les Européens qui pouvaient lui être utiles par les capacités les plus diverses. Il n'est, certes, pas indifférent de remarquer qu'un Marseillais, Samuel Sumbel, fut longtemps son ministre favori. Il protégeait aussi les renégats français; la garnison de Mogador en était entièrement composée. Les chrétiens de toutes nations qui se distinguaient par des qualités éminentes ne trouvèrent pas auprès de lui moins d'accueil; on compte parmi ses ministres un autre Français, nommé Cornut, un Triestin, un Toscan, et un Genèvois, pour qui leur religion ne fut pas un obstacle.

En 1783, la Russie menaçait déjà l'Orient. La czarine Catherine II s'était emparée de la Crimée, convoitait la Géorgie, et s'alliait avec l'Autriche. La Turquie sentit son danger et tourna ses regards vers le Moghreb, pour y chercher des alliés. En 1787, une ambassade ottomane vient, avec de riches présents, faire à Sidi-Mohammed un emprunt de vingt millions de piastres; et le chériff arme tous ses corsaires contre le commerce de la Russie et de l'Autriche. Il offre au sultan quatre frégates, et menace l'Angleterre d'une déclaration de guerre si elle refuse de conduire ces bâtiments à Constantinople. En même temps il mettait sous les armes soixante mille cavaliers.

L'Angleterre ayant refusé de conduire les frégates, Sidi-Mohammed menaça les consuls européens de Tanger d'une guerre générale s'ils laissaient exporter

---

former, et nous vous ferons tenir un écrit signé de notre main et muni de notre cachet, par lequel nous nous engagerons à accomplir tous les articles contenus dans la présente lettre, en ce qui concerne le rachat respectif des esclaves, aux termes ci-dessus exprimés. Si cela a lieu, cet écrit restera entre vos mains. » (Voyez *Relations politiques de la France avec le Maroc*, par Thomassy, p. 188.)

Cette lettre, remise par Taher-Fenisch, donna prétexte à des conflits d'étiquette. Louis XVI n'y était nommé que *le plus grand des Français*; il voulut exiger le titre d'*empereur*; les pourparlers à cet égard n'obtinrent aucune réponse de Sidi-Mohammed. Toutefois le rachat des captifs eut lieu sans obstacles de sa part; et cinq ans après, le même chériff écrivit *à la Cour de France* une lettre qui nous indique le motif de sa conduite : — « Quant à la demande que vous avez faite, y est-il dit, pour que nous vous donnions le titre de *Sultan*, il faut que vous sachiez que l'on ne pourra connaître que dans l'autre vie qui sont ceux qui méritent ce nom. Ceux qui auront été agréables à Dieu, qu'il regardera favorablement, qu'il revêtira des vêtements impériaux, et auxquels il mettra la couronne sur la tête, ceux-là seront dignes du titre de *Sultan*. Nous demandons à Dieu de nous mettre au nombre de ceux qui auront le bonheur de lui plaire dans l'autre monde. Quant à ceux, au contraire, qui seront, dans cette vie, l'objet de la colère de Dieu, *auxquels on passera une corde sur le cou, et que l'on traînera ignominieusement sur le visage*, ils seront bien loin de porter le titre de *Sultan*. Puisque c'est une chose dont la vérité ne peut être connue que dans la vie à venir, de quelle utilité peut-il être d'user de ce titre en ce monde-ci? Plaise à Dieu de nous garantir de sa colère !!! Ne nous donnez donc plus désormais, quand vous nous écrirez, le titre de *Sultan*, ni aucun autre titre honorifique, et contentez-vous du nom que nous avons reçu de notre père, nom qui est Mohammed-Ben-Abdallah, ainsi que nous le ferons nous-même, en écrivant, soit à vous, soit à d'autres. Si les régences de la partie orientale de l'Afrique se servent envers vous de la dénomination de *Sultan*, c'est uniquement pour vous complaire qu'elles en agissent ainsi. » (*Cette lettre est datée de 1783.*)

L'orgueil de Louis XVI était bien abaissé par cette lettre modeste d'un prince musulman qui se refusait à lui-même non-seulement le titre de *Sultan*, mais encore celui de *Muley* (maître), qui distinguait les membres de sa famille souveraine. Laissant cette dernière qualification à tous les autres chériffs, Mohammed se contenta toute sa vie du titre de *Sidi*, commun à tous les musulmans, et donna ainsi, dit l'historien qui rapporte sa lettre, un exemple d'égalité sans modèle ni copie chez les princes chrétiens. — Les termes de la lettre que nous venons de citer semblaient renfermer une prédiction fatale, celle du sanglant orage qui devait, quelques années plus tard, engloutir le malheureux Louis XVI dans une révolution qui l'eût fait si grand dans l'histoire s'il eût marché à sa tête, au lieu d'opposer à l'intelligence française affranchie l'impuissant obstacle d'une résistance aveugle.

du territoire marocain les moindres provisions pour Gibraltar. L'Angleterre essaya les voies d'intimidation, mais le vieux chériff était en mesure de riposter vigoureusement. La politique britannique dévora son affront, et calma la fureur belliqueuse de Sidi-Mohammed par le don de neuf canons de bronze. — La France seule se voyait à l'abri de cette recrudescence d'aversion contre les races chrétiennes.

J'ai dit tout à l'heure que le plus beau souvenir du règne de Sidi-Mohammed était sa volonté d'abolir l'esclavage entre chrétiens et musulmans. En 1788, nous le voyons écrire au consul de France pour l'informer que des marchands chrétiens venaient acheter des esclaves à Sainte-Croix pour les transporter aux Indes Occidentales, et il interdit formellement la continuation de ce trafic. — Plus tard, en 1790, il écrit de nouveau à notre consul pour lui demander combien il y a d'esclaves chrétiens à Alger, annonçant son projet de les racheter à ses frais, pour les échanger ensuite contre des esclaves musulmans.

Mais cette même année 1790 le vit mourir, le 11 avril, au milieu de ses nobles désirs. Après lui, le Maroc redevint la proie de la barbarie.

Le commerce européen, sous son règne, s'était insensiblement déplacé de Salé et de Saffi, pour se concentrer à Mogador, qu'il avait créé en 1760, et qu'il appelait sa ville chérie.

Muley-Yézid, son fils, qui lui succéda, continua les relations de paix du Maroc avec la France. Lorsqu'en février 1791, l'inauguration du drapeau tricolore lui apprit la révolution française, il lui fit rendre les honneurs à Salé, et commanda à tous ses sujets de le respecter. — Le règne de ce chériff fut de courte durée. En lutte continuelle avec ses frères, qui lui disputaient le pouvoir, il leur livra plusieurs combats, et mourut en février 1793, après une victoire sous les murs de Maroc, des suites d'une blessure mal soignée.

Notre consul, qui était allé chercher à Paris le titre d'ambassadeur pour donner une nouvelle importance à nos affaires, arrivait à Gibraltar, lorsqu'il apprit la mort de Muley-Yézid et les discordes civiles qui mettaient aux prises ses quatre frères.

Louis XVI avait péri dans la tourmente révolutionnaire. La guerre était déclarée entre l'Angleterre et la République française, et notre ambassadeur, M. Durocher, venait chercher au Maroc la ratification des anciens traités. Le gouverneur de Gibraltar, violant le droit des gens, le retint malgré son sauf-conduit, s'empara des présents dont il était chargé, et ne lui permit de regagner Marseille qu'au moment où les Anglais et les Espagnols nous enlevaient Toulon.

Quelques années s'écoulèrent. En 1797, Muley-Solyman avait vaincu ses frères et conquis le trône à la pointe de l'épée; les premiers succès de Bonaparte permettaient à la France de respirer ; M. Durocher reprit la route du Maroc; mais la mort l'arrêta à Cadix. Il fut remplacé par un chargé d'affaires, Antoine Guillet, qui sut si bien ménager sa position, que les Anglais, devenus pour Muley-Solyman l'objet d'une aversion très-prononcée, se virent réduits à demander à Oran et au bey de Maskara les ravitaillements nécessaires à Gibraltar, et que le Maroc leur refusait. C'est de la même époque que date la translation à Tanger de notre consulat-général.

L'expédition d'Égypte, ce magnifique drame oriental, agrandit aux yeux des races musulmanes le prestige de notre supériorité. Les relations nouvelles produites par les caravanes qui ne pouvaient aller à la Mecque sans traverser des lieux tout pleins du bruit de nos gloires, consolidaient notre alliance avec le Maroc, dont les pèlerins apprenaient à nous mieux connaître, et se rendaient aux villes *saintes* sous notre protection.

Lorsque Bonaparte, en 1804, mit la couronne sur sa tête, Muley-Solyman ne parut surpris que d'une seule chose, c'est qu'il ne l'eût pas fait bien plus tôt. Du reste, il résista froidement aux démarches que le nouveau consul de Tanger renouvela plusieurs fois auprès de lui pour l'engager à féliciter par écrit l'avénement de l'empereur : — « Le sultan des vrais croyants, disait-il, ne doit pas commencer d'écrire à celui des chrétiens. »

Le désastre de Trafalgar, au mois d'octobre 1805, creuse une profonde lacune dans nos rapports avec le Maroc. L'Angleterre n'a pas payé trop cher sa victoire, puisqu'elle reprend d'un seul coup le monopole du commerce à Mogador. Napoléon qui rêvait, depuis le siége de Toulon, aux moyens d'écraser un jour cette puissance rivale, fulmine, en novembre 1806, un décret, daté de Berlin, qui la déclare tout entière en état de blocus. Elle répond, le 7 janvier 1807, par un décret de confiscation de tous les bâtiments se rendant en France ou dans les pays qui nous étaient alliés ; puis, le 11 novembre, elle ose publier l'injonction à tous les bâtiments destinés pour nos ports de se rendre d'abord dans les siens, et d'y payer une taxe. Napoléon s'indigne, et décrète de Milan, le 17 décembre, que tout vaisseau qui paye un impôt à l'Angleterre est dénationalisé.

Un immense duel de peuple à peuple est engagé. Napoléon veut Gibraltar, cette clef du détroit qui ouvre les deux mers. Pour y atteindre, l'alliance espagnole ne lui suffit plus, et une injustice ne lui coûte pas : l'Espagne est envahie. Mais l'Angleterre a préparé ses armes ; à la grande armée continentale elle oppose un système de grande armée maritime ; elle recrute tous les matelots de l'Europe. Napoléon a méconnu la marine; son système exclusif chancelle : cela devait être. — Il songe au Maroc, sa diplomatie de ce côté peut faire couper les approvisionnements de Gibraltar. Le capitaine du génie Burel y est envoyé en mission ; mais il échoue par la maladresse de M. d'Ornano, notre consul général, qui veut briser, de haute lutte, la neutralité de Muley-Solyman. — L'application du système continental au commerce du Maroc, la saisie à Marseille de quelques cargaisons mauresques séquestrées comme suspectes, détruit nos rapports. Plus d'importations ni d'exportations : l'Angleterre hérite encore de nos fautes.

Néanmoins, tandis que la guerre dévorait l'Europe, et que les corsaires barbaresques recommençaient plus audacieusement que jamais la chasse aux chrétiens, le Maroc, malgré ses griefs, garda la neutralité.

Après la chute de l'empire, en 1817, Muley-Solyman désarme volontairement toute sa marine militaire, et la piraterie marocaine s'éteint sous une volonté civilisatrice. Bientôt une disette menace nos populations : le chérif nous ouvre son empire, et nous livre ses blés affranchis, par une faveur unique, de tout droit de douane pour l'exportation. La Restauration ramène avec elle les con-

ABD-EL-RAHMAN,
Empereur de Maroc.

venances diplomatiques : nos rapports avec le Maroc ne cessent pas d'être réglés par une bienveillance mutuelle ; mais le commerce européen tombe dans une langueur générale. Muley-Solyman affectait des mœurs d'une extrême rigidité ; observateur sévère des préceptes religieux, il s'était étudié à bannir de son empire le goût du luxe et des aisances profanes. On le voyait lui-même donner à ses sujets l'exemple d'une simplicité dans ses vêtements et ses meubles, qui porta un coup ruineux à l'industrie étrangère, parce que les sujets étaient contraints d'imiter, sous peine de châtiment, la conduite du maître. Un fils de Sidi-Mohammed, Muley-Abd-el-Salem, osait seul enfreindre la loi commune. Sa succession au trône aurait été un bienfait pour le Maroc ; mais Muley-Solyman mourut le 28 novembre 1822, après avoir désigné par testament et fait proclamer son neveu Abd-el-Rahman-ben-Muley-Ischem, qui règne aujourd'hui.

Le nouveau chériff ouvrit aux Européens le port de Mazagan. En 1825, il répondit au consul de France qui lui offrait des présents de la part de son gouvernement, que notre nation était « des plus proches et des plus considérées dans son amitié. » Le traité de 1767 continua d'être, jusqu'en 1844, le seul titre officiel de nos relations.

Les huit premières années du règne d'Abd-el-Rahman n'offrent point d'événements à l'histoire. Les derniers reflets de l'antique splendeur du Moghreb s'éteignent de jour en jour, et le chef des musulmans d'Occident, déchu du prestige qui faisait craindre ou vénérer ses belliqueux ancêtres, n'est plus guère qu'un suzerain féodal en lutte perpétuelle avec des vassaux qui bravent sa puissance fictive. Les coutumes diplomatiques lui ont conservé le titre d'*empereur ;* mais qu'est-ce qu'un titre si pompeux sans l'exercice des droits qu'il confère ? qu'est-ce qu'un empire dont l'autocrate vit à la merci de révoltes incessantes, sans armée régulière, sans trésor, sans commerce, et bloqué dans sa capitale par des populations de montagnards qu'il ne peut ni dompter ni atteindre ?

L'action politique d'Abd-el-Rahman s'exerce sur les frontières par des pachas qui ont pour lieutenants des khalifas et des kaïds, fonctionnaires inquiets, réduits au rôle périlleux de collecteurs d'impôts à main armée, comme étaient les beys dans l'ex-régence d'Alger. Gouvernant par la terreur et administrant par l'exaction, ces officiers publics s'affranchissent de toute responsabilité en versant dans le trésor du chériff le produit périodique de contributions extorquées par le meurtre, la torture et le pillage.

Les contributions qu'ils prélèvent au nom du chériff sont de plusieurs sortes. C'est d'abord la dîme, impôt religieux comme l'*Achour* algérien, qui se perçoit en nature et se compose de la quatorzième partie des récoltes ; le produit en peut être évalué à la somme de 450,000 piastres (2,750,000 fr.). Viennent ensuite les impôts directs que des *Makzen* ou corps réguliers recueillent dans les provinces, et souvent au prix de sanglantes collisions ; leur chiffre peut monter à 280,000 piastres. Puis, c'est l'impôt des juifs, de 30,000 piastres ; celui des licences accordées aux marchands, et qui s'élève à 950,000 piastres ; le droit sur les monnaies, de 50,000 piastres ; le produit des douanes, qui en représente 400,000, et enfin celui des tributs que payent encore plusieurs puissances chrétiennes [1]. Le total général de ces divers revenus représente annuel-

[1] Depuis le xvi⁰ siècle, tous les États d'Europe, excepté la France, la Russie et la Prusse, sont assujettis

lement la somme de 2,600,000 piastres, ou environ treize millions de francs. Les dépenses du gouvernement absorbent 990,000 piastres; l'excédant de recettes est enfoui dans le trésor du palais impérial de Méquinez. C'est une forteresse à triples remparts gardés par un corps spécial de 12,000 nègres. L'intérieur se compose de cellules séparées par des cloisons bardées de fer, et dont le chériff a les clefs. Sous les prédécesseurs d'Abd-el-Rahman, les condamnés à mort étaient obligés, avant de subir leur supplice, d'y venir déposer eux-mêmes leurs richesses. Ce trésor, du reste, par suite des troubles qui agitèrent le règne de Muley-Solyman, et d'une guerre intérieure de quatre ans que soutint Abd-el-Rahman au commencement du sien, se trouve réduit, selon toutes les probabilités qu'on a pu recueillir, à une somme qui dépasserait à peine 50 millions.

L'armée marocaine se compose actuellement des contingents irréguliers, que fournissent au besoin les tribus soumises au chériff, et d'un *Makzen*, ou corps régulier dont l'effectif s'élève à 16,000 hommes soldés et toujours prêts à tenir la campagne. Chaque pacha tient aussi sous ses ordres une milice employée au recouvrement des impôts. En cas de révolte, les contingents des tribus sont tenus de marcher et soutenus par 2,000 réguliers. Ces troupes ne portent point de vivres avec elles; sur les territoires paisibles, elles s'approvisionnent au jour le jour par voie de réquisition; dans les provinces révoltées, elles vivent de razzias.

La garde personnelle du chériff est formée de 1,500 Oudaïas (Arabes du désert), de 1,500 Abid-Bokaris (fantassins nègres) et de 2,000 cavaliers nègres. Cette force, jointe à 7,000 fantassins réguliers et à 4,000 cavaliers, forme un total de 16,000 hommes.

Chaque place est armée, selon son importance, d'environ 60 canons en bronze, 150 pièces du calibre de 8 à 24, en fer, et d'une vingtaine de mortiers de 36. Le corps des artilleurs ne compte que 2,000 hommes.

La marine militaire n'existe plus depuis l'extinction de la piraterie. Sa force, qui consistait, en 1817, en 10 frégates, plusieurs bricks et un personnel de 6,000 matelots, est réduite à 1,500 hommes, répartis sur trois bricks et une quinzaine de chaloupes canonnières.

On suppose qu'un appel à la *guerre sainte* pourrait réunir sous les drapeaux 300,000 Arabes des tribus; mais ce chiffre, évidemment exagéré, ne saurait constituer une armée redoutable et permanente. La confusion, l'indiscipline, l'absence de toute tactique, de points de ravitaillements et d'équipages de guerre,

à ce honteux usage. L'Angleterre ne s'y est, il est vrai, jamais ouvertement soumise; mais son consul à Tanger paye, chaque année, 10,000 *douros* distribués en présents pour les ministres du chériff; et, d'après le tableau des subsides payés à l'étranger, et publié en 1816 par le Parlement britannique, le Maroc figurait, de 1797 à 1814, pour 16,177 livres sterling (2,022,100 fr.). L'Espagne payait 1,000 *douros* en présents annuels, et 12,000 à chaque changement de consul; l'Autriche 10,000 *sequins* par an; la Hollande 15,000 *douros*; le Danemark 25,000; la Suède 20,000; les États-Unis 15,000 *dollars* en présents; la Toscane, la Sardaigne et les Deux-Siciles apportaient aussi leur contingent au trésor des chériffs. Mais depuis la brillante expédition française, dirigée en 1844 par le prince de Joinville contre Tanger, la plupart des consuls étrangers notifièrent aux ministres d'Abd-el-Rahman que leurs gouvernements ne voulaient plus payer le tribut; d'autres s'en étaient affranchis depuis quelques années. L'Angleterre seule a persisté, par une politique particulière qui décore du titre de présents les sommes qu'elle verse dans le Maroc, et les fournitures gratuites d'armes et de munitions qu'elle y faisait passer à l'époque de notre dernier conflit avec Abd-el-Rahman. L'avenir dévoilera peut-être l'énigme de la conduite anglaise, dont le cabinet français ne semble pas se douter, ou qu'il tolère par une triste faiblesse.

la rivalité des chefs de chaque rassemblement, ne permettent pas au chérif d'entreprendre des opérations suivies. Les difficultés de la conquête du Maroc ne consisteraient donc pas dans des batailles livrées à un ennemi numériquement supérieur, mais dans une guerre de partisans acharnée, interminable, comme celle qu'une fausse politique a créée depuis quinze ans sur le sol algérien. Un plan plus sage diminuerait les obstacles en se bornant à réduire, par une expédition maritime, les places frontières, d'où notre influence, aidée des ressources du commerce et soutenue par une force suffisante, parviendrait avec le temps à pacifier les montagnards en créant entre eux et nous le lien si puissant des intérêts matériels. Les invasions sanglantes ne sont plus de notre époque, et le temps approche de jour en jour où les peuples, mis en contact par des besoins réciproques, chercheront le bonheur et une gloire plus réelle dans l'échange des lumières et des fruits de la paix.

J'ai montré la France s'inscrivant à la tête des premières explorations poussées sur l'Atlantique; inspirant plusieurs fois la terreur de ses armes, et toujours le respect de son nom aux chefs sauvages d'un pays barbare qui exigeait un honteux tribut des autres états d'Europe. J'ai fait voir son influence civilisatrice souvent combattue, jamais abaissée par l'égoïsme mercantile de cette petite île appelée Grande-Bretagne, qui, au moyen de son système colonial et de l'immense commerce qu'il lui a procuré, est parvenue à être la plus riche des nations, et par suite l'une des puissances modernes les plus prépondérantes. L'insatiable Angleterre, n'osant pas nous disputer l'Algérie, s'évertue à nous créer en Afrique des embarras qu'elle croit inextricables. Mais nous prouverons à l'Europe que notre patriotisme généreux domine l'astuce de ses agents; que notre politique sait marcher au grand jour avec notre drapeau.

L'Afrique est le berceau d'un immense avenir. Interrogeons l'histoire de tous les âges, les auteurs anciens, les voyageurs modernes et les savants les plus renommés et les plus dignes de foi de tous les pays : un accord unanime proclame le nord de l'Afrique comme la contrée la plus fertile du monde. Dieu a donné la terre à l'homme pour être fécondée par son travail. Une vaste colonie à nos portes offre une riche propriété, une patrie à tous ceux qui n'ont pas une pierre où reposer leur tête; pour ramener au calme des esprits qui, ne trouvant point leur place au soleil d'une félicité à laquelle tous les hommes ont droit, seraient tentés de renouveler de tristes désastres. C'est au gouvernement à se pénétrer de cet impérieux besoin des masses, et à y pourvoir, dans l'intérêt de sa sûreté et de son avenir.

L'élargissement du champ, trop rétréci jusqu'à présent, ouvert en Afrique aux émigrations, est un gage à donner au repos de la France. Il faut, dit un économiste distingué qui a sérieusement étudié cette question, il faut aux esprits émus, aux cœurs froissés par nos agitations politiques, une carrière vaste, comme celle qu'après la révolution de 1688 offrit aux Anglais l'Amérique du Nord. Ce mouvement contribuerait doublement à la puissance de notre pays; il maintiendrait dans la population de l'établissement algérien la supériorité relative de l'élément français, qui, sans cela, risquerait de s'effacer entre les autres ; il rendrait à notre gouvernement la liberté d'action et d'esprit qui s'est affaiblie au milieu de nos troubles intérieurs. Comment, en effet, un pouvoir sans cesse détourné par le soin de sa propre défense, de ceux qu'exigeraient les affaires extérieures du pays, pourrait-il préparer des combinaisons prévoyantes, former des projets de haute attitude nationale, inspirer à ses alliés des égards et une alliance durables?

Il serait beau de voir la France, maîtresse des derniers refuges de la barbarie sur la Méditerranée, donner à ceux de ses enfants qu'ont déshérités les hasards de la naissance et de la fortune, un patrimoine à conquérir et à garder, et favorisant partout les grandes associations du travail, commencer sur les rives africaines une ère nouvelle de gloire et de liberté. Nous ne prêchons point la croisade, et nous nous garderions d'avancer que la conquête militaire du Maroc pût devenir une question de politique actuelle. Mais si un traité rigoureux, signé sous la volée de nos canons, n'assurait pas toute sécurité au libre développement de nos intérêts algériens; si des événements que la France ne redoute pas, mais que les esprits sérieux doivent prévoir avec calme, nous amenaient tôt ou tard en face de cette grande nécessité, l'astucieuse diplomatie du cabinet anglais ne prévaudrait pas contre l'entraînement de notre esprit public.

Nous verrons bientôt Abd-el-Kader mettre en œuvre le double prestige de son nom et de la position que nous lui avons faite, pour se créer dans le Maroc une influence occulte, mais dont l'empire s'étend de proche en proche à la faveur du soutien que lui prêtent les intrigues britanniques. Sa politique de longue vue consiste à cultiver lentement les haines sourdes qui s'agitent autour d'Abd-el-Rahman, dont les cruautés et l'avarice sans frein rendent l'autorité de plus en plus précaire. Ses futures destinées peuvent surgir tout à coup d'une conspiration de palais audacieusement exploitée. Si le sort des armes ne le fait pas tomber entre nos mains, attendons-nous à le voir s'élever au trône des chériffs, soit par surprise, soit par le concours de nombreux partisans; et alors, ce sera entre nous et le successeur d'Abd-el-Rahman une guerre à outrance, qui n'est différée que pour être un jour plus ardente que jamais. Nos excès comme nos faiblesses servent également ses desseins. Accoutumés à lutter contre nous avec des alternatives de demi-succès et de demi-revers, les Arabes commencent aujourd'hui à ne plus nous croire invincibles. A partir de 1845, nous verrons le beau rôle de peuple dominateur nous échapper peu à peu; et la dictature en démence d'un héros de razzias, fortune payée par nos sacrifices de toute espèce, nous entraînera fatalement sur la pente d'un désastre irréparable, si le Pouvoir, éclairé par l'opinion publique, ne se hâte pas de recourir à l'unique voie de salut qui peut nous conserver l'Algérie.

LIVRE SIXIÈME.

RÉVEIL DE LA GUERRE SAINTE. — CAMPAGNES DU PRINCE ROYAL.

1838-1841.

> Chacun son tour, entre ennemis ; un jour pour vous, un jour pour moi. Le moulin tourne pour tous deux, mais toujours en écrasant de nouvelles victimes. — ABD-EL-KADER [1].

Reprenons le cours des événements.

L'assaut de Constantine ne nous avait coûté que 200 morts ; mais il est permis de dire que le succès de cette expédition tenait du miracle. Hors d'état de compter sur le concours des indigènes, nous avions dû, en 1837, prélever sur les crédits du budget une somme de 2,265,580 francs pour achat d'animaux de bât, de selle et de trait, fournis par la France, la Sardaigne et la régence de Tunis ; plus une seconde somme de 2,493,772 francs, affectée aux transports généraux. C'est à peu près ce que l'Afrique rapporte en trois ans ; et ce chiffre énorme n'était sans doute pas au-dessous des besoins, car nous lisons dans un rapport dressé, le 19 octobre 1837, par M. d'Arnaud, sous-intendant militaire, que les voitures du génie et de l'artillerie avaient été chargées d'une portion des vivres de l'armée au lieu de munitions de guerre. La vérité est que l'intendance prévint, le 29 septembre, le général Damrémont que les moyens de transport manquaient. On

---

[1] Passage de la réponse d'Abd-el-Kader aux premières négociations du général Desmichels, en 1833. (*Oran sous le commandement du général Desmichels*, p. 79.)

devait partir le 1er octobre, on ne pouvait retarder le départ ni obtenir un animal de plus; on prit le parti de laisser une partie des projectiles pour prendre des rations. Le succès de la campagne était encore compromis lors de l'assaut : on allait manquer de tout : « Encore quarante-huit heures, écrit un témoin oculaire, et pas un cheval n'aurait survécu; prince, général et soldats, tous auraient été contraints de faire la route à pied. A peine s'il restait encore quelques coups de canon à tirer...... Il aurait été tout à fait impossible d'emmener une seule voiture, une seule pièce d'artillerie et même un seul blessé [1]. » C'est-à-dire que l'armée

---

[1] *L'Algérie en 1838*, par A. Desjobert, député de la Seine-Inférieure, chap. III, p. 70. — *Journal* de M. le docteur Baudens, chirurgien de l'armée. (*Revue de Paris*, 1er avril 1838.)

On comprend, dit M. Desjobert, combien ces difficultés du transport rendent pénible et souvent impossible le service des ambulances; et cependant, c'est en Afrique que les ambulances sont de toute nécessité. Dans nos guerres d'Europe, le blessé qui reste en arrière est secouru par les populations, et souvent même reçu dans les ambulances ou les hôpitaux de l'armée ennemie. Mais en Afrique, l'armée ennemie c'est la population; une population implacable, *car elle combat pour son existence*; elle recueille avec respect le blessé arabe, car il a sacrifié sa vie pour elle; mais le blessé français est toujours son ennemi, et souvent sa tête devient le trophée du Musulman, comme la chevelure est le trophée de l'Américain. D'ailleurs, que pourrait faire pour son ennemi cette population qui, dépourvue de tout moyen curatif, ne peut donner à ses amis même qu'une compassion stérile?

M. le docteur Baudens rapporte, dans son journal précité, que nous avions laissé à Mansourah cinq à six cents fiévreux; la plupart n'avaient pas même un abri sous la tente; ils étaient couchés sur le sol encore humide, sans matelas, sans couvertures, sans même un peu de paille pour reposer leurs membres. D'autres étaient heureux de trouver un lit de cailloux pour s'élever au-dessus de la fange dans laquelle l'armée était enfouie; d'autres, plus heureux encore, cherchaient un asile sous des pierres sépulcrales. Au milieu de tant de misères, la plupart des amputés périssaient. C'était, moins les tristesses de la retraite, le même spectacle qu'avait offert la campagne de 1830.

M. le ministre de la guerre annonçait pompeusement à la Chambre des pairs, le 5 janvier 1838, qu'il avait expédié de Toulon *une lieue et demie de long* de barraquement ayant 5 mètres de large, et que nous avions pu recevoir et faire traiter dans cet établissement de 1,500 à 2,000 malades. M. le ministre a *donné l'ordre*, sans doute, mais les malades *n'ont pas été logés*, ou leur nombre dépassant les prévisions du ministère; M. le ministre aurait bien dû préciser l'endroit occupé en Afrique par sa lieue et demie d'hôpital : car le fait est que, lors du deuxième convoi de retour de Constantine, *rien de semblable* n'a frappé les yeux de ceux qui imploraient un abri. Il périssait alors, à Bone, un bataillon par mois.

« Chaque jour, écrivait encore un chirurgien-major, nous constatons l'effet déplorable du retard produit par le manque de navires pour l'évacuation de nos malades sur France. Ceux qui, pour cause de nostalgie ou d'affections incurables sous le climat d'Afrique, ont embrassé l'espoir légitime de retourner prochainement dans le pays natal, sentent leur force vitale faiblir successivement lorsqu'ils voient les semaines, les mois s'écouler dans une déception continuelle; bientôt leurs souffrances se multiplient, ils tombent dans un marasme effrayant, se plaignent amèrement, ou bien leurs regards désespérés peignent seuls le triste état de leur moral. Parfois, à la fin de la vie, qui est si souvent prophétique, un malheureux se soulève avec effort pour déclarer que, s'il ne part pas sous peu de jours, il expire épuisé par une résistance que rien ne soutient plus ! »

A Bone, des douleurs encore plus cruelles s'expriment par la bouche d'un autre officier de santé : « L'espérance seule du retour vers la mère patrie produisait sur nos soldats une amélioration surprenante; l'annonce du départ d'un bâtiment leur imprimait une secousse électrique. Tous s'étudiaient à dissimuler leur faiblesse, et à ramener sur leurs lèvres pâles et décolorées le sourire qu'en avaient chassé depuis longtemps les souffrances, afin de tromper l'œil observateur du chirurgien de marine, peu disposé à prendre à bord ceux qui lui semblaient incapables de supporter la traversée... Et comment rester insensible aux prières d'un moribond, dont l'œil humide se tourne vers la France, comme pour nous demander une mère attendant au village un fils qu'elle ne doit plus revoir ? »

Un convoi de malades part de Bone; on le dirige sur Alger; la commission sanitaire refuse de les recevoir, sous prétexte qu'ils viennent d'un endroit atteint du choléra ! La commission sanitaire est entièrement composée de *colons*, et les colons qui appellent à grands cris nos soldats pour ouvrir un nouveau champ à leurs spéculations, les repoussent malades, car alors ils ne peuvent plus servir d'enjeu à leur cupidité ! Pendant plusieurs jours ils contemplent d'un œil sec le spectacle de ces navires ballottés par une mer houleuse, et jetant par-dessus le bord les morts auxquels on refuse même une sépulture ! Leurs victimes partent enfin pour Marseille, où les hôpitaux encombrés peuvent en recevoir une partie seulement; le surplus se réfugie à Toulon, où l'hôpital Saint-Mandrier dévore tous ces débris exhumés de véritables tombeaux !

entière eût péri, car elle n'aurait eu ni canons pour protéger sa retraite, ni vivres pour se soutenir; elle n'aurait trouvé sur son passage que le Kebaïle impitoyable, et les cendres des meules dont l'incendie avait éclairé sa route à son arrivée. Trop souvent l'administration elle-même concourait, par son imprévoyance, à seconder les funestes influences du climat : — Comment expliquer, en effet, la mesure qui fit envoyer en Afrique le 12ᵉ de ligne, qui était atteint en France du choléra? Le voyage développa cette contagion, qui fut importée par nous à Constantine; puis nos cholériques, traînant sur toute cette route, et repoussés à Alger, sont revenus terminer leurs maux en France, à leur point de départ!

Néanmoins, au milieu de tant de misères et de fautes accumulées, la fortune de la France dominait chaque épreuve, et les lauriers cueillis à Constantine démentaient notre honte signée sur la Tafna.

L'administration du général Damrémont, plus prévoyante et plus sage que celle du comte Clauzel, dura trop peu de temps pour imprimer aux intérêts civils de l'Algérie un mouvement efficace. Le traité de la Tafna, signé sans son concours et sans même qu'il fût consulté, avait fait sentir à ce gouverneur l'impérieuse nécessité de réparer, autant que possible, la faute de M. Bugeaud par un coup d'éclat qui relevât, du moins dans l'Est, l'honneur de nos armes. Trop absorbé par les préoccupations militaires pour donner des soins immédiats à tant d'autres objets dignes de sa sollicitude éclairée, M. de Damrémont avait su toutefois, avant sa marche sur Constantine, semer derrière lui quelques germes d'amélioration coloniale, qui laissent d'autant plus regretter sa perte prématurée.

C'est à ce gouverneur qu'est due la centralisation de nos rapports avec les indigènes en une *direction des affaires arabes*. Cette création, en date du 15 avril 1837, ouvrit une carrière nouvelle à l'émulation de jeunes officiers qui, en s'appliquant à l'étude de la langue, des mœurs, des usages et de la jurisprudence arabe, pouvaient devenir d'excellents intermédiaires pour nos transactions avec les tribus, et pour la surveillance des points soumis à notre obéissance.

Le 5 juin suivant, parut un arrêté de la plus haute importance, concernant les nombreux Kebaïles qui venaient chaque année louer leurs services comme journaliers, garçons de labour ou domestiques, soit dans Alger même, soit dans nos établissements ruraux. Plusieurs attentats sanglants leur étaient reprochés; soit vengeance, soit cupidité ou tout autre motif, ces montagnards émigrants avaient commis des meurtres accompagnés de circonstances effroyables, puis disparu sans qu'on pût les saisir ni retrouver la trace de leur fuite. L'arrêté du 5 juin les plaça sous l'autorité responsable d'un *Amin* (chef de corporation), qui devait être de leur race et domicilié à Alger [1].

D'autres mesures, satisfaisant à des besoins divers, déterminèrent l'étendue

---

[1] En vertu de cet arrêté, tout Kebaïle arrivant sur notre territoire fut tenu de se présenter devant l'Amin pour être inscrit sur les contrôles de la corporation, et recevoir un livret et une plaque portant son numéro d'admission; celui qui changeait de maître, ou voulait retourner dans sa tribu, devait également prévenir l'Amin, et justifier des motifs qui l'engageaient à partir. Tout Kebaïle arrêté sans livret et sans plaque encourait une condamnation correctionnelle pour délit de vagabondage. Tout Maure, Arabe ou Européen qui prendrait à son service un Kebaïle non inscrit chez l'Amin, subissait une amende de 15 à 50 francs, et un emprisonnement de cinq jours à un mois. Tout Kebaïle quittant notre territoire sans déclaration faite à l'Amin, et sans un permis en bonne et due forme, était passible d'une amende de 15 francs et de trois jours de prison, sans préjudice des autres peines qu'il pourrait avoir encourues à raison de ses actes.

de la juridiction des tribunaux civils et le ressort des conseils de guerre [1]. Enfin, des prohibitions rigoureuses, en date du 10 juillet, tendirent à diminuer, du moins pour le moment, les accaparements de terrain par les spéculateurs.

A la fin de l'année 1837, la population européenne avait atteint le chiffre de 16,000 âmes, dont 6,000 Français. Les communes formées dans le Fahs et le Sahel, sous l'administration du comte d'Erlon, possédaient environ 7,000 hectares de sol, défriché et occupé par environ 2,000 Européens auxquels se mêlaient 4 à 500 familles indigènes. Des essais de grande culture pour le mûrier et l'olivier promettaient déjà les plus fructueux résultats. Mais dans la Métidjah, nos établissements étaient loin de prospérer ; l'abandon de cette vaste plaine par les Arabes émigrés en avait presque supprimé les produits, à l'exception de quelques récoltes de foins pour les services militaires.

En résumé, après sept ans de combats, et en présence de 49,000 soldats français, notre occupation se trouvait bloquée dans quelques villes du littoral et acculée à la mer : tels étaient les fruits créés par la grossière vanité diplomatique du général Bugeaud.

GOUVERNEMENT DU MARÉCHAL VALÉE.

Le maréchal Valée [2] était rentré à Alger dans les premiers jours de novembre ; homme de science et de progrès, il comprenait parfaitement les devoirs que lui imposait sa nouvelle mission. Le vainqueur de Constantine allait se trouver aux prises avec les difficultés créées par le traité de la Tafna, dont les résultats ne se firent pas attendre. Abd-el-Kader, trop bien instruit de ce qui passait au milieu de nous, voyait grandir son influence et son pouvoir ; il persuadait aux Arabes, avec une admirable habileté, que nous étions fort embarrassés de notre conquête, et que, tôt ou tard, le découragement ou l'impuissance nous réduirait à l'abandon.

La présence du nouveau gouverneur général était donc impérieusement exigée par les circonstances mêmes qui s'étaient développées depuis le 30 mai 1837. Pendant que son prédécesseur agissait dans l'est de nos possessions, le

---

[1] Arrêté du 8 juin 1837, pris en vertu de l'ordonnance royale du 10 août 1834.

[2] Le comte Valée (Sylvain-Charles), est né à Brienne-le-Château, le 17 décembre 1773. Sorti comme sous-lieutenant de l'école d'artillerie de Châlons, le 1ᵉʳ septembre 1792, lieutenant le 1ᵉʳ juin 1793, il assista aux sièges de Charleroi, de Landrecies, du Quesnoy, de Valenciennes, de Condé, de Maëstricht, et au passage du Rhin à Neuwied, où il se distingua. Capitaine le 20 avril 1795, il se fit remarquer l'année suivante, à la bataille de Wurtzbourg. La campagne de 1800 lui fournit, à Moeskirche et à Hohenlinden, l'occasion de rendre de nouveaux et brillants services. Lieutenant-colonel, et chevalier de la Légion d'honneur en 1804, il remplit en 1806, à la Grande Armée, les fonctions de sous-chef d'état-major de l'artillerie, se couvrit de gloire à la bataille d'Iéna, et fut nommé colonel du 1ᵉʳ d'artillerie, le 12 janvier 1807. Sa belle conduite à la bataille d'Eylau lui valut le grade d'officier dans la Légion d'honneur, et il ne se distingua pas moins à la journée de Friedland. Après la campagne de 1808, à la Grande Armée, Napoléon lui confia le commandement de l'artillerie du 3ᵉ corps de l'armée d'Espagne. Général de brigade le 22 août 1810, le comte Valée prit part aux sièges de Lérida, de Méquinenza, de Tarragone, de Tortose et de Valence. Général de division le 6 août 1811, il fit la campagne de 1812, et se signala le 19 avril 1813 à l'affaire de Guastalla. Rentré en France après l'abdication de Napoléon, il accepta les fonctions d'inspecteur général de son arme. Dans les cent jours, l'empereur lui donna le commandement de l'artillerie du 5ᵉ corps. A la seconde restauration, M. Valée fut de nouveau chargé de l'emploi d'inspecteur général, et devint rapporteur, puis président du comité central d'artillerie. Le gouvernement de juillet, appréciant ses capacités, le maintint dans sa haute position, et lui donna le bâton de maréchal, que la victoire de Constantine avait déposé sur la tombe du brave Damrémont.

commandement de la division d'Alger avait été exercé successivement par les généraux Bro et Négrier, mais avec des forces insuffisantes pour agir, surtout dans une saison si féconde en maladies, qu'on pouvait à peine compter 1,500 hommes en état de sortir d'Alger pour tenir la campagne. L'émir et ses lieutenants discutaient les expressions du traité de la Tafna, qu'ils ne paraissaient pas comprendre de la même manière que le général Bugeaud. El-Hadji-Mustapha, frère d'Abd-el-Kader, et bey de Médéah, leva des contributions sur Blidah, que le traité nous avait concédée. Les Hadjoutes recommencèrent à piller notre territoire, et le bey de Milianah, sommé de réprimer leurs brigandages, fit répondre insolemment que les Français n'avaient qu'à s'enfermer dans les murs d'Alger. Ce même bey employait tour à tour les promesses ou l'intimidation pour détourner les tribus de commercer avec nous; il envoya même un jour des cavaliers pour chasser des Arabes qui amenaient des bestiaux au marché de Bou-Farik; ce petit coup de main avait pour but de favoriser la vente à plus haut prix de 2,000 bœufs que le juif Durand avait achetés d'Abd-el-Kader, et qui arrivèrent à Alger dans le courant du mois de septembre. Enfin, de son côté, l'émir, peu soucieux d'exécuter les clauses du traité qui lui étaient onéreuses, refusa de livrer les 5,000 bœufs et les 60,000 fanègues de grains que le général Bugeaud lui avait imposé de nous fournir; et le plénipotentiaire de la Tafna quitta l'Afrique vers la fin de 1837, sans avoir obtenu l'accomplissement d'un seul article du traité dont il s'était rendu garant « *sur sa tête !* »

Cependant, sous prétexte de poursuivre, en dehors du territoire limité par le traité de la Tafna, des ennemis qu'il n'eût pu atteindre autrement, Abd-el-Kader pouvait inquiéter de nouveau notre domination. Le gouvernement fit signifier à l'émir que l'administration française se réservait la contiguité des provinces d'Alger et de Constantine, la possession facultative de tout le littoral, depuis Alger jusqu'aux frontières de Tunis, et tout le territoire au nord d'une ligne tracée d'Alger aux Portes de Fer, avec ce défilé et la position de Hamza.

La province de Constantine est vaste et peuplée. Les établissements français ne devant être fixés que sur un nombre limité de points choisis dans le double but d'affermir la domination et de favoriser le développement de toutes les sources de richesse et de prospérité, le commandement ne pouvait se faire sentir dans les autres parties du pays que par l'intermédiaire des notabilités indigènes. Ce système de gouverner le pays par le pays parut le plus propre à éviter un surcroît de sacrifices et d'embarras [1].

[1] « Le but que le gouvernement se propose, disait une dépêche ministérielle, n'est pas la domination absolue, ni par conséquent la conquête immédiate et l'occupation effective de tout le territoire de l'ancienne régence. La guerre acharnée et ruineuse qu'il faudrait soutenir pour en venir là, imposerait à la France des sacrifices hors de proportion avec les avantages que pourrait lui procurer le succès. Le principal objet qu'elle doit se proposer dans ses possessions du nord de l'Afrique, c'est son établissement maritime, c'est la sécurité et l'extension de son commerce, c'est l'accroissement de son influence dans la Méditerranée, et parmi les populations musulmanes qui en habitent le littoral. La guerre est un obstacle à tous ces résultats. Le gouvernement ne l'accepte que comme une nécessité, dont il désire, dont il espère pouvoir hâter le terme. Il s'y résigne, parce qu'il est impossible de passer brusquement d'un système à un autre, et parce qu'au point où en sont les choses, ses intentions ne seraient point comprises s'il se montrait *pacifique sans se montrer fort*... — Dans le système dont les bases ont été posées en votre présence par le conseil, le point le plus important pour la France, c'est la possession du littoral ; les principaux points à occuper sont : Alger, Bone et Oran. Toutefois, vous le savez, cette occupation ne doit pas s'entendre seulement de l'enceinte des villes et de leur banlieue (*on parle ici du territoire qui doit être réservé dans les trois provinces*)... Le reste doit être abandonné à des chefs indigènes, choisis parmi les hommes qui ont

Le kaïd de Milah était l'un des premiers chefs dont nous avions reçu la soumission. Milah, situé à douze lieues de Constantine, sur la route du port de Djidjeli, commande celle qui s'ouvre sur les plaines de la Medjanah, pour aboutir directement aux limites de la province d'Alger. Une colonne française trouva cette ville fermée d'une muraille construite avec des ruines romaines et entourée de jardins. L'investiture fut donnée au kaïd, et plus tard l'armée vint y prendre une position permanente qui peut servir de base d'action pour agir sur l'ouest, vers la côte au delà de la baie de Stora, ou dans la direction des Portes de Fer.

Au mois d'avril 1838, le général Négrier fut chargé de compléter la reconnaissance déjà commencée, dans le courant de janvier, du chemin de Constantine à Stora. Sa marche hardie dans une contrée où les Turcs n'osaient pas s'aventurer, étonna les Kebaïles. Le pays traversé était fertile et boisé richement. Dès lors commença l'exécution d'une voie militaire longue de vingt-deux lieues, qui, par le camp du Smendou et celui d'El-Arrouch, conduit en trois jours de marche de Constantine à son port naturel.

Il fallait régulariser le payement de l'impôt. Un corps mobile, composé en grande partie de cavaliers indigènes [1], parcourut les cercles de Bone, de Guelma, de Medjez-Amar, et protégea sans violence le recouvrement des taxes établies sur les Arabes. Aux environs de la Calle, cette colonne fut attaquée faiblement par des tribus limitrophes du territoire d'Alger et de Tunis, et qui profitèrent de l'incertitude des frontières pour piller des deux côtés.

Vers le même temps, le commandant de Mjez-Amar ayant dirigé une reconnaissance sur le pays de Guerfa, pour y vérifier l'existence présumée d'anciennes mines, fut attaqué par les Haraktas, et fit une retraite difficile. Le général Négrier marcha pour les punir; mais, à l'apparition des troupes, cette tribu demanda l'*aman* (amnistie), et se soumit à la réparation qui fut exigée d'elle.

Cependant El-Hadji-Ahmed avait rassemblé quelques débris de ses troupes, et s'approchait pas à pas de Constantine qu'il espérait surprendre. Le général Négrier se porta au devant de lui avec des forces imposantes, françaises et indigènes, devant lesquelles l'ex-bey recula sans combattre, et perdit, par la défection, ses derniers partisans.

Au mois de mai s'accomplit définitivement l'occupation de La Calle.

---

une influence déjà faite, et assez nombreux, s'il est possible, pour qu'*aucun d'eux* n'ait sur les autres une prépondérance excessive. » (*Lettre du ministre de la guerre au général Damrémont,* du 22 mai 1837.)

Ce document officiel condamnait d'avance le traité de la Tafna, tel que M. Bugeaud l'a conçu dans sa fantaisie, et infligé au gouvernement avec son mépris ordinaire de toute raison comme de toute autorité. Le ministère désirait la paix, mais il ne devait la vouloir qu'*honorable* et *fructueuse,* c'est-à-dire, garantie par une puissante attitude. Il pouvait consentir à l'abandon d'une partie du territoire conquis dans l'intérieur du pays; mais cette concession, faite en vue d'alléger nos sacrifices futurs, devait être offerte à des chefs indigènes *ralliés à notre cause,* administrant sous nos auspices, et *assez nombreux* pour que la surveillance de leur conduite fût plus aisée, pour qu'on pût maintenir entre eux une certaine rivalité de positions, et leur appliquer cette vieille maxime de la politique des conquérants : « *divide et impera.* » Au lieu de procéder ainsi, au lieu de ne se montrer *pacifique* qu'après s'être montré *fort,* M. Bugeaud trouva plus expéditif de tout livrer à l'ennemi sans combattre, et cela au même moment que par une de ses forfanteries dont personne n'est plus la dupe aujourd'hui, ce général proclamait qu'avec six bataillons *il aurait raison de toute l'armée d'Abd-el-Kader.*

[1] La dissolution du régime turc à Constantine avait entraîné celle de ses milices régulières. Le maréchal Valée s'occupa d'en réunir les débris, auxquels il ne restait d'autres ressources que l'émigration. On en forma, sous le commandement d'officiers français, le *bataillon de Constantine.*

Ainsi, sur tous les points la soumission était obtenue. Ben-Aïssa, le khalifa d'Hadji-Ahmed, celui dont la résistance, un moment heureuse, avait retardé en 1837 la chute de Constantine, venait de protester de son dévouement à Alger même, entre les mains du gouverneur général.

Le traité de la Tafna tenait dans un calme provisoire les provinces de l'ouest et du centre, lorsqu'au mois de décembre 1837, Abd-el-Kader fit un mouvement, et porta ses tentes dans l'outhan d'Ouannougha, au voisinage de Hamza et des limites de la province de Constantine. L'alarme propagée par ses agents s'étendit jusqu'aux extrémités orientales de la Métidjah. Un camp de 2,500 hommes fut aussitôt placé sur le Hamis pour surveiller ses projets ; mais l'émir s'étant dirigé, peu de jours après, vers Médéah, les troupes françaises rentrèrent dans leur position. Cependant le gouverneur général apprenait que le puissant cheikh Abd-el-Salem, de la Medjanah, avait accepté d'Abd-el-Kader le titre de bey : ce fait pouvait devenir inquiétant. Bientôt après, l'émir tomba, sous un prétexte frivole, sur les Koulouglis de l'Oued-Zeïtoun ; ceux qui échappèrent au massacre franchirent l'Oued-Kaddara et vinrent nous demander asile. Pendant son séjour à Médéah, Abd-el-Kader instituait encore un kaïd dans l'outhan de Sebaou, qui s'étend à l'est, entre l'Oued-Kaddara et les montagnes, et devançait ainsi les interprétations contestées qui devaient finir par la rupture du traité de la Tafna. Ses continuelles apparitions sur les limites du territoire gardé par la France, et les razzias qu'il exécutait contre les tribus des points contestés annonçaient un renouvellement d'hostilités trop prochain pour qu'il ne devînt pas nécessaire d'éclaircir les termes de la convention du 30 mai 1837. L'article 2, mal rédigé, nous réservait la Metidjah, bornée à l'est par l'Oued-Kaddara *et au delà* ; l'émir prétendait que ces trois derniers mots, ne fixant rien, n'avaient aucune valeur, et nous soutenions au contraire qu'ils constituaient notre droit de nous étendre, dans l'est, aussi loin qu'il conviendrait à notre politique. Le gouvernement, consulté sur cette obscurité du protocole de M. Bugeaud, décida qu'il ne serait accepté d'autre interprétation que celle qui, nous assurant la contiguïté des provinces d'Alger et de Constantine, et l'occupation facultative du littoral jusqu'à la frontière de Tunis, nous attribuerait également tout le pays situé au nord d'une ligne tracée d'Alger aux Portes de Fer, en y comprenant la possession de ce défilé et du fort de Hamza.

L'émir, autorisé par la conduite du général Bugeaud à tenir peu de compte des observations du gouverneur général, eut recours à une adroite démarche pour faire résoudre à son profit des difficultés auxquelles il supposait que le cabinet français n'attacherait pas une importance sérieuse. Il députa son secrétaire intime, Miloud-ben-Harrach, chargé officiellement d'offrir au roi des présents, et de négocier au fond ses intérêts. Mais le ministère eut l'heureuse pensée de renvoyer au maréchal Valée la solution de cette affaire ; et après un court séjour à Paris, l'émissaire de l'émir revint à Alger, où fut signé, le 4 juillet 1838, un acte additionnel qui réglait définitivement l'interprétation du traité, et devait faire cesser pour l'avenir tout malentendu, si l'émir se montrait de bonne foi, comme son agent l'assurait encore en son nom [1].

---

[1] Voici le texte précis de ces éclaircissements :
Art. 1er. (*Relatif à l'art. 2 du traité du 30 mai.*) Dans la province d'Alger, les limites du territoire que

Peu de temps après, Abd-el-Kader marcha sur Takdimt, où il avait eu quelque temps la pensée de fixer le siége de son autorité, et où s'activaient les préparatifs d'une expédition qu'il projetait du côté du désert, contre la ville d'Aïn-Madhi, dont le chef, le marabout Tedjini, lui avait refusé le tribut. Il parut sous les murs de cette place à la fin de mai, et trouva des obstacles multipliés à vaincre. Le siége traînait en longueur. L'émir semblait se soustraire à toute communication qui ne se rapportait pas à son entreprise; les officiers français ne pouvaient obtenir d'escorte pour se rendre auprès de lui, et Mouloud-ben-Harrach, son agent, ne pouvait lui-même se rapprocher de lui pour rendre compte de sa négociation.

Il était temps d'occuper les villes et territoires de Koléah et de Blidah, réservés à la France par le traité du 30 mai. Le maréchal Valée couvrit d'abord Koléah par un camp tracé à l'ouest de la ville et où furent placées quatre bataillons, avec de l'artillerie et quelques chevaux. En même temps il portait sur le Hamis des forces considérables, ouvrait la route de la Maison-Carrée à cette nouvelle position, et rendait définitivement praticable celle d'Alger à Koléah.

Le 3 mai 1838, l'armée était devant Blidah. Le hakem de la ville, avec les ulémas, les notables et le kaïd des Beni-Salah se présentèrent au maréchal Valée, qui leur garantit la sécurité des habitants, se bornant à choisir l'assiette de camps fortifiés destinés à assurer cette position importante. Le premier fut marqué entre Blidah et la Chiffa, sur un point qui domine la plaine, et d'où l'on découvre Koléah et le pays des Hadjoutes. Le second fut établi sur une ligne intermédiaire, à l'ouest de Blidah, pour couvrir la route qui conduit du blokhaus de Mered au camp de l'ouest [1].

la France s'est réservé au delà de l'Oued-Kaddara sont fixées de la manière suivante : Le cours de l'Oued-Kaddara jusqu'à sa source au mont Tibiarin; de ce point jusqu'à l'Isser au-dessus du pont de Ben-Hini, la ligne actuelle de délimitation entre l'outhan de Khachna et celui de Beni-Djaad; et au delà de l'Isser jusqu'au Biban, la route d'Alger à Constantine, de manière à ce que le fort de Hamza, la route royale et tout le territoire au nord et à l'est des limites indiquées restent à la France, et que la partie du territoire de Beni-Djaad, de Hamza et d'Ouannougha, au sud et à l'ouest de ces mêmes limites, soit administrée par l'émir.

Dans la province d'Oran, la France conserve le droit de passage sur la route qui conduit actuellement du territoire d'Arzew à celui de Mostaghanem. Elle pourra, si elle le juge convenable, réparer et entretenir la partie de cette route, à l'est de la Macta, qui n'est pas sur le territoire de Mostaghanem; mais les réparations seront faites à ses frais, et sans préjudice des droits de l'émir sur le pays.

Art. 2. (Relatif à l'art. 6 du traité.) L'émir, en remplacement des 30,000 fanègues de blé et des 30,000 fanègues d'orge qu'il aurait dû donner à la France avant le 15 janvier 1838, versera, chaque année, pendant dix ans, 2,000 fanègues (d'Oran) de blé et 2,000 fanègues d'orge. Ces denrées seront livrées à Oran le 1ᵉʳ janvier de chaque année, à dater de 1839. Toutefois, dans le cas où la récolte aurait été mauvaise, l'époque de la fourniture serait retardée.

Art. 3. (Art. 7 du traité.) Les armes, la poudre, le soufre et le plomb dont l'émir aura besoin, seront demandés par lui au gouverneur général, qui les lui fera livrer à Alger, au prix de fabrication, et sans aucune augmentation pour le transport par mer, de Toulon en Afrique.

Art. 4. Toutes les dispositions du traité du 30 mai 1837, qui ne sont pas modifiées par la présente convention, continueront à recevoir pleine et entière exécution, tant dans l'est que dans l'ouest. (Archives du gouvernement général de l'Algérie.)

[1] Le 12 juin suivant, fut signalé par un déplorable événement. Le dernier blokhaus établi en avant de Blidah était commandé par un lieutenant du 24ᵉ de ligne, M. Édouard de Gavaudan. A l'heure du déjeuner, un capitaine du même régiment vint le trouver à son poste, et le pria de l'accompagner jusqu'aux abords d'un marabout qu'il désirait voir de plus près. Sur l'observation faite par l'officier de garde qu'il ne pouvait s'éloigner étant de service, le capitaine s'oublia jusqu'à dire : « Eh! jeune homme, vous avez peur! » M. de Gavaudan, qui avait pris sa part de glorieux dangers à l'assaut de Constantine, se sentit blessé de

LIVRE SIXIÈME. 325

La position de Blidah nous rendait maîtres des chemins qui, de ce point central, conduisent à Médéah par les gorges de la montagne, et dans toutes les directions vers l'est et l'ouest de la plaine. Cependant le siège d'Aïn-Madhi ne finissait pas. L'émir, absorbé par cette entreprise, laissait suspendus tous rapports avec nous. Nos provinces, du reste, jouissaient d'un calme que ne pouvaient troubler quelques maraudages isolés.

Au mois de septembre, le maréchal Valée se rendit à Constantine, pour en déterminer le territoire soumis ou à soumettre, par une double ligne qui, s'abaissant de Constantine vers la mer, d'une part vers la frontière de Tunis, de l'autre sur la baie de Stora, enferme un espace facile à défendre, et qui suffira longtemps aux besoins de la colonisation. La nouvelle organisation politique, tout en respectant les mœurs, les traditions, et ménageant les influences acquises, comprit trois khalifas (lieutenants), trois kaïds (administrateurs) de premier ordre ; le Choïkh-el-Arab (*l'ancien* des Arabes) pour le Djerid et la partie voisine du désert ; enfin le hakem (gouverneur) pour la ville même de Constantine.

l'imprudent défi que lui adressait un supérieur, et par un mouvement plus digne d'éloges que de blâme, il suivit le capitaine. A deux cents pas de la dernière sentinelle, les deux officiers longeaient un massif de hautes broussailles, lorsque cinq Arabes armés en sortirent tout à coup. Le capitaine proposa de fuir, et gagnait déjà du terrain ; mais le chevaleresque Gavaudan lui renvoyant à son tour l'espèce de provocation qui l'avait entraîné, se retournait pour lui crier : « Eh ! capitaine, vous avez peur ! » lorsqu'un coup de feu l'atteignit par derrière et le renversa mortellement blessé. Les Arabes l'entourèrent aussitôt en déchargeant leurs armes, dont tous les coups l'atteignirent ; l'infortuné Gavaudan, si digne d'un plus glorieux trépas, se relevait, retombait et cherchait encore à opposer avec son sabre une inutile résistance. Le sergent Lorin, averti trop tard par les détonations, et par le capitaine qui regagnait le blokhaus, courut au secours de son jeune lieutenant ; mais les meurtriers avaient pris la fuite, et leur victime expira le surlendemain à l'hôpital de Douera, après avoir généreusement assumé toute la responsabilité de son héroïque imprudence.

Une enquête fut ordonnée sur les circonstances de cette catastrophe qui privait le 24e d'un officier d'une haute instruction, aimé de tous ses chefs et de ses camarades, et dont l'avenir donnait les plus riches espérances. Le capitaine qui l'avait abandonné à l'heure suprême ne trouva qu'une raison pour justifier sa fuite : « J'étais, dit-il, *persuadé qu'il me suivrait* ! » Par respect pour la mémoire du brave qui lui pardonnait à son lit de mort, nous tairons le nom de cet officier, en ajoutant seulement qu'il fut obligé de quitter le régiment, où son inqualifiable faiblesse le rendait indigne de conserver son commandement. Si quelque chose put adoucir l'amère douleur de la jeune famille qui survivait à Gavaudan, ce fut d'apprendre que, par un mouvement spontané, les sommités de l'armée se joignirent aux officiers de tous les corps qui se pressaient au bord de sa tombe, pour saluer d'unanimes regrets l'âme d'élite que Dieu avait rappelée.

Henri-François-Xavier de Belzunce de Castel-Moron, le célèbre évêque de Marseille, fils du marquis de Belzunce, baron de Gavaudan, gouverneur de l'Agénois, et d'Anne de Caumont-Lauzun, était le grand-oncle d'Édouard de Gavaudan. L'histoire a éternisé le souvenir de l'héroïque dévouement de ce saint prélat, pendant la peste qui ravagea Marseille en 1720, et la reconnaissance publique place le nom de Belzunce à côté de ceux de Fénelon et de Vincent de Paul.

« *Noblesse oblige*, » dit un vieil adage français ; la trop courte existence du petit-neveu de Belzunce fut consacrée tout entière à l'accomplissement de ce devoir de famille. Officier d'ordonnance du général Trézel, pendant la seconde expédition de Constantine, il mérita que son chef rendît compte en ces termes de sa belle conduite : « Entré des premiers dans la ville, après avoir perdu son cheval, reçu trois balles dans le shako, brisé son sabre, Gavaudan va çà et là, partout où il y a un acte d'humanité à exercer. Portant les blessés à l'ambulance, Français et Arabes tous ont des droits à son secours. Il contient le soldat, et donne un sublime exemple à ses camarades. » Appelé à donner son opinion sur l'enquête provoquée par le fatal événement de Blidah, le général Trézel écrivit lui-même un mémoire où, passant en revue toute la carrière de M. Gavaudan, il ne trouve que preuves de zèle, de respect pour la discipline, et d'amour pour son état. « Il est mort comme le brave des braves, écrivait son capitaine, M. Duga. On a donné son nom au blokhaus qu'il commandait le 8 juin. Hier, j'accompagnais les maréchaux Clauzel et Valée ; un officier d'état-major nous avertit que nous étions au *Blokhaus-Gavaudan*. — C'est donc ici ! dit avec émotion le maréchal Clauzel. Messieurs, ajouta-t-il, celui qui fut tué à cette place, avait un immense avenir ; la jeune armée d'Afrique a fait une grande perte ! » *Noblesse oblige*, disons-nous encore ; et le jeune fils du brave tombé au champ d'honneur, sera digne du nom qu'il doit continuer.

Leurs attributions furent nettement définies, et on leur fit prêter serment de fidélité à la France. Parmi les nouveaux dignitaires étaient quelques hommes qui avaient figuré avec éclat dans les rangs de nos ennemis; — une famille alliée de près à l'ancien bey fournit le cheik-el-Arab, ce fut Bouaziz-ben-Ganah; — Ahmed-ben-Bouaziz-el-Mokrani, d'une race ancienne et puissante, reçut le titre de khalifa de la Medjanah.

Un conseil d'administration fut créé pour contrôler la perception des revenus publics, et un conseil municipal fut appelé à veiller au bon emploi des ressources que la ville peut fournir.

La subdivision de Bone plus particulièrement réservée à l'administration française, fut partagée en quatre cercles; Bone, La Calle, Guelma et Medjez-Ahmar, sous l'autorité des commandants militaires.

Le 6 octobre, 4,000 hommes, réunis au camp d'El-Arrouch, en partirent le lendemain, et allèrent le même jour camper sur les ruines de l'ancienne *Rusicada*, au voisinage des Kebaïles. Quelques coups de fusil, tirés sur nos avant-postes, protestèrent seuls contre notre prise de possession. Mais le 8, un convoi de mulets arabes, escorté par des milices turques, ayant été attaqué avec avantage dans un défilé, les montagnards enhardis se jetèrent, la nuit suivante, sur le camp d'El-Arrouch, gardé par des Turcs. Cette tentative avortée fit toutefois sentir la nécessité de renforcer cette position : au lieu d'un camp, le maréchal Valée conçut l'heureuse idée de fonder une ville. Le sol, couvert de débris romains, fut déblayé, et les pierres éparses de Rusicada devinrent le berceau de Philippeville.

La campagne d'automne se termina, dans la province de Constantine, par l'occupation définitive de Milah, et par l'ouverture d'une route tracée de cette ville à Sétif par Djimmilah, et qui devenait nous assurer le parcours facile de la belle plaine de Medjanah. Ce travail préparait en même temps les opérations projetées contre Djidjili, dont le gouverneur s'exagérait l'importance maritime.

M. Valée, de retour à Alger au commencement de novembre 1838, voulait mettre à profit les derniers beaux jours de la saison pour aller prendre possession du fort de Hamza, qui nous était concédé par l'acte additionnel du 4 juillet 1838. La colonne expéditionnaire était déjà prête à marcher, lorsque les grandes pluies de décembre, devançant leur époque ordinaire, firent ajourner au printemps de 1839 l'exécution de ce mouvement. Le général Galbois, qui commandait à Constantine, s'était porté du côté de Sétif, en laissant des renforts à Milah et une garnison à Djimmilah; mais le mauvais temps le força de rétrograder, après une marche pénible, et quelques combats partiels dont il ne put recueillir les fruits.

L'hiver se passa en nouvelles négociations avec Abd-el-Kader, qui revenait du siége d'Aïn-Madhi. La convention supplémentaire du traité de la Tafna, signée à Alger entre le maréchal gouverneur et Mouloud-ben-Harrach, n'avait pas encore reçu la sanction de l'émir. Le ministère français hésitait à prendre l'initiative d'une rupture, et notre adversaire, comptant sur notre faible politique, ne songeait qu'à gagner du temps pour organiser ses troupes et se préparer à une nouvelle lutte [1].

[1] Nous avons raconté (LIVRE DEUXIÈME, p. 98) les efforts d'Abd-el-Kader contre la ville d'Aïn-Madhy.

L'année 1839 ne fut marquée par aucun événement sérieux dans la province d'Alger. Les tribus du territoire d'Oran, pressurées par les exactions de l'émir qui voulait en accaparer toutes les ressources pour les tourner contre nous, s'agitaient avec inquiétude sous le joug de fer qu'il leur faisait subir. Les populations voisines de Constantine, où son nom n'excitait encore aucun enthousiasme, chancelaient entre deux déterminations; les besoins de la paix ne les dominaient pas moins que la présence de nos troupes ; et lorsque les émissaires de l'émir venaient essayer de les soulever, ces tentatives avaient peu de portée. Une paternelle administration pouvait donc, en protégeant efficacement nos alliés, amener à nous, par un heureux contraste, les tribus qui avaient connu le pouvoir de nos armes, et qui n'étaient retombées que par nos fautes sous l'ambitieuse autorité d'Abd-el-Kader.

Au mois de février, le brick français *l'Indépendant* ayant fait naufrage sur la côte de Djidjeli, les Kebaïles des montagnes capturèrent l'équipage. A la nouvelle de ce sinistre, le maréchal Valée résolut de s'emparer de cette ville. Le 13 mai, un bataillon de la légion étrangère, 50 sapeurs du génie et 4 pièces d'artillerie, détachés de Philippeville, débarquèrent à Djidjeli sans rencontrer de

---

Devenu maître par ruse, après un siége de huit mois, de cette place importante dont il projetait de faire le centre de sa puissance, l'émir s'était vu forcé d'abandonner sa conquête, pour ne pas se voir fermer les passages du Tell par les tribus sahariennes qu'avait soulevées son usurpation. De retour sur le territoire algérien que lui concédait le traité de la Tafna, il apportait toute son activité au recrutement d'une armée régulière, que nos déserteurs dressaient à la manœuvre française. Depuis le traité Desmichels, en 1834, le génie de cet homme extraordinaire recherchait avec un zèle inouï tous les moyens de s'assimiler les ressources de notre organisation. Comme il n'avait autour de lui, pour le seconder, que des intelligences assez médiocres, il était forcé d'entrer lui-même dans tous les détails. Il attira à Maskarah des ouvriers armuriers qui parvinrent à lui faire d'assez bons fusils sur des modèles français. Son désir de connaître notre législation, nos usages et notre système militaire, lui faisait adresser chaque jour de nouvelles questions à un certain commandant Abdallah, que nous avions placé auprès de lui. Mais comme cet officier ne pouvait toujours lui répondre d'une manière assez complète, assez satisfaisante, il fut convenu qu'il serait dressé une série de questions auxquelles nous répondrions par écrit, d'une manière positive, avec les développements nécessaires, de telle sorte que l'émir pût, sans crainte d'erreur, puiser dans ces renseignements toutes les idées d'amélioration qu'il jugerait applicables à sa nation. (*Oran, sous le commandement du général Desmichels*, p. 176.) Nous avons appris à nos dépens le profit qu'il avait su tirer de nos leçons.

Abd-el-Kader accueillit plus tard pour secrétaire intime un Français, le sieur Léon Roche, ex-interprète assermenté à Alger. Il recevait alors nos principaux journaux, et se les faisait traduire chaque jour, pour mieux connaître nos projets. (*De l'établissement des Français dans la régence d'Alger*, par Genty de Bussy, intendant militaire, t. I*er*, p. 168.) Après un long séjour auprès de l'émir, dont il s'était attiré la confiance et qui l'avait comblé de bienfaits, M. Roche l'abandonna subitement pour revenir chercher fortune du côté des Français. M. Bugeaud, ravi de posséder un homme qui avait été l'*ami* d'Abd-el-Kader, en fit son interprète, et l'associa aux gloires de ses bulletins. Pour mieux prouver la sincérité de son retour, l'*ex-ami* des Arabes donna dès lors, tête baissée, dans toutes les razzias, et s'y distingua sous les yeux d'un juge compétent. Malgré les dires de certaines personnes qui n'approuvent pas entièrement sa double conduite, M. Roche a réussi, et le succès justifie tant de choses ! Cet interprète est devenu officier de la Légion d'Honneur, et secrétaire du consulat de Tanger, après le traité de 1845.

Comme tous les gens que favorise une fortune singulière, M. Roche a des ennemis en Algérie. On m'y racontait, en 1843, que pour éprouver la fidélité de l'homme qui venait lui offrir ses services, Abd-el-Kader lui aurait ordonné un jour de couper la tête en sa présence à plusieurs prisonniers français, et que M. Roche se serait prêté, sans hésiter, à cette horrible exécution. Mais nous croyons que ce bruit, répandu par les indigènes, est dénué de réalité. Le caractère de l'émir, tel que nous l'avons dépeint d'après l'autorité d'officiers français d'une haute distinction et qui l'ont particulièrement connu, dément la possibilité d'un fait si odieux. Nous n'hésitons pas à ajouter que si l'on peut reprocher à M. Roche, en sa qualité de Français, d'avoir été le familier d'Abd-el-Kader, il nous paraît incapable d'avoir usé de sa position contre nos compatriotes malheureux. Profondément instruit dans la langue arabe et les coutumes musulmanes, courageux et doué d'une grande finesse d'esprit, il pourra se rendre très-utile dans le poste auquel vient de l'attacher la confiance du gouvernement.

résistance. Les habitants avaient fui à notre approche, et la petite garnison put improviser à la hâte des fortifications suffisantes pour se mettre à l'abri d'un coup de main [1].

Une seconde colonne, dirigée par la voie de terre, pour assurer le succès de cette petite expédition, fut détournée de son but par la nécessité de porter un secours immédiat à notre khalifa de la Medjanah, qui venait d'être attaqué par un parti de l'émir. Le résultat de cette opération fut l'occupation définitive de Djimmilah. Le général Galbois, agissant sur tous les points avec une infatigable activité, déjoua les projets d'Abd-el-Kader, qui s'était proposé de marcher sur Bougie, et se retira, découragé, du côté de Médéah. Mais, de là, ses partisans ne cessaient de parcourir le pays; dans la province d'Oran, ils empêchaient les Arabes d'approvisionner nos marchés; dans celle de Constantine, ils négociaient la soumission de Farhat-ben-Saïd, le *Cheïkh-el-Arab*, qui nous avait juré fidélité; enfin, toutes ces intrigues prenaient un caractère d'hostilité plus manifeste par les prétextes incessants qu'alléguait l'émir pour retarder le payement des contributions en nature qui lui étaient imposées. Tous ces sujets de mécontentement présageaient le prochain réveil de la guerre sainte. Le maréchal Valée comprit l'urgence de se tenir prêt à tout événement; son premier soin devait être d'assurer une communication par terre entre les provinces d'Alger et de Constantine : — la reconnaissance du défilé des Biban fut définitivement ordonnée.

L'arrivée de Mgr le duc d'Orléans fit hâter les préparatifs de cette entreprise, bien digne de séduire la brillante imagination du jeune prince. En acceptant le commandement d'une division sous les ordres du maréchal Valée, il venait prouver encore une fois qu'après avoir pris part à nos combats, il voulait aussi s'associer aux travaux utiles de l'armée, et que les maladies, si nombreuses cette année, ne l'éloignaient pas plus des rangs que les périls de la guerre. Après avoir visité Constantine, il se rendit, le 16 octobre, avec le gouverneur, à Djim-

---

[1] Djidjeli (*Igilgilis* de Ptolomée, *Geog. nub.*, lib. IV, cap. 2.— Plinii secundi, lib. V, cap. 3. — J. Solin. *Polyhist.*, cap. 20) est bâti sur une langue de terre qui forme un double mouillage. C'était encore, au xvie siècle, une petite cité commerçante en rapports avec Marseille, Gênes, Livourne et Venise. Sous la domination romaine, *Igilgilis* communiquait par de grandes voies avec *Saldæ* (Bougie), *Sitifis Colonia* (Sétif), *Cirtha* (Constantine) et *Hippo-Regius* (Hippone). A l'époque de la grande invasion arabe, ses habitants combattirent longtemps avec vigueur pour le maintien de leur indépendance. En 1514, Djidjeli acheta, moyennant un léger tribut, l'alliance du corsaire Haroudj-Barberousse, qui en fit une place de guerre et le magasin de ses prises, jusqu'à ce qu'il se fût emparé d'Alger. La France, sous Louis XIV, l'assiégea par mer, et en conserva quelque temps la possession; mais après notre évacuation, les Kebaïles des montagnes voisines ruinèrent cette ville par des attaques fréquentes, et dès 1725, époque du voyage de Peyssonnel et Desfontaines, on n'y comptait plus guère qu'une soixantaine de chétives masures.

L'expédition du maréchal Valée fournit l'occasion d'un magnifique *bulletin de conquête*; mais bientôt l'occupation de Djidjeli ne fut en réalité qu'un embarras de plus ajouté à tous ceux qui nous pressaient en Afrique. Les marais voisins de la ville rendent sa situation malsaine; ce n'est qu'un hideux cloaque où pourrissent des soldats. Mais, objectera-t-on, Djidjeli possède un avantage précieux, une jetée naturelle, formée par 800 mètres de roches, qui ne laissent entre elles que d'étroits intervalles faciles à remplir, et avec peu de dépenses on aurait là une excellente station pour nos navires. Je suis loin de contester l'avantage des rochers de Djidjeli, et je serais heureux qu'on en tirât prochainement tout le parti possible. Mais est-il nécessaire pour cela d'occuper incomplètement un point inutile? Et l'établissement d'une station maritime dans sa rade ne nous assurerait-il pas suffisamment la possession de cette côte? Telle qu'elle est aujourd'hui, l'occupation de Djidjeli est inutile et désastreuse; une station maritime coûterait moins, ne ferait mourir personne, et produirait plus de fruits. Avons-nous à choisir?

milah [1], où se trouvaient réunies les troupes qui devaient marcher sous ses ordres, tandis que le général Galbois se portait à Sétif.

Le 25 octobre, à 8 heures du matin, les divisions d'Orléans et Galbois se mirent en marche dans la direction d'Aïn-Turk, et vinrent camper sur les bords de l'Oued-bou-Sellam, près de l'endroit où il pénètre entre les montagnes de Summah et d'Annini, pour former le principal affluent de la rivière de Bougie. Le bruit se répandit qu'on marcherait le lendemain sur Zamorah, petite ville occupée par des Turcs que nous devions rallier à notre cause pour avancer ensuite sur Bougie. Le 26, à six heures du matin, on quitta le bivouac d'Oued-bou-Sellam, encore éclairé par les dernières lueurs de la lune, et après deux heures de route, un murmure joyeux s'éleva dans la colonne; quelques soldats qui avaient déjà parcouru en reconnaissance le chemin de Zamrorah, s'étaient aperçus qu'on s'en écartait pour appuyer vers le sud. L'imagination de chacun s'exalte, et le nom mystérieux des *Portes de Fer* est dans toutes les bouches. Plus de fatigues pour ces braves Français qui ont si vivement l'intelligence des grandes choses; et les esprits les plus réfléchis, ceux qui jugent la témérité de l'entreprise, les obstacles qui la menacent, la faiblesse de la colonne destinée à l'accomplir, la saison pluvieuse qui peut la rendre impossible, et les dangers de la retraite, personne ne peut se soustraire à l'exaltation qui s'est emparée du corps d'armée : — chacun cherche à y trouver un heureux présage.

Il devenait important d'assurer, par la rapidité de nos manœuvres, la garantie du secret qui pouvait seul favoriser l'accomplissement d'un si audacieux projet. Le Prince Royal, dont les soins actifs avaient tout prévu pour alléger sa division, après l'avoir fait reposer à Sidi-M'Barek, la conduisit jusqu'au camp de Bou-Areridj, en vue du fort de la Medjanah, à près de dix lieues du camp de l'Oued-bou-Sellam. La division Galbois suivait de près ce mouvement. En renonçant

---

[1] Le camp de Djimmillah se trouve établi au milieu des plus belles antiquités romaines qui aient résisté, en Afrique, à l'action des siècles. Un temple, un théâtre, deux mosaïques très-étendues attestent la grandeur de la ville dont les débris jonchent le sol; mais l'attention du Prince Royal fut surtout fixée par un arc de triomphe admirablement conservé, d'une structure élégante et hardie, et dont les riches proportions sont relevées par une grande beauté de sculpture. Ce monument, presque entier encore, s'élève tout doré de ces tons rougeâtres dont le temps a coloré ses assises. Quelques pierres détachées gisent au pied de ses larges pilastres, mais si bien conservées, que la main d'un architecte retrouverait facilement la place que chacune d'elles doit reprendre. Le prince, à la vue de ce splendide monument des vieux âges, exprima le vœu que ses pierres, numérotées, fussent transportées en France, et vinssent, sous la direction d'un habile artiste, reproduire sur l'une des places de la capitale ce symbole éclatant de la grandeur romaine en Afrique. Selon le vœu de S. A. R., une simple inscription gravée au faîte du monument (L'ARMÉE D'AFRIQUE À LA FRANCE), rappellerait à la pensée de tous le sang versé par nos soldats, leurs travaux, leurs souffrances pour conquérir ces vastes contrées à leur patrie et à la civilisation moderne. La vue de ce glorieux arc de triomphe, les souvenirs qu'il réveillerait des grandes fondations des Romains, feraient songer au pénible contraste que présentent nos établissements provisoires où le soldat trouve à peine un abri, où les privations l'accablent; et sans nul doute, la France voudrait aussi que rien ne manquât à ceux de ses enfants qu'elle envoie remplir la grande et pénible tâche de la conquête d'Afrique.

L'auteur de l'*Histoire de l'Algérie ancienne et moderne* pense que la réédification de l'arc de triomphe de Djimmillah serait loin d'être satisfaisante, attendu qu'il ne se distingue, ajoute-t-il, « ni par l'élégance de ses proportions, ni par la richesse des sculptures qui le décorent, et que ce n'est qu'un produit *abâtardi* de l'art romain, *comme la plupart des autres monuments que l'on trouve en Afrique.* » Ce jugement aventuré nous ferait croire que M. Galibert ne se l'est formé que d'après quelques opinions étrangères, et qu'il n'a, même incomplètement, visité l'Algérie qu'après avoir écrit son livre. La plupart des ruines romaines, dont ce pays est jonché, datent des plus beaux siècles de la république et de l'empire. Tout le monde sait d'ailleurs qu'on fait d'œuvres d'art, le Prince Royal était un juge du goût le plus exquis.

au crochet de Zamorah, on gagnait déjà une journée de distance, et c'était peut-être le succès! El-Mokrani, notre khalifa de la Medjanah, venait de parcourir toutes les tribus soumises à son administration; son autorité n'était contestée sur aucun point; elle était aussi reconnue à Zamorah. Le maréchal Valée, instruit de ce résultat, prescrivit au général Galbois de prendre à la solde de la France les Turcs et les Koulouglis qui habitent cette ville, et de leur donner une organisation régulière, en les mettant provisoirement à la disposition d'El-Mokrani. Notre manœuvre permettait aux populations de la Medjanah, que la présence d'un agent d'Abd-el-Kader dans la province de Constantine avait fait fuir, de rentrer dans leurs douars. Des ordres furent donnés pour que le fort de la Medjanah, ou plutôt de Bou-Areridj, fût réparé et confié à la garde de 50 Turcs. Le plan de ce fort fut levé; il est construit avec des matériaux romains, et repose sur des roches calcaires à fossiles, qui représentent ici le terrain néocomien ou crétacé inférieur.

Le 27, à six heures du matin, les deux divisions se mirent en marche à travers une plaine mamelonnée que voilaient d'épais brouillards. Sur un avis parvenu au maréchal, qu'Omar, lieutenant d'Abd-el-Kader, cherchait à gagner les Portes de Fer, la cavalerie de la seconde division fut détachée contre lui, mais ne put le rejoindre, car il abandonna son camp à l'approche du lieutenant-colonel Miltgen, qui commandait nos cavaliers; et l'on sut depuis que, n'osant se risquer dans les gorges du Biban, il avait gagné à marches forcées la limite du désert.

La colonne fit halte sur un des plateaux de Djebel-Dahr-el-Hamar, où se termine la plaine, et où quelques sources jaillissent des plis de la montagne. De l'un de ces sommets l'on commence à voir s'échelonner les chaînes imposantes et les vallées multipliées, au milieu desquelles l'armée devait aller chercher les Portes de Fer. Un vieux spahis qui, dix ans auparavant, s'était rendu d'Alger à Constantine, et qui marchait en tête de la colonne, chercha même à faire distinguer deux mamelons lointains, entre lesquels, disait-il, était le passage tant désiré. Il fallait tâcher de gagner le plus de terrain possible. Le Prince Royal forma une avant-garde qu'il composa du 2º léger, avec 2 obusiers, et de 150 chasseurs et spahis; puis, laissant le reste de la division sous le commandement du colonel Gueswiller, il poussa en avant.

Mais bientôt, après avoir descendu le versant du Dahr-el-Hamar et traversé une petite plaine, la colonne dut rencontrer des contreforts sur les crêtes desquels il était fort pénible de cheminer. Le pays avait d'ailleurs entièrement changé de physionomie; au lieu des terrains nus et mamelonnés que nous parcourions depuis tant de jours, se déroulait une vallée plantureuse entre des montagnes couvertes de pins, de mélèzes, d'oliviers, de genévriers de plus de cinquante pieds de haut, qui rappelaient les sites pittoresques des Alpes et des Pyrénées. En avant, et sur le flanc de notre ligne de direction, s'étendaient quatre grands villages Kebaïles, dont les maisons, bâties en pierres et couvertes en tuiles, offraient l'aspect des bastides de Provence. Dans les plis de terrain, des bouquets d'oliviers, de citronniers, d'orangers, annonçaient une culture perfectionnée; sur les plateaux inférieurs paissaient d'immenses troupeaux, et pas un coup de fusil ne vint signaler la moindre inquiétude de la part des nombreux habitants de cette riche vallée, qui sont les Beni-Bou-Ketheun et les Beni-Abbes.

Après avoir quitté les grès ferrugineux du Dahr-el-Hamar, l'armée descendit le Cheragrag, pour atteindre le lit de l'Oued-bou-Ketheun, qu'il faut suivre pour arriver aux Portes de Fer. Les difficultés de ce passage sont inouïes; le chemin, dont la largeur n'est que de quelques pieds, est entouré de ravins profonds. L'avant-garde arriva à six heures au plateau de Sidi-Hasdan, situé près de la rivière; il était impossible d'aller plus loin, et toutes les dispositions furent prises pour y camper. A dix heures du soir seulement l'arrière-garde s'y trouva rendue, après d'extrêmes fatigues, mais sans avoir éprouvé de pertes. Un trajet de plus de vingt lieues se trouvait franchi en deux marches, depuis le camp de l'Oued-bou-Sellam, et notre aventureuse expédition touchait presque au Biban. Des feux brillants de mélèzes s'élançaient de tous les points de nos bivouacs, et les chants des soldats se mêlaient à leur pétillement. Jamais les Turcs n'avaient osé s'arrêter sur ce point; la voie romaine de Carthage à Césarée qui laisse en dehors les Portes de Fer, se perdait au loin vers le gauche, et toute trace de construction romaine avait disparu à peu de distance de Bordj-Medjanah. Malgré la proximité du confluent de l'Oued-bou-Ketheun et de l'Oued-Maleh, dont les flots réunis ont creusé les Portes de Fer, on manquait d'eau; car ces rivières coulent sur des marnes bleues qui produisent une grande quantité d'efflorescences de sulfate de magnésie, dont elles sont imprégées au point d'en être amères. Cette privation, courageusement supportée, fut toutefois compensée par l'empressement des Beni-bou-Betheun et des Beni-Abbes, accourus en foule au camp français chargés de lait, de raisins, d'orge et de paille qu'on leur paya généreusement. Leurs cheïkhs, surnommés *les gardiens des Portes de Fer*, et qui s'offrirent pour guider la colonne, reconnaissaient l'autorité d'El-Mokrani, notre khalifa, dont la famille est des plus anciennes et des plus vénérées dans ce pays. Ils reçurent des mains du Prince Royal leurs bernous d'investiture, en promettant d'être les fidèles alliés des Français.

Le lendemain, 28, était le jour fixé pour la séparation des divisions d'Orléans et Galbois. Cette dernière allait rentrer dans la Medjanah pour continuer à occuper la province de Constantine, rallier les Turcs de Zamorah, et terminer les travaux nécessaires à l'occupation définitive de Sétif. Dès le matin, les officiers de tous les corps vinrent successivement prendre congé du Prince Royal. On voyait chez tous ces braves une profonde douleur de ne pas continuer à marcher en avant; mais leur tâche était grande et belle aussi, dans la vaste province qu'ils devaient maintenir sous l'autorité française.

Il avait plu le matin, et ce ne fut qu'à dix heures et demie que la division d'Orléans put se mettre en marche [1].

Elle cheminait depuis une heure, tantôt dans le lit de l'Oued-bou-Ketheun, tantôt sur l'une ou l'autre de ses rives, ayant en tête les deux cheïkhs arabes

---

[1] Elle comptait 2,531 fantassins des 2e et 17e légers, et du 23e de ligne; — 408 chasseurs à cheval et spahis; — 150 artilleurs avec 4 obusiers de montagne approvisionnés à 60 coups, avec une réserve de 70,000 cartouches d'infanterie; et enfin 87 hommes du génie. L'infanterie portait six jours de vivres; un parc de 800 bêtes de somme, chargées de sept jours de vivres, et un troupeau destiné à fournir la viande, complétaient les équipages de convoi.

pour guides, lorsque la vallée, assez large jusque-là, se rétrécit tout à coup, en plongeant au pied d'immenses murailles de granit, dont les crêtes, pressées les unes contre les autres, découpaient sur l'horizon leurs silhouettes fantastiques. Il fallut gravir un âpre sentier sur la rive gauche du torrent, et après des montées et des descentes pénibles, où les sapeurs durent travailler avec effort pour ouvrir un passage aux mulets, la colonne se trouva encaissée au milieu de cette gigantesque formation de roches escarpées qu'elle avait admirées devant elle quelques pas auparavant. Ces masses calcaires, de huit à neuf cents pieds de hauteur, toutes orientées de l'Est 10° Nord, à l'Ouest 10° Sud, se succèdent, séparées par des intervalles de quarante à cent pieds qu'occupaient des parties marneuses détruites par le temps, et vont s'appuyer à des sommets qu'elles brisent en ressauts infranchissables, et qu'il serait presque impossible de couronner régulièrement. Une dernière descente, presque à pic, conduisit au milieu du site le plus sauvage, où, après avoir marché pendant près de dix minutes à travers des rochers dont le surplomb s'exhausse de plus en plus, et après avoir tourné à droite, à angle droit, dans le torrent, l'avant-garde arriva dans une espèce d'entonnoir où il eût été facile de la fusiller à bout portant du haut de ces espèces de remparts, sans qu'il fût possible de riposter.

Là se trouve la première Porte, tranchée large de huit pieds, pratiquée perpendiculairement dans une de ces grandes murailles, rouges dans le haut et grises dans le bas. Des ruelles latérales, formées par la destruction des parties marneuses, se succèdent jusqu'à la seconde Porte, où un mulet chargé peut à peine passer. La troisième est à quinze pas plus loin, en tournant à droite. La quatrième Porte, plus large que les autres, est à cinquante pas de la troisième; puis le défilé, toujours étroit, s'élargit un peu, et ne dure guère plus de trois cents pas. C'est du haut en bas des murailles calcaires que les eaux ont péniblement franchi ces déchirements étroits, auxquels leur aspect extraordinaire, et dont aucune description ne peut donner l'idée, a si justement mérité le nom de Portes de Fer. C'est là que s'est précipitée notre avant-garde, ayant à sa tête le Prince Royal et le maréchal Valée, au son des musiques militaires, et aux cris de joie des soldats qui saluaient ces roches sauvages. Au sortir de ce sombre défilé, un radieux soleil éclairait une gracieuse vallée, et bientôt chaque soldat gagna la grande halte à peu de distance de là, portant à la main une palme arrachée au tronc des vieux palmiers du Biban.

Le Prince Royal avait ordonné à l'avant-garde de s'élancer à travers le défilé, et d'occuper immédiatement les crêtes de sortie; trois compagnies d'élite en devaient faire autant, à droite et à gauche, pendant tout le passage du reste de la division et du convoi. Ces dispositions, qui furent couronnées d'un plein succès, mettaient à même de déjouer une attaque; mais quatre coups de fusil, tirés au loin par des maraudeurs, et qui n'atteignirent personne, vinrent seuls protester contre le passage miraculeux que venait d'opérer notre colonne, et pour lequel il ne fallut pas moins de trois heures et demie. Une nouvelle halte eut lieu sous un ciel étincelant; nos baïonnettes couvraient les hauteurs voisines; un orage, éclatant au loin à notre droite, mêlait ses éclairs aux bruyants accords de notre musique militaire; officiers et soldats se livraient à leur enthousiasme, sentant que l'on venait d'accomplir la partie la plus difficile de notre belle en-

treprise, que la moindre crue d'eau, qui ne s'élève pas à moins de trente pieds entre les Portes, eût rendue désastreuse.

A quatre heures, la colonne se remit en marche, et suivit dans une large vallée le cours de l'Oued-bou-Khetoun ou l'Oued-Biban (nom que prend ce torrent après avoir franchi les Portes) ; mais, retardée par un violent orage, elle ne put atteindre le même soir Beni-Mansour, et dut bivouaquer à deux lieues des Biban, sur les bords de la rivière, au lieu nommé El-ma-Kalou. La rivière qui prend alors le nom d'Oued-Maleh est encore salée, et nous trouvâmes cruellement juste le dicton arabe, qui appelle *Chemin de la soif* celui que nous venions de parcourir.

Le lendemain, 29, le temps était éclairci, et après avoir traversé une forêt, l'avant-garde de la colonne expéditionnaire couronna un mamelon devant lequel se déployait deux magnifiques vallées dominées par le mont Djorjorah, et qui, se réunissant en une seule au confluent de l'Oued-beni-Mansour et de l'Oued-Maleh, vont se diriger vers Bougie. On voyait en face et à peu de distance six grands villages bien construits, entourés de jardins et pittoresquement groupés sur les pointes des dernières hauteurs. Au loin, à gauche, apparaissait, sur le revers opposé, une ville à laquelle deux minarets donnaient un caractère d'importance et d'étendue. La vallée, couverte d'oliviers et régulièrement cultivée, annonçait l'industrie et la richesse des populations au milieu desquelles nous nous trouvions. Les habitants nombreux des villages étaient par groupes devant leurs maisons, évidemment surpris de l'arrivée d'une colonne française dont ils ne soupçonnaient pas l'approche, et dont l'orage de la veille leur avait dérobé toute connaissance. Un mouvement rapide de notre cavalerie ne leur permit pas de songer à la fuite; les chefs vinrent offrir leur soumission; menace leur fut faite de tout détruire chez eux si un seul coup de fusil était tiré sur la colonne; et notre armée défila entre deux villages, nos soldats achetant les denrées que venaient leur offrir les Arabes, mais sans commettre un seul acte de violence ni d'indiscipline. L'aspect de ces villages qui annonçait une population laborieuse, de nombreux pressoirs, ainsi que l'examen des innombrables oliviers de la vallée, font croire que c'est surtout chez les Beni-Mansour que se fabrique l'huile apportée sur les marchés d'Alger. Une grande halte faite sur l'Oued-Hakal permit enfin de faire boire nos chevaux, qui, depuis cinquante-deux heures, n'avaient pas trouvé d'eau. Une heure après, la colonne, après avoir rendu guéable cette rivière, dont le lit, formé d'alluvions, est très-large, et présente dans ses cailloux roulés les plus belles variétés de grès, de marbres et de poudingues, se remit en marche par la rive gauche, dans la direction d'Hamza, qu'il devenait impossible, comme on l'aurait désiré, d'atteindre le jour même. Des courriers d'Abd-el-Kader, que notre avant-garde fit prisonniers, apprirent que le camp d'Ahmed-ben-Salem, bey de Sebaou, khalifa de l'émir, était établi sur le revers des montagnes de la rive droite, vers le pays d'Ouannougha. On saisit sur ces courriers des lettres d'Abd-el-Kader destinées aux gens de Djidjeli, et qui prêchaient un soulèvement général contre nous; elles étaient datées de Maskarah, 17 octobre. L'avant-garde hâta sa marche pour prendre position avant la nuit ; l'armée franchit l'Oued-Redjillah (même cours d'eau que l'Oued-Hamza), et le camp fut établi, à six heures du soir, sur la rive droite de ce torrent.

La colonne avait suivi, depuis Sétif, la grande voie qui conduit de Constantine à Médéah, par les plaines élevées de la Medjanah et de l'Oued-beni-Mansour. Pour se rapprocher d'Alger et franchir la première chaîne de l'Atlas, elle devait tourner au nord et à hauteur du fort de Hamza, pour se porter ensuite de la vallée de l'Oued-Hamza dans celle de l'Oued-beni-Djaad, cours d'eau qui, réuni à l'Oued-Zeitoun, forme la rivière des Issers. Dans le cas où le khalifa Ben-Salem aurait eu des intentions hostiles contre notre colonne, il devait avoir pour but de s'établir sur le plateau du fort de Hamza, pour appuyer sa droite aux tribus soumises à Abd-el-Kader, et barrer la route d'Alger. Pour prévenir cette manœuvre, le maréchal Valée chargea le duc d'Orléans de réunir les compagnies d'élite de sa division, toute la cavalerie et deux obusiers de montagne, de partir de Kef-Redjillah, le 30, une heure avant le jour, et de se porter rapidement sur Hamza. Il se réservait de conduire lui-même le reste de la colonne, de manière à se trouver en mesure de soutenir S. A. R. si le combat s'engageait. Au moment où la tête de colonne de Mgr le duc d'Orléans débouchait dans la vallée de Hamza, Ahmed-ben-Salem, après avoir passé l'Oued-Nougah (nom que porte dans cette partie de son cours l'Oued-beni-Mansour), se prolongeait sur la crête opposée à celle que suivait la troupe française. Le Prince Royal, après avoir fait occuper fortement par son infanterie les hauteurs qui dominent l'Oued-Hamza, lança sa cavalerie dans la vallée. Les chasseurs et les spahis, conduits par le colonel Miltgen, gravirent rapidement la berge sur la crête de laquelle paraissaient les cavaliers de Ben-Salem; ceux-ci ne tardèrent pas à se replier, sans tirer un coup de fusil, et le khalifa, dont on apercevait les drapeaux, averti par ses éclaireurs que le Prince Royal se dirigeait sur Alger, donna l'ordre à sa cavalerie de se retirer, et se porta vers l'ouest, du côté de Médéah, renonçant au projet qu'il avait sans doute formé de défendre la position de Hamza.

Dès que notre cavalerie eut couronné les hauteurs que les Arabes abandonnaient, le Prince Royal, qui s'y était porté de sa personne, fit donner l'ordre à son infanterie de remonter la vallée et d'occuper Hamza. L'avant-garde ne tarda pas à s'établir autour de ce fort qu'elle trouva complétement abandonné [1].

A midi, le maréchal Valée arriva avec le reste de la division. A deux heures, la colonne se remit en marche, vers le nord, en contournant l'extrémité occidentale du mont Djerjerah, pour descendre dans le bassin de l'Isser. La route ne tarda pas à devenir très-difficile. Le camp s'établit au bas du défilé, sur un plateau assez dominé, et qu'il fallut faire garder par de nombreux postes avancés. On arrivait alors sur le territoire de la tribu des Beni-Djaad, placée sous l'autorité d'Abd-el-Kader, et l'ordre fut donné de resserrer le plus possible la marche de la colonne pour la journée du lendemain.

Le 31 octobre, l'armée reprit son mouvement à six heures du matin. Elle eut d'abord à franchir le difficile défilé de Dahr-el-Abagal. Les habitants des

[1] Le fort de Hamza est un carré étoilé, dont les revêtements sont en partie détruits. Les logements intérieurs, construits par les Turcs, n'existent plus. Onze pièces de canon, en partie enclouées, gisaient sur le sol; aucune n'avait d'affût, et l'armée ne trouva dans l'enceinte du fort aucun approvisionnement de bouche ou de guerre. La position de Bordj-Hamza est excellente, elle commande une vaste plaine fermée par de grandes montagnes, et à laquelle aboutissent trois vallées qui mènent à Alger, à Bougie et aux Portes de Fer, et un col qui conduit à Médéah.

nombreux douars qui garnissent ces crêtes la regardaient passer sans annoncer d'intentions hostiles, lorsqu'à dix heures, au moment où notre arrière-garde descendait les derniers contreforts du défilé, quelques cavaliers parurent sur les crêtes, et des coups de fusil furent tirés sur nous. Le Prince Royal, qui se porta rapidement à l'arrière-garde, reconnut bientôt qu'une faible partie de la population prenait part à cette attaque, et après avoir fait répondre quelques coups de feu pour venger le sang français qui venait de couler, il ordonna à la colonne de continuer sa route.

La division fit halte à Ouldja-Daly-Balta, près d'une rivière qui prend le nom du lieu, et qui est l'un des affluents de l'Isser. Des cavaliers arabes, en assez grand nombre, ne tardèrent pas à se montrer sur nos derrières et sur les crêtes à droite du plateau où notre colonne était arrêtée. Des coups de fusil commençaient à partir de ces divers groupes, au milieu desquels se glissaient des Arabes à pied. On reconnaissait les bornous écarlates des cavaliers du bey de Sebaou, et il devenait évident que l'on ne pouvait éviter une affaire, et conserver jusqu'au bout à l'expédition son caractère entièrement pacifique. Le maréchal se chargea d'emmener le convoi avec les 17e et 23e régiments. Un ravin profond et boisé traversait le plateau que nous occupions. Le Prince Royal le fit franchir par le 2e léger, et garnit les crêtes de tirailleurs; trois compagnies d'extrême arrière-garde furent cachées dans le ravin pour marcher de front à l'ennemi, et les 80 chevaux du colonel Miltgen furent divisés en trois pelotons, dont deux pour tourner les Arabes par la droite et par la gauche, et le troisième pour courir sus aux traînards. A un signal donné par le prince lui-même, qui ne cessa de se montrer au milieu de nos tirailleurs avec son képy, le seul qui fût découvert de tous ceux de l'armée, et dont la couleur éclatante était un point de mire, ainsi que sa selle rouge et sa plaque de la Légion d'Honneur, le mouvement s'exécuta avec un élan et une précision admirables. Les Arabes furent culbutés des crêtes qu'ils occupaient par la charge de notre cavalerie, et les compagnies embusquées les atteignirent au pas de course, et en tuèrent plusieurs à bout portant. Nous n'eûmes à regretter qu'un chasseur tué et quelques blessés. Cette poussée vigoureuse suffit pour ralentir l'audace des ennemis; pendant près de deux heures encore ils continuèrent à suivre nos lignes de tirailleurs, échangeant quelques coups de fusil avec eux, et couronnant chaque position à mesure que nous la quittions. Vers les quatre heures, le Prince Royal, voulant leur apprendre que nous avions fait passer du canon aux Portes de Fer, fit avancer un obusier qui envoya avec beaucoup de justesse deux obus au milieu des groupes les plus nombreux. Cette démonstration acheva de décourager les Arabes, et nos chasseurs ne furent plus inquiétés dans la retraite en échelons qu'ils furent chargés de faire pour clore la journée.

L'armée arriva le soir sur l'Oued-ben-Hini [1], l'un des principaux affluents de

---

[1] Cette rivière, ainsi que les nombreux cours d'eau qu'il avait fallu traverser dans la journée, était un des obstacles qui pouvaient devenir funestes pour la colonne expéditionnaire. Les pluies enflent rapidement ces torrents et les rendent infranchissables. Qu'aurait pu faire l'armée en pareil cas, avec un nombre de jours de vivres limité, sans équipage de pont, en présence d'ennemis infatigables, et que notre situation critique aurait sans cesse augmentée? C'est encore une de ces questions auxquelles on ne répond que par le succès.

Un beau pont ruiné se trouvait à Ben-Hini; il avait été exécuté par les ordres d'Omar-Pacha, dey

l'Isser, et campa sur un plateau qui domine la rive gauche. On n'était plus qu'à un jour de marche du Fondouk ; on allait donner la main à la division Rulhières, dont un ordre du jour annonçait la réunion sur l'Oued-Kaddara ; et cependant il y avait encore de grandes difficultés à surmonter avant d'être au bout de la belle expédition des Portes de Fer. Il fallait franchir les contreforts du Djebel-Hammal, et jamais sentiers plus affreux ne furent suivis par de pauvres soldats qui venaient de faire près de cent vingt lieues, pour ainsi dire, sans s'arrêter, et après avoir été presque tous atteints, dans le courant de cette terrible année, de l'une des maladies dont l'Afrique recèle les germes funestes.

Le 1er novembre, à sept heures du matin, l'avant-garde commença à gravir la pente escarpée qui menait du dernier bivouac à Aïn-Sultan. Afin de mieux couvrir la marche du convoi, le colonel Corbin resta en position à Ben-Hini avec le 17e léger, 50 chasseurs et deux obusiers. Le Prince Royal conduisait l'avant-garde, et l'avait établie en position près d'Aïn-Sultan, lorsqu'il apprit que quelques coups de fusil étaient tirés à notre arrière-garde. Il s'y rendit aussitôt, remontant à travers mille difficultés, et dans des terrains que l'on aurait cru impraticables, un long défilé encombré par nos bagages et par un convoi arabe qui se rendait au Biban, et que l'engagement rejetait au milieu de nous. Le prince arriva promptement sur la ligne des tirailleurs, au moment où les Arabes venaient d'éprouver une perte assez considérable au passage du ravin qui séparait le camp de Ben-Hini du défilé où la division se trouvait maintenant engagée. On avait remarqué, entre autres, la chute d'un cavalier à bernous rouge, l'un de ceux qui guidaient l'attaque des Arabes, et dont le cheval avait été tué sous lui. Le prince resserra la ligne des tirailleurs et la restreignit aux crêtes qui couvraient immédiatement le défilé ; reforma les réserves, les réunit et fit porter près du convoi, et sur le chemin que suivait la colonne, la cavalerie qui ne pouvait être utile dans un terrain aussi accidenté ; puis, jugeant avec raison que tout mouvement de retraite doit être assuré par un vigoureux mouvement en avant, Mgr le duc d'Orléans, après avoir placé ses deux obusiers dans un pli du terrain, d'où ils battaient un point par lequel devaient se retirer les Arabes, fit sonner la charge par deux compagnies du 17e, qui s'élancèrent à l'ennemi et lui tuèrent beaucoup de monde. Deux coups d'obus sur les masses confuses des Arabes achevèrent leur déroute ; dès lors le mouvement de marche de l'arrière-garde put se reprendre régulièrement. A la fontaine d'Aïn-Agha, qui coule dans un fond resserré, les Arabes essayèrent une dernière agression sans résultats, et l'armée atteignit peu après un mamelon élevé d'où la vue embrasse au loin la mer et la ville d'Alger. On fit halte, et des fanfares guerrières saluèrent enfin l'heureux accomplissement de l'expédition. Quelques heures ensuite, la jonction s'opéra, sur la rive gauche de l'Oued-Kaddara, avec la division Rulhières, composée d'un bataillon de zouaves, de deux du 62e, d'un du 48e, de deux escadrons de chasseurs, d'un de spahis, d'une compagnie du génie et de 4 obusiers. On voyait point sur le visage de tous ces braves frères d'armes,

---

d'Alger, dont Hussein-Bey, que nous avons détrôné, était le cinquième successeur. Ce pont a été renversé par les affouillements des piles ; et la route en pierre, construite de ce point à la Metidjah par le même dey, est aussi détruite sur une grande partie de son étendue ; son tracé comprend, au reste, des pentes qui la rendent de la plus grande difficulté.

avec la joie de voir arriver le prince, le regret de n'avoir pu dépasser la limite qui leur avait été fixée, pour venir partager les fatigues et les dangers de la division d'Orléans. Le soir, toute l'armée bivouaquait sous le camp du Fondouk, où chaque soldat avait trouvé un ami.

Le lendemain, 2 novembre, à la Maison-Carrée, le prince adressait à sa division de touchants adieux : — « Messieurs, dit-il aux officiers de tout grade réunis autour de lui, au moment d'une séparation que je vois arriver avec regret, je suis heureux de pouvoir vous remercier du concours que vous m'avez prêté, et du dévouement que vous avez apporté à la belle entreprise que l'habileté consommée du chef illustre qui nous commande nous a permis d'accomplir avec un si éclatant succès. L'honneur d'avoir marché à votre tête dans cette circonstance mémorable sera toujours un des plus beaux souvenirs de ma vie. Votre campagne est finie ; aujourd'hui, Messieurs, ma tâche, à moi, va commencer : c'est de faire connaître les titres que vous acquérez chaque jour à la reconnaissance de la patrie et aux récompenses du Roi, dans ce pays difficile, où tout s'use, excepté le cœur des hommes énergiques comme vous. En cessant d'être votre chef et le compagnon de vos travaux, je resterai l'ardent défenseur de vos droits ; la cause est bonne, puissé-je la gagner ! Je dirai toutes les grandes choses que l'armée a faites en Afrique, toutes les épreuves qu'elle subit avec un dévouement d'autant plus admirable, qu'il est souvent ignoré, et quelquefois méconnu. Dans les pays que nous avons traversés ensemble, je ne me suis pas cru absent de la France, car la patrie est pour moi partout où il y a un camp français ; je ne me suis pas cru éloigné de ma famille, car j'en ai trouvé une au milieu de vous, et parmi les soldats dont j'ai admiré la persévérance dans les fatigues, la résignation dans les souffrances, le courage dans le combat. La plupart d'entre vous ont déjà presque entièrement payé dans ce pays la dette que leur a imposée le service de la patrie, et si de nouvelles circonstances me rappelaient en Afrique, je n'y trouverais que de nouveaux régiments auxquels vous avez montré l'exemple ; mais partout où le service de la France vous appellera, vous me verrez accourir au milieu de vous ; et là où sera votre drapeau, là sera toujours ma pensée. »

Le Prince Royal voulut ensuite défiler avec ses troupes devant le maréchal gouverneur général, pour lui témoigner combien il avait été heureux d'être un des chefs d'une expédition si remarquable, et lui remettre pour ainsi dire les troupes dont, naguère, le commandement lui avait été confié. Une marche triomphale termina cette journée. L'armée rentra dans Alger au milieu d'une foule innombrable d'Européens et d'indigènes qui faisaient retentir les airs d'unanimes acclamations [1].

---

[1] Le 4 novembre, un banquet fut offert au prince par la population civile d'Alger; et le lendemain, S. A. R. conviait à son tour à une fête de famille les officiers, sous-officiers et soldats de la division qu'il venait de commander. Cette belle réunion militaire eut lieu sur l'esplanade Bab-el-Oued, entre le fort Neuf et celui des Vingt-Quatre-Heures. Au dessert, après une salve d'artillerie, le maréchal Valée porta la santé du Roi. Le duc d'Orléans, par un mouvement spontané, s'élança sur une table, et promenant ses regards sur la foule de braves qui l'entouraient, fit entendre d'une voix qui trouvait des échos dans tous les cœurs, ces paroles dont tous les assistants ont gardé la mémoire :

« Au nom du Roi, s'écria-t-il, je porte cette santé à l'armée d'Afrique et à son général en chef le maréchal Valée, sous les ordres duquel elle a accompli de si grandes choses !

On a toujours prétendu qu'Abd-el-Kader avait lui-même rompu le traité de la Tafna; cette croyance est une erreur. Les conventions supplémentaires signées à Alger, le 4 juillet 1838, entre Miloud-ben-Harrach et le maréchal Valée, n'avaient point encore été ratifiées par l'émir, lorsque fut tenté le passage des Portes de Fer. La prise de possession du fort de Hamza, qui fut un des résultats de cette excursion, fut jugée par Abd-el-Kader comme une reprise d'hostilités; il écrivit au gouverneur général pour lui annoncer que tous les musulmans voulaient se rallier de nouveau sous l'étendard de la *guerre sainte*. M. Valée, homme d'une haute capacité spéciale, mais peu fait, par ses habitudes militaires, aux petites manœuvres d'un ennemi qui ne combat presque jamais qu'en tirailleur, prit le change sur les projets de l'émir. Il s'attendait à une attaque régulière, dont notre stratégie déjouerait l'impuissance, et crut qu'il serait temps de prendre quelques mesures quand l'avant-garde d'Abd-el-Kader déboucherait dans la Métidjah. Cette erreur nous valut plus d'un revers; car au signal secret transmis par les émissaires arabes, toutes les tribus que nous supposions soumises à notre autorité se levèrent en armes autour de nos postes mal gardés et de nos colons endormis dans une funeste sécurité. Dès les premiers jours de novembre la plaine se couvrit d'assaillants; nos convois furent enlevés, nos camps surpris, les récoltes des colons livrées au pillage et leurs fermes brûlées ou rasées. Les beys de Médéah et de Milianah se montraient sur tous les points avec des partis de cavalerie qui passaient comme la

---

« A cette armée qui a conquis à la France un vaste et bel empire, ouvert un champ illimité à la civilisation dont elle est l'avant-garde! A la colonisation, dont elle est la première garantie!

« A cette armée qui, maniant tour à tour la pioche et le fusil, combattant alternativement les Arabes et la fièvre, a su affronter, avec une résignation stoïque, la mort sans gloire de l'hôpital, et dont la brillante valeur conserve les traditions de nos légions les plus célèbres!

« A cette armée, compagne d'élite de la grande armée française, qui, sur le seul champ de bataille réservé à nos armes, doit devenir la pépinière des chefs futurs de l'armée française, et qui s'enorgueillit justement de ceux qui ont déjà percé à travers ses rangs!

« A cette armée qui, loin de la patrie, a le bonheur de ne connaître les discordes intestines de la France que pour les maudire, et qui, servant d'asile à ceux qui les fuient, ne leur donne à combattre, pour les intérêts généraux de la France, que contre la nature, les Arabes et le climat!

« Au chef illustre qui a pris Constantine, donné à l'Afrique française un cachet ineffaçable de permanence et de stabilité, et fait flotter nos drapeaux là où les Romains avaient évité de porter leurs aigles!

« C'est au nom du Roi, qui a voulu que quatre fois ses fils vinssent prendre leur rang de bataille dans l'armée d'Afrique, que je porte ce toast!

« C'est au nom de deux frères dont je suis justement fier, dont l'un vous a commandés dans le plus beau fait d'armes que vous ayez accompli, et dont l'autre s'est vengé au Mexique d'être arrivé trop tard à Constantine, que je porte cette santé!

« C'est aussi, permettez-moi de vous le dire, comme lié d'une manière indissoluble à l'armée d'Afrique, dans les rangs de laquelle je m'honore d'avoir marché sous les ordres de deux maréchaux illustres, que je porte cette santé : A la gloire de l'armée d'Afrique, et au maréchal Valée, gouverneur général! »

En ce moment, le plus ancien lieutenant de la division des Portes de Fer s'approcha de S. A. R. et lui offrit, au nom de ses compagnons d'armes, une palme verte cueillie sur les rochers du Biban. Fort ému de ce simple et touchant hommage, le jeune prince fixa encore une fois toutes ces nobles figures militaires qui attachaient sur lui des regards attendris. « Mes amis, reprit-il, je contracte envers vous une dette immense; mais dans les moments difficiles, je me rappellerai que j'ai reçu cette palme de ceux dont l'héroïque persévérance emporta Constantine d'assaut; dans les privations, je me rappellerai qu'elle me fut donnée par des hommes dont aucune souffrance ne lassa l'énergie; et quand, au jour du danger, je vous représenterai cette palme, vous vous souviendrez à votre tour que vous l'avez cueillie dans des lieux réputés inaccessibles, et vous saurez prouver alors que rien n'est impossible à des soldats français! »

Il faut avoir approché le duc d'Orléans pour comprendre l'enthousiasme qu'excitait dans l'armée chaque parole sortie de ce noble cœur. Les braves qui les recueillaient pouvaient-ils prévoir qu'ils porteraient sitôt le deuil du jeune prince en qui s'alliaient tant de vertus populaires à de si hautes espérances!!!

foudre, et laissaient après eux la désolation. Le maréchal Valée ne resta pas inactif; plusieurs combats, dans lesquels les 62e et 23e de ligne, le 2e léger et le 1er chasseurs d'Afrique déployèrent toute leur énergie, parvinrent à ramener l'avantage de notre côté. Le 31 décembre, après une rude affaire, les Arabes s'étaient, il est vrai, éloignés de nos postes; mais leurs masses frémissantes remplissaient encore les versants septentrionaux des montagnes les plus voisines. La plaine de Métidjah était dépeuplée d'Européens; leurs habitations avaient été détruites. Des partis ennemis se glissaient, à la faveur des plis du terrain, jusqu'aux abords d'Alger; nulle part la campagne n'était sûre, et les communications d'un poste à l'autre ne s'effectuaient plus que par des colonnes avec tous les périls de l'état de guerre. Les troupes, jusqu'à l'arrivée des renforts demandés par le maréchal Valée pour pouvoir reprendre l'offensive, gardaient soigneusement les positions qu'elles occupaient. Toutefois, divers engagements avaient eu lieu sur plusieurs points, et les Arabes avaient toujours été repoussés; le 31 décembre, l'infanterie régulière d'Abd-el-Kader et 1,500 de ses cavaliers, rejoints entre la Chiffa et le camp supérieur de Blidah, avaient été mis en complète déroute. Mais ces rencontres n'étaient pas et ne pouvaient être décisives; il devenait évident que l'émir ne verrait anéantir ses ressources que par une suite d'opérations combinées qui emprunteraient une puissante assistance à une politique forte et persévérante.

La division d'Oran, dès le 13 décembre 1839, avait eu aussi à soutenir, à Mostaghanem et à Mazagran, des attaques très-vives. Les forces que déployait l'ennemi dans cette province étaient assez considérables pour que de nouvelles troupes dussent être dirigées de ce côté, non dans un but agressif, mais pour résister avec succès, dans les positions occupées, à des hostilités qui, dans aucun temps, n'avaient semblé plus vives et plus menaçantes.

Dans la province de Constantine, les intrigues d'Abd-el-Kader avaient allumé un foyer d'insurrection parmi les tribus de la Medjanah et celles de la zône méridionale. Le Zab, le Beled-el-Djérid, la lisière du Sahara, le territoire situé entre les Portes de Fer et Sétif, étaient ou exploités ou dominés par plusieurs lieutenants de l'émir, et les khalifas nommés par nous ne pouvaient, sans assistance, leur disputer le commandement. La frontière orientale était agitée par la présence d'Ahmed, l'ex-bey de Constantine, autour de qui se groupaient encore quelques partisans, et par les préparatifs de résistance qu'organisaient plusieurs tribus puissantes. Les Kobaïles tenaient investies nos garnisons de Bougie et de Djidjeli. C'était donc partout la guerre, ou une situation voisine d'hostilités réelles.

Dans cet état de choses, et vers la fin du mois de janvier 1840, le maréchal Valée fit connaître ses projets d'opérations pour la campagne qui allait s'ouvrir. Il déclara que la *destruction* d'Abd-el-Kader n'était pas une œuvre qui pût être accomplie rapidement, et qu'une campagne ne suffirait pas pour la consommer. Il proposa d'employer l'année 1840 : 1° à refouler et *anéantir* les Hadjoutes, ce qui entraînerait la prise de possession de Cherchell; 2° d'occuper Médéah et Milianah, en construisant une route qui conduirait de la plaine de Métidjah dans la vallée du Chéliff; 3° d'opérer ensuite dans cette vallée même, de manière à détruire les établissements nouveaux de l'émir, et à donner la main à la division d'Oran. Les deux premières parties du projet devaient s'exécuter avant l'époque des grandes chaleurs; la troisième en automne. On pouvait, dans le cours de cette dernière, être, par la faveur des circonstances, déterminé à marcher sur Maskara; mais dans tous les cas, toute opération sur Tlemcen devait être ajournée au printemps de 1841. La division de Constantine ne demeurerait pas inactive, non plus que celle d'Oran. La première se porterait sur Sétif, où, indépendamment de la protection qu'elle assurerait à la Medjanah, en tenant en échec le khalifa de l'émir, elle contiendrait peut-être les auxiliaires qu'il pourrait trouver, pendant la guerre, dans la province de Titteri. La seconde, presque immobile jusqu'à l'automne, entrerait en ligne au mois de septembre, et, s'appuyant sur Mostaghanem, porterait la guerre au sud du Chéliff, au cœur même de la puissance de l'ennemi, pendant qu'une autre division française, ayant Milianah pour base d'opérations, descendant le cours du fleuve, parcourrait un pays fertile et peuplé, et viendrait communiquer avec les troupes sorties de Mostaghanem.

Les diverses parties de ce plan obtenaient, au commencement de février, une approbation à peu près entière. Le ministre de la guerre pensait qu'on devait faire à l'émir une guerre patiente et opiniâtre, et qu'il était désormais impossible de traiter avec lui. Il fallait le poursuivre et l'atteindre dans les lieux où il avait fixé ses principaux établissements, sans se croire pour cela obligé de les occuper d'une manière permanente. Les troupes et les autorités françaises devaient être placées seulement dans des centres militaires ou commerciaux, en nombre fort limité, et choisis sur une ligne tracée parallèlement au rivage, de Constantine à Tlemcen. La garnison des villes occupées devait être assez considérable pour fournir une colonne de trois à quatre mille hommes, destinée à contenir et châtier au besoin les tribus insoumises. Enfin, il était recommandé de veiller avec la plus grande sollicitude sur la santé des soldats.

L'ennemi, qui ne s'était pas montré dans la Metidjah depuis le combat du 31 décembre 1839, y reparut à la fin de janvier 1840, s'approcha de Mered, et chercha à s'établir près de Blidah; mais il fut chassé de chacune de ces positions. Une autre tentative que les Arabes firent plus tard sur le camp du Fondouk fut également repoussée.

Les hostilités recommençaient aussi, dès le mois de janvier, dans la province d'Oran, où la tranquillité n'avait pas été troublée depuis quelque temps. A des tentatives faites les 17 et 22 janvier sur les Douairs et les Semélas, ainsi qu'au pied de la montagne des Lions, succéda une lutte acharnée contre Mazagran. Le 2 février, un des lieutenants d'Ab-el-Kader, Mustapha-ben-Tami, attaqua ce petit poste, dépendance de Mostaghanem; ce réduit était occupé par 123 hommes de la 10e compagnie du 1er bataillon d'infanterie légère d'Afrique. On croit que Mustapha-ben-Tami avait sous ses ordres dix à douze mille hommes, dont 4,000 fantassins. Pendant quatre jours, ces forces imposantes enveloppèrent, dit-on, le réduit de Mazagran, et le séparèrent entièrement de Mostaghanem; le commandant de cette dernière place fit plusieurs sorties, qui ne pouvaient produire qu'une diversion momentanée. Tout se réunissait donc pour rendre plus critique la position de la petite garnison de Mazagran. Un premier assaut fut repoussé par elle avec une froide intrépidité; un deuxième assaut, tenté le 6 au matin, par *deux mille* Arabes, disent encore les documents *officiels*, ne fut pas plus heureux. L'ennemi se retira, emportant cinq à six cents tués ou blessés. La compagnie de Mazagran n'eut que 3 hommes tués et 16 blessés [1].

Les 5 et 12 mars, d'autres entreprises, qui furent énergiquement repoussées, eurent lieu sur le camp du Figuier, et en avant de Miserghin, à Ten-Salmet. Le colonel Youssef trouva l'occasion de s'y distinguer.

Dans la journée du 26 décembre 1839, des pirates sortis de Cherchell s'étaient emparés d'un bâtiment de commerce français; l'occupation de ce port, qui menaçait ainsi de devenir un nouveau foyer de piraterie, ayant été résolue, le maréchal Valée réunit à Blidah et à Koléah, dans les premiers jours de mars, un corps expéditionnaire qui se mit en marche le 12. Dans les deux premières journées, tous les douars des Hadjoutes furent dispersés ou détruits; le 14, l'avant-garde, composée du 17ᵉ léger et du 2ᵉ bataillon d'Afrique, traversa l'Oued-Hachem, devant 300 cavaliers qui se retirèrent, et elle bivouaqua sur la rive gauche de cette rivière. Le 16, le corps expéditionnaire prit possession de Cherchell, abandonné à notre approche par ses habitants; le 19, il se remit en marche pour revenir à Blidah; le 21, il était rentré dans ses cantonnements.

[1] Tel est le simple exposé de l'affaire de Mazagran. D'autres récits, fourmillant de détails dramatiques, ont été publiés par divers journaux de cette époque. Sur la foi de correspondances particulières dont il nous est impossible de justifier la valeur, ces journaux ont cru pouvoir affirmer que *quinze mille* Arabes, contingents de quatre-vingt-deux tribus, avaient assiégé Mazagran, et *ouvert le feu de leur artillerie* à cinq cents mètres de ce poste; que dès les premiers coups de canon la brèche fut praticable, et que dès le premier élan de l'assaut, *l'ennemi vint planter quatorze drapeaux* sous les murs. « Notre héroïque troupe, dit un livre publié récemment, se battit pendant quatre jours et quatre nuits; la fumée de la poudre obscurcissait les rayons du soleil; les nuits étaient éclairées par les flammes des bivouacs et des amorces. Fatigués d'une si énergique résistance, les Arabes se retirèrent le cinquième jour, *honteux et confus*, emportant plus de mille des leurs, tués ou blessés. » (*Histoire de l'Algérie française*, par C. Leynadier et G. Clausel, t. II, p. 92.)

J'ai eu l'honneur d'assister en Afrique à plusieurs faits d'armes, et j'ai vu de trop près le courage de nos jeunes soldats, j'ai trop de fois admiré la brillante conduite de nos braves officiers, toujours unie à une modestie qui ne les honore pas moins que leurs services, pour contester la valeur réelle du combat de Mazagran; mais je dois avouer qu'en interrogeant plusieurs militaires haut placés, sur les détails de cet épisode de nos guerres, j'ai vu le sourire effleurer leurs lèvres.

Il est vrai que la 10ᵉ compagnie du 1ᵉʳ bataillon d'infanterie légère d'Afrique eut à repousser une vive attaque des Arabes, et qu'elle fit son devoir *sans compter le nombre des assaillants*. Il est vrai encore que la fusillade fut entendue de Mostaghanem, qu'une lieue seulement sépare de Mazagran. Mais si l'affaire était si chaude, si persévérante, pourquoi le chef de bataillon Dubarrail, commandant de Mostaghanem, ne vint-il pas au secours du fort de Mazagran? Il nous répugne de croire qu'un officier supérieur français ait abandonné *cent vingt-trois soldats* à la merci de *quinze mille* Arabes sans se faire jour, à tout prix, jusqu'à eux.

De plus, une armée de quinze mille hommes se serait-elle arrêtée *pendant quatre jours* au siége d'un misérable retranchement défendu par cent vingt-trois hommes, enfermés dans son enceinte et dont la position ne pouvait empêcher la marche de l'ennemi sur Mostaghanem, seul but raisonnable d'une attaque? Et si les Arabes étaient parvenus, *dès les premiers coups de leur artillerie*, à faire une brèche au retranchement, s'il était vrai qu'ils eussent déjà planté quatorze drapeaux au pied de son parapet croulant sous leur feu, cent vingt-trois hommes auraient-ils pu lutter pendant quatre jours, dans la proportion de UN contre CENT VINGT? Ils ne pouvaient que mourir au poste de l'honneur, et pas un n'eût rendu ses armes. Nous aimons donc mieux croire à un peu d'exagération de la part du héros de Mazagran, que d'accuser de faiblesse le chef de la garnison de Mostaghanem.

Le capitaine Lelièvre, qui commandait la compagnie de Mazagran, fut nommé chef de bataillon, et plus tard mis en non activité. J'ai ouï dire, en Algérie, que certaines indiscrétions sur l'exacte vérité de ce qui s'était passé à Mazagran, n'auraient pas été étrangères à la mesure qui éloigna des rangs cet officier supérieur. Mais si tous les bulletins un peu exagérés devaient motiver la disgrâce de leurs auteurs, pourquoi n'y aurait-il pas justice égale pour tous? Car d'après les confidences de plusieurs officiers respectables qui assistaient à la célèbre *bataille d'Isly*, l'illustre guerrier qui se fit un duché de son bulletin, aurait aussi lui-même soufflé dans les trompettes de la renommée.

Cependant, la tranquillité générale dont semblait jouir la province de Constantine, où, cette année comme la précédente, les intrigues d'Abd-el-Kader étaient demeurées sans succès, avait besoin d'être protégée et maintenue. Si la plupart des tribus se montraient disposées à la soumission, et en donnaient des gages, quelques-unes, au contraire, plus éloignées du centre de notre domination, en cédant à des habitudes de désordres et de pillage, rendaient quelquefois nécessaire l'emploi de la force, et appelaient sur leurs têtes un châtiment qui ne se faisait jamais attendre.

Dès le mois de février, le khalifa de la Medjanah, avec le secours de plusieurs chefs de ce canton, poursuivit Ben-Omar, kalifah d'Abd-el-Kader, et lui fit éprouver des pertes sensibles. Les Beni-Abbess, gardiens des Portes de Fer, demandèrent, à cette même époque, la faveur de commercer librement avec Constantine.

Dans le courant du mois de mars, les tribus kbaïles de Beni-Saak et de Beni-Oualban, coupables de quelques brigandages sur la route de Philippeville à El Arrouch, éprouvèrent la sévérité de notre justice militaire. Le fils du choïkh des Eulma accourut nous porter des excuses de la part de son père ; les choïkhs des tribus voisines s'empressèrent de faire leur soumission.

Sétif, occupé par des indigènes et un petit nombre de Français, commençait à sortir de ses ruines. Les Aamer-Gharabah offrirent leur cavalerie au commandant français pour marcher contre Abd-el-Kader, et leurs familles comme otages en garantie de leur fidélité. Les Kebaïles vinrent concourir aux cultures de Guelma, et recommencèrent à approvisionner Djidjeli.

Un événement d'une notable importance vint en même temps révéler le progrès réel de notre domination. Les fonctions de Choïkh-el-Arab avaient été conférées, en janvier 1839, à Bou-Aziz-ben-Ganah. Depuis le commencement de la guerre, Abd-el-Kader cherchait à soulever, contre l'autorité de la France, des tribus qui habitent à l'entrée du Sahara, dans le Beled-el-Djérid ; il avait envoyé, dans la direction de Biskra, son khalifa Ben-Azouz, avec un bataillon d'infanterie, 800 cavaliers irréguliers, et deux pièces de canon, dans la pensée que ces forces suffiraient pour l'accomplissement de ses desseins. Ben-Ganah, à la nouvelle de l'approche des troupes de l'émir, courut à leur rencontre ; le 24 mars, il les atteignit et engagea le combat avec une telle vigueur, que le lieutenant d'Abd-el-Kader fut mis en pleine déroute après avoir perdu cinq cents hommes, ses canons, trois drapeaux et tous ses bagages. Ainsi, pour la première fois, un chef arabe, institué par nous, marchait seul contre nos ennemis, à plus de 80 lieues du siége de notre puissance dans la province de Constantine. Bientôt après, les Haraktas, excités par les émissaires d'Ahmed-Bey, ayant attaqué des tribus placées sous notre obéissance, une colonne française, partie de Constantine, pénétra jusqu'aux extrémités de leur territoire, et leur enleva une grande quantité de bétail. Les cavaliers de cette tribu furent culbutés, et les chefs vinrent demander grâce. A la même époque, les Kebaïles de Beni-Moussa, qui avaient dépouillé plusieurs habitants de Djidjeli, furent l'objet de représailles énergiques, et plusieurs chefs de ces montagnards, renonçant à faire une guerre inutile, entrèrent en relations pacifiques avec nous.

La situation générale de la province de Constantine offrait ainsi de jour en jour plus de sécurité. Les populations, éclairées sur leur véritable intérêt, n'accueillaient qu'avec défiance les menées d'Ahmed et de l'émir. Plus de six cents familles se réfugièrent dans le Fordjiouah, pendant que leurs chefs, réunis au khalifa de la Medjanah, observaient les mouvements de l'ennemi, et tenaient en respect les tentatives de Ben-Omar. C'est ainsi que nous voyions se développer, sous les plus favorables auspices, l'avenir de notre influence, tandis que les efforts expirants de nos ennemis s'éteignaient devant notre supériorité manifestée par l'issue de chaque combat.

La prise de possession définitive de Médéah et de Milianah étant résolue, l'armée, forte de 9,000 hommes, s'ébranla, le 25 avril, pour l'effectuer, et prit position sur la Chiffa de Koléah, au camp de Blidah. Les renseignements recueillis sur les dispositions d'Abd-el-Kader annonçaient qu'il avait convoqué à la *guerre sainte* tous les cavaliers de la plaine du Chéliff, et que son infanterie régulière était en marche pour nous fermer le passage de l'Atlas. Nous devions trouver devant nous dix à douze mille adversaires. Le 27, l'armée franchit la Chiffa et marcha sur quatre colonnes. Le Prince Royal formait l'avant-garde avec la première division ; il avait ordre de se prolonger dans la direction de Bordj-el-Arbah, de passer l'Oued-Ger, et de prendre position à la tête du lac Alloulah, de manière à déborder le bois de Kharézas, dans lequel les autres colonnes devaient pénétrer. S. A. R. parvint au poste indiqué sans rencontrer l'ennemi.

A l'extrême droite, le colonel de la Moricière partit de Koléah avec les zouaves et les gendarmes maures, un bataillon du 3ᵉ léger et un escadron de cavalerie de réserve. Il avait pour mission de s'avancer entre le Sahel et les Kharézas, de pénétrer dans les bois et d'y détruire tous les *repaires* des Hadjoutes [1].

---

[1] Nous reproduisons l'expression dont se servait le maréchal Valdo dans son rapport. Les Hadjoutes sont effectivement la population la plus belliqueuse de la plaine ; « Mais, dit M. le commandant Pellissier, ancien directeur des bureaux arabes, on a beaucoup exagéré leurs brigandages. Les Hadjoutes sont fins, indépendants, assez disposés à faire sentir leur supériorité à leurs voisins ; et pendant longtemps on leur a exclusivement attribué tous les ravages qui se commettaient dans la Métidjah. Maintenant que nous les connaissons mieux, il est sage de se mettre en garde contre ces accusations exagérées. » Leur territoire était encore, il y a quelques années, fort beau et parfaitement cultivé, ce qui annonce des habitudes d'ordre et de travail. Leur marché se tenait, tous les samedis, à *Haouch-el-Sebt*, qui était autrefois la résidence du kaïd de l'*Outhan*, ou district du même nom.

On voit sur ce territoire, au sommet d'une colline d'où le regard embrasse la mer, une pyramide assez élevée, connue dans le pays sous le nom de *Tombeau de la chrétienne* (Koubber-el-Roumia). Selon Marmol Caravajal, ce monument était la sépulture de Cava, fille du comte Julien. Au commencement du viiiᵉ siècle, époque de la domination des Goths sur l'Espagne, leur roi Rodéric, qui prenait aussi le titre de roi des Romains, ayant violé la fille de ce comte Julien, l'un de ses généraux, celui-ci, pour se venger, se créa des intelligences secrètes avec Tharik-Ben-Zaïd, lieutenant de Mouça, et lui offrit d'introduire les Arabes au cœur de l'Espagne. Tharik prit 500 cavaliers d'élite, et franchit avec eux sur quatre barques le détroit qui sépare Tanger de la rive opposée. A la tête de cette petite troupe, il ravagea les côtes de l'Andalousie, et repassa en Afrique, au mois de juillet 710, avec un immense butin et de nombreux prisonniers. Au printemps de l'année suivante, il reparut avec 20,000 hommes, livra bataille à Rodéric, aux environs de Cadix, auprès de la petite ville de Xérès et de la rivière Guadalète, fut vainqueur par la trahison du comte Julien, tua le roi des Goths, et, poursuivant son triomphe, se rendit bientôt maître de toute l'Espagne.

Les traditions arabes signalent aussi à *Haouch-Ben-Omar*, dans le Sahel, les ruines antiques du palais d'une princesse chrétienne, appelée *Metidja*, et qui aurait donné son nom à la plaine de Métidjah. On peut choisir entre cette tradition et le récit de Marmol, et supposer que le *Koubber-el-Roumia* pourrait être le tombeau de la même personne. Quoi qu'il en soit, les indigènes, passionnés pour le merveilleux, croient que ce monument renferme de grandes richesses, et nous trouvons à ce sujet, dans les *Annales algériennes*, une légende populaire qu'on nous saura gré de reproduire.

Il y avait jadis, au pays des Hadjoutes, un certain Youssef-Ben-Kassem, riche et heureux dans sa maison.

Au centre, le général de Rumigny, avec trois bataillons de la deuxième division et deux escadrons, devait appuyer le mouvement de M. de la Morìcière, e prendre position au confluent de l'Oued-Ger et du Bou-Roumi.

Le maréchal Valée se porta lui-même, avec la réserve, entre la première et la deuxième division, pour envelopper le bois des Kharézas. Il laissa le convoi au champ de la Chiffa, sous la garde d'un bataillon du 24°.

Vers quatre heures, au moment où la réserve arrivait au centre du bois, toute

Sa femme était douce comme le miel, et blanche comme l'étoile du soir; ses enfants étaient robustes et soumis. Fatigué de sa vie paisible, Youssef voulut aller à la guerre; mais, malgré sa bravoure, il fut pris par les chrétiens, qui le conduisirent dans leur pays et le vendirent comme esclave. Quoique son maître le traitât sans inhumanité, son âme était pleine de tristesse au souvenir de sa famille et des biens qu'il avait perdus. — Un jour qu'il travaillait dans les champs, il se sentit plus abattu qu'à l'ordinaire, et après avoir terminé sa tâche, il se coucha sous un arbre et s'abandonna aux plus douloureuses réflexions. « Hélas ! se disait-il, pendant que je cultive ici les champs d'un maître, qui est-ce qui cultive les miens ? Que deviennent ma femme et mes enfants ? Suis-je donc condamné à ne plus les revoir et à mourir dans le pays des infidèles ? »

Comme il faisait entendre ces tristes plaintes, il vit venir à lui un homme grave, qui portait le costume des savants et des hommes de prière parmi les chrétiens. Cet homme s'approcha et lui dit : « Arabe, de quelle tribu es-tu ? » — « Je suis Hadjoute,» répondit Ben-Kassem. — « En ce cas, reprit le chrétien, tu dois connaître le *Koubber-el-Roumia.* » — « Si je le connais ! s'écria le pauvre captif; hélas ! ma ferme, où j'ai laissé tous les objets de ma tendresse, n'est qu'à une heure de marche de ce monument. » — « Serais-tu bien aise de le revoir et de retourner au milieu des tiens ? » — « Pouvez-vous me le demander ? Mais à quoi sert de faire des vœux que rien ne peut exaucer ! » — « Je le puis, moi, repartit le chrétien. Je puis t'ouvrir les sentiers de la patrie, et te rendre aux embrassements de la famille. Mais j'exige pour cela un service. Te sens-tu disposé à me le rendre ? » — « Parlez. Il n'est rien que je ne fasse pour sortir de ma malheureuse position; pourvu, toutefois, que vous n'exigiez rien de moi qui puisse compromettre le salut de mon âme. » — « Ne crains rien à cet égard, répliqua le chrétien. Voici de quoi il s'agit. Je vais, de ce pas, te racheter à ton maître, et je te fournirai les moyens de te rendre à Alger. Quand tu seras de retour chez toi, tu passeras trois jours à te réjouir avec ta famille et tes amis; et le quatrième, tu te rendras auprès du Koubber-el-Roumia. Tu allumeras un petit feu à sept pas du monument, et tu brûleras dans ce feu le parchemin que je vais te donner. Jure de faire ce que je te demande; ta liberté est à ce prix. »

Ben-Kassem prêta le serment qu'exigeait le chrétien. Celui-ci lui remit un sachet couvert de caractères magiques, dont il ne put connaître le sens. Le même jour la liberté lui fut rendue, et son bienfaiteur le conduisit dans un port de mer où il s'embarqua pour Alger. Il ne resta que quelques instants dans cette ville, tant il avait hâte de revoir sa femme et ses enfants, et se rendit le plus promptement possible dans sa tribu. Je laisse à deviner la joie de sa famille et la sienne. Ses amis vinrent aussi se réjouir avec lui, et pendant trois jours son haouch fut plein de visiteurs.

Le quatrième jour, il se rappela ce qu'il avait promis à son libérateur, et s'achemina, dès l'aube, vers le Koubber-el-Roumia. Là, il alluma du feu, et brûla le parchemin, comme le chrétien le lui avait prescrit. À peine la flamme eut-elle dévoré la dernière parcelle de cet écrit, qu'il vit, avec une surprise inexprimable, des pièces d'or et d'argent sortir par milliers du monument, à travers les pierres ; on aurait dit une ruche d'abeilles effrayées par quelque bruit inaccoutumé. Toutes ces pièces, après avoir tourbillonné un instant autour de la pyramide, prenaient la direction du pays des chrétiens avec une extrême rapidité, et formant une colonne d'une longueur indéfinie, semblable à plusieurs volées d'étourneaux. Ben-Kassem voyait toutes ces richesses passer au-dessus de sa tête. Il sautait le plus qu'il pouvait, et cherchait avec ses mains à en saisir quelques faibles parties; après s'être épuisé ainsi en vains efforts, il s'avisa d'ôter son bernous et de le jeter le plus haut possible. Cet expédient lui réussit, et il parvint à faire tomber à ses pieds une vingtaine de pièces d'or et une centaine de pièces d'argent. Mais à peine ces pièces eurent-elles touché le sol, qu'il ne sortit plus de pièces nouvelles, et que tout rentra dans l'ordre ordinaire.

Ben-Kassem ne confia cette aventure qu'à quelques amis. Cependant, le bruit en arriva jusqu'aux oreilles du Pacha, qui envoya des ouvriers pour démolir le Koubber-el-Roumia, afin de s'emparer des richesses qu'il renfermait encore. Ceux-ci se mirent à l'œuvre avec beaucoup d'ardeur ; mais aux premiers coups de marteau, un fantôme, sous la forme d'une femme, parut au sommet de la pyramide, et s'écria : « *Alloulah, Alloulah*, viens à mon secours ! » Aussitôt des moustiques énormes, aussi gros que des rats, sortirent du lac voisin, et mirent en fuite les ouvriers par leurs cruelles piqûres. Depuis ce jour-là, toutes les tentatives que l'on a faites pour ouvrir le Koubber-el-Roumia ont été infructueuses, et les savants ont déclaré qu'il n'y a qu'un chrétien qui puisse s'emparer des trésors qu'il renferme.

Telle est, dans toute sa naïveté, la légende algérienne. Nous n'engageons personne à démolir le *Koubber-el-Roumia*; mais nous léguons aux archéologues présents et futurs le soin de retrouver son histoire.

la cavalerie de M'Barek, khalifa de Milianah, déboucha par la gorge de l'Oued-Ger, et se déploya parallèlement à notre flanc gauche. L'armée était alors presque entièrement réunie ; le maréchal ordonna de marcher à l'ennemi, quoiqu'il fût déjà tard, et de l'aborder vigoureusement. Les troupes se formèrent à gauche en bataille ; la réserve se plaça entre les première et deuxième divisions ; et la colonne de la Moricière, qui était dans le bois, vint prendre position en arrière de la division Rumigny.

Le Prince Royal, averti que le maréchal voulait déborder l'ennemi par ses deux ailes, et le rejeter sur les montagnes de Mouzaïa, était déjà en marche dans la direction de la gorge de l'Oued-Ger. Dès qu'il fut à portée des Arabes, il les fit charger par un escadron de chasseurs d'Afrique, à la tête duquel marchait S. A. R. Mgr le duc d'Aumale. L'ennemi fut refoulé, dès le premier choc, sur la rive gauche de l'Oued-Ger. La cavalerie, suivie de près par l'infanterie, passa la rivière, et se porta rapidement en avant. Notre aile droite se trouvait alors à hauteur et à peu de distance de la gorge de l'Oued-Ger. Le corps du général Schramm, composé de la deuxième division, de la réserve et de la colonne la Moricière, et qui avait servi de pivot au changement de front de l'armée, devint aile marchante à son tour. Cet officier général lança contre l'ennemi le 1er régiment de marche, qui culbuta la cavalerie arabe ; après un engagement très-vif, l'ennemi recula jusqu'au pied des hauteurs de l'Afroun, où le khalifa de Milianah avait établi son camp. Le maréchal Valée, pressant alors le mouvement de l'infanterie, quoiqu'il fût déjà six heures du soir, dirigea le Prince Royal sur la gauche des Arabes, pendant que le 17e léger abordait le centre de la position, et que le général Blanquefort, avec les zouaves, reprenait l'offensive. En arrivant au pied des montagnes, l'infanterie jeta ses sacs à terre ; la charge battit sur toute la ligne, et l'ennemi fut attaqué à l'arme blanche, avec un tel élan, que, malgré les difficultés du terrain, la cavalerie arriva en même temps que l'infanterie sur les crêtes de l'Afroun. Les Arabes furent renversés dans la vallée du Bou-Roumi, et la nuit seule arrêta notre poursuite. Nous n'avions perdu dans cette affaire que 6 hommes tués et 30 blessés ; parmi ces derniers se trouvait le brave colonel Miltgen, des chasseurs, qui succomba quelques jours après. Les troupes, fatiguées par une marche de seize heures, s'établirent dans le camp arabe.

Le 28, l'ennemi avait complétement disparu par la vallée de l'Oued-Ger. Le 29, le maréchal Valée quitta l'Afroun à six heures du matin. La division d'Orléans formait l'avant-garde. Vers neuf heures, on aperçut un corps de cavalerie arabe qui se replia sans engager le combat ; des forces considérables nous attendaient plus loin. Le Prince Royal fit déployer sa division sur deux lignes, et peu à peu toutes les troupes d'Abd-el-Kader se montrèrent dans la direction de l'ouest. Vers midi, on fut en présence ; le maréchal ordonna une halte pour observer les mouvements des Arabes. La cavalerie de l'émir se réunit en masse, exécuta une manœuvre par sa gauche, et se prolongea, à une lieue environ de nous, entre notre flanc droit et le lac Alloulah. Dès que ce mouvement fut prononcé, l'armée fit face en arrière, et marcha à l'ennemi, les divisions marchant en échelons de manière à occuper toute la plaine. Le 17e léger, qui avait été d'arrière-garde depuis le matin, forma le premier échelon ; appuyé par la cavalerie de réserve, il eut ordre de se rapprocher des montagnes, d'en occuper les premières crêtes, et de gagner avant les Arabes la gorge de l'Oued-Ger. Le général Schramm, qui commandait, comme le 27, un corps composé de la 2ᵉ division et de la réserve, fit appuyer le mouvement par les troupes du général de Rumigny, qui formèrent le deuxième échelon, en même temps que le Prince Royal se portait rapidement sur le lac Alloulah, dans l'espoir d'atteindre la cavalerie arabe sur ses bords, et de lui faire éprouver des pertes considérables. Mais les Arabes marchèrent si précipitamment, et la première division était si éloignée du lac, qu'il fut impossible de les joindre. Abd-el-Kader passa devant nous à une grande distance, et se prolongea ensuite du nord au sud, dans la direction de la gorge de l'Oued-Ger. La tête de la colonne y arriva au moment où le 17ᵉ léger couronnait les hauteurs. Le général Schramm fit attaquer l'ennemi par ce régiment; toute la cavalerie arabe essaya de se jeter sur ce corps et sur quelques escadrons des régiments de marche qui avaient appuyé son mouvement; mais elle fut culbutée, et la 2ᵉ division, entrant en ligne, refoula ses masses sur la rive droite de l'Oued-Ger. Abd-el-Kader se retira dans la direction de la Chiffa; l'armée s'arrêta.

Dans la nuit du 29 au 30, le maréchal reçut de Blidah une dépêche télégraphique venant d'Alger, et qui annonçait l'attaque de Cherchell par des forces nombreuses. D'autres avis lui apprirent que toute l'infanterie régulière de l'émir avait pris position au col de Mouzaïah et s'y était fortifiée. Voyant que les tentatives de l'ennemi se portaient sur la province d'Alger, le maréchal, après avoir pris l'avis de Mgr le duc d'Orléans, résolut d'attaquer le col, afin de déconcerter les projets de l'ennemi par un coup de vigueur. Mais, avant tout, il voulut dégager Cherchell et appeler à lui une partie des troupes momentanément inutiles dans la province d'Oran, où régnait une parfaite tranquillité. Il envoya au général Guéhéneuc l'ordre de faire marcher sur Cherchell trois bataillons de sa division, et prescrivit à l'Intendance de l'armée de diriger en même temps sur cette place 100,000 rations pour en opérer le ravitaillement. En attendant que ces ordres fussent exécutés, il décida la construction d'un camp à la ferme de Mouzaïah, pour contenir le matériel et les approvisionnements destinés à l'occupation de Médéah. Pendant ce temps, il comptait tenir en échec la cavalerie arabe, qui ne pouvait, faute de vivres, tenir longtemps la campagne.

Le 30 avril, à sept heures du matin, l'armée quitta son bivouac de Fum-Oued-Ger, et se dirigea sur le gué qui se trouve auprès de Haouch-K'ndri. Après avoir traversé la rivière, le Prince Royal forma sa division sur la rive droite, pour protéger le passage du convoi et la 2ᵉ division, que l'ennemi se préparait à attaquer. Un engagement très-vif eut lieu, en effet, quelques moments après; les Arabes qui avaient campé dans le bois de Kharézas, et tous les cavaliers arrivant de l'ouest, se ruèrent sur les troupes du général de Rumigny; le combat fut soutenu avec une énergie remarquable; un bataillon de la légion étrangère, contre lequel l'ennemi s'acharnait particulièrement, repoussa cet assaut avec un sang-froid digne d'éloges; un très-grand nombre de cavaliers furent tués ou blessés par le feu de ce corps, qui passa la rivière le dernier. Dès les premiers moments de l'affaire, le maréchal avait arrêté la marche de la colonne, et déployé le 17ᵉ léger sur la gauche, pendant que le Prince Royal prenait position sur le flanc droit. L'engagement dura deux heures, et les Arabes s'éloignèrent avec des pertes sensibles.

L'armée passa la nuit sur le Bou-Roumi, à une lieue du champ de bataille. Le 1ᵉʳ mai, elle arrivait, à midi, sur le camp de la Chiffa, où elle fut arrêtée par un parti considérable de cavalerie, en tête duquel marchait Abd-el-Kader. Le Prince Royal, ayant en seconde ligne la cavalerie de réserve, chargea l'ennemi, qui ne soutint pas le choc de nos bataillons. Une partie de la journée du 2 fut employée à évacuer sur Blidah les malades et les blessés ; après cette opération, l'armée vint s'établir à la ferme de Mouzaïah, où furent immédiatement commencés les travaux d'élargissement et de fortification. Le 4, le maréchal se porta sur la Chiffa, en laissant au camp un bataillon du 48ᵉ et les sapeurs du génie. La cavalerie arabe vint attaquer l'arrière-garde formée par la division d'Orléans. S. A. R. prit position, et les zouaves culbutèrent les assaillants, que quelques obus achevèrent de disperser. Le bivouac fut établi le soir au bord de la rivière.

Le 5 mai, arriva un convoi de matériel destiné pour Médéah. Les travaux du camp de Mouzaïah étant très-avancés le 6, le maréchal y laissa tous les approvisionnements de l'armée, et se porta, le 7, sur le Bordj-el-Arbah, et, le 8, sur Cherchell. Au passage de l'Oued-Nador, un engagement eut lieu avec les cavaliers arabes qui suivaient nos mouvements ; mais le feu de l'artillerie les contint, et la colonne atteignit sans obstacle les bords de l'Oued-el-Hachem, dont la berge opposée et fort escarpée était garnie par une masse de Kebaïles. Le Prince Royal prescrivit au général Duvivier de les faire attaquer par la droite et par la gauche. Quatre compagnies du 2ᵉ léger enlevèrent cette position avec beaucoup d'élan ; mais lorsque ce détachement eut dépassé la première crête, il fut chargé avec fureur par les Kebaïles, qui se formèrent en demi-cercle pour l'envelopper. Le colonel Changarnier fit mettre les sacs à terre et plaça son détachement derrière la crête du mamelon ; au moment où les montagnards allaient gagner le plateau, cet officier supérieur fit sonner la charge ; on se battit à la baïonnette, corps à corps, et, après une lutte acharnée, l'avantage nous restait déjà, lorsque cinq compagnies du 23ᵉ, commandées par le colonel Gueswiller, vinrent compléter ce succès, qui mit une fois de plus en relief la brillante valeur du brave Changarnier.

Pendant que l'avant-garde se trouvait aux prises, l'ennemi harcelait nos derrières ; mais, malgré son ardeur, nous ne perdîmes que 52 hommes tués ou blessés. L'armée arriva, le 9, devant Cherchell, que le chef de bataillon Cavaignac avait énergiquement défendue pendant six jours. L'ennemi s'était retiré, les travaux de fortification, bien dirigés par cet officier supérieur, pouvaient défier toute attaque nouvelle ; et le maréchal Valée, pressé de se rendre au col de Mouzaïah, se remit en route le 10, à la pointe du jour, emmenant avec lui 2,000 hommes des renforts venus d'Oran.

Après plusieurs combats partiels, la colonne se retrouva, vers cinq heures du soir, à son ancienne position de Bordj-el-Arbah. Le lendemain, elle rentra au camp de l'Haouch-Mouzaïah sans tirer un coup de fusil. Des ordres furent donnés aussitôt pour que le passage de l'Atlas pût être opéré le 12[1].

---

[1] Le col de Mouzaïah se trouve dans un enfoncement de la chaîne principale, à peu de distance d'un

Le Prince Royal réclama l'honneur d'enlever cette formidable position. Sa division fut augmentée de trois bataillons; le reste de la 2º division et le 17º léger formèrent une réserve prête à soutenir au besoin la 1re. La cavalerie, inutile en cette circonstance, devait rester au camp de Mouzaïah, où tous les préparatifs étaient faits pour recevoir nos blessés.

Le plan d'attaque était dicté par la nature du terrain. L'occupation du piton de Mouzaïah était indispensable; il fallait y arriver par la gauche, de manière à protéger la marche de la colonne qui suivrait la route; mais il n'était pas moins nécessaire de soutenir cet assaut en faisant déborder par la droite les positions des Arabes, c'est-à-dire en portant des troupes sur la crête par une des arêtes qui prennent naissance au sud-ouest du piton.

Mgr le duc d'Orléans forma sa division sur trois colonnes; celle de gauche, commandée par le général Duvivier, et forte de 1,700 hommes, était composée de deux bataillons du 2º léger, d'un bataillon du 24º et d'un bataillon du 41º. Elle avait pour mission d'attaquer le piton par la gauche, et de s'emparer de tous les retranchements que les Arabes y avaient élevés. — La seconde colonne, sous les ordres du colonel de la Moricière, comptait deux bataillons de zouaves, un bataillon de tirailleurs et un bataillon du 15º léger, en tout 1,800 hommes. Elle devait, dès que le mouvement de la gauche serait prononcé, gravir par une arête de droite, afin de prendre à revers les retranchements, et se prolonger ensuite jusqu'au col. — La troisième colonne, conduite par le général d'Houdetot, formée du 23º de ligne et d'un bataillon du 48º, était destinée à aborder le col de front, dès que le mouvement par la gauche aurait chassé l'ennemi des

piton élevé qui domine au loin la position. Il ne peut être abordé de front, et lors même qu'on pourrait y arriver, il est tellement surplombé par des roches à pic qu'il serait impossible de s'y maintenir. La route qui y conduit, construite en 1836 par le maréchal Clauzel, suit d'abord une arête qui se dirige du sud au nord, et qui permet d'arriver sans de grandes difficultés jusqu'au tiers de la hauteur. La route se développe ensuite jusqu'au col sur le versant occidental de la montagne, en contournant plusieurs arêtes; elle est dominée constamment par les crêtes qui se rattachent d'un côté au piton de Mouzaïah, et de l'autre au col lui-même. A droite de la route se trouve un profond ravin qui prend naissance au col, et dont la berge occidentale, extrêmement tourmentée, ne peut être abordée sans de grands dangers. A l'ouest du col, la chaîne se bifurque, s'abaisse et se rattache, par une arête peu élevée, au territoire de Bou-Alouan.

Le col n'est donc évidemment abordable, en venant de la ferme de Mouzaïah, que par la crête orientale, dominée tout entière par le piton de Mouzaïah. Abd-el-Kader, depuis six mois, avait fait exécuter de grands travaux pour le rendre inattaquable; un grand nombre de redoutes, reliées entre elles par des branches de retranchement, couronnaient tous les saillants de la position; et sur le point le plus élevé du piton, un réduit presque inabordable avait été construit; d'autres ouvrages se développaient ensuite sur la crête jusqu'au col. Les arêtes que la route contourne avaient été également couronnées par des redoutes, et le col lui-même avait été armé de plusieurs batteries. Enfin, l'émir avait réuni sur ce point toutes ses troupes régulières. Les bataillons d'infanterie de Médéah, de Milianah, de Maskara et de Sebaou avaient été appelés à la défense du passage, et les Kebaïles de toutes les tribus des provinces d'Alger et de Titteri avaient été convoqués pour couvrir cette position, regardée comme la plus redoutable et la plus importante de l'Algérie.

En présence d'une armée européenne, on eût fait une faute grave en attaquant de front des obstacles aussi périlleux. Il eût été plus sage de prolonger le mouvement des troupes par la droite jusqu'au point le moins élevé de la chaîne, et de tourner les hauteurs de Mouzaïah, soit pour se porter directement sur Médéah, soit pour aborder le col par la crête la moins élevée. Mais dans les circonstances où il se trouvait placé, en face d'ennemis très-braves, mais sans discipline, sans tactique, sans notions de l'art de la guerre, le maréchal Valée devait frapper un coup décisif, pour semer le découragement dans les masses arabes, en leur prouvant combien la supériorité du savoir et l'énergie intelligente peuvent l'emporter sur le nombre. D'ailleurs, toutes les ressources d'Abd-el-Kader étant concentrées sur ce point, une éclatante victoire nous ouvrait la route de Médéah, portait au loin la terreur de nos armes, et détruisait le prestige exercé par l'émir, sur toutes les tribus dont les contingents marchaient sous ses drapeaux.

crêtes. — La 2ᵉ division et le 17ᵉ léger devaient soutenir la 1ʳᵉ, protéger l'artillerie qui suivrait la route, et repousser les attaques que les Kebaïles tenteraient probablement sur nos derrières.

Le 12 mai, à quatre heures du matin, dès que le général de Rumigny eut couronné le mamelon qui domine l'entrée de la route, le Prince Royal se mit en marche. Les Arabes n'opposèrent aucune résistance jusqu'au plateau situé à la naissance de l'arête. On apercevait distinctement, sur les hauteurs, les mouvements des troupes d'Abd-el-Kader. De tous les points de l'horizon, ses bataillons réguliers et de nombreux détachements kebaïles arrivaient dans les retranchements ; et, malgré la distance à laquelle nous nous trouvions, il était facile de voir qu'ils se préparaient à un rude combat. A midi et demi, le Prince Royal fit faire tête de colonne à gauche au général Duvivier. Les soldats s'élevèrent vers le piton de Mouzaïah par un terrain d'un accès extrêmement difficile, et sur lequel ils ne pouvaient souvent cheminer qu'en s'accrochant des pieds et des mains aux broussailles. Ce fut un solennel moment que celui où ces braves, dont un si grand nombre ne devaient pas revenir, s'éloignèrent de nous pour accomplir une des actions de guerre les plus brillantes de nos annales d'Afrique. Dès que cette colonne commença à gravir les pentes du piton, elle fut accueillie par une vive fusillade qui la prenait de front et en flanc. Les Kebaïles étaient embusqués derrière les roches presque à pic sur lesquelles il fallait monter ; ils avaient profité, avec une remarquable intelligence, pour cacher leurs tirailleurs, des ravins infranchissables que présente le sol, et ils avaient construit trois retranchements successifs dont les parapets étaient garnis de défenseurs. Le général Duvivier fit rapidement avancer vers la crête à gauche du piton, sans s'inquiéter des retranchements, qui furent débordés et enlevés par ses flanqueurs, pendant que la colonne, profitant du passage d'un nuage qui empêchait l'ennemi de l'apercevoir, fit une halte de quelques instants. Elle continua ensuite son mouvement, et, en sortant du nuage, elle essuya, à demi-portée, le feu de trois autres retranchements se dominant entre eux, et dont le dernier était protégé par un réduit et se reliait au sommet du pic, où se trouvait un bataillon régulier. Le 2ᵉ léger, électrisé par l'exemple de ses officiers et la vigueur du colonel Changarnier, se précipita sur les retranchements et les enleva en un clin d'œil. Les Arabes qui occupaient le pic voulurent tenter un retour offensif ; mais, abordés eux-mêmes avec furie, ils furent précipités dans les ravins, et le drapeau du 2ᵉ flotta glorieusement sur la plus haute cime de l'Atlas. Le général Duvivier échelonna sur la route qu'il venait de parcourir les bataillons du 24ᵉ et du 41ᵉ, et porta le 2ᵉ léger dans la direction du col.

Pendant ce combat, le Prince Royal avançait avec les deux autres colonnes. A trois heures, on atteignit une crête boisée qui prenait naissance à droite du piton, et que dut gravir la 2ᵉ colonne. Cette escalade, exécutée par le colonel de la Morcière, fut un moment compromise au pied d'un retranchement dominé par un plateau de roches à pic d'où partait un feu terrible ; on eut un moment d'anxiété, mais qui cessa bien vite par l'arrivée du 2ᵉ léger sur les derrières de l'ennemi ; les zouaves s'élancèrent dans la redoute, où tout fut massacré, et quelques minutes après les deux colonnes firent leur jonction au point où l'arête qu'avait suivie M. de la Moricière se détache de la chaîne. Les troupes des divers corps se précipitèrent à la poursuite des fuyards, en se dirigeant vers le col, au milieu d'accidents de terrain presque infranchissables.

Dès que la 2ᵉ colonne eut accompli sa mission, le Prince Royal marcha vers le col avec le 23ᵉ et le 48ᵉ. L'ennemi tenta de l'arrêter en démasquant à l'ouest une batterie qui battait d'écharpe la direction de la route. Le maréchal Valée fit avancer aussitôt une contre-batterie qui éteignit le feu des Arabes. Mgr le duc d'Orléans, lançant aussitôt un bataillon du 23ᵉ en tirailleurs sur la gauche, se porta à la tête des deux autres droit au col, qu'il atteignit au moment même où la colonne de gauche, qui avait marché à sa hauteur, couronnait les crêtes. Mgr le duc d'Aumale, qui s'était déjà fait remarquer dans plusieurs occasions par son jeune et brillant courage, voyant que le colonel Gueswiller avait peine à suivre cette marche rapide, se jeta à bas de son cheval, força le colonel de le prendre, courut à la tête des grenadiers, et arriva un des premiers sur le col. Le Prince Royal fit alors poursuivre l'ennemi par les trois colonnes réunies. Les réguliers d'Abd-el-Kader se retirèrent du côté de Milianah, et les Kobaïles disparurent à travers les anfractuosités des montagnes.

La prise du col fut un beau spectacle ! Quelques officiers pleuraient de joie. L'écho de l'Atlas répétait les cris des vainqueurs, et le glorieux drapeau de la France flottait avec orgueil sur ce pic tout à l'heure si menaçant, dans ces redoutes meurtrières où tant de sang avait coulé. L'infanterie de la division d'Orléans avait perdu plus de 250 hommes; le général de Rumigny était blessé; le général Marbot, aide-de-camp du Prince Royal, et le chef de bataillon Grosbon, des tirailleurs, l'étaient également. Le colonel Changarnier avait reçu sept balles dans ses vêtements.

Malgré leur défaite, les Arabes n'étaient pas découragés; et quand l'armée eut consacré quatre jours à fortifier le col, et à rendre le chemin praticable, elle trouva l'ennemi rallié dans le grand bois d'oliviers que franchit la route de Médéah, au pied du versant méridional de l'Atlas; il fallut l'en débusquer dans la journée du 16. On le vit encore, le 17, prendre position à une petite distance de Médéah, dont il ne disputa pourtant pas l'entrée, et que nous trouvâmes complétement évacuée. Une garnison de 2,400 hommes y fut laissée, et le reste du corps expéditionnaire commença, le 20, son mouvement de retraite. Les Arabes s'étaient reportés sur la route de Milianah, prévoyant que l'armée française continuerait ses manœuvres de ce côté; mais la possibilité de notre retour vers la base des opérations ne leur avait sans doute pas échappé, car on les retrouva, comme par enchantement, sur notre passage.

L'infanterie ne comptait plus que 3,000 baïonnettes. Cinq bataillons formaient l'avant-garde, sous le commandement du Prince Royal; l'arrière-garde en avait quatre. Entre les deux marchaient la cavalerie et l'immense convoi des subsistances et des bagages. Arrivée au bois des Oliviers, l'avant-garde couronne rapidement toutes les hauteurs en avant des passages difficiles par où le convoi doit défiler et se masser, et laisse un bataillon pour protéger au besoin la queue de la colonne. Bientôt, le convoi se trouve engagé dans les défilés des mines de cuivre, où le passage n'est libre que pour un homme ou un cheval. A ce moment, l'arrière-garde, qui avait été inquiétée, dès le matin, par un fort parti de cavalerie, est de nouveau attaquée par trois bataillons de réguliers et 2,000 cavaliers, qui, arrivés sur le terrain au galop, mettent pied à terre, se jettent en avant de l'infanterie et commencent un combat furieux contre les nôtres. Jamais on n'avait vu les Arabes déployer un tel acharnement, ni vendre si chèrement leur vie. Ils défendent, reprennent, perdent de nouveau, occupent une seconde fois à la baïonnette toutes les positions attaquées par nous, et que nous n'emportons à la fin qu'en les couvrant de cadavres. L'acharnement de ce combat fut tel, qu'une fois à terre, les blessés français et arabes se jetaient des pierres. Le 17e léger et le 48e déploient une valeur admirable. Le 2e bataillon des zouaves, envoyé au secours de l'arrière-garde, se jette sur le flanc des réguliers qui menacent le convoi, et leur fait un mal affreux. Le Prince Royal ordonne à ses quatre bataillons de se prolonger en arrière, le long des crêtes qu'il avait fait garnir, et le plus possible dans la direction de l'arrière-garde, sans trop affaiblir toutefois les positions qu'ils occupent en avant et tout autour du convoi. Enfin, par un dernier effort des braves engagés dans ce combat, un champ de bataille jonché de morts et baigné du sang le plus généreux reste décidément aux Français [1]. Mais il fallait compter ses pertes; depuis l'ouverture de la campagne, l'armée n'en avait pas subi de plus douloureuses : 140 tués et 212 blessés, presque tous mortellement ! Ce fut, toutefois, notre dernière lutte, et la colonne avait regagné, le 21, la ferme de Mouzaïah.

Le 27 du même mois, le duc d'Orléans quitta de nouveau l'Algérie, qu'il ne devait plus revoir. Mais il venait d'accomplir une belle mission : son jeune frère venait d'illustrer, sous ses yeux, sa première campagne. Le baptême de feu, consacré par un des plus périlleux faits d'armes dont l'Afrique ait été le théâtre, vouait à l'amour de l'armée le troisième enfant royal dont la victoire avait écrit le nom sur les drapeaux de la patrie.

Malgré notre démonstration vers l'est avant l'entrée en campagne, les troupes de Ben-Salem, khalifa de l'émir, avaient, dans la nuit du 27 au 28 avril, traversé l'Oued-Haratch, et au point du jour quelques-uns de leurs cavaliers s'étaient présentés aux environs de Bir-Khadem. Les Arabes, vivement repoussés du Sahel, se dirigèrent sur la Maison-Carrée pour attaquer les Aribs, nos alliés. Là encore ils furent forcés de se retirer.

Après le châtiment de la tribu des Haraktas, une diversion dans l'est, pendant que nos troupes marcheraient sur Médéah, avait paru nécessaire. D'un autre côté, notre khalifa de la Medjanah, Mohammed-el-Mokrani, étant toujours inquiété par Ben-Omar, lieutenant d'Abd-el-Kader, il importait également d'aller le rassurer. Une colonne, organisée au camp de Sétif, fut dirigée, le 9 mai, sur la route de Zamorah et de Bougie, et arriva à Aïn-Turk, à sept lieues de Sétif. Le camp, qui fut établi sur ce point, eut, pendant plusieurs jours, à repousser diverses attaques qui demeurèrent impuissantes.

Dans le cercle de l'Edough, aux environs de Bone, les Kebaïles se mon-

[1] Le colonel Bedeau, du 17e léger, boitant d'une blessure qu'il avait reçue quelques jours auparavant, le nez mutilé par une balle qui venait de l'atteindre, le visage inondé de sang, était resté debout au milieu de ses intrépides tirailleurs, qu'il animait encore de la voix et du geste. Plusieurs fois il les ramena à l'arme blanche sur les Arabes, dont il fit un grand carnage. Ensuite, le combat fini, il présida de sa personne à l'enlèvement des blessés, fit emporter sur les épaules des soldats le quart de son beau régiment couché à terre, et n'abandonna ni un blessé ni un mort. Quand tout fut sauvé, il songea à se faire panser.

traient disposés à un rapprochement ; c'est ainsi que ceux de Kollo étaient venus, peu auparavant, porter leur soumission à Constantine ; et en juin, ceux qu'Abd-el-Kader avait entraînés sous ses drapeaux se rangeaient sous l'autorité de notre khalifa de la Medjanah.

Dans la province d'Oran, Bou-Hamedi, khalifa d'Abd-el-Kader, faisait de vaines efforts contre les tribus qui nous étaient soumises, et contre le camp de Bridia. Après plusieurs attaques, dans lesquelles il fut repoussé avec perte, du 14 au 28 mai, et du 1er au 14 juin, il dut renoncer à ses entreprises et se retirer.

Pour compléter les opérations projetées pendant la campagne du printemps, il restait, après la prise de Médéah, à occuper Milianah, située plus avant à l'ouest dans l'ancienne province de Titteri, et dont la possession devait plus tard faciliter nos opérations dans la vallée du Chéliff. LL. AA. RR. MMgrs les ducs d'Orléans et d'Aumale, qui avaient si glorieusement partagé les dangers et les fatigues de l'expédition de Médéah, ne devaient point prendre part à cette nouvelle campagne ; ils repartaient pour la France le 27 mai. Mais avant de s'éloigner des braves pour lesquels la présence d'un prince était un gage de triomphe, le duc d'Orléans adressa de Blidah, aux troupes de sa division, un ordre du jour dans lequel il leur exprimait, avec cette élévation de pensée et cette grâce qu'il apportait dans tout, sa noble satisfaction et ses touchantes sympathies.

Pendant les préparatifs de l'expédition de Milianah, Abd-el-Kader combinait de nouveaux moyens de défense. Ben-Salem, khalifa de Sebaou, dut rester dans l'est d'Alger ; El-Berkani, khalifa de Médéah, fut chargé de surveiller la population émigrée de cette ville, pour l'empêcher d'y rentrer. Sidi-Mohammed, khalifa de Milianah, campa entre cette ville et le Chéliff, avec ordre de suivre tous nos mouvements ; enfin, Mustapha-Ben-Tami, khalifa de Maskara, occupa le pont du Chéliff. Tous ces lieutenants de l'émir, ayant chacun, indépendamment d'autres troupes, un bataillon régulier, reçurent pour mission de s'opposer au ravitaillement de Médéah et à la prise de Milianah.

Dans les premiers jours de juin, 10,000 hommes étaient réunis à Blidah. Le 5, la colonne se mit en marche, et cette fois elle se dirigea par le territoire des Beni-Menad, sur le col de Gontas, qu'elle franchit le 7. La veille, un léger engagement avait eu lieu avec les Kebaïles. Le 8, on était en vue de Milianah, d'où s'élevait un nuage de fumée, signe de l'incendie allumé par l'ennemi, mais qui ne fit heureusement que peu de ravages. Toute la cavalerie de l'émir paraissait réunie dans la plaine ; elle se retira aux premiers coups de canon, et Milianah fut occupée le soir même. La ville fut trouvée déserte, comme Cherchell et Médéah. On employa trois jours à la mettre en état de défense et à préparer l'installation de la garnison, qui se composa de deux bataillons. Le 12, le corps expéditionnaire commença son mouvement de retraite ; les Arabes, ayant pour auxiliaires les Kebaïles des montagnes voisines, tentèrent de disputer le passage ; nos troupes les repoussèrent devant elles, pendant que l'arrière-garde leur tenait tête. L'armée marchait parallèlement à la chaîne des montagnes, se dirigeant sur le col de Mouzaïah, par lequel, après s'être mise en communication avec Médéah, elle devait redescendre dans la plaine. Les Arabes ne cessaient de la suivre. Le 15, on marcha sur le col de Mouzaïah. Les attaques de l'ennemi et principalement des bataillons réguliers de l'émir furent très-vives et les engagements meurtriers. On se battit de part et d'autre avec acharnement; mais l'impétuosité de nos soldats et le feu bien dirigé de notre artillerie jetèrent à la fin le désordre au sein de ces masses confuses et indisciplinées. Nous comptâmes de notre côté 32 morts et 300 blessés; mais la perte de l'ennemi fut plus considérable; on l'évalue à 1,000 tués et à un nombre égal d'hommes hors de combat.

Le col demeura fortement occupé, pendant que le convoi de nos blessés était dirigé sur Blidah, et qu'on faisait venir de la ferme de Mouzaïah, où ils avaient été réunis, les approvisionnements destinés au ravitaillement de Médéah. Tout étant prêt le 20, le corps expéditionnaire se porta sur cette ville, où il arriva vers midi. L'ennemi se montra de nouveau, mais en petit nombre, et borna ses tentatives à quelques tiraillements sur l'arrière-garde.

Pendant que le maréchal Valée s'occupait d'assurer la défense de Médéah, 5,000 hommes étaient envoyés à Milianah pour compléter l'approvisionnement de cette possession, et pour faire en route le plus de mal possible aux Arabes. Le 23, cette colonne, aux ordres du général Changarnier, communiqua avec le commandant supérieur de Milianah, qui était venu au devant du convoi. Une attaque conduite par l'émir en personne à la tête de toute sa cavalerie, fut refoulée avec plein succès. Le 24, une masse de cavaliers était encore en vue, au moment où M. Changarnier se portait sur la rive gauche du Chéliff; mais cette fois, nos adversaires se tinrent hors de portée. Le 25, l'arrière-garde fut légèrement inquiétée; le 26, la colonne, revenue au pied du Djebel-Nador, fut rejointe par le maréchal Valée; et le 30, un nouveau convoi, tiré de Blidah, put entrer sans encombre dans Médéah.

Les chaleurs ne permettant guère alors de continuer les opérations dans la province de Titteri, le gouverneur général se disposa à ramener ses troupes fatiguées sur le territoire d'Alger; mais avant d'y rentrer, il fit exécuter une sanglante razzia sur les Kebaïles du Mouzaïah, qui, depuis le commencement de la guerre, s'étaient montrés très-hostiles et avaient sans cesse attaqué nos convois. Il infligea le même châtiment aux Beni-Salah, évacua le camp de Mouzaïah, qui n'était qu'un poste armé de fortifications passagères, et ordonna des travaux préliminaires à l'établissement d'une route qui permettrait de tourner à l'est le col de Mouzaïah, comme on l'avait déjà tourné à l'ouest. L'armée était, le 5 juillet, rentrée dans ses cantonnements.

Cherchell, Médéah, Milianah occupés, le territoire des Hadjoutes balayé, les plus turbulentes tribus de la montagne atteintes et châtiées dans leurs propres foyers, l'ennemi repoussé partout où il avait essayé une résistance, tels étaient les résultats matériels de la campagne. On espérait de plus que l'impuissance de l'émir à défendre ses villes affaiblirait son autorité, et que l'interposition des forces françaises dans le pays au sud des montagnes, en contenant les populations jusqu'alors ennemies qui environnent la Métidjah, rendrait plus difficiles, si elles ne les ruinait tout à fait, ses tentatives sur la province de Constantine. Ces dernières conséquences des opérations consommées au printemps de 1840 ne pouvaient d'ailleurs se produire que lentement.

Le gouverneur général, de retour à Alger, s'occupa immédiatement des mesures à prendre pour la campagne d'automne. Au milieu du mois d'août, il avait arrêté et fait approuver des dispositions dont l'ensemble s'éloignait, en plusieurs points, des projets annoncés au commencement de la campagne du printemps; elles peuvent se résumer ainsi : 1° Dans la province de Constantine, achever la soumission des tribus indécises, et compléter l'approvisionnement de toutes les places jusque dans les premiers mois de 1841 ; 2° dans la province de Tittori, ravitailler pour six mois Médéah et Milianah, opérer autour de Médéah pour amener la soumission du territoire dont cette ville est le centre, détruire l'établissement d'Abd-el-Kader à Taza; 3° dans la province d'Alger, couvrir le Sahel, manœuvrer dans la Métidjah pour tenir les Arabes en respect et maintenir les communications; 4° transporter dans la province d'Oran le théâtre de la guerre, occuper Maskara, détruire l'établissement de l'émir à Takdimt. Si ces dernières opérations réussissaient, au printemps de 1841, les forces françaises seraient employées, dans toute la longueur de la vallée du Chéliff, et en partant des extrémités opposées, à parcourir un territoire plus riche et plus peuplé, à harceler l'ennemi et à l'appauvrir par tous les moyens possibles, pour le forcer à une complète soumission.

Quelques événements d'une certaine importance précédèrent l'ouverture de la campagne d'automne. Médéah avait été très-vivement attaquée, dans la nuit du 2 au 3 juillet, par Abd-el-Kader et El-Berkani, que la garnison repoussa et mit en pleine déroute. Milianah, souvent attaquée aussi jusqu'au 1er août, s'était vaillamment défendue, malgré la maladie qui décimait nos soldats. Vers la fin de juillet, la cavalerie arabe avait fait des incursions menaçantes dans la Métidjah. Cherchell avait eu à repousser, les 15 et 16 août, les agressions d'El-Berkani. Le camp de Kara-Mustapha, momentanément évacué par mesure de santé, avait été le théâtre d'un engagement avec Ben-Salem, dont les troupes furent sabrées et dispersées, le 19 septembre.

Vers la fin d'août, les dispositions étant faites pour les approvisionnements des places et pour ceux des expéditions projetées, une colonne partit, le 26, de Blidah, pour se rendre à Médéah. Pendant sa marche, le 27 et le 28, elle exécuta des razzias sur les tribus hostiles; à son retour, elle fut assaillie, au bois des Oliviers, par des rassemblements kebaïles qui furent aisément repoussés à la baïonnette.

Le ravitaillement de Milianah ne se fit pas moins heureusement. La colonne chargée de cette mission partit de Blidah le 1er octobre et arriva le 3, sans opposition, jusqu'à l'Oued-Djer, ayant laissé à sa gauche le Téniah. Le 4, elle se trouva devant Milianah, en présence de 4 à 5,000 Arabes; mais par des manœuvres habiles elle communiqua le même jour avec la place, et rentra sans pertes sensibles, le 7, à Blidah.

Le corps destiné à opérer dans la province de Tittori s'ébranla le 29 octobre, et se dirigea sur Médéah avec un convoi destiné à la garnison de cette ville, qu'elle atteignit le 29, après une seule rencontre avec les Arabes au bois des Oliviers. L'arrière-garde fut encore attaquée, au retour, le 1er novembre; ces divers engagements n'eurent point d'importance, le terrain et les passages n'étant point sérieusement disputés.

Le 5 novembre, le gouverneur se remit en marche pour se porter sur Mi-

Hanah; il devait approvisionner la place pour six mois. Il espérait d'ailleurs, d'après quelques avis reçus, rencontrer l'émir, qu'on disait s'être dirigé, avec ses bataillons réguliers, vers la vallée supérieure du Chéliff. La route fut prise par le col de Gontas. L'armée n'aperçut qu'une seule fois des cavaliers, qui s'éloignèrent sans combat. Des Kebaïles, dont le territoire était traversé, vinrent en petit nombre tirer de loin quelques coups de fusil. On arriva le 8 dans Milianah. L'émir avait congédié ses troupes, parce qu'on approchait de la saison des semailles, et il s'était lui-même retiré du côté de l'ouest. La place fut trouvée dans un excellent état de défense; mais la garnison avait beaucoup souffert. L'énergie des troupes et de leur chef était demeurée au-dessus des privations et des maladies, et leur moral s'était soutenu dans le complet isolement où ils étaient restés durant cinq mois; ignorant même si les événements de la guerre permettraient de leur porter secours. La garnison fut relevée et l'approvisionnement effectué; des mesures furent prescrites pour assainir la ville, faciliter la culture de ses nombreux jardins, et assurer en tous points le bien-être de la troupe.

Le 9, le corps expéditionnaire reprit la route de Blidah, divisé en trois colonnes pour mieux parcourir le pays et châtier les tribus qui, de ce côté, bordaient la Métidjah et infestaient la plaine de maraudeurs depuis longtemps impunis. On reconnut, le 10, l'ancien poste romain de *Aquæ calidæ*, où se bifurquait la voie conduisant de Cherchell à Milianah et Médéah. Le 11, l'armée était rentrée à Blidah. Les Kebaïles de Beni-Menad avaient une seule fois inquiété nos colonnes; une autre fois, au passage de l'Oued-Djer, on aperçut environ 2,000 cavaliers précédés d'une ligne de tirailleurs, mais on ne put réussir à les amener au combat.

Du 15 au 22 novembre, le gouverneur général s'occupa de relever la garnison de Médéah, et de ravitailler complétement cette place, dans la prévision des opérations qui devaient être entreprises au printemps suivant. Ses intentions purent s'accomplir sans incident qui mérite d'être remarqué.

M. le maréchal Valée ne s'étant pas porté de sa personne dans la province d'Oran, et les troupes de la division n'ayant point reçu de renforts, on ne dut pas songer à exécuter de ce côté les opérations qu'on avait prévues en août et septembre précédents. Toutefois, le général de la Moricière put atteindre au loin des tribus ennemies qui se croyaient en parfaite sûreté à grande distance de nos postes. Les Beni-Aâmer, les Beni-Yakoub, les Beni-Chouicha, les Ouled-Gharaba et les Ouled-Khalfa, furent successivement frappés jusqu'aux extrémités de leurs territoires.

La punition des tribus rebelles n'était pas poursuivie avec moins de vigueur dans la province de Constantine. Le kaïd Messaoud, des Righa, après avoir reconnu l'autorité française, avait passé à l'ennemi. Les indigènes rangés sous notre drapeau châtièrent eux-mêmes cette infidélité; le chef parjure fut complétement ruiné par une razzia dirigée contre lui, et parvint à grande peine à s'échapper. — Le cheïkh des Beni-Salah de la montagne avait fait assassiner un de nos officiers, le capitaine Saget. Cette trahison ne pouvait rester sans vengeance; une colonne sortie de Bone, le 22 décembre, mit à feu et à sang les douars de la tribu coupable. Ces exemples de rigueur maintenaient une sécurité générale dans la province, et les résultats s'en faisaient sentir. Ainsi, une expédition dirigée du côté de Msilah, traversait les montagnes sans coup férir. Les Beni-Abbess fermaient les Portes de Fer aux partisans d'Abd-el-Kader; Bou-Akkas, un des principaux chefs du pays, offrait ses services contre l'ennemi commun à notre khalifa de la Medjanah; les troupes de l'émir qui s'étaient approchées de Sétif se voyaient refoulées au loin, à l'extrémité de la province; les Harakta rapportaient eux-mêmes, toutes cachetées, les lettres répandues par les émissaires d'Abd-el-Kader; les Nemenchah repoussaient l'ex-bey Ahmed; des partis de cavalerie, surpris au col d'Ouled-Braham, étaient chassés de la Medjanah; et les tentatives faites pour soulever contre nous les Kobaïles échouaient complétement. Enfin, la province de Constantine devenait le refuge de beaucoup de familles de la province de Titteri qui émigraient pour venir habiter sous la protection des armes françaises. D'un autre côté, le commandant supérieur de la province recevait de bonnes nouvelles des points les plus éloignés. La ville saharienne d'Aïn Madhi était rentrée sous la domination pacifique du marabout Tedjini et se repeuplait; Biskra demandait que le choïkh-el-Arab institué par nous vînt s'établir dans son enceinte, et le chef de Tougourt nous envoyait du désert une députation chargée de préparer avec nous son alliance.

L'impôt, perçu sans trop de difficultés sur une portion du pays, commençait à offrir quelques ressources, les premières de ce genre qu'on eût encore obtenues. Les marchés étaient presque partout fréquentés par les indigènes. Les Arabes paisibles, cultivant la terre avec sécurité, demandaient qu'on leur confiât des soldats pour leur enseigner des procédés moins imparfaits, et particulièrement la culture de la pomme de terre, dont ils commençaient à apprécier la valeur; et enfin, nouveau rapprochement, et peut-être le plus remarquable de tous, près de 400 indigènes venaient se faire vacciner à Constantine. Ces signes multipliés d'un progrès véritable attestaient que s'il restait encore beaucoup à faire de ce côté, la situation y était, en 1840, réellement meilleure que partout ailleurs.

« Du côté des Arabes, disent à cette époque les documents officiels du gouvernement, la guerre s'est continuée pendant toute cette année selon le même système de déprédations, de ravages, et d'attaques contre des individus isolés ou de faibles détachements. L'émir ne défend ni le pays ni les villes; jamais de rencontres sérieuses, d'engagements décisifs; l'avantage final semble devoir être le prix de la persévérance. Malgré d'assez fréquents sinistres, il semble, à certains signes, que la barbarie s'adoucit; on ne tue plus les prisonniers, on les conserve; on a même tenté quelques ouvertures pour les cartels d'échange. Abd-el-Kader a fait et continue de grands sacrifices pour organiser des bataillons réguliers; il y est en partie parvenu. Les déserteurs, presque tous de la légion étrangère, servent d'instructeurs à ses soldats, qui tiennent mieux qu'autrefois devant nos troupes, et se plient au commandement. L'art de la guerre est évidemment en progrès chez les indigènes non soumis, et cependant, ce que nous aurions à en redouter est compensé par de réels avantages; l'ennemi est devenu plus facilement saisissable, et ses corps réguliers ont beaucoup souffert en plusieurs rencontres. Les moyens de recrutement de l'émir se bornent à la violence matérielle. La crainte du châtiment, l'appât de la solde, l'espoir du butin, tels sont les seuls liens qui assemblent ou retiennent les troupes arabes. Le pillage sur nous ou nos alliés devient chaque jour plus difficile, et la solde ne peut être assurée qu'au moyen d'exactions pratiquées sur les non combattants, dans le pays soumis à Abd-el-Kader; celui-ci ne saurait donc entretenir son armée régulière et permanente sans fouler ses partisans dans les tribus. Cet état de choses ne semble pas pouvoir durer longtemps. L'Arabe, qui produit peu, a des besoins bornés, sans doute, mais par cela même plus impérieux; il ne peut plus les satisfaire. Aucun marché ne lui est ouvert, ni sur la côte, ni à l'intérieur. Les villes où il se pourvoyait, en échange de ce qu'il y venait vendre, sont presque toutes entre nos mains; la misère des indigènes est grande, le mécontentement peut contribuer à les désarmer. Le blocus territorial que l'armée française maintient est déjà efficace; il peut et doit devenir plus rigoureux encore par une plus étroite surveillance des côtes.

« La grande guerre a été reconnue sans résultat en Algérie; on s'est enfin occupé d'atteindre, dans ce qu'il offrait de saisissable, un ennemi qui se dérobait toujours. On a renoncé à la ceinture de postes isolés qui ne protégeait rien, comme l'a prouvé l'irruption des Arabes en novembre 1839. On a occupé les villes et commencé à pratiquer dans la province d'Alger le système qui consiste à rayonner autour de soi, en partant d'une position permanente. Ce système, qui a complétement réussi dans la province de Constantine, aurait eu probablement le même succès dans celle d'Oran, si Tlemcen et Maskara, une fois conquis par nos armes, avaient été occupés. L'ennemi est ainsi tenu à distance; menacé incessamment dans les seuls biens qu'il possède, les moissons et les troupeaux, il est réellement réduit à la défensive, et s'appauvrit chaque jour. Il est à présumer qu'il se soumettra partout où il craindra qu'on arrive jusqu'à lui. Accoutumés à nous voir quitter presque immédiatement les points vers lesquels se dirigeaient autrefois nos expéditions, les Arabes s'étonnent déjà que nous demeurions à Médéah et à Milianah, ils accusent l'émir de les avoir trompés, en leur prédisant le contraire; rien ne les frappe comme la patience et le succès, et Abd-el-Kader le sait bien. En plusieurs circonstances, il a tenté directement ou indirectement de renouer quelques négociations avec l'autorité française, qui a rejeté toute ouverture de ce genre : la paix est impossible avec ce chef, qui ne profiterait de la trêve que pour se préparer à des hostilités nouvelles. On a, au contraire, saisi toutes les occasions de faire savoir qu'on ne traiterait plus avec Abd-el-Kader, mais qu'on recevrait avec bienveillance les chefs et les populations qui, se séparant de sa cause, demanderaient à traiter pour leur compte. La cause française gagne ainsi de nouveaux défenseurs; les troupes indigènes à notre solde témoignent une grande fidélité; près de 7,000 musulmans, cavaliers ou fantassins, marchent sous nos drapeaux.

« En résumé, pendant l'année 1840, l'occupation militaire et politique s'est étendue, en ce sens qu'elle conserve une surface qui s'agrandit de jour en jour; mais elle est restreinte en ce qu'elle ne comprend, avec la possession exclusive de tous les ports, qu'un nombre limité de points, choisis dans l'intérieur des terres, et jugés dominateurs. La France n'est pas et ne doit pas être partout elle-même, soit par des soldats, soit par des agents français ; il lui suffit que son autorité, directe ou déléguée, soit en tous lieux présente, et qu'on n'en reconnaisse point d'autres que la sienne, là même où des indigènes combattent et commandent en son nom. C'est là souveraineté dans sa véritable acception ; c'est, sans doute, la domination générale, mais non pas l'occupation universelle et effective.

« Autour d'Alger, dans la province dont il avait été pris possession après le traité de la Tafna, nous occupons Cherchell, Médéah, Milianah ; on travaille à assurer les communications entre ces divers points. Des tribus ont demandé à fréquenter nos marchés ; malgré la pénurie ou la cherté des denrées, on leur a répondu que le commerce était un fruit de la paix, et qu'on ne voulait pas en faire avec des populations insoumises : — «Chassez, leur a-t-on dit, les agents de l'émir, déclarez-vous contre lui ; vous serez avec nous, et nous avec vous.» Les tribus sont ébranlées, et le succès de cette politique résolue ne saurait être bien éloigné.

« Dans la province de Constantine, les cercles de Bone, de l'Edough, La Calle, Guelma, Philippeville, nous sont parfaitement soumis ; les commandants français y obtiennent aisément l'obéissance et le concours des Arabes à titre d'auxiliaires. L'immense rayon de Constantine est paisible, sinon complétement assujetti ; quelques rigueurs, infligées à propos, ont agi puissamment sur les esprits ; — le souvenir du bey Ahmed est à peu près effacé. Malgré quelques démonstrations un moment suspectes, il n'y a rien à régler avec Tunis qu'une question de limites. Les résistances, les agressions provoquées par l'émir sont également vaincues. Les tribus qui avaient seulement refusé ou ajourné leur soumission, sont, l'une après l'autre, forcées d'implorer leur pardon et d'acquitter l'impôt. Sétif, fortement occupé, devient un nouveau centre d'action, et forme une subdivision militaire importante ; l'autorité, déléguée au nom de la France, s'étend jusqu'aux confins du désert. Nos amis ont déjà paru à Biskra, et doivent prochainement chercher à s'y établir. Zamorah et les cheïkhs des Portes de Fer nous envoient ou nous apportent des paroles d'amitié. Ainsi, dans l'est, la situation est comparativement favorable, et l'expérience jusqu'ici concluante.

« C'est dans la province occidentale que l'occupation est le plus limitée. Elle ne comprend que la ville d'Oran, avec le port de Mers-el-Kébir, son annexe, et Mostaghanem. Les postes sont peu avancés dans la campagne, et néanmoins le général qui commande la division depuis quelques mois, a déjà su tirer bon parti de ses troupes ; il a exercé sur le territoire arabe d'utiles représailles. Les tribus de l'intérieur, fortement imposées et appauvries par la cessation du commerce, annoncent des dispositions moins hostiles. Encore contenues par les troupes régulières d'Abd-el-Kader, elles refuseront probablement l'obéissance, dès que, les circonstances paraissant favorables, chacune d'elles saura qu'elle ne sera pas la seule à faire sa paix avec nous. Cette paix peut être aussi obtenue par d'autres moyens, et la politique fera, sans doute, pour y parvenir, autant au moins que la guerre. Nos alliés les Douairs et les Semelas, qui nous fournissent 1,000 cavaliers, ont beaucoup souffert cette année, par la perte de leurs bestiaux et de leurs récoltes ; mais depuis que la division française est devenue active, ils se dédommagent aux dépens de l'ennemi. Quelque succès que les armes ou les conventions puissent réaliser, il ne faut point toutefois se dissimuler que cette partie de la régence offre des obstacles et des difficultés bien plus grandes que partout ailleurs : la pacification n'y suivra que de loin les progrès accomplis dans les autres provinces. Cependant il n'y a plus guère parmi les Arabes qu'une tradition de haine religieuse, entretenue par les prédications de quelques marabouts fanatiques ; et cette fâcheuse influence ne tardera pas à disparaître, si la paisible jouissance du sol, des habitudes, du culte, est assurée par nous. Du côté de Constantine, ce phénomène s'accomplit chaque jour ; il doit naturellement s'étendre de l'est à l'ouest, selon la marche naturelle de toutes les conquêtes dans le nord de l'Afrique. L'œuvre sera plus difficile et plus lente à mesure qu'on se rapprochera du Maroc, parce que là est un foyer de réaction contre la civilisation et le christianisme tout ensemble.

« Les montagnards ou Kebaïles, insoumis à presque toutes les époques, ne nous reconnaîtront pas de longtemps pour maîtres ; mais ils ne demandent que le repos et ne fuiront que le mélange avec un peuple nouveau. En ayant soin de ménager leurs susceptibilités et d'éviter de leur porter une guerre inutile, on parviendra à les faire produire pour nos ports, car ils sont industrieux ; ils y viendront acheter, car ils consomment plus que la race arabe. Ils se civiliseront à la longue plus aisément, parce qu'ils sont sédentaires ; de plus, ainsi que les habitants de nos montagnes de France, ils émigrent un temps pour aller travailler parmi les Européens de la plaine. Il y en a eu toujours à Alger ; presque tous les manœuvres de Philippeville n'ont pas d'autre origine, et plusieurs compagnies du bataillon d'infanterie indigène de Constantine sont composées de Kebaïles.

« La population européenne de l'Algérie s'augmente dans une proportion rapide ; au 31 décembre 1840, elle atteint le chiffre de 28,000 âmes, dont 13,000 Français, le reste Italiens, Maltais et Allemands.

« Les villes d'Alger, de Bone et d'Oran se couvrent de constructions nouvelles ; la première de ces villes a pris un tel développement, qu'il a fallu agrandir son enceinte. Philippeville, de création toute récente [1], compte déjà

---

[1] En 1837, un sentier presque impraticable en hiver conduisait de Bone à la rade de Stora. Une route fut commencée en septembre 1838, dans la direction de l'ancienne Rusicada, par les vallées de Smendou, de l'Entsa et de l'Ouach. Un premier camp fut établi près de Smendou, à six lieues de Constantine ; et un second camp couvrit le point où confluent les eaux de l'Arrouch et de l'Entsa. Le 5 octobre, une colonne, partie de Constantine parcourut la route sans obstacle, et vint, le 7, aux ruines de Rusicada. Vingt lieues séparent Constantine de la rade de Stora ; les convois parcourront cette distance en trois jours.

Philippeville s'est élevée sur les ruines de Rusicada. Une citadelle a été bâtie sur un mamelon détaché à l'O., et tout près de la hauteur qui en se déprimant vers le N., forme le cap Skikda. Ce mamelon était, dans l'antiquité, le point central de défense de cette position. On l'a trouvé revêtu, sur presque tout son contour, d'énormes pierres de grès que le temps a dérangées ; mais il offrait, même dans cet état, de bonnes ressources pour la défense. Les pierres ont été relevées et ont servi à la construction du fort de France. A l'E. et à l'O. de cette position, s'élèvent deux mamelons qui se prolongent vers le S., en se rapprochant, et renferment entre eux une vallée étroite. La défense de la place est assurée par un système de forts détachés, que relient entre eux des chemins de ronde couverts par des parapets. Les Romains avaient suivi le même système, dont nous retrouvons les vestiges. Le fort qui domine la position à l'O. a reçu le nom de *fort Royal*. Sur un mamelon situé sur la mer à l'extrémité opposée du massif, a été élevé un ouvrage qui porte le nom de *fort d'Orléans*. A l'E., sur le mamelon qui s'avance le plus vers la plaine, on a fait un blockhaus appelé *fort Valée*.

Les bâtiments, par le beau temps, peuvent mouiller vis-à-vis du fort de France. Mais la rade

4,000 habitants, et promet de devenir un port important. Cherchell va être disposé pour recevoir une colonie française. Bou-Farik se peuple et s'assainit. Blidah s'ouvre aux Européens, et son territoire attend des cultivateurs. Mostaghanem est à la veille de prospérer. La plaine de Bone s'ouvre aux plus riches espérances de colonisation ; enfin les travaux publics, poursuivis avec activité, impriment de plus en plus à notre conquête le sceau de la civilisation [2]. »

Malheureusement, il faut le reconnaître, les écrivains du ministère de la guerre étaient trop loin du théâtre des faits pour apprécier le véritable état de la question d'Afrique à la fin de 1840. En rendant justice au dévouement de nos soldats et aux bonnes intentions du gouvernement, ils n'ont pas vu, ou plutôt il ne leur était pas permis de dire que ces bonnes intentions ne pouvaient suffire au développement efficace et raisonné de notre conquête. Il est triste d'avouer que cette prospérité, trop vantée par les récits officiels, n'existait guère que sur le papier, et que les champs de bataille témoins de nos luttes militaires redevenaient sans cesse, après notre passage, le foyer de nouvelles insurrections. La rupture du traité de la Tafna par l'expédition des Portes de Fer avait relevé l'honneur des armes françaises ; mais toute l'œuvre de la conquête était à recommencer. Le maréchal Valée, qui joignait une capacité remarquable à un bon vouloir que nous ne pouvons contester, fit ce que lui permettaient des forces insuffisantes pour reconquérir quelques lambeaux du vaste territoire sacrifié par M. Bugeaud. Le système d'occupation partielle, qu'il remit en vigueur avec quelques succès, semblait devoir amener peu à peu l'envahissement du territoire arabe par zones successives, et l'établissement, dans l'intérieur, d'un centre de domination qui n'avait point existé jusqu'alors. Mais l'application de ce système aurait exigé le déploiement de plusieurs armées considérables, sans produire aucun résultat politique, sur un sol admirablement disposé pour des guerres interminables. Nous ne mettons pas en doute que la haute expérience militaire du maréchal Valée ne lui eût promptement signalé l'impossibilité du système d'extension progressive, et que ce gouverneur n'eût découvert et réalisé le plan de conquête le plus honorable pour nos armes et le plus sûr pour nos intérêts, en supprimant ces expéditions temporaires qui nous coûtaient si cher, et qu'il fallait toujours terminer par un stérile retour à Alger. Mais, sans cesse aux prises avec les intrigues des bureaux ministériels, et avec l'impuissance relative des moyens dont il disposait pour agir ; peu fait d'ailleurs pour les petites émotions d'une guerre d'escarmouches et de carnage, il dut se décider à laisser son œuvre inachevée.

L'opinion publique resta stupéfaite en apprenant le choix du successeur qui lui fut donné. Les adversaires de la question d'Afrique s'en réjouirent ; les esprits sérieux crurent à une méprise ; la presse française attendait l'avenir pour se prononcer.

s'ouvrant au vent du Nord, lorsque ce vent souffle avec force, ils se réfugient à Stora, où l'on peut jeter l'ancre près de terre.

Le pays voisin de Philippeville est bien cultivé. Les vallées de l'Oued-Ouach et de l'Oued-Safsaf sont entourées de collines et de montagnes boisées, sur lesquelles on remarque beaucoup de chênes, de liéges de belle venue.

[1] Voyez le *Tableau de la situation des établissements français dans l'Algérie* en 1840 ; publié par ordre du ministre de la guerre, p. 11.

LIVRE SEPTIÈME.

GUERRE D'OCCUPATION GÉNÉRALE.

1841-1843.

GOUVERNEMENT DU GÉNÉRAL BUGEAUD.

L'historien qui juge les morts ou les pouvoirs déchus remplit une tâche aisée; car, suivant l'expression de l'illustre Chateaubriand, on n'exige de lui que la connaissance des événements, l'impartialité des appréciations, et un style simple et grave. Sa force est dans l'exactitude, et l'art qu'il met à raconter fait sa gloire.

Mais quand l'histoire vient se placer en face de certaines actualités, pour demander compte aux vivants de l'usage auquel ils ont prostitué la puissance; des intérêts généraux sacrifiés à leurs calculs; du mépris jeté par eux au Pouvoir, qui, de la plus humble obscurité, les avait élevés au sommet de la hiérarchie sociale; et des provocations que leur démence adresse à l'opinion publique, ce juge qu'on n'achète pas et qui ne meurt jamais; — l'écrivain s'arrête indécis. Une impitoyable logique traîne à nu devant lui le cortége des faits; la vérité le sollicite, et pourtant, une secrète compassion le retient.

C'est qu'il y a dans l'aspect d'une intelligence égarée quelque chose de si lugubre, qu'on s'effraye de voir avec quelle activité fiévreuse elle manie pour achever sa propre destruction l'autorité que lui laisse une imprudente politique, comme ces armes qu'une fatale négligence expose parfois à la portée d'un enfant.

Si, livrant son âme à des illusions généreuses, l'écrivain a pu, dans quelques pages éphémères, dissimuler le mal qu'il savait, pour laisser ouverte à l'auteur du mal une voie de retour, l'opinion publique absoudra ce mensonge, pourvu que l'écrivain n'ait pas touché au burin de l'histoire pour tracer son esquisse indulgente. Mais quand, malgré cette précaution, le mal atteint de proche en proche sa triste plénitude, il n'est plus permis d'apporter dans une œuvre sérieuse des ménagements qui ne seraient qu'une coupable faiblesse; la vérité reprend ses droits imprescriptibles, et la magistrature de l'histoire défère à la postérité les témoignages du présent.

Nous avons retracé les services antérieurs de chaque gouverneur de l'Algérie. La carrière publique du général Bugeaud possède aussi son genre d'intérêt. Dans une récente et curieuse biographie, toute pleine de détails évidemment confidentiels, et modestement signée de la devise : *Ense et aratro*, qui semblerait trahir quelque peu l'anonyme, nous recueillons les faits suivants :

« Thomas-Robert Bugeaud de la Piconnerie naquit à Limoges, dans la rue Cruche-d'Or, le 15 octobre 1784. Son père était *gentilhomme* périgourdin; sa mère appartenait à l'une des plus illustres familles de l'Irlande [1].

« Un matin, le 29 juin 1804, un grand et vigoureux garçon se présente devant un officier supérieur d'un régiment d'infanterie, et demande à être inscrit comme simple soldat.

« — Votre nom? lui dit l'officier.

« — Je suis né Bugeaud, marquis de la Piconnerie.

« — Il n'y a plus de *marquis*, jeune homme.

« — Je le sais; mais vous me demandez mon nom, et je vous le donne. Du reste, effacez *marquis*, si cela vous fait plaisir; je ne tiens qu'à la qualité de Français.

« — Fort bien, reprit l'officier; mais je n'aime pas non plus ce nom de la *Piconnerie* : cela est *furieusement aristocrate*. Voyons, prenez un autre nom.

« — Pardon. Je me contente de celui qu'a porté mon père.

---

[1] Le biographe exhume, à ce propos, des archives féodales de la Piconnerie, un pompeux document généalogique ainsi rédigé : — « Le 15 octobre 1784, j'ai baptisé *Thomas-Robert*, né le même jour, fils légitime de messire *Jean-Ambroise Bugeaud*, chevalier, seigneur de la Piconnerie, et de dame *Françoise de Sutton de Clonard*, dame de la Piconnerie, son épouse. A été parrain messire *Robert de Sutton*, vicomte de Clonard, lieutenant des vaisseaux du roi, chevalier de l'ordre royal et militaire de Saint-Louis; et marraine dame *Thomassine-Marie de Sutton de Clonard*, dame de Frénet. Le parrain a été représenté par M. Louis Letocq, et la marraine par M¹¹ᵉ Anne Peyrimony, qui ont signé avec moi, *D'Ayma*, vicaire de Saint-Pierre. » (*Biographie* (anonyme) *du maréchal Bugeaud, duc d'Isly*, avec cette épigraphe : *Ense et aratro*. — Imprimée à Limoges, 1845.)

« La tourmente révolutionnaire, dit l'*anonyme* précité (p. 9), n'épargna pas les seigneurs de la Piconnerie; deux de leurs enfants émigrèrent. Le jeune Thomas-Robert vit les siens persécutés, emprisonnés même à Limoges. Eh bien, chose admirable ! ces premières impressions de l'enfance, qui, chez la plupart des hommes, s'effacent si difficilement, cédèrent dès cette époque, dans le cœur du jeune homme, à des idées de patriotisme et de liberté. Tout portait à croire qu'il se jeterait dans le parti qu'avaient embrassé ses frères; à l'encontre de cela, le jour où il fut assez âgé pour prendre une détermination, il résolut de se vouer à la défense du sol natal. »

Nul n'avait jusqu'ici, dans le Périgord ni ailleurs, soupçonné la gentilhommerie de M. le marquis Bugeaud. Au commencement de sa carrière politique, il se vantait, à la tribune, de son origine plébéienne, et ne s'indignait point contre les biographes qui, jusqu'en 1844, le disaient *petit-fils d'un forgeron*.

« — Comme vous voudrez, dit l'officier, en achevant l'inscription. Mais, au régiment, on ne vous appellera que *Bugeaud;* c'est d'ailleurs le nom d'un brave caporal que nous venons de perdre. Imitez-le, et vous obtiendrez aussi les galons. »

Ce fut comme grenadier dans les Vélites que M. le marquis de la Piconnerie fit ses premières armes. Après avoir assisté, dans les grades inférieurs, comme un simple roturier, aux campagnes d'Allemagne, de Prusse et de Pologne, il passa, en 1809, dans l'armée d'Aragon, où il parvint, à son tour, le 10 janvier 1814, au grade de major, qui équivalait au grade actuel de lieutenant-colonel [1]. Lorsque Napoléon, trahi par ses lieutenants, succomba sous la première coalition, et signa, le 11 avril 1814, son abdication à Fontainebleau, le major Bugeaud, soit qu'il crût ses droits lésés par les lenteurs de la fortune, soit qu'il se souvînt beaucoup plus de son marquisat de la Piconnerie que de sa qualité de Français, s'empressa d'offrir son épée à Louis XVIII, dont le premier acte royal coûtait deux cent soixante millions à la France, par l'abandon qu'il fit aux puissances alliées du matériel de nos places fortes et de nos dépôts militaires.

Nommé colonel du 14⁰ de ligne, le 28 juin 1814, le marquis de la Piconnerie, qui faisait en garnison des couplets ultra-royalistes, redevint subitement roturier, et tourna le dos à Louis XVIII, lorsqu'on apprit que, le 1ᵉʳ mars 1815, un brick et six felouques, arrivant de l'île d'Elbe, avaient jeté Napoléon sur la plage du golfe Juan, avec 400 grenadiers de sa Vieille-Garde ; que Grenoble, à défaut de clefs, lui avait apporté les débris de ses portes, et qu'un décret impérial, daté de Lyon, venait de casser les deux Chambres, de convoquer de nouvelles élections et de rejeter l'émigration hors de France.

Le colonel Bugeaud fit comme tant d'autres, et conduisit son régiment à l'empereur. Malheureusement, moins heureux que tant d'autres, il resta colonel [2]. L'avenir fut de courte durée. L'aigle, après cent jours de gloire, tomba blessée à mort sur le champ de Waterloo, et le marquis de la Piconnerie revint saluer Louis XVIII et les baïonnettes étrangères. Mais la seconde restauration le renvoya dans son manoir, où il passa quinze ans à réfléchir sur nos vicissitudes politiques, et sur la chute des girouettes.

Était-il si fort en droit de se plaindre? Certes, l'histoire peut flageller ses doléances. En effet, qu'après l'abdication de Fontainebleau, le major du 14⁰ se fût dévoué corps et âme à Louis XVIII, il n'y avait rien à blâmer dans ce parti dicté à un soldat de fortune par l'impérieuse nécessité de vivre. Que, devenu colonel par la grâce de Dieu et des Bourbons, le marquis restauré eût chanté en patois de Périgord les improvisations de sa tendresse monarchique, ce n'était encore là qu'un prélude aux futures excentricités politiques et militaires du

---

[1] Caporal le 2 janvier 1806; sous-lieutenant, le 10 avril, au 64⁰ de ligne; lieutenant, le 21 décembre suivant; capitaine de grenadiers au 116⁰ de ligne, le 2 mars 1809; chef de bataillon, dans le même corps, le 2 mars 1811; major (ou lieutenant-colonel) au 14⁰ de ligne, le 10 janvier 1814; colonel du même corps le 28 juin de la même année; licencié après les cent-jours, M. Bugeaud rentra au service en 1830, fut nommé maréchal de camp en 1831, lieutenant général en 1836, et maréchal de France en 1843.

[2] Dans sa biographie (p. 14) il prend soin de nous avertir qu'on *voulut* DEUX FOIS le faire maréchal de camp, mais qu'il refusa, en disant : « Je ne veux pas que l'on croie que la détermination que j'ai prise ait été dictée par l'ambition ; je ne puis recevoir d'avancement que sur le champ de bataille. »

même personnage. Mais voici l'ingratitude et la perfidie caractérisées par deux faits. Le 21 août 1814, Louis XVIII recevait du colonel de la Piconnerie l'adresse suivante : — « Sire, les officiers et soldats de *votre* 14ᵉ régiment d'infanterie de ligne attendaient *avec la plus grande impatience* leur nouvelle organisation....., pour renouveler *un serment déjà gravé dans tous les cœurs*, celui d'*être fidèles à Votre Majesté* JUSQU'À LA MORT [1]. » Six mois après, la cour des Tuileries faisait le voyage de Gand, et M. de la Piconnerie, redevenu Bugeaud, tirait bravement son épée contre le roi qui l'avait fait colonel, et auquel il avait juré d'*être fidèle jusqu'à la mort!* Il est donc permis de penser que Louis XVIII fut bien miséricordieux, ou que ce prince, qui jugeait nettement les hommes, ne se souciait pas plus des nouvelles protestations qu'il ne redoutait les mécontentements d'un transfuge subalterne.

La révolution de 1830, qui créa tant de fortunes singulières, rencontra M. Bugeaud paysan et le refit colonel, sans s'inquiéter du passé. L'ex-marquis avait la voix rude et les mains calleuses ; un grand nombre de courtisans-colonels donnaient leur démission, sauf à revenir ensuite sur leurs pas, comme plusieurs d'entre eux l'ont fait avec bénéfice : tout s'arrangeait alors pour le mieux. Le nouveau colonel protestait de son dévouement à l'ordre de choses ; on le nomma général de brigade, au mois d'avril 1831. Mais ce n'était pas assez pour quinze ans d'attente. M. Bugeaud voulait sournoisement mordre au gâteau du pouvoir ; il s'était fait de chauds amis dans la société *Aide-toi, le ciel t'aidera*, qui a lancé quelques-uns de ses membres dans les plus hautes régions de la politique. L'influence de cette société appuya la candidature du général, qui proclamait dans son sein son invariable attachement à la cause populaire ; il fut élu député du 2ᵉ arrondissement de Périgueux. Mais ses commettants s'étonnèrent bientôt de son attitude vacillante ; la girouette, à peine relevée, tournait déjà au vent de la faveur. — « Messieurs, leur dit plus tard M. Bugeaud en rendant compte de son mandat, j'arrivai à la chambre avec l'intention d'être, non pas de l'opposition qui, blâmant tout, ne redresse rien, mais de cette *opposition vivifiante* qui, en se renfermant dans les règles de la loyauté et de la raison, maintient le gouvernement dans de justes bornes. *Je reconnus bientôt que l'heure de cette opposition consciencieuse n'était pas encore arrivée.* »

A partir de cette époque, l'arrondissement électoral de M. Bugeaud devint un bourg-pourri.

Mais si les rangs de l'opposition le virent lâcher pied pour se ruer sur les amorces de la faveur à tout prix, l'héroïque Pologne le trouva de pied ferme pour combattre le généreux enthousiasme qui éclatait en faveur de sa révolution. Le député de la Dordogne s'éleva de toutes ses forces contre l'insistance que ses collègues avaient mise dans la discussion de l'adresse de 1832, pour faire adopter cette phrase qu'il jugeait dangereuse : «*Nous avons l'espérance que la Pologne ne périra pas.* » Dans les idées de M. Bugeaud, il n'avait pas dépendu de la France d'empêcher la Pologne de périr. Sa triste conduite parlementaire dans cette grave question lui valut, au mois de mai 1832, un chari-

---

[1] Voyez le *Dictionnaire des grandes girouettes, d'après elles mêmes; Biographies politiques contemporaines*, Paris, 1842. (Article *Bugeaud*, p. 66.)

vari dans les rues de Périgueux. Il sortit bravement de son hôtel, et se mêlant à la jeunesse de la ville : « Messieurs, s'écria-t-il, je suis on ne peut plus flatté de l'honneur que vous me faites ; je le préfère à une ovation, et j'ai l'orgueil de penser que je l'ai amplement mérité. Mes droits au charivari datent de loin. Il est évident qu'un patriote comme moi doit être charivarisé par des patriotes comme vous et ceux qui vous envoient. Et voilà donc la liberté que vous voulez nous donner ? celle des émeutes et des charivaris ! C'est le despotisme de la rue, le plus odieux de tous ! Allez, vous êtes indignes de la liberté, puisque vous savez si mal en user. Vous l'assassinez par votre turbulence. Maintenant charivarisez tant que vous voudrez [1]. »

Chargé, en 1833, de garder dans la citadelle de Blaye, madame la duchesse de Berry, prisonnière d'État, le général Bugeaud se montra plus zélé dans les menus détails de cette mission de police, que pénétré du sentiment des devoirs et de la dignité militaires. Les historiens contemporains de tous les partis ont tous tracé avec les mêmes couleurs le tableau de ses actes ; une anecdote moins connue pourra le compléter.

« Lorsque madame la duchesse de Berry vit s'ouvrir, le 8 juin, les portes de sa prison, écrit M. le comte de Mesnard, M. Bugeaud prétendit devoir, *par égard*, l'accompagner jusqu'à Palerme. Aucun de nous ne fut dupe de ce semblant de politesse ; ce n'était qu'une suite du rôle de geôlier auquel le général Bugeaud s'était si vite et si bien habitué. Il n'eut pas lieu de se louer de l'accueil qu'on lui faisait sur *l'Agathe*, même parmi les matelots ; car ces braves gens, avec leur franchise populaire, ne cachaient ni dans leurs propos, ni dans leurs manières, ce qu'ils pensaient du rôle joué à Blaye par le général. Il était fort isolé, et si fort gêné de sa position, il en conçut un tel dépit, qu'il eut un violent accès de fièvre, et donna des inquiétudes sérieuses. Il n'avait rien tant à cœur, depuis

---

[1] Voici comme s'exprime la biographie *semi-autographe* de M. Bugeaud : — « Les combats de juillet 1830 avaient tourné la tête à tout le monde, et l'on s'était imaginé que, puisque sept ou huit mille hommes de la garde et des Suisses avaient été battus dans Paris, on pouvait battre aussi les armées coalisées de l'Europe tout entière. Les partisans de la guerre comptaient aussi beaucoup sur l'enthousiasme des soldats, qui ne peut produire de résultats qu'avec d'excellents bataillons. — « Mais, disait à la Chambre M. Bugeaud, homme du métier, quelques jours de mauvais bivouac font tomber cet *enthousiasme* ; et une batterie de quarante bouches à feu qui vomit la mitraille sur les *enthousiastes*, fait taire bientôt les cris d'*enthousiasme*. » (P. 81.)

Ces paroles prouvent seulement que M. Bugeaud n'a jamais lu l'histoire de France, ou qu'il eût peut-être fait une triste figure parmi ces volontaires de la république, qui déclaraient la guerre à l'Europe en 1792. Brillante époque où l'on vit quatorze armées courir aux frontières, sans expérience et avec des assignats ; où l'on vit Custine prendre Mayence ; Montesquiou enlever la Savoie ; Lille bombardée repousser les Autrichiens ; Dumouriez envahir la Belgique ; et Louis-Philippe, duc de Chartres, général de dix-neuf ans, gagner la bataille de Valmy, et enlever les redoutes de Jemmapes avec cette baïonnette, arme terrible de l'impétuosité française, qui substituait alors l'*enthousiasme* à la vieille tactique.

Honte au soldat qui méconnaît les glorieuses traditions de sa patrie ! Mais que peut-on penser de l'*homme politique* qui s'exprimait ainsi sur la question polonaise : — « Pour empêcher la Pologne de périr, il fallait au moins 800,000 hommes, et une base d'opérations qui ne pouvait être autre que le Rhin. Or, comme la France n'avait pas de places de guerre sur le Rhin, on aurait dû commencer par en faire le siège. Que serait devenue la Pologne pendant ce temps ? Le premier coup de canon tiré sur le Rhin était le signal de sa chute ; 15,000 hommes partis du duché de Posen, et un pareil nombre parti du duché de Galicie, auraient *en huit jours* achevé le pays que l'on aurait prétendu défendre. Après cela, les armées ennemies se seraient, de la Pologne, reportées sur le Rhin, pour une guerre plus vaste et plus grande ! »

Certes, en cette occasion, M. Bugeaud mesurait la valeur de nos armes d'après ses propres capacités, et nous ne doutons pas qu'avec 800,000 hommes il ne se fût montré aussi nul en Pologne que nous le voyons l'être en Algérie depuis six ans.

que les rôles étaient changés, que de faire sa cour à Madame, et ne négligeait aucune occasion pour attirer son attention. En un mot, ce n'était plus le même homme.

« Un jour que, par un temps magnifique, la princesse travaillait avec madame de Beaufremont à un ouvrage de tapisserie, et qu'elle s'était retirée sur l'arrière avec plusieurs personnes de sa suite, M. Bugeaud s'avança vers le groupe qui entourait S. A. R. et se mit à parler, avec beaucoup de vivacité et de chaleur, *des projets charmants qu'il faisait* en pensant à son voyage en Sicile : — « Je compte, nous disait-il, parcourir tous les lieux où l'on retrouve encore des souvenirs d'antiquité ; je me réserve de découvrir ce qui a pu altérer la fécondité du sol sicilien, au point que ses produits peuvent à peine suffire aux besoins de la population, qui est cependant prodigieusement diminuée. » Et comme personne de nous ne répondait, il continua ainsi : « On raconte *de terribles histoires* sur les dangers que l'on court en parcourant les grandes routes. Savez-vous, messieurs, si ces histoires sont exagérées, et si les brigands peuvent, ainsi qu'on le dit, commettre impunément des vols et des assassinats ? »

« Cette demande était trop directe pour ne pas provoquer une réponse, et pourtant nous gardâmes tous le silence. — « Général, dit alors Madame en relevant gravement sa tête, qu'elle avait tenue jusque-là baissée sur son ouvrage, il n'y a rien à craindre de ce côté ; *la police se fait admirablement bien en Sicile ; les routes y sont aussi sûres que les rues de Blaye*..... Mais, continua-t-elle avec un sérieux qui cachait une gaieté pleine de malice, si ce danger n'est pas à craindre, *il en est un autre* contre lequel il est difficile de se défendre. »

« Le général Bugeaud s'était penché vers Madame ; il était tout oreilles, et semblait partagé entre la satisfaction de se voir enfin en conversation directe avec S. A. R., et l'attente pénible où il était du *danger* dont parlait la princesse. — « Oui, général, reprit Madame en appuyant sur plusieurs mots, si un homme avait à craindre une vengeance particulière, *s'il s'était conduit de manière à sentir qu'il l'a provoquée*, je ne lui conseillerais pas de mettre le pied en Sicile, et surtout à Palerme, où la vie d'un homme ne tient à rien. Il suffit de posséder un ducat pour ne plus entendre parler de la personne dont on veut se débarrasser. Avec un ducat, on trouve vingt bras pour un, prêts à frapper dans l'ombre, et sans que l'on puisse savoir d'où le coup est parti ! ! ! »

« Le général Bugeaud tressaillit, et je vis, à l'altération de ses traits, que Madame avait atteint le but qu'elle se proposait par cette mystification. Le lendemain, M. Bugeaud m'aborda en me disant que, n'ayant pas reçu d'ordres *positifs* pour être du voyage de madame la duchesse de Berry, voyage entrepris par lui *dans la seule pensée de donner à S. A. R. une marque de respect*, il trouvait bon, vu *la froideur* avec laquelle la princesse le traitait, de retourner en France, *sans s'arrêter un seul jour à Palerme.* — « Eh quoi, général, lui dis-je avec un ton de regret qui n'était pas exempt de malice, vous renoncez à vos projets agronomes, vous ne voulez plus visiter les antiquités de la Sicile ? Un si beau pays ! C'est vraiment dommage ! »

« Je fis part à Madame de la nouvelle résolution du général, et nous rîmes beaucoup de la frayeur que les *bravi* avaient excitée en lui. Cette frayeur était telle, qu'il n'y eut pas moyen de le faire descendre à Palermo. Nous avions trouvé, en vue de cette ville, un petit bâtiment qui avait ordre de faire voile pour la France dès qu'il aurait vu *l'Agathe* entrer dans le port; il devait en porter avis au gouvernement français. Ce petit bâtiment fut l'*arche de salut* où se réfugia le général Bugeaud. Mais, avant de partir, l'ancien gouverneur de Blaye me dit : — « Je désirerais prendre congé de madame la duchesse de Berry, et je viens vous demander conseil à ce sujet. Je crains de lui être *désagréable* en faisant cette demande, et d'être mal reçu. »

— « Vous devez comprendre, général, lui répondis-je avec autant de politesse qu'il en fallait pour faire passer ce que j'avais à dire, vous devez comprendre que MADAME trouve peu de plaisir dans votre société, et que le *souvenir de Blaye* n'était guère propre à vous mettre en faveur. Cependant, je crois pouvoir vous assurer que S. A. R. consentira à recevoir vos adieux, et ne vous fera entendre aucune parole blessante. »

« Vous voudrez bien alors, reprit M. Bugeaud, prendre à ce sujet les ordres de MADAME. »

« Comme je l'avais prévu, S. A. R. consentit à le recevoir. Cette excellente princesse n'avait ni fiel ni haine au fond du cœur; elle se contenta de rire en pensant à la peur qu'elle avait causée à son ancien geôlier, et elle fut parfaite de bonté dans cette dernière entrevue.

« *L'Agathe* fut bientôt en vue de Palermo. Au débarquement de MADAME, ce navire, rendant à S. A. R. les hommages dus à son rang, la salua de 21 coups de canon. M. Bugeaud se fit transporter sur le petit bâtiment qui allait faire voile pour la France. Je suis convaincu qu'il gardera longtemps le souvenir de la citadelle de Blaye, et que ce souvenir lui sera pénible [1]. »

Ce souvenir conduisit la balle qui tua le député Dulong; M. Bugeaud prouva, par ce duel, qu'il tirait le pistolet avec une rare adresse.

Le 13 et le 14 avril 1834, une émeute républicaine effraya Paris. La maison n° 12 de la rue Transnonain passait, à tort ou à raison, pour son dernier retranchement. La résistance fut désespérée; la vengeance fut impitoyable; le

---

[1] Voyez les *Mémoires* du comte de Mesnard, premier écuyer et chevalier d'honneur de S. A. R. M™ la duchesse de Berry. (T. III°, p. 226 à 237.)

Le général Bugeaud avait succédé à Blaye au colonel de gendarmerie Chousserie. « Je ne saurais trop déplorer le remplacement de M. le colonel Chousserie, écrivait, le 20 février 1833, M. le comte de Mesnard. Honneur aux braves qui savent allier à leurs devoirs le respect dû au malheur ! De tels hommes devraient être considérés par les gouvernements comme les plus fermes soutiens du pouvoir. Mais, loin de là, tel est l'aveuglement d'un gouvernement, *quel qu'il soit*, qu'on le voit presque toujours repousser l'homme en place dont les actions tendent à rendre le joug moins pesant au peuple, tandis qu'il attirera à lui et récompensera l'homme prêt à dépasser ses ordres, si ces ordres ont pour but d'exécuter un acte de rigueur ! Il en a toujours été, il en sera toujours ainsi : là est le véritable écueil où la royauté vient échouer. — Le général Bugeaud, d'après ce qu'on m'en écrit, me paraît réunir toutes les conditions voulues : 1° pour faire un bon geôlier; 2° pour faire ressortir tout ce que l'emprisonnement de MADAME peut offrir d'inique et d'inutilement barbare. La princesse me mande qu'elle ne veut point le voir, qu'elle ne le verra que *s'il force sa chambre*. » (*Lettre adressée de Montbrison, le 20 février 1833, à M. le baron Armand de ****, insérée dans les *Mémoires*, t. III°, p. 115.)

On sait le reste. (Voyez l'*Histoire de dix ans*, par Louis Blanc.)

Quant à l'anecdote que rapporte M. de Mesnard, elle eut pour témoins le capitaine Turpin, commandant l'*Agathe*, et les personnes autorisées par le général Bugeaud à former la suite de madame la duchesse de Berry. C'étaient le prince et la princesse de Beauffremont, le docteur Mesnier, l'abbé Sabbatier, et mesdames Hausler et Lebeschu, dames de service.

général de brigade Bugeaud dirigeait les troupes lancées sur ce foyer de guerre civile ; un effroyable égorgement termina ce drame ; des citoyens inoffensifs, des femmes, des enfants, périrent en grand nombre sous les baïonnettes. L'opinion publique, révoltée de ces actes de sauvage cruauté, vouait leur auteur à la flétrissure ; la presse de tous les partis n'a cessé d'en faire peser sur M. Bugeaud la responsabilité, et M. Bugeaud courbait le front malgré lui. En 1845 seulement, son biographe écrivit à Limoges, sous sa dictée, que, « *par suite de l'impossibilité de constater les faits*, la presse l'avait choisi *de préférence* aux généraux Tourton, Lascours et de Rumigny, qui commandaient avec lui, pour le charger des *prétendues atrocités* dont un parti intéressé n'a pas craint d'accuser nos soldats. » C'est ainsi que M. Bugeaud se défend : — simple général, il n'eût pas osé accuser ses collègues ; — maréchal de France, il ose tout ; qu'a-t-il désormais à craindre, ou à ménager [1] ?

Depuis cette époque jusqu'à celle de sa première mission en Afrique, M. Bugeaud ne s'était plus fait remarquer que par l'intempérance, le décousu et le style grotesque de ses discours à la tribune. Les journaux lui firent l'honneur d'une guerre ouverte ; le député d'Excideuil répondit par l'injure : « La société me paraît dans une bien grande inconséquence, disait-il en 1835 ; nous condamnons avec la dernière sévérité un crime ordinaire, un crime isolé, et nous sommes toujours disposés à la plus coupable indulgence envers les crimes politiques. Ainsi, nous envoyons aux galères un homme qui aura volé un sac de blé pour nourrir sa famille ; et cependant un journaliste est, à mes yeux, cent fois plus coupable que le malheureux qu'on envoie aux galères pendant dix ans [2]. »

Au mois de juin 1836, ennuyé de la vie parlementaire, et trouvant le ministère fort embarrassé de le nommer lieutenant-général, M. Bugeaud obtint de M. Thiers, son protecteur, un petit commandement en Afrique. Le bulletin de la Sikkak, habilement exploité, fit merveille, et l'heureux vainqueur se hâta de revenir prendre son poste auprès de l'urne du scrutin.

Nous avons exposé ailleurs, avec une prudente réserve, les démarches qui préparèrent le traité de la Tafna. Des bruits compromettants pour le caractère

---

[1] Voyez la *Biographie* déjà citée, p. 38. On peut lire dans l'*Histoire de dix ans* cette scène de cannibales racontée par Louis Blanc, les noms des victimes, et les exploits d'une soldatesque effrénée qui avait déjà fait ses preuves en Afrique, le 26 novembre 1830, dans le massacre de Blidah. (Voyez le LIVRE III°, p. 123.)

[2] Tout le monde se rappelle le fameux *picotin d'avoine* que le général Bugeaud réclamait à la Chambre en faveur de l'armée. Cette saillie faillit lui coûter cher, et lui fournit l'occasion de parader à la tribune, avec une anecdote qui excita un rire homérique sur les bancs du palais Bourbon. — « Quand je laissai échapper cette expression de *picotin d'avoine* (raconte M. Bugeaud dans sa biographie), vous allez voir que ce n'est pas si risible ; le journal le *Temps* défigura tellement mon opinion, il changea tellement ce qui avait précédé et suivi cette expression, qu'il me fit dire les choses les plus ignobles et les plus honteuses pour un militaire. Il en est résulté qu'un chef de bataillon du département de la Lozère m'écrivit une lettre infâme, où il me disait que j'étais *un homme vil*, et me demandait *où j'avais servi*, pour prêter à l'armée de pareils sentiments. Je lui répondis : « Je vois bien que vous êtes *un vil esclave de la presse*; et quoique vous soyez un esclave, je veux bien m'abaisser jusqu'à vous. Je vous donne rendez-vous à moitié chemin ; il y aura entre nous un combat *à mort !* » Voilà ce que la presse a produit ; elle a fait déjà verser beaucoup de sang, elle en fera verser d'autre encore. Le chef de bataillon me répondit : « J'ai lu depuis le *Journal des Débats* ; je m'empresse de vous faire mes excuses, et je me désabonne au *Temps*. »

Après cette petite victoire, le Don Quichotte limousin se croisa les bras devant ce qu'il appelait dédaigneusement l'*aristocratie de l'écritoire*. En fait d'aristocratie, la presse, depuis 1833 jusqu'en 1840, n'a jamais contesté à M. Bugeaud celle de l'odieux, et celle du ridicule.

du négociateur circulèrent bientôt en Algérie et en France. Après la conclusion de ce traité qui avilissait nos armes, le général Bugeaud avait gardé le commandement supérieur de la province d'Oran; le blâme de l'opinion publique l'irritait, les attaques des journaux ne ménageaient plus l'homme qui, en 1836, avait bien voulu classer les journalistes à cent degrés au-dessous du voleur que la loi condamne à dix ans de galères : — l'heure allait venir pour la presse de peser à son tour la valeur morale de son bouillant adversaire. Le scandaleux procès de Perpignan, à la fin duquel M. Bugeaud, perdant toute présence d'esprit, d'accusateur qu'il était venu, se retira presque accusé par ses propres aveux, contribua bien malheureusement à ôter à cet officier général tout espoir de réhabilitation prochaine dans l'opinion publique. Voici, en peu de mots, la physionomie de ce procès, telle qu'elle ressort des actes judiciaires, des débats, et des écrits ou confessions verbales de M. Bugeaud lui-même.

Le maréchal de camp de Brossard exerçait le commandement supérieur à Oran, lorsque M. Bugeaud s'y rendit au commencement de 1837, avec cette mission particulière qui le rendait indépendant du gouverneur général [1]. Le grade supérieur de M. Bugeaud plaçait momentanément M. de Brossard sous son autorité. Ces deux officiers vécurent d'abord en parfaite intelligence; c'est du moins ce que prouve le témoignage suivant, écrit et signé par M. Bugeaud lui-même : — « J'ai jugé M. le général de Brossard *fort au-dessus* de la réputation que quelques personnes ont voulu lui faire; et, appréciant *chaque jour* son intelligence des affaires, de la guerre et de l'administration, je n'ai pu m'expliquer l'indifférence et presque le dédain dans lesquels il est tombé dans l'esprit de certains chefs. Je ne connais *aucun* officier général à qui je voulusse donner la préférence pour la mission de maintenir la paix, et de faire prospérer le commerce et l'industrie agricole dans la province d'Oran. J'ai la *conviction* que M. de Brossard me remplacera très-bien, et que même il vaudra *mieux* que moi pour aplanir toutes les petites difficultés de détail qui pourraient s'élever, et pour conduire journellement toutes les petites opérations de l'établissement [2]. »

Un commandant supérieur ne s'exprime pas *officiellement* en termes si formels sur la conduite d'un subordonné, sans posséder la certitude fondée du haut mérite qu'il signale à l'attention du Gouvernement. Pour que le lieutenant général Bugeaud se fît ainsi le panégyriste ardent de M. de Brossard, il fallait que les services de ce maréchal de camp fussent incontestables, que sa probité fût sans tache, et qu'il possédât l'estime du corps d'officiers placé sous ses ordres. On sait que, dans les états-majors, l'intrigue, la médisance, et parfois même la calomnie, travaillent ténébreusement à la ruine de quiconque peut exciter l'envie. Si donc M. Bugeaud condamnait le *dédain* dans lequel avait pu tomber M. de Brossard, c'est que cette opinion fâcheuse ne reposait sur aucun fait; c'est qu'il s'était enquis avec soin des causes de ce dédain, et qu'il croyait remplir un devoir de conscience en restituant à un officier toute sa valeur réelle. Une intimité presque singulière s'était établie entre ces deux hommes. Le lieutenant général faisait confidence au maréchal de camp de ses excellentes dispo-

---

[1] Voy. le LIVRE IVe, p. 226.
[2] Lettre du lieutenant général Bugeaud au ministre de la guerre, datée d'Oran, le 25 juin 1837. (*Dossier du procès Brossard.*)

sitions, et, chose facile à comprendre, M. de Brossard, touché des sympathies dont il se voyait l'objet, séduit par les bons procédés dont l'entourait son chef, se laissait aller aux plus doux élans de la reconnaissance ; il protestait de son dévouement corps et âme. M. Bugeaud et M. de Brossard, c'étaient Castor et Pollux, c'étaient Achille et Patrocle, c'étaient Nisus et Euryale. L'antiquité eût élevé des autels à une pareille amitié, pour qui les formules de la hiérarchie militaire se fondaient au creuset d'une tendresse ineffable.

Le 2 septembre 1837 (remarquons cette date), le lieutenant général écrivait encore à son subordonné : « Mon cher général, vous savez s'il me tarde de vous remettre les rênes de mon commandement. Votre affectionné et dévoué Bugeaud[1]. »

Quatre jours après, le 6 septembre, M. Bugeaud déchirant tout à coup le pacte de l'amitié, récusait ses lettres précédentes par l'acte d'accusation que voici : — « Le général de Brossard *est capable de tout* pour refaire sa fortune, qu'il ne refera jamais, parce qu'il dépense en *femmes* ou *autrement*, avec aussi peu de réserve qu'il ramasse. C'est l'homme le plus corrompu en tout point que j'aie encore rencontré ! Je ne me persuadais même pas qu'il pût y avoir tant de perversité dans le cœur humain ! Je ne puis vivre avec ce *monstre*, et encore moins le laisser derrière moi ! — Sans doute, les preuves de ses crimes ne sont peut-être pas de nature à le faire condamner par un conseil de guerre, mais je crois à leur réalité, comme si j'avais vu et entendu ![2] »

A cette lettre était joint, sous forme de rapport, un long exposé des griefs qui venaient d'apparaître comme par enchantement aux regards de M. Bugeaud. Par quel miracle d'iniquité l'*affectionné* de la veille était-il devenu subitement le *monstre* du lendemain ? Que se passait-il entre ces deux hommes ? Il est nécessaire d'examiner la situation des affaires au milieu desquelles ils s'étaient rencontrés. Laissons parler des témoignages honorables qu'aucune voix n'a démentis.

« Lorsque le général de Brossard prit, le 13 janvier 1837, le commandement de la province d'Oran, en remplacement du général de l'Étang qui rentrait en France, l'administration militaire était au bout de ses ressources ; aussi accueillit-elle avec empressement les offres de deux juifs, les frères Durand, qui promirent de la sortir de cet embarras. Ces habiles israélites avaient conçu la pensée hardie de tirer des tribus mêmes soumises à Abd-el-Kader, de quoi approvisionner nos garnisons réduites aux abois. Leur projet, qui réussit complètement, était d'intéresser l'émir lui-même à cette opération qui devait être une nouvelle source de richesses pour la maison Durand. Mais pour qu'il leur fût loisible d'opérer, il ne suffisait pas d'être d'accord avec l'administration militaire, il fallait encore avoir l'autorisation du gouverneur général. Ils l'obtinrent, en présentant au maréchal Clauzel leurs spéculations commerciales comme un moyen d'arriver, avec Abd-el-Kader, à une paix que le maréchal désirait alors, et qui avait été déjà une fois dans ses idées.

---

[1] Lettre produite par M⁰ Boinvilliers, avocat de M. le général de Brossard, devant le conseil de guerre de Perpignan, au mois d'août 1836.
[2] Lettre du lieutenant général Bugeaud au ministre de la guerre, datée d'Oran, le 6 septembre 1837. (Dossier du père Brossard.)

MAURESQUE AU HAREM.

« La convention passée entre les frères Durand et l'administration n'eut point le caractère synallagmatique des marchés ordinaires : — l'administration s'engagea à recevoir, à des prix convenus et très-avantageux pour la maison israélite, les fournitures que cette maison présenterait ; mais les Durand ne s'engagèrent à rien. Ils semblèrent dire ou plutôt ils dirent réellement : « Nous nous croyons sûrs de réussir ; cependant, pour entreprendre, nous voulons être assurés des placements, sans courir les chances de perte d'un marché non accompli par l'entrepreneur. Si nous envoyons des bœufs, vous serez forcés de les prendre ; si nous n'en envoyons pas, vous n'aurez rien à dire, et vos soldats s'arrangeront comme ils le pourront. »

« Cette transaction où les Durand ne couraient que le risque de ne rien gagner, n'offrant aucune garantie réelle, on se crut en droit, à Oran, de passer des marchés particuliers avec d'autres négociants, et on les passa sans la participation de l'administration centrale d'Alger, qui y resta étrangère. L'affaire dont nous parlons ici avait été commencée par le plus jeune des frères Durand, et elle fut continuée par l'aîné ; ce dernier seul resta en scène.

« Les négociants israélites avaient raisonné juste. Abd-el-Kader, qui avait besoin de plusieurs marchandises que les marchés européens pouvaient seuls lui fournir, leur permit d'acheter des bœufs sur ses terres, et de les envoyer à Oran, à la condition qu'on lui procurât les marchandises qu'il désirait. Cette première opération eut un plein succès. Quelques centaines de bœufs arrivèrent à Oran, et du soufre, du fer, de l'acier, furent expédiés à l'émir. Les voitures de l'artillerie servirent même à transporter ces objets au point où livraison devait en être faite aux agents d'Abd-el-Kader.

« Mais ce n'était pas tout que d'avoir pourvu à l'approvisionnement des troupes placées sur le littoral, il fallait encore songer à la garnison de Tlemcen, qui commençait à éprouver le besoin d'un ravitaillement. En opérant par les moyens précédemment employés, le général de Brossard se serait vu forcé de faire une expédition qu'il ne se croyait pas en mesure d'entreprendre. Ensuite, les besoins mêmes des troupes qu'il aurait fallu mettre en campagne, devant absorber une grande partie des transports, il n'en serait resté que fort peu de disponibles pour le ravitaillement de la place, but unique de l'expédition. Ces diverses considérations déterminèrent le général de Brossard à accepter de nouveau les services de Durand, qui se fit fort de faire ravitailler le Méchouar par l'émir lui-même. Il y parvint en faisant entendre à Abd-el-Kader que la France lui rendrait, pour prix de ce service, les prisonniers qu'elle avait à lui depuis l'affaire de la Sikkak. L'émir n'attachait pas une grande importance matérielle à la remise de ses prisonniers, mais il regardait comme un devoir religieux de profiter de l'occasion qu'on lui offrait de délivrer des musulmans des fers des chrétiens. Au reste, il ne figura point dans cette affaire d'une manière directe. Le marché ostensible, relatif au ravitaillement du Méchouar, fut passé par un des membres de l'intendance militaire d'Oran avec Durand seul ; il n'y fut pas question des prisonniers. On convint avec Durand du prix, de la nature et de la quantité des denrées à fournir, et ce fut à lui à s'entendre avec l'émir pour les moyens d'exécution. Il conduisit lui-même à Tlemcen le convoi qui fut organisé par les soins d'Abd-el-Kader, lequel fournit le blé, l'orge et les bœufs. Dans sa ponsée, cette fourniture devait être la rançon des prisonniers ; car c'était ainsi que Durand lui avait présenté l'affaire. Ainsi ce juif ne lui parla en aucune manière de l'argent qu'il toucha pour cet objet, et dont il disposa à sa fantaisie, sans que l'émir en ait jamais eu un centime. Nous ne pouvons, ajoute M. Pellissier, nous étendre davantage sur cette affaire ; elle est au nombre des causes qui ont motivé la mise en accusation du général de Brossard [1]. »

A l'époque où l'historien que nous citons écrivait cette page, la justice militaire instruisait le procès Brossard. Les débats s'ouvrirent dans la citadelle de Perpignan, le 27 août 1838. Sur les rapports faits par M. Bugeaud, le général de

---

[1] *Annales algériennes*, par E. Pellissier, capitaine au corps royal d'état-major. (T. III°, 1ʳᵉ partie, liv. XXII, p. 194—197.)

On a vu, dans le cours de cette histoire, que les juifs ont de tout temps exploité, en Algérie, la faiblesse et la crédulité, les erreurs ou les fautes de quelques-uns de nos généraux. Dans les États musulmans, où la loi religieuse fait place à l'esclave au foyer de la famille, les juifs sont réputés au-dessous de l'esclave. Leur condition en Afrique, sous le régime turc, rappelait, par sa dégradation, celle des parias de l'Inde. L'administration française eut tort, politiquement parlant, de leur donner, après la conquête, des droits civils égaux à ceux des Français. Doués de toutes les finesses du mercantilisme, les juifs absorbent aujourd'hui la meilleure part d'un commerce que feraient fort bien nos nationaux, et s'enrichissent à nos dépens. Adorateurs du Veau d'or, comme aux temps bibliques, ils vendent nos secrets à Abd-el-Kader, et se font encore payer par nous leurs trahisons.

Rappelons-nous que les juifs Busnach et Amar Mardoché furent les entremetteurs du traité Desmichels ; — que le général d'Erlon n'agissait que par l'impulsion du juif Ben-Durand ; — que le maréchal Clauzel compromit sa dignité personnelle et l'honneur de la France par son intimité avec le juif Lassery ; — que le général Damrémont perdit un temps précieux avant l'expédition de Constantine, en accordant au juif Busnach un rôle de négociateur auprès du bey Ahmed ; et qu'enfin M. Bugeaud fut presque constamment la dupe des rouêries de Ben-Durand pendant sa triste mission de 1837.

Ce dernier officier général, éclairé un peu tard par les dures leçons de l'expérience, voua aux juifs toute son aversion. Devenu gouverneur de l'Algérie, il écrivit le 13 mai 1842, au ministre de la guerre, un long mémoire intitulé : *Des mesures à prendre contre les juifs*. On y lit ce passage : « Je considère les juifs comme constituant un fléau et un danger permanent. Si nous étions capables de grandes et bonnes résolutions, analogues à nos vues d'avenir en Afrique, nous donnerions deux ans aux juifs pour porter leur fortune ailleurs. En vertu des ordonnances que nous avons faites, les juifs sont assimilés aux Français. Cette assimilation n'a pas changé leurs mœurs ; il n'a pas fait que leurs vices soient devenus spontanément des vertus, et ils profitent de la liberté qui leur a été donnée pour se venger de l'état d'infériorité dans lequel ils ont été tenus longtemps par les Arabes, en volant ceux-ci, en les injuriant, en les outrageant. L'Arabe ne sait comment se faire rendre justice devant l'autorité civile ; celle-ci d'ailleurs est d'autant plus disposée à donner raison aux juifs, que c'est parmi eux qu'elle a pris tous ses interprètes, et tous ses agents secondaires pour le service municipal. L'Arabe souffre et s'indigne ; il ramasse de la haine pour l'exhaler, dit-il, dans des temps plus heureux. C'est une grande faute que d'avoir élevé, sans transition, les juifs de l'Algérie à notre hauteur. Nous ne l'avons pas fait dans nos villes de l'intérieur ; ils y sont sur le même pied que les Arabes ; ils sont soumis comme eux à la juridiction militaire, et l'Arabe n'est pas humilié par le contraste, si choquant pour lui, de voir un juif qu'il *méprise* jouissant de toutes les formes protectrices de notre jurisprudence ; formes tellement protectrices qu'elles amènent souvent l'impunité ou une répression très-tardive et très-insignifiante ; pendant que lui reçoit de la justice arabe des coups de bâton pour la plus petite faute. — Cette question des juifs est beaucoup plus grave qu'elle ne le paraît d'abord. Ces gens-là nous créeront de grands embarras, et comme ils tiennent la place que tiendraient des Européens, sur lesquels nous pourrions compter au jour du danger, ils sont une cause de faiblesse ; il ne faut compter sur eux ni pour la défense du pays, ni pour son exploitation agricole : ils ne sont que trafiquants, et ils absorbent la plus grande partie des affaires sans payer aucun impôt, pas même celui de la milice. »

Voilà ce que M. Bugeaud écrivait au Gouvernement en 1842. S'il eût mieux compris ses devoirs d'administrateur, au lieu d'écrire, il eût agi, non pas en expulsant les juifs par la force brutale, unique agent dont il sache se servir, mais en surveillant l'exercice de tous les pouvoirs placés sous son contrôle ; en donnant lui-même l'exemple d'une protection éclairée pour tous les intérêts indigènes et français ; en ne reniant pas le lendemain, par une funeste inconséquence, ses bonnes intentions, ses croyances, ses sentiments de la veille ; en ne passant pas sans cesse de la faiblesse à l'intolérance, et des bulletins d'une pacification démentie par les faits, aux sauvages excès du rôle d'exterminateur auquel il s'est livré, depuis 1841, avec la frénésie d'une nature presque impuissante pour le bien.

Brossard était prévenu : 1° de concussion ; 2° de s'être immiscé dans des affaires incompatibles avec sa qualité de fonctionnaire ; 3° d'avoir cherché à exciter un complot contre l'autorité royale.

Appelé comme principal témoin à charge, M. Bugeaud s'abandonna devant le conseil de guerre à un tel dévergondage d'expressions, de récriminations en dehors de la cause, et de personnalités brutales, que le maréchal de camp qui dirigeait les débats fut sans cesse occupé à le ramener au fait, ou contraint de lui ôter la parole quand il s'emportait jusqu'à menacer la justice, les avocats et l'auditoire.

Un des membres les plus éminents du barreau de Paris, M° Boinvilliers, déploya, dans la défense du général de Brossard, une froide et sévère logique dont M. Bugeaud fut écrasé. Le fougueux accusateur n'avait pas prévu que sa conduite personnelle serait mise au grand jour. Enfermé dans un cercle vicieux, et moralement compromis par ses propres agressions qui retournaient en partie contre lui-même, il perdit bientôt toute contenance, et se livra lui-même à son rude adversaire, qui le châtia de sa mordante parole, sans pitié, sans relâche, jusqu'à la fin de la lutte.

M. Bugeaud, à son arrivée en Afrique, avait publié un manifeste incendiaire contre les Arabes de la province d'Oran ; puis, sans que rien expliquât un changement de système aussi rapide, il s'était mis en rapports avec un infâme juif, l'aîné des frères Durand, espion à la double solde d'Abd-el-Kader et de la France, trafiquant des concussions de plus d'un administrateur militaire que l'on pourrait nommer, et prêt à tout faire pour un pot-de-vin. M. Bugeaud, séduit par l'aspect de Ben-Durand, par la confiance qu'inspirait sa richesse, son langage patelin et sa fausse bonhomie, se laissa duper par ce misérable, et en fit son agent. Ben-Durand sut jouer parfaitement son rôle pour gagner un peu d'or de chaque main ; chargé par M. Bugeaud d'offrir la paix à Abd-el-Kader, moyennant 100,000 boudjous, il demandait cette somme à l'émir pour corrompre, disait-il, les généraux français. Abd-el-Kader trouva cette diplomatie trop chère, et s'adressa au général Damrémont, pendant que Ben-Durand, pour faire coup double, demandait à M. Bugeaud une somme destinée à corrompre, disait-il encore, les conseillers de l'émir. Aucune somme ne fut, je crois, donnée en cette occasion ni d'une part ni de l'autre. M. Bugeaud pouvait consentir à vendre la paix, mais il n'est pas permis de supposer qu'il fût capable de l'acheter. Il reconnut un peu tard les intrigues de Ben-Durand, et, brisant tous rapports avec cet homme qui l'avait, par d'indignes mensonges, excité à la révolte contre l'autorité du gouverneur général, il écrivit à ce dernier une lettre d'excuses dans laquelle l'espion juif est apprécié à sa juste valeur.

Mais ce que nous ne pouvons nous empêcher de blâmer hautement dans la conduite ultérieure de M. Bugeaud, c'est son retour subit vers Ben-Durand, c'est la recrudescence d'inexplicable intimité qui les lie de nouveau après le traité de la Tafna ; c'est l'incroyable légèreté avec laquelle M. Bugeaud se rendit dénonciateur de M. de Brossard, sur la foi d'un homme tel que Ben-Durand, qui n'avait d'autre intérêt que de semer, au profit de l'émir, la désunion entre les généraux français.

Où se trouvaient les preuves à l'appui du procès ?

1° M. Bugeaud accusait M. de Brossard d'avoir vendu à Abd-el-Kader la remise des prisonniers faits au combat de la Sikkak, en échange de denrées envoyées par l'émir à Tlemcen, denrées dont M. de Brossard se serait approprié le prix soldé par l'administration française. — Les preuves fournies par M. Bugeaud se bornaient au témoignage d'un jeune aventurier tunisien, nommé Allegro, que M. Bugeaud s'était attaché comme officier d'ordonnance, et qui répétait machinalement les suppositions de son chef abusé.

2° M. Bugeaud accusait M. de Brossard d'avoir passé des marchés onéreux à l'Etat, pour en partager les bénéfices avec les fournisseurs, et d'avoir touché pour sa part une somme de 120,000 francs. — Pour preuves, il offrait les assertions du juif Durand, celles d'un fournisseur de viandes, nommé Puig-y-Mundo, et du tunisien Allegro.

Qu'était-ce que le juif Durand? Un homme taré, que M. Bugeaud qualifiait naguère de *mendiant sordide*[1].

Qu'était-ce que Puig-y-Mundo? Un grossier marchand de bœufs, dont M. Bugeaud ne dédaignait pas les petites gratifications, sauf à les restituer au plus vite, en cas d'indiscrétions menaçantes, ainsi que nous le verrons tout à l'heure.

Qu'était-ce que le tunisien Allegro? Un soldat de fortune intrépide et brillant, duquel il ne fallait pas exiger toutes les délicatesses françaises, mais capable de cette obéissance passive à un chef quelconque, et de ce dévouement instinctif et complet, sans réflexion comme sans arrière-pensée, qui faisait autrefois la principale vertu des condottieri.

3° M. Bugeaud accusait enfin M. de Brossard : 1° D'avoir chargé le juif Ben-Durand de négocier son passage au service d'Abd-el-Kader, moyennant une prime de 200,000 francs, et le payement annuel de 50,000 francs de rentes à sa famille. 2° D'avoir chargé le même Durand de promettre à Abd-el-Kader que ledit général de Brossard ferait passer en Afrique 20,000 carlistes ou républicains pour l'aider à chasser les Français de la régence. — M. Bugeaud déclarait dans sa dénonciation n'avoir pour ce dernier fait, comme pour les précédents, que des témoignages fort peu acceptables, celui du juif Durand, ce *mendiant sordide!* Mais qu'importe! M. Bugeaud voulait effacer le souvenir de la Tafna et tant d'autres, par un coup de Jarnac, et nous avons eu le procès Brossard. Qu'en est-il résulté pour sa considération personnelle? Une de ces chutes presque irréparables, qui peuvent briser toute une carrière.

Écoutez-le s'agiter et frémir sous les ripostes de la défense. Me Boinvilliers le presse, le pousse, l'accule au fond de sa conscience, et ne lui rend la respiration que pour confesser tout à l'heure ce qu'on ne lui demandait pas. — « Monsieur le président, s'écriait d'abord M. Bugeaud, si vous ne me faites pas respecter, je me ferai respecter moi-même ! » — « Calmez-vous, reprend le chef du tribunal; vous n'avez pas le droit d'interrompre la défense. » L'accusateur aux abois parvient-il encore à se faire entendre, voici l'étrange révélation qui lui échappe au milieu du flux de sa colère aveuglée :

« Messieurs, dit-il, avant de partir de Paris, en 1837, pour me rendre en Afrique, j'avais demandé à M. le comte Molé que, si les événements de la guerre m'ame-

---

[1] Voyez (LIVRE IV, p. 231) la lettre d'excuses adressée à M. le gouverneur général comte de Damrémont par M. Bugeaud, la veille du traité de la Tafna.

naient à faire la paix avec Abd-el-Kader, il me fût permis de lui demander *cent mille francs* que je voulais consacrer *aux chemins vicinaux de mon département*. M. Molé me dit : « Je ne vois dans cette demande rien que de très-honorable ; je serai votre avocat dans le conseil, lorsque vous lui en soumettrez la demande [1]. » Au lieu de cent mille francs, comme l'unité monétaire en Afrique consiste en *boudjous*, il ne m'en coûtait pas davantage de demander *cent mille boudjous* (180,000 francs, dont 100,000 pour mes chemins vicinaux). Je voulais distribuer les 80,000 francs restant *aux officiers de mon état-major qui m'avaient rendu service* [2]. Je voulais aussi sur cette somme-là payer à Ben Durand quelques missions dont je l'avais chargé. *Je voulais aussi donner dix mille francs au général de Brossard*. Quant à 20,000 francs que M. de Brossard m'accuse d'avoir reçu d'un négociant, voici ce qui m'est arrivé. Un négociant est venu me proposer de faire *des affaires commerciales* avec lui. Il s'agissait de faire venir des bâtiments chargés de marchandises. Ce négociant me disait : « Nous gagnerons 50,000 francs chacun, si la paix est ratifiée. » Quelques jours après, je fis chercher ce négociant ; il était allé en Espagne. J'avais oublié ce

---

[1] Ce fait vient jeter quelque lumière sur le traité de la Tafna, et semblerait lui prêter un caractère d'intrigue que nous voudrions vainement écarter de cette négociation.

M. Molé était à cette époque président du Conseil. Le général Bugeaud prétend avoir sollicité de ce ministre l'autorisation de tirer d'Abd-el-Kader, par un article secret, un véritable pot-de-vin. Mais nous n'avons d'autre preuve de l'assentiment de M. Molé que la parole de M. Bugeaud, et cette parole ne suffit pas pour engager le président du Conseil dans la responsabilité d'un acte peu moral.

Si l'assertion du général est irrécusable, si les 100,000 francs de prime lui furent promis pour les chemins vicinaux de son département, nous avons eu raison d'appliquer à l'arrondissement de ce député le nom de *bourg-pourri*. On pourrait, au surplus, trouver assez piquante l'idée ministérielle de faire solder par Abd-el-Kader une portion de nos frais de corruption électorale. Il resterait seulement à examiner si l'emplette d'un député tel que M. Bugeaud vaut bien 100,000 francs. Quand les électeurs vendent leurs voix à si haut prix, il faut qu'à leurs yeux le candidat vaille bien peu.

Quoi qu'il en soit, nous aimons mieux accueillir sans conteste la déclaration de M. Bugeaud, que de supposer que *ses chemins vicinaux* menaient droit *à sa caisse*.

[2] M. Bugeaud faisait ses comptes d'une manière tant soit peu israélite. — Mon ministre, se disait-il *in petto*, m'accorde 100,000 francs ; mais en Afrique on ne connaît que le *boudjou* ; demandons 100,000 boudjous, et avec cela je ferai, comme dit le proverbe, d'une pierre quatre coups. A moi la part du lion, sous le pseudonyme gascon de mon département : — 100,000 francs, ni plus ni moins ; je respecte la consigne. — Sur les 80,000 francs qui resteront, je payerai à ce Ben-Durand, qui n'est qu'un misérable, le prix des petits services qu'il m'aura rendus ; — je jetterai au général de Brossard une dizaine de mille francs pour l'aveugler, et puis......

Ici la plume tombe des mains. Quel homme est donc M. Bugeaud pour flétrir son état-major ? ou quels étaient les officiers qu'il employait en 1837 ? Quels services les membres d'un état-major doivent-ils à leur chef, qui ne soient l'accomplissement d'un devoir public imposé par l'honneur de servir son pays ? Tout service rendu à l'armée est soldé par l'État ; les degrés de mérite personnel donnent lieu à des récompenses officielles décernées par le Gouvernement. En dehors de cette limite, les services honorables qui s'échangent entre gens d'épée sur le champ de bataille ou dans la vie privée, ne s'acquittent point, nous le savons, avec l'or d'un chef. Quel genre de *services* M. Bugeaud avait-il donc pu recevoir de son état-major, pour songer à en dresser le tarif ? Cette confidence injurieuse pour ses subordonnés éclate devant le conseil de guerre ; pas un n'élève la voix pour protester ! Dans l'état-major de M. Bugeaud se trouvait le jeune tunisien Allegro : serait-ce lui que pourrait atteindre l'outrage ? Une telle pensée répugne à nos convictions. Je n'ai pas eu l'occasion de connaître en Afrique M. Allegro, mais je retrouve ici et je publie avec plaisir l'opinion suivante, émise en 1836 par M. le commandant Pellissier : « Pour démontrer aux Arabes, d'une manière claire et précise, les avantages d'une alliance avec nous, il faudrait pouvoir envoyer sur les lieux des agents fidèles, sûrs, éclairés. Au premier rang des agents que l'on pourrait employer, je citerai M. Vergé et M. Allegro, jeune tunisien qui, pour le courage et l'intelligence, ne le cède à aucun Français. Ceux-là n'accepteraient pour récompense que des grades et des décorations. » (*Annales algériennes*, t. II, 1re part., liv. XII, p. 121 et 183.) Allegro remplit le rôle de témoin à charge dans le procès Brossard ; mais il était dans une position dépendante, exceptionnelle, et ces positions-là exposent à bien des erreurs.

fait, lorsqu'un jour ce négociant revint et me dit : « Je n'ai pas fait tout ce que j'espérais, mais je vous apporte pour *votre part de bénéfices*, douze mille francs. » Je lui dis : « Je ne pensais plus à cette affaire, je ne veux pas de cette somme *pour moi*, mais je vais l'envoyer *à notre préfet pour les chemins vicinaux de mon département.* Quelques jours après, je dis à M. Eynard, mon aide de camp : — « Tenez, cet argent-là me pèse, je veux le rendre à cet homme. » J'avais déjà envoyé 7,000 francs à *mon préfet* pour les chemins vicinaux ; mais j'aimai mieux sacrifier cette somme, et je fis rendre les 12,000 francs à cet homme, qui est M. Puig, le marchand de bœufs. C'est moi qui ai raconté ce fait au général de Brossard, et il le savait déjà, car je tiens de Durand que c'était M. de Brossard lui-même qui avait envoyé Puig me faire cette proposition ; et *quand il sut que j'avais reçu cette somme*, il dit : «*Ah! nous le tenons donc enfin, ce Brutus de vertu!*» Vous le voyez, messieurs, JE LE DÉCLARE HAUTEMENT pour les jeunes officiers qui m'entendent, j'ai commis un acte indigne de la noblesse et de la dignité du commandement [1]. »

Certes, nous sommes loin d'affirmer que, dans ce chaos de repoussantes intrigues, le général de Brossard n'eût pas à se reprocher quelques torts ; mais s'il n'était d'ailleurs ressorti des débats que ces torts avaient été partagés, autorisés même par le fâcheux exemple d'un fonctionnaire supérieur, l'incroyable aveu si explicitement formulé par M. Bugeaud serait venu lever bien des doutes. L'imprévoyant adversaire de M. de Brossard se livrait, démantelé, aux assauts de la défense qui, changeant de terrain, allait à son tour devenir accusatrice.
— « Quelle est donc la conduite du général Bugeaud ? s'écriait l'avocat. Il offre au général de Brossard une gratification de 10,000 francs : celui-ci la refuse. Il veut plus tard que le général de Brossard gagne 20,000 francs sur une livraison de fusils à faire à Abd-el-Kader : le ministre s'y refuse, car c'eût été une concussion au premier chef. M. de Brossard savait les secrets de M. Bugeaud. M. Bugeaud savait que M. de Brossard était instruit de son association mercantile avec Puig, et qu'il en avait reçu 12,000 francs. On conçoit qu'au courant de toutes ces choses, le général de Brossard devait être un homme complétement acquis au général Bugeaud, ou un homme à sacrifier, à envoyer en Portugal, en Espagne, le plus tôt, et le plus loin possible de la France, afin que ce scandale ne fût pas dévoilé. Telle est la position du général Bugeaud. Dans ces circonstances, voici venir le juif Durand, qui continue entre Brossard et Bugeaud ce qu'il a fait entre Bugeaud et M. de Damrémont ; il calomnie le général de Brossard ; il le représente comme un ennemi de la gloire de M. Bugeaud. Il lui attribue des confidences, des absurdités, des infamies, et enfin, il fait appel aux passions politiques de M. Bugeaud, en lui faisant le conte ridicule de 15 ou 20,000 carlistes ou républicains que le général de Brossard a, dit-il, le projet de faire passer en Afrique, *en ballon* sans doute, pour chasser les Français de la régence. Tout cela est honteusement absurde.

« Tout le procès se réduit donc aux marchés onéreux. Mais s'il y avait eu association entre le général de Brossard et Ben-Durand, M. de Brossard n'aurait

---

[1] Cette déposition se trouve textuellement insérée dans le compte rendu du procès Brossard publié par le *Journal des Débats.* (Voir pour tous les détails de cette affaire les n°ˢ des 2, 3, 4, 5 et 6 septembre 1838.)

pas *refusé* de donner un *ordre d'urgence* pour un marché que le sous-intendant militaire Sicard voulait passer avec ce même Durand. Le général de Brossard A REFUSÉ, tandis que le général Bugeaud A DONNÉ un *ordre d'urgence*, et à un taux bien plus élevé, à *cent quinze francs*, et cependant *il y avait un million de rations en magasin!*... Le général Bugeaud *ordonne* de passer le marché : l'agent comptable s'y refuse, à cause de l'énormité du prix et du défaut d'urgence. Le général Bugeaud *force* l'administration à passer ce marché, et à ce sujet, le ministre de la guerre lui écrit : « *Vous ne deviez pas vous immiscer dans les clauses de ce marché.* » Telle est la conduite de M. Bugeaud. — Quant à la vente prétendue des prisonniers de la Sikkak, il existe un ordre écrit par M. Bugeaud, le 27 mai 1837, d'avoir à rendre les prisonniers à Abd-el-Kader, et c'est au mépris de sa propre signature que M. Bugeaud ne craint pas d'accuser un officier général de les avoir vendus [1]. »

Et de quelle confusion ne fut pas couvert M. Bugeaud, lorsque, pour couronner ce plaidoyer foudroyant, le respectable lieutenant général Berthézène vint déposer ainsi lui-même en faveur de l'homme que M. Bugeaud avait accablé de ses injures dans sa correspondance avec le ministre : — « Messieurs, dit aux membres du conseil l'ancien commandant en chef de l'armée d'Afrique, il y a longtemps que je connais M. le général de Brossard. Nous avons fait connaissance à la campagne de 1812, à Moscou. A cette époque, j'ai reconnu en lui ce qu'on reconnaît encore de ses qualités militaires et de ses sentimens très-nobles et très-élevés, et une conduite en harmonie avec ces sentimens. A cette époque, M. de Brossard était dans la garde impériale ; j'étais moi-même officier général, et j'avais des rapports très-fréquents avec lui. Dans le cours de notre retraite, je dois dire que, sans le général de Brossard, une partie de notre corps aurait été enseveli sous les glaces. M. le général de Laborde a été sauvé par lui à Waterloo. J'ai demandé que M. de Brossard fût attaché à mon état-major, et c'est pour récompenser ses services que j'ai demandé pour lui au ministre le grade de maréchal de camp. Pendant mon commandement en Afrique, je n'ai jamais entendu dire qu'il eût trempé dans aucune affaire d'argent. J'ai vu dans sa famille la plus grande union ; je n'ai jamais ouï dire rien de fâcheux sur sa moralité ; la conduite qu'il a tenue toujours auprès de moi me persuade qu'il est incapable d'avoir commis les faits qui lui sont reprochés. »

Il est permis de penser que si le savant et digne avocat Boinvilliers eût plaidé cette cause devant un tribunal composé de quelques-uns des membres de cette grave et vénérée magistrature de France qui perpétue l'illustre souvenir de nos vieux Parlements, M. Bugeaud se serait vu lui-même frappé d'une haute réprobation. Mais devant cette justice exceptionnelle des conseils de guerre, qui n'est aux yeux de la civilisation qu'un reste de féodalité [2], la puissance du grade et le prestige de la faveur prévalurent peut-être sur l'insuffisance des preuves

---

[1] Extrait *textuel* du plaidoyer de M° Boinvilliers en faveur de M. de Brossard. (*Journal des Débats* du 2 au 6 septembre 1838.)

[2] Cette pensée ne contient nulle allusion blessante pour aucun des membres du conseil qui jugea M. de Brossard. Mais cette réserve posée, nous disons qu'en thèse générale, l'institution des conseils de guerre, telle qu'on la voit encore fonctionner aujourd'hui, est aussi éloignée que possible du progrès de nos mœurs et des lois de la civilisation. Tous les esprits éclairés réclament depuis longtemps une complète révision

matérielles produites par l'accusation. M. de Brossard pouvait être condamné, il le fut. Cette victoire ne suffisait pas toutefois à M. Bugeaud; car, le 31 août 1838, ce général, irrité du courage civil déployé par Me Boinvilliers, termina son triste rôle par une véritable provocation : — « Monsieur, lui écrivit-il, vous avez excédé à mon égard les bornes d'une défense légitime. Vous ne vous êtes pas contenté de repousser les accusations dont votre client était l'objet ; vous m'avez attaqué personnellement, d'une manière blessante et injuste : si vous n'avez pas eu l'intention de m'outrager, j'espère que vous ne refuserez pas de me donner sur ce point une déclaration dont vous comprendrez que j'éprouve le besoin.

« J'ai l'honneur, etc. BUGEAUD.»

L'avocat, fidèle au sentiment de la religieuse mission qu'il venait d'accomplir, répondit le même jour à cette bravade, en quelques lignes sévères, que voici : — « Général, je suis *certain* d'être resté dans les limites de mon droit et même dans la stricte observation des convenances à votre égard. Ce que j'ai dit n'était que la reproduction exacte des faits que vous-même avez déclarés publiquement, ou de pièces que vous avez écrites. Il serait de mon devoir, et je l'accomplirais à regret, de dire *les mêmes choses*, si l'occasion se présentait de nouveau, et *de la même manière*. Quant à l'intention de vous insulter personnellement, elle eût été contraire à mes devoirs, elle était étrangère à mon esprit.

« J'ai l'honneur d'être, etc. E. BOINVILLIERS.»

M. Bugeaud se contenta de cette déclaration et la fit imprimer !...

Tels étaient les antécédents de l'homme auquel la trop grande confiance du gouvernement abandonna tout à coup les destinées de l'Algérie.

Cependant la presse ne fut pas hostile au nouveau dignitaire. *Le Siècle*, journal d'opposition constitutionnelle, qui jouissait alors d'une haute influence par ses 40,000 abonnés, apprécia ce fait avec une louable modération : — « L'envoi de M. Bugeaud dans la colonie d'Alger, publiait cette feuille, le 6 janvier 1841, vient de ranimer les discussions qu'a fait naître si souvent l'occupation de ce pays. La question personnelle, la seule, selon l'usage, dont se préoccupe vivement le Pouvoir, n'a pour nous d'importance qu'en ce qu'elle est inséparable de la bonne direction à donner, soit aux expéditions militaires, soit aux travaux de

---

de notre code militaire, dont la rigueur draconienne est si souvent en désaccord avec les principes du bon sens.

Nous admettons sans doute que le droit d'infliger une série de punitions disciplinaires, graduées pour toutes les fautes commises dans *le service intérieur*, doit être remis à l'autorité discrétionnaire des chefs de troupe. Le contrôle de son usage est garanti, jusqu'à un certain point, par la faculté de réclamation dans l'ordre hiérarchique.

Nous admettons également la nécessité d'un pouvoir absolu, dictatorial, inflexible, exerçant, en certains cas, le droit de vie et de mort, *en campagne, devant l'ennemi;* car il est des cas où la discipline ne peut régner que par la crainte d'un châtiment immédiat et sans appel.

Mais, en temps de paix, lorsqu'il s'agit de disposer de l'honneur ou de l'existence d'un citoyen, dans un pays libre où tout homme, *soldat* ou *général*, est égal devant la loi, il nous semble plus que dangereux de confier l'arme terrible de la justice à des intelligences qui ne sont que trop portées à mettre la loi du sabre au-dessus de toutes les lois L'exercice des fonctions judiciaires, demande une longue suite d'études spéciales, la gravité perpétuelle d'une vie austère, une science de la vie et du droit social qui ne s'acquiert pas dans les écoles militaires, les casernes ou les camps. Et le moindre inconvénient de la juridiction militaire fût-il d'être sujet à l'erreur, cette raison capitale aurait dû éveiller la sollicitude de nos législateurs.

l'administration. Que nous importeraient les antécédents de M. Bugeaud, comme homme de parti à la Chambre, si nous étions convaincus qu'il fût plus capable qu'un autre de servir, comme gouverneur général, les intérêts de la France en Afrique? Cette conviction, nous ne l'avons pas. Sur quoi, en effet, aurait-elle pu se fonder, si ce n'est sur la *haute opinion* que paraissent avoir conçue du général *quelques-uns de ses amis politiques?* Cependant, nous sommes loin de prétendre qu'il n'ait aucune capacité militaire, aucune des qualités qui conviennent au commandement dont il vient d'être revêtu. Le passé, dans lequel il faut bien comprendre le traité de la Tafna, n'est point une garantie. Laissons-lui l'avenir, et prouvons *au détracteur systématique de la presse* l'injustice de ses préventions, en déposant au moment où il entre dans une nouvelle carrière, celles qui, ayant été *légitimement* conçues jusqu'à présent, lui seraient défavorables. C'est ainsi que nous nous étions déjà exprimés, avant même que la nomination du général Bugeaud fût officiellement consignée dans *le Moniteur*. Plusieurs journaux ont donné à entendre que le maréchal Valée a été rappelé parce que le ministre de la guerre n'était pas homme à souffrir, comme ses prédécesseurs, l'action indépendante que prétendait exercer, dans son commandement, l'ancien gouverneur d'Alger. Si cela est vrai, il est à croire que le maréchal Soult n'entend pas non plus s'en remettre au général Bugeaud, et qu'il ne le laissera point partir sans lui tracer nettement un plan de conduite. Le gouvernement a fait choix d'un homme qui a sa confiance; eh bien, qu'il fasse choix aussi d'un système! »

Telle était la disposition des esprits. Passons aux faits.

Nommé aux fonctions de gouverneur général de l'Algérie, par ordonnance du Roi en date du 29 décembre 1840, le lieutenant général Bugeaud vint prendre possession de son commandement le 22 février suivant. Les instructions du ministère lui prescrivaient de poursuivre activement la destruction de la puissance de l'émir. Dans ce but, l'occupation de Maskara, avec une force agissante, était considérée comme essentielle; quelques postes peu importants devaient être évacués, afin de concentrer nos troupes; Mostaghanem était appelée à devenir une base d'opérations dans la province d'Oran.

Le ministre de la guerre, sans attendre les demandes du nouveau gouverneur général, avait pris les mesures nécessaires pour que l'effectif de l'armée fût porté, dès l'ouverture de la campagne du printemps, à **73,500** hommes et **13,500** chevaux. Cet effectif devait être encore augmenté, pour la campagne d'automne, de 5 bataillons, soit environ 4,500 hommes. Mais en mettant des forces aussi considérables à la disposition du gouverneur général, le ministre crut devoir préciser, dans ses ordres, que l'intention du gouvernement du Roi était de conserver les places de Médéah, Milianah, Chercheli, et de donner aux ouvrages défensifs les développements que les localités pouvaient exiger ou permettre, afin que les troupes y trouvassent des facilités pour se livrer à divers genres de cultures, dont les produits augmenteraient leur bien-être et nos ressources.

En arrivant à Alger, M. Bugeaud ne négligea point les précautions oratoires; — son peu de popularité l'inquiétait, la presse lui faisait peur, et il comprit la nécessité d'assurer ses débuts par la publication d'un programme riche de promesses qui coûtent si peu, et d'espérances qui donnent du temps pour s'installer à l'aise. La population civile de la colonie reçut donc, le 22 février, la proclamation suivante :

« Habitants de l'Algérie, à la tribune comme dans l'exercice du commandement militaire en Afrique, j'ai fait des efforts pour détourner mon pays de s'engager dans la conquête absolue de l'Algérie. Je pensais qu'il lui faudrait une nombreuse armée et de grands sacrifices pour atteindre ce but; que pendant la durée de cette vaste entreprise, sa politique pourrait en être embarrassée, sa prospérité intérieure retardée.

« Ma voix n'était pas assez puissante pour arrêter un élan qui est peut-être l'ouvrage du destin. Le pays s'est engagé, je dois le suivre. J'ai accepté la grande et belle mission de l'aider à accomplir son œuvre. J'y consacre désormais tout ce que la nature m'a donné d'activité, de dévouement et de résolution. Il faut que les Arabes soient soumis, que le drapeau de la France soit seul debout sur cette terre d'Afrique.

« Mais la guerre, indispensable aujourd'hui, n'est pas le but. La conquête serait stérile sans la colonisation. Je serai donc colonisateur ardent; car j'attache moins ma gloire à vaincre dans les combats qu'à fonder quelque chose d'utilement durable pour la France.

« L'expérience faite dans la Métidjah n'a que trop prouvé l'impossibilité de protéger la colonisation par fermes isolées, et c'est à peu près la seule qui a été tentée jusqu'ici : elle a disparu au premier souffle de la guerre. Ne recommençons pas cette épreuve avant que le temps soit venu; la force militaire s'y affaiblirait par le fractionnement, et l'armée y périrait par les maladies sans donner aux cultivateurs la sécurité agricole. Commençons la colonisation par agglomération dans des villages défensifs, en même temps commodes pour l'agriculture, et assez militairement constitués et harmonisés entre eux pour donner le temps à une force centrale d'arriver à leur secours. Je me dévoue à cette œuvre. Formez de grandes associations de colonisateurs; mon appui, mon zèle de tous les instants, mes conseils d'agronome, mes secours militaires, ne vous manqueront pas.

« L'agriculture et la colonisation sont tout un. Il est utile et bon sans doute d'augmenter la population des villes et d'y créer des édifices; mais ce n'est pas là coloniser. Il faut d'abord assurer la subsistance du peuple nouveau et de ses défenseurs, que la mer sépare de la France; il faut donc demander à la terre ce qu'elle peut donner. La fertilisation des campagnes est au premier rang des nécessités coloniales. Les villes n'en sont pas moins l'objet de ma sollicitude ; mais je les pousserai, autant que je le pourrai, à porter leur industrie et leurs capitaux vers les champs; car, avec les villes seules, nous n'aurions que la tête de la colonisation et point le corps; notre situation serait précaire, et intolérable à la longue pour la mère patrie.

« Empressons-nous donc de fonder quelque chose de vital, de fécond; d'appeler, provoquer les capitaux du dehors à se joindre aux vôtres : nous édifierons des villages, et quand nous pourrons dire à nos compatriotes, à nos voisins :
— Nous vous offrons dans des lieux salubres des établissements tout bâtis, entourés de champs fertiles, et protégés d'une manière efficace contre les attaques

imprévues de l'ennemi, — soyez sûrs qu'il se présentera des colons pour peupler. Alors la France aura véritablement fondé une colonie, et recueillera le prix des sacrifices qu'elle aura faits[1]. »

Après ces préliminaires, le gouverneur général, conformément au plan qui lui avait été tracé, s'empressa de donner les ordres nécessaires pour l'évacuation, dans la province d'Alger, de tous les postes qui n'étaient pas d'une importance telle que leur abandon pût produire un fâcheux effet moral. Diverses mesures, propres à augmenter la sécurité, furent également prises ; tous les maraudeurs et les réfugiés indigènes, auxquels on attribuait les vols et les assassinats qui se commettaient dans le Sahel, en furent expulsés, et réunis en avant de la Maison Carrée. Cette réunion donna naissance à la colonie de l'Oued-Haratch. Un service d'embuscades et de patrouilles très-actif fut également établi dans le Sahel, et produisit des résultats immédiats.

Tout était ainsi préparé pour la guerre, dont le théâtre principal allait changer. La campagne précédente l'avait rejetée au delà de la Métidjah, et nous avait permis de mettre à Médéah et Milianah des garnisons suffisantes pour garder ces deux postes, mais pas assez pour exercer l'influence nécessaire au dehors. Les populations, refoulées seulement sur de très-petits espaces, n'avaient rien perdu de leur ardeur belliqueuse ; Abd-el-Kader réparant les pertes que nous lui avions fait éprouver en 1840, réorganisait ses troupes régulières ; la riche et populeuse province d'Oran lui fournissait toujours de nouvelles ressources. Il s'agissait donc essentiellement de porter la guerre dans cette province, en même temps que dans celles d'Alger et de Titteri ; de détruire tous les dépôts fortifiés de l'ennemi ; d'occuper Maskara, et de poursuivre dans toutes les directions les tribus les plus puissantes, pour les soumettre, en les troublant le plus possible dans la jouissance agricole du territoire.

Au début de son gouvernement, le général Bugeaud se montrait animé des

---

[1] Un *ordre général* fut en même temps adressé aux troupes qui recevaient leur nouveau chef avec le calme plat de l'obéissance passive, et sans autre opinion que les lointains échos qui leur étaient venus de France. L'essai de littérature militaire de M. Bugeaud ne fut point malheureux ; il était ainsi conçu :

« Soldats de l'armée d'Afrique ! le roi m'appelle à votre tête. Un pareil honneur ne se brigue pas ; car on ne saurait y prétendre ; mais si on l'accepte avec enthousiasme, pour la gloire que promettent des hommes comme vous, la crainte de rester au-dessous de cette immense tâche modère l'orgueil de vous commander.

« Vous avez souvent vaincu les Arabes, vous les vaincrez encore ; mais c'est peu de les faire fuir, il faut les soumettre. Pour la plupart, vous êtes accoutumés aux marches pénibles, aux privations inséparables de la guerre. Vous les avez supportées avec courage et persévérance, dans un pays de nomades qui en fuyant ne laissent rien au vainqueur.

« La campagne prochaine vous appelle de nouveau à montrer à la France ces vertus guerrières dont elle s'enorgueillit. Je demanderai à votre ardeur, à votre dévouement au pays et au Roi, tout ce qu'il faut pour atteindre le but ; rien au delà. Je serai attentif à ménager vos forces et votre santé. Les officiers de tout grade et les sous-officiers me seconderont, j'en suis sûr ; ils ne négligeront jamais ni d'épargner quelques instants de fatigue à la troupe, ni de prendre la plus petite précaution d'hygiène, ni de donner les encouragements moraux que les circonstances pourraient exiger. C'est par ces soins constants que nous conserverons nos soldats. Notre devoir, l'humanité, l'intérêt de notre gloire nous le commandent également. Je serai toujours heureux de pouvoir signaler au Roi non-seulement les actes de courage, mais encore, et sur la même ligne, les chefs qui se distingueront par les soins paternels qu'ils auront de leur troupe, sous un climat où il faut multiplier les précautions.

« Soldats, à d'autres époques j'avais su conquérir la confiance de plusieurs des corps de l'armée d'Afrique. J'ai l'orgueil de croire que ce sentiment sera bientôt général, parce que je suis bien résolu à tout faire pour le mériter. Sans la confiance dans le chef, la force morale qui est le premier élément de succès ne saurait exister. Ayez donc confiance en moi, comme la France et votre général ont confiance en vous. »

meilleures intentions ; et malgré qu'il ne fut point partisan de l'occupation complète de l'Algérie, il semblait décidé à seconder de toute son activité, de toutes ses forces, le nouveau système essayé par le gouvernement. S'il avait beaucoup à faire oublier, il était homme d'entreprise et d'exécution, admirablement organisé pour supporter toutes les fatigues de la guerre, et doué d'un courage militaire qui, avec un sens plus droit, avec quelque logique dans les idées, eût pu amener des résultats durables, au lieu de nous engager dans les vicissitudes funestes d'une lutte interminable et trop souvent souillée de hideux excès. L'ex-gouverneur de Blaye qu'avait fait pâlir une mystification, et qui n'osait affronter les prétendus *bravi* siciliens, pouvait être impassible en face de l'ennemi, et nous avons nous-même admiré, en 1844, son sang-froid, la justesse de son coup d'œil, et la spontanéité toujours heureuse de ses mouvements dans les combats algériens. Si nous avons paru narrateur austère de ses antécédents politiques, et si, dans la suite de ce tableau rapide, la vérité nous contraint de blâmer encore plusieurs de ses actes et de condamner ses principes, nous rendrons toujours à l'intrépide guerrier une justice méritée.

L'ambition de parvenir, jointe au désir plus noble et plus patriotique d'effacer le passé de sa carrière, pouvait faire du général Bugeaud un excellent instrument de conquête, si la récompense ne s'était laissée entrevoir qu'au terme de son œuvre. Agent subordonné, il n'était pas incapable de remplir parfaitement les desseins du gouvernement ; mais la dignité de maréchal de France le surprit et l'enivra ; de cette élévation prématurée datent ses conflits avec le Pouvoir, son aveuglement, ses fautes multipliées, et l'impossibilité de lui conserver une position trop lourde pour sa raison, trop supérieure à ses capacités réelles, et dont il ne s'est fait une dictature que pour s'abîmer dans toutes les folies d'une orgueilleuse impuissance. C'est à lui que pourrait s'appliquer la pensée profonde et vraie, d'un officier supérieur fort éclairé, et que nous avons cité plus d'une fois : — « Les hommes à connaissances générales, dit quelque part cet historien militaire, sont extrêmement rares ; cependant il est évident qu'on aurait plus de chances de trouver, dans la classe civile, un bon gouverneur d'Alger que dans l'armée, puisqu'ici le choix ne peut porter que sur les quatre-vingts individualités de maréchaux et de lieutenants généraux dont les uns sont usés par l'âge, et dont les autres appartiennent à une génération à laquelle les bienfaits de la haute instruction ont complétement manqué. Il existe certainement plusieurs exceptions à cette règle générale, mais avouons aussi que dans un siècle de crise comme le nôtre, où chaque période de quinze ans amène des idées et des besoins nouveaux, les hommes d'une époque devraient disparaître avec elle, et ne pas attendre que le public leur apprenne d'une manière désobligeante qu'ils sont restés trop longtemps sur le théâtre. La patrie, reconnaissante pour quelques anciens services, les inscrirait sans trop d'examen sur les fastes de sa gloire, tandis qu'en s'obstinant à rester en scène, ils s'exposent à ce qu'après avoir reconnu ce qu'ils sont dans le moment, on ne vienne à examiner avec trop de curiosité ce qu'ils furent autrefois. »

Pour être fidèles à l'esprit des faits, nous avons fait deux parts de l'administration du général Bugeaud. La première se développe favorablement sous la direction du ministre de la guerre, pendant une période de trois années ; — la seconde se perd dans la fumée des ovations, dans les ténèbres d'une singulière ingratitude; et à la place d'un gouverneur d'Algérie on est tenté de ne plus voir qu'un pacha révolté. Mais de ces excès mêmes jaillit l'impérieuse nécessité de substituer à un individu, à un système, l'imposant concours des plus grandes forces dont le pays puisse disposer, et d'illuminer enfin les destinées algériennes d'un reflet du trône français.

L'année 1841 s'ouvrait sous de favorables auspices. Dans la province d'Oran, une colonne de 4,000 hommes part de cette ville, dans la nuit du 12 au 13 janvier, sous les ordres du commandant de la place, et marchant à la rencontre du khalifa d'Abd-el-Kader, Ben-Tami, elle le contraint à la retraite. Dans la province de Constantine, la tribu des Beni-Oualban, coupable de plusieurs meurtres sur la route de Philippeville, est sévèrement punie. Dans le même temps, la garnison de Djidjeli fait payer chèrement aux Kebaïles une tentative qu'ils avaient exécutée contre elle, avec autant de perfidie que d'audace, le 3 février. Le commandant, pour repousser leur attaque, sort à la tête de quelques compagnies, et s'empare d'une gorge étroite qui, fermant toute retraite aux assaillants, les acculait à la mer; ils perdirent là près de 80 hommes. Les attaques d'El-Berkani, autre khalifa de l'émir, furent également repoussées dans la province de Titteri; et malgré tous les efforts de l'ennemi, le ravitaillement de Médéah put être effectué à la fin du mois de mars. Celui de Milianah devait suivre immédiatement; cette dernière place attendait des vivres et des effets d'hôpitaux.

Un convoi, parti de Blidah le 27 avril, fut déposé à Médéah, le 29. La colonne chargée des approvisionnements destinés à Milianah se dirigea vers cette ville par un chemin nouveau qui ne demandait que deux jours, et qui, passant chez les Ouled-Ben-Sonna, et par les crêtes du Gontas, aboutit à Aïn-Solthan, et de là dans la plaine du Chéliff. Le 1er mai, elle rencontra l'ennemi hors de Milianah, et eut avec lui un engagement sérieux. Un autre engagement plus meurtrier eut encore lieu, le 3 mai, avec les Kebaïles; Abd-el-Kader s'y trouvait avec trois bataillons réguliers, et sa nombreuse cavalerie de l'Ouest. D'après les rapports, on aurait compté 10 ou 12,000 fantassins sur les collines à l'ouest de Milianah, flanqués à leur droite par 10,000 cavaliers. Le corps expéditionnaire, commandé par M. Bugeaud, se composait de 8,000 hommes de toutes armes. LL. AA. RR. MMgrs les ducs de Nemours et d'Aumale honoraient cette petite armée de leur présence; le premier avait sous ses ordres la gauche et une portion du centre; le second commandait deux bataillons. L'ennemi laissa 400 hommes sur le terrain. La colonne, franchissant le Chéliff, joignit les réguliers d'Ab-el-Kader, les mit en déroute, et en revenant à Blidah, châtia les Soumata qui s'étaient toujours montrés hostiles.

Le gouverneur général, dès les premiers temps de son arrivée, avait rapidement visité la province de Constantine. Dans cette province, comme dans celle d'Alger, il ordonna la suppression de tous les postes inutiles, sur la ligne de Bone à Constantine, et sur celle de cette dernière ville à Sétif; cette mesure permit de renforcer les garnisons de Constantine, Sétif, Guelma et Bone. A son retour, M. Bugeaud s'occupa des préparatifs de la campagne du printemps, dont les ravitaillements de Médéah et de Milianah pouvaient être considérés comme l'heureux prélude [1]. Ces opérations terminées, il confia au général Baraguay d'Hilliers la division qui devait agir dans le Bas-Chéliff, pendant que

---

[1] Le retour du ravitaillement de Médéah fut signalé par un épisode qui faillit priver la France d'un écrivain religieux, M. Louis Veuillot, qui avait suivi le général Bugeaud, en qualité de secrétaire.

« Cet épisode, dit M. Veuillot lui-même, dans un livre récemment publié, pourra donner une idée du pays et de la guerre. La descente du col de Mouzaïa avait été rendue très-difficile par la pluie: les chevaux, les hommes et les mulets glissaient sur cette pente rapide, et il fallait beaucoup de précautions pour empêcher les accidents. Le passage de l'ambulance surtout avait pris du temps; il en était résulté une solution de continuité dans la colonne; l'avant-garde, marchant sans obstacle, s'était éloignée d'environ une demi-lieue du gros de l'armée, précédé lui-même de l'ambulance, encore engagée dans l'étroit chemin qui s'allonge, en serpentant, du premier plateau de la montagne à l'entrée du col.

« Je me trouvais avec un jeune lieutenant des chasseurs d'Afrique, attaché comme officier d'ordonnance à la personne du gouverneur, entre l'ambulance qu'un détour nous avait fait perdre de vue, et l'avant-garde que nous n'apercevions pas. Le lieutenant me racontait quelques aventures de guerre que j'écoutais avec un grand intérêt, lorsque tout à coup, je vis à peu de distance des tourbillons de fumée. Je les fis remarquer à mon compagnon : — Ce sont, dit-il, des gourbis que l'avant-garde a brûlés, pour punir les Soumatas d'avoir tiré sur nous; ils ne doivent pas être bonne humeur!... Mais, ajouta-t-il en regardant de tous côtés, nous sommes seuls; pressons le pas, on pourrait nous faire un mauvais parti. — Quoi! dis-je, au milieu de l'armée? — On en a vu des exemples, reprit-il en souriant; pressons le pas.

« Nous nous mîmes au trot. Au bout d'une minute ou deux, nous rencontrâmes cinq sapeurs du génie, conduisant deux chevaux. — L'avant-garde est-elle loin? demanda le lieutenant. — Non, répondirent ces hommes, elle vient de passer. — Pourquoi êtes-vous restés en arrière? poursuivit sévèrement le lieutenant; il est défendu de marcher ainsi par petits groupes! rétrogradez vers l'armée! — Mais, dirent encore ces hommes, l'avant-garde est là.

« Nous nous remîmes au pas. — C'est que voyez-vous, continua le lieutenant, les Kabaïles sont enragés *quand leurs maisons brûlent*, et ces *gredins*-là, qui tiennent si peu devant une force régulière, sont d'une audace inimaginable quand il s'agit de faire un *mauvais coup*. Ils s'embusquent dans les rochers, derrière les arbres, rampent sur l'herbe, lâchent leur coup de fusil, coupent la tête de celui qu'ils ont tué, et puis... cours après! Ils sont déjà loin, ou ils ont regagné leur cachette. Nous en avons peut-être *une vingtaine* autour de nous, en face desquels nous ferions vilaine figure.

« Tout en causant ainsi, nous avions perdu de vue les sapeurs, et nous n'apercevions toujours pas l'avant-garde. La route que nous suivions formait une espèce d'arête entre deux vallées remplies de hautes herbes, de broussailles et de bouquets de bois. A droite et à gauche, on voyait brûler les gourbis. Je remarquai, *sans rien dire*, que mon compagnon nous faisait reprendre le trot. J'entendis le clairon. — Ah! m'écriai-je *avec une certaine joie*, voici l'avant-garde! — Oui, répondit le lieutenant, elle est au camp, à une *petite* demi-lieue de nous. Mes pistolets ne sont pas chargés; et les vôtres? — Ils sont chargés, *mais j'ai oublié d'y mettre des capsules*. — Ah!... pressez votre cheval... Sauriez-vous manier votre sabre?

« Je m'étais, en effet, affublé d'un long sabre, je ne sais trop pourquoi; probablement par simplicité d'homme de lettres. — Mon sabre! dis-je; il ne me sert exactement qu'à me faire trébucher quand je marche. J'ignore si je saurais même le tirer du fourreau... Franchement, est-ce que vous croyez qu'il y a du danger? — Tenez, dit le lieutenant, je ne veux pas vous effrayer, mais nous sommes dans un mauvais pas. Nous nous défendrions peut-être mal contre trois ou quatre fusils; ainsi, faisons un temps de galop. — Galopons, répondis-je; il faut se plier aux coutumes du pays.

« Mais nous n'avions pas fait ainsi quelques toises, que je m'arrêtai tout court. — Eh bien, s'écria le lieutenant, tout étonné, que faites-vous donc? — Ayez la bonté de tenir un moment mon cheval, lui dis-je; il faut que je le sangle; la selle tourne sous moi! — Non certes, répliqua-t-il avec une expression *très-sérieuse*; je ne vous laisserai pas descendre; tenez-vous *comme vous pourrez*, et filons! — Je vais tomber! — *Empoignez les crins!* Nous n'irons qu'au trot si vous voulez, mais, pour Dieu, ne descendez pas! Je suis étonné que nous n'ayons pas déjà reçu *quelque chose*. Ils nous croient, sans doute, bien montés et bien armés!

« Disant cela, il trottait toujours, et comme je vis que je me tenais *à peu près* en équilibre sur ma selle, je n'insistai pas. Jusque-là, j'avais un peu pensé que le lieutenant voulait se divertir. Comment imaginer qu'il poussât la plaisanterie jusqu'à me faire rompre le cou? Je m'affermis donc sur mes étriers, et même, je me sentis meilleur cavalier que je ne l'avais été de *toute* la campagne. Le lieutenant tenait un œil sur moi, un autre sur les deux côtés de la route : — Comment cela va-t-il? — Eh! répondis-je, me rappelant l'histoire de cet homme qui tombait d'un cinquième étage, cela va bien, pourvu que cela dure! — Quand nous aurons passé ce bouquet de bois, poursuivit-il en m'indiquant un petit fourré dont nous approchions, je réponds de vous, et je vous laisse sangler votre cheval. — Écoutez, lieutenant, lui dis-je à mon tour, faites-en ce que vous voudrez, mais, *pour moi*, je dis un *Ave Maria*! — Dites-le pour deux, répondit-il.

« Nous passâmes en silence et sans encombre devant le fourré, et deux minutes après, nous arrivâmes au bivouac. Au même instant, et lorsqu'à peine on avait dessellé nos chevaux, quelques coups de fusil se

lui-même dirigerait l'expédition qui allait se faire dans la province d'Oran. M. le général de Bar recevait en même temps l'importante mission de commander Alger et son territoire. C'est à cette même époque que s'accomplit dans la province d'Alger un événement remarquable ; un échange de prisonniers français et arabes eut lieu, près de Bou-Farik, le 19 mai, avec des circonstances propres à en conserver le souvenir.

Abd-el-Kader avait, depuis longtemps, prescrit à ses khalifas de faire épargner la vie des soldats français qui tomberaient entre leurs mains. Son humanité naturelle était, en cela, d'accord avec la politique ; ses ordres furent observés religieusement. Quelques arabophages militaires et civils s'imaginèrent que l'émir n'était inspiré que par le désir de se ménager ainsi des voies de négociations pour sauver sa puissance menacée. Mais des hommes plus éclairés, plus généreux, des esprits de paix et de civilisation, jugeant de plus haut les qualités du caractère arabe, tentèrent une épreuve glorieuse dont les résultats devaient démontrer tout ce que la charité chrétienne peut accomplir de supérieur aux œuvres de la guerre. Le premier évêque de l'Afrique française, M. Dupuch avait obtenu du gouverneur général l'autorisation d'envoyer un de ses prêtres auprès d'Abd-el-Kader, pour négocier la rançon de quelques soldats prisonniers. L'abbé Suchet s'était acquitté de cette pieuse mission avec un courage apostolique, et avait pleinement réussi. L'émir, qu'il était parvenu à rejoindre auprès de Maskara, lui avait rendu, *sans rançon*, cinquante-six Français. Sur toute sa route, les Arabes des tribus les plus hostiles avaient salué l'homme de prière avec vénération, et l'admirable abbé Suchet avait regagné Médéah en compagnie d'un seul interprète, avec plus de sécurité qu'au milieu d'une colonne expéditionnaire. Encouragé par cet heureux fruit de la piété et de la foi, l'évêque d'Alger avait repris avec le khalifa de Millanah de nouvelles négociations pour obtenir l'échange de 138 prisonniers français contre autant

---

firent entendre. Une vingtaine d'hommes encore en selle se précipitèrent sur le chemin ; ils revinrent avec la colonne, rapportant les corps décapités des cinq sapeurs à qui nous avions parlé une demi-heure auparavant, sans avoir pu atteindre les meurtriers. J'échangeai avec le lieutenant un regard *significatif*, que le gouverneur intercepta et comprit, ce qui nous attira de sa part une semonce militaire, contre laquelle je me gardai bien de réclamer, rendant grâces à Dieu d'en être quitte à si bon marché. » (*Les Français en Algérie*, souvenirs de 1841, p. 256-258.)

M. Veuillot a écrit un livre plus mystique qu'historique, mais dans lequel on trouve çà et là de piquantes anecdotes. Peu fait pour les scènes de la guerre, il voudrait convertir les Arabes, et ce moyen de pacification lui paraît le plus sûr. — « Il faudrait, dit-il (p. 384), des moines, des corporations d'hommes et de femmes pour suffire à tant de besoins divers ; ces congrégations réussiraient, car la grâce de Dieu ne leur manquerait point. Tant que les Arabes ne seront pas chrétiens, nul gouverneur, nulle armée ne pourra garantir, pour un mois, la durée de la paix. » Une conclusion si étrange ne nous semble pas reposer sur des bases plus solides que la selle qui tournait sous M. Veuillot. On comprend, au reste, que le secrétaire éminemment catholique de M. le général Bugeaud se soit vite lassé des émotions du combat, car la nature du soldat n'est pas le partage de tout le monde. Ce qu'il admire surtout dans le gouverneur de l'Algérie, c'est d'avoir été le premier qui permit à des aumôniers de suivre les grandes expéditions : — nous croyons sans peine que la société d'un aumônier l'eût mieux réconforté que celle d'un officier de cavalerie, en descendant les pentes du Mouzaïah. Mais un fait plus important que nous recueillons dans son livre, c'est l'antipathie prononcée du général Bugeaud pour la conservation de l'Algérie : — « Nous ne nous levions guère de table, dit M. Veuillot (p. 12), que le gouverneur général n'eût calculé *avec amertume* la somme que le repas que nous venions de faire coûtait à la France, sans compter le sang. Lorsqu'on lui parlait de la *colonisation* et des colons d'Alger, son bon sens n'y pouvait tenir. Il se répandait en railleries poignantes *contre ce mensonge criant*, n'épargnant personne, et s'inquiétant peu de savoir qui l'écoutait. J'en gémissais, comme d'une faute politique, car ces discours étaient interprétés et commentés aux dépens de son patriotisme. »

de captifs arabes. Sa lettre, portée par quatre Arabes dont la liberté venait d'être obtenue par le plus digne prélat, fut accueillie favorablement; et comme si la Providence se fût chargée de conduire pour notre enseignement cette œuvre de charité, toutes les difficultés s'aplanirent d'elles-mêmes, et la réponse du lieutenant d'Abd-el-Kader annonça presque immédiatement le succès de cette sainte démarche, en fixant le jour, l'heure et le lieu de l'échange convenu [1].

Le 17 mai, à six heures du matin, les 138 prisonniers arabes, hommes, femmes et enfants, furent habillés de neuf aux frais de l'évêque; et le cortège sortit de la Kasbah d'Alger, pour se mettre en route par la porte de la Victoire. La voiture de M. Dupuch ouvrait la marche; douze autres la suivaient, portant les femmes, les plus petits enfants, et quelques hommes malades ou blessés. La veille au soir, le prélat avait reçu, de la part de Mohammed-Sidi-ben-Allal, des dépêches qui l'informaient de l'arrivée de ce khalifa, pour le lendemain, 18 mai, *à l'heure où se partage le jour*, c'est-à-dire vers midi;—le rendez-vous était donné à la ferme de Mouzaïah, au pied du fameux Téniah. Au moment où les cavaliers arabes, porteurs de cette lettre, descendaient les pentes du fort de l'Empereur, ils avaient été rencontrés par le général Baraguay-d'Hilliers, qui partait avec une colonne pour ravager la province de Titteri; mais ce général ne devait arriver à Blidah que dans la soirée du 17, et son mouvement offensif pouvait être ajourné de quelques heures, pour laisser à l'œuvre de l'échange le temps de s'accomplir.

L'évêque se hâta d'adresser à ce général une lettre fort pressante pour le supplier de ne pas rendre stérile un acte de charité qui allait couronner tant de travaux et de dévouement religieux. Malheureusement, M. Baraguay-d'Hilliers ne crut devoir faire aucune réponse, et ses troupes durent occuper le

---

[1] Quelques passages de la lettre de Sidi-Mohammed-Ben-Allal, khalifa de Millanah, à Mgr l'évêque d'Alger, peuvent servir à prouver, une fois de plus, que les Arabes n'ont pas tout le fanatisme que M. Bugeaud et tant d'autres s'efforcent de leur prêter. Voici quelques pensées extraites de ce message, dont la forme et le style rappellent d'une manière naïve les touchantes vertus des temps primitifs qui se perpétuent chez les indigènes de l'Algérie, et dont une meilleure politique eût pu tirer tant de fruits :

« Vénérable serviteur de Sidi-Aïssa (*Jésus*) et de Lella-Mariem (*Marie*), nous avons reçu tes lettres, nous en avons compris le contenu. Nous avons reconnu avec bonheur ton amitié et la vérité dont tu es la lumière. Les quatre prisonniers que tu as délivrés pour nous les apporter sont heureusement arrivés. Il nous reste à te prier de nous occuper du soin de ceux qui sont encore à Alger ou ailleurs, et très-particulièrement de Mohammed-Ben-Moktar, qui m'est cher. Les parents, les amis de ces pauvres captifs étaient venus avec nous, le jour où nous nous sommes déjà si doucement rencontrés. Quand ils ont vu que ceux qu'ils aiment n'y étaient pas, ils se sont mis à pleurer; mais dès qu'ils ont su ce que tu nous avais promis, et qu'ils ont vu ton écriture, ils se sont réjouis; l'amertume de leur âme s'est changée en allégresse, persuadés qu'ils les reverront bientôt, puisque tu l'as dit. Nous t'écrivons ceci parce que, tous les jours, ils viennent pleurer à la porte de notre tente. Aussi seront-ils consolés; car, pour nous, nous te connaissons; et nous savons bien qu'il n'est pas nécessaire que nous te fassions de nouvelles recommandations; nous savons qui tu es, et que ta parole de *chef de la prière* parmi les chrétiens est sacrée.

« Nous t'envoyons la femme, la petite fille, et les hommes de ton pays qui étaient restés captifs à Takdimt ou chez Miloud-Ben-Harrach; quant au capitaine et aux autres prisonniers chrétiens qui sont avec lui, sois sans inquiétude sur eux; ils sont en toute sûreté sous la garde de Dieu. La guerre seule nous empêche encore de te les renvoyer; mais bientôt tu les auras tous. Je t'envoie, en attendant, le sauf-conduit dont tes amis pourraient avoir besoin. Ils feront bien d'aller d'abord chez le kaïd des Hadjoutes; les chemins ne sont pas sûrs. Je t'envoie vingt chèvres avec leurs petits qui tettent encore leurs mamelles pendantes. Avec elles, tu pourras nourrir les petits enfants que tu as adoptés au nom de Dieu, et qui n'ont plus de mères. Daigne excuser le peu de valeur de ce présent; tu sais que le don ne se mesure pas à son prix, mais au bon cœur qui l'offre.— Que Dieu tout-puissant et miséricordieux te protège, et te conduise toujours dans sa lumière. »

Haouch de Mouzaïah, dans la nuit du 17 au 18. Ce manque de déférence à l'égard d'une mission que le gouverneur général avait lui-même autorisée, nous semble appeler le blâme sur la conduite de M. Baraguay-d'Hilliers, qui rendait ainsi, d'une part, impossible la conclusion des négociations de M. Dupuch, et, de l'autre, exposait nos malheureux aux représailles des Arabes. Bourrelé d'angoisses, l'évêque néanmoins ne perdit point courage. Arrivé à Bou-Farik, à six heures du soir, il écrivit au khalifa de Milianah pour lui déclarer la douloureuse surprise que lui faisait éprouver la marche d'une armée hostile au moment d'une transaction pacifique; il protestait, au nom des choses les plus saintes, qu'il était entièrement étranger au mouvement du général Baraguay-d'Hilliers, près de qui ses remontrances et ses supplications n'avaient obtenu qu'un silence dédaigneux. Il terminait en conjurant le khalifa de ne pas rompre des relations accueillies dans un but d'humanité, et qui touchaient à un terme si désirable, mais de vouloir bien en changer l'époque et le lieu.

Le courrier arabe qui se chargea de ce message partit de Bou-Farik, le 18, au point du jour, après avoir promis d'être de retour avant le milieu du jour. Pendant les six heures que dura son absence, le digne évêque, entouré de ses prêtres, déplorait amèrement ce fatal concours de circonstances, et les obstacles que la logique du sabre opposait brutalement au succès de ses efforts. On entendait distinctement l'écho lointain du canon et de la fusillade dans la direction du Mouzaïah; les uns comptaient avec effroi ces tristes détonations; les autres priaient avec un cœur plein de trouble, partagés entre l'espoir qu'ils ne pouvaient se résoudre à perdre, et les affreuses craintes que leur inspirait le dénoûment possible, probable même de l'imprudente conduite du général. Enfin, à midi, par une chaleur étouffante, le courrier reparut aux avant-postes du camp d'Erlon, accompagné de deux envoyés du khalifa de Milianah. On les conduisit chez le commissaire civil de Bou-Farik, où l'évêque attendait l'issue de sa démarche. La réponse écrite qu'ils apportaient de la part de Sidi-Mohammed-ben-Allal fut déchiffrée avec avidité; elle était sévère et presque menaçante. Le khalifa se plaignait de la présence de l'armée, comme d'une trahison. Sans accuser l'évêque d'avoir directement participé à cette agression, il ne comprenait pas que *le chef de la prière* eût pu manquer d'influence pour s'y opposer. Cette opinion était justifiée par le respect dont les Arabes entourent leurs marabouts, respect qui va souvent jusqu'à leur faire déposer les armes à la seule parole de ces hommes investis d'un caractère sacré. Sidi-Mohammed ignorait la position de quasi-impuissance que subissait au milieu d'une armée chrétienne l'évêque négociateur; irrité de l'approche de nos troupes, dont il n'avait pas soupçonné le danger au moment de son entrevue avec un dignitaire qu'il croyait honoré parmi nous, il s'était retiré en toute hâte, entraînant avec lui nos malheureux compatriotes prisonniers, qu'il ne s'inquiétait plus de soustraire aux mauvais traitements des Arabes exaspérés.

Que faire à cette nouvelle? Abandonner son œuvre, c'était livrer 138 têtes françaises à la fureur de l'ennemi! L'évêque ne consulte plus que son cœur, il veut monter à cheval, et s'élancer tout seul sur les traces du khalifa. Mais ses prêtres le retiennent, et deux d'entre eux, accompagnés d'un interprète, et de M. de Toustain du Manoir, jeune Français plein de cœur et d'audace, se dévouent pour le salut de leurs frères. Ils partent avec les trois Arabes et un jeune officier des réguliers d'Abd-el-Kader, nommé Ahmed-Khoraçin, pris dans un des derniers combats du mois d'avril, et dont l'évêque autorisait la remise immédiate, et sans conditions, à Sidi-Mohammed-bed-Allal [1]. Cette petite caravane s'élance à toute bride, et parvient à rejoindre le khalifa sur la lisière de la forêt des Kharézas, où il campe avec sa cavalerie et les prisonniers confiés à sa garde. A la vue d'Ahmed-Khoraçin, le farouche guerrier s'attendrit, et pour ne pas le céder en générosité à l'évêque, il délivre immédiatement un Français, M. le sous-intendant militaire Massot. Les pourparlers se reprennent, et il est décidé que trois Français resteront en otage au camp arabe, tandis que le quatrième, M. de Toustain du Manoir [2], va retourner sur ses pas, à travers mille dangers, pour annoncer au digne prélat que l'échange aura lieu le lendemain 19, à une demi-lieue de Bou-Farick. Il était en outre convenu que l'évêque d'Alger et le khalifa s'aborderaient seuls et sans escorte. En effet, le lendemain, à l'heure dite, mille à douze cents cavaliers parurent dans la Métidjah, conduisant avec une grave solennité les captifs chrétiens. Mgr Dupuch versait des larmes de joie; des deux côtés, Français et Arabes furent accueillis par leurs compatriotes avec des acclamations touchantes. Après une longue entrevue, les deux négociateurs se séparèrent en échangeant des signes de sympathie et de vénération mutuelle; c'étaient deux cœurs faits pour se comprendre et conserver un éternel souvenir de ce rapprochement fugitif, opéré par la foi au Dieu unique dont la providence gouverne toutes les races; puis l'évêque reprit le chemin d'Alger avec le cortège des infortunés qui lui devaient la vie et la liberté; le khalifa rejoignit au galop ses cavaliers, et disparut en un clin d'œil à l'horizon de la plaine. La mission de la paix était achevée : celle du sang allait bientôt poursuivre son funeste avenir.

Abd-el-Kader, constamment instruit de nos projets, se donnait beaucoup de mouvement depuis plusieurs mois. Les forteresses de Thaza, Tlemcen et Takdimt avaient été l'objet de tous ses soins; mais le moment approchait où il allait perdre en peu de jours le fruit des efforts qu'il avait consacrés à leur établissement ou à leur reconstruction.

Une colonne, partie de Mostaghanem le 18 mai, et commandée par le gouver-

---

[1] Un mois ou deux auparavant, Ahmed-Khoraçin commandait, dans le camp d'Abd-el-Kader, le poste d'honneur placé près de la tente des premiers députés de l'évêque d'Alger. Trahi par les chances de la fortune de guerre, ce jeune chef, issu d'une des familles les plus notables du pays, était tombé au pouvoir des Français, à la suite d'un combat dans la vallée du Chéliff. Conduit dans les prisons d'Alger, et confondu avec les autres captifs, il y reçut un jour la visite de Mgr. Dupuch, et fut reconnu par un des ecclésiastiques qu'il avait momentanément protégés. Devenu l'objet d'un intérêt tout particulier, il montrait dans son malheur une stoïque résignation. Aux marques de compassion qu'il recevait, on ne l'entendit répondre qu'une seule chose : — « C'était écrit ! »

[2] M. de Toustain du Manoir, joint à un beau nom et aux qualités personnelles les plus distinguées une étude approfondie des mœurs arabes, et un savoir d'orientaliste qui le met à même de rendre en Algérie de précieux services. Il fit preuve dans la mission qu'il avait volontairement acceptée en 1841 d'un chaleureux dévouement et d'une rare intrépidité, car il risquait sa vie sans autre espoir de récompense que la conscience d'une noble action. Mais c'est un de ces hommes rares dont s'honore notre jeune génération, et qui, fidèles à la maxime française que « noblesse oblige, » font le bien pour le bien, sans rien chercher au delà. La reconnaissance publique voudrait voir attachée sur sa poitrine l'étoile de l'honneur; mais, victime d'une modestie dont on ne trouve plus que si peu d'exemples, M. de Toustain du Manoir ne comptait pas même sur les rémunérations de l'histoire. Il est juste que l'histoire, en signalant sa belle conduite, réclame en sa faveur le prix d'un service plus éclatant que bien des faits de guerre.

neur général en personne, arrive, après plusieurs petits combats d'arrière-garde et de flanc, devant Takdimt, le 25 mai ; elle en prend possession après une affaire très-chaude entre les zouaves et la cavalerie ennemie qui occupait les hauteurs voisines. La ville et le fort étaient évacués par les habitants ; quelques maisons, construites en chaume, brûlaient incendiées par les Arabes eux-mêmes ; celles en maçonnerie, recouvertes en tuiles, étaient intactes, ainsi que la fabrique d'armes, une scierie et les magasins. L'armée travailla immédiatement à faire sauter le fort. Abd-el-Kader vit, le lendemain, des hauteurs où il avait pris position, s'écrouler la citadelle où il avait placé son principal dépôt d'armes et de munitions en tout genre, et qui lui avait coûté tant de peines et d'argent à édifier [1].

La colonne avait pris la route de Maskara ; elle marcha dans la direction de cette ville, suivie par deux gros corps de cavalerie que commandait l'émir ; mais on fit de vains efforts pour engager un combat. Le 30, Abd-el-Kader reparut sur les hauteurs qui environnent Maskara ; il était renforcé par 4,000 chevaux que lui amenait Bou-Hamedi, khalifa de Tlemcen ; mais il évita encore toute hostilité. L'armée prit possession de Maskara, dont les portes et les meubles en bois avaient seuls été brisés. Une forte garnison y fut laissée.

A son retour, le corps expéditionnaire fut attaqué par 5 à 6,000 Arabes, au défilé d'Akbet-Kedda ; nous perdîmes quelques hommes ; l'ennemi laissa plus de 400 cadavres sur le terrain.

S. A. R. Mgr le duc de Nemours, après avoir pris part aux ravitaillements de Médéah et de Millanah, ainsi qu'aux expéditions de Takdimt et de Maskara, s'embarqua, le 5 juin, à Mostaghanem, pour revenir en France.

Pendant que le gouverneur général détruisait Takdimt, prenait Maskara, s'y établissait fortement, et retournait à Mostaghanem, le général Baraguay-d'Hil-

---

[1] Takdimt est à deux fortes journées de marche de Maskara ; la route, qui serpente avec des difficultés inouïes à travers des terrains montagneux, est coupée neuf fois par l'Oued-Mina, la plus forte rivière de l'Algérie après le Chéliff. Cette place d'armes était située au milieu de collines couvertes de chênes et d'amandiers sauvages, à peu de distance de la Mina. De tous les établissements créés par l'émir depuis le traité de la Tafna, c'était, sans contredit, le plus considérable et le plus important. La forteresse, les magasins et les souterrains casematés offraient un beau travail. C'est là qu'Abd-el-Kader avait installé ses fabriques d'armes sous la direction de dix ouvriers français engagés à Paris par Miloud-Ben-Harrach, en 1838. C'est là aussi que se frappait la monnaie au coin du sultan ; tous les instruments nécessaires à cette fabrication y avaient été envoyés de France ; mais les Arabes n'étaient parvenus à produire que des pièces de cuivre d'une valeur de quelques centimes.

Impatient de voir se développer la ville qu'il avait rêvée, Abd-el-Kader avait fait incendier les cabanes des familles groupées autour du fort de Takdimt, pour contraindre ses sujets à les reconstruire en pierres. Mais il n'obtint d'autre résultat que l'établissement d'une enceinte moitié pierres et moitié pisé, servant de ceinture à des masures capables de recevoir environ 2,000 habitants. Plus loin s'éparpillaient trois à quatre cents chaumières occupées par des Koulouglis de Millanah, de Mostaghanem et de Maskara, issus presque tous de familles puissantes, aujourd'hui forcées de gagner, à la sueur de leur front, une chétive existence.

La citadelle de Takdimt consistait, comme celles de Boghar et de Thaza, en un carré de maçonnerie, ouvert par une seule porte, et variant d'un mètre à un mètre et demi d'épaisseur, portant cinq à sept mètres de hauteur, avec cinquante à soixante mètres de face. A chaque angle, une tourelle ou guérite ; au centre de l'enceinte, une place entourée de hangars et de magasins assis sur de grandes caves. Pour matériaux de ces constructions, les Arabes n'avaient employé qu'un mélange mal digéré de pierres, de sable et d'une petite quantité de chaux ; pour architectes, l'émir avait ses secrétaires ; pour ouvriers, tous les prisonniers, des renégats, des hommes pris, à tour de corvée, dans les douars voisins, et enfin des Kebaïles travaillant volontairement pour dix ou onze sous par jour, un peu de biscuit et un morceau de chèvre.

liers, chargé d'opérer sur le Bas-Chéliff, au sud de la province de Titteri, remplissait habilement la tâche qui lui était confiée. Sa colonne, partie le 18 de Blidah, s'avança entre la seconde chaîne du Petit-Atlas et celle du Grand-Atlas, jusqu'au bord du désert. Après avoir déposé un convoi à Médéah, elle marcha dans la direction du Sud-Ouest, traversa le pays assez découvert des Abids, et bivouaqua sur l'Oued-el-Akoum. Le 23, elle était en vue de Boghar, établissement fortifié d'Abd-el-Kader ; tout avait été livré aux flammes, dès le 22, par les Arabes ; nos troupes n'eurent plus qu'à achever cette œuvre de destruction ; quelques heures auparavant, elles en avaient fait sauter le fort, que ses habitants avaient également abandonné, et où l'on ne trouva que des débris [1]. Le lendemain, 24, la colonne poursuivit son mouvement vers le sud ; après avoir parcouru la lisière du désert d'Angad, elle arriva, le 26, devant le *bordj* ou château de Thaza, dans lequel Abd-el-Kader enfermait les prisonniers français. Mais cette fois encore, l'incendie avait précédé notre apparition ; la pioche et la mine achevèrent de raser le fort de fond en comble [2]. La colonne, repassant ensuite dans la plaine du Chéliff, châtia la tribu hostile des Ouled-Omrah, et rentra dans ses cantonnemens le 1er juin, après avoir touché à Milianah et à Médéah.

Pendant cette campagne, Mgr le duc d'Aumale marchant sans cesse à la tête de son régiment, partageant toutes les misères du soldat, donnant à tous l'exemple de la plus parfaite abnégation, avait acquis à chaque instant de nouveaux droits à l'admiration de l'armée ; et depuis le général Baraguay-d'Hilliers, commandant de la colonne, jusqu'au dernier soldat, il n'y avait qu'une seule voix parmi tous les témoins de la belle conduite du jeune prince, pour dire qu'un tel chef vaudrait plus tard des armées à la France, car avec lui l'affection plus que le devoir commandent le dévouement et l'obéissance.

[1] Boghar est situé à une journée de marche de Médéah, sur des ruines romaines. On y arrive par un chemin montueux et malaisé où on ne rencontre pas une seule source d'eau. Cette forteresse avait longtemps servi de dépôt d'armes et d'asile pour les Arabes blessés ; mais à l'approche des Français, tout le matériel avait été transporté à Takdimt, à l'exception de trois canons de petit calibre.

[2] Thaza était, avec Takdimt, une des positions sur lesquelles Abd-el-Kader comptait le plus. Aussi l'un des magasins intérieurs avait-il reçu le nom de *Palais-du-Sultan*, avec la décoration et l'ameublement qui devaient le rendre digne de sa destination.

Cette forteresse, élevée sur un mamelon, dans la chaîne de Matmata, occupait l'emplacement d'un château romain, dont on voyait encore quelques traces jusqu'au moment où elles furent recouvertes par la nouvelle construction. Certains archéologues prétendent que ces ruines appartenaient à une ville arabe du nom de Thaza, bâtie depuis trois siècles seulement, par un cheikh nommé El-Hadji-Châoui. A peu de distance de ces ruines, on a trouvé, en creusant, une pierre sur laquelle est gravé en caractères arabes le mot *Thaza*, au milieu d'un cadre d'inscriptions tirées du Koran. Cette pierre couronnait le cintre du portail de la forteresse qui fut élevé par des ouvriers français, que le maréchal Valée avait mis à la disposition d'Abd-el-Kader.

Thaza, situé à une journée de marche de Milianah, à portée de sources abondantes, d'une forêt immense, de riches carrières de plâtre et d'une mine de sel gemme, ayant à peu de distance, vers l'est, le mont Kapsaga qui contient du soufre et du salpêtre ; également peu éloignée du mont Zakkar, où se trouvent de riches mines de fer, Thaza semblait destinée à répondre, par un accroissement rapide, aux vues de son fondateur. Entre Thaza et Milianah court la vallée du Chéliff ; sur chaque versant, la route traverse des bois d'un accès difficile. De Thaza à Médéah, le chemin devient encore plus sauvage ; il faut passer au pied du fort de Boghar, après avoir traversé la montagne de Matmata, par des sentiers presque inaccessibles à l'artillerie.

En deux jours la pioche et la mine détruisirent complétement les belles voûtes, les vastes magasins du fort et le fort lui-même. De la ville de Thaza et de sa citadelle, qui avait coûté 400,000 francs à l'émir, il ne resta qu'une masse de pierres se confondant avec les rochers environnants.

Cette expédition fit beaucoup de mal aux tribus, mais bien plus encore à Abd-el-Kader, par la ruine de Boghar et de Thaza. Jusque-là, les Arabes n'avaient pu se figurer que nous porterions nos armes aussi loin ; ils durent acquérir dès lors la conviction que nous pourrions détruire les établissements de l'émir partout où il essayerait d'en fonder de nouveaux.

Pendant ces courses à l'ouest et au centre de nos possessions, la province d'Alger, parfaitement administrée par le général de Bar, continuait à jouir du plus grand calme.

Dans celle de Constantine, Abd-el-Kader avait conservé, du côté de Msilah, à vingt-huit lieues environ au sud-ouest de Sétif, un reste d'influence. C'est de ce point, où il avait établi en dernier lieu son khalifa, El-Hadji-Mohammed, qu'il expédiait ses auxiliaires dans la province, pour y prêcher la guerre sainte et se faire des partisans. Avec les forces qu'il entretenait près de lui, El-Hadji-Mohammed avait réussi à jeter une telle crainte parmi les populations de la Medjanah, qu'elles avaient toutes déserté cette plaine si étendue et si riche, et s'étaient retirées dans les montagnes. Il fallait faire cesser cet état de choses. Le lieutenant général Négrier, commandant la province, quitta Constantine le 29 mai, et se rendit à Msilah, à la tête d'une forte colonne. Il fit reconnaître l'autorité d'El-Mokrani, notre khalifa, par un grand nombre de tribus qui vinrent faire leurs soumissions, et pourvut, en même temps, aux dispositions nécessaires pour mettre le khalifa d'Abd-el-Kader dans l'impossibilité d'y créer de nouveau le centre de ses intrigues. Nos affaires ne prenaient pas une tournure moins favorable dans le sud de la province, vers le désert; Ben-Ganah, le Cheïkh-el-Arab, remportait à la même époque des avantages signalés sur son compétiteur, Farhat-ben-Saïd, allié d'Ab-el-Kader ; — ce dernier recevait donc à la fois, sur tous les points, des coups funestes au maintien de sa puissance.

La première période des opérations dirigées en personne par le gouverneur général s'était terminée par la prise de Maskara; mais il restait à assurer à la garnison de cette ville les moyens de subsistance qui lui étaient nécessaires jusqu'à la campagne d'automne. Une colonne, partie le 7 juin, de Mostaghanem, sous les ordres de M. Bugeaud, arriva le 10, avec un convoi, devant Maskara, sans aucun événement sérieux. Elle parcourut le pays des Hachem au sud et au sud-est, pendant plusieurs jours, en poussant devant elle les populations jusqu'aux bords du désert, et moissonna dans la plaine d'Eghris. La campagne du printemps était ainsi terminée : des combats heureux, dans lesquels l'ennemi n'avait cessé d'éprouver des pertes assez considérables ; l'invasion de pays qui nous étaient encore inconnus; la capture de nombreux troupeaux, des récoltes abondantes de céréales ; la destruction de Takdimt, de Boghar et de Thaza ; enfin l'occupation de Maskara, tels avaient été ses importants résultats. A la nouvelle de nos succès, les tribus jusqu'alors demeurées les plus fidèles à la cause d'Abd-el-Kader commencèrent à s'en détacher, et une partie notable de la population des Medjehers annonça hautement l'intention de passer sous notre autorité.

Le gouverneur général, instruit de cet événement, et voulant seconder par sa présence les dispositions de soumission qui se manifestaient d'ailleurs dans un assez grand nombre d'autres tribus, s'empressa, en même temps, de se rendre à Mostaghanem. Il s'agissait de rattacher à un centre commun tous les éléments de défection qui se préparaient dans la province d'Oran contre la puissance, jusqu'alors incontestée, de l'émir, et de rétablir en quelque sorte les tribus sous le drapeau français. C'est dans cette vue qu'El-Hadji Mustapha, fils de l'ancien bey Osman, fut créé bey de Mostaghanem et de Maskara; sa nomination ne pouvait manquer d'avoir les effets les plus heureux. Déjà les Flittah, les Beni-Zeroual, les Bordjia et les tribus du Dahara, paraissaient disposés à se soumettre au nouveau bey, et réclamaient son appui contre Abd-el-Kader. Un détachement nombreux des Ouled-Bou-Kamel et des Cherfa, venait, en plein jour, et en armes, rendre hommage à Mustapha; les Sidi-Abdallah, autre fraction considérable des Medjehers, lui envoyaient des députés avec des otages. Abd-el-Kader, loin de pouvoir empêcher ces manifestations significatives, voyait les tribus sur lesquelles il exerçait sa plus immédiate influence chanceler dans leur obéissance, et se séparer peu à peu d'une cause dans laquelle ils commençaient à ne plus avoir la même foi. La campagne d'automne qui approchait allait donner encore à toutes ces soumissions un caractère plus prononcé et plus général.

M. Bugeaud était arrivé à Mostaghanem le 19 septembre, pour diriger les nouvelles opérations; le général de la Moricière, commandant la province, l'y avait devancé avec sa division.

Dès le 21, une colonne, sous les ordres du gouverneur, sort de Mostaghanem et se porte vers le Chéliff. Cette force devait d'abord appuyer notre bey de Mostaghanem et de Maskara, auquel plusieurs tribus avaient promis de se trouver sur les rives de la Mina, pour négocier leur soumission. Mais ces tribus, contenues par Abd-el-Kader, ne se trouvèrent pas au rendez-vous. M. Bugeaud se décida alors à poursuivre plusieurs de celles qui s'étaient retirées dans les montagnes de Sidi-Yahïa, où les Turcs n'avaient jamais osé s'engager. On enleva à l'ennemi 2,000 têtes de bétail, et 329 prisonniers, hommes, femmes et enfants, tombèrent en notre pouvoir. Après ce coup de main, la colonne rentra à Mostaghanem.

Pendant qu'elle opérait, une autre colonne, sous les ordres du général de la Moricière, effectuait de nouveau le ravitaillement de Maskara, après une lutte opiniâtre et meurtrière avec les troupes de l'émir.

Le corps expéditionnaire se dirigea ensuite au sud de Maskara, et détruisit le village de la Guetna, berceau de la famille d'Abd-el-Kader; le frère aîné de l'émir s'y trouvait encore la veille de notre arrivée. Le fort de Saïda fut également renversé, et Maskara put être approvisionnée pour 6,000 hommes, pendant plusieurs mois. Dans le cours de cette expédition, la tribu des Medjehers avait constamment combattu avec nos troupes. Des cavaliers arrivés du sud, représentants de six tribus qui avaient fait alliance avec nous, étaient aussi accourus sous notre drapeau. Pour recueillir les fruits de ce succès, le commandant de la province d'Oran reçut l'ordre d'établir son quartier général au centre du pays ennemi, à Maskara. Cette attitude, après une campagne qui avait duré cinquante-trois jours, et qui avait porté nos bataillons dans les contrées les plus éloignées, et jusque-là étrangères à la guerre, en annonçant aux populations de l'Ouest notre résolution d'abattre définitivement la puissance de l'émir, achevait de les éclairer sur leurs véritables intérêts, et les disposait de plus en plus à se ranger sous notre autorité protectrice. Aussi les Douairs, qui avaient déserté l'année précédente, songèrent les premiers à se rattacher à la fortune de nos armes. Une colonne fut chargée de favoriser leur retour; 250 tentes, 250 cavaliers bien montés, 3,000 bœufs, 7,000 moutons et plus de 500 chameaux, rentrèrent dans le rayon d'Oran.

Dans la province de Titteri, les opérations avaient commencé un peu plus tard que dans l'ouest. Le but principal de nos manœuvres y fut le ravitaillement de Médéah et de Milianah. Ce double résultat, obtenu par le général Baraguay-d'Hilliers, après quelques combats où l'avantage nous resta, contribua puissamment encore à démontrer aux Arabes notre supériorité.

Pendant le mois de décembre, un rival d'Abd-el-Kader, Sidi-Mohammed-ben-Abdallah-Oulid-Sidi-Cheïkh, s'était levé dans la province d'Oran, et avait aussitôt manifesté des dispositions favorables à nos intérêts. Une colonne partit de Mostaghanem, le 20, pour l'appuyer. Le chef français, M. le colonel Tempoure, et le général indigène Mustapha-ben-Ismaël, qui faisait partie de cette expédition, reçurent dans leur camp des députations de diverses tribus. Le frère de Sidi-Cheïkh, marabout vénéré du désert, s'y rendit lui-même, accompagné d'une vingtaine de cavaliers. Enfin, une dernière députation vint annoncer l'arrivée de Mohammed-ben-Abdallah, qui désirait vivement une entrevue avec Mustapha-ben-Ismaël et le commandant français. Cette conférence eut lieu sur le sommet d'une montagne qui domine le cours de l'Isser, et d'où l'on aperçoit distinctement Tlemcen. Mohammed-ben-Abdallah se présenta escorté de deux cents cavaliers; parmi les chefs de tribus qui l'entouraient, se trouvaient ceux des Ouled-Riah, des Ouled-Melouk, des Trara, des Medjiouna, des Ouled-Sidi-Ahmed-ben-Joussef, des Ouled-Chiah, des El-Ayhouat, et des Oulhassa. Notre allié Mustapha fit entendre, dans cette circonstance mémorable, des paroles sages et conciliantes, qui devaient exercer une puissante influence sur tous les esprits, en leur faisant comprendre habilement que leur aveugle dévouement à la fortune d'Abd-el-Kader était la cause unique des malheurs inévitables auxquels ils restaient exposés. Ce raisonnement simple produisit plus d'effet qu'on n'eût pu l'espérer immédiatement; dans un moment d'exaltation, tous les assistants proclamèrent la déchéance de l'émir, et le mirent au ban du droit commun; toutes les voix s'unirent pour répéter la prière suivante, prononcée par le marabout Oulid-Sidi-Cheïkh : — « Dieu puissant et miséricordieux, nous te supplions de rendre la paix à notre malheureux pays, désolé depuis si longtemps par les horreurs de la guerre. Prends pitié des populations que les décrets de ta justice souveraine ont réduites à la dernière misère ! Fais renaître au milieu de nous l'abondance et le bonheur dont nous jouissions autrefois sous un pouvoir tutélaire. Donne-nous la victoire sur les ennemis de notre repos, et que ta sainte religion, révélée par le Prophète, ne cesse jamais d'être triomphante !» Cette communion d'êtres souffrants, dans une seule pensée, eut quelque chose de solennel. Quatre officiers français s'étaient trouvés placés, à dix lieues de leur camp, au milieu de douze cents Arabes en armes; ce seul fait avait une importance incalculable, et déterminait le véritable caractère des faits accomplis depuis le commencement de l'année. Pendant que nos troupes se retiraient, un cavalier des

El-Aghouat, fraction des Beni-Aamer, vint réclamer leur protection pour sa tribu, menacée d'une razzia par Abd-el-Kader. Le général Mustapha ramena cette tribu, après une marche forcée de dix-huit heures. La colonne rentra à Oran le 1er janvier 1842, sans avoir rencontré d'ennemis pendant une course de treize jours. Mais tel était le prestige exercé par le génie d'Abd-el-Kader, qu'il n'avait qu'à reparaître au milieu des tribus qui venaient de le maudire, pour rallier à sa cause tous leurs cavaliers. Dans une guerre d'indépendance et de religion, l'esprit national peut s'endormir un moment, le courage épuisé par les revers peut faillir; mais au premier appel de l'homme en qui s'incarnent les idées de liberté, la nationalité se réveille, et les guerriers semblent sortir de terre pour se rallier à son drapeau.

Une autre colonne partie le 22 décembre de Mostaghanem, sous les ordres du général Bedeau, pour appuyer les mouvements qui avaient lieu au sud-ouest de la province, sur le territoire des Beni-Aamer, avait obtenu sur le haut Habra des résultats non moins remarquables. L'importante tribu des Bordjia s'était soumise, et avait amené des troupeaux qui n'étaient pas évalués à moins de deux cent mille têtes.

Tous ces événements qui se succédaient rapidement faisaient présager pour l'avenir des succès décisifs. Tout était tranquille, à la fin de l'année, dans les provinces d'Alger et de Titteri. Une centaine de familles, appartenant aux anciennes tribus de la Métidjah, qui avaient émigré à la fin de 1839, étaient revenues dans les environs d'Alger, et plantaient leurs tentes sur la rive droite de l'Oued-Haratch. Les garnisons de Médéah et de Milianah jouissaient d'une parfaite sécurité. L'état politique et militaire de la province de Constantine s'était encore amélioré; la paix y régnait, et les contributions se percevaient avec facilité dans les divers cercles de l'Édough, de Guelma et de Philippeville. Un assez grand nombre de tribus, situées à l'ouest de la route de cette dernière ville à Constantine, avaient apporté leur soumission. Les travaux agricoles prospéraient autour de Constantine; la plaine de Temlouka, qui depuis quatre ans n'avait pas été cultivée, était couverte d'Arabes qui l'ensemençaient. Enfin, sur tous les points de l'Algérie, la guerre avait changé de face; Abd-el-Kader s'était vu réduit à la défensive; et tandis qu'il venait, à la fin de 1839, incendier nos établissements presque aux portes d'Alger, il avait essayé vainement, en 1841, de défendre les siens sur la limite du désert; ses ressources avaient diminué sensiblement, et l'on pouvait prévoir que la continuation de la guerre porterait à sa puissance des atteintes irréparables. D'un autre côté, la confiance dans l'avenir de nos possessions s'était affermie; tous les éléments de la richesse publique, la population, les capitaux, le travail, tendaient à se développer; la colonisation, rendue à la sécurité, allait féconder l'œuvre de la guerre. Il n'était plus douteux que la France serait dédommagée de ses persévérants sacrifices, et retirerait les fruits qu'elle a droit d'attendre de sa conquête, le jour où Abd-el-Kader, entièrement découragé et vaincu, chercherait un refuge dans le désert, et où toutes les tribus, fatiguées de l'anarchie, encore plus que des combats, seraient contraintes de placer leurs intérêts sous la sauvegarde de notre domination.

Mais, afin de consolider à l'ouest notre force dans les provinces de Titteri et d'Oran, le ministre de la guerre insista, dans ses instructions, sur la nécessité d'y établir des routes et des ponts pour assurer nos communications avec les places de Médéah, Milianah, Maskara et Tlemcen; il recommanda aussi d'appliquer tous les soins possibles à une bonne organisation de corps auxiliaires indigènes.

Dans l'est, l'autorité de Ben-Salem, khalifa de l'émir, décroissait chaque jour. Les tribus de son gouvernement, d'ailleurs considérable, entamaient avec Alger des relations commerciales qui prenaient un développement rapide, fournissaient à cette ville des grains, de l'huile et des bestiaux, et l'on pouvait déjà augurer que les quatre aghaliks dépendants de Ben-Salem ne tarderaient pas à se soumettre; ce fut en effet le premier résultat de la campagne d'automne de 1842. Sous l'influence d'événements si favorables, le commerce d'Alger ne pouvait manquer d'acquérir une prospérité féconde; il y régnait une grande activité; des exportations nombreuses de produits du pays avaient lieu; les revenus de l'octroi de mer s'enrichissaient graduellement, et paraissaient devoir atteindre, à la fin de l'année, le chiffre de 1,500,000 francs.

Sur tous les points, de nouvelles tribus firent successivement leur soumission, et la marche du gouverneur-général, au mois de juin 1842, dans la vallée du Chéliff, avec trois mille cavaliers arabes auxiliaires, ainsi que ses opérations dans l'Atlas, produisirent un immense effet moral et matériel; toute la chaîne, depuis Cherchel jusqu'à l'Oued-Haratch, était à nous.

Dans les cercles de Milianah et de Médéah, les habitudes d'une paix profonde se maintenaient; les chemins étaient fréquentés par des hommes isolés, Arabes ou Européens; les voitures allaient à Blidah sans escorte; et sous l'empire de la sécurité qui régnait constamment dans un rayon de trente-cinq lieues, la construction de petits villages dans le Sahel faisait de rapides progrès.

Dans l'ouest de l'Algérie, on se tenait en mesure de réprimer tout mouvement hostile. Abd-el-Kader ayant réuni les Beni-Snassen et quelques autres tribus, avait pénétré chez les Trara; mais une marche du général Bedeau avait suffi pour l'arrêter. A la suite de cette expédition, des ordres furent donnés par l'empereur du Maroc aux chefs de la frontière, afin qu'ils ne laissassent passer aucun rassemblement hostile sur notre territoire; et de notre côté, des instructions furent envoyées au commandant de Tlemcen pour qu'il eût à éviter tout acte de violation du territoire marocain.

Une campagne de vingt-deux jours, accomplie en mars par la division d'Oran, eut pour résultat la soumission des trois portions de la tribu des Flittah, et de la presque totalité des Hachem de l'est et de l'ouest. Les Sidi-Ali-bou-Taleb écrivirent pour demander merci. La totalité des Sedama, les Haouara, les Khallafa et les habitants de Frendah se soumirent. Atterrés par tant de revers, les Hachems et toutes les tribus auxquelles Abd-el-Kader essayait de se montrer, dans le massif entre Maskara et Mostaghanem, reçurent à coups de fusil, au mois de juin, le chef à qui naguère encore ils obéissaient.

Dans la subdivision de Tlemcen, la plus grande tranquillité ne cessait de régner. Au milieu des difficultés d'une première installation, et malgré le mauvais vouloir et l'incapacité de quelques chefs, les impôts y furent généralement recueillis, et les travaux de culture entrepris avec une parfaite confiance; cinq cents hectares pouvaient déjà y être labourés pour le compte de l'administration.

Dans les arrondissements de Bone et de Constantine, quelques essais d'insurrection tentés par Si-Zeghdoud aux abords de Philippeville furent promptement étouffés ; les Ouled-Egoub demandèrent notre appui, et la tribu des Harakta tout entière accepta notre domination.

Toutefois, malgré cette tendance générale à la paix, les opérations militaires ne manquèrent pas en 1842 d'une certaine importance, et c'est surtout au succès persévérant de nos armes qu'il faut attribuer le maintien de toutes les promesses de prospérité que rien ne semblait plus devoir démentir. Nous ne mentionnerons donc que les principaux faits de guerre.

Dans la province d'Alger proprement dite, la paix était incontestée ; mais sur le territoire de Titteri, des attaques sérieuses eurent lieu contre les Hadjoutes, les Beni-Menad, les Beni-Menasser, et les contraignirent à l'obéissance. Une colonne partie de Milianah se porta, le 6 juin, par les crêtes du Zakkar, sur la tribu des Beni-Menasser, et soutint contre eux un combat acharné, dans lequel ceux-ci laissèrent plus de deux cents morts sur le terrain.

Devant l'ébranlement occasionné par l'arrivée de la colonne de l'ouest, accompagnée de plus de 2,000 cavaliers arabes, auxiliaires de la province d'Oran, les khalifas de l'émir, M'Barek et Berkani, furent complétement abattus. Bientôt après, à la suite d'un combat très-vif, livré à Aïn-Telemsil, par le colonel Korte, du 1er chasseurs, contre les Kebaïles, 300 prisonniers, 500 chameaux, 300 chevaux ou mulets, et 15 à 16,000 têtes de bétail sont ramenés au camp français. — La colonne aux ordres du colonel Comman, dans l'est de Titteri, pénètre sur le territoire des Beni-Selyman ; à son approche, Ben-Salem s'enfuit vers le désert, et son agha Mahi-Eddin passe dans nos rangs avec 600 cavaliers. — Le général Changarnier, parti des bords de l'Oued-el-Feddah, en septembre, avec 1200 hommes, pour marcher au secours de notre agha du sud, Ben-Ferhat, fut assailli, dans les défilés de l'Ouarensenis, par plus de 3,000 Kebaïles, embusqués à travers les plis de terrains, les rochers, les broussailles, suspendus aux crêtes, rampant dans les ravins, et couvrant tout l'espace comme un réseau de guêpes furieuses. La petite colonne française, cernée de tous côtés, et décimée par un feu meurtrier, épuisa bientôt ses cartouches, et ne dut son salut qu'à l'énergique résolution du brave Changarnier, qui renouvela la belle scène de la retraite de Constantine. Après deux jours de lutte corps à corps, à l'arme blanche, les Français parvinrent à reprendre l'offensive, culbutèrent l'ennemi, et sortirent des gorges en ramenant avec eux de nombreux troupeaux.

Au début de la campagne d'automne, une colonne dirigée par le gouverneur quitte l'Isser de l'est, et pénétrant dans le pays qu'administrait Ben-Salem, rase de fond en comble les forts de Ben-Keroub et d'El-Arib, où cet ancien khalifa avait concentré ses dernières ressources. Toutes les tribus des environs se soumettent à la suite d'une lutte désespérée, et le résultat de cette course est la dissolution à peu près complète du gouvernement de Ben-Salem.

En novembre, Abd-el-Kader occupait dans l'Ouarensenis une position qui pouvait devenir menaçante, et qu'il fallait, à tout prix, empêcher de se consolider. Le gouverneur général porte de ce côté ses forces disponibles, en prescrivant à M. de la Moricière des manœuvres qui devaient faire diversion dans la province d'Oran. Trois colonnes, mises en mouvement de Milianah, soumettent ou frappent d'exécution les tribus environnantes. Après des combats heureux contre les Kebaïles, les corps d'expédition reçoivent la soumission de la petite ville de Matmata, et détruisent les bourgades de Karnachil et de Hardjaïl. Les villes de Miknès et Besnès, frappées de terreur, envoient des chevaux de soumission. Les hautes montagnes des Beni-Ouragh, dernier refuge des populations du pays envahi, sont attaquées, enlevées et soumises. A la suite de ces succès, plusieurs tribus des deux rives du Chéliff se rangent sous notre autorité.

Dans la province de Constantine, dès le mois de janvier, une attaque dirigée contre Msilah par Ben-Omar, khalifa de l'émir, avait échoué complètement. Une autre agression des Kebaïles voisins de Djidjeli, soulevés par Si-Zoghdoud, au mois de mars, resta également sans résultats, ainsi que deux tentatives contre les troupes de la garnison de Bougie. Dans la dernière, qui eut lieu dans le courant d'août, l'ennemi foudroyé par notre artillerie se retira avec des pertes sensibles.

Le camp d'El-Arrouch avait été assailli par une masse de Kebaïles; une sortie brillante, exécutée par le colonel Lebreton, les mit en pleine déroute.

Les principaux membres de la tribu des Nemenchas, des Ouled-Yahia-ben-Taleb, et de la ville de Tebessah, ayant envoyé au général Négrier des offres de soumission, en le priant de venir, au nom de la France, établir l'ordre dans leur pays, ce commandant supérieur partit, le 27 mai, d'Aïn-Bebbouch, et arriva, le 31, avec sa colonne à Tebessah, dont il prit possession [1]. Après avoir donné, dans cette ancienne colonie romaine, l'investiture, au nom du gouvernement français, à des autorités indigènes, et avoir arrêté l'organisation des tribus voisines des Ouled-Yahia-ben-Taleb et des Nemencha, il revint à Constantine, en dissipant sur sa route quelques rassemblements qui voulaient lui disputer le passage.

En applaudissant à ces résultats, le ministre de la guerre recommanda de donner à la population de Tebessah une organisation semblable à celle que possédait déjà Msilah, de manière que cette localité pût se garder par elle-même, et offrir un point d'appui aux tribus qui en sont rapprochées. Il appela l'attention du gouverneur général sur l'importance que lui paraissaient appelés à prendre les trois points de Tebessah, Biskra et Msilah, destinés à couvrir le sud et l'est de la province de Constantine; il l'engagea enfin à favoriser leurs fréquentes rela-

[1] Tebessah (l'ancienne *Theveste*) est située à trente-cinq lieues S.-E. de Constantine. Les ruines de la cité romaine sont magnifiques. On y voit des restes considérables de temples et de monuments; un arc de triomphe, sur lequel on lit que *Thevesta*, détruite par les barbares, fut relevée par Salomon, vainqueur des Vandales; un cirque qui pouvait contenir six mille spectateurs; et une forteresse encore debout avec son mur d'enceinte, flanqué de quatorze tours. Les sources d'eau y sont nombreuses, et les jardins d'une admirable fertilité. Une grande voie pavée conduisait, du temps des Romains, de Carthage à Thevesta. — Léon l'Africain mentionne les remparts de cette ville bâtis en pierres de taille comme le Colysée de Rome, et le grand nombre de colonnes de marbre, de pilastres, d'inscriptions latines qui décoraient l'ancien *Forum* et les autres édifices publics.

Le voyageur Bruce a retrouvé parmi les ruines de Lambæsa (aujourd'hui Tezzout), dans une plaine qui côtoie la base des monts Aurès, une inscription qui fixe dans cette ancienne et importante cité romaine le séjour de la fameuse *Legio III Augusta*, qui construisit la voie de Carthage à Thevesta. — Une étude approfondie des innombrables vestiges de la domination romaine sur le sol africain n'offrirait pas seulement à l'archéologie des découvertes précieuses, mais servirait encore puissamment la bonne direction de notre politique, et la véritable marche à suivre pour l'établissement et le progrès de la colonisation.

tions avec le chef-lieu de la province, afin que désormais leurs produits y arrivassent, et que les habitants pussent y effectuer leurs échanges.

Le général Randon ayant fait à la même époque, fin de mai, une tournée dans le cercle de l'Édough, qu'agitaient les prédications de Si-Zeghdoud, les Djendel acquittèrent instantanément les contributions, et les chefs des Senhadja vinrent se mettre à notre discrétion.

L'ex-bey Ahmed, assisté des Ouled-Hassan, s'étant approché du camp d'Aïn-Rummel, le général Sillègue marcha contre lui, le 16 septembre; mais Ahmed, abandonné subitement par son infanterie, se retira presque sans combattre.

C'est surtout dans la province d'Oran que les événements militaires avaient de l'intérêt, en raison de la lutte qui durait encore avec le pouvoir expirant d'Abd-el-Kader. Ouled-Sidi-Chiqr, marabout des bords de la Tafna, secoua l'autorité de l'émir et demanda notre protection. Le gouverneur général et le colonel Tempoure manœuvrèrent aussitôt pour l'appuyer; nos troupes entrèrent à Tlemcen, s'emparèrent du fort de Sebdou, et dans une campagne d'environ trois semaines, tout l'ouest fut soumis depuis les bords de l'Habra jusqu'à la lisière du Maroc. Cependant Abd-el-Kader, usant de son influence sur les tribus limitrophes, parvint à envahir deux fois les environs de Tlemcen avec un corps de 5 à 6,000 hommes, composé des partisans qu'il avait recrutés de toutes parts. Mais, battu deux fois de suite par le général Bedeau, et le Maroc lui refusant des secours, il se vit obligé de regagner, par le désert, les ruines de Takdimt, où il avait laissé sa famille et les débris de ses bataillons réguliers.

La guerre continuait sur la rive droite de la Mina, contre la grande tribu des Hachem, qui s'honore d'avoir donné naissance à Abd-el-Kader. En mars, le général de la Moricière soumit les Hachem de l'ouest. Ceux de l'est suivirent d'abord la fortune de l'émir au delà de Takdimt, puis l'abandonnèrent successivement à mesure que leurs ressources s'épuisaient. Le même officier général, dans sa campagne d'hiver, réduisit sous notre autorité la plus grande partie de l'aghalik des Sedamas, cimenta l'alliance faite avec plusieurs tribus de la frontière du désert, et nous attacha, comme auxiliaires, la population belliqueuse des Trara.

Aux environs de Mostaghanem, le général d'Arbouville, agissant sur la rive droite de la Mina, soumit toutes les tribus de sa plaine, après avoir fait alliance avec la famille puissante des Ouled-Sidi-el-Aribi, dont le chef avait été mis à mort par Abd-el-Kader.

Au mois de mai, le gouverneur général réunit à Mostaghanem 3,000 cavaliers arabes de la Basse-Mina, des plaines de l'Issil et de l'Habra; organisa un convoi de 2,000 bêtes de somme fournies par les tribus alliées, et, joignant à ces forces 3,000 hommes d'infanterie, remonta la vallée du Chéliff, où devait se rendre le général Changarnier venant de Milianah. Pendant sa marche, plusieurs expéditions heureuses amenèrent de nouvelles soumissions. Un grand mouvement fut ensuite combiné pour envelopper les tribus de l'Atlas situées entre Médéah et Milianah. Le général Changarnier pénétra dans la chaîne par l'ouest des Beni-Menasser, tandis que M. Bugeaud remontait le Chéliff. Le 9 juin, la plus grande partie des populations se trouva cernée; le lendemain, toutes les tribus à l'est jusqu'à l'Isser, à l'ouest jusqu'à Cherchell et au delà, se rangèrent sous notre obéissance pour éviter les malheurs de la guerre, et la sécurité se rétablit dans toute la plaine et dans tout le cercle des montagnes.

Au milieu de ces succès, l'armée d'Afrique se sentit tout à coup frappée d'une consternation plus poignante que n'eût été le plus funeste revers. Le lugubre écho des plaintes de la France avait franchi la Méditerranée ; un ordre du jour ordonnait d'attacher aux drapeaux un crêpe de deuil : Le Prince Royal était mort [1].

Le 13 juillet 1842, un accident vulgaire, une chute de voiture avait brisé, aux portes de Paris, cette jeune existence ; et le soir, quand il n'y eut plus d'espérance, tout Paris pleurait, depuis les sommités sociales jusqu'aux derniers enfants de la vieille cité. Tous les partis, oubliant les passions politiques, s'agenouillèrent devant cette majesté de la mort qui relie à Dieu les royautés de la terre ; et, courbés autour de la tombe où s'éteignait la première étoile d'une brillante dynastie, tous les hommes qui vivent par l'intelligence et par le cœur recherchaient dans leur mémoire ces paroles chrétiennes qu'avait prononcées Bossuet sur la cendre du grand Condé : — « Venez, peuple de France, venez maintenant ; mais venez plutôt, princes et seigneurs, et vous qui jugez la terre, et vous qui ouvrez aux âmes d'élite les portes du ciel,..... Venez voir le peu qui nous reste d'une si auguste naissance, de tant de grandeur, de tant de gloire ! Jetez les yeux de toutes parts : voilà tout ce qu'a pu faire la magnificence et la piété pour honorer un héros : — des titres, des inscriptions, vaines marques de ce qui n'est plus ; — des figures qui semblent pleurer sur un cercueil, et de fragiles images d'une douleur que le temps emporte avec tout le reste ; — des

---

[1] Ferdinand-Philippe-Louis-Charles-Henri, duc de Chartres, fils aîné de S. M. Louis-Philippe Ier, naquit à Palerme, le 3 septembre 1810. Sa première enfance eut pour berceau la Sicile. Conduit à Paris, après la seconde restauration, il entra le 23 octobre 1819, au collège Henri IV, où il reçut une éducation nationale, sous la direction de savants professeurs, et entouré de condisciples dont il fut le modèle, dont il était resté l'ami, et qui pleurent toujours sa perte prématurée.

Nommé colonel du 1er régiment de hussards, le 13 août 1825, et pair de France l'année suivante, il visita en 1829 l'Angleterre et l'Écosse. De retour en France, il prit le commandement de son régiment, qu'il ramena de Lunéville à Joigny. A la nouvelle des événements de 1830, il accourut à Paris, où son entrée fut une ovation, et par l'avènement de son père au trône français, il succéda au titre de duc d'Orléans, auquel celui de Prince Royal ajoutait l'hérédité monarchique.

Le 21 août 1831, des troubles civils désolèrent Lyon ; le Prince Royal reçut du roi la belle mission d'aller apaiser par sa présence une population prête à s'entr'égorger. Il porta aux insurgés des paroles conciliatrices, et contribua généreusement de sa fortune personnelle à tarir les misères qui avaient armé les ouvriers. Ce souvenir est vénéré des Lyonnais.

En 1832, le choléra désolait Paris. Chaque jour vit le Prince Royal parcourir les quartiers les plus populeux, pour y porter des secours, des encouragements, des récompenses. Chaque jour vit, au chevet des mourants, cette forte jeunesse défiant l'épidémie, les miasmes de l'Hôtel-Dieu, du Val-de-Grâce et de la Charité. Les bénédictions de la douleur suivaient partout son passage.

Vers la fin de la même année, au siége d'Anvers, il reçut, avec son frère, le duc de Nemours, le glorieux baptême du feu.

Pendant les troubles d'avril 1834, il parut au milieu des soldats, et s'exposa, pour le salut de l'ordre public, à des dangers sans gloire. Quand l'émeute fut étouffée, une voix respectée ordonna d'épargner les vaincus ; c'était la voix du Prince Royal. Les familles des blessés et des victimes furent l'objet de ses bienfaits.

Enfin, quand, à diverses reprises, des fanatiques s'essayèrent au régicide, le Prince Royal partagea plus d'une fois les périls de son père ; et la même Providence le couvrit de la même égide.

Nous avons raconté ses campagnes d'Afrique, et sa gloire populaire dans tous les rangs de notre jeune armée. Comment tant d'espérances devaient-elles s'évanouir ? Comment tant d'affections n'ont-elles pu détourner de son front le coup qui l'a frappé ? C'est en face de catastrophes si imprévues que l'esprit de l'homme s'abîme dans sa propre faiblesse, et sous l'impénétrable mystère qui couvre les desseins de Dieu !

colonnes qui semblent vouloir porter jusqu'au ciel le magnifique témoignage de notre néant! Rien enfin ne manque dans tous ces honneurs que celui à qui on les rend! Pleurez donc sur ces faibles restes de la vie humaine; pleurez sur cette triste immortalité que nous donnons aux héros! Mais approchez en particulier, ô vous qui courez avec tant d'ardeur dans la carrière de la gloire, âmes guerrières et intrépides! Quel autre fut plus digne de vous commander? Et vous, ne viendrez-vous pas à ce triste monument, vous qu'il a bien voulu mettre au rang de ses amis? Tous ensemble, en quelque degré de sa confiance qu'il vous ait reçus, environnez ce tombeau; versez des larmes avec des prières; et admirant dans le prince une amitié si commode et un commerce si doux, conservez le souvenir du héros dont la bonté avait égalé le courage! Ainsi puisse-t-il toujours vous être un cher entretien! Ainsi puissiez-vous profiter de ses vertus; et que sa mort, que vous déplorez, serve à la fois de consolation et d'exemple! »

C'est ainsi que Notre-Dame de Paris entendait, le 10 mai 1687, la voix de Bossuet répandre sa dernière et sa plus sublime oraison funèbre, sur la dépouille d'un prince dont il avait été le plus noble ami. Mais si, un siècle et demi plus tard, le 3 août 1842, un autre Bossuet ne se rencontra point pour tracer, du haut de la même chaire, l'éloge du dernier duc d'Orléans, le peuple qui l'aimait lui a élevé des statues, œuvres d'art imparfaites, bronze périssable et que le temps peut ronger, mais dont l'histoire éternisera l'hommage.

Il y a aussi, entre les rejetons de cette souche royale qui affermit, depuis quinze ans, les destinées françaises, une solidarité de dévouement et de vertus civiques dont l'armée traduit en victoires l'auguste enseignement; et l'esquisse militaire que nous allons achever prouvera que les caveaux funèbres de Dreux n'ont point gardé l'épée du Prince Royal.

L'année 1842 se termina, en Afrique, par de nouveaux avantages. Le général Changarnier obtint successivement la soumission des tribus composant les aghaliks des Beni-Zoug-Zoug, des Djendel, des Ouled-Aïad. Dans une de ces excursions, il fondit sur la *semalah* du khalifa Ben-Allal, lui fit un grand nombre de prisonniers, et ramena plus de 30,000 têtes de bétail [1].

La province d'Oran ayant repris un calme complet, le général Bedeau s'occupa alors de relever une partie des ruines de Tlemcen, fonda plusieurs établissements d'utilité militaire, créa des routes et favorisa la culture sur une notable surface de ce riche territoire. Vers le même temps, M. de la Moricière poursuivait jusqu'aux confins du désert les semalah d'Abd-el-Kader et de ses khalifas, et engageait avec la cavalerie de l'émir un brillant combat, dans lequel il lui tua 80 hommes et prit 200 chevaux.

Aux approches de l'hiver, l'émir, traqué de tous côtés, s'était jeté dans les montagnes de l'Ouarensenis, pour y recruter des troupes régulières. Le

---

[1] Le mot arabe *semalah*, difficile à traduire d'une manière précise, représente à peu près l'idée de *quartier général*. C'est la réunion des tentes d'un chef puissant, le centre qui abrite sa famille, ses drapeaux de commandement, ses équipages, ses serviteurs et ses richesses. La semalah suit tous les mouvements de son chef, s'avance avec lui dans les terres cultivées quand la fortune des armes lui est favorable, et en cas d'échec s'enfonce rapidement vers les horizons du désert, sous la garde d'une troupe d'élite. Abd-el-Kader et chacun de ses khalifas avaient chacun leur semalah, dont la prise ou la destruction équivalait à la perte d'un palladium sacré.

gouverneur envahit cette région presque inaccessible, par la route de Milianah, avec trois colonnes commandées par S. A. R. Mgr le duc d'Aumale, et les généraux Gentil et de la Moricière. Bientôt ce foyer d'insurrection fut étouffé, et les populations de la montagne et de la rive gauche du Chéliff furent réduites à l'inaction.

A la fin de 1842, tout, dans la province de Titteri, se trouvait organisé jusqu'au désert. Les aghaliks du sud et de l'ouest de l'ancien gouvernement de M'Barek exigeaient seuls, de temps à autre, la présence de nos troupes. Au-dessous de Milianah, la soumission régnait dans la vallée du Chéliff; presque tous les Kebaïles, jusqu'à Ténès, s'étaient réunis sous un chef dont le dévouement à la France ne semblait pas douteux. La ville de Mazouna s'était repeuplée. Entre Ténès et Cherchell, il restait quelques tribus à réduire; mais notre domination était réelle et bien assurée dans tout l'Atlas, depuis l'Arba jusqu'à Cherchell. Une égale sécurité existait dans le carré que forment les villes d'Oran, Tlemcen, Maskara et Mostaghanem. La construction de ponts sur le Bas-Chéliff et sur la Mina devant favoriser l'action de notre autorité, les reconnaissances nécessaires dans ce but avaient été faites. Enfin, la possibilité des communications entre Bone et Philippeville était constatée, et des troupes établies dans l'Edough, continuant la route stratégique déjà ouverte dans cette contrée par les soins du général Randon, préparaient ainsi les moyens d'entreprendre prochainement l'exploitation des riches forêts qui couvrent cette montagne.

Mais dès le commencement de janvier 1843, Abd-el-Kader reparut au milieu des tribus de la vallée du Chéliff, et parvint à recruter près de 3,000 Kebaïles. La marche simultanée de trois colonnes françaises, dont l'une, partant d'Alger, le 27 janvier, et dirigée par le gouverneur général en personne, pénétra au cœur des tribus insurgées, et brûla la bourgade d'Haïnda, fit promptement justice de cette insurrection. Poursuivant son succès, le général Bugeaud avait combiné les manœuvres de ses troupes de manière à cerner Abd-el-Kader, dont plusieurs avis lui annonçaient la présence dans les montagnes des Beni-Menasser, aux environs de Cherchell. Malheureusement sa colonne, surprise par un violent orage au milieu de ces montagnes, fut obligée de rétrograder vers la mer, où stationnait le convoi. Des tourmentes de neige mêlées de grêle et de torrents de pluie se succédèrent, presque sans interruption, du 5 au 7 février. La persistance du gouverneur général surmonta une partie de ces obstacles; son exemple encourageait les soldats qui lui voyaient partager leurs fatigues et leurs privations; l'ennemi fut rencontré; Abd-el-Kader et son khalifa Berkani, qui avait réuni de nombreux Kebaïles, ne purent tenir devant la résolution de nos attaques et disparurent, sans qu'on pût les atteindre à travers un sauvage pays que nous connaissions à peine. Dans un des combats partiels qui signalèrent cette courte expédition, le général Bugeaud courut un grand péril; tombé tout à coup dans une embuscade, il essuya, à bout portant, cinq à six coups de fusil; son cheval fut tué, et il ne dut lui-même la vie qu'à un heureux hasard. Malgré le demi-succès de cette course, les Arabes révoltés avaient encore appris à reconnaître la supériorité de nos armes, et tandis qu'Abd-el-Kader fuyait devant le gouverneur général, une autre colonne, commandée par S. A. R. Mgr le duc d'Aumale, s'emparait, du côté de Boghar, du trésor de

Ben-Allal-Ouled-Sidi-M'Barek, dont la majeure partie fut distribuée aux indigènes auxiliaires.

Dans la province de Constantine, où quelques tribus kebaïles résistaient encore à main armée, le général Baraguay-d'Hilliers, après avoir assuré, par ses opérations contre les Zerdézas, la sûreté des communications de Constantine à Bone et à Philippeville, dirigea contre les tribus insurgées de l'Edough une expédition qui fut couronnée d'un plein succès. Si-Zeghdoud, l'un des plus ardents promoteurs des hostilités, fut défait et tué dans le marabout d'Akeïcha, d'où nos soldats enlevèrent sept drapeaux sous lesquels combattaient les tribus qu'entraînait ce chef redouté. Plus tard, une autre expédition parmi les populations des environs de Kollo, sur le littoral, n'obtint pas des résultats moins heureux.

Le 16 mai, par une marche rapide, S. A. R. Mgr le duc d'Aumale s'empara de la semalah d'Abd-el-Kader, aux environs de Taguin. Le prince avait rassemblé à Boghar, dans les premiers jours du mois de mai, des grains, des vivres et des moyens de transport. Le 10 mai, il quitta ce poste avec 1,300 baïonnettes des 33e, 64e de lignes, et des zouaves; 600 chevaux, tant spahis que chasseurs et gendarmes; une section de montagne, et un approvisionnement de vingt jours en vivres et en orge, porté par un convoi de 800 chameaux et mulets. Il laissait à Boghar assez de vivres pour ravitailler au besoin la colonne, et une petite garnison de 250 hommes, commandée par le capitaine du génie Mottet, officier plein de ressources et d'intelligence, qui devait y terminer quelques travaux indispensables de fortification. Le but de S. A. R. était d'atteindre la semalah d'Abd-el-Kader, soit en agissant de concert avec le général de la Moricière, soit en opérant seul, si des circonstances politiques retenaient cet officier général dans la province de Maskara.

Des renseignements dignes de foi, fournis par l'agha des Ouled-Ayad, plaçaient la semalah dans les environs de Goudjilah, sans déterminer sa position d'une manière exacte. Il importait donc, avant tout, d'atteindre ce point le plus promptement possible, en tâchant de cacher à l'ennemi la direction que suivrait la colonne, dont on ne pouvait espérer de lui dérober la sortie. Grâce à des guides fidèles, le prince put arriver à Goudjilah en suivant une étroite vallée; et le 14 mai, à la faveur d'une marche de nuit, ce petit village fut cerné. Goudjilah se trouvait peuplé de gens de métier que leurs professions mettaient sans cesse avec la semalah; on arrêta quelques-uns de ses habitants, et l'on sut par eux que la semalah était campée à environ quatorze lieues vers le S. O. Dans la nuit du 14 au 15, la colonne se remit en route vers ce point. Quelques individus surpris dans les bois révélèrent à S. A. R. que l'ennemi avait quitté son camp la veille au soir, et s'était dirigé vers Taguin, pour de là gagner le Djebel-Amour. Cette montagne était couverte de grains déjà mûrs dans cette saison, et qui devaient nourrir pendant quelque temps les nombreuses populations qu'Abd-el-Kader traînait à la suite de son douar. Le prince fut informé en même temps que le général de la Moricière était à quelques lieues dans le S. O., et que sa présence avait déterminé ce brusque mouvement. L'émir l'observait avec 250 chevaux, afin de pouvoir mettre sa semalah à couvert, mais ne craignait rien de la colonne de l'est, qu'il croyait rentrée à Boghar.

Cette dernière nouvelle ne laissait à Mgr le duc d'Aumale qu'un parti à prendre : c'était de gagner aussitôt Taguin, soit pour y atteindre la semalah, si elle y était encore, soit pour lui fermer la route de l'est, et la rejeter forcément sur le Djebel-Amour, où, prise entre les deux colonnes de Maskara et de Médéah, il lui serait difficile d'échapper, car, dans ces vastes plaines où l'eau est si rare, les routes sont toutes tracées par les sources précieuses qu'on y rencontre. Ce plan était simple, mais il fallait, pour l'exécuter, une grande confiance dans le dévouement des soldats et des officiers ; il fallait franchir d'une seule traite un espace de plus de vingt lieues, où l'on ne devait pas trouver une goutte d'eau. Mais le prince comptait sur l'énergie des troupes qu'animait son noble exemple ; l'expérience a montré qu'il ne s'était pas trompé.

S. A. R. subdivisa sa colonne en deux : l'une, essentiellement mobile, composée de la cavalerie, de l'artillerie et des zouaves, auxquels furent joints 150 mulets pour porter les sacs et les hommes fatigués ; l'autre, formée de deux bataillons d'infanterie et de 50 chevaux, devait escorter le convoi sous les ordres du lieutenant-colonel Chadeysson.

Après une halte de trois heures, les deux colonnes partirent ensemble, conduites chacune par des guides sûrs. Le rendez-vous était à Ras-el-Aïn-M'ta-Taguin. Le 16, à la pointe du jour, on avait déjà rencontré quelques traînards de la semalah. Sur des renseignements inexacts qu'ils donnèrent, le prince fit, avec la cavalerie, une reconnaissance de quatre lieues droit au sud, qui n'aboutit à rien. Craignant de fatiguer inutilement les chevaux, S. A. R. reprit la direction de Taguin, où toute la colonne devait se réunir. On n'espérait plus rencontrer l'ennemi, lorsque vers onze heures, l'Agha des Ouled-Ayad, envoyé en avant pour reconnaître l'emplacement de l'eau, revint au galop prévenir Mgr le duc d'Aumale que la semalah tout entière (environ 300 douars) était établie sur la source même du Taguin.

Notre colonne en était tout au plus à mille mètres, et c'est à peine si elle s'était déjà aperçue de notre approche. Il n'y avait pas à hésiter. Les zouaves, que le lieutenant-colonel Chasseloup amenait rapidement avec l'ambulance du docteur Beuret et l'artillerie du capitaine Aubac, ne pouvaient pas, malgré toute leur énergie, arriver avant deux heures ; et une demi-heure de plus, les femmes et les troupeaux de la semalah se seraient trouvés hors de notre portée ; les nombreux combattants de cette ville de tentes auraient eu le temps de se rallier et de s'entendre : — le succès devenait improbable, et notre situation très-critique. Aussi, malgré les prières des Arabes, qui, frappés de notre petit nombre et de la grande quantité de nos ennemis, suppliaient le prince d'attendre l'infanterie, S. A. R. se décida à attaquer immédiatement.

La cavalerie se déploie et se lance à la charge avec cette impétuosité qui est le caractère distinctif de notre courage national, et qui ne permit pas un instant de douter du succès. — A gauche, les spahis, entraînés par leurs braves officiers, attaquent le douar d'Abd-el-Kader, et culbutent son infanterie régulière qui se défend avec la furie du désespoir. — Sur la droite, les chasseurs traversent toutes les tentes sous une vive fusillade, renversent tout ce qu'ils rencontrent, et vont arrêter la tête des fuyards que de braves et nombreux cavaliers cherchent vainement à dégager. Dans cette charge à fond, qui produisit l'effet de la foudre, mille traits d'audace, mille épisodes incroyables d'une lutte corps à corps, et qui dura plus d'une heure, pourraient être racontés. Le jeune prince qui accomplit ce fait d'armes, digne des plus belles époques de notre histoire, n'avait que 500 cavaliers, et il y avait cinq mille fusils dans la semelah ! On ne tua que des combattants, et il resta 300 ennemis sur le terrain : tout le reste fut pris ! S. A. R., aussi calme qu'intrépide, était au centre du mouvement, à la tête d'un escadron et de trente gendarmes, envoyant du renfort là où il était réclamé, là où elle le jugeait nécessaire ; sa générosité modéra l'entraînement du soldat et sauva bien des victimes. Cette belle journée, qui mérita au colonel des spahis Youssef, au lieutenant-colonel Morris, des chasseurs, au commandant d'Allonville, d'être cités au premier rang des braves par un fils de France, devait être immortalisée par notre peintre national. Horace Vernet a choisi le moment sublime où le jeune et brillant duc d'Aumale arrête les coups de la victoire, et prend sous sa royale protection les femmes de la semalah qui l'implorent à genoux pour les vaincus désarmés. Magnifique leçon donnée à nos généraux, la clémence du prince rappelle les plus beaux traits de la chevalerie française, et continue les héroïques traditions des Bayard et des Duguesclin.

Quand les populations prisonnières virent nos escadrons qui avaient poursuivi au loin les cavaliers de l'émir, elles ne pouvaient croire qu'une poignée d'hommes eût dissipé cette force immense dont le prestige moral et réel était si grand parmi les tribus [1].

Vers quatre heures du soir, après une marche admirable (trente lieues en trente-six heures !), l'infanterie arriva, fatiguée, mais en bon ordre, sans avoir laissé en arrière ni un homme ni un mulet. Le lieutenant-colonel Chadeysson avait conduit sa colonne avec une énergie digne des plus vifs éloges. Le lendemain, 17, on fit séjour sur le champ de bataille, pour rassembler les troupeaux, et mettre le feu aux tentes et à tout le butin qu'il était impossible d'emporter. Le 18, la colonne au complet se remit en route. La marche fut lente et difficile ; les étapes étaient marquées par les sources que séparaient de longues distances sous un ciel brûlant ; il fallait avec 1,800 combattants, ramener d'immenses troupeaux, escorter une population prisonnière, et se ménager une force disponible en cas d'attaque ; malgré ces embarras, Mgr le duc d'Aumale termina heureusement, avec la prudence d'un vieux général, cette glorieuse expédition, qui nous livrait plus de 3,000 prisonniers, les tentes de l'émir, sa

---

[1] Après ce coup de main, le chef du goum (cavalerie auxiliaire) des Douairs et des Semelas, Mustapha-ben-Ismaël, notre allié, se détacha imprudemment de la colonne du général de la Moricière, pour retourner à Oran, avec sa troupe chargée de riches dépouilles. Il fut attaqué dans un bois ; ses cavaliers, au nombre de cinq ou six cents, craignant de perdre leur butin, se dispersèrent sans combattre, abandonnant à la merci des Arabes leur vieux chef, qui fut bientôt percé de coups. Son cadavre fut porté à Abd-el-Kader, que cette mort vengeait de plusieurs trahisons, et sa tête coupée servit longtemps de trophée aux Arabes restés fidèles à la cause de l'émir.

Mustapha-ben-Ismaël mourut à quatre-vingts ans ; le gouvernement français, pour récompenser ses services, l'avait nommé maréchal de camp et commandeur de la Légion d'honneur. C'était, malgré son grand âge, un homme de guerre encore remarquable, plein de courage et doué d'une certaine habileté. On avait bien fait sans doute d'utiliser ses capacités et de l'attacher à nous par une part de pouvoir ; mais nous ne pouvons nous empêcher de blâmer le déplorable abus qu'on ne cesse de commettre en donnant la croix d'honneur à des indigènes.

correspondance, son trésor, quatre drapeaux, les débris de son artillerie et un immense butin.

Dans la matinée du 19, le général de la Moricière, qui manœuvrait près du Chéliff, apprit par quelques fuyards de la tribu des Hachems, le désastre d'Abd-el-Kader. Portant aussitôt sa cavalerie dans la direction qui lui était indiquée, il ne tarda pas à reconnaître un fort détachement de cette tribu au milieu duquel se trouvait l'émir en personne; mais les vaincus découragés n'essayèrent pas même de se défendre, et se rendirent à discrétion. Quelques réguliers, formant l'escorte d'Abd-el-Kader, se dévouèrent seuls pour l'entraîner dans leur fuite, après avoir tiré leurs derniers coups de fusil sur les lâches qui jetaient leurs armes aux pieds de nos soldats. Les derniers débris de la smelah furent de nouveau rencontrés, le 22, sur le plateau de Djeda. Cette fois leur résistance fut désespérée; une lutte corps à corps, qui dura quelques heures, se termina par la destruction de 250 réguliers; 140 prisonniers, 300 fusils, 150 chameaux, le drapeau d'Abd-el-Kader restèrent en notre pouvoir, et l'émir lui-même ne dut son salut qu'à la vitesse de son cheval.

Au mois de juin suivant, une nouvelle opération, conduite par le gouverneur général dans l'Ouarensenis, à travers des difficultés de terrain presque infranchissables, amena l'organisation de ce pays sous un chef institué par l'autorité française. Enfin, le 11 novembre, dans un brillant combat près de l'Oued-Malah, le général Tempoure défit les troupes régulières de l'émir, commandées par Ben-Allal-Oulid-Sidi-M'Barek, le plus puissant de ses khalifas.

Ce maréchal de camp avait formé une colonne de marche, composée de 800 hommes d'infanterie choisis parmi les plus valides, et de 300 spahis et chasseurs des 2º et 4º régiments. Après plusieurs jours d'une course excessivement pénible et incertaine, pendant laquelle il fallait à chaque instant s'arrêter pour retrouver la trace perdue, on arrivait à l'entrée de la vallée de l'Oued-Malah, lorsqu'on aperçut tout à coup une épaisse fumée sortant d'un bois. Le chef de la colonne ne douta point que l'ennemi fût là. Formant aussitôt sa cavalerie sur trois lignes, fortes chacune de deux escadrons, il en donna le commandement au colonel Tartas, du 4º chasseurs. Derrière la réserve, également composée de deux escadrons, il plaça 350 fantassins d'élite, avec un obusier de montagne, sous les ordres du colonel Roguet, du 41º. Le convoi, laissé sous la garde de 250 hommes avec deux obusiers, devait suivre le mouvement avec la plus grande rapidité possible, précédé à courte distance par le commandant Bose, du 13º léger, à la tête de 200 hommes. Ces dispositions prises, le général Tempoure se remit en marche, en profitant de tous les accidents du terrain pour dérober à l'ennemi son approche. La colonne continua ainsi jusqu'à un quart de lieue d'une petite colline masquant le lieu d'où sortait la fumée, sans avoir aperçu un seul être vivant; mais on vit bientôt un cavalier sortir d'un taillis, tirer un coup de fusil et s'enfuir à toute bride. Le général fit alors prendre le grand trot, et en arrivant sur la colline, on aperçut l'ennemi à portée de feu.

Sidi-M'Barek fit aussitôt prendre les armes; il avait avec lui deux bataillons de réguliers qu'il forma en colonne serrée, drapeaux en tête, et les mit en marche au son du tambour. Ils étaient déjà parvenus au milieu d'une petite plaine qui les séparait d'un mamelon boisé qu'ils voulaient gagner; mais voyant qu'ils n'en auraient pas le temps, ils s'arrêtèrent et firent ferme. Il n'y avait pas un instant à perdre. La cavalerie mit le sabre à la main; le général lui avait prescrit de ne pas tirer un seul coup de fusil, et donna le signal de la charge. Le colonel Tartas, dont l'élan, le sang-froid et le brillant courage ne sauraient être trop exaltés, dépassait seul son 1ᵉʳ escadron, et entra le premier dans les rangs ennemis à travers une vive fusillade, pendant que les deux colonnes tournantes les enveloppaient, et leur enlevaient toute chance de retraite. En peu d'instants tout fut culbuté; mais c'était surtout vers la tête des bataillons que se précipitaient nos braves cavaliers, et le lieutenant-colonel Sentuary était sur ce point et les entraînait par son exemple. C'était là qu'étaient les drapeaux : tous ceux qui les défendaient furent sabrés, et ces glorieux trophées tombèrent entre nos mains. Jusque-là, le succès était grand, mais ce n'était pas tout; il y manquait Sidi-M'Barek, le conseiller d'Abd-el-Kader, son meilleur homme de guerre. Était-il parvenu à s'échapper? Le général commençait à le craindre, quand le capitaine des spahis Cassaignoles vint lui apprendre que ce chef redoutable avait été tué sous ses yeux.

Après avoir été le témoin du massacre de ses porte-drapeaux, et de l'horrible carnage qui venait d'anéantir ses bataillons, le khalifa, suivi de quelques cavaliers, avait cherché à fuir; mais serré de près par le capitaine Cassaignoles, qui l'avait distingué dans la mêlée à la richesse de ses vêtements, il avait été atteint au moment où il cherchait à gagner l'escarpement rocheux qui ferme, à l'est, la vallée de l'Oued-Malah. Là, perdant tout espoir de salut, il s'était déterminé à vendre chèrement sa vie. D'un coup de fusil, il avait tué le brigadier du 2ᵉ chasseur Labossaye; d'un coup de pistolet, il abattit le cheval du capitaine Cassaignoles, qui avait le sabre levé sur lui; puis, d'un autre pistolet, il avait blessé légèrement le maréchal des logis Siquot, qui venait de lui asséner un coup de sabre sur la tête. Dégarni de son feu, il avait mis à la main le yathagan; ce fut alors que le brigadier Gérard termina cette lutte désespérée en le tuant d'un coup de fusil [1].

Les résultats de ce brillant combat furent 404 fantassins et cavaliers arabes restés sur le carreau ; 280 prisonniers; trois drapeaux enlevés, plus de 600 fusils, 50 chevaux harnachés, et un grand nombre de bêtes de somme.

A la fin de décembre, de nouveaux succès, obtenus par les généraux Bedeau et Tempouro vers la Tafna et vers le Chott, sur des tribus qui hésitaient à prendre parti entre nous et Abd-el-Kader, vinrent rendre encore plus complète l'impuissance où il était déjà de rien entreprendre de sérieux contre nos armes victorieuses.

La campagne de 1843 ajoutait donc aux résultats des précédentes. Sur tous les points, les grands intérêts de la colonisation obtenaient sécurité et protection; l'agriculture, le commerce, l'industrie, pouvaient trouver des centres de développement, et la population, qui n'était, à la fin de 1842, que de 44,000 âmes, atteignait le chiffre de soixante-cinq mille. Vingt-deux villages créés par nous

[1] La tête du khalifa fut portée à Alger, où, par ordre du gouverneur général, elle resta longtemps exposée au bureau arabe. Tous les indigènes étaient conviés à venir voir ce sanglant trophée, dont l'exhibition publique pouvait s'expliquer par l'utilité de prouver physiquement aux Arabes la mort de ce chef célèbre, qui fut longtemps contestée.

se trouvaient habités par des Européens; des études se préparaient pour en augmenter le nombre progressivement. Dix-neuf routes étaient entreprises ; les Arabes venaient en foule à nos marchés. Les travaux du port d'Alger marchaient avec activité; la jetée du nord était déjà poussée à 259 mètres, sur 450 que devait atteindre sa longueur. Enfin, l'exploitation prochaine des forêts de l'Algérie reconnues sur une surface de 80,000 hectares, et des mines précieuses que renferme le sol de cette contrée, devait amener un développement de richesses inappréciable.

En résumé, notre domination apparaissait générale et tranquille d'une extrémité à l'autre de nos possessions du nord de l'Afrique ; les travaux de la paix, exécutés en partie par les mêmes soldats qui avaient si glorieusement combattu, succédaient partout aux travaux de la guerre, et, dirigés par une administration sage et vigilante, ils devaient assurer à l'Algérie la prospérité que notre civilisation lui a promise.

LIVRE HUITIÈME.

La plus triste déception qui puisse atteindre un historien, c'est de voir ses convictions de la veille exposées à encourir le reproche de légèreté, lorsque examinant de plus près les personnes et les choses, il les trouve différentes de ce qu'elles lui paraissaient au premier aperçu. Heureux qui s'égare par excès de bienveillance!

Je projetais, depuis quelques années, d'écrire l'histoire des établissements français dans le nord de l'Afrique. J'avais compris qu'une œuvre si large ne pouvait s'enfermer dans les mesquines proportions d'un travail de cabinet, et qu'il fallait tracer les drames de cette conquête comme écrivaient jadis les historiens des croisades, en parcourant les champs de bataille, l'épée d'une main, la plume de l'autre. Familiarisé par mes souvenirs avec les habitudes de la vie militaire, avec la poésie du péril, et les graves méditations des camps, je songeais encore vaguement à me rendre en Algérie, lorsque la renommée du combat glorieux de Taguin vint, au mois de mai 1843, fixer ma résolution.

Je communiquai mes idées au gouverneur général qui me fournit l'occasion de les exécuter. Accueilli avec empressement par lui, je le vis comme je l'ai dépeint dans un opuscule échappé à ma plume dès les premiers jours de mon retour en France.

Le maréchal m'avait promis les renseignements indispensables pour lier entre eux les événements antérieurs à mon séjour en Afrique. Mon projet, devenu le sien, fut encouragé par lui, et pendant son dernier voyage à Paris, en 1845, il voulut bien me recommander notre œuvre par des lettres flatteuses, restées sans effet.

Réduit aux documents généraux de l'histoire, les faits se sont manifestés sous un jour différent; mes illusions se sont évanouies, mes convictions se sont modifiées. En face de mes devoirs d'historien, mes affections ont disparu ; la vérité s'est produite. Effrayé de son aspect, j'ai prié le gouverneur général de me donner les moyens de vérifier les indices que je rencontrais : — mes demandes sont restées sans réponse.

J'ai dû me borner, dès lors, à suivre les traces de l'histoire.

Si l'on remarque quelque différence entre les lignes hâtives de ma première esquisse et l'œuvre sérieuse que j'achève aujourd'hui, les faits qui précèdent expliquent cette différence.

GOUVERNEMENT DU MARÉCHAL BUGEAUD.

1844-1846.

> Je déclare en toute vérité, et *sur ma conscience*, À LA FACE DE LA FRANCE, que je renonce à toute espèce d'avancement. Oui, messieurs, *si le roi me nommait lieutenant général, JE REFUSERAIS*, je le déclare!
> J'ai pris mon bâton de maréchal, je resterai maréchal de camp [1]. Le maréchal de camp BUGEAUD en 1834.

> Le système de gouvernement que l'on choisira pour l'Algérie peut avoir une immense influence sur ses destinées. Je n'ai pas la prétention de m'éterniser en Afrique [2].
> Le général BUGEAUD en 1842.

> Ah! vous voulez me donner un gouverneur civil? Eh bien, qu'il vienne ici ce gouverneur civil! qu'il vienne, et j'emmènerai *mon* armée, et j'irai, *moi*, transporter *mon* quartier général à Médéah; je ne laisserai pas un de *mes* soldats dans Alger, et nous verrons alors ce que fera monsieur le gouverneur civil [3].
> Le maréchal BUGEAUD en 1846.

Au début de la session de 1842, le Roi adressait aux Pairs et aux Députés réunis ces paroles que saluèrent d'unanimes acclamations : — « J'ai pris des mesures pour qu'aucune complication extérieure ne vienne altérer la sûreté de

---

[1] Voyez dans le *Moniteur universel*, la discussion de la loi relative à la fixation du cadre de l'état-major général de l'armée. (*Séance de la Chambre des députés* du 20 février 1834.)
[2] *L'Algérie ; Des moyens de conserver et d'utiliser cette conquête*, p. 37.
[3] Il a été publié récemment, sous le titre de *La France en Afrique*, une brochure qui contient une critique discrète du régime du sabre, inauguré en Algérie par M. le maréchal Bugeaud, et la proposition d'y substituer les garanties d'une administration civile. Le public a supposé que cette publication émanait des inspirations de M. le ministre des affaires étrangères; des personnes qui se croient mieux informées l'attribuent au secrétaire de la présidence du conseil. Quoi qu'il en soit, c'est un livre écrit en vue de prochaines améliorations que nous appelons de tous nos vœux. Malheureusement, il a soulevé la colère de M. Bugeaud, et le journal *la Presse* a publié un monologue qui se serait échappé de la bouche du gouverneur général, en présence d'un prince, et dont nous avons extrait l'épigraphe ci-dessus.
Il nous répugne de croire que M. Bugeaud ait osé manquer si grossièrement au respect que tous les

nos possessions d'Afrique. Nos braves soldats poursuivent, sur cette terre *désormais et pour toujours française*, le cours de ces nobles travaux auxquels je suis heureux que mes fils aient l'honneur de s'associer. Notre persévérance achèvera l'œuvre du courage de notre armée, et la France portera dans l'Algérie sa civilisation à la suite de sa gloire.»

A la fin de 1843, les plans du gouvernement semblaient avoir été suivis avec sagesse et persévérance. Satisfait des résultats obtenus, le gouverneur général venait de publier un écrit, dans lequel, après avoir évalué à 75,000 hommes la force collective destinée à garder les points principaux de la conquête, il proposait d'élever l'effectif à 80,000 hommes, « si l'on voulait faire les choses avec toute sécurité, par la possession et avec la rapidité désirable pour le progrès des travaux [1]. » Passant en revue les œuvres accomplies et les espérances de l'avenir, il nous montrait la conquête de l'Algérie *consommée* [2], et reconnaissait que depuis les Biban jusqu'au rivage de Kollo, ce pâté de montagnes, qu'il a plus tard intitulé *Kabylie*, pouvait s'isoler de la conquête, en le tenant dans un état de blocus par terre et par mer, qui amènerait tôt ou tard les farouches habitants de ces montagnes à une capitulation quelconque [3]. Il ajoutait que l'homme n'étant nulle part indifférent au bien-être, lorsqu'il peut se le procurer, le commerce seul pourrait nous attacher les Arabes; que nous n'avions pas assez songé à gouverner les indigènes, et que pour *protéger* à la fois *leurs intérêts* et les nôtres, il faudrait plus de soins et de sollicitude qu'il n'en avait fallu pour les vaincre [4].

Plus décisive que la plupart des expéditions qui l'avaient précédée ou suivie, la brillante victoire de Taguin, en signalant un jeune prince à notre admiration, avait ruiné pour longtemps la puissance d'Abd-el-Kader, et tout faisait présager qu'avec une franche impulsion donnée aux travaux de la colonisation, une ère de prospérité allait s'ouvrir, et compenser progressivement nos longs et pénibles sacrifices. M. Bugeaud venait d'être élevé à la dignité de maréchal de France, et l'opinion publique, facilement oublieuse de ses griefs, s'attendait à voir le gouverneur général s'élever à la hauteur de sa mission administrative; diriger du fond de son cabinet les manœuvres de ses lieutenants; et maintenant d'une main la paix armée, travailler de l'autre au développement physique de la société nouvelle dont les destinées n'exigeaient, pour éclore, que les res-

citoyens doivent aux membres de la famille régnante; car une telle conduite serait plus que de la démence. Mais quel qu'ait été le témoin de cette scène fâcheuse, le même journal ajoute qu'accusant ensuite le gouvernement de faiblesse et d'*ingratitude*, et revenant à ce livre, le maréchal se serait écrié : « On dit que c'est la pensée de M. Guizot : eh! que m'importe, à moi, M. Guizot ! Je le connais ce M. Guizot, c'est un *impuissant* (je me sers du terme poli, dit le correspondant de *la Presse*; l'expression du maréchal est par trop soldatesque pour être rapportée); il parle beaucoup, mais il ne fera rien; et s'il osait jamais se mêler de mes affaires, je saurais bien y mettre ordre; mais il ne l'osera pas; je veux commander ici, et je commanderai. » (Voyez tous les journaux de l'époque, et notamment *la Presse* et *le Siècle* du 5 avril 1846.)

De telles paroles constituaient le gouverneur général en état de rébellion flagrante vis-à-vis le Pouvoir. De telles paroles, si elles n'avaient pas été prononcées, réclamaient un démenti solennel. M. Bugeaud s'est abstenu. Nous ne croyons pas, au surplus, que sa virulente agression parvienne à la hauteur du dédain de M. Guizot; mais il est déplorable qu'un fonctionnaire comblé des bienfaits du gouvernement injurie, dans ses lettres ou dans ses discours, le même ministère qui a signé ses brevets de gouverneur général, de maréchal de France et de duc d'Isly.

[1] *L'Algérie; Des moyens de conserver et d'utiliser cette conquête*, p. 22. — [2] *Ibid.*, p. 101. — [3] *Ibid.*, p. 14. — [4] *Ibid.*, p. 110, 112 et 113.

sources d'un dévouement ordinaire. Pendant les repos de la guerre, nos soldats avaient tracé des routes, construit des ponts, fortifié des camps, élevé des magasins; derrière eux l'agriculteur d'Europe demandait à s'installer, et le moment paraissait venu de laisser gronder le fracas des armes aux frontières du sol ennemi, pour semer dans la zone dont la conquête était consommée les éléments si longtemps désirés d'une existence politique.

Dans la province d'Alger régnait l'ordre et le calme. Les tribus les plus voisines du Sahel acquittaient leurs impôts sans difficulté, lorsque le maréchal Bugeaud apprit que Ben-Salem, ancien khalifa de Sebaou, était rentré dans l'est, où il cherchait par ses intrigues à fomenter contre nous quelques soulèvements. La Métidjah n'était pas menacée, et c'était peut-être l'occasion de fermer les passages des montagnes insoumises, et de parer à toute occurrence d'hostilité par ce blocus dont M. Bugeaud avait lui-même proclamé la suffisance. Oublieux de ses convictions d'autrefois, ou plutôt préférant l'éclat de ses bulletins à des gloires plus modestes mais évidemment plus durables, il annonça tout à coup son projet de porter la victoire sur les cimes du Djerjerah. On s'émut en France devant ces symptômes de guerre nouvelle sur un sol inconnu, le plus difficilement accessible de toute l'Algérie, et possédé par une race qui avait tenu en échec les conquérants de plusieurs siècles. *Le Moniteur Algérien* reçut l'ordre d'assoupir provisoirement l'inquiétude publique, et témoigna, le 1er mars, que l'on ne pensait pas à guerroyer contre les Kebaïles de l'est; que si ces fiers montagnards ne nous étaient pas soumis, du moins ils ne nous étaient pas hostiles, fréquentaient nos marchés, et n'aspiraient qu'à conserver leur indépendance, qu'ils croyaient garantie par les forteresses naturelles de leurs âpres montagnes. Le 30 du même mois, le même organe officiel du maréchal Bugeaud démentait tout bruit d'expédition par la déclaration suivante : « Pour éclairer le public de bonne foi, nous devons dire que les projets *d'exécution* dans les montagnes de Bougie n'ont *jamais* existé. »

Cependant, le ministre de la guerre, par sa lettre à la commission des crédits extraordinaires indiquait, le 3 mars, au nombre des raisons qui lui faisaient proposer à la chambre une addition de 15,000 hommes à l'effectif de notre armée d'Afrique, « la *nécessité* de faire des démonstrations parmi les populations kebaïles qui entourent le Djerjerah, et qui, plus guerrières que le reste des tribus arabes, sont plus difficiles à dompter, et seront longtemps remuantes. » La commission, frappée de cette divergence entre l'opinion du ministre et celle du gouverneur général, crut devoir demander quelques éclaircissements : il lui fut répondu « que l'expédition était *déterminée* par la *nécessité* de ranger dans le nombre des tribus payant l'impôt toutes celles qui le payaient au gouvernement turc; et que le moyen de domination à appliquer après l'expédition serait le gouvernement exercé par des chefs indigènes nommés par nous, agissant sous notre autorité, surveillés et appuyés au besoin par nos troupes, et chargés de recueillir l'impôt à notre profit. »

Pendant que la commission délibérait, le gouverneur général se passait de renforts, activait ses préparatifs, et son journal oubliant ses déclarations des 1er et 30 mars publiait, le 14 avril, cette adresse aux Kebaïles : — « Soumettez-vous à la France, et il ne vous sera fait aucun mal. Dans le cas contraire, j'entrerai dans vos montagnes, *je brûlerai vos villages, et je couperai vos arbres fruitiers*[1]. »

Plein de confiance dans son étoile belliqueuse, M. Bugeaud n'hésita pas à assumer la responsabilité d'une guerre que l'opinion générale considérait comme impolitique, et qu'il avait lui-même jugée fort inutile. Un corps d'armée d'environ 7,000 hommes de toutes armes, fut réuni, le 27 avril, en avant de la Maison Carrée, et, parti le même jour, vint camper à trois lieues de là, sur des prairies de la plus belle végétation, qui s'étendent le long des bords de l'Oued-Hamis. Le lendemain, dès l'aube, la rivière fut traversée sur un pont volant. La plaine était effondrée par les pluies qui n'avaient cessé de tomber depuis plus d'un mois; l'infanterie marchait dans l'eau et la vase jusqu'aux genoux. On franchit de bonne heure l'Oued-Boudouaou, qui serpente dans une vallée profonde dont la fertilité ne le cédait en rien à celle du Hamis. La grande halte se fit dans une vaste clairière encaissée par des collines plantureuses. Pendant le repos des troupes, arrivèrent successivement 200 chevaux français, et plusieurs détachements d'indigènes auxiliaires conduits par un officier de la Direction des affaires arabes, tandis que survenaient d'autre part 600 cavaliers des Beni-Djaad, des Beni-Solyman, et des Aribs du Hamza, sous la bannière de Si-Mahi-Eddin, notre khalifa de Sebaou. Ce dernier, fort instruit des projets des Kebaïles, nous annonça que ces montagnards avaient juré de périr jusqu'au dernier, plutôt que de voir leur pays envahi par l'étranger. Le bivouac fut installé le même soir sur les bords de l'Oued-Corso; le gros de l'armée campa dans la vallée, pendant que de forts avant-postes occupaient les hauteurs. Le kaïd des Krachenas, dont nous foulions les champs, vint apporter la *Diffa* devant la tente du maréchal; c'est la redevance en vivres offerte par les tribus au sultan ou au dominateur du pays, partout où il campe sur un territoire qui lui est soumis.

Le 29, la route changea de physionomie : plus de marais, plus de vallées, mais des montagnes rocheuses, des sentiers déchirés à chaque pas par des fondrières et des ravins tortueux. Après deux heures d'une marche lente à travers les obstacles qui semblaient conjurés pour nous fermer le passage, on passa l'Oued-Touquebat, et, plus loin, deux de ses affluents, le Chaba-M'Taa des Beni-Aïcha, et l'Oued Beni-Khalifa. A partir de là, les pentes se roidissent, les éclats de roche tranchante percent les bruyères; le caroubier, le lentisque, le chêne-liége et l'olivier sauvage s'entrelacent en inextricables halliers. Une

---

[1] Une proclamation traduite en arabe était en même temps répandue parmi les 3,000 Kebaïles qui fréquentaient la ville d'Alger, les uns comme marchands, les autres comme pâtres, journaliers, domestiques. — « Habitants du Djerjerah, leur disait-elle, cultivez en paix vos terres, échangez vos produits : cette dernière situation n'est-elle pas préférable à une guerre contre un peuple grand et puissant, qui n'aurait qu'à vouloir pour vous détruire ? Il ne me serait pas difficile de pénétrer dans vos montagnes, si vous m'y contraigniez par des démonstrations hostiles. Les défilés des Beni-Aïcha et les sentiers de Cherob ne sont pas inconnus aux Français. J'irai bien plus loin quand j'en prendrai la résolution. Malheur alors à vos troupeaux, à vos arbres, à vos champs, à vos habitations, qui ont été préservés depuis trois ans! Je ne veux pas vous révéler encore tous mes projets; l'avenir vous les fera connaître. »

A cette menace inattendue, les Kebaïles s'empressèrent de déserter Alger, pour porter à leurs compatriotes l'avis de se préparer à une rude défense. Aujourd'hui qu'ils savent ce qu'ils ont à redouter, Dieu sait par quels moyens on pourra, même en changeant de système, vaincre leur défiance et les ramener à nous.

gorge s'allonge et se creuse entre des hauteurs qu'on dirait échancrées par la foudre ; les chevaux glissent à chaque pas, les cavaliers se couchent sur la selle pour éviter les branches mortes que les arbres tendent de tous côtés comme des bras immobiles ; les fantassins, courbés sur l'âpre sentier que les sapeurs d'avant-garde ont à demi déblayé, se suivent à la file, comme un serpent de fer tordant ses innombrables anneaux autour d'une ruine séculaire.

C'est le Téniah ou *Col* des Beni-Aïcha.

Au sortir de ce long défilé on descend, par un plan largement incliné, dans la vallée de l'Isser. Les cultures reparaissent ; la prairie émaillée de fleurs reprend encore la place des arides bruyères ; tous les contrastes se succèdent à courte distance sur ce territoire si varié, à travers les accidents multiformes d'une si puissante nature. L'armée s'arrête vers midi à l'Haouch-bou-Ameur, sur la rive gauche de l'Isser. Le soir les chefs des douars voisins apportent la *Diffa*, et nous apprennent que la grande tribu kebaïle de Flissa vient de mettre en sûreté ses femmes, ses enfants, et se prépare à une lutte énergique. Pendant la nuit la pluie tomba par torrents, les trombes d'un vent furieux dévastaient les broussailles, les feux des bivouacs s'éteignirent, et quand à l'aube les soldats se réveillèrent transis de froid dans un vaste bourbier, les eaux de l'Isser, chargées du limon de leurs rives que la crue détachait en grondant, roulaient comme des vagues. L'impossibilité d'employer l'équipage de pont força le maréchal d'attendre au lendemain. Ce jour-là, les chefs des Beni-Khalfoun, tribu de la rive droite de l'Isser, amenèrent au camp un marabout des Flissas, nommé Ben-Tafat, qui voulait, disait-il, épargner à ses compatriotes les malheurs de la guerre. Il ne s'annonçait pas comme leur mandataire ; son intervention n'était qu'officieuse ; il venait s'informer des projets des Français, et promettait de rapporter, le 1er mai, la réponse des Flissas au camp de Bordj-Menaïel, où l'armée devait se trouver. Le maréchal lui accorda vingt-quatre heures pour tenter une négociation pacifique.

Le soir, les kaïds des Issers traversèrent le fleuve malgré les périls du passage, pour apporter la *Diffa*. Le lendemain, Ben-Tafat reparut ; cet homme vénérable était triste ; il n'avait rien obtenu des Flissas ; mais, pensant que sa présence au milieu de nous pourrait encore servir ses compatriotes, il se décida à suivre l'armée. Les chefs des Guechetoulas, des Nezelouas et des Beni-Khalfoun étaient venus supplier le maréchal d'épargner leurs villages, et se porter garants de la neutralité des tribus qu'ils commandaient. On apprit par eux que la plus grande indécision régnait parmi les Kebaïles ; les pauvres voulaient combattre, mais les puissants et les riches, qui voyaient leurs biens exposé à nos dévastations, se sentaient disposés à traiter ; la crainte de perdre leur pouvoir et d'être massacrés comme traîtres les empêchait seule de proposer dans le conseil des voies d'accommodement. Ils attendaient que le menu peuple eût assez souffert pour ouvrir, le premier, des projets de soumission et réclamer l'intermédiaire des chefs entre lui et le vainqueur.

Le 2 mai, à 5 heures du matin, le pont fut établi sur un point guéable. Les soldats, impatients de rencontrer l'ennemi, faisaient retentir les airs de cris joyeux, et s'engagèrent sans murmurer dans les marais qui s'étendent au delà de l'Isser. A dix heures on se trouvait à Bordj-Menaïel[1]. Le camp fut tracé sur les plateaux; le maréchal, décidé à fixer dans cette position d'une facile défense un grand poste de ravitaillement, fit commencer les travaux d'une redoute, et écrivit à Alger pour que deux bateaux à vapeur fussent rendus, le 7, devant la bourgade de Dellys, avec des vivres pour quinze jours, et un renfort considérable de munitions de guerre. Un marché fut ouvert au camp, avec ordre de protéger les Arabes qui s'y présenteraient; quelques hommes des Issers s'y rendirent; mais leur attitude était pleine de défiance : une rude partie allait s'engager, et les tribus auxquelles la crainte avait conseillé la neutralité attendaient que le sort se fût prononcé, pour le subir avec résignation, ou pour tomber sur nous, si, comme elles l'espéraient, nous étions repoussés.

Le 3, à onze heures du matin, le colonel d'état-major Pélissier alla reconnaître, avec deux bataillons, la région située au S. E. du camp, et parvint, après une heure de marche pénible dans un défilé, à l'entrée d'une vallée circulaire. J'accompagnai cet officier supérieur. A droite et à gauche de la gorge que nous venions de franchir, les rochers s'écartaient comme des parois de citadelle. En face de nous, une petite plaine descendait par gradins insensibles jusqu'au pied de la chaîne des Flissas, dont l'arête la plus escarpée porte à son flanc une large bâtisse carrée, surmontée d'un dôme blanc : c'est le marabout de Timezerit[2]. Quand nous arrivâmes en face de ces remparts de granit, on vit des rassemblements considérables s'agiter à droite et à gauche du marabout. Des clameurs sauvages saluaient notre approche, mais une vingtaine d'éclaireurs à cheval, parmi lesquels on distinguait à leurs burnous rouges quelques réguliers d'Abd-el-Kader, vinrent seuls échanger avec nous une centaine de balles; le colonel Pélissier, après avoir longtemps observé les montagnes, fit un mouvement par le flanc gauche, défila au pas devant le front des Kebaïles, et revint au camp par une gorge parallèle à celle que nous venons de suivre.

Le 4, une seconde reconnaissance, dirigée vers la gauche de la chaîne des Flissas, revint comme la première, sans perdre un seul homme. Mais dès

---

[1] Le *Bordj-Menaïel* est un fortin carré, bâti autrefois par les Turcs, qui y tenaient un poste commandé par un kaïd. Ce chef dirigeait les cavaliers des Issers et des Amraouas, chargés de prélever, à des époques fixes de l'année, sur les Kebaïles de la montagne, les redevances que le dey d'Alger exigeait d'eux pour leur permettre de fréquenter les marchés de la ville et de labourer une portion de la plaine. Ce fort, qui prend son nom de l'Oued-Menaïel, est entouré de guérets fertiles, dont la culture serait d'un plus riche produit si elle était faite par des bras européens. La vallée est enceinte d'un rideau de collines, où l'orge et le froment se disputent les moindres plis du terrain.

[2] *Timezerit* est un lieu saint où les Flissas se réunissent, de temps immémorial, pour discuter en assemblée générale leurs affaires de paix et de guerre. Les tribus kebaïles de cette région forment de petites républiques dont les membres se convoquent en congrès populaire (*Djemâa*), toutes les fois que l'intérêt commun l'exige. Chacun, depuis le chef jusqu'au dernier berger, a le droit d'y parler à son tour et de donner son avis. Ce mode de procéder entraîne souvent des lenteurs interminables. Lorsque la décision (*El Meïz*) est prise, on fait une décharge de toutes les armes, suivie d'une prière à l'Éternel, pour sanctionner la volonté nationale et protéger ses effets. Les marabouts exercent dans ces assemblées une influence très-considérable. Ici, comme partout en ce monde, la naissance, l'entourage et les richesses sont des moyens puissants pour agir sur les résolutions publiques.

L'approche d'une armée française était un événement de haute importance pour ces montagnards, qui avaient sommeillé pendant tant de siècles dans leur fière indépendance. Les Turcs, en les tenant bloqués quand ils refusaient d'acheter par un tribut le droit de descendre en plaine, leur avaient causé peu de mal, et n'eussent jamais osé tenter l'accès de ces monts redoutés, où chaque ravin peut cacher une embuscade, chaque buisson couvrir un tirailleur, chaque pierre devenir une arme, chaque fossé un tombeau pour l'assaillant.

qu'elle se mit en retraite, les Kebaïles descendirent en grand nombre des rochers, pour mettre le feu aux cabanes éparses dans la vallée. La flamme de ces incendies semblait annoncer que, décidés à tout sacrifier, les braves montagnards ne nous laisseraient pénétrer chez eux qu'en passant sur leurs corps.

D'après les renseignements qui nous parvenaient, trois rassemblements considérables se trouvaient devant nous. L'un, commandé par le khalifa Ben Salem en personne, occupait les hauteurs de Timezerit. Le second, sous les ordres de Ben-Kassem-Ou-Kassi, campait chez les Ameraouas, à Bordj-Tiziouzou; le troisième grossissait autour du drapeau d'El-Djoudi, sur les pentes qui couronnent la vallée de l'Oued-el-Ksab. On n'évaluait pas leur nombre total à moins de 20,000 guerriers, et nous n'étions que 7,000, un contre trois; mais les éléments de la division française étaient excellents. Dans la matinée du 6 mai, le kadi des Beni-Khalfoun, dont le chef marchait avec nous, arriva au camp. Il venait de Timezerit, et avait assisté à l'assemblée des Kebaïles. Une grande perplexité, dit-il au maréchal, règne au milieu de tous les groupes; les Flissas, qui ont tout à perdre, et que ruine, comme une invasion, le séjour des contingents auxiliaires qu'il faut fournir de vivres et de fourrages, et qui dévorent à merci le territoire qu'ils sont venus défendre; les Flissas voudraient la paix, car leur véritable ennemi, c'est le ravage des cultures, c'est le gaspillage des fruits des arbres, c'est le piétinement des chevaux sur les récoltes en herbe. Les Flissas sont braves; ils seraient prêts à mourir jusqu'au dernier; mais leurs femmes, leurs enfants, leurs vieillards? Que deviendront, au sein des dévastations qui se préparent, tant d'objets chers aux peuples sédentaires, aux tribus qui ne peuvent fuir comme les gens de la plaine, emportant au loin leurs villages mouvants, leurs familles et leurs richesses? Depuis que les Français sont en face de leurs montagnes, la prévision de l'attaque les tient sous les armes; mais, pour cela, ils ont quitté leurs toits de pierre; ils n'ont ni tentes ni abris; la pluie qui tombe presque sans cesse les a glacés, et la misère les consume; et les alliés venus pour les défendre ne valent pas plus qu'un ennemi pour ces hommes qu'attachent au sol natal les bonheurs simples et vrais de la propriété. — «Ne vous réjouissez pas du retour du soleil, ajoutait le kadi, car son éclat réchauffe vos adversaires, et durcit la terre sous les pas des guerriers. Les gens de la montagne ne s'en iront pas sans combattre; mais si les pluies avaient encore duré dix jours, la disette les aurait renvoyés dans leurs villages lointains, mieux que ne feraient peut-être dix journées de poudre.»

A tout cela, le maréchal ne faisait qu'une réponse invariable : — «Qu'ils se soumettent! Dans le cas contraire, je brûlerai leurs villages, je couperai leurs arbres fruitiers.» Le même jour, il reçut la nouvelle de l'arrivée à Dellys des deux bateaux à vapeur qu'il attendait. Le général Gentil avec sa brigade, renforcée de deux bataillons du 48e et du 53e, avec toute la cavalerie régulière, fut chargé de garder le poste fortifié de Bordj-Menaïel. Le maréchal se mit en route pour Dellys avec le reste des troupes, en se dirigeant vers le N. E. par le pays des Issers. Nous traversâmes des vallées limoneuses, en laissant à droite, vers l'est, des plaines couvertes à perte de vue d'une riche culture en céréales. Les habitants, rassurés sur la foi de leur neutralité, ne quittaient pas leurs villages, et des troupeaux innombrables foulaient tranquillement les gras pâturage des collines[1]. A cinq heures du soir, l'armée traversa l'Oued-Ben-Arous (*rivière des Cascades*), et vint camper sur le mamelon de Souk-el-Etnin, où se tient, tous les lundis, le marché des tribus voisines. Au pied de cette pente, coule l'Oued-Neça, large de 400 pieds, à l'endroit où nous le trouvâmes guéable.

Le 7 mai, au point du jour, on eût dit que toutes les cataractes du ciel avaient rompu leurs digues. La pente du Souk-el-Etnin était battue en brèche par des trombes d'eau que le vent chassait en avant. L'Oued-Neça, si limpide et si calme dans la soirée de la veille, clapotait comme une mer houleuse. Vers dix heures, son courant mordait les talus des deux rives, et se couvrait d'argile et de débris. Le maréchal comprit qu'une heure plus tard il se verrait bloqué comme aux abords de l'Isser. Le camp était de toute part environné d'ennemis qui guettaient le moment favorable pour une attaque; le passage du fleuve fut ordonné, et s'accomplit au chant national de la Marseillaise; on ne perdit que trois hommes entraînés par cet effroyable torrent, dont les masses d'eau grossissaient de minute en minute avec une telle violence que la cavalerie de Mahi-Eddin, qui formait l'arrière-garde, fut obligée de rester sur la rive gauche avec une cinquantaine de soldats français.

Le pays des Ameraouas commence au delà de l'Oued-Neça. Le premier village que rencontra l'armée appartient à un marabout tellement vénéré, que, dans les guerres les plus acharnées entre les tribus, son territoire avait été respecté de temps immémorial. Le maréchal défendit qu'on troublât cette population paisible. On s'arrêta un peu plus loin, car les chemins devenaient impossibles, et le déluge ne cessait point. Le bivouac fut établi tant bien que mal sur un coteau qui domine quatorze villages, dont chacun compte au moins quarante maisons de bois ou de pierre, parmi des vergers couverts d'oliviers, de figuiers, de vignes et d'arbres à fruit; tout le pays est en pleine culture; l'orge, les fèves et le froment s'y déroulaient en nappes immenses.

La nuit suivante fut tourmentée par de violents orages; au retour de l'aube, la crue de l'Oued-Neça semblait un peu diminuée, mais le gué que nous avions franchi restait impraticable, et dans la matinée le courant se gonfla de nouveau.

Nous marchâmes, en suivant le lit de la rivière, sur le pays des Beni-Thour, à travers des marécages où nos chevaux et mulets bronchaient à chaque pas. Les villages de cette tribu étaient abandonnés ; le maréchal pensa que les habitants s'étaient réfugiés à Dellys, et défendit provisoirement le pillage de leurs

---

[1] En arrivant sur les hauteurs du Sahel qui domine l'Oued-Schendel, on aperçoit au loin la pointe Pescade, qui baigne dans la mer ses blanches batteries, et la ville d'Alger, qui semble une tache de craie entre la verdure sombre du Bou-Zariah et les flots bleus qui dorment à ses pieds. — Des vestiges de construction romaine rampent épars de tous côtés. — A 6,000 mètres en avant de nous, apparaissait la masse carrée du Bordj-Sebaou, sur la pente d'un mamelon qui regarde le nord. Plus loin, à 10,000 mètres, le Bordj-Tizlouzou, dernier avant-poste de la puissance turque, occupait une autre hauteur. Partout se pressaient de grands villages entourés d'une ceinture de vergers. — Au sud, les pentes nord de Timezerit, dont nous étions séparés par deux étroites vallées, étaient aussi chargées de villages en pierre avec des toits de brique. Nos guides arabes nous montrèrent les riches propriétés de la famille du célèbre Ben-Zamoun, chef des Flissas. — Plusieurs sentiers qui suivent les arêtes de cette montagne démontraient qu'elle ne serait pas inaccessible, mais que le passage y serait vivement disputé. — Le pays des Ameraouas s'enfonce vers l'est, au delà des forts de Sebaou et de Tiziouzou.

propriétés. Après une marche pénible, l'armée s'arrêta, vers midi, sur les rochers de Statire, au-dessus de l'embouchure de l'Oued-Neça qui prend, en cet endroit, le nom de Bouberak. De nos bivouacs, nous vîmes Dellys à nos pieds, et à notre gauche, au delà du fleuve qui refoulait la mer de ses flots débordés sur une largeur de 7 à 800 mètres, nous apercevions les tentes de notre allié Mahi-Eddin, qui attendait avec impatience la possibilité de nous rejoindre avec sa cavalerie.

Notre arrivée ne causa nul effroi aux gens de Dellys, qui l'attendaient comme une protection. Ben-Salem avait voulu les contraindre à émigrer; mais les Kebaïles des montagnes voisines lui avaient déclaré qu'on leur passerait sur le corps avant qu'ils consentissent à laisser abandonner cette ville, qui était pour eux un centre de relations continuelles avec Alger. A notre approche, le kaïd Abd-el-Rahman, s'était retiré précipitamment, suivi de quelques habitants, pour aller faire cause commune avec Ben-Salem, son ancien chef. Un des notables de la ville, nommé Mouloud, vint au devant de nous pour se porter garant des bonnes dispositions de ses concitoyens [1].

Après avoir donné quatre jours à l'organisation militaire de Dellys, le maréchal quitta son camp le 12 mai, à quatre heures du matin, et remonta la rive

---

[1] J'ai donné, LIVRE DEUXIÈME, p. 81, la description de Dellys.

Mouloud était un homme jeune, robuste, intelligent, et ennemi personnel du kaïd fugitif. Le maréchal l'accueillit sous sa tente avec beaucoup d'égards, et le nomma kaïd. Les habitants de Dellys nous offrirent leur mosquée pour en faire un magasin, et quatre maisons voisines pour loger une petite garnison dont ils sollicitaient la présence. M. Bugeaud leur promit de faire réparer la mosquée dès qu'on n'en aurait plus besoin, ou de leur en faire construire une autre, si l'on croyait indispensable de la garder comme bâtiment militaire. Des mesures furent prises pour isoler la portion de la ville que nous devions occuper de celle où il était convenable de laisser les habitants à l'abri du contact un peu rude de nos soldats. Cette prise de possession s'effectua avec beaucoup d'ordre, et de manière à faire vivement regretter que le maréchal ait rarement procédé dans la suite avec la même justice, unique moyen de s'attirer le respect qui devrait partout et toujours accueillir notre drapeau.

Dans le port, se trouvaient rendus les bateaux à vapeur l'*Euphrate*, que montait l'amiral Rigodit, et le *Vautour*, commandé par le capitaine de corvette Fourichon, l'un des officiers supérieurs les plus instruits et les plus distingués de la division navale qui fait le service des côtes d'Afrique. Ces bâtiments apportaient 150,000 rations, de la poudre, des fusils de rechange, et des masses de projectiles. Les habitants de Dellys nous aidèrent à débarquer ce convoi et à le ranger dans la mosquée. On leur distribua 120 fusils pour s'organiser en milice. Une garnison de 150 hommes leur fut laissée avec deux obusiers, sous le commandement d'un capitaine, et une demi-compagnie de discipline fut appelée de Philippeville, pour travailler immédiatement aux blokhaus et autres ouvrages de fortification. L'ordre fut, en même temps, expédié au *Liamone*, qui faisait le service de stationnaire à Bougie, de venir s'embosser devant Dellys, pour protéger ses abords du côté de l'est.

Nous passâmes quatre jours au camp de Statire. Le kaïd Mouloud, qui venait souvent visiter le maréchal, nous apprit que, jusqu'à quatre journées de marche de Dellys, les Turcs s'étaient réservé d'immenses terres qu'ils nommaient *biens du beylick*. Ces terres s'étendent, de l'O. à l'E., depuis le Bordj-Menaïel jusqu'au delà du Bordj-Tiziouzou, et du S. au N. depuis le Bordj-Sebaou jusqu'à Dellys; elles étaient en quelque sorte affermées aux Kebaïles. Les tribus des Amerauouas et des Issers, organisées en *Maghzen*, cavalerie irrégulière, s'appuyaient sur les petits postes de Bordj-el-Boghni, Bordj-Menaïel, Bordj Sebaou, Bordj-Tiziouzou, et tombaient de là sur les récalcitrants qui ne payaient pas leur redevance. De cette façon, les Turcs, en arrêtant à volonté le commerce des Kebaïles, maintenaient ces montagnards, chez lesquels ils n'étaient guère en mesure de s'aventurer, et ils les obligeaient à devenir, sinon leurs tributaires exacts, du moins les locataires forcés du territoire fertile qui règne au pied des chaînes du Djerjerah. Vers la saison d'automne, au moment du labour, ils dressaient des embuscades dans chaque pli des vallées, coupaient la tête à quiconque se montrait dans la plaine, et produisaient une telle terreur, que les Kebaïles, abandonnant leurs travaux, n'osaient de longtemps se risquer hors de leurs montagnes.

Pendant notre séjour, quelques marabouts des villages d'alentour vinrent offrir leur soumission, en demandant qu'on les protégeât contre les Amerauouas. Le maréchal, ne pouvant affaiblir sa colonne, les renvoya dire aux chefs de tribus qu'il n'accepterait que des soumissions faites régulièrement et sans restrictions.

droite de l'Oued-Neça jusqu'au gué qui conduisait à notre ancien bivouac de Souk-el-Etnin. Quelques cavaliers arabes s'étant montrés sur les hauteurs, il ordonna au goum de Mahi-Eddin, qui nous avait rejoint la veille, de s'embusquer sous les ordres du lieutenant-colonel Daumas. On adjoignit à ces auxiliaires deux pelotons formés de sous-officiers et de brigadiers du train, commandés par le capitaine d'état-major de Cissey. Vers sept heures du matin nous arrivions au gué, devant Souk-el-Etnin, lorsque quelques coups de fusil, tirés hors de portée, firent penser que les Kebaïles se proposaient d'assaillir le convoi. Le maréchal, arrêtant sa colonne, confia au brave colonel Regnault, du 48°, la mission d'effectuer le passage de la rivière avec le convoi, sous la garde d'un bataillon, et d'aller reprendre position à Souk-el-Etnin; puis, faisant mettre sacs à terre à l'infanterie, il forma rapidement une colonne d'attaque. Les grenadiers du 48° marchèrent à l'avant-garde, suivis des gendarmes à pied et à cheval. Venaient ensuite 25 spahis de l'escorte du maréchal, une section d'artillerie avec deux obusiers; les tirailleurs indigènes, les zouaves; un bataillon d'élite composé de soldats d'artillerie et du génie; un bataillon du génie, un du 48°, un du 53° et un du 26°, en tout 2,000 hommes, non compris la cavalerie auxiliaire.

Un coup d'obusier, signal convenu, avertit le colonel Daumas d'opérer son mouvement. L'infanterie et l'artillerie abordèrent les hauteurs au pas de course, et les enlevèrent sans résistance. Le premier plateau étant couronné, la cavalerie ennemie, au nombre d'environ 400 hommes, se massa devant nous en reculant; le colonel Daumas ayant gagné les hauteurs par des sentiers fort difficiles, exécuta une charge brillante, pendant deux lieues, de plateau en plateau. Le soleil à pic chauffait comme une fournaise, pas un arbre n'offrait un pied d'ombre : nos chevaux épuisés durent s'arrêter pour prendre un peu de repos et attendre l'infanterie. Quand les bataillons furent réunis, le maréchal franchit le rideau de collines qui masquait la retraite des Kebaïles, et plongea dans la vallée de Taourgha. Cette vallée est presque fermée au sud par des pentes escarpées qui se creusent en arc de cercle, dont la pointe gauche touchait à la ligne de direction de la colonne d'attaque, et l'autre s'en éloignait de quelques cents mètres. Au sommet de l'arc s'élevait un grand village; — à l'extrême droite s'en ouvrait un second;—à la gauche de l'arc, sur une crête difficile à aborder, deux villages non moins considérables semblaient promettre une longue résistance. Les rassemblements qui couvraient, en face de nous, la ligne de bataille de l'ennemi, offraient à première vue cinq ou six mille hommes. Des cris menaçants partaient de ces masses confuses, qui se croyaient inaccessibles, et qui engagèrent une fusillade dont la fumée enveloppa en quelques minutes le théâtre de la lutte qui allait s'engager.

Le maréchal, placé sur une petite éminence, faisant face au sommet de l'arc de cercle, lança de front le bataillon du 48°, et les tirailleurs indigènes, en prescrivant de ne répondre au feu des Kebaïles qu'après avoir enlevé la crête. Cette manœuvre, exécutée rapidement, fut soutenue par le goum qui chargea les masses opposées à notre gauche. En dix minutes, la ligne de défense de l'ennemi fut coupée en deux; il se replia dans les ravins.

Tandis que le 48°, continuant son mouvement, marchait sur le village du sommet de l'arc pour l'incendier, les tirailleurs indigènes détruisaient à l'extrême droite le premier dont on avait débusqué les Kebaïles. L'ennemi refoulé s'était rallié à la gauche de l'arc, pour défendre ses deux derniers villages. Trois compagnies du bataillon d'élite, armées de grosses carabines, y furent envoyées sous les ordres du capitaine Jacquin; mais, presque au pied de la hauteur, elles s'embourbèrent tout à coup dans un profond marais, et mouillèrent toutes leurs cartouches. Les Kebaïles, encouragés par ce moment d'embarras, redescendaient en foule des pentes de gauche, pour fusiller à bout portant cette petite troupe compromise, lorsque le lieutenant-colonel du 48e, accourant avec six compagnies, dégagea les grosses carabines. Les voltigeurs du 26e, que le maréchal lançait vers le même point, enlevèrent à la baïonnette le quatrième village, et précipitèrent les fuyards dans un ravin où le jeu de nos obusiers acheva de les écraser.

Il était trois heures après midi; les soldats, tourmentés par la faim, s'élançaient de maison en maison avec un acharnement qu'on ne saurait décrire; les malheureux paysans de la vallée de Taourgha défendirent à peine leurs foyers; on en fit aisément une affreuse boucherie, qui se termina par l'incendie de quinze villages. Toute la vallée était en flammes, tous les jardins regorgeaient de cadavres, parmi lesquels on pouvait compter, avec plus d'horreur que de gloire, nombre de femmes et d'enfants massacrés. Les Kebaïles perdirent plus de 400 individus des deux sexes et de tout âge; et cette affaire, plus comparable à une chasse aux loups qu'à un combat, ne nous coûta que cinq cavaliers auxiliaires, dont deux tués sur place, et trois atteints mortellement. L'infanterie française n'eut que huit ou neuf blessés. Le butin fut digne de la victoire : onze prisonniers misérables, une centaine de mauvais fusils, quelques yatagans ou *flissi*, des piques grossièrement fabriquées, des outils aratoires transformés en armes, et un chiffon de calicot rouge que, par erreur sans doute, on décora du titre de *drapeau* dans le bulletin de cette razzia, tels furent nos trophées [1].

A six heures du soir, l'armée avait repassé l'Oued-Neça, après quatorze heures de fatigue inutile, pendant lesquelles plusieurs milliers de cartouches furent consommés d'une manière bien déplorable. En rentrant à son bivouac de

---

[1] Je juge l'affaire de Taourgha en témoin oculaire. Cette course au clocher, qui ne pouvait avoir d'autre résultat que d'épuiser nos soldats, fut entreprise sans une véritable nécessité. Il serait même permis de penser que le maréchal Bugeaud se montra plus emporté que prudent ; car, mettre entre sa colonne et son convoi une rivière que trois heures d'orage pouvaient rendre inguéable; — exposer ce convoi avec un seul bataillon à toutes les chances d'une attaque sur un point dominé par des mamelons, de telle sorte que les assaillants pouvaient l'acculer à la rivière ; — perdre de vue ce convoi pour aller battre l'estrade par monts et par vaux, sur un espace de plusieurs lieues, sans direction précise, sans assurance de retraite, c'était manquer, au moins en apparence, de cette haute intelligence de la guerre qui devrait présider à toutes les manœuvres commandées par un maréchal de France.

Mais il faut tenir compte à M. Bugeaud du bonheur qui favorise toujours sa conduite aventureuse; il faut surtout reconnaître qu'il apprécie avec une rare justesse de coup d'œil tout le parti qu'il peut tirer de ses lieutenants pour aborder des tentatives que le succès peut seul justifier. Il y avait, dans la journée du 12 mai, plus de difficultés à répondre de tout le convoi, avec un bataillon, sur un point fort exposé, qu'à faire la chasse avec 2,000 hommes aux paysans de Taourgha. Il fallait pour cette mission un officier supérieur doué de sang-froid, et d'une expérience prête à résoudre sur-le-champ le problème d'une situation périlleuse. En faisant choix des soldats du 48e, chargés de seize campagnes, le maréchal entourait d'un mur de fer le poste de Souk-el-Etnin ; car le colonel Regnault, avec un seul bataillon, vaut une colonne pour l'attaque, une redoute pour la défense ; — l'épée du brave Regnault, c'est le drapeau vivant du 48e.

Souk-el-Etnin, le maréchal dépêcha un exprès au général Gentil pour l'informer de la prise de Dellys, de sa position actuelle, de ses projets ultérieurs, et lui porter l'ordre de quitter Bordj-Menaïel le 15, pour nous rejoindre du côté de Bordj-Sebaou. Cet officier général devait parcourir la vallée supérieure de l'Oued-Menaïel, en détruisant les villages situés au bas des pentes nord de la montagne de Flissa. Le camp retranché devait rester, en son absence, sous la garde de l'intrépide commandant Fossié, avec un bataillon du 48e.

Le 13 mai, vers deux heures après midi, l'armée remonta le cours de l'Oued-Neça jusqu'à l'entrée de la vallée de Sebaou, et campa sur les hauteurs que côtoie la rive gauche de cette rivière, qui prend, en cet endroit, le nom de Sebaou, et d'où l'on aperçoit, à une lieue et demie, le fort ou *Bordj* du même nom, debout sur la rive droite. Les Flissas nous envoyèrent, le 14, des parlementaires, auxquels le maréchal accorda une trêve de vingt-quatre heures. Le 15, à six heures du matin, après avoir suivi pendant une lieue et demie la rive gauche de l'Oued-Sebaou, la colonne s'arrêta dans la petite plaine de Tamdahit, au pied des montagnes et en face de Bordj-Sebaou. Les montagnes s'étendaient à notre droite, chargées de riches cultures; à leur cime s'élevaient plusieurs villages qui formaient le centre de rassemblements considérables.

Après le déjeuner, le maréchal, accompagné de son état-major et de quelques spahis, fit lui-même une reconnaissance au pied des montagnes, en allant de la droite à la gauche du camp vers la rivière, pour étudier les chemins par lesquels l'ennemi pourrait tenter une attaque de nuit. Les crêtes de ces montagnes paraissaient d'un abord peu aisé; cependant, vers la gauche, il existe un sentier accessible à l'infanterie, et dont la direction pouvait favoriser une manœuvre ayant pour but de tourner la position des Kebaïles. Le maréchal ordonna toutes les mesures nécessaires pour éviter une surprise.

Le 16, nous fûmes rejoints par la colonne du général Gentil, qui avait eu en route un engagement d'arrière-garde[1]. La journée se passa en observation, et les négociations n'ayant pas été entamées d'une manière sérieuse, le gouverneur général prescrivit, à huit heures du soir, les dispositions d'une attaque nocturne, dont le mouvement devait commencer à trois heures du matin.

La pluie tombait depuis la veille; des vapeurs épaisses couvraient la rivière, et du sol, inondé comme un vaste marais, s'élevait une brume pâle qui se détachait vers les montagnes en écharpes flottantes. Vers trois heures du matin, la pluie avait presque cessé; les brouillards gagnaient les crêtes, et masquaient aux regards de l'ennemi le mystère de nos mouvements. Les hurlements des chiens qui errent aux alentours des villages ne se faisaient pas entendre; un

---

[1] Le général Gentil avait rencontré sur sa route un rassemblement d'environ 2,000 Kebaïles, posté sur les pentes d'une chaîne de collines au pied desquelles il était forcé de passer. Averti par les instructions du maréchal que des négociations n'étaient pas loin de s'engager avec la tribu des Flissas, il désirait éviter le combat, et envoya un interprète annoncer aux chefs de ce rassemblement qu'il n'avait aucune intention de commencer les hostilités, et que pas un coup de fusil ne serait tiré par la colonne française, à moins qu'on ne le forçât de repousser une agression. Les chefs ayant accueilli cette démonstration pacifique, nos troupes défilèrent devant le front des Kebaïles, et poursuivaient tranquillement leur chemin, lorsqu'un coup de feu dirigé sur l'arrière-garde fut le signal d'une décharge de plus de cinquante autres. Le général Gentil arrêta sa colonne et fit un retour offensif avec tant de vigueur que l'ennemi se dispersa, laissant trente morts sur la place. Nous n'eûmes qu'un seul blessé.

morne silence dormait sur les flancs sombres des rochers. La colonne d'attaque s'organisait sans bruit sur la limite du camp; les officiers commandaient à voix basse, et les différents corps, après s'être formés, s'allongeaient dans l'ombre comme un convoi funèbre. Il était rigoureusement défendu de parler et même de fumer. Chaque soldat portait du biscuit pour deux jours, deux rations de viande cuite, et une provision de cartouches excédant celle de la giberne. Ces munitions étaient roulées dans le sac de campement porté en sautoir. Les havresacs devaient rester au camp, avec les tentes et les gros bagages, sous la protection d'un bataillon et du train des équipages.

Deux compagnies de zouaves, conduits par le lieutenant-colonel de Chasseloup-Laubat, une compagnie de chasseurs d'Orléans et une section de sapeurs du génie venaient de partir en avant-garde. Le maréchal prit le commandement de la colonne; il était suivi du bataillon d'élite; venaient ensuite trois obusiers; cent cavaliers français et arabes, sous les ordres du chef d'escadron de Noue; les tirailleurs indigènes; deux bataillons du 3e léger, deux du 23e de ligne, et deux du 48e. Les régiments étaient animés d'une telle ardeur, que, pour ne point faire de jaloux, on les avait mis en marche par ordre de numéro. Des détachements de cacolets, pour recueillir les blessés, étaient répartis de distance en distance. — Le mouvement commença.

La petite plaine de Tamdahit, avant d'arriver aux montagnes, s'abaissait tout à coup en pente rapide; de hautes broussailles ne permettaient aux hommes d'avancer qu'un à un. Des ruisseaux et des marécages obstruaient le chemin; l'obscurité faisait trébucher les chevaux; mais l'ordre de marche était si parfait que pas un cliquetis d'armes n'éveilla la torpeur de mort qui pesait sur cette nuit. La colonne parvient au pied de l'arête; le crépuscule éclaircit les ombres; la pente se dessine, moitié pierreuse et aride, moitié jonchée d'herbes que la rosée a rendues glissantes. Le maréchal s'avance le premier. L'avant-garde est déjà loin; on n'entend que le frôlement des buissons qui s'écartent, foulés par le poitrail des chevaux. L'arête est droite, escarpée; il faut décrire sur cette ligne mille sinuosités pour ne point rouler en arrière. A mesure que nous montons, les ravins se creusent à droite et à gauche; le précipice augmente de profondeur en raison du degré de notre ascension, et nous avons huit cents mètres de hauteur à escalader.

Parvenus à moitié route, il nous faut mettre pied à terre; le terrain n'offre plus que des éboulements de granit. On traîne les chevaux après soi, en s'accrochant aux ronces de la pente. Par delà les ravins, des groupes de chaumières kebaïles dorment sous les figuiers; sont-elles abandonnées?... Le silence règne toujours et la solitude est menaçante. Chaque soldat prête l'oreille avec inquiétude aux frémissements indistincts qui agitent l'ombre comme des fantômes invisibles. Si l'alarme était donnée, si les flancs des ravins se couvraient de combattants, nous serions fusillés à droite et à gauche, presque sans défense. L'arête se défonce tout à coup, et nous ouvre un chemin couvert; de grosses haies de cactus et d'agaves font un mur à notre gauche; le lentisque et l'olivier sauvage se courbent en voûtes sur nos têtes; la montée devient peu à peu plus aisée et moins rapide. Un air frais soulève les senteurs de la terre; l'azur du ciel se colore de lueurs lointaines annonçant l'aurore. Derrière nous, la plaine est encore obscure, les feux du camp que nous avons quitté tremblottent comme des météores égarés; devant nous les brouillards se roulent en fuyant; les crêtes semblent se rapprocher.

Tout à coup la fusillade éclate au-dessus de nos têtes : l'avant-garde est aux prises; nous doublons le pas pour la soutenir. Des traces de sang sillonnent déjà les pierres du sentier; quelques zouaves blessés, trois ou quatre morts gisent sur l'herbe. Bientôt le bruit a cessé. L'avant-garde a enlevé le village d'Ouarez-Eddin; ses habitants, surpris dans leur sommeil, ont été massacrés. Nous passons devant leurs cadavres; nous touchons aux crêtes, quand au delà du village, sur notre gauche, des masses d'ennemis poussent le cri de guerre, et semblent préparées à une lutte corps à corps. Le maréchal y lance les zouaves d'avant-garde, à l'exception de deux compagnies qu'il fait tourner à droite avec les sapeurs. Un officier d'ordonnance reste au point de partage du sentier pour faire appuyer ces détachements par le 48e; — malheureusement, la cavalerie et les cacolets embarrassèrent la marche de l'infanterie, et le 48e ne put gagner les crêtes assez vite pour faire face à un énorme rassemblement de Kebaïles qui tombait sur notre droite. Les deux compagnies de zouaves et les sapeurs, emportés trop loin par leur ardeur, essuyèrent à bout portant un feu terrible qui leur tua vingt-deux hommes, dont un officier, et en blessa quarante-cinq; peut être-même les deux compagnies eussent-elles été détruites, si le 3e léger et le 48e n'étaient venus rétablir le combat. L'intrépide capitaine Corréard reçut quatre coups de feu sans vouloir quitter le commandement, et ne fut sauvé que par le soldat Guichard, qui l'emporta sous une grêle de balles; le lieutenant Rampon fut grièvement blessé au visage; le sous-lieutenant Dodille gisait parmi les morts, et un jeune et brillant capitaine du génie, M. Ducasse, venait d'avoir la cuisse cassée.

Cependant l'arrivée des renforts avait coupé en deux la ligne de bataille de l'ennemi. Nous voyant maîtres des points culminants qui débordaient sa droite sur laquelle nos troupes n'avaient plus qu'à descendre, toute cette droite prit l'épouvante et se précipita confusément vers la vallée de l'Oued-el-Ksab. La cavalerie du général Korte, qui avait dû sortir du camp au point du jour pour suivre le cours de l'Oued-Sebaou, rencontra des marais profonds qui ralentirent sa marche en contournant le pied des montagnes, et arriva trop tard pour couper la retraite aux fuyards. Le maréchal lança à leur poursuite les cent chevaux français et arabes qu'il avait avec lui; je suivis cette charge, qui, au lieu de descendre perpendiculairement dans la vallée, fut obligée de plonger au galop dans un ravin tortueux. La pente opposée nous conduisit dans un gros village que l'ennemi abandonna devant nous; et au delà de ce village une fondrière hérissée de roches bouleversées, et de trous creusés en traquenards, suspendit notre poursuite; il fallut descendre à pied et perdre une demi-heure en tâtonnements. La pente s'abîmait presque à pic, et se prolongeait au pied d'une longue chaîne de collines d'où l'ennemi pouvait nous foudroyer si les crêtes eussent été gardées. Nous tournâmes enfin à droite, sur les bords de l'Oued-el-Ksab, et la charge fut reprise à franc étrier, mais sur un sol inondé par les pluies de la saison, et à travers des broussailles qui diminuaient notre rapidité. La cavalerie des Ameraouas, gagnant de l'avance, franchit la rivière sur un point qui n'avait guère que trois pieds de profondeur, et s'enfonça dans les gorges d'un pâté de montagnes dont plusieurs milliers de Kebaïles couronnaient les crêtes sur notre gauche. L'arrière-garde des fuyards fit face à quelques cents mètres des hauteurs, mais le chef d'escadron de Noue, qui avait passé l'Oued-el-Ksab avec une poignée de chasseurs, engagea un feu de tirailleurs presque à bout portant et balaya la vallée.

Le général Korte, reconnaissant l'impossibilité d'attaquer ces hauteurs avec deux bataillons et une cavalerie fatiguée, avait pris position sur un mamelon qui commande la rivière, et se borna à faire incendier quelques villages abandonnés. L'ennemi n'ayant point cherché à s'y opposer, et le bruit de l'artillerie sur les crêtes indiquant que le maréchal manœuvrait dans une autre direction, la colonne de réserve retourna au camp, sans être inquiétée à son arrière-garde, composée de nos Arabes auxiliaires, sous les ordres du colonel Daumas.

Cependant le combat continuait sur la ligne de droite des crêtes de Flissa, où les Kebaïles défendaient avec acharnement plusieurs villages de difficile accès, perchés comme des nids d'aigles sur la pente sud de la montagne. Lorsque cette partie du front d'attaque fut éclaircie par les zouaves, les tirailleurs indigènes et le bataillon d'élite, le maréchal se porta sur la crête de partage avec le 3ᵉ léger et le 26ᵉ de ligne. Toutes les forces des Flissas y refluaient en masse, et la fusillade recommença sur le terrain où les deux compagnies de zouaves avaient soutenu, avec tant de pertes, le premier choc. L'ennemi fut refoulé sur l'espace d'une lieue. L'ordre fut alors donné au général Gentil de rallier les bataillons qui avaient opéré sur la gauche, de redescendre au camp de Tamdahit, et d'incendier plusieurs beaux villages couverts en tuiles qu'il trouverait dans cette direction. Les Kebaïles, observant ce mouvement de retraite, crurent que les Français abandonnaient la partie. Leur courage se relève ; leurs rangs déchirés par la mitraille se dispersent en tirailleurs innombrables qui nous investissent de toute part, et vont nous étreindre dans un cercle de feu. Le maréchal les laisse arriver à portée de ses troupes, et quand il les juge assez près pour qu'on puisse les joindre à la baïonnette, il fait prendre l'offensive au pas de course. Ce système, d'un éternel succès contre les Arabes, produit son effet accoutumé. Les Kebaïles sont, en un clin d'œil, précipités de roche en roche ; les chemins qu'ils suivent en fuyant se jonchent de cadavres, et n'osant plus défendre les positions au pied desquelles ils pouvaient retarder encore leur défaite, ils cherchent un abri sur les versants opposés.

A la suite de ce dernier engagement, on revenait camper en arrière, près de la fontaine de Sidi-Ali-Bounêm. Les troupes avaient besoin de repos ; l'affaire semblait terminée, lorsque les Kebaïles, prenant de nouveau cette marche rétrograde pour un signe de faiblesse, se rallièrent une seconde fois, avec d'autant plus d'ardeur qu'ils voyaient arriver par notre flanc gauche un gros contingent des tribus du Djerjerah. Ce renfort paraissait se composer d'environ 3,000 hommes ; il se réunit tout près de notre position, dans un bois de chênes-liéges qui couvre la pente sud de Sidi-Ali-Bounêm, et s'avança, sans bruit, fort près d'une compagnie de voltigeurs du 48ᵉ, chargée d'observer l'arête par laquelle devaient reparaître les assaillants. La forme du terrain ne nous permettait pas de voir ce qui se passait dans le bois, et pourtant on voyait les Kebaïles défiler au delà. A la faveur d'une pente très-rapide et très-couverte, ils s'approchèrent des voltigeurs jusqu'à portée de pistolet, et firent une décharge si violente que nos hommes éprouvèrent un moment d'hésitation ; mais soutenus à l'instant par trois compagnies de leur régiment, et appuyés par les deux bataillons du 3e léger qui accouraient au bruit du combat, les voltigeurs prirent une éclatante revanche. Dans le même moment, le colonel d'état-major Pélissier, à la tête du 26e, repoussait un assaut des plus énergiques tenté sur notre droite. Il était alors cinq heures du soir ; le maréchal avait hâte d'en finir, et l'artillerie termina cette bataille de quatorze heures, qui nous coûtait 32 morts et 95 blessés [1].

[1] Pendant la première partie de la bataille, j'avais fait partie de la charge de cavalerie lancée du haut des crêtes de Flissa dans la vallée de l'Oued-el-Ksab. Nous rejoignîmes la réserve du général Korte, qui regrettait de n'avoir pu sabrer qu'une trentaine d'hommes à la queue des Amraouas, et d'avoir été, comme nous, arrêté par des accidents de terrain presque impraticables aux chevaux.
Cette réserve rentra au camp de Tamdahit vers le milieu du jour, au moment où le général Gentil descendait des montagnes et ramenait les blessés.
M. le général Korte me chargea de porter au gouverneur général le bulletin de ses manœuvres dans la vallée. Il fallait franchir de nouveau le chemin suivi, pendant la nuit du 17, par la colonne d'attaque, et chercher sur les crêtes la position du maréchal, en prenant pour guide l'écho de la fusillade. C'était deux lieues à franchir parmi les chemins sauvages et désolés, des villages en feu, et des ennemis éparpillés dans toutes les directions. Plus la mission qui m'était confiée par M. le général Korte pouvait être périlleuse, plus je dus m'honorer de la remplir avec empressement. Je regagnai seul le village d'Ouarez-Eddin après deux heures d'une ascension pénible, en traînant derrière moi mon cheval harassé. Parvenu sur les crêtes, je reconnus au bruit du combat que la position du maréchal couronnait à ma droite une hauteur dont j'étais séparé par des bois de chênes-lièges et quelques plis de terrain. C'était le mamelon de Sidi-Ali-Bouném. J'y arrivai au moment où l'ennemi, réunissant ses derniers efforts, attaquait les voltigeurs du 48e, et j'assistai au dénoûment de la lutte.
Le maréchal, debout sur un petit plateau découvert, dirigeait lui-même le combat, et animait du geste et de la voix l'ardeur des soldats. Une grêle de balles tourbillonnait autour de lui sans qu'il parût s'en apercevoir. Les pentes et le ravin étaient jonchés de débris d'hommes ; nos obusiers faisaient d'affreuses trouées dans les masses ennemies ; une vapeur de sang s'élevait des broussailles, et des cris sauvages répondaient aux décharges de nos braves soldats. C'était une lutte à bout portant, sans merci, entre des assaillants désespérés et des vainqueurs qu'exaltait la présence et l'exemple d'un chef intrépide. Le maréchal était admirable dans ce moment suprême. Une heure après, lorsque le silence eut remplacé la tourmente du combat, sous ce beau ciel d'azur que bordaient de pourpre et d'or les rayons du soleil couchant, on vit serpenter dans le lointain et se perdre dans les gorges des files innombrables de Kebaïles qui emportaient les dépouilles de leurs frères pour les confier à la terre de la patrie. Nos drapeaux flottaient au vent du soir sur ces crêtes fameuses où Tacfarinas et les Musulani, Firmus et les Isaflenses avaient brisé l'effort des légions romaines, sous les grands règnes de Tibère et de Valentinien.
La guerre entraîne avec elle des excès, toujours et partout déplorables, mais qui trouvent quelquefois leur excuse dans les nécessités de la politique, ou dans l'ivresse momentanée qu'éprouve le soldat au milieu d'une ville prise d'assaut. En Afrique, malheureusement, ces exceptions sanglantes sont trop souvent la règle, et certaines cruautés, que l'insouciance de certains chefs encourage par l'impunité, sont plus propres à démoraliser l'armée qu'à honorer ses victoires. Je me suis quelquefois demandé ce que deviendront en France, après leur congé, tant de soldats auxquels a manqué le bienfait d'une première éducation, et qui n'ont appris, en guerroyant contre les Arabes, qu'à se familiariser avec l'abus des armes. Rentrés dans la vie civile, quels souvenirs, quels instincts, quels penchants funestes n'y rapportent-ils pas ? Nos annales judiciaires ont déjà répondu à cette grave question. On remplirait un gros livre des épisodes hideux qui accompagnent nos razzias quotidiennes, si énergiquement flétries par des généraux et des officiers d'état-major. Je ne citerai que deux faits en passant.
Dans la matinée du 17, une jeune fille du village d'Ouarez-Eddin, voyant tomber à ses côtés un vieillard qui peut-être était son père, et qu'un zouave venait d'abattre, avait ramassé le fusil du mort et tué le zouave. Frappée à son tour d'un coup de feu en pleine poitrine, elle resta sur la place. Il n'y avait rien à dire, c'était un fait de guerre. — Mais dans l'après-midi, lorsque je traversai pour la seconde fois le même village, en apportant de Tamdahit le bulletin de M. le général Korte, cette malheureuse râlait encore ; quelques individus, indignes de l'uniforme français, avaient imaginé d'allumer de chaque côté de ses flancs de petits fagots d'épines, et se livraient à de cyniques plaisanteries devant cette horrible agonie. D'autres brûlaient vivants des bestiaux dans les étables.
Le 18, au point du jour, au bivouac de Sidi-Ali-Bouném, deux grenadiers amènent au maréchal un petit

FEMME KEBAILE.

Dans un terrain aussi haché, qui nécessita une infinité de petits combats partiels, sur une ligne de près de deux lieues, il était impossible d'évaluer le mal fait aux Kebaïles. Le chiffre de ses cadavres laissés sur le carreau dépassa 7 à 800; nous apercevions en outre des convois de blessés emportés dans les gorges sous le feu de nos obusiers; leur nombre dut s'élever à 1,000 ou 1,200 hommes. Une seule compagnie du 48ᵉ égorgea 50 paysans qui défendaient un village; plus de *cinquante* bourgades bâties en pierre furent pillées et livrées aux flammes; les soldats français et les Arabes auxiliaires revinrent chargés de butin.

Le bivouac fut tracé sur le plateau de Sidi-Ali-Bounêm, au milieu d'une forêt de chênes-liéges, à 800 mètres au-dessus du niveau de la mer. De grands feux, où la sape précipitait des arbres entiers, servirent à nous protéger contre un froid très-vif qui se fit sentir dans la soirée. A la nuit tombante, un brouillard humide enveloppa la forêt, et bientôt une pluie fine nous glaça sur les lits d'herbe où chacun s'était jeté sans abri.

Dans la matinée du 18, les bataillons que le général Gentil avait ramenés la veille au camp de Tamdahit remontèrent avec leurs sacs; trois bataillons descendirent aussitôt pour maintenir la route libre, par ces mouvements croisés. Vers midi, le général Korte, après avoir dirigé nos blessés sur Dellys, et renvoyé la cavalerie régulière à Bordj-Menaïel, sous les ordres du colonel de Bourgon du 1ᵉʳ chasseurs, rejoignit la colonne du maréchal avec le train des équipages et le reste de l'armée. Pour occuper les loisirs de cette journée sans combats, M. Bugeaud envoya quelques compagnies incendier un gros et riche village que l'ennemi semblait avoir abandonné sur notre flanc droit. Après un reste de résistance opposé par quelques tirailleurs embusqués dans les maisons, ce village fut détruit en peu d'instants.

Le 19, à onze heures du matin, les troupes se portèrent à une lieue et demie, sur les hauteurs voisines, du côté S. O., au point nommée Souk-el-Arbâ des Beni-Ouriach. Notre bivouac à peine installé fut enseveli d'une brume épaisse. Un rassemblement de Kebaïles qui s'était rallié dans les ravins en profite, gravit les pentes jusqu'auprès de nous, et fait une décharge dans une direction heureusement inoccupée; en même temps le rideau de brouillard se déchire, et nos soldats se trouvant à portée de ce groupe d'assaillants, l'abordent à la baïonnette, le culbutent, l'écharpent, et vont brûler, en poursuivant les fuyards, un autre village caché dans les plis de la montagne. Cette échauffourée fut le dernier soupir du courage malheureux.

Kebaïle d'une dizaine d'années qu'on venait d'arrêter aux avant-postes, errant parmi les cadavres. Cet enfant, d'une figure intelligente et douce, pleurait à chaudes larmes, et cependant rien ne trahissait la crainte sur ses traits désolés. Transi de froid par la pluie qui avait tombé toute la nuit, il s'accroupit devant le feu. Un officier lui offre un morceau de pain; il le jette loin de lui en sanglottant. Personne ne pouvait comprendre son langage. Le maréchal fait alors chercher dans les tirailleurs indigènes un ancien transfuge des Flissas qui parlait le kebaïle et l'arabe. Cet homme arrive et interroge l'enfant. — « Vous avez tué mon père et ma mère, dit le pauvre petit; je suis venu pour mourir aussi. » Un éclair d'émotion parut sur le visage du maréchal; il ordonna que l'enfant fût renvoyé du camp, et qu'on l'empêchât d'y rentrer. Quelques minutes après, un coup de feu retentit : le malheureux orphelin venait d'être tiré comme un lièvre !... Je ne crois pas que M. le maréchal ait fait punir l'auteur de cette lâcheté. Quelques soldats disaient : « C'est un *ennemi* de moins; il aurait pu grandir. » — De tels actes, dont on pourrait, je le répète, faire une longue collection, pervertissent le moral de l'armée; les Arabes ne les ignorent pas, et l'esprit de vengeance qui les exaspère nous a valu trop souvent d'effroyables représailles.

54

Au point de vue politique, la bataille d'Ouarez-Eddin ne devait obtenir aucun résultat durable; et c'est ce que l'avenir se chargea de prouver. Mais comme fait d'arme isolé, l'enlèvement des crêtes de Flissa, jugées inaccessibles par une population belliqueuse, dont l'indépendance redoutée se perd dans la nuit des siècles, fait le plus grand honneur à notre armée d'Afrique, et doit se placer, militairement parlant, à côté des plus glorieuses expéditions dont le Teniah de Mouzaïah s'était vu le théâtre pendant les années précédentes. Le maréchal Bugeaud prit sa part de périls, comme le dernier soldat; constamment exposé au feu le plus vif, il dirigea lui-même toutes les manœuvres, et déploya les qualités d'un chef de partisans aussi audacieux qu'habile.

Le 20 mai, le fils de Ben-Zamoun, chef des Flissas, accompagné des principaux kaïds de cette grande tribu, se présenta au camp pour négocier. Conduit à la tente du maréchal par le colonel Daumas, il nous apprit que les pertes des Kebaïles étaient bien plus considérables qu'on ne les avait supposées; que le pays des Flissas avait été ravagé par les contingents du Djerjerah, et que le nombre des morts s'élevait à 1,100. Il demanda l'autorisation de faire enlever par des hommes sans armes, pour leur donner une sépulture honorable, les cadavres entassés sur un espace de deux lieues pendant nos quatorze heures de combat. Le maréchal lui accorda en outre la liberté de quelques prisonniers. La dernière prière du chef kebaïle fut que désormais les propriétés fussent respectées, et que l'armée française redescendît dans la plaine pour y attendre la signature du traité. Il représentait que sa démarche n'était faite qu'au nom de cinq fractions de la tribu de Flissa [1]; mais qu'il espérait obtenir lui-même,

---

[1] Les Kebaïles des montagnes de Bougie forment une grande confédération dont j'ai déjà parlé, d'une manière générale, dans le LIVRE II° (p. 64 et suiv.). Les principales sont les *Barbacha*, les *Beni-Abbas*, les *Souahëlia*, les *Zouaoua*, et les *Beni-Abdallah*.

Les Barbacha, qui habitent sur la rive droite de l'Oued-Beni-Messaoud, à un jour de marche de Bougie, dans le sud-ouest, comptent seize *dechra* ou villages. Ils exploitent des mines de fer considérables, et travaillent ce minérai dans des forges à la catalane.

La population des Beni-Abbas, établie à trente lieues sud-ouest de Bougie, se divise en deux parties; l'une occupe la ville d'El-Kalah, l'autre a pris de sa position le nom de Souahëlia, gens du Sahel. — El-Kalah est entourée d'une forte muraille avec deux portes en fer. Les indigènes prétendent que cette place peut contenir 10,000 habitants. On en attribue la fondation à Muley-Nacer, qui, chassé de Bougie par les Génois, se réfugia au milieu des montagnes. Cette ville est construite sur un rocher qui ressemble au Gourayah, et qu'on ne peut aborder que par deux sentiers, praticables pour les mulets, qui aboutissent aux deux portes de fer. Les maisons sont en pierre et couvertes en tuiles. El-Kalah a été, de tout temps, un lieu d'asile pour tous ceux qui fuyaient la justice ou la vengeance des beys turcs. La crainte des razzias y a fait accumuler les plus précieuses richesses des montagnards; ceux qui s'y réfugient achètent une propriété sur le sol de la tribu dont ils deviennent citoyens. La position de cette ville la signalait à l'ambition des Turcs; située près du défilé des Bibans, que leurs armées devaient franchir pour aller d'Alger à Constantine, elle eût été pour eux de la plus haute importance, et c'était pour n'avoir pu la soumettre qu'ils étaient obligés de lui payer une sorte de tribut, toutes les fois qu'ils voulaient passer le défilé qu'elle commande. Les gens d'El-Kalah cultivent une portion de la plaine de Medjanah et des vallées des Bibans.

Les Souahëlia occupent les bords de l'Oued-Akbou, qui, réuni à l'Oued-Mahin, forme l'Oued-Beni-Messaoud. Cette tribu partage avec les Zouaoua la fabrication des canons et des batteries de fusils dont les Barbacha fournissent le fer; mais ceux des Zouaoua sont moins estimés; on les compare dans le pays aux fusils flamands, armes de pacotille qu'on tirait autrefois de Liége.

Les Zouaoua couvrent quatre ou cinq chaînons de montagnes, notamment le Djerjerah (*Mont de Fer* des Romains), et s'étendent jusqu'à la mer. A la différence des Beni-Abbas, ils sont très-pauvres. Le nombre pour lequel ils entraient dans les milices recrutées par le gouvernement turc a donné lieu au nom de *Zouaves*, si glorieusement naturalisé aujourd'hui parmi nous pour désigner un corps d'infanterie algérien, où les indigènes et les Français figurent à peu près par moitié. Comme les soldats de ce corps, les Zouaoua portent chez eux de larges culottes et un bernous ou caban très-court.

du temps, de l'ascendant moral qu'il exerçait et des avantages de nos futures relations pacifiques, la soumission successive des quatorze autres fractions. Le maréchal, reconnaissant qu'il ne pouvait s'engager dans une guerre d'intérieur sans forces suffisantes, et sans points de ravitaillement assurés, se rendit aux vœux de Ben-Zamoun, et promit que le lendemain, après la cérémonie de l'investiture, il reprendrait le chemin de Bordj-Menaïel. A l'issue de cette conférence, et pour donner, selon l'usage des montagnards, le signal de la paix aux populations voisines, l'armée se porta sur le front du camp; une salve d'artillerie et une décharge générale de toutes les armes, exécutée par un feu de deux rangs, annonça la fin des hostilités.

Une pluie battante termina encore cette journée, et désola toute la nuit suivante. Le 21, le temps s'éclaircit, mais la paix réduisait nos chevaux à la famine; il fallut suppléer aux fourrages par une ration de biscuit. A onze heures eut lieu l'investiture; Ben-Zamoun fut proclamé khalifa des Flissas au nom de la France; un de ses parents, plus âgé que lui, et personnage fort considéré dans le pays, lui fut adjoint avec le titre d'agha. Puis, après de mutuelles promesses de foi et d'amitié, l'armée reçut l'ordre du départ, pour redescendre au camp retranché de Bordj-Menaïel.

Au moment de quitter le plateau de Beni-Ouriach, le maréchal, voulant prévenir de nouvelles razzias qui remettraient tout en question, demandait autour de lui un officier pour aller en avant prévenir le commandant de Bordj-Menaïel de la conclusion du traité. Le capitaine Guilmot, des chasseurs d'Afrique, officier d'ordonnance du gouverneur, réclama avec empressement l'honneur d'accomplir cette dangereuse mission, et voulut partir sans escorte [1]. L'armée,

---

Les Beni-Abdallah, qui habitent le territoire désigné sous le nom de Flissah-el-Bahr (Flissah *du bord de la mer*), fabriquent avec le fer tiré des Barbacha des sabres connus dans le pays sous le nom de *Flissi*. Les gens de Flissah ont gardé mémoire d'une époque qu'ils regardent comme la plus glorieuse de leur histoire, et qu'ils appellent *Am-Flissah* (l'année de Flissah), qui répond à celle de 1750 de notre ère. Dans un jour, disent-ils, ils tuèrent 2,200 Turcs qui étaient venus attaquer leurs montagnes. — Sur leur territoire se trouve la ville d'Akrib, assez considérable et garnie d'une forte enceinte. Ils fabriquent en grande partie la poudre de guerre qui se consomme dans les tribus de la province de Constantine.

Les Flissah se divisent en dix-neuf fractions, qui peuvent mettre sur pied environ 20,000 combattants. La population guerrière de tout le pâté des montagnes de Bougie peut être évaluée à 50,000 hommes.

[1] On lui donna pour guide un Kebaïle auquel Ben-Zamoun remit son fusil d'investiture, enfermé dans un étui de drap rouge; ce signe, disait notre nouveau khalifa, devait être un gage de sécurité que personne n'oserait violer. Et cependant le Kebaïle tremblait de tous ses membres à l'idée de conduire un Français à travers ses compatriotes, dont plusieurs villages coupaient la direction de Bordj-Menaïel. Le capitaine Guilmot, qui a gagné tous ses grades à la pointe du sabre, n'hésita pas un instant devant les chances de cette course aventureuse. Il avait été pour moi un excellent camarade pendant la campagne; nous vivions sous la même tente, et je ne pouvais lui donner une meilleure preuve d'amitié qu'en partageant son dévouement, pour traverser avec lui le dernier danger de l'expédition.

Précédés du guide et suivis d'un seul chasseur, nous partîmes au galop, en plongeant dans les massifs de broussailles qui couvraient les pentes et les ravins. Après une heure de course à travers des halliers qu'il fallait ouvrir à coups de sabre, la région des bois s'éclaircit; une espèce de sentier frayé se déroula au loin comme un ruban jaune, à travers les ressauts des vallées verdoyantes, et un groupe de *gourbis* fermés apparut au tournant d'un rocher. Nous le traversâmes sans mauvaise rencontre. A cent pas plus loin, la route décrivait un autre angle. A notre gauche, un long village s'accrochait aux parois d'un mamelon; il était vide en apparence, mais quelques chiens aboyaient aux portes des maisons. Plus loin, sur la droite, au delà d'un petit ravin, un second village dressait ses maisons blanches sur un plateau chargé d'oliviers et palissadé de cactus épineux. Les habitants, qui s'y montraient en armes, nous regardèrent défiler au pas; et soit qu'ils eussent reçu quelque avis de la paix, soit que la vue du fusil d'investiture porté par notre guide leur imposât quelque scrupule, ou qu'ils nous crussent suivis d'une troupe que leur cachaient les détours continuels de la route, ils restèrent immobiles. Profitant de leur indécision, qui

retardée par ses bagages, vint bivouaquer à une lieue et demie de Bordj-Menaïel, où elle rentra le lendemain, pour se reporter, le 23, à son ancien camp de Tamdahit, où le traité de paix avec les Flissas fut signé.

Parmi les braves qui s'étaient distingués à la bataille d'Ouarez-Eddin, il faut signaler en première ligne le général Korte, dont la glorieuse réputation s'était faite pendant qu'il commandait le 1er régiment de chasseurs d'Afrique; et le général Gentil, dont le nom se retrouve également dans mainte circonstance où notre drapeau s'est illustré.—Le colonel Daumas, savant aussi distingué que modeste, et qui joint aux éclatants services de l'épée ceux d'une haute intelligence des affaires arabes dont la direction lui est confiée. — Le colonel Pélissier, chef d'état-major du corps d'armée.— M. de Gouyon, chef d'escadron d'état-major, qui eut un cheval blessé sous lui, et dont les travaux topographiques sont si vivement appréciés. — Dans les régiments, MM. le colonel Regnault, et le lieutenant-colonel de Comps, du 48e ; MM. les colonels de Smidt, du 53e, et Gachot, du 3e léger. — M. le lieutenant-colonel de Guérimau, du 26e. — Le capitaine du génie Jacquin, commandant le bataillon d'élite.—Le lieutenant-colonel de Chasseloup-Laubat, des zouaves.— Le capitaine Corréard et le lieutenant Rampon, du même corps. — Le capitaine du génie Ducasse. — Le lieutenant Hurvoix, commandant le détachement des chasseurs d'Orléans. — Dans la cavalerie, M. le chef d'escadron de Noue, du 1er chasseurs. — Le capitaine Guilmot. — Dans l'artillerie, M. le commandant Liautey. — Dans le corps des officiers de santé, M. le docteur Philippe, chirurgien principal, dont le dévouement est admiré de nos soldats.

Le service administratif de l'expédition avait été dirigé avec une extrême sollicitude, et des ressources toujours prêtes, par M. l'intendant Pâris de la Bollardière, qui se recommande autant par ses qualités personnelles que par ses hautes capacités.

Une mention toute particulière est due à M. le chef d'escadron d'état-major

<small>pouvait devenir funeste s'ils s'apercevaient de notre isolement, nous lançâmes tout à coup nos chevaux à toute bride, pour gagner la petite plaine qui longe le pied des montagnes, au-dessous du marabout de Timezerit.

A l'entrée de la gorge que le colonel Pélissier avait suivie, le 3 mai, pour venir reconnaître la région S.-E. de Bordj-Menaïel, jusqu'en face de la chaîne des Flissas, nous aperçûmes au-dessus de nous des groupes armés qui semblaient en observation. Après une petite halte pour laisser respirer nos chevaux, et visiter nos pistolets sous les yeux de ces vedettes, nous nous jetâmes dans le défilé, prêts à vendre chèrement notre vie en cas d'embuscade, mais sans compromettre, jusqu'à la plus extrême nécessité, le rôle prudent qu'imposait au brave capitaine Guilmot l'urgente mission qu'il avait reçue du maréchal. Il serait permis de supposer que cette dernière partie de notre course ne fut pas la moins dangereuse, car le guide, de plus en plus effrayé de sa situation en compagnie de trois chrétiens, après avoir échangé avec les Kebaïles quelques paroles que nous ne comprenions pas, s'arrêta en nous expliquant par signes que son cheval ne pouvait plus aller, et nous suivit de fort loin, la tête basse et comme un homme qui se traîne au supplice. Il était tard et nous n'avions plus de temps à perdre; en sortant du défilé, d'autres groupes de Kebaïles, embusqués dans des haies de lauriers-roses que séparait de nous un large ruisseau, n'étaient peut-être pas animés d'intentions fort pacifiques ; mais la redoute de Bordj-Menaïel nous apparut tout à coup, à 800 mètres de distance; le sol n'était plus accidenté, et en un temps de galop nous franchîmes cet intervalle.

Quelques heures auparavant, les chasseurs d'Afrique avaient poussé une reconnaissance vers les montagnes, mais des signaux transmis aux habitants de la plaine par ceux des hauteurs, pour annoncer la paix, avaient heureusement suspendu toute agression. Notre cavalerie venait de rentrer au camp lorsque le capitaine Guilmot confirma cette nouvelle. Qu'il me soit permis d'offrir ici à MM. le commandant Fossié du 48e, le chef d'escadron de Noue, et à tous les officiers du 1er chasseurs, un souvenir reconnaissant de l'hospitalité cordiale et empressée dont je fus l'objet à mon arrivée.</small>

Eugène Lheureux, officier d'ordonnance du maréchal duc de Dalmatie. Cet officier supérieur, atteint d'une grave indisposition au commencement de la campagne, voulut néanmoins prendre part à toutes ses fatigues; dans la journée d'Ouarez-Eddin, il se montra partout où il y avait le plus de péril, en transmettant lui-même, avec une brillante activité, une partie des ordres du gouverneur-général [1].

La nouvelle de ce résultat précaire, dont M. le maréchal Bugeaud s'exagéra l'importance dans son rapport adressé le 18 mai au ministre de la guerre, était à peine arrivée à Alger, que, par le retour du courrier, survint l'annonce d'assez graves événements dans la province d'Oran.

Après le désastre éprouvé l'année précédente par sa semalah, l'émir Abd-el-Kader, fuyant devant l'épée victorieuse du duc d'Aumale, s'était réfugié dans les états marocains. Attentif depuis longtemps aux dissensions intestines qui s'agitaient autour du chériff Abd-el-Rahman, il avait habilement profité des circon-

---

[1] Je donnerai à la fin de cet ouvrage tous les autres noms que le bulletin de la victoire a conservés. Voici quelle était la composition du corps expéditionnaire :

État-major particulier du maréchal gouverneur général. — MM. le lieutenant-colonel Daumas (1er chasseurs d'Afrique), directeur central des affaires arabes ; Lheureux, chef d'escadron au corps royal d'état-major, officier d'ordonnance du ministre de la guerre ; les capitaines Rivet (de l'artillerie), Guilmot (des chasseurs) et de Garraube (légion étrangère), officiers d'ordonnance ; Mosson, lieutenant de cavalerie prussienne, autorisé à suivre l'expédition.

État-major général. — MM. le colonel Pélissier, chef d'état-major ; De Gouyon, chef d'escadron ; Courtot de Cissey, Anselme et Raoul, capitaines.

Colonne du centre. — M. le colonel de Smidt (du 53e de ligne), commandant. — 2 bataillons du 26e de ligne ; MM. de Guériman, lieutenant-colonel ; Miller et Titard, chefs de bataillon. (25 officiers, 803 sous-officiers et soldats.) — 1 bataillon du 53e de ligne ; M. de Lusignan, chef de bataillon. (17 officiers, 391 sous-officiers et soldats.) — 1 bataillon de zouaves ; MM. de Chasseloup-Laubat, lieutenant-colonel ; Garderens, chef de bataillon. (21 officiers, 720 sous-officiers et soldats.) — 1 compagnie de grosses carabines du 3e bataillon de chasseurs d'Orléans, commandée par M. Hurvoix, lieutenant. (3 officiers, 107 sous-officiers et soldats.)

Cavalerie. — 1er chasseurs d'Afrique ; MM. de Bourgon, colonel ; de Noue, chef d'escadron. (15 officiers, 192 sous-officiers et cavaliers.) — Spahis ; détachement commandé par le lieutenant Jacquet. (4 officiers, 112 sous-officiers et cavaliers.) — Artillerie de montagne ; 4 pièces, commandées par M. le chef d'escadron Liautey. (10 officiers, 227 sous-officiers et soldats.)

Service du génie, dirigé par M. le colonel Charron.

Équipage de pont, sous les ordres de M. le commandant Mathieu.

Bataillon d'élite, composé de soldats d'artillerie et du génie, commandés par M. le capitaine du génie Jacquin.

Train des équipages ; capitaine Saint-Martin. (9 officiers, 500 sous-officiers et soldats.)

Bureau arabe. (6 officiers, et 12 hommes.)

Gendarmerie. (3 officiers et 55 sous-officiers et gendarmes.)

Colonne de droite. — MM. le maréchal de camp Gentil, commandant ; Boquet, chef d'état-major ; Lapacé, capitaine aide de camp. — 2 bataillons du 58e de ligne ; MM. Blangini, colonel ; Forey, lieutenant-colonel ; Rigaud, chef de bataillon. (32 officiers, 941 sous-officiers et soldats.) — 2 bataillons du 3e léger ; MM. Gachot, colonel ; Bèse, chef de bataillon. (27 officiers, 872 hommes.) — Plus, en cas de séparation, 25 spahis ; une section d'artillerie ; une demi-section d'ambulances, détachés de la colonne du centre.

Colonne de gauche. — MM. le maréchal de camp Korte, commandant ; Zaragoza, chef d'état-major ; Léora, lieutenant d'état-major, officier d'ordonnance. — Le 48e de ligne ; MM. Regnault, colonel ; de Comps, lieutenant-colonel ; Fossié, Blondeau, chefs de bataillon. (1,283 officiers, sous-officiers et soldats. — 1 bataillon de tirailleurs indigènes ; M. Vergé, chef de bataillon. (582 officiers, sous-officiers et soldats.) — Plus, en cas de séparation, un détachement de spahis, d'artillerie et d'ambulance, égal à celui de la colonne de droite.

Administration de l'armée. — M. Pâris de la Bollardière, sous-intendant militaire. — Ambulances ; M. Philippe, chirurgien principal, chef du service. (14 officiers de santé et 80 hommes du train.) — Subsistances militaires ; M. Beck, chef du service. (3 officiers et 11 hommes.) — Ouvriers d'administration ; M. Barbet, chef de service. (80 hommes.) — Vaguemestre général, M. d'Hérisson, chef d'escadron aux chasseurs d'Afrique. — Service des mulets de réquisition pour les transports ; M. Chapsal, lieutenant du train.

stances pour se créer un parti dans la province d'El-Riff, contrée sauvage du littoral méditerranéen, habitée par des peuplades turbulentes et sur lesquelles l'autorité du sultan ne règne que de nom. Il envoya de là deux affidés à Fez, pour demander à Abd-el-Rahman la dignité de khalifa de ce territoire. Le chériff n'ignorait pas le prestige que le titre de marabout, dont Abd-el-Kader a hérité, pouvait exercer sur les tribus d'El-Riff. Le voisinage de l'émir lui causait de graves inquiétudes pour sa propre sûreté, et il hésitait entre le danger de céder et la quasi-impuissance d'un refus, lorsque l'amiral Wilson, gouverneur de Gibraltar, se rendit à Tanger. On ne sait pas au juste ce qui se passa dans les conférences de l'agent anglais avec le gouvernement marocain, mais le fait est que, presque aussitôt, Abd-el-Kader obtint l'investiture qu'il avait sollicitée. Cette faveur était accompagnée de riches présents, d'un convoi d'armes et de munitions de guerre. Pressé d'agir, il ne tarda pas à trouver un prétexte pour allumer entre nous et le chériff des discussions qui pouvaient entraîner de graves hostilités. Il parvint à faire comprendre à Abd-el-Rahman que notre gouvernement français avait violé sa ligne de frontières en élevant le fort de Lella-Maghrnia sur la rive gauche de la Tafna. Il fit valoir avec adresse l'intervention que l'Angleterre ne manquerait pas d'exercer dans ce litige, et par suite de cette intrigue, le chériff se décida à envoyer un corps d'observation en avant d'Ouchdah.

Le général de la Moricière, embarrassé de l'attitude qu'il devait tenir, transmit au gouverneur général l'avis de cette démonstration menaçante, au moment même où Sidi-el-Mahmoun, proche parent d'Abd-el-Rahman, arrivait lui-même avec 500 Berbères se joindre aux 5 ou 6,000 hommes réunis devant nous sous les ordres d'Abd-el-Kader et du pacha Guennaoui. Le 30 mai, du bivouac de Sidi-Aziz, M. de la Moricière put remarquer les apprêts d'un mouvement agressif. A dix heures du matin, l'armée marocaine se porta en avant sur les bords de l'Oued-Mouilah, et déploya 1,000 à 1,200 cavaliers en tirailleurs. Le général français sortit de ses lignes, et après un engagement qui dura trois quarts d'heure, l'ennemi fit retraite du côté d'Ouchdah. Deux prisonniers capturés dans cette affaire donnèrent l'explication de cette levée de boucliers. Sidi-el-Mahmoun, entraîné par son humeur belliqueuse, avait déclaré qu'il voulait voir de près le camp des chrétiens, et s'était mis en marche avec sa cavalerie, malgré la résistance et les observations de Guennaoui, qui, tout en alléguant les ordres du chériff, n'avait pas osé opposer un refus formel à un prince du sang impérial. Quant à l'issue de cette échauffourée, elle était facile à prévoir; l'indiscipline des Berbères devait causer leur défaite, malgré l'exaltation fanatique qui les avait entraînés.

Le maréchal Bugeaud, qui s'était rendu sans retard à Oran, ne voulait pas s'engager prématurément dans un conflit dont il n'était pas permis de présumer les limites possibles; et avant d'exiger une satisfaction à main armée, il demanda une entrevue au chef de l'armée marocaine. Le général Bedeau fut chargé d'aller négocier avec Guennaoui le rétablissement de la paix violée. Le lieu du rendez-vous était fixé à trois quarts de lieue du camp français, sur l'Oued-Mouilah, et à quatre lieues des lignes ennemies. Le 15 juin, à sept heures du matin, Guennaoui et le général Bedeau, accompagné de plusieurs officiers et du kaïd de Tlemcen, se rencontrèrent au point convenu. Le chef marocain avait fait avancer à petite portée 2,500 cavaliers noirs, 2,000 cavaliers irréguliers, et 5 à 600 fantassins. C'était tout un corps d'armée, dont la tenue pleine d'agitation, ne promettait pas une conférence bien calme, ni une sécurité de longue durée. Plusieurs fois Guennaoui fut obligé de rompre l'entretien pour comprimer lui-même l'effervescence de ses troupes. Mais bientôt les envoyés français furent entourés, et le feu commença sur les quatre bataillons qu'ils avaient amenés. Deux officiers partirent au galop pour aller informer le maréchal de ce qui se passait. Celui-ci fit mettre sacs à terre à quatre autres bataillons, et les lança au pas de course avec sa cavalerie vers le lieu de la conférence. Il apprit en route que les négociations étaient rompues. Nos troupes revenaient au camp l'arme au bras, harcelées à l'arrière-garde par une nuée de cavaliers. Aussitôt le maréchal commande volte-face, forme ses 8 bataillons en échelons sur celui du centre, qu'il dirige droit au cœur de la masse ennemie. L'infanterie marocaine fut traversée en un clin d'œil par nos braves chasseurs, et la cavalerie arabe, jetée presque sous le feu de nos échelons, ne s'échappa qu'à la faveur de l'immense poussière que sa déroute souleva sur le champ de bataille.

Ce coup de main rapide pouvait produire un grand effet moral en avant et en arrière des troupes françaises ; mais il fallait profiter sans retard de ce premier avantage. Dès le lendemain, le maréchal écrivit à Guennaoui pour lui reprocher la violation du droit des gens, et le menacer de marcher sur Ouchdah s'il n'obtenait une réparation convenable [1]. Le chef marocain fit une réponse évasive, qui ne faisait pas faire un pas à la question [2]. Le maréchal, impatienté

[1] Voici cette lettre : — « Les Marocains ont violé plusieurs fois notre territoire. Deux fois ils nous ont attaqués, sans aucune déclaration de guerre. Cependant j'ai voulu te donner une preuve du désir que j'avais de rétablir la bonne harmonie que vous seuls avez troublée. Je t'ai offert une entrevue ; tu y es venu, et tu nous as proposé d'abandonner notre frontière, et de nous retirer derrière la Tafna ; et pendant que mon lieutenant, le général Bedeau, était, lui quatrième, au milieu des tiens, n'ayant d'autre garde que votre loyauté, il a dû entendre des paroles offensantes ; tes troupes ont fait feu sur les miennes ; un de mes officiers et deux soldats ont été blessés. Cependant, malgré cette indigne conduite, nous n'avons pas répondu un seul coup de fusil, et nous avons fait retirer nos troupes. Les tiennes ont pris notre modération pour de la faiblesse, et elles ont attaqué notre arrière-garde. Nous avons été forcés de nous retourner. Après de tels faits, j'aurais le droit de pénétrer au loin sur le territoire de ton maître, de brûler vos villes, vos villages et vos moissons ; mais je veux encore te prouver mon humanité et ma modération, parce que je suis convaincu que l'empereur Abd-el-Rahman ne vous a pas ordonné de vous conduire comme vous l'avez fait, et que même il blâmera cette conduite. Je veux donc me contenter d'aller à Ouchdah, non pour le détruire, mais pour faire comprendre à nos tribus, qui s'y sont réfugiées, parce que vous les avez excitées à la rébellion, que je peux les atteindre partout, et que mon intention est de les ramener à l'obéissance par tous les moyens. En même temps, je te déclare que je n'ai aucune intention de garder Ouchdah, ni de prendre la moindre parcelle du territoire du Maroc, ni de lui déclarer ouvertement la guerre ; je veux seulement rendre aux lieutenants d'Abd-el-Rahman une partie des mauvais procédés dont ils se sont rendus coupables envers moi. »

[2] Voici la réponse de Guennaoui : — « Lorsque je suis venu sur la frontière, je n'avais d'autre intention que de faire le bien de nos sujets, et de les forcer à rester sur leurs limites respectives. Alors il est arrivé un évènement sans intention ni assentiment de ma part. Je me suis abouché avec ton représentant, avec bonne foi, et le cœur exempt d'arrière-pensée. Vous avez fait des propositions, j'en ai fait de mon côté ; nous ne nous sommes pas entendus. Je n'ai eu aucune connaissance de ce qui se passait après mon départ jusqu'au moment où on vint me dire : *Il est arrivé ce qui est arrivé !* Sache que je ne puis approuver la mauvaise intelligence entre nous, quand bien même les mauvais procédés viendraient de votre part ; mais on ne peut pas revenir sur les évènements accomplis, car à Dieu appartient de diriger toutes choses. Tu nous dis que tu es encore disposé au bien et à la paix ; il en est de même de notre part ; et du reste, je n'ai pas la permission de faire la guerre. »

de ces formes, qu'il taxa de *jésuitiques*, reprit la plume pour tracer son ultimatum. — « Nous voulons, écrivait-il, conserver la délimitation qu'avaient les Turcs, et Abd-el-Kader après eux ; nous ne voulons rien de ce qui est à vous ; mais nous voulons que vous ne receviez plus Abd-el-Kader pour lui donner des secours, le raviver quand il est presque mort et le lancer de nouveau sur nous. Cela n'est pas de la bonne amitié : c'est de la guerre, et vous nous la faites ainsi depuis deux ans. Nous voulons que vous fassiez interner dans l'ouest de l'empire les chefs qui ont servi Abd-el-Kader ; que vous fassiez disperser ses troupes régulières ; que vous ne receviez plus les tribus qui émigrent de notre territoire, et que vous renvoyiez immédiatement chez elles celles qui se sont réfugiées chez vous. Nous nous obligeons aux mêmes procédés à votre égard, si l'occasion se présente. Voilà ce qui s'appelle observer les règles de la bonne amitié entre deux nations ; à ces conditions, nous serons vos amis ; nous favoriserons votre commerce et le gouvernement de Muley-Abd-el-Rahman, autant qu'il sera en notre pouvoir. Si vous voulez faire le contraire, nous serons vos ennemis. »

Cet ultimatum, signifié le 17 juin, resta sans réponse. Le maréchal se rendit alors à Ouchdah, en remontant l'Oued-Aïn-el-Abbess, afin de rester le plus longtemps possible en dedans de notre frontière, et de menacer quelques tribus qui avaient fourni récemment des contingents à Abd-el-Kader. La route dura trois jours, à cause du vent du sud qui rendait la marche excessivement pénible pour les hommes et pour les chevaux. L'armée arriva, le 19, à Ouchdah, vers six heures du matin, et traversa, sans échanger un seul coup de fusil, les magnifiques vergers qui entourent cette bourgade. Un bataillon du 3ᵉ léger resta chargé de faire la police intérieure et de défendre l'entrée de la place, et le camp fut établi à une lieue au delà sur la route de Thaza. Ouchdah n'était occupé, à notre entrée, que par la population juive, et environ 200 familles, originaires de Tlemcen, qu'Abd-el-Kader avait autrefois forcées d'émigrer. Le maréchal interrogea les notables, pour apprendre quelques nouvelles de l'armée marocaine qui avait disparu comme par enchantement. On lui raconta que la discorde régnait entre Guennaoui et un autre chef nommé El-Kébibi, et que l'indiscipline avait semé le plus grand désordre dans les troupes. Parmi les chefs, les uns voulaient combattre ; les autres soutenaient qu'on ne pouvait engager la guerre sans les ordres de l'empereur. On se reprochait mutuellement la trahison qui avait rompu la conférence du 15 juin, et l'échec déplorable qui en était résulté. A la suite de ces âpres discussions, El-Guennaoui et El-Kébibi, fort mécontents l'un de l'autre, s'étaient retirés, en apprenant notre approche, avec 3,000 cavaliers réguliers, 1,500 hommes des contingents, et quatre pièces de canon. On ajoutait que cette armée avait dû se dissoudre à quelque distance d'Ouchdah, après avoir abandonné ses chefs ; qu'Abd-el-Kader n'avait plus que sept ou huit tentes ; que le Maroc ne lui avait pas fourni de secours pécuniaires, et qu'il n'avait vécu, dans ces derniers temps, que du produit des razzias qu'il exécutait sur le territoire algérien.

Le 2 juillet, le maréchal s'avança sur la haute Mouilah pour favoriser la rentrée d'une grosse fraction des Angads, dont le chef était venu, la veille, traiter de sa soumission et de son retour. L'armée s'arrêta sur l'Oued-Isly, à

double portée de canon d'un camp marocain, dont les éclaireurs vinrent engager le feu avec notre arrière-garde, dans la matinée du 3. La cavalerie française les chargea et dépassa Ouchdah. Pendant les marches et contre-marches du gouverneur, l'empereur de Maroc répondit par l'organe de son ministre, Si-Mohammed-Ben-Dris, à la lettre que notre consul général à Tanger, M. de Nyon, lui avait adressée le 28 juin; mais cette réponse, qui parvint à Tanger le 12 juillet, n'était point satisfaisante. Elle reconnaissait, il est vrai, la violation de notre territoire, et promettait la punition des chefs marocains, mais demandait en échange le rappel du maréchal Bugeaud à raison de la prise d'Ouchdah; elle se taisait au sujet d'Abd-el-Kader.

Au reçu de cette nouvelle, et instruit que la guerre continuait sur les frontières de l'Algérie, S. A. R. Mgr le prince de Joinville parut le 23 devant Tanger, et recueillit à son bord le consul de France, sa famille et un certain nombre de nos nationaux. Par son ordre, le bateau à vapeur *le Véloce* alla, sur la côte atlantique, jusqu'à Mogador pour en retirer nos agents consulaires. M. de Nyon adressait le même jour un ultimatum au chériff, en fixant le délai de réponse à huit jours, puis le prince et le consul général de Tanger se retirèrent à Cadix, pour attendre l'issue des négociations.

Sur ces entrefaites, Guennaoui fut destitué et mis aux fers. Sidi-Hamida, son successeur, fit des ouvertures de paix; mais le maréchal Bugeaud s'en tint à la rigueur des conditions qu'il avait posées au nom du gouvernement français. On apprit alors qu'Abd-el-Rahman, quittant sa capitale, s'avançait vers le nord, et que M. Drummond Hay, consul général britannique, était allé à sa rencontre.

Le 4 août, le pacha d'El-Araïch, Sidi-Bou-Selam répondit au nom du chériff à l'ultimatum de la France. Cette réponse ne disait rien au sujet de la dissolution des troupes marocaines réunies sur la frontière algérienne, et dont le nombre allait s'augmenter par la prochaine arrivée du prince héréditaire, Sidi-Mohammed, avec une armée que l'on supposait forte de 15 à 20,000 hommes. Elles renouvelaient d'ailleurs la promesse d'une punition exemplaire des chefs marocains qui avaient provoqué les hostilités, mais en subordonnant toujours l'exécution de cette nouvelle au rappel du maréchal Bugeaud. La partie concernant Abd-el-Kader était pleine de restrictions: tous les moyens de conciliation se trouvaient donc épuisés.

L'escadre française reparut le 5 août devant Tanger. Le 6, à trois heures du matin, le bateau à vapeur *le Véloce* remorqua le vaisseau *le Jemmapes*, et *le Suffren*, monté par le prince de Joinville, vint s'embosser sur la même ligne, à portée des murs de la place. *Le Triton*, placé en arrière à gauche, devait battre le fort qui défendait la porte du côté du mouillage. La frégate *la Belle-Poule*, les bricks *le Cassard* et *l'Argus* avaient pour mission de battre les forts de la côte[1]. Tous les bâtiments à vapeur formaient une seconde ligne, pour porter

---

[1] Tanger (Voyez livre v°, p. 284), dont la population n'est que de 8,000 âmes, était le séjour des agents consulaires européens. Située sur le penchant d'une montagne calcaire, dont une partie dénuée de toute végétation, attriste l'œil par son aspect, cette ville était entourée d'une formidable enceinte flanquée de tours rondes et carrées, et précédée d'un fossé sans contrescarpe, sur un développement d'environ 2,000 mètres. Une Kasbah et un fort de construction portugaise, bastionné à la moderne, dominent ses abords. Vers le port se trouvait un fortin relié à la Kasbah par une suite de murailles échelonnées le long de la

les ordres du prince et secourir les vaisseaux de guerre qui éprouveraient des avaries. A 9 heures du matin, le bombardement commença ; les 180 bouches à feu qui défendaient les remparts et les forts furent presque toutes démontées en une heure ; à onze heures le rivage était couvert de décombres, et l'ennemi ne ripostait plus. La division française se rallia vers cinq heures du soir. Le vaisseau amiral que montait le prince avait reçu 49 boulets dans sa coque et avait, à lui seul, tiré 1650 coups contre la ville. Une division espagnole, deux bâtiments de guerre anglais, et plusieurs navires sardes, suédois et américains, avaient été spectateurs de ce brillant fait d'armes. Les commandants de la marine étrangère vinrent féliciter le prince ; les Anglais seuls ne prirent aucune part à cette démonstration ; dès le matin, ils avaient laissé tomber leurs voiles en bannières, et hissé leur plus petit pavillon.

Après avoir démantelé Tanger, le prince français remit à la voile, le 7, pour aller foudroyer Mogador sur la côte occidentale. Pendant qu'il faisait route, le maréchal Bugeaud était revenu à Lella-Maghrnia. Cette position, convenablement retranchée, était devenue le point de ravitaillement de toutes nos troupes employées sur la frontière, et y couvrait la ligne de l'ouest ; le général Tempoure à Sebdou, le colonel d'état-major Eynard à Saïda, et le général Marey à Tiaret surveillaient la ligne du sud-ouest et du sud, tandis que le général de Bourjolly, posté en arrière sur la Mina, était prêt à se porter devant chacun des intervalles où la présence d'une colonne pouvait devenir nécessaire.

Le nouveau chef marocain Sidi-Hamida ayant engagé de nouvelles négociations, le maréchal se porta en vue du camp ennemi pour observer ses forces et hâter la conclusion des affaires ; mais il dut bientôt reconnaître que les ouvertures n'avaient d'autre but que de gagner du temps ; le bruit courait même parmi les Arabes de la province d'Oran que l'armée marocaine devait prendre Tlemcen, Oran, Maskara et chasser les Français de toute l'Afrique. Il devenait urgent de discréditer ces bruits par un coup de main qui prouvât notre supériorité, et fît taire les excitations à la révolte. Le maréchal envoya au général Bedeau l'ordre de venir le joindre avec les trois bataillons et les six escadrons qu'il commandait ; cette jonction fut effectuée le 12 août.

Nous croyons devoir céder à une plume officielle le récit de la bataille d'Isly, en reproduisant ici, *textuellement*, quelques fragments d'un écrit publié par le maréchal Bugeaud, en 1845, pendant son voyage en France.

« Le 12 août au soir, les officiers de l'ancienne cavalerie de la colonne offrirent à leurs camarades qui venaient d'arriver, un grand punch. Le lit pittoresque de l'Ouerdefou, ruisseau sur le bord duquel nous étions campés, avait été artistement préparé et formait un jardin délicieux ; il était illuminé par toutes les bougies que l'on avait pu trouver dans le camp, et par quarante gamelles de punch dont la flamme bleue, se réfléchissant sur les feuillages divers, produisait un effet admirable.

montagne. Les principales défenses consistaient dans le rentrant de la porte marine, devant le débarcadère. On y voyait deux gradins de batteries portant 60 pièces de gros calibre et 8 mortiers battant de front sur le port. Deux autres batteries, élevées sur des collines de 150 pieds, flanquaient le débarcadère à droite et à gauche, et six autres à fleur de terre, et fermées à la gorge, rasaient la baie. Une de ces dernières était bâtie sur les ruines du vieux Tanger (*Tingir* des Romains). Le port de Tanger est petit, peu profond, et n'a que huit pieds d'eau dans toutes les marées ; mais la rade est belle, spacieuse, et toute une flotte peut y mouiller sur une grande tenue de douze à quinze brasses. Elle est largement ouverte au N.-E. ; mais on peut s'y abriter des vents d'O. et d'E., en mouillant sur un des côtés. C'est le port le plus éloigné des trois villes impériales de Fez, Maroc et Méquinez.

« Le maréchal avait été invité à cette fête de famille. Au premier verre de punch, il lui fut porté un toast qui lui fournit l'heureuse occasion de parler de la bataille qui se préparait. Il le fit avec tant de chaleur, que le plus grand enthousiasme se manifesta dans cette foule d'officiers jeunes et ardents. Ils se précipitèrent dans les bras les uns des autres, en jurant de faire tout pour mériter l'estime de leurs chefs et de leurs camarades; ils se promirent de se secourir mutuellement de régiment à régiment, d'escadron à escadron, de camarade à camarade. Des larmes, provoquées par le sentiment le plus vif de la gloire et de l'honneur, ruisselaient sur leurs longues moustaches. Jamais on ne vit une scène plus dramatique et plus touchante. — Ah! s'écria le général, si un seul instant j'avais pu douter de la victoire, ce qui se passe en ce moment ferait disparaître toutes mes incertitudes : avec des hommes comme vous, on peut tout entreprendre.

« Il indiqua alors la marche progressive de la bataille, ses épisodes probables, ses résultats. Ses auditeurs se rappelleront toujours que les choses se sont passées exactement comme il les avait décrites. *C'est en sortant de cette scène qu'il écrivit la dépêche si remarquable, dans laquelle il annonçait* D'AVANCE *la victoire.*

« On craignait que les Marocains ne voulussent pas accepter le combat ; dans le but de le leur rendre inévitable, nous feignîmes, le 13 au soir, de faire un grand fourrage qui nous porta à quatre lieues en avant de notre camp. Comme nous avions souvent fourragé dans la même direction, et presque à la même distance, il était à présumer que l'ennemi ne prendrait pas cela pour un mouvement offensif, et qu'ayant ainsi gagné quatre lieues, nous n'en aurions plus que quatre à faire pendant la nuit, de telle sorte qu'au point du jour nous pouvions nous trouver en présence du camp marocain que nous croyions plus près qu'il ne l'était réellement. A l'entrée de la nuit, les fourrageurs se reployèrent sur nos colonnes pour simuler la retraite sur notre camp, et dès que nous nous fûmes dérobés à la vue des éclaireurs marocains, les colonnes s'arrêtèrent ; il leur fut ordonné de se reposer durant quatre heures, sans rien déranger à l'ordre de marche ; elles furent entourées de vedettes.

« A minuit nous nous remîmes en mouvement ; au petit jour, nous arrivions à l'Isly : nous n'y trouvâmes point d'ennemis. Le passage, assez difficile, nous prit plus de temps que nous ne pensions ; il était cinq heures du matin quand nous nous remîmes en marche. Comme nous avions été signalés par les éclaireurs, les Marocains avaient tout le temps nécessaire pour lever leur camp et éviter la bataille ; mais, pleins de confiance dans leur nombre, et fiers du souvenir de la destruction de l'armée de Dom Sébastien de Portugal, ils s'étaient décidés à l'accepter, et nous rencontrâmes leur armée au second passage de l'Isly. Leur camp s'apercevait à deux lieues de là ; il blanchissait toutes les collines. A cet aspect, nos soldats firent éclater des cris de joie. Le bâton qu'ils portent pour s'aider dans la marche et tendre leurs petites tentes, fut jeté en l'air avec un ensemble qui prouvait que tous à la fois avaient été frappés du même sentiment de satisfaction.

« Le maréchal fit faire une halte de quelques minutes pour donner ses dernières instructions à tous les chefs de corps réunis autour de lui. Comme il savait qu'il n'y avait que trois gués, il ordonna de passer la rivière en ordre de marche, et de ne prendre l'ordre de combat que sur l'autre rive, après en avoir chassé les nombreux cavaliers qui l'entouraient. Cette manœuvre hardie eût été impossible devant des troupes européennes, car on sait le danger qu'il y a à se former sous le feu de son ennemi ; mais entre deux inconvénients, il fallait éviter le plus grand. Si l'on avait pris l'ordre de combat avant de passer la rivière, il aurait fallu presque autant de gués que de bataillons, pour ne pas se brouiller ; or, il n'y en avait que trois ; partout ailleurs c'étaient des berges escarpées. Le passage s'opéra avec audace ; l'ordre de bataille fut pris sous le feu le plus vif et sous des attaques réitérées [1]. Bientôt l'ennemi déploya toutes ses forces en un vaste croissant, qui en se fermant nous enveloppa complètement. Le bataillon de tête fut dirigé sur le camp, les troupes marchaient au grand pas accéléré, le général ayant défendu de battre la charge, disant que *de tels ennemis ne méritaient pas cet honneur.*

« Nous marchâmes pendant une heure au milieu de cette nuée de cavaliers, en repoussant leurs attaques par la fusillade et la mitraille ; ils portèrent leurs principaux efforts sur nos derrières, peut-être dans l'espérance de ralentir notre marche sur le camp. On ne fit que deux petites haltes pour raccorder les bataillons qui avaient été dans la nécessité de s'arrêter, afin de repousser les attaques. Enfin, le général, voyant l'ennemi dégoûté du combat et éparpillé sur tous les points de l'horizon, fit sortir la cavalerie qui se forma en quatre échelons disposés à l'avance ; le premier se dirigea sur le camp, les autres étaient échelonnés, le dernier devait s'appuyer à la rivière. Cette cavalerie ne pouvait plus rencontrer sur sa route de forces capables de l'arrêter, et d'ailleurs, l'infanterie, continuant et accélérant sa marche, lui présentait un appui, et

---

[1] C'était un grand losange fait avec des colonnes à demi-distance par bataillon, prêtes à former le carré. Derrière le bataillon de direction se trouvaient deux bataillons en réserve, et ne faisant pas partie du système, c'est-à-dire pouvant être détachés selon les circonstances.

L'artillerie était distribuée sur les quatre faces, vis-à-vis des intervalles des bataillons qui étaient de cent vingt pas. L'ambulance, les bagages, le troupeau étaient au centre, ainsi que la cavalerie formée en deux colonnes sur chaque côté du convoi. On devait marcher à l'ennemi par un des angles, formé par un bataillon qui serait celui de direction.

Cette disposition en losange est plus avantageuse qu'un carré ; chaque bataillon est indépendant de son voisin qu'il protège et dont il reçoit protection par le croisement des feux. En cas d'échec d'un bataillon l'autre ne saurait être compromis, il a sa force en lui-même. Enfin, la cavalerie peut sortir et rentrer par les intervalles, sans rien déranger au système.

au besoin un asile assuré. Tout cela devant elle : le camp, les canons, les bagages, les bêtes de somme, tout tomba en son pouvoir.

« L'ennemi était parvenu à rallier de l'autre côté du camp 8 à 10,000 chevaux, qui se disposaient à reprendre l'offensive sur notre cavalerie rompue par l'enlèvement de ce vaste camp ; mais l'infanterie, laissant les tentes sur la droite, vint faire un bouclier à nos cavaliers. Après un petit temps d'arrêt pour rallier et laisser respirer les hommes, on reprit l'offensive, et notre cavalerie s'étant réunie, nous franchîmes une troisième fois l'Isly, et nous poussâmes cette vaste cohue sur la route de Fez. Il était alors midi, aucun autre cours d'eau n'était connu que celui d'Aïoun-Sidi-Mellouk, qui est à douze lieues de là ; on ne pouvait espérer de prendre la cavalerie, et l'on avait entre les mains tout ce qui était saisissable.

« Le maréchal, toujours attentif à ménager les forces des soldats, fit cesser la poursuite, et nous ramena au camp marocain, où de nombreuses provisions nous dédommagèrent de nos fatigues. Ainsi finit cette bataille qui a consacré la conquête de l'Algérie.

« Ce qui rend ce récit vraiment remarquable, c'est qu'il peint, outre la bataille d'Isly, le général qui l'a gagnée. Nulle part le maréchal Bugeaud ne paraît mieux tel qu'il est ; nulle part son caractère et son génie militaire ne sont mieux exprimés. A côté du récit d'un grand événement, *on voit le portrait d'un homme, et d'un homme qui a sa physionomie et sa destinée à part dans l'histoire de notre siècle.*

« Nous croyons savoir que le maréchal Bugeaud songe à écrire l'histoire de la guerre d'Afrique depuis quatre ans. Ce récit, emprunté en grande partie aux conversations de l'*illustre* maréchal, peut donner une idée de l'intérêt qu'aura un pareil ouvrage. *Cet intérêt tiendra surtout à l'homme.* Ce ne sera pas seulement une collection de bulletins de l'armée d'Afrique ; ce sera, si nous pouvons parler ainsi, une collection de leçons sur le genre de guerre qu'il faut faire en Afrique, leçons vérifiées par le succès. Henri IV disait que les Mémoires du maréchal de Montluc étaient le bréviaire du soldat ; *les mémoires du maréchal Bugeaud seront le bréviaire de l'officier et du général.*

« Le grand enseignement surtout qui sortira, selon nous, des mémoires du maréchal, et qui ressort clairement du récit de la bataille d'Isly, c'est l'importance de la force morale dans la guerre. La force morale, aux yeux du maréchal Bugeaud, l'emporte singulièrement sur la force matérielle. L'ÉLOQUENCE *du maréchal Bugeaud, sans y penser et sans s'efforcer, atteint naturellement* AU SUBLIME, lorsqu'il montre d'un mot aux soldats la supériorité d'une armée disciplinée sur une multitude confuse et désordonnée, en comparant l'armée disciplinée qui fend les flots de la mer, emblème à la fois simple et admirable de la force intelligente aux prises avec la force brutale.

« Et ce n'est pas seulement au milieu de ses officiers que M. le maréchal Bugeaud professe hardiment ce *spiritualisme* de la guerre, ce n'est pas seulement à cette armée qui l'aime et qui l'*admire*, qu'il prédit la victoire et en démontre l'infaillible certitude. *Il écrit en Europe avec la même assurance*, et personne n'a oublié ce rapport rédigé la veille de la bataille et qui finissait ainsi : « J'ai environ 8,500 hommes d'infanterie, 1,400 chevaux réguliers, 400 irréguliers et 16 bouches à feu. C'est avec cette petite force numérique que nous allons attaquer cette multitude qui, selon tous les dires, compte 30,000 chevaux, 10,000 hommes d'infanterie et 11 bouches à feu ; mais mon armée est pleine de confiance et d'ardeur ; elle compte sur la victoire tout comme son général. Si nous l'obtenons, ce sera un nouvel exemple que la victoire n'est pas toujours du côté des gros bataillons, et l'on ne sera plus autorisé à dire que la guerre n'est qu'un jeu du hasard.

« Ce n'est pas là seulement (poursuit l'illustre écrivain) le langage d'un général sûr de la victoire, c'est aussi le langage *d'un chef d'école ardent à proclamer ses principes, empressé à convertir, et qui veut faire de sa victoire non-seulement un trophée pour son pays, mais un argument pour sa doctrine* [1]. »

Le lendemain du jour où le maréchal Bugeaud chassait devant lui les contingents marocains, S. A. R. Mgr le prince de Joinville écrasait Mogador. L'es-

---

[1] Nous avions gardé le souvenir de ce remarquable travail, inséré dans la REVUE DES DEUX MONDES. La haute renommée dont jouit, à si juste titre, le recueil politique et littéraire que nous venons de citer, nous engageait dernièrement à y rechercher des pages qui nous semblaient écrites par un témoin oculaire, et qui n'avaient dû être accueillies que de bonne source. En feuilletant la table des matières (XVe année, tome IX, 6e livraison, publiée le 15 mars 1845), nous y avons lu, p. 1140, l'intitulé de l'article ainsi rédigé : Guerres d'Afrique. — Campagne de 1844. — Bataille d'Isly, par M. le maréchal BUGEAUD.

Comme nous avions jusqu'alors ignoré que M. le maréchal fût un des collaborateurs de la Revue des deux Mondes, nous pouvions croire à quelque méprise. Mais l'article ci-dessus se trouvant enclavé entre deux autres, l'un : La traite à Cuba et le Droit de visite, par M. Xavier DURRIEU ; l'autre intitulé : Académie française, réception de M. Sainte-Beuve, par M. Charles LABITTE, nous avons dû conclure que M. le maréchal Bugeaud était aussi incontestablement l'auteur du travail placé sous son nom dans la table des matières, quoique, par une rare modestie, il ne l'eût d'abord signé que de trois étoiles dans la livraison du 1er mars.

Nous avions entendu accuser de quelque exagération les merveilles de stratégie déployées par les bulletins, à propos de la bataille d'Isly ; mais en présence d'un fait accepté, il ne nous appartient pas de discuter

cadre française était arrivée, le 11, devant ses remparts. Pendant quatre jours, la violence des vents et la furie de la mer dans ces parages suspendirent les opérations. Cependant, le 15, vers l'après-midi, les vagues ayant diminué, le prince fit avancer *le Triton* et *le Jemmapes* en face des batteries de l'ouest, et se porta lui-même, avec *le Suffren*, dans la passe du nord, pour canonner d'écharpe les batteries de la Marine, et de front le fort rond situé sur un îlot à l'entrée de la passe, tandis qu'avec ses pièces de retraite il répondrait à une batterie de l'île dont les coups d'enfilade devaient gêner sa manœuvre. A deux heures, le bombardement fut ouvert; l'ennemi riposta si vivement que *le Jemmapes* essuya des pertes sensibles. Mais les batteries de la Marine, promptement démantelées par *le Suffren*, ayant éteint leur feu, il ne restait plus que celles de l'ouest, armées de 40 pièces abritées par un épaulement en pierre sèche, de plus de deux mètres d'épaisseur. Les frégates *la Belle-Poule*, les bricks *le Cassard*, *le Volage* et *l'Argus* reçurent ordre de forcer dans le port; la première pour combattre les batteries de l'ouest, et les autres celles de l'île; de grosses carabines, placées dans les hunes, fusillaient à 600 mètres les artilleurs marocains.

Quand le passage fut assuré, les bateaux à vapeur *le Gassendi*, *le Pluton* et *le Phare* avec 500 hommes de débarquement, conduits par le lieutenant-colonel Chauchard et le capitaine de corvette Duquesne, entrèrent dans le port et se postèrent dans les créneaux de la ligne des bricks; les chaloupes mirent à la mer à cinq heures et demie, sous un feu très-vif, gagnèrent le rivage, et gravissant à la course un talus escarpé, nos soldats enlevèrent la première batterie, où le prince de Joinville vint les diriger lui-même. Deux détachements firent aussitôt le tour de l'île pour débusquer l'ennemi des maisons; 300 Marocains s'étaient barricadés dans une mosquée dont les portes furent brisées à coups de canon; on se battit corps à corps sous des voûtes obscures; et après un grand carnage, 150 prisonniers restèrent en notre pouvoir.

Le lendemain, l'œuvre de cette foudroyante victoire fut achevée; l'ennemi avait disparu, laissant le terrain jonché de cadavres; la division française était maîtresse du port et de l'îlot; les canons furent encloués ou jetés à la mer, les embrasures détruites par la mine, et les magasins noyés. Le prince laissa une garnison dans l'île et se rembarqua; la ville restée sans défense fut, après son départ, saccagée pendant quatre jours par les Kebaïles que l'espoir du pillage avait attirés des montagnes voisines [1].

la valeur des critiques, et nous sommes heureux de leur opposer un document qui signifie à la France l'admiration que s'accorde le triomphateur.

Nous ne hasarderons à cet égard que deux réflexions. Le lieutenant général Bugeaud, faisant du journalisme en 1838, écrivait le 11 février dans le *Courrier Français*, « que les combinaisons stratégiques d'Europe n'ont aucun sens en Afrique. » En admettant cette opinion du héros de la Sikkak, l'utilité des manœuvres savantes exécutées à l'affaire d'Isly ne serait plus incontestable. D'un autre côté, quand on n'a en face de soi que des adversaires méprisables, combien vaut la victoire, et à quoi bon la récompense? Le maréchal disait à ses soldats, en parlant des Marocains, que *de tels ennemis ne méritaient pas l'honneur que les tambours battissent la charge*. De telles paroles, suivies de publication, atténuent singulièrement l'éclat de cette journée. Par quelle inconséquence le maréchal se laissa-t-il créer duc d'Isly? Et si cette faveur était justifiée, pourquoi le maréchal Valée ne fut-il pas nommé, en 1837, duc de Constantine? Sans prétendre amoindrir les travaux de notre brave armée, nous croyons pouvoir dire que l'assaut de Constantine fut plus glorieux pour nos drapeaux que la prise d'une tente et d'un parasol.

[1] Mogador (voyez LIVRE V°, p. 289) est bâti sur une presqu'île très-basse que les vagues battent de tous

Les glorieux combats de la marine française frappèrent de terreur le chériff du Maroc, et soulevèrent les haines de l'Angleterre. Un orateur de la chambre des communes demanda même une enquête sur les droits de la France à occuper l'Algérie, et sur le préjudice que cette occupation causait aux intérêts britanniques, et lord Palmerston intervint auprès du cabinet français pour stériliser nos victoires. En se retirant de Mogador, le prince de Joinville avait adressé au chériff un dernier ultimatum, dont l'une des conditions était le remboursement des frais de la guerre. Abd-el-Rahman allait traiter sous la volée de nos canons, lorsque la diplomatie s'empara tout à coup du champ de bataille. Deux plénipotentiaires, MM. de Gluksberg et de Nyon arrivèrent sur les ruines de Tanger, porteurs d'instructions secrètes approuvées par l'Angleterre, et le 10 septembre, fut signée par eux une convention préliminaire dont les termes n'offraient ni avantages pour le présent, ni garantie pour l'avenir. Le chériff marocain n'eut à nous payer aucune indemnité; l'îlot de Mogador fut évacué, la flotte rentra à Toulon, et les troupes de terre reprirent le chemin de leurs cantonnements. Un article de la convention stipulait que des négociations ultérieures seraient ouvertes pour fixer la délimitation de l'Algérie et du Maroc. M. le général comte de La Rue, chargé de suivre les détails de cette affaire, la termina le 18 mars 1845, à Lella-Maghrnia, par la signature d'un traité définitif, dont l'article 7, relatif à Abd-el-Kader et qui devait fermer à notre insaisissable ennemi tout refuge dans les états marocains, a, depuis, été sans cesse éludé par le gouvernement du chériff.

La politique modérée suivie par le cabinet français après la double victoire de Tanger et de Mogador souleva les récriminations d'une partie de l'opinion publique et de toute la presse opposante. On accusait le ministre des affaires étrangères d'avoir, en particulier, timidement sacrifié à l'Angleterre les lauriers de nos soldats, les intérêts de notre commerce, et la dignité de notre pavillon. Pour les esprits, trop nombreux en France, qui ne jugent les faits que d'après leur physionomie extérieure, il y avait matière à se tromper de bonne foi sur la véritable portée des actes du pouvoir; mais pour les hommes sérieux dont le regard plus pénétrant saisissait le véritable aspect de notre situation, il paraissait difficile à prouver que le ministère eût pu mieux faire qu'il n'avait fait en cette circonstance. L'issue de nos négociations avec le Maroc n'a offert aucune

---

côtés. Les sables mouvants qui l'entourent, accumulés en cônes irréguliers, forment une série d'ondulations offrant l'aspect d'une mer houleuse qui se serait subitement immobilisée. La ville se nomme Souheïrah. Le port formé par l'îlot de Mogador, ou Mogodour, est exposé aux tempêtes du S.-O. Le long de la côte orientale de l'îlot peuvent mouiller les navires, à l'abri des vents d'ouest et du nord. Les rues de la ville, tracées par des ingénieurs européens, sont presque toutes tirées au cordeau, mais si étroites que deux chevaux pourraient à peine y passer de front. Quant aux maisons elles ne différent en rien de toutes les constructions arabes.

Les fortifications ne pourraient soutenir un siége du côté de la terre; mais elles étaient redoutables sur les fronts qui regardent l'Océan au N.-O. et au S.-E. Sur tous ces points s'étendait un rempart en lignes brisées, flanqué de tours et de batteries casematées, qui se reliait à la Kasbah. Les plus remarquables défenses étaient au débarcadère, placé à la pointe de la presqu'île, et séparé de la ville par une petite plage intérieure. Il était défendu par une enceinte en maçonnerie très-épaisse, flanquée d'une seconde en retour, et armée d'une nombreuse artillerie. — A 1,200 mètres au S.-O. du débarcadère, s'élève un îlot d'un quart de lieue de long, et d'une largeur de 600 mètres, qui forme le port. Le pourtour de cet îlot est très-escarpé; dominant la ville et le débarcadère à une distance de 800 toises, il était défendu par quatre batteries maçonnées, par des rochers et des bancs de sable qui ne laissent d'abord que par une plage étroite donnant sur la rade. 200 pièces de canon couvraient le développement de ce système de défense.

garantie aux intérêts français ; l'abandon de Tanger et de Mogador fut évidemment sollicité par la politique anglaise; mais avions-nous, d'une part, les moyens de porter la guerre au cœur des états marocains? et d'un autre côté, lorsque tant d'embarras de toute nature pèsent encore sur nos possessions d'Afrique ; lorsqu'une dépense de cent millions par an et la présence de cent mille soldats ne peuvent encore suffire à rien fonder de stable sur le sol où six mille Turcs avaient régné pendant trois siècles, eût-il été sage de nous engager, en outre, dans une voie de mésintelligence inutile avec un royaume européen, trop rapproché de nous pour que son alliance ne soit pas à ménager contre le cas d'une secousse continentale qu'il est permis de prévoir?

Sans s'arrêter à l'examen de cette question politique, le gouverneur général de l'Algérie ne vit dans la conduite du ministère qu'une atteinte portée à ses prétentions autocratiques. Jaloux d'abord des succès qu'on avait obtenus sans le consulter, et choqué plus tard de n'avoir pas été choisi pour négociateur, il laissa percer l'expression de sa mauvaise humeur. On l'entendit parler de venir en France; il y vint, en effet, pour l'ouverture de la session des Chambres; mais le ministère, n'ayant pas de temps à perdre avec l'orateur d'Excideuil, avait pris à l'avance un adroit moyen de lui fermer la bouche; il n'en coûta qu'un parchemin et l'invention du duché d'Isly. C'était prendre M. Bugeaud par son faible : il fut pris. Les fonctionnaires des départements qu'il devait traverser pour venir à Paris lui préparèrent des ovations ; et la France put jouir du singulier spectacle de ce duc *in partibus* voyageant, avec une gravité comique, à travers les arcs de triomphe, les dîners et les discours de préfecture ; tandis qu'un jeune prince, déjà célèbre dans l'histoire, et qui avait en quelques heures jeté les remparts de deux villes aux pieds de la marine française, s'était modestement dérobé aux véritables acclamations populaires qui l'attendaient sur toute sa route. M. Bugeaud prit au sérieux la petite comédie qu'on fit jouer à sa grande vanité, et ne dédaigna pas de se comparer, en petit comité, à Bonaparte revenant d'Égypte.

A son retour dans *sa capitale*, le duc d'Isly daigna, le 31 mars 1845, se faire présenter une épée d'honneur dans la grande salle de *son palais*, par MM. Lacroutz, Descous, Malle et Montagne. « — Messieurs, voulut bien s'écrier l'illustre guerrier, je suis profondément reconnaissant du présent magnifique que vous me faites; je ne faillirai pas à la devise que vous y avez gravée : DÉSORMAIS LA CHARRUE M'OCCUPERA PLUS QUE L'ÉPÉE. »

Pour justifier avec sa logique ordinaire les paroles qu'il venait de prononcer, il se mit, dès le lendemain, à préparer une nouvelle grande expédition contre les Kebaïles des montagnes de Bougie. Les troupes étaient sous les armes et les chefs de colonne désignés, lorsqu'une levée de boucliers eut lieu à Ténès. Au lieu d'envoyer à ses lieutenants les instructions nécessaires, M. Bugeaud reprit la campagne pour son propre compte, et recommença cette guerre de partisans aussi féroce qu'infructueuse, qui nous a rendus pour les indigènes l'objet d'une haine que des siècles n'éteindront pas. Après des courses en tout sens et des razzias multipliées, trois chefs de détachement, les colonels Pélissier, Ladmirault et Leroy dit Saint-Arnaud, travaillaient dans le Dahara. Quelques tribus se soumettaient pour éviter l'extermination; d'autres luttaient courageusement, et parmi ces dernières les Ouled-Riah devaient s'ensevelir dans une page sanglante de l'histoire de France.

Le Dahara forme une vaste plaine entre Ténès, Orléansville et la rive droite du Chéliff. Cette plaine est parsemée de mamelons qui se détachent et qu'entourent des champs d'une riche culture. Deux de ces mamelons sont unis naturellement par un massif de rochers d'environ cent mètres de largeur, nommé El-Kantara (*le Pont*), et qui franchit un profond ravin. Dans ce massif s'ouvrent des grottes considérables où les Arabes et les Kebaïles se réfugiaient au temps des Turcs pour se soustraire au pillage ; les Ouled-Riah s'y étaient retirés avec leurs familles et leurs troupeaux, à l'approche d'une colonne guidée par le colonel d'état-major Pélissier. Une scène de cannibales, que l'honneur français a flétrie et dont il n'était permis qu'à M. Bugeaud de faire l'*éloge*, termina cette expédition.

« Le 17 juin 1845, écrivait naguère au journal l'*Heraldo* un officier espagnol au service de France, nous marchions dans le Dahara, sur la rive gauche de l'un des ruisseaux qui vont se jeter à la mer sous le nom d'Oued-Djérah et de Bel-Am-Riah, lorsqu'un petit nombre de Kebaïles s'avancèrent en tirailleurs, et ne cessèrent pas leur feu, même lorsqu'un de nos bataillons se dirigea de leur côté pour couper les figuiers et autres arbres fruitiers, et pour brûler quelques maisons. Je partis avec ce bataillon, et m'avançai avec plusieurs officiers, quinze cavaliers du goum auxiliaire et autant de fantassins, pour reconnaître des grottes où l'on savait qu'une grande portion de la tribu des Ouled-Riah avait l'intention de s'enfermer et de se défendre. Arrivés à un quart de lieue de ces grottes, nous vîmes cinquante à soixante Kebaïles qui se mirent à courir, sans doute pour se cacher dans l'intérieur de ces cavernes. Quelques-uns d'entre eux se détachèrent vers nous, et firent feu d'une distance énorme; ce qui fut cause néanmoins que nos Arabes auxiliaires nous abandonnèrent peu à peu. Au moyen de nos guides, on fit appeler l'un des Kebaïles, et on lui dit que s'ils ne se soumettaient pas *ils seraient brûlés par les Français, qui avaient cinquante-six mules chargées de matières combustibles.* L'Arabe répondit, sans se troubler, que ses compatriotes étaient résolus à se défendre.

« Le 18, la colonne du colonel Pélissier partit de bonne heure, forte de deux bataillons et demi, avec une pièce d'artillerie de montagne et un détachement de cavalerie, pour venir assiéger la fameuse grotte ou caverne que nous avions reconnue la veille, située sur les bords de l'Oued-Fréchih et nommée Dhar-el-Fréchih. Après avoir porté des chasseurs devant les ouvertures placées du côté le plus accessible du Kantara, les troupes commencèrent à couper du bois et à ramasser de la paille pour allumer le feu du côté de l'ouest, et obliger ainsi les Arabes à se rendre, attendu que tout autre genre d'attaque eût été très-sanglant et peut-être infructueux. A dix heures du matin, on commença à jeter des fagots du haut du contrefort El-Kantara; mais le feu ne se déclara qu'à midi, à cause de l'obstacle qu'opposait à la flamme un grand amas d'eau que l'on supposait exister à l'entrée des grottes, mais plus vraisemblablement à cause de la mauvaise direction que l'on avait donnée aux matières combustibles.

« Pendant la soirée, nos tirailleurs s'avancèrent davantage et serrèrent de près les ouvertures de la grotte; néanmoins un des Arabes parvint à se sauver

du côté de l'est, et sept autres gagnèrent les bords du ruisseau, où ils firent provision d'eau dans des outres. Vers une heure, on commença à jeter à l'ouverture de l'orient, des fagots qui, cette fois, prirent feu devant les deux ouvertures de l'autre côté, et par une circonstance singulière, le vent chassait aussi les flammes et la fumée dans l'intérieur, sans qu'il en partît presque rien au dehors, de sorte que les soldats purent pousser les fagots dans les ouvertures de la caverne, *comme dans un four.*

« On ne saurait décrire alors la violence du feu. La flamme s'élevait au haut du Kantara (à plus de soixante mètres), et d'épaisses colonnes de fumée tourbillonnaient devant l'entrée de la caverne. On continua à attiser le feu toute la nuit, et on ne cessa jusqu'au point du jour. Mais alors, *le problème était résolu*, on n'entendait plus aucun bruit. A minuit seulement, quelques détonations avaient retenti dans l'intérieur de la grotte, ce qui avait fait penser qu'on s'y battait.

« A quatre heures et demie du matin, je m'acheminai vers la grotte, avec deux officiers du génie, un officier d'artillerie et un détachement de cinquante à soixante hommes de ces deux corps. A l'entrée se trouvaient des animaux morts déjà en putréfaction, et enveloppés de couvertures de laine qui brûlaient encore. On arrivait à la porte par une traînée de cendre et de poussière d'un pied de haut, et de là nous pénétrâmes dans une grande cavité de trente pas environ. Rien ne pourrait donner une idée de l'horrible spectacle que présentait la caverne. Tous les cadavres étaient nus, dans des positions qui indiquaient les convulsions qu'ils avaient dû éprouver avant d'expirer. Le sang leur sortait par la bouche ; mais ce qui causait le plus d'horreur, c'était de voir des enfants à la mamelle gisant au milieu des débris de moutons, des sacs de fèves, etc. On voyait aussi des vases de terre, qui avaient contenu de l'eau, des caisses, des papiers, et un grand nombre d'effets. Malgré tous les efforts des officiers, on ne put empêcher les soldats de s'emparer de tous ces objets, de chercher les bijoux, et d'emporter les bernous tout sanglants. J'ai acheté un collier pris sur un des cadavres, et je le garderai, ainsi que deux yathagans que le colonel nous a envoyés comme *un souvenir* de ces effroyables scènes.

« Personne n'a pu savoir ce qui s'était passé dans la grotte, et si les Arabes, étouffés par la fumée, se sont résignés à la mort avec ce stoïcisme dont ils se font gloire, ou bien si ce sont leurs chefs et leurs marabouts qui se sont opposés à leur sortie. Quoi qu'il en soit, ce drame est affreux, et jamais à Sagonte ou à Numance plus de courage barbare n'a été déployé.

« Le nombre des cadavres s'élevait de huit cents à mille. Le colonel ne voulut pas croire à notre rapport, et il envoya d'autres soldats pour compter les morts. On en sortit de la grotte environ six cents, sans compter tous ceux qui étaient entassés les uns sur les autres, comme une sorte de bouillie humaine, et les enfants à la mamelle presque tous cachés dans les vêtements de leurs mères. Le colonel témoignait toute l'horreur qu'il éprouvait d'un si affreux résultat ; IL REDOUTAIT PRINCIPALEMENT LES ATTAQUES DES JOURNAUX, qui ne manqueraient pas sans doute de *critiquer* un acte si déplorable.

« Ce qu'il y a de certain, c'est que l'on a obtenu ainsi que tout le pays se soumette. Le prestige superstitieux qui s'attachait aux grottes est détruit pour toujours dans le Dahara. Ce prestige était immense; jamais les Turcs n'avaient osé attaquer les grottes. — Le 23, au soir, nous avons porté notre camp à une demi-lieue plus loin, chassés par l'infection, et nous avons abandonné la place aux corbeaux et aux vautours qui volaient depuis plusieurs jours autour de la grotte, et que de notre nouveau campement nous vîmes emporter des débris humains[1]. »

Lorsqu'on apprit en France qu'il avait pu se rencontrer dans l'armée d'Afrique un homme capable de faire brûler vivants, avec leurs femmes et leurs enfants, des ennemis qui refusaient de se rendre, toute la France fut indignée, toutes les voix demandèrent que cet homme fût livré à la justice du pays. Le gouverneur général de l'Algérie prit seul la défense du colonel Pélissier — non par un sentiment de générosité envers cet officier qui n'était coupable que d'avoir obéi à des ordres stupides — mais pour insulter lui-même à l'opinion publique et à l'honneur du commandement. Voici ce que M. Bugeaud, rédacteur en chef des journaux algériens, fit insérer dans l'*Akhbar* :

« Dans la presse, à la tribune et dans le monde, on a souvent reproché à

---

[1] Voici d'autres détails que met sous nos yeux une lettre particulière, adressée à sa famille par un soldat de la colonne Pélissier.

« Deux heures après notre départ du camp, nous arrivâmes devant les grottes. On fit descendre une compagnie de grenadiers par le chemin creux qui y conduit ; mais, à peine eurent-ils fait quelques pas, qu'une décharge les obligea de rétrograder. La position était inabordable; on ne pouvait entrer qu'homme à homme, et notre corps aurait été entièrement détruit, si l'on eût fait cette tentative. Fiers de leurs retranchements devant lesquels les Turcs ont toujours échoué, n'ayant jamais été soumis à la domination française, les Arabes refusèrent de se rendre.

« Alors le colonel Pélissier donna ordre de couper du bois, de faire des fagots, qu'avec beaucoup de peine on parvint à faire descendre vis-à-vis de l'entrée des trois grottes. Ces fagots, mêlés de paille, étaient retirés par les Arabes, à mesure qu'ils arrivaient, malgré les coups de fusil de nos tirailleurs embusqués. Enfin plusieurs de ces malheureux ayant été tués, et l'entrée des grottes étant encombrée de fascines, on fit tomber des gerbes enflammées pour allumer cet immense bûcher.

« La journée du 18 fut employée à alimenter cette fournaise.

« Alors, on entendit dans l'intérieur un tumulte formé de cris, de gémissements et de coups de fusil. On sut plus tard que les Arabes délibéraient sur le parti à prendre, et que les uns demandaient à se soumettre, tandis que les autres s'y refusaient. On ignorait encore que les plus violents l'avaient emporté; on suspendit le feu des fascines, et l'on recommença les pourparlers.

« Le 19, à neuf heures du matin, un Arabe sortit à travers les flammes ; il venait offrir sa soumission. On l'envoya prévenir ses malheureux compatriotes qu'ils devaient suivre le même exemple. Les Arabes offrirent de payer 75,000 francs, si l'armée se retirait. Cette condition ayant été refusée, ils rentrèrent dans les grottes; leur fusillade recommença sur nous et sur ceux d'entre eux qui tentaient de s'échapper. De notre côté, l'ordre fut donné par le colonel Pélissier de continuer les corvées de bois. Trois heures furent laissées aux reclus pour réfléchir encore.

« Enfin, le 19, à midi, le feu se ralluma et fut alimenté toute la nuit!!! Quelle plume saurait rendre ce tableau? Voir, au milieu de la nuit, à la faveur de la lune, un corps de troupes françaises occupé à entretenir un feu infernal ! Entendre les sourds gémissements des hommes, des femmes, des enfants et des animaux; le craquement des rochers calcinés s'écroulant, et les continuelles détonations des armes ! Dans cette nuit, il y eut une terrible lutte d'hommes et d'animaux !

« Le matin, quand on chercha à dégager l'entrée des cavernes, un hideux spectacle frappa les yeux des assaillants.

« J'ai visité les trois grottes; voici ce que j'y ai vu.

« A l'entrée gisaient des bœufs, des ânes, des moutons; leur instinct les avait conduits à l'ouverture des grottes, pour respirer l'air qui manquait à l'intérieur. Parmi ces animaux et entassés sous eux, se trouvaient des femmes et des enfants. J'ai vu un homme mort, le genou à terre, la main crispée sur la corne d'un bœuf. Devant lui était une femme tenant son enfant dans ses bras. Cet homme, il était facile de le reconnaître, avait été asphyxié, ainsi que la femme, l'enfant et le bœuf, au moment où il cherchait à préserver sa famille de la rage de cet animal.

« Les grottes sont immenses ; on a compté hier sept cent soixante cadavres ; une soixantaine d'individus seulement sont sortis, aux trois quarts morts; quarante ont pu survivre; dix sont à l'ambulance dangereusement malades ; les dix derniers qui peuvent se traîner encore ont été mis en liberté pour retourner dans leurs tribus; — ils n'ont plus qu'à pleurer sur des ruines ! »

l'armée d'Afrique les razzias, l'incendie des moissons et des villages, et la destruction des arbres. Un événement cruel, mais inévitable, celui des grottes des Ouled-Riah, dans le Dahara, paraît avoir réveillé la sensibilité publique. Il est donc opportun d'examiner la valeur de ces reproches et de justifier enfin l'armée d'Afrique des accusations peu réfléchies qui ont été si souvent dirigées contre ses actes. Nous espérons démontrer qu'au lieu du blâme, c'est l'éloge qu'il faudrait lui donner; car si, dans certains cas, elle fait violence aux sentiments d'humanité qui l'animent à un aussi haut degré que toute autre partie de la nation, c'est par dévouement patriotique.

« Nous commencerons par examiner, à son véritable point de vue, le terrible siége des grottes des Ouled-Rhia. Pour que le public puisse apprécier cet événement funeste, il faut qu'il sache combien il était important, pour la politique *et pour l'humanité*, de détruire la confiance que les populations du Dahara et de beaucoup d'autres lieux avaient dans les grottes.

« Toutes les tribus qui en possèdent s'y croyaient inexpugnables, et, dans cette opinion, elles se sont de tout temps montrées fort récalcitrantes. Sous les Turcs elles refusaient l'impôt fort souvent, et quand la cavalerie du gouvernement se présentait, la tribu tout entière se retirait dans les cavernes, où l'on ne savait pas la forcer. Abd-el-Kader lui-même l'a éprouvé à l'égard des Sbéha, qui se sont mis deux fois en révolte contre lui. Il a pu les réduire au moyen de sa grande influence morale, qui lui a permis de les faire bloquer et séquestrer par les autres tribus environnantes : un pareil moyen serait inefficace entre nos mains ; on ne sert pas les *chrétiens* comme on servait Abd-el-Kader.

« Le gouverneur général, après avoir soumis et en très-grande partie désarmé l'Ouarensenis, se rendit à Orléansville afin d'aviser aux moyens d'obtenir les mêmes résultats dans tout le Dahara, déjà fortement ébranlé par M. le général Bourjoly et le colonel Saint-Arnaud. Trois colonnes furent formées et confiées aux colonels Ladmirault, Saint-Arnaud et Pélissier. Le colonel Ladmirault devait agir isolément dans l'est de Ténez, les deux autres devaient opérer de concert dans le bas Dahara. M. de Saint-Arnaud partait de Ténez, et devait parcourir la chaîne montagneuse qui règne tout le long de la mer. M. le colonel Pélissier devait descendre le Chéliff jusqu'à Ouarizen, de là remonter chez les Beni-Zentes et puis prendre par l'ouest la chaîne de montagnes que M. de Saint-Arnaud envahissait par l'est.

« Le colonel Pélissier, après une razzia chez les Beni-Zentes, somma les Ouled-Rhia de se soumettre ; une partie de la tribu y consentait en montrant beaucoup de tergiversations ; l'autre partie refusa d'une manière absolue ; force fut de l'attaquer. Les guerriers battus se retirèrent dans leurs grottes célèbres, où d'avance ils avaient envoyé leurs femmes, leurs enfants, leurs troupeaux et leur mobilier. Le colonel Pélissier en fit l'investissement ; cette opération lui coûta quelques hommes, Arabes et Français. Quand l'investissement fut complet, il tenta de parlementer au moyen des Arabes qui étaient dans son camp ; on fit feu sur les parlementaires, et l'un d'eux fut tué. Cependant, à force de persévérance, on parvint à ouvrir des pourparlers : ils durèrent toute la journée sans aboutir à rien. Les Ouled-Riah répondaient toujours : « Que le camp français » se retire, nous sortirons et nous nous soumettrons. »

« Ce fut en vain qu'on leur fit, à plusieurs reprises, la promesse de respecter les personnes et les propriétés, de n'en considérer aucun comme prisonnier de guerre, et de se borner au désarmement. De temps à autre, on les prévenait que le combustible était ramassé, et qu'on allait les CHAUFFER si on n'en finissait pas. De délai en délai, la nuit arriva.

« Fallait-il que le colonel Pélissier se retirât devant cette obstination, et abandonnât la partie? Mais les soldats et les chefs l'en auraient vivement blâmé. Les conséquences politiques de ces déterminations eussent été funestes, car la confiance dans les grottes aurait beaucoup grandi. Aurait-il dû attaquer de vive force? Cela était à peu près impossible, et dans tous les cas, il fallait perdre beaucoup de monde dans cette guerre souterraine qui n'eût pas été beaucoup plus satisfaisante pour l'humanité. Se résigner à un simple blocus qui pouvait durer quinze jours, c'était perdre un temps précieux pour la soumission du Dahara, et refuser son concours à M. le colonel Saint-Arnaud. Après avoir pesé ces divers partis, il se décida à employer LE MOYEN qui lui avait été RECOMMANDÉ PAR LE GOUVERNEUR GÉNÉRAL pour les cas d'extrême urgence [1]. »

Il résultait de ce manifeste que le colonel Pélissier n'avait été qu'une machine incendiaire, dirigée par M. Bugeaud; et comme ce colonel n'avait été jusque-là qu'un officier fort ignoré [2], l'opinion publique l'abandonna pour s'attacher de

---

[1] A côté de l'odieuse apologie de l'acte du colonel Pélissier que vient de publier le gouverneur général de l'Algérie, en déclarant que le colonel s'était conformé à ses ordres, nous croyons devoir placer le récit d'un épisode de la guerre de 1510, emprunté par l'*Observateur* de Bruxelles à l'*Histoire des républiques italiennes*, par Simonde de Sismondi :

« Une partie des Vicentins et des habitants des campagnes voisines avaient choisi un autre refuge. Dans les monts au pied desquels Vicence est bâtie, se trouve un souterrain nommé la grotte de Masano ou de Longara. Il a été creusé de main d'homme, pour en tirer les pierres avec lesquelles Vicence et Padoue sont construites. On assure qu'il s'étend à une grande profondeur, formant un labyrinthe dont les compartiments sont séparés par d'étroits passages, et coupés souvent par des eaux.

« Ce souterrain, n'ayant qu'une étroite ouverture, est facile à défendre, et, dans la précédente campagne, il avait servi de refuge aux habitants du voisinage. Six mille malheureux s'y étaient retirés avec tous leurs biens; les femmes et les enfants au fond de la grotte, les hommes en gardaient l'entrée. Un capitaine d'aventuriers français, nommé l'Hérisson, découvrit cette retraite, et fit avec sa troupe de vains efforts pour y pénétrer; mais, rebuté par son obscurité et ses détours, il résolut plutôt d'étouffer tous ceux qu'elle contenait. Il remplit de fagots la partie qu'il avait occupée et y mit le feu. Quelques gentilshommes vicentins qui se trouvaient parmi les réfugiés supplièrent alors les Français de faire une exception en leur faveur, et de leur laisser racheter par une rançon eux, leurs femmes et leurs enfants, et tout ce qui était de sang noble. Mais les paysans, leurs compagnons d'infortune, s'écrièrent que tous devaient périr ou se sauver ensemble. Cependant la caverne entière était en flammes, et son ouverture ressemblait à la bouche d'une fournaise. Les aventuriers attendirent que le feu eût achevé ses terribles ravages, avant de visiter le souterrain et d'en tirer le butin qu'ils achetaient par une si horrible cruauté. Tous avaient péri étouffés, à la réserve d'un seul jeune homme, qui s'était trouvé à portée d'une crevasse, par laquelle il lui arrivait un peu d'air. Aucun des corps n'était endommagé par le feu; mais leur attitude suffisait pour indiquer les angoisses par lesquelles ils avaient passé avant de mourir. Plusieurs femmes étaient accouchées au milieu de ces tourments, et leurs enfants étaient morts avec elles.

« Lorsque les aventuriers apportèrent au camp leur butin, et racontèrent comment ils l'avaient gagné, ils excitèrent une indignation universelle. Le chevalier Bayard se rendit lui-même à la caverne, avec le prévôt de l'armée, et fit PENDRE en sa présence, et au milieu de cette scène d'horreur, deux des misérables qui avaient allumé le feu. Mais cette punition même ne put effacer, pour les Italiens, le souvenir de tant de cruauté. »

Que l'on prononce maintenant entre *le chevalier sans peur et sans reproche* et *le héros de la rue Transnonain*, celui-ci justifiant et louant ce que celui-là punissait d'un supplice infamant! Et cependant, de 1510 à 1845, quel adoucissement n'est pas survenu dans les mœurs, et combien jusqu'à ce jour s'en étaient ressenties même les terribles nécessités de la guerre! (Extrait du *Patriote des Alpes*, X° année, n° 1420, publié le 20 juillet 1845.)

Ce simple rapprochement nous dispense de tout commentaire.

[2] Le colonel *Pélissier* dont il est ici question n'a rien de commun, pas même l'orthographe du nom, avec

nouveau, plus étroitement, à la poursuite du maréchal. Les journaux les plus sérieux, les plus haut placés dans l'estime générale, ouvriront leurs colonnes aux plus étranges révélations, et il fut avéré que M. Bugeaud laissait soumettre à d'infâmes supplices les malheureux soldats de la légion étrangère, des bataillons d'infanterie légère d'Afrique et des compagnies de discipline [1]. Dès les premiers jours d'août 1845, la somme des récriminations accumulées contre les

---

M. E. PELLISSIER, officier supérieur d'état-major, ancien chef du bureau arabe à Alger, et auteur des *Annales algériennes*. Le colonel Pélissier du Dahara est devenu maréchal de camp. M. E. PELLISSIER, homme de guerre instruit, et savant d'élite, occupe actuellement le poste de consul de France à Souza, dans la régence de Tunis. Membre de la *commission scientifique d'Algérie*, ses précieux travaux sur l'histoire, l'ethnographie et les institutions des races arabes font regretter que le gouvernement ne lui ait pas créé, en Algérie même, une haute position, dans laquelle son expérience des affaires d'Afrique, ses véritables capacités administratives et ses éminentes qualités personnelles eussent rendu les plus importants services à l'avenir politique de nos établissements.

[1] On sait qu'indépendamment de la répression régulière à laquelle est soumis le soldat par la loi pénale, il y a, il doit y avoir une répression disciplinaire abandonnée à l'appréciation des supérieurs, et qui est proportionnée à la nature des infractions, à leurs conséquences, aux circonstances particulières dans lesquelles elles se produisent. On sait quelle est, en général, sur le continent, la nature de ces peines disciplinaires. Voici celles que l'on ne craindrait pas d'appliquer en Algérie : nous ne parlons que des plus graves, et nous leur conserverons les noms que, dans sa naïveté brutale, leur donne le langage disciplinaire. Ce sont : *le silo*; — *la barre*; — *la crapaudine*; — *le clou au rouge et au bleu*.

Voici en quoi consiste chacune de ces peines, ou plutôt de ces tortures :

Le silo. — On appelle *silo* une fosse profonde dans laquelle on descend les hommes coupables d'infractions à la discipline militaire. Le silo est le premier degré de l'échelle de cette pénalité exceptionnelle : il vient après la salle de police et la prison. Dans l'espace étroit qui forme le fond de cette fosse, les condamnés peuvent rarement s'asseoir ou se coucher, car presque toujours leur nombre est considérable. En été, on y étouffe, car rien n'y garantit contre les ardeurs d'un soleil brûlant ; en hiver, on y a de l'eau, ou plutôt de la boue, jusqu'aux genoux ; en tout temps, les insectes, les immondices qui y sont accumulés, en font un cloaque infect. Quelquefois des condamnés sont descendus dans cette fosse tout nus, *à poil* (c'est l'expression consacrée). Ceux qui ont conservé leurs vêtements sont bientôt obligés de les quitter, autant pour se soumettre à l'*uniforme général*, que parce que les vêtements deviennent intolérables dans cette atmosphère brûlante. Ceux qui, par ivresse ou par résistance, ne peuvent ou ne veulent pas descendre, sont poussés du haut de l'échelle, et tombent en roulant sur la tête de leurs compagnons. — Le régime du *silo* est le pain et l'eau. — La seule occupation, la seule distraction des condamnés au *silo*, est d'échanger entre eux le récit de leurs méfaits, et de se livrer à toutes les aberrations de leur nature corrompue. Qu'un jeune soldat entre au *silo* avec un sentiment de dignité humaine, avec un reste de moralité, il est à jamais perdu.

La barre. — On soumet à la *barre* les hommes sur lesquels la peine du *silo* est inefficace, ou ceux qui sont assez dépravés, assez endurcis pour se la faire infliger, afin d'éviter une corvée ou d'y retrouver leurs compagnons de débauche. La *barre* est une traverse en fer ou en bois, plantée horizontalement sur des piquets à 30 centimètres du sol, et à laquelle on attache les condamnés par les mains. Voici quelle est l'attitude de l'homme condamné à la *barre* : Un des pieds ou les deux pieds sont tenus à la *barre* au moyen d'anneaux rivés, dans une position plus élevée que la tête. L'homme, couché sur le dos ou sur le ventre, est exposé, comme dans le *silo*, le jour aux ardeurs du soleil, la nuit au froid ou à l'humidité. Ceux qui ne subissent pas docilement un semblable supplice sont l'objet d'un raffinement particulier : tantôt on croise les deux pieds sur la *barre*, tantôt on lie les deux mains derrière le dos, et les pieds restant attachés à la *barre*, les patients ne peuvent plus se retourner ni changer de position ; tantôt enfin, l'un des pieds étant détaché de la *barre*, on ploie la jambe sur la cuisse pour attacher le pied avec les deux mains : et le condamné qui veut lutter contre les souffrances d'une telle position ne peut faire aucun mouvement sans se déchirer les chairs. Si ce châtiment ne suffit pas, si le condamné n'est pas *dompté*, comme on dit, il en est un autre plus affreux encore : c'est la *crapaudine*.

La crapaudine. — Le mot indique assez quel est ce genre de supplice : le bras gauche et la jambe droite sont liés derrière le dos, et s'entrecroisent avec le bras droit et la jambe gauche. Ainsi *paré* en quelque sorte, l'homme soumis au supplice de la *crapaudine* est couché tantôt sur le ventre, tantôt sur le dos. S'il se débat, s'il lutte pour changer de position, on le *dompte* bientôt en combinant avec la *crapaudine* un châtiment inventé depuis peu dans quelques provinces de l'Algérie : c'est celui qu'on appelle *clou*.

Le clou. — Le supplice du *clou* consiste à suspendre à un clou ou à une barre, par la corde qui réunit derrière le dos les pieds et les mains, l'homme déjà soumis à la *crapaudine*, et qui ne la supporte pas docilement. Ainsi suspendu, le condamné respire à peine, et bientôt le sang injecte et empourpre ses yeux : c'est le *clou au rouge*, et alors on le descend à terre. Si cette première opération ne suffit pas pour

abus d'autorité commis par le gouverneur d'Alger, débordait la publicité. La presse coalisée demandait sa mise en jugement ou sa destitution. M. Bugeaud ne pouvant tenir tête à l'orage, ni s'opposer à l'entrée en Algérie de tous les journaux qui, chaque jour, venaient livrer assaut à son pouvoir, au milieu même de son armée, dut quitter provisoirement son gouvernement dont l'exercice allait devenir impossible. Il s'embarqua le 4 septembre, et de retour en France, se rendit à Soultberg, auprès du ministre de la guerre, dont il ne put rien apprendre au sujet de l'avenir qui lui était réservé.

Une décision royale du 24 août, rendue sur la proposition de M. le maréchal duc de Dalmatie, président du conseil, conférait *par intérim* à M. le lieutenant général de la Moricière, les attributions de gouverneur général, et tous les gens de cœur avaient salué ce premier gage de salut offert aux intérêts de l'Afrique française. Doué d'un esprit organisateur, M. de la Moricière se serait sans doute proposé de substituer une paix intelligente et forte, aux désastres d'une guerre dont les opérations décousues fatiguaient l'armée sans résultats, et dont les excès, trop fréquemment renouvelés, éloignaient à perte de vue la possibilité d'une calme domination sur le sol conquis, et les espérances d'un rapprochement civilisateur entre les races française et arabe. Malheureusement, l'épouvantable histoire de la destruction des Ouled-Riah avait parcouru toute l'Algérie avec une rapidité menaçante. L'horreur profonde excitée parmi les populations indigènes par les récits des infortunés que l'asphyxie semblait avoir épargnés pour porter témoignage contre nous, provoqua dans la province d'Oran une insurrection générale qui pouvait s'étendre, de proche en proche, depuis la frontière marocaine jusqu'à celle de Tunis, et depuis les tribus riveraines de la Méditerranée jusqu'aux hordes belliqueuses du Sahara. Le maréchal Bugeaud avait quitté Alger le 4 septembre; quatre jours après son départ, la révolte éclate aux environs de Cherchell; huit jours après dans le Dahara; quinze jours après chez les Flittas; et dix-huit jours après, les victimes des grottes sont vengées par le plus cruel événement qui ait signalé jusqu'ici nos guerres africaines.

triompher du condamné, on le suspend une seconde fois, et la congestion ne tarde pas à bleuir son visage: c'est le *clou au bleu*; puis on le descend à terre; c'est là le dernier degré de la pénalité disciplinaire.

Nous avons suivi l'échelle ascendante de cette monstrueuse pénalité; voici l'échelle descendante. Quand le patient se trouve *dompté* après avoir subi le *clou*, on le laisse quelque temps encore à la crapaudine. S'il est docile et demande grâce, on lui détache une jambe, puis deux; puis il reste à la *barre* attaché seulement par un pied, et là il doit attendre que le temps fixé pour sa punition soit expiré. Ce genre d'épreuves a ses fanatiques. Il y a tels hommes qui rougiraient de supporter patiemment la *barre* avant d'avoir passé par tous les degrés de la pénalité disciplinaire, et qui, après avoir subi toutes ces épreuves, en tirent vanité. Aussi n'est-il pas étonnant que de semblables châtiments paraissent indispensables à ceux qui veulent maintenir la discipline dans toute son énergie.

Les officiers des bataillons d'Afrique, des compagnies de discipline et de la légion étrangère pensent tous que s'ils n'étaient pas armés d'une pénalité exceptionnelle, ils cesseraient d'être obéis et seraient assassinés par leurs soldats. Nous comprenons parfaitement les nécessités de cette discipline, au milieu des éléments si hétérogènes et si dangereux qui composent certains régiments, et dans un pays où l'état de guerre est continuel. Nous savons que la discipline normale serait insuffisante dans de semblables conditions; qu'il faut là, comme dans la marine, une répression spéciale, et qu'une main de fer doit contenir les liens de la subordination. Mais, s'il est vrai que les choses en soient au point que nous venons de signaler, n'est-il pas évident que la discipline se maintiendrait au mépris des droits de l'humanité, aux dépens de la dignité et des mœurs de l'armée? Des tortures pareilles à celles qu'on lui inflige démoralisent le soldat, et développent encore en lui les déplorables habitudes que lui donne le genre de guerre à demi sauvage qu'il faut faire dans ce pays.

Un compétiteur d'Abd-el-Kader, nommé Bou-Maza, était à la tête des Flittas insurgés. Le général de Bourjolly marcha contre cette tribu ; un engagement eut lieu le 23 septembre ; le lieutenant-colonel Berthier du 4e chasseurs d'Afrique fut tué, et le commandant Clère du 9e bataillon des chasseurs d'Orléans grièvement blessé ; nous eûmes trente morts et cent hommes hors de combat. Le général Bourjolly dut battre en retraite et appeler à son secours les subdivisions de Maskara et d'Orléansville. A la première nouvelle de cet échec, le gouverneur général par intérim fit partir deux bataillons du 6e léger sur les bateaux à vapeur *le Cerbère* et *le Grondeur*, qui remorquaient chacun un navire de commerce chargé de vivres, à la destination de Mostaghanem. Mais un autre drame se passait le même jour aux environs du poste de Djemma-Ghazaouat, situé sur le bord de la mer, non loin des frontières du Maroc.

Abd-el-Kader s'était montré avec une nombreuse cavalerie devant la tribu des Souahelia. Ceux-ci, feignant de redouter la présence de l'émir, mais, en réalité, travaillés par l'esprit de révolte qui soufflait de toute part, députèrent un kaïd au lieutenant-colonel de Montagnac, du 15e léger, qui commandait la petite garnison de Djemma-Ghazoûat. L'envoyé arabe demandait protection contre Abd-el-Kader, qui, disait-il, voulait traverser le territoire des Souahelia pour gagner celui des Traras, où tout le monde prenait les armes en sa faveur depuis la côte de Djemma-Ghazoûat jusqu'à l'embouchure de la Tafna. M. de Montagnac ne put obtenir aucun renseignement précis sur les forces de l'émir ; mais c'était un homme de cœur et d'audace, dont toutes les pensées n'avaient d'autre but que l'honneur de prendre Abd-el-Kader mort ou vif. Assuré de l'énergie et du dévouement de ses troupes, il sortit de Djemma-Ghazaouat, le 22 septembre à dix heures du soir, avec 350 hommes du 8e bataillon des chasseurs d'Orléans sous les ordres du commandant Froment-Coste, et 60 cavaliers du 2e hussards conduits par le chef d'escadron Courby de Cognord. Il arriva au point du jour sur l'Oued-Saouli, et s'établit dans une bonne position dont la trahison devait bientôt l'arracher pour l'entraîner à sa perte. Le 22, à deux heures du matin, de nouveaux renseignements l'engagèrent à s'avancer dans la direction de l'est, jusqu'au ruisseau de Sidi-Brahim, où il laissa ses bagages sous la garde du commandant Coste. Espérant surprendre Abd-el-Kader, qui, d'après les dires de son guide, n'avait avec lui qu'une faible escorte, il se porta en avant, suivi de trois compagnies de chasseurs d'Orléans et des soixante hussards. A peine avait-il fait trois quarts de lieue, que des cavaliers arabes en assez grand nombre parurent sur un plateau. Les deux premiers pelotons des hussards entamèrent la charge ; mais presque aussitôt ils furent écrasés sur leur gauche par une masse de cavalerie, dirigée par Abd-el-Kader en personne, et sortie à l'improviste d'une embuscade couverte par les plis d'un défilé. Au premier choc, le commandant de Cognord fut démonté et blessé ; le capitaine Gentil-Saint-Alphonso eut la tête fracassée d'un coup de pistolet tiré à bout portant. Le colonel Montagnac s'élance avec deux pelotons de réserve, auxquels se rallient vingt hommes échappés au carnage ; mais un ennemi dix fois supérieur en nombre l'entoure, le presse ; il tombe atteint d'un coup mortel. Rappelant à lui, pour sauver ses braves, le reste de ses forces, il ordonne de former le carré, et dépêche le maréchal des logis Barbié pour aller appeler le commandant Coste avec sa réserve. Pendant trois heures de combat, les héroïques chasseurs d'Orléans et les débris des hussards soutiennent comme un mur les assauts de la cavalerie arabe ; mais le carré tombait homme à homme, et les cartouches s'épuisaient. Le courageux Montagnac, se sentant mourir, trouve encore assez de voix pour dire à ses malheureux soldats : « Enfants, laissez-moi, mon compte est réglé ; tâchez de gagner le marabout de Sidi-Brahim et de vous y défendre jusqu'au bout. » Ce fut sa dernière parole.

Le commandant Coste accourait avec une compagnie, mais les premières décharges le renversèrent, et tout son monde périt autour de son cadavre.

Il ne restait plus que quatre-vingt-trois chasseurs d'Orléans sous les ordres du capitaine de Géraux. Cette petite troupe parvint à gagner le marabout de Sidi-Brahim, avec le convoi qu'elle protégeait encore. La porte du marabout étant très-basse, on escalada les murailles. Une partie des bêtes de somme put entrer dans la cour, qui présentait un carré contenant vingt hommes sur chaque face. Il était onze heures du matin.

Le caporal Lavaissière, sur l'ordre de son capitaine, monta sur le marabout et y arbora, au milieu d'une grêle de balles, un drapeau formé de la ceinture rouge du lieutenant Chappedelaine, et d'un mouchoir bleu qui appartenait au caporal lui-même. Ce drapeau était un signal que l'on pensait pouvoir être aperçu par la petite colonne aux ordres du colonel de Barral, laquelle n'était pas à plus de trois lieues de là. Descendu du poste périlleux qu'il venait d'occuper, le caporal Lavaissière dut y remonter quelques instants après, pour, à l'aide d'une lunette, regarder dans toute la campagne à l'entour ; on ne voyait que des cavaliers arabes, qui accouraient en foule et cernèrent étroitement le marabout. Un des nôtres, fait prisonnier, fut envoyé par Abd-el-Kader pour sommer le capitaine de Géraux de se rendre. Un refus énergique fut la seule réponse qu'obtint ce premier message. Un second ne produisit pas plus d'effet. Abd-el-Kader fit alors écrire une lettre par l'adjudant Thomas, qui était au nombre des prisonniers. Cette lettre, apportée par un Arabe qu'on laissa approcher après l'avoir fait descendre de cheval, portait qu'il y avait quatre-vingt-deux prisonniers, au nombre desquels se trouvaient M. le lieutenant Larrazet et quatre clairons. Abd-el-Kader faisait dire dans cette lettre que, si les Français ne se rendaient pas immédiatement, il les aurait plus tard, et qu'il ferait, en cas de résistance, couper la tête à tout le monde. La réponse de M. de Géraux fut aussi nette, aussi précise que celles qui avaient précédé. Une seconde lettre, écrite en arabe, fut envoyée ensuite, mais avec aussi peu de succès.

Alors le feu commença sur les quatre faces. Les Arabes ne se bornaient pas à tirer, ils lançaient des pierres. Cette attaque acharnée, et faite presque à bout portant, dura cinq quarts d'heure. Vers deux heures, Abd-el-Kader fit cesser le feu et donna l'ordre à ses troupes d'aller camper à dix minutes du marabout. Jusque-là il n'y avait eu qu'un seul blessé parmi les nôtres, le sergent Styard ; les pertes de l'ennemi avaient dû être considérables. L'attaque ne tarda pas à recommencer de la part des Kebaïles, tant à coups de fusil qu'à coups de pierres. La nuit survint ; on tira peu. Le lendemain 24, Abd-el-Kader revint lui-même à la charge avec ses cavaliers et son infanterie ; mais cette dernière seule fut chargée de l'attaque.

Dans l'obscurité de la nuit, les assiégés avaient fait des sortes de demi-créneaux aux murs d'enceinte du marabout, et coupé en quatre et même en six les balles qui leur restaient. On continua de se battre jusqu'au lendemain, à deux heures après-midi. Alors Abd-el-Kader fit sonner, par un des clairons prisonniers, le signal du départ, et s'éloigna avec tout le gros de ses troupes, ne laissant autour du marabout que trois colonnes d'observation, fortes chacune de 150 hommes environ.

A la fin du troisième jour, la faim et la soif se firent sentir parmi les nôtres. Comme les sacs avaient été abandonnés lors de la marche sur le marabout, il y avait très-peu de vivres, et pour toute boisson, on était réduit à mélanger de l'urine avec un peu d'eau-de-vie et d'absinthe. D'abord, il avait été résolu qu'on profiterait de la nuit pour évacuer ce poste désormais indéfendable, et où il n'y avait plus que la mort à attendre ; mais les Arabes ayant rapproché leurs sentinelles et fait une garde très-active, on dut renoncer à ce projet. A sept heures du matin, tout ayant été disposé pour le départ, la petite troupe franchit le rempart, ayant ses officiers en tête, et portant sept blessés qu'elle ne voulut pas abandonner. Ce mouvement fut exécuté d'une manière si prompte, et tellement inopiné, que trois sentinelles seulement eurent le temps de tirer, et que le premier poste fut enlevé à la baïonnette. Après ce premier succès, la colonne, formée en carré de tirailleurs, se mit en marche. Les Arabes, très-fatigués eux-mêmes, se montrèrent d'abord peu acharnés à la poursuite, et vers huit heures du matin, on se trouva vis-à-vis le village des Ouled-Zéri, n'ayant eu que quatre nouveaux blessés. Mais au moment où le capitaine de Géraux venait de former sa petite troupe en carré pour prendre un moment de repos, les gens des Ouled-Zéri, ceux des Sidi-Thamar, et les Arabes des villages environnants, qui avaient été prévenus, accoururent en grand nombre, armés de fusils, et descendirent dans le ravin, afin de lui couper la retraite. D'un autre côté, 2,000 Kebaïles environ pressaient les nôtres par derrière. Il n'y avait pas à balancer, le plus sûr, l'unique moyen, pour mieux dire, c'était de fondre par la ligne la plus courte sur les Arabes qui barraient le passage du ravin. Le capitaine de Géraux y fit en conséquence descendre son monde, qu'il reforma en carré quand on eut atteint le milieu du ravin. Là, bon nombre de nos braves succombèrent ; les Arabes pouvaient à loisir et de tous côtés tirer sur eux : ils venaient d'épuiser leurs dernières cartouches. Lorsqu'on fut parvenu tout à fait au bas du ravin, il ne restait plus que 40 hommes ; le lieutenant Chappedelaine avait été tué ; au milieu du petit carré qu'ils formaient étaient encore debout le capitaine, le chirurgien et l'interprète. Les Arabes étaient en si grand nombre, qu'il n'y avait plus, pour échapper à une véritable boucherie, qu'à prendre conseil du désespoir et à vendre chèrement sa vie. Après s'être mutuellement encouragés et dit un dernier adieu, les Français fondirent sur les assaillants à la baïonnette.

La petite garnison de Djemma-Ghazouat, avertie, depuis deux jours, par un hussard qui était miraculeusement parvenu à gagner cette place, du désastre qui avait frappé la colonne du lieutenant-colonel de Montagnac, avait déjà par deux fois fait une sortie, dans l'espoir de se mettre en communication avec les débris dont une fusillade lointaine lui indiquait la direction. Mais ses périlleux efforts étaient restés vains. Entendant de nouveaux coups de fusil dans un voisinage beaucoup plus rapproché, elle tenta une nouvelle sortie. Au moment où elle parvint à atteindre le petit plateau sur lequel se passait l'action que nous venons de rapporter en dernier lieu, il ne restait plus que 14 hommes, dont deux sont tombés morts en arrivant. Parmi les survivants se trouve le caporal Lavaissière, au récit duquel nous avons emprunté la plupart des détails qui précèdent.

Peu de jours après ce désastre, le général Cavaignac voulant augmenter la force du poste d'Aïn-Temouchin, situé sur la route d'Oran, à moitié chemin entre l'Oued-Senan et l'Oued-Malah, y envoya 200 hommes, pris parmi ceux que leur faible santé ne permettait pas d'utiliser dans les colonnes expéditionnaires; ce détachement fut attaqué par des forces supérieures, et contraint de mettre bas les armes.

Abd-el-Kader, toujours habile à profiter des circonstances, fit publier parmi les tribus que, pour éprouver le courage et la foi de ceux qui suivaient sa bannière, *il avait voulu* qu'à Sidi-Brahim les soldats français se défendissent comme des héros. Plus tard, il annonça qu'il avait fasciné de son regard les 200 hommes capturés à Aïn-Temouchin, et paralysé leurs bras, pour récompenser la fidélité et le dévouement de ses guerriers. C'est ainsi qu'il sait exploiter au profit de sa cause la passion des Arabes pour le merveilleux, et que ses défaites comme nos revers servent sa politique.

Cependant, le général de la Moricière s'était transporté, sans perdre un moment, sur le théâtre des événements, et dès le 5 octobre, il était parvenu par des manœuvres excellentes à concentrer le foyer de l'insurrection dans le pâté de montagnes qui occupe le triangle compris entre Lella-Maghrnia, Djemma-Ghazouat et l'embouchure de la Tafna. Les rassemblements ennemis s'étaient réunis au col d'Aïn-Kebira, qu'il fallait franchir pour pénétrer dans les montagnes. Le 13 au matin, M. de la Moricière se dirigea sur ce point avec 4,500 baïonnettes, 700 chevaux et 10 pièces de montagne. La position qu'il avait reconnue la veille était attaquable, à droite, par un sentier en corniche assez couvert, et à gauche par des pentes accessibles quoique très-escarpées, et exposées dans toute leur longueur à une fusillade plongeante. L'attaque de ce côté paraissait d'autant plus chanceuse que, dans la partie moyenne du col, s'élevait un mamelon très-saillant, hérissé de tirailleurs, et qui aurait de plus en plus séparé les deux colonnes d'attaque dans leur mouvement de progression. Pour ne rien laisser au hasard, le gouverneur général par intérim forma trois colonnes; l'une, sous les ordres du général Cavaignac, et formée du 41ᵉ de ligne avec une section de montagne, fut lancée sur la pente gauche. Le colonel Gachot, avec un bataillon du 3ᵉ léger, dut aborder le mamelon du centre. M. de la Moricière en personne s'avança par le sentier en corniche.

Les trois têtes de colonnes partirent au même signal et furent accueillies par un feu des plus vifs. Celle de gauche surtout avait à gravir des pentes abruptes et découvertes sous la fusillade plongeante d'une ligne épaisse de tirailleurs, et éprouva des pertes sensibles. Mais tel fut l'élan du 41ᵉ, que la position fut enlevée sans la moindre hésitation. Les autres colonnes n'étaient pas moins heureuses, et le col d'Aïn-Kebira resta en notre pouvoir sans que la cavalerie d'Abd-el-Kader, qui nous observait à distance, osât nous charger. Elle demeura

spectatrice immobile du combat que l'émir avait ordonné aux tribus d'engager, et après l'occupation du col, elle évacua les crêtes de gauche et se replia dans la vallée de l'Oued-Tleta.

Continuant leur mouvement offensif, les trois colonnes françaises manœuvrèrent aussitôt pour refouler vers la mer toutes les populations, et leur fermer les chemins de l'Ouest. Après avoir franchi le défilé par lequel on débouche à Souk-Ouled-Ali, balayé les combattants épars sur les crêtes rocheuses qui environnent cette espèce d'entonnoir, traversé à la baïonnette le défilé de Bab-Mesmar, qui sépare le pays des Beni-Ouersous de celui des Beni-Smiel, le général de la Moricière fit masser ses colonnes et attaquer l'ennemi sur tous les points où il se trouvait en force. Les montagnards ne tardèrent pas à reconnaître que la retraite leur était coupée, et qu'ils allaient être jetés à la mer. Convaincus de l'inutilité d'une plus longue résistance, les chefs des Traras, des Ghozels, et des Beni-Ameur demandèrent à parlementer. Toutes les peuplades, resserrées entre nos bataillons et la mer au fond d'inextricables ravins, pouvaient être passées au fil de la baïonnette, et les soldats demandaient à grands cris qu'il leur fût permis de venger leurs frères de Sidi-Brahim. Mais le général de la Moricière ne voulut pas souiller sa victoire par un égorgement, et se contenta de désarmer l'ennemi qu'il venait d'abattre.

Pendant que le gouverneur par intérim rétablissait ainsi l'honneur de nos armes, le ministère dirigeait sur l'Afrique 12,000 hommes de renfort, infanterie et cavalerie, pour lutter contre une révolte qui semblait avoir remis en question tous les résultats de nos guerres, et qu'on s'attendait en France à voir grandir sur une immense échelle. Des ordres pressants appelèrent en même temps à Paris le maréchal Bugeaud, pour s'expliquer sur la situation actuelle des affaires d'Afrique et pour recevoir les instructions du cabinet. Mais au lieu d'obéir, le duc d'Isly se proclama le seul homme capable de sauver la colonie. M. de la Moricière lui avait adressé une lettre confidentielle sur la gravité des événements; il la fit colporter dans tout Paris, comme un aveu de l'impuissance du gouverneur intérimaire; et couronnant ce trait peu délicat par une scène de charlatanisme périgourdin, il écrivit, le 6 octobre, de ses terres d'Excideuil à M. de Marcillac, préfet de la Dordogne, l'épître suivante qui fut ensuite livrée à tous les journaux : —

« Mon cher préfet, M. le chef d'escadron Rivet m'apporte d'Alger les nouvelles les plus fâcheuses : l'armée et la population réclament *à grands cris* mon retour.

« J'avais trop à *me plaindre* de l'abandon du gouvernement vis-à-vis de mes ennemis de la presse et d'ailleurs pour que je ne fusse pas *parfaitement décidé* à ne rentrer en Algérie qu'avec la commission que j'ai demandée, et après la promesse de *satisfaire* à quelques-unes de mes idées fondamentales. Mais les événements sont *trop graves* pour que je *marchande* mon retour au lieu du danger. Je me décide donc à partir après-demain. Je vous prie de m'envoyer demain quatre chevaux de poste, qui me conduiront à Périgueux après-demain matin.

« Je vous donnerai une demi-heure pour vous raconter le gros des nouvelles. Un mot cependant sur ceci : Abd-el-Kader est entré dans l'ouest de la province d'Oran. La garnison de Djemma-Ghazouat a été presque entièrement détruite. Nous avons perdu là un lieutenant-colonel, un chef d'escadron, un chef de bataillon et environ quatre cents soldats. Le général Cavaignac, instruit de l'approche d'Abd-el-Kader, et de la révolte des tribus sur la rive gauche de la Tafna, s'y est porté, et a livré deux chauds combats dont nous ignorons les résultats. Ce qui est certain, c'est qu'il est rentré à Tlemcen. Ce grand succès d'Abd-el-Kader doit avoir fait bouillonner toute la province. De notre côté, il y a de grandes fautes commises. Des symptômes de révolte se manifestaient sur plusieurs autres points, et le général Bourjolly était peu en mesure de réduire l'insurrection sur la Mina; elle a dû gagner du terrain. *Il est fort à craindre que cela ne soit une forte guerre à recommencer.* Hélas! les événements ne donnent que trop raison à l'opposition que je faisais au système qui étendait sans nécessité l'administration civile, et diminuait l'armée pour couvrir les dépenses de cette extension.

« *J'ai le cœur navré de douleur* de tant de malheurs, et DE TANT D'AVEUGLEMENT DE LA PART DES GOUVERNANTS et de la presse, qui nous gouverne bien plus qu'on ne veut l'avouer. »

Le ministère, tancé si rudement, se trouva fort embarrassé de sa contenance. L'indiscrétion d'un préfet ou la malveillance d'un employé avait livré au public la confidence des sentiments hostiles du maréchal Bugeaud. Une prompte destitution devait peut-être châtier l'irrévérencieux gouverneur de l'Algérie. On ne sait ce qui se passa dans le Conseil, mais aucune répression ne fut faite, et après avoir jeté au Pouvoir le gant du dédain révolté, M. Bugeaud reprit tranquillement le chemin de ses razzias. Le *Journal des Débats* fut seul chargé de lancer quelques flèches au duc trop oublieux des faveurs dont le ministère l'avait comblé depuis six ans : — « Que veut donc M. Bugeaud ? s'écria, le 12 octobre, l'organe ministériel ; que signifie ce reproche véritablement puéril qu'il fait au ministère de ne pas le défendre contre les attaques de la presse ? Est-ce que le ministère n'est pas *vingt fois plus attaqué* que lui ? Faut-il donc créer pour M. Bugeaud une législation spéciale ? Faut-il faire consacrer *son inviolabilité* par un article de la Charte ? Faut-il présenter aux Chambres un *projet de loi* portant que ses actes, ses discours, ses circulaires seront à l'abri de la discussion ? Évidemment M. le maréchal Bugeaud ne se rappelle pas dans quel temps et dans quel pays nous vivons. On dirait que le long séjour qu'il a fait hors de la France lui en a fait oublier les mœurs. Nous ne croyons pas que la liberté de penser et d'écrire soit en danger parce qu'elle a le malheur de lui déplaire. *L'hostilité* de M. Bugeaud est *très-fâcheuse*, sans doute ; mais enfin il paraît qu'on n'en meurt pas toujours, car les journaux *vivent*, et même, à ce qu'on dit, ils *gouvernent*. Ce n'est pas d'aujourd'hui que nous savons que M. Bugeaud n'aime pas la presse ; il s'en est même servi pour le dire. M. Bugeaud est injuste envers les journaux. Mon Dieu ! ils ne lui rendent pas *la moitié* des sentiments d'inimitié qu'il leur porte. Nous ne pouvons nous résigner à croire que la hiérarchie militaire et administrative soit renversée, que la discipline soit à jamais perdue, et l'anarchie intronisée dans le gouvernement, parce que M. Bugeaud a eu un accès de mauvaise humeur, et a confié son mécontentement au préfet de la Dordogne [1]. »

[1] Quelle idée peut-on se faire, écrivait à ce sujet le rédacteur du *Siècle*, d'une administration sous l'empire de laquelle un préfet et un général échangent des réflexions pareilles à celles que M. Bugeaud a communiquées à son ami M. de Marcillac, et que ce dernier, si ce n'est M. Bugeaud lui-même, a confiées à la discrétion du public ? Que M. Bugeaud éprouve peu de respect pour le ministère, cela se conçoit ; mais le cabinet représente le Pouvoir, qui doit toujours être respecté par ceux qui acceptent de lui un grand commandement. M. Bugeaud a compris trop tard toute l'inconvenance de sa lettre à M. de Marcillac. Cependant, ce qui a été dit est dit ; et après avoir lu la nouvelle épître suivante de M. Bugeaud, on est convaincu de l'inconvénient d'avoir à la tête de l'Algérie un général dont les excentricités touchent bien souvent au burlesque. Voici la lettre adressée, le 11 octobre 1845, au *Sémaphore* de Marseille, par M. le maréchal Bugeaud :

« Je lis dans votre journal de ce jour une lettre que j'aurais écrite à M. le préfet de la Dordogne. Il est très-vrai qu'en apprenant les nouvelles d'Afrique, j'écrivis à ce magistrat, qui est mon ami de vieille date, pour le prier de m'envoyer des chevaux de poste à Excideuil. En même temps, je lui donnais des renseignements qui me parvenaient sur ces fâcheux événements.

« Comme j'écrivais *dans le trouble de mes premières impressions*, je ne puis me rappeler parfaitement les

Le gouvernement se montra généreux en n'expédiant pas immédiatement par voie télégraphique la révocation d'un fonctionnaire dont la brutale insolence ne respectait pas même le Pouvoir auquel il devait tout. — M. Bugeaud se hâta de gagner Marseille, et prit passage sur la frégate à vapeur *le Panama*, qui le conduisit à Alger. En débarquant le 15 octobre, il débuta par une proclamation adressée aux colons, et dans laquelle, passant avec son inconséquence ordinaire d'une idée à l'autre, le même homme qui venait de fustiger le ministère, déclarait que le gouvernement venait de prendre une détermination digne de lui et de la France : « Votre gouvernement, disait-il, est bien averti ; il veille attentivement à vos destinées ; de puissants renforts nous sont *généreusement* accordés, pour ramener les affaires au point où elles étaient, et même les améliorer. »

Le gouverneur titulaire a repris son omnipotence ; les événements sont graves ; il devrait naturellement se porter avec une force active sur le théâtre de la guerre ; mais comme pour mettre en défaut toute prévision raisonnable, il organise un corps d'armée, et s'achemine *par terre* vers la province d'Oran, en passant par Blidah, Médéah, Milianah, Teniet-el-Had et Aïn-Tekeria. Voyons sa conduite.

Le général de la Moricière manœuvrait de l'ouest à l'est, pour rabattre les populations arabes vers l'Algérie, au lieu de leur laisser prendre la route du Maroc.

M. Bugeaud suit une marche inverse : il s'avance de l'est à l'ouest, en poussant devant lui, l'épée aux reins, les tribus qu'il rencontre.

La politique des deux chefs n'est pas moins opposée que leurs mouvements. M. le duc d'Isly ne paraît préoccupé que de tuer et de brûler, pour montrer aux tribus la peine de la révolte. M. de la Moricière agit par la force intelligente ; car après avoir triomphé de l'insurrection le 13 octobre, il a montré, par l'exemple de sa générosité, le prix que les vaincus doivent attacher à une fidèle soumission. — Les résultats sont là pour prouver l'efficacité de son système ; quelque temps après le combat d'Aïn-Kebira, deux razzias furent dirigées par Abd-el-Kader contre la tribu des Traras : — ceux-ci, abandonnés à leurs propres forces, se défendirent vigoureusement et nous restèrent attachés.

Le maréchal, semant partout la dévastation, arrive à Aïn-Tekeria. Là, il apprend que des maraudeurs ont incendié une maison de plaisance appartenant à un chef indigène. Il ordonne aussitôt au général Youssef de raser impitoya-

---

termes de ma lettre. Ce que je puis hautement affirmer, c'est que ma lettre était toute confidentielle ; c'était l'épanchement d'une vieille amitié qui ne devait avoir aucune publicité.

« J'ignore les circonstances qui ont fait arriver sous les yeux du public une lettre dont le sens est gravement altéré. Je déplore la chose de toutes les forces de mon âme et de mon esprit. Je suis *parfaitement convaincu*, toutefois, que cela a été fait *contrairement aux intentions* de M. le préfet de la Dordogne, si ce n'est même *à son insu*, par le fait de quelque indiscret malveillant. »

Ce n'est pas tout. On lisait, quelques jours après, dans *l'Écho de Vesone* : « Depuis plusieurs jours, la ville de Périgueux est vivement préoccupée d'une lettre confidentielle écrite par M. Bugeaud à M. le préfet de la Dordogne, et qui a été publiée, *par inadvertance*, dans un journal de la localité. Ce journal, pour réparer cette faute *involontaire*, en commet une seconde, et publie dans son dernier numéro qu'il a été l'objet d'une mystification, et que *cette lettre est apocryphe !...* »

Décidément, le préfet de la Dordogne est bien maladroit dans ses justifications, et M. Bugeaud bien malheureux dans les épanchements de sa vieille amitié.

blement trois tribus voisines ; et quand il s'agit de massacrer, de piller et de brûler, Youssef est toujours le bras droit du maréchal.

Après cette première exécution, que fait M. Bugeaud ?

La tribu des Flittas formait encore le centre du mouvement insurrectionnel dont Abd-el-Kader et Bou-Maza étaient les deux pôles. M. de la Moricière opère à l'ouest de cette tribu ; le général Bourjolly au nord ; le colonel Saint-Arnaud à l'est. La portion du sud reste seule ouverte, et Abd-el-Kader manœuvre de ce côté, pour entrer en communication avec Bou-Maza et les Flittas. La présence d'une colonne française suffirait pour déjouer les projets de l'émir, rabattre les Flittas sur les trois autres colonnes, et terminer les hostilités par une affaire décisive. M. Bugeaud se conduit alors d'une manière inexplicable : soit qu'il n'ait rien su prévoir, soit que la manie des bulletins à tout prix l'entraîne à prolonger la guerre par des contremarches qui feraient taxer d'impéritie le dernier de ses lieutenants, il laisse ouverte la trouée du sud, revient sur ses pas, pénètre dans l'Ouarensenis, et bataille pendant cinq ou six jours contre des fractions de tribus sans consistance, sans unité, sans influence politique, dans un pays où les difficultés du sol lui enlèvent la disposition complète de ses forces. Le temps perdu dans cette lutte insignifiante, les fatigues qu'elle a imposées à l'armée, obligent alors le maréchal à venir se ravitailler et se reposer à Sidi-Bel-Hacel, à huit lieues sud de Mostaghanem.

Telle est la première période de la campagne, période qui n'a pas duré moins d'un mois.

De Sidi-Bel-Hacel, le maréchal Bugeaud et le général Bourjolly pénètrent ensemble dans le pays des Flittas, qu'ils abordent par le nord. Malheureusement, il était trop tard ; la trouée du sud était restée ouverte, et les Flittas en avaient profité pour communiquer avec Abd-el-Kader, qui avait pu s'avancer jusqu'à Loha, rallier autour de lui toutes les forces des insurgés, et les emmener, ne laissant sur leur territoire que les plus pauvres et les invalides, sans armes et sans chevaux. M. Bugeaud détache alors toute la cavalerie de sa colonne qu'il envoie à la poursuite de l'émir, et lui-même, traversant un pays abandonné par ses habitants, se dirige vers Tiaret, où il était encore le 12 décembre.

Pendant ce temps, Abd-el-Kader s'était porté rapidement de Loha à Goudjila, et de là à Taguin. Chemin faisant, il avait rançonné ou saccagé nos alliés les Ouled-Chaïb, les Zenakra, les Sahara, les Bou-Aïch, et détruit les établissements construits sur la route d'El-Aghouat par le général Marey. Et quels sont, dans l'exécution de ce coup de main, les auxiliaires de l'émir ? Ce sont les Flittas que M. Bugeaud est venu chercher après leur émigration ; ce sont les Ouled-Bessam, les Beni-Meïda, les Ouled-Lekrif qu'il avait fait raser, et enfin toutes les tribus situées entre Teniet-el-Had et Tiaret qu'il a négligées pour aller faire une promenade militaire dans l'Ouarensenis, promenade inutile, puisque d'après les nouvelles les plus récentes, on savait Abd-el-Kader paisiblement établi sur l'Oued-el-Ardjem, auprès de ce même Ouarensenis où M. le gouverneur général perdait son temps à guerroyer.

Tandis que ces événements se passaient dans l'est de la province d'Oran, M. de la Moricière pénétrait chez les Sedamas, au sud de Maskara, dont il assurait en grande partie les soumissions ; le général Géry maintenait l'ordre dans la Yakoubia, et le général Korte chez les Djaffras.

Si nous comparons les résultats des deux politiques suivies durant la dernière campagne, que voyons-nous ?

Dans la première période, Abd-el-Kader appelle les tribus à l'émigration, afin de nous susciter des embarras militaires et des embarras diplomatiques plus grands encore. Il est donc important de fermer aux émigrants les chemins de l'ouest : — M. de la Moricière opère de ce côté, et il réussit.

Dans la seconde période, Abd-el-Kader, chassé du pays des Traras, se jette dans le sud-est, vers le centre de la province d'Oran. Là, il cherche à faire sa jonction avec Bou-Maza et les Flittas. Pour empêcher cette jonction, il est urgent de fermer aux Flittas la trouée du sud, la seule par laquelle ils puissent communiquer avec l'émir : — M. le maréchal Bugeaud se promène de ce côté, et se retire presque aussitôt, comme pour laisser toute liberté à l'ennemi.

Dans les montagnes de Traras, M. de la Moricière parvient par une marche hardie à se rendre maître des insurgés ; il pourrait les anéantir, mais il craint, ce sont ses propres expressions, que la vengeance de nos soldats ne soit trop sévère, et il leur accorde pleine et entière amnistie, sans condition. Quelque temps après, un khalifa d'Abd-el-Kader se présente parmi les Traras, et il est repoussé.

Dans les montagnes de l'Ouarensenis, M. le maréchal fait une guerre de partisans, une guerre d'extermination, puis il se retire. Quelques jours après son départ, Abd-el-Kader se présente aux tribus de ces montagnes, et elles l'accueillent.

Ce parallèle doit éveiller l'attention du gouvernement, et désillusionner l'opinion publique aveuglée par une pluie de bulletins. Le gouvernement, lassé d'être le jouet d'un seul homme, se prononcera quelque jour, entre une guerre de ravageur qui désole les populations arabes sans les vaincre, et une guerre sensée qui les subjuguerait sans les ruiner. Les derniers bulletins de 1845 annonçaient des masses de soumissions ; croire à ces résultats serait une grave erreur. Les indigènes, chaque année, posent les armes, à l'époque du labour ; les tribus ont besoins d'une trêve pour ensemencer leurs champs. Plus tard, elles reviennent au combat. Qu'on se rappelle ce qui advint à la fin de 1844. M. Bugeaud rentrait en France, annonçant avec l'outrecuidante vanité qui le caractérise que la conquête par les armes étaient achevée. Quelques mois après, les labours et les semailles étant terminés, la France apprenait, avec une surprise douloureuse, la tentative d'enlèvement du poste de Sidi-Bel-Abbess, l'insurrection du Dahara, de la vallée du Chéliff, de l'Ouarensenis, et la réapparition d'Abd-el-Kader par Stiten, le Djebel-Amour et Taguin. Ainsi à l'époque des labours et de la moisson, on chante victoire et l'on s'endort ; après les labours et la moisson, on se réveille en criant aux armes ! Telle est la chaîne sans fin dans laquelle nous tournons en Afrique, depuis que M. Bugeaud s'en est proclamé le conquérant. Tels sont les fruits de cette guerre qu'il déclare finie au bout de chaque bulletin ; telle est la manière dont il a justifié cette mystification qu'il nous prodiguait dans une brochure où chacun peut lire le passage suivant :

« — La plus grande partie de la côte nous est soumise !

« Les armées françaises sont établies dans les villes de l'intérieur, et s'avancent jusqu'au désert, sans rencontrer aucune résistance sérieuse !

« La ligue formée au nom de Mahomet et de la haine politique est brisée !

« Les tribus, détachées une à une du faisceau, ne viennent plus acheter par une parade le droit momentané de faire une récolte qui n'existe plus !

« Elles viennent, vaincues, lasses de la guerre, haletantes, épuisées, demander la paix, un gouvernement, et des chefs choisis par nous !

« Le pouvoir ennemi que nous avions créé en 1834, nous l'avons brisé par la force !

« Le Jugurtha nouveau se cache dans le voisinage du désert; il peut inquiéter, troubler un moment sur la frontière ; il ne peut plus rien de sérieux, et il s'usera avec le temps dans ses efforts impuissants ! »

Voilà ce qu'écrivait M. le maréchal Bugeaud ; ce n'est pas nous qui lui donnons un démenti, ni qui l'accusons d'impuissance. Mais que faut-il penser d'un maréchal de France placé à la tête d'une armée de 100,000 hommes, et chargé d'un gouvernement aussi important que celui de l'Algérie, qui entasse ainsi mensonges sur mensonges, démentis sur démentis, désaveux sur désaveux, contradictions sur contradictions ? Quelle confiance peut-on avoir dans la suite de ses idées, dans la maturité de ses desseins, dans la sincérité de ses paroles ?

Au mois de février 1846, M. Bugeaud, dont la seule pensée fixe est depuis longtemps la conquête des montagnes de Bougie, faisait une expédition sans fruit du côté du Djerjerah, où des renseignements lui avaient appris qu'Abd-el-Kader avait pénétré ; mais l'émir, à son approche, eut tout le temps de se retirer par le revers sud-ouest, dans le pays de Hamza. Le 24 du même mois, le maréchal rentra à Alger à la tête d'une colonne de 1,200 hommes exténués de lassitude, couverts de haillons, mais supportant leurs misères avec une admirable résignation. La contenance de ces braves produisit une vive sensation sur la population civile. M. Bugeaud, qui ne manque jamais une occasion de cultiver l'art oratoire, trouvant à Hussein-Dey, près d'Alger, un détachement de la milice urbaine, mobilisée par ses ordres, lui tint ce discours, duquel il résulterait que, s'il n'avait pu cette fois s'emparer d'Abd-el-Kader, il n'en aurait pas moins le génie de César, d'Alexandre et du grand Frédéric. Cette déclaration officielle, sortie de la bouche du célèbre guerrier, nous paraît trop précieuse pour ne pas trouver sa place dans l'histoire. « — Messieurs, s'écria M. Bugeaud, nous venons de subir une crise bien longue, et cependant tout n'est pas fini ; mais elle est dominée. Abd-el-Kader ne compte que 3 à 400 cavaliers ; toutefois, sa force n'est pas dans les hommes qui l'accompagnent, elle réside dans son influence sur toutes les tribus, dont les sympathies lui sont acquises, parce que cette cause est celle de leur religion. On se demande comment il se fait qu'avec 100,000 hommes nous ne venons pas à bout de nous emparer d'Abd-el-Kader ? La raison en est bien simple. *Notre ennemi fuit constamment devant nous*, avec une troupe peu nombreuse, et constamment il refuse le combat ; il s'échappe *comme un renard* par les passages les plus étroits et des rochers presque inaccessibles. Rien n'entrave sa marche, qui n'est pas retardée par un convoi, car partout on lui offre des subsistances pour sa troupe et ses chevaux. Ses malades ou ses blessés sont reçus par des frères qui en prennent soin; ses chevaux hors de service sont à l'instant remplacés par des chevaux frais; tandis que si nous abandonnions nos blessés, ils seraient à l'instant décapités. Ainsi, la puissance d'Abd-el-Kader se compose, en réalité, des ressources et des forces réunies de toutes les tribus. Donc, pour ruiner sa puissance, *il faut ruiner les Arabes;* aussi avons-nous BEAUCOUP INCENDIÉ, BEAUCOUP DÉTRUIT. *Peut-être me traitera-t-on de barbare;* MAIS JE ME PLACE AU-DESSUS DES REPROCHES DE LA PRESSE, quand j'ai la conviction que j'accomplis *une œuvre utile* à mon pays. On me reproche de ne pas faire la guerre avec de la cavalerie; mais la cavalerie ne peut se passer de convois; elle ne peut abandonner ses malades, et ne saurait marcher plus vite que l'infanterie. Le bruit a couru en France que nous ne voulions pas prendre Abd-el-Kader; cette imputation est l'œuvre de la sottise ou de la mauvaise foi. Quel est celui de nos officiers qui n'attachât sa gloire à une pareille capture? Comment supposer qu'en donnant à un de mes généraux le commandement d'une colonne, je lui fasse la recommandation de ne pas prendre Abd-el-Kader? *Qu'en dites-vous*, général d'Arbouville? — Le général Gentil *a failli le prendre!* car, c'était bien Abd-el-Kader qu'il avait devant lui; Abd-el-Kader, qui, au dire de vingt témoins, a eu deux chevaux tués sous lui dans cette affaire. Quoi qu'il en soit, *je soutiens que le hasard seul peut faire tomber notre ennemi dans nos mains*, et que LE GÉNIE D'ALEXANDRE, DE CÉSAR ET DE FRÉDÉRIC Y SERAIT IMPUISSANT. »

M. le maréchal a exposé ensuite l'état des populations de la *Kabylie* (c'est le nom qu'il a inventé pour le pâté de montagnes qui s'étend de Dellys à Bougie, et du littoral au Hamza). Abd-el-Kader, disait-il, y trouverait 40,000 fusils, s'il pouvait s'y établir. — « Pour dompter un pareil peuple, ajouta-t-il, il faut *une poigne vigoureuse;* il faut savoir se servir de ses armes. Voilà pourquoi je veux que la milice soit fortement organisée. Quant à présent, je le répète, nous sommes maîtres du feu, style de pompier; mais l'incendie fume encore; gardons-nous de nous assoupir, et veillons [1]. »

Comme le prouve encore ce nouveau discours, M. le duc d'Isly ne laisse échapper aucun moyen d'attirer sur lui les traits du ridicule. Mais si quelque chose pouvait surpasser une telle outrecuidance, si l'on voulait chercher d'autres preuves de la complète aliénation du bon sens à laquelle depuis plusieurs années ce fonctionnaire semble en proie, il suffirait de parcourir les élucubrations de la presse algérienne. En vertu d'un arrêté ministériel en date du 1er septembre 1834, le gouverneur général de l'Algérie est investi du droit de réviser et de censurer toutes les publications qui s'impriment dans le ressort de son autorité [2]. De censeur à rédacteur en chef il n'y avait qu'un pas : M. Bu-

---

[1] Voyez l'*Akhbar* du 26 avril 1846.
[2] Voyez l'arrêté *pris* le 3 septembre 1834, par le maréchal comte Gérard, président du conseil et ministre de la guerre, *en exécution de l'ordonnance royale du 20 juillet précédent.* — Chap. Ier, art. 10 : « Le gouverneur général surveille l'usage de la presse, et permet ou interdit *toute publication* d'écrits imprimés dans le ressort de son gouvernement. »
Un nouvel *arrêté*, du 2 août 1836, art. 9, contient la même prescription; et c'est, de tous les privilèges de sa haute position, celui auquel M. Bugeaud semble tenir le plus. L'exercice de ce droit est poussé par lui jusqu'à une rigueur incroyable. En voici une preuve. Pendant mon séjour en Afrique

geaud l'a franchi résolument, et grâce à sa toute-puissance, les journaux d'Alger sont devenus, *par ordre*, les prospectus de sa gloire. Lorsque toute la presse de France demandait que justice fût faite des infamies commises dans le Dahara, voici ce que publia, sous le *visa* de M. Bugeaud, le *Courrier d'Afrique*, journal général de l'Algérie : — « Avant même que le roi l'eût sanctionnée, la population algérienne, *d'un mouvement spontané*, avait décerné le glorieux titre de Duc au guerrier qui venait d'ajouter une si belle page à l'histoire des victoires et conquêtes des armées françaises. Depuis ses jours de fête et de triomphe, M. le maréchal Bugeaud, à son retour d'un congé assez court passé en France, n'a pas cessé de diriger avec la même activité, *avec le même bonheur*, la *même sagacité* l'administration du pays, et pourtant, voilà que tout à coup et LA PRESSE et LA TRIBUNE, tout semble se déchaîner à la fois. Loin de nous la pensée de chercher à entreprendre la justification de M. le maréchal Bugeaud contre ses *obscurs* adversaires. Comme SCIPION L'AFRICAIN, il n'aurait pour sa meilleure défense qu'à faire le récit de ses *exploits*, et à dire pour péroraison : — « A pareil jour, nous avons remporté *une grande victoire* : MONTONS AU CAPITOLE, et allons en rendre grâce aux dieux ¹ » On voit que M. Bugeaud ne se refuse aucune licence ; il n'a que *d'obscurs adversaires :* avis à ses collègues de la Chambre, car ce n'est pas seulement à la presse, c'est à la tribune parlementaire que s'adressent ses injures. L'asphyxie des Ouled-Riah est peut-être à ses yeux une grande victoire, mais nous n'avons jamais lu que Scipion l'Africain, auquel le duc d'Isly se compare, eût donné de pareils exemples aux généraux de son temps ; — il savait que la roche Tarpéienne est près du Capitole.

Et ce n'est pas uniquement dans sa presse locale que le gouverneur de l'Algérie s'est créé des apothéoses. Les fonctionnaires dont l'ambition veut conquérir les hautes positions de ce pachalik français, écrivent des brochures dont *l'Imprimerie du Gouvernement* fait les frais. C'est ainsi que M. Léon Blondel, n'étant encore que simple directeur des finances, publiait au mois d'avril 1844, avec *la permission* de M. Bugeaud, des lettres anonymes dans lesquelles on peut lire les passages suivants : — « Ce qui m'a le plus étonné dans les Arabes, ce n'est pas de les voir si promptement remis des désastres dont ils nous fai-

---

J'avais traité avec la librairie Bastide, d'Alger, pour la publication d'un *Guide manuel du voyageur en Algérie*. Au moment de mettre sous presse ce petit travail, M. Bastide me déclara qu'il ne pouvait se passer d'un *permis d'imprimer*. Le maréchal était absent. Je crus devoir en référer au directeur de l'intérieur ; et le 29 juin 1844, M. G. Mercier, secrétaire général, m'écrivait ainsi : « Aux termes des arrêtés, c'est au gouverneur général qu'il appartient de donner les autorisations relatives aux publications qui se font dans la colonie par la voie de la presse (art. 9 *de l'arrêté du* 2 *août* 1830). C'est donc à lui que vous devez vous adresser pour obtenir le *permis* que vous sollicitez. Je ne suppose pas qu'il puisse vous être refusé, puisqu'il s'agit d'une publication qui n'a rien de politique. Je regrette de n'avoir pu moi-même vous donner cette autorisation ; j'aurais été heureux de saisir cette occasion de vous renouveler, etc., etc. »

C'est ainsi qu'une simple étude de géographie et de statistique fut arrêtée par les méticuleuses défiances de M. Bugeaud. Peu de temps après, lassé d'entendre les diatribes grossières lancées contre la presse de Paris par ce maréchal dans ses conversations quotidiennes, publiques ou privées, je m'étais décidé à revenir en France. Rendu à mon indépendance, j'ai dû écrire toute la vérité sur les affaires d'Afrique. Les premières pages de mon histoire étaient déjà l'expression de cette austère franchise qui juge de haut les hommes et les faits. J'ai appris, depuis mon retour, qu'il était interdit aux journaux algériens d'annoncer l'AFRIQUE FRANÇAISE *avec le nom de l'auteur*. Ne pouvant proscrire l'ouvrage, on espérait diminuer sa publicité ; mais la valeur de cette précaution a été comprise ; et la vérité s'est fait jour, malgré ceux qui avaient intérêt à l'étouffer.

¹ *Courrier d'Afrique*, n° 34, publié le 23 août 1845.

saient sous la tente le naïf récit; ce n'est pas de voir *les populations* faire nu-pieds, à travers les montagnes, sept à huit lieues, pour demander au maréchal ou justice ou faveur; discutant leurs intérêts avec chaleur; acceptant immédiatement et en silence la décision quelle qu'elle soit; entourant le gouverneur, et lui baisant les mains, les pieds, les vêtements! Ce qui *me charmait* le plus dans le maréchal, ce n'était pas *sa bonté à laquelle je suis accoutumé*, ni la clarté avec laquelle il expliquait ses opérations militaires, dans leurs causes, leurs moyens et leur but; ni l'aveu qu'il faisait qu'il s'était trompé dans telle disposition; ni sa simplicité, vertu privée *que j'osais combattre* presque comme une imperfection politique, en présence d'un peuple qui aime l'éclat dans le pouvoir; ce n'était pas de le voir employer à réparer des malheurs, à vêtir un pauvre, *à faire bénir le nom du roi*, à terminer un travail urgent, à faire effectuer des plantations et des greffes, etc., les quelques *fonds secrets* dont il était avare pendant la guerre, tant il avait plus de confiance dans son épée que dans l'argent; — c'était de le voir *toujours excellent citoyen*, politique pratique, *vrai philosophe sans le savoir*, préoccupé sans cesse de la gloire de notre pays, de ses intérêts sérieux, du développement de la grande et véritable colonisation, *du bien-être* du soldat, des colons et *des Arabes*, songer à tout, s'occuper de tout, repousser toutes les théories brillantes, tous les rêves, toutes les utopies, toutes les inopportunités, pour chercher et trouver le bien dans la raison, dans les faits réels, *dans le génie du bon sens, ou dans le bon sens du génie !* Combien de tels hommes n'ont-ils pas droit à nos respects et à notre reconnaissance! La guerre aujourd'hui n'est plus la guerre, c'est la fin du commencement, c'est le complément forcé, *rationnel, politique, économique* du travail accompli. Suivant quelques journaux, c'est la guerre pour des épaulettes ! Voilà un maréchal de France qui fait la guerre pour ajouter à *son illustration*... quoi? et ne voyez-vous pas qu'*il n'a plus rien à faire ici en ce genre ?* Ah! messieurs, soyez ingrats, si vous voulez, mais ne soyez pas absurdes! De la mer au désert, d'une frontière à l'autre, les villages mobiles en poil de chameaux, les femmes, les enfants, les vieillards, les troupeaux ne s'enfuient plus devant nos colonnes protectrices; les populations ne sont plus errantes de précipices en précipices......[1] »

Certes, à la lecture de cet éloge patriarcal, on serait tenté de décerner au maréchal Bugeaud une couronne civique. Mais, franchissons vingt pages; nous voici en pleine actualité, dans la même brochure. Lisons : — « *Les Arabes ne nous désiraient pas, tant s'en faut,* » écrit M. Blondel avec non moins de chaleur; « *ils ont appris à maudire les chrétiens, les Roumi, à les haïr comme les ennemis de leur race et de leur religion. Cette* CIVILISATION *que nous leur apportons* A COUPS DE CANON, *ils ne la comprennent pas,* ILS LA REDOUTENT. *Et comment la comprendraient-ils ? — Nous venons changer leur gouvernement et leurs habitudes; nous prenons leurs terres, nous prétendons hardiment qu'elles nous appartiennent; nous séquestrons le patrimoine de ceux qui ont assez de cœur*

---

[1] *Aperçu sur l'état actuel de l'Algérie;* lettres d'un voyageur à son frère. — Alger, *imprimerie du gouvernement,* 1844, p. 7, 10, 19, 20.

M. Léon Blondel a été nommé, peu de temps après, commandeur de la Légion d'honneur, puis directeur général des affaires civiles en Algérie.

pour nous faire la guerre ; nous brûlons les villages, nous enlevons les troupeaux, nous renversons les villes, nous jetons le trouble dans les fortunes de ceux mêmes qui nous servent[1] *!* »

On s'expliquera difficilement une telle incohérence d'idées dans l'opuscule de soixante-quinze pages que le futur directeur général des affaires civiles de l'Algérie soumettait en 1844 à l'approbation de M. Bugeaud. Ce dernier passage fut-il intercalé après le *visa* du gouverneur? ou bien M. le maréchal fut-il enivré par les adulations qui enflent les premières pages, au point de s'endormir au milieu de sa révision? C'est ce que nous ne saurions décider. Mais si la brochure fut tracée tout entière sans arrière-pensée, et si M. Blondel ne crut pas se donner à lui-même un flagrant démenti, nous croyons qu'il ne pouvait mettre en action, d'une manière plus piquante, la fable de l'ours qui saisit un pavé pour écraser une mouche sur la tête de son maître. Ce prudent panégyriste n'avait pas toutefois voulu porter, devant l'opinion publique, la responsabilité de son œuvre; malheureusement, le *Courrier d'Afrique* n'a pas été si discret [2].

« Si après avoir vaincu, écrivait encore M. Blondel, nous ne savons pas nous faire *pardonner* la victoire, et la rendre profitable *à ceux qui en ont tant souffert*, NOUS VERRONS RENAÎTRE LA GUERRE; nous ouvrirons de nouveau les *outres d'Éole* pour qu'il en sorte encore

« Luctantes ventos, tempestatesque sonoras [3], »

Sans s'arrêter au vernis épique dont le premier fonctionnaire civil d'Alger couvrait sa prévision, chacun reconnaît aujourd'hui, d'après les événements de 1845 et de 1846, que les conséquences forcées des dévastations qu'il accusait se sont toutes produites. Il fallait, selon M. Blondel, « beaucoup de *temps*, beaucoup de *force*, pour faire accepter *à ce prix* la plus belle des civilisations; beaucoup de *prudence*, de *justice* et de *générosité*, pour réparer ces désastres, et les faire oublier [3]. »

Au lieu de cela, quels fruits a fait éclore la politique du sabre? Notre cavalerie est presque détruite, l'armée exténuée; Abd-el-Kader continue, à peu près comme il l'entend, ses excursions dans l'Algérie; le maréchal Bugeaud est tombé du haut de ses promesses dans des réalités fort mesquines. On mobilise la milice, comme si Alger était menacé, et après les exagérations de l'outrecuidance, on exhibe ainsi les exagérations de la peur. Les réquisitions, tout l'attirail oppressif de la guerre, recommencent à fonctionner, et l'on se demande si nous sommes plus avancés, après quatre ans de dépenses énormes et de fatigues inouïes, que nous ne l'étions en 1840, lors de l'invasion de la Métidjah. Tel est le bilan des affaires militaires, et il est assez triste pour que l'on n'assombrisse pas le tableau, comme on est trop porté à le faire en France, où, à chaque incident, on croit la colonie en péril. Non, certes, la colonie n'est pas,

---

[1] Même ouvrage, p. 41. J'ai donné en entier la citation de cette partie de la brochure dans mon Introduction, intitulée *Histoire de quinze ans*, p. 14.

[2] Voyez dans le n° 6, publié le 17 mai 1845, l'article intitulé : *Souvenirs et impressions sur la colonisation*, par E. Lefèvre.

[3] Brochure citée, p. 43.

ne peut pas être en péril; mais le système du maréchal Bugeaud a porté ses fruits, et l'on peut maintenant le juger à sa valeur. La politique, comme on appelle ici la direction des affaires arabes, ne présente pas des résultats plus satisfaisants; pendant que nos petits échecs, l'inanité de nos courses, les désastres même causés par les éléments, diminuent notre action morale, et nous infligent, aux yeux des Arabes, la fatalité du revers, l'émir grandit tous les jours dans l'esprit des indigènes. Après avoir jeté sa base d'opérations dans le Maroc, et réveillé son influence dans l'Ouest, il laisse reposer les populations de cette partie du pays, se montre dans l'Est; se révèle à la Kebaïlie que nous avons eu le tort d'inquiéter; tâche, par une courte apparition, d'agiter la province de Constantine, témoigne partout de son action et de notre impuissance, et se retire ensuite pour ne pas lasser matériellement les tribus, nous laissant croire à une pacification qui ne sera qu'une trêve, et à des résultats qui ne seront que des points d'arrêt.

Dans les affaires civiles, le désordre est à son comble; — l'ordonnance du 15 avril 1845, qui les organisait, à peine née, reste sans exécution. On ne sait sur quel texte se fonde l'autorité; cette autorité même, on la cherche et on ne la trouve point. Les divers services se nuisent, s'entravent, se stérilisent l'un par l'autre, ou, pour mieux dire, ces services n'existent plus. Il n'y a que des personnalités qui luttent, des intérêts qui s'agitent, et, au milieu de tout ce désordre, les fonctionnaires *honnêtes* ne savent que faire de leur pensée, de leur dévouement, de leur spécialité. Le découragement est immense, et, bien qu'à travers ces conflits la force des choses, et *la force des choses seule* fasse marcher le pays (qui vit de la vitalité qu'on n'a pu encore lui retirer, et se soutient par son propre poids), ce découragement va des administrateurs aux administrés; ceux-ci, voyant en haut l'irrésolution, l'incertitude et l'incapacité, se prennent à douter de l'avenir. Ils assistent avec douleur à un spectacle inouï. Ils voient un gouvernement qui n'a ni la force de ses intentions, ni le courage de ses désirs : — un gouverneur insubordonné, étalant le scandale de ses désobéissances avec une aisance que le succès même ne justifierait pas, et qui n'a point, hélas ! le bénéfice de cette excuse.

Haineux contre tout ce qui ne procède pas de l'autorité brutale du fait; bouleversant le droit à mesure qu'on tâche de l'infiltrer dans les affaires locales; convaincu que *les institutions civiles perdent les États*, et agissant en conséquence; dévoué à sa *personnalité* avec fanatisme; absolu par calcul autant que par nature; appliquant à tout son système de force aveugle; *razziant* les intérêts coloniaux comme les tribus arabes : repoussé à peu près par tous, et restant debout malgré tous; réussissant enfin par ses vices, comme d'autres par leurs qualités, le maréchal Bugeaud s'est déclaré indispensable en Afrique, à force d'être impossible en France. — A côté de cet homme perpétuellement en antagonisme avec le ministère, les administrés ne voient que des pouvoirs épars, incomplets; des volontés soumises, modifiées par des intrigues; le défaut absolu d'unité quand *le maître* est absent, la boutade et le fait dominant quand il est là; et ils se demandent si c'est à l'action d'un gouvernement régulier qu'ils assistent, ou à un essai curieux d'anarchie morale et pratique. Voilà, en toute vérité, la situation de l'Afrique française, qui n'espère plus qu'en deux éléments de régénération : la chambre législative et la presse.

Le mal, en effet, n'est pas sans remède, et en Algérie comme en France, le découragement va trop loin. Il suffit pour s'en convaincre de jeter un coup d'œil sur cette situation. Que prouve la stérilité de nos efforts contre Abd-el-Kader, le vide de résultats coloniaux, le désordre dans l'administration des affaires ? Est-ce à dire que la colonisation soit sérieusement menacée, que la pacification soit impossible, qu'aucun résultat colonial ne puisse être obtenu, que l'administration soit définitivement condamnée au décousu, à l'inefficacité? Non, certes. Sur tous ces points il y a des solutions à tenter ; il faut les chercher, mettre la question d'Afrique à l'ordre du jour en France, et dire qu'il est temps d'entrer dans d'autres voies. Si le système du maréchal Bugeaud n'a point réussi, malgré son cortége de razzias et de violences, c'est que nous avons affaire à un ennemi insaisissable matériellement, et qu'*au moral* nous devons peut-être aux Arabes autre chose que des razzias. Avec de la cavalerie, au dire de certaines personnes, la guerre eût été plus décisive qu'en opposant des fantassins à des gens qui font vingt lieues à cheval par jour, et dont la tactique consiste à ne pas se laisser rencontrer. La question, d'ailleurs, est déplacée par la conduite aveugle de M. Bugeaud, et au lieu d'attendre comme lui que la guerre ait amené la pacification, il serait plus juste de dire et de prouver, en agissant, qu'il faut coloniser pour amener la fin de la guerre. Notre lutte impuissante grandit Abd-el-Kader ; une prise de possession sérieuse du sol, aidée d'une bonne organisation indigène, affaiblirait toute résistance. C'est le sol, je le répète, qu'on doit conquérir par l'implantation ; c'est par l'implantation européenne seule, juxta-posée avec la possession arabe, qu'on peut arriver à des résultats durables. Au bout du système actuel, je défie qu'on trouve une autre issue que celle de *l'extermination*, et les plus logiques de nos faiseurs militaires l'avouent eux-mêmes. Il est évident, en effet, qu'en passant sur le pays à coups de razzias, nous ferons une pacification momentanée, qui durera jusqu'à ce qu'un marabout vienne souffler sur notre œuvre. En supposant, d'ailleurs, le meilleur vouloir de la part des Arabes, comme nous ne pouvons les protéger partout, ils sont obligés de se soumettre au plus fort. Il faudra donc recommencer la razzia, perpétuer la razzia, c'est-à-dire *exterminer en détail*. Or, nous ne pouvons ni ne devons accueillir de semblables barbaries ; et y employer davantage le sang et l'argent de la France, serait poursuivre une œuvre d'insensé. Installer, au lieu d'un système ruineux et ruiné, celui d'une colonisation progressive, mettre ce grand travail en tête de nos préoccupations, et lui donner la plus forte part dans nos sacrifices ; trouver place pour les Européens et pour les Arabes sur un sol qui peut suffire à tous ; relier ceux-ci à nous par l'intérêt matériel, par une politique sage, par une entente éclairée de leurs besoins ; les administrer enfin, et entrer dans les voies de leur organisation ; renvoyer à d'autres temps cette expédition de la Kebaïlie, que nous aurons en détail, au lieu de la conquérir en bloc ; jeter, quand il se pourra, des routes dans cette portion du pays ; ouvrir à cette population industrielle et sédentaire l'accès de nos marchés et les bénéfices de nos échanges : telle serait l'idée principale dans laquelle il faudrait entrer. Et, si l'on objectait que ce sont là *des théories inapplicables*, il suffirait, pour toute réponse, de mettre en regard les résultats déjà connus des deux systèmes. Certes, la razzia et la destruction ont eu leurs coudées franches, et l'Ouest est en feu. L'incident des grottes du Dahara n'a pas amené, que nous sachions, des soumissions bien définitives ; tandis que la province de Constantine, où l'idée contraire a prévalu sous les auspices d'un général intelligent, jouit d'un calme que l'émir lui-même a essayé inutilement de troubler.

Quant à l'administration civile, créer une véritable et forte unité, en confiant la direction des affaires à un administrateur de haute position ; marcher par degrés, mais sans dévier, vers l'assimilation à la législation métropolitaine ; faire un choix d'agents *capables* et *honnêtes*, car longtemps encore les hommes auront en Algérie plus d'influence que les institutions, ou du moins les institutions auront besoin puissamment du concours des hommes ; placer les administrateurs en position honorée ; au lieu de rebuter les dévouements, les encourager et se charger de leur avenir ; — vouloir enfin, vouloir *fort* et *bien*, telles sont les conditions qui doivent précéder toute organisation, et auxquelles toute organisation sera facile. Mais comment espérer de pareils résultats, quand le gouvernement paraît sans force, et que ses décisions sont *cassées* sur place par une autorité rivale au lieu d'être subordonnée ? Comment espérer l'unité *en bas* si l'on ne sait pas la faire *en haut* ? Avant tout il faudrait au ministère l'obéissance de son premier agent local, et il est évident que cette dépendance hiérarchique n'existe pas.

Malheureusement aussi, la Chambre se contente de voter, chaque année, les sommes que le ministère abandonne au gouverneur ; après quoi, les députés, qui ont voté sans s'expliquer la portée de leur vote, ne s'occupent plus de l'Afrique que pour croire que tout est perdu quand il survient un revers. Le ministère, qui a obtenu ses *crédits*, retombe dans l'irrésolution, et le gouverneur de l'Algérie remonte à cheval ; il n'y a rien de changé qu'un vote de plus, et un nouveau budget qui se gaspille.

Les faits généraux que nous venons de tracer ne sont pas exagérés, car il n'y a pas longtemps qu'à la tribune parlementaire M. Dufaure, rapporteur de la commission nommée pour exposer les motifs du projet de loi relatif aux nouveaux crédits extraordinaires demandés pour l'Algérie, faisait entendre à la chambre des députés de sévères paroles sur la situation administrative de la colonie, livrée à l'abandon et à tous les genres de désordres par l'incapacité ou le mauvais vouloir de M. le maréchal Bugeaud. En voici quelques passages, plus expressifs que tout ce que nous pourrions ajouter :

« Pendant qu'Abd-el-Kader promène rapidement le trouble et le pillage dans les provinces d'Alger et d'Oran, pendant que *toutes nos colonnes sont à sa poursuite*, l'administration du pays est fatalement négligée ; aucune grande mesure d'organisation n'est prise ; une société civile, agglomérée au hasard, se forme sans règles, sans discipline, sans unité. Des ordonnances importantes, promulguées par le ministre de la guerre, restent sans exécution, par la lutte à peu près publique qui s'établit entre le pouvoir local et le pouvoir central. Enfin des désordres éclatent dans plusieurs parties de l'administration locale, même dans celle qui est chargée des intérêts les plus respectables, les plus élevés, celle des cultes. Des fonctionnaires sont rappelés en France, d'autres sont traduits devant des commissions d'enquête ou devant les tribunaux ! — Au milieu de la préoccupation générale que ces circonstances ont éveillée, on s'est demandé ce qu'était aujourd'hui notre occupation en Afrique ? Jusqu'où elle devait s'étendre ? Quelles étaient les populations soumises à notre autorité ? Si nous devions toujours les avoir pour ennemies, ou si nous pouvions les gouverser utilement pour elles et pour nous ? Enfin si le gouvernement de l'Algérie était constitué comme il devait l'être ? »

La commission a reconnu qu'au delà du rayon qu'embrassent nos postes, toute expédition qui nous entraînait vers le Sahara était au moins inutile ; qu'elle ne nous préservait d'aucun péril, ne nous assurait aucun avantage, et ne pouvait avoir d'autre résultat que d'exténuer nos troupes par des marches forcées au profit de certaines ambitions signalées par quelques bulletins.

A l'égard de la fameuse guerre contre les Kabaïles de l'est, dont la détermination tant de fois avortée n'en est pas moins restée la manie de M. Bugeaud, M. Dufaure révèle ainsi le blâme du gouvernement :

« Les déclarations fermes et réitérées de M. le ministre de la guerre nous ont appris qu'il était très-décidé à y mettre obstacle. La pensée de M. le gouverneur général est, *nous a-t-il dit*, parfaitement conforme à celle du gouvernement. Mais, au centre de notre domination en Algérie, il s'est créé *des intérêts de spéculation qui aiment la guerre pour les profits qu'elle leur rapporte*, et qui poussent avec ardeur à cette lutte contre la Kabaïlie, *dont le moindre défaut est d'être inutile*. Ces intérêts sont actifs ; ils parlent, ils écrivent, ils forment à Alger une sorte d'opinion publique. C'est contre eux que nous prenons nos précautions. »

La population indigène dont, par tous ses actes, M. Bugeaud veut accomplir l'extermination, a fixé l'attention du gouvernement. A l'encontre de ce système, flétrissant pour notre civilisation, la commission fait remarquer à la Chambre que nous nous trouvons en présence d'un état social qui n'a aucune analogie avec le nôtre, et qu'il faut savoir *comprendre* pour pouvoir le conduire et le modifier :

« Gouverner les tribus arabes, c'est exercer sur elles une haute police, et maintenir entre elles l'*ordre* et la *paix* ; c'est régler l'impôt qu'elles doivent et le percevoir ; c'est surveiller les marchés où elles se réunissent, et leur assurer *une loyale et bonne justice* ; c'est les couvrir de notre protection et leur procurer, par nos conseils et notre coopération, des avantages réels qui les attachent à nous.

« Mais pour exercer en Algérie un gouvernement *franc et bienfaisant*, conforme à nos intérêts comme à notre honneur, il faut employer des instruments divers, suivant le caractère des tribus qu'ils doivent diriger. — Au sein de quelques-unes, se sont élevées de grandes familles, anoblies par le sacerdoce ou par la guerre, et dont la puissance est consacrée par le temps. Lorsque les chefs de ces familles consentent à exercer le pouvoir en notre nom, ils nous rendent de vrais services, et pendant longtemps sans doute il sera utile de les avoir pour intermédiaires entre les indigènes et nous. — Si ces chefs ont mieux aimé nous être hostiles, il n'y a jamais grand avantage à leur en substituer qui nous doivent leur élévation ; qui le plus souvent cherchent à s'enrichir ou à se faire craindre à force d'exactions, et qui déshonorent le gouvernement qu'ils servent. Souvent aussi ils excitent le dédain de ceux qu'ils devraient commander, se font pardonner leur puissance en nous trahissant à la première occasion, ou meurent sous les coups des sujets que nous leur avions donnés.

« La France est venue soustraire au joug de leurs oppresseurs les populations qu'elle a trouvées sur le sol de l'ancienne régence d'Alger ; elle prétend les relever de leur antique servitude, et les initier à une vie nouvelle. Les Arabes conquérants de l'Espagne ont été, dans le moyen âge, le peuple le plus brillant et le plus éclairé de l'Europe. Par quelle raison leurs descendants seraient-ils voués pour toujours à une vie turbulente et antisociale ? Il n'appartient pas même à la fatale influence du despotisme d'opérer des transformations si profondes et si irréparables !

« Mais il ne suffit pas que les indigènes actuels soient soumis à l'action de notre gouvernement ; il faut qu'ils soient éprouvés, façonnés au contact de nos populations européennes. Le territoire qu'ils occupent est trop vaste pour eux : il appelle de nouveaux habitants. Ouvrons-le donc, *mais avec prudence*, aux émigrations européennes qui en demandent l'entrée. »

La commission arrivant, dans son étude, à l'examen des plans de colonisation militaire inventés par le maréchal Bugeaud, les a repoussés sans détour :

« Cette conception, plus théorique que pratique, n'a jamais été admise par l'administration de la guerre, plusieurs commissions législatives l'ont déjà examiné et condamnée. Après d'énormes dépenses pour mettre ce système en pratique, on s'apercevrait qu'*il ne repose que sur des illusions*. Les causes qui ont amené la ruine de l'établissement militaire essayé à Fouka étaient trop dans la nature des choses pour qu'en toutes circonstances pareilles, elles ne produisent pas le même résultat. L'établissement des colons européens sur le sol d'Afrique demande, de la part du gouvernement, beaucoup moins d'art et de *petits moyens*. On doit compter sur l'intérêt individuel, suffisamment éclairé et convenablement garanti ; et *en donnant les terres du domaine*, nous avons un moyen d'activer le mouvement social qui s'opérerait naturellement sans nous, mais, à la vérité, plus lentement. »

Ces préliminaires posés, la commission a posé, d'une main ferme, la valeur du gouvernement militaire, tel qu'il fonctionne aujourd'hui en Algérie; et comme période de transition à une ère de stabilité et de développement social, qui doit éclore et fleurir sous les auspices d'une plus haute création dont l'avenir garde les destinées, elle a proposé la formation d'un ministère des affaires d'Afrique :

« L'armée est *tout* au moment où elle conquiert ; la conquête achevée, elle remplit plus ou moins laborieusement le rôle *définitif* qu'une armée permanente remplit en France ; elle protège nos possessions contre un ennemi extérieur ; elle apaise des troubles intérieurs ; elle couvre, elle sauve les intérêts *civils* menacés par la révolte ou par la guerre : — ELLE NE LES ADMINISTRE PAS.

« Ce qu'il y a à faire en Algérie, c'est de conduire ensemble tous les intérêts par des mesures spéciales, *transitoires*, habilement combinées, jusqu'au point où, malgré la différence des races et des langues, et l'antique hostilité des principes religieux, l'Algérie pourra, comme la Corse, être réunie à la France. C'est une œuvre toute particulière, qui ne rentre dans les attributions d'*aucun* des ministères actuels ; elle est d'ailleurs *trop importante* pour demeurer l'occupation secondaire d'un homme, quelque éminent qu'il soit. On arrive donc à cette idée que le Pouvoir qui dirige, de Paris, nos possessions dans le nord de l'Afrique, ne sera exercé avec assez de soin, et sous une responsabilité réelle, que le jour où il sera remis à un ministère spécial.

« L'organisation à Paris du gouvernement central de l'Algérie serait inévitablement suivie d'une nouvelle organisation de l'administration locale. Elle a été remaniée bien des fois depuis la conquête ; mais on ne peut guère voir dans ces nombreux essais que des *tâtonnements* sans plan arrêté, sans but définitif, et qui ont toujours échoué devant les plus frivoles considérations de personnes. Ainsi est-il arrivé du dernier de ces remaniements, de l'ordonnance du 15 avril 1845. Il ne pouvait en être autrement. Tant que le gouverneur général a dû conserver un pouvoir presque absolu, les administrations de l'Algérie ne pouvaient être que ses bureaux ; plus tard, créées au milieu de la lutte qui était engagée entre le gouvernement de l'Algérie et le ministère de la guerre, elles ont dû porter l'empreinte de leur époque. L'organisation ne sera bonne que le jour où il sera bien entendu que *le pouvoir local n'est autre chose qu'un agent d'exécution, chargé de mettre en pratique les volontés d'un ministre*, dont chacun de ses actes pourra engager très-réellement la responsabilité et compromettre l'honneur politique. Une conduite *irrégulière* ou *immorale* chez les représentants de l'autorité française est un malheur public. »

Ce grave exposé de la vérité des faits, soutenu de toute l'autorité dont s'entourait la parole d'un des membres les plus distingués de la Chambre, produisit une vive sensation. Néanmoins, les crédits furent votés avec la précipitation ordinaire, les questions fondamentales et la création du ministère spécial se trouvèrent indéfiniment ajournées. Mais l'écho des critiques élevées par M. Dufaure avait retenti dans les bureaux de la presse algérienne; les publicistes aux gages du gouverneur général y répondirent, comme ils savent répondre à tout, par l'éloge amphigourique des gloires de leur patron, saturé de plates injures à l'adresse des pouvoirs de la métropole.

Ce serait une triste histoire que celle des condottieri littéraires du maréchal Bugeaud, race famélique accourant, sous le fouet du maître, lécher sa botte sanglante au retour d'une boucherie, puis s'escrimant, à tort et à travers, contre les actes, les projets ou les ordres du ministère, aux frais des fonds secrets jetés sur la terre d'Afrique par ce même ministère ! Ce scandaleux oubli de toute pudeur a été poussé si loin, que, dans sa séance du 11 juin 1846, la Chambre des députés s'en est émue ; et cependant le pouvoir n'a pris aucune mesure pour faire sentir à son agent la responsabilité qui devrait peser sur lui.

Mais en dehors de la polémique révoltée qu'encourage et subventionne le duc d'Isly, veut-on juger des singulières doctrines qui se publient sous son contrôle, et avec son *visa* ou celui de ses lieutenants? Pour en citer un seul exemple, pris au hasard, ouvrons le *Courrier d'Afrique*, du 15 avril 1846 ; voici les espérances que M. Bugeaud nous laisse adresser de *sa capitale*, et le patriotisme intelligent que prêchent ses publicistes :

« Il est tout à croire que nos œuvres sur l'Ouest de l'Afrique resteront infécondes. Nos idées et nos mœurs nous empêcheront de suivre le précepte *compelle eos intrare*, sans lequel il est impossible de dompter et de civiliser ses habitants. Nous voulons respecter l'élément indigène ; nous voulons des *transactions*, une FUSION : or, ces moyens seront *impuissants* contre une population opiniâtre, résistante, et possédant *au plus haut degré* l'amour inné de la sauvagerie.

» Mais, à côté de nous, il est un peuple qui, *par son caractère national*, peut dominer et civiliser le Moghreb, c'est LE PEUPLE ESPAGNOL. En effet, doué du génie de la persévérance, il est admirablement apte à combattre une nation persévérante elle-même. Par ses antécédents, par ses penchants naturels, porté instinctivement à employer les moyens de rigueur, il les emploiera sans hésitation ; et cela lui donnera le *seul* moyen d'action qui s'*harmonise* avec le caractère des Moghrebins. Pour ces motifs, je voudrais voir l'Espagne chargée de coloniser, puis de civiliser le Moghreb. On lui a reproché d'avoir été cruelle envers les aborigènes de l'Amérique continentale et insulaire. Admettons-le ; mais aux yeux du véritable philanthrope, la prise de possession de l'Amérique a été un bonheur pour l'humanité. La misanthropie seule peut mettre les malheurs de cette conquête au-dessus des bienfaits qui en ont résulté. Or, l'Afrique occidentale est aujourd'hui une nouvelle Amérique. Si l'Espagne parvenait à l'européiser, elle aura bien mérité de l'humanité entière. En vérité, c'est une nation qui ressemble beaucoup aux Moghrebins. Elle est, comme eux, sobre, opiniâtre, ardente. Elle est ennemie des *transactions* et de la *fusion*. Ses mœurs, *un peu sauvages*, lui permettent d'employer les procédés que nous n'osons pas employer à l'encontre des aborigènes. A tout prendre, *mieux que nous*, elle peut lutter, *à armes égales*, avec la sauvagerie africaine. »

Voilà pour l'avenir : observons le présent. Douze ou treize colonnes parcourent en tous sens, tantôt à petites journées, tantôt à bride abattue, tous les coins et recoins de l'Algérie. Le gouverneur général, en personne, rapetissant son rôle aux proportions de celui que remplirait suffisamment un lieutenant-colonel, promène des soldats de marches en contre-marches, depuis l'Ouarensenis, dont il affectionne la route, jusqu'au Djerjerah, où la mémoire des lauriers de Théodose l'empêche de dormir. De temps en temps c'est une razzia : — telle tribu a été *sévèrement châtiée* ; — telle autre a reçu *une rude correction* ; — tel colonel *a pillé* (style des bulletins) quelques misérables douars ; — tel officier général a livré un *brillant combat* à l'émir insaisissable, mais dont on rencontre partout les vestiges de la veille ; — on a pris des quantités incalculables de bœufs, de moutons, de chameaux, qui s'éclipsent ensuite comme par enchantement; — pour résultats, nos soldats se démoralisent, tantôt par les furieux excès auxquels ils s'abandonnent, tantôt parce qu'ils comprennent qu'après tout, ils ne sont que les instruments de l'ambition et des vanités de quelques chefs. Au retour, les hôpitaux se remplissent; mais les heureux du métier récoltent, à l'envi, grades et décorations; l'Algérie est pour eux une terre promise, un pays d'exception; tout est bien, pourvu que leur fortune de guerre y soit rapide et complète. Ceci n'est point une critique faite à plaisir; c'est un fait que les intéressés oseraient seuls démentir, mais sans que leur désaveu pût atténuer en rien sa gravité. Nul n'est plus disposé que nous à reconnaître les nobles exemples de courage, de dévouement et d'abnégation dont l'armée d'Afrique a le droit de s'enorgueillir; et peut-être nous sera-t-il donné d'écrire un jour un livre où chaque héritier de nos gloires trouvera le récit de ce qu'il a fait [1]. Mais si, comme ne rougissent pas de l'écrire, à Alger, les journalistes de M. le maréchal Bugeaud, s'il est vrai qu'Abd-el-Kader soit « *un pauvre garçon qui épelle le Koran, et qui court les monts et les broussailles, en*

---

[1] Les épisodes de bravoure individuelle dont les luttes africaines ne cessent d'être le théâtre fourniraient la matière d'un long ouvrage, et les militaires qui s'y distinguent ne trouvent pas tous la récompense à côté des services. Nous trouvons dans les bulletins plus d'un nom souvent proclamé par d'incontestables actions d'éclat, et qui ne figure que bien tardivement sur la feuille des promotions. Il est vrai qu'on ne saurait contenter tout le monde, et qu'en revanche, la faveur intrigante est allée plus d'une fois chercher ses élus sur des champs de batailles fantastiques. En Algérie comme ailleurs, à de rares exceptions près, pour quiconque n'est pas déjà revêtu d'un haut grade, on ne porte pas, en rampant, la laisse dorée de l'état-major, la vie militaire est bien aride, et la justice trop partiale. L'histoire fera, quelque jour, la part des uns et des autres. Elle n'oubliera pas ce jeune et brillant Macheré, simple sous-lieutenant au 1er chasseurs d'Afrique, et qui compte déjà vingt-six campagnes; Macheré, vrai Centaure par son adresse à manier le cheval arabe, vrai Bayard pour donner l'exemple de la générosité et du courage. Le 17 octobre 1844, dans un combat contre la belliqueuse tribu kebaïle des Flissas-el-Bahr, le lieutenant-colonel Forey, du 58e, avertit le commandant de Noue, du 1er chasseurs, que son infanterie est serrée de près; le 4e escadron part au galop. M. de Noue ordonne au sous-lieutenant Macheré de déployer son peloton en tirailleurs; cet officier se jette en avant de ses hommes; il gravit un mamelon, et derrière un massif boisé, une embuscade se découvre et l'entoure: — Chargez! s'écrie le commandant de Noue. Un moment d'indécision se manifeste parmi les chasseurs, en face d'un ennemi supérieur en nombre. Le sous-lieutenant Macheré entame seul la charge, tue plusieurs Arabes, et enlève son peloton électrisé par ce trait de dévouement. — Le 10 juin 1845, la colonne du général Marey venait de faire sa jonction avec celle du général d'Arbouville, aux environs du Djerjerah. Le brave commandant d'Allonville apprend que le capitaine Picot est fortement engagé; il s'élance à son secours. Les chemins son affreux; la cavalerie met pied à terre et se bat pendant deux heures. Le sous-lieutenant Macheré, déjà blessé, ne veut pas quitter le combat, et fait lui-même le coup de fusil, avec les lieutenants Toussaint et Carus, des spahis. Dans cette rude affaire, l'adjudant Perrotin se dévoue en allant, seul, à travers mille dangers, chercher un bataillon d'infanterie du gros de la colonne, qui arrive à temps pour dégager les cavaliers. — Le 28 décembre 1845, au combat de Temda, le sous-lieutenant Macheré est grièvement blessé dans une charge. L'intrépide capitaine Kieffer, qui avait eu déjà deux chevaux tués sous lui, veut donner à un autre officier le commandement du peloton. M. Macheré ne veut pas quitter ses chasseurs, il reste à cheval couvert de sang, et à la fin de cette lutte, il vole à l'arrière-garde, auprès du capitaine Jozon, des spahis, qui protége la retraite de la cavalerie. C'est alors que le colonel du 1er chasseurs, témoin de cette admirable conduite du jeune Macheré, l'envoie chercher par un adjudant, et lui dit : « Monsieur, c'est assez pour aujourd'hui! votre place est ici, près de moi! » Trait de bienveillance militaire qui honore également le colonel et le sous-lieutenant, car cette place était encore celle du péril.

M. Macheré est le beau-frère d'une de nos célébrités scientifiques, le docteur Ramon, ancien médecin en chef de l'hospice royal de Charenton, et directeur actuel de la maison de santé de Conflans. Noble et touchante union des plus belles vertus de famille ! Pendant que son jeune beau-frère retrace chaque jour en Afrique le type du vieil honneur français, le docteur Ramon, providence de tout ce qui souffre, partage sa vie entre les pauvres d'un pays qui le bénit, et les malades d'une société d'élite qui trouve dans la VILLA DE CONFLANS les soins les plus habiles et les plus délicats, joints au charme d'une splendide existence de château.

compagnie d'une centaine ou deux de brigands en guenilles [2], » à quoi sont donc employés nos cent mille soldats, et les cent millions par an que nous versons en Afrique ? Et si le bon sens public acceptait cette opinion qui s'imprime sous les yeux d'un gouverneur militaire, combien vaudrait, pesée par M. le duc d'Isly lui-même, la somme de ses bulletins de victoires et de soumissions quotidiennes, sans cesse démenties le lendemain par la puissance irrécusable des faits ?

Rentrons dans la voie sérieuse, la seule solide, la seule honorable pour le pays. Qu'une simple étude en soit faite par les hommes qui n'ont d'autre mobile que le véritable intérêt de la France, intérêt dégagé de toute spéculation personnelle. Mettant pour un instant de côté les considérations de justice et de morale, n'envisageons la question que sous le point de vue matériel, et supposons que la France soit dans la ferme intention d'établir, à tout prix, sa domination en Afrique : comment y parviendra-t-elle ? — Doit-elle exterminer les indigènes, ou les réduire en servitude, comme l'ont fait les Espagnols en Amérique ? Si cette pensée pouvait être la sienne, toute sa puissance viendrait échouer dans les tentatives d'exécution. Les Arabes ne sont point, comme les premiers Américains du Sud, des créatures faibles et désarmées. Ce sont des hommes braves et vigoureux que nos armes n'effrayent pas, et qui, poussés à bout, seraient terribles. — Peut-on espérer de les refouler dans l'intérieur, et de les obliger à nous abandonner la place ? Pas davantage. Le système de refoulement a pu réussir dans l'Amérique du Nord, parce que les naturels de cette contrée avaient derrière eux 15 à 1,800 lieues de terres, et qu'ils ont pu reculer sans craindre que le sol leur manquât. Mais les Arabes savent fort bien qu'à une cinquantaine de lieues au midi, ils trouveraient une mer de sable, dans laquelle ils n'ont nulle envie d'aller s'ensevelir ; ils défendraient donc leurs terres avec autant d'acharnement que leur vie et leur liberté. Si cependant une action incessante de tous les avantages que nous avons sur eux parvenait à refouler quelques tribus, elles iraient augmenter les moyens de résistance de celles que nous aurions encore à combattre, en se mêlant à elles ; de sorte que chaque pas que nous ferions rendrait plus compactes les forces de nos ennemis, et plus difficiles les pas qui nous resteraient à faire ; et comme les Arabes sont observateurs et intelligents, cette lutte prolongée leur donnerait bientôt le secret de notre science militaire. Alors nous nous trouverions en face d'une nation que nos succès passagers n'auraient fait que rendre plus unie et plus puissante, et qui nous combattrait avec des avantages naturels, joints à ceux qu'elle devrait à l'imitation ; heureux encore si de nombreux transfuges n'allaient pas se joindre à elle. Nous aurions donc créé à la porte de nos établissements un ennemi aussi habile que redoutable ; or, c'est là ce que nous devons surtout éviter avec le plus grand soin.

Ne pouvant ni exterminer ni refouler les Arabes, devons-nous, sans nous

---

[2] Voyez le *Courrier d'Afrique, journal général de l'Algérie*, du 24 mai 1846, n° 116. — « Pourtant (continue le même écrivain), *voilà l'homme* qui nous occupe ; et ce qu'il fait pour nous embarrasser est ce qu'il y a de mieux à faire pour lui et dans le pays où nous venons le joindre, pays où tout se fait autrement qu'ailleurs. »

fixer chez eux comme colons, les administrer comme souverains, ainsi que le font les Anglais dans l'Hindoustan? Ce système, qui ne serait pas d'une application très-facile, serait sans profit pour la France. Il n'offre à l'Angleterre des avantages qui, du reste, sont contestés, que parce qu'elle en fait l'application à une contrée dont les éléments de commerce sont immenses et indépendants des Européens; mais il serait ruineux en Algérie, où tous les produits qu'il nous est donné d'espérer doivent être demandés à la terre cultivée par des mains européennes, ou du moins par nos méthodes, ce qui nous force à nous y établir autrement que les Anglais dans les Indes. — Ce point arrêté, il nous reste à nous installer au milieu des Arabes, et comme souverains, et comme colons. Mais notre souveraineté devra-t-elle s'exercer pour les mettre simplement sous la même dénomination, ou, pour mieux dire, sous le même gouvernement que les Français, ou consacrera-t-elle à tout jamais la prééminence d'une race sur une autre? Le dernier système fut celui des Arabes en Espagne et des Turcs en Grèce et partout; de graves inconvéniens y sont attachés, car il n'y a guère que les Juifs qui ne se soient pas encore lassés d'être dans une position d'infériorité humiliante. Le premier fut celui des Francs dans les Gaules; il donna naissance à la nation la plus compacte, la plus unie du globe, la nation française. C'est le système de fusion, le seul rationnel, le seul qui offre des résultats durables, parce qu'il est le seul juste. Les conquérants qui le suivent sont des instruments dont se sert la Providence pour modifier, presque toujours à leur avantage, les sociétés humaines; les autres ne sont que des fléaux transitoires. Nous devons donc l'adopter, et comme le plus avantageux, et comme le plus juste.

Comment l'appliquerons-nous? Ici, les difficultés se présentent en foule; mais elles ne sont pas insurmontables; elles sont même bien loin de l'être. Le plus grand obstacle à la fusion viendrait peut-être des Européens. L'expérience prouve malheureusement que ceux d'entre eux qui s'établissent dans les colonies ont plus de prévention contre les indigènes que les gouvernements, même les moins éclairés; nous en avons vu de fréquents et tristes exemples. Cela tient à ce que la plupart, sortant d'une position pénible, sont avides, en arrivant dans un pays nouveau, d'avoir à leur tour quelqu'un au-dessous d'eux. Ils sont en outre peu éclairés généralement, et se sentent de l'énergie: or, rien n'a plus d'orgueil que l'ignorance aventureuse. Il faudrait donc mettre autant de soin à éclairer les Européens que les indigènes eux-mêmes; leur bien faire comprendre que la fusion est autant dans leurs intérêts que dans celui des naturels, et n'admettre dans les emplois publics que ceux d'entre eux qui auraient secoué bien franchement les préjugés de race. Au reste, de tous les Européens, les Français sont ceux chez qui les fâcheuses dispositions que nous combattons sont les moins enracinées. Du côté des indigènes, ce qui paraîtrait devoir s'opposer le plus à la fusion, serait le préjugé religieux; mais il se trouve fort heureusement qu'en Algérie les interprètes les plus vénérés de la religion, c'est-à-dire les marabouts, sont en général des hommes de paix et de concorde. Il faut mettre cette circonstance à profit [1]. Plu-

---

[1] Il est certain que les marabouts les plus célèbres n'ont jamais montré d'éloignement pour les chrétiens.

sieurs de ces hommes sont assez éclairés pour comprendre, mieux que beaucoup de chrétiens, que le mahométisme n'est, en définitive, qu'une secte du christianisme. Ensuite, y a-t-il donc tant de chrétiens parmi nous? Certes, les Arabes connaissent très-bien notre indifférence religieuse; elle est pour eux une garantie que nous ne les inquiéterons pas dans leur croyance. Ce qu'il y a encore de foi parmi nous ne les effarouche pas non plus; car cette foi est progressive; c'est elle qui, selon la sublime hyperbole de l'Évangile, doit changer les montagnes de place, c'est-à-dire, faire un peuple de tous les peuples, une famille de toutes les familles, un homme de tous les hommes.

Je sais que le système de fusion rencontre de nombreux contradicteurs; mais qu'y faire? C'est le tort de toutes les vérités utiles. Cependant la pensée de faire de tous les éléments, soit indigènes, soit exotiques, qui se rencontrent en ce moment dans la régence d'Alger, ou qui pourront y affluer, une nation jeune et vigoureuse, a par elle-même trop de grandeur pour qu'on ne s'y arrête pas un instant. Les hommes les plus prévenus n'osent l'attaquer en principe; ils se contentent de la reléguer dans les utopies! Mais quoi! une nation qui, comme la nation française, a, dans l'espace de quelques années, changé toute son existence politique et sociale, au point que, si les pères de nos pères sortaient de leurs tombeaux, ils ne reconnaîtraient plus leur patrie; une nation qui a si violemment rompu avec son passé qu'il n'en reste pas vestige, doit-elle resserrer les bornes du possible dans l'ordre moral, au point de se persuader qu'aucune modification ne peut être apportée à la manière d'être des Arabes? Supposons que dans cinquante ans d'ici ils fournissent des généraux à nos armées, des organes à nos lois, des députés à nos chambres législatives, des peintres à nos ateliers, ce changement serait-il bien plus surprenant que celui qui s'est opéré entre la France de 1780 et la France de 1830? Combien de fils des sauvages des Pyrénées, de l'Aveyron, de la Bretagne, ne brillent-ils pas maintenant parmi nos notabilités sociales? Pourquoi donc croiraient-ils les fils des sauvages de l'Atlas et de la Métidjah incapables d'arriver à ce poste élevé? Espérons donc que la France verra dans les Arabes des êtres progressifs comme nous, qu'elle leur tendra une main secourable; qu'elle les élèvera au rang des nations en les adoptant pour ses enfants. Mais elle n'arrivera pas à la fusion en déclarant seulement qu'elle la croit possible. Pour cela, elle ne doit pas attendre que les Arabes fassent tout le chemin; elle doit en faire une partie elle-même; il faut que ses lois se plient aux exigences des localités, qu'il y ait possibilité de constituer des familles mixtes d'après les formes usitées dans le pays; que nos formes judiciaires, que notre régime administratif se rapprochent de la simplicité si chère à ces peuples. Nous gagnerons autant qu'eux à ce changement. — Mais si l'on suppose aveuglément aux Arabes trop d'aversion pour les Français pour qu'aucun rapprochement moral puisse s'opérer entre les deux peuples, il est clair que, braves comme ils le sont, ils se refuseront toujours à reconnaître pour maîtres ceux dont ils n'au-

---

A l'affaire de la Macta, des prisonniers français ne durent qu'à des marabouts la conservation de leur existence; des déserteurs qui sont revenus parmi nous parce qu'ils se trouvaient trop mal chez les Arabes, nous ont assuré qu'ils obtenaient toujours aide et protection auprès des marabouts, même lorsqu'ils manifestaient le désir de retourner chez les chrétiens.

ront pas voulu pour frères. Ce serait donc entre eux et nous une guerre incessante, où la France dépenserait son sang et son argent, le tout pour avoir sur la côte quelques chétifs comptoirs qu'elle devrait abandonner tôt ou tard, comme les Anglais ont abandonné Tanger, et les Espagnols Oran. Le système de fusion est donc le seul applicable ; s'il était impossible, il faudrait s'en aller, et le plus tôt serait le mieux.

Admettons cependant que l'on puisse forcer les indigènes à vider la place. Est-on bien sûr de les remplacer? Sommes-nous à une époque où de très-grandes émigrations soient possibles? Les causes qui ont peuplé l'Amérique du Nord agissent-elles encore en Europe? Doit-on renoncer à essayer de tirer parti des hommes que nous trouvons sur les lieux, dans l'espérance de les remplacer par des éléments plus dociles, si l'on veut, mais que peut-être nous ne pourrons réunir? Voilà, certes, de graves questions. J'admets, pour un instant, qu'il serait à désirer que nous n'eussions dans la régence que des Européens ; mais ces Européens viendront-ils ? — Ils ne viendront que si les causes de guerre et de dévastation disparaissent de la colonie, que si la paix et le bon ordre y règnent. La paix et l'ordre ne règneront que lorsque nous aurons constitué le pays : or, on ne peut constituer le pays qu'avec les éléments que l'on a sous la main, et ces éléments sont les indigènes. Soixante-quinze mille hommes suffiraient pour assurer en même temps notre domination sur tous les points de la régence, et préparer le terrain à l'application du système qui nous paraît le seul admissible. Bonaparte soumit l'Égypte avec beaucoup moins, mais le Nil lui donnait une excellente ligne d'opérations que nous n'avons pas. Avec ces 75,000 hommes, la conquête du pays devrait être assurée, presque sans effusion de sang ; car les Arabes, menacés partout, ne pourraient se réunir nulle part. L'application du système deviendrait alors facile, et ce n'est pas trop s'avancer que de dire qu'après dix ans de ce régime, la France compterait en Afrique plus de quatre millions de citoyens dévoués. — On s'abuserait, du reste, étrangement, si l'on croyait que la régence d'Alger procurera un jour à la France un bénéfice net. Tout ce qu'elle pourra faire, même dans les circonstances les plus favorables, ce sera de couvrir ses frais. On ne doit donc pas la considérer pour l'avenir comme une ferme qui puisse être exploitée au profit du fisc ; car, puisque la métropole, malgré ses immenses ressources, ne peut que tout juste supporter les dépenses de son administration, comment espérer qu'un pays où tout est à créer, paye jamais un tribut à la France, en outre des contributions nécessaires à l'acquittement de ses dépenses intérieures? L'Afrique, *bien administrée*, pourra se suffire à elle-même ; c'est tout ce qu'on peut en attendre et en exiger. Les avantages pour la France résulteront d'un accroissement de commerce que chaque année rendra plus sensible, et d'une extension de puissance, maritime et militaire, due à la création d'une nation nouvelle, qui lui serait unie par les liens de l'affection et de la communauté d'intérêts. Ensuite, n'aurait-elle à attendre de ses sacrifices que la gloire attachée à toute grande entreprise; elle ne devrait pas hésiter à les faire ; car, quoi qu'en disent les hommes de chiffres, c'est quelque chose que la gloire dans l'existence des peuples, et surtout cette gloire noble et pure qui ne consiste pas à *conquérir* et à *détruire*, mais à ORGANISER et à CRÉER.

Une sage répartition de *soixante-quinze mille* hommes permettrait encore de disposer, sur plusieurs points, de forces considérables toujours prêtes à se mettre en campagne aux premiers symptômes de révolte. Il faudrait même, dans les premiers temps surtout, que de petites colonnes mobiles allassent fréquemment d'une garnison à une autre, pour observer l'état du pays, et appuyer où besoin serait l'autorité de nos kaïds ; mais il demeure bien entendu que cet emploi de la force matérielle ne s'exercerait que dans un but d'ordre et de justice, et que le système de fusion s'établirait à l'abri de nos baïonnettes civilisatrices, par les moyens moraux qui ont déjà été proposés.

La conquête simultanée serait rendue plus facile encore par nos négociations que par nos armes. Il n'est pas de province où nous n'ayons déjà des relations suivies avec des tribus puissantes, qui nous sont partiellement acquises. Elles nous seraient d'un très-grand secours, pour la connaissance des localités et l'approvisionnement de nos magasins ; mais il faudrait éviter avec soin, dans nos relations avec les indigènes, d'employer les services d'une foule d'intrigants sans patrie et sans pudeur, toujours disposés à compromettre la dignité de ceux qui les emploient, pour satisfaire leur basse et souvent tyrannique cupidité. — A mesure que les établissements européens prendraient de la consistance, que le pays s'organiserait, et que les éléments de trouble disparaîtraient, des milices locales, composées d'Européens et d'indigènes, remplaceraient la plupart des garnisons françaises qui n'occuperaient plus que les capitales des provinces, et qui pourraient même abandonner par la suite le pays à ses propres forces, et se retirer entièrement. — Au bout de dix ans, la nouvelle nation gallo-algérienne présenterait un tout complet, une individualité de peuple, enfant encore, mais bien constitué. Au bout de vingt ans, secouant ses derniers langes, elle pourrait s'élancer, jeune et pleine de vie, dans la carrière de l'avenir.

Mais on agit rarement, en France, par desseins longtemps et mûrement prémédités. On y va au jour le jour, d'après les caprices du moment et les petites passions des coteries ; on y est tantôt prodigue, tantôt parcimonieux, et presque toujours à contre-sens. Les abus sont des divinités exigeantes auxquelles il faut sacrifier ; les lois, les usages, les intérêts personnels les consacrent. Chaque centime a sa place arrêtée à l'avance ; chaque écu connaît, pour ainsi dire, la poche dans laquelle il doit entrer. Il nous faut *nécessairement* des régiments organisés de telle manière, avec tel costume, tel nombre d'officiers, telle quantité de sapeurs, de musiciens, coûtant telle somme ; il nous faut une administration militaire composée d'un tel nombre d'individus, faisant telle chose et non pas telle autre ; prise dans une certaine catégorie et non ailleurs, écrivant beaucoup et ne produisant rien ! Il nous faut tel nombre de généraux, tel nombre d'officiers d'état-major, perdant leur temps à la rédaction de quelques lettres insignifiantes ; des officiers du génie pour maîtres maçons, étouffant dans la chaux et le mortier ce que la nature et l'éducation la plus soignée leur ont donné de lumières ! Il nous faut une administration civile coûteuse et routinière ! Dire que tout cela pourrait être organisé autrement et plus économiquement, serait peine perdue. Aussi nous ne nous y arrêtons pas.

Et cependant, le système de fusion, adapté à la province d'Alger, une bonne et paternelle administration, l'ordre et la tranquillité établis dans la contrée, rendraient les Arabes qui l'habitent riches et heureux. La vue de leur bien-être ne tarderait pas à faire désirer aux tribus plus éloignées d'entrer dans ce nouvel état, qui, s'agrandissant par des adjonctions successives, finirait peut-être par embrasser toute la régence. Certes, ce système n'a rien de trop grand ni de trop chevaleresque, et va à la taille de nos hommes d'état. Nous croyons donc qu'il conviendrait de s'y arrêter.

Il faut bannir de l'Afrique l'accaparement des terres entre les mains de grands concessionnaires, de manière que le sol arrive aux véritables producteurs, à ceux-là qui seuls devraient le posséder dans toute société bien organisée, si toutefois il doit rester propriété exclusive. Le système des fermes serait absurde en Algérie; il n'y a que l'appât de la propriété qui puisse y attirer des laboureurs. De trompeuses illusions entraînent en Amérique de pauvres paysans qui, une fois à deux mille lieues de chez eux, ne peuvent plus revenir sur leurs pas; mais aux portes de l'Europe, l'illusion est impossible : il faut de la réalité. Les spéculateurs de terres ne doivent donc pas espérer de faire à Alger la traite des blancs. Il faut pour qu'Alger prospère, que le laboureur y soit propriétaire, et non fermier. Mais, dira-t-on, où trouvera-t-il des capitaux? En effet, ici comme ailleurs, existe cette épouvantable plaie des sociétés modernes, qui met dans des mains improductives les instruments d'industrie qui forcent le travail à solder la fainéantise. Eh bien! cette solde, puisqu'il le faut, cette récompense de l'oisiveté sera payée; mais elle le sera par un laboureur propriétaire; voici comment : — Le travail de l'homme a une valeur qui peut être évaluée en argent; que l'on forme donc des sociétés de laboureurs et de capitalistes où cette valeur sera la base des actions. Chaque membre de la société prendra des actions selon ses facultés, et les payera, soit en argent, soit en travail, soit en terre; les produits se partageront par actions. Pour fixer les idées, évaluons à 500 francs le travail annuel d'un homme. Le laboureur qui mettra dans la société ses bras et un champ de 500 francs aura deux actions. Le capitaliste qui mettra 500 francs aura une action. Avec les 500 francs, la société achètera ce qui est nécessaire à la culture, et les produits se partageront également entre les trois actions. Maintenant on peut prendre une plus grande échelle; on sent que ce projet d'association a besoin d'être développé, mais en voilà le principe. — Si les laboureurs avaient quelques avances, ils pourraient, ce qui vaudrait mieux, s'associer seulement entre eux, pour cultiver en commun. Les frais seraient, de cette manière, bien moins considérables; car, au lieu d'avoir, par exemple, une charrue, une herse, une paire de bœufs, ou toute autre chose, par lots, ils en auraient deux seulement pour trois lots, ou pour plus, selon la nature de l'objet. Personne n'ignore la puissance de l'association pour produire de grands effets avec de petits moyens; le gouvernement en favorisant les associations, attirerait les laboureurs en foule dans la nouvelle colonie.

Après toutes les questions de création et de premier établissement, vient celle de l'existence politique de la colonie; elle est grave, et mérite d'être méditée. Les leçons de l'histoire nous prouvent qu'un pays ne peut prospérer sans liberté; que les colonies que la métropole veut continuellement tenir à la lisière et exploiter dans des intérêts d'étroite fiscalité, ou languissent, ou se séparent avec violence de la mère-patrie, pour laquelle elles ne sont souvent, au reste, qu'un fardeau plus lourd que productif. Tous les économistes modernes croient qu'un peuple sage ne doit établir de colonies qu'avec la pensée et dans le but de les abandonner à elles-mêmes aussitôt qu'elles n'ont plus besoin des secours de la métropole. Ils les comparent aux petits des oiseaux que leurs parents abandonnent à leurs propres forces dès qu'ils sont en état de pourvoir à leur subsistance. Il ne faut pas croire que ce système serait sans profit pour les peuples qui établiraient des colonies d'après ces principes ; car les colonies, liées à la métropole par une communauté de mœurs, de langage et d'origine, contracteront naturellement avec elle leurs habitudes de commerce, et leur commerce est d'autant plus développé que la liberté dont elles jouissent est plus grande. L'Américain Shaler et une foule de publicistes, même anglais, ont reconnu que l'Angleterre tire plus de profit de l'Amérique, depuis la séparation, qu'elle n'en tirait auparavant. Au reste, le Nord de l'Afrique est si voisin de la France, que cette puissance pourra prendre à son égard, lorsque le temps en sera venu, un terme moyen entre l'état de sujétion et celui d'indépendance totale : ce serait de la déclarer partie intégrante de son empire, et de la faire jouir de la même liberté politique ; mais dans ce cas, il lui faudrait plus d'indépendance administrative que n'en ont nos départements, et surtout une législation plus simple. Ne perdons pas de vue que l'administration est si compliquée et si coûteuse en France, que ce beau et magnifique pays a de la peine à en supporter le poids. L'appliquer à l'Afrique, c'est écraser la poitrine d'un enfant avec le genou d'un géant. Les abus de la centralisation appliqués à ce pays sont surtout une chose monstrueuse. Dans un temps où ils n'étaient pas poussés aux mêmes excès qu'aujourd'hui, ils suffirent cependant pour étouffer la prospérité du Canada. C'est dans les localités que doivent se débattre les intérêts des localités ; ce sont ceux qui ont intérêt à la chose qui doivent s'occuper de la chose.—Ainsi donc, fusion avec les indigènes ; bonne direction donnée à l'activité coloniale, liberté administrative d'abord, liberté politique ensuite, et le pays prospérera. En cas de guerre, il pourra rendre à la France, sinon en argent, du moins en hommes, les secours qu'il en aura reçus : le temps n'est pas éloigné, peut-être, où les campagnes du Midi de l'Europe reverront les burnous arabes.

[1] Il nous paraît évident que si la possibilité d'une fusion entre les races arabe et française avait été sérieusement étudiée et comprise, dans les hauts rangs de l'armée, par des hommes éclairés, et plus dévoués aux grands intérêts du pays qu'aux calculs de leur ambition personnelle, nos affaires d'Afrique seraient, depuis longtemps, en pleine voie de prospérité et d'avenir. M. le maréchal Valée, qui joignait aux plus éminentes capacités militaires une si parfaite intelligence de sa mission de gouverneur, avait développé pendant son administration des vues sages et progressives que son successeur est venu stériliser ; et il faut malheureusement reconnaître que M. Bugeaud, brutale personnification de la force destructive mais impuissante à édifier, s'est appliqué à plonger dans un funeste oubli les tentatives morales, et couronnées de succès, qui portaient ombrage à ses manies belliqueuses. Voici un fait peu connu et d'une grande portée, dont l'exemple n'a pas été suivi, et qu'il est permis d'opposer victorieusement aux panégyristes des excès que préconise M. le duc d'Isly.

Au mois d'avril 1842, la discorde et la guerre troublaient la tribu des Radjettas, la plus riche et la plus puissante du cercle de Philippeville. Notre kaïd El-Hay-ben-Khalifa était accusé d'exactions par un parti composé des principaux chefs de douars. Le général Négrier, qui a laissé dans la province de Constantine la mémoire des plus atroces cruautés, proscrivit une enquête dont M. le colonel Brice, commandant supérieur de Philippeville, fut chargé.—Au lieu d'appeler auprès de lui ses justiciables, le colonel Brice les fit

Et qu'on ne pense pas que le système à suivre soit un arcane politique dont la découverte exige des investigations nouvelles. Non, ce système logique, fruc-

prévenir de sa prochaine arrivée au milieu d'eux, et leur donna rendez-vous, pour le 18 avril, dans le vallon de l'Oued-Mezerla, qui se trouve au centre de leur pays. Le 17, une colonne de 800 hommes d'infanterie, avec 2 pièces de canon et 100 chevaux, sortit de Philippeville, pour se rendre au point fixé, distant de onze lieues, et vint bivouaquer, le même soir, au milieu de nombreux douars dont les habitants, informés de vues pacifiques du colonel Brice, s'empressèrent d'apporter à son camp des vivres dont le prix fut régulièrement payé. Parvenu dans la matinée du lendemain au terme de sa course, le chef français trouva dans la vallée une masse considérable d'Arabes et de Kabaïles qui attendaient son arrivée. Il établit un cordon de sentinelles pour laisser libre l'enceinte où devaient se discuter les intérêts de la tribu ; convoqua autour de sa tente les officiers de sa colonne, fit approcher les accusateurs et les partisans du kaïd, et commença son enquête, après avoir fait traduire aux assistants, par son interprète, une allocution paternelle qui fut accueillie avec tous les signes d'un chaleureux assentiment : — « Je ne vous apporte pas, leur dit-il, *une justice turque ; il n'y a pas de bourreau avec moi ; venez à nous sans crainte* ; c'est la justice des peuples civilisés que je vous promets, la protection pour vos personnes et vos biens, si vous nous êtes fidèles et dévoués. » Encouragée par cette noble assurance, la plus grande liberté régna dans la discussion, que le kaïd ne put influencer. Tous les faits éclaircis, le colonel Brice acquit la conviction que ce chef indigène possédait l'estime et la vénération de la majorité des habitants de sa tribu ; il parvint sans peine, par des paroles prudentes et des raisonnements équitables, à concilier toutes les dissidences ; et l'assemblée des Arabes se sépara en faisant retentir les airs d'acclamations de joie pour le sage chrétien qui avait su rétablir l'ordre et la paix.

N'est-ce pas un fait admirable et profondément significatif, que le spectacle d'une tribu tout entière, dont le sol n'avait été foulé par aucun Français, représentée par 300 de ses notables devant un tribunal de paix improvisé, et acceptant *volontairement* l'arbitrage d'un officier plein d'expérience et de généreux sentiments? Après la tenue de ce lit de justice, Arabes et Kabaïles se mêlèrent à nos soldats, et jamais harmonie plus complète n'avait existé entre des peuples si opposés.

Le colonel Brice profita de ces dispositions amicales des indigènes pour tenter une reconnaissance de la route jusqu'alors inexplorée qui pouvait conduire de Philippeville à Bone. Les cheikhs des Radjettas s'empressèrent de lui offrir tous les renseignements désirables, et il se mit en route, le 19, en ayant soin de faire annoncer de tous côtés, à mesure qu'il avançait, ses dispositions pacifiques. Les habitants des douars innombrables que la colonne avait à traverser accoururent sur son passage, et pas un coup de fusil, pas un cri, pas un signe de défiance ne troubla cette marche pacifique. Le 21, les troupes arrivèrent à Bone, qu'elles quittèrent le 23, après un repos nécessaire. Durant cette expédition qui dura huit jours, le colonel Brice n'eut pas une seule fois à réprimer parmi ses soldats ; il avait des forces suffisantes pour repousser toute agression ; mais le succès de sa mission conciliatrice s'était répandu dans tout le pays ; et la reconnaissance des Arabes pour sa belle conduite, pour l'exemple si rare qu'il venait d'opposer à tout un système de dévastation, attirait partout à cet officier supérieur les hommages des populations.

Dans d'autres occasions, lorsqu'il fallut déployer la force des armes, le colonel Brice sut rappeler glorieusement à l'armée d'Afrique l'illustration qu'il avait acquise en défendant le sol français en 1814 et 1815. Parmi les faits de guerre auxquels se rattache le nom de ce brillant officier supérieur, le combat du 8 mai 1842 offre une des plus belles pages de notre histoire africaine.

Un marabout fanatique, nommé Si-Zerdoud, avait, dans les derniers jours d'avril, soulevé les populations du Sahel à l'ouest de Philippeville. Le colonel Brice réunit 1,250 hommes du 19ᵉ léger, du 3ᵉ bataillon d'Afrique, des sapeurs du génie et des spahis ; il se porte le 1ᵉʳ mai, avec cette colonne et 2 pièces de montagne, à deux lieues ouest du blokhaus d'El-Diss ; arrive, le 3, dans la vallée de l'Oued-Guebly, dissipe un rassemblement déjà formé au marché du Telta, et y prend position. Mais vers une heure de l'après-midi, au moment d'opérer son mouvement de retraite, et de regagner les côtes qui conduisent à El-Diss, il se voit assailli par l'apparition soudaine de plus de 9,000 Kabaïles. Sous les ordres d'un chef éprouvé et qui possède toute leur confiance, nos troupes ne comptent pas leurs adversaires, et le combat s'engage avec un ordre et un sang-froid parfaits sur ce terrain hérissé de difficultés. Une mêlée terrible eut lieu pendant neuf heures. A la nuit close, on s'arrêta sur un plateau pour panser nos blessés. Les Kabaïles voulurent profiter de ce moment pour tenter une dernière attaque, et, favorisés par les ténèbres, vinrent faire une décharge presque à bout portant sur l'ambulance. — « A la baïonnette ! » s'écrie alors le brave colonel Brice, en s'élançant lui-même au milieu des ennemis, l'épée au poing, avec le colonel de la Tour-du-Pin, commandant en second la colonne, et une poignée d'officiers. Les montagnards lâchèrent pied devant cette riposte héroïque, et n'osèrent plus reparaître. Après une heure de soins consacrés aux blessés, ceux-ci, au nombre de cinquante-six, furent placés sur des cacolets et sur les chevaux des officiers, et la retraite s'effectua dans un ordre parfait. Nous n'avions perdu que neuf hommes ; l'ennemi en laissa lui-même plus de cent vingt sur le terrain, presque tous tués à la baïonnette, et parmi lesquels quinze ou seize cheikhs ou personnages marquants.

C'est ainsi que, comme administrateur et comme guerrier, M. le colonel Brice a laissé en Afrique de

tueux et immédiatement applicable, seul facile, raisonnable et peu dispendieux, consisterait à prendre comme base d'opérations les points principaux du littoral, et à porter en avant des postes fortifiés, pour protéger la culture, au fur et à mesure de son développement. Ce ne serait point là de la colonisation dans la mauvaise acception qu'on a voulu donner à ce mot, ce ne serait point de l'agriculture enrégimentée au son du tambour, telle que la rêve M. Bugeaud, ce fougueux ennemi des institutions civiles ; ce serait de l'exploitation utile, lucrative, qui, à mesure qu'elle gagnerait du terrain, augmenterait les revenus de l'État et diminuerait ses dépenses. Il s'agirait seulement de protéger efficacement, pendant quelques années, une foule d'hommes industrieux, attirés de tous les points de la France et de l'Europe ; d'hommes qui seraient tout à la fois cultivateurs pour produire, citoyens pour se gouverner, soldats pour défendre leurs pénates adoptifs ; d'hommes enfin qui ne prétendraient pas exterminer les populations indigènes, mais les joindre à eux pour leur profit mutuel[1]. Ce système, en un mot, fut celui des Romains, dont les postes fortifiés, les routes, les travaux existent encore partout, sur le sol de l'Afrique septentrionale.

On a trop souvent considéré la race arabe comme n'ayant rien changé à ses anciennes habitudes de fanatisme et de sauvagerie ; ce jugement erroné est devenu une croyance fixe, même pour un grand nombre d'esprits sérieux ; et cependant, il faudrait fermer les yeux à toute vérité historique pour ne pas recon-

---

précieux souvenirs, qu'on peut livrer à la méditation de plus d'un chef militaire. C'est en se montrant équitable et invincible, selon les circonstances, qu'on obtiendrait en Algérie des résultats durables. La raison du fer n'enfante souvent que des bulletins éphémères ; mais la raison civilisatrice, mais la justice pratiquée produisent des fruits impérissables, des enseignements patriotiques, et une gloire dont la postérité tient plus de compte à l'homme de bien que des lauriers du champ de bataille.

Le colonel Brice, quittant Philippeville pour venir en congé, recevait au mois d'août 1842 un témoignage spontané de la reconnaissance et des vœux publics. Une adresse signée de tous les notables de la ville est ainsi conçue : « L'époque où nous avons joui d'une autorité *paternelle* et *bienveillante* a commencé avec votre administration, et nous ne pouvons, au moment de votre départ, vous laisser ignorer que vous emportez nos justes regrets. Accueillez, colonel, ce pur hommage de toute une population qui vous *aime* et vous *révère*, et qui gardera de vous un précieux souvenir. Vous avez donné dans ce pays un bel exemple à suivre, car vous avez su réunir aux qualités qui ont illustré votre carrière militaire celles qui distinguent l'administrateur juste et bon, et l'homme de bien par excellence. »

Peu de commandants supérieurs ont mérité en Afrique l'expression d'une si honorable sympathie. Cette lettre de noblesse, décernée par toute une ville, et publiée en son nom par toute la presse de France, peut se placer en regard des actes de M. Négrier, commandant supérieur de Constantine, et dont le trophée militaire se compose d'au moins quarante-deux têtes d'Arabes coupées par *sa justice particulière*, à propos de délits parmi lesquels on pourrait signaler le vol d'une bouteille de vin de Champagne, commis au préjudice de ce général par son domestique indigène.

[1] Quant aux intérêts commerciaux, ils sont palpitants. La France reçoit annuellement de l'étranger pour *dix-huit millions* d'huiles d'olive qui nous arrivent de Naples, de Sardaigne ou du Piémont. Ne serait-il pas plus avantageux, au lieu de continuer à être les tributaires de l'étranger, de recevoir cette matière première d'une colonie française placée à deux jours de nos côtes ? — Lyon reçoit tous les ans pour plus de *trente-cinq millions* de soies. Si nous ne possédions pas l'Algérie, où la culture du mûrier réussit d'une manière merveilleuse, nous verrions l'Angleterre s'emparer entièrement de notre commerce de soieries. — Enfin la France consomme annuellement pour *quatre-vingts millions* de francs de coton. Les cotons nous viennent de l'Égypte et de l'Amérique ; ceux-ci nous coûtent fort cher, parce que le transport augmente leur prix. A Alger, les cotons ont admirablement réussi ; les échantillons obtenus sont d'une valeur égale à celle des plus beaux produits de la Louisiane. Est-il sage de demeurer tributaires de l'étranger pour ces 80 millions, lorsque nous pouvons ne l'être que de nous-mêmes, et de continuer à recevoir les cotons de l'Amérique lorsque cette importante matière première peut être placée à nos portes, et arriver sur nos marchés de Marseille en deux jours ? Quand nous récolterons tous nos cotons à Alger, nous les fournirons à bas prix à nos fabriques ; elles nous livreront leurs tissus au même prix que l'étranger, et nous n'aurons plus de concurrence à craindre.

naître avec quelle étonnante facilité cette race spirituelle, intelligente et vive, a subi plusieurs fois les transformations les plus brillantes, et le contact d'une civilisation très-avancée. Il faut avoir oublié que l'empire arabe, que la résidence des khalifes ont été longtemps le foyer des lumières, quand elles étaient éteintes dans notre Occident; il faut avoir oublié que les Maures, venus de cette même Afrique, après avoir conquis l'Espagne, lui rendirent les plus beaux jours de la domination romaine; qu'à Cordoue il y avait des savants, quand chez nous les clercs seuls savaient lire et copier; que les Arabes venus d'Afrique, les montagnards ou Kebaïles eux-mêmes (car ceux-ci sont aussi venus en Espagne au secours de leurs frères contre les armes chrétiennes), que ces Arabes, dis-je, étaient un peuple ami des arts, qui a laissé des traces magnifiques de son passage, et à qui les mathématiques, l'astronomie, la médecine, la chimie n'étaient pas étrangères, puisque nos pères les étudièrent dans leurs livres et dans leurs écoles. Ne soyons point injustes ou aveugles; les Romains et les Grecs avaient été leurs maîtres ès-sciences; ils furent les nôtres à leur tour; le moyen âge leur doit la plus grandiose de ses institutions, la chevalerie; leurs mœurs étaient polies, quand nous étions presque aussi barbares qu'ils le sont maintenant.

Les races humaines sont longtemps, toujours reconnaissables. Le type arabe est trop fortement prononcé pour s'être effacé. L'Arabe avec nous peut redevenir ce qu'il fut; il peut apprendre comme apprirent ses aïeux. Sans doute, il est déchu, mais pas autant que bien d'autres peuples; il pourra se relever comme homme, comme être doué d'intelligence, animé du souffle divin; il est aussi disposé qu'autrefois aux grandes choses; il n'a pas changé. L'Arabe, a-t-on dit, est amoureux de sa liberté, de son indépendance, et quand un étranger vient aborder ses rivages, c'est de cette indépendance, de cette liberté qu'il s'occupe d'abord; il veut la défendre, et il a pour lui des armes que la civilisation n'a pas contre lui : la fuite et le désert. Il y a du vrai, mais on se fait encore illusion sur cette partie du caractère des Arabes.

Pour nous, dans nos mœurs, nous entendons la liberté comme *liberté politique*, et ce mot revient si souvent se mêler à nos débats, que nous ne le comprenons plus autrement; mais la liberté des Arabes n'est pas celle-là. La liberté politique n'existe que dans les pays réunis entre eux par des liens communs, qui ont une nationalité connexe et difficilement séparable; — chez les Arabes, rien de pareil; chaque tribu forme, pour ainsi dire, un état à part; chaque agglomération de familles est un petit peuple qui a ses intérêts, ses droits, ses passions, ses souvenirs; qui se venge, qui fait la paix ou la guerre, selon qu'il convient à ses intérêts du moment, et sans consulter ses voisins; et on n'a pas le droit de lui imposer une opinion contraire à ses intérêts. C'est ainsi que l'Arabe que son intérêt a fait notre allié, et cela arrive souvent, est notre allié aussi longtemps que nous pouvons maintenir dans sa main cet intérêt qu'il comprend, dont il jouit, qu'il savoure; car, lui non plus n'est pas étranger aux jouissances de la vie. Mais du jour où nous ne pouvons plus lui procurer ces jouissances, cette sécurité devenue tant de fois un mensonge par les fautes de quelques chefs militaires inintelligents; du jour, où soit d'autres tribus, soit un ensemble de tribus s'approchent et le menacent, il dit à son allié, à la

Franco : « Êtes-vous prête? Avez-vous la main assez longue pour me garantir de l'atteinte du péril? Je suis votre ami, je ne suis pas assez fort pour résister seul; je veux rester votre allié, mais je vais être *razzié*, anéanti, si vous ne venez à mon aide; protégez-moi, et je tirerai des coups de fusil à votre compte. » Tel est le langage naturel de l'Arabe, et il est fidèle jusqu'à ce qu'il ait reconnu que notre patronage est illusoire. Nous sommes venus en Afrique pour achever de détruire un mal général, la piraterie; nous avons voulu implanter sur cette côte, qui a possédé pendant mille ans la civilisation romaine, une civilisation plus perfectionnée encore, la civilisation française. Eh bien, qu'y allons-nous apprendre? Nous y apprenons la guerre des temps barbares, et trop souvent nos soldats, au lieu d'aller à l'école de la bravoure et de l'honneur, y sont conduits à l'école de l'incendie et du meurtre [1].

Un fait déplorable s'est accompli récemment : — c'est le massacre d'un grand nombre des prisonniers français, capturés à Sidi-Brahim et sur la route d'Aïn-Temouchin. Le ministre des affaires étrangères, interpellé, le 2 juin, sur ce fatal événement, répondait en ces termes du haut de la tribune : « Nous avons appris en même temps la proposition d'échange des prisonniers, faite par Abd-el-Kader, et l'avis du maréchal Bugeaud. M. le gouverneur général nous mandait qu'il considérait ces ouvertures comme n'étant ni sérieuses ni nullement sincères; il était convaincu que cette démarche n'avait pas d'autre objet que de persuader aux populations arabes qu'il y avait des négociations pour la paix entre la France et Abd-el-Kader, et d'aider ce dernier à maintenir son ascendant sur les tribus qui étaient sur le point de lui échapper. Le gouvernement eût été parfaitement déraisonnable s'il avait cru devoir imposer une conviction différente à M. le maréchal Bugeaud. Au surplus, le gouvernement a employé tous les moyens en son pouvoir, directs ou indirects. Ainsi, quelques tentatives pour surprendre la

---

[1] Ce sont nos soldats eux-mêmes qui portent témoignage de cette dure vérité. Une lettre écrite par l'un d'eux à Tlemcen, au mois de décembre 1843, s'exprime en ces termes; nous ne modifions en rien sa pensée ni son style :

« On avait laissé les Arabes tranquilles du côté de Thaza, Nédroma, les Angads, les Harchgouns, enfin tout le territoire qui borde le Maroc et la mer. Après avoir récolté et ensemencé, le général leur a demandé les impôts; ils se sont refusés de vouloir les payer. La colonne s'y est transportée par une marche de nuit. A la pointe du jour, les tribus ont voulu échapper; mais cela leur fut impossible, car, dans la première journée, TOUT FUT PILLÉ, BRÛLÉ, UNE GRANDE PARTIE ÉGORGÉE, et TOUTES LES FEMMES FURENT FAITES PRISONNIÈRES ET CONDUITES A LA PRISON DE TLEMCEN !

« Cela était bien cruel à voir ! Ces pauvres femmes pieds nus, portant leurs enfants derrière leur dos ! Encore le général leur avait dit qu'ils n'habiteraient plus le pays, qu'il mettrait d'autres tribus à leur place, et qu'EUX IRAIENT OU ILS VOUDRAIENT ! C'était une grande désolation pour ces femmes d'être privées de leurs maris.

« Je crois bien que l'on sera obligé de *renouveler* le peuple, et de ne *laisser vivre* que depuis douze ans. Tous les autres devraient être tués outre; sans cela, on ne fera jamais rien, car l'Arabe est trop vindicatif. Quelque moment qu'une colonne sera *un peu faible*, les Arabes vont se révolter et le mettre en poussière. Car *les ravages* que nous leur faisons *sont trop cruels* pour ne pas se *venger*. Lorsque leur troupeau est *pris*, que leur grain est *enlevé*, que leur cabane est *brûlée*, que leurs arbres portant fruits sont *coupés*, et une partie de leur famille *égorgée*, il ne faudrait pas avoir de cœur, lorsqu'on trouve l'occasion, de ne pas prendre sa revanche ! »

Nous taisons le nom du soldat qui a écrit cette page, mais nous pouvons déclarer que sa lettre est entre les mains de M. Desjobert, membre de la Chambre des députés. Cette lettre est l'expression naïve des sensations éprouvées par un témoin oculaire, par un acteur de ces drames hideux. L'imperfection de la forme n'ôte rien au fond. Mais, dira-t-on, ce témoin n'est qu'un soldat ! C'est vrai, mais ce soldat est **Français**, il sort des rangs du peuple, il est homme, et il a réfléchi.

Deïra et délivrer nos prisonniers ont été faites ou commencées; et en même temps, des négociations ont été ouvertes avec l'empereur de Maroc pour arriver à ce résultat. L'empereur a répondu à notre appel. Il a fait avancer des troupes, et il a changé le gouverneur de la province voisine de notre frontière; mais alors, la crainte a gagné la *Deïra*; elle a senti que le péril approchait, et elle a pris le parti de se dissoudre, par les ordres formels d'Abd-el-Kader lui-même. C'est au moment où cette résolution critique était prise qu'a eu lieu la désolante catastrophe dont s'occupe la chambre. La *Deïra* ne s'est pas sentie en état de garder les prisonniers et de les nourrir; et plutôt que de les rendre à la liberté, elle a exercé sur eux une vengeance atroce. »

Nous n'élevons pas un doute sur la franchise des déclarations faites par M. le ministre des affaires étrangères, ni sur l'exactitude des démarches tentées par le gouvernement en faveur de nos malheureux officiers et soldats. Mais il est permis de s'étonner d'entendre M. Guizot proclamer à la tribune que le maréchal Bugeaud « est généreux, humain; qu'il porte dans la guerre tout ce qui peut l'adoucir, en atténuer les déplorables effets. » Le savant historien-ministre avait donc oublié le drame brûlant des grottes du Dahara, fruit des instructions secrètes avouées plus tard par M. Bugeaud; funeste exemple donné par une race civilisée à ces peuples prétendus barbares, mais aux yeux desquels le massacre du 27 avril fut une horrible représaille qu'il était permis de prévoir ! La faiblesse des arguments produits par l'honorable M. Guizot, dans l'essai de justification qu'il a tenté en faveur du maréchal, consacre mieux que toute réflexion la responsabilité morale qui pèse sur la conscience du petit despote à qui tant de familles en pleurs réclameront, devant Dieu, leurs enfants sacrifiés.

On dit que M. Bugeaud, lassé des récriminations qui l'assiégent depuis longtemps, songe à quitter le pouvoir [1]. Une ère nouvelle commencerait alors pour l'Algérie, et nous ne manquons en France ni d'épées sans tache pour guider nos drapeaux, ni de hautes intelligences pour ouvrir à des progrès pacifiques les voies d'un puissant avenir.

Dans un pays comme celui que notre gouvernement est appelé à régénérer, tout est observation, parce que tout est progrès. Il ne faut pas faire un pas sans savoir pourquoi et comment on le fait; il ne faut pas proscrire une chose sans prévoir quel obstacle peut se rencontrer, quelle facilité peut se trouver sur la route; et si, par exemple, cette facilité se trouve dans une route qui n'est pas

---

[1] Parmi les souvenirs néfastes que son administration laissera dans l'histoire, nous ne pouvons passer sous silence un dernier fait.

Une procédure, tout récemment instruite devant la cour royale d'Alger, a révélé que la bastonnade est souvent employée pour obtenir les aveux des indigènes soupçonnés de crimes et même de *simples délits*, avant même que des indices suffisants de culpabilité aient été recueillis par l'instruction. Le roi, sous les yeux de qui ont été mises les pièces de cette procédure, a écrit de sa main, en marge du rapport de M. le ministre de la justice, l'annotation suivante : « La QUESTION PRÉPARATOIRE *a été abolie depuis soixante ans*, dans notre législation, aux applaudissements de toute la France. *Il est aussi douloureux qu'illégal de la voir ainsi rétablie en Algérie.* Il est indispensable que les ministres de la guerre et de la justice fassent de telles injonctions, qu'on n'ait plus recours nulle part à de pareils moyens. »

En regard des lignes du même rapport, indiquant qu'un des indigènes dont il s'agit avait rétracté devant la cour royale ses précédents aveux, en ajoutant que c'était *la torture* qui les lui avait arrachés, Sa Majesté a encore écrit de sa main : — « *Voilà un des tristes résultats de cette indignité.* »

On peut rapprocher ce fait des traitements *disciplinaires* appliqués à nos soldats sous les auspices du même gouverneur. (Voy. p. 446.)

la nôtre, dans des usages qui nous répugnent, mais qui sont sacrés chez celui qui les suit, ne craignons pas de les emprunter. La civilisation ne s'implante pas tout à coup dans un pays d'où elle a disparu depuis longtemps; elle ne s'y infiltre que goutte à goutte. Ne pensons pas exiger que les Arabes reçoivent nos lois à genoux, et qu'ils s'inclinent d'admiration devant elles. Laissons-leur le temps de les comprendre; ménageons les sentiments naturels qui, chez eux, sont les mêmes que chez nous; car, comme nous, ils sont susceptibles de sentiments généreux, de bienfaisance et d'équité. On a dit que la politique française viendrait échouer contre leurs préjugés religieux; mais cela n'est plus vrai, de nos jours, comme aux temps reculés où l'Islam s'étendait par la conquête. Sans doute, le Koran, qui est la seule loi écrite des musulmans, prescrit la guerre sainte comme une œuvre agréable à Dieu, et pour nous servir de l'expression consacrée, comme l'échelle du paradis. Mais cette croyance n'est pas d'une autre nature que celle qui, pendant plusieurs siècles, poussa les peuples chrétiens vers le tombeau du Christ, à Jérusalem. Le même principe qui alimentait chez nous les croisades a été suivi, pour les musulmans et pour nous, des mêmes progrès; et l'absence de provocations de la part des puissances chrétiennes a éteint peu à peu, ou du moins singulièrement amorti cet esprit. Les khalifes et les émirs d'Espagne traitaient avec les Espagnols, et il ne serait pas plus difficile de traiter avec les Arabes du Moghreb, en partant du principe de la souveraineté que la victoire nous donne. Si nous savions user à propos de la force unie à l'équité; si chaque tribu qu'Abd-el-Kader veut soulever en passant avait tout à gagner, et rien à perdre en restant neutre, elle ne s'armerait pas contre nous; si elle avait quelque chose à gagner avec nous, et quelque chose à perdre en suivant l'émir, elle passerait de notre côté, du côté de son intérêt matériel; elle ferait ce que font tous les peuples civilisés. Si, au contraire, nous sommes impuissants à la protéger, et si celui qui veut la soulever a le droit d'exiger qu'on lui obéisse, chaque tribu ira se réunir à lui, comme les puissances du second ordre, humbles satellites qui se meuvent dans notre Europe. Par un système de paix armée, on laisserait se former, autant que possible, dans les points que nous occupons, des foyers de paix, de sécurité et de commerce, qui créeraient des besoins de rapprochement; et le spectacle de cette protection efficace pour les tribus soumises forcerait les dissidents eux-mêmes à lui rendre hommage.

A l'appui de ces légitimes espérances, on peut rappeler les succès de l'ancienne compagnie d'Afrique. La Calle, qui avait un mauvais fort avec 150 invalides et quelques canons pour le défendre, faisait un commerce étendu. Les Espagnols ont longtemps occupé le port d'Oran, et certes, s'il devait s'élever un mur d'airain, c'était entre cette race et les Arabes dont la haine avait été excitée par tant de massacres; et cependant les marchés d'Oran étaient ouverts, et les tribus voisines y venaient librement trafiquer. Ces exemples permettent de croire qu'on pourrait diminuer les causes et, par conséquent, les chances d'hostilité, et qu'à mesure que les tribus trouveraient avantage à vivre sous notre protection, elles reconnaîtraient notre justice. La justice agit sur tous les hommes: ce n'est pas une chose de convention; elle n'est pas d'institution humaine: elle vient de plus haut, elle vient d'une révélation divine. Si la force est sentie, la justice est comprise ; si l'on se soumet à l'une, on persuade par l'autre.

Il est depuis longtemps démontré à tout homme de bonne foi que les Arabes arrivent sur nos marchés, toutes les fois qu'ils peuvent y venir sans avoir à redouter la vengeance d'Abd-el-Kader. L'Arabe algérien tient à son sol plus qu'on ne le croit en France ; sa propriété y est assise mieux qu'on ne le prétend, et, à cet égard, nous avons encore beaucoup à apprendre. Les tribus des régions intérieures qui touchent au désert sont nomades, parce qu'il leur faut alimenter les troupeaux, leur seule richesse ; mais c'est, qu'on le sache bien, c'est là l'exception ; et si dans chaque tribu il existe, comme dans nos communes, des terrains de vaine pâture, augmentés, il est vrai, par la faiblesse numérique de la population, le plus grand nombre possède, d'une manière déterminée, la terre qu'il occupe. Les tentes ne se plient pas aussi souvent qu'on pourrait le croire, et les douars, astreints au voisinage des sources et des rivières, ne se déplacent que pour satisfaire à la condition de l'engrais successif des biens de chaque famille. Si l'on avait quelques doutes à cet égard, il suffirait de consulter la rédaction des titres de propriété, et de rechercher sur les lieux bien rares où nos ravages n'ont pas encore tout effacé, ces arbres respectés, ces bornes anciennes, qui, à défaut de limites écrites, servent de témoignages et de preuves. On aurait donc tort de croire que parce qu'ils sont peu nombreux sur un sol de dix mille lieues carrées, les Arabes, indifférents à nos dévastations, sauront toujours, dans leurs émigrations, trouver un dédommagement, par l'occupation d'une terre sans possesseurs. Nos courses atteignent toujours la propriété directe, et quand nous sortons de nos lignes, les Arabes ont à choisir entre l'abandon *momentané* de leurs points d'habitation, ou la soumission *momentanée* aussi qui préservera leurs moissons ; car Abd-el-Kader ne peut rien pour eux ; il sait bien qu'il ne peut les défendre ; qu'il peut échapper à nos coups, mais non pas nous atteindre, et c'est là presque toute sa tactique.

Placé dans cette alternative, l'Arabe veut-il se soustraire à notre présence ? Tout est perdu pour lui. Veut-il nous attendre et nous fléchir ? C'est alors envers son maître, son sultan, qu'il devient responsable de sa conduite ; car, que l'on ne croie pas que, réduit à abandonner ceux qui lui obéissent, Abd-el-Kader leur tienne compte de sa faiblesse. S'ils pouvaient croire à la durée de cet abandon, les Arabes préféreraient à une autorité qui les livre celle qui se montre à eux redoutable et capable de leur nuire. Mais Abd-el-Kader revient à l'improviste, il revient après chaque retraite de nos expéditions, et il châtie les tribus qui n'ont pas fui à notre approche. Il livre à d'autres plus obéissantes, leurs moissons, leurs troupeaux, et les chefs payent de leur tête leur confiance en nos vaines promesses. Telle est la véritable condition des Arabes. Placés entre deux puissances ennemies qui se les disputent, ils n'attendent de toutes deux que la ruine et la misère. Ils ne savent à qui demander cette protection efficace qui leur manque des deux côtés ; et leur haine se reporte alors sur nous qu'ils regardent comme les premiers auteurs de tous leurs maux.

C'est là un des plus grands vices de notre guerre en Afrique. Non-seulement elle n'a eu jusqu'à ce jour ni cet ensemble qui devait imposer aux Arabes, ni cette suite qui pouvait les faire croire à des projets étendus ; mais si quelques tribus ont voulu chercher dans leur confiance en nos paroles un moyen de salut, un gage de sécurité, elles en ont toujours été cruellement punies par les désastres auxquels les a sans cesse exposées notre retraite. Or, nous l'avons déjà dit, la guerre ne doit pas être notre but en Algérie ; honorablement conduite, elle ne peut être que l'appui d'une politique pacifique et protectrice du travail. Il ne faudrait donc point ravager les populations sur lesquelles nous voulons agir, mais tout d'abord les laisser derrière nous, porter nos armes au delà du pays qu'elles occupent, et mettre ainsi leur tranquillité hors de cause. Placés au delà d'un territoire qui, livré au commerce et à la colonisation, peut produire pour tous nos besoins, nous serions soulagés d'un grand embarras.

L'occupation d'une ligne de frontières (car c'est à cela que doit se réduire un système d'opérations militaires bien compris) se compose de deux éléments : la garde des villes ou postes, et la surveillance des communications qui les unissent. Le maintien de la sécurité sur cette ligne d'occupation tracée par une bonne route, garnie de points d'étape fortifiés, remplirait notre but, en soumettant les tribus ainsi enveloppées à un grand ascendant militaire et moral, en les soustrayant à l'action d'Ab-el-Kader, notre véritable, notre seul ennemi, et en ne lui laissant d'autre ressource que de s'y présenter à son tour pour essayer une lutte décisive. Bien loin qu'il y eût inconvénient, il y aurait au contraire avantage à avoir dans nos lignes une population indigène ; car si elle voulait d'abord nous opposer une résistance combinée avec celle du dehors, elle renoncerait bientôt à une guerre que nous saurions rendre sans but pour ses intérêts, et que nous pourrions, au besoin, lui rendre bien funeste sous le réseau de nos forces. Abd-el-Kader n'aurait aucun moyen de nous bloquer sur un vaste développement dont tous les points stratégiques seraient suffisamment gardés ; sa tactique ne consisterait plus à tomber par surprise, comme il le fait tous les jours, sur le territoire des tribus qui approvisionneraient nos troupes (il ne voudrait pas nous fournir cette chance de le détruire d'un seul coup) ; il se bornerait tout au plus à lancer contre elles quelques partis assez téméraires pour traverser nos lignes. Mais alors, croit-on que, fortes de notre appui, les tribus ainsi attaquées ne deviendraient pas pour nous d'utiles auxiliaires ? Il faudrait évidemment qu'Abd-el-Kader se résignât à nous voir agir sur elles, ou qu'il les contraignît à le combattre lui-même. Les rôles alors seraient changés entre nous ; les Arabes verraient bientôt leur véritable ennemi dans celui qui se pose aujourd'hui comme leur libérateur. Nous ne prétendons pas, toutefois, qu'il ne parvienne à leur faire subir, de temps à autre, quelques razzias ; mais c'est alors aussi que nous irons au dehors chercher chez les assaillants une compensation à donner aux tribus qui nous seront restées fidèles. Nos expéditions n'auront pas d'autre but que de prendre, chez ceux qui voudront être nos ennemis, la juste indemnité méritée par nos alliés. Ce ne serait plus alors, comme tant de faits l'ont proclamé trop souvent, une guerre de pillages et de massacres ; ce serait une guerre de justice et de réparation, intelligible aux Arabes, et respectée par eux. Nous serions les grands arbitres de l'Algérie, et l'ensemble de nos lignes de défense serait la première maille du réseau dominateur dont il nous importe de couvrir le sol de la conquête.

DERNIERS ÉVÉNEMENTS.

(Janvier à Juillet 1846.)

RETOUR SUR LE PASSÉ. — COUP D'OEIL SUR L'AVENIR.

L'année 1846 a commencé sous de tristes auspices. Le 8 décembre précédent, le général Levasseur était sorti de Constantine pour se diriger vers le sud de la province; il avait emmené un bataillon du 43e de ligne, 300 hommes du 3e bataillon d'Afrique, et deux escadrons de cavalerie, réunis à Ras-el-Aïoun. Son but était d'agir chez les Ouled-Solthan, que soulevaient les intrigues d'El-Hadji-Mustapha, frère d'Abd-el-Kader. Parvenu dans la région située entre Sétif et les hautes montagnes de l'Aurès, il avait fait plusieurs exécutions meurtrières, dont le résultat devait rétablir l'ordre et la paix, d'après le système de pacification mis en vigueur par M. Bugeaud. L'approche de la saison des labours devenait un nouveau gage de sécurité, et la prudence faisait un devoir à cet officier général de ne pas pousser plus avant des courses désormais inutiles. Malheureusement pour les soldats qu'on lui avait confiés, M. Levasseur ignorait sans doute que les observations de tous les savants qui ont étudié l'Afrique y signalent pendant chaque hiver la chute soudaine, mais à époques irrégulières, de grandes masses de neige, dont les couches atteignent souvent, en une seule nuit, dans les défilés élevés, *la hauteur d'une lance*, c'est-à-dire plus de deux mètres. Entraîné par l'espoir de glaner quelques bulletins, il vaguait à l'aventure sans se défier d'un climat dont il n'avait pas appris à redouter les caprices. La fatalité fut complice de son imprévoyance : un désastre en fut le fruit. Le 2 janvier, le temps, qui jusqu'alors s'était montré favorable, fit place à une averse de neige qui suivit la colonne jusqu'au bivouac d'Aïn-el-Hall, près de la plaine de Sétif; pendant la nuit du 2 et du 3, une horrible tourmente mêlée de grêle produisit un froid si intense, que la colonne et le convoi, à demi enterrés dans les neiges, perdirent beaucoup d'hommes et de mulets, et ne pouvant plus pousser en avant dans une région où toute trace de route avait disparu, furent obligés de rétrograder. Après avoir perdu la journée en tâtonnements dans une contrée où toute direction devenait impossible, le général Levasseur parvint à regagner, vers le soir, les douars des Ouled-M'tan, où il fallut camper sans abri, sous la neige qui ne cessait de tomber, et qu'un vent glacial fouettait au visage de nos soldats. Retracer le tableau des souffrances que ces malheureux eurent à endurer serait chose impossible; les Arabes eux-mêmes en conçurent une telle pitié, qu'ils se portèrent spontanément au secours des fantassins qui, saisis par le froid, se laissaient à chaque pas tomber dans la neige, sans pouvoir se relever. Dans la matinée du 4, la pluie de neige avait cessé, mais la température n'en devenait que plus rigoureuse. Le général Levasseur, aidé dans cette triste tâche par le colonel des spahis Bouscarin, s'efforça de rallier le petit nombre d'hommes valides qui lui restaient, et songea à regagner Sétif sous la conduite de quelques Arabes, avec les débris de sa cavalerie et son artillerie. Cette journée de neuf grandes lieues compléta le désastre ; les fantassins épuisés s'efforçaient en vain de se traîner, et jonchèrent la route de cadavres ; enfin, vers quatre heures après midi, la tête de ce lugubre convoi parut en vue de Sétif. Les habitants européens qui possédaient des voitures ou des chevaux s'empressèrent d'aller au devant d'une si grande misère ; les officiers et les soldats, la plupart dans un état désespéré, furent portés à l'hôpital qui devait être leur tombeau ; et malgré les rapports officiels qui s'empressèrent de déguiser le chiffre de nos pertes, les familles françaises peuvent compter aujourd'hui le nombre des victimes, qu'on disait *égarées*, mais pour lesquelles il n'y a pas eu de retour [1].

Le 7 mars, à cinq heures du matin, au bivouac d'El-Abiad, le colonel Camou fut informé par les Arabes qu'Abd-el-Kader venait de paraître à une distance de quatre ou cinq lieues ; on avait vu son goum couché dans les Alfas. L'ordre du départ fut aussitôt donné, et un avis expédié au général indigène Youssef, qui battait le pays aux environs de Boghar avec 300 chevaux. La colonne du colonel Camou se mit en marche à six heures, dans la direction de Birin ; elle fut rencontrée par notre allié Ben-Yahia, qui venait d'engager ses cavaliers contre le goum de l'émir, mais n'avait pu l'empêcher d'exécuter une razzia complète sur les douars qu'il traversait. Bientôt, en effet, le colonel Camou put apercevoir une longue file de chameaux et de bestiaux qui fuyaient rapidement ; l'arrière-garde ennemie était formée d'une nombreuse cavalerie, dont on ne se trouvait guère qu'à deux lieues, sur le flanc gauche. Le colonel Camou se détacha aussitôt de son convoi, en lui laissant l'ordre d'aller camper à Birin, et doubla de vitesse avec deux bataillons d'infanterie sans sacs, deux obusiers de montagne et 150 chasseurs du 1er régiment, commandés par l'intrépide et brillant lieutenant-colonel de Noue. Une heure et demie plus tard, on était en présence d'Abd-el-Kader, qui parut un moment disposé à soutenir notre attaque ; mais ayant bientôt reconnu nos forces, il tourna bride. Aussitôt les cavaliers de notre goum arabe, jusqu'alors indécis, s'éparpillèrent en tirailleurs, et l'escarmouche s'anima de plus en plus, à mesure que notre colonne gagnait du terrain sur l'arrière-garde ennemie, que ralentissait la conduite de son butin. Enfin, n'étant plus qu'à 3,000 mètres, la cavalerie française fut lancée au trot ; à 500 mètres, elle mit le sabre au poing et commença la charge. Les cavaliers d'Abd-el-Kader prirent alors une allure de fuite décidée, laissant derrière eux toute la queue du convoi qu'ils escortaient. Ils se rallièrent une seule fois pour sauver au moins quelques chameaux qui portaient la meilleure part de leurs prises, et

[1] Les renseignements provisoires publiés par les journaux ministériels, et entre autres le *Messager* du 9 février, sur le désastre de Sétif, portent le chiffre de nos pertes à 4 hommes tués et 18 blessés, dans une affaire d'arrière-garde, et à 94 morts de froid.

Nous comprenons parfaitement que le ministère n'ait pas voulu jeter l'alarme avant d'avoir reçu d'Afrique des documents positifs, mais il est permis aujourd'hui de déclarer la vérité.

Les débris de la colonne du général Levasseur ont rapporté à Sétif, le 4 janvier, 19 cadavres.

Un officier d'infanterie, M. de la Bigotière, qui s'est transporté sur le lieu du sinistre, avec un détachement, pour rechercher et faire enterrer les morts, a retrouvé 174 cadavres. 28 sous-officiers ou soldats n'ont point reparu, sans qu'on ait recueilli le moindre indice de leur sort. Plus de 500 hommes, atteints de congélation, ont été portés à l'hôpital de Sétif ; 80 avaient péri à l'époque du 14 février, et les médecins conservaient peu d'espoir de sauver un faible nombre des survivants.

les femmes; mais cette tentative resta sans succès. Dès lors le goum ennemi, commandé par Djedid-ben-Daouda, se sépara des réguliers pour s'enfoncer dans la région du sud. Réduit à 150 cavaliers, ceux-ci durent payer de leur personne pour faire jour à Abd-el-Kader à travers nos tirailleurs qui commençaient à les cerner; on en tua un grand nombre, et leur déroute devint complète. La cavalerie française se trouvait alors à Ben-Nahr; elle avait fait cinq lieues en combattant, les chevaux étaient épuisés. Le lieutenant-colonel de Noue rallia son monde sur un plateau, d'où il apercevait, d'un côté, l'ennemi fuyant en désordre, et, de l'autre, notre infanterie encore à deux lieues, mais qui prenait par intervalles le pas de course pour appuyer son opération. A une heure de l'après-midi, l'affaire était terminée; et, à huit heures du soir, toutes les fractions de troupes avaient regagné le camp de Birin, après une course de onze lieues, sur un sol dépourvu d'eau [1].

Quelques jours après, le colonel Camou opéra sa jonction avec le général indigène Youssef, qui se trouvait ainsi à la tête d'une force considérable, dont il composa deux petites colonnes de ravitaillement, sous les ordres du lieutenant-colonel O'Keffe et du chef de bataillon Carbuccia, et une troisième plus mobile avec laquelle il prit la direction de Gouiga. En y arrivant, le 12, on reconnut les traces d'un bivouac que l'ennemi devait avoir quitté la veille, et l'on finit même par distinguer, à une distance d'environ six lieues, la fumée de son nouveau camp. Le général Youssef, laissant la garde du sien au colonel Camou, forma rapidement une colonne de chasse avec 600 chevaux, commandée par le lieutenant-colonel de Noue, et 400 fantassins portés à dos de mulets, et aux

[1] Les résultats de cette affaire, dit le *Moniteur* officiel de M. Bugeaud (15 mars), furent brillants. 250 chevaux sellés et bridés, 2,500 têtes de bétail et *mille* chameaux tombèrent entre nos mains.

Depuis le temps que nous prenons, en Afrique, des chameaux par *centaines*, et même par *milliers*, nous pourrions en fournir toutes les ménageries des quatre parties du monde. Le mal est que nos bulletins sont presque toujours chargés de chiffres fabuleux. Toutefois nous avions conquis assez de ces utiles animaux pour en tirer quelque parti stratégique, si les bonnes idées pouvaient agir avec un peu de fixité sur l'esprit de M. Bugeaud.

Dans le courant de 1843, on avait essayé avec quelque succès de faire voyager un corps d'infanterie porté à dos de mulets. Mais cet essai parut bientôt trop dispendieux, et l'on y renonça. C'est alors, qu'au mois d'août, un officier intelligent, le chef de bataillon Carbuccia, du 63e de ligne, entreprit, à la Maison-Carrée, avec l'autorisation provisoire du maréchal Bugeaud, la création d'un escadron de 100 chameaux, avec 200 hommes du 33e et du 6e bataillon des chasseurs d'Orléans.

Dans le système de manœuvre imaginé par M. Carbuccia, il y a deux hommes par chameau; un seul monte, l'autre conduit; ils se relayent à chaque halte; en cas d'urgence, tous deux montent. C'est sur l'arrière du bât que le cavalier est assis; le devant est occupé par les deux havresacs, par deux outres contenant chacune 4 à 5 litres d'eau, et par une besace de toile renfermant des vivres pour un mois, en biscuit, sel, sucre, café et riz. — Le bât se maintient au moyen d'une corde fortement sanglée. A l'extrémité de l'une des traverses du bât, à laquelle s'attache les bagages, vient s'enrouler une double corde que traversent deux étriers en bois. Le cavalier est, de cette manière, libre de mettre ses pieds à la position qui lui convient le mieux, et de se servir des étriers pour monter et descendre. — Le licol est à la fois simple et ingénieux. Au moyen de deux anneaux fixés en dessus et en dessous du museau, on fait passer en sens contraire une double corde attachée à l'anneau supérieur. A l'aide de ces brides, on maîtrise aisément le chameau le plus rétif. Le cavalier monte en faisant agenouiller l'animal par un coup de baguette sur les jambes de devant; pour descendre, il passe les deux jambes du même côté, et se laisse glisser au commandement.

En janvier ou février 1844, j'ai vu sur le champ de manœuvres de Mustapha-Pacha, cet escadron bizarre, exécuter avec beaucoup de précision, au pas ou au trot, divers mouvements de cavalerie, tels que marcher en colonne et en bataille, se former sur la droite, sur la gauche ou en avant en bataille.

Ce projet, que le commandant Carbuccia était capable de développer sur une plus grande échelle, eût pu amener d'excellents résultats sur différents points de l'Algérie; mais faute d'encouragement, il est aujourd'hui à peu près abandonné.

ordres du colonel Renault. Deux autres bataillons, confiés au lieutenant-colonel de Clonard, appuyaient de loin ce mouvement. On marcha toute la nuit, guidé par les traces même de l'ennemi, que la clarté de la lune permettait de suivre sans interruption sur le sable foulé. A minuit, on avait encore découvert les vestiges d'un nouveau bivouac abandonné; à cinq heures du matin, on était en présence du camp d'Abd-el-Kader, où le jour commençait à poindre : mais l'alerte y était donnée. En ce moment, une troupe de cavaliers s'en échappait avec toute la rapidité imaginable; au milieu d'eux se trouvait l'émir lui-même, hors d'état de résister à cette surprise, et qui confiait son salut à la vitesse de son cheval, en laissant derrière lui tentes, mulets, bagages et gens de pied, dont les apprêts de fuite s'achevaient en désordre. Ces derniers ne pouvaient déjà plus se soustraire à notre cavalerie lancée dans toutes les directions. Nos hommes les mieux montés et particulièrement beaucoup d'officiers, s'acharnèrent à la poursuite du petit groupe de réguliers qui escortait Abd-el-Kader ; on en joignit quelques-uns qui furent sabrés; et cette chasse ne fut infructueuse que par l'extrême lassitude des chevaux qui venaient de faire trente lieues presque sans respirer, et dont plusieurs étaient déjà tombés morts d'épuisement. Huit cents mulets qui restèrent entre nos mains dans cette affaire, étaient dirigés, dit-on, sur Bou-Sâada, d'où ils devaient rapporter dans le Djebel-Amour un grand convoi de vivres pour les troupes de l'émir qui s'était préparé un lieu de retraite dans l'ouest de ces montagnes.

Le 18 mars, arrivèrent à Alger S. A. R. Monseigneur le duc d'Aumale et son beau-frère le prince de Saxe-Cobourg. Le 25, les illustres voyageurs partirent pour Millanah, où le jeune vainqueur de la Smalah devait prendre le commandement d'une division. Après une expédition habilement dirigée contre plusieurs tribus révoltées dans l'Ouarensenis, S. A. R., informée par une dépêche télégraphique de l'arrivée du grand-duc Constantin, second fils du czar de Russie, revint à Alger pour lui faire les honneurs de l'hospitalité française. De retour à son poste, le prince prit part à de nouvelles opérations, dirigées par le gouverneur général en personne dans les montagnes de l'Ouarensenis, d'où les émissaires d'Abd-el-Kader, Bou-Maza, El-Berkani et Ben-Allal, s'éloignèrent bientôt, sans opposer une sérieuse résistance.

C'est à la fin de ces opérations que se répandit la nouvelle du massacre de nos prisonniers, exécuté dans la *Deïra* par le khalifa Ben-Tamy, quelques heures après l'arrivée d'un courrier d'Abd-el-Kader. Les premiers renseignements obtenus sur cette catastrophe avaient été rapportés par Guillaume Rolsand, clairon à la 2ᵉ compagnie du 8ᵉ bataillon des chasseurs d'Orléans, qui était parvenu à s'échapper et qu'un Marocain reconduisit au camp de Lella-Maghrnia. Suivant le récit de ce soldat, certaines dispositions prises par les Arabes à l'entrée de la nuit du 27 au 28 avril, auraient fait naître dans son esprit quelques inquiétudes; mais sa fuite presque immédiate ne lui laissa pas le temps de voir tous les détails de cette scène sanglante. Depuis quelques jours, la Deïra, qui était campée à trois lieues environ de l'Oued-Mouilah, se trouvait dans une position des plus critiques. Une sorte de papier-monnaie, créé par l'émir, et auquel l'espoir d'un succès chimérique avait jusqu'alors donné crédit, n'obtenait plus de cours parmi les tribus marocaines chez lesquelles Abd-el-Kader faisait acheter des vivres. Il n'y avait plus d'existence possible pour la Deïra en restant sur le point qui lui était assigné; mais son chef Ben-Tamy n'osait prendre sur sa responsabilité l'ordre d'effectuer le départ. Il écrivit à Abd-el-Kader pour lui exposer l'embarras de sa situation, que rendait plus difficile la nécessité de nourrir les trois cents prisonniers français dont la garde lui était confiée. L'émir, ayant échoué dans les propositions d'échange qu'il tenta près du maréchal Bugeaud, transmit à son lieutenant des instructions secrètes qui le laissaient libre d'agir selon les circonstances. Ben-Tamy, redoutant le courage désespéré des Français, eut recours à la perfidie. Sous prétexte de les convier à une fête, il fit appeler auprès de lui les chefs prisonniers, MM. Courby de Cognord, Larrazet, Marin et Hillerin; M. Cabasse, chirurgien; l'adjudant sous-officier Thomas, le maréchal des logis Testard et trois soldats. Les autres prisonniers furent partagés en plusieurs fractions de huit à dix hommes, isolées les unes des autres au milieu des gourbies occupées par les fantassins réguliers, dont le nombre s'élevait à près de cinq cents. A minuit, des cris poussés par ces derniers furent le signal du massacre. Le clairon Rolsand se tenait éveillé, ainsi que ses camarades, et lorsque les meurtriers se présentèrent, ils purent opposer quelque résistance. Armé d'un couteau qu'il était parvenu à soustraire depuis trois ou quatre jours, Rolsand blessa plusieurs des assaillants, et réussit à s'échapper dans les ténèbres, presque nu. Après de longues alternatives de crainte et d'espérance, il fut arrêté et réduit en esclavage sur le territoire marocain; mais l'appât d'une rançon avait enfin décidé son maître à le conduire au poste de Lella-Màghrnia.

Nous avons déjà caractérisé la pitoyable question d'amour-propre qui conduisit M. Bugeaud à sacrifier ces malheureux plutôt que d'accepter d'Abd-el-Kader un cartel d'échange. Nous laissons à l'opinion publique le soin d'apprécier la valeur de sa justification, et nous voudrions n'avoir plus à signaler de nouveaux fruits d'un système d'imprévoyance qui livre au hasard les plus petits événements. Il est pénible de voir un brave officier, tel que le général Randon, subir la responsabilité d'une faute que de simples mesures de précaution pouvaient faire éviter. M. Randon était sorti de Bone, le 16 mai, avec une colonne, destinée à visiter Tebessa. Arrivé dans cette ville, il crut devoir faire évacuer 20 malades sur Guelmah; ce convoi devait voyager sous la protection d'une escorte suffisante; malheureusement, le général crut pouvoir le confier à quelques cavaliers arabes dont la fidélité ne nous était point garantie. En arrivant sur le point limitrophe du cercle de Guelmah et de la tribu des Nemenchas, nos malades furent égorgés, pendant la nuit, dans un douar où ils s'étaient arrêtés. Le général, informé de ce malheur, se vengea de son imprudence par une razzia qui ne fit nulle différence entre les innocents et les coupables : 200 morts, 500 chameaux, 300 bœufs et 10,000 moutons payèrent le sang de nos soldats [1].

Le 20 juin, la même colonne eut à combattre un rassemblement d'environ

---

[1] Nous remarquons, en passant, les *cinq cents chameaux*; joints aux *mille* conquis, le 7 mars, par le colonel Camou, en voilà *quinze cents* pris en deux mois !!! Nous serions bien curieux de savoir si on pourrait nous les représenter.

Rien ne serait, au reste, plus singulier que le recensement exact, depuis 1830, des millions de bestiaux enlevés aux Arabes. Si l'armée mangeait ces bœufs et ces moutons, le trésor public devait faire de bien grandes économies ! Or, il est de notoriété que l'armée d'Afrique ne s'alimente guère du produit des

400 cavaliers et 600 fantassins, détachés des tribus tunisiennes, voisines de notre frontière et attirées sur le territoire algérien par des émissaires d'Abd-el-Kader. Le général Randon exécuta contre eux une charge vigoureuse, leur tua une centaine d'hommes et captura encore, disent les bulletins, un nombreux bétail et vingt-cinq chameaux. Après cette petite victoire, il vint camper le lendemain à Sidi-Youssef, en pays tunisien, où il reçut une dépêche de notre consul, avec la traduction de deux lettres adressées par le bey aux kaïds de la frontière, pour leur défendre de se mêler de nos affaires.

Tels sont les derniers événements notables dont l'Algérie a été récemment le théâtre. Les colonnes expéditionnaires abandonnées à elles-mêmes continuent d'errer sur tous les points, sans direction combinée, et partant sans résultats positifs. Membres galvanisés d'un corps sans tête, elles frappent au hasard, et, malgré l'activité, le dévouement, le courage des chefs secondaires, elles n'envoient à la France que de stériles relations de leurs courses sans fin. De temps à autres, le maréchal Bugeaud court dresser sa tente sur chaque vide qu'Abd-el-Kader vient de laisser derrière lui. Parfois, mécontent de son impuissance avec 100,000 soldats, il s'avise de mobiliser la milice ; plus tard, il revient à ses goûts littéraires, et assure son armée « *qu'elle n'est pas restée au-dessous de son estime,* » puisqu'elle « *étend son bras sur les points du désert où se forment les orages* [1]. » Tantôt, comme il lui faut sans cesse guerroyer contre quelqu'un ou quelque chose, il taille la plume de ses chaouchs pour critiquer le ministère qui l'a fait gouverneur, maréchal et duc ; M. de Salvandy lui-même, à peine débarqué, n'échappe pas aux épigrammes des journalistes que surveille de si près l'autocrate périgourdin [2]. Tantôt, se rappelant avec tendresse les chemins vici-

razzlas. — Par quel chemin s'écoulent donc ces viandes sur pied ? Iraient-elles toujours se promener à Malte ou à Tunis, comme en 1836 ?

Sans accuser qui que ce soit, il est permis de s'extasier devant ces prises phénoménales et incessantes qui n'engraissent que nos bulletins. Certaines personnes bien informées prétendent que, pour avoir le chiffre à peu près probable des bêtes plus ou moins à cornes dont on proclame quotidiennement la capture, il suffirait, en général, de supprimer un ou deux zéros à la fin de chaque nombre. Nous aimons mieux accepter comme une mystification l'effectif prétendu des bestiaux razziés, que d'élever un soupçon sur la destination qu'ils reçoivent. La vanité de quelques chefs de colonnes peut ainsi se satisfaire à peu de frais ; mais la vanité est ici trop près du ridicule. *Quinze cents* chameaux conquis en deux combats, sans compter tous ceux que nous n'avons pas énumérés dans cent autres razzias non moins brillantes ! En vérité, personne n'y croira, surtout en Algérie.

« Nous n'avons pas, écrivait naguère M. Bugeaud, la prétention d'avoir plus de *bon sens* que les hommes de l'ordre civil ; mais on admettra, je pense, que nous pouvons en avoir autant. » Nous serions d'accord avec lui s'il voulait bien nous montrer seulement les quinze cents chameaux du colonel Camou et du général Randon, et nous croyons qu'à leur aspect, la France, terrassée d'admiration, s'empresserait de les lui offrir pour peupler son duché.

[1] Proclamation du 18 mars 1846.

[2] M. de Salvandy, ministre de l'instruction publique, vient de faire, dans les premiers jours de juillet, un voyage en Afrique, pour assister au mariage de son beau-frère avec mademoiselle Bugeaud.

Le pacha d'Alger s'est empressé, pour le congratuler, de lâcher une bordée de sa presse locale. Le *Courrier d'Afrique* (12 juillet) compare M. de Salvandy à l'évêque d'Alger, qui arrive « *entre None et Vêpres. La troupe lui a rendu,* dit-il, *les honneurs de la bienvenue.* » Nous trouvons très-convenable qu'un ministre du roi reçoive en Algérie les honneurs dus à son rang, et qu'on tire le canon quand il y pose le pied. — Mais le journal de M. Bugeaud ajoute : « *Voilà votre affaire, pauvres soldats! quand vous n'êtes pas à la guerre,* C'EST A CELA QUE VOUS SERVEZ !... » Un peu plus loin nous lisons : « On se plaignait en Algérie de l'importation de gens *de toute farine* ; alors on nous a envoyé *la fleur...* fleur de noblesse : marquis et comtes *ressuscités avec l'édition illustrée de Molière.* » Dieu nous garde d'accuser d'esprit les journaux d'Alger la Guerrière. Mais M. le comte de Salvandy, qu'ils appellent *le généreux auteur d'Alonzo,* dont ils proclament *l'activité guerrière et napoléonienne,* a dû être médiocrement flatté des compliments visés par M. Bugeaud, en vertu de l'article 9 de l'arrêté du 2 août 1830.

naux qui mènent à ses paturages d'Excideuil, M. Bugeaud adresse aux Arabes, le lendemain d'une dévastation, des conseils agricoles sur la greffe des oliviers ou l'éducation des troupeaux ; puis, le jour d'après, comme *il veut être quelque chose*, il reprend son sabre et monte à cheval, pour aller, deci delà, saigner à blanc quelque pauvre tribu dont les débris, échappés à son amour de la destruction, et changés en bêtes fauves par la soif des représailles, deviendront à leur tour, comme on l'a vu trop souvent, les meurtriers de nos soldats éclopés ou pris. Le fruit de tous ces ravages, qui, suivant l'austère expression de plusieurs généraux et officiers d'état-major, *déshonorent notre armée* [1], ne sera jamais la prise d'Abd-el-Kader ; et puisque M. Bugeaud a si naïvement proclamé lui-même que le *hasard seul* pourrait nous livrer cet habile adversaire, il ne lui reste plus qu'à résilier un pouvoir dont l'exercice n'est, entre ses mains, qu'un flagrant aveu d'impuissance, et dont les funestes abus, tolérés davantage, ne seraient, en Algérie, qu'un désordre perpétué au préjudice de l'honneur et des intérêts français [2].

La prochaine session des Chambres s'ouvrira, sans doute, par l'examen sérieux et approfondi de la situation actuelle de nos affaires d'Afrique. Le pays et le gouvernement reconnaîtront alors, mieux que jamais, que les destinées de

---

[1] Voy. *Notes sur l'occupation de la régence d'Alger*, par le général Cavaignac, chap. iv, p. 156 ; chap. vi, p. 207, 216. — *Solution de la question de l'Algérie*, par le général Duvivier, chap. lxxxvii, p. 285. — *De l'établissement des Français dans la régence d'Alger*, par l'intendant militaire Genty de Bussy, t. I", p. 42 et 191. — *L'Algérie prise au sérieux*, par le capitaine d'état-major Leblanc de Prébois, chap. iii, p. 65.

[2] Dans un ouvrage intitulé *La guerre en Afrique*, tout récemment publié par M. Dugat, officier de gendarmerie, l'auteur, homme d'énergie, mais, avant tout, homme de cœur, est réduit à déplorer, dans ses récits de razzias, les coups de feu tirés *sur de pauvres femmes que l'ennemi n'avait pas toujours le temps d'emmener ; et l'on ne peut*, dit-il, *se défendre d'un sentiment de pitié à la vue de ces malheureuses, couvertes de sang, et cherchant en vain à fuir*. (Chap. viii, p. 115.)

Plus loin (chap. xvi, p. 267), le même officier raconte l'arrivée au camp français d'un envoyé d'Abd-el-Kader, chargé de négociations. M. Bugeaud l'accueille, l'écoute, le congédie, puis se ravise, le fait arrêter, et jeter en prison à Tiaret, au mépris du caractère sacré de parlementaire dont ce chef arabe est revêtu ! N'était-ce pas donner à Abd-el-Kader, au nom de la France, un bien triste exemple de déloyauté ?

Plus loin (chap. xviii, p. 289), l'auteur nous annonce *une des plus belles pages de notre histoire algérienne*. C'est le 23 décembre 1845. Abd-el-Kader est rejoint dans la vallée de Temda par le général Youssef ; 800 cavaliers arabes sont en face de 400 cavaliers français. Les deux troupes se forment tranquillement en bataille, A TRENTE PAS l'une de l'autre ; Abd-el-Kader est en tête, et le général Youssef ne se décide à ordonner la charge qu'après avoir essuyé *huit cents coups de fusil*, à petite portée de pistolet, *à trente pas* !!!

L'auteur s'empresse d'ajouter que nos chevaux étaient rendus de fatigue ; mais alors, comment expliquer cette *poursuite qui refoula l'ennemi de mamelons en mamelons, et qui dura une heure* ? Si nos chevaux pouvaient encore fournir cette course, pourquoi le général Youssef ne chargeait-il pas quand *trente pas* seulement le séparaient d'Abd-el-Kader ? Qu'est-ce que ces deux troupes qui se contemplent et s'admirent, quand un peu de présence d'esprit et d'audace de la part du chef des Français pouvait terminer la guerre ? Quelles étaient donc, on se le demande, les instructions données au général Youssef par M. Bugeaud ? Nous n'inventons pas ce fait incroyable ; nous le reproduisons d'après le témoignage d'un brave officier, témoin oculaire.

Mais si M. Bugeaud n'eût rien moins que disposé à capturer Abd-el-Kader, en revanche, il a fait peindre sa couronne de duc sur les toiles de sa tente (chap. viii, p. 119), et promène de bivouac en bivouac cette splendide enseigne.

Après le récit de Temda, l'auteur termine son livre en affirmant que, *grâce aux vigoureuses mesures* du maréchal, *qui viennent d'être couronnées d'un si éclatant succès, l'Algérie est acquise à tout jamais à la France*, et que M. d'Isly a établi sur ce vaste territoire *l'ordre, la sécurité, la richesse* !!! Nous concevons la nécessité de position qui a, peut-être, dicté à l'auteur de *La guerre en Afrique* une apothéose que plusieurs de ses récits démentent, à son insu, d'une manière affligeante ; mais nous regrettons qu'il n'ait pu trouver, pour défendre son idole, des raisons meilleures que les allocutions offensives qu'il adresse de temps à autre à la presse française.

l'Algérie ne sauraient faillir faute d'un homme, et que leur salut repose dans le choix d'une nouvelle direction.

Mais quelles que soient les vues de la politique future, quinze ans d'épreuves presque stériles attestent que les meilleurs essais, tentés par des gouverneurs passagers, n'obtiendront encore que des résultats transitoires, en léguant, à chaque mutation, les embarras d'une conquête purement nominale, plus ou moins ruineuse et inachevée.

La question d'Afrique ne peut donc être résolue que si elle tombe entre les mains d'un homme à qui des succès signalés, une haute influence personnelle, ou l'appui de sympathies unanimes, donnent l'autorité nécessaire pour dominer les difficultés d'une pareille tâche; et depuis longtemps, l'opinion publique signale au Pouvoir le projet de créer en Algérie une vice-royauté. Depuis longtemps elle salue de ses vœux le prince dont cette institution pourrait devenir le glorieux apanage; et tous les esprits élevés, qui n'ont d'autre ambition que celle de voir le nom français honoré sur les rivages africains, se rallient à cette pensée.

L'épée que décorent les lauriers de l'Afroun et du Mouzaïah, de Biskra et de Taguin, des monts Aurès et de l'Ouarensenis, n'est qu'au début d'une immense carrière; et déjà, tous les regards, fixés sur elle, la désignent pour guider nos drapeaux. Ce Fils du Sultan de France, qu'autour de Constantine les populations arabes, qui aiment l'éclat du pouvoir, venaient de toute part fêter et bénir, parce qu'il représentait la force et la justice, est le gage de régénération et de progrès que l'Algérie attend comme sa dernière espérance.

Debout sur le chemin de l'histoire, j'ai mesuré d'un regard le présent et le passé; la physionomie des faits généraux a posé devant moi; spectateur impartial de longues vicissitudes, j'ai osé réunir en faisceau des vérités sévères, mais que je croyais utiles, et je les publie aujourd'hui, sans redouter la haine de quelques hommes puissants.

Arrivé au terme de mon œuvre, fondée sur des documents si nombreux, je puis dire, avec Montaigne : — « Ceci est un livre de bonne foi. » — Heureux, s'il m'est permis d'écrire un jour une page plus brillante, et d'assister aux riches moissons de l'avenir.

P. CHRISTIAN.

Paris, 1ᵉʳ août 1846.

CITATIONS A L'ORDRE DE L'ARMÉE.

LL. AA. RR. Mgr. le duc d'ORLÉANS, Prince Royal (1835, 1839).
  Mgr. le duc de NEMOURS (1836, 1837, 1841).
  Mgr. le prince de JOINVILLE (1837, 1844).
  Mgr. le duc d'AUMALE (1839, 1840, 1841, 1843, 1844, 1845, 1846).
  Mgr. le duc de MONTPENSIER (1844, 1845).

CONQUÊTE D'ALGER (1830).

MM. le lieut. gén. baron Berthézène. Les maréch. de camp Poret de Morvan et Achard, Louis de Bourmont, Bessière, offic. au 3e de ligne, Mounier, col. du 28e de ligne. Le maréch. de camp d'Arcine. De Lachau, col. du 29e. Le maréch. de camp Monck d'Uzer. Le col. Bontemps Dubarry, Amédée de Bourmont, lieut. au 38e. Le lieut. gén. duc d'Escars. Borne, chef d'escad., aide de camp. Rachepolle, Limoges, cap. au 9e de ligne. Bigot de Morogues, lieut. Le col. Ruhlières, du 35e. Chambaud, chef de bat. du génie. Le gén. d'artill. de La Hitte. Le gén. Hurel. Braschowitz, interprète du gén. en chef. De Trélan, chef d'escad., aide de camp du gén. en chef. Le gén. Desprez, chef d'état-major de l'armée. Le mar. des logis Poniatowsky. Sion, chef de la grande hune de la frégate la Thétis, Brunon, matelot de la Surveillante.

OCCUPATION PROVISOIRE DE BONE ET DE MERS-EL-KÉBIR.

(Bone). Le gén. Damrémont.
(Mers-el-Kebir). Le cap. Louis de Bourmont. Le col. Gontefrey du 21e de ligne, Leblanc, comm. le brick le Dragon.

DÉFENSE DU FORT DE SAINT-PHILIPPE (DU 4 AU 9 MAI 1832).

Le maréchal de camp de Trobriant. Favart, chef de bat. du génie. Tatareau, cap. d'état major. Levret, id. Sergent, cap. du génie. Lhermite, lieut. du génie. Kervéla, lieut. au 10e d'artill. Bué, cap. de volt., 20e de ligne. Vigier, id. Coudray, serg.-maj., id. Ferrand, voltig., id.

Morts. — Andrieu, lieut. au 20e. Sauteraud, fourrier, id. Bournat, sap. du génie.
Blessés. — 10e d'artill. Chartier, mar. des logis. Arène, artif. Borie, Cazanouve, Coujet, Lacas, Morel, canonniers. Au 20e de ligne : Bisford, gren. Desendignan, Ferrand et Michelet, voltig.

COMBAT DE KADDOUR-BERRY (8 MAI 1833).

Roux, lieut. col. du 2e chass. d'Afrique. Bignon, chef d'escad. Drolenvaux, cap. adj.-major au 66e de ligne. Claparède, cap. de voltig. Peccatte, cap. lég. étrang., 4e bat. Blanconi, s.-lieut. au 66e de lig. Meunier, lieut. au 2e chass. d'Afrique. De Valnes, offic. d'ordonn. du gén. Desmichels. Laubet, mar. des logis au 10e d'artill. Ligonnier, serg.-major de voltigeurs au 66e. Dupons, gren. id. Ducros, serg. au 4e bat. légion étrang. Carbet, sapeur au 2e du génie.

COMBAT DU 27 MAI DEVANT ORAN.

Cavaignac, cap. au 2e du génie. Buis, cap. à la lég. étrang. Laroque, cap. au 66e. Doncé, cap. au 2e chass. Souplet, s.-lieut. au 66e. Marcel, mar. des logis chef au 10e d'artill. Féret, serg. au 66e. Marguin, serg. id. Rudaux, fourr. au 2e du génie. Recolm, mar. des logis au 2e chass. Ducros, serg. à la lég. étrang. Roc, caporal au même rég. Morille, caporal au 66e. Gris, gren. id. Corbet, sap. au 2e du génie. Lamouroux, brig. au 2e chass.

EXPÉDITION CONTRE LES HADJOUTES (17 MAI 1834).

Le gén. Bro. Le cap. d'état-major E. Pellissier, aide de camp. du génie, en chef. Le col. Bernolle, de la lég. étrang. Le lieut.-col. Jaubert. De la Morricière, chef de bat. aux zouaves. Plock, cap. au 1er chass. d'Afrique. Duhesme, s.-lieut. au même corps.

COMBAT DE L'HABRA (3 DÉCEMBRE 1835) ET PRISE DE MASKARA.

Le lieut. Duhesme, offic. d'ordonnance du maréch. Clauzel. Le chef d'escad. Richepanse, et le cap. d'état major Tatareau. Le s.-lieut. d'Arnaud, offic. d'ordonnance du maréch. Le col. Combes, du 47e. Le cap. Bernard, des chass. d'Afrique. Le gén. Oudinot. Le lieut.-col. Maison, le cap. Duchâtel. Le lieut. Lafond et le serg.-maj. Doze, du 17e léger. Le chef d'escad. de Bourgon, le cap. d'état-major Pellissier, le lieut. de spahis De Villiers. Le cap. Mollière, le lieut. Tixador, des zouaves. Le cap. Daumas du 2e chass. d'Afrique. Le cap. Cuny, le lieut. Bisson, des zouaves. Le cap. Digonnet, du 2e léger. Les gén. Perregaux, d'Arlanges et Marbot. Le col. Duverger, chef d'état-major. Méane, du 2e léger. Corbin, du 47e. Lévêque de Villemurin, du 11e. De Gouy, du 2e chass. d'Afrique. Le cap. d'état-major de Rancé. Les col. Lasnon et Lemercier, de l'artill. et du génie. L'intendant militaire Melcion d'Arc. Les sous-intendants de Guiroye et Laffitte.

COMBAT DE LA SIKKAK (6 JUILLET 1836).

Tromblay, adj.-major du 2e chass. d'Afrique. Mesme, comm. des spahis. Savaresso, s.-lieut. au 2e chass. Le cap. Montauban. Le cap. Martimprey. Les col. Combes, Herman, Corbin, et Maussion, chef d'état-major de la colonne.

EXPÉDITION ET RETRAITE DE CONSTANTINE (NOVEMBRE 1836).

Le gén. Trézel. Les cap. du génie Ruyet Hackett. Le comm. Morin. Le cap. Grand du même corps. Le chef d'escad. de Richepanse. Le lieut.-col. Duvivier. Le lieut. d'artill. Bertrand, le chef de bat. Changarnier, du 2e léger. Le cap. Mollière. Le cap. d'état-major de la Tour du Pin, Les lieut. de Drée et Baichis, offic. d'ordonnance du gouv. gén. Le comm. de Rancé, aide de camp. Le cap. Mac-Mahon. Le col. d'artill. Tournemine. Le col. Levesque, du 62e. Le col. Boyer, aide de camp du duc de Nemours. Le lieut.-col. de Chabannes, Baudens, chirurg.-major. Les ducs de Mortemart et de Caraman. De Sainte-Aldegonde. Le cap. d'état-major Leblanc de Prébois. Les lieut. Rewbell et Guyon. Le cap. d'état-major Lavaux-Coupé. Le lieut. de Morny. Le col. Duverger, chef d'état-major. Le comm. Perrin. Le cap. Zaragoza. Les lieut. Mimon et Lotellier. Le cap. d'état-major Saint-Hippolyte. L'intend. milit. Melcion d'Arc. Le s.-intend. Evain. L'agent comptable Thibault.

PRISE DE CONSTANTINE (13 OCTOBRE 1837).

MM. le lieut. gén. baron Fleury. Les maréchaux de camp Trezel et Rulhières.

MM. le cap. de Salles, major de tranchée. Les lieut. Mimont et Letellier, aides-majors.

Dans l'artillerie. — MM. le col. de Tournemine. Les chefs d'escad. Maléchard et d'Armandy. Les cap. Courtois, Caffort, Le Bœuf, Munster. Les lieut. Bornadon et Beaumont. Les maréch. des logis Caprettan et Hoimann. Le brig. Seigeot.

Dans le génie. — MM. les chefs de bat. Vieux et de Villeneuve. Les cap. Niel, Boutault, Hackett, *tué*. Leblanc, Potier, *blessé à mort*. Les lieut. Wolf et Borel-Vivier.

Dans le corps royal d'état-major. — Le chef d'escad. Despinoy. Les cap. Borel, Mac-Mahon, de Creny. Le lieut. de Cissey.

Dans la cavalerie. — MM. De Laneau, col. du 3ᵉ chass. Les cap. Richepanse, offic. d'ordonn. du gén. Rulhières, De Belleau, du 3ᵉ chass., et le s.-lieut. Galfalla, des spahis réguliers.

Dans l'infanterie. — MM. le col. Combes, du 47ᵉ, *blessé à mort*. Le lieut.-col. de la Morlcière, des zouaves. Les chefs de bat. Montréal, du 3ᵉ bat. d'Afrique, Bedeau, de la lég. étrang., et Leclerc, du 47ᵉ. Les cap. Levaillant et de Gardarens, des zouaves. Houreau, du 3ᵉ bat. d'Afrique. Saint-Amand, de la lég. étrang. Canrobert, Taponnier et Blanc de Loire, du 47ᵉ, Méran, Raindre de la lég. étrang. De Rohault, Marulaz, du 17ᵉ léger. Guignard, de la compagnie franche, De Billy, du bat. des tirail. d'Afrique. Les lieut. Desmaisons, offic. d'ordonnance du gén. Rulhières. De Gavaudan, du 24ᵉ de ligne, offic. d'ordonnance du gén. Trezel. Jourdan, Adam, du 3ᵉ bat. d'Afrique. Dufresne, du 47ᵉ de ligne, Nicolas, du 23ᵉ. Les s.-offic. Léger et Dobœuf, du 3ᵉ bat. d'Afrique. Justaud et Doze, de la lég. étrang. Mariguet et Vincent, du 47ᵉ. Les gren. et voltig. Desertenne, caporal. Colmann et Rellein, du 47ᵉ. Pérès et Jourdat, du 17ᵉ léger. Courtois, serg. de zouaves, et Quatrehomme, caporal, Le chef de bat. de Sérigny, du 2ᵉ léger, *tué dans la brèche*. Le cap. de Leyritz. Les s.-offic. Debray et Heugnot, du même corps.

EXPÉDITION DES PORTES DE FER (OCTOBRE 1839).

Le Prince Royal et le gén. Galbois, comm. les divis.

Dans le corps royal d'état-major. — MM. Le lieut.-col. de Salles, chef d'état-major gén. Le chef d'escad. Despinoy. Les cap. de Rozières et Mesnil.

Dans le service topographique. — MM. les cap. Puillon, Boblay, de Saint-Sauveur et Saget.

Dans l'administration. — MM. le s.-intend. milit. Haussmann, Darricaud, s.-intend. milit. adjoint, et Fabus, agent du service des subsistances.

Dans le service de santé. — MM. Antonini, médecin en chef de l'armée. Guyon, chirurg. en chef. Ceccaldi, chirurg.-major.

Dans la première division. — MM. le col. Gérard, chef d'état-major. Changarnier, col. du 2ᵉ léger. Picouleau, chef de bat. au 2ᵉ léger. Forez, cap. de carab. au 2ᵉ léger. Martinet, serg., et Dussollier, chass. au même régiment.

Dans le 17ᵉ léger. — MM. le col. Corbin. Le lieut. de Marguenot. Le s.-lieut. Daillé. Le serg. Rounie.

Dans le 3ᵉ chasseur d'Afrique. — MM. le lieut.-col. Miltgen. Les cap. Peyronnet, Legrand. Les lieut. Ducrot et Lestapy, *blessés*. Les maréch. des logis Cousin, Dafue, *blessés*. Palanglor.

Dans le 1ᵉʳ chasseurs. — M. le lieut. de Malestric.

Dans l'artillerie. — Le s.-lieut. Rostaing.

Dans la deuxième division. — MM. Sézille de Biarre, cap. faisant fonctions de chef d'état-major. De Champeron, lieut., au 3ᵉ chass. Chanabas, maréch. des logis. Delaportalière, lieut. d'artill. Foucaud, cap. du génie.

Dans le 3ᵉ bat. d'infanterie d'Afrique. — MM. le cap. Peyssard et de Montauban.

Dans le 22ᵉ de ligne. — MM. Genton, cap. de gren. Brunet, serg. Castoix, serg.-major.

Dans les spahis. — M. le lieut. de Vernon. Le maréch. des logis Bonnemain.

EXPÉDITION DE MÉDÉAH (DU 25 AVRIL AU 21 MAI 1839).

Le Prince Royal, le duc d'Aumale et les gén. Schramm, Duvivier, D'Houdetot, Blanquefort, de Rumigny, de Dampierre et Delahitte.

Dans le corps royal d'état-major. — MM. le col. Gérard. Les lieut.-col. de Salles et Pélissier. Les chefs d'escad. de Montguyon, de Courtigis. Les cap. de Wengy, Regnard, de Lanhospin, de Creny, Fallot, de Tanlay, de Cissey. Le cap. d'artill. Le Bœu, offic. d'ordonnance du maréch. Vulée.

Dans l'état-major des Princes. — MM. les chefs d'escad. Chabaud Latour, d'Elchingen, Bertin et le cap. Jamin.

Dans l'artillerie. — MM. le chef d'escad. Vernetty. Les cap. Sainte-Foix et Conrot.

Dans le génie. — MM. le col. Bellonet. Le lieut.-col. Charron. Les cap. Montfort et Guyot-Duclaux.

Dans les services administratifs et de santé. — MM. les s.-intendants milit. Marchand et Etcher. Le médec. en chef Antonini et le chirurg. en chef Guyon. Les chirurg. principaux Pasquier et Schlosser. Les chirurg.-majors Ceccaldi et Bonnafond. Les offic. d'administrations Baihaut et Dufresne.

Dans le train des équipages. — Le chef d'escad. Poiré. Les lieut. de Saint-Martin, Cantigier et Mallart.

COMBAT DE L'AFROUN (27 AVRIL 1839).

M. le col. d'état-major Delarue, *blessé auprès du Prince royal*.

Dans le 1ᵉʳ chasseurs d'Afrique. — MM. les chefs d'escad. Deberne et Delorme. Les cap. Boyer et Garto. Le lieut. Fronville. Les s.-lieut. Jouve et Thomas. Les maréch. des logis Escousseau, Domange, Bretouil. Les brigad. Gentin et Broquel. Les caval. Baroquet, Delmas.

Dans la cavalerie de réserve. — MM. les lieut.-col. Miltgen et Korte. Les chefs d'escad. Crebassan, Charbonnel. Les cap. Ruault, Cordier. Les lieut. Clergé, de Saint-Léger, Durutty. Les maréch. des logis Rougeot, Sinat. Le brigad. Lieutier. Le chass. Castora et le trompette Guérin.

COMBAT DE L'OUED-GER (29 AVRIL 1839).

MM. le cap. Bisson. Le serg.-major Lettra. Le serg. Bedos et Peretty. Le caporal Bonnet et le voltig. Biron, du 17ᵉ léger.

M. le gén. de Rumigny, *blessé*.

Dans le 48ᵉ. — Le serg. Fallot. Le gren. Leherson.

Dans le 58ᵉ. — MM. les cap. de Théveny et Lacroix. Les serg. Hénon et Deforé.

Dans la légion étrangère. — Les cap. Muyran, Clerc, Gance, Saint-Arnault. Le s.-lieut. Dorey. L'adjud. Guichard. Le serg. Rellk. Les voltig. Caroli et Vaulcour.

COMBAT DE L'OUED-EL-HACHEM (8 ET 10 MAI 1839).

Dans le 2ᵉ léger. — MM. le col. Changarnier. Le chef de bat. Levaillant. Le cap. Santeuil. Les lieut. de Gibon et Massot. Le serg. Doucet. Le carab. Robinet.

Dans le 17ᵉ léger. — Les cap. Magagnosc, Bisson. Le lieut. Desassarts. Le s.-lieut. Daillé. Le serg. Bedos. Le carab. Mir et le chass. Boso.

Dans la légion étrangère. — Le cap. Meyer. Le lieut. Espinasse. Les serg. Geffet et Pessart. Le caporal Val. Les voltig. Marchal, Lombard, Gonzalès et Vanzanper.

CITATIONS A L'ORDRE DE L'ARMÉE.

PRISE DU COL DE MOUZAÏAH (12 MAI 1830).

MM. les gén. Duvivier, d'Houdetot. Les col. Changarnier, de Lamoricière, Gueswiller. Le cap. d'état-major de Crény.

Dans le 2ᵉ léger. — Le lieut.-col. Drolenvaux. Les chefs de bat. Levaillant et de Luzy. Les cap. Lello, Büche, Souloul, les lieut. de Gibon, Porion, Granchetta, Massot. Les s.-lieut. de Goyon, de Bray, d'adjud. Choisy. Les serg.-major Guilhem et Esmien. Les serg. Pierre et Parizot. Le caporal Bessières. Le chass. Thomas et le sap. Bunel.

Dans le 24ᵉ de ligne. — Le cap. Laduc. Les s.-lieut. Laure, Ducrat et Gille. Les serg. Gouin et Bitterlin. Le caporal Klein. Le gren. Petit et le fusilier Landry.

Dans les zouaves. — Les chefs de bat. Regnault et Renaud. Les cap. Ladmirault, Blangini, de Barral et de Mont Louis. Le chirurg.-major Bougny. Le lieut. Gauthier. Le s.-lieut. Blaise. Les serg.-majors Escalon et Marin. Les fourr. Bérard et d'Harcourt. Le serg. Thomassoli. Le caporal Moussacré.

Dans les tirailleurs. — Les cap. Clerc et Gault. L'adjud. Pistoulet.

Dans le 23ᵉ de ligne. — Les cap. Condroy, d'Hugues, Hermann. Le lieut. Vincent. Le s.-lieut. Adrian. Le serg. Choix et le gren. Garrigo.

Dans le 17ᵉ léger. — Le s.-lieut. Bessières. Le serg.-major Cahors et le carab. Mir.

COMBAT DU BOIS DES OLIVIERS (20 MAI 1830).

M. le gén. Dampierre.

Dans le 17ᵉ léger. — Le col. Bedeau, *blessé*. Le lieut.-col. De la Torré. Les chefs de bat. Pagès, *blessé*, et Leyritz. Les cap. Bisson, Magagnosc. Le lieut. Bernard. Le s.-lieut. Daillé. Les s.-offic. Hugues, Traverse, Rinolfyz, Alméric, Valdenaire, Pondret, Chambarat. Le fourr. Pujens. Le caporal Legras. Le carab. Noir. Les voltig. Biron, Melusson, Pothier. Les chass. Castellani et Nozin.

Dans les zouaves. — Le comm. Renaud. Les cap. Ladmiraud, de Barral, de Mont-Louis. Les lieut. Coumet, Gauthier, Lepoitevin. Le caporal Thévenot et le zouave Baylet.

Dans les tirailleurs. — Le cap. Clerc et le lieut. Sauvin.

Dans le 15ᵉ léger. — Les cap. Bourdier et Bedot. Le lieut. André. Le fourr. Rougé.

Dans le 48ᵉ de ligne. — Le col. Rambau. Le chef de bat Marcheran. Les cap. de la Loge et Bertin. Le serg. Bignon.

Dans la cavalerie de réserve. — Le chirurg. aide-major Caumont. Le lieut. Durruthy. Le s.-lieut. Bristielle. Les maréch. des logis Feuillabort, Bizouard, Bérard. Le brig. Liontier. Le chass. Foulard.

DÉFENSE DE MAZAGRAN (DU 2 AU 6 FÉVRIER 1840).

10ᵉ *compagnie du 1ᵉʳ bataillon d'infanterie légère d'Afrique.* — Le cap. Lelièvre, comm. le fort. Le lieut.-col. Dubarrail, comm. la garnison de Mostaganem. Palais, cap. d'artill. Keller, brigad. Albinal, cap. du génie. Magnan, lieut. au 1ᵉʳ bat. d'Afrique.

Cordonnier, id. Durand, s.-lieut., id. Muster, Talne, Girond, Villemond, serg. Vouillon, Leborne, soldats. — De Forton, cap. au 2ᵉ chass. d'Afrique. Sauvage, s.-lieut., id. Tubœuf, maréch. de logis de spahis.

COMBAT DU MOUZAÏAH (15 JUIN 1840).

2ᵉ *léger.* — Le col. Changarnier. Les lieut. Pourcet et Costamagna; le s.-lieut. Goyon. Le carab. Bonnet.

17ᵉ *léger.* — Le lieut. Bernard. Le cap. Mazulaz. Davin et Daillé, s.-lieut. Mitton, Traverse, Guillot, Guiraud, serg. Cauton, Deville, capor. Martin, Philippon, soldats.

Zouaves. — Frémy, cap. Ouzanneau, s.-lieut. Stanislas, Valentin, Bertrand, serg. Marigny, Watellier, capor. Masson, Cussol, Santolo, soldats.

Tirailleurs. — Le cap. Vichery, Clerc, Bellefond, cap. Collet, Airoles, s.-lieut. Lassalle, adjud. Prost, Enderloin, soldats.

3ᵉ *léger.* — Le col. Champion, Fauro, Lagrève, cap. Guercy, Lepalley, lieut. Rossimès, s.-lieut. Dagnas, adjud. Chené, Leroy, Gérard, serg.-maj.

Guzence, Lerat, Richard, serg. Augussol et Floquet, capor. Juneau et Ribière, soldats. Lefèvre, chirurg.-major.

48ᵉ *de ligne.* — Le col. Rambaud. Les chefs de bat. Marchesan et de Comps. Le docteur Robert. Les cap. Gillet, Lesage et Paer. Les lieut. Marchand, Godart, Vindriez, Corbizet. Le s.-lieut. Boloz, Roquetaillade, Bosons et Weill. Victor, adjud. Montigny, serg.-maj. Bignon, Bryhaud, Choulet, Darlon, Traby et Mano, serg. Alferne, Ceccaldi, Audibert, capor. Lamore, Demarty, Léonard, Broin, soldats.

Légion étrangère. — Poërio, chef de bat. Mayran, Mayor, Silvestre, Taupin, cap. Monti, s.-lieut. Lidortt et Ramlet, sergents.

Dans le génie. — Le cap. Boquet.

COMBATS DE MILIANAH (DU 23 AU 26 JUIN 1840).

Artillerie. — Le cap. Conrot, Muller, lieut. Salomon, brigadier.

24ᵉ *de ligne.* — Bachelet, chef de bat. Tournemine, Leduc, cap. Deymié, lieut. Amiotte, cap. Joly, soldat.

Zouaves. — Maissiot, Gautrin, Ladmirault, cap. D'Antin, lieut. Ditrit, zouave.

Arrière-garde. — Le col. Bedeau. Le lieut.-col. Charpenay, du 23ᵉ de ligne. Le cap. d'Hugues. Le lieut. d'état-maj. Besson. Le voltig. Bec. Le col. Changarnier du 2ᵉ léger. Le cap. Lacharrière. Les capor. Guillaume, Singery, Noury.

58ᵉ *de ligne.* — Champmorin, chef de bat. Fedlem, lieut. Quinemant, serg.-maj. Semporay, soldat.

État-major. — Le lieut. gén. Schramm. Les gén. d'Houdetot et Blanquefort. Les lieut.-col. de Salles et Pélissier. Tatareau et de Courtigis, chefs d'escad. De Crény, d'Allonville, de Villiers et Mac-Mahon, aides de camp du gén. d'Houdetot. De Tanlay, Bosq, Lebris, Spitzer, cap. Reille et Besson lieutenants.

Artillerie. — Le command. Porchain. Les cap. Fournier, Chabord, Liédot, Bonamy. Lafayette, s.-lieut. Carolore, maréch. des logis. Schlichter, artilleur.

Génie. — Le col. Bellonet. Guyot-Duclaux, cap. D'flauteville, chef de bat. Noël, Lhôpital, Dumoulin, Bocquet, de Villelégier, cap. Le lieut. Robbe, Decoux, Onfroy, serg.-maj. Leroy, serg. Poirrier, canonnier.

Service médical. — Antonini, médecin en chef. Renaut et Pujade, chirurg. aides-maj. Anjon et Beugny, id. Les sous-aides Langa et Varlet. Tripier, pharm.-major.

Train des équipages. — Polré, chef d'escad. Moreau, Mallart, Saint-Martin, lieut. Leglaive, Lefèvre et Berry, maréch. des logis. Les brigad. Bernin et Gorse.

Administration. — Les s.-intendant militaire Escher, Bachaut et Sallois, officiers comptables.

COMBAT DE KARA-MUSTAPHA (19 SEPTEMBRE 1840).

Le général Changarnier. Mac-Mahon, cap. Pourcet, lieut. d'état-major.

Zouaves. — Leflo, chef de bat. Gautherin, cap. Croillet, serg. Guillarmi, capor. Ducoucdré, Pelletier, Jalabut, soldats.

Tirailleurs d'Orléans. — Ladmirault, chef de bat.

Le cap. Crignon. Jaubert de Pasta, lieut. Camps, serg. Nabet, capor.

1ᵉʳ *Chasseurs d'Afrique.* — Tartas, lieut.-col. Boyer, cap. Lapérouse, lieut. Regnault, de Coïls, maréch. des logis. Salondre, brig.

Artillerie. — Le cap. Bonamy.

Génie. — Le cap. de Villelégier.

COMBAT D'AKBET-KEDDA (30 MAI ET JUIN 1841).

État-major de la colonne. — Pélissier, lieut.-col. Martimprey, cap. De Castelnau, lieut. Walsin Esterhazy, cap. d'artill. Daumas, chef d'escad. aux chass. d'Afrique, Eynard, chef d'escad. d'état-major, Vergé, cap. de chass. Rochemore, chef d'escad. au 4° chass. Clonard, cap. lég. étrang. Rozières, de Wengis, de Cissey, Travot, cap. d'état-major.

1er Division. — S. A. R. Mgr. le duc de Nemours. Gén. Boyer, aide de camp. Lieut.-col. Despinoy, chef d'état-major.

Bataillon d'élite. Renaud, lieut.-col. Carondelet, Frontil, cap.

1er de ligne. D'Anthouard, chef de bat. Dany, chirurg.-major. Bardon, cap. Rouby, s.-lieut. Boquillon, serg. Gauguin, Fabre, soldats.

13e léger. Walsin Esterhazy, chef de bat. Beauchamp, La Rousselière et Billot, cap. Bailly, lieut. Polymarchetti, s.-lieut. Lapédagne et Krien, serg.-major. Gers, carabinier, Bessoudrade et Boucassel, chasseurs.

1er bataillon d'infanterie légère d'Afrique. — Le chef de bat. Géraudon, le cap. Cordonnier.

2e division. Le gén. la Moricière, Les cap. d'état-major Philippe et Susleau de Malroy. Les lieut. Fornier et de La Guiche. Larue du Barry, chirurg. sous-aide.

6e léger. Coste, chef de bat. De Fayet, Dulor, cap.

Mouzin de Lyrie, lieut. Bolleton, serg. Ruttault et Fauchon, Lotiman, Berne, soldats.

41e de ligne. Le col. Roguet. Maissiat, chef de bat. Billon, cap. Reynaud, s.-lieut. Garnier et Dieu, serg.-major. Guyomard, serg. Coudert, capor.

15e léger. — Le col. Tempoure, Bariolade, cap.

56e de ligne. Le col. Lafeuille, Caillard, chef de bat. Boudhors, lieut.-col. Le cap. Fossier.

Artillerie. — Le cap. Laumières, Briant, lieut. Bardennat, maréch. des logis, Lagarde, fourr. Château, brig. Lelianno et Gaucol, artill.

Cavalerie. — Le col. Randon, du 2e chass. Bernard, Grattepain, cap. Herbin Dessaux, chef d'escadron.

Spahis. — Montauban, chef d'escad. Jores d'Arces, capitaine.

Artillerie. — Pariset, Destouches, cap. Mangères, adjudant.

Génie. — Le gén. Berthois. Devaux, Curtal, Vauban, Félut, Véronique, Dumas, Rittier, cap. Péguillet, Courier, serg. Chassé, sap.

Administration. — Hainaux, adj. auxil. des ambulances. = *Train :* Martin, chef d'escad. Moreau, cap. Saint-Martin, Daguet, lieut. Etienne, Bidard, Pajol, maréch. des logis. Blechy, Brig, Pierre, sold. Bréa, offic. compt. Marion, adj. des subsistances.

Ouvriers d'administration. Le lieut. Foucaud.

COMBAT DE MILIANAH (1er ET 3 MAI 1841).

État-major. — Le gén. Baraguay d'Hilliers. Le cap. d'Adelaward, son aide de camp. Les cap. de Cissey, de Gouyon, de Wengy. Delmotte, lieut. col. Eynard, chef d'escad. Travot, cap. Les gén. Changarnier et Boyer. Despinoy, lieut.-col. Berthier, chef d'escad. Borel de Brétizel, Letellier, Latour du Pin, Roger, cap.

1er chasseurs. — Le cap. Boyer. Raoul, lieut. d'état-major, Rougel, Lallemand, Chaix, chass.

4e chasseurs. — Le cap. Bourgon.

24e de ligne. Le col. Gentil. Le lieut.-col. duc d'Aumale. Le chef d'escad. Jamin, offic. d'ordonnance du prince. Grandchamp, cap. Ducros, lieut. David, sergent. Bresset, Paul, Verdin, Mauret, sold.

58e de ligne. Vanhedegghem, lieut.-col. Pierson, cap. Bertrand, lieut. Clément, s.-lieut. Gremelen, adj. Guinchard, sergent-major, Veilhon, serg. Robert, grenadier.

26e de ligne. Le col. D'Arbouville. Guerrimand, chef de bat. Manselon, cap. Cabillaut, id. Martin Lacoste et Berruyer, lieut. Peter, sergent. Doumet, fourrier.

Zouaves. — Le lieut.-col. Cavaignac. Leflot, Leroy, dit Saint-Arnaud, chef de bat. Frémy, cap. Mayart, lieut. Royer, s.-lieut. Peureux, Raffin, Duchesnois et Pomol, serg. Joubert, zouave.

Artillerie. — Poitiers, lieut.

1er chasseurs d'Afrique. Le col. Korte. Tartas, lieut.-col. De l'Horme, chef d'escad. Boyer, cap.

Latouche, Duchesne, cap. Espéron, lieut. Sensier, s.-lieut. Mignot, Pivot, Labriffe, maréch. des logis. Thomas, brig. Chaix, Lefranc, Riquet, chass.

4e chasseurs. — Houdaille, Rochemore, chef d'esc. De Loé, Guerro, cap. Bastide, lieut. Valabrègue, Guichard, Delage, s.-lieut. Lichtlin, Gourt, Letellier, Lavigerie, Cordier, maréch. des logis. Dougla, brig. Dalh, Cazac, Maurus, chass. Bordier, chirurg. aide-major.

Gendarmerie. — Broqueville, cap. Méchin, lieut. Pruch, maréch. des logis. Dornier, brig. Néaud, Pradier, Schmidt, gendarmes.

Gendarmes maures. — Le cap. d'Allonville. Belal, lieut. Martini, s.-lieut. Marguerite, Aubin, maréch. des logis. Delmas, chirurg. aide-major.

Tirailleurs indigènes. — Polló, lieut.

Artillerie. — Potier, lieut. Narey, id. Batte, maréchal des logis.

Intendants. Molet de Cambis, Mallarmé et de La Calvinière, adjoints.

Train des équipages. — Poiré, lieut.-col. Ledain, Gulh, Remond, lieut.

Service de santé. — Baudens, chirurg. princ. Tripier, pharm. aide-major. Bertrand, chirurg. id. Pasquier, Zaudik, chirurg. s.-aides. Artigues, chargé de l'ambulance.

Service des subsistances. — Letellier, offic. compt. Pigot, lieut. des ouvriers d'administration.

COMBAT DE BENI-MERED (11 AVRIL 1842).

Blandan, serg. au 26° de ligne, chef de détachement, tué. Lecl.ir, tué. Giraud, amputé. Elie, mort de ses blessures. Béal, blessé. Lecomte, blessé. Laurent, blessé. Bourrier, blessé. Michel, blessé. Laricourt, tué. Hire, Girard, Estal, Marchand, Monot, non blessés; tous soldats au 26° de ligne.

Villars, brig. au 4° chasseurs d'Afrique, blessé. Ducasse, chass., tué. Lemercier, id., non blessé. Ducros, chirurg. sous-aide, amputé.

Pour perpétuer la mémoire de ce glorieux combat, soutenu dans la Métidjah, entre Bou-Farik et Beni-Mered, par cette poignée de Français contre une nuée d'Arabes, le gouvernement a autorisé l'érection à Beni-Mered d'un obélisque dont le fût, haut de 22 mètres, repose sur une base disposée en fontaine. Deux inscriptions fort laconiques rappellent ce fait d'armes; l'une, du côté d'Alger, porte ces mots : « Aux vingt-deux braves de Beni-Mered. » Sur l'autre, faisant face à Blidah, on lit : « Combat du 22 avril 1842. » Il n'eût pas coûté bien cher de graver les noms des vingt-deux braves. Tout autre général en chef que M. Bugeaud n'eût pas refusé d'accorder à l'armée cette satisfaction.

COMBAT D'EL-DISS (3 MAI 1842).

M. le col. Brice, commandant supérieur de Philippeville.

Dans le 19° léger. — MM. le col. de la Tour du Pin, de Chabrière et Cornet, cap. Gilbert, lieut. Faivre, Henrion, s.-lieut. Hébert, serg.-maj. Beston et Guyon, chass. Monot, serg. Robert, Bernard, Gras,

Duport, carab. Grapdoup, Lacrosse, Carboni et Estelle, chass. Klingensteiner, serg. Schott, lieut., tué. Lepelletier, chirurg-maj., tué.

Dans l'artillerie. — M. Lix, lieut.

Dans le génie. — MM. Brincard, Riffault, cap. Mathieu, lieut. Roblin, serg. Barratier, sap.

Dans le 3e bataillon d'Afrique. — MM. Poyssard, comm. Papus, Saint-Germain, cap. Adam, Paillard, lieut. Husson, Bastide, serg. Lapère, chirurg.-maj. et Franceschi, serg.-major.

Dans les troupes indigènes. —MM. Ressayre, lieut. Bazoche, s.-lieut.

Dans l'administration. —MM. Charmetton, adjoint de 2e classe à l'intendance, Stéphanopoli, chirurg. aide-maj. Martin, infirm. Canapa, interprète.

PRISE DE LA SEMALAH (16 MAI 1843).

S. A. R. Mgr. le duc d'AUMALE. Le col. des spahis Youssef, le lieut.-col. Morris, le comm. Jamin, aide de camp du prince; les cap. de Beaufort, Durrieux, de Marguenat; l'interprète Urbain.

Dans le 33e de ligne; le cap. Dupin, de l'état-major.

Dans la gendarmerie; le lieut. Grosjean; Chambert, mar. des logis; Muret, brig.; Formeau, gend.

Dans le 1er chasseurs. Lichtlin, lieut.; d'Orvinsy, Pohéquin, mar. des logis.

Dans le 4e chasseurs: D'Espinay, capit.; Grandvallet et Cadic, id.; Paulze d'Yvoy, lieut.; Marchand, Drain, Cauclaux, Delago, s.-lieut.; Dreux, Carrel, Laroche, Cambriel, Moupheux, mar. des logis; Masson, Bertrand, Boissonay, Briont, brig.; Magnin, Morel, Delacour, Perray, Lemoine, Desprez, Ardouin, chasseurs.

Aux spahis: le chef d'escadron d'Allonville; les cap. Offroi et Piat; Fleury, Jacquet, Frontville et Logrand, lieut.; Dubarrail, Gauthrot, Bréauté, de Breteuil, Piat, s.-lieut.; Olivier, adj.; Mesmer, de Chamitz, mar. des logis; Garnier, brig.

COMBAT DE L'OUED-MALAH (11 NOVEMBRE 1843).

4e chasseurs d'Afrique. — Tartas, col. De Cotté, chef d'escad. Denis, chirurg.-major, D'Hincourt, De Loé, Ducret, Lemonnier, de Nellac, cap. De Valabrègue, Lebègue, Marchand, lieut. De Caulincourt, de Closmadeuc, s.-lieut. Lécarlier, adjud. Saignier, trompette major, Bouvard, Cardoller, Dougla, Lichtlin, maréch. des logis. Bergeret, Fourgues, Lestoquoy, Veisse, Saint, Roux, Leguy, Thuault, Lhonne, chass.

2e chasseurs. Sentuary, lieut.-col. De Cotte, Savaresse, cap. Vidil, de Bonne, lieut. Mégemond, Huban, Bouchamp, Delplane, s.-lieut. Bardotte, Chambas, Gantès, Bougerat. Bousquet, maréch. des logis. Girard, Saint-Sardos, Thomas, Astruc, brigad. Martiny, Déon, Siret, Sourp, Sublit, Rocher, Bull, chasseurs.

Spahis d'Oran. —Cassaignoles, cap. Signot, brig. Rouzé, spahis.

Corps royal d'état-major. — Dajarras, cap. Baudoin, Martin, lieut.

Artillerie. — Charras, cap. Briant, lieut.

Ambulance. — Gama, chirurg.-major.

COMBAT DE TAOURGHA (12 MAI 1844).

Le lieut.-col. Daumas, directeur central des affaires arabes. Le cap. Pellé, des tirailll. indigènes. Les cap. d'état-major Gaboriau, de Cissey. Le docteur Amstein, chirurg. du bureau arabe. Springuisfeld et Guillot, lieut. du train. Bertrand et Kestel, maréch. des logis. Nivières, trompette.

Bataillon d'élite. — Le cap. du génie, Jacquin. Le cap. d'artill. Bourson. Damaret, Peter, maréch. des logis. Le docteur Volage, chirurg.-major.

26e de ligne. Miller, chef de bat. Cavadiny, cap. Pacot, lieut. Rouau, serg. Gravil, voltig.

48e de ligne. — Le lieut.-col. de Comps. Le cap. Vautier, Victor et Montigny, s.-lieut. Chalut, Baqué, grenad.

Tirailleurs indigènes. — Vergé, chef de bat. Wimpffen, cap. Hugues, Martineau des Chesnez, lieut. Lacroix, adjudant.

État-major de la colonne. Zaragoza, chef d'escad. Sedille, offic. d'ordonnance du gén. Korte. Le chef d'escad. de Gouyon.

COMBAT D'OUAREZ-EDDIN (17 MAI 1844).

Dans l'état-major général. — MM. les génér. Gentil et Korte; le colon. Pélissier; le chef d'escadr. de Gouyon. Les capit. Anselme, de Cissey, Raoul et Lapasset; l'interprète Louis Goher.

Dans l'état-major particulier du gouverneur. — MM. les capit. Rivet, de l'artill., de Garraube, de la lég. étrang., et Guilmot des chass. d'Afr., offic. d'ordonn. Le chef d'escadr. d'état-major l'Heureux, offic. d'ordonn. du ministre de la guerre.

Dans les zouaves. —MM. le lieut.-col. de Chasseloup-Laubat; le capit. Corréard qui, ayant reçu quatre coups de feu, conservait encore le commandement de sa compagnie; les capit. Paër et Frèche; les lieut. Rampon (*blessé*), Larroux-d'Orion; le sous-lieut. Rogues. Les serg. Camut, Morelly; le fourr. Chapsal (*blessé de trois coups de feu*); le serg. Déchard (*blessé*); le serg.-maj. De Reuss (*blessé*); les serg. Pois, Destouches, *blessé*. Les capor. Leprévost, *blessé*, Desmarets. Les zouaves Guichard, qui a sauvé la vie au capitaine Corréard, et l'a emporté sous une grêle de balles; Bouton, Mounier et Caila. Agneaux, *blessé*, Porche, *amputé*. Amps, *amputé*. Beaudrand, *blessé*, Duvivier. Le s.-lieut. Dodille, *tué*.

Dans la compagnie de carabiniers du 8e bataillon de chasseurs d'Orléans. — MM. le lieut. Hurvoix, *blessé*. Le s.-lieut. Lautard. Le serg.-maj. Revol. Le fourr. Castevin. Le capor. Foissy, *blessé*. Le carab. Bonnet, *blessé grièvement*.

Dans le bataillon d'élite. — MM. le cap. comm. Jacquin, *blessé*. Le cap. Lamargue, du 8e d'artill. Le lieut. Marion, du même corps. Le lieut. Stéanig. Les maréch. des logis d'artill. Damant et Peter. Le serg. du génie Merlin. Le capor. Jacquin et le mineur Poligny.

Dans les tirailleurs indigènes. — MM. le chef de bat. Vergé, le s.-lieut. Valentin, *blessé*. Le lieut. Gentil.

Dans le 3e léger. — MM. le col. Gachot. Le chef de bat. Bess. Le cap. Daurilheau. Le s.-lieut. Hocquet. Le lieut. Walker. Le serg. de carab. Durazzo. Le carab. Lantrein et le voltig. Larigaldy.

Dans le 26e de ligne. —MM. le lieut.-col. Guériman. Le cap. Cavadini. Le cap. adjud.-maj. de Berruyer. Le lieut. de voltig. Pacaud, *blessé*. Le lieut. de voltig. Hergerel. Le serg.-maj. de grenad. Dorneaud, Rohan, serg. de voltig.

Dans le 48e de ligne. — MM. le col. Regnault. Le chirurg.-maj. Robert. Le lieut. Fourot. Le s.-lieut. Glaentzer. L'adjud. Tapy. Les serg.-maj. Benos et Fabre. Le serg. Turpin. Le capor. Leroux. Le voltig. Chair.

Dans le 53e de ligne. —MM. le col. de Schmidt. Le cap. Turpand.

Dans le 58e de ligne. — MM. le lieut.-col. Forey. Le lieut. Féry. Le capor. Baurès, *blessé*.

Dans l'artillerie. — MM. le chef d'escadr. Liautey. Le cap. Chabord. Le maréchal des logis Raymond, du 12e d'artill.

Dans la cavalerie. — MM. le chef d'escadr. de Nouo, du 1er chass. Le s.-lieut. Merlet, des spahis. Le maréchal des logis de chass. Christol.

Dans le génie. — MM. le col. Charron. Le cap. Ducasse, *blessé grièvement*.

Dans le train des équipages. — Les maréch. des logis Église et Baranque, et le brig. Bonotte.

Service des ambulances. —MM. Philippe, chirurg. principal. Le chirurg.-maj. Duroujet. Le sous-aide Souville, et M. Juvin, adjud. d'administration du service des hôpitaux.

BATAILLE D'ISLY (14 AOUT 1844).

État-major général. — Eynard, col., De Crény, Lcol. De Gouyon, Martimprey, chefs d'escad. Foy, col., Caillé, chef d'escad. Courson, Espivent, de Cissey, cap. Baudouin, lieut. Guilmot, cap. aux chass. d'Afrique.

Spahis. — Damotte et Diter, lieut. Rozetti, Bochakor, s.-lieut. D'Allonville, Favas, Cussaignoles, chefs d'escad. Offroy, Blond, Jozon, cap. Lambert et Fleury, id. Legrand, Gautrot, Michel, lieut. Du Barail, Bertrand, de Noissac, s.-lieut. Stéphanopoli, chirurg. aide-major. Lagardère, vétérin. Kobus, Lefèvre, adjud. Candas, maréch. des logis. Cuissin, Burdiès, Pigeon, Lafayette, Mignot, Bégnin, Massé, Gide, Chalamel, maréch. des logis, Pradel, Jacottot, Rouzé, Brig. Bonafosses, Courvoisier, Hugon, de Douhet, Laudri, Justin, Dugommier, spahis.

4e de chasseurs. — Crestey, chef d'escad. De Loé, Ducrest, Laillot, de Noyac, cap. Goujat, Lebéane, lieut. Guiraud, Nyol, Hayaërt, Balzac, s.-lieut. Vallin, chirurg. aide-major. Vallon, vétérin. Bourand, Cardotte, Cordier, d'Henriquon, Vinlaud, Petton, Noiras, maréch. des logis. Bory, Nunier, Dupng, Gérard, Judo, brig. Darguet, Courteau, Carlier, Duprat, Holstein, Jayet, Verse, Hugues, Robut, Guichetan, Barthélemi, Reynaud, chasseurs.

2e des chasseurs. — Houdaille, chef d'escad. Forton, de Cotte, Rousseau, Lecomte, Joly, Delacase, Houssaye, cap. Vaternau, de Vidil, Colonna, lieut. Maguy, Delachère, Espanet, Roger, s.-lieut. Justrac, adjud. De Pongerville, Baudotte, Aubin, Maury, maréch. des logis chefs. Cornac, de Brigade, Lenormand, Pargny, Frantz, Boulanger, Baudouin, Single, Romperat maréch. des logis, Lundry, Maurice, Kergrée, Dangé, Regnaud, Be'n'rd, Guillaumon, Riétés, brig. Tinet Dobas, Lallemand, Vagner, Esther, Pagès, Malpas, Schmitt, chasseurs.

1er chasseurs. Tallet, Vidalin, cap. Rivat, lieut. Dorvieux, s.-lieut. Lauth et Raymond, maréch. des logis. Pack, brigad.

2e hussards. — De Gagnon, col., Courby de Cognord, chef d'escad, Gentil Saint-Alphonse et Delard, cap. Pernet, lieut. Aragnon, s.-lieut. Barnoud et Marlien, maréch. des logis.

Le col. Tartas cite le cap. Bastide, du 4e chass. Les adjud. Lecarlier de Veslad et Durys. Le trompette major Saignies et le brig. Lestanquoy.

Dans le Maghzen. — Le chef d'escad. Walsin Esterhazy.

Colonne de droite, 15e *léger.* — Le col. Chadeysson, 13e léger. — Le chef de bat. Bose, Le chef de bat. d'Antemare, des zouaves. Le cap. Guyot, du 9e bat. de chasseurs d'Orléans. Le cap. Hardy, du 13e léger. L'adjud. Cambon, des zouaves. Le serg. Safrané, du même corps.

Colonne de gauche. — Le col. de Comps, du 48e. Les chefs de bat. Blondeau, Chavauchaud-Latour et Fossier. Le lieut. Carbonnel et le caporal Brégaud, du 48e. Le col. Renault, du 6e léger. Le chef de bat. Blot, du 10e bat. de chass. d'Orléans. Le caporal Sorval.

Bataillons faisant tête de colonne. — Le chef de bat. Froment Coste, du 8e chass. d'Orléans. Les cap. Delmas et Dutertre, et l'adjud. Fléchet.

32e de ligne. — Chardon, cap. Binker, sergent.

41e de ligne. — Le col. Roguet, Iratsoguy, lieut. Milhourat, serg.

Arrière-garde. — Bèze, chef de bat. au 8e léger. Morizot, cap. Bonnefous, s.-lieut. Duroutgé, chirurg.-maj. Durazzo, Guezeance, serg. Lautrin, Berlière, sold.

3e bataillon de chasseurs d'Orléans. — Bauyn de Perreuse, chef de bat. Jourdain, cap.

Artillerie. — Clappier, Place, cap. Duchaud, Leboeuf, Chavaudret, lieut. Loublon, Woetcher, Maure, Déché, maréch. des logis. Cotteret, brigad. Lambouslas, artill.

Intendance. — Delamoissontère, cap au 48e, faisant fonction de s.-intendant.

Service de santé. — Le docteur Philippe, chirurg. principal de l'armée. Barbet off. compt., directeur des ambulances.

DÉFENSE DU POSTE DE SEBDOU (3 OCTOBRE 1845).

M. Brachet, capitaine commandant. MM. Pascal, cap. au 41e de ligne, Bonnery, cap. adjud.-maj. Devanx, lieut. Lesecq, lieut. du génie. Zeiller, s.-lieut. au 41e. Lehir, serg.-maj. au 41e. Dufaux, serg-maj. des zouaves. Hus, maréch. des logis d'artill. Belogon, fourr. et Besson, serg. au 41e. Morlon et Bonropos, zouaves. Pivois, chass. au 15e léger. Gloppe, zouave. Chaligue, capor. id. Dource chass. au 15e léger. Ruy, sap. au génie. Clavier, capor. au 41e. Stener, grenad, id. Philippe, voltig. id.

COMBAT DE SIDI-BRAHIM (13 OCTOBRE 1845).

Le lieut-col. Montagnac. Le chef de bat. Froment Coste, du 8e bat. d'Orléans. Le chef d'escadr. de Courby de Cognord, du 2e huss. Le cap. Gentil Saint-Alphonse, du 2e huss. Le lieut. Klein, du même corps. Le cap. adjud.-maj. Dutertre, du 8e bat. d'Orléans. Le cap. Chargère, Burgard, du même bat. Le lieut. de Raymond. Le s.-lieut. Lacrazet, du même bat. L'adjud. Thomas, id. Le cap. de Géreaux, du 8e bat. d'Orléans. Le lieut. Chappedelaine, id. Le docteur Rosagutti, même corps. L'interprète Lévi, id.

Noms des quatorze hommes échappés au désastre de Sidi-Brahim, et rentrés à Djemmâ Ghazaouât. — Davano, Natalie, huss. au 2e régiment. Lavaissière, capor. au 8e bat. de chass. d'Orléans. Léger, Lappaurat, Michel, Sier, Blanc, Antoine, Armand, Delfieu, Rapin, carab. Langlais, Raymond, chass. au 8e bat. d'Orléans.

COMBATS CHEZ LES TRARAS (13 AU 15 OCTOBRE 1845).

État-major. — Le cap. Anselme, Beaudoin, cap. détaché aux chass. d'Afrique.

Artillerie. — Lugan, Geslin, cap. comm. Chavaudret, cap. en second, Tafforin, adjud. s.-off. Hussonet, maréch. des logis.

Génie. — Gaubert, Thouvenin, cap.

Zouaves. — Franceschetti et Saint-Pol, cap. Dubos, lieut. Robin des Villars, serg. Bouat, lieut.-col. Lecouteux, cap.

41e de ligne. Mac Mahon, col. Carondelet, chef de bat. Fraboulet, cap. adjud.-maj. Sialat, serg. Téaret, voltig. Geneslay et Laurent, grenad. Lemonnier, cap. Riollé, serg.-maj.

Arrière-garde, 3e léger. — De Géraudon, lieut.-col. Deserre, chef de bat. Fourrier, serg. Soulier, carab.

Légion étrangère. — Faivre, col. du 48e, comm. Delamarre, chef de bat. Clerc, cap. adjud.-maj. Gabernade et Galichon, cap. Beaumené, adjud. Lesage, cap.

6e léger. Etienney, chef de bat. Varlet, chirurg. aide-maj. Journier lieut. Badouville, cap. Recopé, serg.-maj. Salson, lieut. Sorel, serg.

15e léger. — Burcaille, lieut. Bonnet, cap. adjud.-maj. Falcon, s.-lieut. Morcaron, serg.-maj.

10e bataillon de chasseurs d'Orléans. — Levassor-Sorval, cap. comm.

8e bataillon. — De Noë, cap. Semidéy et Brice, s.-lieut. Raison, capor. Simon, serg. Imoff, chass.

4e chasseur d'Afrique. — Vernon, cap. Dor, s.-lieut. Delmas, de Lacoste, s.-lieut. Durys, adjud. Delouche, maréch. des logis. Guichard, lieut. Julien, maréch. des logis.

Service de santé. — Gama, chirurg.-maj. Lapayre, chirurg. aide-maj.

CITATIONS A L'ORDRE DE L'ARMÉE.

EXPÉDITION CONTRE LES FLISSA-EL-BAHR (17 ET 28 OCTOBRE 1845).

Le gén. Comman. *Dans le 3ᵉ léger.* — MM. le col. Gachot, Paillot, D'Hérail de Brisis, Giron, cap. Martin, serg.

Dans le 8ᵉ bataillon des chasseurs d'Orléans. — Serviès, chef de bat. Cagarriga, Petit, cap. Dautel, fourr. Boisson, capor. Nattier, adjud.

Dans le 26ᵉ de ligne. Titard, chef de bat. Choppin de Bessey, cap. Beauguillaume, lieut. Pietri, s.-lieut. Peyrolles, adjud. Braun, serg.-maj. Raymond, grenad. Laure, serg.

Dans le 53ᵉ de ligne. — Le col. Leroy, dit Saint-Arnaud, De Galland, chef de bat. Maissiat, cap. Grandpierre, lieut. Bagel, cap. Lachau, id. Turpeaud, id. Jardet, s.-lieut. Fauchon, adjud. Lévêque, lieut. Martin, cap. Picard, adjud.-maj. Laumonnier, adjud. Herbault, serg.-major. Valaret, fusilier. Delvigne, id.

Dans le 58ᵉ de ligne. — Le col. Blangini, Boucheron, serg. Jouanny, cap. adjud.-maj. Deschamps, serg. Augé, id. Brien, lieut. Soubié, fusilier. Amier, id. Pujo, fourr. Ferry, lieut. Lebienvenu, s.-lieut.

Tuillié, fusilier. Caubert, cap. Gremelin, porte-drapeau. Martin, fusilier. Topiau, serg.-maj.

Cavalerie. — Le col. des spahis, Youssof.

1ᵉʳ chasseurs. — Le chef d'escadr. de Nouo; Thunot, s.-lieut. Do Mauge, maréch. des logis. Carayon-Latour, s.-lieut. Ajax, tromp. Da Bérot, lieut. Macheré, s.-lieut. Gérig, vétérin. Parcellier, chass. Lebengut, brig. De Miravaille, maréch. des logis. Larfeuille, maréch. des logis. Villemain, s.-lieut.

Dans les spahis. — Le chef d'escadr. d'Altonville, Stephanopoli, chirurg. aide-maj. Piat, cap. Jacquier, lieut. Perrotin, adjud.

Dans l'artillerie. — Aubac, Brunet, cap. Poisson, Guillemain, lieut. Léger, adjud. Chambon, artificier. Bernard, canonnier.

Dans le génie. — Lemor, Féraguay, cap. Cottin, capor. Allart, sap.

Bataillon d'élite. — Jacquin, cap. comm. Prudent, cap. Volage, chirurg.-maj. Prévost, Daniel, serg. Jacquin, capor. Montbrun, adjoint à l'intendance militaire. Durand, chirurg. sous-aide aux ambulances.

COMBAT DE TEMDA (23 DÉCEMBRE 1845).

Le gén. indigène Youssof. Carayon Latour, lieut. aux spahis, et le chef d'escadr. Rivet, ses officiers d'ordonnance.

Aux 1ᵉʳˢ chasseurs. — Le col. de Richepanse. Le chef d'escadr. Dourin. Le cap. Kieffer. Les adjud.-maj. de Lapeyrouse et Vidalenc. Le lieut. Massot. Le s.-lieut. Macheré. Le s.-lieut. Bergmuller. Candelon, Barbaste, Saint-Martin, maréch. des logis. Millier, brigad. Frachon, Bureau, chass. Fouré, trompette.

Dans le 4ᵉ chasseurs. — Le col. Tartas. Le chef d'escadr. Berot de Cologne. Valabrègue, Cadio, cap.

Laflant, Wampers, id. Sauvède, lieut. Noël, Lichtlin, Chausserie, s.-lieut. Pellier, maréch. des logis. Chénier, brigad. Barthélemy, Boyer, chass.

Aux spahis. — Le cap. Juson. Le cap. de la Rochefoucault. Curély, Perrier, s.-lieut. Voyer, maréch. des logis. Bellot, spahis. Chalamel, id. Larcher, brigadier.

Dans la gendarmerie. — Ladevèze, lieut. De Lamotte, s.-lieut.

Leloir, chirurg.-maj. du 1ᵉʳ chass. Becœur, aide major du 4ᵉ chass.

CLASSEMENT DES VIGNETTES.

Mort du colonel de Montagnac (*en regard du titre*).	
Alger, vue prise de la mer	17
Bataille de Staoueli	34
L'Arabe dans la plaine	48
Marchand maure	59
Danse mauresque à Alger	62
Janissaire	77
Carnaval d'Ouargla	101
Le Touareg	110
La fille du bey de Tunis	117
Mauresque en costume de ville	161
Juive mariée	184
El-Hadji-Abd-el-Kader	236
Femme du Maroc	271
Harem marocain	279
Prise de Mogador	290
Marabouts	297
Abdel-Rahman, empereur du Maroc	313
Passage des Portes de Fer	332
Le duc d'Orléans au Téniah de Mouzaïah	349
Mauresques au harem	370
Femme kabaïle	424
Bombardement de Tanger	433
Les grottes du Dahra	440
Le Marabout de Sidi-Brahim	448
Retraite du capitaine de Géraux	449
Rentrée à Djemma-Ghazaouat	450
Le duc d'Aumale dans les monts Aurès	490
Carte du Moghreb (*à la fin*).	

TABLE ANALYTIQUE DES MATIÈRES.

INTRODUCTION. HISTOIRE DE QUINZE ANS. — But de l'ouvrage. — Coup d'œil général sur les Arabes. — Erreurs et fautes de notre politique. — Opinion des Anglais sur la valeur de l'Algérie. — Appréciation des résultats du gouvernement militaire. — Nécessité de créer en Algérie une vice-royauté française. 1

LIVRE PREMIER. PRISE D'ALGER LA GUERRIÈRE. — Coup d'œil sur nos relations primitives avec le littoral barbaresque. — Projets de conquête de Napoléon. — Causes de notre rupture avec Alger. — Insulte faite au Dey par le consul Deval. — Immoralité de cet agent diplomatique. — Blocus d'Alger. — Mission de M. de la Bretonnière. — Préparatifs de l'expédition de 1830. — Mésintelligence de l'amiral Duperré et du comte de Bourmont. — Débarquement de l'armée française à Sidi-Ferruch. — Insouciance primitive de Hussein-Pacha. — Bataille de Staouëli. — Combat de Sidi-Khalef. — Occupation du plateau de Bou-Zariah. — Siège du fort de l'Empereur. — Capitulation d'Alger. — Pillage de la Kasbah et des magasins publics. — Fautes commises par l'administration provisoire. — Désarmement des Turcs. — Départ de Hussein-Pacha. — Malheureuse expédition de Blidah. — Occupation passagère de Bone et de Mers-el-Kébir. — Révolution de 1830. — Arrivée du général Clauzel à Alger. — Retraite du maréchal de Bourmont. 17

LIVRE DEUXIÈME. PANORAMA DE L'ALGÉRIE. — Notions des anciens sur le nord de l'Afrique. — Conquêtes des Arabes au VII⁰ siècle. — Dénombrement de la population actuelle de l'Algérie. — Étude ethnographique des diverses races indigènes. — Turcs. — Maures. — Arabes. — Juifs. — Kebaïles. — Description de la zône littorale depuis les frontières du Maroc jusqu'à Alger. — La Tafna. — Harchgoun. — Mers-el-Kébir. — Oran. — Arzew. — Mazagran, — Mostaghanem. — Le Chéliff. — Ténès. — Cherchell. — Le Koubber-el-Roumiah. — Koléah. — Le Muzafran. — Sidi-Ferruch. — Alger sous le gouvernement turc. — Division politique de l'ex-régence. — Administration turque. — Les Jan'ssaires. — Description de la zône littorale depuis Alger jusqu'aux frontières de Tunis. — La Métidja. — Les rivières. — Le petit Atlas. — Le cap Bengut. — Dellys. — Bougie. — Djidjeli. — Kollo. — Stora. — Philippeville. — Bone. — Les ruines d'Hippone. — La Calle. — Tabarca. — Description de la zône intérieure de l'Algérie, de l'ouest à l'est. — Tlemcen. — Nédroma. — Maskara. — La plaine d'Eghrès. — Milianah. — Médéah. — Le mont Zakkar. — Sétif. — Constantine. — Guelma. — Richesses forestières et minérales de l'Algérie. 51

EXPLORATION DU DÉSERT DE SAHARA. — Aspect général de cette région. — El-Arouat. — Tadjemout. — El-Assalla. — Ksir-el-Hairan. — Aïn-Madhi. — Gardaïah. — Les Beni-M'zab. — Ouargla. — N'gouça. — Bou-Sadda. — Les Ziban. — Biskra. — L'Oasis de Tougourt. — Les palmiers. — Le bassin de l'Oued-Djedi. — Le Djebel-Sahri. — Les Ouled-Naïl. — Tebessa. — Le pays de Souf. — Nefta. — Touzer. — Kefsa, porte orientale du désert. — Le Djebel-Amour. — Les Ouled-Sidi-Cheikh. — Les Hanian, — Le Figuig. — Les Zegdon. — Insalah. — Timimoun. — Les Touareg. 94

LIVRE TROISIÈME. LA GUERRE SAINTE, DEPUIS LA PRISE D'ALGER JUSQU'AU TRAITÉ DE LA TAFNA. — *Commandement du général Clauzel.* — Dispositions des Arabes après la prise d'Alger. — Enquête relative au pillage de la Kasbah. — Organisation des services publics. — Création d'un corps de troupes indigènes. — Histoire de l'ex-mameluck Youssef. — L'expédition de l'Atlas. — Prise de Blidah. — Passage du col de Mouzaïah. — Occupation de Médéah. — Massacre de Blidah. — Ravitaillement de Médéah. — Tentatives de l'empereur de Maroc sur la province d'Oran. — Mission du colonel Aurray à Tanger. — Négociations du général Clauzel avec la régence de Tunis. — Désavoué par le ministère, ce général demande son rappel. — *Commandement du général Berthezène.* — Premières spéculations des accapareurs de terres. — Bonnes intentions du nouveau général en chef. — Situation de l'armée. — Expédition dans la Métidjah. — Nouvelle occupation et abandon de Médéah. — Désastre au retour. — Belle conduite du commandant Duvivier. — Insurrection de Ben-Zamoun. — Situation des affaires dans l'Ouest, Exactions et cruautés du général Boyer à Oran. — Première occupation de Bone. — Trahison des habitants. — Mort tragique du chef de bataillon Houder. — Rappel du général Berthezène. — *Commandement du duc de Rovigo.* — Renouvellement des troupes. — Violation des cimetières musulmans. — Exactions du nouveau général en chef. — Égorgement des El-Ouffias. — Insulte faite par lui à l'intendant civil. — Assassinat juridique du cheïkh des El-Ouffias. — Expédition de l'Isser. — Insurrection dans la Métidjah. — Sac de Blidah par le général Foudoas. — Meurtre de deux parlementaires, ordonné par le duc de Rovigo. — Intrigues du chef d'escadron Youssef. — Nouvelle occupation de Bone par le capitaine d'Armandy. — Beau trait du commandant Davoit. — Pillages commis par Youssef. — Évenements d'Oran. — Apparition d'Abd-el-Kader. — Attaque d'Oran. — Mésintelligence du duc de Rovigo et du général Boyer. — Exécutions clandestines et sans jugement. — M. Boyer est remplacé par le général Desmichels. — Mort du duc de Rovigo. — *Commandement du général Voirol.* — Création d'un bureau arabe. — Le capitaine de La Moricière. — Expédition de Bougie. — Le général Monk-d'Uzer à Bone. — Députation à Alger du sultan de Tougourt. — Expédition du général Bro contre les Hadjoutes. — Le général Desmichels à Oran. — Occupation d'Arzew et de Mostaghanem. — Siège de cette seconde place par Abd-el-Kader. — Incapacité militaire de M. Desmichels. — Traité du 26 février 1834. — Mustapha-ben-Ismaël. — Intrigues du général Desmichels auprès d'Abd-el-Kader. — Le commandant Duvivier à Bougie. — Sage administration du général Voirol. — Fautes et incapacité de l'intendant civil Genty de Bussy. — M. Voirol emporte de la colonie les regrets unanimes de la population civile et des Arabes. — Envoi en Afrique d'une commission d'enquête, chargée d'apprécier l'état des affaires. — Jugement sévère qui résume ses travaux. — *Création d'un gouvernement général* des possessions françaises dans le nord de l'Afrique. — Le comte Drouet d'Erlon, gouverneur général. — Création des spahis. — Suppression du bureau arabe. — Échecs dans la Métidjah. — Terreur des colons. — Faiblesse de M. d'Erlon. — Affaire du commissaire du roi Lowasy, à Bougie.

— Fermeté du colonel Duvivier. — Rappel de ce commandant supérieur. — Le général Trézel remplace à Oran M. Desmichels. — Le juif Durand s'empare du comte d'Erlon. — Traité du général Trézel avec les Douairs et les Semelas. — Désastre de la Macta. — Notre légion étrangère est cédée à l'Espagne. — Rappel du comte d'Erlon. — *Gouvernement du maréchal Clauzel.* — Situation de la colonie. — Puissance d'Abd-el-Kader. — Echec du général Rapatel au col du Mouzaïah. — L'agha Ben-Omar à Cherchell. — Course du maréchal Clauzel à Blidah. — Renforts venus de France. — Occupation de l'île de Harchgoum. — Expédition de Maskara. — Brillante conduite du Prince Royal. — Incendie de Maskara et retraite du maréchal Clauzel. — Expédition de Tlemcen. — Contribution imposée à nos alliés par le gouverneur général. — Indigne conduite du juif Lassery et du chef d'escadron Youssef, agents des exactions du maréchal. — Indignation de l'armée. — Etat général de la conquête. — Razzias. — Proclamations romanesques de M. Clauzel sur la prétendue fin de la guerre. — Le général d'Arlanges bloqué au camp de la Tafna. — Mission du maréchal de camp Bugeaud. — Ravitaillement de Tlemcen. — Combat de la Sikkak. — M. Bugeaud rentre en France. — Intrigues d'Abd-el-Kader avec le Maroc. — Meurtre de M. Salomon de Musis, commandant supérieur de Bougie. — Le chef d'escadron Youssef nommé bey futur de Constantine par M. Clauzel. — Conduite blâmable de Youssef à Bone. — Détails anecdotiques sur ce personnage. — Voyage de M. Clauzel à Paris — Intrigues et désaveux ministériels au sujet de l'expédition de Constantine. — Mgr le duc de Nemours se rend en Afrique. — Marche du maréchal Clauzel sur Constantine. — Souffrances de l'armée. — Topographie de Constantine. — Prise du plateau de Koudiat-Aty. — Assaut de la porte d'El-Kantara. — Attaque de la porte Bab-el-Oued par le colonel Duvivier. — Incapacité du général de Rigny. — Belle retraite du brave Duvivier. — Héroïsme du commandant Changarnier. — Retraite de Constantine. — Terreur panique et insubordination du général de Rigny. — Récriminations dirigées par lui contre le maréchal Clauzel. — Explications données par ce gouverneur général sur les actes de son gouvernement. — Coup d'œil sur son administration. — Travaux remarquables de M. l'intendant civil Bresson et de M. Poirel, ingénieur en chef du port d'Alger. — Disgrâce du maréchal Clauzel 112

LIVRE QUATRIÈME. TRAITÉ DE LA TAFNA, ET PRISE DE CONSTANTINE. — Résumé de l'administration précédente. — *Gouvernement du général Damrémont.* — Nouvelle mission du général Bugeaud. — Le juif Durand exploite sa crédulité. — Conflits entre M. Bugeaud et le gouverneur général. — Intrigues d'Abd-el-Kader. — Marche de M. Damrémont sur Blidah. — Attaque de la Reghaya. — Expédition au col des Béni-Aïcha. — Combat du Boudouaou. — M. Bugeaud sacrifie à Abd-el-Kader l'honneur et les intérêts de la France. — Traité de la Tafna. — Entrevue de M. Bugeaud et d'Abd-el-Kader. — Attitude dédaigneuse de l'émir. — Lettre de M. Bugeaud au président du conseil. — Sévère condamnation du traité de la Tafna par le gouverneur général. — Lettres d'Abd-el-Kader à M. Damrémont. — Le colonel Duvivier à Guelma. — Négociations avec le bey de Constantine. — Rupture des pourparlers. — Retour en Afrique de Mgr le duc de Nemours. — Seconde expédition de Constantine. — Investissement de la place. — Combats partiels. — Ouverture de la brèche. — Mort du général Damrémont. — Le général Valée prend le commandement en chef. — Assaut et prise de Constantine. — Brillante conduite du colonel de La Moricière. — Mort héroïque du colonel Combes. — Horrible aspect des résultats de l'assaut. — Le général Valée organise la conquête. — Arrivée de Mgr le prince de Joinville. — Touchante entrevue des deux fils du roi. — Retour du corps expéditionnaire. — Situation de la colonie. — Politique d'Abd-el-Kader et de l'empereur de Maroc, favorisée par le traité de la Tafna et l'abandon de Tlemcen. 225

LIVRE CINQUIÈME. TABLEAU DE L'EMPIRE DE MAROC. — Aspect général, physique et politique. — Parcours des régions intérieures. — Ouchdah. — Dou-Boudou. — Taza. — La province de Fez. — Coup d'œil sur les lettres, les sciences et les arts chez les musulmans de l'Ouest. — Etat actuel de Fez. — Méquinez. — Les Berbères, les Schelleuqs et les Kebaïles. — Maroc. — Tarodan. — Le pays de Tafilet. — La province de Souz. — Zône littorale du Maroc sur la Méditerranée. — Le désert du Garet. — Mélillah. — Les montagnes d'El-Riff. — Tétuan. — Ceuta. — El-Kassar-Seghaïr. — Tanger. — Zône littorale du Maroc sur l'Océan. — Arzillah. — El-Araïch. — El-Kassar Kebir. — El-Mamorah. — Salé. — Rabat. — Le pays de Temsena. — Mansourah. — Dar-Beïda. — Le pays de Dou-Kallah. — Azamore. — Mazagran. — Valedia. — Saffi. — Sonheïrah. — Mogador. — Sainte-Croix ou Agadir. — Le Beled-el-Nun. — Le Sahara. — Le cap Blanc. — Etude géologique de la région des sables. — Physionomie, dangers et ressources du désert. — Tableau historique et diplomatique des rapports créés et entretenus par les Chériffs marocains avec les puissances européennes, et en particulier la France et l'Angleterre. — Premières découvertes du Jehan de Bethencourt. — Pierre Treillant. — Nos premiers démêlés avec le Maroc. — Expédition de Razilly. — Intrigues anglaises. — Mission de Rolland Fréjus. — Abandon de Tanger par les Anglais. — Le chériff Muley Ismaël. — Ambassade de Ben Aissa à la cour de Louis XIV. — Occupation de Gibraltar par les Anglais. — Situation de notre commerce avec le Maroc, sous le règne de Louis XV. — Expédition du duc de Choiseul. — Désastre des Français à El-Araïch. — Le chériff Sidi Mohammed. — Ambassade du comte de Breugnon. — Traité de 1767. — Rapports de Louis XVI avec Sidi Mohammed. — Abolition de l'esclavage entre chrétiens et musulmans. — Le chériff Muley-Yézid. — Avènement de Muley-Soliman. — Négociations de Napoléon avec le Maroc. — Muley-Soliman fait cesser la piraterie marocaine en 1817. — Génie civilisateur de ce chérif. — Avènement d'Abd-el-Rahman, chériff régnant. — Il favorise notre commerce jusqu'en 1830. — Situation actuelle, politique, financière et militaire des états de Maroc, considérée dans ses rapports avec l'établissement fondé par la France en Algérie. 269

LIVRE SIXIÈME. RÉVEIL DE LA GUERRE SAINTE. — CAMPAGNES DU PRINCE ROYAL. — Coup d'œil sur l'administration du général Damrémont. — *Gouvernement du maréchal Valée.* — Inexécution du traité de la Tafna. — Retour en France du général Bugeaud. — Etat de la colonie. — Occupation de Milah et de La Calle. — Mouvements d'Abd-el-Kader. — Difficultés sur l'interprétation du traité de la Tafna. — Ambassade de Miloud-ben-Harrach à Paris. — Convention additionnelle du 4 juillet 1838. — Abd-el-Kader assiège Aïn-Madhi. — Occupation définitive de Koleah et Blidah. — Organisation politique de la province de Constantine. — Fondation de Philippeville. — Prise de Djidjeli. — Arrivée du Prince Royal. — Expédition des Portes de Fer. — Les ruines de Djimmilah. — Passage des Bibans. — Combat d'Ouldja-Daly-Balta. — Combat d'Aïn-Sultan. — Fête de famille offerte à l'armée par le Prince Royal, au retour des Portes de Fer. — Agression d'Abd-el-Kader dans la Metidjah. — Combats dans la province d'Oran. — Insurrections dans celle de Constantine. — Plan de campagne du maréchal Valée. — Combat de Mazagran. — Etat général des affaires. — Expédition contre les Hadjoutes. — Légende du Koubber-el-Roumiah. — Combats des Kharezas et de l'Afroun. — Brillante conduite du Prince Royal et de Mgr le duc d'Aumale. — Combat de l'Oued-Ger. — Marche du gouverneur général sur Cherchell. — Combats partiels. — Expédition de Médéah. — Attaque et prise du col de Mouzaïah par le Prince Royal. — Occupation définitive de Médéah. — Combat du bois des Oliviers. — Le Prince Royal quitte l'Algérie. — Situation générale des affaires. — Expédition de Milianah. — Soumission de la province d'Alger. — Plan d'opération du maréchal Valée pour la campagne d'automne. — Ravitaillements de Médéah et de Milianah. — Événements du côté de Bône. — La sage administration du maréchal Valée contient ou pacifie les tribus. — Tableau de la situation de nos établissements. — Le maréchal, découragé par le défaut de concours du ministère, demande son rappel. 316

LIVRE SEPTIÈME. GUERRE D'OCCUPATION GÉNÉRALE. — GOUVERNEMENT DU GÉNÉRAL BUGEAUD. — Anecdotes sur les antécédents du nouveau gouverneur. — Ses prétentions aristocratiques. — Sa conduite envers l'empereur et Louis XVIII avant, pendant et après les Cent-Jours. — La seconde restauration refuse ses services, et le comprend dans la grande mesure du licenciement. — La révolution de juillet le refait colonel, puis maréchal de camp. — La société Aide-toi, le ciel t'aidera le fait nommer député de Périgueux. — Il passe de l'opposition dans le parti ministériel. — Il se pose à la chambre en adversaire de la question polonaise, et reçoit à Périgueux un charivari. — Il est nommé gouverneur de la prison de Blaye. — Son voyage à Palerme. — Les souvenirs du comte de Mesnard. — Mort du député Dulong. — La rue Transnonain. — Haine de M. Bugeaud contre la presse. — Anecdote du picotin d'avoine. — Le bulletin de la Sikkak et le traité de la Tafna. — Les scandales du procès Brossard. — M. Bugeaud est nommé gouverneur général de l'Algérie. — Ses proclamations à l'armée et aux habitants d'Alger. — Instructions ministérielles. — Pourquoi, devenu maréchal, M. Bugeaud a perdu les affaires d'Afrique. — Premières opérations de ce gouverneur. — Situation du pays. — Ravitaillement de Médéah et de Milianah. — Échange des prisonniers français et arabes, négocié par l'évêque d'Alger et compromis par le général Baraguay d'Hilliers. — Dévouement de M. Toustain du Manoir. — Destruction de Takdimt, de Boghar et de Thaza. — Occupation de Mascara. — Combat de Sidi-Yahia. — Ruine de Saïda. — Assemblée pacifique des chefs des tribus de l'Ouest auprès de Tlemcen. — Le colonel Tempoure y fait proclamer la déchéance d'Abd-el-Kader. — Situation générale de la colonie en 1842. — Nouveaux événements de la province d'Oran. — Expédition dans l'Ouarensenis. — Prise de possession de Tébessa. — Mouvement d'Abd-el-Kader du côté de Tlemcen. — Expédition heureuse du général de La Morícière. — Deuil de l'armée d'Afrique en apprenant la mort du Prince Royal. — Soumissions obtenues par le général Changarnier. — Le général Bedeau relève les ruines de Tlemcen. — Expédition de M. Bugeaud contre les Beni-Menasseur, aux environs de Cherchell. — Faits d'armes du duc d'Aumale, près de Boghar. — Le général Baraguay d'Hilliers dans la province de Constantine. — Prise de la semalah d'Abd-el-Kader, par Mgr. le duc d'Aumale. — Nouvelles opérations dans l'Ouarensenis. — Combat de l'Oued-Mulah. — Succès du général Tempoure. — Situation favorable des affaires en 1843. 361

LIVRE HUITIÈME. GOUVERNEMENT DU MARÉCHAL BUGEAUD. — Simples réflexions de l'auteur. — Les palinodies de M. Bugeaud. — Il est élevé à la dignité de maréchal de France. — Il veut porter la guerre chez les Kebaïles de l'Est, entre Alger et Bougie. — Blâmé par l'opinion publique et les chambres, il accélère ses préparatifs, et se met en campagne. — Proclamation sauvage qu'il adresse aux Kebaïles. — Ses résultats. — Expédition contre la tribu de Flissa. — Le camp de Bordj-Menaïel. — Occupation de Dellys. — Combat de Taourga. — Escalade nocturne des montagnes de Flissa. — Bataille d'Ouarez-Eddin. — Atroces cruautés. — Soumission de quelques fractions des Flissas. — Nouvelles de la province d'Oran. — Attaque du fort de Lella-Maghrnia par les Marocains. — Combat de l'Oued-Mouilah. — M. Bugeaud se rend à Oran. — Entrevue pacifique du général Bedeau et du chef de la troupe marocaine. — Perfidie de l'ennemi. — M. Bugeaud prend l'offensive, et met en déroute ce rassemblement indiscipliné. — Nouvelles négociations sans résultats. — Marche sur Ouchdah. — Les troupes marocaines se dispersent sans combattre. — Le gouvernement français demande satisfaction au chérif de Maroc, par l'organe de notre consul général, au sujet de la violation du territoire algérien. — Réponse évasive du chérif, qui se plaint à son tour de la prise d'Ouchdah. — Une escadre française, commandée par le prince de Joinville, paraît devant Tanger, et en retire notre consul. — Ultimatum adressé au chérif Abd-el-Rahman. — Encouragé secrètement par le consul anglais, le chérif élude nos significations. — Bombardement de Tanger, par S. A. R. le prince de Joinville. — Bataille d'Isly. — Apothéose du maréchal Bugeaud, rédigée par lui-même, et publiée dans la Revue des deux Mondes. — Bombardement et prise de Mogador, par S. A. R. le prince de Joinville. — Intervention anglaise. — Traité de Tanger. — M. Bugeaud nommé duc d'Isly. — Son voyage en France. — Retour à Alger. — Horrible drame des grottes du Dahra. — Indignation des chambres, du pays et de la presse. — Justification de M. Bugeaud. — Parallèle historique du chevalier Bayard et de M. Bugeaud. — Révélation des tortures appliquées aux soldats de l'armée d'Afrique sous le gouvernement de M. Bugeaud. — Attaque générale dirigée contre lui par la presse française. — Il se dérobe à l'orage, rentre en France, et se retire à Excideuil. — Les cruautés du Dahra excitent une insurrection générale en Algérie. — Désastre de Djemma-Ghazouat. — Héroïque défense de Sidi-Brahim. — Retraite du capitaine de Géraux. — M. de La Morícière, gouverneur général par intérim, se transporte sur le théâtre de nos revers. — Combat d'Aïn Kebiar. — M. de La Morícière, victorieux, fait grâce aux vaincus. — Ce trait de générosité antique apaise l'insurrection. — Le gouvernement français envoie des renforts en Afrique, et mande à Paris M. Bugeaud. — Désobéissance de ce maréchal. — Il outrage le pouvoir dans une lettre écrite au préfet de la Dordogne, et court s'embarquer à Marseille. — Parallèle de M. Bugeaud et de M. de La Morícière. — Nouvelle course de M. Bugeaud chez les Kebaïles de l'Est. — Son discours burlesque au retour de cette promenade militaire. — La presse algérienne, les fonctionnaires et M. Bugeaud. — Situation actuelle de la colonie. — Bilan de nos affaires militaires. — Désordre dans les affaires civiles. — Scandales étalés sous l'administration de M. Bugeaud. — Rapport sévère de M. Dufaure à la chambre des députés. — Caractère de la presse d'Alger. — Comment la France peut parvenir à fonder sa domination en Algérie. — Système de l'extermination et du refoulement des indigènes. — Système de fusion. — De l'avenir physique et politique de nos établissements. — Conduite du colonel Brice opposée aux partisans des razzias. — Véritable caractère de la race arabe. — Son intelligence de la justice. — But que devrait atteindre la guerre en Afrique. — Considérations générales. 408

DERNIERS ÉVÉNEMENTS (janvier à juillet 1846). — RETOUR SUR LE PASSÉ. — COUP D'OEIL SUR L'AVENIR. — Désastre essuyé dans les monts Aurès par la colonne du général Levasseur. — Encore et toujours des razzias. — Détails sur le massacre des prisonniers de Sidi-Brahim. — Imprudence du général Randon. — Démonstrations hostiles de quelques tribus tunisiennes, refoulées par ce général. — Résumé de la politique de M. Bugeaud. — Conclusion. 483

CLASSEMENT DES VIGNETTES 497

FIN DE LA TABLE.

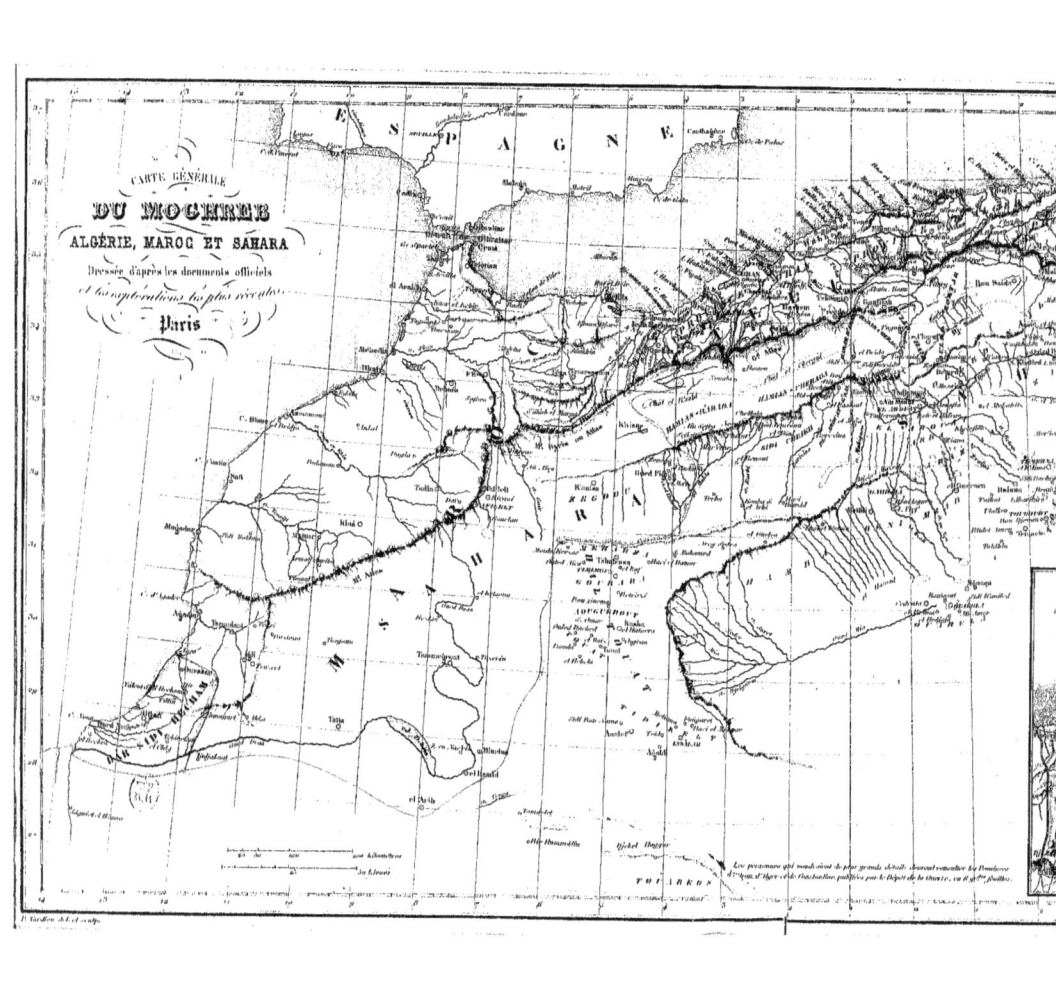

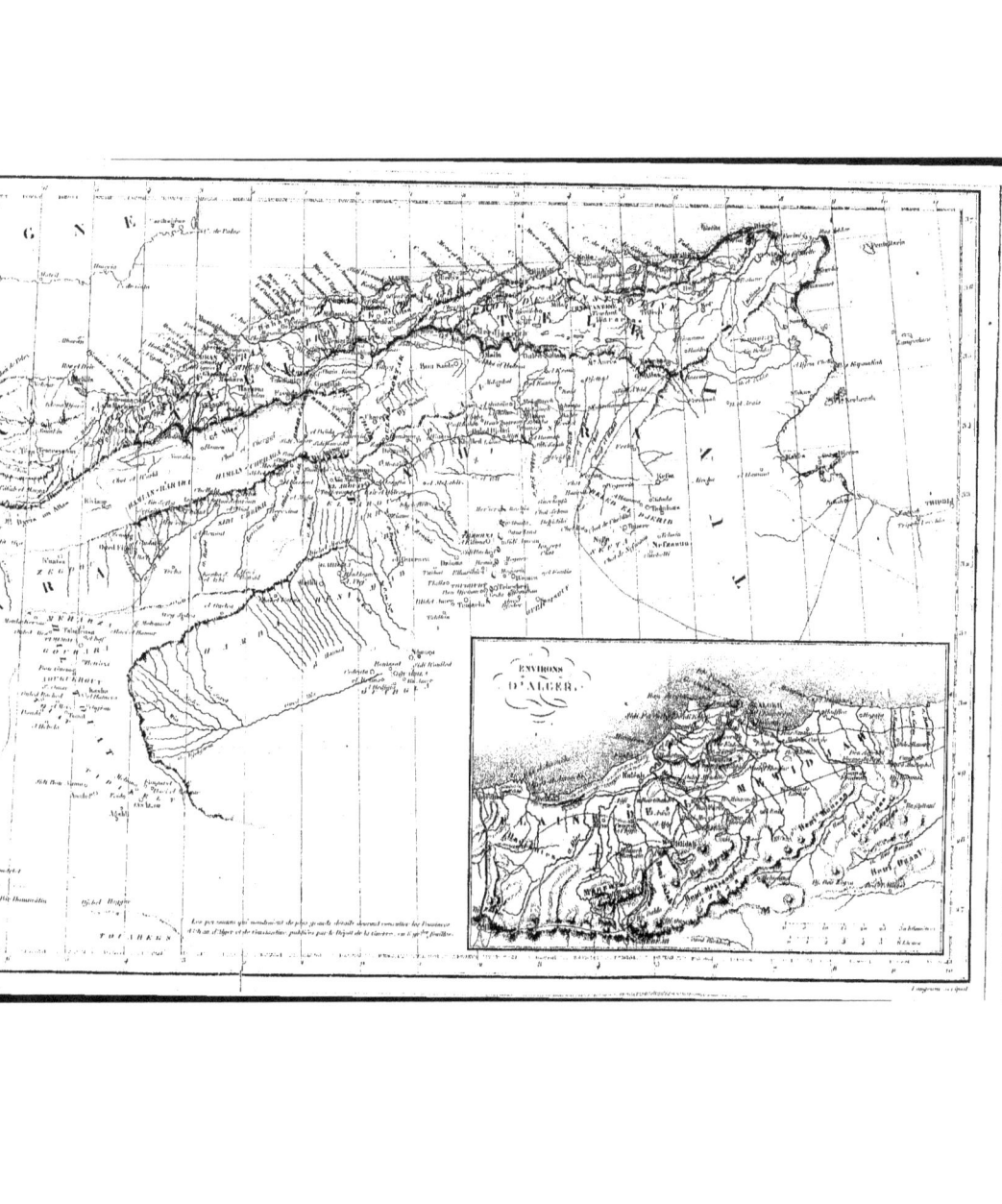

Paris. — Imprimerie de Pommeret et Moreau, quai des Augustins, 17.

L'AFRIQUE

FRANÇAISE

L'EMPIRE DE MAROC

ET

LES DÉSERTS DE SAHARA

CONQUÊTES,
VICTOIRES ET DÉCOUVERTES DES FRANÇAIS, DEPUIS LA PRISE D'ALGER
JUSQU'A NOS JOURS,

PAR P. CHRISTIAN

VIGNETTES

Par Philippoteaux, T. Johannot, E. Bellangé, Isabey, E. Lamy, K. Girardet,
Morel Fatio, C. Nanteuil, H. Baron, etc.

PARIS

A. BARBIER, ÉDITEUR, 50, RUE D'ENGHIEN.

www.ingramcontent.com/pod-product-compliance
Lightning Source LLC
Chambersburg PA
CBHW051317230426
43668CB00010B/1059